西方审美教育经典论著选 4上

主编　朱立元
副主编　栗永清

江苏凤凰教育出版社
Phoenix Education Publishing, Ltd

图书在版编目(CIP)数据

西方审美教育经典论著选．第4卷：全2册 / 朱立元主编．—南京：江苏凤凰教育出版社，2015.7
ISBN 978-7-5499-5323-3

Ⅰ．①西… Ⅱ．①朱… Ⅲ．①审美教育—西方国家—文集 Ⅳ．①G40-014

中国版本图书馆CIP数据核字(2015)第171377号

书　　名	**西方审美教育经典论著选　第四卷(上册)**
主　　编	朱立元
责任编辑	吴文昊
装帧设计	张金风
出版发行	凤凰出版传媒股份有限公司 江苏凤凰教育出版社(南京市湖南路1号A楼　邮编210009)
苏教网址	http://www.1088.com.cn
照　　排	南京前锦排版服务有限公司
印　　刷	江阴金马印刷有限公司(电话:0510-86022033)
厂　　址	江阴市滨江西路803号(申港)(邮编:214400)
开　　本	787毫米×1092毫米　1/16
总 印 张	79
版　　次	2015年7月第1版　2015年7月第1次印刷
书　　号	ISBN 978-7-5499-5323-3
总 定 价	220.00元(上、下册)
网店地址	http://jsfhjycbs.tmall.com
新浪微博	http://e.weibo.com/jsfhjy
盗版举报	025-83658579

苏教版图书若有印装错误可向承印厂调换
提供盗版线索者给予重奖

总　序

1850年，鲍姆嘉登出版了他的*Aesthetic*，作为一门学科的美学正式进入人类的知识图景，其后，尽管美学的学科对象、性质等等发生了巨大的变化，但鲍姆嘉登作为“美学之父”的学术史地位，却得到了绝大多数美学史家的认同。在随后的美学学科谱系中，“美的本质”即“美是什么”的问题在19世纪的西方美学研究中成为基本问题之一；而在当代中国，自20世纪50年代以来它更是成了美学研究的核心问题。鲍姆嘉登关于“美是完善”的表述，也被视作对“美”之本质的界说，为后世所重。不过，应当指出，鲍姆嘉登说“美学的目的是感性认识本身的完善（完善感性认识），而这完善就是美”①，其实并不是在为美下定义，而是在强调感性认识“完善”乃是“美学”的根本“目的”所在。众所周知，鲍姆嘉登创立美学（感性学）的初衷即在于补足哲学界对“感性认识”缺乏关注的局面，对鲍氏而言，“美学”之创立，除了以一种认识论的方式对人类的较低级的“感性认识”、“自由艺术”（即今日所谓的“艺术”）进行分析之外，其实不无为人类的“感性认识”立法之初衷。② 换言之，对鲍姆嘉登而言，美学不仅仅是一门纯粹的理论性的学科，同时也具有着极强的“实践性”，美学将为人类指明一条如何实现“完善的感性认识”的坦途，而这在他本人对于其著作的架构中也可以约略见出③。

---

① 鲍姆嘉登：《美学》，第18页。

② 鲍姆嘉登为美学所下的定义为“美学作为自由艺术的理论、低级认识论、美的思维的艺术和与理性类似的思维的艺术是感性认识的科学”（《美学》第13页），在笔者看来，其中“美学”作为“美的思维的艺术”、“与理性类似的思维的艺术”的定义本身就较为直接地呈现出鲍氏心目中的“美学”包含着如何让人类的“感性认识”臻于完善的“立法”诉求。

③ 鲍姆嘉登的《美学》只完成了一小部分，在他的构想中，“美学”当包括理论部分和实践部分，已经出版的两卷只是理论部分的大约三分之一（即他所说的“启迪学，关于事物与思维的一般规则”的部分），而“关于条理分明的安排的一般规划”的“方法学”和“关于用美的方式想到的和加以安排的东西的表达手段的一般规则”的“语义学”以及更具应用性的“研究在个别情况下如何运用的问题”的“实践美学”，鲍氏并未完成。（《美学》第17页）

鲍姆嘉登不仅专门开辟出一节讨论了“审美训练”的问题，指出“每当接受训练的美学家使美的认识有力地发挥作用时，通过这两种训练，不仅精神，而且情感和美的气质也能获得独特的技巧，并且由于适应而得以增强”[①]，更明确指出，审美学说本身就包括“一切美的教养，即那样一种教养，对在具体情况下作为美的思维对象而出现的事物的审视，超过了人们在未经训练的状况下可能达到的审视程度。熟悉了这种教养，通过日常训练而激发起来的，美的天赋才能，就能成功地使兴奋起来的，转化为情感的审美情绪——包括在珀耳修斯那里看到的那种‘尚未沸腾’的审美情绪——对准美的思维的某一确定对象”[②]。这已近乎是直接给出一个“审美教育”的定义了。我们似乎可以肯定地说，在“美学之父”那里，美学其实本身就包含着指导人如何抵达“美”的，亦即“审美美育”的维度。“美育”不是美学的“应用”，而直接的就是“美学”的有机构成。

然而，或许由于过于强大的形而上学传统的影响，或许是由于鲍姆嘉登对于“实践美学”的思考未能形诸笔墨，“美学之父”之后，美育，或者说“美的教养”的问题似乎并未成为美学的核心，直至席勒《美育书简》的问世。

19 世纪西学东渐大潮之中，“美学”通过其他“舶来之学”一道进入中国，1906 年，王国维在《去毒篇》中首倡“美术者，上流社会之宗教”[③]，1915 年，蔡元培提出“以文学美术之涵养，代旧教之祈祷”[④]，1917 年，蔡氏在北京神州学会演讲中明确提出“以美育代宗教”说。虽然第一代中国美学家们都对美育给予了高度重视，蔡元培执掌北大期间，更亲授美学课程，其对后世中国美学进程也着实产生了重要影响，在中国当代美学史上产生极大影响的实践美学的领军人物李泽厚在 20 世纪末亦再度重申了“审美代宗教”即可看做此种影响的表现。然而，理论家们的呼号与努力却并未真正“落地”。“美育”虽贵为“德智体美劳”五育之一，但在具体的教育中如何实施？教育工作者们却似乎并不了然，而美学家们对于美育的具体实践似乎也缺少足够的关注，甚至在美学家最为拿手的理论、学术史领域，关于美育的研究著作、美育史、美育思想史的著作也实为鲜见。

---

① 鲍姆嘉登：《美学》，第 33 页。
② 鲍姆嘉登：《美学》，第 34 页。
③《王国维文集》第三卷，中国文史出版社 1997 年版，第 25 页。
④ 蔡元培：《蔡元培全集》第二卷，浙江教育出版社 1997 年版，第 339 页。

在我们看来，这种局面的形成，原因自然是多方面的，但对美育史、美育思想相关文献资料的整理的不足，显然也是其中一个极为重要的原因。也正由于此，我们起了一个编辑西方美育经典著述的念头，承蒙江苏教育出版社的大力支持，才有了本套图书。

这套图书的编辑，在我们自己，确实是有些希冀的。在许多人，也包括不少的美学爱好者甚至研究者看来，作为哲学的二级学科的美学是象牙塔之内的逻辑推演，是不同理论模型、体系之间的思辨诘难，其实，在我们看来，美就存在于人生实践之中，美参与着个体乃至人类境界之塑造，而美育便是这种“参与”、“塑造”的行为本身。我们希望这套书能够为学术界对于美育的研究，教育界对于美育的实施，大众对于“美育”的重要性的理解提供一些帮助。自然，至于这些希冀可否达到，还需要时间和读者的检验。

第四卷上册的俄国形式主义美学、存在主义美学、前期西方马克思主义美学等流派只介绍了一位代表人物，所以这些流派的概述部分就略去了，以免重复。

是为序。

朱立元　栗永清

2013 年 7 月 10 日

目　　录

表现主义美学

表现主义美学流行于20世纪初直到二次大战前夕，并且至今仍有影响。它是现代西方美学中最重要的流派之一。它的创始人和主要代表是贝·克罗齐。克罗齐的代表作是《作为表现的科学和一般语言学的美学》、《美学纲要》。另一个代表人物是罗宾·科林伍德，其代表作是《艺术原理》。此外，阿诺·里德、鲍桑葵等人也是重要理论家。

表现主义美学认为，美就是情感的成功的表现。情感的表现就是直觉的表现。美是直觉，是纯粹精神的和主观的。直觉是在概念形成之前的思维阶段，本质上是抒情的。直觉就是表现，就是艺术，就是美。美既不是有用的，也不是愉悦的或者善的。

表现主义美学认为艺术与情感表现之间具有本质的联系。艺术是情感的表现，是富于想象力的表现。情感表现是艺术的根本目的。艺术是纯粹的想象，它不是一种技艺。表现也不等于传达，在创造性想象中获得的意象便已是艺术品了，因此，在某种程度上说，人人都是艺术家。

美学和语言学、艺术科学并没有什么区别。语言本质上也是一种表现，而表现又是基本的审美事实。这是表现主义美学的又一基本观点。

维柯的形象思维学说和列夫·托尔斯泰《艺术论》(1898)中关于情感问题的基本观点是表现主义美学的渊源。克罗齐奠定了表现主义美学的基础。这一流派在英国获得了最广泛的响应。除了科林伍德以外，伯纳德·鲍桑葵、E. F. 开瑞特、阿诺·里德等人都是这一流派的重要人物。鲍桑葵对克罗齐的理论有所修正，企图克服克罗齐不讲物质体现的“谬误”，主张审美态度的核心在于心物合一，心灵是情感，物是它的表现。稍后的科林伍德极端地发挥了克罗齐的唯心主义表现说，认为所谓情感表现并不是描述情感和发泄情感，或者激发观众的情感，而仅仅是在想象中意识到自己的情感。他把克罗齐的“表现即直觉”发展为“表现即想象”。阿诺·里德也和科林伍德一样反复强调想象在审美表现中的重要性，把美定义为:“美是完美的表现。”

（张德兴）

克罗齐

克罗齐(Benedetto Croce, 1866—1952),意大利哲学家、历史学家和美学家。克罗齐的美学理论是20世纪最有影响的美学理论之一,他在欧美各国拥有不少追随者。他的主要美学著作有:《文学批评》(1894)、《作为表现的科学和一般语言学的美学》(1902,包括两部分:第一部分是《美学原理》,第二部分是《美学的历史》)、《美学纲要》(1912)、《诗论》(1936)等。

克罗齐美学理论的核心论点是“直觉即表现”。从这个论点出发,他得出了一系列结论。

他认为直觉就是抒情的表现,直觉就是美,就是艺术,艺术的创造和欣赏之间并没有本质的区别,并把语言和艺术等同起来。他把艺术从与周围事物的联系中孤立出来,认为艺术不是物理事实,不是功利活动,不是道德活动,也不是概念或逻辑的活动,艺术不能进行分类。这样,从五个肯定的方面和五个否定的方面,“直觉即表现”说得到了界定。

克罗齐的“直觉”是一种精神性的东西,直觉作为“心灵的综合作用”既表现了情感,又创造了客观世界中的事物。因此,建立在“直觉说”基础之上的整个克罗齐的美学理论是一种主观唯心主义的理论。克罗齐受到了维柯的很大影响,他把维柯关于形象思维的学说发展为“直觉即表现”说。这一学说对“为艺术而艺术”的观点作了系统的辩护,因而在现代西方发生了广泛的影响。

这里节选的是《美学原理》的第二、十、十一、十二、十六章中的片断,从这些材料中,我们可以大致了解克罗齐美学理论的一个轮廓。克罗齐认为每一个直觉同时也就是表现。直觉的活动能表现所直觉的形象,能掌握那些形象。直觉与表现是无法分开的,两者其实是一个东西。直觉是离开理智的作用而独立自主的。艺术与直觉是统一的,艺术也就是直觉,是我们从外界得到的印象的表现。他进一步论述了“艺术即直觉”这一观点所包含的五个否定。

（张德兴）

美学原理

第二章　直觉与艺术

【附带的结论和说明】在作进一步的讨论以前，我们最好先就已经成立的原理之中抽出一些结论并加以说明。

【艺术与直觉的知识统一】我们已经坦白地把直觉的（即表现的）知识和审美的（即艺术的）事实看成统一，用艺术作品做直觉的知识的实例，把直觉的特性都赋予艺术作品，也把艺术作品的特性都赋予直觉。但是我们的统一说和连许多哲学家也在主张的一个见解却不相容，就是以为艺术是一种完全特殊的直觉。他们说："我们姑且承认艺术就是直觉，可是直觉不都是艺术，艺术的直觉当自成一类，和一般的直觉不同，在一般的直觉以外还应有一点什么。"

【它们没有种类上的分别】但是没有人能说明这另外一点什么究竟是什么。有时人们以为艺术并不是单纯的直觉，而是直觉的直觉，正犹如科学的概念不是一般的概念，而是概念的概念。

因此，人在成就艺术时，并不像一般的直觉只把感受外射为对象，而是把直觉本身外射为对象。但是这种提升到第二级的过程并不存在；拿它和一般的概念与科学的概念的关系相较，也不能证明所要说明的，因为科学的概念也并非是概念的概念。这个比较所能证明的适得其反。一般的概念如果真是概念而不是单纯的表象，就是十足的概念，不管它的涵义怎样贫乏窄狭。科学以概念代替表象，以涵义较富较宽的概念代替涵义较贫较窄的概念。它常在发现新关系。它的方法和最平常的人形成最简单的概念所用的方法并无差别。普通叫做真正的艺术所组合的直觉品，比我们通常所经验的直觉品固较广大较繁复，可是这些直觉品仍不外用感受与印象做材料。

艺术是诸印象的表现，不是表现的表现。[1]

---

① "印象"（impression）：即事物印在心中的象，起于感受（sensation）。事物刺激感官，所起作用名"感受"，感受所得为印象。感受与印象都还是被动的，自然的，物质的。心灵观照印象，于是印象才有形式（即形象），为心灵所掌握。这个心灵的活动即直觉，印象由直觉而得形式，即得表现。表现是在心内成就的工作。一般人认为表现是把在心内的已经心灵综合掌握的印象（即直觉品）外射出去，即借文字等媒介传达于旁人。克罗齐反对此说，以为印象经心灵观照，综合，掌握，赋予形式，即已得到表现。传达是另一回事，是下一步的事。

【它们没有强度上的分别】同理,我们不能说普通叫做艺术的直觉是强度较大的直觉,所以与一般的直觉有别。如果说艺术的直觉与一般的直觉在同一材料上起不同的作用,这话也许是对的。但是艺术的功能虽伸展到较广大的区域,在方法上和一般的直觉并无分别,所以它们的分别不是强度的而是宽度的。一首最简单的通俗情歌,比起千千万万普通人在表示爱情时所说的话,是一样的,或差不多,它的直觉在强度上也许仍是完美的,尽管简单得可怜,可是在宽度上,它比起列奥巴迪[①]的情歌那样繁复的直觉,就显得太逊色了。[②]

【它们的分别是宽度上的和经验的】所以艺术的直觉与一般的直觉的分别全在量方面,就其为量的分别而言,与哲学不相干,哲学是讨论质的学问。有些人本领较大,用力较勤,能把心灵中复杂状态尽量表现出来。这些人通常叫做艺术家。有些很繁复而艰巨的表现品不是寻常人所能成就的,这些就叫做艺术作品。叫做艺术的表现品或直觉品,就其与通常叫做"非艺术"的表现品或直觉品相对立而言,它们的界限只是经验的,无法划定的。如果一句隽语是艺术,一个简单的字为什么不是呢?如果一篇故事是艺术,新闻记者的报道为什么不是呢?如果一幅风景画是艺术,一张地形速写图为什么不是呢?莫里哀的喜剧中那位哲学教师说得好:"每逢我们开口说话,我们就在做散文。"[③]但是世间总有一些学者像茹尔丹先生,惊讶自己说了四十年的散文都还不知道,不大相信他们在使唤仆人妮果萝拿拖鞋来时,他们所说的其实就是——散文。

我们必须坚持我们的统一说,因为艺术的科学——美学——之所以不能阐明艺术的真相,和艺术在人性中的真正根源,其主要原因就在把艺术和一般的心灵生活分开,使它成为一种特殊作用,像贵族的俱乐部。从生理学我们知道,每一个细胞就是一个有机体,每一个有机体就是一个细胞或细胞群,没有人觉得稀奇。发现一座高山的化学成分和一块石片的

---

① 列奥巴迪(Giacomo Lopardi, 1798—1837):意大利诗人,他的短诗极有名,颇富悲观色彩。

② 克罗齐这段话的意思是艺术作品不能有质的分别,只能有量的分别。比如莎士比亚的某一首十四行诗如果自身是完美的,某一部悲剧如果自身也是完美的,虽然它们在量上悬殊,我们却不能说在质上此优于彼,因为它们同是艺术,同是直觉的成就,同是恰如其分的表现。直觉虽有大小的分别,却没有本质上的分别。

③ 莫里哀(Molière, 1622—1673):法国最伟大的喜剧家。这里所引的故事见《贵人迷》一部喜剧。剧中主角茹尔丹先生有了钱,想充当绅士,请一位哲学教师教他读书。那位哲学教师告诉他说话就是做散文,他大为惊讶,说自己做了四十年的散文还不知道。(见该剧第二幕第四景)

化学成分相同，也没有人觉得稀奇。世间并没有一种大动物的生理学和一种小动物的生理学，也并没有一种化学原理只适用于石头而不适用于高山。同样的，世间也没有一种小直觉的科学和一种大直觉的科学，一般直觉的科学和艺术直觉的科学，彼此截然不同。美学只有一种，就是直觉（或表现的知识）的科学。这种知识就是审美的或艺术的事实。

这种美学才真是逻辑的姊妹科学，逻辑也把最小最寻常的概念的构成和最繁复的科学哲学系统的构成，都看作性质相同的事实。

【艺术的天才】我们也不承认“天才”或“艺术的天才”一词。就其与一般人的“非天才”有别而言，它在量的多寡以外不能有其他涵义。大艺术家们据说能使我们看见我们自己。除非他们的想象和我们的想象性质相同，只在量上有分别，这如何可能呢？“诗人是天生的”一句成语应该改为“人是天生的诗人”；有些人天生成大诗人，有些人天生成小诗人。天才的崇拜和附带的一些迷信都起于误认这量的分别为质的分别。人们忘记天才并不是天上掉下来的，它就是人性本身。天才家如果装着，或被人认为，和人性远隔，这就会显得有些可笑，可笑就是对他的惩罚。浪漫时代的“天才”和我们时代的“超人”都是例证。①

但是这里应该提到一点：有些人把“无意识”②看成艺术天才的一个主要的特性，他们又不免把天才从高到人不可仰攀的地位降低到人不可俯就的地位。直觉的或艺术的天才，像人类的每一种活动总是有意识的，否则它就成为盲目的机械动作了。艺术的天才只可以没有“反省的”意识③，这反省的意识是历史家或批评家应有的进一层的意识，它对于艺术的天才却非必要。

【美学中的内容与形式】材料与形式（或内容与形式）的关系，像人们常说的，是美学上一个争辩最激烈的问题。审美的事实是只在内容，或只在形式，还是同时在内容与形式呢？这问题有各种不同的意义，各人所见不同，我们到适当的时候当分别提出。但是如果认定这些名词有如上文

① “天才”（genius）在浪漫时代的德国特别受人崇拜。人们以为艺术家须有凡人所不可高攀的天才，才能有大成就。克罗齐以为艺术的天才是人人都有的，只是分量多寡不同，一般人的与大艺术家的天才在本质上并没有分别。

② “无意识”（unconscious）是意识所不能察觉到的心理活动。近代心理学家大半都以为“天才”是“无意识”的心理活动的成就，最显著的是弗洛伊德派的学说。

③ “反省的意识”（reflective consciousness）是就已经意识到的事物，加以反省，即由直觉进入逻辑的思考。

所定的意义:材料指未经审美作用阐发的情感或印象,形式指心灵的活动和表现,我们就毫不怀疑地说,我们必须排斥这两种主张:(一)把审美的事实[1]看作只在内容(就是单纯的印象),和(二)把它看作形式与内容的凑合,就是印象外加表现。在审美的事实中,表现的活动并非外加到印象的事实上面去,而是诸印象借表现的活动得到形式和阐发。诸印象好像是再现于表现品,如同水摆在滤器里,再现于滤器的另一端时,虽还是原水,却已不同。所以审美的事实就是形式,而且只是形式[2]。

由这个看法,并不能断定内容是多余的东西(它其实对于表现的事实是必要的起点),只能断定内容的诸属性并**没有一种通道**可转变到形式的诸属性。有时人们以为内容如果要成为审美的(这就是说,可转变为形式),必须具有某种已确定或可确定的属性。但是如果是那样,形式与内容,表现与印象,就须是二而一了。内容确可转变为形式,但是在转变之前,它就还没有可确定的属性。我们对于它一无所知。只有在它已经转变了之后,它才成为审美的内容。也有人给审美的内容下定义,说它是"引起兴趣"的东西。这话倒不是错误而是没有意义。对什么引起兴趣呢?对表现的活动吧?当然,表现的活动不会把内容提升到有形式那个尊严地位,如果它不曾在那内容上发生兴趣。发生兴趣就恰是把内容提升到有形式那个尊严地位。但是"引起兴趣"一词也被人作另一种不正当的意义用过,待下文再说。

【评艺术模仿自然说与艺术的幻觉说】艺术是"自然的模仿"一句话也

---

① "审美的"(aesthetic)一词源于希腊文 aisthëtikos,原义为"感觉",即见到一种事物而有所知。这种知即克罗齐所谓直觉的知,与逻辑的思考有别。因此研究直觉的知识的科学叫做 aesthetic。研究概念的知识的科学叫做 logic(逻辑)。Aesthetic 应译为"感觉学",它原本丝毫没有"美"的涵义。但是凡是"美"的感觉都由直觉生出,所以一般人把 asthetic 和"美学"(the science or philosophy of beauty)混为一事。本译沿用已流行的译名,深知其不妥,所以特将原义注明。又 aesthetic 也当作形容词用。这有两个意义:一是"美学的",例如审美的经验、审美的态度、审美的活动之类。现在一般人常把"美学的"和"审美的"两个意义混淆起来,例如说音乐是"美学的对象",所指的实是"审美的对象"。"美学的对象"应该指美学这门科学所研究的对象。

② 形式与内容是文艺思想史上的一大争执。一般人以为要作品好,先要选择好内容(即题材),批评作品的好坏也要从内容着眼。克罗齐和一般哲学家都以为艺术作品是完整的有机体,内容和形式不能分,犹如人的形体和生命不能分。艺术之所以为艺术,就在内容得到形式。未经艺术赋予形式以前,内容只是杂乱的现象,生糙的自然,我们就无从从艺术的观点去讨论它。既经艺术赋予形式之后,内容和形式混化为一个有生命的东西,我们也就无从从艺术的观点把内容提出讨论。

有几种意义。它有时显出(或至少暗示)一些真理,有时也产生一些误解,大半是根本没有确定的意义。把“模仿”看作对于自然所得的直觉品或表象,看作认识的一种形式,这个意义在科学上是妥当的。在这句话作此解时,而且为着要强调这模仿过程的心灵的性质,另一句话也是妥当的:艺术是自然的理想化,或理想化的模仿。但是模仿自然[①]如果指艺术所给的只是自然事物的机械的翻版,有几分类似原物的复本;对着这种复本,我们又把自然事物所引起的杂乱的印象重温一遍,这种艺术模仿自然说就显然是错误的了。模仿实物的着色的蜡像陈列在博物馆里,只能令人站在前面发呆,却不能引起审美的直觉。幻觉和错觉与艺术直觉品的静穆境界是毫不相干的。但是如果一个艺术家把蜡人馆的内部画出来,或是一个戏剧家在台上戏作一个蜡人像的样子,我们就有心灵作用和艺术直觉品了。最后,照相术如果有一点艺术的意味,那也就由于它传出照相师的直觉,他的观点,他所要抓住的姿态和组合。如果照相术还不很能算是艺术,那也恰由于它里面的自然成分还有几分未征服而且不能割开。最好的相片是否能叫我们完全满意呢?一个艺术家不想在它们上面加一点润色,添一点或减一点吗?

【评艺术为感觉的(非认识的)事实说——审美的形象和感觉】

人们常说:艺术不是知识,不说出真理,不属于认识[②]的范围,只属于感觉[③]的范围。这些话的来由是在不能洞悉单纯直觉的认识性。这单纯直觉确与理性知识有别,因为它与对实在界的知觉有别。上述那些话是起于“只有理智的审辨才是知识”的一个信念。我们已经说过,直觉也是知识,不杂概念,比所谓对实在界的知觉更单纯。所以艺术是知识,是形

---

① “模仿自然”是欧洲美学思想中很古的一个信条,它可以溯源到柏拉图的《理想国》和亚里士多德的《诗学》,到了十七八世纪假古典主义时代,一般学者把“模仿自然”当作一个基本的信条。

② “认识”(theory):旧译一律为“理论”,甚不妥,详见第183页注①。

③ “感觉“(feeling):旧译为“感情”。这字在西文本有“触摸”的意义,“触摸所得的直觉”也还是用这个字来表示。在心理学上这字的较确定的意义是指“快”和“痛”的感觉(the feelings of pleasure and pain)。由此引申到温度感觉(例如说“我感觉冷”),再引申到情感发动时种种生理变化的感觉(例如说“她感觉害羞”,“他感觉恐惧”)。Feeling大半指器官变化所生的感觉,这种感觉想来没有像对外界事物的知觉那么清楚,所以近于“知觉”(perception)而仍不是“知觉”;可是它比“感受”(sensation)又进一步,“感觉”只是“感官领受”,实际上在这阶段时我们还没有“觉”,“感觉”则于“感”时即有明暗程度不同的“觉”。这“感觉”的对象有时是“情”的成分,有时却不一定有,比如我们可以说有“痛的感觉”、“冷的感觉”、“身体不适的感觉”,却不能说有这些生理状态的“感情”。参见本书第十章。

式,它不属于感觉范围,不是心理的素材。许多美学家都坚持艺术是“形象”[①],理由也恰在他们觉得要把艺术的纯粹直觉性保持住,以便使它和较复杂的知觉的事实分清。如果他们有时也主张艺术是感觉,理由也是一样的。因为如果把概念除开,把只有历史事实身份的历史事实也除开,不让它们留在艺术范围之内,剩下来的内容就只有从最纯粹、最直接的方面(这就是从生机跳动方面,从感觉方面)所察知的那么一种实在,这就无异于说,就只有纯粹的直觉品。

【评审美的感官说】审美的感官说[②]所由起,也在没有确定或认清表现有别于印象,形式有别于内容。

上文曾谈到有人想找出一条通道,使内容的诸属性可以转变为形式的诸属性,这个审美的感官说还是犯了同样错误。要问审美的感官是什么,其实就是问那些由感受来的印象可以而且必定进入审美的表现。这问题我们可以立刻回答:一切印象都可以进入审美的表现,但是没有哪一个印象必定要如此。但丁[③]所提升到有形式的尊严地位的不仅是“东方蓝宝石的好颜色”(视觉的印象),而且有触觉的或温度觉的印象,例如“稠密的空气”和使渴者“口更渴”的“清鲜的河流”。又有一种怪论,以为图画只能产生视觉印象。腮上的晕,少年人体肤的温暖,利刃的锋,果子的新鲜香甜,这些不也是可以从图画中得到的印象么?它们是视觉的印象么?假想一个人没有听触香味诸感官,只有视觉感官,图画对于他的意味何如呢?我们所看的而且相信只用眼睛看的那幅画,在他的眼光中,就不过像是画家的涂过颜料的调色板一样。

有些人虽主张某几类印象(例如视觉的和听觉的)才有审美性,其他感官的印象却没有,然而也愿承认视觉的和听觉的印象直接地进入审美的事实,而其他感官的印象虽也可进入审美的事实,却只以相关联者的资格进入。但是这种区分实在太勉强。审美的表现是综合,其中不能分别什么直接和间接的。一切印象,就其同经审美作用而言,就让这种综合摆在平等地位了。一个人领会一幅画或一首诗的题材,并不把它

---

① “形象”(appearance):是事物本身现于感官的形状,得到这形状由于直觉。

② “审美的感官”(aesthetic senses):旧美学家把感官分为高级的(视觉的与听觉的)与低级的(其他)两种,把高级的感官特定为“审美的感官”,以为嗅触味诸感官不能审美。也有人不赞成这种看法。

③ 但丁(Dante Alighieri, 1265—1321):意大利伟大诗人,著有《神曲》。

当作一串印象摆在面前，而在其中分出上下。在领会之前，所有的经过他毫无所知，正如在另一方面，反省所立的分别与艺术之为艺术也毫不相干。

审美的感官说还以另一姿态出现：就是要证明生理的器官对审美的事实为必要。生理的器官或工具不过是一群细胞，取一种特殊方式组织安排起来的，这就是说，它只是一个物理的自然的事实或概念。但是表现却与生理的事实无关。表现以印象为起点，至于印象经过怎样的生理的途径达到心里，却与表现毫不相干。随便哪一条途径都是一样，它们只要是印象就够了。

缺乏某一些器官，某一些细胞群，确能妨碍某一些印象的形成（如果没有一种有机体的弥补作用使这些印象仍可产生）。生来盲目的人不能直觉光，表现光。但是印象不仅受器官限定，也受在器官上起作用的刺激物限定。一个人从来没有海的印象，就不能表现海；正犹如一个人从来没有上等社会生活或政治漩涡的印象，也就不能表现它们。不过这并不能证明表现的作用必定倚赖刺激物或器官。它只复述我们已经知道的道理：表现须假定先有印象，特种的表现须假定先有特种的印象。此外，每一个印象在占优势时，就排斥其他印象，每一个表现品也是如此。

【艺术作品的整一性与不可分性】表现即心灵的活动这个看法还有一个附带的结论，就是艺术作品的不可分性。每个表现品都是一个整一的表现品。心灵的活动就是融化杂多印象于一个有机整体的那种作用。这道理是人们常想说出的，例如“艺术作品须有整一性”、“艺术须寓变化于整一”（意思仍然相同）之类肯定语。表现即综合杂多为整一。

我们常把一个艺术作品分为各部分，一首诗分为景、事、喻、句等，一幅画分为单独的形体与实物、背景、前景等，这似与上文所说的不相容。但是作这种区分就是毁坏作品，犹如分有机体为心、脑、神经、筋肉等等，就把有生命的东西弄成死尸。有些有机体分割开来固然仍可生出许多其他有生命的东西，可是在这种事例中，我们如果仍把有机体来比喻艺术作品，就必须作这样的结论：在艺术作品中也有许多生命种子，其中每一个都可以在一顷刻中化成一个单一而完整的表现品。

某表现品有时也许可以说是起于一些其他表现品。表现品有简单的,有复杂的。阿基米德[1]表现他在发明一个科学真理时的欢欣所用的"我懂得了!"这一句简单的话,比起一部正规悲剧的最有表现性的一幕(实在说起来,所有的五幕)有一点分别,我们似应承认。其实它们毫无分别。表现品总是直接地起于印象,构思一部悲剧者好像取大量的印象放在熔炉里,把从前所构思成的诸表现品和新起的诸表现品熔成一片,正犹如我们把无形式的铜块和最精彩的小铜像同丢在熔炉里一样。那些最精彩的小铜像和铜块一样被熔化,然后才能铸成一座新雕像。旧的表现品必须再降到印象的地位,才能综合在一个新的单一的表现品里面。

【艺术作为解放者】人在他的印象上面加工,他就把自己从那些印象中解放了出来。把它们外射为对象,人就把它们从自己里面移出来,使自己变成它们的主体。说艺术有解放的和净化的作用,也就等于说"艺术的特性为心灵的活动"。活动是解放者,正因为它征服了被动性。

这也可以说明人们何以通常说艺术家们一方面有最高度的敏感或热情,一方面又有最高度的冷静,或奥林波斯神的静穆[2]。这两种性格本可并行不悖,因为它们所指的对象不同,敏感或热情是指艺术家融合到他心灵机构里去的丰富的素材,冷静或静穆是指艺术家控制和征服感觉与热情的骚动所用的形式。

第十章 各种审美的感觉以及美与丑的分别

【感觉一词的各种意义】进一步来研究一些较复杂的概念,在这些概念中审美的活动须与它类事实合在一起看,并且来说明这些概念如何联合或复杂化,我们首先就要讨论"感觉"这个概念和一些叫做"审美"的感觉。

在哲学术语中,"感觉"是意义最丰富的一个字。我们前已遇见过它一次[3],它是用来指在被动状态的心灵,即艺术的素材或内容的许多名词之一,所以它与"印象"同义。我们另有一次遇见过它[4],意义却完全不

---

① 阿基米德(Archimedes):公元前三世纪希腊的大数学家和自然科学家。

② "奥林波斯神的静穆"(Olympic serenity):据希腊神话,文艺之神阿波罗(Apollo)居奥林波斯山的高峰,凭视人寰,一切事物经过他的巨眼的光辉,才得到形象,他对于悲欢美丑,一例观照,无动于衷。有人以为古典派的文艺理想就是这种"静穆"。

③ "感觉"即 feeling。

④ 审美事实的非逻辑性和非历史性,但是克罗齐在那里并未用"感觉"这个名词。

同，它是指审美的事实的非逻辑性和非历史性，那就是纯粹的直觉，是既不界定概念又不肯定事实的一种真实。

【感觉当作活动】但是感觉在本章不作上述那两种意义用，也不作指心灵的其他认识形式那些意义用（它时常是这样用的），但只当作一种特殊的心灵活动①，其性质是不关认识的，有"快感"和"痛感"的正负两极。

这个活动常使哲学家们很受窘，他们不是否认它为活动，就是把它归到"自然"里，不把它摆在心灵的范围之内。但是这两个看法都有许多很大的困难，任何人如果仔细想过，都不会接受它们。因为我们既然除非把活动当作心灵的性相，把心灵的性相当作活动，对于活动与心灵的性相就别无所知，所谓非心灵的活动或"自然的活动"究竟是什么呢？这里"自然"在定义上就只是被动的，惰性的，机械的，物质的。就另一方面说，否定感觉有活动的性质又绝对不行，现于感觉中的快感痛感两极就显出具体的而且可以说是生动的活动。

【感觉与经济活动的统一】这个批判的结果应该使我们特别感到极大的困难，因为在上文心灵系统的概要中，我们没有留一个地位给我们不能否认的这个新活动。但是感觉的活动，虽是活动，却并不是新的。在我们所略述概要的心灵系统中它本已分得地位了，不过另有一个名称，那就是"经济的活动"。叫做"感觉"的活动不过是我们曾认为与伦理的活动有别的那一种较简单而基本的实践活动，它只是起于要达到私人目标的欲念和意志，不经过道德的决定。

【评快感主义】感觉之所以往往被认成一种有机的或自然的活动，那是由于它不能与逻辑的、审美的或伦理的活动相混。从那三种活动（只有这三种是承认过的）的观点来看，感觉像是不在真正的心灵的范围之内，几乎只是一种自然的决定，或是心灵在未脱自然状态时的决定。由这个看法，另一个常提出来的学说的真理也可见出：就是以为审美的活动，像伦理的和理智的活动一样，并非感觉。感觉既已被默认为经济的意志，这

---

① 心灵活动，原文只是"活动"（activity）。克罗齐以为只有心灵才有活动，活动即认识与实践的总称。它与"被动"对立，"被动"是"自然"的特征，所以心灵与自然对立。被动是素材，活动才有形式，所以素材与形式的对立，也就是自然与心灵的对立。这里我们用心灵活动，以使读者易于了解。读者须记住克罗齐所谓活动都是心灵活动。

个学说是不可反驳的。这学说所驳斥的是“快感主义”[1]。快感主义把一切心灵的形式都简化成一种,而这一种形式也就因此没有特性,变成一种暧昧的神秘的东西,如同“一切牛在深夜里都现得是乌黑的”。既然做到这步简化和剥夺,快感主义者在活动中于是就只看见快感与痛感而看不见其他的东西。在艺术的快感与消化通畅的快感之中,在善良行为的快感与张开肺腑呼吸清新空气的快感之中,他们都看不出有什么重要的分别。

【每种活动都有感觉陪伴】但是依本章所下的定义,感觉的活动虽不能代替一切其他形式的心灵活动,我们却并非说它不能陪伴它们。它其实必须陪伴它们,因为它们一方面彼此互有密切的关系,一方面又各与基本的意志的形式有密切的关系。所以它们各有个别的意志以及生于意志的叫做感觉的快感和痛感做陪伴。但是我们不应把陪伴混为主体,以此代彼。真理的发现,或道德责任的完成,都引起我们的欢欣,使我们整个生命震颤,我们因为达到这两种心灵活动的目的,同时也就达到这两种活动在实践上所趋赴的目的。不过经济的或快感的满足,伦理的满足,审美的满足,理智的满足,四者虽如此相联,却仍各个不同。

一个常问到的问题(这确实像是美学生死攸关的问题)也就因此得到解答:感觉与快感是在审美事实之先,还是在后;是原因还是结果呢? 我们须先把这问题放大,使它包括各种心灵活动中间的关系,然后回答说:在心灵的整一体中,我们不能谈原因、结果和时序上的先后。

上文所说明的关系既已成立,审美的、道德的、理智的,甚至有时叫做经济的,各种活动所伴的感觉性质如何,就不必研究了。就经济的感觉而言,很显然的那不是两个而只是一个名词,研究经济的感觉势必就是研究经济的活动。就其余三项而言,我们应注意的不是那名词(感觉)而是那形容词(审美的等等);“感觉”之上有“审美的”、“道德的”和“逻辑的”说明它的性质,就可以说明它如何着色成为审美的、道德的和逻辑的;至于孤立地研究感觉本身,就无从说明那些返光和着色。

【感觉中几个常见分别的意义】由此可以得出另一个结论:我们无须再保留一些著名的分别,例如价值或价值的感觉与只关快感不关价值的

① 快感主义(hedonism):要旨是人类行为都受快感与痛感的决定,不是趋乐,就是避苦。英国功利主义派哲学家边沁和穆勒都提倡快感主义。在美学上快感主义把艺术所产生的快感与一般感官方面的快感混为一谈。这种看法从古希腊到现在都有人主张。这个词普通译为“享乐主义”,带有纵欲的意味,不妥。

感觉的分别，无所为而为的快感与有所为而为的快感的分别[1]。客观的感觉与非客观的（即只是赞许或纯快感的）主观的感觉（可与德文 gefallen 与 vergnügen 的分别[2]参较）等等。这些分别原意在使真善美三种心灵的形式不与第四种形式相混，这第四种形式究竟是什么，还没有人知道，所以游离不定，酿成许多笑话。在我们看，这三种形式就已完备了，因为我们可以更直接地见出上述分别，如果把自私的、主观的、仅为愉快的感觉也纳入心灵的较有体面的几种形式中去[3]，从前把价值的感觉与仅为快感的感觉的对立，看成心灵性相与自然性相的对立（我们和旁人都这样看过），以后我们就只把它看成价值与价值之中的分别了。

【价值与反价值：对立面及其统一】感觉或经济的活动如上文所说，分为正负两极，快感与痛感，这可以拿“有用的”与“有害的”两词来代替。这正负两极如上文所说，是感觉的活动性的特征，而且在一切形式的活动中都可见出。如果这一切形式的活动都是价值，它们就各有“反价值”和自己对立[4]。无价值不一定就是反价值，要有反价值，必须活动与被动互相挣扎，互不相下；因此这种迷惑不知所措的受阻碍的活动就现出矛盾与反价值。价值是自由生展的活动，反价值则与此相反。

对这两个名词既下了这个定义，我们就可安心了，无须再进而讨论价值与反价值的关系，即诸对立面的问题（那就是它们是否应作两元的去看，看作两个实在或两类实在，如同善神与恶神，天仙和魔鬼，互相仇视，或是看作一个统一体，统一体其实也含对立面）。我们的目的在阐明审美活动的性质，而且目前在阐明美学中一个最暧昧最惹争辩的概念，即美的概念，价值与反价值两词如上定义已经够用了。

【美当作表现的价值或干脆地当作表现】审美的、理智的、经济的和伦理的价值与反价值，在流行语言中有各种称呼，例如“美”，“真”，“善”，“有

---

① “有所为而为的快感与无所为而为的快感”（interested and disinterested pleasures）：interest 这词有实际利害的意义，关系实际利害，带实用目的的活动是“有所为而为的”。不关系实际利害，不带实用目的的活动是“无所为而为的”。这个分别是康德提出的，他认为审美只产生无所为而为的快感。

② 德文 gefallen 与 vergnügen 分别是被动与主动的分别，前者可译“物使我怡悦”，后者可译“自己怡悦”。

③ 指上文所说的真善美。

④ “价值”（value）与“反价值”（antivalue）。例如“善”是价值，“恶”便是它的反价值。心灵活动自由发展，则有成功的表现、理解或道德行为，即有价值，它与被动矛盾冲突而不能克服，则有不成功的表现。理解或道德行为，即有反价值。

用的”,“方便的”,“公平的”,“正确的”等等,指心灵活动的自由生展,即成功的行动、科学研究和艺术创造;“丑”,“伪”,“恶”,“无用的”,“不方便的”,“不公平的”,“错误的”等等,指迷惑的失败的活动。这些词在语言习惯上不断从某一类事实移用于另一类事实。例如“美”不但用来指成功的表现,而且也用来形容科学的真理、成功的行动和道德的行动,例如说“理智的美”、“美的行动”、“道德的美”。要想适应这些变化无穷的习惯用法,就会闯进字面主义的迷途,许多哲学家和美学家们都曾这样迷过路。因为这个道理,我们一直到现在都小心避免用“美”字来指成功的表现这种正价值。但是既经许多说明,误解的危险已消灭了,而且我们也看得出,在流行语言中与在哲学中,占势力的倾向是把“美”字的意义限用于审美的价值,所以我们觉得以“成功的表现”作“美”的定义,似很稳妥,或是更好一点,把美干脆地当作表现,不加形容词。因为不成功的表现就不是表现。

【丑,丑之中美的因素】因此,丑就是不成功的表现。就失败的艺术作品而言,有一句看来似离奇的话实在不错,就是,美现为整一,丑现为杂多。所以我们常听到有几分是失败的艺术作品的“优点”,这就是其中“一些美的部分”;完美的作品就没有这种情形,我们不能列举它们的优点,指出某某部分为美,因为它们既是完整的融会,通体就只有一种价值。生命流注于全体,不退缩到某某个别部分。不成功的作品可以有各种程度的优点,甚至于最卓越的优点。美并没有程度上的差别,所谓较美的美,较富于表现性的表现,较恰当的恰当,是不可思议的。丑却不同。它有程度上的差别。从颇丑(或几乎是美的)到极丑。但是如果丑到极点,没有一点美的因素,它就因此失其为丑,因为它没有借以生存的矛盾。[1] 反价值就会变成无关价值,活动就会让位给被动,不和它争斗,有活动与被动对抗,才有矛盾冲突。

【不丑不美的表现品不存在】分别美丑的意识所根据的是审美活动借以发展的冲突与矛盾,因此当我们从最繁复的表现品递降到简单的以至于最简单的表现品时,分别美丑的意识当然就逐渐薄弱以至完全消失。于是有一种错觉因之而起,以为有些表现品,即得来不费工夫,容易而自

① 极丑失其为丑,丑是一个反价值,起于活动与被动的矛盾,极丑则活动消失,全是被动,没有矛盾,它就不是对价值而言的反价值,只是无关价值(non-value)。

然的表现品，是不美不丑的。

【真正的审美的感觉以及陪伴的或偶来的感觉】美与丑的奥妙都可以纳在“成功的表现”和“不成功的表现”这两个平易的定义里面。如果有人反驳说：世间有些完善的审美的表现品不引起快感，而其他甚至是失败的表现品却能引起极大的快感。我们就要奉劝他们集中注意于审美的事实，于真正的审美的快感。审美的快感往往为起于题外事实的快感所加强，或则毋宁说，所夹杂；这些快感只是偶然与审美的快感夹在一起。诗人或其他艺术家在初次见到（直觉到）他的作品，在他的印象中获得形式，而他的面孔放射出创造者的神圣的喜悦的时候，他所感到的就是纯粹的审美的快感。就另一方面说，一个人做了一天工作，进戏院去看喜剧，他所尝到的就是一种混合的快感：休息与娱乐的快感，笑着在他的棺材上拔去一根钉似的快感，这种快感只是剧作者与演剧者的来自艺术的真正审美快感的陪伴。一个艺术家工作完成时，看着自己的工作所生的快感也是如此，在真正的审美的快感之外，他还尝到一种完全不同的快感，由于沾沾自喜的心情得到满足，甚至想到他的作品所能得到的经济的利益。①

【评外表的感觉说】在近代美学中还另设一类审美的感觉，叫做“外表的感觉”②，它们不起于形式，不起于艺术作品本身，而起于作品的内容。人们常说：艺术的表象所引起的快感与痛感有无数变化。我们陪着戏剧或小说中的人物，图画中的形体，或音乐的曲调一齐焦急发抖、欢欣鼓舞、胆战心惊、笑、哭或向往。但是这些感觉却不像艺术之外实际生活所当引起的感觉那样，或则说，它们和实际生活的感觉在性质上相同，不过在分量上是冲淡了的。审美的外表的快感和痛感看来是较轻微些，肤浅些，流动些。我们在这里无须讨论这些“外表的感觉”，理由是我们已经讨论得很多了，一直到现在，我们都在讨论它们。它们究竟是什么呢？可不就是一般感觉经过对象化，经过直觉和表现么？它们当然不能像实际生活中

---

① 这段主旨在说明审美的快感与非审美的快感的分别。审美的快感起于见到成功的表现，非审美的快感起于实用需要的满足，例如有些颜色使我们生快感，完全由于它适合生理要求或唤起愉悦的联想，青色就是如此，眼睛喜看青色，因为它的刺激适合眼睛的组织，而且唤起田园宁静新鲜的联想。这不能算是审美的快感。在一幅画中青色是一个完整谐和的形象之中的一个因素，有表现性，才能唤起审美的快感，近代实验美学的一个根本错误在于忽视这个分别。

② “外表的感觉”（apparent pleasures）也许叫做“同情的感觉”（sympathetic pleasures）还要妥当。例如看《水浒》武松打虎一段，未把虎打杀以前我们和武松一样提心吊胆，既把虎打杀，我们和他一样兴高采烈。这些都是实际生活中的感觉冲淡了的。

的感觉那样热烈生动地搅扰我们，因为那些感觉是素材，而它们是形式，是活动；那些感觉是真正生活中的感觉，而它们是直觉品、表现品。“外表的感觉”一词，在我们看，不过是一个赘词，我们可以毫无顾忌地把它一笔勾销。

第十一章 评审美的快感主义

快感与痛感本寓于一切经济的活动，而且陪伴着一切其他形式的活动。一般的快感主义就从此出发。我们反对这个学说，因为它把能容者与所容者[①]混为一事，除快感的作用以外不承认其他作用，因此我们也就反对这个学说的一个支派——审美的快感主义，他们虽不把一切活动，至少把审美的活动，看成只是一种感觉，[②]而且把产生快感的表现品（这就是美的东西）和只是产生快感的（美感以外产生快感的）东西相混。

【评美与高等感官的快感的混淆】审美的快感主义的看法有几种。一个最古的看法是把美的东西看作凡是可使耳目——即所谓“高等感官”——发生快感的东西。从前人开始分析审美的事实时，总难免把一幅画或一首乐曲看成视觉或听觉的印象那一个误解，并且很难正确地解释瞎子不能欣赏画，聋子不能欣赏音乐那一个浅显的事实。审美的事实并不依靠印象的性质，任何感官的印象都可以提升到审美的表现，却不一定就必须提升到审美的表现。

要把这番道理显示出来，像我们所显示的，颇非易事，只有把这问题的一切其他可能的学说都试过以后，才会见出这道理。任何人主张审美的事实就是使耳目生快感的东西，都无法辩驳另一派人的主张，以为美的东西就是一般产生快感的东西，烹调术，或是（像有些实证主义者所称呼的）“胃口美”，也应包括在美学里。

【评游戏说】游戏说[③]是另一种审美的快感主义。游戏这个概念往往可助人了解表现的活动性，据说人在未开始游戏时，还不真正地是人（在开始游戏时，他才把自己从自然的机械的因果律中解放出来，做心灵的活

---

① 能容者指各种心灵活动，所容者指痛快感觉。

② 这就无异于不承认有一种特殊的活动为审美的活动。

③ “游戏说”(the play theory)：发源于德国诗人席勒(Schiller，1759—1805)，主旨在以为艺术与游戏相同，都是过剩精力发泄于自由活动。后来英国学者斯宾塞(Spencer，1820—1903)也主张游戏说。

动)，人类最初的玩艺就是艺术。但是“游戏说”既然也指发泄身体的富裕精力所产生的快感(这是一种实践的事实)，它就不免要承认任何玩艺都是审美的事实，或承认艺术就是一种玩艺，因为像科学和任何其他东西，艺术也可以作为玩艺的一个节目。只有道德不能起于游戏的意志(道德永不会被人认为起源于游戏)，相反的，游戏的行动却要受道德的节制。

【评性欲说与胜利说】最后，有些人设法把艺术的快感看成性欲的快感的回响，还有些最近的美学家很有把握地把审美的事实溯源到征服和胜利的快感，或是像另一些人所补充的，溯源到男人要征服女人的欲念。[①] 这个学说还有许多关于野蛮风俗的传闻作证，那究竟有多少可靠，只有天知道！其实并不必求证于野蛮人，在普通生活情况中，我们就常看到诗人们用他们的诗做自己的装饰，像公鸡耸冠、火鸡张尾那样。但是任何人这样做，就他这样做来说，就失其为诗人，变成一个可怜的傻瓜，一个像公鸡火鸡的傻瓜，而且征服女人的欲望也与艺术毫不相干。这种学说不正确，正如看到从前有宫廷诗人，而现在也有卖诗帮助生活，纵然不完全靠卖诗过活的诗人，就说诗是“经济的”产品。这种推理和定义已替唯物史观吸引了一些热烈的信徒。

【评同情说的美学，内容与形式在同情说中的意义】另一个不像前一说那样粗俗的思潮把美学看成研究同情的科学，研究凡是我们所同情的，凡是能吸引、能引起欢欣、能引起快感和赞赏的东西。但是同情的东西不过是引起快感的东西的意象或表象。唯其如此，它是一个复杂的事实，其中有一个不变的因素，即表象的审美的因素，有一个变动的因素，即由种种不同价值所产生的无数种类的快感的因素。

在日常语言中，人们常不愿意把一个表现品称为“美的”，除非那个表现品是表现同情的。因此，美学家和艺术批评家的见解与寻常人的见解常相冲突，寻常人很难相信苦痛和卑鄙的形象能够美，或至少怀疑这种形象有资格可以和产生快感的善的事物的形象比美。[②]

---

① 奥国心理学家弗洛伊德是性欲说的著名的倡导者。他以为性欲本能最强，受道德、宗教、法律等等社会力量的压抑，于是沉到隐意识里去，力量仍在，时图爆发，文艺把这种潜力引导发泄于社会所允许的途径。胜利说的倡导者是弗洛伊德的弟子阿德勒(Adler)，要旨在人发觉自己有缺陷，便起“在上意志”(the will to be above)或“男性的抗议”，不但把缺陷弥补起来，而且还超过没有缺陷时所能做到的程度。

② “同情说的美学”(the aesthetic of the sympathetic)主张艺术的题材须能引起观众的道德的同情。18 世纪英国博克(E. Burke)是同情说的代表。

如果我们分出两种科学，一个研究表现，一个研究同情，如果同情的东西不像我们所说的那样复杂而是特种科学的研究对象，上述冲突也许可以化除。如果把重点放在表现的事实，它就归入美学，即表现的科学，如果把重点放在产生快感的内容，我们就回到关于本质是快感的（功利的）事实的研究，不管这些事实如何复杂。① 还有一种主张把内容与形式的关系看成两种价值的总和，那也可以溯源到同情说。

【审美的快感主义与道德主义】上述诸学说都把艺术看成只关快感的事物。但是审美的快感主义是站不住的，除非它结合上一般的哲学的快感主义，不承认快感之外有任何其他形式的价值。哲学家们若是承认一个或一个以上心灵的价值，如真理或道德，他们每遇到下列问题必须提出时，就不大肯接受这种快感主义的艺术观。这些问题是：艺术应做的事是什么？它应该有什么用处？它所生的快感是否可以放纵呢？到什么程度为止呢？如果美学当作表现的科学，“艺术目的”这个问题是不可思议的；如果美学当作同情的科学，这个问题就有一个明显的意义，需要解答。

【道学否定艺术，教书匠辩护艺术】解答显然只有两种，一种是完全反对艺术的，一种是对艺术要加限制的。头一种可以叫做“道学的或苦行者的”答案，在思想史上虽不常见，却也见过几次。它把艺术看成感官的麻醉剂，所以不但无用而且有害。我们应该竭力使人类心灵摆脱艺术的骚扰。另一个答案可以叫做“教书匠的，或道德兼功利的”答案，它收容艺术，但是要它合于道德的目的，用纯洁的快感推助人向作者所指的真与善两条路走，要它在装智慧与道德的杯口上涂上甜蜜。

如果把教书匠的看法分为两种，一种是理智主义的，以艺术的目的在引人向真；一种是道德兼功利主义的，以艺术的目的在引人向实践的善，这种分别却是错误的。勉强把教育职责加给艺术，既是一个预求预计的目的，就不复纯是认识的事实，而是认识的事实变成实践行动的根据，所以它不是理智主义而是教训主义与实用主义。其次，教书匠的看法也不能分为纯粹功利主义的和道德兼功利主义的两种，因为人们若是只承认个人的满足（个人的欲望），他们就是快感主义者，正因为他们如此，他们就无须替艺术寻出一个究竟的目的。

---

① 这段主旨在反对把道德的同情所生的快感与审美的活动所生的快感混为一事。

我们讨论到现阶段，解释了这些学说，就无异于驳倒了它们。我们只须说：在教书匠的艺术观之中可以寻出另一理由，说明何以有人错误地主张艺术的内容必经选择，以求达到某些实践的效果。

【评纯美说】艺术只关“纯美”说有时被人提出来反对快感主义的与教书匠的美学，而且为艺术家所热烈赞许：“上天把我们的一切欢乐都放在纯美里，诗就是一切。”[①]如果这一说是指艺术不应与感官的快感（功利的实用主义）相混，也不应与道德的实践相混，则我们的美学就应该可以戴上“纯美的美学”的头衔。但是如果它是指（它实在常指）什么神秘的、超经验的、我们可怜的人类世界所不知道的、精灵的、神佑的东西，而不是表现，则我们必须回答说：我们既然认为美纯是心灵的表现，就不能想象到有哪一种美比这更高，更不能想象到美可以没有表现，美可以脱离它本身。

第十二章　同情说的美学和一些假充审美的概念

【假充审美的概念和同情说的美学】同情说曾引生一系列的概念，使它们流行于各派美学中（两种影响对它推波助澜，一是全凭幻想的形而上学的带神秘色彩的美学，一是假定在同一作者在同一著作中随便摆在一起的东西之中有逻辑的关联的盲目的传统看法），我们只须列举这些概念，就可以见出我们在本书中要坚决驳斥它们的道理。

这些概念的目录甚长，简直数不完：悲剧的，喜剧的，雄伟的，起怜悯的，动人的，可笑的，悲伤的，愁惨的，悲喜剧夹杂的，诙谐的，雄壮的，尊严的，郑重的，严肃的，有气派的，高贵的，装饰的，秀美的，有吸引力的，激烈的，娇媚的，田园的，哀婉的，怡适的，暴烈的，直率的，酷虐的，卑鄙的，可恶的，可嫌的，可怕的，令人作呕的……这个名单可以任意拉长。因为同情说以唤起同情的东西为特殊对象，它当然不会忘记这一类东西的一切变种、一切混种和一切等级，从唤起同情的东西最高贵最强烈的表现，一直递降到它的相反者，起反感的和起嫌恶的东西。起同情的内容既然被认为“美”，起反感的内容既然被认为“丑”，一些变种（如悲剧的、喜剧的、雄伟的、起怜悯的之类）对于这种美学就形成在美与丑之中的各种等级与各种细微差别中间了。

【评艺术丑与征服丑的学说】同情说的美学既尽其所能，列举这些变种，而且给它们下了定义，于是就来讨论丑在艺术中应占什么位置的问

---

① 意大利诗人邓南遮（Gabriele d'Annunzio，1864—1938）的话。

题。这问题对于我们却没有意义,我们不承认有丑,只承认有反审美的,或不表现的,它们永远不能成为审美的事实的一部分,因为它是审美的事实的对立面。但是在我们所批评的这个学说中,这问题的提出与讨论就足见在它所根据的、谬误的有毛病的艺术观(把艺术简化为起快感的事物的表象)与范围较大的真正的艺术观之中,有设法调和的必要。因此它勉强设法确定某些“丑”(起反感的)的实例,为什么理由,用什么方法,可以容纳到艺术的表现里面去。它的答案是:丑先要被征服,才能收容于艺术;不可征服的丑,例如“可嫌的”和“令人作呕的”,就不能收容于艺术;还有一层,丑容纳于艺术时,它的职责在借反称来加强美的效果(美的就是起同情的),起快感的事物借这些反称而显得更有力,更叫人欢喜。快感来自禁戒与苦痛之后,愈见得强烈,这本是老生常谈。所以丑在艺术中也被看作对于美有功效,它对审美的快感是刺激剂和调味剂。[①]

同情说的美学倒塌了,那个改良的快感主义,称呼很堂皇的“丑的征服”说,以及上述那些与美学毫不相干的一些概念的名目和意义,也就随之倒塌了。美学不承认有起同情的,起反感的,以及它们的变种,它只承认有表现那种心灵的活动。

【各种假充审美的概念属于心理学】不过上述那些概念在许多美学著作中既占过重要的地位,我们就应对它们的性质作一个较详尽的说明。它们应该有什么样的地位?从美学中排除了,它们应该被哪一部门哲学容纳呢?它们实在无地可容身,因为它们都没有哲学的价值。它们不过是一些分类,这些分类可以用极不一致的方法去分,也可以随意增加,来把人生的一切价值与反价值的无穷组合与分别都归纳到一起。它们之中也有些具有特别积极的意义,例如美的、雄伟的、宏大的、庄严的、郑重的、重大的、高贵的、感发兴趣的之类,有些只具有主要的是消极的意义,例如丑的、起痛感的、可恶的、可怕的、过大的、奇怪的、枯燥的、夸张的之类,也有些具有混合的意义,例如喜剧的、温柔的、愁惨的、诙谐的、悲喜剧夹杂的之类。这种复合是无穷的,因为个别事物是无穷的,因此,我们无法建立这些概念;除非用自然科学的勉强求近似的方法,把它们既不能悉举又不能以哲理思考了解和征服的那个实在界,尽量作最妥善的分类。心理

① 丑被征服以后才能收容于艺术,产生“雄伟的”、“喜剧的”之类印象,这是19世纪德国学者梭尔格(Solger,1780—1819)、梵依斯(Weisse,1726—1804)诸人的主张。

学既是一种自然科学，任务是就人的心灵生活建立一些类型与系统（这个科学的性质纯粹是经验的与描写的，现在已日渐明显了）。上述诸概念既不属于美学，又不属于一般哲学，就只好交给心理学了。

【这些概念不能有严格的定义】上述诸概念，像一切其他心理学的建构一样，不能有严格的定义，因此也就不能互相推演，由此得彼，也不能联络成为一个系统。尽管有人常作这样的企图，也总是浪费时间而得不到好结果。替它们下哲学的定义既已公认为不可能，就是退一步找公认为正确的经验的定义也还是不可能，因为经验的定义总不是唯一的而是无数的，随下定义的情形和目的而异，不能为某一单独事实下一单独定义；很显然，如果只有一个唯一的定义有真理的价值，它就不是经验的定义而是严格的哲学的定义了。就事实说，上述诸名词中随便哪一个每次被人运用时，同时也就被人给了一个明白说出的或是默认的新定义。这许多定义彼此相较，在某一点上总有些差别，尽管差别很细微，每一定义总是暗中针对某一个别事实，本来只是当时注意所及的特殊对象，却被提升到一个普通类型的地位，所针对的个别事实不同，定义也就因而不同。因此，这些定义中没有一个能使作者或听者满意。因为过了一些时候，他又碰见一个新事例，看出原来那个定义用到这上面来，多少有一点不够，不恰当，需要略加修改。所以我们应让作者或说话者自由替雄伟的、喜剧的、悲剧的或诙谐的诸词下定义，随当前的时宜，适应当前的目标。如果要一个有普遍性的经验的定义，我们只能提出这样一个：雄伟的（或是喜剧的、悲剧的、诙谐的等等）就是由已用或将用这些字眼的人们这样称呼它或将要这样称呼它的一切事物。

【实例：雄伟的、喜剧的、诙谐的诸词的定义】“雄伟的”是什么呢？一种惊人的道德力量的不期然而然的出现：这是一个定义。但是另一个定义对于虽是惊人的但却是不道德的、破坏力量的出现，也承认它是雄伟的。这也并不比前一个定义差。这两个定义都含混而不精确，须等到一个具体的情境，有一个实例，才能把“惊人的”和“不期然而然的”所指的意义弄明白。它们都是量的概念，但是“量”也并不准确，因为没有方法可以测量它们，它们骨子里都是譬喻词。或是逻辑的赘词。[①]

“诙谐的”可以下定义说是泪中的笑，苦笑，从喜剧的到悲剧的或从悲剧的到喜剧的那种突然转变，浪漫式的喜剧的，雄伟的反面，对于每一种

① “雄伟的”（the sablime）：讨论“雄伟”的学者以博克、康德、黑格尔诸人为最著名。

作伪的企图宣战，想哭而又害羞的怜悯，不针对事实而针对理想本身的笑。在这许多定义以外，你若乐意，还可以增加，看你怎样要借你所给的定义，来见出这个诗人或那个诗人、这首诗或那首诗的特殊面貌；这面貌，就它的特殊性来说，就是它本身的定义，虽是暂时的，有限定范围的定义，却是唯一恰当的定义。①

"喜剧的"定义有人这样下过：看到一种离奇古怪的东西起不快感，心里马上就有较大的快感接着来，由于本来期待看到一种重要事物而呈紧张状态，可是后来并没有看到这种重要事物，心力因此弛懈。比如说，在听一个故事，描写某人有意要做一件伟大的英雄事迹，我们在想象中预期一个伟大的英雄行动发生，于是集中心力准备着看它。可是突然间来的不是那伟大的英雄行动，像故事的开头和它的语气让我们所预期的，而是预料不到的变成一种渺小、卑鄙、愚蠢的行动，毫不能满足我们的预期。我们算是受了骗，这骗的发觉带来一阵不快感。但是这一阵不快感好像被马上接着来的东西征服了：我们从此可以弛懈我们的紧张的注意，把原来的积蓄起来的而此后用不着的心力放松，自觉轻松而愉快。这就是喜剧和它的生理上的陪伴——笑——所生的快感。如果已发生的那件不愉快的事损害我们的利益，那就没有快感，笑就会马上闷住，心力就会被其他较重大的发觉拉得紧张，过度紧张。如果这种较重大的发觉不出现，而全部损失不过是我们的预先揣度略受欺骗，则有心力富裕的感觉跟着来，很够赔偿这轻微的失望。关于喜剧的一个最正确的近代的定义，用很少的话说出来，就是如此。② 这定义自夸能包括过去许多喜剧的定义，加以证实或修正，例如古希腊到现代，从柏拉图在《斐利布斯》对话里所下的定义，③更较明白的亚里士多德的定义（把喜剧的看成"没有痛感的丑"），④到霍布斯的定义（把喜剧认成自己优于旁人的感觉），⑤康德的定义（把喜

① "诙谐的"（the humorous），普通译为"幽默"。

② "喜剧的"（the comic），这里的定义虽是综合的，大体上是康德和叔本华的学说。

③ 见柏拉图的《斐利布斯》（Philebus，47—60）："拿朋友的愚蠢作笑柄时，我们一方面有嫉妒所伴的同感，一方面又有笑所伴的快感。"

④ 见亚里士多德的《诗学》（Poetics，1449：32—35）："喜剧描写人们比常人坏些，坏并非指任何一种和每一种过失，只是指一个特种的过失，就是可笑的，这原是丑的一种；丑就是一个误失或残缺，对旁人不生痛感或伤害的。"

⑤ 霍布斯（Thomas Hobbes，1588—1679）：英国哲学家，主张人性本恶，在他的名著《人性论》里说："笑的情感只是在发现旁人的弱点或自己过去的弱点，突然念到自己的某优点所引起的'突然荣耀'的感觉。"

剧认成紧张的弛懈),[①]以及他人所提议的定义(把喜剧看成大与小、有限与无限等等的冲突)。[②] 但是仔细一看,上述分析和定义在外表上虽很详尽精确,而所列举的诸特性则不仅可适用于喜剧,也可适用于一切心灵的作用,例如痛感与快感的承续交替,以及意识到力量和它的自由扩张所生的愉快。上述定义只借一些不能确定限度的分量上的定性来作分别,所以它们仍是一些含混的字眼,要看所指的某某特殊的喜剧的事实,以及说话人的心理状态,才能见出几分意义。如果以太认真的态度对付这些定义,那就不免像让·保尔[③]关于一切喜剧的定义所说的话:那些定义的唯一的好处就在"它们自己是喜剧的",他们无法用逻辑的方法下喜剧的定义,于是在实在界中造成喜剧的事实。谁会用逻辑的方法定一个界线,来划分喜剧的与非喜剧的、笑与微笑、微笑与严肃呢?或是把生命所流注的有差别却又相衔接的整体,割成无数分得清楚的部分呢?

【这些概念与审美的概念的关系】尽可能地区分为上述那些心理学的概念的那些事实,除掉两点以外,与艺术毫无关系:第一点是普遍的,就是那些事实全体,就其为人生的材料而言,都可以成为艺术表现的对象;第二点是偶然的,就是审美的事实往往也能成为上述那些心理作用的对象,例如像但丁或莎士比亚那样大的艺术家的作品可以引起雄伟的印象,而一个庸俗作家的尝试可以引起滑稽的印象。

但是这里的心理作用也与审美的事实无关,审美的事实只关审美的价值(即美与丑)的感觉。但丁所描写的法利那太[④]在审美的观点看是美的,如果这位角色的意志力也显得雄伟,或是但丁所给他的表现,由于他的伟大的天才,比起能力较薄弱的诗人的表现,显得雄伟,这些都出乎审美的看法范围之外。我们再申述一句:审美的看法始终只关心表现是否恰当,这就是说,它是否美。

第十六章 鉴赏力与艺术的再造

【审美的判断,它与审美再造的统一】全部审美的和外射的过程既已

---

① 康德的《审美判断力的批判》:"一种紧张的期望突然消失,于是发生笑的情感。"

② 这是19世纪德国美学家立普斯(Theodor Lipps, 1851—1914)的看法。

③ 让·保尔(John Paul, 1763—1825):德国小说家,以诙谐著名,有专著论美学。

④ 法利那太(Farinata):但丁的《神曲·地狱》中的一个角色。他生前是佛罗伦萨的保皇党的首领。

完成了,一个表现品既已造成,而且凝定于一种固定的物质的材料了,什么才算判断它呢?"把它在自己心中再造出来。"艺术批评家们同声回答。这回答很好。

某甲感到或预感到一个印象,还没有把它表现,而在设法表现它。他试用种种不同的字句,来产生他所寻求的那个表现品,那个一定存在而他却还没有找到的表现品。他试用文字组合 M,但是觉得它不恰当,没有表现力,不完善,丑,就把它丢掉了,于是他再试用文字组合 N,结果还是一样。"他简直没有看见,或是没有看清楚",那表现品还在闪避他。经过许多其他不成功的尝试,有时离所瞄准的目标很近,有时离它很远,可是突然间(几乎像不求自来的)他碰上了他所寻求的表现品,"水到渠成"。霎时间他享受到审美的快感或美的东西所产生的快感。丑和它所附带的不快感,就是没有能征服障碍的那种审美活动,美就是得到胜利的表现活动。我们从语文范围里举出这个实例,因为它比较平易近人,因为我们人人都说话,虽然不都作画。现在如果另有一个人,我们称他为乙,要来判断那个表现品,决定它是美还是丑,他就必须把自己摆在甲的观点上,借助于甲所供给他的物理的符号,再循原来的程序走一趟。如果甲原来看清楚了,乙(既已把自己摆在甲的观点)也就会看清楚,看见这表现品是美的;如果甲原来没有看清楚,乙也就不会看清楚,就会发现这表现品有些丑,正如甲原来发现它有些丑。

【二者不可能有分歧】也许有人说,我们没有考虑到两种其他情形:甲看见清楚而乙看见却不清楚,甲看见不清楚而乙看见却清楚。严格地说,这两种情形都不可能。

表现的活动,正因其为活动,不是随意任便,而是心灵的必然,它只有一个正确的方法,去解决某一固定的审美的问题。有人对这句平常话也许反对说,有些作品在艺术家自己看原是美的,后来在批评家看却是丑的,也有些作品为艺术家自己所不满意,认为不完善或失败的,后来批评家们却以为它们美,完善。但是在这种事例中,必有一方面是错误的,不是艺术家,就是批评家;有时是艺术家,有时是批评家。一个表现品的作者有时并不完全认清在他的心灵中发生的东西。匆忙,虚荣心,省察的缺乏,理论上的偏见,都叫人们说,而且甚至相信,自己的某些作品是美的,其实如果他们真正向心中省察一番,就会见出它们是丑的,因为它们本是丑的。比如可怜的堂吉诃德很郑重其事地把纸板制的遮面甲安在他的头盔上，头一次搏斗就见出那块遮面甲的抵抗力薄弱，下一回碰到一刀很准确地戳过来，就不敢再用它来遮挡，只宣告它是（据作者说）“戴起来原来倒是挺美的”。在其他事例中同样理由，或是相反而可类推的理由，使艺术家昏头昏脑，把自己的成功的作品估价过低，或是把自己在艺术的自然流露中已经做得很好的作品丢开另做，反而做得没有原来那样好。塔索丢开《被解放的耶路撒冷》，去做《被征服的耶路撒冷》，便是一个实例。同理，批评家们也往往因为匆忙，懒惰，省察的缺乏，理论上的偏见，私人的恩怨以及其他类似的动机，把美的说成丑的，丑的说成美的。如果他们能消除这些扰乱的因素，他们就会如实地感觉到艺术作品的价值，不把它留给后世人（那个较勤勉而且较冷静的裁判者）去给奖，去主张他们自己不曾主张的公道。

【鉴赏力与天才的统一】从上述道理，我们可以看出批评和认识某事为美的那种判断的活动，与创造那美的活动是统一的。唯一的分别在情境不同，一个是审美的创造，一个是审美的再造。下判断的活动叫做“鉴赏力”①，创造的活动叫做“天才”；鉴赏力与天才在大体上所以是统一的。

有一句老生常谈：批评家要有几分艺术家的天才，而艺术家也应有鉴赏力。这句话可约略见出天才与鉴赏力的统一。另一句老生常谈也是如此，鉴赏力有主动的（创造的）和被动的（再造的）两种。但是另有一些也是常说的话却否定天才与鉴赏力的统一，例如说有鉴赏力而无天才，或有天才而无鉴赏力。这些话是无意义的，除非它们只是指分量的或心理的差别：有些人创造艺术作品，其中主要的部分出于灵感，次要的部分疏忽有缺点，就叫做有天才而无鉴赏力，有些人在片段的或次要的方面有优点，却没有足够的力量作一个伟大的艺术综合，就叫做有鉴赏力而无天才。其他类似的话也容易作类似的解释。但是如果在鉴赏力与天才、艺术的创造与再造之中，设立一个根本的分别，则传达与判断就都变得不可思议了。我们如何能对陌生的东西下判断呢？用某种活动造成的东西，如何能用另一种活动去判断呢？批评家也许是一个小天才，艺术家也许是一个大天才，但两人的天才的本质必仍相同。要判断但丁，我们就须把自己提升到但丁的水平，从经验方面说，我们当然不是但丁，但丁也不是

---

① “鉴赏力”（taste）：有时译为“趣味”，说是对于文艺的鉴赏美丑的能力。“天才”（genius）在这里指文艺的创造力。

我们，但是在观照和判断那一顷刻，我们的心灵和那位诗人的心灵就必须一致，就在那一顷刻，我们和他就是二而一。我们的渺小的心灵能应和伟大的心灵的回声，在心灵的普照之中，能随着伟大的心灵逐渐伸展，这个可能性就全靠天才与鉴赏力的统一。①

【与其他各种活动的类比】我们无妨趁便提及，以上关于审美的判断的一番话，也可适用到任何其他活动和任何其他判断，科学的、经济的和伦理的批评也都可作同样看法。姑且就伦理的批评来说，我们只有设身处地，去体会某人作某种决定的动机，才能判断那人的决定是否为道德的，否则一种行为就无从了解，也就无从判断。一个杀人者可以是坏蛋，也可以是英雄；这分别在某种限度以内对社会的防卫是无关宏旨的；无论他是坏蛋还是英雄，社会对他都要同样惩处；可是我们如果要从道德的观点去辨别判断，杀人者是坏蛋还是英雄的问题就不是无关宏旨了，所以我们不能不把杀人者的个人心理研究出来，以便确定他的行为的真相，不仅是它的法律方面，尤其是它的道德方面。在伦理学里人们也往往提到道德的鉴赏力或应付能力，相当于普通所谓道德的意识，即善良意志本身的活动。

【评审美的绝对主义(理智主义)与相对主义】上述关于审美判断或再造的一番说明，对于绝对主义者与相对主义者，承认鉴赏力的绝对性者与反对鉴赏力的绝对性者，既赞同而又指责。

绝对主义者肯定美是可以判断的，这并不错，但是这肯定所根据的理论却不能成立，因为他们把美(即审美的价值)认成不在审美活动里面的一种东西，认成一种概念或模型，艺术家在他的作品里就实现这概念，而批评家后来判断那作品本身时，也还利用这概念。其实这类概念和模型在艺术中并不存在，因为既已承认每种艺术都要从它本身上去判断，而且它本身就是它的模型，这其实就已否认有美的客观的(外在的)模型，无论这种模型是理智的概念，还是在形而上学的天空悬着的观念。

在提出这意见时，他们的论敌——相对主义者，是很对的，比绝对主义者算是进了一步。但是他们的主张开始且有理，后来却也变成一种错

---

① "艺术的判断"，就是艺术的批评。一般人以为创造靠天才，批评靠鉴赏力，是两件不同的事。克罗齐译为批评须假道于再造，设身处地把原作者创作时心理过程在想象中再经历一遍，然后可以判断作品的美丑，在批评但丁时，就要了解但丁，就要把自己提升到但丁的地位，再造他所曾创造的作品，因此天才与鉴赏力，创作与批评，并没有根本的分别。

误的理论。援引“谈到趣味无争辩”那句古话，他们相信审美的表现品与一般产生快感和不快感的东西性质相同，每个人对它有每个人的感觉，无从争辩。但是我们明知产生快感和不快感的东西是功利的实践的事实。由此可知相对主义者否认审美的事实有特殊性，又把表现混为印象，认识的活动混为实践的活动了。①

真正的解决办法在把相对主义（心理主义）和错误的绝对主义都丢开，承认鉴赏力的标准是绝对的，但是不是像理智借理性化而显现的那样绝对，而是因为想象有直觉的绝对性。因此，真正是表现活动的东西都应承认其为美，表现的活动和被动②两方面还在冲突而未解决的东西都应承认其为丑。

【评相对的相对主义】在绝对主义者与相对主义者之间还有第三类人物，可以叫做相对的相对主义者。他们承认其他范围内有绝对价值，却否认美学范围内有绝对价值。他们以为辩论科学或道德问题是合理的，可辩护的，因为科学全靠共相，而共相对于一切人是共同的；道德全靠责任，而责任也是一个普遍的人性的规律，至于艺术全靠想象，怎样能辩论它呢？但是不然，不仅想象的活动仍有普遍性，仍与逻辑的概念和实践的责任一样伏根于人性，而且这相对的相对主义还有一个首先就碰到的难点。如果我们否认想象的绝对性，就必然同时否认理智的或概念的真理的绝对性，骨子里也就否认道德的绝对性。道德不要假定先有逻辑的分别么？逻辑的分别可不要借文字表现，借想象的形式，才可以让人明白么？如果想象的绝对性取消了，心灵的生活就必从基础倒塌下来。一个人就不能了解另一个人，或是一顷刻以前的自己（这在一顷刻以后看，已另是一个人）。

【以刺激物与心理情况的多样化为理由，对本说的反驳】不过判断的分歧却是一个无可置疑的事实。人们对于逻辑的伦理的和经济的估价，意见常相左，对于审美的估价还是如此，或则更甚。我们在上文所举的理由（匆忙、偏见、情欲等等）纵然可以减少这种分歧的重要性，却不能消除

---

① 克罗齐在这里所说的绝对主义（absolutism）与相对主义（relativism），即文学批评中的教条主义与印象主义。前者相信美有客观的标准，艺术有固定的规律，批评家拿这标准规律去衡量作品，如同裁缝拿尺去量布；后者相信美无客观的标准，艺术不应有固定的规律，嗜好人人不同，批评家如果诚恳坦白，就只能凭他自己在作品中所得的印象，批评是“心灵在杰作中的冒险”。克罗齐对这两种主张都反对。

② 被动（passivity）是自然或物质的特征，犹如活动（activity）是心灵的特征。活动与被动尚在冲突，即心灵尚未克服自然或物质。

它。在谈再造的刺激物时,我们曾加了一句警告说:“如果一切其他条件都凑合”,再造才会发生。它们是否凑合呢?这假设是否符合事实呢?

它好像并不符合。要凭借一个合宜的物理的刺激物,多次去再造一个印象,还有两个重要的条件:第一,这刺激物始终一样;其次,希望再造的印象原来在什么样心理情况发生,现在主体还要维持什么样的心理情况。事实却不然,物理的刺激物常在变动,心理情况也常在变动。

油画变黑暗,壁画褪色,雕像失掉手脚和鼻子,建筑全部或局部毁坏,乐曲的演奏法失传,诗的正文被不高明的抄录或印刷弄得错脱,这些是物理的刺激物天天遇到变故的著例。至于心理情况,我们不消多说聋盲之类消失某种整个方面的心理印象,更重要的是那些基本的、日常的、不可避免的、无终止的社会的变动,以及我们个人生活的内心状态的变动。但丁的《神曲》的文字声音对于参与第三罗马[①]时代政治的那些意大利公民所生的印象,和它对于见闻较确、接触较密的与诗人同时的人们所生的印象必不相同。挂在新圣马利亚教堂里的契马布埃[②]所画的《圣母》,对现在的游客和对13世纪佛罗伦萨市民,意味是否相同呢?纵然它没有因古旧而黑暗,我们不应该猜想它现在所生的印象大不如前吗?就拿同一诗人来说,他的早年作品,老年再读时,心理情况完全变了,能否产生同样的印象呢?

【评自然符号与习成符号的分别】有些美学家想在刺激物与刺激物、自然的符号与习成的符号之中立出分别,说自然的符号对于一切人有一致的效果,而习成的符号则只对于某一部分人才能生效果。他们相信:图画所用的符号是自然的,诗所用的符号是习成的。但是这种分别至多也只是程度上的。人常说图画是人人了解的语言,诗就不然,例如达·芬奇就觉得图画的特长在“不像文字,不需要各种语文的传译者”,对于人和动物都能引起快感。他谈到一个家庭中父亲的画像的故事,说“孩子们还在襁褓中就知道爱它,连家里的猫狗也爱它”。但是也有另一些故事似乎使小孩和猫狗都懂图画这个信念要动摇,例如一个野蛮人把一个兵士的画像认成一条船,把一个骑马人的画像认成只有一条腿。幸而人们不用辛苦研究,就可以明白,画,诗,和一切艺术作品,只是对于有训练的懂得它

① 第三罗马:古罗马为第一罗马,中世纪天主教会为第二罗马,近代意大利为第三罗马。

② 契马布埃(Cimabue,1240—1302):意大利名画家。他的《圣母像》画成后曾轰动一时,成千上万的群众从他的画室把那幅画送到新圣马利亚教堂。

们的人们才能发生效果。自然的符号并不存在,一切符号都是习成的,说得更精确一点,都是**受历史条件决定的**。

【情况差别的克服】承认了这一点,我们如何能凭借物理的东西把表现品再造出来呢?情况已不同了,如何能得到同样效果呢?尽管有为再造而设的物理的工具,尽管所谓再造都是新的表现品,我们是否就必断定表现品不能再造呢?如果物理的和心理的情况的差别在本质上就不可克服,这就会是当然的结论。但是它们既没有必不可克服的道理,我们就要断定:只要我们能,而且愿把自己摆在原来造作那刺激物(物理的美)时的那个情况中,再造总会发生。我们能把自己摆在那个情况中,这不仅是一种抽象的可能,而且事实上我们确常这样办。假如不这样办,个人的生活(这就是我们与过去自我的交接)和社会的生活(这就是我们与旁人的交接)就都成为不可能了。

【修补还原与历史的解释】至于艺术再造所凭借的物理的东西,把那些诗文的正文修补还原的古文字学者与语文学者,图画雕刻的修补还原者,以及其他勤勉的工作者所努力做的事,正是要使那物理的东西保持或恢复它原有的一切力量。这些企图固然有时不成功,或不完全成功,因为想叫修补还原的东西与原物铢两悉称,是不可能或难能的,但是这里不可克服的也只是偶然才有,不应使我们忽略确实有些修样还原是成功的。历史的解释努力把在历史过程中已经改变的心理情况在我们心中恢复完整。它使死的复活,破碎的完全,以使我们去看一个艺术品(一个物理的东西)如同作者在创作时看它一样。

这个历史的工作有一个条件,就是传统文献[1],借它才能把分散的光线集中于一个焦点上。我们借记忆的帮助,搜集那物理的刺激物(作品)所发生的一些事实,拿来摆在那刺激物的四周,因此使它影响我们,如同它从前影响创作者本人一样。传统文献如果断绝了,解释就得停顿,在这种情形之下,过去的作品对于我们就默然无语。因此,爱屈拉斯康[2]或墨西哥的碑刻这些表现品就是捉摸不着的。我们常听到人种学者们讨论野蛮人的一些艺术作品是图画还是文字,考古学家和史前史学家们有时没有把握

---

① 传统文献(tradition):普通这字译为“传统”,这里译为“传统文献”,意思较为醒豁,它指过去的史料。

② 爱屈拉斯康(Etrascan):这词源于 Etrurie,罗马时代的一个古国,在意大利中部。世界上有好些地方,像这种古国,都有碑版出土,碑版上的文字尚待考古学家和古文字学者去发现。

去确定在某区域的陶器或其他用具上所发现的图形是宗教性的还是世俗性的。但是解释的停顿,像修补还原的停顿一样,向来不是一个绝对不可克服的障碍。新史料逐日发现,运用旧史料的较好的新方法也逐日发现,而且这些方法还可望永在进步,这些都可以把断绝的传统文献联接起来。

我们也不否认,错误的历史解释往往产生所谓"涂去旧字写新字"的情形,把新表现品勉强安放在旧表现品上面,这是艺术的幻想而不是历史的再造。所谓"过去时代的令人留恋",一部分就由于我们把自己的这类新表现品织到历史的表现品里面去。因此人们在希腊造形艺术中发现到希腊人对于人生的静穆的直觉,其实希腊人也很尖锐地感觉到人类尽有的愁苦,人们近来又在拜占庭[①]的圣像的面孔上发现"第一千年的恐怖",其实这恐怖是起于一种误解,或是后来学者们所造的传说。但是历史的批评恰恰就要限制这样的幻想,要精密地确定我们应该采取的观点。

用上述方法,我们常和古人和今人维持着交际,我们决不应该因为我们偶尔,甚至常常,遇到一个不知道的或知道不清楚的东西,就断定说:所以我们自信在与旁人对话时,其实只是在独语;或是说:我们就连过去向自己说的独语,现在也无法复述。

朱光潜译

——选自《美学原理》,人民文学出版社 1983 年版

科林伍德

罗宾·乔治·科林伍德(Robin George Collingwood, 1889—1943),英国考古学家、历史学家、新黑格尔主义哲学家和美学家。早年就读于牛津大学,从 1912 年至 1941 年,先后在剑桥大学和牛津大学任教。他多年从事考古学与史学研究,是罗马统治时期不列颠历史的研究权威。他的主要著作有《哲学方法论》、《自然的观念》、《历史哲学论文集》、《历史的思想》等。

1938 年出版的《艺术原理》是他美学方面的代表作,集中体现了他的表现主义美学观点。

在《艺术原理》中,他继承与发展了克罗齐的"艺术即直觉即表现"说,

---

① 拜占庭(Byzantinm):东罗马帝国的都城,古代及中世纪东方艺术的中心。传说黑暗时代的欧洲人相信耶稣纪元第一千年就要见到末日的审判,所以有"第一千年的恐怖"的话。

认为艺术是艺术家的情感的表现；但是，表现情感不是简单地描述式暴露自己的情感，而是一种创造性活动，是在创造性想象中得到表现的自我情感。他认为想象是一种先于逻辑判断的活动。艺术作为精神活动，是人类精神生活五个阶段（艺术、宗教、科学、历史、哲学）中的第一个阶段。他同克罗齐一样，认为表现不等于传达。在创造性想象中获得的意象便已是艺术品了，而不在于用物质媒介传达给鉴赏者。他进而引申出审美经验不仅是从视听中直接得到的经验，更是一种“整体性的想象经验”，审美愉快“并不是构成它的实际和感性要素所造成的愉快，而是由这些感性要素唤起的想象经验造成的愉快”。

这里节选的是《艺术原理》第一部第六、七两章中的部分内容。作者着重从“纯艺术”（即狭义艺术）“作为表现”和“作为想象”两个角度来探索艺术的本质，划出艺术与非艺术的界限。在第六章中，他对作为纯艺术的情感表现同为某种其他目的而“激发感情”或“发泄情感”作出了区分，强调了“表现”的“个性化”和非选择性，肯定了在“表现”方面艺术家与普通人是一样的，并进而批判了19世纪以来脱离群众的艺术“小集团”主义与“象牙塔”倾向；在第七章中，他对作为纯艺术的创造同一般的制作，艺术的想象性创造同一般的创造，纯艺术的想象同娱乐艺术的虚拟作了严格的区分，认为艺术欣赏实质上是一种欣赏者对自己想象的欣赏，他并进而提出“绝对的想象经验”的概念，认为艺术鉴赏中有一种超越特殊化的感官经验的综合的感性体验，类似于我们今天所说的“通感”，这就是“绝对的想象经验”，也就是艺术作品所服务的目的。最后，他得出结论：艺术是“为我们自己创造一种想象的经验或活动，从而表现了自己的情感”。

科林伍德的美学理论与克罗齐的理论被人们合称为“克罗齐-科林伍德”的“表现”说，在20世纪整个西方美学界产生了深远的影响。

（朱立元）

艺术原理

第六章

……

2. 表现情感与激发情感

……

再没有什么比说他表现情感更普通的了。每一个艺术家以及每一个对艺术略知一二的人都很熟悉这个观念。对它的陈述并不是陈述一种哲学理论或艺术定义,而是陈述一个事实或假定的事实,在我们对它进行了充分的认识鉴别之后,我们将从哲学的高度建立一种关于它的理论。就目前来讲,艺术家表现情感究竟是一个真实的事实抑或仅仅是一个假定的事实,暂时还没有什么关系。我们必须鉴别它究竟是哪一种,就是说,确定人们在使用这个词组的时候他们所说的究竟是什么。然后我们就可以看出它是否宜于建成一种系统的理论。

它们都同一种真实的或假定的确定情境有关。当我们说一个人表现情感时,他所说的话就处在这样一种情境中。首先,他意识到有一种情感,但还没有意识到这是一种什么情感。他所意识到的一切只是他感觉到在自身之内有一种不安或激动,但对它的性质却毫无所知。处于这种状态时,他对自己的情感所能说的仅仅是:"我感到……我不知道我感觉到了什么。"他通过我们称之为表现自己的活动把自己从这种无可奈何的压抑的境地中解放出来。这是一种同我们所说的语言有关的活动:他通过说话表现自己。它也同意识有关:感觉到这种情感的人对于他所表现的情感不再是无意识的了。它还同感觉这种情感的方式有关。在未得到表现的时候,他以一种我们所谓无可奈何的压抑的方式感觉到它;在得到表现以后,这种压抑感就从他的感觉中消失了。他的精神或多或少地变得敞亮和安适了。

这种情感的敞亮和情感的表现是联系在一起的,它同"净化"(catharsis)有某种相似之处,净化通过把情感释放在一种假造的情境中而把情感掩盖起来。但是两者不是一码事。假设有一种愤怒的情感,如果它被有效地掩盖起来,例如想象自己把一个人从楼梯上踢下去,那么此后它就根本不再作为愤怒存在于心灵中了:我们已经把它排除掉,解脱掉了。如果它被表现出来,例如诉之于激烈辛辣的语言,它却没有从我们心灵中消失——我们仍然感到愤怒;但是在意识到自己的愤怒情感时我们就得到一种缓和的感觉,取而代替愤怒情感在没有被认知之前所伴随的那种压抑感,并代替那种仅只是未经辨别的不安的意识。这就是我们说表现自己的情感"对我们有好处"时,所赋予它的意义。

利用语言表现情感可能是对着一个人而说的;但如果是这样,则诉说的意图并不是要在他身上激发起一种类似的情感。如果我们希望在听者身上产生什么效果的话,它也只能是这样一种效果,即:使他理解我们的感觉。但是，正如我们已经看到的，表现我们的情感所产生的效果正是对我们自己而言的。它使我们，同样也使和我们谈话的人，理解我们的感觉。一个激发情感的人企图以某种方式影响听众而自己却不必受影响。他和听众对同一行为处于完全不同的关系中，就像开药的医生和吃药的患者对于药物处于完全不同的关系中一样。反之，一个表现情感的人则以同样的方式对待自己和听众，他在力图使听众了解自己的情感时，对自己也在做着同样的事。

这是因为情感表现单纯地作为表现，不是针对任何特别的听众而发的，它首先是对诉说者本人，其次才是对任何能理解他的听众而发的。

……

手段、目的或技巧这样的术语也是不适用的。一个人除非已经表现了他的情感，否则不会知道它是什么情感的。因此表现情感的活动就是对自己情感的探索。他力图发现这些情感究竟是什么。在这里有一个被引导的过程，即一种努力被引向某个目的；但这个目的不是预先发现和预先设想的。后者的适当手段可以根据我们关于它的特性的知识设想出来。表现是一种完全可以不要技巧的活动。

3. 表现与个性化

表现一种情感和描述它不是同一回事。说“我愤怒”是在描述一个人的情感，而不是表现它。用以表现情感的语言完全不必包含任何涉及愤怒的词。的确，它们只要简单地、单纯地表现愤怒，它们就完全不必直接涉及它。厄纳尔弗斯的诅咒，就像斯洛普博士在那个打绳结的陌生人身上所引发的，是愤怒情感经典的最高的表现，但是它对所表现的情感没有用一个描述性的字眼。

这就是文学批评家所充分了解的，为什么在诗中或旨在表现的散文中，使用表示性质特征的形容词是一个危险。如果你要表现某种东西引起的恐怖感，你就决不能使用像“可怕的”这样的形容词。因为那是描述它而不是表现它，你的语言立即就变成索然无味的，即非表现的了。一个真正的诗人在创作真正的诗的时候，决不指名道姓地语及他所表现的情感。

……

描述之所以非但不能有助于表现，反而适足以损害它的，是由描述本身造成的。描述一个事物就是称它为某几种类的事物，把它归于一个概念之下，对它进行分类。反之，表现却是个性化的。此时此地，我出于某种原因对于某人感到的愤怒，无疑是愤怒的一个实例，把它描述为愤怒，人们就道出了其中的真理；但是它比单纯的愤怒要复杂得多：它是一种独特的愤怒，和我曾经感觉到的愤怒迥然不同，可能和我以后将要感觉到的愤怒也大异其趣。对它具有充分的意识，意味着意识到它不仅仅是愤怒的一个实例，而且是这一种独特的愤怒。我们看到对它的表现是同对它的意识有关的；因此充分地意识到它，意味着意识到它全部的特殊性，充分地表现它，意味着表现它全部的特殊性。因此，诗人越是对自己的使命有清楚的认识，他就越是尽可能远离那种给他的情感贴上这一种类或那一种类之例证的标签的做法，越是要不惜工本地使用那些能显示其与同一种类的任何其他情感之间的差异的词汇来表现它们，以使它们个性化。

这里就是把作为情感表现的纯艺术同旨在激发情感的技艺鲜明而清楚地区分开的焦点。

……

这就解释了亚里士多德和其他人归之于艺术的普遍性的意义。我们知道亚里士多德《诗学》所阐述的不是纯艺术，而是再现的艺术，而且是再现艺术中一个确定的种类。他没有分析一百年前的宗教戏剧，而是分析了公元前4世纪的娱乐文学，并且为它的创作制订了规则。既然目的不是个性化的而是一般的(某一种类情感的产物)，手段也就是一般的(不是描绘这个特殊的行动，而是这一种行动，不是阿尔西比亚德斯的行动，而是任何这一类的人都可能有的行动)。

……

纯艺术作为情感表现同所有这些都毫不相干。真正的艺术家全力以赴地解决的是表现某一个情感的问题，他说："我要把这个表现清楚。"对他来说把其他东西表现清楚是没有用的，然而就像他要表现的东西一样，那个其他的东西也同样可以表现清楚。没有什么东西可以作为替代物。他所要的不是某一类东西，而是某一个东西。

……

4. 选择与审美情感

有时候人们问道，情感是否可以分为适于被艺术家表现的和不适于表现的。如果人们用艺术这个词指纯艺术并把它等同于表现，那么唯一可能的回答是，不可能有这样一种区别。任何可表现的东西都是可以表现的。在特殊情况下艺术家可能会出于某些隐秘的动机,要求表现某些情感而不表现其他的,但这只有在人们把“表现”这个词仅用于公开表现的情况下才可能,也就是说,要允许人们听到他表现自己。这是因为一个人不可能决定一种情感由于某种原因不宜于公开表现,除非他已经意识到它,而这种意识,我们知道,是同表现情感密切相关的。如果艺术就是情感表现,那么艺术家就必须是绝对坦率的;他的言论必须是绝对自由的。这不是一种训诫,而只是一个陈述。它并不是说艺术家应当坦率,而是说只有在他坦率的时候他才是艺术家。任何选择,任何关于表现这种而不是那种情感的决定都是非艺术的,不是因为它破坏了使优秀艺术得以区别于拙劣艺术的完满真诚,而是因为它表明在纯艺术作品的创作中始终存在另一种非艺术过程。因为在作品完成之前,人们不会知道他感觉到什么情感,因此艺术家不能挑肥拣瘦,给他所选中的情感以特殊优待。

从这些思考中产生的一个必然结果是把艺术划分为各个不同的种类。目前流行的有两种分类:一种根据艺术家所使用的媒介,把艺术划分为绘画、诗歌、音乐等等;另一种根据他所表现的情感的类型,把艺术分为悲剧的、喜剧的等等。我们所要讨论的是第二种。如果悲剧和喜剧的区别就是它们所表现的情感之间的区别,那么这种区别在艺术家开始他的创作时就不呈现于艺术家的心灵中;否则他就会在表现之前知道他要表现什么情感。所以,没有一个艺术家——只要他是真正的艺术家——可以有意识地创作一出喜剧,一出悲剧,一首挽歌,等等。只要他是一个真正的艺术家,他就能够写出这些艺术类型中的任何一种。

……

同样这些思考还可以回答另外一个问题,即究竟有没有一种特殊的“审美情感”这样的东西。如果说有这样一种情感,独立于它在艺术中的表现,而艺术家的使命就是表现它,则我们必须回答,这种观点乃是一派胡言。首先它表明,艺术家具有各种各样的情感,这种特殊的审美情感存在于它们之中;其次,他们选择这种审美情感来加以表现。即使第一种说法是正确的,第二种也必然是错误的。如果艺术家只是在探索如何表现情感的过程中才发现他们的情感是什么,他们就不能从决定什么情感应当表现来开始表现的工作。

然而在另外一种意义上,的确有一种特殊的审美情感。我们已经知道,一种未经表现的情感伴随着一种压抑感;当得到表现并被意识到以后,同样的情感就伴随着一种新的缓和感和安适感,压抑感消除了。这类似于一个令人压抑的理智或道德问题解决以后所产生的解脱感,如果我们愿意的话,我们不妨称它为成功地表现了的那种特殊感受,没有理由说它不可以被称为一种特殊的审美情感。但它不是一种特殊的在表现之前即已预先存在的情感,具有一种特殊性,在它供表现时就被加以艺术地表现。它仍是伴随着任何表现的一种情感色彩。

7. *表现情感与发泄情感*

最后,表现情感决不能同我们所谓的发泄情感,即显示情感征兆混淆起来。我们在艺术家这个词的纯粹意义上说,艺术家是一个表现他的情感的人,这并不意味着如果他感到害怕,就变得面色苍白,言语嗫嚅;如果他感到愤怒,就变得面红耳赤,咆哮如雷,等等。这些现象无疑也可以叫做表现。但是正如我们把"艺术"一词分为纯粹的和不纯粹的两种意义,我们也必须把"表现"一词分为纯粹的和不纯粹的两种意义。在对艺术的探讨中,上文所说这个意义上的表现是不纯粹的。纯粹表现的特殊标志是清晰性或可理解性;一个人表现了某种东西并由此对它有所意识,同时还使别的人在他身上以及他们自己身上意识到它。面色苍白和言语嗫嚅是伴随着恐惧的一种自然现象,但是一个人感到害怕并变得面色苍白、言语嗫嚅,并不能使他因此对自己情感的确切性质有所意识。对这种性质他全无所知,就像他感到害怕但没有显示出它的征兆时一样(假如那是可能的)。

"表现"一词两种意义之间的混淆很容易导致错误的批评评价,同样地会导致错误的美学理论。有时候在女演员身上它被认为是一种优点,当她表演一个哀婉动人的场面时,她可以使自己的情绪激动到如此地步以至于流下真正的眼泪来。如果表演不是一种艺术而是一种技艺,如果女演员演那场戏的目的是使观众产生悲哀情绪,这种意见可能还有点根据;假如说演员若不流露出悲哀的征兆,观众也就不会产生悲哀的情感,即便这是正确的,也必然会得出上述结论。毫无疑问,大多数人正是这样看待演员的工作的。但是如果他的使命不是娱乐而是艺术,他所追求的目的不是在观众中产生预期的情感效果,而是运用系统的表现或语言——部分由言语,部分由姿势构成——来探索他自己的情感:在自身中发现未曾意识到的情感,并把观众当作这种发现的见证人,同时又使他们在自己身上进行一种类似的发现。在这种情况下，优秀演员的标志就不是她那流出真眼泪的本事，而是她向自己和观众表明眼泪是为何而流。

这适用于每一种艺术。艺术家决不会危言耸听。一个人如果以传统的艺术材料为显示情感征兆的工具来写作或绘画等等，以便发泄强烈的情感，那么他作为一个好出风头的人或许是值得称道的，但却失去了荣获艺术家美名的机会。好出风头者也有其用处，他们可以提供娱乐，要不然他们也可以从事巫术。第二个范畴可以包括那些年轻人，他们从自身肉体及精神的痛苦中揣摩到战争是个什么样子，遂在抒情诗里喊出他们的义愤，并将它们出版以期感染他人，并敦促他们取消战争。但这些抒情诗同诗歌艺术毫不相干。

第七章　纯艺术：(2)作为想象

1. 限定的问题

根据我们在前一章安排的程序，接下来的问题是这样提出的：艺术作品是什么？假使这个名称适用于纯艺术（不仅是所谓的艺术）中的某种东西，那么，既然艺术不是技艺，从而艺术作品也不是人工制品吗？它是由艺术家创作的，但并不是通过改变既定原料的形式而创作的，也不是实施一个预想的计划，更不是为了一个预想的目的而展开手段。这是一种什么样的创作呢？这里我们应当将两个问题妥善地分开来考虑，尽管它们是紧密相联的。我们最好从艺术家开始，把第二个问题放到首位来考虑。因此我将从下述问题开始讨论：这种创作的性质是什么？它不是技艺制造，或者如果我们要给它一个单字的名称，不是制作，甚至也不是实现一个想象的情境的欲望，而是想象为真实的情境中的欲望。

两者的混淆给美学理论造成了很大的损害。艺术同想象的联系至少从两个世纪以来已经是普通的常识了；但是想象与虚拟的混淆反映并加深了艺术与娱乐的混淆，这种想象在精神分析学家把艺术创造当作虚拟的欲望满足而纳入他们的“幻期”理论（当然是一种正确的理论）的企图中达到了顶点。这种理论用来解释通俗小说或电影一类所谓的艺术，就会取得令人赞羡的成功，但不能设想它也适用于纯艺术。当这种企图被用以作为美学的基础的时候（可悲的是这是经常发生的事情），所产生的结果就不是美学而是一种反美学的理论了。这可能是因为企图用“幻想”观念来解释艺术创造的心理学家完全不了解娱乐艺术与纯艺术的区别,在他们的术语中永远只有一个粗俗的错误概念,按照这个风行于19世纪的概念的解释,艺术家乃是一个梦幻者或白日梦者,在想象中建造了一个虚拟的世界,这个世界如果存在的话,至少在他自己看来,将比我们居住的这个世界令人愉快得多。真正的艺术家和真正的美学家曾经一再奋起反对这个错误概念,但是这种反对对许多人来说自然没有什么效果,因为他们所谓的艺术经验,局限在这个错误概念忠实描绘的有组织的商业化的白日梦"艺术"范围内。我们的精神分析美学家似乎属于第一流,或许他们的患者也如此。过分地沉溺于白日梦当然会像他们的患者一样产生道德上的疾病。

5. 艺术作品作为想象的对象

如果创作一个曲调是一种想象的创造,那么曲调就是一个想象的事物。这也适用于一首诗一幅画等等。这似乎是自相矛盾的:我们总是倾向于认为曲调不是一种想象的事物,而是一个真实的事物,一种真实的音响集合——一幅画是一块真实的画布,上面涂着真实的颜料等等。如果读者有耐心的话,我希望证明在这里没有任何似是而非的怪论,这两个命题事实上表达了我们关于艺术的意见,它们并不互相矛盾,因为它们所涉及的是不同的事物。

在讲到艺术作品时,如果我们用艺术一词指一种特殊的技艺,把它当作旨在观众中产生特殊情感效果的刺激物,那么我们当然也会把某些真实的事物称为"艺术作品"。作为巫术家或娱乐提供者的艺术家必然是一个制造真实事物的技匠,根据某种计划运用某些材料制造出它们来。根据同样的理由,他的作品和工程师的一样真实。

但是一个真正的艺术家却根本不遵循同样的途径。他的任务不是在观念中产生一种情感效果,而是创造曲调一类的东西。当曲调还仅仅存在于他头脑中,即还是一个想象的曲调时,它就已经是完成的和完满的了。接下来他可能会在观众面前演奏它。现在一个真实的曲调,一组音响的集合开始存在了。但是两者之中哪一个是艺术作品呢?它们中哪一个是音乐呢?在我们已经讲过的话里就包含着这个问题的答案:音乐、艺术作品,不是音响的集合,而是音乐家头脑中的曲调。演奏家所奏出的以及听众听到的音响根本不是音乐,它们仅仅是观众——如果他们理智地倾听——所借以为自己重建艺术家头脑中的想象曲调的手段。

……把我们关于音乐的讨论逐一用于讨论其他艺术是没有必要的。但是我们必须以积极的形式来建立曾经以消极的方式提出的观点。音乐不是由所听到的音响构成,绘画也不是由所看到的色彩构成,等等。那么它们是由什么构成的呢?很明显,不是由一种"形式"构成的,即理解为所听到的各种音响或所看到的各种色彩的模式或关系体系的形式。这样的"形式"正是"艺术作品"有形的和可感知的结构,即所谓的"艺术作品";这些形式主义的艺术理论尽管过去和现在都很流行,却与纯艺术无关,在本书中我们也不再继续考虑了。形式和质料的区别——这些理论就建立在它的基础上,属于技艺哲学。这在艺术哲学中是不适用的。

纯艺术作品不是看到或听到的什么东西,而是某种想象到的东西。但是我们所想象的是什么呢?我们曾经指出在音乐中纯艺术作品是一个想象的曲调。让我们从发挥这个观点开始吧。

每个人都一定注意到在看一幅画、塑像或戏剧时,在我们事实上看到的东西与想象地看到的东西之间;在听音乐和谈话时,我们事实上听到的东西与想象地听到的东西之间所存在的差异。让我们举一个明显的例证:在观看木偶戏的时候,我们可以发誓,随着木偶姿势的变化以及操纵木偶的人语言和声调的变化,我们看到了木偶脸上表情的变化。由于知道它们只是一些木偶,我们也就知道它们的面部表情不能变化;但这并没有什么关系,我们仍然能想象地看到我们知道事实上看不到的表情。古希腊舞台上那些戴面具的演员也能产生同样的效果。

此外,在听钢琴演奏时,我们根据同样的理由知道,我们必然会听到从一个强拍开始,在继续发声的过程中逐渐消失其力量的每一个音符。但是我们的想象可以使我们在这种经验中加入某些完全不同的东西。就像我们似乎看见木偶表情的变化一样,在我们听钢琴家演奏一首节奏鲜明的曲子时,我们所听到的似乎很像是一支管乐曲子;事实上管乐与钢琴的音符是很容易混淆的。更为奇怪的是,当我们听小提琴与钢琴一道按G调演奏时,小提琴的升F音实际上要比钢琴的升F音高得多。除非人们努力使自己的想象集中在G调上,并默默地为调在同样高度的钢琴纠正每一个音符以同它相适应,否则这音乐就会出现不能容忍的差异。为了使我们能够倾听整个乐队,想象必须从事的这种纠正是难以用笔墨形容的。当我们听人说话或唱歌时,想象就不断地提供我们事实上捕捉不到的连接音。在看一幅钢笔或铅笔素描时,我们把一组粗糙的平行线当成阴影的色彩。诸如此类。

相反的,在所有下列事例中想象都是以消极的方式起作用的。在音乐会上,人们对街上传来的声音、自己呼吸或同邻人应酬的声音,甚至演奏家自己所发出的声音都是听而不闻的,除非他们的声音太大或者由于别的原因欺人太甚以至于无法忽略不计。在戏院里,我们非常奇怪地对坐在前排的人的阴影,以及舞台上发生的许多事视而不见。在看一幅画时,我们不注意笼罩在上面的阴影或反射的光线,除非它们太过强烈。

所有这些都是很平常的。结论已经由莎士比亚的提修斯提出了:"在这类'艺术作品'中,就像感官实际上感知到的事物一样,最好的仅仅是阴影,如果有想象来修正它们,最坏的东西也不至于更坏了。"我们所倾听的音乐并不是所听到的音响,而是想象以各种方式加以修正的音响,其他艺术亦如此。

但是这还远不足以解决问题。反思可以表明,我们借以听音乐的想象比任何内在的听觉都要复杂得多;我们借以观画的想象也比"心灵的眼睛"复杂得多。让我们以绘画为例来考虑这个问题。

6. 绝对的想象经验

19 世纪末在绘画领域里所发生的变化简直可以说是革命性的。在那个世纪中人们都认为绘画是一种"视觉艺术";画家首先是一个运用自己眼睛的人:只有在记录他的眼睛所观察到的东西时才用得着他的手。后来塞尚出现了,开始像一个瞎子一样作画。他那些体现着他的天才的精华的静物画,好像是一些暗中用手摸索着画出的东西;他运用色彩不是为了再现在观察中所看到的东西,而是几乎把它当作代数符号来表现他在摸索中所感觉到的东西。在他的内景中也是如此,观众发现自己在屋子里乱冲乱撞,必须小心翼翼地避开那些吓人的棱角分明的桌子,忽又像那些坐在椅子上的大块头儿用手把他们推开。塞尚的户外作品也一样。他的风景画几乎完全失去了视觉的痕迹。树从来不像树的样子,它们只是一个闭着眼睛的人盲目地撞上去时所感觉到的样子。桥不再像科特曼笔下的色彩图案,也不像弗兰克·布朗温先生为了在观众中唤起好古与晕眩的混合情感而乱抹的一片扭曲的色彩:它是一个复杂的凸凹不平的混合物,我们就像一个赤条条的婴儿在保育室的玩具中间爬行时一样,在这个混合物的上面和周围摸索着自己的路。在这种风景画上笼罩着圣维克多山的魔，从来看不着，但是感觉得到，好像一个孩子感觉到在他后脑勺上面的桌子一样。

酷爱绘画的人可能会认为柏恩逊先生的这些观点都是陌生的和新鲜的东西；但是在其他艺术中同样的情形也屡见不鲜。人们都很清楚地知道在听音乐时，我们不仅听到实际上组成“音乐”的音响，即按一定顺序结合起来的可感音响；同时还享受到根本不属于声音领域的想象经验，它显然是视觉的和运动的经验。人人都知道，诗所给予我们的不仅是构成“诗”可感结构的声音，它还能够产生其他的声音和视像，以及触觉和运动的经验，有时甚至还有气味，在听诗歌朗诵时，我们就在想象中拥有这一切。

这就说明我们的艺术鉴赏经验总是可以分为两部分。(1)有一种是特殊化的感官经验，根据具体情形而定或是听觉经验或是视觉经验。(2)另一种是非特殊化的想象经验，按照想象的方式，不仅包含与构成感官经验同质的因素，而且包含着与它们异质的因素。这种想象的经验同其特殊的感官基础如此遥远，以至于我们可以称之为一种绝对活动的想象经验。

在此早熟的理论家又提高了他的噪音。“看，”他喊道，“我们是多么彻底地退回到那种认为我们从艺术中所得到的只是视觉或听觉的感官快乐的过时理论去呵！艺术享受不仅仅是感官经验，也是一种想象经验。一个在倾听而不只是听到音乐的人，所经验到的就不只是音响，尽管它们可能是令人愉快的。他还在想象中经验一切形式的意象和运动：海洋，天空，星辰，降雨，刮风，风暴，潺潺流水，跳舞，拥抱和战争。一个在观看而不只是看到画的人，正在想象中遨游于建筑、自然景物与人的形体之间。由此会得出什么结论呢？这是很简单的：任何一部特定的艺术作品的价值，对于一个有充分资格鉴赏其价值的人来说，并不是它作为艺术作品现实地存在于其中的感官因素的快乐，而是这些感官因素在他身上唤起的想象经验的快乐。艺术作品只是服务于一个目的的手段；这个目的就是艺术作品可以使我们享受到的这种绝对的想象经验。”

这种恢复技艺理论的企图，依赖于我们在艺术作品中发现的、由艺术家放置在那里的、艺术作品现实的感官性质，与我们不能很严格地在其中发现的、而主要由我们自己经验的积累和想象的力量灌注于其中的东西之间的区别。前者被认为是客观的，真正属于艺术作品；后者被认为是主观的,不属于艺术作品而是属于我们观照时在自身中所发生的活动。所以这种观照的特殊价值就不在前者中而在后者中。人凭其感官就可以看到一幅画的全部色彩和形式,听到一部交响曲的全部音响;但是他并不一定因此就享受到审美经验。要做到这一点他就必须运用自己的想象,以便从经验的第一部分,即由感觉所提供的东西,继而进到第二部分,即想象地构造起来的东西。

这似乎是"实在论"哲学家的立场,他们坚持认为他们所谓的"美"是"主观的"。他们认为像听音乐或观赏画这种经验的特殊价值,并不是从我们所接受的真正存在于音乐绘画中的东西产生的,也不是从对"它们的客观性质的理解"中产生的,而是从我们与艺术品接触时在自身中刺激起的某种自由活动中产生的。这种价值实际上就存在于这些活动之中,尽管(用亚历山大教授的话来说)我们可以把它"归之于"音乐或绘画,但它事实上不属于它们而是属于我们。

但是我们不能停留在这一点上。我们所发现的东西和我们所引进的东西之间的区别总的说来还太过简单。让我们从艺术家的角度来看看它。他为我们提供了一幅画。根据刚才所阐述的观点,他确实在这幅画中涂抹了一些色彩,我们只要睁开眼睛看一看,就可以看到它们。这就是他创作一幅画的全部所作所为吗?当然不是。他在画这幅画的时候,就产生了一种经验,完全不同于他看到涂在画布上的色彩时的经验:这是一种绝对活动的想象经验,或多或少地类似于我们看这幅画时为自己构造的那种经验。如果他知道该怎样画,我们也知道该怎样观画,那么他的想象经验与我们观画时产生的想象经验之间的相似性,就至少接近于他在这幅画中看到的色彩和我们所看到的色彩之间的相似性,也许还要更相似一些。但是如果他用这样一种方式来创作他的作品,当我们用想象来观赏它的时候我们所享受到的绝对活动的想象经验,就像他在创作这幅画时所享受到的一样,那么,说这种经验是我们自己带到画中来的而不是在那里发现的,就没有多大意思了。如果我们对艺术家这样讲,他就会讥笑我们并且向我们保证,我们相信是自己带入画中的东西正是他放置在那里的。

毫无疑问,这种经验在某种意义上是我们自己产生的。我们所发现的并不仅仅是某种偶然碰到的东西,也是我们自己所创造的东西,因为我们是有能力创造它的人。我们从一幅画所得到的想象经验不仅是这幅画所能唤发起的经验，而且也是我们能够拥有的经验。但这也同样适用于色彩。他在这幅画中并没有使用什么我们只能被动地发现的色彩。当他作画时，就看到某些色彩出现了。如果我们事后观看他的画时也看到同样的色彩，那是因为我们的色视觉能力同他的相似。没有感官的活动我们就看不到任何色彩。

因此这种经验的两部分并不是像我们所想象的那样互相对立的。没有正当理由说它的感觉部分是我们发现的，而想象部分是我们自身产生的，或者说感觉部分客观地"存在"于"艺术作品"中，而想象部分是主观的，是一种有别于事物性质的意识状态。当然我们在画中发现了色彩，但是我们之所以能发现它们只是因为我们能动地运用自己的眼睛，并且我们的眼睛恰好可以看到画家希望我们看到的东西，而这是一个色盲所不可能做到的。我们自身具有视觉能力并发现了它们所揭示的东西。与此相似，我们自身具有想象能力并发现了它们所揭示的东西，即一种绝对活动的想象经验，我们在画中发现了它因为画家已经把它放在那里了。

根据以上的讨论，我们来扼要地重述和归纳我们为解答艺术作品是什么——例如，音乐是什么——这个问题所作出的努力。

(1) 在伪审美的意义上，艺术是一种技艺，音乐是一系列可感音响。心理学的和"实在论的"美学家都没有超出这个伪审美的概念。

(2) 如果"艺术作品"是纯艺术作品，音乐就不是什么可感的东西，而是某种只能存在于音乐家头脑中的东西(第 3 节)。

(3) 在某种意义上它必然只能存在于音乐家的头脑中(当然，包括听众以及名正言顺的作曲家)，因为他的想象总是在补充、修正和删除他实际上听到的东西(第 4 节)。

(4) 因此他所欣赏的作为艺术品的音乐决不能是感觉的或实际上听到的东西，它是某种想象的东西。

(5) 但它不是想象的声音(在绘画中则不是想象的色彩图案，依此类推)，它是一种绝对活动的想象经验(第 5 节)。

(6) 因此纯艺术作品是一种绝对的活动，艺术鉴赏者运用自己的想象来理解它或意识到它。

王至元　陈华中译

——选自科林伍德《艺术原理》，中国社会科学出版社 1983 年版

阿诺·里德

阿诺·里德(Louis Arnaud Reid)是20世纪英国哲学家、美学家,表现主义美学的代表人物之一。1947年到1962年在伦敦大学任哲学教授,后兼任美国加利福尼亚大学客座教授。主要著作有:《美学研究》(1931)、《有创造力的伦理学》(1936)、《信仰的再发现》(1945)、《认识和经验的方式》(1960)、《哲学和教育》(1961)、《艺术真实和现实》(1964)、《艺术中的意义》(1971)等。

里德指出,审美价值是在审美活动中形成的一种特殊的主客体关系,并不仅仅属于客体或仅仅属于主体。美与艺术并不能画等号,因为艺术表现范围要比美的范围大。美是人生哲学的一种特殊形式。它通过审美活动可以使人的价值得到升华。他认为,艺术作品依据其表现力而获得统一性,这种统一性使作品具有独立自足和完美的品格。艺术美就在于完美的表现。艺术价值是艺术作品的形式价值、心理价值和哲理价值的总和。对于艺术与现实的关系问题,里德认为在不同的艺术作品中是不一样的,有的作品偏重于摹仿性,有的作品则偏重于表现性。即使偏重于摹仿性的作品也是通过被主观改造的摹仿以便在对象中表现出艺术家的审美经验。他还认为,审美经验是艺术欣赏中产生的一种基于审美对象的知觉经验,审美经验的获得既需要一定的心理距离,又需要想象力等主体心理条件。

在本书所选的《艺术作品》中,里德指出,审美活动包含着静观想象的纯心理活动,艺术是一般审美活动形式之一,是一种生产性的审美活动。灵感是艺术创作过程得以开展的一种动力。艺术家是感受力、辨别力和想象力特别发达的审美类型的人,他们能够把受到某种材料刺激而形成的感受、体验和情感用艺术形式表现出来。所使用的物质材料的多样性和艺术家的多样性是形成不同类型艺术的主要原因。他还认为,审美经验是个人私有的,但不同的心灵可以相互交流和相互同情,艺术就可以作为媒介。

(张德兴)

艺术作品[①]

一、审美·艺术·艺术作品

迄今为止，我们主要讨论的是(尽管不是全部)比较简单的知觉材料的审美表现力，并且我们已经发现我们受到阻碍，不能充分地论证那种更加高级、更为复杂的审美对象——简言之，即艺术作品。从现在开始，我们将主要讨论艺术作品的问题。

艺术作品是一种比我们已探讨过的审美实体更加发展和更加复杂的实体，它有其自身非常确定的问题。但是不应有这样的想法，认为在开始讨论艺术作品的时候，我们就会接触到美学原理中的某种本质上的新东西。我们将试图表明，艺术作品的创作包含着某种对某一特定的审美对象进行审美鉴赏时所没有的某些活动。然而从另一方面来说，它是通过构思创造，把我们前面所提到的那些简单的语汇或具体形象真正给以体现并使其臻于完美。虽然一抹颜色、一声音响或一种形式都可能引起人们的想象，表现出某种价值，但这种简单的对象却不能完全满足那种强烈的审美想象力。事实上我们已经说过，如果我们具备了某种意念，一些简单对象也能引起我们的欲望，以至于除非有一种很复杂的构思创造过程、修饰和补充的过程才能满足，而这种欲望也只有在充分得到满足之时才能终止。这样的构思创造具有一种统一性，没有“杂乱无章的边缘”(ragged edges)，在这种统一体中，我们可以安息，我们的注意力不会越出于它的界限之外。而这种具有“美”的特质的统一体的产生和建立，就是我们现在正要涉及的问题。

先说几句术语方面的问题。一般所说的“艺术”一词，意义是不太明确的。它可以应用于：(1)比较简单审美对象的较为单纯的创造活动(例如表演一个姿态，一声呼叫或发生一声音响，涂上一块色彩等)；(2)也可以用来表明上述(1)的作品；(3)可以应用于创造更加复杂而统一的审美对象，例如图画和诗；(4)又可以应用表明上述(3)的作品。这里“艺术”一词包含所有上述四种意义，其中只有第(4)种通常可以称之为艺术**作品**。这里，我是按照一般惯例使用术语的。发一声喊叫(有时)也是“艺术”，因为创作一幅画也是“艺术”，发出来的喊叫也可称之为“艺术”；但在另一方

---

① 选自《美学研究》第7章。

面,我们通常把图画称为艺术作品,却并不说一声呼喊也是艺术作品。这样说即使听起来有点武断,但却是很方便。而且有比方便更为重要的一层意义,因为有时人们常常由于在最广泛的意义上把艺术和艺术作品的生产混为一谈,或由于不了解两者的关系从而得出一些奇怪的结论。

现在再就有密切联系的另一件事情说几句。我们常常把一切艺术活动都称之为"艺术",但却不认为一切审美活动也都是"艺术","审美活动"一词包含着静观想象的纯心理活动,这种情况一般是不称之为"艺术"的。确实有一些作家想去找出"艺术"和"审美"之间的共同之处,但是我以为这样做是错误的并且会造成混乱。关于这一点我在下面将试图予以说明。我要为下边论点进行论证,即审美包括了艺术,艺术是一般审美活动的形式之一,即生产性的审美活动。

十一、传达的欲望

艺术创作中另一种往往被认为至关重要的动力就是传达思想的冲动。近几年来,拉塞里斯·艾伯克朗比龙(Lascelles Abercrombie)[①]先生和理查德(I. A. Richard)先生已把这一点列为他们美学理论的一个重要部分。例如理查德说:"艺术是进行传达的最高形式。"但是他又补充说,艺术家并不一定就能意识到与传达活动的联系,他们关心的只是如何体现的事。尽管这样,艺术家矢口否认说他的作品绝没有想要影响他人的意图,但这并不就能证明实际上传达不是他的主要目的。[②] 另一方面,在克罗齐看来,艺术,作为一种直觉,本质上是不可能进行传达的。

在很严格的意义上我们承认,审美经验及其他任何经验的传达都是不可能的,这并不就是在否认传达理论。经验或审美经验无疑都是个人的或为私人所独有,实际上个人的或私人独有的经验从来就不可能传达给别人,认为整个审美情境中的某一部分是一种被认知的客体,它也可以为别人所认知,持这种说法与前面的说法结果并无二致。因为仅仅有被认知的客体并不能就成为审美对象(甚至假定这个客体在不同的主体之间是中立的,是独立存在的),想象活动是必要的。此外还有类比和同情等等因素也应考虑在内。在某种意义上说,每个心灵都是生活在它自己的小天地里的。但是人们另外还存在一种明显的官能,通过它,不同的心

① 参见他的《诗论》及其他著作。

② 参见《文学批评原理》第26、27页。

灵进行相互交流，相互同情，并相互"进入"别人的经验之中。我们可以先接受这种论证，并且不必去探讨传达的本质这个困难问题，那么我们就可以说，从某种通俗的、粗浅而现成的道理上来讲，我们相互之间是有某些共同的东西，而且在许多场合下确实是在相互交流。这种场合之一就是以艺术为媒介的。如果我是一个够格的听众，我就能够享有大体上和作曲家相类似的经验，或者和其他够格的听众大体上有相类似的经验。认为我们有一些经验可以互相比较，这并不是没有意义的。就诗歌、绘画和其他艺术来说也同样是这种情况。由于许多人的身心机能大体近似（我是假定这样说的），又有大体上近似的经验贮存，因此，大家所认知的艺术作品就可以唤起大体近似的共同反应。当然，所谓近似，也就是大致上的相近而已。理查德先生本人在他对诗的定义的分析①中就提倡过这种主张。他把诗的意义区分为四。在他后期的著作中他还更清楚地表明②即使是受过教育的人，他们所做的解释也是变化无常，令人震惊的。

大致说来，传达是有可能的。但是尽管是可能的，那能不能说它是主要的呢？我们可以承认艺术家和所有其他的人类一样也具有社交冲动。确实，艺术家有时候是非社交的，或者甚至于是厌恶社会的。公众的赞赏，甚至连那些具有很高辨别力的公众的赞赏，他们也往往在所不计。无疑，甚至有的艺术家在完成自己的作品之后就把它毁掉。另一方面，也不能设想有什么艺术创作过程在开初就完全不曾预想到某种观众，哪怕仅仅是想象中的理想观众。蔑视公众的艺术家们也绝不会轻视他想象中的某些意趣相投、心心相印的伙伴，他认为只有这些人才能真正领略他的作品的伟大之处。拒绝获得同情与赞赏的欲望并不足以表明就是对同情与赞赏无动于衷。它甚至可能是反对那种漠不关心状态的一种防御性反应，并且宣示出一种渴望得到鉴赏的心情，如果我们武断地认为在任何一种个别情况下社会因素都是不存在的，那我们可就想错了。正如理查德先生所说的，这种要求得到鉴赏的渴望并不一定处于艺术家自觉意识的中心。

虽然要求传达、要求分享、要求受到鉴赏的冲动经常存在，但这并不是说它就是一种重要动力，或者是艺术的一种重要动力。（某些艺术，例

---

① 参见《文学批评原理》第 30 章。

② 参见《实践的批评》。

如戏剧表演包括观众在内,但这是另一回事。)而宁可说它的性质倒像是一种不可分离的偶然事件。在艺术中,传达的冲动可能比人类其他的欲望,例如获得财富的欲望、战胜竞争对手的欲望等等显得更为突出。在大多数情况下要求传达的欲望是能够做到尽可能明晰和完美地进行表达的一种强烈的刺激因素。在某些场合,要求传达的欲望甚至可以成为艺术创造得以创始的起因。但是它并不能解释艺术本身所固有的主要过程。从理论上说甚至可以设想一个艺术家在完全没有社会动力的情况下也仍然可以创造出完美的艺术作品来。在这种情况下我相信传达就将成为像德林克沃特(Drinkwater)先生所说的"自我传达"那种东西了。毫无疑问,这种隐士式的、与外界隔绝的艺术,可能大大缺乏那种来自社会交往的丰富内容。尽管它可能是完美的,但却是没有意义的。这里,我只想表明传达这个概念并不自相矛盾。

也许有人会说,既然传达是这样无关紧要,那为什么艺术家还要去使用"公认的"艺术手段呢?为什么他不以自己个人想象中的审美经验为满足呢?对这样的问题我们已经回答过了,那就是艺术家需要对他认知的材料作出一种创造安排,以便(如我们前面所说的)充分满足他自己。即使他进行想象,他的想象也必须建立在知觉经验的基础之上。就艺术家的材料必须是公众的材料这一事实从审美上来说只不过是一种偶然性。这样说当然并不是要否认艺术家作为一个人,他的生活必然会被全部的社会联系不断地丰富。

朱　狄译　王卓如校

——译自阿诺·里德《美学研究》,伦敦麦克米兰出版社 1931 年版

生命直觉主义美学

狄尔泰

威廉·狄尔泰(Wilhelm Dilthey，1833—1911)是德国著名哲学家和美学家,新康德主义者,生命哲学和人文科学认识论的奠基人和解释学的主要代表人物之一。他生于威斯巴登的毕伯利西,曾先后在巴塞尔(1866)、基尔(1868)、勃雷斯拉乌(1871)和柏林(1882)任大学教授,主要著作是《人类科学导言》(1883)。

他的主要学术贡献在于试图重建精神现象的经验方式,发展了一套研究人文科学的方法论。他反对用自然科学的方法去研究人文科学,认为人文科学应以人为研究对象,而人与环境密切联系,是在历史中发展的,“原型的人就分解于全部的历史进程之中”,因此不能只用内省的方法研究人的本质,必须把人放到历史文化过程中作综合研究。另一方面,他又反对由历史必然性和推理去建立人文科学体系的方法,而强调历史的偶然性和可变性,以及个体经验及其表达方式的历史作用。他主张通过生命表达的实现把个体本身所处的人的社会作用和历史作用的象征的关联域列入人文科学的研究对象,进而把人文科学建立为阐释性的科学。与此相应,他还主张建立一门不从实验出发,而从正在进行的感知和分解的理智出发的认知心理学,或称描述和分析的心理学。

狄尔泰的美学著作主要是《施莱尔马赫林的生平》(1870—1922)、《体验与诗》(1906)和《关于德国的诗作和语言》(1933),此外还有许多专题论文。这里选译的是《当代美学的三个时期及其当前的任务》(1892)、《诗的伟大想象》和《体验与诗》中的部分。其主要观点如下:(1)实验美学囿于印象,理性美学止于理性,作为美学研究的方法都是不充分的:美学研究应当采用历史的方法,既不应从“美”的抽象概念出发,也不应对快感进行孤立的心理学考察,而应从艺术家天然强健的伟大心灵如何充分把握现实并对公众产生巨大的影响出发。美学的任务就在于描述、判断、分析人类天性中的艺术创造力及其过程这一伟大现象。(2)艺术家不是现实的抄袭者,而是现实的解释者。他在艺术的外在感性形式和内在涵义之间建立了一种固定的象征关系,构成各门艺术的形式语言的基础,使我们可以通过外在感性形式看到人的内心活动和象征意义。艺术规则产生于艺术追求的目标——使欣赏者得到持续的享受并升华其生活,以及这一目标与材料和表现媒介的关系。美学不能设立一个标准的"美"的概念,不能为艺术创作设立任何界限,但天才也不可蔑视规则恣意追求无规则、无形式。(3)模仿性的艺术不应机械摹仿现实,而应表现出一个生活关联域,这是由于主体内心活动的参与,经过筛选、强调、舍弃,在一个十分强烈的审美印象点上建立起来的,它可以使我们更深入地理解现实。(4)艺术家应当把握现实生活的各种关系,从自然法则以及社会、历史关系网对人的制约来理解人,应当在艺术中真实表现一切现实的关系,如工人和机器、农民和土地的关系,共同从事一件事业时人与人的关系,家族的兴衰和遗传,两性间的关系,激情与社会背景、病理背景的关系,主人公和周围人物的关系等等。(5)《体验与诗》的有关部分具体分析评论了莱辛、歌德的美学思想和文艺创作,特别强调个人体验,认为对现实的观察和认识,以及通过思维扩大和加深自己的体验,是诗歌创作的基本条件。(6)富于想象力的诗的结构取决于想象的法则本身,想象力来源于丰富多彩的生活感受和人生经验,复杂的社会背景是优秀文学作品赖以生长的土壤。

(李醒尘)

当代美学的三个时期及其当前的任务

……

二

实验美学无法解释艺术品除了一堆印象之外还有什么。它通过对审美印象的分析只把起作用的各个组成部分造成一个集合体。在它看来,艺术品的统一只不过是艺术品起作用的诸种特征之一。如果这种统一不存在,那么愉悦性的因素就会减少,而这必然又会被其他因素所代替。这样,从实验美学出发,艺术品的风格及其特殊效果就无法真正为人所把握。

理性美学在美中只看到符合理性的统一，这种统一与逻辑的统一只在清晰度上有较小的差别。所以，依照这种美学原则，美的作用小于真的作用。审美的感觉印象本身也可以从思维关系上得到解决，因此，莱布尼兹和欧伊勒尔[①]的音乐理论就是这种观点的必然结果。现在，任何以思维关系来解决和谐、近似音、色彩效果的尝试都已失败。人们一旦放弃这种尝试便会对超越这种基本感官效果而符合理性的关系感到兴趣索然，因为这种关系是陌生的，表面的。人们仍然不能理解伟大艺术品的浑然一体的、巨大的效果。艺术品的统一，艺术品的风格，充盈着整个作品并赋予作品以生命力。这种统一就寓于每根线条、每一旋律之中。

因此，这两种方法都是不充分的。我必须以对创作的分析来补充对印象的分析。我必须以从艺术的活生生的历史性中所得到的那些概念，来代替关于在杂多中求统一和秩序的抽象理论。

创作与欣赏

创作与欣赏行家从一支曲调的几个音就能听出是莫扎特的音乐，考古学家可以确定一块希腊极盛时期的大理石残片的历史年代，内行也绝不会把拉斐尔的笔法跟其他画家的笔法完全混淆。在同一个伟大的天才那里，联系各感觉要素的内心活动在每一重复出现的组合中都显出同样的特征。因此，每一部艺术品中都有一种统一的情节，仿佛是一种对黏土的构成直到最小的图案都起作用的内在笔法。这我们就称之为艺术品的风格。

艺术品的风格所唤起的印象是无法用喜悦、惬意或是愉悦感等概念穷尽的。欣赏者更多的是感觉到一种情节的特定形式，而他的内心正是在这种情节里得到抒展、升华、充盈，从而产生了一种能增强欣赏者的生命力、精力和情感的力量。如果我去体会米开朗基罗的湿壁画或是巴赫的赋格曲所表现出来的伟大的内心活动，那么这就会在我的内心深处唤起一种相应的力量并以一种特定的、受对象制约的方式激发我的生命力。这里，感觉只是反映了我欣赏作品时的内心力量和活动。我正是在感觉中注意到这一内心活动。因此，对现实的审美认识，艺术家的创作以及艺术品欣赏中的过程是非常近似的。因为欣赏艺术品也是一种内心活动，

---

① 列翁哈德・欧伊勒尔(1707—1783)：瑞士数学家。

只不过是一种轻松的、心平气和的内心活动。内心活动的各部分都是秘密进行的，但是这种活动的形式导致了自由生命力的升华，这正是审美欣赏最基本的特征。进而推之，我的存在在审美创造和欣赏中经历的升华和扩展跟由于意志在大胆合理的思维或勇敢的、富于个性的行动中的活动形式中获得的快乐非常近似。内心由于从自身活动的内在形式中获得快乐而超越了对本能的粗鄙的满足。在所有的愉悦性感觉中，这种快乐是唯一不依靠外在事物的并且能够持续地，甚至永久地充满着内心。人类道德文化的历史就是这一最高生命力的不断胜利，这种生命力跟外在和内在的活动以及由它决定的精神存在的形式有关，能够持续地对外在事物产生影响。

如果我想通过一位伟大的创造性人物的眼睛，也可以说是通过其灵魂洞察现实事物，那我就会领略到伟大的景观、崇高的生命或道德行为。这样力量就会以更加强烈的方式增长，我的一切感官、内心以及精神力量都被唤醒、刺激、升华，同时对它们的需求不会超出我的能力，因为我只是处于一种模仿状态。当我观看席勒的一出搏动着强大意志的戏剧情节时，我必须把自己提高和上升到一种类似的举止。同时，审美愉悦的各个组成部分进入艺术品的接收过程。博克、休谟以及费希纳都在其美感分析中解析过这些组成部分，它们在我们描述过的概括性接收过程中融为一体。它们不仅通过增添新的愉悦成分来促进这种快乐，而且更多的是均匀地、彻底地满足内心世界的一切成分，使内心得到一笔来源丰富因而无可穷尽的财富，这如同一条由无数小溪汇集成的山洪。

因此，艺术品的意义并不在于它提供了一大堆快感，而在于使我们在欣赏中得到彻底的满足，因此艺术品激发了我们的情感并使内心燃起的每种追求都得到满足，这毋宁说是既愉悦了感官又丰富了内心。一部艺术品如果能在不同时代、不同民族的人那里引起持久的、彻底的满足，就算是第一流的。衡量艺术品的艺术性和价值只是取决于这种作用，而不是作品必须实现的“美”的抽象概念。美学和艺术批评把这个僵死的“美”的概念推上艺术理论的宝座已经太久了。同样，对艺术品产生的快感进行孤立的考察也无法让人理解作品的意义。只有从艺术家天然强健伟大的心灵的影响出发，从充分把握了其意蕴的现实对由各色人等组成的、能被伟大事物吸引的公众的影响出发，艺术对于人类的伟大而神圣的意义才可能被理解。这样人们才会懂得伟大的艺术品为何可以提高认识能力，丰富内心，使内心得以宣泄和净化。

毫无疑问，心理学按其目前的发展程度只能对创造性想象力做出很少的、一般性的解释。美学家必须从个别艺术领域的创造过程出发。他的任务就在于描述、判断、分析这些过程。他必须逐一展现这些过程，去解开我们的心理学还无法解开的那些秘密。空间想象力、听觉想象力以及作用于人物和情节的画面中的想象力具有完全不同的特征，必须得到分别的研究。我曾试图以对诗的想象力的描述和分析为诗学奠定一个更为牢固的基础。在这方面，诗人们有关其想象力活动的表白可以提供一个重要的辅助工具。自从我 25 年前首次发表这方面的观点以及 1887 年发表那篇献给策勒[①]的论文以来，有关这个问题的资料大堆增加。这使我能够对文学想象力做更加深入广泛的描述。诗人们的自白在涉及文学想象力最引人瞩目的特征时是相互吻合的。我们在其他的艺术中也得走同样的路；如果说这些艺术家更加沉默寡言，那么建筑和音乐就会在视觉和听觉想象力的合乎规律的最简单的作用形式——正如歌德、普金耶[②]、约翰内斯·米勒[③]、泽姆佩[④]所发展出来那样——中找到第二个支撑点。借助于米勒提出的解剖学观点，对雕刻艺术的想象力的研究也从另一方面接近艺术家的意图。我们必须首先接受、描述、分析事实，但决不能局限于眼下盛行的心理学。在我看来，这种心理学毋宁说正借助对精神生活的各个独立的、具体的领域所做的分析走向一场变革。凭借我们的心理学，谁能够把苏格拉底或佩斯塔罗齐[⑤]这种教育天才解释清楚呢？书斋里的佩斯塔罗齐和跟孩子们在图林根山区里创作儿歌、搞游戏的弗吕贝尔[⑥]都在爱的驱使下深入儿童的内心世界，了解他们下意识中的一切幽晦不明和纯真质朴的动机。面对这样一种无可穷尽的伟大事实，心理学只感到束手无策。这并不是由于现象过于复杂，而是因为这些现象包含有超出现代心理学解释的东西。伦理天才为人类的道德生活开辟新路并推行新的生活理想，他们因此更有影响力，更加独立不羁。心理学在这

---

① 爱德华·策勒(1814—1908)：德国福音教派神学家、哲学家。

② 杨·伊万格里斯塔·普金耶(1781—1869)：捷克生理学家、解剖学家。

③ 约翰内斯·米勒(1801—1858)：德国生理学家、病理学家、解剖学家。

④ 南特里特·泽姆佩(1803—1879)：德国建筑学家。

⑤ 约翰·海因利希·佩斯塔罗齐(1746—1827)：瑞士教育学家。

⑥ 弗里德里希·弗吕贝尔(1782—1852)：德国教育学家。

一有力事实的每一发展阶段都得把一些东西纳入其理论。今天最迫切的要求就是描述和分析人类天性中的伟大现象,同时不用任何假说,因为心理学从一定数量的分析结果中推导出其他结论,自然不能缺少假说。描述和分析艺术创造能力时情形相同。

如前所述,艺术中不存在跟错误方向对立的正确方向,没有绝对的美。毋宁说是一个或者一群天才出来把他们的观察方式强加给人们,然后使其他的艺术家学习他们的观察和想象的方式。这样就形成了一种团体,一种流派。这是一个势力问题,而不是原则问题。因为关键是看马洛[①]和莎士比亚的风格能否控制舞台,能否打动最高贵的同代人,首先是女王;同时也看米开朗基罗能否去建造宫廷和教堂并配上人物装饰,从而使同代和后世那些竭力抵抗的艺术家也得陷入他的形式的魔力。艺术批评的一切重大战役都是围绕着这一事实展开的:先是推崇旧有的东西,然后是一位咄咄逼人的后来人要求登上宝座或是推翻业已衰败的艺术王朝。这些批评界的战役都非常有用,富有影响力。我将要证明,只有当批评家不仅理解艺术,而且也懂得艺术家应该述说的时代的秘密时,美学才有足够的理由来裁决这些战斗。因为"我们,我们正活着!时代属于我们!活着的人是正确的"。所以,我们时代的艺术批评首先得正视一个伟大的事实,这就是波及所有艺术种类和文化领域的自然主义。如果那些聪明过头的人信口预言:圣徒画像、幻觉和象征派诗学即将赶走自然主义,那这只能证明他们没有理解我们这个时代的特征,把时代的心血来潮与其持续的方向混为一谈。

诗的伟大想象

源于文艺复兴时期学者文学的自成一体的理性力量,是在所有的国家的各个不同的民族环境中形成的。在它的影响之下,诗人、富于想象的艺术家们靠着对事物的相互联系以及生命的价值、人的本性的意识,从基督教会和民族国家的局限中摆脱了出来。纵使卡尔德隆[②]对于教会和国家一致的极端无知的狂热,曾因这宇宙精神的影响反而有所加深,但毕竟它赋予那个时代极盛时期的文艺作品及诗作以力量,使之克服民族和宗

① 克里斯朵夫・马洛(1564—1593):英国戏剧家。

② 卡尔德隆・德・拉・巴尔卡・彼德罗,1600—1681。

教的局限，从而使它们提高到普遍有效的程度，成为世界文学的一部分。它有助于加深对人的描写和对世界进程的反映；它强调个人包括他的外观以及他与世间万物和某些无形力量的相互关系，因而更深入地强化并决定了对生活的想象的理解。

在这个时代，想象的哲学背景是这样一种信念，它认为世界整个地为精神活动的进程所渗透。和古代、中世纪占统治地位的哲学一样，它并没有说明神的力量与实体形式①之间的关系，即没有说明神的力量与活跃在种属中的物质力量的关系；但它却说明了神的力量与个别事物的关系。这是那个时代世界观的一个新贡献。个人成为了神性的精髓、映象和反映。这个寓意深远的、具有创造力的世界力量在每个单个的人中表现了自己。这个时代认为精神的力量无所不在，而它的精神形态就是诗和艺术。任何对于我们无生命的事物，在当时的人看来却具有力量和灵魂，似乎看待世界的原始方式又复原了。作为神的力量的显现，所有个别的事物在一种协调中联结了起来，仿佛产生了一种语言难以描述的音乐，精神的特质如同美妙的雾霭和月光，回荡在万物之上，并以一种特有的方式启迪着它们。具有无限活力特性的诗人的移情作用在这里并不是成熟的象征手法，却是如何看待事物的自然结果。这种对于自然的理解渐渐地、微妙地、令人难以觉察地融合到奇异的迷信之中，这种迷信以现代人难以置信的力量包围了文艺复兴时期的天才人物：皮科②和卡尔达诺、马丁路德和米朗克荪以及像巴拉塞尔士和开卡勒这样的学术研究者。仅仅只是在意大利，通过实体形式进行的神力传播对当时的文学和艺术产生了一定影响。显而易见，以佛罗伦斯学派为媒介，新柏拉图主义影响了拉斐尔和米开朗基罗的艺术思想。另一方面，一股怀疑的风气和注重理性的思想在意大利文艺复兴时期的作家中有所发展，与此同时，在法国，蒙田③在诗和艺术方面也具有一定的影响。前者的倾向不能取代想象力，只能改变它在艺术中的表现方式。当想象持续支配西班牙和日耳曼民族的思想界时，怀疑论主要在意大利和法国产生影响。

---

① 参见中世纪哲学关于宇宙的论述所强调的论点，即事物是类的存在物。
② 皮科·德拉·米兰多拉，1463—1494。
③ 蒙田·米舍勒·爱冈·德，1533—1592。

想象在那个时代的人身上产生的力量,表现在他们领悟和思考问题的方式及语言风格的本身。特别是在北欧人中间,诗的视野与思想不可分割地联系在一起。当时的作家用形象化的语言交谈,虽然说不上深思熟虑,但却是自然而优雅的。培根这样的归纳哲学家的语言比任何现代诗人的语言更富于感染力。……当时直至现在都公认的最伟大的戏剧家是两个戏剧演员,这是耐人寻味的。舞台艺术经验给他们的剧本以表现力。这里我指的是诗人眼中应始终有舞台,把语言作为手势和动作的辅助物,并赋予动作以生气。洛卡、塞万提斯、莎士比亚和莫里哀是所有时代的楷模,他们作品的内在结构取决于这样一种原理,即将内在的因果联系和想象的法则有机地融为一体。无意义的感情如同朽木而被抛弃。情节中最本质的部分,是感情爆发的瞬间,生命的显现,正在于这些动人瞬间的组合、安排,就像画家是运用他的色彩进行创作一样。

我并不担心被误解。人类历史上任何伟大的转折点都不能被看作是先前环境、条件的必然产物。如果像黑格尔所假定的那样,人是一种理性的生物;或者,像现代在历史学家中拥有支持者的心理学流派所假定的那样,人仅局限于他的思想和概念体系的连续性之中,我们便可以从过去阶段推知未来每一时代人类的精神活动了。实际上,每一个人从自身的经验中都可以感受到,我们并不只是一个会思考的机器。完整的人常以他的想象、冲动甚至愚笨的念头等各种方式表现内在精神的变化。他作为人的特性常表现在他曾滞留其中的某种精神结构和体系即将爆发和瓦解的时候。事实证明,即使是在中世纪,对人强行训练,使之完全自制、毫不冲动,也是不可能的。后来若干世纪的革命更有力地证明了这一点。一旦人摆脱了中世纪的枷锁,无拘无束地想象,并无比热切地去享受无限的自由时,他将表现出前所未有的发展潜能和创造力。已经发生的一切既不取决于先前的环境,也不能完全从社会条件中得到解释。这些仅只能加速历史发展的进程,如同阳光促进花朵生长一样。人性中所具有的,在历史的伟大转折中被揭示出来。只有历史才表明,什么是人。①

……那个时代的著作揭示了人的知性就是个别的人(或者换句话说,揭示了人的知性是人作为单个人的知性),迄今为止,由此给我们留下的科学分析,从某种意义上说还将延续下去。这些著作揭示出个人的出现

① 这一段提出了狄尔泰的中心论点。

和生命的存在，是深不可测的。力求超越经验，努力表现个别的或典型的人的富于创造性的活力，是这些著作的主要特征。这一时期，文学最杰出的成就，就是将人看作运动中的动力，他们的发展过程却被忽略了。他们生长的土壤被认为与植物不相关联，似乎他们是离开了社会和历史的条件而独立存在的，他们所处的富有动态的情节结构、他们的相互关系以及他们的位置，都是纯精神的构造物。目的是人，而不是社会，不是自然，不是历史。

鲁　萌译

——选译自《狄尔泰选集》(英文版)，剑桥大学出版社 1976 年版

体验和诗

诗歌的一般特性来源于生活、想象和作品造型之间的关系。每一部诗作考虑的是某种个别事件。因此，这里出现的是用语言和其句法关系对某种真实东西的表象。因此，诗要应用一切语言手段，以唤起印象和幻想，而且在语言的这种艺术处理中具有最初的极有意义的诗的审美价值。它的意图并不是表达或描述生活。它将自己的对象从现实的生活关联中孤立出来并且赋予它以自身的全貌。这样它就使进行创作的人得到了自由，因为这个人已处于他自身实际存在之外，处在这种表现的世界中了。这就加强了他的客观存在感，这就使得那些受自己的生活历程限制的人希望体验他自己无法实现的生活欲望得到满足。这使得他大开眼界，看到了一种更高级、更强大的世界。在这种再体验中，他的整个生命便会在这些心理过程中选择一种与他相称的过程，包括声音、旋律和感性直观感觉所带来的欢乐。直到按照事件与生活的最广泛的关系来深刻地理解这种事件。因为每首真正的诗歌在它所描述的局部真实性上所强调的某一生活特征是以前人们并不了解的。由于它使得某些过程或者行为之间的因果关系明朗化，所以它同时也就使得某一事件及其各个细节所应有的价值成为可以再体验的东西。这样便使这一事件获得了它应有的意义。还没有见过一首伟大的自然主义的诗不是表达生活中这些意义重大的特征的，无论这诗是多么怪僻，多么无聊或属于盲目的自然。那么伟大诗人的艺术本领在于能将所描述的事件中的生活关系本身以及由它所引申出来的思想阐述清楚。诗歌就是这样启示我们去理解生活的。我们正在通过这位伟大诗人的眼睛去感知人类的价值和关系。

因此个人体验,对外界的认识,通过思维来扩大和加深自己的经验便是诗歌创作的基本条件了。诗歌创作的出发点永远是生活经验,即作为亲身体验的或者对他人理解的、现实的和过去的,以及对经验在其中共同发挥作用的,对事件的理解。从心理学的角度看,诗人所经历的无数生活状态中的任何一种都可以算作体验,然而在他的生活因素中只有那些能向他揭示生活特征的体验才属于他的诗的有效范围。无论他从这些理念生活范围中受到什么样的影响——这些理念对但丁、莎士比亚和席勒的影响是很巨大的,然而一切宗教的、形而上学的、历史的观念,最终还是过去了的伟大体验的标准是其代表,也只有在诗人完全懂得了这些体验之后,它们才会帮助他去体察生活中的新事物。自由的理想主义,也就是席勒从康德那里吸收过来的理想主义,也只是在向他揭示这种伟大的体验,根据这种体验,他那高贵的天性从未怀疑过自己在与世人的冲突中的尊严和独立性。

那么,诗歌创作经验从中该会产生多么丰富多彩的变化啊!

希腊的悲剧诗人将内心的宗教活动搬到了形象的戏剧中,从而使最深刻的体验得到表现,这种表现同时也就是对一种强有力的外界事实的描述,因而会从中产生出无比巨大的作用。在上阿麦高戏中和在一些清唱剧中我们也可以看到这些作用。莎士比亚完全热衷于去理解一种外界已知的过程;他为此投入了自己的全部身心,因此他所塑造的人物才那么忠于自然,那么丰富多彩,才与体验一样深刻。歌德则是将自己的亲身体验以及体验过程中所付出的造型活动完全表达出来,精神生活中那种一贯不为人知的东西,它的整个过程和它的全部内涵都表现在体验与表达之间的关系中了。在此处处可见亲身体验和表达之间的关系与外界客观存在与理解之间的关系互相交错混杂的情形。因为在个人体验中表现的是一种心理状态,但是周围世界的具体物体又不时会与这种状态产生联系。在理解和模仿之中陌生的精神生活会得到理解,但是它只有如此,才能显示出它的外来特性。只有这些因素得到加强和联系,诗歌创作的状态才会不断地千变万化。我们诗人的预见性的天才就是在这种基础上发展起来的,他的这种天才教育我们认识自己,认识世界,看到人类天性中的最大深度,看到个性的丰富多彩。这种预见性的天才有各种各样的形式。

人们只要在这个基础上使某一事件意义突出,诗歌形象便会随之产生。与用化学成分、重量和温度来区分和研究一个自然物体一样,可以在我们所描述的诗歌作品中、叙事诗中、罗曼采罗中或故事诗中、戏剧中、小说中，区分出题材、诗歌情绪、主题、寓意、性格和描述手段。这些概念中最重要的是主题这一概念，因为诗人的经验就是用主题来表达其深远意义的，因此经历与寓意、性格和诗歌形式之间的联系都在主题之中。它之中就包含了决定作品形象的构造力。与有机物质的生长发育一样，从这种生活经验中发展起来的是人们在诗中能加以区分的各种因素，它们在作品的整体中都有自己的作用和功绩。因此，人们可以说每首诗都是一种特殊形式的有机体。如果我们真正完全理解了一位诗人，那么，我们就可以弄清诗人内在和外在的全部条件，即那些能产生决定他的创作的体验、理解、经历的修正变态条件，就可以总结出从这种变态中所形成的主题、寓意、性格和描述手段的关系。

在我试图对歌德的生活、生活经验、想象和诗歌作品之间的关系进行阐述时，首先使我激动的竟又是这位伟人生活中的这种奇妙的统一与和谐。在他的生活中几乎不存在什么秘密和不协调。这种生活是一种内在法则的产物，而这一法则又是多么简单，它的作用又是多么有规律，多么持久！歌德就是用它那关于自然造型力的观点来模仿它的生活的，它就是诗的对象，并且用其中已发现的内在规律去塑造诗的世界和塑造自己——两者是一个不可分割的整体。德国人的思想史中存在着形成这种奇异现象的条件：从路德和莱布尼茨开始，他们就是按照宗教、科学和诗的内在一致性进行创作的，而诗的基础又是在自我中加深这种思想，这种思想的深化使它获得了自己的形象。世界的历史力量就是这样产生的，它那相谐一致的影响从 18 世纪开始便由德国扩展到整个欧洲。歌德这个时期的所有作品中都充满了这种力量。歌德在普通人类生存中的不自觉的深渊的某一阶段中是与康德、费希特和黑格尔的经验哲学有关系的，而且还与贝多芬的器乐音乐有联系，在按照他自己的天性的内在规则去塑造人物的理想方面，他也曾一度与这些哲学家、与席勒、与洪堡和施莱尔玛赫都有联系。歌德、席勒、让·保尔所创造的诗学界，以及从诺瓦利斯和荷尔德林开始又得到继续发展的诗学界就产生在这种新的文化土壤里。

那么，欧洲的整个思想发展过程都是在这股新的世界历史力量的影响下进行的。歌德从这种形势出发解决了诗学创作中的最大任务，即从生活本身去理解生活，并且以此为基础去描述生活的深远意义和生活的美。诗人的天才对他来说只不过是他生活中本已存在的巨大创造力的最高体现。生活、形象和作诗在他身上已融为一体,其基础就是科学研究。他所表达的真理,纯洁的自然,真诚的见解和对生活所作的自然朴质的描绘都出自这种统一,这一切都是后辈思想家、诗人和作家的榜样。

我想用相近和相反的比较法来阐明这种诗歌的特征。我们今天将莎士比亚和歌德奉为现代世界文学的两大巨人。而正是他们代表着诗学经验的特别有意义的变态和合乎逻辑的描绘法。这两位伟大的日耳曼人的先知,这两位对生活的神秘莫测的面貌认识最深刻的智者是互相补充的,他们那相近的天性是互相支持的。

杨才秀译

——译自狄尔泰《体验与诗》(德文版),莱比锡 B. G. Teubner 出版社

柏格森

亨利·柏格森(Henri Bergson, 1859—1941)是生命哲学和现代非理性的直觉主义的主要代表。他早年学过自然科学,后转向哲学。曾在法兰西学院和高等院校任教,后专门从事研究工作。1928 年获得诺贝尔文学奖。其主要著作有:《创化论》、《时间与自由意志》、《笑》以及《物质与记忆》等。

柏格森认为,整个世界是体现着"生命的冲动"的一种叫做"创造的进化过程"的精神性过程,而物质只不过是这种"创造的进化过程"的中断,是"生命的冲动"的障碍物。由此,柏格森认为要认识和把握"实在",就不能靠理性的分析,而只能靠直觉。只有直觉,才能本能地、直接地、整个地把握宇宙的精神实质,并进入"意识"的深处。

柏格森在他的著作中,多处涉及艺术与美学。他认为艺术有助于清除我们和"实在"之间的障碍。他既然认为只有直觉才能把握世界,那么,艺术在他看来无疑能帮助我们揭开那"垂在现实与我们之间"、"垂在我们和我们的意识之间"的帷幕,从而发现那隐藏在帷幕后面的"深刻的实在"。柏格森的美学专著是《笑》。在该书中,他详细论述了艺术的本质,以及笑、滑稽、喜剧性等美学范畴。从他的生命哲学出发,柏格森把笑看成是人对"镶嵌在活的东西上面的机械的东西"的一种反应,而滑稽的原因则在于"生命的机械化"。

柏格森的直觉主义艺术观以及他对笑的专题研究,对现代西方美学

具有很大的影响。

（姜庆国）

时间与自由意志

第一章　心理状态的强度

美的感觉：艺术把我们的主动力和对抗力置于睡眠状态中，并使我们对暗示有所反应。①

为了理解对美的事物的本身的感觉如何会有各种不同的程度，我们必须对这感觉进行分析。我们在确定感觉的程度时，遇到困难，其原因也许主要由于下面这一事实，即我们把自然之美看作先于艺术之美；因而艺术的形成过程就被假定为只不过是手段而已，艺术家凭这些手段来表现美的事物，然而美的事物的本质却未得到解释。但是我们可以自问：自然如果不与我们的某些艺术形成过程恰巧相符，它是不是美的？还有，从某种意义上说，艺术是否就不能先于自然？即使不扯得那么远，看来下面的办法更符合可靠的方法所含的规则，即首先研究作品中经过有意识的努力而表现的美，然后渐渐地不知不觉地从艺术过渡到自然，这方法就其本身而论可以被看作是一位艺术家的办法。如果让我们用这一观点来考察，我们将会看出，艺术的目的是要麻醉我们个性中的积极的或具有相当反抗性的力量，从而把我们带进一种完全反应的状态中，使我们认识到启示给我们的观念，并且与被表现的感情发生共鸣。在艺术过程中，我们将会发现，我们对于通常用来诱发催眠状态的种种作用所作出的精练描述，以及或多或少赋予精神意义的解释，被削弱了。因此在音乐中，韵律和节拍引导我们的注意力在固定点之间来回摇摆，以中止我们的感觉和观念的正常流动，因而对我们的控制非常有力，即使是对呻吟的最细微的模仿，也足以使我们充满极大的哀伤。假如音乐之声能比自然之声对我们发生更有力的影响，其原因就在：自然以表现感情为限，而音乐则向我们启示感情。那么，诗的魅力究竟是从哪儿来的？诗人是这样一种人：感情在他那儿发展成形象，而形象本身又发展成言词，言词既遵循韵律的法则又把形象表达了出来。在看到这些形象掠过我们眼前时，我们体验到这种感情，也就是说，体验到了与诗人在感情上相同的东西。但是，如果失

---

① 英译本每节上方皆有小标题，下同。

去韵律的合一规则的运动,我们的灵魂便因此暂时栖息于自我遗忘之中,并且像在梦中一样,和诗人一起思想、观察,而且永远不会如此明确地认识这些形象了。造型艺术之所以达到同等的效果,是依靠突然间将固定性加于生命,而这固定性则是经过肉体接触,传送到观察者的注意之中的。古代雕塑作品虽表现微弱的感情,犹如一瞬间的呼吸,但石头的苍白所含的固定性质,却使表现的感情或刚开始的运动显得似乎是永远固定不变的,并在它们自身的永恒中吸引着我们的思想和意志。我们在建筑物里,亦即在这种惊人的固定之中,发现了某种类似韵律的效果。形式的匀称美以及同一类建筑动机的无限重复,使我们的感受能力在若干的相同物之间不断摇摆,并且排除了日常生活中所习见的不断变化,而这些变化却仍然永无止息地将我们带回到我们对个性的意识之中,即使是一种观念的最微弱的启示,到时候也足以使这种观念充满我们整个心灵。因此,艺术的目的与其说是为了表现感情,不如说是为了使我们接受感情,产生印象;艺术将感情暗示给我们,并且当它找到了某种更有效的手段时,就会自愿地放弃对自然的模仿。自然像艺术一样,也从暗示开始,但并不支配韵律的资源。艺术以它跟自然的长期密切关系,补偿自己的不足,这种长期密切关系的基础,是自然和我们自己所共同受到的影响,因此产生如下的效果:自然只要略微表露一下某种感情,就会在我们的心灵里唤起共鸣,正如在施行催眠术的人的一个简单手势,已足以将预期的暗示强加于一个习惯于他的控制的被催眠者。特别是在下面这种情况下,共鸣的表现最为明显:自然对我们展现正常的存在物,使我们的注意力均等地分布于这一存在物所有的全部形式,而不是固定在其中任何一部分:由于这种和谐,我们的感受能力便使自身得到平静和镇定,再也没有什么东西来妨碍共鸣的自由活动了,因为一旦障碍被清除,共鸣就随时会出现。

审美感情的诸阶段

根据这种分析,对美的感觉并不是特殊的感觉;我们经验的每一种感觉,只要是被暗示的,而不是被引起的,都会带上美的性质。现在可以明白了,为什么在我们看来,美的感情可以包容不同的强度和高度。有时候,凡属暗示的感情,对于我们的历史所包含的精神诸现象的紧密结构,很少造成破裂;有时候,它把我们的注意力从精神现象引开,但还不至于对此现象一无所见；有时候它终于把自身同一于精神诸现象，占有我们，并且完全控制了我们的灵魂。这样，在美的感觉的发展进程中，就像在催眠的状态中一样，存在着若干的阶段：这些阶段较少地与程度的变化相对应，而更多地与状态或性质的差异相对应。但是，衡量一件艺术作品的价值，主要不是依据启示的感觉对我们控制的力量，而是依据这种感觉的丰富性。换句话说，除了不同的强度以外，我们还本能地区别深度或高度。如果分析一下这最后一个概念，就可以看到，艺术家向我们暗示的种种感觉和思想，乃是或多或少地总结了他个人历史中相当大的一部分。如果说仅仅诉诸感觉的艺术是劣等艺术，其理由就在于，对它的分析常常不能够从其所予的感受中发现超出感觉本身以外的东西。但是，大多数的激情都充满着千百种感受、感觉和观念：每一种表现状态都是独特的，很难下定义；假如我们要抓住它原有的复杂性的话，那么我们还得重新过曾经有过这一经历的人的那种生活。然而，艺术家的目的在于使我们和他共享这种如此丰富、如此具有个性、如此新颖的感情，并使我们也能领受他所无法使我们理解的那种经验。为了达到此目的，他在他的感情的迹象中选择那一部分，它容易使我们一见之后，便引起身体对它做机械的模仿，即使这模仿是轻微的，结果就把我们立刻转到产生这种感情的心理状态中去。这样，就可以打破时间与空间在艺术家与我们的意识之间所造成的疆界。我们将会发现，艺术家在感觉的范围内带给我们的观念越丰富，孕育的感受和感情越多，这样表现出来的美就越深刻、越高尚。美感所具有的连贯强度就这样和我们内心发生的变化状态相一致，其深度也就与我们在根本的感情中朦胧看到的初级精神现象的多少相一致。

林骧华摘译　陈雄尚初校　伍蠡甫二校

——译自 F. L. 柏格森的英译本《时间与自由意志》，伦敦乔治·艾伦和思温出版公司 1928 年版

笑

第一章　泛论滑稽

一

我们请读者注意的第一点是：在真正是属于人的范围以外无所谓滑

稽。景色可以美丽、幽雅、庄严、平凡或者丑恶,但绝不会可笑。我们可能笑一个动物,但那是因为在这个动物身上,我们看到一种人的态度或表情。我们可能笑一顶帽子,但我们所笑的并不是这片毡或者这些草帽辫,而是人们给帽子制成的形式,是人在设计这顶帽子的式样时的古怪念头。这个事实是这样重要,这样简单,却没有引起哲学家们足够的注意,实在令人不解。许多哲学家给人下了这样一个定义,说人是“能笑的动物”。其实他们同样可以说人是“引人发笑的动物”,因为如果其他动物或者无生命的物体引人发笑,那也是因为这个动物或者这个物体有与人相似的地方,带有人印刻在它们身上的某些特色,或者人把它们作了特殊的用途。

其次,同样值得注意的一点是,通常伴随着笑的乃是一种不动感情的心理状态。看来只有在平静宁和的心灵上,滑稽才能产生它震撼的作用。无动于衷的心理状态是笑的自然环境。笑的最大的敌人莫过于情感了。我并不是说我们不能笑一个引起我们怜悯甚至爱慕的人,然而当我们笑他的时候,必须在顷刻间忘却这份爱慕,扼制这份怜悯才行。在一个纯粹理智的社会里,人们也许不再哭泣,然而他们可能笑得更多;而在另外一个社会里,如果人们的心都是毫无例外的感情丰富,生活都是和谐协调,一切事情都会引起感情的共鸣,那他们是不会认识也不会理解笑的。你不妨试一试,在片刻之间,你对别人的一言一行都感兴趣,设想你跟他们一起行动,感他们之所感,而且把你的同感扩展到最大限度,那时你就会像是受着魔棍的支配,觉得最微不足道的东西也变得重要了,一切事物都抹上一层庄重的色彩。现在你把自己解脱出来,作为一个无动于衷的旁观者来参与生活,那时许多场面都将变成喜剧。在舞厅里,我们只要把耳朵捂上不去听那乐音,立刻就会觉得舞客滑稽可笑。人类的行为当中有多少能经得起这样的考验?我们不是可以看到有许多动作,如果和与之相伴的感情音乐孤立起来,顷刻之间就会从严肃变为可笑吗?因此,为了产生它的全部效果,滑稽要求我们的感情一时麻痹。滑稽诉之于纯粹的智力活动。

不过,这样一种智力活动必须和别人的智力活动保持接触,这是我们要提请注意的第三个事实。如果一个人有孤立的感觉,他就不会体会滑稽。看起来笑需要有一种回声。……我们的笑总是一群人的笑。你也许在火车里或者餐桌上听旅客们相互讲一些在他们认为是滑稽的故事,大家畅怀大笑。如果你参加他们的集体,你也会跟他们一样地笑。然而如果你没有参加他们的集体,你就根本不想笑。……由此可见,那些把滑稽说成是被精神感觉到的概念之间的抽象关系,说成是"智力性质的对比"、"明显的荒谬"等等定义,尽管它们实际上符合滑稽的各种形式,却根本解释不了滑稽的事物为什么令人发笑。的确,到底为什么偏偏是这一个特定的逻辑关系一被我们感觉到,就感染我们,使我们欢快,震撼我们,而我们对其他一切逻辑关系都无动于衷呢?我们将不从这个方面来处理问题。要理解笑,就得把笑放在它的自然环境里,也就是放在社会之中;特别应该确定笑的功利的作用,也就是它的社会作用。让我们现在就说清楚,这才是我们全部研究的指导思想。笑必须适应共同生活的某些要求,笑必须具有社会意义。

让我们把我们这三个初步的看法的交叉点明确地指出来:当一群人全都把他们的注意力集中到他们当中的某一个人身上,不动感情,而只运用智力的时候,就产生滑稽……

二

有一个人在街上跑,绊了一下脚,摔了一跤,行人笑了起来。我想,如果人们设想这个人是一时异想天开,在街上坐了下来,那他们是不会笑他的。别人之所以发笑,正是因为他不由自主地坐了下来。……总之,由于僵硬或是惯性的作用,当情况要求有所改变的时候,肌肉还在继续进行原来的活动。这个人因此摔了跤,行人因此笑了。

又假设有一个人,他的日常生活极有规律。可是他身边的东西给一个恶作剧的人弄得一塌糊涂。他把钢笔插进墨水瓶,抽出来时却满笔尖都是污泥。他以为是坐到一把结实的椅子上,结果却仰倒在地板上。总之,由于惯性的关系,他的行动和他的意图适得其反,或者是处处扑空。……这个工作室的恶作剧的受害者所处的境遇和上面所说的奔跑摔跤的人相类似。在两种情况当中,在要求一个人集中注意,灵活应变的时候,他却是有一定程度的机械的僵硬。这两种情况之间唯一的差别是,前者是自发产生的,后者是人为地制造出来的。在前一种情况,行人不过是观察而已,而在后一种情况,那个恶作剧者却是在进行实验。

不管怎么样,在这两种情况当中,决定效果的还都是外部条件。滑稽因此是偶然的,可以说是停留在人物表面上的。滑稽怎么深入到人物内部去呢?那就需要这种机械的僵硬无需偶然条件或者别人恶意设置的障碍,就能表现出来。那就需要这种僵硬从它自身的深处,以很自然的方式,不断找到表现出来的机会。让我们设想有这么一个人,他的脑子总是想着他刚做过的事情,从来也不想他正在做的事情,就跟唱歌的人唱出来的歌词落后于伴奏一样。再设想有这么一个人,他的感官和智力都很迟钝,他看到的是已经不再存在的东西,听到的是已经不再响的声音,说出的是不合时宜的话,总之,当目前的现实要求他有所改变的时候,他却去适应已经过去的或者是想象中的情况。这一回,滑稽就在人物身上落了脚,是这个人为滑稽提供了一切:材料和形式、原因和机会。我们刚才所描写的那些心不在焉的人一般都会激起喜剧作家的诗情,这也就不足为奇了。……

心不在焉的效果还可以加强。有这么一条普遍的规律,我们刚才所说的正是这条规律的初步运用。这条规律可以这么表述:当某一个滑稽效果出自某一原因时,那么,我们越是觉得这个原因顺乎自然,滑稽效果就显得越大。把心不在焉作为简单的事实表现出来,我们已经不免发笑。假如我们亲眼看着这个心不在焉出生成长,知道它的根源,对它的来龙去脉都能交代出来,那么它就更加可笑。现在让我们再往前走一步。某些缺点与性格的关系不是正和僵化固定的观念与智力的关系一样吗?缺点是品质的一个瑕疵,是意志的一个僵块,它时常像是心灵的一个扭曲部分。当然,也有这样一些缺点,整个心灵以其全部充沛的力量深深地扎根其间,煽动它们,带动它们以各种不同的形态不断活动。这些是悲剧性的缺点。然而使我们成为可笑的缺点则恰恰相反,它是人们从外部带给我们的缺点,就像是一个现成的框子,我们钻了进去。这个框子不向我们的灵活性学习,却强使我们接受它的僵硬性。我们无法把这个框子变得复杂些,相反的,倒是这个框子使我们简单化。看来喜剧和正剧的首要差别就在这里——这一点,我们试图在本书的最后一部分详细阐明。一部正剧,即使当它刻画一些各有名称的激情或缺点的时候,这些激情和缺点跟人物也是这样紧密地结成一体,以致它们的名称被人遗忘,它们的一般性质消失不见,我们根本就不去想它,所想的只是身上附着这些激情或缺点的人物。因此,正剧的标题几乎只能是一个专有名词。与此相反,许多喜剧的标题用的是普通名词，例如《吝啬鬼》[1]、《赌徒》[2]等等。……不管你怎样想把喜剧性的缺点和人物紧密结合起来，喜剧性的缺点并不因此就不保持它独立而单纯的存在。它依然是在场而又看不见的中心人物，有血有肉的人物只不过是在舞台上依附着它罢了。有时，它以自身的力量拖着他们前进，拽着他们一起滚下坡去，以此来取乐。可是在更多的场合，它像弹奏乐器那样玩弄他们，把他们当作木偶一样来操纵。……在这里，使我们发笑的还是一种自动机械的动作，一种和单纯的心不在焉非常相近的自动机械的动作。要信服这一点，只稍注意一下这样的事实就行了，一个滑稽人物的滑稽程度一般地正好和他忘掉自己的程度相等。滑稽是无意识的。……

目前没有必要把这个分析深入进行下去。从摔跤的奔跑者到被人捉弄的无辜者，从被人捉弄到心不在焉，从心不在焉到狂热，从狂热到意志和性格的种种变态，我们已经一步一步地看到滑稽越来越深入到人物中间去的发展过程，而我们总是记得，在最精细的表现形式当中，也有在较粗形式当中的某些东西，那就是那种机械动作和僵硬性。我们现在就可以对人性的可笑面，对笑的一般功能有一个初步的看法，当然这只是站在远处，不免模糊不清的一瞥。……

现在社会所担心的是我们每一个人满足于对生活必需方面的事情的注意，而在其他一切方面都听任习惯势力的机械性去摆布。社会也害怕它的成员对那越来越紧密地交错在一起的众多意志不去作越来越细致的平衡，却满足于尊重这个平衡的基本条件。单靠人与人之间自然而然的协调是不够的，社会要求人们经常作出自觉的努力来互相适应。性格、精神甚至身体的任何僵硬都是社会所需要提防的，因为这可能表示有一部分活力在沉睡，有一部分活力孤立起来了，有一种与社会运行的共同中心相脱离的趋势，也就是一种离心的倾向。然而在这种情况下社会不能对它进行物质的制裁，因为社会并没有在物质方面受到损害。社会只是面临着使它产生不安的什么东西，而这也不过是一种征候而已，说是威胁都还勉强，至多只能算得上是一种姿态罢了。因此社会只能用一种姿态来对付它。笑就应该是这样一种东西，就应该是一种社会姿态。笑通过它

---

① 17 世纪法国伟大的喜剧作家莫里哀的作品。

② 18 世纪法国喜剧作家列雅尔(Regnard)名著之一。

所引起的畏惧心理,来制裁离心的行为,使那些有孤立或沉睡之虞的次要活动非常清醒,保持互相的接触,同时使一切可能在社会机体表面刻板僵化的东西恢复灵活。因此,笑并不属于纯粹美学的范畴,它追求改善关系这样一个功利的目的(在许多特定的情况下,这种追求是无意识,甚至是不道德的)。然而,笑当中也有美学的内容,因为滑稽正是产生于当社会和个人摆脱了保存自己的操心,而开始把自己当作艺术品看待的那一刻。总之,假如你画一个圈子,把那些有损个人生活或社会生活,由于其自然后果而遭到惩罚的行为和气质圈在里面,那么还有些东西是留在这个情感和斗争的领域之外的,那就是身体、精神和性格的某种僵硬。它处在一个人们出乖露丑的中间地带。社会要进一步消除这种身体、精神和性格的僵硬,使社会成员能有很大限度的弹性,最高限度的群性。这种僵硬就是滑稽,而笑就是对它的惩罚。……

第三章 性格的滑稽

……

僵硬、机械、心不在焉、不合社会,这四者都是相互沟通的。并且都是造成性格的滑稽的原料。

总之,如果在人身上把引起我们敏感,激起我们情感的东西排除在外,那么,其余部分就可以变得滑稽,而滑稽的程度和在这里表现出来的僵硬的程度成正比。我们在本书开始时就提出这种思想。我们也通过这种思想的各种主要后果证实了这种思想,也已把这种思想应用到喜剧的定义上去。现在我们要更紧地抓住这个思想不放,来说明它怎样使我们有可能标定喜剧在其他一切艺术中的正确地位。

在某种意义上,我们可以说,一切性格都是滑稽的,如果我们把性格理解为人身上预先制成的东西,理解为如果人的身子一旦上了发条,就能自动地运转起来的机械的东西的话。这也就是我们不断地自我重复的东西,从而也就是我们身上那些别人可以复制的东西。滑稽的人物是一种类型。反过来说,与某一类型相似之处就含有滑稽的成分。我们可以跟一个人长期交往而在他身上没有发现什么可笑之处,然而如果我们偶然在他身上找到与某个剧本或者某部小说中的主人公相似的地方,就用这个众所周知的主人公的名字来称呼他,那么这个人在我们心目中就有点可笑了。尽管小说中的那个人物可能并不滑稽,然而跟他相似就滑稽。

一个人让别人把他身上的那个“他”抽掉了，那就滑稽。一个人钻进了一个现成的框子，那就滑稽。而最滑稽的莫过于使自己成为别人很容易钻进去的框子，莫过于使自己僵化为某一类型的性格。

高级喜剧的目的在于刻画性格，也就是刻画一般的类型。这，我们已经说过许多次了，然而我们还是不惮重复，因为我们认为这个公式足以作为喜剧的定义。事实上，喜剧不仅给我们提供一些一般的类型，而且它是各门艺术当中唯一以“一般性”为目标的艺术。在我们给喜剧规定这个目标的时候，事实上我们就说出了喜剧的特点，说出了其他艺术不能做到的事情。为了证明这是喜剧的精髓，为了证明它正是由此而与悲剧、正剧以及其他一切艺术形式截然不同，那就应该首先确定什么是最高的艺术，然后逐渐等而下之以至于喜剧。这时候我们便将看到，喜剧处在艺术与生活的边缘，而且由于它的一般性，它与其他艺术截然不同。我们现在不能从事一项如此广泛的研究。然而我们必须把它的轮廓描绘出来，否则就可能忽略了喜剧的要点。

艺术的目的是什么？如果现实能直接震撼我们的感官和意识，如果我们能直接与事物以及我们自己相沟通，我想艺术就没有什么用处，或者说，我们会全都成了艺术家，因为这时候我们的心灵将是一直不断地和自然共鸣了。我们的双眼就会在记忆的帮助之下，把大自然中一些无与伦比的画面，从空间方面把它们裁截出来，在时间方面把它们固定下来。我们的视线就会随时发现在人的身体这样有血有肉的大理石上雕刻着的和古代雕像一样美的雕像断片。我们就会听到在我们心灵深处发生的我们的内在生命的永不中断的旋律，就像听到一种有时欢快，更多的时候则是哀怨，但总是别具一格的音乐一样。所有这一切就在我们周围，所有这一切就在我们心中，然而所有这一切又并不能被我们清楚地看到或者听到。在大自然和我们之间，不，在我们和我们的意识之间，垂着一层帷幕，一层对常人说来是厚的而对艺术家和诗人说来是薄得几乎透明的帷幕。是哪位仙女织的这层帷幕？是出于恶意还是出于好意？人必须生活，而生活要求我们根据我们的需要来把握外物。生活就是行动。生活就是仅仅接受事物对人**有用的**印象，以便采取相应的行动，而其他一切印象就必然变得暗淡，或者模糊不清。我看，并且自以为看到了；我听，并且自以为听见了；我研究我自己，并且自以为了解我的内心。然而我在外界所见所闻都不过是我的感官选择来指导我的行为的东西。我对我自己的认识只是浮在表面的东西，在行动中表现出来的东西。因此，我的感官和意识显示给我的现实只不过是实用的简化了的现实。在感官和意识为我提供的关于事物和我自己的景象中，对人无用的差异被抹杀了，对人有用的类同之处被强调了，我的行为应该遵循的道路预先就被指出来了。这些道路就是全人类在我之前走过的道路。事物都是按照我可能从中得到的好处分好类了。我所看到的就是这样一个分类，它比我所看到的事物的颜色和形状要清楚得多。就这一点来说，人无疑已经比动物高明得多了。狼的眼睛是不大可能会区别小山羊和小绵羊的；在它眼里，两者都是同样的猎获物，因为它们都是同样容易捕获，同样好吃。我们呢，我们能区别山羊和绵羊，然而我们能把这只山羊和那只山羊，这只绵羊和那只绵羊区别开吗？当事物和生物的**个性**对于我们没有物质上的利益的时候，我们是不去注意的。即使我们注意到的时候（例如我们区别这一个人和那一个人），我们的眼睛所看到的也不是个性本身，即形式与色彩的某种独特的和谐，而只是有助于我们的实用性的认识的一两个特征罢了。

总之，我们看不见事物的本身；我们十有八九只是看一看贴在事物上面的标签。这种从需要产生的倾向，在语言的影响下就更加增强了。因为词（除了专有名词以外）指的都是事物的类。词只记下事物的最一般的功能和最无关紧要的方面，它插在事物与我们之间，使我们看不到事物的形态——如果这个形态还没有被创造这个词的需要早就掩盖起来的话。不但外界的事物是如此，就连我们自己的精神状态当中内在的、个人的、只有我们自己亲身体会过的东西，也都不为我们所察觉。在我们感到爱或者憎的时候，在我们觉得快乐或者忧愁的时候，达到我们意识之中的，真的就是我们自己的情感，以及使我们的情感成为真正是我们所有的东西的万千难以捉摸的细微色彩和万千深沉的共鸣吗？如果真能办到的话，那我们就都是小说家，都是诗人，都是音乐家了。然而我们所看到的我们的精神状态，往往不过是它的外在表现罢了。我们所抓住的我们的情感不过是它的人人相通的一面，也就是言语能够一劳永逸地表达的一面罢了，因为这一面是所有的人在同样的条件下差不多都能同样产生的。这样说来，即使是我们自己的个性也是为我们所不认识的。我们是在一些一般概念和象征符号之间转来转去，就像是在我们的力量和其他各种力量进行富有成效的较量的比武场里一样。我们被行动所迷惑，所吸引，为了我们的最大的利益，在我们的行动选好了的场地上生活着，这是一个在事物与我们自己之间的中间地带，既在事物之外，又在我们自己之外的地带。但是，大自然也偶尔由于一时疏忽，产生了一些比较超脱于生活的心灵。我这里所说的这种超脱并不是有意识的、理性的、系统的，并不是思考和哲学的产物。我说的是一种自然的超脱，是感官或者意识的结构中天生的东西，并且立即就可以说是纯真的方式，通过视觉、听觉或思想表现出来的东西。如果这种超脱是彻底的超脱，如果我们的心灵不再通过任何感官来参与行动，那就将成为世上还从来不曾见过的艺术家的心灵。有这样的心灵的人将在一切艺术中都出类拔萃，也可以说他将把一切艺术都融而为一。

一切事物的纯粹的本相，无论是物质世界的形式、色彩和声音也好，还是人的内心生活当中最细微的活动也好，他都能感知。然而这对自然是太苛求了。即使就我们中间已经被自然培养成为艺术家的人们来说，自然也只是偶然为他们揭开了那层帷幕的一角。自然也只是在某一个方向才忘了把我们的知觉和需要联系起来。而由于每一个方向相应于我们所谓的一种感觉，所以艺术家的艺术禀赋也仅仅限于他的一种感觉。这就是艺术的多样性的根源，这也就是人的素质的专门化的根源。有人热爱色彩和形式，同时由于他为色彩而爱色彩，为形式而爱形式，也由于他为色彩和形式而不是为他自己才看到色彩和形式，所以他通过事物的色彩和形式所看到的乃是事物的内在生命。他然后逐渐使事物的内在生命进入我们原来混乱的知觉之中。至少在片刻之间，他把我们从横隔在我们的眼睛与现实之间的关于色彩和形式的偏见中解除出来。这样他就实现了艺术的最高目的，那就是把自然显示给我们。——另外一些人喜欢到自己的内心中去探索。在那些把某一情感形之于外的万千萌发的行动底下，在那表达个人精神状态并给这种精神状态以外壳的平凡的社会性的言语背后，他们探索的是那个纯粹朴素的情感，是那个纯粹朴素的精神状态。为了诱导我们也在我们自己身上试作同样的努力，他们想尽办法来使我们看到一些他们所看到的东西：通过对词的有节奏的安排（词就这样组织在一起，取得了新的生命），他们把语言在创造时并未打算表达的东西告诉我们，或者毋宁说是暗示给我们。——还有一些人则更深入一步。在严格说来可以用言语表达的那些喜怒哀乐之情中间，他们捕捉到与言语毫无共同之处的某种东西。这就是比人的最有深度的情感还要深入一层的生命与呼吸的某些节奏。这些节奏之所以比那些情感还要深入一层,那是因为它们就是一种因人而异的关于沮丧和振奋、遗憾和希望的活的规律。这些艺术家在提炼并渲染这种音乐的时候,目的就在于迫使我们注意这种音乐,使我们跟不由自主地加入跳舞行列的行人一样,不由自主地卷入这种音乐之中。这样,他们就拨动了我们胸中早就在等待弹拨的心弦。——这样,无论是绘画、雕刻、诗歌还是音乐,艺术惟一的目的就是除去那些实际也是功利性的象征符号,除去那些为社会约定俗成的一般概念,总之是除去掩盖现实的一切东西,使我们面对现实本身。由于对这一点的误解,产生了艺术中的现实主义和理想主义之间的论争。艺术当然只是现实的比较直接的形象。但是,知觉的这种纯粹性蕴含着与功利的成规的决裂,蕴含着感觉或者意识的先天的,特别是局部的不计功利,总之是蕴含着生活的某种非物质性,也就是所谓理想主义。所以我们可以说,当心灵中有理想主义时,作品中才有现实主义,也可以说只是由于理想的存在,我们才能和现实恢复接触。我们这样说,绝不是什么玩弄词义的把戏。

徐继曾译

——选自柏格森《笑》,北京十月文艺出版社 2005 年版

俄国形式主义美学

什克洛夫斯基

维克托·什克洛夫斯基(Viktor Shklovsks, 1893—1984)是俄国作家、文学批评家和美学家,俄国形式主义美学的创始人和主要代表之一。他出身于教师家庭,曾就读于圣彼得堡大学历史语言学系。人们普遍认为他的《语词的复活》一书是俄国形式主义美学的宣言。此外还著有:《艺术即手法》(1917)、《波亚勃尼亚》(1919)、《散文论》(1925)、《艺术散文思考和分析》(1959)等。

什克洛夫斯基的理论活动可分为前后两大阶段。1930 年前,他反对俄国学院派、象征派,否定文学与社会的联系,主要宣传俄国形式主义美学基本理论。1930 年,他发表《一个科学错误的纪念碑》一文,公开宣布放弃俄国形式主义立场,转向社会主义现实主义理论。不过,他的理论影响主要在俄国形式主义方面。在前阶段,他力图对内容进行抽象,以便揭示作品的结构和模式。他提出著名的"陌生化"概念,主张艺术家应当用专门的手法使习惯的或无意地熟识的东西陌生化,以引起欣赏者强烈的兴趣。

他认为,艺术的设计是对象的陌生化设计,是造成形式的困难、增加感觉难度与长度的设计。陌生化的功能在于:迫使欣赏者以新颖的、批判的眼光看待语言常规和社会传统,并使人们把注意力集中到形式本身。文学史也就是艺术手法不断更新的历史。他还认为,艺术具有自我价值,永远不受生活束缚。

在本书所选的《作为手法的艺术》中,什克洛夫斯基论述了"陌生化"概念,认为艺术的目的是使人感觉到事物,而不仅仅是知道事物,艺术技巧的使用是为了使对象陌生,以增加感觉的难度和时间长度。审美目的就是感觉过程本身。

(张德兴)

作为手法的艺术

“艺术就是用形象来思维”，这句话就是从一个中学生嘴里也可以听到，它同时也是开始在文学领域中创建某种体系的语言学家的出发点。这个思想已深入许多人的意识中；必须把波捷勃尼亚也算作是这一思想的创立者之一，他说：“没有形象就没有艺术，包括诗歌。”[①]他在另外一个地方写道：“诗歌和散文一样，首先并且主要是思维和认识的一定方式。”[②]

诗歌是思维的一种特殊方式，亦即用形象来思维的方式，这种方式能在一定程度上节省智力，使你“感到过程相对而言是轻松的”，审美感就是这种节省的反射放果。奥夫相尼科—库里科夫斯基院士就是这样理解和归纳的，而且他的理解想必是正确的，他无疑仔细阅读过自己导师的著作。波捷勃尼亚和他的人数众多的整个学派都认为，诗歌是一种特殊的思维方式，即借助于形象的思维，而形象的任务即借助于它们可以把各种各样的对象和活动归组分类，并通过已知来说明未知。或用波捷勃尼亚的话来说：“形象对被说明者的关系是：a)形象是可变主语的固定谓语，也就是吸引可变统觉的固定手段……b)形象是某种比被说明者更简单更清晰的东西……”[③]也就是说：“既然形象化的目的在于使形象的意义接近于我们的理解，又因为离开这一目的则形象化就失去了意义，所以，形象应当比它所说明的东西更为我们所了解。”[④]应用这个规律来看丘特切夫把闪电譬作聋哑的魔鬼，或果戈理把天空譬作上帝的衣饰，是饶有趣味的。

“没有形象就没有艺术。”“艺术就是用形象来思维。”为了杜撰这些定义，人们不惜生拉硬拽、牵强附会；有些人还力图把音乐、建筑、抒情诗都理解为用形象来思维。经过了四分之一世纪的努力，奥夫相尼科—库里

---

① A. A. 波捷勃尼亚：《语言学理论札记》，哈尔科夫，1905 年，第 83 页。

② A. A. 波捷勃尼亚书中的这一地方是这样写的：“如果把诗歌首先并且主要看作是一定的思维方式的话，那么，对散文也应该这样来看待。”见《语言学理论札记》，第 97 页。

③ 波捷勃尼亚：《语言学理论札记》，第 314 页。

④ 同上书，第 294 页。

科夫斯基院士终于不得不把抒情诗、建筑和音乐划为无形象艺术的特殊种类，并把它们定义为直接诉诸于情感的抒情艺术。如此看来，有些具有广阔领域的艺术，并不是一种思维方式；然而属于这一领域的艺术之一抒情诗就这词的狭义而言却又与“形象”艺术完全相像：它们都要运用语言，尤为重要的是形象艺术向无形象艺术的转变完全是不知不觉的，而我们对它们的感受也颇相类似。

然而，“艺术就是用形象来思维”这一定义，意味着（我省去了众所周知的这一等式的中间环节）艺术首先是象征的创造者，这一定义站住了脚跟，即使在它引以为基础的理论破产之后它也保存了下来。这一定义首先在象征主义流派中，特别是在象征主义理论家那里活跃异常。

所以，许多人依旧认为，用形象来思维，“道路和阴影”，“垄沟和田界”，是诗歌的主要特点。因此，这些人本应期待的是，这一（用他们的话来说）“形象”艺术的历史将由形象的变化史构成。但实际上，形象几乎是停滞不动的；它们从一个世纪向另一个世纪、从一个地方向另一个地方、从一个诗人向另一个诗人流传，毫不变化。形象“不属于任何人”，“只属于上帝”。你们对时代的认识越清楚，就越会相信，你们以为是某个诗人所创造的形象，不过是他几乎原封不动地从其他诗人那里拿来运用罢了。诗歌流派的全部工作在于，积累和阐明语言材料，包括与其说是形象的创造，不如说是形象的配置、加工的新手法。形象是现成的。而在诗歌中，对形象的回忆要多于用形象来思维。

形象思维无论如何也不能概括艺术的所有种类，甚至不能概括语言艺术的所有种类。形象也并非凭借其改变便构成诗歌发展的本质的那种东西。

我们知道，有些表达方式在创造时无意寻求诗意，却常常被感受为有诗意的、为艺术欣赏而创造的东西，例如，安年斯基关于斯拉夫语言具有特殊诗意的意见；再如，安德烈·别雷对 18 世纪俄罗斯诗人把形容词置于名词之后这种手法的赞美也是如此。别雷把这种手法作为一种具有艺术性的手法而赞美，或者确切些说，认为这才是艺术，是有意为之；而实际上，这是该语言的一般特点（是教会斯拉夫语言的一种影响）。因此，作品可能有下述情形：一、作为散文被创造，而被感受为诗；二、作为诗被创造，而被感受为散文。这表明，赋予某物以诗意的艺术性，乃是我们感受方式所产生的结果；而我们所指的有艺术性的作品，就其狭义而言，乃是指那些用特殊手法创造出来的作品，而这些手法的目的就是要使作品尽可能被感受为艺术作品。

波捷勃尼亚的结论可以表述为：诗歌＝形象性。这一结论创造了关于“形象性＝象征性”、关于形象能够成为任何主语的不变谓语的全部理论（由于思想相近，这个结论使象征主义者们——安德烈·别雷、梅列日科夫斯基及其“忠实的伙伴们”——如痴如醉，并成为象征主义理论的基础）。产生这个结论的部分原因在于波捷勃尼亚没有分辨出诗歌语言与散文语言的区别。由于这个原因，他没有注意到有两种类型的形象之存在：一是作为思维实践手段，和把事物联结成为类的手段的形象；二是作为加强印象的手段之一的诗意形象。试举例说明。我走在街上看见我前面走着一个戴帽子的人的包裹掉了，我喊道：“喂！戴帽子的，包裹丢了。”这是纯粹散文式的形象比喻的例子。再举一例。几个兵在站队，排长看见其中一个站得不好，站没个站相，便对他说：“喂，帽子！你是怎么站的。”这是一个诗意的形象比喻（在一种场合下，“帽子”一词用于借喻，而在另一场合下，则用于隐喻。但我在此注意的不是这个）。诗意性形象是造成最强烈印象的手段之一。作为一种手段，它所承担的任务与其他诗语手段相等，与普通的否定的排偶法相等，也与比较、重复、对称、夸张法相等，总之与一切被称作修辞格的手段相等，与所有夸大对事物的感受的手段相等（这里所说的事物可以是指作品的语言甚或作品的音响本身）。但诗意形象与寓言形象及思维形象仅有外表上的相似，例如（奥夫相尼科—库里科夫斯基的《语言与艺术》），小姑娘把圆球称为西瓜就是这样。诗意形象是诗歌语言的手段之一。散文式形象则是一种抽象的手段：用小西瓜来代称灯罩，或代称脑袋，这仅仅是对其中一种事物属性的一种抽象，这与用脑袋代称圆球，或用西瓜代称圆球毫无区别。这是思维，它同诗歌毫无共同之处。

节约创造力规则也属于大家公认的一类公理。斯宾塞写道：“决定选词和用词的一切规则的基础，我们认为是这样的一个主要的要求，即珍惜你的注意力……用最灵巧的方式使智力达于你所希望的概念，是你在许多场合下唯一的和在一切方面都要遵循的主要目的……”（《风格的原理》）“如果你的心灵拥有用之不竭的力量，那么对于它来说，即使从这一眼泉水中耗费了多少水，当然它也会无所谓。也许，重要的仅仅是必然要消耗掉的时间。但既然心灵的力量是有限的，所以理所当然，心灵要力求尽可能更合乎目的性，亦即用最小的力量消耗，而达到比较而言以最大的效果来完成统觉过程。”（P. 阿芬那留斯）彼特拉日茨基只是引用了一下节约心灵力量的一般原则，便把有碍自己思路的詹姆斯关于激情的肉体原则理论排斥了。就连亚历山大·维谢洛夫斯基在谈到斯宾塞的思想时，也承认节约创造力的原则是诱人的，尤其是在考察节奏时：“风格的优点恰恰在于，它能以尽可能最少的词来表达尽可能最多的思想。”安德烈·别雷在其最优秀的篇章中，提出了那么多难以上口的、不妨说磕磕绊绊的节奏的例子（多引巴拉丁斯基的诗句为例），并指明诗歌用语的难处所在。他同样也认为，有必要在自己的书中谈论节约原则。他的这本书乃是根据从关于诗歌创作手法的大量旧书中和克拉耶维奇按古典中学大纲编写的物理教科书中搜罗来的未经检验的事实而创立艺术理论的英勇尝试。

关于力量节约即创作规则和目的的思想，在语言的个别场合中或许是正确的，也就是说在语言的“实际应用”方面是正确的，由于人们不懂得实用语言与诗歌语言规则的区别，因而使得这一思想对后者也有影响。有人指出日本诗歌语言中有一些音是日本实用语言中所没有的，这几乎是第一次指明了两种语言的差别。雅库宾斯基关于诗歌语言中没有平稳语音的异读规则，及诗歌语言中允许有难发的音的组合的类似现象，就是最初的一种经得起科学批评[①]并在事实上指明了诗歌语言规律与实用语言相对立的观点（尽管我们暂且仅就这一种情况而言）。[②]

因此，有必要不是在与散文语言的相似性上，而是在诗歌语言自身的规律上来谈谈诗歌语言中的浪费与节约规则。

如果我们对感受的一般规律作一分析，那么我们就可以看到，动作一旦成为习惯性的便变得带有机械性了。例如，我们所有熟习的动作都进入了无意识的、机械的领域。如果有谁回忆起他第一次手握钢笔或第一次讲外语时的感觉，并把这种感觉同他经上千次重复后所体验的感觉作比较，他便会赞同我们的意见。我们的散文式语言，散文式语言所特有的建构不完整的句子，话说一半即止的规则，其原因就在于机械化的过程。这一过程的最理想的表现方式是代数，因为代数中的一切事物均被符号

① 《诗学》（诗歌语言理论集刊），第一册，彼得格勒，1919 年，第 38 页。
② 同上，第 13—21 页。

所取代了。在语速很快的实用言语中,话并不说出口,在意识中出现的只是名词的头几个音节。

……那种被称为艺术的东西的存在,正是为了唤回人对生活的感受,使人感受到事物,使石头更成其为石头。艺术的目的是使你对事物的感觉如同你所见的视像那样,而不是如同你所认知的那样;艺术的手法是事物的"反常化"手法,是复杂化形式的手法,它增加了感受的难度和时延,既然艺术中的领悟过程是以自身为目的的,它就理应延长;艺术是一种体验事物之创造的方式,而被创造物在艺术中已无足轻重。

诗歌(艺术)作品的生命即从视像到认知,从诗歌到散文,从具体到一般,从有意无意在公爵宫廷里忍受侮辱的经院哲学家和贫穷贵族的堂吉诃德到屠格涅夫笔下的广泛却又空洞的堂吉诃德,从查理大帝到"国王"这一名称;作品和艺术随着自身的消亡而扩展,寓言比长诗更富于象征性,而谚语比寓言更富于象征性。因此,波捷勃尼亚在分析寓言时,他的理论更少一些自相矛盾,波捷勃尼亚从自己的观点出发对寓言彻底地作了分析。但波氏并未运用他的理论去分析艺术上"有分量"的作品。所以波捷勃尼亚的书并没有写完。众所周知,《语言学理论札记》出版于1905年,是在作者逝世13年以后了。

波捷勃尼亚对这本书作了充分修改的,也仅仅是其中关于寓言的部分。①

经过数次感受过的事物,人们便开始用认知来接受:事物摆在我们面前,我们知道它,但对它却视而不见。② 因此,关于它,我们说不出什么来。使事物摆脱知觉的机械性,在艺术中是通过各种方法实现的。在这篇文章中,我想指出列夫·托尔斯泰几乎总爱使用的一种方法,就连梅列日科夫斯基也认为列夫·托尔斯泰只写其所见,洞察秋毫,于写作中从不改变什么的。列夫·托尔斯泰的反常化手法在于,他不用事物的名称来指称事物,而是像描述第一次看到的事物那样去加以描述,就像是初次发生的事情,同时,他在描述事物时所使用的名称,不是该事物中已通用的那部分的名称,而是像称呼其他事物中相应部分那样来称呼。

……反常化手法不是托尔斯泰所独有的。我之所以引用托尔斯泰的

---

① A. A. 波捷勃尼亚:《语言学理论讲授纲要——寓言·谚语·俗语》,哈尔科夫,1914年。

② B. 什克洛夫斯基:《词的再生》,圣彼得堡,1914年。

素材描述这一手法是出于这样一种纯粹实际的考虑，即这些材料是人所共知的。

现在，在阐明这一手法的特性之后，我们来力求大致地确定它使用的范围。我个人认为，凡是有形象的地方，几乎都存在反常化手法。

也就是说我们的观点与波捷勃尼亚的观点的区别，可以表述为以下一点：由于谓语总在变动，所以形象并不是恒定的主语。

形象的目的不是使其意义接近于我们的理解，而是造成一种对客体的特殊感受，创造对客体的“视像”，而不是对它的认知。

……研究诗歌言语，在语音和词汇构成、在措辞和由词组成的表义结构的特性方面考察诗歌言语，无论在哪个方面，我们都可发现艺术的特征，即它是专为使感受摆脱机械性而创造的，艺术中的视像是创造者有意为之的。它的“艺术的”创造，目的就是为了使感受在其身上延长，以尽可能地达到高度的力量和长度，同时一部作品不是在其空间性上，而是在其连续性上被感受的。“诗歌语言”就是为了满足这些条件。按照亚里士多德的说法，诗歌语言应具有异国的和可惊的性格；而实际上诗语也常常是陌生的。……对于普希金的同时代人来说，杰尔查尔的情绪激昂的风格是习惯了的诗歌语言。而普希金的风格按（当时的）风尚，却是出乎意外的难以接受。让我们回忆一下普希金的同时代人因诗人的表达法如此通俗而吃惊不已，就足以说明问题了。普希金使用俗语并把它用作吸引注意力的一种特殊程序，正如同他的同时代人在自己日常所说的法语中，使用一般的俄语单词一样（参见托尔斯泰《战争与和平》中的例子）。

目前，有一种现象更有代表性。规范俄语按其起源对于俄国来说是一种异邦语言，可是它在人民大众中达到了如此广泛深入的地步，以致它和大量民间语言中的许多成分混同为一，而后来居然连文学也开始表现出对方言（列米佐夫、克柳耶夫、叶赛宁等人，按才能来说是如此悬殊，而按他们所熟稔的方言来说又是如此接近）和不纯正语言（这是谢维里亚宁流派产生的一个条件）的迷恋。现在，就连马克西姆·高尔基也开始从标准语转向文学中的“列斯科夫式”语言方面来。这样一来，俗语和文学语言互换了各自的位置（维亚切斯拉夫·伊万诺夫和其他许多人）。最后出现了一种想要创立新的专门的诗歌语言的强大流派：这一流派的领袖人物众所周知是维列米尔·赫列勃尼科夫。所以，我们便得出诗的这样一个定义，即诗就是受阻的、扭曲的言语。诗歌语即言语—结构，而散文即普通言语：节约的、轻快的、正确的(dea prosae[①]——规范的、平易语言类型的仙女)。关于阻挠和延缓即艺术的一般规律这一点，我在论述情节分布结构的文章中还要详细地论述。

但那些把节约力量的概念，作为诗歌语言中某种实质性的东西，甚至是起决定性作用的东西而提出的人们的观点，初看起来，似乎在节奏问题上更有说服力。斯宾塞对节奏作用的解释，看来是无可辩驳的："我们的承受力所无法忍受的打击迫使我们让自己的肌肉处于一种过分的、有时甚至是不必要的紧张状态，我们无法预见到打击的重复何时中断；在周期性的打击之下我们则节省自己的力量。"看来，似乎是令人信服的这一说法却也无法避免通常的缺陷，即把诗歌语言的规则和散文语言的规则混为一谈。斯宾塞在其《风格的原理》一书中，对这两种规则根本没有加以区分。其实，完全有可能存在着两种类型的节奏。散文式节奏即劝力歌的节奏。一方面由于必要，口令代替了棍棒："划哟，划哟！"另一方面，它也可减轻劳动，使劳动带有机械性。确实，踏着音乐的节拍走路比没有音乐伴奏要轻松，但边热烈交谈边走路，也使我们感到轻松，那是因为行走的动作从我们的意识中消失了。由此可见，散文式节奏作为机械化的一种因素是十分重要的。但诗歌的节奏却不是这样的。艺术中有"圆柱"，然而，希腊庙宇中的任何圆柱，都不是准确地按"圆柱式"建成的，而艺术节奏就是被违反的散文式节奏；已经有人试图把所有这些对节奏的违反加以系统化。这是摆在当今节奏理论面前的一个任务。可以设想，这一系统化的工作是不会成功的，因为，事实上问题原本不在于复杂化的节奏，而在于节奏的违反，并且这种违反是不可预料的，如果这一违反变为规范，那么，它便会失去其作为困难化手法的作用。但我现在不准备更为详细地讨论节奏问题，我将写专文来探讨这个问题。

方 珊译 张惠军校

——译自《苏联美学思想史，1917—1932 年》(俄文版)，莫斯科艺术出版社 1980 年版

---

① 拉丁语：散文仙女。

早期心理学美学

从心理学角度研究美学在古希腊时代已露端倪。此后各个时代都有一些西方美学家对审美心理学问题进行研究，为现代心理学美学的发展提供了基础。然而，心理学美学形成一股蔚为壮观的强大美学潮流，则是在 19 世纪 70 年代以后。

19 世纪以来，西方心理学研究不断取得重大成果，到 19 世纪末叶，心理学脱离哲学成为一门独立的学科。心理学的发展是和近代科学中神经生理学的迅猛发展分不开的。而心理学研究的成果又对西方的各个思想领域都产生了革命性的影响，同样也为现代心理学美学奠定了基础。

心理学美学的一个重要特点是运用自然科学的手段，通过精确的量度、统计和实验，对美学中的一系列重大问题作出回答。现代心理学美学首先在德国获得蓬勃发展。实验美学、移情说美学、格式塔心理学美学等心理学美学都诞生于德国，并以德国为中心。一般说来，现代心理学美学的第一个重要流派是以费希纳为先驱和奠基人的实验美学。屈尔佩、梅伊曼、瓦伦丁等人都是该派美学的代表人物。实验美学全面引进心理学实验方法研究美学问题，标志着在美学中实证的经验分析方法取代了原先占统治地位的哲学思辨方法，从而导致了西方美学史上古典美学向着现代美学的转变。

与实验美学同时兴起的是移情说美学。其先驱人物是洛采和费希尔父子，它的代表人物有立普斯、谷鲁斯、浮龙・李、伏尔盖特、巴希等人。移情说美学主要流行于 19 世纪末和 20 世纪初叶，曾在德国、英国等国占有主导地位。

快乐说美学以萨利、艾伦和居约等人为代表。快乐说美学把美感和快感等同起来，注重对美感的生理基础的研究，是心理学美学中一个非常独特的派别，主要流行于 20 世纪初。

以爱德华・布洛为代表的“距离”说美学也是一种很有影响的心理学

美学理论。布洛强调了审美活动的“无利害关系”的特征，要求审美主体与现实生活保持一定距离。康拉德·朗格则提出了一种“幻觉”说美学理论，从心理学角度把艺术和其他审美活动看成是一种幻觉活动和有意识的自我欺骗活动。

以上提到的都是现代西方早期心理学美学的一些主要派别。总的来说，尽管这些派别之间具体论点各异，但是在下面四个方面则是共同的：第一，都采用费希纳提出的“自下而上”的研究方法，把研究的重点从传统美学的审美客体转向审美主体的心理功能和审美体验。第二，都强调了审美活动的非功利性。第三，除个别派别外，普遍都侧重于对审美活动作经验性的描述。第四，一般都否定审美对象具有一种独立的美的性质，把美的本质归结为主体的主观心理状态与客体的具体特性之间的融合。

（张德兴）

屈尔佩

奥斯瓦尔德·屈尔佩（Oswald Külpe, 1862—1915）是德国的哲学家、实验心理学家。早年求学于哥尼斯堡、莱比锡、柏林等大学，学过历史、哲学、心理学。1887 年通过博士论文《情感的学说》，后在莱比锡大学心理实验室任 W. 冯特的助手。1883 年出版《心理学纲要》，认为心理学是一门以经验者个人经验为依据的经验科学。1894 年任维尔茨堡大学教授，两年后创办了一个心理实验室。他发现，在人类思维中有一种既非感性，也非意象的心理因素，他名之为无意象思维（Unanschauliches Denken），后来形成了以无意象思维学说为中心的著名的维尔茨堡心理学派，又名屈尔佩学派。1901 年任波恩大学教授，1913 年任慕尼黑大学教授，1915 年 12 月 30 日于慕尼黑逝世。他的《心理学讲演录》出版于 1920 年。

屈尔佩从心理学角度对美学问题作过不少研究，主要美学著作是《实验美学的现状》和《美学基础》，美学史家一般把他看作实验美学的代表人物之一。在《实验美学的现状》中，他把自费希纳以来的实验美学的研究方法总结为三种：一是印象法；一是表现法；一是制做法。这里选译的是《美学基础》一书的第六章《审美状态的理论》。

屈尔佩反对艺术是自然的摹仿，主张美起源于主体与客体之间的交互作用。他认为，审美状态处于实践必然性之外，是非功利的。他把审美状态区分为审美定势、审美静观和移情三个阶段，对此一一作了详细的分析。他的主要观点是：(1)审美定势是审美状态的初级阶段，是达到审美活动的准备状态。审美定势有随意的和不随意的两种，前者由从事审美活动的某种预先的意图而产生，后者则由适当的刺激所引起。因此审美定势既要有自觉的目的，又要以个人经验为前提，它对审美活动及其效果能产生重大影响。他认为，审美定势除意志要素外，还有情绪的和智力的要素，各种审美定势的区别应当由审美活动的个体心理学去研究，这将涉及静观的深度，认知的强度、期待、目的和预感等问题。(2)审美静观是以审美的方式注意和把握外在的对象。它不像科学只指向对象自身，而是指向有关对象性质的体验，其中既包括有关对象的感觉，也包括有关对象的表现。理想的静观应能把握对象性质的全部要素，能提高到全神专注和沉没于对象，完全忘掉时间、地点、自我和惯常的事物。(3)屈尔佩大体赞同立普斯的移情论，并对移情理论的历史作了评述。他认为，移情是自我直觉地移入客体，是使对象生命化和心灵化，使之成为人的各种能力、特征、状态和活动的载体。他把移情区分为简单移情和同感移情、抽象移情和具体移情，认为移情不只限于情感，还包括意图、打算、计划、意识、状态等其他心理因素，并说移情证实了“人是小宇宙”，“人是万物的尺度”。屈尔佩关于审美状态的理论比较全面地描述了审美心理过程，其价值主要是提出和分析了许多审美心理方面的问题。他本人虽然没能完全解决这些问题，他的观点也有某些明显的片面性，但有关艺术和审美的非功利性、非摹仿性以及移情与联想、静观与思维等论述，至今仍有启发意义。

（李醒尘）

美学基础

第六章　审美状态的理论

虽然(如我们所见)对象意识的一切形式都能参与审美客体的建造，如果这客体借此能得到一种特有的财富和有效的充实，那么人们就可以在自然科学的意义上把我们赋予客体的升华了的同感至少和对客体实在的兴趣相混淆。审美状态和科学观察是相距甚远的。是否能在自然的存在中重新找到某种可与审美客体相比较的东西，这对审美效果无足轻重。虽然艺术家的机智在历史剧中将会避免过分粗暴地偏离人所共知的情节,可这只是因为这种偏离会间接造成干扰,分散观众的兴趣,因而减损审美气氛,以致危害审美对象的统一。虚构的情节可以披上形形色色的历史外装来表演,而并不影响艺术的价值。在形式令人陶醉的舞台上,审美有据的偏离远比历史的忠实干扰要少得多。因此,艺术是自然的模仿这个定义完全是不恰当的。它在艺术与自然之间建立了一种关系,但这对美的艺术的效果无关紧要。相反,深刻的审美的凝神专注(Konzentration)却会提高艺术作品的客观性质。但是美学作为感受活动的标准并不就以这种凝神观照状态为基础。审美活动无须强烈到取消一切对象关系。事情本来就不是这样,而是意识减弱了自己的活动和自动性。即使把对象和状态分开,那纯粹的、独立的和有一定强度的审美活动也还远没有中断。可是,谁要是一个劲儿地去研究一部作品是否以怎样的方式正确或不正确地描绘了真实的情况,那就会使美学无事可做。这种人往往喜欢对审美显现作出认识论的解释(如 K. 朗格),那是因为他的纯净的静观能力已被反思闷死。

至此我们关于审美对象所说的还只关系到它的内容和财富方面,所阐明的只是与其相称的,作为已经把握、感觉、领悟了的对象的性质。因此它还不是美的和丑的,不是优雅的和崇高的,而且也还不是生命化的和拟人化的,还不是诸移情规定的承担者。至此我们谈到的对象还只处于那种特殊的审美状态之前,即那个汇合点之前。美、优雅、崇高都是在那共同活动之后产生的。美起源于客体和状态之间的交互作用。然后这丰富了的对象才造成审美印象。它不仅逼近我们,而且对我们发生影响,在我们身上激起活泼的、深攫人心的各种反应。它为我们形成价值,使我们成为内心充实的生灵。关于这种印象的各种形式,我们以后再去讨论,在研究审美状态时,我们一般会有机会指出由它产生的那些讲法。

当我们转向审美状态的理论时,首先就会碰到关于移情问题的各种研究。每件艺术作品,每个起审美作用的自然对象,都使我们只注意它的外在方面和感性的质。但我们并不满足于理解它们,而是要给死的客体以生命,给非精神的形式以灵魂。我们投入各种情感;我们进行的是移情。围绕移情这个概念,产生了许多理论,它们有些把一切审美欣赏都建立在移情的基础上,有些则只想描绘产生移情的某些要素。在讨论移情问题之前,我们首先要做好关于审美定势和审美静观的研究。

审美定势

审美状态只是许多状态中的一种状态:由于它不属于实践的必然性,并且受到它的挤压和阻碍,因而总是处于危险之中。因此需要特别有利的形势才能使它产生和展开。要实现一种理想的审美活动,并不是轻而易举的事。为此我们首先要把指向审美活动的一种趋向,一种主观的素质敏感性列入这种有利的形势。我们就以"审美定势"(ästhetische Einstellung)这个名称来标识这种形势。定势这个词在心理学中也一向大量使用。如果人们处于以一种熟练的形式不断重复这种形势的状态,人们就会谈到感觉的定势和运动的定势(在感官印象上或各种运动上);可是人们也说注意力的定势,并把干一件事情之前的准备也称作定势。这样,劳动和享受,写信和散步,也可以有定势。在这广泛的意义上,我们也想说审美的定势,把它当作达到审美活动的准备。简而言之,在审美定势里就能够找到审美状态本身。在这种准备状态中就潜在地包含了一切属于审美活动的东西。这种准备状态就是审美状态的初级阶段。

我们早已说明的审美对象的普遍性,并非极少基于审美定势的广度,它从来就不仅仅指向现实或非现实,人性或概念性,而是能在一切可以设想的客体的每一显著性质上为自己本身找到快感。这种胸怀大度就是审美活动的前提。这就是艺术爱好者不那么去问艺术处理的题材是什么,而更多去问是怎样处理的原因。由此在思想对于审美效果的意义问题上,我们就有了一种新的认识。思想是抽象的,只要它来自比直观内容更贫乏的性质。思想是抽象的,它更多满足于许多对象共有的特征,这样它就置个性特征于观察之外。由于这种贫乏,它就退居为独立于审美活动之外的客体。

定势的作用是使意识和注意力局限于与审美活动相应的对象。凡是与审美活动及其观点无关的东西就都被撇开,因而就不起作用。这样在审美地欣赏历史剧时,就要排除关于它的外表正确性的提问;在欣赏胸像雕塑时,就要排除对躯干的兴趣;在欣赏油画时,就要排除对于它的亚麻布产地的好奇。在听绝对音乐时,没有进入审美移情的艺术爱好者会问艺术家作曲时可能浮现的观念。在其他活动方式的意义上,所有这些问题都可以被抛开,它们在纯粹的审美定势中是没有地位的。

定势的作用肯定在于迎接在审美活动的意义上赋予客体以形式的全

部过程:注意的感觉,补足的表象,激动和运动的因素,构成总印象的概括功能。不同的客体不是以同一的尺度引发所有这些过程,这是很清楚的。因此审美定势不总是一样的,它必定更多接受易变动的形象,它是通过经验、主观素质和客体才在细节上被确定下来的。各种定势的第一个区别,我们就以随意定势和不随意定势来描述。现在我们已经假定,审美定势只有当一种从事审美活动的事先的意图已经形成或被唤醒的时候,它才能产生。谁要是听一场音乐会,看一出戏剧表演,参观一座博物馆,谁要是在一个美丽的地方旅行,谁就会进入审美定势。可是也还有一种潜在的定势,一种趋向审美活动的准备,其产生并不是由于特别的意图。它或者是从来就有的,或者是由适当的刺激逐渐引发的。如果一个人很容易出现审美定势,那他就有特殊的天赋。我们还可以进一步区分出一般的准备和特殊的准备。美学家处于一般的定势之中,他喜欢从我们认为审美活动是有特征的那种观点去理解一切对象;多数人有的是特殊的准备,其他人则视寻求享受的程度而有许多层次的准备。要作出更详尽的论证,这里显然还是一片沃野。定势也还可以从产生审美状态一定阶段的准备的角度加以分类。在这个意义上,人们可以谈论移情的定势、批评的定势、情绪的定势和同情的定势。这些区别已经引入了审美活动的个体心理学。它在近代才开始唤起心理学美学家的兴趣。关于色彩和音调的研究已经确定了活动方式的惊人的多样性。

定势对于审美活动及其效果有着重大影响,这是很清楚的。成功的定势会提高效果,有利于进入理想的审美活动;错误的定势则会阻碍、取消、延缓审美活动。在这方面,特殊的定势具有特别的作用。关于作品和艺术家的简要报道能有力地迅速地促进审美效果。钢琴家的准备能加深交响乐晚会的享受,它就指向那享受。这种定势的出现依赖的是什么呢?如果不同时了解应当追求什么,光凭意志坚定是不够的。自觉的目的是一个重要的前提。但又要以经验为前提,要有铭记在心的以往审美活动的体验,要熟悉审美活动及其效果。经验由于连续不断地重复能得到加强。适当的教导对此也能大有助益,当它指向决定审美活动的重要观点时,就能剪断天然野趣,给活动以纪律。个人的天赋具有怎样的决定意义,这里几乎无须特别说明。天赋和外在的可能性就会形成审美活动,这始终是我们的前提。因此我们认为享受是不受他人和不利环境干扰的,对于视觉印象,它是有利的照明,对于听觉印象,它是惯常的安静。

关于审美定势的持续和力量以及它的各种复合要素,我们至此都还讲得不充分。比如疲倦和麻木的所有定势都要放到后面去讲。在理想的审美活动中这些都可以忽略,正如可以忽略与干扰和偏离相反的稳定性一样。关于定势的个别要素,只有未来的研究才能给我们以答复。这里会提出凝神专注的深度问题,认知的强度问题,期待问题,目的和预感的问题。除了意志的要素之外,还会提出情绪的要素和智力的要素。这类潜情绪是特别难以描述和分析的。在审美定势中这种情绪因素也可能有不同的方向,它可以面向悲、喜、优美或崇高。对一部小说读本的期待,在审美欣赏的准备中所特有的愉快,关于生活忧虑、实践课题、科学问题的内心自由,专注于客体的善意意志一般也都属于此。一定的注意行为,接受审美印象的精神准备,题材知识和技术考虑的自觉,都和智力因素密切相关。目前几乎还不能通观这些要素的各种各样的效力。我们现在多半还只看到大门的入口,它像一个不言自明的框架,审美活动就发生在里面。

审美静观

在审美状态中,静观(从审美活动的角度注意和把握对象)是定势之后首先达到的状态,它是后来各种状态的基础。静观的目标是从总体上清楚把握和认识这个部分的质和意义,它不仅包括关于外在对象的感觉,而且包括关于外在对象的表现的认识。静观是审美效果的一个条件;但不能把对象的利害所给予的满足和对象引起的快感相混淆。在有利的形势下,静观可以提高到全神贯注和沉湎于对象,达到完全忘掉地点、时间、自我以及日常的事务的境地。"人完全消失"或者"完全成了眼睛"。如果静观消除干扰和偏离,人就会仿佛从美丽的梦里醒来。这种把握和观照不像科学研究那样指向对象自身,而是只指向关于对象性质的清楚的体验。感受内容(音调和色彩)以及对表象诸要素的把握,正如对形式和形象(旋律、节奏、空间形式)的把握一样,都属于静观。静观可以征服一个综合物的这些因素,但其结构并没有消除这些因素,而是使它们彼此排列成新的整体,更多成为各种因素的总和。分析的本性再把总体印象加以分解,以便更完整地把握对象。我们之所以能说静观的认识,是鉴于可以用客观性质这个术语来称呼客观上可以把握的那些特性。对于任何处于审美活动的东西来说,客观性质恰好就表现在客体上,正如颜色和声音也属于客体一样。人们在小说中恨着、爱着,他们在绘画上都很虔诚,圣母玛丽亚慈祥威严地望着。或许可以不说静观而说统觉,但只能说审美的统觉,因为客观性质一向就不属于统觉。按照寻常统觉画出来的苹果,不包含按照审美统觉所独具的特性:成熟的、多汁的、有益健康的。观照的客体越生疏,就越需要更多地掌握细节。此外,不断扩充着的静观的持续还依赖于细节的丰富,综合体的错综复杂,表现的单一明确。这里也还得同进一步的研究结合起来。所有这一切并不是说,一旦把握和认识完成了,静观就会完全停止,人们可以越出开始阶段而处于静观状态。审美活动的各个阶段都可以把不同时间加入的、随后就停留在里面,并互相反复纠缠起来的各种线索加以比较。静观从不确定不断走向确定,在没有颜色的地方看见颜色,幻觉在这里并非不起作用。

静观是依自然次序从感觉对象提升到对象的表现的。但静观不只有这两个阶段,还可能是两个阶段的多次重叠。如果我读乐谱,那么我首先必须赋予它某种意义,然后才能懂得它的表现。为此只区分原初对象和相继对象是不够的。即使现象和理念、形象和表现、直接因素和联想因素的诸对立面,也不能穷尽不断出现的多样性。人们容易识别不同的评价,它们总是指对象的完美。如果把雷特尔的《法庭审判》一画用幻灯机投影到屏幕上,然后来说这个对象不利的地方,那么这只适用于幻灯片的图像。人们称赞这位大师的画犹如一首美好的乐曲,妇女形象刻画出了刚毅的特质,审判表现得不顾情面,这些说的都是这部作品所具有的寓意的观念。因此,当所有这些对象只融合成一个同观赏的承担者相联系的个体的时候,就不需要容忍艺术作品的统一。

静观是一切审美效果的前提,因为首先把握对象的性质才能使我们产生快与不快的感情。当然,单纯的智力活动也能使人对对象有一定的满足。我们这里指的是兴趣的快感。如果审美定势,对象审美的质的方向,对对象显著特征的兴趣都充满了力量,那么这兴趣的快感就是由于实现了一定强度、一种确定的趋向和性质而产生的满足。可是在这种满足中,人们不能找到审美的效果。人们必须当心,不要把令人愉快和感兴趣相混淆,如同在现代艺术中所经常发生的。这会导致稀奇古怪,但不会达到审美价值。另一方面,兴趣是一切审美反应的前提。一幅画不令人感兴趣就既引不起快感,也引不起厌恶(里道克),这在实验中常常会合规律地表现出来。如果把握了属于对象显著性质的全部要素,静观的理想就能够达到。只有这样,价值才会完满和适宜。情绪变幻无常的杰出人物往往处于片面的兴趣之中,他把恰好不吸引人的那些部分置于观察之外,同时又过分匆忙地使审美效果依赖于任性偏爱的因素。作为理想的科学,美学的前提是各方面的兴趣都迎合对象,自然这并不排除主要事件和次要事件的层次。适当的静观能唤起正确的理解。这个术语在这里是指真正与客体相适合,只凭单纯的现象就一定能看出客体。只要一个演员是在令人信服地演一个生气的人,他是否真的在生气,这完全是无关紧要的。

李希特马克懂得以他的《艺术作品的观察练习》(第二版,1808)十分在行地激发审美活动,特别是静观阶段的审美活动。例如他来到门采尔的一幅画前,这张画呈现出不同位置的一些盔甲。他首先向画家问这张画的技术,问为什么这些盔甲要摆得仿佛人都隐藏在里面。他一一检查单个的造型和它们相互间的比例关系。他观察光线及其在金属部分上的反射,然后强调指出,这种绘画处理怎样恰好最能吸引艺术家和最能使有教养的艺术欣赏者神往。这个例子在其他方面也富有教益。因为它表明,艺术作品怎样能够引起一种独特的解释。对画家意图的兴趣始终会使人问,画家在多大程度上实现了自己的意图?这样我们就会让自己留心,不要向一部艺术作品要求令其创作者愤慨的效果。这样,从对艺术家意图的探究就产生了对作品的一种深刻的兴趣,它驱使我们进行持久的和忘我的活动,它对于理解直观的事实存在尤其不可缺少。我们在戏剧作品的结构中寻找所有各部分的联系,这是由于我们假定,在一部由人的精神和人的手所创造出来的作品中,这种联系的形成都归因于一切计划周密的手段。但面对自然,这种研究方式就不灵了,我们把自然看作深不可测的神秘作品,并不热心猜测它的隐秘意义。在艺术作品中,我们关心的是技巧的安排,研究的问题是,艺术家在多大程度上能使他的表现的可能性同材料、颜色、音调、大理石相契合,他在多大程度上深思熟虑过材料的魅力和斥力,并在多大程度上使材料的特性不致遭到破坏。

李醒尘译

——译自屈尔佩《美学基础》,1921 年莱比锡版

瓦伦丁

瓦伦丁(C. W. Valentine, 1897—1964),英国美学家、心理学家,实验美学的代表人物之一,曾就读于伦敦大学、顿宁学院等高等学府,先后担任过伯明翰大学、英王大学教授,英国教育心理学杂志主编等职,主要著作有《美的实验心理学》(1913)、《梦与无意识》(1921)、《考试与应试者》(1938)、《心理学与精神健康》(1947)等。

瓦伦丁运用心理学实验方法研究美学,他曾经用印象法试验出生三个半月的婴儿对色彩的反应,结果发现婴儿对最鲜明的颜色反应最明显。他还用选择法来检查某些单纯的音调、色彩和形式,用描写法来检查复杂的对象,以确定在每一种情况下审美欣赏的原因。结果他得出结论,审美鉴赏与没有联想的对颜色的生理反应不同。审美鉴赏有四种不同的类型:(1)性格型。把欢乐、无畏、精力旺盛等归因于不同的颜色,这是最纯正的艺术型。(2)客观型。易为颜色的纯净或图画的结构所吸引。(3)联想型。利用审美对象在观赏者心中所引起的回忆来判断对象。(4)主观型。会对对象产生纯粹的个人反应,如看到某种色彩会出汗或战栗。

瓦伦丁反对用筋肉感觉说解释波状线的美感。他通过实验证明筋肉感觉与美感是两回事。他认为直线、曲线、对称、平衡、比例等有规则的形式能使人产生快感。线条使人产生快感的原因在于它显示的运动方向可以暗示观赏者的运动,或使观赏者随线条的方向运动。另一方面,线条本身向欣赏者显示出它仿佛会动起来的运动感。这样,瓦伦丁就从理论上说明了形式美对于美感的激发作用。

在本书所节选的《美的实验心理学》一书的第一章"导论"和第四章"形状美"中,瓦伦丁认为,对于美的心理学研究有助于提高人们对美的鉴赏力,实验美学的核心问题是何种对象及其构造会引起人们的美感,美的对象必须具有使人愉悦的性质。他指出,不同的形状也会给人带来愉快或不快的感受,并细致分析了不同的形状、成功的内心活动对于审美活动所产生的影响。

(张德兴)

美的实验心理学

第一章 导论

许多杰出的心理学家都曾宣称,他们相信,心理学可以道出有助于艺术家创造的真理。然而,人的精神活动是异常复杂的,以至于在心理学这门科学发展的现阶段,心理学家不可能指导有才能的艺术家如何更好地从事自己的工作,尽管他可以引导艺术家更充分地理解为什么凭直觉去做某些事情会弄得更好,为什么他力图避免的某些事却损害其作品的美,破坏了人们欣赏这一作品时的愉悦。

经由那些指导青年人从事艺术创作并力图提高对美的鉴赏力的人的努力,人们已从美的心理学研究中获得了某种实用价值。比如,搞清为什么某些类型的事物特别容易激起儿童的兴趣。搞清从儿童的态度向美的多种形式,向适合于成年人的态度发展的线索,这对于教育家是很有价值的。

然而,实验美学的主要价值是其兴趣在于被试本身。我们感兴趣的是理解更多的人心奥秘,即使我们无法深入其中。令人困惑的现象绝不是离奇古怪的。日常精神活动并没什么令人迷惑之处。因为许多人都认为,即使做错了什么事,它也是极平常的。这些人惊异的是人丧失了过去的记忆,乃至忘掉了自己的名字。深入的思考将表明,令人惊异的不是丧失记忆,而是我们记住了自己的名字或记住的一切。因此,在我们所作的心理学考察中,我们并不局限于那些事实上并不那么令人困惑和难以解释的异常现象,尽管这类现象比普通现象更有力地吸引我们的注意力。

美与愉悦——读者将会发现,本书经常涉及的问题是色彩、画面等是否令人愉悦。然而,却决不能把欣赏美同愉悦当作一回事。悲哀也许可以增强一幅画或一首交响曲的美,不过显而易见的是,对悲剧的完美欣赏所获得的体验远比愉悦要多得多,不管这悲剧是出现在戏剧中还是出现在画面上。

这里,我们无须讨论什么东西确切地包含在美这个概念中,这是美学家的工作。但是,一般说来,美的享受总伴随着愉悦,特别是当我们涉及诸如色彩、线条等因素时,愉悦是异常显著的,这一点已被人们广为接受。本书前一部分所描述的实验会简要地论及这些因素。我们发现,在这些心理学实验中,被试问及这样的问题:"你喜欢它吗?如果你喜欢,那是为什么喜欢?”或“你发现它令人愉悦吗?”而不是问:“你认为这是美的吗?为什么?”这是较为方便的。这后一问题常常容易导致对美这个概念的讨论。

将实验方法用于研究我们对美的鉴赏,是从一些简单要素开始的。比如,我们首先取一些单色、线条或图形,看看它们是如何使人有所感受的。一幅画涉及许多复杂的特征,诸如色彩、形式、意义、联想、对原作的记忆(如果是复制品的话)、对艺术家声望的了解、对艺术家作品的了解等等。当然,所有这些都是令人感兴趣的,但是,我们很难说清在什么程度上,各个因素在决定我们整个判断方面的影响。然而,通过选取简单的色彩和形状,我们可以降低这些因素的复杂程度。但是,我们这样做绝不是通过某种手段去排斥抛弃所有这些因素。尤其是我们可以运用不同的方式来改变这些简单的对象,诸如彩色纸或线条,进而搞清这些变化对观者的影响。因此,我们期望将来能掌握可以弄清这一切的知识,亦即有关以孤立的方式呈现在人们面前的某类对象的美的一切知识。随后,我们才会有更好的机会去探讨含有作为构成要素的多种色彩或形式的更为复杂的对象。当然,我们将会发现在一幅画中组合起来的色彩和线条的多变效果。尽管这样,我们仍可以合理地预测某些最显著、最富有特征性的效果。有时,我们还可以发现一个人看画或听诗同看某种色彩或听某个和弦时相似的内心态度。所以说,研究简单对象引起的愉悦及其多种效果,我们实际上也就是采取了一种正确的态度来研究异常简化了的审美经验。

第四章　形状美

我们已经看到,无形的色彩斑点本身也可使人们感到高度的愉悦。然而,就完满的审美愉悦而言,眼睛只受到美的色彩的刺激当然是远远不够的。正像要达到最高度的音乐美,必须把乐音与和弦组织成多变的节奏和序列一样,形状的美也是不可或缺的。基于少许材料,诸如白纸上勾勒的简单的黑线,我们便会发现形状所导致的不同于色彩的快感,铅笔在桌子上勾勒的线条所造成的节奏里,我们也可以找到快适。

一些实验已揭示出来的最有趣和令人惊异的事情之一是,即便是简单的直线和曲线也会使人感到愉快或不快,这往往使人们感到惊讶不已。马丁教授曾用约50种形状(如图1所给出的那些)做过一系列实验。如我们在图1中所看到的那样,它们包括许多长度不同的直线、曲线、圆形、一个椭圆形，这些线条粗细不一，长的约五英寸，短的约二点五英寸。

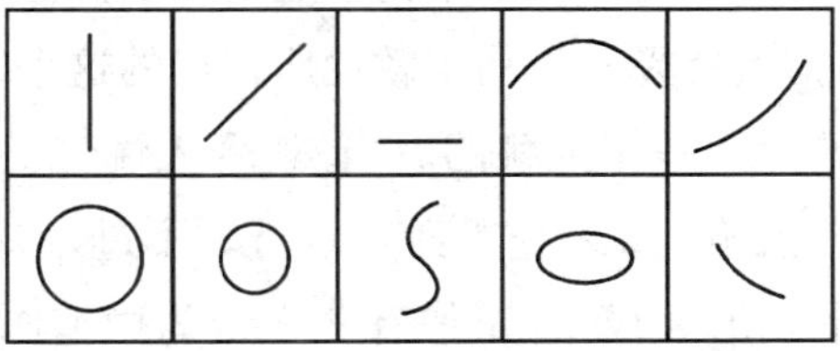

图 1

这些线条分别画在单张卡片上，依次展示给 8 个被试，要求他们说出是否喜欢某一线条，或指出它一点也不令人感兴趣。这些卡片每次向被试展示两张，要求他们指出偏爱哪一张。然后，再以这种方式将每张卡片同其他卡片相比较。虽然使用的材料很简单，但 8 名被试中只有一人认为所有这些线条都是“令人不感兴趣的”。其他人则发现他们的偏爱是有重点的，有几个被试后来表述说，他们对自己观看这些线条时所产生的明确的喜欢或不喜欢的感情感到惊异。其中有一人说，她对“自己感到惬意的线条所产生的强烈的喜爱之情，不下于自己所喜爱的画”。这些喜欢和不喜欢的情感也许是经由对这些线条的比较而激发的。但是，在这些情况下，比较的方法只是用来使被试对偏爱原因有所意识，这在比较之前是不会形成的。有时，我们只有在把 B 先生和 A 先生加以对比时，才能意识到 A 先生身上吸引我们的是什么——由于在 B 先生身上明显缺少某种东西，或完全相反，我们才弄清楚吸引我们的是什么。

实验所用的这些材料很简单，但是我们发现，喜欢或不喜欢这些东西的原因是异常多变的，因人而异，这些原因本身也许很简单或很复杂。正像一张卡片的位置同其他卡片互相比较一样，一个很简单的事实也会影响到它造成愉悦的力量。所以，当 A 在 B 的右边时，A 就会比 B 更招人喜爱，但 A 在左边时情况却不是这样。审慎的实验者将会同意这种看法（我们把它称之为“空间错误”）：不管对象是什么，它们总是成双成对地呈现出来，最初是 A 在右 B 在左，后来也许是 B 在右 A 在左。这样来看，我们就很容易理解为什么成对安排的线条比其他安排方式更使人感到愉悦的原因：两种线条组合所暗示的图形在某种位置上也许比其他位置上更对称。但是，为什么当某种位置颠倒时，我们原先对其超过其他位置的偏爱也会颠倒过来，要解释这一原因是比较困难的。以下我们将会论述一种可能的解释。

线条和圆形的长短大小也会影响到使我们愉悦的范围。一般来说，前面提到的较长的直线和弧线，常常比较短的线条更惹人喜爱；就圆形来说，大的也比小的招人喜爱——马丁教授所得出的这个结果，同博克所说的小可以增加美的说法是相抵触的。当然，令人愉悦的每种线条或图形的大小某种程度上依赖于观看它的距离远近。不过，这也是因人而异的。一些人更喜欢小的图形和线条，正像有些人认为微型画最富有吸引力一样；而另一些人则更欣赏大得足以覆盖展厅墙壁的巨型画。实验还发现，被试在其所偏爱的线条宽度上也莫衷一是，大多数人而不是所有的人对宽线条的偏爱更甚于窄线条。自然，线条越长就越宽，否则就会看起来不成比例了，如果一个短线条过宽，那我们就会把它看成是长方形了，这时，我们的整个态度也就发生了变化。我曾用细细的线条来测试一个被试，她感到这种线条不能激起她的兴趣；然而，把这根细线稍微加粗后，她便发现它是令人愉快的，因为这样一来线条"比较有力"；这位被试评论说，起初的那种线条看起来太像一组数字中的减号。当这根线条进一步加粗后，最终便令人不快了，"非常难看"，这位被试评述道。当她确实感到不再喜欢时，她没有必要再加宽线条了。但是，我继续加宽，很快，当线条宽度超过四分之一英寸时，这位被试又发现它是令人快适的，因为它在瞬间看起来像一个长方形，尽管它随时又会呈现为线条。

明晰地阐述对一个对象的内心态度瞬间及完整的变化，正是美学领域的典型问题。我的一个学生，当她把绿色看成是绿黄色时，便会讨厌绿色，而把绿色看成是如秋天树叶上常见到的褪了色的褐绿色时，便会喜欢绿色。另一个学生在听到谐和音时，便发现这个音是极有趣极快适的，一旦听到不谐和音，便立即会感到有点不快。

与此相仿，像这类线条，当把它看作是糟糕的垂直线时，就会发现不快，而把它视为向垂直方向上升的线条时，则会感到愉快。此外，即使是同一被试，当某一天把它视作糟糕的垂直线时，就会讨厌这种线条，但过了几天，当这种线条被理解成是向下射出的箭时，也许又会喜欢这种线条。相似的内心转变问题在我们所研究的其他部分中也会碰到——比如在音乐里，一个"不确定的"三度音，时而会被听成大三度，时而又会被听成小三度。

由于内心态度会对我们欣赏这类简单的东西产生显著影响(但这些简单的东西却是绘画艺术和音乐艺术的原材料)，所以，人们很想弄清当这些因素被组合到一幅画或一首乐曲中时，将会产生什么效果。然而，我们将会看到，在较为复杂的结构中，每一个因素的意义主要依赖于观赏者所把握到的整体。对我来说，如果某个色块显而易见是特别糟糕的灰暗的话，我决不会把它视作秋天的树叶。我们对一种色彩或线条的理解一般是由某种关联域所决定的。因此，在我们所关注的这些因素本身的范围内来说，一个对象越是复杂，它所造成的个人理解的差异就越小。但是，当我们看一幅画或聆听一首乐曲时，教养、气质、经验和心境的差异仍会明显影响对作为一个整体的画或乐曲的理解。此外，一些艺术作品的魅力或至少是它们的广泛流行，似乎是无法确定的。它们完全可以适合于许多精神状态和心境。

在对色彩的讨论中，我们已经看到了联想在决定我们是否愉快中起着多么重要的作用，这种作用在线条中也同样可以发现。马丁教授的一位被试就是完全依赖于联想来作出判断，一个圆形之所以招人喜爱，原因在于它与某幅画的大小和形态差不多，或一条垂直线同“柳树枝”挺相似，一条倾斜线被称作“松林间的一条小路”。

有时，被试报告说，他们喜欢或不喜欢两种线条比较所构成的组合——亦即图形，这种组合影响了他们对这种特定线条的判断；同样的情况也可以在笔者所做的图画和音乐和弦实验中看到。比如，图画 A(或和弦 A)本身也许是令人愉悦的，图画 B(或和弦 B)本身也许令人不快或不感兴趣。然而，当两者比较时，B 比 A 更惹人喜爱。这常常使一个人的判断力感到意外。看来，两者相对构成的整体所导致的对 B 的情绪和内心态度，比单独对 B 所产生的情绪更加使人感到欣喜愉快，这种现象可能就是我们一直说到的欣赏的不同模式的另一个例证。

我们不必支持这样的说法，即被试总是可以说出他们喜欢或不喜欢简单线条或图形的理由。在大多数情况下，这些理由彼此相对立也是事实。不过，有一种理由特别有趣，我们详细地加以讨论。

线条欣赏中运动的影响或暗示性运动的影响——马丁教授发现，有一个被试报告说，某种线条之所以使他愉悦，原因在于“他感到自己正在画这个线条”。马丁教授说：“这就促使我去考察这些发现的结果，如果可能的话，那就是审美印象中手臂的摹仿运动在起作用。我的推论是，如果出现这样的摹仿运动的话。那么，也就是沿着阻力最小的线条的运动——简而言之，最容易画的线条是最招人喜爱的。当我要求许多人画倾斜线时,他们画出的都是向右倾斜的线条,麦克艾利斯特曾说过'别手'情况下的书写动作很费力,这促使我相信,向左倾斜的线条较难画,因此,倘使说摹仿运动具有决定性的作用,那么,向左倾斜的线条便很少使人喜爱。"

但是,尚未发现向左倾斜的线条不如向右倾斜的线条那样招人喜爱,两者几乎差不多。很可能马丁教授在比较向左倾斜的线条和向右倾斜的线条时,过高地估计了画出前者的难度。如果像小学生写字和画画常做的那样采取描红的画法,那么在我看来,即使不能说左倾线比右倾线更容易画,至少也同样易于画。不要忘了,许多人,特别是妇女,她们写字时都习惯于"向左倾斜"。此外,更有趣的是,我们注意到,所有的被试而不是个别人,都更偏爱ƨ这样的线条而不是S这样的线条。对大多数人来讲,前一种线条很可能更容易画。然而,进一步的实验将引出一个更加确定的看法。要求100名学生画一个侧面人像,有88个学生画的侧面像是面向左的(这同儿童和原始艺术中的一般情形相似)。现在看来,虽然这些学生发现向左的侧面像比较容易画,但这并不表明与向右的侧面像相比,他们更偏爱向左的侧面像。其中,有50个学生在侧面像向左或向右方面,表现得两者皆可,25个学生更偏爱向左的侧面像,15个学生更偏爱向右的侧面像,10个学生没作出选择。

此外,也没发现这样的情况:现代艺术家偏爱向左的侧面像。我们曾考察过53卷的《艺术大师》中的一系列作品,结果发现,各种绘画可以分为四类——单一的肖像,母子构成的画面,只有两个人像的画面,以及多于两个形象的画面。然而统计向左和向右的人像的数量结果,并未发现向左的侧面像在这四类画面中明显地多于向右的侧面像。据此,我们有理由认为,艺术家对那些有助于对自己和别人造成愉悦效果的条件,很可能是非常敏感的。

眼睛运动的影响——显然,人的脸部是一个复杂的对象,我们不仅仅是依据脸型,而且也依据表情来判断人的脸。因此,在我们对简单线条的判断中,运动暗示造成影响的一般倾向,在较为复杂的内心状态中也许会消失。这些内心状态包括着一幅画像,并把它同直线或曲线加以比较。人们也许会问,观看简单的线条和形象时会出现什么?眼睛的运动完全不会影响观看线条时的快感吗?眼肌是完全定位的,以致人们假定有某种侧拉力的存在。每个眼睛的三组眼肌并不对称,因此有人认为,眼睛沿曲线运动是自然的很容易的，所以，观看曲线就比观看直线更令人愉快。这种看法似乎很正确，其实恰好同事实相悖。首先，曲线并不像人们所预料的那样普遍受人喜爱，这一点正像鲁斯金曾指出过的那样。比如，在马丁教授的实验中，如果按照四种类型（直线、圆、弧线等）来安排各种图形，进而确定每类图形所产生的愉悦度，那么，我们会看到，几乎所有被试（只有一人除外）对直线的偏爱都甚于圆弧线，八分之三的人更偏爱直线而不是圆形。对各种线条喜爱的一般顺序是：首先是圆形，然后是直线、波浪线、椭圆形，最后是圆弧线。有一个被试不喜欢圆形，因为眼睛“似乎一圈一圈地运动”，这使他感到不愉快。

反对眼睛运动理论的第二种看法认为，我们对眼睛运动本身非常不敏感。当我们的眼睛略有转动时，我们大都是从视觉中心点横跨被看物体的转动而得知的。但是，在黑暗中我们很难说会感到眼睛的运动。如果一个人观看黑夜中灯塔有规律的闪现，并力图把自己的眼光固定在灯塔最后闪现的那一点上，那么，当灯塔再次闪亮时，他便会发现，自己的眼睛离即将闪现的位置点是有距离的。然而，如果我们眼睛的运动说明了我们不喜欢无规律的线条的话，那么，我们对眼睛哪怕是最微小的运动也应该是非常敏感的。

在由两个独立的观察者所做的实验中，我们发现了一个更确凿的结论。这个实验是让被试去看一条曲线，同时，用摄影机记录下眼睛运动的轨迹，记录下来的东西是很确定的，这样也就可以把握眼睛运动时从它前面观察到的轨迹。结果发现，眼睛实际上并不是按照图 2 那样的令人愉快的曲线运动的。相反，眼睛是像图 3 所示那样运动的，眼睛观看图 2 难看的变形的运动，与图 3 所表示的运动完全是一回事。与此相仿，在观看图 4 所示的花瓶时，眼睛的运动是按照虚线所描绘的那种无规则的方式进行的。

图 2

图 3

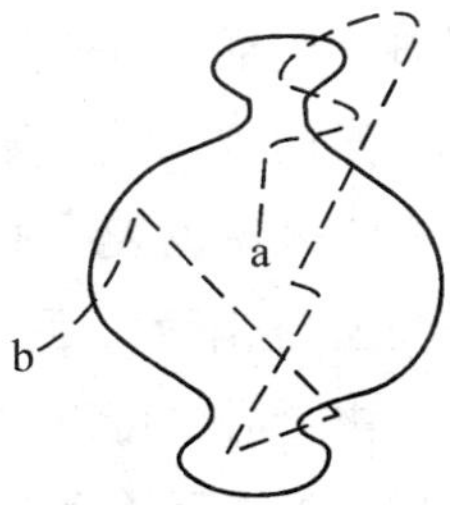

图 4

我们完全可以肯定,观看线条和图形所产生的愉悦,并不是因为确实感觉到眼睛的运动。事实上,没有任何眼睛运动,我们也可以感受到线条或图形的美。

暗示性运动的影响——如果线条所产生的运动的暗示是合适的话,那么,从这种运动的暗示中感到快感似乎是可能的。优美的运动通常与轻松舒适相关,有规律的运动往往比痉挛的无规律的运动效果更好,因此,这类轻松的有规律的运动的暗示是愉快的。但是,就暗示性运动所产生的愉悦而言,心理活动比造成运动的肌肉系统更微妙,更敏感。带角度的线条和难看的曲线看起来令人不快,尽管包含了用手描摹这类线条的运动也许不是令人不快的;或者说,某些线条在描画时虽有明显的令人愉悦的运动,但它们本身却使人很少感到快适,甚至对眼睛来说也是不快的。笔者所做的一些非常简单的实验证实了这一点。在这些实验中,我要16位被试闭上眼睛,然后以手臂的轻松自如的运动在纸上画出一些简单的曲线和图形,诸如一些螺旋线或混杂的曲线,并记下闭目涂画时的运动是快适、不快适、毫无兴趣、非常愉快或稍有愉快等等。当画完五种线条时,让被试睁眼看这些图形,并对这些圆形的视觉外观进行评判,描述它们是否令人愉悦等等。依照这些评判来给各种图形打分:最愉快是3,愉快是2,稍有愉快是1,不感兴趣是0,稍有不快是-1,不愉快是-2,非常不快是-3。结果发现,几乎在每一个被试(除了一人之外)的评判中,线条外观的得分明显低于涂画它们时手臂运动的得分,整个结果是:运动方面对线条评判的总分是172,而从外观方面对线条评判的总分只有99。那个例外的被试画的图形很小,只限于手指的运动。

我又用裁剪成曲线的纸板做一些实验,要这些被试闭上眼睛,用手指抚摸这些曲线,并说出它们是否使他感到快适。结果是,拙劣难看的带角度的线条使他感到特别不快,他对一些小的不规则线条毫无感触,就像睁眼看这些纸板时所显现的那样。

然而,这些细碎的不规则线条,即使不通过触摸或手的运动去感受,对视觉来说也表示了不愉快的运动。小的角度线也许同大的角度线是同一类型,它暗示了后者是令人不快的。

由于心灵可以通过运动感受到许多东西,所以,心灵本身也就超越了诱导它的指示物和运动。我们通过运动而把握到优美运动的愉悦性,进而提高这种愉悦性。心灵可以超越我们经历中任何已知的东西而产生理想的运动，正像雕塑家可以构想比他灵巧的手制作出来的东西更加美的形式一样。心灵超越其实践经验的类比，也可以在几何学家身上看到，他们在其公理和定义中设定的直线和圆，比他们画出和看到过的任何直线和圆都更完满；在道德主义者那里也可以看到同样的情形，他们设想着理想的行为，这些行为是他们自己乃至任何人都做不到的。

正像我们说到的需要一样，运动的暗示虽是使我们愉悦的根源，然而却是非常朦胧的。因为即使在导致快与不快情感产生的意念或体验处在下意识中，或我们无法追溯愉快的根源，记不起它的最初来源时，愉快或不愉快的情感也会出现。比如，我们听说了一则令人高兴的消息，或想到我们将要实施的某个令人愉快的计划；然而过了不久，愉快的情感"再次产生"，虽然这会儿我们完全忘了导致我们愉快的是什么。令人愉快的运动的暗示，很可能是在无意识或下意识中进入我们的内心并产生快感（以下现象值得注意，把卡片上的图形、画面或词语呈示一两秒钟，在我们尚未弄清这些图形或画面表现的是什么之前，我们就会体验到一种愉快或不愉快的情感——然后才会看出该图形的主题）。

成功的内心活动的愉悦——我们对直线或有规律的曲线，或对称图形所产生的愉快，并不完全能通过快适的运动的暗示来解释。我们必须求助于心理学的基本原理，这个原理就是，大凡成功的内心活动便是令人愉快的。这里，注意力是一种内心活动的形式。我们发现，每当一个统一的对象吸引我们的注意力时，我们便会感到愉快。一组无规律的线条却不能给我们以快适。像图 5 所示那样的线条就会使我们感到不快。当我们用关于这种线条的某种规律性来描摹它时，这种设想就会受阻，我们的注意力受到妨害和挫折。即使这种曲线是连续的，它也不可能作为一个统一体在一瞥中被理解。当然，某种内心努力的受挫也许是激发更强烈的活动的手段，如果成功了的话，它也许是导致进一步愉悦的途径。但是，一个过于简单的线条或图形是不足以吸引我们的内心活动的。不过，一条蛇形曲线则是富于变化的，但却不是"冲击性的"变化。如果某个完整图形足以吸引我们不断加强的内心活动，并较容易地被理解，那么，我们会喜欢这个图形中某些线条的迅疾变化。在图 6 中，我们从 A 出发，在朝向 B 和 C 的方向上经历了很大的变化。这里，我们面对的是一个比直线更为复杂的图形。变化原则在瞬间就被把握了。事实上，在任何不快的情感出现之前，整个线条的图形在最初一瞥的那一刻就被掌握了。

这个决不会使我们的注意力受阻的对象，从一开始就不是按照 A—B 或 B—C 的方向来诱导我们，我们把握的是这些线条和角度的规律性。

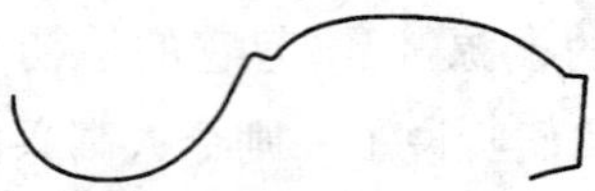
图 5

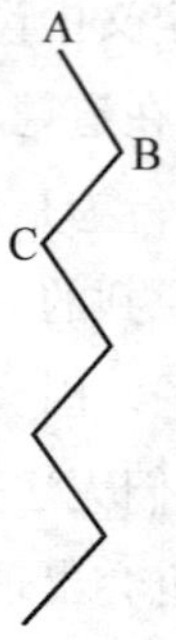

图 6

在较为复杂的设计、建筑或音乐中，会出现与分心和偏离注意力的出乎意料的惊奇表现，它有助于加强内心的兴奋和愉悦。当然，它是以下列条件为前提的，即对整体的主要注意力并未完全分散，这些分散的注意力最终适合于对象整体的主要结构。

在以后各章的讨论中，在我们考察对画面的审美欣赏时，审美愉悦依赖于注意力的满足这个原理，将会变得更加明确，其重要性也将被更充分地加以认识。

形状的审美幻觉——我们已经发现，线条可以向我们暗示运动。从理论上说，这是以下列两种方式实现的：(1)线条通过所标示的某种方向，暗示了我们的运动，或者说，暗示我们伴随线条运动。这就是我们前面主要论述的那种暗示。(2)对我们来说，线条本身看起来好像在运动或试图运动。换言之，线条本身似乎体现了某种活动，一种我们认为它所具有的活动。这恰恰就是人的想象力的一般倾向的一个例证，诚如鲁斯金所说，这种想象力“在其活跃的生命中娱乐，它把表情赋予云彩，把欢乐带入波浪，将声音诉诸岩石”。

按照德国著名的心理学家立普斯的看法，我们是无法避免从线条中“感受到”活力的倾向的。垂直线似乎在努力向上；曲线则弯腰屈从；立着的长方形屹立不动，因而有一种挺拔站立的力量；横着的长方形自由伸展着。这就提示我们，应该把对线条或图形的“感情移入”称为移情，这是一个与同情(即“感情伴随”)对应的概念。立普斯曾经参照移情现象来解释形状所引起的诸多视觉幻象。以下图 7 就是一个实例。B 中的方形实际上同 A 一样大，但是它却显得高一些。为什么会导致这种现象呢？立普斯说，这是因为与图形 A 相比，较重的图形 B 有一种更强有力的抗拒重力而提升自己的倾向，这主要体现在图形 B 中上下包围的正方形中。上部几个图形的重压显然突出了这个正方形抗拒重力的垂直方向的运动。图 B 中正方形的垂直线的运动愈显著，其尺寸也就愈显得大，结果是图 B 中的正方形看起来比图 A 要高。

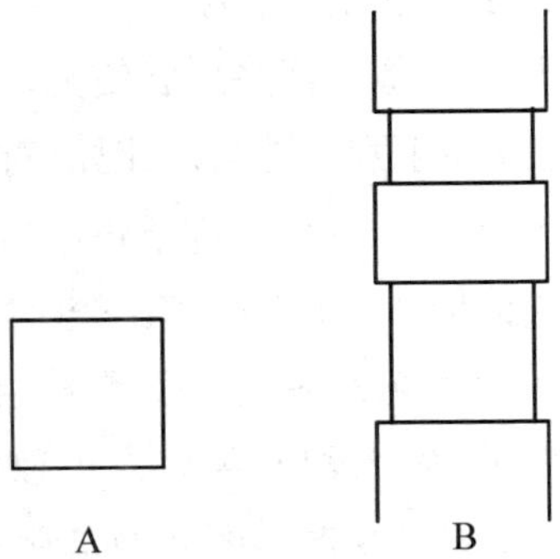

图 7

我曾用上述图形测试过 80 名被试，60％的被试的感受都与立普斯的结论一致，但有 20％的被试认为两个正方形一般高，另有 20％的被试说图 A 的正方形显得更高些。在 8 至 15 岁的 71 个被试中，只有 24％的人体验不到这种错觉。因此很显然，这种审美的错觉尽管不是普遍的，但也是很容易出现的，少儿中常出现这种错觉表明，这就是它的基本特性。毫无疑问，一些成年人由于把注意力放在图 B 的正方形上，忽略整个叠加结构，更容易产生这种错觉。

倘使说对这种审美错觉的解释是正确的话，那么，毋庸置疑，在建筑以及由柱子支撑的建筑物的图形中，经常会出现类似的错觉。“感情移入”支撑的柱体的活动过程，将使这些柱子看起来比它们的实际高度要高些。那些在图 7 中产生相反错觉的人（即感到图 A 的正方形更高），也许属于另一种类型，亦即他们感到叠加的重量起着一种压迫作用，压碎了支撑的柱体。以下看法是可以接受的，即错觉的性质依赖于柱体的长度与它所支撑的上部结构重量之间的比例，一旦上部结构的重量不成比例地过重时，柱体似乎就支撑不住了。

在某些人看来，图 7 顶端的垂直线似乎有点向中间收缩，而不是彼此平行的。立普斯认为这是由于它下面的矩形有一种向外扩散的倾向,使这顶端的两条垂直线同以下的矩形一起变矮了,因而顶端的两条垂直线看起来彼此接近了。这倒使我们想起了建筑物立柱中时常出现的错觉,即看起来似乎立柱呈现为中间细两头粗。在希腊建筑中,有时为了抵消这种错觉,有意把立柱柱身中段弄粗点。在多立克式建筑中,柱座(一排柱子就立于其上)中心部分的隆起似乎就是为了抵消中心"下陷"的错觉,不过这种错觉好像不能用立普斯阐述的原理来说明。(立普斯还用线条的"内在活动"原理,解释了其他的诸多形状错觉。但是,立普斯所解释的某些错觉的构成原因也许在于别的方面。比如,对大多数人来说,正方形的高似乎比宽更长些。如图 8 所示,立普斯曾用与图 8 相似的错觉理论,解释了为什么会出现在垂直线与水平线相比较时感到垂直线更长些的现象。不过,笔者所做的一些实验表明,其原因与其说是心理的,不如说是生理的:因为我发现,某些人单独用某一只眼看时,会比另一只眼更容易产生图 8 的错觉——在两个被试身上就有三次之多。不过,绘画上的训练能够使人们克服这种错觉,我发现,在那些正在接受绘画训练的儿童身上,这种错觉非常明显地降低了。)

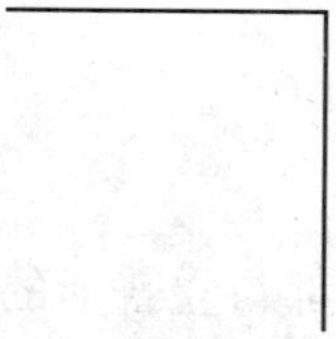

图 8

周　宪译

——选自 C. W. 瓦伦丁《美的实验心理学》,北京大学出版社 1991 年版

布洛

爱德华·布洛(Edward Bullough, 1880—1934),瑞士—英国心理学家、美学家、语言学家。生于瑞士,早年在瑞士求学,精通德、英、意等多种语言。1902 年起在英国剑桥大学教授德语课,以后主讲意大利文学课,1907 年起兼讲美学课。布洛兴趣广泛、才华出众,一生主要著译有 25 种,其中 11 种是文学与文化研究,4 种翻译,10 种是美学论著。其重要美学论著有《物质和形式》(1904)、《现代美学概念》(1907)、《在对单色进行审美欣赏中的"透视问题"》(1909)、《作为一个艺术因素与审美原则的"心理距离"说》(1912)、《美学与心理学的关系》(1919)、《艺术中的精神与媒介》(1920)、《实验美学的最新著作》(1921)等。这里选择的是布洛最有代表性、影响最大的论文《心理距离说》。

在这篇论文中，布洛提出了“心理距离”这一新的概念。所谓“心理距离”是指介于我们自身与对我们发生影响的事物（或我们对事物的感觉）之间的距离，如海雾中，如果我们超越个人目的、需要、功利（如担心、恐惧、紧张、焦虑等），而在自己与海雾间建立起一种心理距离的话，我们就能欣赏到海雾中的奇美景致。布洛认为，距离作用有其否定、抑制的一面，即“摒弃了我们对待这些事物的实际态度”，也有其肯定的一面，即“在距离的抑制作用所创造出来的新基础上将我们的经验予以精练”。他还认为：“距离乃是一切艺术的共同因素”，是一种“审美原则”。但他认为，审美中并非只要一味地扩大距离，而持“非人情”的冷静，相反，审美也需要动情，因此就形成一种“有人情但又有距离的关系”，布洛称之为“距离内在矛盾”。他把这一原则普遍化，提出“无论是在艺术欣赏的领域，还是在艺术生产之中，最受欢迎的境界乃是把距离最大限度地缩小，而又不至于使其消失的境界”。布洛的“距离说”可以上溯到康德的“非功利”说，它揭示了艺术创作与欣赏的一些审美心理特征，因此受到西方美学界的普遍重视。在中国，由于朱光潜先生在20世纪30年代初的介绍，也产生了一定影响。

（朱立元）

作为艺术因素与审美原则的“心理距离说”

（一）

联系到艺术来谈，距离这一概念能够引起人们一系列饶有兴味或者很富于思辨意义的思想活动。也许它对我们最明确的启示就是关于“实际空间”距离的概念，也即艺术作品与观众之间的距离；或者是关于“重现空间距离的概念，也即艺术作品当中所重现出来的距离”。而“时间”距离一词的含义则略欠清晰，更富于隐喻意味。关于“实际空间距离”，亚里士多德在他的著作《诗学》中已经有所论述；至于“重现空间距离”，则一直在绘画史上以透视的形式发挥着重大作用。这两种距离的区分对于区别雕塑中的圆雕与浮雕具有特别重要的理论意义。时间距离（即在时间上与我们相距遥远）尽管往往造成错觉，但是它仍然一直被人们认为是对我们的鉴赏力起着重大作用的因素。

本文所说的距离并不是从上述任何一种含义的角度上提出来的。虽然如此，但从本文的论述过程中仍可以清楚地看到，上述各种距离毋宁可以说是本文所论证的距离这一概念的一些特殊形式。不论它们具有什么样的审美特质,那也都只能是从距离的总的内涵之中推衍出来的。这种总的内涵就叫做“心理距离”。

用一段简短的说明就可以解释清楚“心理距离”的含义:设想海上起了大雾,这对于大多数人都是一种极为伤脑筋的事情。除了身体上感到的烦闷以及诸如因担心延误日程而对未来感到忧虑之外,它还常常引起一种奇特的焦急之情,对难以预料的危险的恐惧,以及由于看不见远方,听不到声音,判别不出某些信号的方位而感到情绪紧张。船只的胡乱飘动及其发出的警报很快就会打乱旅客的心神;而且当人们处于这种情境之中时往往会伴随而来的那种特殊的,充满希冀而又缄默无言的焦急之情与紧张状态,一切都使得这场大雾变成了海上的一场大恐怖(由于它那极端的沉寂与轻飘迷茫而显得更为可怕)。不论是对不谙航海的陆上居民,抑或是对于那些惯于海上生活的海员们都是这样。

然而,海上的雾也能够成为浓郁的趣味与欢乐的源泉。就像所有那些兴高采烈地登山的人们并不计较体力上的劳累及其危险性一样(尽管无可否认,有时这种情况也偶然会渗入欢乐的情绪之中,并增强欢乐之情),你也同样可以暂时摆脱海雾的上述情境,忘掉那危险性与实际的忧闷,把注意力转向“客观地”形成周围景色的种种风物——围绕着你的是那仿佛由半透明的乳汁做成的看不透的帷幕,它使周围的一切轮廓模糊而变了形,形成一些奇形怪状的形象:你可以观察大气的负荷力量,它给你形成一种印象,仿佛你只要把手伸出去,让它飞到那堵白墙的后面,你就可以摸到远处的什么能歌善舞的女怪;你瞧那平滑柔润的水面,仿佛是在伪善地否认它会预示着什么危险;最后还有那出奇的孤寂以及与世隔绝的情境,宛如只有在高山绝顶才能感受到的情况。这种经历把宁静与恐怖离奇地糅合在一起,人们可以从中尝到一种浓烈的痛楚与欢快混同起来的滋味。这种情绪与另一些方面所形成的盲目而反常的焦躁之情形成了尖锐的对比。这种对比,往往是突如其来地出现的。它像是某种片刻之间涌现出来的新的急流;或者有如强烈的亮光一闪而过,照得那些本来也许是最平常、最熟悉的物体在人们眼前突然变得光耀夺目——有时我们处在最危险的绝境的时刻会领略到这种感受。此时我们的实际利益就会像一根绷得太紧的金属丝那样突然断裂,我们仿佛是怀着旁观者那些令人诧异的、无动于衷的心情来注视着某种即将来临的灾祸趋于完成。

这是一种看法上的差异，是由于距离从中作梗而造成的（请允许我作这样的比喻）。这距离就介于我们自身与我们的感受之间，这里使用感受这词儿是就其最广泛的意义上说的，指的是一切在身体上或精神上对我们发生影响的事物，它们使我们形成感觉、知觉、感情状态或观念。说距离是介于我们自身和这些事物之间，与说距离是我们的这些感受的源泉或媒介往往是同一个意思，尽管不一定永远是这样的。

因此，在海雾中，距离所造成的变化，可以说，一开始就是由于现象超脱了我们个人需要和目的的牵涉而造成的——总之，正如人们常说的，是由于“客观地”看待现象而造成的。这是由于我们只准自己产生有助于加强我们经验中的“客观”面貌的那种反应，以及甚至于将我们的“主观”感情不当作我们自身存在的模式而将其说成是现象的特性这种种情况使然。

这样说来，距离的作用确实并不简单，而且是极为复杂的。它有其否定的、抑制性的一面——摒弃了事物实际的一面，也摒弃了我们对待这些事物的实际态度——也有其肯定的一面——在距离的抑制作用所创造出来的新基础上将我们的经验予以精练。

结果，这种有距离的事物形象就不是，也不可能是我们的正常现象。照例，经验常常是以其同一个侧面对着我们的，即它那具有最强的实际吸引力的一面。通常我们对于事物的那些不能迅速地真正打动我们的侧面，总是不予理会的；另外，我们平常对于那些自己感受不到的其他印象也是意识不到的。人们平常看不到的事物背面的形象一旦突然出现就会成为对人的一种启示，确切地说，这就是艺术的启示。从这一最广泛的意义上说，距离乃是一切艺术的共同因素。

正是由于以上的原因，距离也就成了一种审美原则。人们常常把审美静观与审美观点描述成“客观”事物。我们把莎士比亚或委拉斯凯兹（Velazquez，1599—1660，西班牙著名画家——译注）叫做“客观”艺术家，把荷马的史诗《伊利亚特》或戏剧称做“客观的”艺术作品或艺术形式。这一类词汇在讨论与批评中屡见不鲜，然而，只要一加考究，其含义就颇成问题了。因为人们往往把诸如抒情诗一类的某些艺术形式称为“主观的”作品，比如往往把雪莱当成“主观”作家。另一方面，如果从“客观”一词应用于历史著作或科学论文的那种意义上来看，根本就不可能有什么真正的“客观”艺术作品；同时，就“主观”一词而论，就其日常为人们所理解的意义上说，例如理解为个人感情，一种愿望或信念的直接表述，或者某种激情的呼唤等等，那么，同样也就根本不可能有什么“主观的”艺术作品了。“客观性”与“主观性”是一双对立的范畴，它们是互相排斥的。因此用来解释艺术时就会很快引起混乱。

主观与客观并不是唯一的一双对立范畴。人们也曾同样起劲地把艺术交替地称之为“理想的”与“现实的”、“感官的”与“精神的”、“个性的”与“共性的”。在为这些命题中的某一方进行辩护的论争之中，大多数美学理论派别都曾在对立的双方之间摇摆不定。本文的论点之一就是要说明这些对立范畴都可以从较之更为带有根本性的距离这一概念中找到它们的会合点。

距离还更进一步为区分什么叫做美的，什么仅仅是可人的，提供了最需要的判别标准。

其次，距离还标志着它是艺术创作过程的各个最主要的环节之一，而且是借以判别平常被人们笼统地称之为“艺术气质”因素的一种特征。

最后，距离还可以被当作“审美悟性”的主要特征之一——我用“审美悟性”这个词指的是对于经验的某种特殊的内心态度与看法。这种态度与看法在各种艺术形式中获得了含蕴极为丰富的体现。

(二)

我在前面说过，距离是通过把客体及其吸引力与人的本身分离开来而获得的，也是通过使客体摆脱了人本身的实际需要与目的而取得的。正因为如此，这并不是说人本身与客体的关系已经分裂到了“不受个人感情影响”的程度。就“人情的”与“非人情的”两者相较，当然以后者更为接近真理；不过，在这儿也和在别的场合一样，我们也会遇到必须借用本来是为了完全不同的目的而创造出来的词汇来表述某些事实这样的困难。而这样做往往造成似非而是的后果。这种情形再没有比关于艺术的讨论之中更难于避免的了。“人情的”与“非人情的”、“主观的”与“客观的”就是这一类的词汇。它们并不是为了审美思辨的目的而创造的。因而一旦将它们使用于它们那特殊含义的范围之外时，它们的意义就会变得含糊不清而模棱两可。所以当我们喜欢用“非人情”一词来描述观众与艺术作品之间的关系的时刻，就应该注意到，我们并不是指这个词汇，比方说，在讲到科学的“非人情”特性时所包含的那种含义而言。为了取得“客观而又牢靠”的结果，科学家必须排除“人情因素”，即他对于他所取得的结果的可靠性的个人愿望，以及他对于他的研究将予以证明或将予以否定的任何一种体系的个人偏爱。当然，一切实验与调查研究都是出于个人对一门科学的兴趣才得以进行的，也是为了最终找到证明以证实某种明确的假说而进行的，其中包含着个人想要取得成功的希望；但是这一切并不会影响研究者“不动感情”的态度，他还得忍受被人指责为“正在为自己制造证据”的委屈。

距离并不意味着非人情的纯理性关系。恰恰相反，它所描述的是人情的关系，并且往往带有浓厚的感情色彩，只不过有其奇异的特性罢了。距离的特异性在于这种关系中的个性特征，可以这样说，它是已经经过过滤的。它的吸引力的实际的具体性已经去除，只不过还未丧失其本来的结构罢了。最有名的事例就是我们对于戏剧中的事件与人物的态度：它们像日常经验中的真人真事那样地感动着我们，只不过它们的吸引力中往常那种以其个人身份直接影响我们的那个侧面暂时失效罢了。这种平时被人们看作微不足道的区别，一般都被解释为是由于人们已经认识到剧中的人物与情境“并非真的”，而是“想象中的”……但是，事实上，这种想象中的感情反应所赖以存在的那种“假设”，并不一定是距离的前提条件，反而往往是距离的后果。也就是说，把平常所说的因果关系颠倒过来就是真实的情况，即：事实是由于距离改变了我们与剧中人物的关系，所以他们才显得似乎是出于虚构，而不是由于剧中人物的虚构性改变了我们对他们的感情。当然，在实际上人们所公认的戏剧行动的非真实性，反过来又更加强了距离的效果。不过，对于那些爱为剧中不幸的女主人公的遭遇打抱不平，想要起而做骑士一般的干预的有名的无知乡下佬，那就只能尽力给他们造成一种印象，使其明白“剧中人是在做戏”，以阻止他们的出来胡闹。这种人当然不是理想的剧场观众。应当是距离首先给予戏剧行动以不真实的外貌，而不是后者决定了前者。对于这种乍看起来似非而是的道理，下述的情形就可予以证明：有时由于我们内心的看法突然变化，会感到真实的人和事也似乎变得“不真实”起来。同样的感情过滤现象也会在我们身上发生，这时我们就会充满了这样的感情，仿佛“整个世界都不过是个舞台”罢了。

这种有人情但又有距离的关系(我将冒昧地把它称之为我们的视野的无名特性)把人的注意力导向一种奇异的事实,它乃是艺术中的许多重要谜团之一:我建议把它叫做“距离的内在矛盾”。

应该承认,当我们对某件艺术作品特有的吸引力的感受能力愈强时,它感动我们的程度就愈深。确实,假如我们对它预先并没有某种程度的爱好,那它就必然是不可理解的,同样也就难以欣赏了。所以说,艺术作品之能否感动我们,它那感染力的强度如何,似乎是与它与我们的理性和感情特点以及与我们的经验的特殊性互相吻合的完美程度如何直接成正比例的。在艺术作品中的人物与观众之间如果缺乏这种协调,当然就会成为用来解释“趣味”方面的种种差异的最一般的理由。

同时,这种协调原则又需要一种素养,这素养立即就可以导向距离的内在矛盾。

假如有这么一个人,他认为自己有理由忌妒他的妻子,他正在观看《奥赛罗》一剧的演出。当奥赛罗的感情与经历和他自己的感情与经历愈加吻合一致时,他对奥赛罗的处境、行为与性格的领会就愈加深刻而完美——至少,按照上述的协调原则,他应当如此。就事实来说,也许他根本就不欣赏这出戏。实际情况是,这种协调只会促使他更加痛切地意识到自己的忌妒心;只要他的看法突然来个颠倒,他就不会再认为奥赛罗显然是被戴丝迪蒙娜出卖,而会感到是他自己与自己的妻子处于类似的境地了。这种看法的颠倒就是距离丧失的后果。

如果把这件事当作典型事例,那么,其中所需要的素养就是上述的吻合既要很完整,同时也要适于保持距离。上述《奥赛罗》一剧的这位爱忌妒的观众如果能够做到在戏剧行动与他的个人感情之间保持距离,那么剧情与他个人的经历愈加吻合,他对这出戏的领会以及身临其境之情也必然愈加深切入微。但是在这种情况下,要做到这一点确实很困难。正是由于这同一的困难,专家和职业评论家们才往往成为很糟糕的观众,因为他们的专业与批评的职业是一些实际活动,包含着他们的具体个性,往往会危及他们保持距离的可能性(恰好,这正是批评本身为什么也是一种艺术的理由之一,因为它也需要从实际的态度向有距离的态度不断进行转换,同时也需要由后者向前者不断转换,而这一点恰好正是艺术家的特色)。

这样的素养对于艺术家也同样适用。艺术家只有塑造出高度个性化的经验来才能产生最大的艺术效果。但是,他又只有与他的纯个人经验分离开来，才能在艺术上塑造出高度个性化的经验来。因此，许多艺术家都认为进行艺术塑造的过程乃是一种感情净化的过程，是使他们自身摆脱那种几乎弄得如醉如痴地着了迷的浓烈的思想感情的一种方法。因此，从另一方面说，这也就是平常人不会把他们切身体验到的忘形的狂喜与深沉的哀痛原原本本地传达给别人的原因。个人介入这件事当中的情形，使得他无法把自己所感受到的其中的全部意义与完整性和盘托出，予以再现，好让别人也得到与他同等的感受。

所以说，无论是在艺术欣赏的领域，还是在艺术生产之中，最受欢迎的境界乃是把距离最大限度地缩小，而又不至于使其消失的境界。

距离的易变性是密切相连的又一因素。事实上，它是距离的“内在矛盾”的一个前提条件。与“客观性”和“分离”这一类词汇比较起来，距离一词的好处在这儿表现得特别明显。“客观性”与“分离”，两者都不含有人情关系的意味，实际上，两者都排除人情关系；仅就它们的不变性和排斥对立范畴这两点来看，就会使应用“客观性”与“分离”这两个词汇一般会趋于毫无意义。

距离则恰恰相反，它很自然地承认有程度的不同，它不仅依照能够形成程度大小不同的距离的客体的性质而发生变化，而且还依据个人保持程度大小不同的距离的不同能力而有所变化。在这里，人们可以看到，不但是不同的人度量距离的习惯尺度各异，而且同一个人在不同的客体与不同的艺术面前，保持距离的能力也是不一样的。

所以说，不论是在何种特定情况之下，都存在着两套不同的影响距离程度的条件，即客体所提供的条件与主体所认知的条件。

两者交叉起来就给各种不同的审美经验提供出最为包罗宏富的解释。因此，不论是由于上述的这种条件，还是那种条件，只要是距离丧失，都意味着审美鉴赏力的丧失。

总之，可以说距离既可以依据个人保持距离的力量大小而变化，也可以依据客体的特性而变化。

距离的丧失可以出于如下两种原因：或失之于“距离太近”，或失之于“距离太远”。“距离太近”是主体方面常见的通病；而“距离太远”则是艺术的通病，过去的情形尤其是这样的。从历史上看，仿佛艺术曾试图弥补主体方面在保持距离上的缺陷，而且做过了头。以后可以看清楚，这种情形确是事实。因为，超距离的艺术看来都是专供某一类人的欣赏而设计的。这些人不善于自动保持任何程度的距离。不论是由于这种或那种原因而丧失距离,其后果都是相近似的:距离太近则会使人们指斥某一艺术作品为“粗鄙的自然主义”、“令人难堪”、“咄咄逼人的现实主义”;而距离太远则会给人以不切实、匠气、空洞或荒唐等等印象。

我已经说过,就个人来说,丧失距离往往是由于“距离太近”而不会是由于“距离太远”。从理论上讲,距离的缩短是可以无止境的。所以在理论上,不仅一般的艺术题材可以使其保有足够的距离,以便达到可供审美欣赏的境地,而且甚至于连对那些最富于个性的感情,诸如观念、知觉或激情等也都可以这样做。艺术家们正是在这方面具有极高的才华。而普通人的情况则恰恰相反,他们缩短距离的能力很快就会罄尽,他们的“距离极限”就是他使距离丧失,使欣赏力要么消失、要么变质的那个限度。

所以,在普通人的实践中,确实存在着一个极限,它表明在欣赏领域,这个人的欣赏力所能保持的最低界限,而这一般人的最低界限比起艺术家的“距离极限”来要高得多。实际上,要想确定这个极限,缺乏资料是无法办到的;同时这个极限在不同的人中间高低悬殊也很大,因此,也同样确定不下来。不过,作以下的推论是不会错的:在艺术实践中,明确地涉及机体的感情,涉及人体的物质存在,尤其是两性关系,这些都是处于距离极限之下的,在艺术上只能谨慎行事地予以对待。涉及对人有程度不同的重要性的社会风俗习惯——特别是涉及对其是否正当有所怀疑——对某些大家公认的伦理准则提出疑问,对当前社会公众十分关切的现实题材有所牵涉,如此等等,这一切都包含着一种使艺术作品濒临一般极限的边沿的危险,并且随时有使人跌落到极限以下的危险,那样就不但不会引起美感欣赏,反而会引起严重的敌意或仅仅被人当作笑料。

艺术家与普通公众之间的距离极限的差异一向是造成种种误解与不公正的根源。有不少艺术家的作品被人指责,本人受到排斥,原因是所谓“道德败坏”,可是在他本人看来,他的作品本来是地地道道的美术品。他那保持距离的力量,还有,他那与感情、感觉与情境保持距离的必要性(在某种人身上,这些感情、感觉与情境与本人的实体存在结合得过于紧密,因而不可能像艺术家似的在一定距离之外对待它们)常常很不公正地招致别人的责难,说他玩世不恭、放纵肉欲、病态或轻薄。有许多“社会问题剧”和“社会问题小说”也引起同样的误解。因为公众力图从中看到一些他们预先设想到的,合乎“时宜”的问题,可是作者却已经——而且往往可以证明是这样——能够与作品的素材保持足够的距离,以便超脱于它那实际问题的含义之上,并将其仅仅看作是一种戏剧里和人性之中的有趣情境。

暂时撇开主观方面的牵涉,仅就艺术上的距离的可变性来看,它既是艺术的一个普遍特征,也是说明各种特殊艺术之间的差异的普遍特征。

“眼睛的艺术与耳朵的艺术”实际上为什么会比依靠其他感官的艺术占了绝对优势,这一直是个老问题。想要把“烹饪艺术”抬高到成为一种美术的水平的种种尝试都已经失败了,尽管人们曾作过大量的宣传,甚至把它吹嘘到是在创造什么香味或酒类的“交响乐”那么美好的地步,也还是不行。毫无疑问,除了部分是由于心理和生理上的原因,部分是由于技术性的原因之外,把视觉与听觉的对象与主体分离开来的实际空间距离对于形成上述眼睛的艺术与耳朵的艺术的垄断地位确实曾起过决定性的作用。时间的久远也会以类似的方式形成距离,在时间上与我们相去久远的客体,事实本身就表明它们和我们之间距离遥远的程度绝不是那些客体的同时代人所能企及的。有许多绘画、戏剧和诗歌事实上毋宁说只是在作阐释和图解方面才有它的重要意义——例如,大部分宗教绘画;或者说它们只不过是一种直接的实在的倾诉力量——例如许多讽刺作品与喜剧中的嬉笑怒骂——这些特色在我们今天看来,似乎与这些作品的审美要求有些格格不入。所以说,这类作品已经从时间的流逝之中大受其惠,并且是全靠时间的助力才达到了艺术的高度的。而另外一些作品的情况则完全相反,往往也是由于同一的原因,因为“距离太远”而遭到丧失距离的厄运。

这里必须特地说一说,有许多艺术概念表现出距离过度的毛病乃是由于其吸引力的形式使然,而不是由于实际表现出来的内容造成的。这一点可以说明,有必要把与客体保持距离以及与以客体作为源泉而出现的吸引力保持距离这两者加以区分。我这里说的是人们往往含含糊糊地称之为“理想主义的艺术”的那种艺术,也就是发源于抽象的概念,表达的是一些隐喻的含义,或者是阐明一些普遍真理的艺术作品。在这类艺术之中,由于概括和抽象而不得不蒙受损失,由于普遍适用的范围太广而无法引起个人对它们的兴趣。另一方面又由于它们太缺乏具体个性,所以也就无法阻止它们倾其全力一股脑儿对我们袭来的势头。它们面向一切的人,所以也就无法打动任何一个人。欧几里得的一项几何原理之所以不属于任何个人,正是由于它迫使所有的人都得表示赞同的缘故。普遍的概念诸如爱国主义、友谊、爱情、希望、生和死等等,对迪克、汤姆、哈里和对我通通一视同仁。因此,要么我就与它们不产生任何的个人关系;要么就是恰恰相反,我一旦与之有了个人关系,那它们就会立刻明显而具体地变成了“我的”爱国主义、“我的”友谊、“我的”希望、“我的”生和死。仅仅有概括普遍真理或一般概念的力量与我自己的距离还是太远,因而我就无法获得具体的认识。反之,假使我一旦有了具体认识,我就只能把它们理解为我这个实际存在的实体的一部分,也就是说,它们就完完全全地陷落在距离极限的下面去了。结果,在这种奇异的困难情境中,“理想主义的艺术”往往由于它们那距离太远而转化成为距离太小的吸引力而蒙受挫折——由于主体方面往往容易犯“距离太小”的毛病,而不易出现“距离太远”的问题,所以上述的转化就更加易于发生。

现在,各种不同的特殊艺术部类要求人们欣赏领会它们时所必须具备的保持距离的程度大小差别很大。不幸的是,在这一点上,我们又一次感到缺乏资料的难处,并且这困难还表明有必要进行观察研究。如有可能,还应该做做实验,以便把这一类想法建立在更加牢靠的基础之上。有一种艺术,即戏剧,我们可以从一个意想不到的地方取得少量的情报资料,即从审查委员会的活动中取得。对这些资料作仔细考察,有可能抽引出使心理学家感兴味的证据来。事实上,整个审查制度的问题,只要它不是纯粹为了经济问题而进行的,那就可以说它是以距离为转移的。假使所有的公众,人人都靠得住能够保持距离,那么戏剧审查官就根本没有理由存在了。当然,一般说来剧场演出无疑自来就带有丧失距离的特殊冒险性。这是因为戏剧主题素材赖以体现的材料与别的艺术之间而造成的。用活生生的真人作为戏剧艺术的传达媒介,这是其他种类的艺术所不曾遇到过的一种困难。舞蹈所遇到的困难有些类似,在许多方面也许较之戏剧的困难还更为严重。尽管舞蹈引人感兴趣的面较小,但是它那动物性的情绪常常是任何的性灵闪现都无法予以减缓的,从而就会形成强度与之相适应的一种诱惑力,驱使人们趋于“距离太小”的境地。在舞蹈的高级形式中,最富有表现力的技法可以大大弥补舞蹈本身丧失距离的固有倾向。它作为一种通俗的表演形式,仍然保留着许多古老的艺术光影,至少在南欧还是这样的。在纯粹由于身体运动而产生的欢快与高度的技巧造诣之间形成了一种奇特微妙的距离平衡。我要顺便说一下，指出下面的这种情况是很有意思的(因其与距离的发展有关)，即舞蹈这种艺术，希腊人曾经把它当作特别有价值的教育课业。可是现在除了一些个别情况以外，它已经从以往的宝座上跌落尘埃。在戏剧与舞蹈的后面就是雕塑。它虽然不用活人的躯体作媒介，但是它那与人体完全一致的空间物质存在对距离也形成了一种与前者相类似的威胁。我们北方人穿衣的习惯与对人体的无知大大增加了与雕塑保持距离的困难，所以出现这种情况，部分原因是人们对于雕塑抱着许多严重的误解。另一部分原因是人体的完美性完全没有什么公认的标准，以及认识不到雕塑形式与人的体型之间的区别。而这种区别则是赖以区分一座雕像与一件人体模型的唯一基本依据。绘画艺术之所以能够比雕塑敢于更切近地莅临正常的距离极限，显然是由它那表现形式及其通常照比例缩小形象的做法使然……音乐与建筑所处的地位很奇特，这两种最抽象的艺术在其距离方面表现了惊人的伸缩性。有些音乐，尤其是“纯音乐”或“古典音乐”，或“严肃音乐”，对于许多人说来显得距离过分遥远。轻快的、“容易领会的”曲调则正好相反，很容易达到距离缩小的最低点。超过了这个最低点，它们就再也不成其为艺术，而变成纯粹的消遣了。尽管音乐有其奇异的抽象性，许多哲学家也认为它可以和建筑或数学相提并论，然而音乐却有其满足人的感官享受的特性，有时往往是肉欲方面的。音乐旋律与和声对生理方面与肌肉方面确定无疑的刺激作用较之它在节奏方面的种种作用并无逊色。这种刺激作用似乎可以说明为什么距离会偶尔消失。此外，还得加上它那强烈的倾向性，它能激发人们产生一系列与音乐本身毫无联系的思想活动。这些思想随着人们的主观意愿而进行——或多或少是一些带有个人特点的白日梦。建筑则几乎毫无例外地要求有一个很大的距离。也就是说，除了对于其中的一些装饰图案与有关设备偶然得到一些印象之外，大多数人是无法就这样从建筑本身获得什么美感享受的。原因是多方面的，但其中最主要的乃是由于人们把建筑物与建筑艺术混同起来，以及功利主义的种种目的占据了绝对优势所致。这些功利主义的目的掩盖了人们赋予建筑艺术的注意力。

牛　耕译　李卓如校

——译自莫里斯·韦兹主编:《美学问题》(英文版)，美国麦克米伦公司 1970 年第 2 版

立普斯

特奥多尔·立普斯(Theodor Lipps，1851—1914)是德国的哲学家和美学家，移情说的主要代表人物。他生于瓦尔哈尔本，死于慕尼黑。1884年任波恩大学教授，1890年任勃雷斯拉乌大学教授，1894年任慕尼黑大学教授。主要著作有《逻辑原理》(1893)、《论情感、意志和思维》(1893)、《空间美学和几何学·视觉的错误》(1897)、《心理学教本》(1903)、《美学》(两卷，1903—1906)，此外还有一些论移情作用的论文。这里选的是《美学》中关于悲剧性的论述，以及《空间美学》和有关论文中关于移情作用的论述。

立普斯的美学研究是从心理学出发的，他把费肖尔父子的移情说系统化了。他认为，美感是一种同情的喜悦，“审美的欣赏并非对于一个对象的欣赏，而是对于一个自我的欣赏。它是一种位于人自己身上的直接的价值感觉；而不是一种涉及对象的感觉”。审美欣赏的特征在于“把自己‘感’到审美对象里去”，即把自我的各种思想感情和活动外射到对象上去，因而能把死的静止的对象看成活的有生命的东西，使自我与对象打成一片，达到物我同一。所以，审美欣赏的对象并非客观的外物，而是“把自己对象化了的自我”，美感则是“在一个感官对象里所感觉到的自我价值感”。

立普斯不同意谷鲁斯的“内摹仿”说，他认为，审美移情作用的摹仿是一种审美的摹仿，它不同于“出于意志的摹仿”，而是一种摆脱了任何实际利害(包括器官的生理感觉)的、无意识的纯粹的审美观照。因此，应当把器官感觉从审美观照中排斥出去，使美学从专注于器官感觉的疾病中恢复过来，这就是科学美学的职责。

从这种审美移情说出发，立普斯还探讨了悲剧性的问题。他认为，人的客观化的自我价值感是一切悲剧性的基础，欣赏悲剧对象的基础。悲剧由悲痛提高的快感，来源于看到灾难而引起的，从而是最亲切的、对异己人格的共同体验。而对异己人格的价值感实质上仍是客观化的自我价值感。他说：“假如我不曾根据我自己本质的特征构成异己人格的形象，异己的人对我是根本不存在的。异己的人格或异己的我，是一个被限定的、客观化的、固定在我以外的世界的某一位置上的自有的我。尽管有一切限定,它的基本特征当中仍然有——我。据此,对异己的人的评价,无非是客观化的自我评价,对异己人格的价值感,无非是客观化的自我价值感。”立普斯的移情说和他的全部美学思想明显是建立在主观唯心主义基础上的,但他对审美心理现象尤其是移情现象所作的分析,在美学史上产生过极为深远的影响,其中仍有许多合理的东西。

(李醒尘)

论移情作用

一、空间美学和几何学、视觉的错觉

第一章　一个实例:道芮式石柱[1]

我们可以举一个实例来对所要讨论的关于几何形式美的学说以及附带的关于几何学、视觉的错觉的学说,作一个初步的说明。

道芮式石柱自己耸立起立——像每根石柱一样。它是一个纵直的耸立的形象。这还不能说是只由于石柱的高度超过石柱的宽度。这个事实要朝其他形式上看一眼就可以清楚地看出。例如柱顶盖,宽度可以在同样的或更高的程度上越过高度。可是柱顶盖并不同样形成一个朝宽的方向[2]伸出的印象。朝宽的方向伸延并不是柱顶盖所特有的活动或功能。它所特有的功能可以不管这种高宽比例,在它的纵直伸延中仍可见出。对,它会永远取这种姿态。顶盖支撑它上面的墙壁,这种支撑无疑的是一种纵直伸延的活动。

这就足以说明问题所在了:石柱的自耸立是它的“特有的活动”。“活动”这个词是用它的全部意义:包括努力、出力、费力以及用来做一件事的耗费力量。

这种活动不是没有反活动或要克服的抵抗。这里反活动来自重量。[3] 随着石柱自耸立,按照它自耸立的强度,它就克服了这重量。这重量在石柱上起作用,正和纵直伸延的反抗重量而耸立的活动起作用一样。但是这并不能妨碍我们在看石柱时,使我们觉得从地面上自耸立上腾到一定高度的并不是那重量,而是那反抗重量而自腾起的“力量”,只有这个

---

① 道芮式(Dorische)石柱,道芮式是希腊建筑风格之一,在庙宇石柱上表现为上细下粗,柱面有纵直的槽纹。

② 宽的方向,即横的方向。

③ 注意立普斯把活动与反活动的矛盾对立的统一看作移情作用中一个重要因素。

才是石柱所特有的活动；在我们眼中只是这种活动而不是重量才显得完成了使石柱获得它所特有的那种存在①的工作。

不仅是朝纵直的方向，就是朝宽的方向，石柱也在自伸延。但是石柱在宽的方向所完成的工作却不是伸延而是凝成整体或是界定范围②。假如没有凝成整体或界定范围，石柱就会散开成碎片，化成无形式的东西。只有这界定范围或凝成整体的活动才使石柱有形式。石柱的横平的伸延当然也可以看作“活动”。但是不像凝成整体或界定范围的活动那样是它所特有的。石柱要挣扎着冲破它的局限，但是这正足以显出局限是它所特有的活动的结果。这种挣扎着要冲破局限的活动就是让局限或界定范围的活动所压住的那种力量，就是它所克服的那种抵抗。我们如果设想石柱进一步再受局限，即在横平方面在更大程度上受到界定范围，那么，它也就会在更大的程度上挣扎着要冲破这个局限。反之，如果石柱的横平伸延的能力不受阻碍，可以无限发挥作用，这种挣扎就毫不会发生。这种能力受到阻碍不能完全实现，也就是说，向横平方向无限自伸延被局限所否定了，这就只会引起伸延与界定范围之间的紧张，即石柱的内在情况③。就在这个意义上，界定范围的活动在这里是石柱所“特有的活动”。

最后我们可以把这两方面结合在一起来看。石柱上凡是威胁到它的纵直情况的东西以及凡是威胁到它的横平情况的东西④都可以从同一个观点中看得很清楚。重量对纵直的界定范围(界限)以及横平的界定范围(界限)都同样可以摧毁。反之，假定横平的界定范围和纵直的伸延都发生了，这时石柱在横平的方面就凝成整体，在纵直的方面也就因而耸立上腾。这就是石柱所“特有的活动”。石柱并不是一个物，这个物凭重量会自己崩塌，会朝横的方向自己膨胀起来；而是一个意象⑤，这个形象不顾重量而且在克服这重量中自己凝成整体且耸立上腾。或则换一个方式来说，我们姑且把石柱的印象丢开，且追问在概念上石柱所要完成的是什么运动，或是它所用的力是用在什么东西上面，这时我们就会看出石柱是在

---

① “那种存在”(或生命)即石柱耸立上腾的形象。

② “凝成整体”指各部分凝聚在一起，不至成为一盘散沙。“界定范围”指仿佛有什么把它围起来或圈起来。

③ 这段所说明的还是活动与反活动的对立统一。

④ 指下文的重量(或压力)。

⑤ 立普斯在这段里说明移情的对象不是实体而是外形或“空间意象”。这是活用了德国古典美学中“存在”与“显现”的分别。

我们的思想或幻想里继续收缩而在纵直的方向则继续增长。在我们心里相反的观念不会发生，否则石柱就不会好看。

这就向我们提供了一个心理的事实，如果就这个事实加以更精细的研究，它又可分为两方面。

石柱的形式实际上只是存在着，对于我们的观念来说，却由某种机械的条件而获得它的存在。它不是单纯地存在着，而是在变化着，不是变化一次，而是在每一顷刻都在重新变化着。总之，我们使石柱成为一种机械的解释的对象①。我们这样做，并非出于意志，也不是经过反思，而是一旦对石柱起了知觉，立刻就作出机械的解释；这样一种形式或空间存在方式可能产生的无数经验的观念立刻就结合到这次所知觉到的形式上去②。

但是紧接着这方面的心理事实就是第二方面的心理事实③。外在于我们的机械的事件并不是世间唯一的事件。还有一种在每一个意义上都和我们更密切相关的事件，这就是在我们自己身上发生的事件，和外在的事件是相类似或可相比拟的。我们都有一种自然倾向或愿望，要把类似的事物放在同一个观点上去理解。这个观点总是由和我们最接近的东西来决定的。所以我们总是按照在我们自己身上发生的事件的类比，即按照我们切身经验的例子，去看待在我们身边另外发生的事件。

每逢我们说到有一种“力量”藏在某个事物里或是造成某个事件的原因时，我们就已在运用这种看待事物的方式；每逢我们让一种“努力”或“倾向”实现于一个事件里，在每一种“作为”和“承受”里，每一种“主动”或“被动”里，这种看待事物的方式或许显得更清楚。这种向我们周围的现实灌注生命的一切活动之所以发生而且能以独特的方式发生，都因为我们把亲身经历的东西，我们的力量感觉，我们的努力，意志，主动或被动的感觉，移置到外在于我们的事物里去，移置到在这种事物身上发生的或和它一起发生的事件里去。这种向内移置的活动使事物更接近我们，更亲切，因而显得更易理解。

---

① 立普斯在本书里所用的“机械的”一词都应理解为“动力的”。“机械的解释”即把石柱的形象看成仿佛是有生命的，能进行各种活动的。虽叫做“解释”，其实是在无意中进行的。机械的（动力的）解释和下文所说“人格化的解释”是相辅相成的。

② 指目前形象暗中引起过去无数类似经验的联想。

③ 以下说明“人格化的解释”，即以己度物，经过情感的移置，化物为人。

使我们感到愉快的并不是“力量”、“努力”、“活动”这类一般观念所指的那种一般性的生气灌注。每一件机械的事件都有它的特性或特有的完成方式。它可以比较容易，较少障碍地完成，也可以比较难，要克服较严重的障碍才能完成；它所要花费的力量可以或多或少。这种情况就使我们回想起自己所经历过的与它虽不同却相类似的过程，使我们回想起自己发出同样动作时的意象以及自然伴随这种动作的亲身感到过的情感。像是“轻易”完成的机械的事件就提醒我们自己在实现无阻碍的轻易的动作时的情况，至于一种活动如果要费更强烈的有生“力量”，它就会提醒我们自己付出同样大的意志力时的情况。与此结合在一起的还有轻易情况下自己生命活动中自由自在、轻易愉快的感觉，以及困难情况下的一种性质虽不同而强度并不减弱的对自己的愉快感觉。

这种情况发生并不经过任何反思。正如我们并非先看到石柱而后按照机械的方式去解释它，那第二种方式的解释，即“人格化”的解释，亦即按照我们自己的动作来测度客观事件的方式，也并非是跟着机械的解释之后才来的。石柱的存在本身，就我所知觉到的来说，像是直接的，就在我知觉到它那一顷刻中，它已显得是由机械的原因决定的，而这些机械的原因又显得是直接从和人的动作的类比来体会的。在我的眼前，石柱仿佛自己在凝成整体和耸立上腾，就像我自己在镇定自持和昂然挺立，或是抗拒自己身体重量压力而继续维持这种镇定挺立姿态时所做的一样。我简直无法对石柱起知觉，除非这种活动像是直接就存在于所知觉的对象里。①

以上所指出的情况虽不能产生道芮式石柱的全部审美印象，却也产生了其中的一部分。这个道芮式石柱的凝成整体和耸立上腾的充满力量的姿态对于我是可喜的，正如我所回想起的自己或旁人在类似情况下的类似姿态对于我是可喜的一样。我对这个道芮式石柱的这种镇定自持或发挥一种内在生气的模样起同情，因为我在这种模样里再认识到自己的一种符合自然的使我愉快的仪表。所以一切来自空间形式的喜悦——我们还可补充说，一切审美的喜悦——都是一种令人愉快的同情感②。

---

① 这段说对形象的知觉，“机械的解释”和“人格化的解释”都是一次完成的，并不能分为三个阶段。

② 注意立普斯在“空间美学”里还未用“移情作用”的词，只用“同情”来解释感情移置的现象。

二、移情作用，内摹仿和器官感觉[①]

我在这篇论文里将讨论一般的移情作用。我所说的话适用于移情的外射，对象可以是一些特定种类的事物，特别是人的各种运动姿势和位置，不管这些是现实生活中的还是在雕刻中表现出来的；也可以是建筑的各种形式。

审美的欣赏是一种愉快或欣喜的情感，随着每次个别情况带有独特的色调，也随着每个新的审美对象而时时不同——这种情感是由看到对象所产生的。在这种经验里，审美对象总是感性的，这就是说，用感觉的方式认识到的或想象出来的，它就只具有这样的性质。在一个美的对象前面我感到一种欣喜的情感，这句话就等于说，我感到这种情感，是由于看到那美的对象所直接呈现于我的感性知觉或意象。我感到这种情感，是当我观看这个对象，也就是对它注意得很清楚而把它一眼摄进知觉里的时候。但是在审美的观照里，只有审美对象（例如艺术作品）的感性形状才是被注意到的。只有这感性形状才是审美欣赏的“对象”（客体）；只有它才和我“对立”，显得是和我自己不同的一种东西，对这种东西，我以及我的愉快的情感发生了某种“关系”。正是由于这种关系，我才感到欣喜或愉快，总之，才在欣赏。

审美欣赏的“对象”是一个问题，审美欣赏的原因却是另一个问题。美的事物的感性形状当然是审美欣赏的对象，但也当然不是审美欣赏的原因。毋宁说，审美欣赏的原因就在我自己，或自我，也就是“看到”“对立的”对象而感到欢乐或愉快的那个自我。

这话的意思首先是：我也许还不只是感到欣喜或愉快，而且还感到与寻常不同的刺激。我无疑地还要感觉到自己在努力，使劲，起意志或是奋发以及其他活动。在这种努力或使劲之中，我感觉到自己在抵抗或克服某些障碍，或许也屈服于某些障碍：我觉得仿佛在达到一个目标，满足我的追求和意志，我感到我的努力在成功。总之，我感到一种复杂的“内心活动”。而且在这一切内心活动中我感到活力旺盛，轻松自由，胸有成竹，卷舒自如，也许还感到自豪，如此等等。这种情感总是审美欣赏的原因。

---

① “器官感觉”一般指身体各器官变化的感觉，特别是筋肉运动的感觉。内脏方面感觉（例如饥饿）亦属此类。

从此可见,这原因是处在审美欣赏对象和欣赏本身[①]的中途上。首先就应注意到这一点:上述那些情感并不像欣赏中的快感那样,即并不要有美的事物作为对象。在对美的对象进行审美的观照之中,我感到精力旺盛,活泼,轻松自由或自豪。但是我感到这些,并不是面对着对象或和对象对立,而是自己就在对象里面。[②]

同理,这种活动的感觉也不是我的欣赏的对象,即不是我从美的对象中所得到的快感。面对着我认为美的感性对象,我确实感到欢乐,但是我之感到愉快,也确实不是对所体验到的活动或力量等所起的反应,或是面对着(看到)这种活动、力量等。这种活动不是对象的(客观的),即不是和我对立的一种东西。正如我感到活动并不是对着对象,而是就在对象里面;我感到欣喜,也不是对着我的活动,而是就在我的活动里面。我在我的活动里面感到欣喜或幸福。

我自己的活动当然也可以变成对于我是客观的,那就是当它已不复是我的现实活动,而是在回忆中观照它。但是这时它已不再是直接经验到的,而只是在想象中追忆到的。这样,它就是客观的。这种想象到的活动,或则更一般地说,这种想象到的自我,也就能成为我的欣喜的对象。但是这不是我们现在所讨论的;我们现在所研究的只是直接经验到的活动、成功、力量、自由等等。

欣喜的"对象"这个词在这里是用一种完全限定的意义。它也可能按照一种较宽广的意义来用;如果这样用,欣喜的"对象"就会是我从它那里获得欣喜的东西,也就是说,它是我的欣喜所涉及的东西,同时也是这欣喜的理由。

用作这个意义时,审美欣赏对象的问题可以有两重答案。从一方面说,审美的快感可以说简直没有对象。审美的欣赏并非对于一个对象的欣赏,而是对于一个自我的欣赏。它是一种位于人自己身上的直接的价值感觉,而不是一种涉及对象的感觉。毋宁说,审美欣赏的特征在于在它里面我的感到愉快的自我和使我感到愉快的对象并没有分割开来成为两回事,这两方面都是同一个自我,即直接经验到的自我。

---

① 即由审美对象过渡到欣赏活动,须经过由移情作用产生的情感,如活力、自由、自豪等感觉。

② 我面对着对象时,主客体对立;我在对象里面时,主客体同一。只有在后一情况下才产生移情作用。

从另一方面说，也可以指出，在审美欣赏里，这种价值感觉毕竟是对象化了的。在观照站在我面前的那个强壮的、自豪的、自由的人体形状时，我之感到强壮、自豪和自由，并不是作为我自己，站在我自己的地位，在我自己的身体里，而是在所观照的对象里，而且只是在所观照的对象里。

因此，我可不可以这样说：审美的欣赏的对象同时也就是审美欣赏的根由？我还可以就这对象的特征作双重界定。第一，所讨论的对象是那强壮的、自豪的、自由的自我，但不是单就它本身来看的自我，而是把自己对象化了的自我，这也就是说，和那个凭感官认识到的人体形状打成一片的自我。其次，审美欣赏的对象就是这个凭感官认识到的观察到的人体形状，不是单就它本身来看的人体形状，而是我在我自身里面感觉到和体验到的那种人体形状，那种强壮的、自豪的、自由的自我。

审美快感的特征从此就可以界定了。这种特征就在于此：审美的快感是对于一种对象的欣赏，这对象就其为欣赏的对象来说，却不是一个对象而是我自己。或则换个方式说，它是对于自我的欣赏，这个自我就其受到审美的欣赏来说，却不是我自己而是客观的自我。①

这一切都包含在移情作用的概念里，组成这个概念的真正意义。移情作用就是这里所确定的一种事实：对象就是我自己，根据这一标志，我的这种自我就是对象；也就是说，自我和对象的对立消失了，或者说，并不会存在。

移情作用如何成为可能的呢？② 要解答这个问题，就须先假定情感的内容或对象与直接直觉到的主体的态度或情感这两方面截然分别是完全明显的。但是这里姑且只讨论这种对立中的一个方面。

我对一种颜色起一种感觉。这种颜色属于一个凭感官认识到的对象。或换一个例子来说，我感觉到饥和渴。这两种情感，即我的感觉的这两种内容，属于我的身体。它们是作为这种凭感官认识到的对象的定性，作为身体器官的变化，而被感觉到的。

---

① 立普斯既然把移情作用中的情感看作快感的原因，而且这种情感实际上是对象在主体上面引起而又自主体移置到对象里面去的，所以他就认为欣赏的对象还是主体的“自我”。这种“自我”和主体的实在的自我（在现实中生活着的“自我”）不同。它是移置到对象里面的（所以说它是“客观的”），即感到努力挣扎、自豪、胜利等情感的“自我”。这种“自我”又叫做“观照的自我”或“理想性（观念性）的自我”。

② 自此以下，立普斯分析一般的移情作用。

至于我所感觉到的行为，活动，努力，挣扎，成功，情形却不同。这些都属于自我，而且就是自我或是组成自我。我感觉到我自己在活动。它们绝对不属于一种凭感官认识到的对象或是在想象中回忆到的对象，总之，不属于和我分隔开来的一种对象。

正是由于这个理由，这些性质可以属于任何物质对象。它们以及和它们连在一起的自我(也可以说，自我以及和自我连在一起的它们)属于只要我停下来观照它，就会感觉到我自己和我的主观心情和它不可分割地结合在一起的那种对象。不过我对这些情况以及与这些情况相关的移情作用的意义，还要作更明确的界定。

我把我的手膀伸直，或是使我的手膀继续维持伸直的状态。在这样做的时候，我感觉到活动，也就是说，我感觉到我自己在努力，挣扎，努力获得成功、满足。

这里我可以说，我是在我的手膀里感觉到我自己在活动，努力，挣扎，达到目的。但是就完备的意义来说，这种活动并不发生在手膀里，也就是说，不是与相对手膀的观照或被观照到的手膀紧密联系在一起的。毋宁说，它是和我的心情(如果我是随意伸直手膀)或我心中所悬的目的(如果我是为着要达到某一目的而伸直手膀)联系在一起的。这种随意或抱着目的是和我对手膀的观照或在进行观照的我自己都有分别的事情。……它属于与观照的自我有别的我的人格，即有别于作为对象的我的人格①。这也就是说，在这种情况之下，我的活动并不是在完备的意义之下"属于"那伸直的手膀，而是以某种方式，但是不是以审美的方式，经过移情作用移置到那手膀里。②

现在我们把情境改变一下。我的手膀自由地伸直一段时间之后，我就感觉到一种欲念，一种冲动，一种"强迫力"要把它垂下。这碰巧是使人痛苦的。在这种情形之下，我也很可能意识到它们。只是这就意味着纯粹审美欣赏的消失。

例如我如果看见一位舞蹈家用脚尖舞蹈，我对她必然感到的不愉快的感觉的印象就会闯进意识里来。因此我就被从审美观照的状态中推出

① 据德文原文，应译为"我的'实在的'人格"。

② 我在伸直的手膀里的活动感觉是移情作用，但还不是审美的移情作用。因为这活动是由自我发动的，而且是由自我感觉到的，自我与手膀还辨出是两回事。自我与对象的对立还存在。——英译文原注

去了，倒不是因为那感觉的不愉快性，而是因为那感觉本身。悲哀也是不愉快的，但是一个形象所现的悲哀却不至打断审美的观照。这里的悲哀是经过移情的。

一个饥饿者的表现并不就是饥饿的表现；只有他对饥饿怎样感觉的方式被表现出。在审美的观照里我所分享的只是这个情绪的方面，但是通常造成这种心情的饥饿中的身体方面的搅扰不宁却是出于理智的测度。

总之，任何种类的器官感觉都不以任何方式闯入审美的观照和欣赏。按照审美观照的本性，这些器官感觉是绝对应排斥出去的。

使美学逐渐从专注于器官感觉这种疾病中恢复过来，这就是科学的美学的职责，这对于科学的美学的健康发展也是必要的。

三、再论“移情作用”

说一种姿势在我看来仿佛是自豪或悲伤的表现（或则说得更好一点，它对于我或我的意识实在表现了自豪或悲伤），这和说我看到那姿势时自豪或悲伤的观念和它发生联想，是很不相同的。如果我看到一块石头，软硬之类观念就和这一知觉发生了联想，但是我决不因此就说，我所看到的石头或是在我想象中的石头“表现”出硬或软。相反的，我说我在观照时所见到的石头是硬的或软的。反过来说，我却不说那姿势是自豪的或悲伤的，如果我那么说，我心里明白我并没有把我的意思表达得很精确。我明白较好的说法是：它是一种自豪或悲伤的姿势。这就不过是说：它这种姿势表现出自豪或悲伤。……姿势和它所表现的东西之间的关系是象征性的……这就是移情作用。

凡是只以普遍意义的联想的关系而与所见对象联系在一起的东西都不属于纯粹的审美的对象。浮斯特的苦恼和绝望使我们感到不愉快，这件事实却不妨碍我们对浮斯特的苦恼和绝望的总的体验是愉快的，由于这体验中包含心灵的丰富化、开扩和提高。体验到浮斯特痛苦的不是实在的自我而是观照的或观念性（理想性）的自我。[①]

不过我们不应忘记正面的移情作用和反面的移情作用的分别，举例

---

① 有一派美学家（例如西伯克 Siebeck）企图用观念联想来解释移情作用，立普斯在这两段里针对这派而提出反驳，其实他自己也并未完全放弃联想的解释。

来说,和表现一种高尚的自豪感的姿势发生移情,属于正面的;和表现一种愚蠢的虚荣心的姿势发生移情,就属于反面的。在前一事例里,所体现的情感对我产生一种我很愿接受的印象,但是后一事例要求我和它感到一样情感,这却是我的整个人格所反抗的。……我意识到那高尚的自豪是对活力的肯定,这是我情愿拥为己有的;至于愚蠢的虚荣心却是活力的否定,所以是令人嫌厌的。但是对于这两种情感,我都不只是存有一种观念;它们都是体验到的,前者是作为一种自由的活动(尽管不是完全自发的,因为它起于对象,是由对象刺激起来的),后者是作为一种压迫而体验到的。……

朱光潜译

——选自《古典文艺理论译丛》第 8 辑,人民文学出版社 1964 年版

悲 剧 性

通过否定增强喜悦

方才说到喜悦能在悲哀中存在,但是尚未说尽一切。我已丧失者,我不仅目前依然能享受,并似乎更热烈地在享受。它业已丧失,它的价值因此尤其令我感动;这一点能加强悲痛,不过也能加强喜悦。假设失物仍然为我所有,也许我就很少甚或不会看重它。

我们由此达到一个已涉及的论点。我说过,如果一件崇高的或具有肯定价值的事物,带着一种缺陷或遭到一种损害性的干犯,那么,崇高性和肯定性愈是为我们所看重,损害或干犯,简言之,否定便会发生愈加强烈的嫌恶作用。但是反过来,附带或遭受这种否定的肯定性,也能通过否定增强它的感人力。

后一种情况正是问题所在。如前所述,失物的价值尤其令我感动。还必须补充:单是被损坏的贵重物品的价值也尤其令我感动。干犯了贵重物品的持续性,也就提高了尊重。

至于其他种种事实,皆可作如是观。语云:“De mortuis mil nisi bene.”(关于死者,能说好话,就只应说好话。)实话实说:这样才符合我们的天然感情。死者已遭遇我们心目中的大灾大难,即不复生存。这就使我们对他有了温情。

我们还会同罪犯和解,假如他受到了刑罚,我们会袒护他,似乎觉得

他高尚起来,假如我们认为刑罚太苛刻的话。

一切灾难就这样使人同受难者和解。所谓使人和解,就是说,他身上的善良使我们感动;我们对他的尊重增长了。

这种尊重的感情,我们也可以称为怜悯。同时必须指出:怜悯不单是怜悯,它同时是尊重。我们懂得怜悯人:这个人不被怜悯,原不成为尊重的对象。我们一面感到怜悯,一面就在行使尊重。在怜悯的感情中,同时还包含着痛苦,即嫌恶的成分。

悲剧性的怜悯

最后还可以提出一个问题:到底是什么使我能一般地感到另一个人的人的价值呢? 这一问题已经在前面回答过了。另外,在下面这个说法中,也找得到解答:我自己是人。这就是说,这种对另一个人的人的价值的感觉,是同情或者同感。从前说过,假如我不曾根据我自己本质的特征构成异己人格的形象,异己的人对我是根本不存在的。异己的人格或异己的我,是一个被限定的、客观化的、固定在我以外的世界的某一位置上的自有的我。尽管有一切限定,它的基本特征当中仍然有——我。据此,对异己的人的评价,无非是客观化的自我评价,对异己人格的价值感,无非是客观化的自我价值感。

这种客观化的自我价值感,由于看到别人的灾难而增强。我在别人身上高度地感到我自己和我的人的价值。我更高度地体验到或感受到所谓做一个人。

所以灾难就是媒介。没有什么能比灾难在同等程度上使人的价值为我所感动。在这种效果中,我们可以说,存在着人间灾难的一部分伦理学使命。但是同时,正是在这种效果中,还存在着它的全部美学使命。我重复说,我已意识到,即感觉到所谓做一个人:这种绝对价值令我感动。

被我看到的灾难在我身上造成的、对人的价值的感觉,叫做同感。同感就是感情移入,共同体验。

这种共同体验,也显著地表现在“怜悯”这一名词中。怜悯就是同情,即为灾难所唤起的同情。但是每种同情本身都是价值感,而最高级的价值感正是对人的价值感。即使是对动物的同情,也是以我们在动物身上发现或相信会发现的、人的特征为基础的。其中也存在着客观化的自我价值感。

那么,一切悲剧性的本质,“对悲剧对象的欣赏”的普遍基础,便由此得到表明。这种欣赏是从悲痛提高的快感,它的来源就是由于看到灾难而被引起的,从而是最亲切的、对异己人格的共同体验。

有人说过,悲剧人格应当凌驾众人之上。这一要求未免过苛。即使道德贫乏与败坏的人也还是人。因而他的命运、他的灾难、他的毁灭也可能是悲剧性的。命运可能对他刻薄,我们可能因此意识到他身上同样具备的人的价值。

不仅一个人肉体上的毁灭,就是他精神上的毁灭,也可能看来是悲剧性的。一个人在精神上被命运研成齑粉。他最后完全背弃了自己内在的人性。但是他身上原有过人所应有的力量。这种力量被毁坏了,于是使它的价值尤其令我们感动。

当然,必须永远考虑到:这里问题在于悲剧的快感或者悲剧的鼓舞,在于虽然悲痛,但是仍不失为快感的快感。这就是说,悲痛的要素在悲剧感情中,必须从属于积极要素,即鼓舞的要素,否则悲剧性就会转化为厌恶、反感、畏惧。

但是和受难者的人的价值相比,这种从属又不意味着灾难不应过重。这里异乎寻常,从属并不表明一种简单的量的关系,而是另有用意;灾难在悲剧中并非为它的自身而存在,我们不愿为了看人受难而看人受难,灾难应当导向受难的人格。

当然还应说到,一个人的灾难可能表现得过火。假如灾难超过了它的美学目标,假如它不再能充分阐明人格价值,或者不再能在内心把我们和具有悲剧人格的人统一起来,开始为了自身而存在,那么,从这一点起,灾难便不再是悲剧性的了。

造形艺术和诗中的悲剧性

但是这里首要的是,灾难必须和受难者的人的贵重性发生最密切的关系。这一点使我们能从本质上区别悲剧性的不同领域。我是指用绘画或雕塑表现的悲剧性和用诗表现的悲剧性的对立。

在前者中,灾难是怎样发生的,我一无所知。它确乎存在。我依然在灾难中同时直接看见它所面临的或者它所破坏的贵重性。我也许还看见这种贵重性对于灾难的反抗力。

我也许看到拉奥孔的灾难,不过也看到昂然反抗灾难并在灾难中毁灭的力量和美德。我另一次看到死亡。但是同时直接看到正在消逝或已经消逝的旺盛的生命。或者我看见某种心灵上或精神上的事物化为乌有。我看到悲痛，但是同时看到为悲痛所打动的爱。

反之，诗的描写却能同时向我表达，灾难是怎样降临的；特别是，灾难是由于受难者本身的哪一种肯定性，由于他身上哪一种为人所理解并值得人同情的特征而发生的。

我看见人格是怎样在一种优点或者一种力量（抽象地说，力量永远是好的）的参与下，为自己决定了命运，或者为命运铺平了道路。

这里便不再单纯是怎样一种关系，即以人性和人的贵重性为一方，以灾难为另一方，在这一意义上，即我们看见的，人的贵重性为灾难所打动的关系，而是存在着一种因果关系。这种关系加强灾难对于人的贵重性的暗示。灾难不再单纯是具有人的价值的人的灾难，它是一种生发于、凭借于、依存于人的贵重性的灾难。因而我们便在更高的程度上意识到这种贵重性。

悲剧性的特殊因素

由此造成了从最一般的悲剧性质到个别地规定悲剧印象的特殊因素的过渡。这里要讲究多样性。不过一切最终归结于一点。我是指——简言之，主要因素。

对于悲剧印象，首要的是，受难者是一个什么样的人。就其本身而论，即撇开他的灾难不谈，我们能同情他、同情他身上的优点或同情他的力量到什么程度。他身上这种人的价值愈大，它便愈能被灾难所提高，我们从这种提高中也就获益愈多。

再者，还必须问道：悲剧人格的受难是怎样的深重。一个人受难越是深重，具有的深度也就越大，我们的共同体验也就沉入更深的深处。

问题还在于，人是在什么情况下受难的。人们可能由于受伤的虚荣心，或者由于更其卑劣的品质而深重受难。但是一个人受难，也可能由于他在具有较高或最高的价值方面受到打击。也许他在灾难中所执著的，实际上并没有最高的价值，但是它具有这样的特性，以至我们认为，一个人为之作孤注一掷，乃是理所当然。——告诉我，你是在什么情况下受难，那么，我告诉你，你是什么人。

此外，问题还在于，受难者是怎样在受难，就是说，他在灾难中是怎样经受考验,他是在斗争还是软弱地沉灭,是坚韧不拔还是自暴自弃。

性格悲剧与命运悲剧

但是尤其重要的,最后还必须问到,一个人是由于什么或者为了什么而受难。

这里存在着两类悲剧性的基本对立:一个人由于善良的愿望而受难;或者由于一种邪恶的愿望而受难。他为了善良而受难,或是他为了邪恶而受难。前者是冤枉,后者多少是活该。

这就如上所述,表明了两类对立的悲剧性。我们可以称之为"祸殃悲剧"和"邪恶悲剧"。也就是说,在一种情况下,灾难是落在人头上的一种祸殃,而在另一种情况下,灾难是人本身的邪恶所招惹。"命运悲剧"和"性格悲剧"两个名词同样说明情况。在一种情况下,命运对灾难"负责",而在另一种情况下,性格对灾难"负责"。

这并不排除,在两种情况下,灾难通过命运被引起,而又通过性格被证实。人所遭遇的一切,同时见于两种情况中。人所遭遇的一切,从来没有单只以他的性格为根据的,或者从来不是所谓"必然地"基因于性格的。

在两种情况下,都有同一悲剧性的最终意义。这一意义两次都见于同病相怜的共同体验中,见于积极的感情移入中。但在两种情况下,共同体验都朝四面八方进行,因而具有多种多样的性格。

在第一种情况,在祸殃悲剧或"命运悲剧"中(它不应和文学史中特定的命运悲剧相混淆),一个人身上的某种善良获得为灾难所提高的感人力。

性格悲剧就不同了。这里是一种相反的,因此另一方面又是同类的要素,代替了上述这一要素。在这类悲剧中,恶人为了邪恶而受难。不仅事实如此,恶人还感到,灾难是一种邪恶招来的灾难。他感到自己在受惩罚。他曾狂妄地着手反抗善良,并相信会把善良打败。他眼见这种妄图破灭了。于是尽管违反意志,他承认善良正当。善良的威力在他身上、在他内心越是显示出来,他对善良的反抗便越是徒劳。

这并不意味着,"邪恶的"悲剧主角一定会领悟、承认和懊悔他的不义。他失策了;他着手反抗正义,或反抗道德上的宇宙秩序,这一妄图已经变成耻辱;他知道这一点;我们观众共同体验到这一点,所以在悲剧人格身上,和他一起或以他的名义,感受到道德的威力:这样也就够了。

最后还必须补充：这两类悲剧可能如此多样化，它们很少是彼此绝缘的。我们在悲剧艺术中，特别是在悲剧作品中，甚至处处看见它们相互转化。并且善良永远首先提供命运一个口实，使命运似乎可以理解。接着我们又或多或少地看到，这个纯粹的“口实”转化成为一种“罪愆”。

而恶人也并非绝对是邪恶的，反之，不管他是人，不管他的意志力，他身上仍然找得到人性。

……

刘半九译

——选自《古典文艺理论译丛》第6辑，人民文学出版社1963年版

浮龙·李

浮龙·李(Vernon Lee, 1856—1935)，维奥莱特·佩吉特(Violet Paget)的笔名。英国女美学家和文艺批评家，“移情说”在英国的主要代表。主要著作有《美与丑》(1897)、《论美》(1913)等。

她与汤姆生(C. Anstrucher Thomson)合著的《美与丑》认为，审美活动是一种内摹仿活动，审美感觉是各种器官运动感觉的总和。她接受美国实用主义心理学家詹姆士、德国心理学家朗格关于情绪是由身体器官变化而引起的观点，提出审美愉悦的情绪起因于器官的变化。凡是对象能引起有益于生命的器官变化的就美，凡是能引起有害于生命的器官变化的就丑。在接触立普斯、谷鲁司的著作以后，她的观点有所改变，放弃了詹姆士、朗格的“情绪说”，大体上接受了立普斯的“移情说”。这种变化集中表现在她于1913年英国剑桥大学出版社出版的代表作《论美》中。

这里选译的《论移情作用》，系《论美》一书的第九章。虽然篇幅甚短，却是广为流传的名篇。迄今西方国家中印行的几部影响较大的美学文选，如麦尔文·雷德编的《现代美学论文选集》，莫里斯·韦兹编的《美学问题》等，都收有这一篇。文中提出，移情现象所以会产生，是“由于我们有那种把知觉主体的活动融合于知觉对象的特性的倾向”。

（王又如）

论移情作用

“山峰耸立。”当我们说这话时，是什么意思呢？我们知道，一些山峰

源于地壳的隆起。但是，即使一座山是这样隆起的，我们也从来没有看到过，并且地质学家还在争论这是怎么一回事，以及是否是这么一回事。因此，我们在谈论着的“耸立”，显然不是那种可能或不可能的地壳隆起。另外，所有的地质学家都告诉我们，每一座山峰，由于它的那些颗粒被风化和冲走，都在经历一种稳定的下降。我们有关山崩和雪崩的知识也告诉我们，山绝不是在上升，而是在下降。当然我们十分清楚，读者会对我们的这些话感到厌烦，因为没有人真的设想，是山上的石头和泥土在上升，或是山在起立或长高！我们的意思完全是，山看上去好像耸立着。

山看上去耸立着！这无疑是一个本末倒置的事例。不，我们不能用山看上去的样子来解释山的耸立，因为这件事中唯一的看是我们对山的观看。如果读者又不赞成，说这全是修辞手法，那么我要回答说，移情作用完全能够解释：当我们完全充分地知道，我们所选择的修辞手法，确切无疑地表达了与客观真理相违背的东西时，我们为什么还照旧使用或偶然地使用那些修辞手法，如同在这个山峰耸立的例子里所表明的那样。好，那么(读者说)我们就避开一切修辞手法，仅仅说：当我们观看山峰时，我们以某种方式想到耸立的动作。这是完全确实和无可置疑的吗？

我的答复是，这个例子的这种确实和无可置疑的陈述，应该在我们进行审查时向我们表明，为什么我们观看山峰时竟然有一种耸立起来的想法，原因在于，如果我们不使眼睛、头和脖子抬高的话，我们便不能观看山、树、塔或任何类似于我们说它耸立着的事物，这一切抬高的动作融合为某种耸起之物的一般意识。我们意识到的这种耸立是在我们自身之内发生的。但是，正如读者也可能记得的，当我们被某种身外之物所吸引，像我们全神贯注地观看山的形状(因为我们只能看山的形状，不能看它的实质)时那样，我们不再想到自己；而我们不再想到自己恰同我们想着山的形状是相称的。我们所意识到的抬高或耸立由此变成了什么呢？它除了与我们正注视着的形状合并外，又能变成什么呢(就其继续存在而言)？总之，耸立的动作继续被我们所想到，但是不再被认为关系到我们自己(因为其时我们不再想到自己)，而被认为关系到我们正在想着的东西，即山峰，或者更确切地说，是由峰的形状，也可以说，是山峰的形状使我们产生耸立的观念，因为已迫使我们采取抬高或耸立的动作，以便观看它。这情形恰似我们把自己眼睛所进行的测量移置到线条上，而说这线条从甲点延伸到乙点那样，实际上延伸的却只是我们自己的目光。这情形，就是我称作将知觉主体的活动与知觉对象的特性融合起来的倾向。确实,如果我过分注重我们心灵的这种倾向的话,那主要因为它是移情现象的起因,这种移情现象也就是刚才我们在山峰耸立的例子中所看到的。

如果(消除了疑虑的)读者说,这是移情作用,那么,我是否就可以认为,所谓移情作用,即是我们观看某一形状时,把在我们身上发生的事情,归因于这个形状本身这样一种情形呢?

很遗憾,这个问题绝不是如此简单的!如果被我们归因于每个形状的那种事情,仅仅是我们在观看形状的过程中碰巧完成的确实的行为,那么移情作用当然会成为一桩简单的事情,但是它也就成为一桩比较无聊的事情。不,山的耸立是我们意识到自己抬起眼睛、头或颈时所引起的一个观念,这个观念包含对那种抬起的动作的意识。但是这个观念所包含的东西,大大多于我们在眼前这个特定的时刻,与这座特定的山峰相联系而产生的抬起动作的单纯观念。这个现时特定的抬起动作只是一个核心,围绕这核心凝聚了我们对一切类似的抬起动作,或我们曾经完成或看见其完成的耸立动作的记忆。这种抬起或耸立的动作,不仅来自我们的眼和头,而且来自我们身体的其他每个部分,来自我们曾经觉察其耸立动作的别个身体的每一部分。我们不仅想到过去的耸立动作,而且想到将来的耸立动作。所有这一切耸立动作:在我们身上发生的,或在别人身上看到的,实际经验过的,或只是想象出来的,都早已一同混合在我们的头脑中,构成一种复合照片,一切差别由此被消除,一切类似点由此得到融合和加强。这就是一般的耸立观念,不是“我现在耸立,过去耸立,将来耸立,它现在耸立,过去耸立或将来耸立”,而仅仅是耸立本身,当“耸立”被用来表达时,不是用这个动词的任何特定的时态或人称,而是用这个动词的不定式。这是普遍适用的耸立观念,它是我们观看那座山峰时,由于意识到眼下特定的抬举或耸立动作,而在我们头脑中产生的。这是一般的耸立即向上运动的观念,它与我们抬举自己身体某一部分的现时特定的活动一起,被移置到那座山峰上去,它加强和丰富我们那贫乏而微不足道的仅关系特定的抬举动作的观念,并使这种观念具有趣味和充实的情感。这种情感是在它长久和多样化的存在中聚集和贮存起来的。换言之,由于我们有那种把知觉主体的活动融合于知觉对象的特性的倾向,我们从自身移置到所见的山峰形状上去的,不仅是现时在我们身上实际产生的耸立动作的观念,而且还有一般耸立观念所涉及的思想和情感。在我们来到那特定的山峰之前很久,耸立观念本身就已在我们头脑中积聚起来了。正是通过这种复杂的精神过程,我们才(完全不知不觉地)使那种无活力的山,使那种无身体的形状,带有我们活动的一些长久积累的、经过平均化的基本方式。正是通过这种过程,我们才使山抬起自己来。这种过程,就是我采纳的铁钦纳教授所翻译的德语词 Einfühlung,我所说的移情作用。

德语 Einfühlung(感情移入)这个词,是从“感到自身进入某物”那个动词(sich in Et was einfühlen)派生的。甚至在洛采和费歇尔把这个词应用到美学上来之前,在立普斯(1897)和冯特(1903)采用这个词作为心理学术语之前好多年,它就在通用了。现在它已进一步固定下来,同时我也想不出更好的词来代替它,因此我必须采用这个词,虽然这个德语词的字面上的意义已使它的核心意义(如我刚才所规定的)被几种有害的曲解所掩盖。我认为,告诫读者反对这几种曲解中的两种曲解,是值得的,尤其因为当我这样做时,我可以通过表明移情作用不是那种情况,使移情作用的真实情形变得更为明确。这两种主要的曲解中的第一种,是以德语动词“sich einfühlen”(感到自身进入某物)的反身形式为根据的,它明确或含糊地表示,移情作用是把自我先验地、半神话地投射到所观看的对象或形状上去。这个与移情作用的事实不相符合的概念,仅仅是我们已经用来阐述移情作用的那种将知觉主体的活动与知觉对象的特性融合起来的倾向的另一种情况,它依据我们头脑中一切自我观念的相对或暂时的搁置。但是如果我们发觉正在想着这种耸立动作、正在感受这种耸立动作的就是我们自己,那我们就想不到或感受不到山的耸立了。移情作用这个词的另一个(如我们最近所应看到的)更貌似有理的曲解,是以它类似同情为依据的,这种曲解把移情变为一种同情,或把它称做对山的耸立这样的动作的一种内心即单纯感觉的模仿。这种不仅内心和感觉的,而且在外表上多方面的模仿,毋庸置疑地常常是由充满生气的起移情作用的想象造成的。但是当移情作用是对仅仅发生在我们想象中的、像山的耸立那样的运动和动作的内部或外部模仿时,它是以无生命物体的这种预先的充满生气为条件的,因此我们不能承认它构成或解释了移情作用本身。

正如我通过山峰耸立的例子所确立和说明的,移情作用,和单纯的感觉一起,很可能是偏爱的主要因素,这种因素关系到在审美的观照中,在肌肉的调节和引起移情作用的衡量、对照及等同起来的活动中，一种满意不满意的抉择。那些调节和活动固然偶尔会是困难和令人不安的，但它们本身引起一种几乎消极的满意，这种满意至多是克服了困难和消除了担心的满意。但是虽然没有一处地方像在形式观照中那样能促进移情作用，移情作用的存在或易于存在依然遍及我们的精神生活。其实，这是我们较为简单的，虽然并不完全是基本的心理作用的一种，它参与想象、同情，也参与那种对我们自己的内部经验的推断，这种经验形成了我们关于外部世界的一切概念。它还把我们稳定的和高度统一的内部经验结构，即我们自己的活动和目的的结构，提供给我们从外部接受的那些不连贯和参差不一的感觉。移情作用可以在语言和思想的一切方式中找到，尤其可以在活动、经历和倾向的一般归因中找到，在这些活动、经历和倾向中，我们真正能断定的，就是连续和多样的存在物。科学确已把精力和活力、吸引力和排斥力所包含的拟人的东西解释明白。而哲学通过暗示意图和努力，使原因和结果变成仅仅意味着永恒的连续次序。但是移情作用对于我们许多有价值的比拟仍然是有帮助的。人的思想如果不是经常检查行为而是不断重复行为，那就会缺乏逻辑的说服力，如同它必然缺乏诗的魅力那样，这是十分可能的。真的，如果移情作用是这样一种新近的发现，那么这也许应归于它已成为我们思想的组成部分。因此我们没有想到认识它的存在，就像莫里哀的房东也可能听莫里哀说枯燥的话那样。

王又如译

——译自浮龙·李《论美》(英文版)，剑桥大学出版社 1913 年版

伏尔盖特

约翰内斯·伊曼努尔·伏尔盖特(Johannes Immanuel Volkelt，1848—1930)是德国哲学家和美学家。生于利柏尼克，死于莱比锡。早年受德国浪漫派和古典唯心论的影响，先是黑格尔主义者，后是新康德主义者。1876 年发表《现代美学中的象征概念》一文，认为象征是充满意义的形式，意义既不躲在形式的背后，也不是在形式之外，而是直接从形式本身表现出来。1879 年在耶拿，1883 年在巴塞尔，1889 年在维尔茨堡，1894 年在莱比锡，先后担任大学教授。主要美学著作有《悲剧美学》(1879)、《悲剧诗人弗·格里尔帕策》(1888)和《美学体系》三卷(1905—

1914)，尤以后者驰名。他的哲学著作还有《康德的认识论》(1879)、《经验与思维》(1886)、《叔本华》(1900)、《可靠性与真理》(1918)、《情感的可靠性》(1922)、《现象学和时间的形而上学》(1925)和《个体性问题》(1928)等。这里选译的是《美学体系》的前言和第一章《美学的对象及其心理特征》。

《美学体系》是伏尔盖特在多年教学研究和艺术欣赏基础上写成的，第一卷讲艺术与心理学，第二卷讲美学范畴，第三卷主要讲各门艺术和艺术创作；是心理学派美学的重要名著。伏尔盖特认为，美学研究的对象是审美关系本身，或引起审美效果的经验事实，包括自然和艺术，但外界的事物只是审美的基础和前提，并不就是审美特征，美离不开主体，只有看得见、听得到、可以领会和欣赏时才存在，任何自然形态和艺术形态也只有通过感觉意识才具有审美特征，因此，美学研究的对象主要是丰富多彩的内心活动过程，具有心理学的特质，美学的很大很重要的部分无可争辩地应当属于心理学的范围。在研究方法上，伏尔盖特反对实验心理学的方法，主张内省法，他自称是依据经验的心理学方法或近代心理分析的方法。他强调这种心理分析特别偏重感情生活，主要涉及低级人性形式的审美价值。但他同时又认为，美学的范围已经超过了纯心理学，不能完全归并到心理学中去，因此，他并不拒绝而要吸收德国古典美学的方法，他说："现在是让美学中这种琐碎的、分裂的、偏重于卑微和人情味太重的现代方法与过去那深刻、高尚、积极上进的方式相结合的时候了。"他还认为，艺术是一种与其他文化共同发挥作用的文化势力，所以美学还应研究美和艺术与人类其他伟大美德之间的关系。

李斯托威尔在《近代美学史评述》中，把伏尔盖特作为与立普斯齐名的移情论的主要代表，并指出他把移情分为单纯的移情和象征的移情两类，认为后者更广阔更重要。他还反对把移情看成联想，认为移情是一种富有独创性的心灵活动。

(李醒尘)

美学体系

前言

我的美学是从日常工作、研究和艺术欣赏中逐渐发展起来的。

《论美学象征概念》这篇论文是我 28 年前初涉大学教学工作时写的，

随后不久又在一次讲座上第一次对美学基本问题作了系统的论述。但由于我当时的工作重点在认识论和心理学方面，所以直到 1890 年才开始有规律地开设有关普通美学的讲座。从那时起我已作过 8 次以美学基础为研究对象的讲座。每次讲座的手稿都进行过拟订和修改，就在不断的工作中逐渐感到自己的美学思想体系正在日趋成熟，已到了考虑公开发表的程度。

在我的艺术研究工作中也产生了同样的感觉。在整个研究工作过程中自己已十分肯定地感到，我的美学思想不仅仅是出于心理学的考虑，更不光是哲学方面的考虑，自己在全面观察，以及随着岁月的流逝而不断扩大和深入的观察中和对艺术作品的欣赏中所获得的丰富经验，同样也是我的美学思想得以产生的深厚基础。当我感觉到我的艺术经验在美学观点(即我在本卷中所阐述的观点)的影响下是怎样变得更明确、更有条理和更加连贯时，我对自己在美学领域中所形成的基本思想便更加确信无疑了。

多用几个“不仅——而且”(Sowohl — Alsauch)便可以说明我的美学运动方向。

我的美学用的是依据经验的心理学方法。用这种方法对意识事实进行分析则为所有问题开了一个最基本的头。不过它也同时承认古老的德国美学中的一些重要的和明白无误的真理。因此这种方法也一定会让那种包含在抽象推论的德国美学中的整体和真实能在现代的心理分析的研究方式中发挥作用。在此我仅举席勒、黑格尔、弗里德里希·费肖尔几人为例。与哲学方面的情况一样，现在也是让美学中这种琐碎的、分裂的、偏重于卑微和人情味太重的现代方法与过去那深刻、高尚、积极上进的方式相结合的时候了。

此外，我认为审美与人类感性方面的联系，以及与所谓低级的感觉方面的联系要比通常人们所承识的更加丰富多样，更加细腻，更加亲密。而且我要着重研究的，就是详细地探讨这种在感觉上和肉体上的联系，就是将感性的东西纳入审美过程，并且以此来正确评价这种关系的审美典型价值和积极意义。运动感觉和一般感觉在审美过程的参与中向我们显示出特别丰富多彩和别具一格的情景。同时我也坚信，从与人类天性中的感性基础的一切联系中可以看出，审美过程得以产生的首要条件总是人类精神生活中那些最超凡脱俗的活动范围内的东西。人类自我对所有审美印象的参与都具有追求理想的能力和最宝贵的智慧。由于审美过程中的色彩、气味和活力都来自于审美与感觉和肉体的联系,因此只有这样才能形成一种高意义的、有价值的形态,即产生我们精神生活中最高尚和最美好的活动与其感性基础相结合的形态。

在此我还打算强调一下另外一种综合。即一方面我在寻求协助这些情绪去获得其审美权力,另一方面却又希望看到审美的伟大人性含义已得到了保障。我认为这恰恰是当今美学中追索艺术感情最客观的活动和最美好的感情交织中的一项具有代表性的任务;同时我又认为在感情的升华和纠葛中,以及感情表达能力方面的这些进步是现代艺术的一项重要成就。因此,人们在我的论述中便可发现我的心理分析特别偏重于感情生活,当然这里所涉及的主要是低级人性形式的审美价值。尽管这种忽视感情的艺术欣赏对我来说显得如此粗俗和空泛,可我还是愿意将那些赋予人类生活以客观价值和使其专业得到满足的东西列为审美内容。我所理解的美学,认为主观自我欣赏具有重大意义,认为人们对细腻感情因素中的世界和生活的反映具有决定性的作用,并赋予审美享受以广泛的和重要的内容。

最后还应指出的是,按照我的理解,美学必须使美和艺术与人类其他伟大美德之间的关系以及与其他文化活动之间的关系发挥巨大作用,同样必须使这一王国的平等地位、自身的法则和其独立性能发挥重要作用。如果人们硬是要拆散艺术与美德、与文化价值的关系,而且不愿承认其他文化价值在艺术中的标准的话,那么我则认为他们似乎在把艺术当作偶像崇拜。艺术应速即意识到自己是一种与其他文化力量共同发挥作用的文化势力。同时我所关心的是让美学能发展自己独立的特征,能在深度和广度上自由地发展。我想,审美既不是唯理智的,也不是进行道德教育,更不能改变它的特征。如果这项科学不准许艺术家进行虚构和热情奔放的创作,或者不允许艺术家对革命的道德观进行描述的话,这么做似乎有点蛮横了。对于艺术与其他文化领域的关系只能从心胸开阔的、最自由的活动范围内产生的意义上去理解才行。

此书原计划出两卷。我将尽力尽快进行第二卷的出版工作。

——约翰内斯·伏尔盖特

1904 年 8 月 5 日于莱比锡

第一章 美学的对象及其心理特性

1. 审美在经验范围中处于什么地位?

美学的对象属于哪一个经验王国?它在科学上的确切位置应在什么地方?对于天文学家、植物学家等自然科学家来说,当他进入自己的科学天地时根本没有必要提出这样的问题,但是当一个美学家开始他的研究工作时,为了弄清他所研究的对象在经验中的位置,不致引起误解,这样的问题却是非问不可的。因为至少对于一个新手来说在下述问题上特别容易产生误解,即美的、优雅的、高尚的东西好像都是外界、自然界和艺术作品奉献给我们的。因此他便过分轻易地认为审美世界是属于外界经验范畴的。而且不仅仅只限于新手,就是一些用歌德方式进行观察的人们也喜欢把美的东西当作外在天性的显露。

2. 无可辩驳的美学的心理研究范围

就是那种从未受过认识论教育,思想天真,把美的东西当作外界赐予物的人,至少也会承认在审美研究领域中有很大很重要的部分是属于人的内心生活世界的。对每个个人来说,美的东西只有看得见、感觉得到、可以领会和可以欣赏时才存在。因此美学要研究的就是那些丰富多彩的内心活动过程,因为我们只有通过这些过程才能回答自然界和艺术向我们提出的那些美好的、妩媚的、高尚的、喜剧性的、悲剧性的对象。无论是娇嫩的小草还是险峻的高山,无论是朴实无华的民歌还是气势澎湃的乐曲,其审美效果都与我们内心的感受、感情在异样状态这一条件有关。如果审美的范围只限于审美的接受美的观赏、美的欣赏时,那么审美研究无疑就是内心经验范围的活动了。

因此那种对美持幼稚观点的推崇者就一定会马上搬出美学的第二心理对象。那就得创造出艺术的作品了。而艺术家的创作就是这些作品的源泉。因此艺术家为创造艺术作品而进行的内心活动过程同样也属于美学研究范围了。那些在艺术作品产生之前就已作为尝试和设想在艺术家的心灵中表现出来的虚构形象当然也在研究之列了。在这些形象尚未成为艺术作品出现之前,该有多少胚芽、雏形和不完整的半成品不是作为艺术家的幻想提出呀!

在此人们一定会感到在那无可辩驳的美学的心理学领域中又展现了一种新的发展趋势。因为我们可以完全撇开一部艺术作品的使用不管,就是那些虚构中的形象,也可以成为审美研究的对象,如果它们仅仅只产生于艺术家的情感的话。在莱昂纳多的思想中所出现的幻想的产物中又有几个不引起一部艺术作品的问世呢？另外人们不一定要成为搞创作的艺术家，也能在审美幻想方面大做文章。在任何情况下那种具有艺术家情绪的幻觉游戏和梦境都属于无可辩驳的美学的心理研究范围，不论它是一位在创作的艺术家的幻觉，还是一个普通人的幻觉。

3. 审美的意识基础

相反，便可能出现这样的情况，一旦美学要对艺术作品和美的自然形态进行观赏时，它便可能脱离心理学而转向外部世界。自然和艺术的对象成了外部世界的产物；那么它们的审美特征也会适应这种外部事物。

因此人们只要稍加考虑，便能看出，自然和艺术的对象如果要起审美作用的话，它们永远只能在能感知的、感情的和进行刺激的意识的基础上得以实现。审美对象，无论它是自然的，还是艺术的，其审美特征只有通过开始进行审美的主体的感知、感情、幻觉才能实现。而用外界事物来作这种主体时便绝不会成为审美对象。超主体的审美在任何情况下都等于零。

但这绝不是说，外界事物对于审美是完全无关重要的。更确切地说凡是有使我们感触到审美的自然和艺术对象存在的地方，其有关的外界事物便是审美效果的决定性基础。但它仅仅是基础，是前提，如此而已，它决不等于审美特征。这就是说，如果人们硬说这些外界事物真是什么审美对象的话，便会陷入绝对的荒谬。

4. 审美对象对感官知觉的依附性

只要对自然进行必要的、认真的思考便可证实这些论断。

首先必须指出的是，审美印象要受到人们感官世界特质的限制。所有的审美标志，只要它们与纯幻觉产物无关，都应以通过人们感官知觉，主要是通过视觉和听觉产生的特定存在方式为前提。如果取消了色彩、空间形式和声音，那么再谈什么审美对象，便毫无意义了。我们总是撇开幻觉产物，仅从有色空间形态(无论它们是静态的还是动态的)的存在形式中，从自然界的各种声响的存在形式中，从高声语言和音乐声调的存在形式中来认识美；也许其他感官部位，例如嗅觉在一定的情况下，一定程度上也可能对审美印象作出一些贡献。在此应当注意的是，空间形态永远只能是色彩审美效果。就是在色彩相对少的艺术中，如在雕刻艺术、石板画艺术中，空间形式的审美印象也总是由它们的光线和色彩效果来体现的，而且它们之间的关系是那么的紧密，如果除去了这种光线和色彩效果，对于感官直觉来说，这种纯空间形式的审美观点是无法实现的。

从审美特性对声音和色彩空间性的这种依附中可以看出，那种认为审美价值是超主体引起的看法，是毫无意义的。色彩和色调只有经过感觉意识才能成立，这是确定无疑的。所有自然形态和艺术形态也只在通过感觉意识时才具有审美特征，这也是确定无疑的。自然界和艺术界中凡被我们认为美的东西，都是有声有色的，它们也只有在意识的基础上才能以它们的这种美态出现。那些作为造型艺术和音响艺术之基础的无声和无色的东西可以给它们以其他各种标志，硬要给它们加上审美价值是没有意义的。同样的道理适用于下列定律：在超主体世界中没有什么东西会自己具有声和色。这一条也适用另一定理：超主体世界不属于审美标志。在此正如人们所见到的，已把对于空间主体的探讨完全撇到一旁不管了。对于上述见解，不仅是康德和赫尔巴特的信徒，而且是所有用自然科学家的眼光承认事物空间形式，但又否认声音和色彩的人都应表示赞同。

超主体美的可能性

对于费希纳哲学的信徒来说，情况就不同了。承认费希纳关于有真实的光亮和声音，鲜花和蝴蝶原本就像我们看到的那样五彩缤纷，笛子和小提琴的声音是从外界传给我们的假说，那么赋予超主体事物和过程以审美价值的可能性便存在了。费希纳的另一个假设：上帝无所不在的意识是按大小、位置、光亮和颜色来看事物，以及听它们所发出的声音的，因此人们对这些自为存在的空间形态、色彩和声音也就具有必要的接受的视听意识。费希纳曾这样说：上帝看见的是“事物的直接视觉”；“上帝所见的就是事物的真实面貌”。[1] 因此这里便出现了上帝意识的审美对象就是超主体的形态、色彩和声音的这种先验论的可能性了。

无论这里所说的情况如何变化，但在我们从人性立场出发对美学进行彻底的观察时，无论如何都要将那种从超主体的色彩和声音的形态与

① 见费希纳的《Die Tagesansichi gegenüber der Nachtansicht》中的第 28 页，1897 年莱比锡版。在尼采的《青年哲学》一书的主导思想中以及《悲剧的诞生》中和对该书前后所作的准备和增补中都可见到类似的超主体美的可能性。——原注

上帝意识之间引出审美过程的假说排除在一边。也许将来的美学中有某些部分可以允许某些先验论的东西存在,待到那时再去考虑上述假说吧。目前我是不考虑它的。由此看来,只要不涉及幻觉形态,我们仍然可以坚持审美对象只能在感官知觉的基础上才能存在这一原理。

因此可以说在美学家的方法和自然科学家的方法之间存在着根本的分歧。当一个自然科学家研究空间、色彩和声音时,他的目的在于了解那些与我们的感知和意识毫不相干的真实的形态关系和运动关系。他的研究方向总是超出感知特性,并且到处去推广扩大对这些研究有利的现实关系,只要它们表现的是形态和运动的关系的话。自然科学家希望从感知世界中找到一个超主体的尺寸关系和运动关系范围。相反,一个美学家在研究感知世界的对象时,他总不会超出感知特性范围。他也总是只凭印象来研究色彩的形态和声音的运动。物理学家所研究的光学和声学永远不会成为美学家的研究对象。

5. 审美对象对时空感觉的依附

因此美学对心理学的从属性还远未得到应有的阐述。在此首先要补充的是,自然形态和艺术形态的一切审美意义与人类的时空感主观特征是有关联的。在此我并不打算卷入时空除了我们的意识之外,是否还有别的什么意义,或者仅仅只有主观效果等问题的争议中去。我历来不想考虑这类问题。我所要说的完全是另一回事。

自然形态和艺术形态的审美价值只有与人的视线范围能达到的相对大小相符,与人类对事态解释能力的相对范围相符时才有效。如果我们的见闻和体验指的是另一种时空延伸范围的话,那么事物提供给我们的一切审美价值便等于零。例如我们所见到的东西是经过放大十倍、百倍或千倍的显微镜所显示的形状,或者是缩小了这么多倍的形状的话,或者把事物放慢或加快成百上万倍的话,那么我们平时所感知和认识的一切妩媚、美、高尚无疑就会完全消失。在这里完全变了形的主观土壤也许会产生出某种与之相适应的审美境界来。但我们对此却一无所知。相反,我们却懂得人类所能理解的审美价值,无疑会因此而不复存在。人们对自然和艺术的全部审美价值要求我们按我们的方式去观察和体验,按我们的方式去对时空进行概括和分析。那么希腊的神像本身并不美,只有用我们那如此概括和区分空间的眼睛才能确定其美,而不是其他别的东西;一支曲子本身并不优美,只有用我们那如此收集和判断时间的耳朵才能听出它的优美，而不是别的什么东西。

在此还应指出的是绘画和石板画，因为在这里审美价值的心理特性是以一种特别显眼的方式起作用的。图画和素描的艺术客观存在不仅表现在长度和高度上，而且还表现在向深度的延伸，只有观赏者才认为它是平面，一张绘画的平面上并列的图块和线条向立体和平面延伸变化越多，它的艺术成就便越高。因此，从某种完全特殊的意义上讲，绘画艺术和石板画中所表述的都是心理学范畴的东西，在它们的主观假象王国中有自己的感知存在。从这些艺术中所产生的深刻印象已经刻印在这样一些感知领域中，它们是我们无法简单地、直截了当地占有的感知，只不过是我们认为自己已占有的感知。只要定睛仔细近瞧一下油画和石刻画，你便会深信，自己眼前所见到的只是一个平面而已。

6. 审美对象对有关活动的依附性

下面还需进一步讨论的是，一切审美印象都以内在关系和外在联系的某种升华了的活动为其前提。不过。其中最具有普遍意义的东西却是显而易见的。让我们随便举一幅油画为例：其中的艺术印象绝不会仅仅只表现在我们所感受到的东西中，因为我们所感受到的东西绝不会超越有颜色的点和线条在画面上的排列。如果说从中会产生出某种艺术效果的话，那么在我们产生感受的同时，随着下意识的概括和分散、强调和疏远的活动，必定会把所感受到的有颜色的点和线条的排列理解为具有不同成分和特征的事物。这还未说明问题的话，那么除此之外我们还要使这些事物重新建立起相互关系，无论它们是人或者低级人物形象。这种类型的事物在一切油画中都会按照或大或小的群体来进行划分和进行联合；它们之中的每一个体又有自己的中心，又有属于自己的分支，因此它们之间便会出现主从和并列等组合关系。简言之，由于一切油画都会产生艺术效果，它们出现在我们眼前的便是某种统一被分割的整体形式。也只有这种分割性才使得雅典的拉斐尔学派成为美学的对象。然而，上面所说的这种分类和筛选，主从关系以及对中心点和各部分的强调又在什么地方表现出它们的存在不同于感觉之外的心理活动过程中的情形呢？那种认为形成雅典学派的感觉材料或者物质材料本身就具备这种艺术上的分类、分离、主从关系的主张，恐怕是荒谬的。只要人们用双眼来观赏雅典派的画，便可看到它永远要重新通过各个观赏者当时的有关行动才会以审美对象的身份出现。这一条也适用于各种造型艺术作品。黑格尔曾这样说过:“要说一件艺术品已不是石头、不是木块或画布,倒不如说只在当某物属于心灵的土壤,感受到心灵的洗礼,并且在形象上与心灵协调接近时,它才成其为一件艺术品。”①

上述意见也完全适用于有形自然界中一切能产生审美效果的形象和过程。我眼前出现的某一风景的审美层次大概与我对这种风景所作的哲理性观察一样,很少属于树木、花草、江湖、山川和云彩的自然状态。

声音和语言范畴中也有同样的情形。不管所涉及的是钟声、夜莺的歌声还是瓦格纳的某一乐曲,都得通过反射关系和超前关系、概括集中和划定界限、突出和分清层次等过程才会产生审美印象。只有经过我的意识的错综复杂的活动之后,这类乐曲才能成为一件艺术品。

在这方面用不着再作更多的说明了。认为自然界和艺术中的所有审美对象不仅仅只是由于它们的感觉基础才落入心理学领域,而且还随着它们与关联活动、区分活动和联结过程之间的前后关系而以更深刻、更精彩的方式转移到(精神)心灵机构的这种观点已成定论了。因此,这些审美对象不仅其直接存在,而且在结构形式和层次上也是属于心理学范畴的。

7. 审美对象对感知的依附性

对上述探讨还可以进行更广泛的研究。这些审美对象总的来说是以生动的、情绪饱满而又感情丰富的形象出现在我们面前的,然而无论是米开朗基罗的《摩西》,还是丢勒的《苦闷》,无论是埃费尔丁的某一风景画中的岩石,还是任意一块真正的岩石,自身都不会具备灵魂、情绪和感情。只有观赏者,只有他们才能从自己的内心出发赋予这些没有生命的形象以生命之光彩。因此我们也会由此看到,这些审美对象得以存在的前提就是观赏者的同情心的巨大作用。我们所见到的这种在表面上看起来是表现审美对象的内容,实际上是我们的同情心积极参与的结果。我认为再往下探讨已无必要了。因为结论已十分肯定,审美对象只有在感知的、有关联的、有同情心的人类的土壤上,简言之,只有在意识范围内才能获得审美的特征。

因此现在我们可以肯定的是,只要美学所研究的对象是美、秀美、崇高的经验事实,总之研究的是审美效果的经验事实的话,那么美学的研究

① 见黑格尔的《美学演讲录》,霍托,1842年柏林第二版,第一卷,第38页。——原注

范围就具有心理学的特质。也许在这一问题的未来研究中可能在某些方面超越这些经验事实的机会，找到使自己与孤立的形而上学问题相联系的机会，其观察研究方式便也许会因此而放弃心理特性。然而我确信有关先验论问题的讨论在美学中仅仅只占相当微小的地位。

8. 艺术作品中的超前审美基础

如果说艺术品永远只在心灵的土壤上才具备艺术品的意义，那么又如何理解艺术家的活动呢？艺术家的活动并不直接深入到观众或者听众的内心世界，而是使自己的艺术作品在外在世界中不依赖于任何观赏的人而永久存在下去。《奥特里柯李的宙斯》(Der Zeus Von Otricoli)在地下埋没数百年之久，却仍然不失为一件艺术品！

只要人们能作出恰当的判断，一切难题都会迎刃而解。在某一外在之物中，人们应当分清哪些确实是由于正在进行创作并改变事物的艺术家所确定的、决定艺术印象的东西和哪些是这种艺术印象本身。无疑艺术家所做之功一定会在这外在之物中打下明白无误的永久性的烙印，然而确切地说，这些明确之理只不过是艺术作品的超前审美基础。有了这一基础就会引起相应的心理反应。这种引起心理反应的过程与艺术家对外物进行创作改造相比要简单省力得多。尽管如此，艺术作品只有在这一过程中才能作为审美对象获得自己的真实(现实)，在给外界事物留下和铭刻其烙印的那些条件中这种真实是不可能获得的。

因此，人们一定要分清每件艺术品所具有的双重性。在固定外界事物中的超前审美基础是艺术家直接的首创性的功劳。它所具备的条件是一清二楚或者是极可能清楚明白，简直就是观众或听众因各自所出现的心理活动而产生的改造准则。只有在这种改造活动中，艺术品才能成为一件美的、崇高的、奇特的东西。那种超前审美基础由于有其独立性和可分性，因此在实质上根本不是为我们进行形象观察、感情和想象活动而存在的。只有当它在形成受主观改造的影响，似乎已深入其中时的基础时，我们才能领悟到它的存在。凡是经过雕凿的大理石或者已上了彩色的亚麻布都不依赖于这种心理活动的改造，绝不会成为我们的观察、感情和想象的对象。只有我们的科学思维能够使那种超前审美基础脱颖而出。

为了完整起见，还应提到的是，当音乐家用乐谱、诗人用文字来完成自己的作品时，这时基本上只有某些单一的符号是在强调(突出)艺术品的超前审美基础。此外的这种超前审美基础存在于根据乐谱和文字所突出的声波中。这些乐谱和有形的话语则是更加超前的超前审美。

杨才秀译

——译自伏尔盖特《美学体系》(德文版),慕尼黑 C. H. 奥斯卡·贝克书局 1905 年版

萨利

萨利(James Sully, 1842—1923),英国心理学家、美学家,"快乐"说美学的主要代表人物之一。曾就学于汤顿市独立学院、摄政王猎园学院,并留学于德国哥廷根大学和柏林大学。1892—1903 年间曾主持伦敦大学哥罗特心理和逻辑讲座。主要著作有:《感觉与直觉》(1874)、《错觉》(1881)、《心理学大纲》(l884)、《人类的心灵》(1892)、《儿童的行为》(1897)、《论笑》(1902)等。他的美学观点集中表现在他为《大英百科全书》第 11 版(1910)所撰写的条目"美学"以及专著《人类的心灵》中。

萨利认为,美学像逻辑学和伦理学一样,是一门规范的科学,而不是一门实践的科学。美学探讨那些令人向往的东西的特殊性质,而不是给艺术创作和欣赏提供具体的规则。美不是事物的物理属性,只存在于心灵当中。审美欣赏的最突出的特点是观照性,其次是丰富性、纯粹性、扩散性以及可分享性。这说明审美欣赏是社会性的。"审美的情操"存在于"快乐的感情"之中,这种快乐的感情伴随着表现为一切形态或形式的"美的知觉"。他还认为,艺术家的"创造性想象"不同于"再现的想象",它把从先前经验中所获得的意象加以彻底修正、变化和重组。创造性想象主要表现为三种形式:"理智的想象"、"实践的想象"和"审美的想象"。其中,审美的想象是由支配艺术家心灵的那些感情和情绪所决定的。

下面所选的是萨利为《大英百科全书》第 11 版所撰写的条目"美学"中有关美学理论的部分,其中关于美学史部分略去未选。在该条目中,萨利指出,美学论述的是人类粗糙的一个大部门,即"关于纯粹观赏的愉快活动",它如同伦理学那样,是一种规范的科学。美学应当深刻地研究"审美心理",如观赏活动中注意力活动的方式等等。纯粹观赏是指用感官(尤其是视觉和听觉器官)知觉客体(如花鸟、风景、乐音等等)。审美态度是对呈现于观赏中的客体发生兴趣这样一种心理状态。美感经验的基本特点是贯穿着愉快的感情,并具有一致性。在审美欣赏中,我们的感情能

力达到最充分和最完满的发展。美感经验与其他经验，如理性兴趣和实际兴趣既有区别，又相互联系，相互作用。例如，在审美欣赏时，对于对象形式关系的知觉就属于理性方面。他还认为，审美愉快是由纯粹欣赏所引起的，与实际生活中的欲望和意志无关。“愉快”要求适当地刺激注意力，而又不至于引起它的混乱和累赘。美是指一种物体的对象来说的，但又与对象的物理属性，如颜色、形状等无关。美属于对象的全体。主体的审美观赏态度包括两个方面：一方面，知觉和想象应有自由运动的广阔天地；另一方面，要有对于对象魅力自愿顺从的观赏心境。审美欣赏具有社会性。萨利既与H.马歇尔、格兰特·艾伦同属“快乐”说美学派别，但又与马歇尔、艾伦有着某些分歧。例如在该条目中，他批评他们两人把美学问题当作“普通愉快学”的一部分来处理，而他则主张把审美欣赏作为愉快经验的特殊类别来加以探讨。

（张德兴）

美　学①

（一）美学的最初定义

美学是一门学问，曾各色各样地被解说为关于美、关于趣味或艺术的哲学或科学。这名称多少有些是偶然的。按照希腊文 αισθητικόϛ的原义，系指和作为知识来源的感官知觉（Sense-Perception）有关的事物。而这仍旧是康德哲学“先验感性”——（Transcendental Aesthetic）的本义。只是由于鲍姆嘉登，这个词的含义才被限制到感性知觉的那种功能，即大家知道的对于美的观赏享受的功能。虽然从一开始，这论题就不易于下准确的定义，但据近代许多论者的理解，我们可以这样来指明它的范围和目的：美学不断地论述着人类经验一个大的部门，那就是关于纯粹观赏的愉快活动。这里“纯粹观赏”被理解为感官知觉（特别是视觉听觉）这样一种关切客体的状态，它全然是被那活动自身的愉快所感动着。这里“客体”是说任何通过感官而被感知的东西，如花卉、风景、飞鸟、音乐。观赏可以是直接的（大多数情况是这样），客体呈现于感官中；也可以是间接的，如念诗的时候，我们留恋于感官对象的形象。一旦我们对这样呈现于我们

① 本文原包括两个部分，第一部分为美学理论的阐述，第二部分为美学史的简介。这里译出的是第一部分。

观赏中的客体发生兴趣,我们整个的心理状态可以看作是一种美感态度,而我们的经验可以看作是一种美感经验。而其他的说法,如趣味的愉快,美(就其较大的意义上说)的欣赏和赏识等等都不足以概括这一经验部门。

（二）美感经验的区别,它的特点:情感

美感经验和其他的经验有所不同,它有着许多的特点。我们通常说它是欣赏,是情感的运用和培养。美的鉴赏是贯穿着愉快的感情的,并为愉快的感情所支持。在审美欣赏中,我们的感情的能力达到它们最充分的最完满的发展。可是,正如同它对于观赏的安闲状态的依赖所告诉我们的,美感经验是以某种程度的静穆和感情的适度为其特征的。即使我们为悲剧所感动,我们的感情也是比较有节制的。美的稀有的展示,或许能一时使我们销魂,可是美的一般感受远不及于激情的冲动。另一方面,美感愉快,乃是纯粹的欣赏。即使有一种不舒适的因素存在,如音乐中的不协和音或悲剧中英雄的受难,那也是有助于达到欣赏的更高的水平的。再,美感经验中是不包含像贪得、疲劳、冲突、焦急、失望等等痛苦的因素的,它们惯于为别的欣赏所伴随着,如欲望和其他需要的满足等等。对于这种美感愉快的纯洁性,我们还必须加上它的精粹性,那不仅仅包含着有某种远离肉体需要的意思,同时也包含着感官和心灵一致为我们美的欣赏所提供的幅度和纤细的效果。由于属于最纯洁最精粹的情感的领域,美感经验明确地和带着迫切欲望等等的实际生活区别开来。在审美观赏中,整个的欲望和意志都几乎沉睡着。和带有实际需要和目的的日常生活无涉这一特点在康德的定理中得到了说明:审美欣赏必须是无利害关系的,当我们审美地关注到一个对象的时候,我们决不去管它的实际意义和价值,例如一个人不能够在同一时间内既审美地去欣赏一幅画而又希望去占有那一幅画。同样,虽然不是被那具体的东西所占有着,可是一切最为严重的科学的脑力劳动却和那抽象的难题搅在一起。再,观赏是和求知欲所加之于我们内心活动的那些束缚无缘的。

（三）美感经验的一致性

作为情感的最高阶段,美感经验像是属于我们的主观生活,那灵魂深处的领域,可是同时它又明晰地通过感官知觉的活动和客体世界联系起来,而客体世界则是我们所共有的。既然有赖于对这共同世界事物的观赏,那么问题就提出来了,它是否也和对那些事物的知觉一样,是一种一致的经验,对于我和对于别人都是一样的呢?这是我们就涉及美感经验在这一阶段上所必须注意到的一个特点，它的一致性，或者对于法则的服从。通常的观念是，人们关于趣味方面的判断是如此的不同，以至每个人都差不多以自己的主观印象为转移。在美感鉴赏许多细微的场合，无论如何，第一眼总是毫无疑问地表现得缺乏一致性。和逻辑判断甚至和伦理判断对比起来，审美判断无疑问地像是不确定的和“主观的”。“这棵树是一棵杨树”这一命题好像更易于接受评判的讨论，受到一致的承认或反对；“这棵树是美丽的”这一命题则不然。这种情况，正如同康德所谨慎地提示的，帮助我们说明了为什么我们在研讨美学问题时应用“趣味”这一个词。因为趣味感的断言被公认是感觉印象中最不确定的、“主观的”。但是，从愉快感情的类别的角度看来，美感经验就显出大量的一致性，同一个人的和不同的人的各种不同经验的客观一致性。这种一般的一致性，像是清楚地暗示着我们美感判断的通常形式。说“这朵玫瑰花是美丽的”比之说“这朵玫瑰花的形状使我觉得适意”要包含着更多的意义。这就是说玫瑰花有着这样一般的力量，能在不同的时间内感动着我，同样也感动着别人。这一判断的逻辑判断并不是同一的。这不等于说或暗示着它之经常使人愉快乃是当然的——即使我们加上一种限制，那些被感动的人是具有被假定的敏感性和趣味的人——因为我们知道，我们不同的心情和感受状况造成审美欣赏的完满性的深刻差异。正是这一“价值判断”确定玫瑰花审美的品种，成为正当地具有使观赏主体愉快的资格的一种对象。很显然，这种价值和有意识的主体是有关系的。可是，它既然和所有的能够欣赏的人有关系，那它也可以看作是“客观的”，即是说，属于客体的。①

（四）美学科学的晚近发展

对于这题目的简略初步检查可以使人了解到这种情况，美学的科学论述开始得很晚，就到现在也远不完全。这种发展迟缓的原因部分地可以由美感经验之脱离生活的迫切需要来说明。在人类进步比较早的一个时期，某些思想必须用来解决这样一些紧要问题，例如如何对付自然力并把它们转变为有用的东西，如何在人类社会中取得对于习惯和法律的服从。而对于美感愉快的问题的阐明则没有那样的迫切性。② 关于这点还

① 参考后面康德《普通美学》，结论第 7 页，又第 1 部的第二章、第三章。——原注
② 比较拉德(Ladd)的《哲学导论》第 330、331 页。——原注

必须加上说，美感经验(还几乎在比较简单比较粗糙的形式上)曾经是，而且仍然是只有少数人才讲究，因此，这一论题没有引起广泛的群众兴趣。另一方面，美感经验的论题经常引起令人特别烦恶的观念，需要把科学研究的冷酷光芒射进精细的情感的领域中来。最后，这论题本身有着许多特殊的内在困难。美感经验科学理论的一个严重障碍就在于它的各种比较细微因素的空幻性质，例如，因不同的色彩及其不同的色调明暗和不同的音程所产生的微妙的不同的情调等等。总之，像刚才涉及的一些情况，大半在美感经验这一领域里，与其说是立即显示出它的一致性，倒毋宁说像是幻想和无定论的场所。不同的文化水平，不同的人种和民族，同一地区的不同的个人成员，他们欣赏趣味的差异都是很多而且很显著的，这从开始就好像可能阻挡着这一论题的科学阐述的道路。这许多理由表明了，美感经验的恰当理论只有在别的更为迫切的研究部门的必备科学技术发展之后才能完成。

如果我们再看一看论述这论题的方式，那么直到最近我们还很少看到在这方面应用严格科学研究方法的任何严重努力。具体经验的整个范围没有得到适当的公认，更少适当的考查。思想家大部分都急于寻求某些简单的美的公式，它们像是可以概括比较显著的事实。简单的公式通常是从某些比较广泛的关于经验的或关于整个人类生活的观念中演绎出来的。譬如德国的美学论著就是这样，它大部分是在哲学唯心主义的影响下写出的，美包含在观念之中，它是观念的一种特殊显现。它在人类经验中的地位取决于和其他大的并列的概念——真与善——的逻辑关系的界说。这些关于美的一般概念的尝试经常引导到一种片面的看法。而这种片面性有时就成为像爱立逊等人的理论的特点，虽然他们对美学事实也作过比较广泛的考查。

(五) 美学——规范的科学

美学，如同伦理学，是一种规范的科学，那就是说，它关切着我们所希望的或善(在其广泛的意义上说)的那种种属的性质的规定。它寻求一个或若干个支配原则，借以帮助我们鉴别真实的或虚假的审美价值，借以对较低的较不完善的美树立较高的较完善的美的范例。作为一门科学，它须借助于耐心的系统的事实研究和类似自然科学所进行的观察、分析、归纳等等程序，以求得规范化的功能的实现。我们说美学是一门规范的科学，并不等于说它是一门实用科学，可以为艺术家或爱美者的具体指导、为他们的选择安排美感价值要素的特殊问题提供实用规程。它不会比逻辑更是一门实用的科学。把美学作为实用科学的假定可能抱有这样的观念,美学理论是把艺术作为它的特殊论题的。但这只能引起一般的美学理论——如德国人所说的《普通美学》——和艺术理论之间的混乱。前者乃是我们这里所要讨论的,它需要把美感经验作整体的考查,比仅仅是艺术的欣赏和鉴别的范围要广泛得多,这点我们马上就要涉及。

现在,我们可以更充分地指出美学科学的各项主要问题,尽可能地求得给予它们以确切的形式。一开始,我们就遇着一个古老的几乎是难以解决的问题:“美是否也像形状和颜色一样是知觉对象内在的单一特质呢?”普通语言确定地认为是这样。美学也是这样,就在同一观点上开始它的研究。而它的历史更说明了人们曾经经过多少困难试图确定这种属性的性质,正如同确定知觉它的心灵的本能一样。可是,略略考察事实就足以表明这种理论该有多少严重的困难。美,不管怎样,决不会像颜色和形状之为对象的属性那样成为对象的属性。颜色和形状都是物体的属性,由于对我们的感觉的特殊的限制我们才知道它们。一朵玫瑰花或一只桃子的美很清楚地不是一种物体的属性。同样我们也不把美归诸于对象的某些特殊属性,如说颜色,把美看作是它这种属性的某一方面,例如颜色的深度或亮度,可是它也是由于颜色感的特殊限制才被知道的。所以,我们应该说,美虽然无疑地是指着一种物体的对象来说的,但它和构成那物体对象的属性无关。

美,经常属于一件对象的全体——例如一朵花,一个贝壳,都是说那可见的整体。我们日常的美感判断总是惯于把美的各种属性模糊地归诸具体的对象,但是,同样是肯定的,我们声称某一对象的某一特定方面或属性美,例如声称一座山或一只瓶的轮廓是美的。那么问题就可以这样提出来了,比如说在局限美于一种对象某一构成的属性的时候,我们是否总是把美归诸于同一属性呢?稍微看一看事实就足以说明我们并不是这样。由于特别联系到那奇妙的形式,我们说希腊神庙的正面是美的;由于联系到废墟的意义——想象到它过去的强盛和在时间无情打击下的逐渐毁坏,我们说诺尔曼的城堡是美的。美有时更多属于这一属性,有时更多属于那一属性这一事实,可以帮助我们了解到为什么有些理论家——形式主义者——认为一切的美都是形式的或寓于形式。而有的理论家——唯心主义者或表现主义者——认为一切的美寓于观念内容或表现。可是，这些理论和其他企图寻求美的适当的单一原则的理论一样，都是不能令人满意的。形式和观念内容个个都是美感欣赏的大源泉，每一种都可以有它的一定程度的优越性，实际上使别的协助的因素成为不重要。上述的两项建筑、两种人的脸孔、两个乐章可能各个动人心魄地显示形式和表现的美。可是这还不是全部。美拒绝被限制在这两者之内涵也还有色彩的各种不同的美，例如我们所熟悉的自然现象——海洋和天空、秋原和森林就是这样展示着的。

（六）美的三种基本方式

把我们论列为美的对象的各项构成因素作一个简略的分析，我们就可以看出这种论列的三种不同的方式，即：(1)感觉的美，(2)形式的美，(3)意义或表现的美。看来这三种方式再不能归纳到任何更高的或更为概括的原则了。这是需要一定的勇气的，企图在形式的和表现的因素之间再来一个调和。[①] 而这三者的表面的统一，现在看来，好像只有用另一个至少是同样模糊的像“完美”(perfection)这样一个概念来代替美才有可能。[②] 完美似乎包括着目的性的意思，它只能明确地应用于美的某些领域，例如结构的形式。

现在我们可以采取另一个步骤，说美似乎是对象的一种属性，它和另外类似的属性是不能截然分开的。如果我们看一看日常用语就知道，美有它的类似概念，如优雅、漂亮等等。美学著作家曾在这些“美的变异”上花去大量的时间。重要之点在于在它们之间划清界限有困难。即使一个专家，在他肯定地说出一个人的脸孔、一朵花、一个玉浮雕是美或者是漂亮之前，他会迟疑很久。难道事物有多少方面使人愉快的名称，我们就必须主张有多少类似的属性吗？或者，我们必须违反用语，扩展“美”这个字的含义，借以概括具有美感价值的事物的一切属性或方面，包括我们所知道的“美的各种变异”如雄伟、滑稽等等吗？但是这样，我们试图使这概念的外延愈广，则它的内涵愈模糊。而这样，我们也就同样无法说明究竟什么是属性，在对象的哪一方面或哪一种特质上它才是固有的。[③]

这样看来，要确立美学的科学理论，我们抛开美为对象属性这一假设

---

① 例如鲍桑葵(Bosanquet)的《美学史》第 5 页上关于美的定义所暗示的观点。——原注

② 苏略(P. Souriau)把美界说为“满美”、“合理的美”，第 2 部。——原注

③ 谷鲁斯(K. Groos)反对把美这个字的意义作极度的扩展，参见《美学引论》第 46 页以下各页。——原注

像是要好些。美学还将回到康德，把它自身限于对那名为美的对象和我们心灵的关系的考查，以及它们如何影响我们心灵的考查。[①] 这样，一个对象的美感价值就可以这样来观察，即在于它具有某些可以被指定的特点，使它适于在某些可想望得到的情况下来影响我们，将我们引进美感观赏的愉快心境。而这些特点可以适当地叫作审美特质[②]。任何对象只要具有这种特质的一种或多种并达到所需要的充分的程度时就可以被认为有某种美感价值，虽然就美这个字的更严格用法上来说它是并不"美"的。它们是在美的方向上——如同费黑勒所说的"在它的意义上"——被认为是某种更充实更丰富的东西，在我们这方面则符合于美感欣赏的较高标准和较为严格的要求。只要不引起含糊，"美"这个字间或还可以用以表达所有各种不同程度上的美感价值。但是，最好还是把这个字保留给通常所说的那样一些对象，使之能代表更充分的美感满足，而那些美感满足正是从一个或几个美感特质的稀有而迷人的展示中涌现出来的，从那堪称为秀丽丰绝的美感特质中涌现出来的。

由于抛开了把美作为一种神秘而不可捉摸的特质这一概念，我们得以免除看来好像是我们美感经验中所固有的许多矛盾。例如，小帽上的鲜艳颜色使戴帽人欢喜，可是却使她的长辈不高兴，在美感问题上它自身之具有一定审美价值这一情况是肯定的，虽然它们遇到的特殊关系可能实际上剥夺掉它的价值。就这样，用相对的审美价值的观念来代替那绝对的美的观念，无疑的我们好像是在毁灭美感知觉的对象的真实性。关于这一点，我们在以后考查美感幻想的整个问题的时候，将更便利地谈到。

（七）审美和愉快法则，审美的观赏态度

考查审美对象的新方法要求我们把对于它们的效果的研究作为我们研究的重要部分。在所有最近关于这论题的有价值的著作中，注意力大部分都集中在这种效果上。更特别的是我们必须研究并科学地阐明经验中愉快的这一方面。要做到这点，我们就得利用一切我们已知的有关愉快法则的知识。而这样，我们就不仅要运用感觉上的愉快情调的理论，同

---

① 康德在发展他的"美属于主观"的观点时，很可能受到了休谟(Hume)的影响。休谟写道："美不是事物本身的特性；它只存在于观赏事物的心灵里。"(《论文集》xxii)——原注

② 关于这些特质的性质，参看魏塔色克(Witasek)的《普通美学大纲》第 11 页。——原注

样还需要运用一种适意地练习注意力的条件的理论,特别是那被注意的对象的各种特点,如何能适当地刺激注意力又不致引起它的混乱或累赘。可是,这并不是要求我们像有些人——如格·艾伦,《生理美学》的作者,鲁·马歇尔,《痛苦、愉快和美学》、《美学原理》的作者——那样,把美学问题,当作普通愉快学的一部分来处理。那样做法就可能使我们冒着这样的危险,只去考虑审美欣赏的一般的方面和条件,忽略了我们所需要的、却是把审美欣赏作为愉快经验的特殊的一类来探讨的理论。这一科学在目前发展阶段所需要的是:对整个的心理的审美态度,即我们所说美学心理,做更深刻的研究。我们需要仔细考察观赏这一活动的本身,那种注意力的活动方式。沉浸于静穆、半睡状态之中,凝视着物象,无关乎它们的日常重要意义。我们需要进一步确定观赏态度对于几种有关心理过程的影响。如对于把握着复杂关系的知觉本身的动作、对于观念之流、对于部分情绪的复现和转化等等的影响。在检查这些影响的时候,我们必须注意观赏态度的两方面:一方面是知觉和想象应有的自由运动的广阔领域,一方面是观赏心境对于对象的魅力的自愿顺从。较深刻地分析观赏心情很有可能把审美知觉和想象所运用的内心活动和理性活动的本身更明确地区分开来,比如,在对于颜色的纤细的美感欣赏中那种对于近似色彩的鉴别是不同于科学观察中所需要的对于色彩的精到而明确的区分的,又如为正当优美形式的欣赏所需要的对于那种关系的把握是不同于科学上所要求的对于各种形式因素和它们之间的关系的严格分析、计算的。作为比较精确的划分的结果,这里我们就可能处在较好的地位来确定这样一点——近代美学屡屡涉及的一点——即那辨明和区分对象的理性的愉快本身,作为一种辅助的因素,究竟在什么样的程度上渗透在审美欣赏里面。

(八)审美欣赏本质上是社会性的吗?

美感经验特点中还有一个问题没有涉及,即它在本质上是否是一种社会性的欣赏形式?没有人怀疑,一个人独自时经常欣赏美,如欣赏风景。可是,在这样的时刻,他不但会承认,他的愉快可能就是别人的愉快,同时还可能下意识地希望别人也在场分享他的愉快。康德甚至说一个人要是在荒岛上,他是既不会装饰他的小屋也不会打扮他自己的。不管怎样,这总好像是肯定了的,我们通常倾向于和别人一起来共同分享我们的审美乐趣。使审美欣赏成为一种社会经验这一习惯,自身便倾向于发展同感和同感的理解，因而促进美感经验的交流。同样，我们美感经验的内容也是有利于审美欣赏的共同行动和美感经验的共同享受的，因为，作为与个人利害无关的公正而普遍的欣赏方式，它们显然没有那种标志着我们至多只能和一二知己好友作私人欣赏的利己主义的排他性。我们的审美欣赏就是这样鲜明地宜于成为社会性的，也正由于这样，由于同感共鸣，审美欣赏的领域才大大地被扩大了。

（九）审美感觉

现在我们再来考察另一个最近讨论得很多的问题，即审美欣赏和视觉听觉两种感觉的特殊关系问题。这里产生两个问题：(1)别的“较低级”的感觉是否参与美感经验？2)造成这两种“较高级”的感觉的优势的特点是什么？关于第一个问题，现在大致认为审美愉快不能仅仅限于上述的两种感觉。普通语言向我们提示，在某种气味甚至某种香味中，我们是能够找出那种足使一个对象配称之为美的类似的价值的。黑格尔是排除其他的感觉的，包括触觉在内，理由是美学仅仅和艺术有关，而艺术中并没有触觉知觉的地位。比较仔细的考察说明了这一重要感觉对于艺术效果有着相当大的作用。即使这点不是这样，那黑格尔之所以把触觉排除于审美感觉行列之外，也可以说是企图降低审美对象和艺术作品一致这种科学理论意义的一个显著例证。要说用手指抚摩天鹅绒似的花瓣或平滑的海边圆石的经验，其中毫无美感因素，总觉得失之于偏颇的独断。没有疑问的，触觉缺少听觉和视觉那种一望而知其为重要的特权，即当对象在一定距离刺激它们的时候，它们容许有许多人的同时的知觉——甚至嗅觉在某种程度上也是这样。这可能就是那主要的理由，为什么依据某些证明瞎子很少从触觉经验中得到美感享受。[1] 可是，这一缺陷在一定范围内可由下列事实取得补偿，即适意的触觉经验，当它能为我们的视觉知觉提供意义的时候，是可以被接受的。

视觉和听觉这两种特权感觉在许多方面有着它们的优越性。它们是和充满着迫切需要焦心苦虑的必要生活机能距离得最远的。触觉虽然是重要的知识来源，它的主要机能却是检查靠近我们的有机体并与之发生关系的东西是否有害。这两种较高级的感觉将物质的对象在其最少危险的状态中呈现给我们：可见的形式和颜色，音调和音调的组合，这和接触

① 参看科恩的《普通美学》，第95页。——原注

我们身体的物体比较起来,就好像不是物质实体的本身,而是实体的模样和远处的信号。而这一情况就使这些感觉特殊地适宜于成为审美知觉的官能:静静的梦一般的隔离状态和它的愉快的运动的自由。再有,它们是这样的两种感觉,许多人可以运用它们从事于最完美的共同的审美观赏活动。这一优点,加强了它们之作为特殊方式的审美官能,两方面的理由:(1)它使它们成为感觉的通道,我们每个人都可以从它获得最为直接最为强烈的信念,肯定美感经验是许多人的共同所有物,从不同的人的角度看来,大部分是相同的。(2)它把它们突出成为这样的官能,由于它们的作用知觉的愉快可以通过同感共鸣的效果而迅速地确定地增加起来。舞台和音乐厅的经验充分地说明了这两种官能的突出机能。视觉和听觉的别的特权都是从它们的感觉和知觉的特点来的,这点我们以后还要谈到。[①]

(十) 审美活动和游戏

我们再进一步确定审美态度的特点使得我们有必要来考查一下最近美感文献谈得很多的另一问题,即审美态度和游戏态度的关系问题。这两者的亲近关系是很显著的,是在日常语言中就可得到说明的,比如我们说,想象的"游戏"(这里"游戏"即活动的意思——译者),"玩"乐器(这里"玩"有演奏的意思——译者)等等。游戏和审美观赏两者都是这样一种活动,它们不受外来目的的强制,只是被活动内在的喜悦所指引而自由地进行着。因此,它们两者都和严重的劳作形成对照,后者是被身体需要和供养家庭等生活要求所支配着而又强加于我们的。它们两者都给生活增添着华丽的装饰。在美感欣赏中,我们的官能、我们的才智、我们的情操都从日常必需的要求的束缚中解脱出来,同时也可以说它们是从游戏中得到了振奋。最后,它们两者都以强烈的假装的灌注为其特点,倾向于将想象的产物来代替日常的现实。同样在这一方面,它们和那生活必须要求强加于我们的对于事实和实际真理的严重关注形成对照。果然这样,那么柏拉图之在描绘艺术和实用艺术的对照中看出游戏和真实的类比也就不足为奇了。[②] 自从席勒的时代以来,许多美学著作都提到这一类比。

---

① 霍姆(Home)等人曾指出过。视觉本来就被认为是我们接受美的印象的官能。可是关于听觉的权利的承认早在柏拉图时代就已经肯定过(参看鲍桑葵《美学史》第51—52页)。近代关于视觉、听觉权利的讨论,可看伏尔克特(Volkelt)的论文:《低级官能的美学价值》(《心理学与感官生理学杂志》第29卷,第402页)。——原注

② 参看鲍桑葵《美学史》第54页。——原注

可是游戏和审美活动虽然相似，毕竟在许多重要的方面是有区别的。且说一点，纯粹而单纯的审美观赏是一种比较平静而消极的态度，可是游戏却意味着要做一些事情，通常包含着一定程度的肉体上、精神上的紧张努力。游戏和艺术创作许是很切合的类比，但是，这种比较纵然是这样窄狭，相当明显的差异也是会暴露出来的。这只有在它们最初的方面，这两种态度才显出它们相近的类似。一经发展，它们的显著的分歧就开始表露出来。游戏的心情，并不和爱美者平静的观赏的心情相接近，前者包含着深藏在我们实际利益下的各种感情和冲动，如野心、对抗、斗争。还有，它在所有的时期都有着可以察觉得出来的功利性，——虽然不为游戏者本人所理解——即为着身体、智力和性格的锻炼和发展。美和艺术，在无关利害的纯洁性上，在和日常冗务的繁忙的平静的隔离上，尤其在“爱美”的精微兴趣的范围上和多样性上，都远远超过游戏。最后，审美活动是由理想的观念和标准所指导着的，那是游戏中所没有的，除非技术竞赛中有某些东西类似艺术的品格。①

（十一）美学的研究方法

关于美学科学最初划界的工作就是这样。至于把它再向前推进一步的研究方法，以及今后的各种考察方向，我们只能指出一下。对于前者，研究方法须包括两个事实的序列的仔细考察：(1)曾经为普通证据或艺术史所说明，公认为具有审美价值的东西；(2)艺术家或艺术爱好者的许多个人的美感经验的记载。

由于美感经验产生于具有一定特性的对象，而美感经验的方式也因之而确定，这就很显然，科学的美学就必须把检查、比较那些对象作为它的基本问题的一部分。如同前面已经涉及的，那些对象包括无机和有机世界的自然对象以及那些可以被证明为具有一般的或众所公认的美感价值的艺术品。先且不在这里充分地讨论自然美和艺术美的关系，这里我们只是谈到一二点。某些对于自然美景的观赏和享受不但在时间上先于艺术品，同时也还是后者的诞生的条件。对于陆地和海洋，对于山岳和川谷，对于无数有机物形式的悦目景象的欣赏，已着实地和文化的发展一同

---

① 柏拉图曾有“艺术和游戏类似”的见解(参看鲍桑葵《美学史》第 54 页)。在近代作者中，这种观点和席勒、斯宾塞(Spencer)的名字有特殊的关系。最近涉及这论题的作品有魏塔色克的《普通美学大纲》(第 223 页以下各页)、勃瑞(Bray)的《笑》(第 62 页以下各页)。

成长起来。而这种成长,毫无疑问地受到艺术——特别是绘画和诗歌——情感的发展的影响,但大部分是与之无关的。[①] 某些对于美的秘密极为精到的卓见却是被那些艺术知识有限的人获得的。对于目前问题,特别重要的是从直接观赏自然中得来的美感经验,其中包括着为艺术所不能复制的多样性在内。这只要回忆黑姆荷尔兹和别的人的一些话就足够了,绘画艺术表现各种光线的不同亮度的能力是有限的,画家们自己也承认,要求表现像一株树干或一堵旧墙那样普通物体的纤细的次第的浓淡光度和色彩,那他们的艺术是有限的。再则,自然展开大地、海洋和天际的空旷,显示她各种伟力的行动,就其规模说来,雄伟好像是她的特权,艺术企图分享的努力只不过是徒劳。

另一方面,我们行将看到,要确立美感价值的理论,还必须借助于对于艺术作品更为精到的研究,美学家一般所做的是不够的。必须包括那些艺术品在内的这种重要性在于它们都是为美感意识所肯定或爱好的明确的客观表现。例如,在考查色彩的愉快关系的时候,如果我们依赖像罗斯金这样一个有才气的作家来告诉我们有关自然的排列摆置,那我们也许就要长期地去等待某种理论,可是,如果我们通过色彩艺术的历史或就着它比较昌盛的时期来说明选择特定色彩组合的倾向,那么对于它们的美感价值说来,这事实就成为令人信服的证明了。可是就在这里,有些来源也还不可靠。如说一件艺术品纯粹是艺术家审美感情的产物,不论我们怎么就它的广泛的意义来说,这话都是不真实的。它定会受到那产生它的时代的一切当时的情感和倾向的影响。产生艺术作品的美感动机很容易被别的动机掺和和掩盖起来,如建筑中的实用性,[②]近代小说中的教育(如果不是改造的话)的急切要求。再,如果说一定程度的永久性肯定艺术的某一特征的美感价值,那么我们就会遇着这样的困难,习惯性在艺术中起着重要的作用,传统造成的老一套的效果经常使人模拟那根深蒂固的审美爱好的面貌。在这方面可以说到的,就是甚至像对称这样一种永久性的因素,它的某种意义上的审美价值也许就是从习惯性来的,这点

① 如同鲍桑葵所说的(《美学史》第3—4页),艺术之于自然就好像普通人的宇宙观之于科学的宇宙观一样,是差得很远的。——原注

② 朗格(K. Lange)过火地把一般公认为建筑上具有审美价值的特征归诸于实用的动机,如类似形式的整齐排列等等(《艺术的本质》第1卷,第277页以下各页)。——原注

我们知道，在有机的甚至无机的世界中，它都有着广泛而动人的展示。[①]可是，在较大的意义上说，习惯的影响不足以引起我们很大的不安。美学和伦理学一样，有效性的问题必须同它的来源分开。如果对称（一般的）能够给我们以美感的愉快，那么，它的产生的问题就不很重要了。另一个并非美学研究上才有的特殊的困难，就是由各种艺术形式代表的审美意识方式的改造问题，那些艺术形式和我们这一时代的形式和文化的风格差别很大。

（十二）美学上原始艺术的价值

在利用艺术材料来建立美学理论的时候，理论家必须注意最近英国和德国作者关于原始艺术的著作。这点不仅仅是因为早期艺术形式对于美感意识发展的理论有价值，同时还因为艺术的胚芽时期，在比较孤立的形式上来说明某些美感鉴赏的比较简单的方式是有它的特殊意义的，例如颜色的组合、表面的线条装饰等等。可是，在普通美学中，给原始艺术一个怎么重要的地位，倒也不必要。必须记住，作为一门规范的科学，它是更加直接地关心到美感教养较高的发展阶段的。为了求得规范的或支配的原则，很明显，我们必须对属于我们自己文化水平的艺术对象作特殊的研究。由于这些原因，这就好像有必要在一般美学理论中把有关艺术和审美意识发展的某些论述包括进去。需要包括进去的进一步的理由是，艺术的发展为审美价值的高低和各种程度的差别提供了一种非常宝贵的辅助标准。假使我们能够把艺术的真正发展过程和趣味风尚的简单变换区别开来，并将我们自己限制到过程的较大的特征方面，那我们就可能利用发展的原则把那些在后期较好的艺术发展阶段中成为显著并相对固定下来的艺术形式和特征认为在美学价值方面是较高的。[②] 这部分的美学研究必须尽可能做得准确。三色组据说是意大利绘画全盛时期所最经常采用的，在这方面进行研究的时候，观察者必须尽可能注意并记录那精确的色彩和各种不同的精确的亮度。关于艺术中形式的因素，合理地使用照片和仔细的测量很可能帮助理解各个繁盛时期的艺术实践。美学理论家这种对于艺术资料的考查，可以由以下的研究来补充：艺术家关于

---

① 朗格甚至认为“对称”都可能有一种技术上的根源（《艺术的本质》第一卷，第283—284页）。

② 美学理论中艺术的历史发展的地位问题，伏尔克特曾有过仔细的研究，参见《美学体系》第1卷，第5章。

自己的方法的著述,他们为艺术学员定下的规则,最后是比较科学一点的著作家的关于艺术的总结。①

在具有艺术实践知识的帮助之下,对审美对象作适当的系统的研究,很可能引导到这样一种典型的归纳:"对象只要具有如此这般的特点便有审美价值。"②美学科学搜集和分析事实的工作可以自两方面发展:(a)关于初期的较简单的美感经验形式的考察;(b)关于那些在美的感受和欣赏上有过专门训练的人的较为充分和较为复杂的经验的考察。前者可由较为系统地研究儿童的和残存低级民族的尚未发展的审美爱好来说明。这类考察可以增加我们关于审美欣赏的较简单而又较普遍的形式的知识。达尔文和其他人曾多少注意过鸟类和别的动物的趣味的萌芽。但是,这一方面的考察对于欣赏趣味的发展的理论有某些价值,可是对于人的审美爱好却好像不能有所说明。③ 这种新的对于美感爱好的简单方式的研究的重要特点在于它是由实验的途径来进行的,即是说,有系统地来测验许多人的美感爱好。费希纳把实验方法引进了美学。他在研究有名的"黄金分割"④率的时候,就用的这方法。在费希纳之后,也曾有过许多实验,例如什么样的形式(如长方形的变化)、什么样的颜色组合是最好看的。这些实验的结果显然是有希望的,虽然它们还不足以作为完全可靠的总结的基础。⑤ (c)美学科学资料中最宝贵的部分是艺术家、艺术评论家以及别的特别有欣赏能力的人的经验记载。这种知识来源肯定地没有被理论家完全地有系统地加以利用,他们以重复引录像歌德、罗斯金一类作家的言论为满足。可是,这样说还是可以的,要对自然美和艺术美的精微效果有一个适当的理解,那么就应该把吸取那些记载中最好的东西当作必需的条件。这不仅仅是因为它们给我们一般地提供了新的有价值的比较精粹一类的经验的多样性,同时还因为像那样一些对美的情感有特

① 例如,参看雷蒙(G. L. Raymond)的著作《艺术形式的起源》。——原注

② 康德在突然停止对于具体事物的美作分析之后说道,这种普遍形式的美感判断是不存在的。(参看后面)关于这些归纳的重要性,参看冯·司吞(K. H. Von Stein)的《美学讲义》(绪论)。——原注

③ 很奇怪的,里德(T. Reid)认为动物有着美感趣味的萌芽。(《关于趣味论文集》,第 4 章)勃瑞曾涉及对于动物的美感重要性的观察,参见《美》第 233 页以下各项。——原注

④ 参看后面,和鲍桑葵的《美学史》第 382 页以下各页。——原注

⑤ 关于实验美学的主要路线,冯特(W. Wundt)在他的《生理心理学》(第 5 版)第 3 卷第 142 页和第 147 页上曾指出来过。——原注

殊修养的人，他们对于自然和艺术的美感判断和别人的比较起来是更为可贵的。[①] 还可以加上说，那些记载常常包含有那么一些感想，虽然缺乏科学的准确性，但仍然是可以被科学利用的。

（十三）美感资料的心理分析

现在我们接触到科学构造工作的本身。对于使人美感地愉快的对象的分析以及对象为之服务的那种愉快意识的典型的分析是属于心理学家的职责。这是值得注意的，对于这一科学最近最好的论著都出自于心理学家，或至少在心理分析方面很有修养的人。几句话就足以说明这一理论阐述的比较重要的方向。我们可以从美感经验因素三个适当的分类来开始说明。(a)感觉的，(b)知觉的或形式的，(c)想象的，包括美感表象所提示的一切，它的意义和它的表现性。

(a)感觉因素。在讨论到感觉因素的时候，心理学家实质上须借助于生理学家。这只要指出黑姆荷尔兹对于音乐感觉分析的论述就足够了。(参看后面)可是，当我遇着这种感觉经验的精微方面，遇着色彩组合的微妙效果，例如因色彩浓淡而产生的情调的微小差异，生理条件的知识的应用就好像没有多大帮助了。在审美欣赏的感觉资料比较精微的分析中，心理学家是重要的。[②] 关于近来对于这一领域的有价值的论著，我们可以指出这样的例子，即对于视觉和听觉感觉的重要美感特点的细致标定，如像它们质量(色彩和音色)的细微的变异，它们在保持自己的独特性的情况下加入各种组合的可能性，包括时间和空间形式的重要组合在内。和这些一起的还包括得有伴随情调的显著特征。例如它们比较的静穆以及和它们伴随着的感觉的明显区别。这些特征帮助我们了解这些感觉的较大的精微性和它们所提供的既比较持久而又有变化的美感享受，以及由于想象的复制而产生的享受的广度。[③] 接着这两种官能的重要美感特征的标定后面就是几种色彩和音色所显示的愉快情调的差异程度的细致考查。仍需研究的一点是审美欣赏中感觉因素的范围。美学理论中曾经有一种倾向，使美感经验过于理性化，甚至在某些理性原则中去找感性因素的价值。比如有些人(其中有柏拉图和黑格尔)说，一个柔和的或平调

---

① 关于专家判断的价值，参看谷鲁斯的《审美欣赏》第149页。——原注

② 强用生理学方法于美学的例子如下：艾伦(C. Allen)的《生理美学》和希喜(G. Hirsch)的《艺术生理学问题》。——原注

③ 视觉听觉的美感特权曾经被伏尔克特很好地论述过，这在前面已提到。——原注

的音调或一堆匀称的颜色的价值都是由于“统一”的原则来的。但是在明显的限度内,时间和空间的延长却是单个音调或色彩的特质的充分欣赏的条件,而这样的音调和色彩才有感性价值。美学就在于证实这种感性价值,证实那种不仅由于几种感觉情调而来的快感,同时还有由于它们各种不同的组合而来的快感。且不管近来有一种倾向如何轻视有关线条(如曲线)形式美感欣赏中眼睛运动的“运动感觉”的协作,证据却揭示着像色彩渐次浓淡等一类曲线的相当大一部分的价值很可能就是从感觉经验变换的方式来的,那是特别使人感到适意的。另一方面,这种感觉资料的理论研究将需要仔细地鉴定外加的价值,那种价值是由于经验活动给予了特殊色彩或音调或它们的组合以某种意义,例如色彩的温暖,音调的卓越等等。

(b)知觉因素。在科学地论述美感经验中知觉的或形式的因素时,我们会遇着许多特殊问题,这里只能谈到其中少数的几个。若把这一因素来概括所有因素的组合,其中都或多或少地有着明显的快感关系的知觉,那我们就可以举出像史东甫一类的著作(《音调心理学》)来鉴定音调的组合和趋向融合的方法。以后的实验又增加了我们关于色彩调和这一难题的知识,使我们能以区别愉快的色彩对照相较为安静的极为相近的色彩组合。在狭义的快感形式,即时间空间形式这一方面,我们的了解曾在最近的若干研究中获得进展。对称的价值、比例的意义和某些比例的审美价值、节奏的形式——这些就是现在一般的或专门的著作中所讨论到的一些问题。[①] 关于形式的问题,比之感觉因素中的形式问题还要多,我们十分需要确定经验和取得意义对于形式方面的作用范围。

这是很肯定的,某种平衡(比例),不管是人体或其他生物形态或是艺术中形式的自由结构等等的平衡(比例),都成为美感价值的泉源。[②] 另一个问题是,必须确定整个快感性质上组合因素的情调的影响。很可能,一种色彩的特殊组合会从它的各个因素的情调的和谐上取得它的快感价值。很可以肯定,关于各种因素的各种情调极为相近这一情况也是这样

① 最近研究有关音乐的乐音、和声、色彩的调和、节奏、愉快的空间形式等问题的,有冯特的《生理心理学》第2卷第419页以下各页,第3卷第135页以下各页,第140页以下各页,第147页以下各页,第154页以下各页。葛尼(F. Gurney)在他的《声音的力量》中特别谈到过音乐的时间形式。

② 朗格承认自然和习惯的影响,这里却反对平衡作为一个美感原则(《艺术本质》第11章)。

的,像一系列的暗淡色调,或者像建筑或其他一些形式,其中某一形式因素——如一根垂直线,或一个一定比例的长方形,或一个特殊式样的拱形——重复着自己并成为整体的主要特征等等,就是这样。

(c)想象因素。想象因素——如费希纳所说的"间接"因素相符——包括着一切我们观赏一件审美对象时想象活动所加给我们的愉快。这首先就在于那种和对象牢牢联系在一起的具体经验的回忆,例如在伦敦街上看到许多野花我们就会想起田野草地的形象。由于这些形象可以增加对象的审美价值,它们必须和我们一般的联想一致,借以区别于偶然的个别的联想,审美享受的大量增加正是通过这样一些暗示的形象而来的。虽然这些形象一般的都是一些被记忆起来的具体对象,可是在这种情况下,那倾向于表现出具体景象的但又带着比较抽象性质的观念都起着作用。"典型美"的鉴赏就证明了这一点,其中具体的形式在特殊方式下代表一般的形式,而象征表现的形式也是这样。这种联想活动的一种重要作用就在于使对象表现着内心状态,比如从一幅自然景致的表现中我们能感到一种特别的情绪色调。①

(十四)想象的自由的活动

在对于自然、对于自然的力量、愉快和其他各种情绪的诗的观赏中,想象活动,虽然仍旧是从联想中引出它的素材,却采取着一种比较自由的形式,使自然事物具有新的更加幻想的意义,例如当我们"统觉着"池塘旁边或老茅屋跟前的垂柳有着类人的形态的时候,我们便赋予它某些近似于我们自己的情感和记忆。

那我们就可以问了,在我们的美感欣赏中,这种赋予生命气息的想象的比较自由活动的整个领域究竟是怎样的?一些近代的理论家对这问题曾试图作出如下的答复,认为它是所有美感观赏中一种根本的因素。立普斯和他的追随者们企图说明,想象这种能够赋予生命并产生新的幻觉的物体的活动,是对于物质客体形式作审美欣赏的基本成分。依照这一理论,当我在审美情绪中欣赏一棵树或一个教堂的尖塔或一座希腊寺庙的正面的各种形式时,我不仅给予它以生命和情感,同时在想象中我还将

① 爱立逊(Alison)和英国其他联想学派强调联想原则对于美感的重要性。近代对这一论点的拥护者有费希纳(G. T. Fechner),《美学导论》;屈尔佩(O. Knlpe),《关于联想——美感印象的因素》,《科学哲学季刊》第 23 卷第 145 页以下各页。——原注

我自己投入于这样设想的客体,暂时觉得我就是树或尖塔。生动化的进行过程如下:线条代表某种运动,在审美情绪里,我们将所有的线条(随之各种形式)转化回来为各种相应的运动,那也许只能想象到(像立普斯自己所认为的),或者也许部分地由于感觉的因素,即运动感觉,才能得以实现。再反过来,那些感觉又可以看作是眼运动的伴随物,或者是来自一种有机地联系着的刺激,手沿着眼所跟踪的线条运动着。[①] 例如,寺庙的圆柱代表着向上的运动,因而被“统觉”为向上的斗争,借以抗拒柱顶线盘向下的压力。由于运动是人的表现的优异工具,这种想象的把运动读成为不动的甚至是巨大而稳固的形式使我们赋予它们以类人的情感。举例说,我们注视一所建筑物的重大体积,便同情地体察到支柱结构的成功的努力,抗住那被支撑体积的重量的俯冲压力。这里简短地指出的理论[②]是很有趣的,它说明了一种企图,想从心理学方面来替哲学唯心主义或表现主义寻找科学证明。这在德国已开始被认定是一种夸张。这样就足以说明了,若把这种理论应用到一般的形式(包括雕塑和建筑等形式在内),它便会遭受到我们日常的说法的反对,在形式的美感观赏中,我们日常的说法包含着很不相同的观点,即站在被观赏的客体的以外的旁观者的观点。当我们的眼睛溜过一个雕像的各种优美地方的时候,我们的想象活动非但不将我们移情于客体之内,反而会把我们作为触觉的感受者摆在表面之外。同样,当我说欣赏那哥特式屋顶的分割的空间的时候,我们与其说是想象地分担着那柱子、拱廊以及其他结构的张力,毋宁说在想象中沿着设计者规划好的过道活动着,触觉地感受着、鉴赏着每一个空间,每一个形式的细节。强求一种适用于诗歌、雕塑和建筑的理论的尝试很可能会剥夺它们各自的审美价值的特点:在一种情况下,那特点正在于精致地雕成的大理石的平面的造形之美,它是由于手的想象的游动才被实现的;在另一种情况下,那特点却在于完美的静止和稳定,使大建筑物具有一种庄严而镇定的气魄。[③]

这种贯彻到确切审美观赏方式的赋予生命气息的想象活动的理论,

---

① 关于观赏形式中手的模拟运动这一观念曾得到谷鲁斯的支持,参看他的《审美欣赏》第 49 页以下各页。——原注

② 普通的说法有“自己觉得自己就是……”或“共鸣的感情”等等。——原注

③ 立普斯的理论曾在若干著作中得到过说明,其中主要的有《美学:美和艺术的心理学》。特别第 1 部的第 1、第 3 两节;比较史腾(P. Stein)的《同情和联想》,其中可以看到这一理论的历史;再有希德伯兰(A. Hildebrand)《造型艺术的形式》。苏略也曾在《运动的美学》(第 3 部)和《艺术的暗示》(第 300 页以下各页)等著作中讨论到观赏形式的想象活动问题。——原注。

乃是对于相当标志着审美欣赏的幻觉因素的一种夸张。上面已经提到过，若暂时去掉所有其他的知觉，只剩下使人愉快的知觉，那就会产生一种新的东西来代替我们实际心情中的较为固定的现实。再有，作为一种知觉的凝视状态，在那里面一个人失去了日常自己的及其对于世界的意识，这就会和神游或催眠的梦境的状态有某些类似。[①] 这是有利于把所见所闻作幻想的变化的游戏般的沉湎的，这也许可以形容为或多或少完全的"乐意的自我欺骗"。但是，我们知道，就是在我们对于形式的比较自由的观赏中，日常现实世界的某些方面仍然是存在的。因此，我们有很多的说法赞成这样一种观念，即我们的美感幻觉是和双重意识有关的，它倾向于把想象的产物当作现实来幻觉地接受，同时后面又受着对于日常确实现实的下意识承认的约束。[②]

很明显，无论采取比较拘束的或比较自由的形式，美感经验中的想象活动因素，从不同的个人或不同的民族说来，它的差异都是很大的。过去经验的不同引导到不同的联想习惯，正如同那些天生性格的差别可以使一个人有所偏爱一样，有的人偏爱运动觉的形象，另一个人，视觉的形象，再一个人，听觉的形象，而这就会影响到那些呈现于感官中的事物的欣赏的扩大化和转化的过程。美学家们的任务在于承认想象活动的这些差异的同时，又必须确定它进行的比较一般的普遍的方向。

最近关于我们观赏形式的方法的研究是有价值的，除开夸大方面不说，它说明了形式和表现的界限不是绝对的。正如同颜色之有理想的意义的基准，形式也是这样，甚至它那比较抽象而原始的方面也并不是全然无表现的，而是可以由想象赋予某些生命气息的。承认这一真理，并不影响到我们把形式和表现作为审美愉快两个广泛地有区别的因素来论述的有效性。一根线条对于感官知觉可以是愉快的，另外由于暗示运动的轻快或姿态也可证明它的表现价值。同样，一种具体形式，例如一个在休息中的人体塑像，或一株优美的白桦或羊齿，那它的审美价值正是从愉快的线条和有趣的观念的恰当组合而来的。

（十五）审美情绪

紧接着审美观赏中想象因素的确定，人们要求心理学家给美感情绪

① 参看苏略的《艺术的暗示》(第 1 部)。——原注
② 比较朗格上述著作第 1 卷第 208 页。——原注

的特点下定义。当我们注视一个美丽的物体,如拍岸的浪花,或某一件雕刻的珍品,我们的态度是一种带着情绪的态度,这是肯定的,克·霍姆勋爵和别的人对此曾作过独创的尝试,将体内一整套的伴随活动,例如急促的呼吸运动等等①,把这种情绪装备起来。但是,美感情绪和爱情等情绪的强烈激情状态是显著的不同的,而这种差异要求我们作进一步的研究。对于由美感观赏的欢乐状态引发的平静而紧张的情绪的各种特征作密切的考查,使比较专门的狭义的美的领域区别于雄伟的、悲剧的、喜剧的领域,并作出科学的分界来,这乃是一个必需的准备步骤。每一个这样的美感经验部门都有它自身的显著的情绪特征;这些"美的规定"的定义主要应通过有关情绪状态的分析来达到。在美感经验的心理论述这一章中,有两个问题必须考虑到,这两个问题在美学理论中占着重要的位置。第一个问题是"苏醒"或"典型"情绪的性质,如我们在看到和听到别人的悲哀或欢乐时引起共鸣的感情中所表明的。第二个问题是那些混合情绪状态的性质,如我们对于雄伟或其他"规定"的美感欣赏中所表明的,其中我们可以看出一种双重情绪的意识,痛苦的因素伴随着、修饰着愉快的因素,结果后者不是减弱了,倒像是加强了。②

关于这里概要摘录下来的美感资料的心理方面的阐述,不能停止在把美感状态或态度仅仅分解成为许多可以确认的并个个提供自己快感量的因素上。我们观赏的愉快(如欣赏一座高耸的黝黑暗岩上的青色山峰)是一个不可分割的整体。同时,正是对于这一事实的承认才使人们倾向于非难把审美感欣赏分裂成为许多成分的快感。这还不是所有的情况。每一审美对象都是某种独一无二的东西,它的独自的特点和一切其他的东西不同:对象是这样,观赏的心情也是这样。人们几乎可以这样说,有多少首动听的乐曲,就有多少种喜爱的音乐心情。这好像要么就必须把那种独一无二的不可分割的整体感觉当作幻象去掉,要么我们就得承认我们美感经验中这个未曾解释过的剩下难题,我们有朝一日总会借助于一个更大更精确的美感和谐的概念,借助于各种心理因素的互相作用互

① 参看霍姆的《批评原理》第4章中"奇异"的一节,其中说道:受着高大物体刺激的情绪,用深呼吸、向上伸、踮起脚等等动作把自己向外面表达出来;同时还有浮龙·李(Vernon Lee)关于《近代美学》的一篇文章,载《每季评论》1904,第1部第420—443页。——原注

② 参看休谟《论文集》、《论悲剧》;再有鲍桑葵《美学史》第64页以下各页和第234页以下各页关于亚里士多德悲剧情绪、情绪净化或"轻松的宣泄"的学说的意义的重要讨论。

相渗透的法则把它解释清楚。[①]

（十六）审美规范的建立

现在我们可以看一看这种科学分析和说明的理想目的，即规范的建立，或相应于被肯定的审美价值的各种基本要素的支配原则的确立。近来有关这题目的心理学方面的论述已经引导到对美的东西的某些理想要求制定一定的公式。费希纳有关这方面的著作《美学导论》在规范建立上是一个值得注意的贡献，既合乎科学又导向理想要求的建立，同时又可作为这一领域的工作者的范例。他曾经告诉过我们，试图制定一个包括一切的原则——例如多样性的统一等等，只能导向空泛的抽象，而我们所需要的却是许多更为具体的原则。在制定这些原则的时候，必须十分注意到确定它们各自的范围和相互间的关系，举例说，需要决定：我们现代感觉无疑地认为具有很高价值的“表现”是否真的在同一意义上像“各部分的统一或相谐”那样被公认为一种普遍的要求。一个规范的体系必须进一步提供某些广泛的评判标准，凭它可以断定审美价值的程度，如用几种快感活动——感觉的、知觉的、想象的——完全的程度来证实“这个东西比那个东西更美（或属于更高的美）”。很明显，只要分析在哪里中止了，哪里的支配原则和比较标准便失去了效果。爱德孟·谷尔勒力说像多样性的统一这类美学原则同样地适应于乐曲的情况，平淡的乐曲使我们扫兴，而有的则引起充分的美感狂悦，接着他结论说，后一例子的特殊形式的美是借着一种直觉来欣赏的，那是不能加以分析的（参看《声音的力量》）。这种争论是很难驳倒的。这就好像我们经过一切努力来为审美特质找出定义并列举相应的理想要求之后，我们仍然留下了一个未曾解决的余数。这点只能这样试着来说明，具体的东西本身就在于它的整体性，它不仅仅是感性的、形式的、表现的各项价值的完全和谐的组合，同时又是作为某一具有生动个性和美感优异特色的东西来感动我们的。

（十七）美感经验和其他经验的关联

（a）和理性兴趣的关联。美学总是惯于把某一种特定的经验作为一个严密封闭的隔离室来论述。可是在实际上这样的密室是不存在的。我们对于美的欣赏，虽然和我们的理性兴趣、实际兴趣有区别，但同时和它

---

① 美意味着一种形式的和精神的因素的特殊混合这一理论曾经得到瑞格尔（H. Riegel）的承认，见《造型艺术》第 16 页以下各页。

们是有接触的,是互相作用着的。说到理性兴趣,这很明显,有不少参与审美欣赏的内心活动是属于理性方面的——例如关于形式关系的知觉就是这样,虽然它在科学观察的抽象分析跟前就停止住了。再,根据丹纳的说法,典型美的鉴赏是包含着对于种的最为重要的性格的认识的。这样我们就很明显地接近于科学观点了。同样,当科学知识使我们在审美观赏的心情中来想象地探求云或山的形式的形成方式或攀绕植物向上攀升的方式的时候,也是这样。美学必须承认事实,区分出那合法的科学观念的美感机能,当那些科学观念可以扩大愉快的想象活动的范围而并不受到一见便要求说明的严格目的的限制的时候。

(b) 和实际兴趣的关联。同样的说法,可以用于我们美感兴趣和实际兴趣的结合。作为主要的因素,它们和审美活动是不相干的,但它们可以间接地从旁影响我们对于美的情感。荷姆等人是承认这点的,他们在相对的美的名义之下,或以适合某一目的的愉快景象为理由,坚持一种审美价值的特殊种类。如果一个茶缸多少由于它之完全适用于它的目的而使人感觉愉快,那么它们具有的美感价值就好像是从对于功利本身的尊重感而引申出来的某种东西。另一方面,在近代美学中,美重申与功利的血缘关系,那是在苏格拉底的时代就有人主张过的。认为典型美和那有利于或有助于保存种属的东西一致这一观念是和霍布士同样古老的。① 达尔文和他的门徒发展了生物学的观点,肯定性的选择倾向于朝着一定路线发展美感爱好,而那种路线是与有助种族的维持相照应的。最近论著家曾说明原始社会类型的美感活动的粗糙幼芽乃是为种族的目的服务的,譬如音乐的节奏在于训练同族人的战争一类的协同动作等等。② 不过,这些有趣的推想对于审美能力的初期发展是还可以的,对于它的较高阶段的作用则不尽然。迫切要求理论家注意的有关美感经验的社会功利观念在于:美和艺术的教养具有社会影响,它帮助给予我们的情绪经验以新的表现形式,借以深化并扩大我们的同情。③ 美感欣赏中这种人道主

① 参看《人的本性》第 8 章第 5 节(莫司虢斯版《全集》第 4 卷第 38 页)。——原注

② 参看窝拉薛克(R. Wailascheck)的《原始音乐》第 70 页以下各页;希尔恩(Y. Hirn)的《艺术起源》第 9 页以下各页;耶路撒冷(W. Jerusalem)的《哲学导论》等第 116、117 页。

③ 审美欣赏中的社会功利性这一观念曾被康德在《判断力批判》(伯那译本第 174 页)中提到过;以后又得到居约(Guyan)的充分说明,参见《从社会学观点看艺术》第 2、3 章,比较马歇尔的《美学原则》,第 81—82 页。——原注

义影响的因素的进一步的阐明，将有待于美学科学和伦理学的关系问题的新的解答(虽然美学史上已经讨论得够多了)，说明它们如何在我们的同情的本性上和全人类的利益上有着一个共同的根源。

(十八) 美学理论和艺术问题

为了完成美学理论的概述，我们还需要考察一下一般美学和艺术特殊问题的关系。很明显，关于艺术的目的和方法的定义，就两者作为一个整体和在它的各种形式上看来，事实上都包含着许多特殊的技术知识，那最好就不要在一般的理论上来阐述了。但同时，关于艺术的研究可能提出些较大的问题，那是需要在一定范围内由美学理论加以探讨的。我们可以指出若干个艺术和狭义的“美”有关系的问题，例如艺术中痛苦和丑恶的作用，艺术对于自然的模仿和真实以及理想化的意义，艺术的幻想，再有艺术上说教的和道德的作用等等问题。甚至还有艺术上一些特殊问题，如悲剧的效果、音乐表现的性质，那只能从一般美学的见地来予以适当的说明。

总之，我们可以这样指出，近来心理学理论家正忙着在艺术学的边缘地区考察艺术冲动和艺术气质的性质，以及想象的创造过程。这些考察已经在某种程度上和艺术起源、艺术与社会环境的关系等研究相结合。它们对于美学的重要性在于这样的事实，它们适宜于说明在某些人身上的被发展了的审美意识，而他们不仅是在特殊意义上的审美意识的培养者，同时又是在特别方式上的艺术观念和艺术目的的代表人。[①]

若　海译

——译自《大英百科全书》(英文版)，大英百科全书出版社 1910 年第 11 版

① 关于原始艺术文化，参看马歇尔的《美学原则》第 3 章；鲍尔温(M. Baldwin)的《社会伦理释义》，第 151 页以下各页；希尔恩的《艺术起源》第 2 章。关于艺术天才及其创造过程，参看丹纳(H. Taine)的《艺术哲学》第 2 部；苏略的《艺术家的想象》；谢勒(G. Séailles)的《论艺术天才》；格罗斯的《艺术科学研究》；阿列(Arréat)的《绘画心理学》；多里阿克(L. Dauriac)的《论音乐精神》。——原注

形式主义美学

形式主义美学是西方现代美学的重要流派之一。它把美学史上的形式主义推进到一个新的阶段。其主要创建者是活跃于20世纪初至30年代的英国艺术批评家贝尔和弗莱。他们从视觉艺术的领域出发，以后期印象主义画家的创作实践为基础，提出了艺术是“有意味的形式”的著名理论。他们认为，艺术作品的基本性质，是色彩、线条等形式因素之间的排列组合的关系。这些排列与组合的关系能够以一种独特的方式打动观众，这就是艺术作品的审美价值。与历史上的形式主义不同，他们并不排斥情感或情感的表现。相反，他们认为“有意味的形式”就是艺术家的主观的审美情感的表现。它绝不是对任何外部事物的模仿或复制，而是艺术家的主观创造，是独立于外部事物的一种新的精神性的现实。艺术作品中的再现因素，至多只能充当一种手段，借以体现那种形式关系。所以，这派形式主义是以反对“摹仿说”、提倡“表现说”为基本特征的。它为后印象主义以来的现代抽象艺术的发展提供了理论基础。形式主义美学，对于其他现代美学流派，诸如符号学美学、格式塔心理学美学、结构主义美学、现象学美学和某些文学批评流派，诸如“新批评运动”等，都产生了一定的影响。它所提出的某些论题，在西方当代美学讨论中依然受到重视。

（王又如）

克莱夫·贝尔

克莱夫·贝尔(Clive Bell, 1881—1964)，英国著名的艺术批评家。原先在剑桥大学攻读历史，后对绘画产生强烈兴趣。与小说家伍尔芙的姐姐、画家斯蒂芬结婚。是英国著名的学术团体——布鲁斯伯理集团的主要成员。在思想上受到现代经验主义思潮和库尔的直觉主义理论的影响。主要著作有:《艺术》(1914)、《自塞尚以来的绘画》(1922)、《十九世纪绘画的里程碑》(1927)、《法国绘画简介》(1931)、《欣赏绘画》(1934)等。其中,《艺术》集中体现了他的形式主义理论,是公认的对西方现代美学产生了重大影响的一本书。他在书中提出了艺术是“有意味的形式”的著名论点。贝尔的理论基本上可以分为两个方面:在审美主体方面,他论述了审美情感的特性,强调审美情感不同于生活中的普通情感,它是一种关于形式或形式意味的情感,与现实生活中的种种利害关系完全相脱离。在审美客体方面,贝尔论述了艺术作品的基本性质,他认为这种性质就是“有意味的形式”,就是以一种独特方式组合起来的线条与色彩,它能够打动观众,引起人们的审美情感。从这种观点出发,贝尔反对所谓“美”是艺术作品的基本性质的传统看法。他的理由是,现实生活中人们所谓“美”的事物,例如一位美的妇人,她在人们身上所引起的情感,其实并不是真正的审美情感。而艺术作品所表现的通常谓之“丑”的事物,却同样能引起人们的审美情感。可见现实生活中的事物,同能够唤起审美情感的艺术作品完全是两码事。其次,贝尔反对传统的描述性、再现性绘画,认为这类绘画并不是真正的艺术作品。因为它们不是纯粹依靠形式来唤起人们的审美情感,而是将形式当成传达思想、消息或事件的手段。随着摄影与电影的日趋完善,这种以再现生活为主旨的绘画完全成为多余的东西。他主张向原始主义艺术学习,在那些艺术中,“你找不到精确的再现,而只有有意味的形式”。除了原始主义艺术外,贝尔在《艺术》中大加赞赏的,就是以塞尚为代表的后印象主义艺术。他认为在这些真正的艺术作品面前,人们所需要的只是一种形式感和色彩感,以及一种关于三度空间的知识。那些缺乏审美敏感,把一幅画当成一张照片,总是去领略现实生活中的普通情感的人,根本不懂得绘画的审美价值。贝尔的理论虽然在逻辑上有比较明显的循环论证的毛病,以及将审美情感完全从社会生活中抽象和孤立出来的偏向,招致不少美学家的批评,但它在破除传统美学中机械的形式—内容二分法,开展情感与形式之间的对应关系的研究,揭示艺术作品的独立自主性等方面,都推动了西方现代美学的发展。

(王又如)

有意味的形式[①]

在美学方面,历来人们写下的胡言乱语不大可能比任何其他学科更多:美学文献还未充足到那样的地步。可以肯定的是,就我所知的学科而言,大概没有比美学更少得到非常中肯的研究的了。原因不难发现:希望精心构制一种似乎可信的美学理论的人必须具备两种品质——艺术的敏感性和明晰的思维能力。没有敏感性,一个人不会有审美体验。不言而喻,没有广泛和深入的审美体验作基础的理论是毫无价值的。只有那些将艺术当作激情的永恒源泉的人,才能掌握材料,并从中推导出有价值的理论。但是,即使从精确的材料中推导有价值的理论,也涉及一定的脑力劳动。不幸的是,健全的智力同敏感的感觉力常常是分离的。最严格的思想家往往毫无任何审美体验。我有一个天赐睿智的朋友,他虽然对美学有兴趣,可在几乎 40 年的生涯中,从未沉溺于某种审美情感之中。因此,由于不能将一件艺术品同一把手锯区别开来,他很容易将手锯当成艺术品,并以此为前提,耸立起一座似乎无可非议的理论的金字塔。这个缺陷,夺走了他那清晰和巧妙论证中的许多有价值的东西——虽然这种论证达到了严密无错的逻辑的顶点,但却由于它的结论建立在极其荒谬虚假的前提之上而不可相信。然而,事物都有它的另外一面。缺乏敏感性虽曾不幸使我的朋友不能为他的论证选择一个坚实的基础,但却慈悲地使他无力洞察自己的结论竟是如何的荒谬,而对自己巧妙的论证沾沾自喜。那些尊崇兰塞尔[②]为有史以来最优秀的画家的人不会对一种证明乔托[③]为最劣等的画家的美学理论感到不安。因此,我的朋友按照严格的逻辑推理得出结论说,一件艺术品必须是小的,或圆的,或平滑的;或者得出结论说,若要完满地欣赏一幅画作,就必须在画前轻快地踱步,或把它当成陀螺旋转。当他发表了这些高见以后,他猜不透为何我要问他最近是否去过剑桥,那是他常去光顾的地方。[④]

---

① 这里节译的是《艺术》一书第一章“什么是艺术?”中的第一节“美学前提”。文前标题为译者所加。

② 兰塞尔(Sir Edwin Henry, Landseer, 1802—1873):英国画家,并无很大成就,只有一些动物画略可一提。

③ 乔托(Giotto, 1267—1337):意大利佛罗伦萨的画家及建筑家,文艺复兴的先驱大师。

④ 剑桥:英国学术之地,在此象征着理智与逻辑思维。作者揶揄他的朋友只能回剑桥去从事逻辑思维。

在另一方面，那些对艺术品毫不迟疑地作出反应的人，虽则在我看来，比那些富有才智而感觉力微弱的人要值得羡慕些，但他们也往往谈不出美学的道理来。他们的头脑不总是清醒的。虽然他们据有的材料是任何一种理论体系都必须依赖的基础，但一般说来，他们缺乏从真实的材料中引出正确结论的能力。由于已经从许多艺术品中体会到了审美的情感，他们完全可以在曾激动过他们的作品中找出那种共有的性质。但事实上，他们并未做这种工作。我并不责备他们，如果对他们来说，感受已经足够了，为什么他们要费心去审视自己的感情？如果他们不善思考，为什么他们必须停止感受而开动脑筋？如果他们能在每个审美对象出现时，被美妙各异的种种魅力吸引得流连忘返，那为什么他们必须去追求所有对象中以同一种方式感动了他们的那共有的性质？因此，假如他们写下艺术批评而称之为美学；假如他们在谈论具体艺术作品或甚至是绘画技巧时幻想自己在谈论抽象意义上的艺术；假如他们因为喜爱具体作品而觉得对艺术作一般探讨很乏味的话，也许他们是对的。如果他们对自己情感的性质不怀好奇，对激起这种情感的所有对象中共有的东西也无渴求了解之心，那么他们可以获得我的同情。而且，由于出自他们口中的话往往充满魅力和富有启发性，他们也赢得了我的尊敬。但愿没有人会设想他们的文章和言论是美学。它是文艺批评，或可称为“工艺学”(shop)。

所有美学体系的出发点，必须是某种独特情感的个人体验。激起这种情感的对象，我们称为艺术作品。所有敏感的人都同意这种看法：艺术作品能激起一种独特的情感。当然，我并不是说，所有的作品都引起相同的情感。恰恰相反，每一种艺术作品都产生一种不同的情感。但是可以看出，这些情感是属于同一类的。就此范围而言，无论如何，最佳意见在我这一边，那就是视觉艺术作品会激起一种特有的情感，这种情感可由任何一种视觉艺术所引起。它可以是绘画、雕塑、建筑、工艺品、雕刻、纺织品等等。我认为，对于任何有能力感受它的人，这都是毋庸置辩的。这种情感被称为审美情感。如果我们能在激起这种情感的所有对象中，发现某些共有的性质，那么我们将会解决我认为是美学的中心问题。我们也将会发现艺术品的根本性质——那种将艺术品同所有其他各类对象区别开来的性质。

要么所有的视觉艺术作品都具有某种性质，要么我们在谈起“艺术作品”时,我们对它并不理解。其实,人们在谈论“艺术”时,思想上进行着一种分类工作,将“艺术作品”这一类同其他的各类加以区别。那么,如何证明这种分类的正确性?什么是这一类的所有成员共有的性质?无论这种性质是什么,它无疑总是伴随着其他各种性质而出现的。但是,他种性质是偶然的,而它则是本质的,必定有某种性质,没有它,一件艺术作品便不能存在;具备了它——尽管是在最小的程度上——艺术作品便不会毫无价值。这种特性是什么?能激起我们审美情感的所有对象中所共有的性质是什么?圣·索菲娅像,夏特勒的玻璃窗[①],墨西哥的雕刻,波斯的地毯,中国的陶瓷,乔托的帕度亚[②]壁画以及普桑、弗朗西斯卡[③]和塞尚的杰作,在它们之中,共同的性质是什么?只有一个可能的回答——有意味的形式(Significant form)。在每件作品中,激起我们审美情感的是以一种独特的方式组合起来的线条和色彩,以及某些形式及其相互关系。这些线条和色彩之间的相互关系与组合,这些给人以审美感受的形式,我称之为“有意味的形式”。“有意味的形式”也就是所有视觉艺术作品所共有的一种性质。

在这点上,也许有人会反对说,我把美学搞成了一种纯粹主观的学问,因为我唯一的材料就是对某些情感的个人体验。人们会说,那些激起这种情感的对象是各不相同的。因此,一种美学体系不具备客观的正确性。应该这样回答:任何自诩为建立在某种客观真实基础上的美学体系,显然都荒谬绝伦,因此不值得讨论。除了用感情去体验以外,我们没有其他方法可以辨认一件艺术作品。因为能激起审美情感的对象各个相异。正如俗话所说,审美判断是趣味的问题。而对于趣味,正如每个人都乐于承认的,那是不必争论的。一个优秀的批评家也许能使我在一幅由于我的忽视而变得冷若冰霜的画中看出某些东西。直到最终当我体会到审美情感的时候,我便承认它为艺术作品。文艺批评的作用是不断地指出作品的主要部分,或者说它的组合如何使那些部分一同产生有意味的形式。然而,批评家仅仅告诉我某样东西是一件艺术品,那并没有用。他必须使我能够亲自体验它;而这一点他只有通过让我看才能做到。他必须从我

① 夏特勒的玻璃窗(the windows at chartres):夏特勒为法国中北部一城市,以其哥特式的圣母大教堂著称,教堂的蓝色玻璃窗尤为著名,被称为“夏特勒蓝色”(Chartres blue)。

② 帕度亚(Padua):意大利东北部一城市。

③ 弗朗西斯卡(Piero della, Francesca, 1420—1492):意大利画家。

的眼中了解我的种种情感。除非他能使我看到某种能感动我的东西，否则他不能强迫我的情感，我不能将自己无法对它作出情感反应的一样东西看作是艺术品，我也不能在我并未体验到是一件艺术品的那个事物中，寻求那种根本的性质。批评家只能通过影响我的审美体验来影响我的美学理论。所有的美学体系都必须建立在个人体验上——那就是说，它们必定是主观的。

虽然一切美学理论都必须以审美判断作基础，而且所有的审美判断最终必定是个人的趣味问题，但因此得出结论说，没有任何美学理论能具有普遍的正确性，那就太轻率了。因为虽说感动了我的作品是A、B、C、D，而感动了你的作品则是A、D、E、F，然而很可能我们俩都相信X是自己作品单上的所有作品都具有的唯一的共性。这样，我们就可能在美学上观点一致，而在各具体的艺术作品上意见分歧。当然，我们也有可能对是否存在X这个性质持不同看法。以下我的目标是要表明：有意味的形式，是那些感动我的所有视觉艺术作品中唯一共同的性质。我将请那些审美经验同我不相吻合的人，以他们的判断来看一看，这种性质是否也是能感动他们的作品中所共同具有的，他们是否还能发现任何其他与此有相同作用的性质。

在这点上，同样也出现了一个疑问——虽则实际上并不相干，但却几乎不能搪塞："为什么以某种方式联系起来的种种形式，会如此深切地感动我们？"问题是极其有趣的，但却与美学无关。在纯美学中，我们只需考虑我们的情感和它的对象：仅仅为了美学，我们没有权利，也没有必要到审美对象背后去窥视那位创作者的精神状态。不过，在以后的文章中，我将试着回答这个问题。因为通过这种回答，我也许能发挥自己关于艺术与生活的关系的理论。然而，我不会幻想我用这一点来完成自己的美学理论体系。因为开展美学讨论，需要取得一致的只是根据某些未知的、神秘的规律排列组合起来的形式，确实能以一种独特的方式感动我们。而为感动我们，应将它们如何排列组合，那是艺术家的事情。为了方便起见，为了某个理由（我将在后文提出它），我将这些令人心动的种种排列与组合，称为"有意味的形式"。

在此，我不得不第三次遭到打断。

"你把色彩遗忘了吗？"有人问道。当然不。我的术语"有意味的形式"既包括线条的组合，也包括色彩的组合。将形式与色彩割裂开来，是不现实的。你无法构思一条无色的线或一块无色的空间，同样你也不能设想一种无形的色彩关系。在一幅黑白素描中，所有的空间都是白的，并且都与黑色线条为邻。在大部分油画中，空间是五彩的，各种彼此区分的界线也色彩各异。你无法想象一条不具色彩内容的分界线，或没有分界线的一块色彩。因此，当我谈到有意味的形式时，指的是能激动我的审美情感的线条与色彩的组合(将黑白也计为色彩)。

某些人也许会惊异，我为什么不称其为“美”(beauty)？当然，对于那些将美定义为“能激起审美情感的线条与色彩的组合”的人，我愿意让他们的术语来代替我的。但是，无论我们怎样严谨，我们中大多数人总易于将“美的”(beautiful)这一称呼，给予那些并不像艺术作品那样激起某种特殊情感的对象。我怀疑人人都会将一只蝴蝶或一朵花说成是“美的”。是不是有人会对一只蝴蝶或一朵花产生他对一座大教堂或一幅绘画所产生的那种相同的情感呢？无疑，我们大多数人一般所感受的自然美(natural beauty)，并不是我所称谓的审美情感(aesthetic emotion)。以后我将提到，某些人也许偶尔在自然中见出我们在艺术中见出的东西，并且为她而生出审美情感来。然而使我满意的是，作为一条规律，大多数人对飞鸟、鲜花、双翅的蝴蝶所产生的情感同他们对绘画、工艺器皿、宫殿和雕塑所生的情感是迥异的。为什么这些美的自然不像艺术品那样感动我们，这是另一个问题，一个非美学的问题。作为直接的目标，我们只需找出那些感动我们的艺术品所共有的特件。在这一章的最后一部分，当我试着回答“为什么线条与色彩的某些组合能如此深切地感动我们”这一问题时，我希望能提出一种可以接受的解释，说明为什么其他东西只能在较浅的程度上感动我们。

既然我们会将一种不引起特有审美情感的性质称为“美”(beauty)，那也会对能引起审美情感的性质误用同一名称。要使得“美”成为审美情感的对象，我们必须给它一个非常严格的新的定义。每个人都会偶尔在一个非审美的意义上使用“美”这个词，而大多数人则习惯于这样称呼。也许除了个别的美学家之外，对于每个人来说，这个字最普通的意义是非审美性的(unaesthetic)。我无须指出对此词更随意滥用的情况[这种滥用在诸如“有趣的追猎”(beautiful hunting)、“漂亮的射击”(beautiful shooting)之类的词语中是显而易见的]，因为那些矫揉造作之辈总可以回答说他们从不这样滥用此词。除此之外，这里便不存在将审美的与非审美的用法混淆的危险。但是,当我们谈起一个美丽的妇人(a beautiful woman)时,这种危险就出现了。一个普通人在谈起一个美丽的妇人时,他的意思当然不仅是说她在审美意义上感动了他。但当艺术家把一个枯瘦干瘪的老丑妇说成美的时候,其意义同他把一尊残缺的躯干雕像说成是美的一样。如果那个普通人也是一个有较高审美趣味的人,他会说那雕像是美的,但他不会把一个老丑妇说成是美的。① 因为就女性而言,他将美这一称呼不用于审美的性质,而用于某种其他的性质。确实,我们大多数人从不梦想在人类那儿去寻求审美情感。对于人类,我们要求某种很不相同的东西,当我们在一个年轻妇人身上发现这"某种东西"的时候,我们很容易称之为"美"(beauty)。我们生活的时代是很不错的。对于这个时代的一般人来说,"美的"(beautiful)这个词更常与"吸引人的"(desirable)一词同义。这个词并不一定意味着任何审美的反应。我很相信,在许多人的头脑中,这个词的性感味要比审美味更浓重。我曾注意到某些人的一种共同现象:在他们看来,世界上最美的东西是一个美丽的妇人。次之,一幅美女的画像。在他们这个情形里,对审美的美和性感的美的混淆并不如料想的那样严重——也许根本没有混淆。因为他们可能从未有过一种审美的情感可同其他情感相混淆。他们称之为"美的"那种艺术,一般讲与女性有密切关联。一帧美女的照片就是一幅美的肖像画;能引起类似音乐笑剧中年轻小姐所引起的那种情感的音乐,就是美的音乐;那重新唤起 20 年前曾对某校长的女儿所怀有的情思的诗歌,便是美的诗歌。显而易见,"美"这个词可用来包含种种完全不同的情感的对象。这也就是我为什么不使用一个专有词汇(例如 beauty——译者注)的原因,因为它将不可避免地在我和读者之间产生许多混乱和误解。

在另一方面,有人认为这样更确切,即把激起我们审美情感的形式的排列组合不称为"有意味的形式",而称为"形式的有意味的关系"(significant relations of form)。然后通过将这些关系命名为"韵律"(rhythm),力图集美学和形而上学两者之所长。对于这些人,我与他们无可争论。既然我已经清楚地表明,"有意味的形式"是那些用一种独特的方式感动我们的排列与组合,我愿意同那些喜欢给同一件事物以不同

① 这就如同说罗丹的《老妓》是美的,但现实生活中的老妓并不美。作者在这里用 aesthetic 和 beautiful 来区分艺术美与现实美,前者是"审美的",而后者只是"美的"。

名称的人携起手来。

有意味的形式是艺术品的根本性质,这个前提至少还有一个虽然被许多人否认,但却更为出名和惊人的优点——它确实能帮助我们解释事物。我们都熟悉那些能引起我们的兴趣和赞赏,但却不能作为艺术品使我们感动的绘画。我称为"描述性绘画"(Descriptive Painting)的,即属这一类。在这种绘画中,形式不是作为情感的对象,而被当成表露情感或传达消息的手段。具有心理学和历史学价值的肖像画、地形模型、叙事和显示环境的绘画、各种各样的插图都属于这一类。我们都承认这里的差别是显而易见的——因为谁都会说如此这般的一张素描作为插图是绝妙的,而作为艺术作品却毫无价值。当然,有许多描述性的绘画,除了其他性质之外,还具有形式上的意义,因而也成为艺术作品;但更多此类绘画却不是艺术作品。它们使我们感兴趣,也许还能以上百种不同的方式感动我们;但它们不能在审美方面使我们激动起来。根据我的前提,它们不是艺术作品。它们并未触动我们的审美情感——因为它们不是依靠形式,而是依靠由形式所表露和传达的思想及消息来影响我们的。

很少有绘画像弗里斯①的《帕丁顿车站》那样闻名遐迩,受人喜爱。——当然,对它所受到的普遍欢迎,我毫不妒忌。多少次,在令人无聊的时候,我琢磨着这幅画中令人神往的种种细节,为每个细节假设一个幻想的过去和不现实的未来,以此来消磨许多时光。但是,虽然弗里斯的杰作(或它的雕版图片)确实给千万人带来长时间的好奇与幻想的愉快,可同样无疑的是,没有人在此画面前体验过哪怕半分钟的审美的欢喜——尽管此画的某些细部也有悦目的色彩,而且决非制作得拙劣。《帕丁顿车站》不是一幅艺术作品,它是一部引人兴味的有趣的文献。在此画中,线条和色彩不是被用来激起审美情感,而是被用于复述奇闻轶事,提示某些思想,表现一个时代的时尚风貌。对弗里斯来说,形式以及形式之间的关系,不是情感的对象,而只是表露情感和传达思想的手段。

由于《帕丁顿车站》所传达的思想和消息如此有趣同时又传达得那么

---

① 弗里斯(Frith William Powell, 1819—1909):英国画家。1852 年起成为皇家美术院院士,有拉斐尔前派的画风。帕丁顿为伦敦西部一个地区。

好，因而此画便有了价值，并很值得保存。但是，随着摄影与电影的臻于完善，这种绘画便毫无作用了。有谁会怀疑一个《每日镜报》的摄影记者同一个《每日邮报》的采访记者配合，可以比任何一个皇家美术院院士更多地告诉我们"每日伦敦"的情况？将来，为了解时尚风貌，我们会去找附上略有名气的报刊文章的摄影照片，而不会去看描述性的绘画。假如尼禄[①]的罗马帝国御用院士们不去制造那些不可置信、令人作呕的古董复制品，而是在壁画与镶嵌图案上留下他们那个时代的时尚风貌的话，那么即使是艺术的垃圾，现在也会成为高历史价值的黄金主矿。如果他们都是弗里斯们而不是塔弟马[②]们，那该多好！然而，在现代，照相术已使得艺术的垃圾不可能转变为有价值的东西。因此，必须承认，以弗里斯为传统的绘画，已经发展为多余的东西。它们只会浪费才子们的时间，而他们原可更有效地从事远为有益的各项工作。当然，它们不是令人不快的东西——对于这种描述性的绘画来说，这已是过高的评价了。它们中最臭名昭著的例子是《The Doctor》一画。当然，《The Doctor》不是一件艺术作品。在这幅画中，形式不是作为情感的对象，而被当成表露情感的手段。仅此一点就足以使此画成为废物；但这比报废更糟——因为它所表露的情感是虚假的。它所表露的不是同情或赞赏的感情，而是一种对我们自己的同情心和慷慨之情的自我满足感。此画是感伤的。然而，艺术高于伦理，或者说，一切艺术都包含着伦理，因为就如我现在希望表明的那样，艺术作品是导向善的直接工具。一旦我们判定一件东西为艺术品，我们就不仅在伦理上判断它是最重要的，而且也把它放在道德家的领域之外。但是，描述性的绘画，既然不是艺术作品，因而也就不必是通往良好精神状态的手段。所以它们是伦理哲学家所关注的合适对象。由于不是一件艺术品，《The Doctor》一画完全不具有所有能激起审美欣喜的对象都拥有的那种巨大的伦理价值。它对于精神的状态来说，是一种图解的手段，但这对我是毫无吸引力的。

那些雄心勃勃的年轻人，意大利未来派的艺术家(Italian Futurists)，他们的作品就是描述性绘画的著名范例。同皇家美术院院士们一样，他

---

① 尼禄(Nero，公元 31—68)：罗马暴君，公元 54—68 在位。

② 塔弟马(Alma Tademas，1836—1912)：英裔荷兰画家，专以古代各大文明的历史为绘画题材，画风是典型学院式的。

们不是用形式去激起审美情感,而是去传达消息和思想。确实,未来派已公开发表的理论证明,他们的绘画必然与艺术毫不相干。他们的社会及政治理论是值得赞赏的,但我还要向年轻的意大利画家们建议:如果一个人有幸生就为艺术家的话,那么他完全可能在思想上和行动上成为一个未来主义者,而同时继续保持他艺术家的身份。将艺术同政治搅在一起总是一个错误。未来主义的绘画是描述性的,因为他们的目标是在线条和色彩中呈现精神在某一时刻的混乱状态。他们的形式不是用于引起审美情感,而只用来传达消息。这些形式,无论其表达的思想本质如何,其本身绝不是革命性的。在那些我所见过的未来主义绘画中——也许应除去塞未里尼[①]的某些作品——只要作品像通常一样成了再现性的,人们总发现它落在大约三十年前,贝斯纳[②]使之风行一时,而其后又被美术学院的学生们大大篡改了的那种纤弱的俗套之中。尽管作为艺术作品,未来主义的绘画可以忽略不计,但我们根本不应该把它们作为艺术作品来对待。一幅杰出的未来主义绘画可以像一种杰出的心理学一样获得成功。通过线条与色彩,它将揭示出一种令人兴味盎然的精神状态的全部复杂性。如果未来主义的绘画遭到了失败,我们不应从它们缺乏艺术特性方面去寻求解释——因为并不要求它们具有这些特性——而更应从它们应该揭示出的精神状态方面去寻找原因。

大多数非常关心艺术的人们发现:最能感动他们的艺术作品的杰出部分,是学者们所说的“原始主义的艺术”(Primitive)。当然,也有拙劣的原始主义艺术。例如,我记得自己曾满怀热情去普瓦提埃[③]瞻仰最古老的罗马式教堂(圣母大教堂)。可是我发现它同一千年以前或八百年以后由高度开化、风靡一时的建筑师所设计的更高级的建筑一样比例失调,装饰奢华,粗糙、臃肿、笨重。但是这种例外是少见的。一般来说,原始主义艺术是杰出的。在此,可以再度用上我的前提。因为作为一种规则,原始主义艺术也脱离了描述的性质。在原始主义艺术中,你找不到精确的再现,而只有有意味的形式。

没有任何其他艺术能如此深刻地感染我们。当我们在欣赏苏美尔雕

① 塞未里尼(Severini Gino, 1883—1966):意大利画家,未来派运动创始人。

② 贝斯纳(Besnad, 1849—1934):法国画家。他是反对印象主义与其他现代主义画派,维护学院派传统的最后一位重要画家。

③ 普瓦提埃(Poitiers):法国中西部一城市。

塑，埃及早期王国的艺术，古代希腊艺术，中国魏朝、唐朝的杰作①或那些早期的日本作品时（我有幸在 1910 年的谢泼德布什展览会上看到其中的几幅杰作，特别是两尊木头菩萨）；或者更近些说，当我们在欣赏 6 世纪的原始拜占庭艺术，以及它在西方野蛮人中的最初发展时；或者说得远一些，当我们在欣赏白人到来之前盛行于中美洲和南美洲的神秘而又崇高的艺术时，在每种情形下，我们都看到三种共同的性质：没有再现，没有技巧的炫弄，只有高尚感人的形式。从这三者之间的联系中并不难发现：热衷于逼真的再现和外表华丽的技巧，就会丧失有意味的形式本身。②

十分自然，人们会说如果在原始主义艺术中较少有再现的因素，较少有伶俐机智的把戏的话，那是因为原始人没能捉住一个相似的形象，也无力搞出聪明的玩意儿。这种论点，是文不对题的。尽管这种论点无疑并非一无是处，但是，如果我是一个批评家，我的名声有赖于以似乎有学问的样子去感染公众的能力，那么，在推广这种论点时，我也会比一般的批评家们更为谨慎。如果我们假设拜占庭的大师们缺乏技巧，或者说他们渴望创造一种幻象但却无力做到，那似乎意味着，我们对那个时代荒谬绝伦的作品所具有的以惊人的技巧表现的写实主义一无所知。恐怕在许多情况下，原始人再现的误差，属于批评家们所说的那种“故意的歪曲”。无论如何，关键还在于：无论是缺乏技巧还是缺乏意志，原始人既不制造幻想，也不炫耀横溢的才华，而只是集中精力于一件有益的事——形式的创造。由此，他们创作出了我们所据有的最杰出的作品。

---

① 作者原注：顾恺之的存在清楚地表明：这一时期的艺术（五到八世纪）属于典型的原始主义艺术运动。如果把梁、陈、魏以及唐朝的具有伟大生命力的艺术，看作是脱离由于过分讲究因而耗尽了生命、走向衰微的汉朝艺术的一个直接发展（顾恺之是这棵树上的一个蔓枝），那就如同把罗马式建筑看成是对普拉克西特莱斯的一个直接发展。实际上，在二者之间，曾经有某些作品充实了艺术之流。在中国，那就是紧接着佛教的冲击而来的精神与情感的革命。

② 作者原注：这并不是说再现本身是不好的，而是说它是无关紧要的。完全再现的形式也可能是有意味的。只是为再现而牺牲意味，那便是致命的缺陷。意味与幻想之间的争论似乎与艺术本身一样古老。我几乎不怀疑，旧石器时代的艺术之所以如此之差，那是因为纠缠于精确的再现。显然，旧石器时代的制图人没有形式的意味感。他们的艺术同更能干、更忠实于再现的皇家院士很相似：较爱德华·坡印安爵士棋高一着，但又比雷顿勋爵稍逊一筹。如果请阿尔搭米拉洞画或发现于布鲁民格尔（收藏于大英博物馆）的奔马图来为此作证的话，那么它们不会互相矛盾。如果说在布拉桑布依的教皇神龛中，发现那个象牙制的少女头像（藏于圣·日尔曼陈列馆）和在同一地方发现的象牙躯干雕像（藏于圣·克思克收藏馆）确实是旧石器时代的艺术品的话，那就说明旧石器时代也有杰出的艺术家，他们不是模仿形式，而是创造形式。当然，新石器时代的艺术是一个与此大为不同的问题。

不要想象再现本身是不好的。一种作为整体布局的组成部分的写实主义形式,可同一种抽象形式同样有意义。但是,如果一种再现的形式具有价值的话,那是因为形式,而不是因为再现。艺术作品中的再现因素,或许有害,或许无害,但它总是与审美无关。因为要欣赏一件艺术作品,我们无须从生活中携带什么,无须具备有关生活的观念与事物的知识,无须熟悉生活中的各种情感。艺术将我们从一个人类活动的世界转移到一个审美升华的世界之中。一时间,我们与人世的利害关系相隔绝,我们的预见力和记忆力被囚禁了,我们升华于现实生活的潮流之上。我觉得一个沉浸在研究中的纯数学家,他所体会过的一种精神状态与这种情况不说是同一,至少也是相似的。数学家对自己的思索产生出一种情感,这种情感不是从他对这种思索与人类生活的关系的知觉中产生,而是非人性地或超人性地发自于一种抽象科学的内心。有时我很想知道,艺术的鉴赏者与数学解答的欣赏人,他们是否可以更紧密地相互关联?在我们对一种形式组合产生审美情感之前,我们在理智上是否感觉到了这种组合的正当性与必要性?如果是的话,就可以解释这个事实:当我们很快穿过一间屋子时,我们可以看出屋里有一幅很好的画——虽然我们不能说它激起了深厚的情感,但我们似乎已经在理智上承认了它的形式的正当性,而不用停留下来,把注意力投向画作,并按它本来的面目获取那些形式的情感意义。如果确实如此,就可以这样提问:究竟是形式本身还是我们对它们正当性和必要性的感知,引起了我们的审美情感?但我觉得没有必要在此费时讨论这个问题。我的问题一直是:为何形式的某些组合会感动我们?如果我们换一种方式提问:为何某些形式组合,被认为是正当的和必要的?为何我们对它们正当性和必要性的感知能令人感动?那么我的论述就不会采取已经采取的那种方式。我必须说的只是:全神贯注的哲学家以及苦心孤诣地构思艺术作品的人,都生活在一个本身具有浓厚的特殊意义的世界之中。这种意义又同生活的意义并无关联,在这个世界里,生活中的情感是没有地位的。这是一个只有其自身情感的世界。

要欣赏一件艺术作品,我们只需具备一种形式感和色彩感,以及一些有关三度立体空间的知识。既然迄今最动人的形式中有许多是三度立体的,那么我承认,有关的这一点知识对欣赏许多杰出的作品是必需的。将一个立方体或长菱形当作一个平面来看待,这是降低了它的意义。三度空间感对于圆满地欣赏大部分建筑形式,是必不可少的。如果我们将绘画当成平面看待，它们就会变得毫无意义。它之所以能极为动人，那是因为事实上我们将它作为互相关联的多个平面来看待。如果将三度空间的再现称为“再现”的话，我同意这样一个看法：有一种再现并非与审美无关。同样，我同意，如果我们准备最完美地创造各种形式的话，除了我们的线条感和色彩感之外，我们还须具备空间的知识。然而，也有那么一些辉煌的作品，你在欣赏它们时，并不一定要具备这种知识。因此，尽管这种知识对欣赏某些作品来说并非毫无关系，但它并不是欣赏所有艺术作品必不可少的因素。我们必须这样说：三度空间的再现，对于所有艺术作品来说，既非毫无干系，也非不可或缺；但任何其他种类的再现则与审美毫不相干。

在许多伟大的艺术作品中，有一种与审美无关的再现或描述的因素，这不足为怪。其理由我将在其他地方加以说明。再现并非必然是有害的，高度写实的形式也许会极富意义。然而，再现又常常是一个艺术家无能的标志。一个无力创造能引起较多审美情感的画家会用提示生活中的情感的方式来力图增加那原有的少得可怜的审美情感。而为了激起生活中的情感，他必须使用再现的手法。因此，如果他以杀人为题材作一幅画的话，由于害怕他那双筒猎枪的第一筒子弹（即有意味的形式）不能打中目标，他会试着使用第二筒（即用引起一种恐惧感或同情的办法）。但是，如果说在艺术家中，一种利用生活中情感的倾向常常是某种转瞬即逝的灵感的标志，那么在观众之中，那种于形式的背后寻求生活中的情感的倾向则总是指示着一种有缺陷的感觉力。这意味着，他的审美情感是虚弱的，或至少是不完美的。在一件艺术作品面前对纯形式只有极少或没有情感反应的人会觉得自己惘然若失。他们是音乐会上的聋子。他们知道自己与某种伟大的事物同在，但他们缺乏领悟的能力。他们知道为此应该体会得到一种极为强烈的情感，然而他们极难或根本体会不到伟大的作品所能激起的那种特殊的情感。因此，他们在作品的形式中领会那些他们能够体会出情感的事实和思想，并由此产生出他们能够产生的情感——生活中的普通情感。当他们面对一幅画作时，他们本能地将它的各种形式同其脱身而来的那个世界联系起来。他们将创造出来的形式当成模仿而来的形式，把一幅画当成一张摄影。他们不是顺着艺术的激流涌到一个新的审美体验的世界中去，而是来一个急转弯，径直回到世俗利益的旧世界之中。对他们而言，一件艺术作品的意义要依靠他们来赋予，没有任何新的东西加入到他们的生活中来——唯有旧材料经过了一番摆弄。一件杰出的视觉艺术作品将一个有能力欣赏它的人带出现实生活而进入一种心醉神迷的状态。而将艺术作为一种通向生活情感的工具来使用,那就如同用放大镜阅读报上新闻。你会看到,不能体会纯粹审美情感的人通过作品的主题来记住那些画作,而有能力的人往往不知道一幅画的主题何在。他们从不注意再现的因素。因此,当他们讨论画作时,便谈论各种形式的造像,各种色彩的关系和数量。他们往往可以根据单纯一个线条的制作优劣来判断这个人是否是一个优秀的艺术家。他们所关心的仅仅是线条、色彩,它们的关系、数量以及质量,然而他们从中赢得了一种情感,它比任何通过对事实和思想的描述所得来的情感都更为深刻而且也高尚得多。

上述最末的那个句子带有一种非常自信的口气——有人也许会认为是过分的自信。如果我把自己对音乐的感受作一番叙述的话,也许我能够证明以上的看法是正确的,并可以将我的意思阐述得更为清晰。其实,我并无音乐之才,我也不能很好地理解音乐。我觉得音乐形式是极难领会的。我确切地知道,和声与节奏的较为深刻的微妙之处常常舍我而去。如果我诚心实意想掌握音乐作品的形式,那它事实上一定不会很复杂。我对音乐的意见是不值得记取的。然而,有些时候,在音乐会上,虽然我对音乐的领会是有限的,并不高明的,但那是纯洁的。也有些时候,虽然我的理解很差,但我的趣味则是纯正的。结果,比方说在一个音乐会刚开始的时候,如果我感到精神兴奋、头脑清晰、心志专一,那时如上演我能理解的曲目,我就会从音乐中获得如同我在视觉艺术中所得到的纯粹审美的情感。但与视觉艺术相比,这种体验不那么强烈,狂喜之情很快消失。由于我对音乐懂得太少,因而音乐不能将我远送到一个纯粹审美的销魂境界中去。但是,在某些时候,我确实将音乐当成纯粹的音乐形式来欣赏。那是根据一种神秘的必然律组合起来的声响,那是一种本身具有极大意义而与生活的意义又毫无干系的纯艺术。在这样的时刻,我沉浸在如同纯粹视觉形式将我带入的那种无限崇高的精神状态里。与此相比,我通常在音乐会上的精神状态是多么的低劣!疲惫厌倦,精神混乱,我放走了自己的形式感,我的审美情感崩溃了,于是我开始在自己不能掌握的和声中编织进现实生活中的思想。由于不能体验严格意义上的艺术情感,我开始在音乐形式中体会世人的情感——恐惧与神秘,爱与恨,并十分愉快地在一种混乱和低级的感情世界中消磨时光。在这样的时刻，如果拟声再现的最粗俗的声响——小鸟的歌声、飞马的奔腾声、儿童的哭声或魔鬼的笑声——被引入交响乐的话，我不会感到是受了侮辱，很可能我会感到愉快。它们将给浪漫感情或英雄主义思想的新列车提供新的发车点。我十分明了已经发生的事。我已经把艺术作为一种通往生活情感的工具，并从中体会出现实生活中的思想。我这是在用剃须刀切割木块。我从壮丽的美学高峰仓促而下，来到充满温情的人世的山脚，这是一个令人快活的国度，人人都不必耻于在那里享受快活。然而，那些曾到过高峰之上的人，都不能不感到在这个温暖舒适的山谷中有那么一点垂头丧气。但愿人们不要因为自己在温暖之乡和奇妙的浪漫之谷所得到的愉快，便幻想他甚至能猜测到那些曾攀登过白雪覆盖、冰寒料峭的艺术高峰的人所体会的那种真正动人心魄的狂喜。

对于音乐，大多数人都同我一样甘拜下风。如果他们不能把握音乐形式并从中赢得一种纯粹的审美情感，他们便承认自己不能完全懂得音乐或根本一窍不通。他们非常清醒地认识到，在音乐家对纯音乐的体会与兴高采烈的音乐会听众对音乐所提供的东西的体会之间有一种差别。后者欣赏自我的情感——因为他有全部理由这样做——并承认这种情感是低级的。不幸的是，人们对他们鉴赏视觉艺术的能力就常常不这样谦虚了。人人都倾向于相信：无论如何，他能从画作中得到原本可能得到的一切。人人都随时会把那些说还能从中得到更多东西的人斥为“骗子”，说他们是“胡扯”。能体验纯粹审美情感的人的良好声誉，受到那些从未有过任何这种体验的人的怀疑。我想，是由于再现因素在艺术品中的广泛流行才使得街头市民自信地认为：如果他见到一幅杰作的话，他能够看出来。由于我注意到，在建筑、陶瓷工艺、纺织工艺等方面，无知和愚蠢倒更愿意遵从那些天赐特殊敏感的人的意见。所以这就很遗憾：不能使有教养、有知识的男女相信，审美欣赏的伟大天赋在视觉艺术中至少同在音乐中一样稀有。我本人对两种体验的对比使我极为明确地分清了纯粹与非纯粹的欣赏。希望别人对绘画的感情与我对音乐的感情一样的诚实，这是否要求过高？因为我确信，大多数到画展去的人确实有如同我在音乐会上一样的感受。他们有纯粹心旷神怡的时刻，但是为时很短，且不确实。很快，他们便跌回到世俗利害的世界之中。所体会的情感虽然无疑是好的，但却是低级的。我并不想说，他们从艺术中得到的是有害的或无用的,我只是说他们未得到艺术所能给予的最好的东西;我不是说他们不懂得艺术,而是说他们不能理解那些能最好地理解艺术的人的思想状态——我不是说艺术对他们毫无意味或意味很少,而是说他们未能抓住它的全部意义。我绝不是暗示,他们对艺术的欣赏是一件令人惭愧的事——因为我所认识的大部分可爱的有识之士都不能纯粹地欣赏视觉艺术。顺便可提及的是,他们对几乎所有伟大作家的作品的欣赏也是不纯粹的。然而,只要还有一些纯粹的审美情感,我确信即使是一种含混的、很不完全的对艺术的欣赏,它也是世界上最有价值的事物之一,它确实很有价值,因而在眼花缭乱的时刻,我不得不相信:艺术也许会证明世界得到了拯救。

然而,虽说艺术的回声和绿荫丰富了平原上的生活,她的灵魂仍然高居山上。对那追求她但并非完全纯粹地追求的人,她也总是报以琼瑶,使其获益而归。就如太阳一样,她给肥沃土壤中的良种以温暖,促使它结出丰盛的果实。但是只有对完美的爱人,她才奉献一种新奇的馈赠——一种无价之宝。不完美的爱人将他们自己时代和文明的思想及情感带进艺术并从艺术中欣赏这些东西。在12世纪的欧洲,人们也许会深为罗马式教堂所感动,但在一幅唐代的绘画中却一无所获。对较后一个时代的人来说,古希腊雕塑是很有意味的,但墨西哥的雕塑却一文不值——因为这些人们只具有同前者有关联的思想,并以这种思想为对象,从中体验出类似的情感。但是那完美的爱人——即能体会形式的深刻意味的人,却超越于时间和空间的偶然事件之上。考古学、历史学、圣徒传记学的问题对他来说是离题万里的。如果一件作品的种种形式是有意味的话,作品内容的出处则与审美无关。站在卢浮宫那些苏美尔人的巨像前,他同四千多年以前迦勒底的崇拜者一样体验到狂热沸腾的审美之情。这是伟大艺术的标志:它的召唤是普天同应、万古长青的。① 有意味的形式充满了力

① 作者原注:罗杰·弗莱先生应允我利用一则有趣的故事来证实我的观点。当《日本神庙珍藏》的政府编辑冈仓先生首次来欧洲的时候,他在欣赏那些并不为意志和技巧而制造幻想,而是集中精力于形式创造的画家作品时,并没有什么困难。他立刻就理解了拜占庭的大师们,法国及意大利的原始主义画家。而另一方面由于文艺复兴时代的画家热衷于描述,将兴趣放在文学和奇闻轶事上。因此,在他们身上他看到的只是粗俗与混乱。有意味的形式,这个艺术普遍与根本的特质消失了,或者说变成了杂草掩映的浅溪。因而,他们没能引起普天同应的回答——审美的情感。直至他看到了马蒂斯,他才发现自己重新回到了熟悉的纯粹艺术的世界。与此相仿,感受力很强的欧洲人,他们能对伟大的东方艺术中有意味的形式,不加思索地作出反应,而对那些被中国业余艺术爱好者所津津乐道的轶闻琐事和艺术的社会批评无动于衷。为了庄重起见,不能对这个显而易见的道理多加发挥,否则的话,要举一反三,那是易如反掌的。

量，它能激起任何有能力体验的人的审美情感。人们的思想如灰飞烟灭；人类改变着他们的时尚风俗，就如改变服装一样：一个时代智慧的成就就是另一个时代愚昧的东西；唯有伟大的艺术仍然万古不移，永不湮灭。伟大的艺术之所以能万古不移，永不湮灭，那是因为它所唤起的感情超越于时间和空间，那是因为它的王国不属于此岸世界。对于那些具有形式意味感的人来说，能使他们感动的形式究竟是前天在巴黎创作的还是二十世纪以前在巴比伦创作的，这又有什么关系呢？艺术的种种形式是无穷无尽的，但是所有的形式都通过审美情感的相同道路，引导人进入审美狂喜的同一世界。

姜庆国译

——译自克莱夫·贝尔《艺术》(英文版)，伦敦查图与温都斯出版公司 1949 年版

罗杰·弗莱

罗杰·弗莱(Roger Fry，1866—1934)，英国画家和艺术批评家。与克莱夫·贝尔齐名，同为现代形式主义美学的代表人物。他生于伦敦，曾就读于克利夫顿公学和剑桥大学英王学院，在巴黎学过绘画，在伦敦举办过个人画展，其作品以山水风景画见长，讲究构图的形式意味。他的评论，最初主要围绕意大利文艺复兴时期的艺术，以其博学多才和鉴赏力出众，在国内外享有一定的声誉。后来他与贝尔一起，将后印象主义绘画介绍给英国公众，并以这派绘画为依据，提出了自己的美学理论，强调形式结构是艺术作品最基本的性质。他一生的著作不少，其中较为重要的有：《视象与构图》(1920)、《艺术家和心理分析》(1924)、《变形》(1926)、《塞尚》(1921)等。《视象与构图》是他的第一本艺术批评著作。这本著作汇集了他在 1920 年以前所写的大部分评论，包括他的一些重要的美学论文。我们选译了其中的两篇：《论美学》和《回顾》。这两篇文章集中体现了他的美学观点。《论美学》原发表于 1909 年，曾被贝尔誉为是“自康德时代以来对这门科学所作的最有益的贡献”。他在文章中提出了人能够过双重生活的观点。所谓双重生活，一种是现实生活，一种是想象生活。他认为这两种生活有极大的差别。在现实生活中，自然淘汰过程使本能反应(诸如逃避危险之类)成为生活中的重要组成部分，人把全部注意力

都集中在这一方面。在想象生活中,这种反应行动是不需要的,因此人的整个意识都可以集中在他的生活经验的知觉方面和情感方面。艺术就是这种想象生活的表现,而不是对现实生活的模仿。他详细地考察了艺术活动中的知觉和情感特点,指出由于人在艺术活动中采取了脱离利害关系的纯观照的态度,他就能看到在日常生活中所不注意的东西。他同时指出,人们在艺术中能够比在现实生活中更充分地认识所感受到的情感。由于这些情感无须伴随反应行动,因而获得了一种新的价值。在1920年所写的《回顾》一文中,他谈到自己如何根据后印象主义绘画的实践,进一步修正了这些理论观点,更加明确地区分审美情感与生活情感,将前者完全限定为对纯形式的情感反应,并强调这种情感反应不会与其他的情感反应融为一体。这篇文章也是形式主义美学的一篇重要文献。

(王又如)

论美学

一位目前颇有点名声的画家,曾经写过一本论述他所从事的艺术的小册子。在这本小册子里,他提出了有关那种艺术的一个如此简明的定义,因此我把这个定义作为这篇论文的出发点。

那位著名的权威说:"绘画艺术是用颜料在平面上模仿种种实在的对象。"这个定义令人高兴的简单,但是引起这么一个问题——所有的绘画艺术都是如此吗?如果是的,又何必对这个问题那么大惊小怪呢。试图否认作这位艺术家后盾的我们的现代作家具有某种非常可敬的权威,是徒劳的。其实,柏拉图对这件事作过非常相似的叙述。他提出这么一个问题——艺术值得我们去花费精力吗?按照他的严格和无情的逻辑,他认定这是不值得花费精力的,并提出将艺术家赶出他的理想国。尽管那样,这个世界依然顽固地认为,为绘画花费精力是值得的。虽然,确切地就造型艺术向这个世界所提供的而论,世界从来未能完全补偿自己的精神,但它坚持尊敬和钦佩它的那些画家。

我们能不能得出这样一种关于造型艺术本质的结论呢?它要完全能够解释我们对于造型艺术的情感,至少要能够把造型艺术置于同其他艺术的某种关系中,并且不让我们处在由单纯模仿的理论造成的极度困惑中。因为我想,我们必须认识到,如果模仿是造型艺术的唯一目的,那么,被认为胜于各种古玩或精巧的玩具的造型艺术作品,由成年人认真地买去，就是十分奇怪的事了。而且，这些造型艺术作品，与其他艺术之间，例如与可以忽略对实际对象的模仿的音乐或建筑之间，竟然没有可供辨认的密切关系，这也是令人奇怪的。

形成这样一些结论，是我在这篇文章里为自己所确定的目标。即使最终的结果不是决定性的，这种探索也会把我们引导到并非完全无益的一种造型艺术观点上去。

我必须从某种基本的心理学着手，从某种关于本能性质的思考着手。当世界上的万物呈现在我们的感官面前时，它们使一个复杂的神经机器运转起来，产生某种本能的适当的行动。我们在田野里看见一头野牛时，我们的意识丝毫没有进行任何干预，一种神经作用就自动地产生了，如果我们的意识不进行强迫的干预的话，结果就是恰当的逃跑行动。导致逃跑的这种神经机制，引起一种相应的特定的精神状态，我们称这种精神状态为恐惧的情感。一切动物的生活，大部分人的生活，是由对感觉对象的这些本能反应及其所伴随的情感组成的。但是人有一种特殊的本领，他能够在自己心中再次唤起过去的这种经验的回声，像我们所说的那样，“在想象中”再次温习它。因此，人具有过双重生活的可能性：一种是现实生活，一种是想象生活。这两种生活之间有极大的差别。在现实生活中，自然淘汰过程使诸如躲避危险之类的本能反应成为整个生活进程中的重要组成部分，人把他的全部有意识的努力都集中在这一方面。然而在想象生活中，这种反应行动是不需要的，因此人的整个意识都可以集中在他的生活经验的知觉方面和情感方面。在想象生活中，我们以这种方式获得一组不同的价值，获得一种不同的知觉。

我们可以通过电影，从一个奇妙的侧面，观察这种想象生活的本质。电影几乎在各方面类似现实生活，除了心理学家称作我们对感觉的反应的意动部分，即作为结果而发生的恰当的行动是被去掉的。如果我们在一部电影中看见一匹失去控制的马及马车，我们不必考虑离开这条路或者自己英勇地上前干预。结果，我们首先更清楚地看见这一事件，看见一些非常令人感兴趣而又不相干的事物。在现实生活中，这些事物无法进入我们的意识，整个意识常常集中在有关我们的恰当反应的问题上。我记得在一部电影中看见一列火车到达外国的某个车站，人们从车厢上下来，而那儿却没有站台。使我非常吃惊的是，我看见几个人在到达地面之后向右转，好像朝东面走去了。这种几乎有点滑稽的表演，我在现实生活里，在几百个碰到过这种景象的场合中，从来没有注意过。因为事实上，一个在车站停留的人，绝不是各种事件的真正的旁观者，而是忙于找行李或预订的座位的行动者。他实际上仅仅看见能够有助于这种恰当的行动的那么一些事情。

关于电影的幻象，人们注意到，由这些幻象引起的无论什么情感，虽然好像要比普通生活中的那些情感更加微弱，却能够更加明确地提供给意识。如果呈现在感官面前的景象是偶然事件的景象，由此所引起的我们的怜悯和恐惧的情感，虽然是弱的，却由于我们知道没有人会真正受害，而能够感受得非常充分。因为这些情感不会像在生活中那样，马上变成援助的行动。

与电影的效果有点类似的一种效果，可以通过观看一面反映街景的镜子来达到。如果我们观看街道本身，我们几乎肯定使自己以某种方式适应于它的实际存在。我们认出一位熟人，想知道他今天早上为何显得如此沮丧，或者对街上流行的帽子的新式样感兴趣——正当我们这样做的一刹那间，街景本身的吸引力就被削弱了。我们正在对生活本身作出反应，不管这种反应是多么轻微。但是，在镜子里，完全转移我们自己的注意力，把变化的景象看作为一个整体，是更为容易的。那时，镜子中的景象立刻具有了幻觉的性质，而我们则成了真正的观众，不再选择我们愿意看的，而是相同地观看每一样事物。我们由此开始注意一些外貌和种种外貌之间的关系，这些东西从前常常逃脱了我们的注意，其所以会如此，是因为我们对于我们所愿意吸收的印象的选择，造成了那种永久性的节省，在生活中，我们的这种节省是经由无意识的过程完成的。而这面镜子的镜框，在某种程度上把所反映的景象从原来属于我们现实生活的景象变成属于想象生活的景象。这面镜子的镜框使它的镜面成为一件非常初步的艺术作品，因为它帮助我们达到艺术的幻觉。如同你可能已经猜到的，这就是这次我所要得出的全部结论，即艺术作品与人们或多或少地过着的这种占第二位的想象生活，有密切的联系。

造型艺术是想象生活的表现，而不是现实生活的摹本。这一点可以通过观察儿童的绘画来加以推测。如果让儿童们自己作画，我相信，他们绝不会复制他们所看见的，决不会像我们所说的那样，“取自自然”，而是以可爱的直率和真挚，表现内心的各种形象，这些形象组成他们自己的想象生活。

所以,艺术是这种想象生活的表现,也是对想象生活的刺激。这种想象生活由于缺乏反应行动,而与现实生活相脱离。在现实生活中,这种反应行动包含着道德责任。在艺术中,我们没有这种道德责任——艺术显示一种生活。这种生活不受我们实际存在的需要的约束。

那么,什么是所有人或多或少地过着的这种想象生活的充分理由呢?对于只承认伦理价值的纯粹的道德家,为了要证明这种想象生活的合理性,人们就必须表明它不仅不阻碍而且实际上促进了正确的行为。否则,想象生活不仅是无用的,而且,由于它消耗了我们的精力,因而肯定是有害的。对于这样一个人,有两种观点是可能接受的。一种是最狭隘的清教徒的观点,认为想象生活同追求感官快乐的生活一样,因此想象生活完全应当受到谴责。另一种观点则争辩说,想象生活确实对道德有帮助。这必然是像罗斯金那样的道德家们所采取的观点。对这些道德家们来说,想象生活还是绝对需要的。这种观点会导致一种非常难以对付的特殊辩护,甚至会导致一种自我欺骗,这种欺骗在道德上完全是令人不快的。

但是这里触及宗教的问题。因为宗教也是属于想象生活的事情。虽然宗教声称对行为有直接的影响,但我并不认为,如果宗教徒是聪明的,他就完全能用宗教对道德的影响,来为宗教辩解。因为从历史上说,这样做无论如何不是一贯有利的。一位宗教徒很可能只能表明,宗教经验是一种同人的本性中的某些精神能力相一致的经验,且不说这些能力的运用对于现实生活的影响,这种运用在本质上就是善的和合乎需要的。因此,我也认为,如果艺术家喜欢的话,他能采取一种神秘的态度,并且能声称,他所过的这种想象生活的丰富与完满,可以相当于一种实在,这种实在比我们所了解的尘世生活中的任何实在都更为真实和重要。

在表明了这一点以后,艺术家的诉说会在大多数人的心中引起同情的反响。因为我认为,大多数人会说,由艺术产生的愉快,同单纯感官的愉快相比,具有一种完全不同的特征,并且显得更为重要。大多数人还会说,他们确实运用了某些能力,他们感到这些能力属于我们身上可能存在的某个组成部分,这一组成部分并不完全是暂时存在的和物质性的。

按照这种观点,我们甚至于应该以现实生活对于想象生活的关系来为现实生活辩解,以自然类似于艺术来为自然辩解。我的意思是说,由于想象生活最后能够或多或少地体现那种人类所感受到的他自己本性的最完整的表现,和他所固有的种种能力的最自由的运用,因此,我们可以根据现实生活在各个地方与更自由和更丰富的想象生活的近似,来解释现实生活,为其辩护,而不管这种近似是怎样不完全和不充分。

在离开这个为艺术辩护的问题之前,让我用另一种方式提出这个问题。一个民族的想象生活在不同的时代具有十分不同的水准。这种水准并不总是与现实生活中的道德的一般水准相一致。所以,当我们获悉13世纪中的野蛮与残酷时,这种野蛮与残酷的程度甚至会使我们感到震惊。我认为我们可以承认,今天我们的道德水准和普遍人性明显地高于13世纪。但是,今天我们的想象生活的水准却远远低于13世纪。我们在想象生活的领域里满足于粗俗、野蛮和肮脏。这种粗俗、野蛮和肮脏甚至会使13世纪的人深深地感到震惊。让我们承认,道德水准令人高兴地提高了,但我们却没有感到同时也有一种损失。我们没有感到,通常的商人,如果他的想象生活不是如此肮脏和支离破碎的话,那么他在各方面不就是一个更令人钦佩、更值得尊敬的人吗?倘若我们承认有任何损失,那么,人性中就有某种功能与单纯的伦理功能不同,是值得我们运用的。

想象生活在种族和个人的生活中都具有它自己的历史。在个人生活中,使经验摆脱适当的反应行动的需要的最初效果之一,就是无所顾忌地放纵自我提高的情感。一名儿童的白日梦充满了超越常规的传奇故事,在这种故事里,他自己总是一位无敌的英雄。在所有的艺术中,音乐提供最强有力的对于想象生活的刺激,同时,音乐控制这种刺激的方向的力量最小。在人类生活的某些阶段,音乐仅仅具有这样的作用:它几乎在荒谬的程度上唤起这种利己主义的欢快感。托尔斯泰似乎相信这是音乐的唯一可能的效果。但是,随着经验的开导作用和性格的成长,想象生活开始响应其他的本能和满足其他的需要,直到真正地反映人性所能够产生的最高的渴望和最深的厌恶。

在梦中,以及处在药物影响之下时,想象生活会失去我们的控制。在这种情况下,想象生活的经验也许是很不合需要的,但是,每当想象生活依然处在我们自己的控制之下时,它必定总是一种基本上合乎需要的生活。这并不是说,它总是令人愉快的,因为很明显,人类是这样生成的,以致他除愉快之外还需要其他很多东西。我们在伟大的艺术家、伟大的演奏家即过想象生活的人们中间,会遇见许多这样的人,对他们来说,单纯的愉快只是他们所需要的东西当中非常少的一部分。然而,想象生活的这种合乎需要,使它非常显著地区别于现实生活。这种合乎需要直接产生于那种最初的基本差别,即想象生活不受必需的外部条件的影响。如果我是正确的,那么艺术就是想象生活的主要器官。想象生活通过艺术才能够刺激和支配我们。如同我们所看到的,想象生活以它更清晰的知觉,更纯粹和自由的情感区别于现实生活。

首先,谈谈想象生活的更清晰的知觉。我们在现实生活中的种种需要如此迫切,致使我们的视觉在使用中变得非常专门化了。我们以一种令人赞叹的节省方式,学会只看对我们的目的有用的东西,而这种观看方式实际上只能看到很少的东西,它仅够用来识别每个物体或每个人。这些人或物一经被识别出来,它们就被归入我们的理智所区分的某个类别中,而我们实际上也就不再去观看它们了。在现实生活中,一般人实际上往往只看一下那种好像贴在他周围的事物上面的标签,其他的就都不管了。几乎一切有用的事物都被我们或多或少地贴上了这种无形的标签。只有当一个事物仅仅为了我们的观看这一个目的而存在于我们生活中的时候,我们才真正地去观看它,就像看一件中国的装饰品或是一颗宝石那样。对于这样的东西,即使最普通的人也会在某种程度上采取脱离一般需要的纯观照的艺术态度。

视觉的这种专门化发展到如此高的程度,致使一般人几乎不知道,事物真正看起来像什么样子。因此,说来也奇怪,公众应用于绘画的一个批评标准,即绘画是否逼肖自然,是一个大多数人由于生活的整个进程的妨碍而不能适当地运用的标准。大多数人真正看到过的最好的事物,就是其他的绘画。而一旦一位观看过自然的艺术家把他确切看见的东西明确地汇报给他们时,他们就暴跳如雷地对这种不忠实于自然的绘画表示愤慨。这种情况在我们的时代如此司空见惯,以致不需要对它作出任何证明。举一个例子就足够了。莫奈,这位艺术家的公认的主要见解体现在这样一个事实上,即他以惊人的力量如实地复制自然的某些外表。但是,他真正天真的单纯和真挚却被公众认为是最大胆的欺骗。为了逐步说服这个世界承认真实,即带着完全不偏不倚的眼光在乡间独自散步时无疑会得到证实的那些真实,需要像巴斯蒂安—勒帕热[①]这样的一些人的引导,在事物看起来像什么的问题上,他们能够在真实和一种公认的常规之

① 巴斯蒂安—勒帕热(1848—1884):具有印象主义倾向的法国画家,但未加入印象派。

间作出某种聪明的妥协。

但是,尽管以上阐明了我们在想象生活中发现的感官知觉具有极大的重要性,尽管这种知觉在造型艺术中比在任何其他艺术中扮演更大的角色,想象生活的这个事实上令人感兴趣的、好奇的和迷人的方面,是否凭其自身就能造成对人类具有深刻的重要性的艺术,却也许是可以怀疑的。我认为,这个方面与情感的方面不同。我们已经承认,想象生活中的情感一般弱于现实生活中的情感。一名冷漠地批评现世的圣徒的画像,按照原样是令人厌恶的,但它却不会引起相同的令人厌恶的生理感觉,这种生理感觉是一个现代人如果参加实际事件就会感受到的。可是在画中,这些感觉在明确呈现于意识方面得到一种补偿。我认为,现实生活中的更强烈的情感具有一种麻木的影响,它类似于某些动物身上的恐惧情绪所产生的麻木影响。但是,即使这种经验一般得不到承认,所有的人也会承认,反应行动的需要催促着我们,妨碍我们充分地认识到我们所感受的情感是什么,妨碍我们将这种情感状态与其他的状态很好地协调起来。总之,我们实际地体验的种种情感动机,对于我们太密切了,致使我们不能明确地感受到它们。在某种意义上,它们是难以理解的。在想象生活中则相反,我们既能够感受到情感,又能够观照这种情感。当我们真正为戏剧所感动时,我们总是既在舞台上,又在观众席上。

关于想象生活中的情感,还有一点是——由于这些情感无须伴随反应行动,我们就能给这些情感以一种新的价值。在现实生活中,我们必定会在某种程度上培养那些能够导致有用的行动的情感,我们必定依据作为情感的后果的行动来估价情感。例如,关于竞争和竞赛的情感因此就得到一种也许不应得到的鼓励,而看来有很高的内在价值的某些情感,在现实生活中几乎得不到任何鼓励。例如,有点不适当地被看作关于秩序的情感,在现实生活中几乎找不到它们的位置,但是,由于它们似乎出自我们天性中的某种非常深刻的根源,因此它们在艺术中具有极大的重要性。

所以,道德用作为情感的后果的行动当标准来鉴别情感,艺术则鉴赏情感本身和以情感本身为目的。

艺术中的情感表现的基本重要性,这个观点是托尔斯泰那本具有惊人的独创性,同时也是任性和激怒人的著作《什么是艺术》的基础。我乐于承认,虽然自己不同意他的几乎所有结论,我却多么应当感谢他啊。

他举了一个例子来解释他所提出的艺术是传达情感的工具的观点。他说，让我们假定有一个男孩在森林中受到一头熊的追赶。如果他返回村庄，仅仅向人们叙说自己被熊追赶以及逃跑的经过，那么他的这种叙述是普通语言，是传达事实或观念的工具。但是，如果他描绘自己最初的麻痹大意的状态，后来当熊出现时的意外的惊恐状态，以及最后当他逃脱时的宽慰状态，经过这种描绘，他的听众分担了他的情感，那么，他的描绘就是一件艺术作品。

如果这个孩子这样做是为了怂恿村民们去杀死这头熊，就此而言，虽然他也许是在使用艺术的方法，他的语言却并不是一件纯粹的艺术品。但是，如果在一个冬天的夜晚，这孩子为了享受因回想从前的冒险经历而产生的乐趣，向人们叙述他的经验，或者更好，如果他为了想象中的情感而编造整个故事，那么他的语言就成为一件纯粹的艺术品。但是，托尔斯泰采取了另外的观点，他把艺术所唤起的情感完全评价为对现实生活的情感反应。这种观点使他把米开朗基罗、拉斐尔和提香的全部作品，以及贝多芬的大部分作品，都作为坏的或虚假的艺术加以否定，更不必说他自己所写的几乎每一件作品了。即使这样，他依然勇敢地坚持他的观点。

我认为，这种观点会使任何一个缺乏英雄气概的人望而却步。他会感到奇怪，人类是否总要在涉及一个几乎是普遍的功能(无论它的价值是什么)的问题上犯这样根本性的错误：实际上，他不得不寻找一个别的词来表示我们现在所称作的艺术。托尔斯泰的理论甚至也未能使他稳妥地摆脱自己著作中的困难。因为在他所举的一些合乎道德需要因而是好的艺术的例子上，他也不得不承认，它们大部分是在质量低劣的作品中找到的。于是，这等于马上默认，只有另外的标准，而不是道德的标准，才是可适用的。因此，我们必须放弃这样的尝试，即用艺术作品对生活的反应来评价艺术作品。我们必须把艺术作品看成是以自身为目的的情感的一种表现。这个观点使我们回到已经得出的见解上来，即艺术是想象生活的表现。那么，如果人类所创造的某个对象，不是为了有用，不是为了适合现实生活，而是作为一个艺术对象，作为一个促进想象生活的对象，它的性质究竟是什么呢？首先，它必须适应那种无利害关系的观照的强度，如同我们已经发现的那样，这种观照是脱离反应行动的结果。也就是说，它必须适应由于脱离反应行动而得到增强的那种知觉能力。

我们的感觉所需要的第一种特性总是秩序。没有秩序，我们的感觉就会受到扰乱使我们感到困惑。另一种特性总是多样化。没有多样化,感觉不会受到充分的刺激。

自然中的许多事物,比如花朵,具有高度的秩序与多样化这两种特性,这些自然物体无疑能够激起和满足那种作为审美态度特征的明显无利害关系的观照。这种看法也许会受到人们的反对。但是,在我们对一件艺术作品的反应中,却有更多的东西——有被意识到的目的,有被意识到的特殊同情关系,即对于创造这件作品以便明确唤起我们的感觉的那个人的特殊同情关系。当我们见到比自然更高级的艺术品如此调整我们的感觉,以致在我们身上唤起深刻的情感时,这种关于同创造者之间的特殊联系的看法,就变得非常强烈了。我们感到,它表现了某种一直潜伏在我们身上的东西,而这种表现是我们从来未能实现的。它在展现它自己的同时也把我们展现给我们自己了。我相信,这种对于目的的认识,是恰当的审美判断的一个基本组成部分。

对于某一对象中的有目的的秩序和多样化的感知,使我们产生一种情感,我们通过说这对象是美的来表达这种情感。但是如果我们的情感靠感觉来唤起,我们也要求这些感觉具有有目的的秩序与多样化。而如果这种情感只有通过牺牲感觉的美才能唤起,那么我们情愿忽略这种感觉的美。

因此,没有理由可以说中国的瓷壶是丑的。然而按照纯感觉的观点,却有种种理由可以说伦勃朗和德加的画是极其丑的。

我认为,这可以用来说明"美"这个词的两种不同用法之间的明显矛盾。一种用法适合于有感觉的魅力的对象,这种用法适合于对富有想象力的艺术作品表示审美的赞赏,这种艺术品向我们所展示的对象常常具有极度的丑。前一种意义上的美,属于这样一些艺术作品,它们仅仅使用了想象生活的知觉方面。第二种意义上的美,似乎超出了感觉,涉及所唤起的情感的恰当程度和强烈程度。当这些情感产生出来,充分满足想象生活的需要时,我们对这些感觉表示赞赏和欣喜。通过这些感觉,我们能够享受那种增强了的经验。因为这些感觉具有与那些情感有关的有目的的秩序和多样化。

艺术作品中的秩序的一个主要方面是统一性。为了使我们能够舒适地把艺术作品视为一个整体,某种统一是必不可少的。因为如果缺乏统一性,我们就不能从整体上去观看艺术作品。我们的注意力会转到其他那些对完成这个作品的统一不可缺少的东西上去。

一幅绘画作品的这种统一性，应归于眼睛与画中的主要线条之间的吸引力的平衡。吸引力的这种平衡的结果是目光乐于停留在这张画的范围内。哈佛大学的德恩曼·罗斯博士在他的《纯构图理论》中，已经进行了最有价值的研究，这种研究是由关于这种平衡的一些初步的思考组成的。罗斯博士把他的结论总结在这样一条公式里：一件作品的价值是与它所显示的有秩序的连接关系的数目成比例的。

罗斯博士聪明地将他自己限制在抽象和无意义形式的研究范围内。因为一经再现什么，形式就有了一组全新的价值。所以，表示一个脑袋忽然向一定方向歪斜的一根线条，它的价值常常比它在作品中单纯作为线条的价值要大得多。因为某种明确的姿势对眼睛是有吸引力的。几乎在所有的绘画中，都由于再现的作用，引起对于形式这种纯装饰价值的干扰。对几何学的论证来说，这个问题太复杂了。

而且，这种单纯装饰性的统一，在不同的艺术家的手中和不同的时期里，具有十分不同的强烈程度。在歌颂英雄的和纪念性的绘画作品里，对于一种周密制作的几何学结构的需要比在小规模的风俗画作品里要大得多。

我们对于绘画构图的统一性的鉴赏，看来很可能也有两种类型。由于我们如此习惯于仅仅考虑这样一种统一，即由绘画作品中同时作用于我们的眼睛的那些吸引力的平衡引起的统一，因而我们忘记了其他种种绘画形式的可能性。

在一些中国画里，长度如此延续着，以致我们根本不能马上看完一整张画，我们也没有被要求这么去看。一幅风景画常常画在如此长的一卷丝绸上，致使我们只能在相继的各个部分中看它。随着我们将这张画从一端铺开，又从另一端卷起，我们能够横越连绵不断的广阔区域，也许能够追寻某一条河流从发源地到入海口的一切变化。然而，当我们这样看完以后，我们却能够从这张画中得出一种非常强烈的统一的印象。

这种连续性的统一当然是我们在文学和音乐中所熟悉的。它也在造型艺术中扮演角色。由于它所依赖的形式是以这样一种秩序向我们呈现的，因此我们觉得每一个相继的组成部分与前面的部分有一种基本的和协调的关系。我想，我们观看绘画时对画的统一性所产生的感觉，主要具有这种性质。在我们看来，如果这幅画是一幅好画，那么，随着我们的目光扫向每一根线条,这根线条的调整,就会把秩序和多样化提供给我们的感觉。虽然这幅画几乎完全缺乏我们习惯上要求于绘画的那种几何学的平衡,但它仍然具有显著的统一。

现在让我们来看看,艺术家如何从这个阶段,即仅仅满足我们感觉上的对秩序和多样化的需要,过渡到唤起我们情感的阶段。我将把实现这种转变的各种方法叫做构图的情感要素。

第一种要素是用来描绘外形的线条的韵律。

绘出的线条是某种姿势的记录,这种姿势被艺术家的情感所修改,这种情感因此能够直接地传达给我们。

第二种要素是块面。当某物如此再现出来,以致我们认为它有惯性时,我们感到它的抵制运动的力量,或者感到它把自己的运动传达给其他的物体。我们对于这个图像的富有想象力的反应,受到我们在现实生活中所取得的关于块面的经验的约束。

第三种要素是空间。在两张纸上的尺寸相同的正方形,可以用非常简单的方法,变成好像二三寸高的一立方形,或几百尺高的一立方形。我们对它的反应也相应地改变。

第四种要素是明暗度。我们对同一对象的情感,随着我们所看到的这个对象在黑暗的背景上受到强有力的光线的照明,或者在明亮的背景上呈现出阴暗的面貌而发生完全不同的变化。

第五种要素是色彩。从欢快、沉闷、忧郁这样一些与色彩有关的词来看,色彩具有一种直接的情感效果,是十分明显的。

我还能提出另外一种可能的要素,虽然它也许只是块面与空间的一种混合物。它看上去是一斜面,或者从我们上面向我们倾斜,或者向我们的身旁倾斜。

人们能够看到,构图的几乎所有这些情感要素,都与我们的肉体生存的基本条件相联系。韵律诉诸所有伴随肌肉活动的感觉。块面诉诸我们被迫作出的所有对重力的适应。当空间判断应用于生活时,它同样是意味深长和普遍的。我们对斜面的感情,同我们对地球本身的构造所作的不可避免的判断有关。而光线又是我们生存的如此必要的条件,因此我们对光线的强度的变化,具有强烈的敏感。至于色彩,它只是我们的诸情感要素中一种对生活并不具有关键的或普遍的重要性的要素,它的情感效果既不像其他的要素那样深刻,也不像它们那样确定。人们由此可以看到，造型艺术之所以能够唤起我们的情感，是利用某种东西，有人也许把这种东西称作对我们的某些基本的身体需要的暗示。其实，同诗歌相比，造型艺术具有极大的优势，这种优势在于造型艺术能够更直接和更迅速地诉诸我们赤裸裸的肉体生存所伴随的情感。

如果我们以简图的方式表示这些不同的情感要素，那么我们必须承认，这对于情感的作用是非常微弱的。例如，能够对肌肉感觉产生刺激的线条的韵律，比音乐提供给耳朵的韵律要微弱得多。这种简图至多只能唤起不同性质的情感的微弱的幽灵般的回声。但是，当这些情感要素与自然外貌的描述结合起来，尤其与人体外貌的描述结合起来时，我们发现这种作用无限地增强了。

例如，当我们观看米开朗基罗所画的《耶利米》[①]，认识到这个人物的动作所具有的不可抵抗的力量时，我们体验到强有力的崇敬和敬畏的情感。或者当我们在乌菲齐美术馆观看米开朗基罗画的《托恩多》时，发现一组形象是如此排列的，以致各个平面具有一种秩序，这种秩序在宽度和高度上都可以与那些地面的模型，即以明显的阶梯向某一高处发展的地面模型相比时，我们无数本能的反应就都产生出来了。[②]

我们的对手(如同列奥纳多·达·芬奇称米开朗基罗那样)此时多半会反驳说："你把一些所谓的情感要素，即你自己承认若用单纯的简图予以表示就会非常微弱的那些情感要素，从自然形式中提取出来。然后你又借助米开朗基罗，把这些情感要素放回到它们原先所在的自然形式中，而这些情感要素立即就获得了价值。因此，看来终究是自然形式包含了这些对我们来说是现成的情感要素。艺术所需要的，确实就是模仿自然。"

但是，哎呀！自然是无情的，它不关心想象生活的需要。老天爷使雨水同样地落在正义一边和非正义一边。即使是对胜利的拿破仑或是对垂死的恺撒，太阳也一概忘了为他们提供合适的照明效果[③]。我们无疑不

① 耶利米是《圣经》中人物，公元前6、7世纪时希伯来预言者。

② 据说罗丹说过："一名妇女、一座山、一匹马——它们全是同样的东西，是依照同样的原理制作出来的。"这就是说，当我们用无利害关系的想象生活的眼光观看这些东西的形式时，这些形式具有相似的情感要素。——作者原注

③ 我并没有忘记，在丁尼生死时，《每日电讯报》上的一位作者写道："落月平射的光束照在垂死的吟游诗人的脸上。"然而，采取这种方式的《每日电讯报》毕竟已是一件艺术品了。——作者原注

能保证自然中的情感要素会与想象生活的需要适当地结合。我认为,造型艺术的伟大工作就是,首先使我们感觉到秩序和多样化,然后通过如此安排我们所能感觉到的种种描述对象,使我们获得种种情感要素,这些情感要素具有完全超越自然本身的限制的秩序与恰当。

让我总结一下我所说的艺术与自然的关系。这种关系也许是理解造型艺术的最大障碍。

我已承认自然中存在着美,就是说,某些对象常常是美的,并且也许任何对象都可以迫使我们用属于想象生活的那种强烈的无利害关系的观照方式去看它,这种方式对于由需要和行动组成的现实生活来说,是不可能的。但是在创造出来用以唤起审美情感的对象中,我们还得到某种关于创造者的目的的意识。创造者故意地不使这种对象成为使用的对象,而只使它成为观看和欣赏的对象。这种审美情感是恰当的审美判断的特征。

当艺术家将纯粹的感觉变为由感觉唤起的情感时,他使用那些打算激起我们情感的自然形式,他以这样一种方式展现这些形式,致使形式本身在我们身上引起各种情感状态,这些情感状态是建立在我们的肉体和生理本性的各种基本需要之上的。因此,艺术家对待自然形式的态度,与他所希望唤起的情感的不同,必然是无限多样的。为了他的目的,他也许需要最完整地再现某个形象,他也许是强烈地主张现实主义的。假如那样,尽管他的再现接近于自然的外表,在我们看来,却明显地脱离了适当的情感要素。或者,他也许仅向我们提供各种自然形式的暗示,几乎完全依靠包含在他的再现中的情感要素的力量和强度。

因此,我们可以断然拒绝那种以逼肖自然、以正确或不正确为准绳的观念,我们应当只考虑自然形式所固有的那些情感要素是否完全被我们所发现的问题,除非情感的观念事实上在各方面依赖于逼肖自然,或依赖于自然的完整再现。

王又如译

——译自莫里斯·韦兹主编:《美学问题》(英文版),美国麦克米伦公司 1970 年版

回　顾①

有一个短时期，我对更科学地评价印象主义者所使用的色彩而展现的各种新的可能性感兴趣。在这以后，我越来越感到他们的作品缺乏结构性的构图。对艺术的构图方面的天生爱好，促使我研究古代大师们的作品，尤其是意大利文艺复兴时期的大师们的作品，期待着从那些作品中发现我的同时代人的作品中如此糟糕地缺乏的那种结构观念的秘密。

……

在接着的几年中，我日益对塞尚和像高更与凡·高(他给现代艺术以深刻影响的最初结果在那时体现出来了)那些人的艺术感兴趣。我渐渐认识到，我所希望的，在未来某个世纪中可能发生的事情，事实上已经发生了。艺术再一次开始恢复构图的语言，开始探索被它如此长久地忽视过的种种可能性。这样，恰逢 1911 年末，有一系列奇妙的机会，使我能够在格拉夫顿画廊组织一次展览会。我抓住这个机会，挑选合乎新方向的作品介绍给英国公众。为方便起见，需要给这些艺术家一个名称。我选择了最含糊和最暧昧的“后印象主义”这个名称。它仅仅说明他们在时间上所处的与印象主义运动有关联的位置。与我从前对印象主义的偏见相一致，我认为自己过多地强调了他们与母系的分离。现在我更清楚地看到他们与母系的关系。但是在认清他们的基本差别方面，我仍然是正确的，后来立体派的发展使这种差别变得更为明显。近来他们基本对立的论点在 M. 洛特的著作中又得到了加强。

如果我能够从这次展览在报刊上引起的讨论作出判断的话，那么，一般公众显然没有看到，作为一贯的感觉的结果，我关于这个运动的见解能够从逻辑上解释这个运动。我白费气力地试图解释在我看来如此清楚的事情，即这个现代运动基本上是对形式构图的观念的复归。这种形式构图，在人们热烈追求自然主义的再现时，几乎被忘却了。我发现，过去欢迎我对意大利文艺复兴时期作品的说明的有教养的公众，现在要么觉得我是出人意料的轻率，要么往往采取更为宽厚的态度，把我看成有点轻微的精神错乱。事实上，在迄今为止一直是我最热切的听众的有教养的公众中间，我发现了这个新运动的最顽固不化和最为恼怒的敌人。无政府

① 本文开头部分略有删节。

主义的罪名常常强加给这个运动。当然，按照某种美学观点，这确实是真理的反面。长期以来，我感到难以解释如此自相矛盾的见解和如此强烈的敌对情绪。现在我明白了，我的罪行是侵犯了既得的情感利益。这些人本能地感到，他们的特殊文化是他们的一种社会财产。能够油嘴滑舌地谈论唐朝和明朝的艺术，谈论波提切利和巴尔多维内蒂[①]的艺术，为他们提供了一种社会地位和与众不同的优越感。这使我懂得了，我们一直在为彼此的误解吃苦头。这就是，我们是根据完全不同的理由来赞美意大利的原始艺术家的。我认识到，一个人只要拥有相当多的学问和付出大量的时间和注意力，就能欣赏波提切利的艺术，而赞美马蒂斯的作品却需要一种敏感。人们完全可以肯定，在前一种情况下，这个人的女仆无法与他竞争，而在第二种情况下，她也许可以偶然地凭天赋胜过他。因此，所谓革命的无政府主义的责备，应归于一种社会的而不是审美的偏见。总之，有教养的公众决定把塞尚视为不够格的拙劣的画家，把整个运动看作为疯狂的革命。我的任何说明都不能使人们十分冷静地观看这些绘画，不能使他们看到这些画家多么紧地追随传说，或者看到这些画家的作品所显示出来的与意大利原始艺术家的作品多么的亲近。可是现在，马蒂斯已成为附庸风雅的人的一个安全的投资对象，而毕加索和德朗用他们为苏联芭蕾舞设计的图案使伦敦音乐厅的各种观众感到悦目，所有这些变化使人难以想象最初在英国展览他们的作品时所遇到的那种愤怒的激烈程度。

与后印象主义画展在有教养的公众身上产生的效果形成对照，这次画展在极少数更年轻的英国艺术家和他们的朋友中间，唤起了强烈的兴趣。我开始与他们讨论由观看这些作品而产生的美学问题。

但是在解释这些讨论对我的美学理论的影响之前，我必须转回来考察我按照自己的审美经验所作出的简要概括。

我年轻时所有关于美学的思考，都令人厌烦地、固执地围绕着美的本质问题。像我们的前辈那样，我试图寻找出判断艺术美或自然美的标准。这种寻找总是导致混乱不堪的矛盾，或者导致某些形而上学的观念，这种观念如此模糊不清，以致不能适用于各种具体的事例。

是托尔斯泰的天才把我们从这条死路上解救出来。我认为《什么是

---

① 巴尔多维内蒂(1425? —1499)：意大利文艺复兴时期画家。

艺术》的发表是富有成果的美学思考的开端。值得我们考虑的，其实并不是托尔斯泰对艺术作品的荒谬评价，而是他对过去的各种美学体系的富有启发的批评。而最为重要的，是他的这些意见：艺术与自然界美的事物之间并没有特殊的或必不可少的关系；对人体美的过分的和非美学的赞美，导致希腊雕刻过早地衰亡，这一事实表明，我们没有任何理由继续无止境地充当这种错误的受害者。

显然，我们混淆了“美”这个词的两种不同的用法。当我们用“美”来描述我们对一件艺术作品表示赞赏的审美判断时，其意思完全不同于我们对一位美的妇人、对一次美的日落或一匹美的马所表示的赞扬。托尔斯泰看到，艺术的本质在于，它是人与人之间传达情感的一种工具。他认为艺术是典型的情感的语言。在这方面，他的道德偏见使他得出了一个奇怪的结论：一件艺术作品的价值相当于它所表现的情感的道德价值。幸好他通过把这种理论应用于实际的艺术作品，向我们表明了它会达到何等荒谬的地步。剩下的极为重要的观念是，艺术作品并不是把已经存在于别处的美记录下来，而是表现一种情感，这种情感是艺术家感受到的并且是传达给观众的。

紧接着的问题是，艺术是哪一类情感的表现？爱情诗是爱的情感的表现吗？悲剧是怜悯和恐惧的情感的表现吗？等等。显然，艺术中的表现与现实生活中的这些情感的表现具有某种类似，但绝不是完全相同的。艺术家以一种特殊的方式感受到这些情感，他并不完全在这些情感的影响之下，而是同这些情感拉开足够的距离以观照和领会它们。这里重印的我的《论美学》一文，详尽地阐述了这一观点。在没有发表的讲课稿当中，我力图按照情感的观点划分视觉艺术作品，采用了已有的诗歌分类——史诗、戏剧、抒情诗和喜剧。

我提出艺术作品的形式是其最基本的性质，但我相信这种形式是艺术家对现实生活中的某种情感加以理解的直接结果，虽然这种理解无疑是一种专门的和独特的理解，并且含有一种超脱于世的性质。我还提出，观照这种形式的观众势必在艺术家走过的同一条道路上以相反的方向循进，亲自感受到艺术家原先所获得的情感。我认为形式与其所传达的情感在审美的整体中是互相不可分割地联系在一起的。

近于我得出这些结论的时期，由后印象主义的出现而引起的美学讨论开始了。通过这些讨论，这一点变得十分明显：某些艺术家对于艺术作品的形式关系特别敏感,深深地为这些形式关系所打动,但是他们对于我所设想的由形式关系传达的那些情感却几乎没有任何感觉。由于在这些事例上怀疑真正的审美反应是不可能的,这就说明我没有充分地推进对于艺术作品的分析,没有分清纯审美的成分与一些相伴随的附属物。

我认为,正是对这些属于纯形式反应的事例的观察,使得克莱夫·贝尔先生在《艺术》一书中提出这样的假设:不管生活情感看来会对艺术作品起多大的作用,艺术家实际上并不关心它们,而只关心一种专门的和独特的情感——审美情感的体现。一件艺术作品具有传达审美情感的特殊性质,它之所以能够传达审美情感,是因为它具有"有意味的形式"。他还声称,自然的再现与这种特殊性质毫不相干。一张画完全可以是非再现的。

我常常认为这最后一点说得太过分了。因为画中任何一个三度空间的呈现,哪怕是最轻微的暗示,也应算作一种再现的因素。我的思考是由克莱夫·贝尔先生的著作引起的。它所引起的围绕这一点的讨论是:艺术家可以自由地选择各种不同程度的准确再现,只要这种准确再现能够适合他的情感表现。但是没有任何一个或一组关于自然的事实,可以被看成是艺术家的形式所必不可少的。任何人还可以进而说,按照一种经验主义的观察,最伟大的艺术似乎最关心自然形式的各种普遍的方面,而极少注重个别细节。最伟大的艺术家看来是对自然对象的那些在普通生活里最不显眼的性质是最敏感的。那些性质所以最不显眼,恰好是因为它们为一切可见的对象所共有,它们并不充当供人们区分和认识的标志。

关于艺术作品中的情感表现,我认为贝尔先生对于通常所公认的艺术即生活情感的表现这一观点所作的尖锐挑战具有重大的价值。它导致这样一种尝试:使纯粹的审美情感脱离所有复合的情感。当我们观看艺术作品时,这些复合的情感可能并且一般伴随着审美情感。

让我们把拉斐尔的《变形》作为我所说的事情的一个例子。这张画在100年以前也许是世界上最受赞美的画,而在20年以前却成为最受轻视的画了。这张画对于人的心灵能够产生一种非常复杂的感染力,能够产生种种情感,这是马上就能显示出来的。对于那些熟悉有关基督的福音故事的人,这张画以一件作品的方式同时带来两件在不同地点一起发生的不同事情,即基督的变形和他尚未前来治疗疯孩子期间他的门徒们的不成功的尝试。这立刻唤起一些关于理智和情感可以占有自身的复杂观念。按照这种观点，歌德对这张画的评论是有教益的。他说："任何一个人敢于对这样一件作品的基本的统一表示怀疑，是非常奇怪的。上部与下部怎么能分开呢？两部分形式是一个整体。下面是受难的和贫困的，上面是强大的和有益的——互相依赖，互相提供说明。"

我们立刻能够看到，这样一件作品在基督徒观众的心中唤起一些互相贯穿和互相影响的极为复杂的情感，所有的情感都是由这张画的内容、它的主题、它所描述的戏剧性故事引起的。

如果我们的基督徒观众还具有关于人性的知识，那么，他会为这样一个事实所触动：这些形象，尤其是下面一群人的形象，都与他可能已经形成的关于福音故事中围绕基督的人的任何观念极不一致。按照他的偏爱，他可能为发现如下的情况而感到愤慨或高兴：一些穿着不可能有的衣服、摆着纯粹演戏似的姿势的高尚、尊贵和具有学究气的先生，代替了跟随基督的贫穷而质朴的农民与渔夫。再说一遍，仅仅作为再现的再现，会引起一些情感，也许会引起一些批评性的思想，但是它们都依赖于观众头脑中无数联想的观念。

这张画的所有这些反应，对于任何充分了解自然形式，一旦适当再现就能认出的人来说，都是畅通无阻的。他不需要对这样的形式有任何特殊的敏感。

让我们把我们的观众当作一个对形式具有高度的特殊敏感的人。他感受形式与形式之间的间隔与联系，就像一位懂得音乐的人感受音乐之间的间隔与联系那样。让我们假定他完全不知道福音故事，或者对它不感兴趣。这样一位观众，大概会对那种使许多复杂的块在一个不可避免的整体中协调起来的非凡的力量，对各种方向的线条之间的微妙的平衡，感到异常的激动。他立刻会感到：这张画看上去分为两个部分，其实只是表面上的；这两个部分为一种把握合理的相互关系的完全特殊的力量所协调。他几乎肯定会非常兴奋和感动，但是他的情感和我们到目前为止所讨论的那些情感可能完全无关。因为在这种情况下，我们料想这位观众根本没有关于那些情感的思路。

显然，我们对于一件艺术作品具有无数种反应的可能性。例如，我们可以设想，我们的异教徒观众，即使完全不受这个故事的影响，也能够意识到，这些形象再现的是一些人，这些人的姿势表示某些精神状态。因此，我们可以料想，按照其内心的倾向，这位观众的情感或者被增强，或者因为认出这些形象的浮夸的虚假性而被抑止。我们或者可以这样猜想：这位观众如此沉迷于纯形式的关系，以致他对这图案的再现方面甚至不感兴趣。我们还可以设想，他仅仅由于观看造型体积的空间关系而受到感动。当我们接触到这一点时，我们似乎已孤立了这极难把握的审美性质。这种性质是所有艺术作品的唯一永恒的性质。它似乎独立于观众从他自己过去的生活中带来的一切偏见和联想。

对于艺术作品的纯形式的意义如此全神贯注的人，对于像《变形》那样的画所产生的一切次要意义和联想如此完全地视而不见的人，是非常杰出的。事实上，几乎每一个人，即使是对于各种纯造型的和纯空间的外貌具有高度敏感的人，也不可避免地会持有某些用寓意和与过去生活的联系而传达的思想与情感。困难的是，我们常常对自己的情感提出错误的解释。例如，我猜想，对于使上、下两部分能在一个整体中连贯起来的那种构图的令人吃惊的发现，使歌德深为感动。但是他所提出的对这种情感的解释，采取了一种道德和哲学思考的形式。

同样十分明显的是，由于我们在认识自己各种情感的本质方面所遇到的困难，我们易于使自己的审美反应被自己对各种戏剧性的联想与寓意的反应所妨碍。我选择《变形》这张画，正好因为这张画的历史是上述事实的一个显著的例子。在歌德的时代，浮夸的姿势并不是欣赏审美整体的障碍。到19世纪后期，对于原始艺术家的作品的研究，向我们显示了动人的真挚和不做作所具有的那种魅力。这时，这些用浮夸的姿势表示的形象看上去变得如此不真实和不那么令人喜欢了，以致具有审美敏感的人再也无法忽视它们了。他们不喜欢这种充当图解的绘画，因为这种绘画事实上取消或妨碍了他们很可能另外已经体验过的那种纯审美的赞同。我认为，这样一种尝试，即使纯审美的反应所具有的难以捉摸的成分，脱离它所出现于其中的那种混合物，是现代实用美学所取得的最重要的进展。

这个直接的比喻所提出的议题充满种种疑难问题。就头脑健全的、在审美上有天赋的观众而言，这些形式可以说是化学的混合物吗？或者，由于我们没能认清发生在我们的复杂情感中的事情，这些形式才仅仅是混合物吗？正好在目前，按照这种观点，我所选择的这张画也是有价值的。因为对我们大多数人来说，这张画在鲜明的对立中分别引起一种非常强有力的、积极的(令人愉快的)对于纯审美方面的反应，和一种极其消极的(令人痛苦的)在戏剧性联想的范围内的反应。

但是有人可以轻易地指出，一些画里似乎如此并行地传送着两组情感，以致它们不可避免地会产生关于这两组情感相互加强的思想。例如，我们可以举乔托的《圣母怀抱基督的尸体》一画来作说明。在我对这张画的描述(见本书第 166 页——作者原注)中，人们可以看到，两种不同倾向的情感如此一起地在我胸中流动，以致我把它们看成是互相完全融合的。我关于戏剧性联想的情感似乎增强了我关于造型构图的情感。但是现在我倾向于表明，这两组情感的融合仅仅是表面上的。承认这种融合，完全是因为我对自己的精神状态缺乏精确的分析。

我们很可能必须在此地把问题移交给实验心理学家，让他去发现，这种融合是否是可能的。例如，像一首歌曲这种东西是否真正存在。就是说，一首既不是词的意义也不是音乐的意义占据支配地位的歌曲，在这首歌曲中，音乐和词并不仅仅引起各自独立的情感倾向，它们所引起的情感倾向能够大体平行地取得一致，并且真正融合，成为不可分割的。我期待这种回答会是否定的。

另一方面，如果这样一种不同类型的情感的完全融合竟然发生了，那么它会有助于证实这种一般的看法：处在非常复杂的混合状态中的审美情感，比在单一状态中的审美情感具有更大的价值。

假定我们能够在一件艺术作品中孤立这种纯审美的性质(克莱夫·贝尔先生给这种性质一个“有意味的形式”的名称)，那么，它的本质是什么呢？以人类的大多数为例，艺术作品所引起的这种难以捉摸和确非一般的审美情感，其价值究竟是什么呢？我提出这些问题，却并不很希望回答它们。因为认清什么是仍然有待解决的问题，本身已具有极大的重要性。

我认为，我们十分赞成说“有意味的形式”是与那些令人愉快的排列形式、和谐的形式等等不同的东西。我们觉得，具有“有意味的形式”的一件作品，是艺术家努力表现一种观念的结果，而不是创造一个令人愉快的对象的结果。至少就自己而言，我常常感到，“有意味的形式”是指艺术家所作出的这样一种努力：他依靠自己的充满激情的信念，使某种与我们的精神不相容的、难驾驭的材料，屈从于我们的情感认识。

我在目前似乎不可能超越对“有意味的形式”的本质的这种含糊的勾画。在我看来，福劳伯特的“观念的表现”，确实符合我的意思。但是，哎呀！他从来没有解释，并且很可能无法解释他的“观念”的意思究竟是什么。

至于审美情感的价值——它显然不受限制地脱离了那些伦理的价值，尽管托尔斯泰要把它限于伦理的价值。看来，审美情感的价值像最无用的数学理论一样，远离现实生活及其实际的功用。任何人只能说：体验到审美情感的那些人感到它有一种独特的“实在”性质，这种“实在”性质使审美情感成为他们生活中具有无限重要性的事情。我所可能作出的解释这种“实在”性质的任何尝试，大概只会使我陷入神秘主义的深渊中。因此，我在这个深渊的边缘停下来。

王又如译

——译自罗杰·弗莱《视象与构图》(英文版)，伦敦查图与温都斯出版公司1920年版

新批评派美学

新批评派是20世纪西方美学和文学批评流派之一，以兰色姆《新批评》(1941)一书得名。在该派崛起之前，19世纪末的西方文学批评以实证主义和浪漫主义的文学批评为主导。实证主义的文学批评只注重作家个人的生平与心理、社会历史与政治等方面因素对文学的影响，而浪漫主义的文学批评则强调文学是作家主观情感的表现，热衷于谈论灵感、激情、天才、想象和个性。这两种倾向都有一个共同的特点，即忽视了对文学作品本身的研究。新批评派的崛起正是对忽视文学作品本身的种种文学理论和美学倾向的反拨。由于它一开始就抓住了传统文学批评最薄弱的环节加以批判，并辅之以一整套十分具体、操作性极强的阅读、批评文学作品的方法，因此在相当长的一段时间内在西方文学批评和文学教育领域占据主导地位，同时其注重作品本身的理论倾向在东西方美学中也产生了重要影响。

新批评派的奠基者是艾略特和瑞恰兹，在该派的进一步发展中，兰色姆是一个具有承上启下作用的关键人物。他和他的三个学生——退特、布鲁克斯和沃伦在30年代中后期发表了一系列论文和著作，在其中，新批评派的主要观点基本上都已提出，形成了人称“南方集团”的文论派别。不过值得注意的是，兰色姆在不少观点上与他的学生并不一致。

与此同时，在英国，瑞恰兹的学生燕卜荪受到瑞恰兹的启发，于1930年写出《复议七型》一书，运用语义学文学理论于批评实践，成为新批评方法的第一个实践范例，对现代西方文学批评产生很大的影响。

新批评派在第二次世界大战以后达到了鼎盛，尤其在美国，几乎在所有大学的文学系中占据统治地位，并控制了主要的文学评论杂志。一大批文学理论家加入了新批评派阵营，其中不乏理论功底深厚、视野颇为开阔的学者，维姆萨特、韦勒克便是其中的佼佼者。他们两人自40年代后期开始与布鲁克斯、沃伦长期在耶鲁大学教学，形成了新批评派的后期核心——“耶鲁集团”。大体上说，从艾略特和瑞恰兹到“南方集团”，再发展到“耶鲁集团”,构成了新批评派发展的一条主线。

作为一个西方文学批评流派,新批评派把文学作品看成是一个独立自足的客体,以种种理由摒弃对文学作品的外部研究,以文学语言研究为基础,用语义学分析的方法对作品加以细读分析,这一切都使得新批评派成为一个独特的形式主义批评流派。新批评派理论大体上说有这样一些基本特点:第一,极端的文本中心主义。第二,对文学作品结构的分析较为深入细致,常常包含了某些辩证法的因素。第三,以语义学分析作为文学研究的基本方法,并高度重视对于文学语言的研究。第四,理论与实践的结合较为紧密,他们的理论一般都能在文学批评实践中自觉地运用。这些,使新批评派对于20世纪西方文论中现代文本理论的形成和发展、文学语言和文学作品结构的研究等方面,都作出了可贵的贡献;它与俄国形式主义和布拉格学派一起,对于稍后的结构主义文论发生了直接的重大影响。

(张德兴)

维姆萨特

威廉·K.维姆萨特(William K. Wimsatt,1907—1975)是美国批评家、诗人,最博学的新批评派理论家之一。自1939年起一直在耶鲁大学任教。著有《意图谬见》(1946,与比尔兹利合著)、《感受谬见》(1948,与比尔兹利合著)、《文学批评简史》(1957,与布鲁克斯合著)等。维姆萨特写于40年代的一系列论文,有力地推动了新批评的发展,而在60年代至70年代他又是新批评派的主要辩护士。

维姆萨特在与蒙罗·比尔兹利合写的《意图谬见》和《感受谬见》中,分别对以作者意图为依据的“意图说”和以读者感受为依据的“感受说”这两种批评模式进行批判,维护新批评派的文本中心论的形式主义批评。在维姆萨特看来,“意图说”之所以是一种谬见,是因为文学作品本身就是一种独立自足的存在,如果作者成功地实现了自己的创作意图,那么作品本身就表明了他的意图是什么,大可不必再以作品之外的意图去加以评判了。而“感受说”的错误则在于将作品与作品的结果相混淆,最终会导致印象主义和相对主义。

维姆萨特认为,文学作品具有“具体普遍性”结构,这是因为文学具有语言性特征,文学表现的基本手段是细节描写。作品中的艺术形象,如人物，也是一个具体普遍物。人物形象必须丰满、有立体感，才能活起来，这就要求人物形象的多方面特征应当根据一个统一的原则加以安排，使之成为一个有机整体。他还对隐喻进行了深入细致的分析，认为隐喻的基础是喻旨与喻体之间的相异性，隐喻也是一种“具体的抽象”，它要强调的东西是复杂的，离不开具体的语境。

本书所选的《感受谬见》表明维姆萨特将新批评派美学的文本中心主义发展到极端化，使之彻底割断了与作者、读者之间的联系，预示了新批评派美学必将因其极端狭隘性而走向衰落。

（张德兴）

感受谬见

一

因为本文的标题可能使人同我们第一篇论文的标题相比较，在这里作一番说明或许是必要的。我们认为自己是在探讨文艺批评中的两种途径：两者为了绕过客观批评中众所周知而通常令人生畏的障碍，似乎都提供了方便的途径，但实际上却使人离开了批评，离开了诗歌本身。意图谬见在于将诗和诗的产生过程相混淆，这是哲学家们称为“起源谬见”（The Genetic Fallacy）的一种特例，其始是从写诗的心理原因中推衍批评标准，其终则是传记式批评和相对主义。感受谬见则在于将诗和诗的结果相混淆，也就是诗是什么和它所产生的效果。这是认识论上怀疑主义的一种特例，虽然在提法上仿佛比各种形式的全面怀疑论有更充分的论据。其始是从诗的心理效果推衍出批评标准，其终则是印象主义和相对主义。不论是意图谬见还是感受谬见，这种似是而非的理论，结果都会使诗本身作为批评判断的具体对象趋于消失。

……

三

柏拉图关于培植和浇灌情欲的说法①是感受说的早期范例：亚里士

① 严格地说，这不是诗歌理论而是道德理论。举一个奇特的现代的例子：比如路西·吉叶所著《诗的疗法——诗的流体效能》（1949 年巴黎出版）就不是诗的理论而是治疗的理论。亚里士多德的净化论则是真正的诗歌理论，也就是诗的定义的一部分。——原注

多德与之针锋相对的净化说是另一个范例，而现代意图派所谓“解脱”与“升华”的理论则与后者相似。在《论崇高》(意即崇高的作品应与诗人的伟大灵魂相匹配)一书中，还有听众的“欣喜若狂”，它在18世纪朗吉努斯派批评家当中产生关于激情或热忱的反响。较后一些时候又出现了托尔斯泰的感染说，在意图学派中与此类似的产物是凡龙的感情表现主义、李普斯的移情说以及有关的快感理论，或多或少趋向于桑塔亚那关于“客观化”(objectification)的论述：“美是被当作事物属性的一种快感。”在一时期关于喜剧因素的某些论述中也可以找到上述理论的共鸣，如潘戎的轻松说、麦克斯·伊斯特曼的发笑说。奥格登、瑞恰兹和伍德在合著的《美学基础》中列举了十六种类型的美学理论，其中至少有七种可以称为带有感受的性质。这三位作者所赞许的是异源同感说，即美是产生各种冲动之间平衡的事物。这种说法在瑞恰兹的《文学批评原理》中又得到了充分的发挥。

以上提到的各种说法可以认为是属于感受说批评的一支，这是重要的一支，即唯情感论。唯一的例外或许是移情说，由于它的主旨是把自我潜移默化到对象之中，似应纳入一种并行不悖而同样古老的传情说，即唯想象论之列。这是用修辞学中经常提到的表示生动的形象语言来描述的：如像《论崇高》第十五章所说的“功效显著”、“生气勃勃”或“富于幻想”等等。如果我们理解得不错的话，这就是艾狄生在《旁观者》连载的杂文中所津津乐道的产生“各种快感”的想象力。或者是莱布尼兹和鲍姆嘉登的理论中含蓄地指出的那种想象力：“美存在于清晰而又混乱，或激起官能上的享受”的观点之中；或者是瓦尔顿在《论蒲伯》中关于“选择生动的画面……在主要方面构成了真正的诗”的论述。在我们的时代，正如心理学和感受说中重感情的形式在瑞恰兹身上找到了给人印象最深的倡导者，重想象的形式则落到了麦克斯·伊斯特曼的肩上，此人在《文学思维》和《诗的享受》中对栩栩如生的写实或达到高度的自觉意识有详尽的阐述。

意图说或重视作家心理的理论曾经是华兹华斯、济慈、豪斯曼[1]等诗人自身的强烈信念；自从浪漫主义时期以来，在有志于诗歌的年轻人当中，它也是内向的业余爱好者和灵魂的培育者的信念。无独有偶，感受说

① 阿尔弗雷德·爱德华·豪斯曼(Alfred Edward Housman，1859—1936)：英国诗人。

往往也不是对文学的一种科学见解，而更像是一种天赋的特权：那些涉猎于古典名著的幽灵、具有感染力的教师、散发着诗的光辉的作家——一个富有魅力、如醉如狂的古希腊的诗人，一个像圣茨伯里（Saintshury）、奎勒·考区（Quiller-Couch）或威廉·菲尔浦斯（William Philips）[1]那样的鉴赏家所拥有的特权。根据这种学说所作的文学批评十分接近道德重整运动成员的忏悔录或信仰复兴者集会的腔调。“十分坦白地说，”阿那托尔·法朗士说过，“这种批评家应该宣称：‘先生们，我要借莎士比亚、拉辛的话头来说说我自己。’”在这里，批评家的诚意变成了主要问题，正像对意图学派来说，诗人的诚意成为主要问题一样。

圣茨伯里对那种被称为“宏伟风格”的神秘概念推崇备至，它与朗吉尼派所说的“崇高”颇为相似。“每当这种表达趋于完美，它就获得了足以使事物嬗变，使听众或读者激动若狂的力量，宏伟的风格就存在于此时此地，它的久暂与强弱与使主体嬗变或使对象激动的程度相当。”这就是19世纪传情主义批评所说的宏伟风格或感情风格。至于在星期六或星期日书评和文学探索者那里所听到的不那么响亮激越的风格则与意象主义以及伊斯特曼所倡导的那种“生动活泼”有更密切的联系。陶乐赛·堪菲尔德（Dorothy Canfield）在每月新书俱乐部里曾为一本小说的威力作证：“读过本书就像是亲身经历作者的体验，而不仅仅是读到这种体验而已。”据汉斯·秦塞（Hans Zinsser）说，一首诗“对我没有什么意义，除非它能以其情感的温柔或激情的步伐使我心驰神往，使我越过现实的障碍而进入幻想中的草原和丛林……对我来说唯一的标准就是能否将我与它一同卷入优美、恐怖、恬静，甚或厌恶的感觉或幻觉里”[2]。这里距我们可称为感受批评的生理学类型只有一小步之差。伯克在18世纪曾说过，美是靠着“使整个体系中的固体物质松弛”而起作用的现象。较近一些时候，就个人的验证来说，在艾米莉·迪金森的一封信中有经常为人征引的“起鸡皮疙瘩”的体验，也有“天灵盖被掀去”的感受。当豪斯曼刮脸时，据说有着“毛刷子触皮肤”或“沿着脊椎骨一阵寒战”或“痛在小腹深处”的感觉。倘若诗一直是靠着这些测验才能为人辨认，那么真理也是一样。“所有的

① 这三人都是20世纪初英国著名的文学评论家。

② 转引自《我记忆中的她》。唐纳德·亚当姆斯（Donald Adams）在1947年4月20日《纽约时报》书评第2页《漫谈书籍》中引用了这一段。亚当姆斯先生的每周专栏是寻找这类样品的理想园地。——原注

科学家都是说谎者,"劳伦斯曾对阿尔杜斯·赫胥黎说,"我才不管什么论证呢。论证对我毫无意义,我这里感觉不到它。"据赫胥黎的报道,这时"他把两手按在太阳穴上"。

更高级阶段的感受论——幻觉说,可能对新古典主义关于时间和地点统一性的信念起过一定的作用,以后经过修订,又在柯尔律治关于"有意中断怀疑"和"暂时的半信半疑"的说法中继续存在,而今天在某些教科书中仍然可以找到。乞灵于依·狄·斯奈德(E. D. Snyder)的催眠假说毫无疑问可以支持这一主张。这种类型的感受说在细节上最缺乏理论性,内容最贫乏,对批评者的智力要求最低,所以它在最具体的事例中不管是一种虚构或是一桩事实,都算不上是一种理论,在文艺批评上也没有多大意义。18世纪费尔丁[①]在《汤姆·琼斯》中诙谐地描述帕特里奇看到迦丘克[②]演《哈姆莱特》鬼魂那幕剧时,倒是表达了对戏剧的幻觉力量的正确见解:"好啦,先生,要说我害怕,也单不是我一个人。你想只管叫我胆小鬼好了,可是谁要是说舞台上那个小个子不害怕,我这辈子可以说从没见过谁真正害怕呢!"像帕特里奇这样的人在今天世故的剧院观众中或许不太常见,但在成千累万的电影和广播听众中确实不少。据说(无疑是相当可靠的)第二次世界大战时期,斯蒂芬·希那伯尔在广播剧里扮演纳粹分子如此惟妙惟肖,以致接到了不少批评信,特别是来自一位太太的信,竟然说她已经把他的情况向麦克阿瑟将军打了报告啦。

四

有人亲身证实诗歌对自己所起的作用,有人曾冷静地调查诗歌对别人所起的作用,两者之间是可以找到区别的。后一类人所做的最坚决果敢的研究使他们走进了沉闷的、消毒防腐的实验室,和费克纳[③]一起测试三角形和长方形所产生的生理效果,探讨济慈的某一行诗使人联想到什么颜色或测量读这首诗对运动神经的放电现象等等。倘若动物也能读诗,感受派批评家可能会做出类似 W. B. 坎农(W. B. Cannon)在《论痛

① 亨利·费尔丁(Henry Fielding, 1707—1754):英国小说家、戏剧家。
② 戴维·迦立克(David Garrick, 1717—1779):英国演员。
③ 古斯塔夫·台奥多·费克纳(Gustav Theodor Fechner, 1801—1887):德国哲学家、物理学家、心理物理学创始人。

苦、饥饿、恐惧和愤怒带来的人体变化》中所做的发现，比如说肝脏释放出愈来愈多的糖分，肾上腺分泌出肾上腺素等。感受派批评家今天如果愿意的话，确实能够测量出人们对于某个影片所产生的“心理电流反应”。然而，正如赫伯特·J. 穆勒(Herbert J. Muller)在《科学与文艺批评》一书中指出的：“学生们在提到‘母亲’一词时诚恳地表示他们怀有某种感情，虽然电流计并没有指示出任何身体上的变化。这些学生也声称他们在听到‘妓女’一词时无任何感情，虽然电流计却发出了明显的震动。”托玛斯·曼和一个朋友看完了一场电影后涕泪滂沱，但这位作家叙述这一事件正是为了证实他所谓“电影不是艺术”的观点。“艺术是一个冷冰冰的领域”，他说，在不同程度的生理经验及其价值的认识之间存有广大的差距，在实验室内外都是如此。

同样，感应说的一般理论，由于其纲领本身的复杂含义，几乎没有产生什么实际的文学批评。古代名著《论崇高》的作者恰好是在以下两个说明中暴露出最大的弱点：一是他把激情和崇高当作冒昧大胆的形象比喻的姑息剂或辩解；一是他把濒于兴奋若狂的激情当作诸如夸张一类的修辞手段的缓和剂或治疗法。净化论的文献所论述的历史和理论问题在于亚里士多德心目中的净化究竟是医学性质的还是宗教祓除性质的比喻，“净化”一词后面跟的所有格指的是被清洗掉的事物，还是被纯洁化的事物。甚至瑞恰兹的早期批评实践也与他自己的异源同感的美学理论全不相干。他的《实用批评》主要是依靠他一直实施并坚持的两项重要的、建设性的批评原理：(1)韵律(或情感的直接而空泛的流露)以及一般的诗歌形式是同诗的意义中表达得比较精确的其他部分密切地联系在一起，而且是通过它们才得到诠解的；(2)诗的意义包罗一切，多种多样，因此也是微妙复杂的。诗的后一性质或许就是异源同感论所说的传情状态的客观相关物，然而在实用的文艺批评领域里，异源同感论或它的组成部分——那些敏感棘手的微妙态度似乎没有多大的活动余地。

另一方面，当某些读者述说一首诗或一个故事在他们心中激起了生动的形象、浓厚的情感或高度的觉悟时，这种现象既不能予以驳斥，也不能作为客观的批评家考虑的依据。纯粹的传情报道或是过于强调生理的反应，或是过于空泛而不着边际，正如黑格尔顺便指出的，感情“纯粹是我自己的主观感受，在这里具体的事物完全消失，仿佛是缩减在一个极其抽象的圈子里”。在生动的形象中唯一持久不变、能够预测的因素，对于印象较为逼真的读者来说,只能是“生动”的概念而已。如果我们要求一个中等水平班级的学生给一篇短篇小说画出插图或者查阅儿童文学名著中人所共知带有派勒(Howard Pyle)或怀斯(N. W. C. Wyeth)插图的最新圣诞节版,便可以看出情况果真如此。生动不是一部作品赖以辨识其存在的事物,而是一种认识结构的产物,它需要的是事物本身。学生常在作文中写道,这篇小说很好,因为它给想象力留有广大的余地。对于有些现实主义小说中过分堆砌事物细节而显得晦涩费解的现象,米德尔顿·穆雷(Middleton Murrey)把它称作“图画谬见”,确是一针见血之论。

某些理论家,主要是瑞恰兹,早就料想到感受派批评会遇到一些困难,他曾告诉人们,诗歌之所以为诗歌不是由于感情的强烈(凶杀、抢劫、私通、赛马、战争,甚或下棋都会产生更强的情绪),而在于以有节制的意愿或态度表露出的模式化的感情的深奥微妙的特性。这里有的是关于美学距离,超然强立、置身度外等心理学理论。以这些原理为依据的批评已经向客观性迈出了重要的一步。如果说伊斯特曼关于生动想象的理论迄今只在报刊或书评栏里有感而发的即兴小品中出现,那么语义学家的大力倡导和瑞恰兹的感情平衡论,虽然没有产生自己的感受批评派,却大大有助于近期的各种认识分析学派,促进了关于悖论复义、反讽和象征的研究。有人认为重认识和重感情的批评方式听起来总是判若鸿沟,那是不真实的。如果感受派批评家能够避免生理学或抽象心理学的情况报道,敢于以任何准确的言词陈述一行诗所产生的效果,比如“它使我们充满了怀古的忧伤和崇敬之情”,这或许只是一种定型的、反常的或虚假的陈述,或许正是表述“历代废墟累累满目”这一诗行的含义。丁尼生的《眼泪,徒然的眼泪》一诗所表达的是作者最初似乎不甚理解的一种感情,可以认为是一种具有特殊情感的诗篇。“诗的最后一节,”布鲁克斯在最近的分析中写道,“唤起了读者一种强烈的感情反应。”然而这句话其实不是布鲁克斯对这首诗批评的一部分,它只是证明批评家对这首诗十分喜爱;布鲁克斯在他那篇文章稍前的段落里也可能会说:“诗的第二节使我们对过去的欢欣的经验有短暂的生动的体会,然而又因失去了它而感到悲哀。”然而他实际上写的却是“悲伤和清新感的结合由于使用了同一的基本形象来暗示这两种特性而得到了加强,这个形象就是一只船体下垂的船帆上闪耀的光”。以上在提法上或许只有微小的区别,在我们提供的第一个例子里可能实际上全不重要;然而在可迻译的情感表达法和从认识的角度不可逐译的较空泛的生理学和心理学表达法之间的区别，在理论上是有重要意义的，即使是微弱的区别，也是导向批评中截然相反的两个极端的分歧点：一条路导向古典主义的客观性，另一条导向浪漫主义的读者心理学。

表述倾向于情感方面的批评家和表述倾向于认识方面的批评家，最终将产生迥然不同的批评类型。

一首诗引起的感情越是叙述得具体入微，它越会接近关于产生这些感情的原因的叙述，也更有把握成为这句诗可能在其他熟悉情况的读者心中引起的感情的叙述。事实上，这将会提供那种使读者对这首诗能有所反应的情况知识。它将避免谈到眼泪、刺痛或喜怒、冷漠或激烈等感觉的其他生理症像，或更空洞的情感骚动状态，而将告诉人们情感对象之间的细微差别与微妙关系。正是在这些地方，有见识的文学批评家比实验室对象及其各种反应的汇编人更享有不可企及的优越性。批评家不是关于一首诗的统计数字报告的撰写人，而是诗的意义的启发人或诠释者；如果他的读者足够敏锐的话，他们将不满足于把批评家的话当作证词，而将把它当作一种教导来深思熟虑。

五

……

从根本上说，诗是关于情感和客体的论述或是关于客体的情感特征的论述。与诗的对象相关联的情感便成了所涉及内容的一部分，这种情感不像传染病或疾病那样感染读者，不像弹伤或刀伤那样机械地伤害读者，不像毒药那样毒害读者，它也不能简单地用惊叹语、鬼脸或韵律来表达；它只能在其客观对象中得到表现，并作为知识的一种模式精心构思而成。诗是使情感固定下来的一种方式，可以说是让世世代代的读者都能感受其情感的一种方式，当不同文化环境中客观事物的功能经历了变化，或者是当客观事物作为单纯的史实，由于丧失了其迫切的时间性而丧失了情感价值的时候，尤为如此。虽然在诗中情感的基础不一定像罗斯金所说的“高尚的情感必有高尚的理由”那样简单，然而，如果我们愿意寻求的话，仍有大量的永恒的因素可以为诗的情感提供创作对象，这些永恒的因素可以通过人类历史的变迁而追溯其源流。麦克白斯谋杀邓肯，不管是作为11世纪的历史还是16世纪的记载,从来没有成为圣诞颂歌主题的迹象。在莎士比亚的剧中,就其前后穿插在主题之中的叛逆、谋划和内心恐怖的种种而言,这一幕是很难模仿复制的。这古老的谋杀衬托在一系列的形象之中——嘶哑的啼鸦,昏暗的光线,乌鸦展翅飞入密林,从母亲怀中劫去婴儿,空中飞刀,鬼魂显灵,血手淋漓——它就变成了强有力的固定情感价值的对象。玻里尼西亚的死尸是一个更古老的对象,虽然由于古希腊语的障碍,我们不能全部领悟,但它在表达人们所理解的崇高责任的动机上,仍然显示了历久不衰的顽强性。葬礼的习俗已经改变,但环绕在那具"无人埋葬、没有荣誉、满身罪孽"的尸体周围的种种宗教、政治,以及私人问题交织成的网络都仍然是明白易懂的。某些事物在一个时代部分地被人遗忘了,而在另一个时代却逐渐受到赏识,其部分原因,就是诗人的努力。说它们突如其来、无中生有是不真实的。举例来说,夏洛克之可悲可悯不是我们这个时代的创造,但自命不凡的现代人道主义者因拥有自己的口号,就可能假定莎士比亚或骚桑普顿①当年并无怜悯之情,他们甚至可能没有觉察到人道主义本身也应归功于莎翁。雪莱说过:"诗人是世界上未被承认的立法者。"不过,我们至少可以承认诗人是感情法则的主要阐述者。

一项令人不快的任务落在相对主义文学史家肩上,那就是把过去和现在当作文化史上离散而互不相干的时刻确定下来,这样就把一首诗写成和最初被人赏识的过去时刻,跟由于其清晰明朗、内在联系密切的意义、完善、匀称、扣人心弦而使诗流传到现在的时刻完全分割开来了。动人情感的各个对象具有那么复杂、那么可靠的结构,以致在过去任何时代都成为伟大的诗歌的标记,今后,它也不会随着人类文化的衰落而消泯;说得保险一点,它至少不会达到一个有志探索者无法重新发掘出来的境地。由于同样的原因,我们似乎有信心对将来诗的所有现象进行客观的区分,尽管这种诗所赖以构成的前提或素材既不可预见也无法一一列举。如果某些诗的诠释赖于对过去的或异域习俗的理解,那么这些诗篇本身就是关于习俗风尚最确切的情感方面的报道。在诗人精心设计的情感对象以及其他艺术作品中,历史学家找到研究古人情感的最可靠的依

① 亨利·罗特斯利·骚桑普顿(Henry Wriolhesley Southampton,1573—1624):英国贵族,艺术保护人,据说是莎士比亚的朋友。

据——而人类学家却找到了研究当代的原始社会崇拜主义最可靠的依据。若想体会宫廷中的谈情说爱,最好是翻阅克列廷·德·特洛瓦(Chrétien de Troves)和玛利·德·法朗士的作品,而要知道14世纪末叶英国对骑士、修道院生活和新兴市民阶级的看法,则任何别的来源都不能与《坎特伯雷故事集》序诗中的精密图解相媲美。在祖尼族[①]或内瓦何族[②]中间的现场研究工作者发现诗人和能引用神话的本族人比任何调查对象都能提供更可靠的情况材料。[③] 总之,尽管各族文化有了变化,但诗篇却是永存的,它们能说明一切。

罗少丹译

——译自威廉·K. 维姆萨特《语象》(英文版),肯塔基大学出版社1954年版

---

① 祖尼族(Zunis):墨西哥印第安人的一支。

② 内瓦何族(Navahos):北美印第安人的一支。

③ 马林诺斯基说过:"人类学家的身边肘侧总有一个神话制造者。"见《原始心理学中的神话》(1926年纽约版),第17页。——原注

自然主义美学

自然主义美学是受20世纪自然主义哲学影响的一个美学思潮和流派。它同19世纪的自然主义文艺理论是两码事。在西方哲学史上，自然主义几乎是唯物主义的同义语。但是20世纪上半叶主要流行于美国的自然主义哲学，继承的是经验主义和实证主义的传统，它试图超越旧有的唯物主义与唯心主义之争，标榜哲学上的"第三条道路"。自然主义哲学是一个十分松散的哲学派别，它与实在论、实用主义等哲学派别几乎混杂在一起，其代表人物的观点也不尽一致。公认的自然主义美学的代表人物是桑塔亚那、杜威以及晚近的门罗等人。自然主义美学的主要特点是，把美感经验和艺术活动作为美学探讨的中心，虽然不完全否定理论概括的作用，但是反对离开美感经验去规定美的抽象本质，反对离开人的艺术活动，作美的概念的演绎；注重把自然科学的成果吸收到美学研究中来，不是从单一的认识论的角度研究美学，而是从生理学、心理学乃至人类学、文化史等各个方面去研究美学。这使他们的美学呈现出与传统美学相当不同的面貌。但是他们往往简单地采用生物学、进化论的观点解释艺术和审美活动这种社会历史现象，让美学成为自然科学的简单延续，这种倾向十分明显。此外，强调艺术和审美活动的实用的、功利的一面，亦是它与现代各派美学理论之间的主要不同点。

（王又如）

桑塔亚那

乔治·桑塔亚那(George Santayana，1863—1952)，美国现代著名的哲学家、美学家，也是诗人和文学批评家，曾在哈佛大学求学和任教。

他在美学和文学批评方面的主要著作有：《美感》(1896)、《诗与宗教的阐释》(1900)、《艺术中的理性》(1905)、《三位哲学诗人：卢克莱修、但丁和歌德》(1910)等。《美感》是他的第一本美学著作，他在书中提出了“美是愉快的客观化”的著名定义，这使他成为美学史上“快乐说”的代表人物之一。但是桑塔亚那与“快乐说”的其他代表人物不同，他是从一种自然主义的哲学立场来建树自己的美学观点的。这种自然主义，虽然在《美感》中已见端倪，但一般认为他稍后所写的五卷本《理性的生活》(《艺术中的理性》乃其中之一)，才是他前期自然主义哲学的集中标志。在这部著作中，他反对黑格尔那种把人类的思想史描绘成精神的自我发展史的做法，而把人类的各种精神活动严格地置于生物学的基础上加以描述，以此来调和传统的唯心主义与唯物主义。他在后期又写了《存在诸领域》等哲学著作，试图给前期自然主义一种本体论哲学基础。虽然后期的著作似乎给他的思想增添了某些新的面貌，但人们认为他对美国思想的主要影响，还是《理性的生活》所体现的那种自然主义方向。他对后世美学的影响，主要也应归于这种自然主义的美学思想。50年代倡导“新自然主义美学”的托马斯·门罗，即把桑氏奉为正宗之一。《艺术中的理性》现在已被看成是美国自然主义美学的奠基作。

这里选择的是《艺术中的理性》第一章《艺术的基础在于本能和经验》和第十一章《艺术和愉快》。我们从中可以看到桑塔亚那的一些基本美学观点。他突出地强调艺术和本能的关系，甚至把筑巢的鸟与创造艺术的人相提并论，认为艺术的目的就是使人的这种生物性的冲动得到实现，也就是得到快乐，所以艺术是使人愉快的最好手段。他同时强调理性是艺术和愉快这两者的原则，反对把艺术作为单纯的自我表现，提出艺术是一种成就，不是一种放任。认为如果艺术不能在自然界留下痕迹(指对自然材料的改变)，不能使进步(指人与自然之间的协调)成为可能，这种艺术只是虚幻的成功。但是他所谓的理性，无非是“变得有思考、有见识的本能”。这种立足于生物学观点的自然主义，在反对唯心主义者的“绝对精神”时是软弱无力的。尽管如此，他对艺术的物质体现的重视，在无视艺术传达的克罗齐美学风靡一时的情况下，却是具有积极意义的。他肯定美的功利性，强调美与有用事物之间的联系，在西方现代美学中也是别树一帜的。

(王又如)

艺术的基础在于本能和经验

[人影响他的环境,有时是达到善的目的]

人在万物的普遍骚动中生存,不仅他的习惯和追求要有可塑性,而且他也在周围的世界中发现可塑性。生命是一种有时接受改造,有时把改造加之于自然而形成的平衡。由于人用于一切活动的器官是一个和其他物质客体有力学关系的物体,人的本能经常迫使人去适应或改造这些物质客体。人的习惯和追求的变化,在人所接触到的无论什么事物中留下痕迹。因此,在人聚集的地方一定会带有人出现在那里的许多痕迹,聪明的观察者就根据这些痕迹推断人的生活和行为。这些活动的痕迹大部分是无意识地和无目的地留在世界上的。像脚印那样,它们本身通常是没有用处的;然而在某些情况下,人类发展中的几乎任何迹象都会使一个人感兴趣。一个脚印能使鲁宾孙激动,一支军队的挺进所造成的破坏,能向一名历史学家证实很多东西,甚至在一间房屋中随便留下的杂乱景象,也能非常生动地显示出主人的习惯和性格。

可是,人的痕迹常常是有用的活动的痕迹,这种活动这样地改变了自然界的事物,使得这些事物与人的愿望相符合。我们会发现一个箭头而不是一个脚印,一个种植得很好的果园而不是一间杂乱的房间——这些事物不仅透露出主人的习惯,而且服从于他的意图,并表现他的意图。这种由人给予物质的合适形式,同人自己的习惯或想象力所设想的合适形式一样,是理性生活的工具。因此赋予客体以人性和使客体合理化的任何活动,都叫做艺术。

[艺术是意识到它的目的的创作本能]

所有的艺术都有一种本能的根源和物质的体现。如果筑巢的鸟儿知道它们所干的事情的功用,它们就是在从事一种艺术实践;由于本能被认为是合理的,人们甚至有足够理由可以这样说:这些鸟儿的传统目的和方法有时应当成为有意识的。因此,筑巢是一种艺术,虽然筑巢的鸟并不是每时每刻都意识到筑巢的目的,但它像其他劳动者一样,会按照它的艺术的例行手续进行劳动;语言是理性的产物,不是因为语言总有一种用处或意义,而是因为它常常被感到有一种用处或意义。艺术和本能一样是不自觉的,如同亚里士多德所注意到的,通常它并不完全为一定的目的服务,因为那些遗传下来和存在于天生的结构中的本能,必须节省地和深入地组织起来。如果它们出了大毛病，就造成一种既不可能摆脱也不可能忍受的负担。为紊乱的本能所折磨的人，死于贫困、罪恶、疾病或疯狂。相反，那些仅靠模仿和讲授而传播的艺术，在生活中更轻松地翱翔。如果调节得不好，这些艺术很少造成混乱和带来负担。它们越是轻浮，越是脱离实际的习惯，它们就越是敢于变成放肆的和无意义的，因此，生命的更高级的产品总是无缘无故的。本能或惯例不像人的大部分诗歌和哲学那样荒谬，虽然就不适当的程度而言，宗教神话比宗教伦理学要高得多。

［**艺术是自动的**］

艺术是借助于理性得到的开放性、创造性习惯所培育出来的本能。意识伴随着艺术的形式化过程；某种不安或欲望，与所需要的东西的一种或多或少确定的观念，常常先于艺术的完美组织。

在找到完美组织的方法之前，人们应当首先感觉到需要，这使缺乏考虑的人作出如此的设想：在艺术中需要产生发现，思想产生作品。人们至多是轻率地决定这些原因的，这种特殊的迷信和任何其他的迷信一样糟糕。在一些不那么使人感兴趣的场合，材料（计划和计划的实行）被按照经验结合起来，它们表现得是成功的，形成了一条规则。人们完全忘记了，在更多的场合，这种经验的结合是完全失败的，或者是部分地失败的。甚至在成功的场合，其他自然的条件也是存在的，而且必须存在，才能获得结果。在一件习惯如此根深蒂固并受到经常性的知觉假象支持的事情上，很少有突然产生正确的思想或不自相矛盾的正确语言的希望。可是，我们必须看到，只是由于一种不正确的透视，思想才似乎支配行动，或者我们才感觉到需要是发明创造的母亲。实际上，发明创造是众多母亲的共同的产儿。天赋，或生命的预感，完成艺术所做的探索，同时获得那种艺术所体现的思想。或者更确切地说，思想本身是一种内部运动的产物，这种运动自动地向外扩展，这种扩展就表现为思想。只有渴望，还不能凭它自己的光亮去进行预言，不能预知这个世界所可能包含的那些会使人满足的东西，也不能想象那些可以减少世界的动乱的东西。形象和满足必须从它们自己中间产生，然后当盲目的渴望变为一种刚出现的愉快时，这种渴望第一次认识到它自己的客体。纯粹的意愿是完全无能的，如果知觉不提供见解，经验不提供预感，它会永远苦恼和在黑暗中把它自己消耗干净。

［艺术所表达的思想也是自动的］

一个人不可能亲自从外部知觉中获得他应创造或发明的思想;按照假设,在他创造满意的思想之前,他的意愿或焦虑中也并没有这些思想,因此我们就可以推论,创造或发明是不自觉的。思想自动产生,同时变成新的出乎意料的想象之物,它必定类似旧的知觉,由熟悉的资料组成,但按新颖的方式复制和以意外的形式出现。不管它们会怎样即刻受到欢迎,它们并不是已知的,也绝不可能是招之即来的。我们可以用寻找一个忘掉的名称的普通例子来作证。我们知道同那个名称有关的语境,我们摸索这忘掉的名称的周围环境,但最后突然由于周围的紧张关系,我们跳进了那个地方,重新认识了忘掉的那个地方,至于忘掉的刚好就是这个东西,这却是没有预见到的,也许已在我们的掌握之中了,我们可能找到了一个我们并不要寻找的名称。其实,任何思想应当要求它们自己产生出来,或者任何行动或偏爱应当成为它自己的根据,显然是不可能的。为这些事情承担的责任,不是在它们被设想出来之前就决定去设想它们(这在语词上是自相矛盾的),而是它们一旦出生就掌握和占用它们。因此,这就是我们的本性以几部分的形式迸发出来,变成整体的试金石。我们内部发生的事情,在被接受及合并为我们的存在的主流之前,似乎并不是我们自己的作品。一切创造是尝试性的,一切艺术也是实验性的,它们像追求拯救那样,带着恐惧和战栗去寻求。在奇妙的婴儿,完全不应得到和不可思议的完美的诸神之赠礼降临之前,有对天才的痛苦的怀孕,有长时间的酝酿和精神上的期待,有无数的对旧想法的抛弃和经过无益的分娩阵痛。甚至这种无法解释的成功,只是在十分稀罕和幸运的情况下才出现的。我们平常创作的东西,是一个如此低级的混血儿,一个如此有缺陷和可笑的低能儿,所以我们往往不满意自己的作品,并且羞于用这种注定失败的作品来代表我们。

［人们认为我们控制了顺从我们的事物］

把愉快的事情归于我们自己的力量(同我们了解的我们用它所意指的东西不大一样),并且仅仅把不愉快的结果归于外部的力量,这种倾向,在经验的原始连结中有其根据。我们视为我们自己的,是生长过程的某种循环,它产生一连串日常的冲动和思想;这种运动有一个总的方向,有一种意识到的生命的惯性,同它所推动的东西相协调。在它内部的许多发展是辩证的,即是说,它们是按内部的必然性发展的,就像蛋在壳内孵化,受到它们完全不在意的一种环境的温暖,而没有受到干扰那样。当我们充分意识到这种发展时,就会感到它是完全明显的和完全自由的。伴随它的情感是令人愉快的,但是它非常活跃、非常骄傲地把它自己叫做愉快;更确切地说,它具有自信和公正的特性。可是,生命的这一部分,仅仅是它的英勇的核心部分,围绕它浮现的各种非主要的过程,在多少有点和谐的运动中使自己与它相关联。因此,四周的无论什么事情碰到这种中心的冲动,就在这种冲动的活力中消失,而且觉得与其浮在表面和出于偶然,不如以内在的东西为依据。这就像那些成功的辩证法的阶段一样,当它们到来时,是自发的需要,并且立即证明是有理的。

因此,就原始的意识而言,这种自我发展的力量的范围,仅仅是那种以充分的理由发生的事情的范围,它是世界中纯粹无害和顺从的那一部分。掷骰子运气好的人沾沾自喜,以为这是他的命运,是他应当得到的。如果他的运气确实是经常性的,那么他会说他有能力掷出高水平,而假如事情证实了他的自夸之言,那种臆想就无实际的错误。一种从未发现任何挫折的意愿,会认为它自己是全能的,并且由于无所不知的心理本质不可能假定有任何你所不知道的东西,因此全知全能的心理本质也就不可能假定有你所不希望的任何事情会发生。如果经验没有给它提供什么理由,这些理论也会被制造出来。但是甚至这种最惬意和最天真的自信,难道不是靠不住的吗?任何永恒性的因素难道不会带来意想不到的矛盾,并且动摇对神的幻想吗?

[**有用是一种结果**]

有用性像意义那样,在艺术中是最后的协调,绝不是它的根据。一切有用的事物,像中国人发现烤猪肉那样被发现,而且,偶然的技艺必须得到一种有利于保持艺术的状况的支持。如果最有用的活动的秘密还没有体现在结构中,它就决不会重复出现。实践和努力不会帮助一位艺术家去长久保持他的最佳状态。许多作品受到称赞,却不能被人模仿。为了创造这种必要的结构,还需要两种预先形成的结构:一种结构在创作者身上,它对创作者提供技能和毅力;另一种结构在材料中,它给材料以适当的可塑性。如果每个认出一种善的人,都能立即加以利用,而且借助于一瞬间的洞察,就能永远具有智慧,那么,人类的进步在很早以前就实现了它的目标。不幸的是,洞察本身是完全无用的和没有意义的,它既不能创造自己的时机,也不能为它自己的再次发生提供保证。然而,由于它所需要的无论什么基础都是现实的东西,这一点被证明是确定无疑的,所以,洞察也暗示出,如果环境肯定现存的结构,那么,现存的结构就能够继续带着相同的道德效果起作用,肯定它曾经支持过的幻想。

[**有用的东西当然是稳定的**]

当人们偶然发现他们在世界上引起了一种有用的改变时,他们为此而自我庆幸,并且把那种实践的持续称为一种自由的活动。这种活动其实是合理的,因为它对一种目的有益。使我们继续那种合理过程的愉快的组织,就是那使我们开始这种过程的同一个组织。如果这种新的过程在外部的影响之下形成,那么,当同样的影响再次发生作用时,每一次都会更容易地重新构成这种过程。然而,如果它完全自发地形成,那么它自己的惯性会悄悄地把它保持在脑海里,并且在环境所许可的无论什么时候将它显示出来。这叫做通过经验来学习。这种课程并不是持久的,而且常常不是可以自由支配的。然而一度做过的事情可以重复;重复可以使它得到加强,并且变成习惯;由于侥幸的行为而曾获得的对好处的清楚记忆(当它发生时,表现出那种行为留在那个系统中的痕迹),和它同人们通常的冲动(就这种行动被认为是有益的而言)之间的协调,造成一种强有力的推断:行为有时会自动地重复;那就是说,它已真正被学会了。只愿注意结果的意识,或者判断记忆,或者判断好处,或者将两种判断混合起来,以作为这种自愿行动的根据。只有当这部机器发生某种故障,以致合理的行为不能产生时,才会令人吃惊地求助于物质上的意外事件,或者归之于使人惭愧的遗忘,或归之于心灵的不听使唤。

[**理智是易于训练的**]

白痴完全不能从经验中间学习,因为在他变化不定的头脑里,一个新的过程并不能改变结构,同时傻子只是笨拙和琐碎地运用他所学到的东西,因为他的联接起来的经验不多,而且经验的联系不稳定。但是如果大脑的原生质是新鲜的,配置得很好的,如果联系是清楚的,那么注意力就是连贯的,并很容易去学习事物。大量零碎的经验可以被收集成一组记忆或形成一组可能的观察。在这种情况之下,行为是健康的本能在一个它所面临的环境中的充分的表现。那时行动从一开始就导致进步,并且由于每一次练习加强了它自己的组织,而取得不断的进步。因为不仅一种行动的意愿和极大的精确性会继续存在,而且,如果任何有意义的环境在条件或利害关系上发生了剧烈的变化,这种变化会使自己成为被人感觉到的;它会停止这一过程和防止鲁莽的行为。深思熟虑或有充分根据的顾虑,和灵巧熟练具有同样的根源——一种可塑的和敏捷的组织。对困难和危险的敏感伴随对各种机会的敏感。

[**艺术即理性传播它自身**]

因此,凡是一切体现了理性的艺术,都是最壮丽和圆满的。如果艺术仍是无效的,并不伴随外部世界的实际改变,并未使人的住所更合适,使愿望更好地得到满足和更大量地传达给别人,那么,仅仅获得能够连接内部经验的某些范畴,或编造能够设想一个世界的某些类比,就只能是一种虚幻的成功。精神仅仅依靠它在物质中的表现才变为自我永存。正因为合理的行为能够在自然界留下痕迹,使进步成为可能,所以自然界提供了一种更好的理性生活的基础;换句话说,进步是改善生存条件的艺术。在艺术出现之前,所有的成就都在大脑内部,随着个人的死亡而消失,甚至这些成就在他身上消耗掉而不能复得,就像在梦中听见的音乐那样。艺术,由于在人的身体之外建立了人的生活手段,并造成外部事物同内部价值的一致,它就确立了一个能不断产生价值的领域。防备今天下雨的茅屋顶也会继续防备明天下雨。从前表现一种思想的符号,今后足以唤起这种思想。

因此,不仅艺术成品使艺术的功能不朽和产生一种更好的经验,而且艺术的过程也使艺术本身达到不朽,因为这是可以传授给别人的。每个人都从生活中学到点什么。但是如果他的后代仅仅继承生下来所具有的那点东西,那么他们必须靠父母的榜样所提供的充其量不过含含糊糊的某种帮助,再从头学习生活的课程。但是当经验的成果存在于共同的环境中,当自然界所不知道的新的手段,作为更好的装备被提供给每个人时,虽然他自己仍旧必须学习怎样生活,他却能够在一个更显示人的特点的学校中学习,在那里,发展自己才能的人为的机会永远存在着。他必须重新取得前辈的智慧,这一点不再仅仅是隐藏的内部过程。他通过模仿前辈的明显习惯(他们也在强迫他模仿的方法),能够很迅速地获得许多智慧。哪儿有艺术,哪儿就有训练的可能性。一位父亲把闲着的儿子们从树林中叫来帮他耕地,不仅使他们习惯于劳动,而且强迫他们观察耕犁过的土地,并叫他们在那儿观察庄稼的生长情况。他们的闲逛念头和起初的对抗情绪,会被收获的希望所代替。当他们的父亲去世时,他们主动地从事于耕作和为他们自己的孩子而从事于耕作,就不是不可能的了。

体现在物质上,通过训练可以传授和传播的艺术,使持久的合理化进展成为可能,这种进展是非常伟大的。因为在艺术中获得的价值,更容易作为最初享受到的(当其他人将这种手段向他提供时)而被认识。同时,这些价值的保持,由于一种外部传统富于感染力或强迫地把自己强加给每一代新人,而得到进一步发展。

[**一种伴随合理的艺术而来的美**]

艺术是这样一种行为:它超越于人的身体,使世界成为对心灵的一种更相宜的刺激物。因此,所有的艺术都是有用和有实效的。一些艺术作品大多由于其道德意义才具有的显著审美价值,其本身是艺术提供给作为整体的人性的一种满足。在感觉和抽象论述之间,存在一个展开感觉或综合表象的领域,一个间接设想多于随时能进行的直接感知的领域,然而在这个领域中,论述通过象征才达到的经验的模糊部分,却按照它们的本来的色彩和经验联系,被重新获得和重新组合。这种称为想象的领域,同感觉的领域相比,具有更无法捉摸和富于启发的愉快,同理智的领域相比,具有更巨大和欣喜的愉快。在想象、瞬息的直觉和赋有形式的知觉中所固有的价值,叫做审美价值。它们主要在自然界和各种生物中被发现,但也常常在人所创作的作品、语言所唤起的形象及声音的领域中被发现。

[**美与其他事物不可分割**]

审美价值存在或被认为是明显地表现出来的那些作品,称为美的艺术。但是,这样解释的美的艺术作品,几乎总是对具有许多非审美的功能和价值的实际事物的一种抽象化。区分审美成分(它经常是抽象的和从属的),这种技巧不是使人清楚明白,而是更把人引向歧途。因为把事物的审美功能与事物的实用和道德的功能分离开来,在艺术史上是不可能的,在对艺术价值的合理判断中也是不可能的。凡是富于想象力的民族所创作的艺术品,都是富于想象地创作出来的。凡是他们所说或所做的,都说得或做得十分合适、可爱和优美。或者,我们从心理学角度论述这一问题:不停的试验和思想冲动,在孕育它所喜爱的东西的过程中,常常产生一些虚构的东西,正是这些东西才使人们的思索愉快地平息下来。这些美是初步的知识,人们捕捉到这些美是由于真实和有用的事物的初步暗示。从玫瑰花的花瓣上攫取美,可能比从艺术的主题、时机和用处上攫取美更容易。其实,所有的事物都可以具有审美的魅力,如果在引起人的感觉或理智时,它们也能唤起他的想象。

但是，这种中间区域是如此含混和模糊，它的界限是如此不明确，以至完全不可能另外从理论上对它进行探讨，除了把它当作事实上的存在——作为人对他所生活于其中的世界的同情的一个方面。如果艺术是理性生活中的因素，这种理性生活在于改变生活的环境，以便更好地达到它的目的，那么可以指望艺术去促进人的全部理想，增加人的安慰、知识和愉快。由于自然界在其限度内习惯于整个地满足这些兴趣，因此艺术在试图增加那种满足时，就会同时在每个理想的方面都发生作用。如果它导致同所有其他的兴趣疏远，那么任何一个方面也不可能建立在完整的善之上，或者诱惑经过充分锻炼的意志。因此审美的善常常和其他的善在同一个窝中孵出，不会在不同的天空中展翅高飞。

艺术和愉快

[**审美的和谐是真正的和谐的拙劣模仿**]

和谐可能有的最大敌人是一种过早的固定化，在那种固定化中，完全忽视了某种基本的力量。这种被排除在外的成分会感到非常愤怒，并会造成无穷无尽的骚扰，直到它最后被确认，并且被吸收进一种真正全面的和谐体系中。一种过早的固定化所结合的兴趣越多，它反对改革的惰性会越大，并且越会自以为是地谴责那些没有容纳进来的、不应抛弃的成分。

艺术不得不受到这种拘泥于形式的反对。有时是政治制度，有时是宗教热情，把艺术排除于它们的方案之外，因而使它们的方案成为不公正和不充分的。而所有过早的固定化中最过分的，是美的艺术所惯于确立的那种过早的固定化。现象上的和谐不涉及事物的原动力，也不能产生出它自身，它是这样片面和短暂的一种善，因此，我们可以公正地称它为一种幻象。迷恋于韵律和雄辩术，沉湎于幻想的激情和表演出来的悲哀，不是一种男子汉的生活方式，也是脱离实际生活的控制与合理的愉快的。一个令人喜爱的梦本身是一件美好的事情，但是它同样给世界留下一片混乱，并且通过梦境与世界的对照，使世界甚至似乎变得比它原来的样子更为黑暗。由于艺术停留在它的虚幻的天国里，它会使人们遭受任何不负责任的激情或放纵的恶行所可能给予的那种损害。由于这种原因，如果一个儿子坚持做一名诗人或演员，常常被视为家庭的一种不幸。这样的天赋显得太无能，这样的荣誉看来名声并不好。一个人由于可以得到幻觉上的愉快而不回避真正的恶,但是除了使他自己在真正的恶面前表现出毫无抵抗力外,他很可能还慷慨地给真正的恶加上一些幻想的恶。他变得过于敏感、妒忌和歇斯底里;世界起初也许被他的出神入迷搞得不知所措,接着只不过称赞他的行为,然后就傲慢地批评他的这种行为,并且非常可能最后完全忘记了他的这种行为。

因此,那些美的艺术很少成为人类进步的原始因素。如果它们表现道德的伟大和政治的伟大,而且还足以提高这种伟大,那么它们就取得了一种尊严。但是当这种表现的功能被放弃时,它们就成为浮夸的艺术了。这种艺术家成为漫不经心地闹着玩的人,而公众则分成两个阵营:一种是过分喜爱这种艺术家的装模作样的浅薄的艺术爱好者,另一种是使自己越来越显得粗鲁的下等人。两种势力都使艺术家堕落,而艺术家则有助于培养这两种人。一种信赖和假充内行的气氛笼罩着艺术家的态度,并随其影响蔓延开去。宗教、哲学和习俗也逐渐会受到这种风气的影响,变为一种随意的幻觉或卑劣的捧场。当这种风气在不同的领域出现或涉及不同的对象时,称为浪漫主义、形式主义、唯美主义和象征主义的这类弊病,就在不同的时代中产生。不用说,那些艺术自身首先受到损害。如果那种美应该是对社会面貌的必然的赞许,并且是充满真正的愉快和力量的,那么它就必须从外部引入,人为地刺激和应用。因此艺术成为对丑恶的存在物的一种令人讨厌的装饰。

[**真正完美的典型**]

然而,审美的和谐,尽管由于它的基础如此不完整,以至成为转瞬即逝的和容易使人误解的,但它的形式却是最完整的。这种如此片面的综合确实是一种综合。正因为想象力所作出的固定完全是过早的,差不多忽视了世界上每一样事物,所以从类型上说,它们可能是最完美的固定。由于艺术家是天生的善的爱好者,是完美事物的天生的创造者,因此他坚信自己的洞察力。如果世界认为他的才艺是徒劳的,他可以有更充分的理由认为世界上的那些笨重的工具才是徒劳的,因为真正的善不可能依靠它们获得。只有他能加以合理改进的现象才是单独地实现的所有的力量,物质、现实和原则仅仅是推论出来的和可能存在的,按照道德标准来说,它们仅仅是产生完美的现象的工具。把握这样一种现象,使一种形式在材料中体现出来,势必首先证明,什么是现象下面的东西,而且使现实得到某种使用。这就势必开始去过一种生活。由于完善的标准是内在的，是由达到完善时所感到的满足来衡量的，每一个艺术家在他的活动中都会体会到：活动从本质上说究竟是什么意思。他把存在物改造成为思想的形式，并使他自己沉湎于那种理想的成就，就是说，要求一切事物都成为存在。即使无数的不幸等待着他，最后的失望等待着他，他也一度是过得愉快的。他会倾向于使他的情况停留在那里，并且向实践的人们挑战，以同样的方式证明他对它们的信念是有道理的。

［**孤立的任性之正面和反面的理由**］

对于任何一个观察过世界的人来说，最完全的愉快的片刻应该证明是不愉快的一个根源，这不是自相矛盾的。一种希望，一种激情，或一种罪恶，是一种生命力的爆发。这种生命力内在地与产生它的意愿相一致，然而生命力所体现出来的愉快是如此片面的，以至甚至在它被感受到的时候，它也会被不祥的先兆投上阴影。一种不安和危险会有意识地折磨着它。随着时间的推移，或兴趣的范围的稍微扩大，这种隐蔽的不愉快会显露出来。如果它像可能的那样，是由先于它的任性所引起，或是由这种任性所加强的，那么，仅仅感受到善的瞬间，仅仅在内心惬意地展现的景象，就能表明是一种新的和持久的祸根。按照这种方式，爱情常常把个人引入歧途，野心常常败坏城邦，宗教常常危害整个人类。艺术也经常处于一种任性状态，它是那些不健全的头脑将现实遮蔽起来的盲目的东西，并最终会增加这些头脑的混乱。这种情况也绝不是与艺术的理想的本质不相容的。恰恰相反，这样的一种结果是不可避免的，因为理想性完全建筑在一个范围狭小的基础之上。如果一个幻觉是不适当的，而它以权威的姿态在心灵中树立起来，那么这种幻觉越是真实的和美好的，它所造成的混乱就越大。从较好的意义上来说，艺术是一个实践的和劳动的人产生愉快的一种条件，因为要是没有艺术的话，他就仍然停留在奴隶的地位上。但是艺术更是使他产生不愉快的一个根源，只要艺术与他必要的劳动不相一致，甚至光是打扰他的劳动，他就会产生不愉快。那时，艺术使他与他的世界疏远，也不可能有效地把他带到一个更好的世界。

［**愉快的想象是一种开始同事物相一致的想象**］

艺术家在许多方面都像一名儿童。他看上去很快活，因为他的生活是出于本能的，然而他还没有能力去获得他自己的善。为了得到真正的快乐，他必须受到很好的培育，他似乎该从摇篮中就在有利的影响之下受到抚养，以便能学会喜爱那些导致他成长的东西。在那种不常发生的情况下,他的艺术会随着他的理解力的成熟而进一步发展。他不会感到后悔,不会感到要在一个更低的水平上重新开始。理想的艺术家,就像理想的哲学家一样,有整个时代和整个存在作为他的实际上的主题。由于世界提供了材料,他才能帮助改造这些材料。他的观察是一种智慧,它像科学一样,能够使他充分利用这个世界,并且让世界产生更多的成果。那时,他就会感到快乐,不仅因为他时常进入一种心醉神迷的状态,而且因为他心中具有足以从容地应付现实事物,并把思想的痕迹留在这些事物上面的见解和机智。

[经验总是促使想象更接近于那些事物]

经验增长的一个结果,势必使不真实的东西变为使人不感兴趣的。生活中的重要抉择是这样的为数众多,这些抉择所展现的可能性更是这样的多种多样,因此想象在试图把握它们时,就发现要充分地利用历史的和实际的种类。一名儿童设计"巴别塔"①;但是如果让一位成熟的建筑师无视地心引力和节约原则而进行这种设计,他就会失掉任何兴趣。生存的条件被了解和接受以后,就成为唯一恰当的美的条件。在任何地方,在任何情况下,有创造力的思想都发现一种适当的理想。它无须费力引进外来的东西,也无须为了幻想和个人的回忆而作出牺牲。恰恰相反,它从特定的问题中产生出一种新的和非凡的解决办法,因而同那种制定出一种任意的理想并不惜任何代价把它强加于每一场合的做法相比,看来是一种更伟大的发明。

[理性既是艺术的原则,又是愉快的原则]

换言之,在艺术中如同在生活中一样,要获得一种愉快的结果只有借助于理智。理智就在于理解内心的活动并辨认潜伏在那儿的激动,其次在于理解世界并辨认世界的规律相结构,从而明了内心的理想能够如何体现出来及在哪里体现出来。我们的麻烦来自我们的祖先所造成的在这些解释上的巨大错误,我们的祖先又有他们自己的错误更大的祖先,这些错误经由遗传和惯例而为我们所延续下来。因此这些错误影响了我们的理智。当我们忽视了行动的条件时,我们在实际事务中就遭到失败;当我们编造幻想的东西和在世界上并不存在的东西时,我们的想象就失败了。

艺术的价值在于使人愉快,最初在艺术实践中,然后在获得艺术的产

---

① 未建成的通天塔,古代巴比伦建筑,见于《圣经·旧约》。

品时，都是为了使人愉快。这种观察似乎并无必要，而且应当是不必要的。但是如果我们把这种观点与关于这些问题的通常说法加以比较，我们则必须承认，这种看法常常是人们所否认的，而且也许甚至是人们所不理解的。愉快是人们所应该追求的某种东西，虽然人们很少去追求它。他们最初为愚蠢的冲动所驱赶而离开了它，以后又被违反意愿的法规所引开。当行为学会不犯罪的时候，为了获得愉快，它仍然必须是本能的。但是人们一下子狂热地喜爱自由，一下子又热衷于错误的社会制度，使他们自己陷于野蛮和不幸。对愉快的合理追求，这是一种伴随着进步或伴随着理性生活的事情，它会体现出那种自然的虔诚，这种自然的虔诚把那些愉快的内在价值给予生活中的事件，哀悼人们的死亡，歌颂世上的爱情，尊崇民间的传统，欣赏和纠正自然的状态。因此，区分出愉快是艺术的灵魂，它表达经验，而不是像那些把无愉快奉若神明的、政治的或形而上学的专制那样歪曲经验。一种自由的思想，跟一种创造性的想象一样，为它自身在人与自然之间所能发现或造成的和谐而感到欣喜。在思想没有发现任何东西的地方，它只好在可能的范围内解决冲突，然后它战战兢兢地注意着和忍受着。

以一种坦率和真诚的方式在人的心灵周围组织起来的道德，能包含每一种美的艺术和使世界充满美——在世界的人为的产品中的美和在世界的潜在的自然恐怖中的美。我们越是接近于人的基本需要和接近于能够满足这些需要的自然力量，我们就越是接近于美。工业、娱乐和科学，随着人们的长期交往和人们的热情，充满着要求表现出来的刺激。因为它们到处都在创造着新的生存形式，致使眼睛不得不注意到那些形式，并且作为理想而重新把它们创造出来。艺术只不过是一种充分的工业；当工业满足了人的一切需要，甚至满足了那些附带的感觉上的需要（我们把这种需要叫做审美的需要，而一种粗野的工业由于草率会轻视这种需要或根本不理会它）时，艺术就出现了。

以这种方式符合于一切人的本性的艺术，会是合于理性的美的，并且是能长久保持美的。每当诗的美达到与感觉或理性的某种真正的协调时，这种诗的美就触动了世界。对一切制度和追求的试验越是使人得到真正的愉快，它们就越是显得美，它们与人的心灵的结合点就越多，并且与心灵的结合也就越深。那时，区别和创造美不是把艺术降低为一些心不在焉的、玩弄偶然的幻想的心灵，它会成为一种与实际效果不可分割的习惯。那时，就会从最终兴趣的角度去看待一切活动和一切事务，并从它们同人的善的密切关系去看待它们。因此，艺术就会恢复荷马史诗的荣誉。当一些艺术显然要触及人的命运时，它们就会借用荷马史诗的某种崇高与哀婉的东西，而且在这些艺术上起作用的兴趣会是强烈的，因为它显然仍是动物性的和真诚的。

[只有一个理性的社会，才可能有确实和完美的艺术]

一切制度应当对愉快有益，这条原则比任何对艺术的崇拜更深刻地说明了问题，并且给艺术奠定了一个可靠的基础。如果社会的结构是合理的，那么社会结构的自由的表现也应当是合理的。许多不拘泥于任何个别的哲学的观察者感到：在我们中间的艺术不知怎么是软弱无能的，他们寻找一种有时比古代的模型，有时比生活的本来现象更好的鼓舞。确实，一名艺术爱好者可以寻找他所要的鼓舞，一位艺术品鉴赏家绝不会缺少使他忙碌的某种材料。但是，如果所希望的东西是一种真正的、天然的、不可避免的艺术，那么，首先必须在社会中进行一场伟大的革命。我们必须丢弃早已存在的幻想，丢弃不合理的宗教、爱国心和艺术流派，我们必须发现真正的需要和可能使我们愉快的形式。要求作这样的反省之所以看上去很革命，只是因为我们从一种陈旧的制度出发，这种制度依赖于传统的风尚与迷信行为，并借以曲解和背叛活着的一代人的意志。抛弃这种制度不会颠覆秩序，恰恰相反，它只是第一次建立了秩序。它将是一种伟大的恢复，是把事物重新放在它们的基础之上。

我们基督教世界如此习惯于人为的理想和制度，不断地表现这些理想和制度，因此，当我们由于它们而受到严重损害时，我们几乎不能设想我们的处境是多么异常。我们建立研究院和博物馆，如同建立传教团那样，以激起热情，这种热情有缺少天然的燃料而趋于熄灭的危险。我们公开的理想是寄生于政治团体的东西，然而政治团体所固有的、包含在我们的自然结构和境遇中的那些理想，或者被那种异己的精神压力所窒息，致使公民的生活处于野蛮状态，或者强行打开它们的出路，不以理想而受人们的注意或不像理想那样公正地受到人们的尊敬。工业、科学和社交礼节，带着当代生活中所有合适的安慰品和附属物走它旧的路，仿佛它们没有什么东西要向精神说明，因为精神仍然纠缠在死气沉沉的传统所织成的罗网中。想象力在那些神学的、戏剧的或造型的陈旧形式上的闲荡，造成人们称为生活中的严肃事情的副产品的艺术或宗教。这种副产品越是没有功能和没有理由，那些沉迷于它的人就越是认为他们是理想主义者。

［**为什么现在艺术是空洞的和变化不定的**］

显然，没有理由和没有功能的习惯就不能产生愉快。它们不能构成一种既是本能的又是有益的活动，诸如高尚的艺术就是这种活动的一个例子。其实，那些习惯可以产生愉快。它们能产生极度的兴奋，就像疯狂能明显地产生的那样，虽然疯狂是最没有功能和最没有理由的。这种副产品也不是没有结果的，它的某些结果可以想象是幸运的。按照某种理想的观点，没有功能的东西被认为是没有价值的，它不能使人们过一种特殊的、经过深思熟虑的生活。但是，没有一种真实的东西能脱离普遍的变动。把每一样东西（疯狂及生存中一切无意义的相反倾向）都包括在一般的变化过程之中，并且到某个地方予以排除，这不是没有结果的，因为这些东西在一瞬间把实体卷入它们的小漩涡。因此，我们空洞的艺术和多余的宗教并不是没有真正的结果的，也不是没有某种内在的生命力的。当生活发生严重扰乱时，人们仅仅在孤立的事件里，在攫取到的梦想的瞬间，就能看见蓝天，或发现像理想那样的东西，这样的事完全会发生。假若那样，他们对自己离题的幻想的尊敬就会根据十足，他们浅薄的艺术和牵强的宗教可以真正构成他们经验中最好的东西。这些可怜的热情会哀婉动人地被证明为正当的，但这只能在一种理性生活的观念本身完全超出经验范围的情况下。

［**非理性的艺术家的异常品质**］

当艺术是对理性的实践所作的一种短暂的逃避时，艺术家自己如果是一位流浪者，或至多像一位幼稚的天才，那是不令人奇怪的。天才的翅膀不过使他适于作暂时的逃避，使他能够绕过疯狂和神秘深渊的危险边缘。但是这样一位反复无常的工作者不应得到艺术家或大师的称号。他冲破惯例，仅仅为了冲破它，而不是为了创造一种新的、和自然更协调的惯例。虽然他的创造力在一瞬间能使人惊讶，它最终会被人们所看不起并发现人们不再欢迎它了。他自己同时会感到沮丧，因为那种令人痛苦的、无意义的灵感扰乱了他的生存基础。或者，如果他太心醉神迷，以至不明白自己的困境，那么，他会使注重实际的人们更加觉得他可怜，注重实际的人不会认为沉湎于那些不能锻炼人的性格和不能为后代生产出任何东西的享乐是幸福的。

艺术，按照它的崇高的词义，是一种成就，不是一种放任。在某种意义上,艺术为使世界得到灵魂并由灵魂支配世界而作了准备,艺术把一根可以与另一根织在一起的线解开来。艺术家应当是古怪的、无家可归的并且经常进行梦想的,这一点差不多成了一条自然规律,但它不过是一种恶意的诽谤。艺术家的事业实际上不可能是玩幻想的把戏,也不可能是获准扮演傻瓜。简单地说,艺术家的事业是这样:每一个敏锐的头脑在创作时都能创作得很好,在表达时也能表达得很好,他在任何地方的实践中,都以最大的可能与处境相一致,并且最细致地调整他影响外界的能力。艺术家的工作的奇迹,随着他的洞察力的范围,随着使极端孤立的他开始关心其他人的命运,并且成为其他人的秘密的伟大推测者的那种本能的同情心而有所增长。因此,艺术家的作品带着一种比人们和自己谈话时所带的更深刻的信任,诚恳地和人们谈话。他伟大的明智所带来的欢乐,他充分的幻想所产生的力量,是很强烈的,因为他能向其他人提供这种欢乐和力量,并且从对世界的正确研究中获取它们。

[**真正的艺术调节愉快和使它完善**]

如果愉快是对艺术的最终认可,那么艺术反过来是愉快的最好手段。人的自我表现在艺术中比在其他活动中更直接地得到积累,并发现一种直接的报偿。由于这种表现改变感觉的物质条件,感觉变得更令人愉快,同时更有意义。在工业中人依然是奴隶,为他在活动时所必须使用的工具作准备。虽然他在行动中是自由的,但他把自己的影响施加于一种活动着的和不可靠的媒介物,看着结果每时每刻越来越远地背离自己的意图。在科学中他是一位观察者,通过研究行动的结果和条件,以另一种方式为他自己的行动作准备。但是在艺术中他既是有能力的又是自由的,他是有创造力的。他不为他的材料所烦恼,因为他已改造了这些材料,并把它们看成是理所当然的。他也不关心现实世界中的事情的偶然情况,因为他正在改造世界,而不仅仅在考虑它怎样发展或将来它会赞成怎样发展。因此,没有任何东西能比真正的艺术更令人愉快,也没有任何东西能比真正的艺术更使人无懊悔和空虚之感。艺术如此完全地产生于人的心灵,所以它使每一件事物用人自己的语言同人谈话。然而,由于艺术如此确实地涉及自然的实质,因此艺术与自然相协调,成为大自然创造性的物质活力的一部分,并由大自然的本能的手所创造。如果在世界内部的各种形式的冲动并不是互相对立的,也没有使它们互相之间发生大混乱,那么,大自然就可以叫做一位不自觉的艺术家。事实上,恰恰由于这样一种形式的冲动从环境中找到了支持，因而一种意识伴随发生了。如果那种意识是充分的，足以用作预言的，那么艺术就出现了。因此，从本能中产生的艺术，是大自然的成就的象征和准确的尺度，也是人的愉快的象征和准确的尺度。

王又如译　尹大贻校

——译自桑塔亚那《艺术中的理性》（英文版），美国纽约斯克里布纳出版社 1917 年版

美　感

卷一　美的本质

10. 审美快感的特征在于客观化

然而，这审美判断的普遍性要求，却不仅是希望普及我们自己的意见而已。它还表现了一种奇怪而熟悉的心理现象，即感觉的因素转化为事物的性质。假如我们说别人应该见到我们所见的美，这是因为我们认为那些美存在于对象上，像它的颜色、比例、大小那样。我们觉得，我们的判断不过是对一种外在存在，对外界的真正美妙的感知和发现。然而这种想法却是十分荒谬的和矛盾的，我们知道，美是一种价值；不能想象它是作用于我们感官后我们才感知它的独立存在。它只存在于知觉中，不能存在于其他地方。一种不曾感知的美是一种不曾感觉的快感；那是自相矛盾的。然而，现代哲学却教我们按下列方式来说明感性世界的一切因素：一切皆是感觉；感觉所组合成的东西就被想象为永恒的和外在的事物，这是理智的某些习惯之成果。散漫的生活经验，若不是予以组织，予以分类，从混乱印象中构成那些习惯而易辨的事物之世界，我们就不能考察和记住这些经验。

流行的知觉学说说明这是怎样进行的。外物往往同时作用于几种感官，事物的印象就是由此而联结成的。对同一事物的反复经验也因其相同而联结了起来；因此发生合并和统一的两重倾向，使那些其实来源于一个外物的记忆和反应组合成单一的知觉表象，而授之以一个名称。然而，这个知觉表象一旦形成，就显然不同于生长它的那些特殊经验了。知觉表象是永恒不变的，经验却变化无常。经验不过是它部分的浮光掠影而已。因此，这个构成的概念便被当作实在，它的材料不过是现象。实体与

属性、实在与现象、心与物之间的区别,即起源于此。

事物就是这样因被人知觉而区别于我们对它的观念的,它本来是由各种印象、感情、回忆凝结成的,这一切都供给我们去联想,都卷入想象力的漩涡之中融为一体了。但凡我们从某物得来的感觉,本来都被当作它的一种属性。然而,试验以及在实践上需要对事物的构成有个较简单的概念的要求,使我们把事物的许多属性逐渐化为最小限度,而且把大部分知觉当作这少数属性对我们的作用。这少数基本属性是最足以说明我们的经验秩序的属性,例如延展性,我们都坚持把它当作绝对的真实,或把它当成本质的属性。其余一切属性,例如颜色,则归入主观领域,只作为客体对我们心灵作用的结果,作为表面的第二物性。

不过,这种区分只具有实用的理由而已。只是为了运思的简单方便,我们才决定哪些感觉合成物要继续客观化为其他合成物的来源。客观化的权利和倾向,对一切感觉都是平等的,因为它们的出现都早于我们思想的加工,我们通过这番加工才把概念同它的素材分开,把事物同我们的经验分开。

我们现在认为是属于实物的那些属性,多半是视觉和触觉的映像。快感和痛感自然是第一类作用之一种,却给看作为第二类作用了,因为一般说来,假如把我们的快感和痛感看作是事物本身的性质,那对于知性活动的有效性就毫无帮助了。然而感情正如感觉印象一样,在本质上说来是能够客观化的。我们深信,在原始民族的无意识经验中,这世界看上去就是他们的恐怖和激情所化成的精灵,而不是他们尚未能想到的明了的数学概念之投影。

这种精灵崇拜和神话迷信的思想习惯,在那些科技知识还不发达的领域内,仍有其势力。在习而不察的我们自己身上,在复杂零乱的动物生活和人类生活方面,我们仍然诉诸意志和观念的功能来说明一切,正如我们对宇宙问题和宗教问题仍沉没在沉沉夜色之中一样。然而,在平凡白昼的一切中间地带,机械科学已取得进展,如果把感情因素和激情因素都归入"实在"这个概念中,就未免过分了。在这方面,我们关于事物的观念尽是由知觉因素、形态和运动的观念构成的。

然而,事物的美却是一个例外。美是一种感情因素,是我们的一种快感,不过我们却把它当作事物的属性。然而,我们现在已经有准备,可以了解这例外的特性了。我们往往把事物对我们的每一作用当作假定的物性的一个成分，这是一种本来普遍的倾向的遗习。一件事物的科学观念是该物所唤起的许多知觉和反应的最大抽象；但是审美观念却是不大抽象的，因为它还保留着感情的反应和知觉的快感，并把它们作为所设想的事物的必要成分。

感情的客观化在其他方面业已绝迹，但是在美感方面还残留着，其原因是不难寻找的。事物所唤起的快感，多半是容易同对事物的感知区别开来的：物必先作用于一个特殊的器官，例如味觉；或者被咽下，例如酒；或者设法运用，快感才能产生。所以，快感和其他有关的感觉因素之间的结合是微乎其微的，快感是及时地同知觉分离的，或者落在另一器官上，于是马上就被认为是事物的作用，而不是事物的属性。然而，当感知的过程本身是愉快的时候（这是不难的事）；当感觉因素联合起来投射到物上并产生出此事物的形式和本质的概念的时候，当这种知性作用自然而然是愉快的时候；那时我们的快感就与此事物密切地结合起来了，同它的特性和组织也分不开了，而这种快感的主观根源也就同知觉的客观根源一样了。在这些情况下，我们自然不能区别快感和其他客观化的感情。快感就像其他感觉一样变成了事物的一种属性。我们把这种属性同其他在知觉过程中不是这样结合的快感加以区别，而称之为美。

11. 美的定义

现在，我们已经到了给美下定义的时候了。根据我们一连串分析中逐步紧缩的概念来说，美是一种积极的、固有的、客观化的价值。或者，用不大专门的话来说，美是被当作事物之属性的快感。

这个定义的用意，在于综合许多异同之点，这里也许应该予以更明白的阐述。美是一种价值，也就是说，它不是对一件事实或一种关系的知觉；它是一种感情，是我们的意志力和欣赏力的一种感动。如果一件事物不能给任何人以快感，它绝不可能是美的；一种人人永远对之无动于衷的美，是一种自相矛盾的说法。

其次，这种价值是积极的，它是对某种善之存在或者不存在（在丑的情况下）的感觉。它绝不是对一种积极性恶的知觉，也绝不是一种消极的价值。我们具有美感，而这种美感又是一种纯粹的和不掺杂恶的感觉。当丑不再是富有情趣，或者仅仅是因素然寡味而变得可厌时，丑就真的成为一种积极的恶，不过这是一种德性的恶或实际的恶，不是审美的恶。“恶不过是善之不存在”，这句话在伦理学上往往是太不诚实，在美学上却是真实的,因为即使一种无美可言的东西,其平庸烦人本身与其说是丑,毋宁说是可哀和可鄙的。缺乏审美的善,是一种德性的恶:审美的恶只是相对的,它表示比起此时此地所期望的审美的善较少而已。世间没有一种形式本身是给人以痛感的,虽然有些形式(即使确实是美的形式)会因为引起震惊而使人感到痛苦,例如,一个母亲在她孩子的摇篮里看到的不是她的孩子而是一只美丽的小牛,那时她的痛苦在本质上就不会是审美的。

再则,这快感必不是事物的功利作用,而是对事物的直觉;换句话说,美是一种最高的善,它满足一种自然功能,满足我们心灵的一些基本需要或能力。所以,美是一种内在的积极价值,是一种快感。这两个条件就足以区分美学领域和伦理学领域了。道德价值一般是消极的,而且往往是非直接的。道德涉及避恶从善,美学只涉及享受。

最后,官能的快感不同于审美的知觉,正如一般感觉不同于知觉那样:因为审美的因素和审美现象的客观化,构成事物的属性而非意识的属性。从感觉到知觉的过渡是逐渐的,它的途径有时甚至反复,美感和一般快感都是如此。这两者之间没有分明的界线。然而,我是说"它令我愉快",还是说"它是美的",这视此时我的感情得到客观化的程度而定。如果我抱自觉的和批评的态度,我大概使用后一句话;如果我情动于衷难以自禁,我大概使用前一句话。快感越是遥远、交错、难解难分,它就好像更为客观些;有时候两种快感的结合构成一种美。莎士比亚的第五十四首十四行诗有如下的话:

啊,美确实似乎美丽得多,
因为真给她以可爱的浓妆!
蔷薇悦目,我们认为她更婀娜,
因为花蕊里蕴藏一股清香。
毒花也有一样深浓的色彩,
不比蔷薇的馥郁的红晕稍衰,
它挂在荆棘枝头放肆地摇摆,
当夏日熏风展开它的蓓蕾。
但是因为它的美是金玉其外,
活时无人求爱,谢了无人敬仰,

抱恨而终；可爱蔷薇始终可爱，
它的香骨将酿成最甘美的清香。

我们看到，只须增加一点装饰，以前只是金玉其外引人观赏的深浓色彩，就化为美和真的一个因素；正如真是知觉的协作一样，美也是快感的协作。如果颜色、形式、动作没有馥郁的香味就不成其为美，那么香味本身要成为美，这些东西也就越必不可少的！如果我们把香味关在瓶里，没有人会想到它是美的；它给予我们的感觉既过于隔离又过于顺从了！没有一件东西可以容易掺和进香味。但是，让花香从园里飘来，它就会给同时认识到的事物添上另一种感性的魅力，使它们显得美。因此，美是在快感的客观化中形成的，美是客观化了的快感。

缪灵珠译

——选自桑塔亚那《美感》，中国社会科学出版社 1982 年版

艺术科学派美学

作为一个流派，艺术科学派美学产生并流行于20世纪初的德国。它的主要代表人物是玛克斯·德索，其代表作是《美学和艺术理论》(1906)。另一代表人物是埃米尔·乌提兹(Emil Utitz, 1883—1956)，《普通艺术科学的基础》是他的代表作。

艺术科学派美学所说的“客观”并不意味着肯定包括美在内的各种美学范畴是事物的真实属性，而是承认自然、艺术或文化中引起审美经验的对象具有一种明显的物质的特殊性质。因此所谓“客观”是相对于主观主义美学而言的，后者忽视了美感经验中的客观方面，并把自己的任务仅仅规定为观察和分析人对事物的审美态度。

艺术科学派美学主张严格区分美的哲学——美学与艺术的哲学，认为有必要创立一种一般艺术科学。这种一般艺术科学不同于传统美学，它应是科学的、客观的和描述性的。它主要是一门关于艺术的价值和性质的科学。因为美学不能胜任全部艺术现象的研究，而个别的艺术规律又需要有一般的原理，因此应建立一门新的学科。这门新学科既有美学的概括性，又有个别的艺术做它的材料。它应采用哲学的、社会学的、心理学的、伦理学的等各种方法进行研究。因此它是一座从具体艺术向艺术哲学过渡的桥梁。这座桥梁是由可以验证的知识构成的，其支柱就是一般艺术科学中的各种理论概括。这个流派公开反对流行的心理学美学，认为对于审美现象的研究主要是一种艺术的科学，它的出发点应当是完全脱离了人的注意的艺术作品本身，而不是观赏者或艺术家。

艺术科学派美学认为，艺术是多功能的，不应当把它只看成是美的表现，也不应当认为体验艺术的唯一方式是把艺术看成审美快感的源泉。只强调艺术的美会导致只重视欣赏者，而忽视了艺术家。

(张德兴)

玛克斯·德索

玛克斯·德索(Max Dessoir，1867—1947)，德国心理学家和美学家，于1906年创办了《美学与普通艺术科学评论》，是1913年柏林第一届国际美学大会的组织者。他曾因此而被纳粹政府撤销了他在柏林大学教授的职位，禁止出版他主编的杂志，不让他参加巴黎第二届国际美学大会。在学术观点上，他承继乌提兹和沃林格，坚持美学应与艺术科学相分离的原则，认为美学在范围上要超越艺术，但又不包罗一切总称为艺术的那些人类创造活动的内容与目标。美学主要研究美的本质和审美态度的一切特征，艺术科学则研究艺术表现的人类巨大价值。但这种分离最终又是为了两者更好的合作，正如他自己所说，在这里，“人们能以相同的分量去艺术地感觉和科学地思考，艺术……必将陶冶他的激情，科学以它特有的条理培养他的才智”。

这儿节译的是玛克斯·德索的代表作《美学和艺术理论》一书中的“客观主义”一节，其中表露了他调和、综合自然主义、形式主义、幻想主义等艺术理论的客观主义和折中主义倾向。

(滕守尧)

客观主义

能够给一种美学体系以方向的一般原则，当运用于艺术中的美的东西时，便显示出它们的巨大的活力。至少这对于“审美客观主义”是适用的。我们叫“审美客观主义”，意思是指所有那种从客体结构上而不是从欣赏它的主体的态度上找到这一领域所独有的特征的理论。对此结构，我们能极轻易地参照现实的其余部分加以确定。因此，那些理论就从属于此。它们以与自然中呈现出来的关系为基础去解释美与艺术。确实，自然主义宣称艺术即是真实，各种各样的唯心主义断言它比真实要多，而形式主义、幻想主义和肉欲主义则认为它是少于现实的。

“自然主义”不但从艺术家的证言里找到了支持——因为艺术家们总是不厌其烦地要我们相信他们不过是把所见到的东西再现出来罢了——它还轻易地赞同了一种普遍的思潮，即实证主义(用世上广义的话来说)的明显倾向于“艺术应当严格抓牢既得者”的思潮。这种原则甚至在伦理学中也有根据。什么样的乐观主义者——他们把现实世界说成是可能得到的最美好的世界——能够一贯赞同一种遐想的想象游戏呢？最后，以乐观主义和自然主义为一方，以虔诚的宗教信仰为另一方，这两者之间有一种联系——它诚然是不必要的，但却是明了的。那就是说，倘若世界是上帝的反照，那么就不可能有比它更高一级的美，就不可能有一种比忠实复制它的艺术更高的艺术了。自然主义地去创造也就意味着在一个人的作品中给造物主增辉。星星的秩序，有机世界的丰盛华筵，大者之强大，小者之动人——所有这些都把卑微的创造性艺术家的思想转向永恒的上帝。

同时，假如我们从其世界观的基础上入手，仔细地看一看其理论本身，如下的几点便与自然主义格格不入了。第一，当我们观察一个自然物精确的复制品时，一种非审美的，在观察原物时不存在的情感便产生了。一个蜡人，倘若照搬了人的原形，便会引起恐惧，引起一种非审美的情感。这种情感在观察真人时是不会产生的。第二，从任何意义上说，一件艺术品，无论你怎么去称呼它，它总与真实相去甚远。画景中缺乏阳光、音响、运动与新鲜的空气；蜡人的脸上手上没有汗毛；在石膏模型里，我们缺少那睁开的眼睛以及随着心理活动而不停地一张一弛的身体动作。运动不息的可见世界是不可能用艺术去复制出来的。第三，忠实于自然，与自然相似，绝不等于与自然一样。一位巧匠的漫画和速写可能惊人地与原形相似，但却不是逼真的。漫画夸张了某些特征，而速写却略去了许多完整的绘画所要画出的部分。我们见到过一些画像，尽管艺术家已略去了鼻子、耳朵乃至眼睛，只用一些颜色的斑点来表现，但画中人的脸庞却充满了生气向我们迎来。各种倾向的艺术家们都一次又一次地主张说，他们的艺术就在于略去不必要的部分，就在于“Savior faire des sacrifices”(懂得如何丢弃)。第四点，也就是最后一点，在一个完整的复制品中，那决定性因素，即艺术家的个性就不得不被排除了。然而抹去这些个人特征的企图便会将生活摒弃于艺术之外，更有甚者，它便会意味着审美享受即来自于对逼真的满足，因而即来自于认识的愉悦。

但是倘若在提出自然主义的信条时得到了公开的赞扬与接受的话，那必定会有尚未讨论的原因——部分为理论的，部分是实践的原因。在理论的原因中，我们须首先考虑到那种貌似忠实于自然以及那种实际仿造自然之间显而易见的含混。即便是一张速写和一幅漫画都能清楚地表现出对于自然的印象与这种实际模仿之间有多少不同。事实证明，这种未完成的或者歪曲的艺术是最有创造性的创造。然而它们又给人以最生动的忠实于自然的印象。假使自然主义认为这种印象只能通过一味的模仿才能获得，那就错了。对于自然的印象与对于自然的复制之间不能画等号。因此，否定的观点会比肯定的观点更可取。有人会更确切地说，我们避免那些对于自然的偏离，这种偏离是与不忠实的纷乱意识密切相联的。这一类的说法不像肯定的说法那样有约束力，它在任何情形下都给艺术以自由活动的范围。也许人们会说，这当中的情形正像人与幸福之间的关系一样。人们都想幸福，但是达到这一目标决不会确保他们获得所追求的全部。所以艺术过去是经常面向真实的，现在亦如此，但达到了这一真实之后，艺术便终结了。

纵使最深奥的精神艺术品也是由来自生活的因素构成的，自然主义从此事实中寻找另一种支持。一旦艺术品的组成部分不是取自于真实，我们便厌烦地感觉出来了。艺术的因素便与真实的因素没有区别了。然而这也帮不了自然主义多少忙。因为这些组成成分业已被制作成新的东西，制作成充满情感的一种形式，而且这一制作本身就是其关键所在。诚然，这种综合似乎是——至少只要它局限于选择、加强和减弱中——与真实密切相联的。任何一种创新，无论它有怎样的活力，都不应当创造出经验中不可能存在的东西。但是让我们弄清这样一点：这种艺术创作本不需要有经验中的对应物，它们只须是一种存在时我们即能理解的东西。视觉中不可能存在的(譬如说，远处的物体与近处相同的物体一样大小)不应当在任何声称反映真理的图画中出现。加之，倘若每一门清楚的艺术理论要求因素的结合要显出一种联系，用以引导观众、读者或听众承上启下，那么即使如此，自然主义亦不能从中受益。相反，决定性的并不是经验主义的和谐，而是一种内心的连贯。我们把一件各部分都已离析的艺术品称为不真实的。对于自然的模仿也许能为艺术的统一性这一目的服务。但这种统一是风格的统一而不是以上这种统一，“统一”这个词从审美意义上说就是真实性。

这样，就有可能显示出，仿佛艺术仅存于生活因素的一种特殊结合之中，如同飞马或半人半马的怪物是由真实组合部分结合而成的一样。但这样做——它回绝了人的任何独特的创造能力——仍然不会恰当地处理事实。因为光是选择和结合从来就没有创造出艺术。一件艺术品中的真实可被融合或改变到只有最敏感的辨别力才能觉察得出来的程度,甚至先验的、神秘的和象征主义的艺术品最后也是基于某种经验的。可是它们将脑袋抬得那样高,就使得我们不再去注意它们立于实地之上的脚了。

虽然到目前为止,与外界真实的一种关系已经归诸于自然主义了,但我们必须注意到——至少作为补充——同时还存在着一种忠于真实的心理过程的描写的倾向,它原则上也属于同一个范畴。在这儿,情感的过程尤其被真切地描绘出来,而且它正是自然主义艺术的对立面。自然主义欣赏的是那种未经提炼的情感与心境的再现。抒情诗人尽量真实清楚地表达他的情感,他通常像艳羡他的那些读者一样,并不怀疑他自己离自然主义比离理想主义更近,但作为一种公认的艺术潮流却恰好与自然主义相对照。这一个区别非常重要。这种我们称为"自然主义风格"的艺术史上的现象,仅仅是松散地与理论考虑联系着。自然主义审美观则相反,它作为一种间歇性实践,主要表明了对于行将灭亡的观点与形式的反叛。因之,它不是一个描绘真实事物时是否忠于自然的问题,而在原则上是一个新的、最时髦的技巧的问题。早期的形式——已经过时——看起来是传统的、抽象的与不真实的。一种新的美对于这种旧的美的替代便自然而然产生了一种思想,即理想主义的美的梦已经被真实所取代了。诚如人是历史的存在,总是随着事物秩序的变化而改变他们的文化领域,并为自己构成了有价值的新观点与生存的意义那样,因此,所有的艺术也都试图去追随这种变化。每一位能够用现实的眼光去看待事物而且用适合时代的形式去表达所见事物的艺术家都把自己当作是一个自然主义者。

在这种意义上的自然主义则与僵死的观念正相反。如同与教会、国家的优势条件的对抗轻易地从唯物主义和无神论信条里找到了出路一样,艺术上的反对派也一样,更乐于运用自然主义的形式和思想方式。

这样,依着历史发展的顺序,打破传统是发生在先的,随之便是返回自然了。换言之,一个人从传统中解放出来得愈彻底,他便愈容易地返回自然;反过来,一个人与自然脱离得愈快,他的情感就愈局限于传统的形式之中。按照这一法则,那些对旧艺术不满意的人几乎都是被动地转向了模仿自然。在这一点上有意义的是,作为规律,这一运动的代表们是属于下一代的。青年人有超历史情感的特征。他们也往往表现出与自然主义相融合和齐头并进的那种乐观主义。这种去改革社会与经济状况的年轻的冲动不久就与那种对于在艺术中成为一名导师,拥有一名人类恩主的能力的意识相结合了。然而一个人的年龄愈增长，便愈不喜欢猛烈的变化。无视一切后天的智慧，完全倚靠自己的那种鲁莽的冒险行为，在年长一些的人们眼中是对进取精神的歪曲。这对表现主义与自然主义都一样，无论它们看起来好像距离有多远。目前的艺术批评鼓励了那些盲目聒噪的人，因为那些批评家自己都在以一种狐疑和恐惧的心情看待未来。年轻人的傲慢、挑剔、自负，在辩论和计划草案中已经耗尽了。我在一生中看到过多少革命者，他们当中真正成就什么事业的人又是何等的少！不幸得很，甚至出现在科学发达的今天，这样一群叽叽喳喳的伙计们竟然也相信他们自己已被剥夺了显示才能和勤勉的职责。真正伟大的发明者总是不倦地、恭敬地学习他们前辈大师的成就，从而赢得了自立。许多人几乎还不知道他们的学术是怎样革命的。一切都有幸于谦虚，谦虚甚至能使不一致变为一致。

观察历史使我们进一步看出了为什么自然主义者那么易于被吸引去选择丑的和触目惊心的事件。真正的原因是，这些成分在传统的和既已形成的艺术手法中或者已经不复存在了，或者被装点修饰到面目全非的程度。对比与独立的情感将注意力正引向“异常”与“次典型”的东西。另一个原因是形式上的。艺术家中的年轻一代想显示他们的技艺，新发展的技艺能将精湛的技巧运用于边远的和（可以说是）难以处理的材料上去。我们想起了内容与艺术价值是无关的，这一点可为该方法提供辩词。异常事物的描绘不是异常的描绘，正如对不确定事物的陈述不是不确定陈述一样。它将要依赖艺术家的个性是否强烈到足够把与内容相关的不愉快的自然情感上升为愉快的艺术情感。大自然以其无限与永恒懂得如何去缓解所有的不协调。只能表现大自然一部分的艺术作品必须具有相同的广度或深度去使可憎的事物变得可以接受。

在这一点上自然主义与实在论（唯心主义）非常相近，而后者在其他的方面又与自然主义相对立。实在论的目的在于使艺术超越一般真实的内容与目的。哲学的预想——被相对主义与实证主义所争夺——是一种要求，即要求在事物背后存在一种超感觉的东西。世界并非完全由表象所组成，而具有一种完美的内容、一种本质。谁欲在这一普遍的假想下建立美学的特殊立场，均可从美的和愉悦的这两者的区别入手。审美经验的过程包括一个客体，一个可以接纳的主体以及结果产生的两者向主要是美感的接触。一个特殊的对象和一个特殊的人相遇；从此愉悦的情感便产生了。但很明显,每一个美感愉悦都是如此的;所以,除了包含感觉愉悦的关系以外,美还必须具备其他东西。这个其他东西正是此对象放射出来的本质。艺术不是对一件特殊事物的模仿,而是美感地展示其更深一层的含义。美是直观形式中的绝对,是有限中的无限,是特定表象中的观念。当经验主义的对象不完全地指向潜在的观念时,艺术便显出了实体的内在含义。在"观念"仅只意味着具体化的普遍概念的情况下,理论就等于承担了在概念的感性表现中发现美的任务。概念不但是思想的普遍表达或浓缩,而且其本身也包含着理想的东西,这一事实可为以上观点作证。

莎士比亚说:"他曾是个人,就把他当作一切人当中的一切罢。"在此,人就充满了含义,它也许意指我们所称的真正的人。但真正的人不仅仅意指结合一切人的一般逻辑概念。这个词还有惯例的成分。真正的人就是人应当成为的那种人,绝大多数实际的人则低于这一水准。倘若自然中的一个客体或者一件艺术品成功地充分表达了这一概念的完整性,它便唤起了一种满足的情感。我们同情那种充分适合其概念准则的特殊客体。这就解释了为什么表现在美感形式里的概念是愉悦的了。[参看西蒙尔(Simmel)的《伦理学序言》]一旦思想转向了主观主义,这种解释就变得更加清楚。另外,人类以外的观念的存在没有考虑在内,然而它如同高一级的精神生活一样是有效的——这一级的精神生活在思想优越的人们中起着控制作用。这其中的愉快立即就可以明白了。

我们不能更详细地去讨论实在论的分支了。在浪漫主义中,这种活的自然的主体——用 A. W. 施莱格尔(A. W. Schlegel)的话说,"本身即很完整而且继续在创造自己"——充当了艺术家的模特儿。艺术应当再现自然的内在特点。观念,作为普遍和个别的结合,"存在于我们心中的一个一般理解所达不到的地方以及一个关于它在我们短暂的一生中仅出现一定启示的地方。美就在这些启示当中"。[苏尔格(Solger)的《美学讲座》第 55 页]一方面,黑格尔认为,美仅是那世界理念的明确形式中的代表,在这世界理念的发展中,自然、人类和客观灵性便呈现出来。无论何时,只要一个自然界的客体以可见形式充分地表达了它在整个自然领域中特有的地位和意义,那么它就唤起我们的审美享受。爱德华·冯·哈特曼(Eduard Von Hartmann)着重声明说,美只能归于具有理想价值的美感现象。这一价值的任何成分如果没有在现象中充分表达均会减弱美的程度。一个对象愈是具体,它便愈美。哈特曼总是将隐蔽的内容看作是绝对理念的部分。但是在某种意义上结束这场运动的泰纳(Taine)则只想到一般本质,或一种主要特征(caractere dominant)。其实这两者无论哪一种都一样。重要的不但是被表达出来的观念,而且还有表达的真实内容。这样,人们一旦着手在单独艺术作品中去表示某种超感觉的东西(或创造性世间见解,或占主导地位的一般特点时)总会遇到困难的。比如,我们听说某一本小说的主题反映了一种思想,即男人和女人之间的一切友谊都向爱情转换。但这一主题在某种意义上说太广泛了,它在一百本其他小说中也一样适用;而在另一种意义上说又太狭窄了,它说明不了像文学这种作品的生动的丰富性。对于艺术品解释的不同,特别是像"哈姆雷特"和"浮士德"这种完美的作品,就在于很难将这类作品的丰富内容缩小为一个公式、一种思想。而这一理论甚至到此还没有结束。它必须承认席勒写《华伦斯坦》的目的不仅是要描写典型的人的奋斗,而且还极其准确地描绘了一个历史人物。德拉诺其(Delaroche)甚至自夸说他的一张历史画比十部历史研究更能反映问题。毫无疑问,此处的艺术需要被理解为一种清楚认识到的个别对于普遍性的需要,而且它显然被这一扩展卷到一个更大的范畴中去了。哲学家们专门给艺术指定描绘自然中的典型的任务,与偶然和不正规的对象和事件相对。他们要求艺术要像一种特别语言一样去传达思想,在揭示其内在宝藏中毁灭自己。

在唯心主义美学教科书中出现了所谓对"静止生活"的如下讨论:"让我们假设一张上面放有书本、玻璃杯和小雪茄盒等等的桌子被描绘出来了,就是说,倘若那本书、那个烟盒是合上的,倘若那玻璃杯是空的,那么这就是一张没有生活的画……倘若那本书被打开了,只露出一章的标题,那么观者就会不期然地读一读这条标题,而且想知道标题之下有些什么新的内容。"这种绝妙的看法说明了一个唯心主义理论能滑向何处去。一旦这样一种理论被创造性艺术家采纳了,就会成为真正的灾难。最后他们当中的弱者便再也不能按自己的情感去塑造,而力图去获得一种剥夺其作品中内在可靠性的真理了。然而真正的艺术家总坚持认为,艺术品的意义并不与它所反映给我们的有关真实的原理的数目和它偶然的联系成正比。当困惑的观者问菲利浦·奥托·伦格(Philip Olta Runge),他的组画《原来如此》(The Times of Day)说明了什么,他回答说:"如果我能说得出来,我就不必要去画它了。"门德尔松(Mendelssohn)则在一封信中说,如果音乐能用语言描述出来,他就再也不去谱曲了。

然而那些有文学修养和文学兴趣的美学学生们迄今仍然视艺术为一种运用于概念领域的脑力活动,甚至教师们也倾向于从理想和有用的内容里去观察艺术品的价值。首先,公众乐意接受这样的信条,因为其主要审美需要是去维护一些以艺术形式传达的东西。这样一种艺术需要是对于难以理解的知识的追求,是认识运动的中间阶段,这种认识运动表达于低级形式就是好奇,表达于高级形式就是发现的喜悦。因此,在一定的时代,一个民族的精神在文学中而不在音乐或绘画形式中得到充分的表达。那些吸引人们智慧与好奇的艺术作品在民族对抗中一般都要保护起来以防止毁坏。当然那些产生强烈社会化影响的(比如某些歌曲)或有实际用途的(比如某些建筑)艺术也是一样。认为艺术是从现象上表现出来的观念的理论,作为充分解释全部审美与艺术生活的目的,无论如何是不适当的。它只给予自然美的外表一个有争议的和超感觉的背景作为适当的处理方式,而对于艺术它却作了严重的歪曲。

按照所有的证据看来,艺术作品绝不来自于抽象的思想。如果它们明显地从抽象思想而来,那么这个思想的感觉价值——不是其逻辑成分——便提供了刺激。通常,观念是必不可少的,但这些观念直感地以形象、形式、色彩、音调表现出来,而且有效地传递给懂行的人,使之近乎沉浸在它们当中而不是在思考它们。实在论同样也导致对于材料和理性意义的过分估价。真实的内容应当由概念性文字表达出来。但除此之外,每一个真正的艺术作品都有一些其他的(通常这么说)我们仅能感觉的东西。

审美的形式主义据理表达过这样的反对意见。它断言艺术家在形式中或者通过形式表现自己,而观察者则欣赏那种集多种因素为一体的安排。审美理解从不关心“什么”,而只关心“如何”。按照罗伯特·齐美尔曼(Robert Zimmermann)的说法,这是一个找出愉悦的形式的问题,是研究它们在自然与心理领域中的应用的问题。而实在论只把形式看成内容的,特别是看成理性内容的符号。此外,每一种内容——纯感觉的感觉和最崇高的世界见解——都被排除了。美与物质没有关系;它只依靠形式和连续中的平衡或比例,依靠色彩和音调的和谐。一个对象的各部分在审美方面永远是无价值的。只有它们的结合,它们中间的关系使得审美价值的判断成为可能。倘若各部分的结合——孤立时毫无特色——就叫作它们的形式，那么结论就应该是，美学即是形式的科学，是美的结构学。因之，该科学的核心内容并非由任何材料单位，而是由它们间的关系、它们的数量和质量的体制所组成的——这个体制在原理上与内容的性质无关。反映在艺术里所有的思想过程也属于这一内容。因此，汉斯里克(Hanslick)说，情感既不能是音乐的目标也不能是音乐的内容，音乐的实质倒是存在于音调激起的形式上，类似于阿拉伯图案的固定形式一样。在当代，乌尔夫林(Wolfflin)给形式主义一个新的转折，他在讲解时说空间艺术的问题有其必然的规律，说总有可能产生新奇的结论，但它恰如绘画和光学问题一样；他还说艺术史应当显出这种结论的连续性。对于沃尔夫林的“基本概念”的讨论必须遵从艺术史中方法论的探讨——这在本书中不可能提及了。然后还有估价里曼计划(Riemann Plan)的必要，它相当于在互相抵触的风格阶段对音乐史的一种解释，作为听觉官能必然的逻辑发展的结果。

假如你问一个旧式的形式主义者关于使某些形式愉悦、某些形式不愉悦的判断原则，他通常会采取理性主义的回答，说固定的关系是清楚而易于理会的，和谐声音的数字比率，空间部分里的匀称，韵律结构的轻松的进程——所有这些都使人愉快，因为它无须参考任何内容而适应于熟韵的心灵。一个种类的每一个清楚明白的结合体在审美方面都是使人愉快的。

由于它只代表真实的一个部分，那么相应说来美便少于真实。

对此，我们应采取什么立场呢？作为一门抽象的科学，美学有着无可争议的权利将自己限制在形式的关系上。但是诚然，形式和物质的突然分离必然产生不利条件，使这两个方面连续的相互影响在一个严格的形式的科学里被忽略了。在艺术作品中，充分的形式关系基本上依赖于所表现的内容。一个人能否抓住前者而无须考虑后者，这还是个问题。同时，即使一个人退居到这些形式的关系中去了，但其中种种结合体依靠的主要程式还有许多漏洞。这一点我们以后再谈。而且，我们首先需解释清楚为什么意识的综合活动——它有一千种其他作用——不总是激起审美愉快。在任何情况下，这明显地引起整体的骚动以及各部分带着直感的有效性互相牵涉时，我们的面前就出现一个审美价值和艺术价值的对象。

形式主义的原则产生了构成真实的一个因素，这个因素就是形式，被他们称为审美价值的全部。与此相对照,幻觉主义将艺术世界当作幻觉世界与真实相对,他们说艺术向我们提供的既没有以新的形式出现的经验主义的资料,也没有隐含的真理,也没有纯粹的形式;相反;它是一个幻觉的世界,而且照其本身说来,不受需要和强迫的约束——是一个永恒的源泉,它独立于自然的非人类法则之外。审美对象不顾个人的事态和可能的后果而接受欣赏。在其他背景之下,我们按照对它们的兴趣以及它们在一切事物结合体中的作用去观照审美对象,这一双重的关联在审美生活中被忽略了。我们不是凭着我们自己或其他人来考虑这些东西的效果。它们的真实消逝了,美的幻想出现了。幻觉对象引起的心理过程确立否则即在意识中存在的那些因素。尤其是意志行为的关系已经隐退,因而体验到审美满足的人必须感觉到自己似乎是在对付一个少于真实的东西。这个真实的低一级部分——倘若我们可以这样来谈心理经验的话——也参照了一种幻觉世界而极愉快地被塑造出来。我们在任何情形下都能了解由于有了低一级部分——照我们看来——高一级部分便出现了;还能了解到,这个幻觉世界作为优于现实世界的理想世界,使人人都喜爱它。

但幻觉的信条一旦被带到一种审美感觉论里去,这种理论会变得更加清楚。这一幻觉信条的代表们通常既强调审美态度的独立性,也强调感知的主要性。他们不仅要求审美活动在其自身中结束,而且要求对象自己给予愉快。就这样通过感知使之易于理解,从而表达它的意义。这儿,我们可从笛卡儿(Descartes)在他的《沉思》(Meditations)中考虑的东西开始。热量改变一块蜡的形状、颜色和气味;然而蜡仍然是蜡。因此它的本质,它本体内持久的因素不可能属于感觉所抓住的东西。真实不依赖于直感而依赖于思想,而且确实依赖于建立在感官印象基础上的判断。我们在什么地方让感官感觉充分活动,我们便在什么地方缺乏独立的、客观的和既得的东西的情感。这是在审美态度方面的情况。然而还有另一种推论,人可以把自己的外在世界看作是不明确的东西,感官和理智从中选出各种各样的东西,或在选择的幌子下用各种方法去塑造它。现在人人都知道感觉总是处于不定状态的,而记忆形象更是如此,它总是摇摆不定难于理解。我们用改变成概念的方式去确定这两种直觉。但是这个从不明确走向明确的方法——它是苏格拉底(Socrates)首先提出的——有其不利之处,因为它因此而丧失了一切直觉的东西。概念在直觉的延伸中找不到了，但它是一种完全不同的包含真实的方法。我们唯有弃绝了直觉才能赢得确定的概念。因此问题就在于直觉本身能否被提高到那种生活中缺乏的明晰与宁静里去。感觉论清楚地参照艺术而对此问题给予了肯定的回答。他们抓牢直感的瞬间因素，捉住飞逝的，保存正在消亡的，使得与直感相联系的一切愉快的东西持久下去。绘画达到了什么成就呢？它产生于人们观察力的要求，它只有一个任务，即帮助把真实中模糊的形式与颜色的印象形成一个完整固定的存在。用费得勒(Fiedler)的话说，造型艺术家有"我们所无法具备的能力，在可见的表达方面通过目光引导感觉过程至一个自由的发展"(见《艺术手稿》1896 年第 290 页)。当一位雕刻家在大理石上临摹一个人的时候，他只取该模特儿的外形，只从材料中抽取与视觉形象的真正发展有关的东西。

这个理论稍稍变动一下便可用于听觉过程而转移到音乐方面去。当然，将它运用到诗歌这个最复杂的艺术中，便产生了困难。所以，倒不如让我们将例子限制在空间艺术这个领域之内。这里，可见世界的自由发展——艺术家所达到的——主要应在于推动我们的空间感觉。每一件空间艺术品必须代表一个空间结合体，实际上就等于远处的客体被看作是空间的结合体一样。画家可以说是必须为他视野的一个部分提供框架与空间中心，而且还必须将其中的颜色当作是和谐的价值而不能当作分离的斑点。空间和颜色的印象的综合，当在远处的客体和记忆想象中开始的时候，便将图画与其审美解释区别开来了。因为概念的思考者从真实中存在的变幻不定的形式里抽象出一种思想的形式，所以艺术家从不断变化中的感觉与记忆的现象里取得直感与一般概念的结合作为艺术的形式。他利用自然的发明物去强调活动，只要这些发明物只奋力地表达一种形式的空间实质。另一方面，他甚至利用他材料的局限——譬如画布的表面性或大理石的单调性——从媒介的固定特质中去凭空想出空间或运动的形象。通过对自然的改造，通过艺术技巧的明显不充分，他传授出一种直接的可见的知识(否则我们便无法具备)。

倘若我们审查一下这一观点的要旨，便首先注意到，它非常适合一种如今常被承认的基本认识论的确信。自我与外在世界的关系问题可以这样来解决：宣称我们不把事物感觉为符合于观念的客体，宣称听到的声调同时又是身体的与心理的。意识的内容也从未被当作是原本主观的东西，而被当作与可触知的真实同样去经验。这种知觉中外在与内在的原始结合体指出落入感官知觉的审美作用是何等重要。这一理论的进一步有利条件在于它与艺术家自己有关他们能力与任务的观点是一致的，所以，瑟菲尔·戈狄埃(Théophile Gautier)曾经说过："朋友和敌人颂扬我，贬低我，却对我没有细微的了解。我的所有价值——他们从来没说及这一点——就在于我是一个人，在我的面前存在着一个可见世界。"总之，画家们声称只比我们这些其他人看得真一些，而且把他们的眼睛所感知的东西用适于其本质的形式再现出来。同时他们承认即使是艺术的最高成就也与丰富的真实相去甚远。他们意识到对自然主义的反对是中肯的，然而却为客观事物的价值从自然主义中获取了生动的情感。

毫无疑问，作为艺术家的人强烈地争取获得真实，可是另一方面他又渴求非真实。要艺术家对真实同时是忠实又不忠实，这一要求恐怕在逻辑上行不通。他要去符合，又要控制；供给自己，又要分离自己。但这个逻辑矛盾仍然是概念上可能出现的交叉状态的最精确的表达。在个人生活中，这两种倾向携手并进：又将自己附属于社会，又要脱离社会的羁绊。所以同时，自然主义的解释也没有充分表达艺术的本质；一个人必须认识到克服真实是其基本特征。可是这种克服向两个方向进行：它使得艺术多于真实，同时又少于真实。在指向真正的真实因而不顾一切不明显与非感性的东西时，艺术除其他意义之外供给我们一些性质上吸引我们而又使我们清醒的观念。艺术向我们显示世界与生活的本质，同时还展示供我们欣赏的事物的外表，表现那种让感官去获得的客体的纯粹的心理愉悦价值。艺术既是自然的拔高，又是情感的陶冶与满足。通过想象，它使我们从环境中摆脱出来，同时又将我们与内心经验的内容联系在一起。

因此，艺术在性质上是独特的东西。然而由于它既多于真实又少于真实，所以它还可以被看作是情感强烈的现象。一方面，它意味着缺乏既存经验性实在的仅仅可能性的创造；另一方面，它包含了一种超越一切真实的直觉的必然。它以绝妙的和谐提供可能性和必然性。遇到一张风景画，我们并不问及它是否体现了自然中的原物。确实，我们让自己沉浸在形式和色彩产生的愉快中，这些形式和色彩在自然中无疑是从未出现过的。作为替代，我们要求这张画表达一种在经验世界的偶然现象中不大明显的必然性。艺术的理想化就存在于这种下落到可能性与上升到无限性之中。那么一切仅仅可能的事物便都少于现存的事物；一切必然的事物便都多于现存的事物。可能性弱于真实性，必然性比真实性强一些。

审美就像这样从仅仅现存的事物向两种程式的方向分离。我们可以用客观主义的思想方式来对待它，把它看成是一种情感强烈的现象。

兰金仁译　滕守尧校

——译自玛克斯·德索《美学和艺术理论》(英文版)，底特律韦恩州立大学出版社 1970 年版

沃林格

威廉·沃林格(Wilhelm Worringer，1881—1956)是德国艺术史家和美学家。他生于亚琛，青年时代在弗赖堡、慕尼黑、柏林和伯尔尼大学读书，1907 年以《抽象与移情》一书成名。1909—1913 年任伯尔尼大学讲师，1913—1920 年任波恩大学讲师，1920—1928 年升为教授，1929—1946 年任哥尼斯堡大学教授，1946—1950 年任哈列大学教授，1965 年 3 月 29 日于慕尼黑去世。他的主要代表作是《抽象与移情》，此外还有《哥特建筑的形式》(1912)、《埃及艺术及其价值问题》(1927)和《当代艺术的疑难》(1948)等。这里选介的是《抽象与移情》第一章中主要部分。

沃林格被看作当代表现派艺术的理论先驱，他对现代派艺术的理论和实践作出了重大的贡献。沃林格美学的出发点主要是一种社会心理学，他从不同时代不同民族的不同心理需要、世界感和社会形式来阐释艺术风格的演变。他吸收了艺术史家阿·里格尔的“世界感”、“艺术意志”和“艺术革命”等概念，肯定了艺术的心理内容和价值具有极深广的文化背景。他反对艺术模仿论，认为模仿本能从不具有美学意义，他说，“真正的艺术在任何时候都满足了一种深层的心理需要，而不是满足了那种纯粹的模仿本能，即对仿造自然原型的游戏式的愉悦”。在他看来，艺术的本质“只有从心理学角度才能去解释”。

沃林格的美学贡献突出表现在他纠正了移情说的片面性，对艺术抽象作了重新评价和深刻分析。他指出，在艺术史上，特别是在有些民族那里，例如在埃及的、东方的、伊斯兰的、哥特和北欧的艺术中，存在着大量非现实的、非和谐的艺术变形和抽象，这是以立普斯为代表的移情论无法说明的。为此，他提出与移情相对应的重要概念——“抽象”。他认为，人有两种冲动：一是移情冲动，一是抽象冲动，它们都要满足人的自我实现这一基本需要。当人与外在世界处于较平静的具有泛神论色彩的联系

时,能把自我移入对象,从外物欣赏自身,获得一种客观化的审美享受,这是移情。而当人与外在世界处于较强的冲突对立,引起巨大的内心恐惧和不安时,出现的则不是移情而是抽象,这时人能把外物从其自然关联以及无限的变幻不定的存在中抽离出来,解放出来,用近乎抽象的形式使之永恒并合于必然,达到绝对价值,以满足心灵的需要,为心灵提供安息之所,这样抽象出来的对象也给人以审美享受。

沃林格把抽象和移情看作艺术史上的两极,认为"艺术史就是这两种倾向之间的不停的冲突"。沃林格对于艺术抽象的分析,拓宽了他同时代人的艺术观念,打破了艺术史研究中以欧洲为中心的狭隘眼界。不但如此,他还用"抽象"的原则来解释抽象派绘画等现代派艺术的产生,揭示了其根源在于现代生活的纷繁复杂以及人们的无安全感、骚动和焦虑,他相信人们可以在抽象艺术的永恒化和超验化的形式中获得庇护,这实质上也正是对当代文化的一种抗议。

(李醒尘)

抽象与移情

第一章 抽象与移情

……

当代美学迈出了从审美客观论到审美主观论的决定性的一步,这就是说,当代美学研究不再从审美对象的形式出发,而是从观照主体的行为出发。这样的美学在人们一般宽泛地称之为移情说的理论中达到了顶峰,这个理论首先在立普斯那里得到了明确而广泛的表述,因此,立普斯的美学体系就可作为以后移情说理论的代表。

本书探讨的主要意图在于指出,这种由移情概念出发的当代美学是如何与浩瀚的艺术史不相符合的,这样的美学充其量只是在人类艺术感知的一个要素上建立了阿基米德式的原则,这种美学只有与从对应的另一个要素出发的思路相结合,才能成为一个包罗万象的美学体系。

作为这种对应要素,我们就注意到了这样一种美学,这种美学并不是从人的移情冲动出发,而是从人的抽象冲动出发的。就像移情冲动作为审美体验的前提条件是在有机的美中获得满足一样,抽象冲动是在非生命的无机的美中,在结晶质的美中获得满足的,一般地说,它是在抽象的合规律性和必然性中获得满足的。

由于移情概念对我们的理论具有特定的意义，因而，我们首先要做的工作就是在极严格的意义上去描述移情概念的特征，我们这样做的意图就是要阐明抽象与移情的对立关系。

描述移情这种审美体验特点的最简单套话就是：审美享受是一种客观化的自我享受。审美享受就是在一人与自我不同的感性对象中玩味自我本身，即把自我移入到对象中去。“我移入到对象中去的东西，整个地来看就是生命，而生命就是力、内心活动、努力和成功，用一句话来说，生命就是活动，这种活动就是我于其中体验到某种力量损耗的东西，这种活动就是一种意志活动，它是不停的努力或追求。”

当以往的美学使用快感和痛感这些概念时，立普斯只承认这两种感受具有表达感受的价值，在这样的意义上，我们所说的某个颜色的深或浅，就不是该颜色本身的东西，而是对该颜色的一种感受，因此，决定性的东西与其说是感受的表达，不如说是感受本身。这就是说，决定性的东西是一种内心活动，一种内在生命，一种内在的自我实现。

移情活动的前提条件是一般的统觉活动。“第一个感性客体，就它对我来说是存在的这一点而言，在任何情况下都只是双重作用的结果，即感性对象和我的统觉活动的结果。”

任何一个简单的线条，只要我试图按照它所是的那样去把握它，都会使我产生一种统觉活动，我必须去扩充内在视线，直到把握了线条的所有部分为止。我必须内在地假定这样把握到的东西，并自为地把这东西从其环境中抽离出来，因此，每一个线条都已使我产生了那种包含着两个方面的内在活动，即扩充和限定。此外，每个线条凭借其方向性和样式，还会向我提出各种各样的特殊指令。

因此，就出现了这样的问题：我如何去对待这种指令呢？这里存在着两种可能，即接受这样的指令和拒斥这样的指令；我要么自由地去从事对象所要求我进行的活动，要么就去拒斥这种指令；要么我自身的天生本能倾向和自我实现的需求与对象的指令相一致，要么就是相反。我们在任何情况下都有自我实现的需求，甚至可以说，这是构成我们本质的基本需求，但是，由感性客体所催发出的自我实现却表现出这样一种特点，它鉴于上述这些情形，并不是顺利地、没有内在矛盾地由自我所实现的。

如果自我能够排除内在矛盾地从事这种被对象引起的活动，那么，自我就具有了对自由的感受。快感就始终是一种对自由的自我实现活动的感受。如果活动是无内在冲突地进行的,那么,快感就是对应的所体验过的活动感受的表现,这种对应的活动感受的表现就是活动指令和成功实现之间自由统一的意识标志。

但是,在上述两种情况下,都会出现天生的自我实现活动与对象给自我的指令要求间的冲突,同样,对这种冲突的感受就是客体所引起的一种痛感。

立普斯称前一种情形为肯定性的移情,称后一种情形为否定性的移情。

由于这种一般的统觉活动把客体带到了自我的精神活动领地,因而,这种统觉活动也就成了客体的组成部分。“一个客体的形式,始终是一个由自我、由自我的内在活动所造就的形式。一个感觉到的客体,严格地来说是一种非物,一种并不存在而且不会存在的东西,这是所有心理学,更是所有美学的一个基本事实。由于客体对我来说存在着——人们只能在这样的意义上去谈论客体——因而,它也就渗透着我的活动,渗透着我的内在生命。”可见,这种统觉活动并不是一种任意的和随心所欲的活动,它必然与客体相关。

在肯定性的移情活动中,即在天生的自我实现倾向与感性客体所引起的活动发生一致的情形中,统觉活动就成了审美享受,面对艺术作品所产生的就是这种肯定性的移情。这里,艺术作品具体表现为移情活动这一点,就构成了移情说的基石,由此也就生发出了有关美和丑的定义,例如,立普斯曾说:“仅就产生了这种移情活动来看,对象的造型就是美的,对象的美就是这种自我在想象中深入到对象里去的自由活动;而相反,当自我在对象中不能进行这种活动之时,当自我在形式中或在对形式的观照中,内在地感受到了不自由、受阻挠,感受到了一种遏制之时,那么,该对象的形式就是丑的。”(立普斯:《美学》)

这里已不再存在进一步改造这种移情说体系的余地了,因而,我们的意图在于揭示这种审美体验方式的立足之点,即揭示这种审美体验方式的心理依据。正是基于此,我们才理解了那句对我们来说是重要的套语,即“审美享受是一种客观化的自我享受”。这句套语应成为我们下面进一步探讨的前提背景,所以,我们在这里又重新提到了这句话。

……

里格耳[1]首先在艺术史的研究方法中引进了"艺术意志"这个概念。而对于"绝对艺术意志"人们应理解成那种潜在的内心要求，这种要求是完全独立于客体对象和艺术创作方式的，它自为地产生并表现为形式意志。这种内心要求是一切艺术创作活动的最初的契机，而且，每部艺术作品就其最内在的本质来看，都只是这种先验[2]地存在的绝对艺术意志的客观化。艺术唯物论的方法就像它被人们着重强调的那样，其实并不直接地就是高特弗里特・塞姆佩尔的东西，而是部分地来自于对塞姆佩尔著作的错误的、肤浅的解释。艺术唯物论的方法在原始艺术作品中看到了三种要素：功利目的、原始材料和技巧。这样一来，对塞姆佩尔来说，艺术史归根到底就是技巧的演变史。而与此相反的新观点则把艺术的发展史视为意志的演变史。从心理学角度来看，技巧是第二性的东西，它只是意志所导致的结果，因此，我们不能把往日特定风格的消失归之于缺乏某种技巧，而应归之于产生了不同的意志，所以，决定性的东西就是里格耳称之为"绝对艺术意志"的东西以及只能由功利目的、原始材料和技巧这三要素去规定的东西，"与这三要素相应的不再是那种唯物论赋予该三要素的积极的创造主体，而是一个遏制性的、消极的主体，这就是说，这三要素仿佛构成了整个创造物的变动要素"(《晚期罗马的美术工艺》)。

人们很难理解，艺术意志这个概念何以获得了这样一个如此独特的意义，这一般是由于，人们往往从这样一种根深蒂固的朴素原则出发，即艺术意志，一种先于艺术作品而产生的目的意识的冲动，在任何时候都是与人们称之为风格化的一定程度上的变形相同一的，而且，只要去观赏造型艺术就能看到，这种变形合目的地接近了自然原型。

……

---

① 阿劳意斯・里格耳(Alois Riegl, 1858—1905)：奥地利美术史学家，美术史学上"维也纳学派"的创始人，著有《风格问题》(1893)、《晚期罗马的美术工艺》(1901)、《荷兰的群像》(1902)等书。他认为，主宰艺术创作活动的是一种人根据特定历史条件与世界相抗衡的"艺术意志"，一切艺术作品都是人根据特定"艺术意志"创造出来的，因而，艺术史研究要以揭示各时代、各民族特定的"艺术意志"为主要课题，例如，对于晚期罗马时代的艺术作品不能简单地认为它们就是希腊、早期罗马时代艺术作品的一种颓废堕落，而要揭示这些晚期罗马时代艺术作品的独特的艺术意志。沃林格的《抽象与移情》一书就是以里格耳的这个理论为依据而展开的，而且，在该书中，沃林格进一步充实、发挥了里格耳的理论。

② 此处"先验"与下面所述，艺术意志植根于"世界感"的提法看起来似乎是矛盾的，其实不然。我以为，此处"先验"不能理解成天生自在、凝固不变，而应理解成相对于艺术作品来说的先验，即这种"艺术意志"是先于艺术作品而存在并制约着艺术活动的。

在我们进一步深入探讨之前,还必须明确模仿自然与美学的关系。这里,真正的美学并不触及模仿本能这种人类的基本欲求,而且,模仿本能的实现原则上是与艺术丝毫不相关的,这无疑是众所共认的事实。

然而,这里还必须把模仿本能与作为一种艺术样式的自然主义区分开来。这两者在其外表特征上是根本不相关的,而且,它们也必然明显地被彼此区分开来,但是,这种区别又是很难察觉的,在这样的情形中,任何一种对这两个概念的混淆都会导致极大的不良后果,这兴许就是我们所要寻找的混淆模仿自然与艺术关系的根源所在,大多数受过专门训练的艺术工作者都搞不清楚模仿自然与艺术之间的关系。

……

一部艺术作品据之获得美的特质的价值,一般如人们所述,就在于它的愉悦价值上,而这种愉悦价值又必定与那种心理需要构成了因果关系,这种愉悦价值满足了人的心理需要,因而,“绝对艺术意志”就成了衡量那种心理需要的准绳。

有关艺术需要的心理学——由我们现在的立足点来看就是有关风格需要的心理学——迄今还未得到重视。这样一种心理学应成为世界感①的演化史,而且应作为与宗教演化史具有同等价值的东西而存在。我把世界感理解成这样一种心理状态,在这种心理状态中,人们面对宇宙,面对外在世界的现象,觉察到了自身的存在。这种心理状态在心理需要的质态中表现出来。也就是说,它存在于绝对艺术意志的情形中,而且在艺术作品中,在艺术作品的风格中获得了外在显现,因此,艺术作品的风格特点也就是心理需要的特点。因而,这种世界感的各种内容就像在民族的神谱上被发现一样,同样也在艺术风格的发展中被现出。

每一种风格,对从自身心理需要出发创造该风格的人来说,就表现为一种最高层次的愉悦,这一点必须成为所有客观的艺术史研究的最高信条。从我们的角度来看,表现为最大变形的东西,对当时的创造者来说,就必须成为最高级的美以及其艺术意志的实现,因而,一切从我们的立足点,从我们的现代美学出发所作的评价,从某个更高的角度来看,就是抽去意义和趋于平淡。我们的这种现代美学唯一地是在古希腊或文艺复兴时期的意义上去进行评判的。

---

① “世界感”这个概念沃林格直接取之于里格耳,意指人在应世观物中面对世界的精神态度。

在进行了这种必要的外围阐述之后，我们就要回到原来的出发点上，即又要回到移情说有限的适用性这个命题上来。

只有在艺术意志倾向有机生命，即接近高级形态的自然之时，移情需要才可被视为艺术意志的前提条件。愉悦感就是对立普斯视为移情活动前提条件的那种内在自我实现需要的一种满足，这种愉悦感由对作为有机美的我们自身生命活力的表现所引起，现代人就把这样的东西视为美。我们在一部艺术作品的造型中所玩味的其实就是我们自己本身，审美享受就是一种客观化的自我享受，一个线条、一个形式的价值，在我们看来，就在于它对我们来说所含有的生命价值中，这个线条或形式只是由于我们深深专注于其中所获得的生命感而成了美的线条或形式。

我们只要回想一下埃及金字塔所具有的那种无机的形式，或在拜占庭的镶饰画①中所表现出来的对生命力的抑制，就不难发现，众所周知的倾向有机物的移情需要，在此尚不足以决定艺术意志，由此，我们就必然导出这样的结论：必有一种与移情本能恰恰相反的本能存在，这种本能遏制了满足移情需要的事物。

在我们看来，移情需要的这个对立面就是抽象冲动。我认为，本书所应做的首要工作就是去分析这种抽象冲动，并阐明这种抽象冲动在艺术发展史上所具有的意义。

我们通过下面的进一步探讨就可以看到，在艺术作品中，这种抽象冲动在多大程度上界定了艺术意志。在这样的探讨中我们发现，原始民族的艺术意志，就他们根本上存在着这样一种艺术意志来看，就展现了所有原始艺术时代的艺术意志，而且，已经历了某种特定发展的东方文明民族的艺术意志，最终展现出了这种抽象的趋势，因而，抽象冲动与任何一种艺术同时并生，而且在特定的、具有发达文化的民族那里，也依然是占主导地位的，而这种抽象冲动，例如在希腊人和其他西方民族那里，却是逐渐减弱的，西方人总是为移情冲动寻找地盘。本书的实践篇将证实上述这些观点。

那么，什么是抽象冲动的心理条件呢？对此，我们就必须到那些民族的世界感中，到他们面对宇宙的心理态度中去探寻这种心理条件。移情

---

① 拜占庭的镶饰画系拜占庭建筑中普遍出现的一种内部装饰画，这些画大多用马赛克镶在建筑内部的墙面上。这些镶饰画不表现空间，削平了深度层次，人物大多凝固，很少有动态。

冲动是以人与外在世界的那种圆满的具有泛神论色彩的密切关联为条件的,而抽象冲动则是人由外在世界引起的巨大内心不安的产物,而且,抽象冲动还具有宗教色彩地表现出对一切表象世界的明显的超验倾向,我们把这种情形称为对空间的一种极大的心理恐惧。蒂布尔[①]曾说:“上帝首先在世界中造成了恐惧。”因而,这种对空间的恐惧感本身也就被视为艺术创造的根源所在。

为了便于理解,我们不妨比较一下那种作为病症的人在机体上的广场恐怖症,这也许有助于更好地理解我们所说的对空间的心理恐惧。按照流行的看法,那种机体上的广场恐怖症是人正常发展的某个阶段的产物,在这正常发展阶段中,人要去了解在自身面前展开的空间,就不能只是凭借其视觉印象,还要用触觉去进一步核实。只要当人成了双足直立的动物并且作为这样的动物只是成了凭借视觉行动的人,那么,作为这种演化的结果就必然会出现一种轻微的不安感。人类在以后的进一步发展中,通过适应和智力思考活动才摆脱了面对一个广阔空间的原始恐惧。

这一点与人们面对广阔的、杂乱无章的紊乱世界所产生的对空间的心理恐惧是相类似的,人类的理性发展遏制了那种由人在整个世界中丧失立身之地而产生的本能的恐惧,只有他们对世界的深刻直觉阻止了这种理性发展的东方文明民族,才依然能意识到一切生命现象的那种神秘的混沌,而且,对世界一切外表的思维把握都难以向这些东方文明民族掩盖上述那种生命现象之神秘的混沌,这些东方文明民族在世界的外显现象中所看到的始终是犹如幻象的那种朦胧光彩。东方文明民族对空间的心理恐惧,他们对所有存在物之相对性的直觉,就像在原始民族那里一样,并不是先于认识的,而是超认识的。

这些民族困于混沌的关联以及变幻不定的外在世界,便萌发出了一种巨大的安定需要,他们在艺术中所觅求的获取幸福的可能,并不在于将自身沉潜到外物中,也不在于从外物中玩味自身,而在于将外在世界的单个事物从其变化无常的虚假的偶然性中抽取出来,并用近乎抽象的形式使之永恒,通过这种方式,他们便在现象的流逝中寻得了安息之所。他们最强烈的冲动,就是这样把外物从其自然关联中,从无限地变幻不定的存在中抽离出来,净化一切依赖于生命的事物,净化一切变化无常的事物,

---

① 蒂布尔(Tibull,公元前 50—17 年):罗马挽歌诗人,原名 Albius Tibullus。——译注

从而使之永恒并合乎必然，使之接近其绝对的价值。在他们成功地这样做的地方，他们就感受到了那种幸福和有机形式的美而得到满足。确实，他们所达到的只能是这样的美，因此，我们就可称经过这种抽象的对象为美。

里格耳在《风格问题》一书中曾指出："严格地根据对称性和节律的最高法则所构造的几何风格，从合规律性角度来看就是最完美的风格，但是，在我们看来，这种风格却是最低级不过的。艺术表明，这种风格大多是某个时代的某个民族所固有的，这种民族文化上还处于一个相对低级的阶段之中。"

如果我们着手去研究这个回避了几何风格在具有高级文化的民族那里所起作用的原理，那么，我们就面临了这样一个事实，就其合规律性来看是最完满的风格、最高级的抽象，也就是最严格地专注于生命的风格，是具有最原始文化的民族所获得的，因而，在原始文化与最高级的、最纯粹地合规律的艺术形式之间就存在着一种因果关系，这就进而出现了这样一个原理：人类凭借其理性认识对外物了解以及与外物的联系越少，人类赖以谋求那种最高级的抽象之美的可能也就越大。

原始人所做的并不是更强烈地去找寻自然中的合规律性或更强烈地在自然中感受到规律性，而是恰恰相反，原始人的强烈冲动是：从外物中去把握其变化无常性和不确定性，并赋予外物以一种必然性价值和合规律性价值。因为，原始人在外物中是失落的，而且，面对外物他们在精神上是茫然不知所措的，为了大胆地进行对比，在原始人那里，对"自在之物"的直觉仿佛是最强烈的。从精神方面对外物的控制和适应的增强，同时就意味着一种迟钝化，即意味着直觉的受损。只有在人类精神于几千年之久的发展中竭尽了理性认识的所有方面之后，对"自在之物"的感受作为对认识的最后放弃，在人类精神中才又死而复生，这时，先于直觉存在的就是最后的认识产物。当人类认识到了下述这种情形之后，人类又从自傲的知识中跌落下来，又重新像原始人一样面对外在世界处于失落和茫然不知所措的境地中。我所指的人类认识到的情形是，"我们生活于其中的可见世界是幻觉的产物，是一种骗人的巫术，一种把视觉幻象和空间加以比较所产生的无根基，即无自身本质的外观，这个可见世界是一层环绕着人类意识的混沌的迷雾，它是那种同时是错误和真实的东西，这种东西人们可以在说它不存在的同时，又说它是存在的。"（叔本华：《康德哲

学批判》)

然而,这种见解在艺术上并没有什么意义,因为,人已经演变成了单个的个体并与群体分离了开来,而只有存在于共同直觉使他们联在一起的未分裂的团体中的活动,才能够从自身创造出具有高级抽象美的造型,而孤立的个体对这样的抽象是无能为力的。

如果人们认为,对规律性的渴望使得人类把握了几何的规律性,那么,这就是对抽象艺术形式产生之心理条件的一种误解。因为,只要几何的形式表现为计算和思考的产物,那么,抽象的艺术以之为前提条件的东西就是,几何形式中渗透着智力活动。我们有充分依据地所接受的观点是,在此存在着一种纯粹的直觉创造。也就是说,抽象冲动并不是通过理性的介入而为自身创造了这种具有根本必然性的形式,正是由于直觉还未被理性所损害,存在于生殖细胞中的那种对合规律性的倾向,最终才能获得抽象的表现。

因而,这种抽象的合规律造型就是独一无二的最高级的造型,当人类面对外物巨大的杂乱无章时,在这种造型中就能获得心灵的安息。我们在当代艺术理论家那里就可以经常发现那种乍看使人目瞪口呆的思想,例如:数学是最高级的艺术形式。显然,这句话是很有见地的,它与艺术感受的通常的朦胧性是相违背的,推出这种表面看起来似乎似是而非的思想的正是浪漫派的艺术理论家,例如诺瓦利斯[①]首先维护了这种高级的数学观点,并据此提出了这样的名训:"数学就是上帝的生命所在。""宗教就是纯粹的数学。"但是,没有人会否认,诺瓦利斯是不折不扣的艺术家。只有在这种认识与原始人的本能直觉之间才存在着某种本质区别,就像我们在原始人对"自在之物"的感知与对"自在之物"的哲学推演之间得以发现的那种本质区别一样。

里格耳针对结晶体般的美曾指出:"这种美构成了无机材料首要的而且是永恒的形式法则,它最完满地达到了绝对美(材料上的特性)。"

如上所述,还不能使我们在此认为:人类是从无机材料中获得了这种法则,即抽象地合规律性的法则。在我们看来,更合乎思维逻辑的,毋宁是这个法则存在于人类自身的有机组织中,尽管任何一种认识活动都不

---

① 诺瓦利斯(Novalis, 1772—1801):德国浪漫派作家,原名:弗利德利希·冯·哈登堡(Friedrich von Hardenberg)。——译者

能背离该书第二部分中所论及的合逻辑的推想。

因而，我们就推出了这样的原则：简单的线条以及它按照纯粹几何规律的延伸，必然向那些被外物的变动不居和不确定性搅得内心不安的人呈现出获取幸福的最大可能，因而，在此这种线条消除了与生命相关以及为生命所依赖的事物的最后的残余，这样也就达到了那种最高级的抽象形式，即达到了最纯粹的抽象。在有机组织"一般情况下完全占主导地位的地方就存在着法则，存在着必然性。几何线条恰是由此而从自然对象中被区分了出来，即它并不存在于自然关联中。当然，几何线条在本质上还是离不开自然的。机械力就是自然力，但是，在几何线条以及几何形式中，机械力却完全脱离了自然关联以及自然力的无限的交互更替，并且自为地达到了直观"(立普斯：《美学》)。

当然，只要还有真正的自然原型存在，那么，这种纯粹的抽象是永远不会达到的，这样，就出现了一个问题，抽象冲动面对外物采取了什么态度呢？我们已经强调，这并不是模仿本能——模仿本能的历史与艺术史是不同的，——模仿本能驱使着人们去艺术地复现自然原型，而在抽象冲动中，我们更多地所看到的是这样一种活动，这种活动把特别容易唤起人们功利需求的外在世界的单个事物从其对其他事物的依赖和从属中解放了出来，并根除它的演变，从而使之永恒。

里格耳明确地把这种抽象冲动视为古代文明民族艺术意志的基础，他说："古代文明民族依据由他们所熟悉的(臆想的)人类自身的自然而来的类比，在外物中虽然看到了材料各方面的特征，但是，每一个外物都构成了一个有固定关联的部分，都构成了一个不可分割的整体，而对外物的感性知觉却使他们以为，变动不居和不确定性是彼此交错地共存于事物之中的，这样，他们就从造型艺术中抽取出了各种特征，并把这些特征放到其显然封闭的统一体中去看待，因此，整个古代的造型艺术就通过这样的活动去谋求其最终目的，即用明显的材料个性去复现外物，并同时在外物于自然中的显现面前回避和压抑所有那样的东西，这些东西会有害于对材料个性直接可信的表现，而且会削弱这种表现。"(里格耳：《晚期罗马的美术工艺》)

这样一种艺术意志所导致的主要结果就是，一方面以平面表现为主，另一方面竭力抑制对空间的表现，并独特地复现单个形式。

人们之所以趋向于对平面的表现，主要原因在于，三维空间阻碍了于对象本身材料的封闭个性中去把握对象。这一则是因为,对具有三维空间的对象,必须以连续的知觉活动去感知它,而在这个连续的知觉活动中,对象自身所具有的封闭特性无形之中便被消除掉了;二则是由于,在绘画艺术中,空间的深度只能用远近法和阴影来表现,而领会这种表现则完全取决于理解力和习惯的通力合作。基于这两点理由,对象的实际特性难免要受到主观的损害,因此,古代文明民族所致力的就是尽可能地去避免三维空间。

因此,抑制对空间的表现就成了抽象冲动的一个要求,因为,空间正是这样一种东西,它使诸物彼此发生关联,并使宇宙万物具有相对性,再加上空间本身又不容被分化成个体,因此,感觉对象如果还依赖于空间,它就不会向我们展现出其材料上孤立的特性,这样一来,所有艺术创作活动的目的就在于获得那种被从空间中拯救出来的单个形式。

谁把这个有关人类借助于艺术表现把感性对象从由三维空间所导致的不确定性中解放出来的原始需要的命题,视为假想的和不真实的,谁就将体会到,一个现代艺术家,甚至于一个现代雕塑家,又一次极其强烈地感受到了这种需要。因此,我想引用希尔德布兰德[①]《形式问题》一书中的这样一段话:"雕塑的任务并不在于使处于未成型和不安状态的观赏者,面对一个他于其中必须竭力构造明确视觉想象的、由自然印象而来的三维物体或立体物,雕塑的任务在于赋予观赏者以这种视觉想象并由此略去立体物中令人不快的东西。只要雕塑造型首先是作为一个立体物而产生效用,它就仍然是处于艺术创造的初级阶段,而当它作为一个平面而产生效用之时,尽管它还是立体的,却已获得了一个艺术形式。"

在此,希尔德布兰德称之为"立体物中令人不快的东西",从根本上说就是人在面对混浊和变动不居的外物时所产生的厌烦和不安的残留物,它完全是所有艺术创造的出发点,即对抽象冲动的一种最终的渴望。

如果我们现在重复那句植根于移情冲动的、我们视之为审美体验基础的套语——"审美享受就是客观化的自我享受",那么,我们随即就会意识到审美享受处于相反两极的形式,其一,在审美享受中,自我成了对享受程度的损害,成了对艺术作品给人幸福可能的破坏;其二,在审美享受

---

① 希尔德布兰德(Adolf Von Hildebrand, 1847—1921):德国雕塑家。《形式问题》一书全名为"造型艺术中的形式问题",1893 年初版,该书当时在德国广为流传,1913 年已出至第 10 版。

中，自我仅仅与那种其所有意义均来自于自我的艺术作品间存在着最密切的关联。

由所谓的两极对立来表明其特征的审美体验的这种二元性——由此也就能结束这个篇章——并不是已成定型而不可改变的，审美享受的这种相反两极只意味着某种共同需要的不同层面，这种共同需要向我们展示了所有审美体验最深层而且是最终的本质，即审美体验就是出自摆脱自我的需要。

在抽象冲动中，摆脱自我的要求是相当强烈和不可动摇的，这种摆脱自我的要求，在此并没有像在移情需要那里一样表现为一种摆脱个体存在的冲动，而是表现为一种在对必然和永恒的观照中根本地摆脱人类存在的偶然性，即摆脱所有有机存在外表上的变动不居的冲动，这种变动不居的有机存在就被视为对审美享受的骚扰。

我们再回顾一下“审美享受就是客观化的自我享受”这句套语。乍一看来，按照这句话我们便难以理解这种论调：就连移情需要作为审美体验的出发点也在根本上表现了一种摆脱自我的本能，而那句套语所指的却分明是，移情活动表现了一种自我肯定，即表现了一种对我们所共有的活动意志的肯定，“我们在任何情况下都有一种自我实现的需要，这种需要甚至是构成我们本质的基本需要”。由于把这种活动意志移入到了一个别的对象中，我们也就在该对象中获得了存在，只要我们随着我们内在的体验冲动而在某个外在客体中，即在某个外在形式中出现，那么，我们就摆脱了我们个体的存在，我们似乎感觉到，我们的个体特性相对于个体意识无限的差异性而流入到了一个确定的范围中，摆脱自我就发端于这种自我客观化。这种对我们个体活动需要的肯定，同时也表现为对我们那种不可限制的活动可能性的一种限制，表现为对我们各不相容的差异性的一种否定，我们随着我们内在的活动冲动栖息于这种客观化之中，“因此，移情之自我已非现实之自我，而是内在地摆脱此我（指现实之我——译者）的自我，这就是说，凡是脱离了对形式观照的自我，都不是移情之自我，移情之自我，只是指这种理想的自我，观照的自我”（立普斯：《美学》）。民间语言就恰当地表述了在观赏一部艺术作品时的自我丧失。

因此，在这样的意义上即使说一切审美享受，甚至说人类对幸福的一切感受都溯源于摆脱自我的本能，也未必言过其实，因为，这种摆脱自我的本能，乃是一切审美享受，乃至于人类对幸福的一切感受的最深层的终极本质。

因而,扩展到普通有机生命力之上的摆脱自我的本能,作为抽象冲动是与只专注于个体存在并在移情需要中表现出来的摆脱自我的冲动相对立的,它们分别处于相反两极。下一章我们还将更进一步地阐明这种审美二元论。

王才勇译

——选自沃林格《抽象与移情》,辽宁人民出版社 1987 年版

格式塔心理学美学

完形心理学因其德文发音又称格式塔(Gestalt)心理学，最早出现在欧洲，由奥地利心理学家埃伦菲尔斯在《论格式塔性质》(1890)一文中提出“格式塔性质”而开始发展。这种完形性质是指音乐乐曲的音响总和具有新的性质。但是格式塔心理学的正式创立则在1912年的德国，其创始人和代表人物是德国心理学家维台默、柯勒和考夫卡。他们认为知觉不是诸感觉相加的总和，而是对整体的感知，所以显出结构性和整体性。他们通过对物理“场”的研究，认为人有心理“场”；这两个场相互作用形成了“心理—物理场”，知觉也就是一个“场”。物理现象，如电场、磁场有动力结构，人的意识经验也有着同性质的动力结构，因此与物质对象有着同形同构的关系。

在完形心理学的基础上分析审美现象，是从柯勒的《价值在实际世界中的地位》(1938)一文开始的，他提出了包括审美价值在内的价值理论。1940年考夫卡出版了《艺术心理学问题》，作了进一步尝试，他认为艺术作品各部分相互依存组成一个有结构的统一整体，正是这种整体结构对人发出了一种要求，使人受到感染。但是完形心理学美学的最主要的代表却是迁居美国的阿恩海姆，他著有《视觉艺术》、《走向艺术心理学》等美学著作，最有影响的美学著作要数《艺术与视知觉》(1904)。在这本书中他阐述了完形心理学美学的几个重要原则：(1)知觉的“简化原则”。事物的种种复杂的刺激的动力结构在人的知觉中会趋于简化，而艺术作品中的形象正是对外在原型的一种简化。(2)似动运动。几个位置不同的静止的刺激所组成的刺激模式可以产生似动的特征，所以静止的部分相加不等于静止的全体，而是产生了新的东西，只有对这种整体性形成完整的形象才能创作和欣赏艺术。(3)方向性张力。艺术对象在审美知觉中会产生运动的幻觉，这是由于对象的形象或结构有方向性张力所造成的。(4)艺术的表现性在于形体结构之中，艺术要善于发现事物的表现特征来造成结构完形，来唤起人们身心结构的类似反应。

格式塔心理学美学在阿恩海姆那里主要用来分析视觉艺术，但在几年之后却由麦耶用来分析音乐作品。他基本上遵循了格式塔原则，但也有了一些变化，他把信息理论引进了格式塔心理学美学，在《音乐中的情感与意义》(1956)一书中，他认为结构形式传递了情感信息，信息的多少与作品的形式结构有密切关系。这种新的研究方法还在继续发展之中。

(陈超南)

麦耶

列纳德·麦耶(Leonard B. Meyer，1918—2007)是美国芝加哥大学的音乐教授，曾用格式塔心理学来分析音乐作品，其研究成果集中反映在1956年出版的《音乐中的情感与意义》一书之中，他因此而闻名美学界。他非常强调艺术作品的整体性特征和形式的心理作用，这和格式塔理论是一致的。但是他承认，在运用这个理论于音乐领域中会遇到音乐的特殊性，所以他明确表示，他不能完全与格式塔理论相一致。这就是他从信息理论出发来分析音乐的方法，它意味着更新的研究途径。他的重要论著还有《音乐，各种艺术的观念》(1967)和《音乐之解释：论文和研究集》(l973)。

这里所选部分主要探讨的是音乐中的价值问题。这确实是现代西方美学最感到困扰的难题。麦耶承认，自己提出的见解“既不是一种明确的价值理论，也不是一个关于伟大的明确说明”，自己尚未“得出确定的观点或最终的结论”。他的看法主要有这样几个方面：(l)音乐作品的技术标准还不能确定音乐中是否有伟大的特色，是否有价值。(2)通过对两首曲调上相类似的赋格曲的具体分析指出，曲调的活动如果有向着明确目标的趋向，又遭受到延迟和抵挡，就会产生价值；如果没有延迟地不改变方向地一下达到目的，那就只能是平淡无奇。所以，“对向着目标进行的趋向加以抑制会与价值有关”。(3)从信息理论来分析价值。如果音乐作品的情境是高度组织起来的，音乐进行时跟在后面的特定乐音就较为确定，这种音乐讯息所传递的信息便微弱；反之，音乐情境不怎么肯定，进行中有抵挡和偏离，“使前提和后果的关系没有高度的可能性，那么在音乐中所包含的信息就会加强”。(4)关于抵挡或偏离能创造或增加信息的见解可以由含意的不确定性来加强。音乐作品“它们实际将成为什么东西的不确定性越大,包含在总的结果中的信息也就越大。因此,较大的不确定性和较大的信息是齐头并进的”。(5)原始音乐和艺术音乐之间的不同就在于:前者不能容忍不确定性,追求的是趋向的直接满足,这也是它只有较少量的音调贮备,有大量重复的原因。后者能自我对趋向加以抑制,乐意接受不确定性,这也是音乐成熟的标志。(6)价值既不是音乐对象自身固有的,也不存在于听者自己的心中;价值是音乐经验的性质引起的,它发生在音乐作品和听者之间,要靠听者的反应能力和反应方式的作用。

(陈超南)

关于音乐中的价值和伟大的一些评论

一

像每个音乐家那样,我必须考察音乐价值的实质,即使是在心情欠安、匆忙思考的时刻,我也自己问自己许许多多的问题:是什么造成音乐的伟大?为了尽力设法解决这些令人困扰的问题,我已经多次改变我的想法,开头考察的是这个想法,继之是另一个想法;发现我开头认为站得住的这种见解存在着相反的理由,继而在另一种见解中又同样如此。到目前为止,我还没有得出任何确定的观点或最终的结论。

实际上,不必提供单纯局限在美学领域中的正面答案(如我应该提出的),我企图理解音乐价值的实质的种种尝试已把我引向更为进一步的问题:关于总的价值的实质,甚至引向极为高深的形而上学领域。由于我对于这些内容的观点仍然在不断变化,所以我要提出的,既不是一种明确的价值理论,也不是一个关于伟大的明确说明。当然,要指出音乐的价值和其他领域的价值之间的联系和相互关系,我希望能提出一些观点和探究的途径,它们或许会提供有成效的洞察力,以后会导向似乎合理的结论。

……

……因此,在某种意义上说,这篇文章试图把在《音乐中的感情和意义》一书中提出的对音乐交流的分析所包含的价值的假设作一个明确的概说。①

一开头这个问题似乎并不十分困难。因为一个音乐作品的杰出与否毕竟是有确定的技术标准的。一个好的音乐作品必须有前后贯通的风格,即:它必须采用一个具有统一性的预期和可能的系统;它应具备明确的基本意向;它应该有多种变化,有统一性,有依照实际情况很容易被发现的其他所有的范畴。但是,我认为这只是具有了必要的理由。虽然它们能使我们把一件好的令人满意的音乐作品与一件低劣的差的音乐作品区分开来,但是在我们想要在一个精致的作品和一个美妙的作品之间作区别,单单去区别其中伟大的特色时,它们并不能给我们很多的帮助。

的确,歌曲《闪烁,闪烁,小星星》具备了风格、统一性、多样变化等等。如果我们接下去问:巴赫②的B小调弥撒曲比《闪烁》歌曲要好——只许使用这些技术范畴——我怕我们只能回答它们都同样好,或许补充一句:"各自以各自的方式。"我随即将回答"各自以各自的方式"的议论。但是就在此刻,对我来说似乎是这样:姑且认为听众都是说能听懂又能理解这两件音乐作品的,但要说这两种作品是同样的好,那是荒谬和错误的。

既不是长度、大小,又不复杂,诸如此类,就能成为价值的标准的,尽管我们将会看到,复杂确实与杰出有关。因此造成了勃拉姆斯③的一些钢琴小品常被认为比他的其他作品,如四重奏要好。而且我相信,我们中的每一个人都能自己找到例证。让我们转向特殊的音乐例子,看看我们能从它们那里学到什么,这样做或许对这个看法是适当的。

鉴于即使是对两个简单的作品作一个较为彻底的考察也要涉及复杂的和长时间的分析,我只能选择简明讨论两个赋格曲的乐旨的方法:第一个是吉米尼里④写的,第二个是巴赫写的。由于将讨论的只是主旋律,要加以指出的是,好的主旋律并不一定导致各个方面皆好的作品。虽然以一个贫乏的主旋律来写一个好的赋格曲是困难的,但是一个不惹人爱的

① 《音乐中的感情和意义》:列纳德·B.麦耶的美学著作,1956年由芝加哥大学出版社出版。——译者注

② 巴赫(Johann Sebastian Bach, 1685—1750):德国作曲家,其作品对近代音乐的发展有深远影响。——译者注

③ 勃拉姆斯(Johannes Brahms, 1833—1897):德国作曲家,其钢琴小品结构精致,想象丰富;其交响和协奏曲则采用严密的复调技术和动机发展手法。——译者注

④ 吉米尼里(Francesco Geminiani, 1614—1762):意大利小提琴家、作曲家、音乐理论家。——译者注

主题——像巴赫C开小调赋格曲——也能成为一支非常优美的作品的基础。

即使不作精密的规范，我仍打算把主旋律当成它们本身就是实在的，只谈主旋律而不谈完整的作品。因为只注意主题本身就足以提出某些与价值甚至与伟大有关的基本理由。而这些理由同样能运用于完整的作品，甚至连最伟大的作品也不例外。总之，柏拉图通过涉及国家的公正的本质来探究关于个人公正的原则；把柏拉图的程序反转过来，我们将试图通过对一小部分的价值本质的思考来弄懂关于整个作品的价值。

这里有两个主题（见例一），它们肯定都是好的，但是并不相等。一看就知道，巴赫的主题比吉米尼里的较有旋律和主题的变化，它包含着一个较大的音域，等等。不过，缺乏明显变化的主旋律也有好的。总之，说变化是达到目的的一种手段而不是目的的本身，似乎是不会错的。

例一

进一步来看这两个主旋律，我们知道它们在曲调结构上很相似。它们两个都从音阶的第五度开始，向主音运动（在巴赫的主旋律中，通过音阶的第三度），然后跳向第八度。这么一跳，造成了结构上的裂口，感到不完整了。我们期待着这样简略叙述出来的线间空白将被填满，得以完整。这种曲调上的不完整由于第一种音乐形式中旋律的不稳定而得到了补偿。这就是说，在这两个主旋律中的第一个可分离的音乐的可能结果

(musical events)是上音,由朝向下音的稳定来定位。

在一定意义上,结构上的裂口和旋律上的上音实现了音乐所要达到的目的。我们希望曲调线下降以至停顿在主音调上,在这种运动的过程中达到清晰的有组织的强音。这两个主旋律实际上都是这样做了。但是它们却有着极重要的区别。巴赫的主旋律经由密切联系的和音区域,以种种延迟(delays)和时间上的变向慢慢向下运动。它凭借会被意识到的各种潜势(various potentials)造成了曲调活动的各种高度。再者,这些延迟既是旋律的又是曲调的(参见例一下面所作的分析),但是吉米尼里的主旋律却是直接——或几乎直接——向目标运动。第二个尺度是半音,它包含着不同的延续方式的潜势。由于这些,回复到第七音肯定是最有可能的,不过要轻轻地回复。然而,一旦回复到第七音,那么降至第三音就几乎是不可避免的了。如果主旋律既没有迟延又没有变向地一下子降到这种明白的结局,它就显得如同喧嚣的滥调一样——一种音乐的滥调——没有任何旋律上的抵挡(rhythmic resistances)。那个最初的上音没有显著的扰乱,便使人难以忘怀地到达了最后的音符,达到了明显的下音。

因此,似乎在这种情况中,由于多少含有向着明确的目标活动的音乐刺激,以及由于时间上的抵挡或对这种趋向的抑制,价值至少得到了某种表现。如果我们把巴赫的主旋律以一种排除这种抵挡因素的方式来改写,抵挡因素的重要性甚至会显得更为明了(见例二)。

例二

这个主旋律就像吉米尼里的一样平淡无奇。

从这些考虑出发,可以推论:(1)一个没有趋向(tendencies)的曲调或作品,从这个观点(也可能是其他观点)来看,将是没有价值的。当然,这样的趋向不必一开始就很强,但是在音乐前进的过程中能得到发展。(2)如果最可能的目标是在最接近的和最直接的方式中达到的,所给予的是这种风格布局,它自身所包含的音乐可能发生的结果将是没有什么价值的。(3)如果其目标一直没有达到,或者如果这种活动趋向在筋疲力尽或在离题变向的压力下变成散放的,那么其价值就将微乎其微。

这种认为对向目标定位的趋向加以抑制会与价值有关的想法并非是新颖的观点。R. P. 沃伦[①]写道："一首诗，要想写得美妙，必须靠自身来赢得。这是一种趋向静止点的运动，但是如果它不是一种受抵挡的运动，那它就成了没有结果的运动。例如，一首依靠普通材料和普遍反应的诗简直是一个平底雪橇的滑面，或者是从空中跌落。"[②]杜威的看法也相当接近："冲动一直被推向前，这会将其行程导向无思想，使感情死亡……能意识其本质和目标的唯一途径是靠障碍的克服和手段的使用。"[③]

更新的信息理论(information theory)已经发展了各种概念，其中似乎有包含着抵挡因素与价值之间关系的内容。为了理解信息理论是怎样论述这些方面的理由，必须较详细地考察趋向目标的过程的实质。

音乐的可能发生的结果是在风格可能性的领域中产生的。如果我们只听一个简单的乐音，那么许多许多不同的乐音就能以同样的可能性出现在它的后面。如果可以听到的是两个乐音的系列，那么由此而来的可能的乐音的数目就多少要减少——至于多少，这要看所选的乐音和风格而定——而且由此而来所包含的只能在二中取一的可能性就多少要增加。由于更多的乐音加在它的后面，结果是乐音间更多的关系被确定，出现一种特殊目标的可能性就会增加。由此而知，在巴赫的主旋律中，跟在第一个第二音后面的无论哪种特殊调子的可能性是很小的，因为由此而来的可能的调子的数目很大。当乐谱的线通过第七音的降音和第六音向下运动，第五音的可能性就非常高，作为一种音乐的可能结果，第一种方式的这种运动的终止是令人满意的。在向第八音跳跃之后，这种方式现在组成了运动的统一，成为去估价更高的构造位置的可能性基础。注意一下，在这个主旋律中事件的种种变化，同时也注意那些已经指出的抵挡因素，在可能结果中所造成的特殊续音似乎比在吉米尼里的主旋律的可能结果中所造成的续音的可能性要少得多。

这里，信息理论变得很有关系。[④] 它告诉我们：如果一个音乐情境是

---

① R. P. 沃伦(Robert Penn Warren)：当代文学评论家，著作有《理解诗歌》、《纯与不纯的诗》等。——译注

② 参见 R. P. Warren：《纯和不纯的诗》，载《肯容评论》第 5 期(1943)第 251 页。——原注。肯容(J. S. Kenyon，1874—1959)：美国教育家和语言学家。——译注

③ 见杜威：《艺术即经验》，纽约，1954 年版，第 54 页。——原注

④ 信息理论的明白易懂的讨论可见 Warren 的《交流的数学理论的新贡献》等文章，载《普通语义学评论》第 10 期(1953)，第 261—281 页。——原注

高度组织起来的,以致使可能出现的后果有高度的可能性,那么,如果这种可能真的出现了,以这种音乐讯息(message)(我们已把它们称为音乐的可能结果)方式所交流的信息是微弱的。另一方面,如果这种音乐情境不能肯定,而使前提和后果的关系没有高度的可能性,那么在音乐中所包含的信息就会加强。罗伯特·怀尔勒简明地说明了这个问题:"传递越是取可能的方式,信息就越少。例如,陈词滥调就不及伟大的诗歌。"①

由于抵挡因素,或者说更为一般的种种偏离,它们会由于确定的障碍而处在一种音乐刺激的目标定位的趋向中,它们降低的就不仅是特殊结果的可能性,而且是作为一个整体的音乐事件的可能性。这样做了,它们就创造或增加了信息。什么东西创造或增加了包含在一个音乐作品中的信息,就是什么东西增加了它的价值,但是,好像还不能心急慌忙去得出这结论。

[当然,无论是在语义的还是在音乐的交流中,一个完全是胡乱刺激的系列多半是没交流什么。因为语言和音乐依靠的是一种具备了有序可能性的系统(an ordered probability system),一种善于猜测的过程,它们用来造成种种与另一个人有相互关系的刺激或可能结果。因此,任何特殊的音乐的可能结果,在某种程度上依靠着所采用的风格的可能有的特性。选择的随意性是要受到音乐风格的实际情况的限制的。]

信息理论的概念所提出的关于抵挡的见解,可以由论述不确定性的可能性来加以普遍化。因为可能结果中会发生的任何特殊续音的可能性越低——也就是说,总的讯息将成为任何特殊的讯息的可能性越低——关于事件以及讯息它们实际将成为什么东西的不确定性就越大,包含在总的结果中的信息也就越大。因此,较大的不确定性和较大的信息是齐头并进的。②

抵挡因素和不确定性之间的关系是不难发现的。无论什么时候一种趋向被抑制——或者更普遍地说,当偏离(deviation)发生的时候——虽然也许是不知不觉的,然而轻微的不确定性是可以感受到的。或许过去看来似乎是如此可能以至不必去考虑的在两者之中选择一个结果的东

① 见 R. Wierer:《人类的人类效用》,1954 年纽约版,第 21 页。——原注

② 不确定性部分是可能性的本质所固有的,部分是由作曲家有意引进的。参见 L. B. 麦耶在《音乐中的意义和信息理论》一书中有关 Markoff 过程、系统的不确定性和设计的不确定性的讨论。载《美学和艺术评论》杂志,第 15 期(1957),第 418—419 页。——原注

西，现在似乎要少得多了。因为心里打算说明和理解这种偏离的重要性，对这种较少可能的、两者中择一的结果的可能性是已经意识到了。

必须在合意的和不合意的不确定性之间划出界线。合意的不确定性是作为一种音乐风格的构造可能性的结果而出现的。信息是这样一种不确定性的功能。不合意的不确定性是在可能性未被知晓的时候出现的，这不是因为听众的习惯反应与这种风格[我把它称为“文化的声音”(cultural noise)①没有关系，就是因为外部干扰把正被讨论的境况(亦即听觉声音(acoustical noise)]的结构遮掩掉了。

再进一步，不确定性应与含混区别开来，虽然这种区分还没有清晰明确的方法。显然，不确定性可以推定为容易分辨的种种可能性式样的一种基本规范，以至含有多种意义也能感到是朝向目标的。另一方面，含混却削弱了各种构成关系的转移变化和引起运动的特点，结果使得那种音乐趋向的意识遭到损害。当这种情况出现了，注意力便集中到乐句、音质、结构等等的种种细微的差别上以及过分精美上去了。在这一点上，印象主义所倾向的是感官的敏锐的投影。我们立即将回到价值和不确定性之间关系的另一点上。但是现在我们必须简要地考虑那种出乎意外的，或者说是更为特殊的，对信息理论来说是令人惊讶的说法的本质。

所有的偏离所牵涉的只是较少的可能性。然而，因为在大多数场合中较少的可能性会逐渐产生出较多的可能性，或者因为在某些场合中，音乐的布局中是希望多少要有些偏离的，所以听众通常意识到了这种偏离的可能性。他们倾向于和愿意有这种较少的可能性，虽然常常没有意识到这一点。在意外的场合中，所给予的音乐事件的可能性似乎很高，以至在两者中择一的结果的可能性也不用考虑。这样，仿佛这讯息只包含着最小的不确定性，如果它被加以完善，那么它将没多少信息可以包含了。但是在最后的时刻，似乎不可信的事情突然发生了，听众发现他对可能性和不确定性的估计是错误的，发现这种可能结果或讯息实际上包含着比原来推想所包含的信息要多。

让我们从语言的角度来考虑与一个例子有关的这些内容，考虑关于吉米尼里的赋格曲的主题有关的这些内容。让我们取用“she is as tall”这个乐句。起先，我们能依据可能性、不确定性和信息来谈论音响的续

① 《美学和艺术评论》杂志第 15 期，第 418—419 页。

音。在我们称为英文的文体布局中,追随在"sh"这个音后面的不确定性确实是很高的。尽管很清楚,某些音将比其他音的可能性要少。因此,在英文的句子里,这"shin"的声响或"词"简直是不可相信的。但是这并不是不可能的——事实证明在一个作品中就出现过。① 当"sh"后面的"i"(即 she 中的"e"的音标)一出现,不确定性就降低了,可能性就上升了。但是这个停顿实际上只是对"she"这个声音的可能续音中的一个。这个字也可能成为"Sheep"。因此,声音"i"以及这个声音的延长声两者都加上了值得考虑的信息。请注意,这种无声也是信息的一部分,音乐的无声和语言的无声都是一样的。

现在,同样的分析就可能运用在吉米尼里的主旋律中的第一种可能结果了。只是为了比较,就 B 调和 E 调而论,对于声响"sh"来说都是同价的,非常清楚,可能的结果的数目是非常高的。音乐事件可以许多不同的方式加以延续,虽然在所给予的风格布局中和因为有这是一个作品的开头这样的事实,又出现了某种方式(如例三中的 a)要比其他方式(例三中的 b)有更多的可能这种情况。高声的 E,很像"i"的声音,这样又给音乐讯息(见例一)增添了很多信息。

例三

曲调线向下转动,且到达一个清晰的下音——两者相互完满——只要回顾一下一个音乐事件已经被加以完善的事实就会使这一点很明确。如果曲调线没有因运动的变化而被清晰地表现出来,或者下音是被迫造成的,那么音乐的可能发生的结果就很不一样。这就是说,正如"she"的声音会成为语义的事件"Sheep"的一部分,所以这个主旋律开头的三个音

① 这一个"别致的玩意"是从作品《织工》那里借来的。

符会成为在例三中的 c 部分和 d 部分所出现的那样的结果的一部分。

当然，这些事件，音乐上与语言上结果都一样，在最低的构造水平上才存在。它们并不是孤立的，而是更大的整体的部分而已。这就是说，音乐的可能发生的结果是一个按规律构造起来的生动的统一体，它被我们称为主旋律的一部分，而语言的可能发生的结果是一个按造句法来组成的统一体的一部分，它被我们称为句子或习语。这些更大的统一体，它们是较高的构造水平上的结果，但是现在是更大的音乐片断或语言学的段落或诗的一节的一部分。依此推之，它们又是整个音乐作品或整个文学作品的一部分。

现在让我们来看一下只是一个短语的一部分的"she is as tall"，它显然没有一种由语法构造出来的最有可能的结果。这是说，我们所期待的这个短语将会跟上"as"这个词，然后再接上一个合适的名词或一个代名词。如果在"tall"这个词或"tall as"这两个词的后面跟上一个形容词，我们会大为吃惊的。例如，这短语是"she is as tall blue"或"she is as tall as blue"，这毋宁说是似乎不可言的，而不是不可能的。这些两者中择一的第一个选择可以延伸为"she is as tall blue lilacs are"，这个似乎不可信的明喻所增加的信息是值得考虑的。

如果我们取用一种更高可能的结果"she is as tall as Bill"，我们会得到信息，但是在句法上并不很多。附带注意一下这个情况：其实我们没有考虑这个最有可能的构造的部分。这就是说，我们忽视了所包含的"as Bill is tall"，因为在这上下关系中，这些部分不提供信息，因此便成为不必要的了。如果我们来看吉米尼里的主旋律中的第一部分，我们会由于类似而说：这一半的句子要是向上朝着第七音就与"she is as tall"这部分的句子相符合，要是向下朝着第三音就与最为可能的造句上的完整——正如"as Bill as tall"这些词所表示的那样——相符合。这两者的完善是显而易见的，但是又都不很好。然而，这不能断言：把这些短语包括入一个较大的整体的前后关系之中，它们不会成为一个有意义的、有价值的作品的一部分。

在离开这种音乐的状态和语言学上的状态之间的比较之前，去构想一下与意外有关联的种种实例也许是令人高兴的事。首先观察一下，由于短语"she is as tall"在句法上是不完整的，我们对于两者中择一的种种结果的可能性很留心，观察一下，如果"blue"这词在后面跟着（就像在短语“she is as tall blue lilacs are”中那样),这似乎是不可相信的,但是在一定意义上这并不算是意外。然而,如果我们取这样的短语:“she is as tall as Bill is”,我们推想我们的信息是完整的,而且不会准备去想象新的信息。但是,如果用“wide”这个词来取代那个事先知道的词“tall”,那么,这就是既不可相信又是意外的了。这整个信息包含着比我们原先推测它所包含的信息要更多。

同样,我们能在吉米尼里的主旋律中加入些东西,为的是从开始的时候似乎就能使它成为如此构成的几个完整实例中的一项,变成一种意想不到的意义的线索的一部分(见例四)。

例四

不仅要注意信息在这种变化中的增加,而且主要注意从第七音那里下降的意义在回顾中确确实实是不同的。由于它的显而易见,现在似乎成了关于这主旋律的最终意向的一种欺骗手段。

把我们从在信息理论对音乐和对价值的关系中浏览所学到的东西总结如下:第一,我们发现抵挡,或者说更为广泛的偏离,与信息相互有关。而且,因为信息是有价值的——这好像是同义语反复,其实并不然——我们关于偏离的重要性的假设已经被接受而成为肯定之论。第二,我们的探究已经在一个方面指出了信息和偏离之间的关系,在另一个方面又指出了不确定性。它包含着:不确定性多少与价值有关。这种显然是似是而非的配对的想法不久将会得到考虑。

二

假说所取得的似真性不仅要通过其他的考察来证实,要通过与其他领域的探究的相互关系,而且还要通过对所观察的至今尚未在理论上加以阐述的事实加以说明。我们的假说能够用来解释原始音乐和艺术音乐之间的不同。这样做是寄予这样的希望：在趋向的抑制和价值之间的关系的另一方面将得到指明。

如果我们问：矫揉造作的艺术音乐和原始音乐之间的根本不同是什么（我不在"原始的"这个术语中包括那种高度矫揉造作的经常由所谓的原始人演奏的音乐）？接着我们要加以指出的事实是，一般来说，原始音乐所采用的是只有较少量贮备的音调，这些音与主音的距离都比较近，有大量的反复，虽然常常是一种稍作变化的重复，如此等等。但是，这些只是音乐中的原始作风的征兆而非它的原因。

艺术音乐和原始音乐之间的区别就潜伏在满足趋向的速度之中。原始音乐追寻的几乎是对它的倾向的直接满足，不论它们是生物学的还是音乐的。原始人不能容忍不确定性。这是因为远离确定性，使主音的音调平静一下，长时间不让他满足，对他来说都是不能忍受的。这就是原始音乐的音调贮备（tonal repertory）受到限制的原因，而不是因为他不去想其他的音调。这不是他精神作用受到限制，而是他的成熟程度。顺便请注意一下，通俗音乐是能与处在同一基础之上的真正的爵士乐相区别的。因为不论是音乐家和音乐出版商云集的区域的通俗音乐，还是艾特尔伯特・尼文[①]的变化多端，都使用了相当大量的音调贮备，它是靠种种惯常的陈腔滥调来起作用的，以便使满足简直是直截了当的，不确定性被减缩到了最低点。

不仅个人的成熟而且文化的成熟——在其中会产生一种风格——它们的一个方面就在于：乐意放弃直接性，还可能为了将来最终的满足而放弃较次要的满足。从总的方面来理解，不去参照任何特殊的音乐作品，自我加上趋向的抑制和欣然接受不确定性，这些正是成熟的标志。这就是说，它们是从一个动物变成为一个人的各种标记。而且我认为，这对于价值的考虑不是没有关系的。

有些人会说："这一切都很好，多少像是有道理的，但是在最后一点分析中，你是不是一直在暗示，音乐之所以有价值，与其说是出于颇为严格的原因，还不如说出于多样性的原因。什么是美妙声响的感性愉悦呢？音乐通过它所激起的根深蒂固的联想打动我们的本领是什么呢？这些难道没有价值吗？"

---

① 艾特尔伯特・尼文（Ethelbert Nevin，1862—1901）：美国作曲家。——译注

这些由以上的提问引起的问题——愉悦对价值的关系问题和价值的节制问题——从一开始就已经关系到哲学,而我不敢冒昧为他们提供确定的答案。因此,接下来要说的东西就必定是作为临时性的。乍看起来,似乎我们实际上在愉悦的东西和美好的东西之间作了区分。其实他们两者之间的区别,似乎与我们在上面抽引出来的直接的满足和延迟的满足之间的区别相平行。但是,即使我们这样说,这种区分仍然有毛病,甚至在语言学上也如此。因此延迟的满足也是令人愉悦的;不仅仅在它高度发展最终成为增强了的满足这种意义上,而且,还在它与征服困难——对控制和力量——有关的愉悦相联系。①

在这个关系中有两点是应该注意的。第一,直接的满足和延迟的满足两者都是令人愉悦的,都是有价值的,虽然它们并不必然等值。第二,价值是音乐经验的性质引起的。它既不是音乐对象自身固有的,也不是存在于听者自己的心里。说得更恰当一点,价值是作为一种处理的结果而出现的,它发生于客观的条件之中,发生于音乐作品和听者之间。它是这样一种情况,任何特殊的音乐经验的价值,既是听者的反应能力——他领悟了音乐的风格——的作用,也是他的反应方式的作用。

欣赏音乐的三个方面可以这样区分:感性的、联想—描述的、构成法的(the Syntactical)。虽然每一个音乐作品在不同程度上都涉及这三个方面,但某个作品总是倾向于强调一个方面而减弱其他方面。因此,音乐作品明显地作为一种连续性,其目的之一是对爆发出来的无法控制的、被压抑的力量的感觉和惊叹的直接满足。这种连续性的另外目的是从对构成法的种种关系的知觉和反应所产生的延迟的满足,这些构成法的关系赋予音乐经验——无论它是理智的还是情感的——以形式和模型。联想在这两个方面可能都起作用。它能使我们的伴随着希望实现的各种满足的种种感性愉悦着上色彩。或者它能赋予我们由描述音乐可能发生的结果而引起的关于音乐过程的可能性的种种预期以形式。这样,正如我们对一个人的性格的估量,影响着我们对他可能有的行为的期待,所以我们对一个主旋律或音乐可能发生的结果的特性的估量,便赋予我们的期待

① 当然,这不是断言所有的经验不是美好的就是愉悦的。全体静止——任何刺激无论哪一种都不存在——既是不愉快的也是无价值的;就像它的反面,一种我们无法找到替代之路的强烈趋向的全部受挫。以前者而论,它似乎是说,信息是心灵的基本需要。参见 Woodburu Heron 的《讨厌无趣的病状》,载《科学的美国人》,1957 年 1 月号,第 52—56 页。——原注

及其在音乐上的行为以形式。反过来,音乐事件在其中活动的方式——涉及规则的、偏离的,或令人惊讶的调子的种种变移——也影响着我们对它的特性的看法。因此,音乐交流的构造法的方面与描述的方面是不可分开地联系在一起的。

还剩下价值的节制问题。音乐欣赏的不同方面是不是在价值上相等呢? 一个音乐作品,它基本上诉诸感性联想的愉悦,是不是与那种诉诸构造法的联想来欣赏的作品一样好呢? 如果我们尽可能粗略地来对待这个问题——如果我们问,是不是最好的通俗歌曲的最好的作曲和贝多芬的第九交响曲一样好——那么,解答似乎就容易了。但是,如果我们提出一个相似的问题,所用的是相反性较小的作品,是不是德彪西[①]的《牧神的午后》和第九交响曲一样好? 我们会对这个问题的答案感到不安。

在这一点上,我们的一些社会科学界的朋友,他们的血压不断在增加,将会在相对论的恐惧中伸出他们的手并且喊道:“你不能这样做,你不能把烤干的阿拉斯加去与烤牛肉相比。各个工作从它的种类来说都是好的,都有它的目的。”现在姑且承认,我们能由于多种缘故去欣赏一个特殊的作品,也承认欣赏一种音乐并不排斥对其他种类音乐的欣赏——即我们既能欣赏德彪西也能欣赏贝多芬——这并不意味它们都同样好,也不意味着所有的音乐欣赏方式有着同样的价值。事实上,当你真的来对待这个问题时,这种“各自从它的种类来说都是好的”说法是对问题的一种回避,而不是问题的解决。所以,我们仍然被迫来问:一切种类都同样好吗?

陈越南译

——译自莫里斯·菲力浦森和保尔·J. 格德尔所编的《今日美学》(英文版),美国图书公司 1980 年版

埃伦茨韦格

埃伦茨韦格(Anton Ehrenzweig)是英国美学家,格式塔心理学美学的重要理论家。他出生于瑞士,曾在维也纳学习法学,并于 1938 年获得

---

① 德彪西(Claude Debussy, 1862—1918):法国作曲家,开创了音乐上的印象派,追求声音“色彩”的表现力。——译注

法学学位,后来迁居英国,曾在伦敦中心艺术学校任教。在美学方面,他的主要著作有:《对艺术视觉和艺术听觉的精神分析》(1953)、《艺术的潜在次序》(1961)等。

埃伦茨韦格运用格式塔心理学的基本原理分析视觉艺术和听觉艺术,注重把格式塔心理学美学与精神分析学美学结合起来,推动了格式塔心理学美学向着多元化方向发展。他引进了无意识概念,把它作为创造“优”格式塔——艺术作品的重要手段之一,他提出的“弥散的视觉”和“弥散的听觉”就是建立在无意识概念之上的艺术家的视觉、听觉感受能力。他认为,在艺术中,对艺术手法的探索和对自我的探索是同一过程,把艺术看成是对外部世界的再现和对艺术家内心世界的表现这两者的结合。他的美学理论还深刻揭示了现代派艺术的心理基础,对于我们深入理解现代派艺术具有重要的启发作用。

在本书所选的《艺术的潜在次序》中,埃伦茨韦格指出,潜意识对于艺术创造是必不可少的,就艺术家心理而言,总是力图从眼前杂乱的形式中找出最简单、最稳定和最紧凑的模式来。弥散的视觉和听觉对于创造“优”格式塔具有重要意义。它认为,艺术家对艺术手法的探索与对自我的探索是结合在一起的。

(张德兴)

艺术的潜在次序①

精神分析告诉我们,艺术创造是在心理的、深邃的、无意识的层次上获取营养的。艺术家比起一般人更善于自由地驾驭自己受压的内驱力,而且能在这过程中用神奇的审美次序及和谐来引导它们。然而艺术家的无意识是如何帮助他创作、帮助他绘画作曲的呢?对这一点人们却几乎一无所知。可是由于意识的作用有限,无意识的协助又是绝不可缺少的。

艺术结构是非常复杂的。在一件伟大的作品中,我们总是不断发现以往不曾注意到的新的形式观念,甚至最简单的艺术品也具有这种复杂性,尽管表面看来其结构一目了然。这一点解释了为什么我们的意识不可能掌握艺术的许多形式过程的原因。有意识的注意过于准确,过于狭隘,不能完成这项工作。格式塔心理学为我们对意识聚焦的局限作了详

① 本文选自《英国美学杂志》,第一卷,第3期(1961),第121—133页。

尽的研究，格式塔心理学家通过无数实验之后确定，我们的眼睛，或说得更确切点，我们的大脑，有一种压倒一切的需要，这就是从眼前任何杂乱形式中选择出一种准确、集中、简单的模式来。对于艺术形式的复杂结构来说，意识聚焦的这种选择性、狭窄性和准确性太缺乏伸缩性了。例如，当我们在观看莫奈[①]的一幅大作时，或者可将注意力集中在总的构图上——这样他那富于表现力的笔触就会隐匿到灰蒙蒙的色调中去；或者将注意力集中在个别的笔触上面而忘记整个画面。两者必居其一。然而这技能也是一个优秀的艺术家所应该具备的。他必须考虑作品的一切细节之间的关系以及诸细节与整个结构的统一。我们希望一位优秀的指挥在指挥一部交响乐时不仅能根据每一细节的毗邻部分来处理这一细节，而且能把它作为整个交响乐的结构的一个组成部分来处理它——尽管这看来是绝无可能实现的理想。这种对艺术品的全面的掌握是绝不可能由意识对形式的分析来充分实现的。

为了实现这种全面掌握，就需要放松意识注意的狭小焦点，使之扩大为某种表面上的空洞的、神思恍惚的凝视。现代艺术的一些例子从一开始就打破了这种狭小的眼界。首先唤起人们对现代艺术的这一特征的注意的是赫伯特·里德爵士(Sìr Herbert Read)的早期著作《艺术与工业》。他称之为现代绘画的漫视效果。在法国印象主义和早期立体主义艺术中，已经明显地缺乏稳定的焦点了。毕加索的立体主义的画把统一的表面全部扯开，使之形成了若干附加的、破碎的平面，我们的眼睛可以对它们进行多种组合。自从赫伯特爵士的文章发表以来，美国的动作绘画[②]、法国的泼料绘画和大量现代音乐已经几乎使避免稳定的聚焦成为原则，在这些艺术里，我们的听觉、视觉没有任何完整的线条、紧凑的结构可依据，我们的注意力也落得漫无目的地游荡。对许多人来说，这是极不愉快的事情，一种使他们感到焦虑的经验。赫伯特爵士说得好，这种视觉或听觉的游荡放果，是与格式塔理论截然对立的。格式塔理论要人们相信人类的心理，尤其是艺术家的心理，总是力图找出最简单、最稳定和最紧凑的模式。唯一正确的结论并不是把违反心理学基本原则的艺术家批评一遍(有时的确有人这样干)，而是修正心理学的原则，使之服从艺术的事

---

① 莫奈(Claude Monet，1840—1926)：法国画家，印象派创始人之一。——译注

② 动作绘画：一种抽象派绘画，以乱洒颜料为特征。——译注

实。促使我对无意识知觉过程进行探讨的最终是一种假设:准确和稳定的注意只存在于意识层次中,但是在较深的,通常是无意识的层次中,意识的狭小焦点扩大为一种广阔而包罗万象的审视。

艺术家求助于这种弥散的、半无意识的审视是十分自然的事。我们经常看到画家从自己的画前后退一步,奇怪而漫无目的地瞪眼观看他的作品。看上去他脑子里是一张白纸,然而过了一会儿,某种潜在的细节会突然唤起他的注意,这细节打破了他的构图的平衡,但却逃过了他的意识的审查。在他漫不经心的状态下,他的下意识注意力审视了这作品的复杂结构,发现了破坏平衡的细节。找出问题之后,画家会回到画前,改正那个普通人看来是微不足道的细节。等一会儿,我还将举一个例子,说明作曲家是怎样通过弥散的听觉去掌握复调音乐的潜在的复杂结构的。

传统的画家用这种弥散的眼光来审视作品的复杂结构,随后,他就回到正常的意识状态修改他的作品,使之能满足意识对准确、统一和"优"格式塔的需要。而在某种程度上,一个现代艺术家仍然保持着他的弥散眼光,因此他的作品非常直接地反映了这种无意识视觉的不连贯和分散性质,这种性质跟我们的梦而不是清醒的意识更为接近。我们做梦的时候,梦也会显得十分真切、准确,可是当我们醒来要清楚地回忆它们时,它们却消失了。它们常常像是既包括了一切,又空空如也,我们的清醒生活中的限定分明的事物不适应它们活动的框架。我认为,就是心理底层的注意力的这种格式塔自由方法,使得艺术家有能力去把握艺术创造性的复杂组成。梦境中的混沌杂乱在艺术家手中成了绝对准确的工具。伟大的精神分析家、已故的厄恩斯特·克里斯(Ernst Kris)曾经说,艺术家可以使自己的头脑退回原始状态而又不失去控制。这句至理名言,对于我的论断,即弥散、模糊和表面空洞的梦境视觉成了艺术家把握艺术复杂性的准确工具,是一个极好的佐证。事实上,这才是我对创造性的研究的主要假设,但是我不可能在此作详尽的探讨。

只有在无创造力的人格中,无意识的这种散漫不定的意象才会起分裂作用,而放弃有指导、有目的的思维和意识控制,也才是真正危险和极其令人焦虑的。但是在创造性的头脑中,无意识的散漫的意象以及它的梦幻似的弥散目光被利用来进行高度技术性的工作,协助建立艺术的复杂次序。艺术家从无数次经验中认识到,他可以让意识失去控制,然后便会有新的想法奇迹般地从不知什么地方突然冒出来,并带来他久已盼望的问题的解答。这样说并不意味着可以依靠无意识的、自然的工作方法来解决一切形式问题。我们不必说，大脑功能的不同层次，集中的和不集中的层次之间不断地相互作用，并在创造艺术品的共同工作中以各自的特殊方式互相配合。只要意识和无意识之间的配合没有实现，任何靠牺牲准确的审视换来的无意识的梦幻视觉的不当刺激，都可能造成相当的不安和焦虑。美国精神分析家、已故的埃尔莎·弗伦克尔—布伦斯韦克(Elsa Frenkel-Brunswik)生前发现，阻碍稳定的注意集中的任何含混式样，都易于给某些拘谨的人带来不安。然而式样和形式关系的含混正是艺术结构的特点，人们常在原始装饰中发现的交错图形就是一例。你或者可以看到白底上的黑色图形，或者可以看到黑底上的白色图形，两者都是同样的赏心悦目。

要是仅靠一眼集中审视来理解黑白两种图形是根本不可能的，这两种交错图形迫使我们利用弥散审视。为此，这两种审视方法在绘画教学中都既有用又危险。如果学生不能放弃准确审视，那么要把他的注意力引到他的意识审视所不可能把握的艺术形式的复杂构成上，就不仅是无用的，而且是有害的。交错图形还仅仅是复杂艺术形式的一个例子。对于那种头脑不灵活的学生来说，画上的每一笔都会影响大量的平行关系，例如线条的流畅、色彩的平衡、色调的明暗过渡，以及潜在的交错图形这样的不可估量的因素等。这样的学生倒是不要认识到这点的好。因为如果他认识到这些，原来的呆板就很可能会变成无所作为，他会觉得自己像寓言中那有名的蜈蚣一样，当别人问它怎样控制自己的一百只脚一起运动时碰到了麻烦，这可怜虫想悟出个答案来，结果却根本无法爬动了。这个寓言生动地说明了高度集中的意识注意不能控制艺术过程中许多并存的附加形式的原因。

要叫一名呆板的学生放弃集中审视，让一切在弥散的，几乎是消极的注意状态中产生，以便正确地使他的构图融为一体，几乎是徒劳的。他不会相信你的话，这样呆板的学生无意识中害怕失去控制的同时，可能以为学习准确的绘图技术、掌握把眼前的东西一丝不差地反映到画上的能力就是他的主要任务呢。当他的意识完全控制了自己的手段时，就能像机器一样干净利落地作画，但是他可能会发现自己的作品是死气沉沉的。这时他才能认识到：唯有自发的、无意识控制的激动的画技，才能赋予准确的意识以活力。他可能会试图有意识地使手在画每一根线条的时候摇摇摆摆。当然,这种做作的表现手法是无济于事的。

如何打破集中审视在头脑中已形成的构思的桎梏,又如何来解放无意识的、不可言传的意象呢?这里没有任何确定的良方。米开朗基罗这位艺术大师有时候以完全传统的设计开始工作,可是在创作过程中这一设计凸出了、膨胀了,最后形成了庞然大物。斯托克斯(A. Stokes)在其著作《米开朗基罗——艺术性质研究》(1955)一书中,对米开朗基罗雕塑的写实的男性裸像如何逐渐变成肥胖的人像作了令人信服的解释,指出这些人像是双性别的无意识象征,而这种变化米开朗基罗本人却没有意识到。他根据这种无意识的含混,这种理性所不能把握和使人不安的含混来解释米开朗基罗的"可怕"。人们常把贝多芬和米开朗基罗相比较,但贝多芬的创作手法却与米开朗基罗迥然不同。他的作品结构宏伟磅礴,这一点颇像米开朗基罗;但他总是不以传统结构开头,而且总是不让它们在衔接处冲出表面。他常常采用某种类似"泼料法"的东西。他翻来覆去地玩弄那些本身无足轻重的沉闷的音乐语汇,直到它们产生出长长的乐句、整个乐章甚至作品的完整结构,而这常常要耗费他几年的艰苦劳动。贝多芬的槌子键琴奏鸣曲中有一处突如其来的转折,使乐曲进入宽广优美的坎蒂列那[①],造成了旋律上和和声上的断裂,至今听到这一处,我仍不禁为之一惊。根据贝多芬的笔记,我们知道他首先记下的不是这一舒缓的主题,而是这种突然的转折。多么奇怪啊,转折竟然产生在旋律之前!旋律只是随后在转折的两头展开。尽管贝多芬多次雕琢加工这宽广的旋律,可他始终都没有改动这一断裂。这是一个模糊的思想指导并发展成为大规模结构的极好例子。一支完全清楚、结构严谨的乐曲过分属于意识。一个含混的片断、模糊的形式要素更能打破狭窄的注意,在人们的头脑的光滑表面上打开一个裂缝,深入无意识。我的画家朋友海因斯·科佩尔(Heinz Koppel)曾和我谈起画家的出发点与不听使唤的手段之间的矛盾。手段的抵制可能破坏艺术家的意图,可到最后,他的初衷却得到了更好的体现。这是因为那些不断出现的断裂和修正打破了预先的设想和陈腐观念,后者是跟他的人性的其余部分无关的。

因此,无论是在美术教学还是在艺术创造中,意外事件总是十分重要的。看起来它来自外部,与艺术家的人格没有联系,然而正是对意识中的

① 坎蒂列那(Cantilene):即如歌的旋律。——译注

陈见和习惯的破坏才使他的潜在的人格得以体现。优秀的美术教师在学生完全认识和掌握了一种技法之后总是设法使他马上变换方法，甚至使学生采用冒险的手法，或者要他用双手同时或左手单独工作，或者闭上眼睛作画。由于他的笨拙，由于他不能用意识指导手段，因此他的无意识人格有机会通过意外和失败造成的空隙得以表现。一旦学生克服了由于失去意志的控制而产生的不安，就会从自己的笨拙和盲目的创作中发现一种基本要素，这要素最初使他感到陌生甚至害怕，但后来他却逐渐地学会把它作为自己人格的表现来接受。到了这个时候，教师就成功了。

在学生的这种自我认识产生之前，自我表现，或者用俏皮话来说“自由的”自我表现，是毫无意义的。如果一个学生被老师说服放弃意识控制，怀着没头没脑的果敢，他可能用刀子划破画布，但这恰恰暴露了他的不安。由于他的迟钝和过分的活跃，他无法对画上出现的意中的和意外的一切采取那种消极审视态度，这一切包含着他不曾了解的自我的信息，有可能把他引向真正的自我表现。于是对手法的探索和对自我的探索成了同一过程，外在和内在合二为一。这一点艺术家本人是不知道的，他对外部世界的强烈兴趣，他对自己用以创作的材料的功能性质的强烈兴趣，使他忘记了自己同时还在跟自己周旋。我曾把艺术家的这种自我蒙蔽叫做艺术的外在假象，这种假象使艺术家的注意由内心世界转到外部世界。动作绘画在艺术家和一些批评家看来主要是对于法的探索，对它的点滴泼溅和“鬼画桃符”的性质，即外部世界的事实的探索，但赫伯特爵士却将动作绘画称为内心的必然的艺术，一种无意识活动的直接外射。两种看法并不矛盾，两种描绘都有道理。当然，它们指的是同一心理过程的不同方面。当艺术家与手法作斗争时，他正无意中与自己的无意识作斗争。

由于艺术的外在假象把过程完全置于手段以外的世界，因此可能造成危险的误解。许多拙劣的动作绘画就可能是由此产生的。在画布上的一个有趣的结构中施用作色上的鬼把戏，比起过去在水上倾倒油彩把它们梳成条纹，然后再除去单色的冒牌艺术来并不更高明。因为在这当中，没有投射到外部来的内心的冲突。

这种误解的产生是因为在艺术史上人们一直坚持使无意识的表现表面化、理性化。直到现在我们才认识到动作绘画和早期法国印象主义的承袭关系。印象主义与动作绘画一样产生于打破表面意象的狭小焦点、连贯的线条和表面，并形成自由笔触的表面的混乱的强烈愿望。目前的公众对现代艺术的敌视可由这种艺术对他们的意识感受的猛烈攻击予以解释。但随着时间的推移,这种统一形式分裂被诉诸理性,成了对光的效果和画面空间的新的层次的科学发现。一部分印象主义者自己也接受了这第二手的解释。但是他们的领袖莫奈再一次打破了这一约束,其后期作品,例如有名的《睡莲》表现了不连贯的线条和平面的非现实的自由。这些作品被人们称为动作绘画的前驱,实不为过。

当然,我们对欧洲现实主义的初期了解较少,但我们却知道早期文艺复兴画家并没有采用透视缩短法来更真实、更准确地表现空间。我本人则几乎相信,当初的艺术家的心理根源仍然是试图打破意识的连贯和几何规律性,如人体的对称(它包括双脚、双手长度一致)的无意识愿望。他们对对称的歪曲,对当时的人的情感的震动,一定不亚于今天的艺术对人们的震动。真实的空间在那时候究竟多么微不足道,这一点可从早期的尝试,如乌切罗①有关大洪水的画上那使人感到压抑的平板和极端的透视缩短中看出来。

只有在新的艺术中,我们才能充分欣赏到对意识感受的攻击以及一切艺术创新都必然造成的不安。第二手的理论解释并没有把分裂重新统一起来。如果我们墨守成规,坚持用在对传统艺术的欣赏中形成的观察和倾听的方法,就一定会感到震惊,一定会体验到与无意识焦虑联系在一起的深切的不安。事实上,只有几种心理类型才能够轻易地放弃寻求稳定的注意集中和理性统一的意识需要。洛温菲尔德(Lowenfeld)指出了视觉型的人从奔驰的火车上向外望时所感到的不安,以此解释所谓触觉型的艺术家和视觉型的艺术家的区别。视觉型的人急切地想把车窗外向后飞逝的零乱的景象组织起来,而触觉型的乘客满足于漠然面对窗外不断变换的景物。触觉型的艺术家的创作更多地受到无意识原则的指导,不大注意表面的连贯,而视觉型和较理智型的艺术家却需要表面的统一和稳定的注意集中。

动作画派的极端例子,如杰克逊·波洛克②的无头的圈圈,便总是使较理智的人感到不安。如果要避免不安,我们就必须放弃集中注意的习

① 乌切罗(Paolo Uceello,1397—1475):佛罗伦萨画家。——译注
② 杰克逊·波洛克(Jackson Polock,1912—1956):美国超现实主义画家。作品有《构图》、《机会一号》、《条幅》等。——译注

惯和把色彩的条斑结合成统一画面的意识需要。我们应该让自己的眼光漫无目标并忘记时间和方向,总是置身于眼前的瞬间,不要试图将此时此刻呈现在视野中的色块与自己曾经见过或将会见到的其他色块联系起来。如果我们在自己身上造成了这样漫无目的的、白日梦似的状态,那么我们不仅会忘记不安,而且眼前的画也会改变它那芜杂的结构和零乱的表面,会变成另一个样子。在这种状态下,我们每一次新的体验现在都会变成逻辑的发展,我们会迅速地感到自己掌握了包含在每一个色彩的核心中的潜在的整个结构,这就正像我对贝多芬的假设那样,对贝多芬的内在视觉来说,一个旋律片断也可能代表交响曲的整体结构。为了使无意识形式原则取得应有的地位,就必须打破意识的表面统一。由于无意识形式原则是不能根据理性来分析的,我们就不得不运用审美感受,以便区分不负责任的冒牌艺术和赫伯特爵士所说的那种由内在的必然所支配的真正创造性的艺术。

可能你虽然承认由于动作绘画对我们的意识能力有这种分裂作用,因此刺激起了低层次的感受,但却又坚持说这只是现代艺术中的一种孤立现象,是一种例外,而不是规律。例如,现代艺术的第二个流派,构成主义的画家和雕塑家,就充分满足了我们对准确和统一的意识需要。

但是构成主义及其对古老的几何图形的处理比起动作绘画来也许更急需我们的漫视能力。事实上,构成主义练习对教学生放弃意识控制倒是一种好方法。艾伦·代维(Alan Davie)在中心艺术学校的基础构图课上,就曾让他的学生处理诸如大写字母以及三角、圆之类的几何图形这样的现成材料。运用现成材料的需要妨碍他们把自己的意志强加于手段之上。你不难理解,分析这种现成材料,摸索它们的无数排列组合,比起泼料绘画练习来,也许还更需要那种漫视。为了将生活掺入构成主义的生硬形式,我们必须在想象中打破它们的分明界线,以使其相互发生作用,在无数复杂的相互关系中使其变形。帕斯摩[①]对木头和有机玻璃的构成非常简单,他把长方形的木板放在一个玻璃盘的前后组合起来。然而帕斯摩却成功地破坏了它们的分明轮廓,它们在由偶然的透视和照明造成的无穷组合中互相融为一体。简言之,尽管构成主义者本身可能没有在物理意义上打破形式要素,但他们在敏感的观者身上激起的反应却能够

---

① 帕斯摩(Victor Pasmore, 1908—1998):英国画家。——译注

将这些生硬呆板的形式化为类似流体的生机勃勃的作用。

可以说,大量现代音乐,既有构成主义的成分,又有抽象的因素。布勒日[①]对声学的探索的开端便是画出复杂的数学图表,根据排列组合的复杂规律来构成旋律和节奏。他把雄贝尔格[②]对十二个音名的半音阶的排列法则推广到对一切音乐形式的排列组合上。运用这种构成主义手法,他成功地打破了表面形式的统一,其深刻程度远非任何泼料画家和动作画家所能企及。反对一般的“十二音音乐”和布勒日的构成音乐试验的人,批评它们的构成规律不能让人明显地意识到,可他们不明白这正是抽象的构成主义旨在造成的心理效果。正像在动作绘画中那样,任何有意识地组织这种音乐的尝试都必定以强烈的焦虑告终。在这里似乎没有任何旋律的线索和和声的系列,乐器的杂乱的声音,就像是风鸣琴在一阵阵风中不规则地丁当作响一样。但正如我们让没有时间感的眼光荡过一幅动作画面一样,在倾听这种音乐时,我们也不能够把此刻的声音与过去或将来联系起来;不一会儿,这些声音就会使我们感到不可避免的必然,它服从于一种潜在的无意识的统一,这种统一有另一种结构,为意识所不能分析。

一般说来,我们在音乐中是可以辨出流畅的表面和潜在的、较含混的结构和组合的。缺乏乐感的听众指望乐曲在全部和音上出现单独一个和谐的和连贯的旋律。这种幼稚的音乐欣赏叫垂直欣赏,因为音乐的复调结构只被当作完整的和声来欣赏了。由于在乐谱上,构成一个和音的音符都垂直记在一条线上,所以这种单一化的欣赏叫做垂直欣赏。不过,我们也不能否认,垂直欣赏是符合简单、准确亦即“优”格式塔的基本原则的。这些基本原则,在意识水准上指导着我们的听觉和视觉。这种音乐听众自然把注意力集中在连贯的旋律上,因为这种旋律易于把握,也易于记忆。这种听众甚至在听交响乐时就已经感到不安了。在交响乐中,主旋律被各种乐器轮番演奏,但却并非总是连贯的线索。这里面有中断有重复,使听众无法集中注意一条单一持续的旋律,其结果当然是混乱和不安。可对音乐家则不然,他甚至不知道重复和中断,他已经学会分散自己的注意,形成一种水平方向的听力,之所以称之为水平听力,是因为他听

① 布勒日(Pierre Boulez, 1925—):法国作曲家,国际指挥。——译注

② 雄贝尔格(Arnold Schonberg, 1874—1951):美籍奥地利作曲家。——译注

到的再不是单一的、紧凑的和声,而是几个音的松散组合。由于在乐谱上这些复调音在五线谱上沿水平方向记下,因此我们就把对它们的欣赏称为“水平”欣赏。我们的听觉愈是弥散和水平,愈多的和声就失去了完整性,分解为复杂的多音的网络。这种网络才是欧洲音乐真正重要的结构。获取弥散水平听觉有些极端的例子,巴赫的赋格曲的结构就是一个。听这首乐曲时,我们的注意力怎么也无法在任何一个旋律上固定一刻,只能在我们已经很熟悉的那种表面上空洞,实质上充实的注意中对整个结构保持一种弥散的心理状态。

人们批评现代音乐通常是因为它缺乏旋律性,不仅是今天,而且在莫扎特和贝多芬的时代就已如此。奥地利的约瑟夫二世就抱怨莫扎特的音乐过于堆砌,他的不满很可能是更复杂的和音的混杂引起的,这种混杂掩盖了主旋律。莫扎特在其后期作品中故意加强了中间音,希望其中的复杂能迷惑一般听众,取悦知音。约瑟夫二世的批评表明他未能如愿以偿,骗过幼稚的“垂直”听众。今天,绝大多数人听起莫扎特和海顿,尤其是海顿的音乐,只会觉得它们除了几处过时的和音之外,完全是优美连贯的旋律。我们不能理解:为什么那位奥皇竟会感到这种轻柔、明晰的音乐是滞重混乱的。

托马斯·比切姆爵士(Sir Thomas Beecham)在指挥莫扎特的晚期作品时有一种习惯,他在一定程度上是跟这种复调的叠置法相抵触的。他赋予中间音更重的分量,使听众更难于全神贯注于主旋律。但即使这样,一般听众仍然不会放弃他对某一旋律的牢固掌握。

复调的这种叠置是我前面在说明法国印象主义时讲过的一种心理反应。印象画的分散的笔触被人们解释为对光线的写实的处理,这种解释使公众能在画中找到印象主义者苦心孤诣要破坏的旧有坚实的事物形象。从水平听觉到垂直听觉的这种逐渐过渡,也体现了同样的一种弥散的经验的聚合过程,这一过程使我们的意识注意又能舒适地集中在界限分明的简单形式上,这种简单形式在此处就是旋律。我不太清楚记得自己年轻时是怎样爱上勃拉姆斯(Brahms)的音乐的。当时在保守的维也纳音乐界,勃拉姆斯就已经被视为现代派了。他的音乐听起来尖利而刺耳,没有平稳的结尾,他那错综的复调式摩擦着、扰乱着流畅的旋律。但是我爱这种冷峻的音乐,因为它的粗糙和刚劲看来正好与勃拉姆斯那使人生畏的人格相符。可随着时间流逝,他的音乐发展到了反面:今天勃拉姆斯的音乐中出现了一种柔美的华丽，一种几乎是色情的温暖，这使他的音乐过分富丽、过分甜美了。他那过去犹豫的旋律现在变成了宽厚如歌的旋律。任我们施展本事，这种变化也是不可逆转的，这也正像托马斯爵士难以恢复莫扎特的乐曲在他自己的时代可能具有的那种复杂性一样。虽然我自己能清楚地回忆起第一次听到勃拉姆斯的音乐时对其中冰冷、生硬的性质的体验，但我再也不能将这种记忆与我在音乐厅里欣赏同样的乐曲所听到的富丽柔美的音响联系起来。今天的听众在欣赏巴托克[①]和斯特拉文斯基的作品时可能也会有类似的感受。斯特拉文斯基的《春之祭》中那直凿我们的感觉深处的不妥协的声音现在到哪里去了？我们不能把这种退化当作由于对曲子的熟悉而产生的理解上的长进来欢迎，而只能为这种由于我们的经验的深厚所导致的永恒损失而感到悲哀，这种损失是永远也不能弥补的。

以现代的艺术精神来对过去的音乐进行再创造，也许更富于戏剧性，也许更能突然打破人们悠游自得的听觉习惯而使他们目瞪口呆。年轻的英国作曲家亚历山大·戈尔(Alexandar Goehr)曾给我开了一个非常恼人的玩笑，但这玩笑却很发人深省。戈尔声称他要向我证明，尽管布勒日处心积虑地打破传统的形式，但实际上却追随着一种既存的法国传统。他首先对我放了布勒日的《无主的锤子》一曲的全部录音，这自然使我的注意力适应这支乐曲所要求的那种弥漫、零乱的听力。随后，他也不打个招呼又放起了德彪西[②]的《大海》，我居然没有辨别出这陈旧的印象主义音乐！德彪西的音乐诗通常使人产生现实的联想，例如大海的咆哮和风的呼号。可现在我却在这乐曲中第一次听到一种音色的不断变化和混合，它们是这样微妙，这样迅速，使我不得不像听布勒日的音乐那样永远生活在现在。显然，对自然中的声音的现实联想，会使我们的感受粗糙，使我们未能给予德彪西应有的最伟大的音乐家之一的地位。这试验使我大吃一惊，因为我根本没料到我的感受会产生这一突变。我感到非笑一笑不可，当我被迫指鹿为马时，或把一只动物变成人面时，也会发出这种无可奈何的笑；而在这里，迫使我发笑的是一支陈旧的印象主义乐曲和现代十二音音乐的代表作之间的潜在亲缘关系。前面说过，过分现实的解

---

① 巴托克(Béla Bartok，1881—1945)：匈牙利作曲家。——译注

② 德彪西(Claude Debussy，1862—1918)：法国印象派作曲家。——译注

释，使德彪西的不连贯的音色混合和对照变得黯然、粗糙。大家也许记得，过分现实的再解释，对同时期的莫奈的印象主义绘画也帮了同样的倒忙。在以上两种情况下，对声音和色彩的不连贯结构的敏锐的现代感受，都可能帮助我们重新获得作品原有的强度。所以，动作画家重新发现了莫奈，而布勒日不仅使我们能重新评价德彪西，而且也解释了他对传统的和声组合的破坏所招致的强烈反对，而当时他还只是在朝着现代主义的方向努力，他的音色序列还未稳妥地结合为粗犷的自然主义的声响呢。

我暂时还不主张对现代艺术的感受能使我们恢复对历史上的艺术名作给人的最初印象，我远没有这样的意思。我认为，人们曾经强加给艺术的第二手的理论解释是不可改变的，对作品的最初经验已不可复得。莫奈和德彪西只不过是现实印象主义者，只不过还不完全像后来的理论和垂直解释所给我们的那种形象。莫奈虽然对创作容易识别的统一形式不太感兴趣，但到底也画出了《睡莲》。如果我们把现代动作画派的分裂强加给后期莫奈，或把布勒日的音乐的分裂强加在德彪西的头上，就把理性现实主义的坚硬表层打得粉碎，暴露出下面的散乱的基质，同时根据当代的形式感对它作出重新解释。这种做法当然是非常武断的，但比起前几代人的肤浅的理性解释还更符合实际一些。伟大作品能够承受对它们的意识表面的这种武断处理，这正是它们难能可贵的地方，因为它们的真正本质属于更深的、未曾被人触及的心理层次。如果我们不能够重构古墨西哥的石器时代的洞穴画家的意图，并不会为之懊丧。因为我们本能地感到艺术家的意图比较而言是次要的。也许正是因为现代艺术常常满足于在心理的非理性低层次上进行创造，我们的文明才对其他的文明——史前的、历史的、原始的和异邦的文明有那样强的接受力。看来对我们唯一重要的是一切艺术的复杂、散乱的底层结构，这结构产生于无意识，它能唤起我们的无意识的迅速反应，并为任何新的解释奠定基础。伟大艺术的不朽，总是与其原有的表层意识的不可避免的丧失和在新时期的精神中的再生不可分割的。

邓　鹏译

——译自 M. 李普曼《当代美学》(英文版)，波士顿 Allyn and Bacon 出版社 1973 年版

精神分析美学

弗洛伊德精神分析学说的创立是20世纪引人注目的思想成果之一。它最初是一种治疗精神病的方法,以后形成理论,不但成为现代心理学的一个重要学派,而且影响广布到人文科学的差不多每一个分支。1900年弗洛伊德《释梦》一书的出版,可以标志这个学派的创建,但是精神分析学说的广为流行是在20年代之后。弗洛伊德将人格分为本我、自我和超我三个层次的心理动力结构,被认为对西方文化的重大意义是:一、证明了无意识的存在;他的弟子荣格进而将个体无意识发展为具有普通人类文化性质的集体无意识。二、无意识不但存在,而且取代理性成为分析评判一切社会现象和精神文化活动的最后根据。三、鉴于睡梦中正是意识相对松懈反之无意识最为活跃的时刻,梦的分析就成为研究无意识的最佳途径。

精神分析美学是精神分析一般理论在美学领域的运用。以20世纪的上半叶和下半叶为界,精神分析大致可以见出前期和后期之分,这同样适用于它对美学的影响。前期精神分析美学的主要代表除了弗洛伊德和荣格,奥地利心理学家奥托·兰克也是一个不容忽视的人物,他有意识地用精神分析的原理进行艺术和神话的研究,留下了相当丰富的著述,也产生了相当可观的影响。后期精神分析美学的代表人物有法国的拉康、德勒兹和高塔利,以及美国的霍兰德等人,都带有明显的后结构主义的分解中心的特征,其时精神分析作为一个流派已经淡出,但精神分析的方法则不但没有偃旗息鼓,反而经过不断的改装和改造,日益发扬光大,被熔铸进形形色色的新的美学理论。弗洛伊德说过,发明无意识的不是他,而是诗人。他认为艺术创作是被压抑性欲的无意识升华过程,艺术家的欲望在现实中无法得到满足,便在内在精神机制的自动调节下,向新的活动转移。因而艺术想象同白日梦相似,都是力比多即性本能转移的结果,并通过作品,将这一经过改装的原始欲望,传达给同样是被压抑得无可奈何的读者，以使他们无意识中最为活跃的冲动，一样在精神世界得到满足。虽然弗洛伊德的个人无意识学说被荣格抛弃，代之以集体无意识的原型理论，荣格之后，则更有后结构主义和后现代主义对精神分析脱胎换骨的大改造，总的来看精神分析美学体现出以下一些特点：首先，注重艺术作品内在的心理分析，著名的例子如弗洛伊德本人之解读达·芬奇的《岩间圣母》，和 1949 年他的学生厄内斯特·琼斯的著名文章《哈姆雷特与俄狄浦斯》，两例均是俄狄浦斯情结用于艺术分析的范式。荣格致力于搜寻可能存在于作品之中的神话和原型，也可归入这一类型。其次，艺术家的生平研究转向想象过程的考察，由此回溯到童年时代被压抑的某种情结，揭示艺术家无意识的内心世界，而使其人更见出真实性来。但艺术家的创造能力足以证明他从根本上有别于精神病人。最后，读者与作品的关系也愈益突现出来。虽然用精神分析理论来解读作品并非轻易之举，浅尝辄止、穿凿附会时有发生，但精神分析的方法基本上也是一种非功利性的、细读的方法，其从日常话语和形象背后发掘出来的无意识层面可以具有数不胜数的文化含义。比如弗洛伊德争议最多的俄狄浦斯情结，被认为是表现了传统文化上总是疑神疑鬼地笼罩着的父亲的阴影。至少人们不会忘记卡夫卡，这位奥地利作家在一些评论家看来，把他的上帝都写得活像他那位令人生畏的父亲。

（陆　扬）

弗洛伊德

西格蒙·弗洛伊德（Sigmund Freud，1856—1939）是奥地利精神病学家和心理学家，精神分析学的创始人。他出生在今属捷克的弗莱堡，当时为奥匈帝国的领土。1881 年在维也纳大学获医学博士学位，专业是脑科和解剖学，1885 年在巴黎从著名神经病学家沙尔科研究歇斯底里症，几近功成，次年回到维也纳同著名医生布洛伊尔继续有关歇斯底里的研究，弗洛伊德后来称为了精神分析的缘故，他不得不牺牲同布洛伊尔的友谊。纳粹反犹主义者为贬低弗洛伊德的成就，称布洛伊尔是精神分析学的真正奠基人，却不知布洛伊尔原来也是犹太人。1923 年弗洛伊德患下颚癌，1938 年，纳粹侵占奥地利，他被迫流亡伦敦。生命的最后 16 年里，他历经了 33 次手术，然身为医生的他毕生拒绝服药，唯在最后的几个星期里，同意服用了一些阿司匹林。

弗洛伊德创建和发展精神分析学说，一般认为以第一次世界大战为界，可以分作两个阶段。前期他主要研究精神治疗方法并提出一般理论，后期则致力于将精神分析的一般理论运用到人文科学和社会生活的方方面面。关于精神分析一般理论的主要著作有《释梦》(1900)、《性学三讲》(1905)、《日常生活精神病理学》(1910)、《精神分析引论》(1920)、《超越快乐原则)(1920)、《自我与本我》(1923)等。弗洛伊德称精神分析的目的是旨在克服病人的抵触因素，化无意识的欲望为意识，而使治疗奏效。由此引出精神分析的两大命题：一、无意识反仆为主主宰心理过程，意识反而受无意识的制约；二、广义和狭义的性冲动不但是精神病的重要起因，而且对人类文化、艺术和社会成就作出了最大的贡献。

这里选入的两篇文章从若干方面反映了弗洛伊德的美学思想。其中《戏剧中的精神变态人物》(1906)是从精神分析角度重新阐释亚里士多德传统的戏剧激发怜悯和恐惧并使之净化的美学思想，认为戏剧作为强烈情感的宣泄，是让观众以英雄自居来满足他的潜意识欲望，通过痛苦的体验而达到享乐的目的，并以《哈姆雷特》为例，说明戏剧主人公是改头换面的精神病患者。《论幽默》(1927)全力论证幽默的真义在于一种精神的超越，作者指出幽默固然同巧智和喜剧相仿，具有某种释放因素，然其中更有庄严崇高的东西，而这正是从理智活动中提取快感的巧智和喜剧所缺乏的，所以幽默表现为一种精神上的胜利。

（陆　扬）

戏剧中的精神变态人物

如果戏剧的目的是引起“恐惧和怜悯”，并且起到“净化情感”的作用，就像自亚里士多德以来人们一直认为的那样，那么，我们可以更为详细地论述戏剧的这一目的，我们会说，戏剧的目的在于打开我们感情生活中快乐和享受的源泉，正像开玩笑或说笑话打开了同样的源泉，许多这样的源泉都是理性的活动所达不到的。毫无疑问，在这一方面，基本因素是通过“发泄强烈的感情”来摆脱一个人自己的感情的过程；随之而来的享受，一方面与彻底发泄所产生的安慰相和谐。另一方面，无疑与伴随而来的性兴奋相对应；因为正如我们设想的那样，当一种感情被唤起的时候，性兴奋作为副产品出现，向人们提供了他们如此渴望的引发精神状态中潜能的感觉。成年人作为一个充满兴趣的观众在场景和戏剧中得到的东西正是孩子们在游戏中得到的东西，孩子们迟迟疑疑的（希望能做成年人做的事情）在游戏中得到了满足。观众是一个经历甚少的人，他感到自己是一个"可怜的人，对他来说，没什么重要的事情会发生"，他不得不长期沉沦，或者无所适从，他的野心却让他处于世界性事件的中心；他渴望根据自己的愿望去感觉、行动和处理事情——简而言之，他渴望成为一个英雄。剧作家和演员通过让他以英雄自居而帮助他实现了这一愿望。他们还为他省掉了一些麻烦。因为观众相当清楚地知道，要是不经历痛苦、灾祸和强烈的恐怖，剧中的英雄的实际行为对他来说是不可能的，而这些经历几乎会把快乐抵消掉。况且他还知道，他只有一次生命，他也许会在这样一次反抗厄运的斗争中夭折。因此，他的快乐建立在幻觉上；这就是说，他的痛苦被这样的肯定性所缓和：首先，是另一个人而不是他自己在舞台上行动和受苦；其次，这毕竟只是一个游戏，这个游戏对他个人的安全不会造成什么危害。在这些情形中，他可以放心地享受作"一个伟大人物"的快乐，毫不犹豫地释放那些被压抑的冲动，纵情向往在宗教、政治、社会和性事件中的自由，在各种辉煌场面中的每一方面"发泄强烈的感情"，这些场面正是表现在舞台上的生活的各个部分。

作品的其他几种形式同样服膺于这些享乐的先决条件。抒情诗比任何艺术形式更有利于宣泄多种强烈的感情——正像过去舞蹈中的情况一样。史诗的目的主要在于使我们在伟大的英雄人物胜利时感到快乐。但是戏剧追求更深刻地探索感情的种种可能性，甚至给不幸的先兆赋以快乐的形式；由于这个理由，戏剧描绘斗争中的，甚至（怀着受虐狂的满足）失败中的英雄，与磨难和不幸的这种关系可以看作是戏剧的特性。且不管戏剧是否只是激起了人们的关切之情（这种关切后来又缓和了），像在严肃剧中那样；也不管不幸实际上发生了没有，像在悲剧中那样。戏剧起源于众神崇拜中的献祭仪式（参见关于羊和替罪羊的论述），这一事实更涉及了戏剧的此层意义。戏剧仿佛掀起了对宇宙的神立法规的反叛，正是这个法规造成了灾难。英雄们首先就反对上帝或者反对某种神至事物；快乐似乎来自面对神力的弱者的苦难——一种受虐狂满足的快乐，也是从不顾一切地坚持下去的伟大人物身上直接享受到的快乐。这里，我们获得一种与普罗米修斯的心情类似的情绪，但是这种情绪里混杂着一个微不足道的愿望：让自己被暂时的满足所安慰。

因此,各种各样的痛苦磨难就是戏剧的题材,戏剧通过这痛苦磨难许诺给观众以快乐。这样,我们就接触到了戏剧艺术的第一个先决条件:戏剧不应该造成观众的痛苦,戏剧应该知道如何用它所包含的可能的快感来补偿观众心中产生的对苦难的怜悯(现代作家却常常不服从这条规则)。不过,所表现的痛苦很快就被限制为精神的痛苦了;因为没有人需要肉体的痛苦,他知道由于肉体上的痛苦出现,身体感觉发生了变化,所有的精神快乐马上就会化为乌有。如果我们病了,我们只有一个愿望:赶快恢复,摆脱我们目前的状况。我们找来医生和药品。我们需要去掉限制幻想游戏上的因素,这种游戏甚至纵容我们从我们自己的痛苦中获得快乐。如果观众使自己处于一个病人的地位上,他便发现他失去了一切享受快乐或者进行精神活动的能力。因此,一个病人只能在舞台上作为一种道具,而不能作为主角,除非他的疾病的某些独特方面确实不妨碍精神活动——例如,在《菲罗台特》中病人的悲惨状态,或者在那些围绕着肺结核病人写成的戏剧中病人的无望。

人们知道,精神痛苦主要与产生痛苦的环境有关:因此,戏剧在处理痛苦时需要某种事件,疾病作为一种事件而出现,随着这个事件的展开,剧情也得到了发展。只有一个很明显的例外:某些戏剧,例如《埃杰克斯》和《菲罗台特》,它们所表现的精神疾病好像已经完全确定了,因为在希腊悲剧中,由于材料的熟悉,正如人们所说,启幕往往在剧情的中段。详尽说明决定我们这里所谈的这类事件的先决条件是容易的。这必须是一个包含了冲突的事件,并且它必须包含着抵抗与意志的努力。这个先决条件在反对神的斗争中得到了第一次,也是最完满的实现。我已经说过,这类悲剧是一种反叛的悲剧,在这种反叛中,剧作家和观众都站在叛乱者的一边。对神的信仰越少,人类的事件的规律就变得越重要:这个规律随着洞察力的增长开始成为痛苦的原因。这样,英雄的第二场斗争就是反对人类社会,这里,我们看到阶级社会的悲剧。而在个人之间的斗争中,我们还可以发现必然的先决条件的另一次实现。这是人物的悲剧,这种悲剧展现了“agon”(冲突)的所有骚动,悲剧最好在杰出的人物之中展现出来,这些人物超脱了人类制度的羁绊——事实上,这种悲剧必须有两个主角。通过一个主角反对象征着某种制度的一些强有力的人物的斗争,最后的两个阶级的和解当然无疑是可以接受的。纯粹的性格悲剧缺乏反叛的快乐源泉,这一点在社会戏剧中(例如在易卜生的戏剧中)再一次更充分地暴露出来，其程度超过希腊古典悲剧作家的历史。

因此，宗教剧、社会剧和性格剧的区别基本上在于领域的不同，引向苦难的情节正是在这些领域里以斗争的方式得到展开。现在，我们可以跟着戏剧的进程来到另一个领域，这个领域属于心理剧。这里，造成痛苦的斗争是在主角的心灵中进行着，这是一个不同的冲动之间的斗争，这个斗争的结束绝不是主角的消逝，而是他的一个冲动的消逝，这就是说，斗争必须在自我克制中结束。这个先决条件和前面几个类型结合起来当然是可能的：例如，这制度的本身可以是内部冲突的原因。这就是爱情悲剧的所在；因为被社会文化、人类习俗或“爱与责任”之间的斗争（我们在歌剧中常常看到这种斗争）所压抑的爱，就是繁衍不绝的冲突场面的出发点，这些场面就像人们的繁衍不绝的色情白日梦一样。

但是，一系列的可能性变得更大了；当我们参与其中并希望从中获得快乐的痛苦源泉不再是两个几乎相等的意识冲动之间的冲突，而是意识冲动与被压抑的冲动之间的冲突时，心理剧就变成了精神病理剧了。这里，快乐的先决条件是观众必须自己就是神经病患者，因为只有这样的人才能从对被压抑的冲动的揭示和或多或少有意识的认识中获得快乐，而不是抱以纯粹的厌恶。在任何不是神经病患者的人身上，这种认识只能引起厌恶，引起重复压抑行为的愿望，这个压抑行为早先成功地对冲动实行了压抑：因为在这样的人身上，单独使用压抑曾经完全控制了被压抑的冲动。但是在神经病患者身上，压抑难以成功；它不稳定，需要不断重新使用，如果对冲动有了认识，这个使用就不再需要了。因此，只有在神经病患者身上这类斗争才能发生，并且构成戏剧的主题；但是，即使在他们身上，剧作家也不仅仅激起释放的快乐，而且也激起对释放的抵抗。

第一个现代戏剧是《哈姆雷特》。正如它的主题所表明的，由于一个人面临着一项特殊性质的任务，他由正常人变成了神经病患者，就是说，在这个人身上，迄今被成功地压抑着的冲动努力要变成行动。《哈姆雷特》有三个特征，这些特征与我们现在的讨论似乎有重要关系。一、主角并不是精神变态者，而只是在情节发展的过程中变成了精神变态者。二、被压抑的冲动也是我们大家身上的一个同样被压抑的冲动，对这个冲动的压抑是我们个人发展的基础的组成部分。正是这个压抑被剧中的紧张场面动摇了。作为这两个特征的结果，我们很容易在主角身上认出我们自己：我们像哈姆雷特一样容易受到同样的冲突的影响，因为“在某种情况下，一个没有失去理智的人就没有什么理智可以失去”①。三、似乎，作为戏剧形式的一种必需的先决条件是一种理解的冲动，但是，无论这种冲动是怎样明确，却从来没有获得一个确切的名字；所以，随着观众的注意力的转移，观众的心中也经历与戏剧人物同样的过程，并且也牢牢控制他自己的感情，而不是简单地看一看有什么事情发生了。一定数量的阻力无疑就这样免去了，就像在精神分析治疗中，我们发现，由于一个较弱的抵抗，被压抑的材料的衍生物变成了意识，而被压抑的材料本身却不能变成意识。毕竟《哈姆雷特》中如此严密地隐藏着的冲突正是留给我去揭露的东西。

大概是由于忽视了这三个先决条件，其他那么多精神变态人物才在舞台上像在真实生活中一样毫无用处。因为神经病患者是这样一种人，当我们第一次碰到他们处于内心冲突十分激烈的时候，我们可以对这个冲突毫无认识。但是相反，如果我们认识这个冲突，我们就会忘记他是一个病人，正像如果他自己认识这个冲突，他的病也就会好起来。好像是剧作家的行业在我们身上引起了同样的疾病：如果我们和病人一道随着疾病的发展前进，这一点就更容易做到。这对于那些心理已经不存在压抑，即压抑没有建立起来的人特别重要；这比《哈姆雷特》更进一步表现了神经病在舞台上的作用。如果我们面对陌生的和十分严重的神经病，我们就想去请教医生（正像我们在现实生活中所做的一样），并且宣布舞台上不接受这个人。

忽视这三个先决条件的这一错误好像发生在巴尔的《别人》②中，撇开他的另一个错误不谈：这个错误在戏剧所表现的问题中是含蓄的——换句话说，我们不可能满怀信心地相信，一个特殊的人物就有权使少女得到完全的满足。因此，她的情况不能变成我们所谈的情况。而且，这里还有第三个错误：我们已经不需要发现什么了，我们的全部抵抗都被动员起来反对他那个爱的先决条件，这个先决条件对我们来说是那么令人难以接受。我所讨论过的三个形式上的先决条件之中，最重要的一个似乎是注意力转移。

大体上也许可以说，单单众所周知的神经病的不稳定和剧作家避免

① 莱辛：《艾米丽雅·加罗蒂》的第4场第7幕。

② 《别人》的作者是澳大利亚小说家、剧作家赫尔曼·巴尔（1863—1934），《别人》于1905年底首次上演。情节表现了一个双重人格的女主角尽管做了各种努力，仍不能摆脱对一个靠强力占有她的男人的依恋（这种依恋建立在对他的肉体感觉上）。——英译者注

抵抗、提供预先快乐的技巧就能够决定如何在舞台上雇用不正常人物。

张唤民译

——译自詹姆斯·斯特拉奇主编《标准版弗洛伊德心理学著作全集》(英文版),伦敦霍格斯出版社1955年版

论 幽 默

实际上,我在题为《开玩笑及其与无意识的关系》(1905)一书中仅仅从感情消耗的节约的(economic)角度考察了幽默。我的目的是要发现从幽默中获得快乐的源泉,我认为我当时能够说明幽默快乐的产生出于感情消耗的节约。(《标准版》第8卷第236页)

幽默的发生过程通过两条途径。它可以发生在一个采取幽默态度的个人身上,同时由另一个人担任观众,从幽默过程中获得愉快;或者,它可以发生在两个人之间,他们之中的一个人完全不介入幽默过程,但是被另一个人作为幽默意图的对象。举个最粗浅的例子(同上,第229页),在礼拜一,一个被人带到绞刑架前的罪犯说:"哦,这个礼拜开始得多美。"这时,他自己就创造了幽默;幽默过程完成于他自己的身上,并且明显地向他提供了某种满足感。我,这个不介入的听众仿佛受到罪犯的这个幽默行为的感动:我也许像他一样感到产生了幽默的快乐。

还有第二条途径的例子,即当一个作家或者一位叙述者以幽默的方式描绘真人或想象中的人的行为时,幽默就产生了。那些真人或想象中的人自己并不需要表现出任何幽默,幽默态度仅仅是那个把他们当作他的对象的人的事;并且,正如在前一个例子中一样,读者或听众分享到幽默的愉快。总而言之,我们可以说幽默态度——不管它存在于什么之中——或者可以针对主体自己,或者可以针对其他人,可以认为它给采取幽默态度的人带来了快乐。并且,类似的快乐也被不介入的旁观者所分享了。

如果我们考虑这种在听众身上发生的过程——在听众面前某人在创造幽默——那么我们将相当清楚地了解幽默快乐的起因。听众知道某人处于一种引导他期望某人产生某种感情迹象的地位上,诸如某人将愤怒、抱怨、诉苦,将被恐吓或者被震惊,甚至或许将处于绝望之中;旁观者或听众准备跟着某人的引导在自己身上唤起同样的感情冲动。但是,这种感情的期待却落空了,这个某人表现得无动于衷,只是开了一个玩笑。这种

在听众身上节约下来的感情消耗就变成了幽默快乐。

到此为止十分简单。但是我们很快就会知道，正是发生在这个某人——“幽默家”——身上的过程值得特别注意。毫无疑问，幽默的本质就是一个人免去由于某种处境自然会引起的感受，并用一个玩笑使得这样的感情不可能表现出来。就此而言，在幽默家身上发生的过程必须与在听众身上发生的过程相吻合——或者，更确切地说，在听众身上发生的过程必须相仿于在幽默家身上发生的过程。但是幽默家是如何造成一种精神状态以便释放过剩的感情呢？他采取“幽默态度”的动力是什么呢？很显然，问题的答案应该到幽默家身上去找；我们必须假定在听众身上只存在着对这个未知过程的某种共鸣和合拍。

现在，我们有必要去了解几种幽默的特性。就像玩笑和喜剧一样，幽默具有某种释放性的东西；但是，它也有一些庄严和高尚的东西，这是另外两条从智力活动中获得快乐的途径所缺少的。这个庄严，显然在于自恋的胜利之中，在于自我无懈可击的胜利主张之中。自我决不因现实的挑衅而烦恼，不愿他自己屈服于痛苦。自我坚信它不会被外部世界的创伤所影响；实际上，它表明这些创伤仅仅是它获得快乐的机会。这最后一个特征是幽默的最基本的要素。让我们设想，礼拜一将被处死刑的犯人说道：“我不犯愁。一个像我一样的家伙被绞死，究竟有什么关系呢？世界并不会因此而走向末日。”我们不得不承认，这样的话实际上展示了超越现实处境的同样高尚的优越性。这些话是聪明的，也是正确的；但是它们没有显露幽默的痕迹。确实，它们基于对现实的评价，这种评价直接与幽默作出的评价背道而驰。幽默不是屈从的，它是反叛的。它不仅表示了自我的胜利，而且表示了快乐原则(pleasure principle)的胜利，快乐原则在这里能够表明自己反对现实环境的严酷性。

最后这两个特征——拒绝现实要求和实现快乐原则——使幽默接近于回溯的或反拨的过程，了解这些过程就需要把我们的注意力极其广泛地放在精神病理学上。这种摆脱痛苦的可能性的过程是在一系列人的精神为了避免痛苦的压迫而建立起来的方法之中，而这个系列开始于精神病，终止于疯狂，它包括沉醉、自我忘情和心智狂乱。[①] 幸而有了这种关

---

① 参照《文明及其不满》(1930，第 77 页)第 2 章中关于避免痛苦的各种方法的长篇讨论。但是弗洛伊德在《开玩笑》(1905)中已经指出幽默所具有的防御功能。《标准版》第 8 卷第 233 页。

系，幽默才处于尊严的地位，举个例子来说，这种尊严是玩笑完全不具备的，因为玩笑，或是为了获得快乐，或是把已经获得的快乐用来攻击别人。那么，幽默态度存在于什么之中呢？借助于这种态度，一个人拒绝受痛苦，强调他的自我对现实世界是所向无敌的，胜利地坚持快乐原则，这种态度与其他具有同样目的的方法相比较没有超越健康精神的界限吗？这两种情况好像是水火不相容的。

如果我们转而研究一个采取幽默态度对待别人的人的处境，就立刻会联想到我在我那关于玩笑的著作中已经尝试性地提出来的一个观点。当一个成人认识到并嘲笑似乎如此巨大的兴趣和痛苦时（其实这些兴趣和痛苦是微不足道的），主体对它们所作的就像一个成年人对儿童所做的那样。（同上，第 223—224 页）这样，由于担任了成年人的角色，在某种程度上使自己以父亲自居，并且使别人处于儿童的地位，幽默家就将获得他的优越地位。这个观点可能涉及了事实，但似乎很难把它看作结论性的观点。人们会自问，究竟是什么东西使得幽默家把这个角色归于自己。

但是，我们必须记起另一种也许是更原始和更重要的幽默情境，在这种情境中，一个人为了防止可能的痛苦而对自己采取幽默态度。说某人像孩子一样对待自己，同时又对这个孩子扮演优越的成年人，这样说有什么意义呢？

我以为，如果我们考虑到我们从对自我结构的病理观察中了解到的知识，这个理由似乎不很充分的观点就得到了有力的支持。这个自我不是一个简单的实体。它里面包含着一个作为其核心的特殊力量——超我[①]。有时候它与超我结合在一起，因此我们不能把它们区分开来，反之，在另一些情况下，它与超我便明显地区别开来。从发生学的角度来看，超我是父母力量的继承者。它常常使自我处在严格的从属关系之中，而且还在它的早年就现实地对待自我，依然真像父母或者父亲曾一度对待孩子那样。因此，如果我们设想存在于幽默家身上的幽默态度从他的自我中抽出心理力量并转移到超我上，我们就获得了对幽默态度的有力说明。对于如此膨胀了的超我来说，自我显得既渺小又索然无味；并且，通过力量的重新分配，超我压制自我反抗的可能性就会变得轻而易举了。

---

① 这可能是弗洛伊德在《自我与本我》(1923)的第 3 章开始的注释中说的："知觉意识系统可以被单独看作自我的核心。"《标准版》第 19 卷第 28 页。

为了对我们的习惯术语保持忠实,我们不得不说,不是转移心理力量,而是转移大量的心力贯注(cathexis)。然而,问题在于是否我们有权把广泛的转移描绘成从心理结构的一个力量转移到另一个力量上去。这似乎是一个新构成的假设。我们还可以提醒自己,在我们试图获得精神事件的心理玄学的图像的过程中,我们曾反复地(虽然不是足够地)考虑这类因素。例如,我们假设在通常的情欲对象心力贯注与恋爱状态之间的区别在于,在恋爱状态中给对象以无限量的心力贯注,自我好像为了偏爱对象而使自己变得空空如也。[①] 通过研究妄想狂的某些病例,我能够确立这样的事实:迫害的观念很早就形成了,并且毫无察觉地存在了很长时间,正如某些特殊的突然发生的事件的结果,直到它们接受了足够数量的心力贯注而变成主要因素。[②] 对这种妄想狂攻击者的治疗与其说在于妄想观念的消除和纠正中,还不如说在于从他们身上抽掉他们曾经拥有的心力贯注。忧郁症与疯狂之间的交替,自我被超我残酷地强制与这个压抑之后的自我解放之间的交替,表明了这类心力贯注的转移;[③]而且,这个转移可以用来说明属于正常精神活动的全部现象。如果迄今为止,只是很有限的范围得到了说明,那是由于我们惯常的值得赞扬的谨慎。我们感到安全可靠的这个范围是精神生活的病理学范围;我们在这个范围内进行观察并获得确切的证明。目前,我们只就我们认为合适的孤立和变形的病理学材料对正常心理作出大胆判断。当我们一旦克服了这种犹豫,我们就将认识到理解精神过程的关键不但在静态条件下,也在精力充沛的心力贯注的数量中的动力变化中。

因此,我认为我在这里提出的可能性,即在特殊情况下主体突然对他的超我心力贯注过强,并由此产生的改变自我反应,是值得保留的一种看法,而且,我关于幽默所提出的看法也在同性质的玩笑中找到显著的相似之处。关于开玩笑的起因,我曾经设想一个前意识的思想刹那间就交给无意识去修正了。玩笑因此正是无意识对喜剧的贡献。正是由于同一原因,幽默是通过超我的力量对喜剧作出的贡献。

在其他方面,我们认为超我是一个严厉的主人。人们将说它与这样

---

① 见《群体心理学》(1921)第2章。《标准版》第10卷第112—113页。

② 见《一些精神病机制》第2章。《标准版》第18卷第228—229页。

③ 见《悲哀与忧郁症》(1917)。《标准版》第14卷第253—255页。

一个性格是难于相处的，即超我屈尊使自我获得一份小小的快乐。确实，幽默快乐永远也不会像在喜剧或玩笑中那样达到强烈的快乐，它永远也不会在发自心底的笑声中得到发泄。同样确实的是，在产生幽默态度时，超我实际上与现实断绝了关系，转而服务于幻想。但是，(并不确切地知道为什么)我们把这种并不强烈的快乐看作具有很高价值的性质；我们感到它特别能使人得到解脱和提高。而且，幽默所造成的玩笑并不是问题的根本。它只具有次要的价值。关键在于幽默所贯彻的意向如何，不管是与自己有关，还是与别人有关。它意味着："瞧啊！这儿看来是一个多么危险的世界！可这只是孩子们的一场游戏——仅仅值得开个玩笑！"

如果真是在幽默中的超我对被吓坏了的自我说出了这么仁慈的安慰话，这就告诉我们，有关超我的本质，我们还有大量的东西需要知道。进一步说，并不是每个人都能够具有幽默态度。它是一种难能可贵的天赋，许多人甚至没有能力享受人们对他们呈献的幽默快乐。最后，如果超我借助幽默努力去安慰自我，保护自我不受痛苦，这并不与它在父母力量中的起源相抵触。

张唤民译

——译自詹姆斯·斯特拉奇主编《标准版弗洛伊德心理学著作全集》(英文版)，伦敦霍格斯出版社 1955 年版

荣格

卡尔·古斯塔夫·荣格(Carl Gustav Jung，1875—1961)，瑞士心理学家和精神病学家，精神分析学派的主要代表之一。他出生在瑞士东北部一小村中一个新教牧师家庭，先是在巴塞尔大学攻读医学，毕业后留校任教，1900 年任苏黎世大学波古尔兹利精神病院的助理医生，1902 年以论文《论所谓神秘现象中的心理学和病理学》获博士学位。1911 年在弗洛伊德支持下，当选首届世界精神分析学会的主席，1933 年至 1941 年于苏黎世任联邦理工大学心理学教授，1943 年任巴塞尔大学心理学教授，此外在哈佛大学和牛津大学亦有荣誉职位。主要著作有《无意识心理学》(1912)、《心理类型》(1921)、《心理学与炼金术》(1944)等。著作英译本有赫伯特·里德等编定的《荣格文集》二十卷，以及荣格本人所编的文集《寻

找灵魂的现代人》(1933)和《时事谈》(1946)等。

荣格曾经是弗洛伊德的忠实合作人,但随着《无意识心理学》的出版,他同弗洛伊德渐而分道扬镳。如他坚决反对弗洛伊德把无意识圈定在性的领域,同时相对于弗洛伊德的个人无意识,提出“集体无意识”的概念,强调集体无意识是精神的一部分,它与可以归结为个人经验的个人无意识截然不同,相反,它的内容从来就没有出现在意识之中,因此也就从未为个人所获得过,故它的存在完全是得自于遗传。所以,集体无意识也是一种“原型”,荣格把他的学说称之为分析心理学,并且通过阐释原型与神话以及神话与艺术的关系,将他的原型理论扩展到文艺和美学领域。

收在这里的两篇文章中,《美学中的类型问题》(1921)作者用他著名的外倾型和内倾型两种基本人格的理论,解释了审美心理机制,认为外倾型相当于移情作用,内倾型相当于抽象作用。《论分析心理学与诗歌的关系》(1922)反对弗洛伊德将艺术归结为个人被压抑情感的释放,认为艺术是反映了积淀在个体身上的集体无意识即原型。一个用原始意象说话的人,是在同时用千万个人的声音在说话,从而将个人的命运转变为人类的命运。正如个人意识的片面性可从无意识的反作用中得到纠正,艺术也代表着一种民族和时代生命中的自我调节过程。

(陆　扬)

美学中的类型问题

美学实质上是应用心理学,因此它不仅与事物的审美性质有关,而且也与,并且主要与审美心理学问题有关。像内倾和外倾的不同这样一个基本问题,不可能不引起美学家的关注。因为不同的人感受艺术与美的方式是如此之不同,以致不会有人注意不到这一点。审美态度当然也有无数个人的特性,其中有些甚至是独一无二的,但却有两种基本的、彼此相对峙的形式。沃林格把它们说成是抽象和移情。他的移情定义主要来自立普斯。在立普斯看来,移情是“我在一个不同于我的客体中对象化。无论那个被对象化了的事物是否应冠以‘情感’这一名称”。“通过感知到一个对象,就像从中发出了,或者其中本身就有那种被感知到的东西一样,我体验到一种指向特别的内心行为模式的冲动。它有一种由对象传达给我的外观。”[①]约德尔对此这样解释道：

> 艺术家创造的给人以美感的形象，并不仅仅给我们的心灵带来那些由于联想律而产生的类似体验。既然它是外化这个一般法则的主体，并且显得仿佛是某种外在于我们的东西，我们也就同时把它在我们心中唤起的内在过程投射到它之中，而因此也就赋予它以审美的生气，因为在这种把一个人自己的内心状态投射到意象之中的活动里，涉及的并不仅仅是情感，而是所有的内心过程。[②]

冯德把移情看作是基本的同化过程，因此它实际上是一种知觉过程，其特征是：经由情感，某些重要的心理内容被投射到对象之中，以便对象被同化于主体并且与主体结合到这样一种程度：以致他觉得他自己仿佛就在对象之中。这种情况只有在被投射的内容在较高的等级上与主体而不是与对象联系的时候才发生。无论如何，他自己并不觉得投射到对象之中，反倒觉得那经过移情的对象，对他显得富有生气，仿佛是在主动地对他说话一样。应该注意的是，投射活动本身，通常是一种不在意识控制之下的无意识过程。投射活动本身往往把无意识心理内容转移到对象之中。由于这一缘故，移情在分析心理学中也被称之为“转移”（弗洛伊德）。这样，所谓移情，实际是外倾的一种形式。

沃林格给移情审美体验下了这样的定义：“审美欣赏是对象化了的自我欣赏。”[③]因此，只有那种可以被用来移情的形式才是美的形式。立普斯说：“美的形式仅仅在移情活动范围之内，它们的美是我的在其中自由游戏的理想。”[④]按照这种说法，任何不能被人用来移情的形式就是丑的。但恰恰是在这里，移情理论暴露了它的局限性。因为正如沃林格指出的那样，存在着移情态度不能适用的艺术形式。人们特别可以举东方的和异国的艺术形式作为例证。在西方，长久的传统已经把“自然美和逼真”奉为艺术美的标准，因为一般说来这也就是希腊罗马艺术和西方艺术的标准和基本特征（按：某些风格化了的中世纪形式除外）。

---

① 《心理学入门》，第 193 页。

② 约德尔《心理学教程》，第 299 页。

③ 《抽象与移情》，第 5 页。

④ 《美学》，第 247 页。

自古以来,我们对艺术的态度就是移情式的。由于这一缘故,我们仅仅把那些我们能够对之移情的东西叫做美的。如果艺术形式与生命相对抗,如果它是抽象的、缺乏生气的,我们即不能从中感觉到我们自己的生命。立普斯说:“我感觉到我自己置身于其中的,是普遍的生命。”我们能够移情的仅仅是有机的形式——逼肖自然,具有生命意志的形式。然而无疑也还存在着另一种艺术原则,存在着另一种与生命相对抗,否定生活意志,却仍然应称之为美的艺术风格。当艺术创造出来的是否定生命的、没有生气的、抽象的形式的时候,也就不再有任何来自移情要求的创造意志。现在的问题可以说是一种直接反对移情的需要,也可以说,是一种压抑生命的倾向。沃林格说:“与移情需要相对立的这一端,对我们显得是一种抽象的要求。”①至于这种抽象要求的心理基础,沃林格是这样说的:

> 那么,这种对于抽象的要求,它的心理前提是什么呢?在那些存在着这种要求的民族中间,我们必须在他们对于世界的感受,在他们对宇宙的心态中,寻找这些的前提。移情要求的前提,是人与外部世界之间存在着的快乐的、泛神主义的信赖关系,而抽象的要求,却是这些外部现象在人心中引起的强烈的内心骚动的结果,它在宗教方面的对应物是一切观念所具有的强烈的超越色彩。我们可以把这种状态称之为对于空间的巨大的精神恐惧。当梯布鲁斯(Tibullus)说,“上帝在人间制造的第一种东西就是恐惧”②时,同一种恐惧感,也可以假定为艺术创作的根柢。③

的确如此,移情预先有对于对象的主观信心和主观任性的态度。这是一种迎接对象的准备,一种主观的同化作用。它在主体和对象之间导致一种善意的理解,或者至少是伪装出这一种善意的理解。一个消极的对象同意把自己同化于主体,在这一过程中,它的真实的性质却没有办法可以改变,它们仅仅是被掩盖,甚至还可能因为“转移”的缘故而被亵渎。

---

①《抽象与移情》,第 14 页。

② 沃林格此处将作者与引文均弄错了。上述引文不能在梯布鲁斯的著作中找到。然而下面这段引文却可以在斯塔丢斯(Statius)的著作中找到:“恐惧是第一个把上帝带到人间的东西。”(《荣格文集》)。——编者注

③《抽象与移情》,第 15 页。

移情虽然能够创造出相似的和外观上共同的性质，然而事实上它们却并不存在。因此也就不难理解，一定还存在着对于对象的审美关系的另一种可能性，存在着这样一种态度，这种态度并不主动去迎接对象，而宁可从对象退缩回来以保护自己不受对象的影响。它在主体中创造出一种心理活动，让这种心理活动来抵消对象的影响。

移情作用预先设定对象是空洞的并且企图对它灌注生命；与之相反，抽象作用却预先设定对象是有生命的、活动的，并且企图从它的影响下退缩出来。抽象的态度是向心的即内倾的，沃林格所说的抽象实际上相当于内倾态度。尤有意味的是沃林格把对象的影响说成是恐惧和害怕。抽象态度赋予对象以一种可怕的、有害的性质。它不得不保护自己以抗御这种性质。这种仿佛是先天的性质，无疑也是一种投射作用，然而却是一种否定的（消极的）投射作用。我们因此必须设想抽象作用的前导，是一种无意识的投射活动，是它把否定的内容输送给了对象。

既然抽象的前导是一种无意识的投射，人们也就有理由问，是否移情作用的前导，也是一种无意识活动的投射呢？既然移情的实质是主观内容的投射，那么作为前导的无意识活动就一定是相反的，是一种对于对象的否定，这种否定使得对象不起作用。通过这种方式对象被挖空了，甚至可以说，被劫走了它的自发的活动。这样，它就为主观内容造就了一个合适的容器。移情的主体想要在对象中感受到他自己的生命，对象的独立性以及对象与主体之间的差别也就不能太大。对象的主权由于移情前导的无意识活动而被削弱了，或者不如说被过分地补偿了。因为主体直接在对象上获得了优势。而这种情形只能通过无意识幻想，或者削弱对象使对象降低价值，或者增加主体的价值和意义这样无意识地发生。只有在这种方式中，潜在的差别才能够出现。而这，正是移情作用为了把主观内容传送到对象之中所需要的。

具有抽象态度的人发现自己置身于一个可怕的充满了生气的世界之中。这个世界企图压倒和吞没他。他因此退缩到自身之中，以便设计出一种补救的方案来把他的主体价值至少增加到这样一种程度，在这种程度上他可以掌握住自己以抵御对象的影响。与此相反，具有移情态度的人发现自己置身于这样一个世界之中，这个世界需要他用自己的主观感情给予它生命和灵魂。他满怀信心，要通过自己来使这个世界变得充满生气；而抽象型的人却在对对象的神秘感面前充满疑惧地退却，并且建造起一种用抽象构成的、具有保护性的、与之对抗的世界来。①

如果我们回忆一下前一章说过的内容,就很容易明白移情作用相当于外倾机制,抽象作用相当于内倾机制。“外界现象在人心中引起的巨大的内心骚动”不是别的,正是这种深刻的敏感和领悟引起的,是对一切刺激和变化的内在恐惧。抽象的目的,是要把无秩序的、变化无常的事物限制在固定的范围内。不用说,这种本质上属于巫术的操作,它的全盛时期是在原始艺术之中。原始艺术中的几何图案有一种巫术的而不是审美的价值。沃林格正确地谈论东方艺术说:

> 被现象世界的流动和混乱所折磨,这些人有一种对于安宁的巨大需要。他们在艺术中寻求享受,主要并不在于使自己沉浸于外部世界的事物之中并从那儿找到乐趣,而在于把个别的对象从任性的、偶然的存在中提升出来,让它们接近于抽象的形式来使之不朽,这样在外部现象的不停流动中找到一点安宁。②
>
> 这些抽象的、规定的形式,并不仅仅是最高的形式,同时也是面对世界的可怕混乱,人能够从中找到安宁的唯一的形式。③

正如沃林格所说的那样,这种东方的艺术形式和宗教,展示了对于世界的抽象的态度。因此,世界在东方人眼中,一定与它在那些用移情来使它生气勃勃的西方人眼中完全不同。在东方人看来,对象世界一开始就是灌注了生命并对他占有压倒优势的,因此他才退缩到抽象的世界之中。为了对东方态度有更透彻的洞察,我们可以回头看看佛陀的《火诫》:

> 一切都在燃烧。眼睛和一切的感官都在燃烧,燃烧着情欲的火、仇恨的火、虚妄的火。这火由于出生与死亡,由于痛苦和叹息,由于悲哀、受难和绝望而越烧越旺。整个世界都在火焰之中,整个世界都

① 荣格认为:抽象活动作为一种心理功能,并不仅仅限于认识和思维。事实上既有抽象的思维,也有抽象的感情。人们完全可以从同一个对象中抽取出不同的情感价值。所谓宗教情感、审美情感、道德情感的区别,实际就是不同的情感抽象。当然,在审美情感中,也可以有许多不同价值的情感抽象。此外,抽象作为一种心理功能,可以是在无意识中进行的。——译注

②《抽象与移情》,第16页。

③ 同上书,第19页。

被浓烟所笼罩，整个世界由于燃烧而耗尽，整个世界都在战栗。

正是这种可悲可怕的世界景象，迫使佛教徒进入抽象的态度。根据传说，这同一种印象使得释迦牟尼开始了对人生的思索。对象世界这种富有活力的生气，作为抽象的动因，明显地表现在释迦牟尼富于象征的语言中。这种生气不是来自移情，而是来自实际上先天就存在的无意识投射活动。但“投射”这一术语几乎不能传达这种现象的真正意义，投射实际上是一种发生着的活动，而不是一种先天存在的、我们要在这里加以讨论的条件。在我看来，列维—布留尔的“神秘参与”(participation mystique)更能说明这一状况，因为它确切地表述了原始人和对象世界的原始关系。原始人的对象世界有一种富有活力的生气，它充满了灵魂的内容和力量，因此它对原始人有一种直接的心理影响，产生出一种实际上是与对象世界保持动态统一的关系。在某些原始语言中，人们使用的那些东西都有一种“活”的性质。对抽象态度说来也完全是这样，因为对象在这里从一开始就是活的和自主的，不仅没有移情的必要，相反，它还具有如此有力的影响以致主体不得不采取内倾的态度。内倾所需要的强大的力比多投资，实际上来源于主体无意识的“神秘参与”。这一点鲜明地表现在佛陀所说的那些话里。宇宙的火实际上是力比多的火，是主体的燃烧的激情。它之所以显得仿佛是来自对象，是因为它尚未发展为一种可以自由运用的心理功能。

这样，抽象就成了同神秘参与的原始状态进行战斗的心理功能，它的目的在于打破对象对主体的控制。这一方面导致艺术形式的创造，另一方面也导致对对象的认识，移情虽然也既是艺术创作的功能又是认识的功能，然而却是在与抽象完全不同的层次水平上发挥作用。

为移情活动做前导的无意识否定作用，正像在抽象的情形中一样，不断地给对象以较低的价值。既然移情类型的人的无意识心理内容与对象相等并且使对象显得没有生气，①所以为了认识对象的性质也就需要移情。人们可以说这是一种持续不断的无意识抽象，这种无意识抽象反对把对象心理化。实际上所有的抽象都有这种作用：它扼杀对象的独立活动，只要这种活动与主体的心理有神秘的关系。抽象作为一种抵抗来自

① 因为移情类型的人的无意识心理内容本身就较少活力。

对象的神秘影响的保护作用，是在自觉地做着这件事情。除此之外，对象的缺乏活力也解释了移情型的人对于世界的信任关系：没有任何东西能够压制他或者对他施加影响，因为给对象以生命和灵魂的是他，尽管在他的自觉意识中实际情形可能恰好相反。另一方面，在抽象型的人看来，世界充满了危险的、强有力的对象，这些对象使他感到恐惧，使他意识到自身的软弱无力。他从与世界的任何过分亲昵的接触中退缩回来，以便编织那些思想和形式，通过这些思想和形式，他希望能够在这个世界中站稳脚跟，他的心理因而是一种战败认输的心理。相反，移情型的人充满信心地面对世界，对那些没有活力的对象他没有任何惧惮。当然，这只是对内倾和外倾态度的大致勾勒而不是经过润色的完整画面，它仅仅强调了某些微妙的差别。尽管如此，这些微妙的差别却并非没有意义。

正如移情型的人通过对象确实从他自身中获得了一种无意识的快乐一样，抽象型的人也确实在反思对象给他的印象时，不知不觉地反映了他自己。因为一个人投射到对象之中的正是他自己，是他自己的无意识心理内容；而另一个人有关对象的思考也确实是他对于自己的感受的思考，这些思考仅仅显得仿佛是被投射到对象上的。因此显然，在任何对于对象的欣赏和艺术创作中，移情和抽象两种心态都是需要的，两者都出现在每个人身上，虽然在大多数情形下两者的分化是不相等的。

按照沃林格的看法，审美体验的这两种基本形式，它们的共同根源是"自我异化"，是那种挣脱自身的需要。通过抽象和"沉浸在对某种不变的必然事物的观照中，我们从生而为人的种种机会中，从生命存在的表面上的任性中寻求解脱"①。面对生气勃勃的对象世界的令人为难的丰富性，我们创造了一种抽象物、一种抽象的普遍意象，这种抽象的普遍意象把种种混乱的印象转变为一种固定的形式。这种意象有一种神秘的意义以对抗缺乏经验的混沌流动。抽象型的人变得如此迷失和沉浸在这一意象之中，以致最后，这意象的抽象的真理被建立在生活现实之上，而由于生活(生命)可能干扰对于抽象美的欣赏，它遭到了完全的压抑。抽象型的人把自己转向和投入到一种抽象物之中，使自己同这一意象的持久效应打成一片，并从而在其中僵化，因为对他说来这已经成了一种重新得救的方式。他放弃了他的真实的自我，把他的全部生命投入到他的抽象物之中。

---

①《抽象与移情》，第24页。——原注

在这种抽象物之中他可以说是完全结晶化了。

移情型的人遇到同样的命运。既然他的活动、他的生命已经移入到了对象之中，他本人也就当然进入到了对象之中，因为那移入的内容乃是他自己最基本的部分。他变成对象，同对象打成了一体并以这种方式挣脱了他自己。通过使自己转移到对象之中，他把自己客观化了。沃林格说：

> 在把这种活动的意志转入到另一对象之中的时候，我们也就置身于另一对象之中。在我们对于体验的内在要求把我们吸引到了一个外部对象之中，吸引到一个在我们之外的形式之中的时候，我们也就从我们个人的存在中被解救出来。我们感到我们的个体性流入到与个人意识的无限多样性相反的固定的界限之内。在这种自我实现中存在一种自我异化。与此同时，这种对我们个人的活动需要的肯定，代表了对这种活动的无限可能性的限制，代表了对它的不可兼得的多样性的否定。尽管我们有对于活动的迫切要求，我们却不得不局限在这种对象化的限度之内。①

正像抽象意象对抽象型的人是抵抗那被无意识赋予了生气的对象的有害影响的堡垒一样，对于移情型的人，转移到对象之中也是一种用来防止由于内在的主观因素引起分裂的自卫手段。对他说来，这种分裂就在于无限的幻想和把冲动等同于行动。根据阿德勒的说法，外倾的神经病人执拗地纠缠他的移情对象，正像内倾的神经病人执拗地纠缠于他的“定向虚构”(guiding fiction)一样。内倾型的人从他对于对象的好的和坏的经验之中，抽象出他的“定向虚构”，他依靠他的公式，保护他摆脱生活所提供的无限的可能性。

抽象和移情，内倾与外倾，是适应和自卫的机制。就其有利于适应而言，它们给人提供保护以避开外部的危险；就其种种定向功能而言，它们把人从偶然的冲动中解救出来，它确实是抵抗这些冲动的自卫手段，因为它们使自我异化成为可能。正如我们的日常心理学经验告诉我们的那样，有许多人是完全等同于他们的定向功能的。把自己等同于定向功能有一种无可否认的好处，人们可以通过它最好地适应集体的需要和期待；

① 《抽象与移情》，第 24 页。——原注

何况,它还通过自我异化使人得以摆脱他那种低劣的、未分化的、非定向性功能的方式。此外,从社会道德的观点来看,"忘我"也始终被认为是一种特殊的美德。但是另一方面,我们的心灵又不能不因此蒙受由于把自己等同于定向功能而蒙受的巨大损失,即个性的衰退。毫无疑问,人可以在很大程度上被机械化,然而却不可能到达完全放弃他自己的地步,否则就会遭受重大的损害。因为越是把自己等同于某一种功能,越需要把力比多投入于其中,也就越需要把力比多从其他心理功能中撤退出来。这些功能固然可以在相当长的一段时期内忍受被剥夺了力比多的痛苦,但最终它们是会起来反抗的。力比多枯竭使它们逐渐沉沦于意识的阈限之下,丧失了与意识的联系并最终消逝于无意识之中。这是一种"逆向"。发展是精神返回到童年并最终返回到古代水平的倒退。既然人在文明状态中仅仅度过几千年时间,与他在野蛮状态中度过的几十万年时间相比,心理功能的原始模式仍然是极其强健和容易复活的,所以当某些功能由于被剥夺了力比多而解体之后,它们在无意识中的原始基础就又重新变得活跃起来。

这一状态造成了人格的分裂,因为心理功能的远古模式与今天的意识并没有直接的沟通和联系,而且在它们之间也并不存在可以彼此沟通的桥梁。其结果,自我异化走得越远,无意识心理功能也就越深地沉陷到远古的发展水平。无意识的影响成比例地增长,它开始引起对定向功能的病状性骚扰,从而产生那种成为神经病标志的恶性循环,即病人企图通过代表其定向功能的特殊成就抵消这种骚扰的影响,但两者的竞争反而导致了神经的崩溃。

实际上,把自己等同于定向功能的自我异化,其可能性并不仅仅在于把自己强硬地限制为某种功能,而且也在于定向功能本身作为一个原则,使自我异化显得必要。因此一方面,每一种定向功能需要严格排除一切不适合其性质的东西:思维排除纷扰的情感,情感也排除纷扰的思维;没有对于那些异己的东西的压抑,定向功能绝不可能发挥作用。但是另一方面,既然生物有机体的自我的调节由于其自身的性质而需要整体的和谐,对那些很少受到关怀的心理功能的考虑,也就作为人类教育的一项十分必要和不可回避的任务,被提交给了我们。

冯　川译

——选自《荣格文集》,改革出版社1997年版

论分析心理学与诗歌的关系

讨论分析心理学与诗歌的关系,尽管困难,却给我提供了一个难得的机会,去就心理学与艺术的关系这一众说纷纭的问题,勾画出我的基本观点。心理学与艺术尽管不能进行比较,但它们之间无疑存在着密切的联系,需要我们加以研究。这些联系来自这一事实:艺术实践是一种心理活动,因而可以从心理学角度去考察。从这一点考虑,艺术也像所有一切由心理动机产生的人类活动一样,对心理学来说是一个合适的课题。但尽管如此,这种从心理学观点出发的表述,如果付诸实践,却必须包含一个明确的界限。可以成为心理学研究对象的,只是那些属于创作过程的方面,而不是那些构成艺术本质属性的方面。艺术本身是什么?这一问题,不可能由心理学家来回答,只能从美学方面去探讨。

同样,在宗教领域里也必须作这种区分。心理学的考察,只有针对情感和象征——它们构成宗教现象学而并不涉及宗教的本质——才是可行的。如果宗教和艺术的本质真可以从心理学角度去解释,那它们岂不成了心理学的分支。当然事实上确有人企图这样来亵渎宗教和艺术的本质,但这些有罪于宗教与艺术的人显然忘记了:这样一来,同样的命运也可以很容易地降临到心理学上,因为只要把心理学看成是一种纯粹的大脑活动,只要把它从内分泌功能的方向上归结为生理学的分支,它的内在价值和特殊性质就会遭到毁灭。据我所知,也并不是没有人企图这样做。

艺术本质上并非科学,科学本质上也并非艺术。心灵的这两种领域各自保持着某种对它们自己说来是独特的东西,并且只能用它们各自的术语来加以解释。因此当我们谈论心理学与诗歌的关系时,我们将仅仅讨论艺术中可以交给心理学深入考察而并不亵渎其性质的方面。心理学家关于艺术所不得不说的一切,都将被限制在艺术创作过程的问题上而与艺术最隐秘的本质无关……

为了公正地对待一部艺术作品,分析心理学必须使自己完全摆脱医学偏见,因为艺术作品并非疾病,并且因此需要一种不同于医学考察的考察。医生自然必须寻找致病的原因以便彻底根治疾病,但同样自然的,心理学家也必须严格地采取一种完全相反的态度来对待艺术作品。他不是去研究它在人性中的普遍决定因素,而是首先探究它的意义,并且只是为了保证使自己更充分地懂得它的意义,才去考虑那些决定因素。个人原因与艺术作品的关系，不多不少恰好相当于土壤与从中长出的植物的关系。通过了解植物的产地，我们当然可以知道并理解某些植物的特性。对植物学家来说，这也是他的全套本领中的一个重要组成部分，但却没有人会同意说，对植物本身说来，一切重要的东西就已经都被发现了。医生面临病因学问题时亟须知道的病人的个人倾向，这在分析艺术作品时完全不适用。因为一部艺术作品并不是一个人，而是某种超越个人的东西。它是某种东西而不是某种人格，因此不能用人格的标准来衡量。的确，一部真正的艺术作品的特殊意义正在于：它避免了个人的局限并且超越于作者个人的考虑之外。

必须承认，以我个人的经验，一个医生很难做到完全抛开职业偏见，清除流行的生物学观点去考虑和看待一部艺术作品。但我也知道：尽管一种具有纯粹生物学倾向的心理学，可以在相当的范围内对普通人作出解释，它却不能应用于艺术作品，更不能应用于那作为创作者的个人。纯粹因果性的心理学只能把个人降低为人类的物种成员，因为它的范围被限制在通过遗传而输送，或从别的源泉而获得。然而艺术作品却并不输送也不获得，它只是那些条件（因果心理学总是把艺术作品归结为这些条件）的创造性改编。植物并不仅仅是土壤的产物，它是一个有生命的、自身包含着自身的过程。这一过程本质上与土壤的性质没有任何关系。同样的道理，艺术作品中的意义和个性特征也是与生俱来的而不取决于外来的因素。人们几乎可以把它描绘成一种有生命的存在物，它把人仅仅用作一种营养媒介，按照自身的法则雇佣人的才能，自我形成直到它自身的创造性目的得以完全实现。

但是这里我要预先作一点声明，因为我知道还有一种特殊的艺术类型也必须给以介绍。并非每一部艺术作品都是以我刚才描述的方式产生的。有一些文学作品（诗歌以及散文）完全是从作者想要达到某种特殊效果的意图中创作出来的，他让自己的材料服从于明确的目标，对它们作特定的加工处理。他给它增添一点东西，减少一点东西；强调一种效果，缓和另一种效果；在这儿涂上一笔色彩，在那儿涂上另一笔色彩；自始至终小心地考察其整体效果，并且极端重视风格和造型规律；他运用最敏锐的判断，在遣词造句上享有充分的自由；他的材料完全服从于他的艺术目标，他想要表现的只是这种东西，而不是别的任何东西；他与创作过程完全一致。且不管究竟是他有意使自己做了创作过程的开路先锋，还是创作过程使他成了它的工具以致他根本不能意识到这一事实。不管是哪种情况，艺术家都完全符合于他的作品，以致他的意图和才能不可能从创作过程中区分出来。我想，对这类艺术作品，没有必要从文学史上，或者从艺术家自己的言论中去找例证了吧。

同样，也没有必要征引例证来说明另一种类型的艺术作品，这些作品或多或少完美无缺地从作者笔下涌出，它们好像是完全打扮好了才来到这个世界，就像雅典娜从宙斯的脑袋中跳出来那样。这些作品专横地把自己强加给作者：他的手被捉住了，他的笔写的是他惊奇地沉浸于其中的事情；这些作品有着自己与生俱来的形式，他想要增加的任何一点东西都遭到拒绝，而他自己，想要拒绝的东西却再次被强加给他。在他的自觉精神面对这一现象处于惊奇和闲置状态的同时，他被洪水一般涌来的思想和意象所淹没，而这些思想和意象却是他从未打算创造，也绝不可能由他自己的意志来加以实现的。尽管如此，他却不得不承认，这是他自己的自我表白，是他自己的内在天性在自我昭示，在表达那些他任何时候都不会主动说出的事情。他只能服从他自己这种显然异己的冲动，任凭它把他引向哪里。他感到他的作品大于他自己，它行使着一种不属于他，不能被他掌握的权力。在这里，艺术家并不与创作过程保持一致，他知道他从属于自己的作品，置身于作品之外，就好像是一个局外人，或者，好像是一个与己无关的人，掉进了异己意志的魔圈之中。

这样，在讨论艺术心理学的时候，我们就必须时刻牢记这样两种完全不同的创作方式。这对许多人来说是极其重要的，特别是在判断一部有赖于这种区分的艺术作品的时候，这个问题很早以前就被席勒感觉到了。我们知道，席勒试图用“感伤的”和“素朴的”概念来对艺术作品和创作方式进行分类。心理学家将把“感伤的”艺术称为“内倾的”艺术，而把“素朴的”艺术称为“外倾的”艺术。内倾态度的特征是主体对反客观要求的自觉意图和目的的主观主张；外倾态度的特征则是主体对作用于他的客观要求的主观服从。根据我的看法，席勒的戏剧以及大多数诗歌，很好地解释了什么是内倾态度——诗人的自觉意图驾驭了材料。《浮士德》第二部则可以用来说明外倾态度，这时材料由于其自身的难以驾驭而被分开。一个更为明显的例证是尼采的《扎拉图斯特拉》，在这里作者亲自观察到一个人怎样“变成了两个”。

根据以上所说，显然，一旦人们谈论的不再是那作为个人的诗人(the

poet as a man),而是那推动着诗人的创作过程,心理学的角度也就发生了转变。当兴趣的重心转移到后一个问题时,诗人就仅仅作为一个发生反应的主体而进入我们的视野。这一点,在我们讲过的第二种类型的艺术作品中十分明显,这时候诗人的自觉意识并不与创作过程保持一致,但它却并不适用于第一种类型的作品,这里诗人显得就是创作过程本身。他按照自己的自由意志进行创作,没有丝毫强迫的感觉,他可能甚至完全相信行动的自由,拒绝承认他的作品会是别的什么东西,而不是他的意志和才能的表现。

现在我们面临这样一个问题,对这个问题我们不可能用诗人们自己提供的证据作出回答。这确乎是一个只有心理学能够加以解决的科学问题。正如我过去所略略提及的那样,很可能诗人,当他显然是在自己内心中进行创造并且创作出正是符合他自己自觉意愿的东西的时候,却仍然完全被创作冲动所操纵,以致他根本意识不到有一种"异己的"意志。正如另一种类型的诗人,意识不到在那种"异己的"灵感中,实际上正是他自己的意志在对他说话一样。诗人们深信自己是在绝对自由中进行创造,其实却不过是一种幻想:他想象他是在游泳,但实际上却是一股看不见的暗流在把他卷走。

无论如何,这并不是一个学院式的问题,而有着分析心理学的证据。研究表明:存在着多种多样的方式,通过这些方式,无意识不仅影响着,而且事实上指导着意识。但是,有什么证据来证明诗人,不管他自觉与否,都可能成为他自己作品的俘虏这样一种推测呢?证据可以有两种:直接的和间接的。那种以为自己知道自己所说的是什么,实际上却说出了多于自己所知道的东西的诗人,提供了直接的证据。这种情形并不罕见。间接的证据可以在另一些情形中找到,这时,在诗人表面的意志自由后面,隐藏着一种更高的命令,一旦诗人自愿放弃其创造性活动,它就会再一次提出它那专横的要求;或者,每当诗人的作品不得不违背其意愿,它就会制造出心理的纠纷。

对艺术家们的分析不断地表明:不仅创作冲动的力量,而且它那反复无常、骄纵任性的特点也都来源于无意识。伟大艺术家们的传记十分清楚地证明了:创造性冲动常常是如此专横,它吞噬艺术家的人性,无情地奴役他去完成他的作品,甚至不惜牺牲其健康和普通人所谓的幸福。孕育在艺术家心中的作品是一种自然力,它以自然本身固有的狂暴力量和机敏狡猾去实现它的目的，而完全不考虑那作为它的载体的艺术家的个人命运。创作冲动从艺术家身上得到滋养，就像一棵树从它赖以汲取养料的土壤中得到滋养一样。因此，我们最好把创作过程看成是一种扎根在人心中的有生命的东西。在分析心理学的语言中，这种有生命的东西就叫做自主情结(autonomous complex)。它是心理中分裂了的一部分，在意识的统治集团之外过着自己的生活。依靠其能量负荷，它可以表现为对意识活动的单纯干扰，也可以表现为一种无上的权威，驯服自我(the ego)去完成自己的目的。这样看来，那种与创作过程保持一致的诗人，就是一个无意识命令(unconscious imperative)刚开始发出就给以默认的人；而另一种诗人，既然感到创造性力量是某种异己的东西，他就是一个由于种种原因而不能对此加以默认的人，因而也就是一个出其不意地被俘获的人。

可以预料，这种本源上的不同，是能够在艺术作品中觉察到的。因为在一种情况下，它是意识的产物，造型和设计都有着事先打算取得的效果。而在另一种情况下，我们要对付的却是一种发源于无意识天性的事件，是某种蔑视意识，不依靠意识的帮助，任性地坚持自己的形式和效果，自己实现自己目标的东西。我们因此可以预料，那属于前一种类型的作品，无论如何不会超出我们的理解能力，它们的效果被作者的意图所限制，并且不可能超越那个限制。然而对另一种作品，我们却不得不有所准备，以对付某种超越了个人的东西。这种东西超越了我们的理解能力，在同样的程度上，它也中断了作者在创作过程中的自觉意识。我们将期待形式和内容的奇特，期待那只能凭直觉去领悟的思想和富有含蓄意义的语言，期待这样一些意象，这些意象由于最可能表现某种未知的东西而成为真正的象征——那些通向遥远彼岸的桥梁。

总的说来，这些标准在实践中得到了确证。每当我们面对那些经过有意识的计划安排，有着特意选择的材料的作品，我们就发现，它符合第一种特性；而如果是另一种作品，则符合第二种特性。我们以席勒的剧本作为一种情况，以《浮士德》第二部，或者最好以《扎拉图斯特拉》作为另一种情况。这些例子，很好地说明了这一点。但是，如果没有首先深入考察作者与作品之间的个人关系，我是不会把一个尚不为人所知的诗人的作品归入这类或那类范畴的。仅仅知道诗人属于内倾型或属于外倾型，这还不够，因为任何一种类型的诗人，都可能一会儿以内倾心态进行创作，另一会儿又以外倾心态进行创作。从席勒的剧本不同于他的哲学著作，从歌德有着完美形式的诗歌不同于《浮士德》第二部中材料的难以驾驭，从尼采优美的格言不同于《扎拉图斯特拉》的激情迸发，都特别容易看出这一点来。同一个诗人在不同的时期可以采用不同的态度创作他的作品，正因为这样，才有了我们现在所不得不应用的这一标准。

现在我们看见，问题本来就很复杂，而当我们考察那些与自己的创作过程保持一致的诗人的情形时，问题则甚至变得更加复杂。因为它证明，那种表面上自觉的、目标明确的创作方式，不过是诗人的主观幻想，因而这类作品也就在诗人的意识范围之外具有种种象征的性质。这些象征的性质只会更加难以发现，因为读者也同样不能够超越诗人被时代精神决定了的意识限度。在阿基米德的世界之外，没有一个支点，依靠这个支点他可以撬起自己的意识，使之脱离其时代的局限，从而能够洞察那深藏在诗人作品中的象征。因为象征总是暗示着一种超越了我们今天的理解力的意义。

我提出这一问题，仅仅因为我不想让我这种类型学的划分限制了艺术作品所可能具有的意义。表面上看，这些作品似乎并没有什么言外之意，但是我发现，一个已经过时的诗人，常常突然又被重新发现。这种情形发生在我们的意识发展已经到达一个更高的水平，从这个高度上诗人可以告诉我们某些新东西的时候。实际上，这些东西始终存在于他的作品中，但却隐藏在一种象征里。只有时代精神的更迭，才对我们揭示出它的意义。这时候才需要以一种新的眼光去看待它，因为旧的眼光只能从中看出它习惯了的那些东西。这样一种经验应该使得我们提高警惕，因为它证实了我先前的论证。然而那些公开使用象征的作品，却不需要这种精细的考察；它们富有想象和内涵的语言向我们大声疾呼，说它们具有某种言外之意。我们因此可以立刻着手揣摩这一象征，即使我们可能并不能把它的意义解答得完全满意。任何一种象征，总是持续不断地对我们的思想感情发出挑战，这很可能就是为什么象征性作品如此富于刺激，如此紧紧地揪住我们，并且为什么很少提供纯粹的审美享受的缘故。一部明显地不具有象征性的作品更多地述诸我们的审美感受，因为它本身是完整的，并且实现了自己的目的。

你可能会问，那么，对于我们的基本问题即艺术创作的秘密，分析心理学能够作出什么贡献呢？到目前为止我所说过的一切，都不能仅仅与艺术的心理现象学有关。既然没有人能够识破自然的奥秘，你也不要期望心理学去做那不可能做到的事情，和提供一种对创作奥秘的有效解释。心理学也跟所有别的学科一样，对于更深地理解人生的种种现象，只有一份微薄的贡献，它并不比它的姊妹学科更接近绝对知识。

关于艺术作品的意义，我们已经谈得这样多，以致有人可能很难压抑这样一种怀疑：艺术究竟是否真的“意味着”任何东西。也许艺术根本就没有任何“意义”，至少不是我们所理解的意义。也许艺术就像自然一样，在自身之外根本就不“是”和不“意味”着任何东西。难道“意义”必然超出纯粹的阐释——一种由于理性对于意义的饥渴而暗中塞给事物的阐释吗？据说，艺术就是美，而“美的事物就是永恒的欢乐”，它不需要任何意义，因为意义同艺术没有任何关系。在艺术的领域内，我必须接受这种表述所包含的真理。但当我谈论心理学与艺术的关系时，我们却置身在这一领域之外，因而也就不可能不进行思考。我们必须解释，必须找出事物的意义，否则我们就根本不可能对它们进行思考。我们不得不把生活和事件（它们本来是自身包含着自身的过程）碎裂成意义、表象、概念，虽然明知道这样做只是使我们更加远离那生动的神秘。在我们自己也被卷入创造过程的时候，我们当然是既不明白也不理解；而且的确我们也不应该理解，因为对于直接经验没有比认识更为有害的事情了。但是为了认识和理解的需要，我们却必须使我们自己与创造过程相分离，以便从外面来观察它。只是这时，它才变成了一种表象，这种表象表达了我们必须称之为“意义”的东西。一种纯粹的现象，在它与其他现象发生联系而成为某种东西之前，是有意义的。它扮演着确定的角色，服务于一定的目的，发挥着有意义的影响。而当我们看见了所有这一切，我们就获得了一种感觉，仿佛我们已经理解和解释了某种东西，这样我们也就迎合了科学的需要。

在此之前，当我把艺术作品说成是从肥沃的土壤中长出来的一棵树的时候，我们同样也可以拿它同孕育在母胎里的婴儿相比。但既然一切比喻都是有缺陷的，所以我们最好还是坚持使用较为清楚的科学术语。你们会记得，我曾经把孕育在艺术家心灵中的作品，说成是一种自主情结。我用它来指一种维持在意识阈下，直到其能量负荷足够运载它越过并进入意识门槛的心理形式。它同意识的联系并不意味着它已被意识同化，而仅仅意味着它能够被意识觉察。它并不隶属于意识的控制之下，因而既不能被禁止，也不能自愿地再生产。这一情结的自主性表现为：它独立于自觉意志之外，按照自身固有的倾向显现或消逝。创作情绪同别的自主情结一样，也具有这一特性。在这方面它为病理过程提供了一个类比，因为这些病理过程也是以自主情结的存在为标志的，特别在精神躁动的病例中更是这样。艺术家那种神圣的迷狂，危险地接近于病理状态，尽管两者并不是同一件事情。比较的中介是自主情结，但自主情结的存在本身却并非病理现象。因为正常人也会暂时地或持久地落入它的控制之下。这种事实不过是心理的一种正常特性。对一个人说来，意识不到自主情结的存在仅仅表明一种高水平的无意识。任何一种在某种意义上是分化了的典型态度，都显示出想要成为自主情绪的倾向，而在多数情形下，它实际上也办到了这一点。重说一遍，每一种本能或多或少都有一种自主情结的特征。因此，自主情结本身，并没有任何病态的成分。只有当它表现出频繁的躁动的特征时，它才是疾病的症状。

自主情结是怎样形成的呢？由于某些我们不能在此详加讨论的理由，心理中迄今尚未被意识到的一部分开始了自己的活动，并通过激活与之相联系的邻近区域而发展了势力。这一活动所需要的能量当然要靠从意识中提取，除非意识碰巧与自主情结保持一致。但这种情形若不发生，能量的疏导就产生了那种被让内(Janet)称之为“精神水准下降”的情形。自觉兴趣和意识活动的强度渐渐减弱，或者导向淡漠——一种对艺术家说来十分常见的情形，或者导向意识功能的退向性发展，即意识功能回归到童年的和古代的水平，并且经历了某种类似退化的演变。让内所说的那些“意识功能的低级部分”被推到了前台：人格中本能的方面压倒了道德伦理的方面；童年的方面压倒了成熟的方面；不适应的方面压倒了适应的方面。而这也正是我们在许多艺术家身上看见的那种情形。这样，自主情结就依靠从人格的自觉控制中汲取的能量而得到发展。

但是自主的创作情结究竟存在于什么地方呢？关于这一点，只要艺术家的作品还没有给我们提供一种可以窥测其基础的手段，我们也就几乎什么也不知道。作品给我们呈现的是一幅完成了的画面。这一画面，只有在我们能够承认它是一种象征的时候，才是可以进行分析的。但是如果我们不能从中发现任何所象征的价值，我们也就仅仅证实了：它并没有什么言外之意。或者换句话说，它实际上的价值并不会超过它看上去的价值。我使用“看上去”这个词，是因为我们自己的偏见可能妨碍对艺术作品的较为深刻的鉴赏。不管怎样,我们从中找不到进行分析的刺激和出发点。

但如果是象征性作品,我们则应该记得格尔哈德·霍普特曼的名言:“诗在词汇中唤起对原始语词的共鸣。”因此,我们所应该追问的问题就应该是:“隐藏在艺术意象后面的,究竟是什么样的原始意象。”

对这个问题需要作一点说明。我假定我提议进行分析的艺术作品,作为一种象征,不仅在诗人的个人无意识中,而且也在无意识神话学领域内有着它的源泉。无意识神话学的原始意象是人类共同的遗传物,我把这一领域称为“集体无意识”,用以区别于个人无意识。我把个人无意识看作是所有那些心理过程和心理内容的总和,这些心理内容和心理过程能够并且常常成为意识,但是随后却由于它们的不受欢迎而被压抑并停留在意识水平之下。艺术也从这一领域接收贡品,但只是不洁的贡品:它们的强大优势只能使艺术作品成为一种病兆,而不可能使它成为一种象征。我们可以毫无损失毫无遗憾地把这类作品留给弗洛伊德使用的净化法(purgative methods)去加以分析。

与这种相对说来较为浅层并直接位于意识阈下的个人无意识相反,集体无意识在正常情况下并没有显示出要变成意识的倾向,它也不可能通过任何分析技术被带进回忆,因为它既未遭受压抑也没有被遗忘。集体无意识不能被认为是一种自在的实体;它仅仅是一种潜能,这种潜能以特殊形式的记忆表象,从原始时代一直传递给我们,或者以大脑的解剖学上的结构遗传给我们。没有天赋的观念,但是却有观念的天赋可能性。这种可能性甚至限制了最大胆的幻想,它把我们的幻想活动保持在一定的范围内。可以这样说,一种固有的观念,如果不是从它的影响去考虑,那就根本不能确证其存在。它们仅仅在艺术的形成了的材料中,作为一种有规律的造型原则而显现。也就是说,只有依靠从完成了的艺术作品中所得出的推论,我们才能够重建这种原始意象古老的本原。

原始意象或者原型是一种形象(无论这形象是魔鬼,是一个人还是一个过程),它在历史进程中不断发生并且显现于创造性幻想得到自由表现的任何地方。因此,它本质上是一种神话形象。当我们进一步考察这些意象时,我们发现,它们为我们祖先的无数类型的经验提供形式。可以这样说,它们是同一类型的无数经验的心理残迹。它们为日常的、分化了的、被投射到神话中众神形象中去了的精神生活提供了一幅图画。但神话形象本身却不过是创造性幻想的产物，它们仍然免不了要被翻译成概念性的语言。存在的当然是这种语言的开端，但必要的概念一经创造出来，却能为植根于原始意象中的无意识过程，提供一种抽象的、科学的理解。每一个原始意象中都有着人类精神和人类命运的一块碎片，都有着在我们祖先的历史中重复了无数次的欢乐和悲哀的一点残余，并且总的说来始终遵循同样的路线。它就像心理中的一道深深开凿过的河床，生命之流在这条河床中突然奔涌成一条大江，而不是像先前那样在宽阔然而清浅的溪流中漫淌。无论什么时候，只要重新面临那种在漫长的时间中曾经帮助建立起原始意象的特殊情境，这种情形就会发生。

这种神话情境的瞬间再现，是以一种独特的情感强度为标志的。仿佛有谁拨动了我们很久以来未曾被人拨动的心弦，仿佛那种我们从未怀疑其存在的力量得到了释放。那使得生存斗争如此疲劳不堪的仅仅是这样一个事实：我们不得不不断地对付种种个人的非典型的情境。因此也就不足为怪，一旦原型的情境发生，我们会突然获得一种不寻常的轻松感，仿佛被一种强大的力量运载或超度。在这一瞬间，我们不再是个人，而是整个族类，全人类的声音一齐在我们心中回响。个体的人不可能充分发挥他的力量，除非他从我们称之为理想的集体表象中得到援助。这些理想释放出所有深藏的、不为自觉意志接纳的本能力量。最有影响的理想永远是原型的十分明显的变体，正如它们显然来自把自己租借给譬喻这一事实一样。举例来说，故乡（mother country）显然是母亲（mother）的譬喻，正如祖国（father land）显然是父亲（father）的譬喻一样。那种激动我们的力量并不来自譬喻，而是来自我们故乡土地的象征性价值。在这里，原型是原始人及其赖以生存的土壤（在这土壤中容纳着他祖先的幽灵）的神秘参与（participation mystique）。

原型的影响激动着我们（无论它采取直接经验的形式，还是通过所说的那个词得到表现），因为它唤起一种比我们自己的声音更强的声音。一个用原始意象说话的人，是在同时用千万个人的声音说话。他吸引、压倒并且与此同时提升了他正在寻找表现的观念，使这些观念超出了偶然的暂时的意义，进入永恒的王国。他把我们个人的命运转变为人类的命运，他在我们身上唤醒所有那些仁慈的力量，正是这些力量，保证了人类能够随时摆脱危难，度过漫漫的长夜。

这就是伟大艺术的奥秘，也正是它对于我们的影响的奥秘。创作过程，在我们所能追踪的范围内，就在于从无意识中激活原型意象，并对它加工造型精心制作，使之成为一部完整的作品。通过这种造型，艺术家把它译成了我们今天的语言，并因而使我们有可能找到一条道路以返回生命的最深的源泉。艺术的社会意义正在于此：它不停地致力于陶冶时代的灵魂，凭借魔力召唤出这个时代最缺乏的形式。艺术家得不到满足的渴望，一直追溯到无意识深处的原始意象，这些原始意象最好地补偿了我们今天的片面和匮乏。艺术家捕捉到这一意象，他在从无意识深处提取它的同时，使它与我们意识中的种种价值发生关系。在那儿他对它进行改造，直到它能够被同时代人所接受。

民族和时代也像个人一样，有它们自己独特的倾向和态度。"态度"这个词，透露出为每一种明显的倾向所必需的偏见。倾向暗含着排斥，而排斥则意味着许多在生活中发挥作用的心理因素，因为与普遍态度不相容而被剥夺了存在的权利，正常人可以遵循这种普遍倾向而没有屈辱和伤害，而那些由于不能忍受高楼大厦而迁居穷乡僻壤的人，会最先发现这些等待着在集体生活中发挥作用的心理需要。这样，艺术家适应能力的相对缺乏反而成了他的有利条件；它保证了艺术家遵循他自己的渴望，远离那已经被人走过的道路，去发现那将要迎合他那个时代的无意识需要的东西。因此，正如个人意识倾向的片面性从无意识的反作用中得到纠正一样，艺术也代表着一种民族和时代生命中的自我调节过程。

我知道在这一讲中，我仅仅能够勾画出我的观点的粗略轮廓。但是我希望，那些我不得不省略了的部分，也就是说它们在艺术作品中的实际应用，已经被你们自己的思想所填补，这样也就给了我抽象的理论框架以新鲜、生动的内容。

冯　川译

——选自《荣格文集》，改革出版社 1997 年版

实用主义美学

实用主义美学在19世纪末产生于美国特定的社会环境中，其创始人是皮尔士，在《如何使我们的概念明晰》一文中，第一次提出了概念的意义就在于它的效用这个实用主义的基本观点。这个观点经过美国的詹姆斯(《信仰的意志》和《实用主义》)和杜威(《哲学的改革》、《经验和自然》和《逻辑:探究的理论》)的发挥和系统化，形成很有影响的哲学派别。20世纪初逐渐在西方社会流行，近年来实用主义与逻辑实证主义合流，发展为逻辑经验主义和操作主义，其代表人物是刘易斯和布里奇曼。实用主义哲学把客观世界(自然)归结为“经验”，反对把人与经验同自然界截然分开，认为主观与客观的区别只是经验内部的区别，在经验的范围之内，主体和客体、人和自然之间由于连续性而成为一个不可分割的整体。人要适应环境，就得通过“交涉”来与环境相协调，这就是经验，而科学就是人应付环境的工具，只要它是“方便的”，能取得成功和效用，便是真理。由于实用主义反映了美国垄断资产阶级的利益而被奉为美国正统的哲学。

实用主义美学是实用主义哲学在美学领域中的运用，其代表人物是杜威。杜威在《艺术即经验》这部美学著作中提出的主要观点有:(1)把对客体和主体、人和自然之间的连续性的强调引申到艺术领域之中，认为艺术并不是高高在上的特殊的审美经验，美感经验与一般的日常经验并无根本差别，它只不过是“精练的和强化了的经验形式”，那种均衡、圆满、中和的经验就是美。(2)强调艺术表现中的经验内容。艺术不在于纯粹的形式，也不在于情绪的直接表现，艺术只是借助于媒介来表现完整的经验，所以他攻击现实主义艺术，认为它没有通过经验形式来加工客观材料，把艺术内容与客观的东西等同起来。(3)他反对把艺术划分为“有用的艺术”和“美的艺术”，强调艺术的工具作用，认为艺术有助于人们利用既往的经验，来造就新的、更好的经验。

除了杜威，致力于用实用主义来框架美学的还有克莱伦斯·刘易斯和斯蒂芬·佩珀等人，他们都把经验视为人和环境的相互作用，因此立足于主客体的关系来界说艺术和审美经验，虽然侧重点各有不同。

（陈超南）

杜 威

约翰·杜威（John Dewey，1859—1952）是美国哲学家、教育学家和心理学家，实用主义的主要代表。他出生在佛特蒙州的一个小商人家庭，1875年就读佛特蒙大学，1884年以论文《康德的心理学》在约翰·霍普金斯大学获哲学博士学位。先后执教于密歇根大学、芝加哥大学和哥伦比亚大学等校，并出任教育系和哲学系的系主任。1919年至1921年，杜威应胡适等人的邀请，来华分别在北京、上海、山东等地作过多次讲演，讲稿译出整理后以“杜威五大讲演”为书名在中国出版。

杜威著述丰厚，一生写了三十多本书，涉及哲学、心理学、教育学和美学等诸多领域，影响广布的有《我们怎样思维》(1910)、《实验逻辑论文集》(1916)、《哲学的改造》(1917)、《人性和行为》(1922)、《经验与自然》(1925)、《确定性的追求》(1929)、《艺术即经验》(1934)和《人的问题》(1946)等多种。他的实用主义理论较之他的两位前辈皮尔斯和威廉·詹姆斯，更强调经验与自然的关系，而将自己的哲学叫做“经验的自然主义”。经验作为杜威哲学的核心概念，实际上已是一个超越主客体对立，形似包罗万象的概念。据杜威的解释，经验不是客观对象的主观映象，也不是纯粹的主观意识，反之这两种看法都是将主客体分裂开来，故而是“二元论”。他在《经验与自然》的序言中说，经验与生活、历史是同类语言，它不仅包括人们做些什么和遭遇些什么，他们追求什么，爱些什么，相信和坚持些什么，而且也包括人们是怎样活动和怎样受到影响的，他们怎样操作和遭遇，怎样渴望和享受，以及他们观看、信仰和想象的方式，简言之是能够经验的过程。这样，经验就成为一个与自然连续的“不可分析”的整体了，其中包含着主体，也包含着客体。

杜威的上述哲学思想也明显见于他的美学和艺术思想。如在算得上是他美学专著的《艺术即经验》中，杜威明确提出艺术的源泉存在于人的经验之中，故艺术哲学应当恢复审美经验与日常生活经验之间的延续关系，因为两者原是血肉相连，不可分割的。审美经验是日常经验的一种提炼,一种更为集中的形式表现,两者并无质的区别,要说两者之间有什么大的不同,那么毋宁说先者是体现了一种经验的整体性。正是基于这一认识,杜威反对艺术高高在上、受人顶礼膜拜的传统,认为这会使艺术成为脱离大众的"博物馆艺术";反过来大众对美的追求,真正的艺术既然高不可攀,那么就很有可能转向庸俗的东西。杜威甚至将艺术与日常经验的分裂趋势,归结为工业社会的机械化生产,称艺术家因为无法大量从事机械化生产,过去紧密服务社会的功能既经疏远,他就故意夸大自己与外界的隔绝状态,而至达到怪癖的程度。另一方面,经验作为有机生命与其环境相互作用的结果,生命在不断失去与周围环境的平衡,又在不断重新建立平衡,而在从失调转向和谐的那一刹那间,便是生命最剧烈的瞬间,这时的经验就具有了美。再把过去的记忆和将来的期望加诸经验之中,这样的经验就是完整的经验,就构成了理想的美。所以经验是艺术的萌芽。

这里所选的是杜威《经验与自然》一书中的第九章《经验、自然和艺术》,基本上可以比较全面地反映出杜威实用主义哲学的美学和审美教育思想。诚如该书序言部分杜威所言,正是在艺术中,自然的力量和自然的运作在经验里面达到了最完备、最高度的结合。当然在杜威这里与经验携手并进的自然,同样已经不复是一种纯客观的存在了。

(陆　扬)

经验、自然和艺术

在希腊人看来,经验系指一堆实用的智慧,是可以用来指导生活事件的丰富的洞察力。感觉和知觉乃是经验所具有的机缘,它们供给经验以有关的材料,但它们自己却并不构成经验。当加上保持作用而在许许多多被感觉和被知觉的情况中有一个共同的因素抽绎了出来,因而在判断和执行中可以为我们所用的时候,感觉和知觉便产生了经验。按照这样的理解,经验就在优良的木匠、领港者、医师和军事长官的鉴别力和技巧中显现出来;经验就是艺术。现代的学说曾经十分恰当地把这个名词的应用加以扩充而包括了许多希腊人所不称为经验的事物,如单纯地有些疼痛和痛苦或者在眼前有许多颜色的闪动。但是,我认为即使那些赞成这样广义用法的人,也会承认只有当这样的"经验"变成洞察或一种所享有的知觉时,它们才算是经验,而且他们会承认只有如此他们才以这种尊重的意义来说明经验。

不过，希腊的思想家们，在把经验跟所谓理性和科学的东西加以比较时，是轻视经验的。但是他们轻视经验的根据并不是现代哲学中平常所提出的理由，并不是因为经验是“主观的”。反之，经验被认为是宇宙力量的真正表现，而不是一种完全为动物或人类本性所持有的属性。它被视为比较低级的自然部分的现实，而这些部分受机遇和变化所侵蚀，是宇宙中具有较少真实性的部分。因此，当我们说经验就是艺术的时候，艺术反映自然的、偶然的和片面的情况，而科学——理论——则显示其必然的和普遍的情况。艺术产生于需要、匮乏、损失和不完备，而科学——理论——则表现实有的丰满和完整。因此，这种轻视经验的观点和把实践活动视为低于理论活动的这样一个见解是完全一致的，它认为实践活动是有所依附的，是从外面推动的，显得缺乏真实性，而理论活动是独立的和自由的；因为它是完备的和自足的：它是完善的。

和这个前后一贯的主张相反，我们发觉现代的思想中却有一种奇怪的混合物。后者感觉到没有责任提出一个把艺术和自然结合在一起的关于自然存在的学说；反之，它时常主张科学或知识乃是自然唯一真实的表达方式，而在这样的情况之下，艺术就必然是任意地附加于自然之上的一种东西了。但是现代的思想也把发扬科学和赞赏艺术，尤其是美术或有创造性的艺术，结合在一起。同时，它保留了古代重理论轻实用的实质，不过以一种不同的语言加以陈述，大致是说，知识涉及客观实在的本身，而在所谓“实用”的情况中，客观实在就被欲望、情绪和努力等主观因素所改变，并在认识上被歪曲了。然而在它赞美艺术时，它没有留意到在希腊人的观察中最显著的这样一个事实——即美术和工业技术都是属于实用方面的事情。

人们几乎普遍地把艺术的和美感的东西混淆不清，而这种混乱的状况一部分是这种情况的原因，而一部分也是它的结果。一方面，是对付身外的材料和能量的行动，把这些材料汇集起来，加以精练、安排和布置，以至它们所形成的这种新的状态产生了一种为它们原来所未曾产生的使人满意的状况——这一个公式既用来说明美术，也用来说明工艺。而另一方面，则是伴随着视觉和听觉所具有的一种愉快之感，沉醉于对象的感受欣赏和类化，而对于自己也参与在产生这些对象的活动过程中的情况则置之不顾。如果我们承认这两件事情是有区别的，那么我们是否用“美感的”和“艺术的”或别的字眼来说明这个区别,这都没有什么关系;因为这不是一个在文字上的区别,而是在对象上的区别,但是这个区别必须在某种形式之下予以承认。

产生希腊艺术的这个社会范围是小的,在生产和消费之间还没有很多的和复杂的中间媒介;生产者实际上是处于一种奴隶的地位。由于生产和可以享受的结果是紧密联系着的,这些希腊人在他们知觉上的利用和享受中对于匠人及其工作绝不是完全没意识到的,而且即使当他个人完全沉溺于愉快的静观之中时也不是这样的。但是艺术家就是一个匠人(艺术家一词丝毫没有现代用法中所具有的那种带有颂扬性质的含意),而且既然匠人处于一个较为低下的地位,那么对任何艺术作品的享受,跟对那些不需要手艺活动就能实现出来的对象的享受,就不是处于同等地位的。理性思维的对象、静观领悟的对象,就是符合于不受需要、劳动和物质的约束的这个特点的唯一的东西。只有这种对象是自足的、自在的、自明的,所以对它们的享受比对艺术作品的享受是占有较高地位的。

这些见解是彼此一致的,而且跟当时的社会生活条件也是一致的。现在我们却把许多彼此既不一致而又不与我们现实生活的情调相符的概念混杂地结合在一起。虽然认识活动的实践,已经跟工艺活动的程序打成一片了——即包括有处理和安排自然力量的行动在内——但大多数的思想家却仍然把知识视为对最后实体的直接掌握。再者,在说科学是掌握实在的同时,“艺术”却并未被视为低级的东西而同样地受到尊重和颂扬。而且当人们在艺术内部把生产和欣赏区别开来的时候,通常是作品的生产受到主要的尊重,因为它是“具有创造性的”,而鉴赏是比较为个人所有的和被动的,因为它的内容依赖于从事创造的艺术家的活动。

如果希腊哲学把知识视为静观而不是把它当作一种创作艺术是正确的,而且如果现代哲学也接受这个结论,那么唯一逻辑的途径就是相对地轻视一切生产形式,因为它们是一些实践的方式,而按照概念上讲来,实践的方式是低于静观的。于是艺术的东西便较次于美感的东西了;“创造”较次于“鉴赏”,而科学工作者——正如我们意味深长地说——在等级上和在价值上比享受他的劳动成果的艺术消遣者都是较为低下的。但是如果现代把艺术和创造放在第一位的趋势是有道理的,那么我们就应该承认这个主张的含意而予以贯彻。于是我们就会看到,科学就是艺术,艺术就是实践，而唯一值得划分的区别不是在实践和理论之间的区别，而是在两种实践的方式之间的区别：一种实践方式是不理智的，不是内在地和直接地可以享受的，而另一种实践方式则是富于为我们所享有的意义的。当我们开始有了这样的觉察时，这就将十分明白了，艺术——这种活动的方式具有能为我们直接所享有的意义——乃是自然界完善发展的最高峰，而“科学”，恰当地说，乃是一个婢女，领导着自然的事情走向这个愉快的途径。因此，使当前思想界感到苦恼的这种分裂，即把一切事物划分成为自然和经验，把经验划分成为实践和理论，艺术和科学；把艺术划分成为工艺和美术，卑贱的和自由的等等，都会消逝了。

因此，我们从其含蓄的意义方面来讲，把经验当作是艺术，而把艺术当作是不断地导向所完成和所享受的意义的自然的过程和自然的材料，在这个论点中就把以前所考虑过的一切论点都总结在内了。思想、智慧、科学就是有意地把自然事情导向可以为我们直接所占有和享受的意义。这种指导——即操作的艺术——本身就是一件自然的事情，在这件事情的过程中，原来片面而不完备的自然变得十分完满；因而有意识的经验的对象，当它们被反省地选择出来时，便形成了自然的“终结（目的）”。形成经验的行动和遭受，按照经验是理智的或富有意义的程度，成为动荡的、新奇的、不规则的东西跟安定的、确切的和一致的东西所形成的一种联合——这也就是说明艺术的和美感的东西的一种联合。因为只要是有艺术的地方，偶然的和进行着的东西跟形式的和重复的东西便不再是向着相左的目的发生作用，而是在和谐的状态之中混合在一起了。而且有意识的经验，即时常被简称为“意识”的明显特征，就是在其中具有工具性的东西和最后的东西，作为记号和暗示的意义和直接被占有、被遭受和被享受的意义，都结合而成为一体了。而所有这些事情，对艺术而论则尤为真实。

于是艺术首先就是自然中一般的、重复的、有秩序的、业已建立的方面和它的不完备的、正在继续进行着的，因而还是不定的、偶然的、新奇的；或者如某些美学体系曾在实质上宣称过的，虽然他们所用的名词是没有经验上的根据和意义的，艺术乃是必然和自由的一种结合，多和一的一种协调，感性和理性的一种和解。关于任何艺术的动作和产物，我们可以说以下两点必然都是对的：在艺术中，对任何部分的改变都势必不可避免地也改变了全部，同时，艺术的发生乃是自发的、意料之外的、新鲜的、不可预测的。在艺术中,无论把它当作是一种动作或是一个产品,总是出现有比例、经济、秩序、组合,这是一件众所周知之事,已无须加以详论。但是意料之外的结合和过去未曾实现过的可能性后来的显现也同样是必要的。"在激动中的宁静"(repose in stimulation)乃是艺术的特征。秩序和比例,如果它们是唯一的东西,也就会立即枯竭,经济本身就是一个讨厌的和具有拘束力的监工。当它使人松弛的时候,它就是艺术的了。

自然界基本的一致性使得艺术具有形式,因而这种一致性愈是广泛和重复,艺术就愈"伟大",但是有个条件——而这个条件却显示出了艺术的特点——即这种一致性要跟对新颖的惊奇和对无理的宽容不可以分辨地混合在一起。"创造"可以说得含糊而神秘,但它系指艺术中某些真实而不可缺少的东西而言。单纯完成的东西并不是美好的,只是终结了,做完了,而单纯"新鲜"的东西,正如这个词的俚语用法所指出的,就是鲁莽无礼①。诗的"魔力"——而有所孕育的经验是具有诗的性质的——就是旧有的意义由于它通过新的事物表现出来后所产生的启示。它所放射出来的光芒过去在大陆上和海洋里都是从未见到过的,而今后却成为永久对于对象的普照明光。音乐在其直接的发生状况中乃是艺术中最为变化多端而轻松微妙的,但是它的条件和结构却是最为机械呆板的。这些事情都是众所周知的;但是在通常还未曾利用这些事情的意义来证明一个关于自然之本质的学说之前,我们引述它们是没有表示歉意的理由的。

界说艺术的两极,一方面是机械习惯的东西,而另一方面是偶然的冲动。当生活的缺陷和烦恼是如此明显地由于人们把艺术跟盲目的机械和盲目的冲动两下分开的缘故时,如果我们再把科学和艺术对立起来的话,这是没有什么价值的。机械呆板表示自然界的一致性和重复,而动荡不定则表示其混乱的开端和偏差。如果把这个方面孤立起来,每一单个的方面都是既不自然的,又不艺术的,因为自然就是自发性和必然性,有规则的和新颖的东西,已完成的东西和刚开始的东西,这样两个方面的相互交叉。我们反对好些当前的实践情况,因为它是机械呆板的,这是正确的,而同样正确的是:我们反对好些我们当前的享受情况,因为它们是逃避强迫劳役的一种狂热。但是如果我们把对我们实际生活中好些在质量

① "fresh"普通作"新鲜"解,但按照美国俚语的用法,又作"鲁莽"、"无礼"、"骄傲"等解释。——译者注

方面的合理的反对转变成为对于实践的一种描述和说明，这就无异于我们把我们反对庸俗的消遣、无聊的娱乐和沉湎于酒色的正确意见转变成为一种清教徒式的对于快乐的厌恶。把工作、生产活动当作是为了单纯外在目的而进行的动作的这个观念，和把快乐当作是使心灵服从于肉体上的兴奋刺激的这个观念，原来就是同一个观念。第一个概念标志着把活动跟意义分隔开来，而第二个概念标志着把感受跟意义分隔开来，如果经验已不成其为艺术，如果在自然中有规则的、重复的东西和新奇的、不定的东西不再在一种具有内在的和直接所享受的意义的生产活动中彼此互相支持和互相沟通，那么上述的两种分隔开来的情况都是不可避免的。

因此，我们的主题已在不知不觉中转入手段和后果、过程和产物、有工具性的东西和圆满终结的东西之间的关系问题了。如果任何活动同时是这两方面，既非在两者之中选择其一，也非以其中之一代替另一，那么这种活动就是艺术。生产和消费的分隔是一件通常发生的事情。但是如果为了提高圆满终结这一方面的地位而强调这种分隔情况，这既没有说明或解释艺术，也没有说明或解释经验。这使得它们的意义晦涩不明，结果把艺术划分成为工艺的和美术的；如果我们把这些形容词放在“艺术”的前面而作为字首，它们就毁灭和破坏了“艺术”的内在意义。因为，只是有用的艺术就不成其为艺术而只是机械习惯罢了；而只是艺术的艺术，也不成为艺术，而只是消极的娱乐和消遣，其所不同于其他的纵情享乐之处，仅在于它还需要一定的锻炼或“修养”而已。

确有一些不具有直接被享受的内在意义的活动，这是不可否认的。它们包括我们在家庭里、在工厂里、在实验室和书房里很多的劳动。不能利用语言的夸大方法来把它们称为是艺术的或美感的。然而它们却存在而且带有强制性，因而使得我们不能不在某种程度上去注意它们。所以我们乐观地称它们是“有用的”而置之不顾，满以为把它们称为有用的之后我们就已经似乎解释和说明了它们之所以发生的道理。如果有人问：“对什么有用?”我们就必须检验它们实际的后果，而当我们一经真实地和全部地面临到这些后果时，我们大致会找到理由来把这类活动称为有用的，而不是有害的。

我们称它们是有用的，因为我们忽然任意地不去考虑到它们的后果。我们只注意到它们产生某些物品的效力；我们并没有追问它们对于人类生活和经验的性质发生了什么影响。它们对于做鞋子、建房子、制汽车、造货币以及其他当时可以拿来使用的东西是有用的;探索和想象到这里便停顿了。它们由于狭窄的、痛苦的和残缺的生活,由于拥塞的、忙碌的、混乱的和奢侈的生活也造成了一些后果,而这些后果却被忘却了。但是所谓有用就是满足需要,人类特有的需要就是去占有和欣赏事物的意义,而这种需要在传统的对于"有用"这个概念中却被忽视而未曾予以满足。我们把利用跟某些事情和动作和它们所产生的其他事物之间的外在关系等同起来,因而我们把对于利用这个观念最主要的唯一东西,即在经验中的固有地位和影响却遗漏了。我们把某些艺术当作仅仅是具有工具性的这个概念进行归类上的利用,因而处理了人类大部分的活动,这并不是一个解决问题的界说;毋宁说它只是表达了一个重大的和迫切的问题。

同样的说法可以应用到单纯的美术或最后的艺术和艺术作品这个概念上。以事实而论,这个概念所指的事物可以归为三类。有所谓"自我表现"的活动和感受,有时把它用来当作是具有推崇的意义的,在这样的情况之下一个人任意放纵他自己,把自己内心的状态自由地流露出来而不涉及那些为理智的沟通所依赖的前提条件——这种动作有时也称为"情绪的表现",于是它便建立了一个说明一切美术的界说。我们容易处理这样的艺术,我们可以把它称为是自我中心主义在其他事业方面遭遇到障碍之后所产生的一种结果。但是这样处理的办法忽视了一个比较重要的地方。因为一切艺术总是把这个世界制造一个不同的生活处所的过程,而且还包括有抗议和补偿行为的一方面。在这些表现中存在的这种艺术其产生的原因在此。这种抗议之所以变成主观武断的和这种补偿行为之所以变成任意偏执的,这是由于在意义的沟通之中受到了挫折的缘故。

除了这个类型以外——而时常是和它相混杂的——还有一种在新的方式或新的手艺中从事实验的活动,在这种情况下,作品所具有的这种显得奇异和过分个人主义的特征,是由于对于现存技术的不满而还带着有一种寻求新颖的语言方式的企图。除了这一点以外,它或者是推崇这些表现,似乎它们在人类历史上第一次构成了艺术;或者是贬责它们,而不承认它们是艺术,因为它们粗暴地脱离了公认的法规和方法。向这个方向发展的某种运动一向是促使一些新形式成长的一个条件,一向是使艺术从所谓学院艺术的致命的停顿和衰退中解放出来的一个条件。

还有数量上庞大的所谓美术:称为建筑艺术的房屋建筑;称为绘画艺术的图画创作;称为文艺的小说、戏剧等等的写作;这一类的产品其实大部分是一种商业工艺的形式，生产一类的货品以备那些有钱而想维持一种为社会习俗所公认的特殊地位的人们来购买。正如前两种方式特别地重视在一切艺术中所不可缺少的那种特殊性、偶然性和差异性的因素，有意地夸耀自己避免了自然界的重复和秩序；同样，这一种方式也颂扬有规律的和完成的东西。与其说它是纪念被经验的事物所具有的意义，毋宁说它是对这些意义的回忆。它的产品使得它们的所有者回想到一些在记忆中是愉快的，虽在直接的经历中是痛苦的东西，而且它也使得其他的人回想到它们的所有者所曾经达到的那样一种使他有可能来培养和点缀他的闲暇的经济水平。

在这三类的活动和产品中，显然没有任何一类或者它们结合在一块儿足以显示出任何能够被明确地称为美术的东西。它们所具有的性质和缺点是许多其他的动作和对象所共有的。但是幸而这三者中每一类可以跟任何一类混合起来，而且尤其幸运的是，可以没有混杂地发生一种突出优越的活动和产品。当活动能够产生一个足以激起不断刷新的愉快心情的对象时，就会发生这种情况。这种情况要求这个对象及其后继的结果要具有无限的工具作用以产生新的使人满意的事情。因为否则这个对象很快就枯竭了，而人们对它就感到餍足了。如果任何人思考一下这个众所周知的事实，即衡量艺术作品的尺度就看它们能否吸引和抓住人们对它们的观察而使他们无论在什么条件下接触它们时都会感到满意，而质量差一些的东西立即就失去了抓住人们注意力的能力，而在以后的接触中就变成漠不相干或冷淡无味的了，这就确切地证明了，一个真正的美感对象并不是完全圆满终结的，而是还能够产生后果的。如果一个圆满终结的对象也不是具有工具作用的，它不久会变成枯燥无味的灰尘末屑。伟大艺术所具有的这种“永垂不朽”的性质就是它所具有的这种不断刷新的工具作用，以及进一步产生圆满终结的经验。

当我们留意到这个事实时，我们也就看得出，把艺术的美的性质仅限于绘画、雕刻、诗歌和交响乐，这只是传统习俗的看法，甚或只是口头上的说法而已。任何活动，只要它能够产生对象，而对于这些对象的知觉就是一种直接为我们所享受的东西，并且这些对象的活动又是一个不断产生可为我们所享受的对于其他事物的知觉的源泉，就显现出了艺术的美。有各种的动作直接使得这种精神重新振作和继续扩大，并且它们是生产新对象和新性向的工具，而这些新对象和新性向又回过来能够产生进步的精练和充实。道德家们时常把他们所认为优良的或合乎道德的行为当作完全是最后的,而把艺术和感情当作单纯是手段。美学家则背道而驰,把良好的行为当作是达到一种后来外在的快乐的手段,而只有美感欣赏本身才被称为是美好的,或者说,只有那种奇怪事情本身才是一个终结(目的)。但是这两方面都认为:这些所谓手段的东西,在它们卓越地产生果实时,它们本身也是一种直接的满意状态。它们就是它们本身之所以存在的理由,这正是因为它们负有一种加速领会、扩大眼光、精练鉴别力、创造为进一步的经验所证实和加深的欣赏标准这样一个使命。当我们坚持它们所具有的非工具性的特征时,看起来几乎好像是指一种不确定地扩张的和放射的工具效能而言。

这种错误的根源在于我们有一种习惯,把并不是手段的东西也称之为手段;这些东西,只是另一些东西发生的外在的和偶然的先在因素。同样,除了偶然的情况以外,并非目的的东西也被称为目的,因为它们并不是通过一种手段而达到的满足状态、圆满终结的东西,而仅仅是结束一个过程的最后一端。因此人们时常说,工人的劳动乃是他的生计的手段,然而除了在最微细的和任意的方式以外,它跟他的真实生活并没有什么关系。即使他的工资也不是他的劳动的目的或后果。他可以从事成百件其他工作中的任何一件工作,作为收入的一个先决条件——他经常就是这样做的——而且是做得一样好或一样坏。当前流行的关于工具性的这个概念,由于人们有这种把它用于以上的这类情形的习惯而深刻地受到了损害,因为在上述的情况中,并不是对于手段的一种运用,而只是去从事某一件工作,作为另一件需要的事情发生的一个强制的前提的那种强制的必要性。

手段总至少是原因条件;但是只有当原因条件再具有了一种附加的条件时,它们才是手段;这个附加的条件就是这些原因条件由于我们觉知它们跟我们所选择的后果之间的联系而随意地被我们所使用。考虑、选择和完成某种事情而把它当作是一个目的或后果,就势必对于作为其手段的任何事情和动作也要具有同样的爱护和关怀。同样,后果、目的至少总是原因所产生的结果;但是结果并不是目的,除非思维已经知觉和自由选择作为它们先决条件的这些条件和过程。把手段当作是卑贱的只有工具作用的东西和仆从的这个看法,不仅仅是把手段贬责为强制的和外在的必要性而已。它使得一切赋有目的这个名目的事物都成为特权的一些附着物，而“利用”这个名称则变成了替那些不属于优越而合理的生活之组成部分的事物进行辩护的一个理由。现在生计并不是一个工资劳动者的劳动所产生的后果，它是形成这个经济制度的其他许多原因所产生的结果，因为劳动仅是这些其他原因的一个偶然的附属物而已。

油墨和操作处理的技巧乃是作为目的的一幅图画的手段，因为这幅图画就是它们的结合和组织。声调和耳朵的感受性在适当的交相作用时就是音乐的手段，因为它们构成、造成音乐，同时也就是音乐。一种美德性向乃是达到一定性质的快乐的一个手段，因为它也是构成那种美德性质的一个组成部分，而这种快乐又回过来是达到美德的手段，因为它也保持着美德性质。面粉、水分和酵母乃是做成面包的手段，因为它们是面包的内含成分；面包是生活中的一个因素，而不仅是维持生活的一个手段。一个良好的政治制度、忠诚的警察系统和有能力的司法官员，乃是达到这个社会的繁荣生活的手段，因为它们是那个生活中的统一的部分。科学是艺术所具有的工具，而且也是达到艺术的工具，因为它就是艺术中的理性因素。有一句平凡的话说，如果一只手不是属于一个生活着的机体的一个器官——一个均衡的活动体系中的一个活动着的协调部分——它就不成其为一只手，这句话却非凡地适用于所有一切作为手段的东西。手段—后果的联系永远不是在时间上单纯连续的一种联系，作为手段的这个因素过去了、消逝了，而这个目的便开始了。一个主动的过程是在时间中间提出来的，但是在每一个阶段和每一点上总有一种积累，逐渐地累积和组合起来而变成了后果的组成部分。一个对于产生一个目的真正具有工具作用的东西，也总是这一个目的所具有的器具。它使得它所由体现出来的对象继续地具有效能。

把某些东西当作单纯的手段而把另一些东西当作单纯的目的，并在这两者之间加以分隔的传统思想，乃是劳动阶级和有闲阶级之间，并非也是圆满的生产和不从事生产的圆满终结之间的分别存在的一种反映。这种区别不仅仅是一种社会现象。它体现着在人类的水平上所保持着的属于动物生活中所具有的一种在需要和满足之间的区别。而这样的区分又表现自然中在失去均衡的、紧张的情境和已经达到均衡的情境之间所存在的这种机械的外在关系。因为在自然中，在人类以外，除了事情是在“发展”或“进化”中结束的（在“发展”或“进化”中，过去历史的后果是在新的效能中继续积累地前进着的）以外，先在的事情总是发生一件具有直接的和静止的性质的事情的外在的、有过渡性的条件。以动物而论，动作对于它是没有意义的，在满足需要时所要求的环境的变化本身是没有意义的；这类的变化乃是属于自我中心的满足状态范围的一个纯粹的偶然之事。先在事情和后果之间在物理上的外在关系被继续保持下来；它在人类的工业中也同样继续下来，在人类工业中劳动及其原料和产物乃是维持生活的一些在外在上有强制性的必需品。因为希腊的工业大部分是建立在这样一种奴隶劳动的水平上，一切工业的活动都被希腊思想认为是一种单纯的手段，一种外在的必需品。可以由此而得到的满足便被认为是孤立地属于纯动物性质的目的或好处。对于一个真正人类的和理性的生命而言，它们便绝不是目的或好处，而只是“手段”，那就是说，它们只是一些外在的条件，它们乃是自由人，尤其是那些专心致力于追求自由之极峰、纯思维的人们所过着的和享受的生活所必需的有强制性的先决前提。亚里士多德曾经从这个假定的前提得到了一个公正的结论，他说，人们是有阶级的，而这些阶级的人们乃是这个社会的必需材料，但却不是它的主要部分。在这个结论中他说：“当有一个东西是手段而另一个东西是目的的时候，在它们之间是没有什么共同之点的，而所有的只是一个是手段，在生产，而另一个是目的，在接受所产生的结果。”他的这句话就概括地说明了手段和目的之间这种外在的和强迫的关系的全部原理。

因此，下面这一点看来几乎是自明之理了，哲学传统中曾经采用在具有工具作用的东西和最后的东西之间的区分来当作一种解决问题的结论，但这种区分其实却引起了一个根深蒂固而牵涉得很广泛的问题，甚至我们可以把它称为关于经验的最基本的问题了。因为人们的一切理智的活动，无论是表现在科学中的、美艺中的或社会关系中的，都是以把因果结合、连续关系转变成为一种“手段—后果”的联系，转变成为意义，作为它们的工作任务的。当这个任务完成的时候，结果就是艺术；而在艺术中手段和终结(目的)是一致的。只要所谓手段仍是外在的和属于仆从地位的，所谓终结(目的)乃是所享有的对象，而这些对象进一步成为其他事物之原因的地位又是尚未为人所知觉到，被人们所忽视或者否认的话，这种情境便是艺术具有局限性的正面证明。在这种情境所包含的许多事情中这个问题还未曾得到解决：即把物理的和动物的关系转变成为标志着自然的可能性的各意义之间的联系的问题还未曾得到解决。

无疑地，人类是作为物理的和动物的自然界中的一部分而开始的。

当他在一个严格的物理的水平上反映物理的事物时，他和任何其他的东西一样，只是被拖拉和推撞，被压裂，被粉碎，被高举在事物波涛的顶上。他的接触、他的遭受和行动都只是一些直接交相作用的事情。他是处于一种“自然状态”，像一个动物一样，甚至像一个处于猛兽水平的动物一样，他设法使某些物理的事物服从于他的需要，把它们变成维持生命和促进成长的原料。但即使在这时候，作为满足需要之原料的事物以及获取和利用它们的这些动作，还不是对象或具有意义的事物。欲望本身是盲目的，这一点是明显的；它可以推动我们而得到一种安适的结果而不是遭遇到灾难：但我们完全同样是在被推动着。当人类知觉到欲望的意义，知觉到它所导致的后果，而这些后果又在反省的想象中加以试验，其中有些看来是彼此一致的，所以可以同时共存和排列成为一系列的成就，而另有一些则看来是各不相容的，既不容许在同一时间结合起来，而在一个系列中又是彼此发生阻障的——当我们达到了这样一种境界时，我们便生活在人类的水平上了，我们在从事物的意义方面去反映事物。一个因果之间的关系已被转变成为手段和后果之间的关系了。于是后果便完全属于可以产生它们的条件，而后果又是具有特征和区别的。原因条件的意义也转入了后果之中，因而后果就不再是一个单纯的终结、一个最后的和结束的停顿点。它在知觉之中凸显出来，它显得具有了它所包含的条件所具有的效力。这种后果所具有的满足和圆满终结的价值，是可以用以后满足需要和使需要受到挫折的情况来衡量的，而它由于组成它的原因的手段而对于以后所产生的满足需要和使得需要受到挫折的情况是有所贡献的。

因此，意识到意义或具有一个观念就标志着一个结果，对于事情之流变所享受到或遭受到的一个停顿之点。但是有各种各类知觉意义的途径，有各种各类的观念。意义也许是根据一些被我们匆匆地突然获得而跟它们的各种联系脱了节的后果来决定的；于是便阻碍了一些比较广泛而持久的观念的形成。或者我们也会觉察到一些意义，获得一些观念，它们既有广泛而持久的范围而又有丰富细致的区别。后一类的意识就不仅是一个转瞬即逝的和肤浅的圆满结果或终结：它吸收了许多的意义在内，而这些意义包含着各方面的存在物，是融会贯通的。它标志着长期继续努力的结果，标志着坚持不懈的寻索和检验的结论。简言之，观念就是艺术和艺术作品。作为一种艺术品，它直接解放了以后的行动，而使它在创造更多的意义和更多的知觉中获得更为丰富的果实。

这样的一些成就，跟物理的和动物的自然界大部分所表现出来的经验比较起来，是多么稀少而不稳定，认识到这一点乃是我们智慧的一部分。我们所有的自由而丰富的观念，我们由于创造艺术而获得的适当的欣赏，乃是被一个不可克服的汪洋大海所包围着的，在这个汪洋大海中，我们到处都遇到许多未知的力量所产生的偶然事件而命定地被卷入许多预见不到的后果中去。在这里，的确我们是过着一种奴仆的、卑贱的、机械的生活；而且在我们这样的生活中有时有些力量盲目地引导我们达到了我们所喜欢的终结，而有时我们又被带入一些我们所盲目反抗的条件和结果之中去。结果，我们如古典思想一样，把这种方式之下所遇到的满足状态称之为"终结(目的)"而把这个字眼用来具有一种推崇的意义的话，我们其实就是宣布我们是从属于偶然事件的了。我们的确可以享受命运之神所赐予我们的好处，但是我们却应该要认识到它们是怎么一回事，而不应该全盘地肯定它们是好的和正当的。因为既然它们并不是通过任何艺术而达到的，因而其中就不包含有审慎地选择和安排力量的过程，我们就不知道它们具有什么意义。有一个古老的故事说得很对：命运之神是反复无常的，而且在他使得他亲爱的人们沉醉于富贵繁华之中以后，又喜欢把他们毁灭掉。艺术的好处并非不如自然的赋予那样好：此外它们还带有一种睁亮了眼睛的自信心。它们是在意识地运用手段而得到的果实；它们是一种满足状态，而这种满足状态又由了我们有意识地控制业已参与其中的原因条件而产生进一步的后果。除了命运之外就只有艺术，而意义和工具的价值跟结果分开乃是命运的精蕴。文化中秘传的特征和宗教中超自然的特性都是这种分隔状况的表现而已。

现代思想曾经在形式上拒绝信仰自然目的论，因为它发觉希腊和中古的目的论是幼稚而迷信的。然而事实总有办法迫使人们承认事实本身。很少有科学著作不在某一点上加入这种关于倾向的观念。这种关于倾向的观念在它本身中一方面排斥了预先的设计，而同时又包括有倾向于一个特殊方向的运动在内，这个方向或者是被推进了或者遭受到抵抗和挫折，但是它却是内在存在的。方向包含有一个限制的地方，有一个极终的顶点或目标和一个开端的出发点。肯定一个方向和预先意识到一个可能的运动终点，这是同一事实的两种说法。这样的意识也许是具有宿命论的色彩的；应是一种不可避免地要走向临头的劫数的感知。但是它也可以是包含有一种对意义的知觉，因而可以灵活地指导一个前进的运动。于是这个终结便是一个在预见中的终结（目的），而且是在每一个前进的阶段上经常地和累加地重新加以改进的。它不再是一个处于导致这个终点的条件以外的终止点：它是现有倾向所具有的继续发展着的意义——这种在我们指导下的事情就是我们所谓的“手段”。这个过程便是艺术，而它的产物，无论是在哪一个阶段上所得到的产物，便是一种艺术作品。

在一个建筑房屋的人看来，在预见中的终结并不只是经过许多足够的和适当的强制运动之后而达到的一个远远的和最后的目标。这个预见中的终结乃是一个计划，它是在选择和安排材料时同时发生作用的。这些材料如砖瓦、石头、木料和灰泥等，只有当这个预见中的终结实际体现在它们之中，实际构成它们时，才成为手段。其实，这些材料就是这个预见的终结所实现的现阶段。这个预见的终结在这个过程的每一个阶段上都表现出来；它是作为这些所运用的材料和所进行的动作所具有的意义而出现的；如果这些材料和行动没有表现出这种意义的话，它就不能算是“手段”；它们只是一些在原因上的外在条件而已。这句话是从事情的发生上来讲的；它也可以同样用来说明每一个阶段上的情况。当建筑工程完成的时候，这所房屋并不是“唯一的终结”。它标志着把有一定的材料和事情组织成为有效手段的结果；但这些材料和事情仍然在跟其他事物发生着因果上的关系。这时候预先看见了新的后果，抱着新的目的、预见中的终结；而这些预见的后果、目的体现在业已造成的这个东西所具有的协调配合之中。不过这时候这个业已造成的东西变成了材料，有意义的材料，跟其他的材料在一块儿，因而也就变成了手段。这个建筑房屋的过程服从于许多严格的外在条件，因而如果我们不考虑这个过程，而以一个具有自由伸缩性的活动过程，如画一幅图画或思考一个科学过程等来说明我们的问题，如果我们是带艺术性地从事这些活动，上述的那种情况就会更为清楚些。自由艺术的每一个过程都证明了手段和终结之间的差别乃是在分析上的、在形式上的，而不是在材料上和年代上的差别。

以上所述使我们能够重新说明作为客观上有所创作的艺术和美感的东西之间的区别。双方面都包含有一种对于意义的知觉，而在这种知觉中，具有工具性的方面和圆满终结的方面乃是在一种特殊的情况之下互相交杂着的。在美感的知觉中，一个为意义所渗透的对象是直接所给予的;它也许被视为理所当然的;它邀请和等待着人们直接专有的享受。在美感对象中感知到有一种产生结果的倾向;在这种对象中体现出一种手段—后果的关系,好像他过去用双手创造出来的东西曾经经过了上帝的鉴定而宣称是好的东西一样。这种好不同于色情上的满足;后者是属于所谓肉欲方面的而不是美感的,前者则是一些愉快的结局,而在这些结局发生时,我们并没有预先知道业已成为这些结局之一部分的这种关于材料和动作的意义。在沉溺于欣赏之中的状态下,知觉便走向已经通过一种松弛和激动的方式而变成了愉快结局的倾向上去。

在另一方面,艺术的感知就是把倾向作为可能性来加以掌握。这些可能性较之业已为我们所达成的材料尤为迫切地和带强迫性地激起我们的知觉。虽然在欣赏和艺术创作这两方面都直接感知、感受到这种手段和后果间的关系,但在欣赏中这个过程已经向着业已完成的方面下降;在艺术的创作中一个现得的圆满终结状况引起进一步知觉的这种情况占有主导的地位。因此,在存在中的艺术,即这个主动的创作过程,可以界说为一种美感的知觉,再加上我们对于美感对象所具有的效能的这种知觉,而这种知觉是起着操作作用的。在许多人看来,关于大多数所享有的知觉方面,这种对于可能性的感知,这种伴随着对于诗歌、音乐、绘画、建筑或自然风景的欣赏而来的激动或兴奋状态,是散漫的和混乱的:它只有在直接而不明确的方式中发生效果。我们所享受的对于一个视觉景象的知觉,在任何情况中总是那个景象在其整个联系中的一个函数,不过它联系得并不合适。在某些得天独厚的人们中,这种效果跟其他的禀赋和习惯适当地配合起来;它变成了技能的一个完整的部分,在创造一个新的欣赏对象的过程中发生着作用。不过这样的结合统一是逐步前进的和带有试验性的,而不是在每一时刻上业已完成的。因此,任何有创造性的努力都是有时间性的,会遭遇到困难和波折的。从那个意义上讲来,在一个平常人由于一个美感对象所激射发出来的能量而在他的行动上发生的这种模糊而迟延的变化,跟一个有特殊天赋的人对于以后的动作所给予的这种特别而具有一定方向的指导活动之间的差别,归根到底只是程度上的不同而已。

如果一个人不感知这种跟某一种后果的状态结合在一起而发生作用的运动倾向,那么他就只有情欲上的满足而丝毫也没有所谓欣赏。对运动倾向的感知使我们紧张、刺激、兴奋;对完成、圆满终结的感知则给予我们以平静、形式、尺度和组织。如果强调后者，则欣赏是属于古典类型的。这个类型适合于这样的条件，即如希腊人一样，创作在专门的匠人中已经职业化了；它适应于对古代或远方的成就所作的一种静观的享受，在这种情况之中条件不允许我们去从事仿效和类似的实际创造活动，任何艺术作品，当它持久地保持它所具有的这种能够激起为我们所享有的知觉或欣赏的力量时，它就立即变成古典的了。

在所谓浪漫主义的艺术中，这种超越于圆满终结限度以外而发生作用的倾向感太过分了；对不现实的可能性的一种生动的感知附着在一个对象上面；但是它是用来提高直接的欣赏，而不是用来提高进一步的创作成就的。任何具有特别浪漫主义色彩的东西激起一种感觉，觉得所提示的可能性不仅仅超过了实际的现实，而且超过了任何经验中能有效地达到的范围。就这一点讲来，有意带有浪漫主义色彩的艺术乃是任意做作的，因而也就不成为艺术。知觉上的兴奋和激动的享受变成了最后的东西，而艺术作品是用来生产这些感觉的。对未曾达成的可能性的感知被用来作为他们不去努力获得成就的一种补偿的代替物。因此，当这种浪漫主义精神侵犯到哲学领域时，在想象的情操中所呈现出来的这些可能性便被宣称是实有本身真实而"超验的"(transcendental)实质。在完全的艺术中，欣赏追随在这个对象之后，而且跟着它一同移动，直至它到达完成的境界；浪漫主义却把这个过程颠倒过来，而把这个对象贬低为一个激起一种预定的欣赏的机遇而已。在古典主义中，客观的成就是基本的，而欣赏不仅服从于这个对象，而这个对象也被用来构成情操并给予特性。作为一个主义来讲，它的毛病就是它把心灵变成是客观的所予；而把这样的所予当作似乎是永恒的而且完全跟发生和运动分开的。摆脱了任何主义的桎梏的艺术既具有运动过程和创造，也有秩序和最后的结果。

所以，要在工艺和美术之间规定种类的差别，这是矛盾可笑的，因为在艺术中就包含有在手段和终结(目的)之间的一种特殊的相互渗透的状况。许多的东西由于社会地位的理由而被称为是有用的，有着反对和轻视它的意义。有时把事物说成是属于低下的艺术，这仅仅是因为它们便宜而为普通人民所袭用。这些通常的日用品也许在后来的时代中还遗留着或者被传到另一个文化中去，如从日本和中国传到美国来，变为稀有之物而为一些鉴赏家所寻求，因而也就归于美术作品之列了。另一些东西也可以被称为是美的，因为它们的使用方式是装饰性的或者在社交上表示夸耀的。这是企图作一种程度上的区别;我们说:当对一事物意义的知觉对某另一事物起一些偶然的作用时,这一事物便是属于使用范围以内的;而当这一事物的其他用处都服从它在知觉中的用处时,这一事物便是属于美术范围内的。这种区别有一种粗略的实用价值,但不能做得太过分。因为在创作一幅画或一首诗时,和在创造一个花瓶或建筑一座庙宇时一样,知觉也用来作为达成某一些超越它本身以外的其他事物的手段。再者,虽然我们对于壶、罐、碗、碟等日用品基本上是从它们的某些用处去知觉的,但是对它的知觉本身也可以是为我们所享受的。唯一的基本区别乃是在坏艺术和好艺术之间的区别,而这个区别,即在符合于艺术条件的事物和不符合于艺术条件的事物之间的区别,同样可以用来说明有用的和美的东西。在意义中对结果的享受和产生结果的效力是互相渗透着的,而不同的产品能够使知觉具有意义,不过这种意义的完备程度不同而已;但罐子和诗词也可以同样完全不具有这种能力。一种机械地设计和制造出来的用具的丑陋,和一幅粗俗不堪和伪制赝品的图画的丑陋,只是在内容或材料上不同;在形式上它们都是作品,而且是坏作品。

思维尤其是一种艺术,而作为思维产物的知识和命题,也跟雕像和交响乐一样,乃是艺术作品。思维的每一后继的阶段都是一个结论,而在这个结论中,产生这个结论的事物的意义就被概括起来了;而且当它被陈述出来时立即就成为一道辐射在其他事物上的光芒——或成为遮蔽它们的迷雾。一个结论的先在条件,也和一所房屋的那些先在条件一样,是起着原因的作用和实际存在的。它们并不是逻辑的或思辨的,也不是一件有关于观念方面的事情。当一个结论跟随着一些先在条件时,从严格的、形式上的意义讲来,它又不是跟随着“前提”之后的。前提乃是把一个结论分析成为它在逻辑上的理由根据;在有结论之前是没有所谓前提的。结论和前提是经过了一个程序才达到的,而这个程序可以比为在制造一个木箱时使用木板和铁钉一样;或者可以比为在画一幅画使用油墨和画布一样。如果所使用的是有缺陷的材料或者是粗枝大叶地和粗劣地把它们并合在一块,结果也是有缺陷的。在某些情况中这种结果是称为无价值的,在另一些情况中,是称为丑陋的;在另一些情况中,这种结果是称为愚钝的;在另一些情况中是称为浪费的、无用的,而在另一些其他的情况中又是不真实的、虚伪的。但在每一种情况中,这个带谴责的形容词总是按照产生这作品的方法去判断所产生的这个作品的。科学的方法或者说构成真实知觉的艺术，在经验的进程中被肯定在着手其他艺术的时候去占有一个特殊的地位。但是这个独特的地位只会使它更为可靠地成为一个艺术；它并没有把它的产物，即知识跟其他的艺术作品对立起来。

有效的具有认识作用的知觉是有其存在上的根源的，这一点有时在形式上是被承认而在实质上却是被否认的；产生有效信仰的事情被称为是“心理的”。于是在心理学上所讲的发生根源和在逻辑上所讲的有效性之间便划分了一个严格的区别。当然，在编纂字典时所用的名称是没有什么特别重要性的；如果有人愿意把知识和真理的有效原因(efficient cause)称为是心理的，他完全有权利去这样做——但他要承认这些作为原因的事情所具有的现实特性。然而，这样的承认将注意到，所谓心理的不是说是属于心灵方面，或是属于完全限于头脑以内或“皮肤以下”所进行着的事情。从认识上觉察到一个对象，不同于在美感上觉察到一个对象，在这里包括有外在的物理运动和在物理方面操纵的物理用具。在这些主动的变化中，有些变化产生了不健全的和有毛病的知觉；有些却已被肯定是时常产生有效的知觉的。这个差别显然跟建筑或雕刻艺术被技巧地执行着或是被粗枝大叶地和不用适当的用具去进行时所产生的差别完全一样。所以产生证实的信仰的这些活动手续，有时被称为是“归纳的”，在这样的称呼之中就含有一种不信任它们的意义，而比较起来，演绎的功能则被认为具有一个比较优越的特殊地位。关于在这样的界说之上的演绎，我们可以提出以下的几点意见。第一，它跟与任何存在物有关真伪的问题是丝毫没有关系的。第二，它甚至于也不涉及一致性或正确性的问题，除非在一种形式的意义之下，而按照这种形式上的意义讲来(如以上所曾经指出过的)，所谓一致性的反面并不是不一致性而只是无意义。第三，出现在演绎中的这些意义乃是过去的所谓“归纳”的研究所获得的结论，那就是说，乃是通过适当的外在运动和用具去改变外在事物的一种试验艺术所产生的结果。

在科学中实际所发生的演绎法，并不是像普通定义所界说的那样的演绎法。演绎是直接处理意义彼此之间的关系的，而不是处理直接涉及存在的意义的。但是这些意义仍是这些意义的本身，而它们是借助于采用和操纵的动作——一种语言的艺术——而彼此关联起来的。它们具有理智上的重要性，而它们之所以加入科学方法之内而能产生丰富的结果，这仅仅是因为它们是被它们以外的动作所选择、运用、分隔和联合起来的,而这些动作跟在实验中使用仪器和其他物理的事物时有关的那些动作一样,也是存在的和具有原因作用的。认知的动作,无论它是关于推论或关于证明的,总是具有归纳的作用的。当思维系指任何实际发生的事物而言时,就只有一种思维方式,即归纳的思维。如果有人认为另外还有一种所谓演绎的思维,这种想法只是哲学中所普遍流行的把功能当作先在活动而把存在所具有的根本意义当作似乎是一种"实有"的倾向的另一证据。作为一种具体的活动而言,演绎是丰产的而不是不结果实的;但是作为一种具体的活动,它还包括在一种外在的采取和使用的动作,而这种动作是有选择性的,有实验性的,而且经常为后果所核对的。

知识或科学,作为一种艺术作品,好像任何其他的艺术作品一样,赋予事物以它们前所未有的特性和潜能。所谓实在论所以对这个说法提出反对,乃是由于它把不同的时间混淆起来了。知识并不是一种歪曲或曲解,把现在不属于它的题材所有的特性强加在这种题材之上;知识是一种动作,赋予非认识的材料一些为它过去所未曾有过的特性。它标志着一种变动,通过这样一种变动,原来表现出机械能量特性的一些物理的事情,由推和拉、撞、弹、分裂和结合等关系而联系起来的,现在具有了前所未有过的特征、意义以及意义之间的关系。建筑术并不是在木石之上加上一些不属于它们的什么东西,但却又在它们上面附加了一些它们在早期状态中所没有的特性和技能。建筑术使木石在新的方式下交相作用,具有新的一系列的后果,因而便使它们具有了新的特性和效能。工程和美术都未曾把它们本身限制于模仿的再造或对于先在条件的描摹。不过它们的产品较之自然存在的原先的状态更加自然有效,更加"富有生命"。在认识的艺术及其作品方面也是如此。

科学在今天好像一个魔障似的处于一个信仰和愿望的汪洋大海之中。这个原来似乎无法解释的事实也从人们不承认知识为艺术之产品这一点上得到了解释。不过,要解除这个困难,在承认科学是一种艺术时,就必须不仅仅在理论上承认科学是人类为了人类而造成的,虽然承认这一点大概是一个开端的初步。但是这个困难的真正根源,在于这种认知的艺术现在仅仅限于这样一个狭小的范围以内。像任何贵重和稀罕之物一样,它已被人为地加以保护;而且经过这样一种保护,它已被非人化而成为一个阶级所专占。好像贵重的翡翠珠宝的首饰仅属于少数人所有的一样,这个科学宝饰也是如此。有些哲学理论曾把科学置于庙宇神坛之上，远离生命的艺术而仅能通过一些特殊的礼节仪式才能接近，这些理论也是保持一种与世隔绝的垄断信仰和保持一种在理智上的权威的专门技术的一部分。在我们对于事物之意义获得正确的和自由知觉这种艺术体现在教育、道德和工业之中以前，科学将始终是少数人所有的一种特别的奢侈品；在广大的群众看来，它将是包括遥远的和玄妙的一堆古怪的命题，它们跟生活丝毫没有关系；它只是在自发性上强加上规律而请出必然性和机械性来作证，以反对我们丰富和自由的愿望罢了。

每一种错误都附带有一种相反的和补偿性的错误，因为否则它立即就会自己揭露出来，原因在形而上学上是优于结果的这种见解，便为在美感上和道德上目的优于手段的这种见解所补偿。我们只有把“目的”移植于原因和效能的领域之外，才能够同时维持这两种信仰。这一点今天已经做到了，首先是由于把目的称为内在的价值，而再在价值和存在之间划上一道鸿沟。结果，由于科学必须要处理存在物，它就变成粗野和机械的了，而关于价值的批评，无论是在道德方面或美感方面的，就变成是书呆子气的或有女人气的，不是表达一些个人的好恶，就是树立一系列沉重的规章条例。利用一些具有改进这种艺术的后果的方法去鉴别判断，这是我们所需要做的事情，但这样的事情很容易通过这些粗大的网眼而走漏出来了，而大部分的生活就在一种未曾为思维研究所照耀过的黑暗中渡过去了。只要这样的一种事态继续存在着，本章把科学当作艺术的论点——好像本书中许多其他的命题一样——大部分是带有预见性的，或者多少是带有思辨性的。当思维的艺术适用于人类和社会的事情，而跟那种用来对待远处星辰的思维艺术一样成长起来时，我们就没有必要来辩论说科学是这些艺术和这些艺术作品中的一种了。我们仅就可以观察到的情境加以指点就够了。把科学跟艺术分隔开来，而又把艺术区别为与单纯的手段有关的艺术和与目的本身有关的艺术，这乃是掩盖我们在力量和生活的幸福之间缺乏两相结合办法的一个假面具。我们对生活幸福的预见愈能使人认知力量的表现，这个假面具就愈失去其似真性。

有效的东西和艺术中最后的东西乃是互相渗透的，这一点已在艺术逐渐从魔术式的仪式和崇拜中解放出来和科学逐渐从迷信中突创出来的情况中找到了证据。因为如果手段和终结（目的）在经验上是截然划分的话，魔术和迷信就不可能在过去统治过人类的文化，而诗歌也不可能在过去被视为对自然原因的洞察。它们在同一个对象中结合的紧密性，就容易使人们把任何圆满终结的东西所没有的一种效能认为是它所具有的。凡是最后的东西都是重要的;这样说只是表述一件谁都知道的事实。由于我们在分析和钻研为我们所直接享受的对象所具有的特殊效能时缺乏运用的工具和技巧,我们便按照这个对象重要的程度而把大量的效能附加在这个对象的身上。从这种投合自然人的爱好,喜欢走捷径的实用主义方面讲来,重要性是衡量“真实性”的尺度,而真实性又反过来说明有效能的力量。一位热情的公民看见国旗时或一位虔诚的基督徒看见十字架时所激起的忠诚,被直接归属于这些对象的内在本质,它们是参与在一个圆满终结的情境之内的,但却转变成为一个神秘的内在神圣力量、一种永恒不朽的效能。因此一个为我们所喜爱的人的纪念物,引起我们内心的一种感情,正同它所属的这个可爱的人亲自所唤起的那种情意是一样的,因而这种纪念物便具有引起愉快、兴奋和安慰的效能。无论在一个圆满终结的情境中直接涉及的是什么东西,它们获得一种予人以祸福的力量,正同直接标志这个情境的善或恶一样。显然这里的错误在于这种粗枝大叶而不加区别地赋予对象以力量的方式;研究如何揭示形成这种顺序条理的特定因素的方法至今当付阙如。

穿衣服与其说是起源于利用或保护,毋宁说是在一些非常畏惧或表现特权的情境中发生的,这在人种学家们看来是一件极普通的事情。它是一个圆满终结的对象的一部分,而不是达到某些特定后果的手段。好像僧侣的道袍一样,衣服就是礼服,而披上礼服就相信直接授予了这个穿礼服的人一种惊人的力量或迷人的魔力。给人穿上衣服就是授予他一种权威;一个人并没有把他的意义添加在它们上面。同样,一个胜利的猎人和战士惹人注目地在他身上挂满了为他的勇敢所征服的野兽或敌人的爪牙来庆祝他的凯旋归营。这些证明权力的信号乃是为人们所钦佩、效忠和尊敬的对象的一些不可分割的部分。因此,战利品变成了一种象征,而这种象征义赋予了神秘的力量。它从一种光荣的记号变成了一种为人们所景仰的原因,而且即使当它戴在别人身上时也引起了对于一位英雄人物所应有的欢呼。到后来这些战利品就变成了特殊权威的符玺。它们具有为它们本身所具有的一种内在的推动力量。在法律史中有许多类似的事例。例如,原本跟交换财产联系着的动作,即在取得土地所有权的这些戏剧式的仪式中所扮演的这些动作,不仅视为所有权的一些证据,而且视为它还有一种授予人们以所有权的神秘力量。

后来，当这些东西失去了它们原来的权力而变为“单纯形式上的事情”时，它们可以仍然是使得一件交易具有法律力量的主要因素，例如必须要在契约上盖章才能使它生效，虽然盖章的意义或理由已经不再存在了。我们仅仅因为某些事物曾经共同参与在某种显著的具有圆满终结的情境之中而赋予它们一种效能，在这种情况之下，这些事物就是符号。然而仅仅是到后来而且是从外面来把它们称为符号的。在政治上和宗教上虔诚的人看来，它们不仅仅是符号；它们是一些具有神秘力量的物品。在某一个人看来，两条交叉的线乃是一个指示，指明所要从事的一种算术上的运算；在另一个人看来，它们乃是证明基督教的存在是一个历史事实的证据，正如一个新月使人想到了伊斯兰教的存在一样。但是在另一个人看来，一个十字架不仅是使他沉痛地想到耶稣被害的这个有意义的悲剧，它还具有一种我们所要捍卫和祈福的一种内在的神圣力量。既然一幅国旗能激起爱国热情达到沸腾的程度，这幅国旗就必然具有为其他不同形状的一块布所没有的特性和力量；我们摸触到它时必然要肃然起敬；它乃是在仪式中为我们致敬的天然对象。

当类似这样的现象出现在原始文化中时，人们有时解释说，似乎这些现象乃是解释自然事情发生之原因的一些尝试；据说魔术就是错误的科学。其实，这类的现象乃是人们直接在情绪上和实践上的反映事实；只有到后来，当人们的反应并不是直接的和必然适当的因而需要有所说明的时候，才有了信仰、观点、解释。作为直接的反应，它们是说明这样一个事实，即任何包括在一个圆满终结情境中的东西，无论它是多么偶然的，总有这种为整个情境所具有的引起敬畏、兴奋、慰藉、景仰的力量。当组织整个圆满终结情境的因素被区别出来，而每一个因素在顺序系列中都有它自己所赋有的特殊地位时，工业便代替了魔术，而科学便减少了神话。因此，为各种不同类型的艺术所特有的材料和效能便被区别出来了。但是因为仪礼的、文学的和诗歌的艺术跟工业的和科学的艺术有着十分不同的工作方式和不同的后果，所以就远不像当代一些学说所假定的那样，说它们丝毫也没有成为工具的力量，或者说，在对它们的欣赏性的知觉中并不包含有它们具有工具性的这一种感知。人类文化中对符号的普遍运用完全证明了：在所享有的和所遭受到的这样一个漫长的历史的组成部分中，而且特别是在最后的或终结的组成部分中，就包含有对于这个历史中的地位和联系的一种亲切而直接的感知。

还可以在古典哲学本身中找到进一步证实这个命题的情况,在古典哲学的理论中认为,即使基本的形式不是产生事物的原因,但基本的形式却“使得”它们成为它们现在这个样子。在希腊理论中所出现的所谓“意蕴”(essence),就是代表早期符号所具有的这种神秘的力量,不过它们已从原来迷信的具体关联中解放了出来,而出现在一种思辨的和反省的关联之中。简言之,在希腊和中古的科学中的意蕴就是诗意的对象,不过把它们当作是论证的科学的对象,用来说明和理解事物之内部的和最后的组成部分。虽然希腊思想是十足地从魔术中获得了解放,而不把形式的和最后的意蕴当作是“动因”,但是后者却被理解成使得特殊事物成为它们现在这个样子,成为自然的组成部分。再者,它把因果的地位颠倒过来,于是认为在变动中的事情内在地使其有了追求这种形式的倾向。因此,便为后来教义思想和经院思想坦率地回复到一种公开的泛灵论的超自然主义打下了基础。哲学理论,正如魔术和神一样,在关于终结(目的)中的效能的本质方面发生了错误;而这种错误乃是由于同一个理由,即没有对于组成的因素进行分析。如果没有如当代思想所假定的这种在手段和目的之间、享受结果和具有工具作用之间截然划分的区别,那种错误就绝不可能发生的。

简言之,人类经验的历史就是一部艺术发展史。科学从宗教的、仪式的和诗歌的艺术中明确地突然显现出来的历史,乃是一种艺术分化的记录,而不是与艺术脱辐的记录。适才所作说明的主要意义,从我们当前的目的说来,在于它对关于经验和自然的理论所产生的影响。然而它对于一个批评论也不是没有意义的。在美术和美学批评中当前的模糊状况,有人指责为混乱的状况,似乎就是在具有工具性的东西和圆满终结的东西之间划分鸿沟的这个即使是无意的暗流所不可避免的后果。人们愈进入具体的情境中,他就愈不能不承认他们的具有控制作用的假定所产生的逻辑后果。关于艺术和自然的传统理论中,有一些长久晦暗不明的含义已经解释得很明白了;对于这一点我们要归功于今日流行的一派批评家们所主张的艺术理论。我们对于这种功绩所表示的谢意,不应该因为传统理论的拥护者们把这些新的观点视为反复无常的邪说、疯狂的叛逆而加以节制。在这些批评家们看来,当有人宣称在艺术作品中的美感性质是独特的,当有人肯定它们不仅和任何自然界中存在的东西是分隔的,而且和一切其他的良好性质的形式是分隔的,当有人主张说,如音乐、诗歌、绘画等艺术具有为任何自然事物所没有的特性的时候——这些批评家们认为,肯定这些事情就会得到把美术跟有用的东西隔绝开来,把最后的东西跟有效能的东西隔绝开来这样一个结论。因此,他们证明了,把圆满终结的情境跟具有工具性的东西截然分开,势必使艺术变成完全秘密的了。

在这里实质上只有两条道路可以选择。或者说,艺术乃是自然事情的自然倾向借助于理智的选择和安排而具有的一种继续状态;或者说,艺术乃是从某种完全处于人类胸襟以内的东西中迸发出来的一个附加在自然之上的奇怪东西,不管这种完全处于人类内心的东西叫做什么名称。在前一种情况之下,愉快的扩大的知觉或美感欣赏跟我们对于任何圆满终结的对象的享受乃是属于同一性质的。它是我们为了把自然事物自发地供给我们的满足状态予以强化、精练、持久和加深而对待自然事物的一种技巧的和理智的艺术的结果。在这个过程中发展了新的意义,而这些新的意义又提供了独特的新的享受特点和方式,而这跟突创成长的地方所发生的情况是完全一样的。

但是如果美术和其他的活动和产品是没有任何关系的,那么当然它和在其他情境中所经验到的、物理的和社会的对象也没有任何内在的关系了。它有一种神秘的来源和一种秘密的特点。至于这个来源和特点叫做什么名称,这并没有多大的差别。按照严格的逻辑讲来,其实这并没有丝毫差别。因为如果美感经验的性质从概念上来讲就是独特的,那么用来描述它的这些字眼就没有从其他经验的性质中产生的意义或可以和它们比拟的意义;它们的意义是隐蔽的,而且是相当特殊的。在这些把艺术和美感的东西的这种孤立状况推至极端的批评家们中有一些或多或少流行使用的名词,我们不妨拿出几个名词来考虑一下。有时有人说,艺术乃是情绪的表达;附带着还有这样一个含义,即根据这个事实,题材除了它是情绪所由表达的材料以外便是无足轻重的了。所以艺术就变成独特的东西。因为在科学工作、实用和道德中,形成这种题材的对象所具有的特征乃是最重要的了。但是按照这个定义讲来,如果艺术愈是真正的艺术,那么这种艺术中的题材就愈是摆脱了它自己所真有的内在特征:因而一个真正的艺术作品就表现在它把自己的题材缩减到成为一种单纯表达情绪的媒介。

在这样的一种说法中,情绪或者是毫无意义的,而组成这个字的字母这样特殊地配合起来乃是纯粹偶然之事;否则,如果所谓的情绪和日常生活中所谓的情绪就是一回事,那么这种说法完全可以证明是假的。因为情绪,按照其通常的意义来讲,乃是由对象、物理的和个人的对象所唤起的东西;它是对于一个客观的情境所作的反应。它不是某种在某个地方独立存在的东西,然后再来运用材料,通过这种材料才把它自己表达出来的:情绪是指一种在多少有些刺激的方式之下密切参与在某种自然情景或生活情景中的情况;如果我们可以这样说的话,竟可以说它是一种以客观事物为转移的态度或性向。艺术应该这样地选择和搜集客观事物以求能激起一种高尚的、敏感的和持久的情绪反应,这是可以理解的:艺术家本人也应是这样一个人,他能保持这种情绪,而在这些情绪的情调和精神之下把客观的材料组合起来,这是可以理解的。这个工作程序的确可以达到这样一个地步,即把客观材料的使用精减到最小的程度,而把情绪反应的激动达到其相对的最高程度。但是艺术过程的起源乃是在于由一个情境自然而然唤起的情绪反应,而这个情境的发生和艺术丝毫没有关系,而且它也不具有“美感的”性质,除非把一切直接的享受和遭受都当作是美感的。客观题材的节约使用,在有经验的和有训练的人们的心口中,可以达到这样的地步,以至可以把通常所谓“表象”(representation)的东西大加缩减。但是实际所发生的却是通常情绪经验在形式上的根源的一种丰富而概括的表象。

有人曾以“有意义的形式”来界说一个美感对象,关于这一点我们也可以作同样的说明。除非这个词的意义是如此的孤立,以至成为完全神秘的东西,否则它就是指我们为了强调、纯洁、精致,对那些使得日常经验题材具有圆满意义的形式所作的一种选择而言。“形式”并不是美感的和艺术的东西所具有的一种特别的性质,或它所创造出来的一种特别的东西;它们是任何事物适合于一个可以享有的知觉的条件时所凭借的特征。“艺术”并不创造这些形式;它是在选择和组织这些形式,以便增加、保持和精练这种知觉经验。有些对象和情境产生了显明的知觉上满足;它们之所以这样,乃是因为它们具有结构上的特点和关系。一个艺术家对于这些结构或“形式”也许只有极少的分析认识,但仍然可以从事于他的工作;他可以主要地通过一种同情的交感来选择这些形式。但是这些形式也可以通过鉴别来予以确定;而且一个艺术家可以利用他对于它们的审慎周详的觉察来创造艺术作品,而这些艺术作品较之大众所习惯的那些艺术品更加拘谨些和深奥些。按照形式上的特点来从事创作的趋势，在很多当代的艺术中，在诗歌、绘画、音乐乃至雕刻和建筑中，都是很显著的。从它们最坏的方面来讲，这些产品便是“科学的”而不成其为艺术的；只是一些专门的训练，枯燥无味，属于一种新型的学究式的工作。从它们最好的方面来讲，它们有助于产生一些新式的艺术，而且通过对于知觉器官的训练，有助于产生新式的圆满终结的对象；它们扩大和丰富了人类的眼界。

因此，把这个论点再略微向前推动一下，我们就得到了关于有工具性的艺术和美术之间的关系的一个结论，而这个结论和隐士式的美学家们所希望的结论显然是相反的：那就是说，这样有意识地进行的美术具有特殊的工具作用的性质。它是为了便于进行教育而实施的一种实验设计。它是为了一种特殊的专门用处而存在的，这个用处就是对知觉方式所从事的一种新的训练。如果这种艺术作品的创造者们是成功了的话，他们就应该受到我们所给予显微镜和扩音机的发明者的那种敬意；结果，他们开辟了可为我们所观察和享受的对象的新园地。这是一个真正的贡献：只有在一个混淆和自负兼而有之的时代里才能独占美术这个名称，而把具有这种特别用处的工作排斥于美术之外。

我们可以作出结论说，以艺术这个形式表现出来的经验，当我们对它予以反省思考时，解决了较多的一些曾经使哲学家们感觉到苦恼的问题，而且摧毁了较之其他思想主题尤为顽强的二元论。如以上讨论所曾经指出的，它证明了在自然中个体和总体的互相交织的情况；机遇和规律的相互关系，把一个转变成为机会而另一个转变成为自由；具有工具性的和最后的东西之间的相互关系。它更加明显地证明了把外在的和执行的活动跟思想和感情加以区别，因而也把心灵跟物质截然分开的见解毫无根据的一种错误。在创作中，外在的和物理的世界不仅仅是知觉、观念和情绪的一个单纯的媒介；它是意识活动的题材和支持者；而且揭示出这个事实，即意识并不是实在的一个独立的境界，而是自然达到了最自由和最主动的境界时存在所具有的明显的性质。

付统先译

——选自杜威《经验与自然》，商务印书馆 1960 年版

刘易斯

C. I. 刘易斯(Clarence Irving Lewis，1883—1964)是美国哲学家、逻辑学家，概念实用主义的创始人。他生于马萨诸塞州，1906 年和 1910 年分别在哈佛大学获学士和博士学位，之后先后在加利福尼亚大学和哈佛大学任教，主要著作有《符号逻辑概论》(1918)、《知识中的实用主义因素》(1926)、《心灵和世界秩序》(1929)和《对知识与价值的分析)(1946)等等。

刘易斯与其他实用主义哲学家的明显不同之处，是他在他的实用主义经验论中引入了其他实用主义哲学家少有涉及的先验概念和范畴。他认为人类经验包含两种成分，即感觉经验和属于先验性的概念和范畴，而凡属知识必超越感官，涉及判断，判断就是利用概念和范畴来整理经验。正因为概念和范畴在认识中不可或缺的工具性作用，他把自己的理论称为“概念实用主义”。如《心灵和世界秩序》中，他一方面强调概念和范畴的实用性、假设性和人对其按需选用的选择性，一方面又强调了实用性是评价知识即概念和范畴系统的唯一标准。

刘易斯在他的著作中多涉及美学问题，特别是他的代表作之一《对知识和价值的分析》。他的美学思想基本上是他概念实证主义哲学在审美和艺术领域的反映。如上书中他将审美过程中主体作出的价值判断分为两种，一种他叫做“自传体式”的判断，即主体在客体身上体验的主观经验的满足，客体本身的特性倒在其次；另一种就是他所说的价值判断，重心由主体转向客体本身的特征，强调正是客体某种重要特征频频刺激主体内心价值经验，方引起肯定性的判断。他指出审美判断不是自说自话“自传体式”判断，而是根据主要在于客体特征的价值判断。由此他进而提出，美作为审美价值判断的客体依据，只是一种“潜在性”，它有可能刺激和诱发主体产生审美经验，但真正的审美经验，乃是客体中美的潜在性与主体感觉的两相结合。在这一点上，刘易斯同杜威审美经验必然打破心物两元论的思想，是颇为相似的。

这里收入的是刘易斯《对知识和价值的分析》中的两篇文章——《论审美判断》和《审美客观性——一个本体论范畴》。前者讨论了审美判断中客体“潜在性”的实现条件，作者强调说，现象本身的价值固然可以说是发现的，而不是判断出来的，但即便作如是说，判断之于审美经验的不可或缺，也是显而易见。因为审美经验并不是直接的官能满足，它积淀了主体天长日久的文化素养，艺术家和鉴赏家的判断力格外敏锐，能够见人之所未见，就是一例。后一篇文章中，刘易斯强调审美客观性是一种抽象，它是以物质形式表达出来的，但是它可能具有的审美价值却是内在的，而且肯定包含了它的物质载体中并不存在的东西。审美的这一客观性，作者认为在格式塔心理学中也可以找到有关说明。

（陆　扬）

论审美判断

一

截至目前，我们探讨的主要对象是可能被人们称为审美的现象学以及经验中的审美的性质和条件。除了顺便提及之外，几乎还没有谈论审美判断。对直接表现出的东西的简单估价是算不上判断的。如果要把这些估价诉诸表达，那么表达出的或者是给定的经验的一种价值特性，或者就是这种经验的现象内容的价值特性。对确实的价值特性的直接发现，可能证明在被表现的东西中有一种客观价值属性，正如经验中触摸到的坚硬或眼见的虹，就可能是被表现出的东西的坚硬、红色的客观属性的证据一样。如果我们乐意而不假思索地从对经验内容的现象特性的认识跳到对事物的客观属性的判断上，那么无论在上述例子中，还是在价值问题上，人们对此都已见惯不惊了。它代表了一种解释的习惯，这习惯由以往的有关经验的普遍特点造成，也在其中找到了相当可观的依据。但是不管这种对直接经验中的内在价值从揭示到对事物的审美或固有价值的认识的过渡是如何不露痕迹，根据如何充分，也只配作为一种推断。在经验中发现的价值是对象中的价值的证据，甚至可能是最好的证据，因为这种价值的发现代表着对该对象的价值的普遍的证实（而对坚硬这样的非价值属性来说，触摸中感到的坚硬就无从构成这样的证实）。但经验中的某一价值发现却绝不可能成为事物的客观价值的结论性证明。在任何情况下，这样作出的价值判断都可能出错，都可能受到后来经验的更正。

正是在这一点上，价值理论很容易误入歧途，因为它没有把在经验的特性中的内在价值与对象的可能导致的固有价值区别开来。这种错误充分说明了两种观点之间的区别：一种观点把价值视为主观的东西，只与个人和特殊情况相关联，因此价值判断也是“情绪的”、非认识性的和无所谓客观上真伪的判断；另一种观点认为对事物的评价是客观的和认识性的，只要它们不同于对非价值属性的发现，那么便独立于任何个人和特殊场合。

一件事物的任何属性都是可以通过经验得到确认的，在这种意义上，它也可以在能够充分证明它的经验范围内得到界定。为此，我们可以称它为事物在适当的条件下，产生某种特殊经验的潜在因素。而如果我们把“关联”一词作含糊其辞的应用，甚至还可以说这种属性与经验“相关联”。但是由于任何特殊的经验都可能无法表现它能够导致的普遍经验，因此这样指明的属性，严格地说是不与任何特殊的经验或与任何个人的经验相联系的。它是事物的一种独立的特性。再者，如果说作为经验的可能性的属性是独立的和客观的，那么一事物的任何可能性(潜在性)都取决于它可能要导致的东西，而不一定取决于它事实上产生的东西。对于客观潜在性的实际经验，不仅可能是片面的，而且可能引起误解。它充其量是一种肯定或否定，而不会是证实。此外，事物究竟包含了什么样的可能性，与它实际上是否经过了试验这一问题是无关的。

于是，这种由对客体的直接个别经验的特性构成的审美价值或内在价值的概念，便代表了一种与个别主体相关联的价值。如果我们不能将经验的特性与对象可能具有的价值属性区分开来，就势必陷入这种主观主义。但是它作为产生某种经验中的积极价值的可能性，却代表了作为一事物的独立属性的审美或内在价值。这种属性与其他属性一样受到经验的检验，但又不依赖于任何个别的经验或个人所发现的价值。

在主体方面也存在着各种影响着对这种价值的理解的条件，但这种情况也不是审美或内在价值中的主观性的标志。这些条件在美学研究中是极其重要的，因为它们明显地影响了艺术实践，以及那些要发展自己的审美欣赏能力和培养一种洞察力的人所必不可少的训练。他们一旦具备了这种能力，便能在对任何审美对象的考察中更有把握、更准确地判断该客体的潜在因素，从而使自己以及他人能进一步发掘更多的价值。这意味着，这种主观条件之所以在审美评价中举足轻重，并非由于它们是呈现在我们面前的对象中的价值的条件，而恰恰由于它们是一种价值的可靠的检验方式的条件，这种价值的真实性是独立于任何个别价值的发现的。

那些强调审美价值的主观条件，似乎唯独事物的这种特殊属性，唯独在事物的价值被指示出的情况下才有这种条件的人，看来忘记了这一点：其他的属性在主体或观察者方面也存在着检验条件。如果我们的双手冰冷，就不能可靠地确定事物的温度；不参照自己的空间方位，就无法判断事物的形状；单凭眼睛不用双手也很难确定物体的重量。但考虑到这些情况却并不影响事物的颜色、形状和重量的客观存在，也不影响观察对象对普遍经验的潜在属性。如果有人用以下这句话来表达紧闭双眼就看不见颜色这一事实，“睁着的双眼是颜色存在的基本条件”，那么他对语言的使用至少是别出心裁的。如果另外有人根据这种观点对事物的审美价值作出陈述，那么这种陈述就很可能把人引上歧途。此外，这种人还可能犯了“情人眼里出西施”或“趣味无争辩”那种主观相对主义的错误。

事物的价值是它们的一种潜在因素，这种潜在因素有助于人们去检验它们的确定价值。这观点毫无相对论的含义。在任何情况下，无论在主体方面是否具备在经验中认识这种价值的条件，物体的这种属性都保持不变。同样，它也毫不意味着数学上的加法与审美价值这样的内在价值有什么相干。①

虽然欣赏像《大夫》这样感伤的画的人，比欣赏《苹果》的人多一些，但这并不关系到它们的审美价值的高低。甚至对茶叶这种其价值的最大意义就在于使大多数人喜爱的东西(我们的中国朋友不会同意这种意见)，也有品茶专家这号人，他们的鉴别比别人对茶叶的质量鉴别更为可靠。在评价工作中，我们用以引出自然科学的真理的社会活动，对审美价值的估量同样适用：有些人的判断特别可靠，因为他们在有关方面的经验要丰富些，或许他们有更强的洞悉力，也由于他们在代表了人类批评能力的社会功能的传统发展中占有特殊的位置。他们的判断可以与凑合拢来的任何数量的反面意见抗衡，因为他们的判断是客观的，不依赖于任何个别的或甚至盲目的经验。如果这种社会活动在美学中不如在自然科学中那么重要、那么可靠，如果艺术鉴赏家的地位并不那么显赫，那也是有原因的：一方面，具备理解美的主观条件的人要比具备认识量子力学的真理的主观条件的人多；另一方面，在艺术中没有决定性的试验。无论在科学还是艺术中，都存在着揭示被研究的事物的特性的主观条件。这些揭示的条

---

① 在这方面，经济价值情况特殊，因为它只是根据东西的销路好坏来确定，因此是相对的。某些社会价值也可能有相似的特性。

件,在不同的经验中,在不同的人的经验中,得到不同程度的满足。但是,这些条件只能影响对事物的特性的揭示和鉴别,却不能产生作为揭示和评价的对象的客观特征。如果事物的审美特性没有这种独立地位,我们就没有必要培养、训练洞悉它们的能力,在确定审美价值的过程中也无任何错误可言了。由于事实上事物的审美价值的客观性为人们观察它们时揭示它们的确定价值提供了可能,因此,人们不可能作出与它相反的解释。我们已经说过,事物的价值以外的其他属性,作为导致可预见的经验的可能性,同样是可以解释的。对这些属性的可预见的经验来说,也有主观方面的条件,而这种经验则证实对这一事物的判断。

那种认为主观条件对价值的创造有所作用的相反意见是错误的产物,要么就是人们没有弄清价值判断的对象,要么在运用价值判断这一术语(或其他同义语)的地方根本无任何东西可判断。二者必居其一。如果我们要报告的是现实经验,例如我们对艺术品的经验中的审美价值特性,那我们不需要作任何判断。这种存在于经验本身的现象内容之中的特性,仅仅是发现的。把判断运用到这种直接发现中去,不仅用词不当,而且易于造成误解。这种经验可能为一种对事物的可能性的判断提供线索或证实这一判断,这样,对更高级的经验来说,它就有了认识论上的意义。但是我们绝对不能把以这一经验为基础的预见性判断,与这一经验之中的直接的价值发现混为一谈。判断中的可能性是对象的属性,对它的判断需要证明;而直接发现的价值则属于特定的经验,对它的认识不需要、也不可能得到证实。

不过,有些问题颇为棘手,我们不可不注意,尽管它们根本上与我们上述观点并无抵触。首先,在某种意义上,在特定的经验中发现的价值也可以说得到了评价;其次,在进一步的意义上,经验的审美特性也可能受到判断;再其次,审美判断的对象常常不是物体而是物体的某种成分,人们很容易将它与经验的特性或精神实体混淆起来。头两个问题我们将依次进行讨论。第三个则隶属于美学的规律或具体原则这样更大和更重要的课题。

二

我们常常评论经验本身,这是因为性质特殊的经验的获得与否,我们没有绝对把握,但却有普遍的兴趣。有的经验比其他经验更高级,因为它们含了某种更高级的确定的价值特性,而我们也热衷于对不同的经验进行比较。很明显,这种比较就是一种特殊的评价。只要我们对其性质了若指掌,那么是否称它为判断,是无关宏旨的。

我们不妨先打一个简单的比方。如果有人同时把两个苹果摆在我们面前,我们可能看到其中一个比另一个红些;说得更确切点,我们可能一眼看出,一个比另一个显得红些。我们可以对明显的红色的现象或表象的特性作出直接比较,从而对这两个苹果表面的红的程度作出估量。这种估量是否称为判断很值得怀疑:比较是直接的,比较的对象是直接给定的,结论"这个苹果比那个显得红些",除了可能出现语病之外,在其内容方面是不可能出错的。因此,也许说这不牵涉任何判断,只是对一种现象的认可更为妥帖。

然而,可能有一种略微不同的情况:我们可能把一个苹果与昨天自己看到的另一个苹果相比,在这种情况下,就肯定需要作出一种判断。不过这是一种特殊的判断,因为我们要比较的两件物体之一不在我眼前,而它在我记忆中的形象在需要比较的方面可能与事实不尽相符。那么,如果我确定"这个苹果比我昨天看到的那个红些",就作出一个可能是错误的判断,但是这种比较中的判断因素只与不在眼前的一方有关。眼前的东西与不在眼前的东西的关系之所以需要判断,并非由于眼前的这个苹果的红色表象可能有些模糊,而是由于它与那种不在眼前的东西相关。眼前的表象的红色是明确无误的,但是它的相对的红却受到了判断,因为与它相联系的东西只有判断才能确定。

还可能有第三种情况:我们面前摆着一个苹果,我可能认为它是一个非常红的苹果——我无意之中把它拿来跟我生平见过的所有苹果的表象作了比较。这种对眼前的表象的红色的程度的估计无疑是一种判断,或包含了一种判断。但是,我们也不难看到,我们在这里判断的是这种在记忆中的其他苹果的表象,而眼前的表象的红色是明确的,并未受到判断。

对直接经验的某种程度的性质的估量与对眼前的苹果的红色的程度的估量有两点不同。首先,如果说摆在我们面前的苹果的红色只是表面的,那我们就必须看到这种经验中的价值表象就不仅仅是表面价值,而是确有的或内在的价值。它是我们确定其他价值的依据。其次,虽然同一给定经验的价值特性都不能直接与另一种经验的价值特性比较。因为它们都不可能直接观察到。当我们估量直接经验的价值特性时,我们用的是以上的第二或第三种方式。这样,在确定直接经验的价值特性的程度或它的现象内容时,我们就要作出一种判断。然而在上述意义范围内,我们判断的并不是直接的或明确的价值特性,而是其他过去的经验的价值特性。我们有意或无意地将它拿来与直接经验的价值特性比较,它才是判断的对象。

这种考虑对审美价值的估量是有意义的。甚至在我们想作出审美判断的对象不是直接给定的表象而是显示出的实物时,我们也可主要或完全根据自己对它的直接经验的特点对它进行判断。这样,我们对事物的审美价值的认识,就可能以对构成了我们的直接经验的特征的相对价值的估量为基础,并反映这种估量。对在经验中发现的价值的估量,对摆在眼前的实物的价值的估量虽然不相同,但其差异我们却不一定看得出来。

所以,首先我们可能把在经验中呈现出来又被直接发现的价值特性与对它的比较评价混淆起来;其次,我们还可能把对它的比较评价与展示出的物体的客观属性混淆起来。这种混淆造成的结果是,我们把经验中发现而非经过判断的价值特性,与观察对象的客观价值等同起来。这种客观价值是对象的一种属性,我们必须对它作出判断,当然我们的判断也可能是错误的。因为这种客观价值不是直接给定的,只是通过我们的直接经验的特性得到部分地证明。由于我们不能正确地区分以上概念,很可能导致我们不恰当地用判断来称呼我们对审美价值的直接认识,并使我们错误地假设一件东西的审美特性多少是观照它的经验的性质的产物,或仅仅是主客体关系的一个特点。因而也只能在颜色、形状或其他属性的同等意义上归之于一件呈示出的物体。

但是,在所有这一切当中,至少有一点应该自始至终都是清楚的。尽管我们根据直接经验的价值特性,或根据对该经验本身的相对价值的估量,对某一对象的审美价值作出了判断,但经验中直接显示出来的价值仍是无须判断的。我们不需要为了揭示欣赏一种直接发现的价值而对它作出估价;也无须为了认识它的特性而将它与另外的价值相比较。在任何对这种价值的比较估量中,唯一确定不变的因素就是这种直接的价值特性。那些使对它的评价有可能成为判断的不确定因素,不是这种给定的经验的价值,而是我们可以把它与之比较的那种经验的价值。

三

现在我们来谈谈以上提及的第二点：我们也许会看到现象本身的价值是发现的，而不是判断出来的，但即使以这种意义来衡量，经验中的审美特性也仍可能是判断的结果。如果我们对审美经验与其他具有内在价值的经验的差异的解释是正确的，那么就不存在任何纯粹的现象特性，足以把真正的审美经验与非审美的趣味满足区别开来，足以把它与小孩在某种新奇诱人的声音中感到的满足或一个作者看到自己的出版了的著作时感到的满足区别开来。直接的欣赏虽然程度各异，但仍可归诸一类，很难说明任何纯粹的审美欣赏。为此，我们必须求助于间接的标准，这种标准要能说明事实上审美经验是能长期存在，而非转瞬即逝、使人失望的经验。在经验中，有的特性是持久的，有的则昙花一现，持久者使欣赏能跻身于审美欣赏的行列，而不能持久者则阻碍欣赏上升为审美欣赏。在某种程度上，我们就是要学会在这些特性的信号出现时就立刻识别它们。但衡量它们的标准却不是可欣赏性本身，不是给定经验的直接价值。艺术家和鉴赏家无疑有超群的能力，比常人更善于根据直接给定的线索判定一幅画或一首乐曲给人的满足是否能持久，而他们对这些能持久的满足的认识，也必定渗入了在他们的有素养的欣赏中存在着的微妙的直接特性。但是，如果品茶专家的经验使他具备了预见某种茶会失其香味，或这种茶味道不正的能力，说明这茶质量低劣的仍然不是它那微妙的直接特征，而是带着这种特征的可预测的事实。如果美学家对持久的艺术的第六感官，使他能根据直接的或直接影响着他的欣赏的线索区分审美与非审美欣赏，那么鉴别经验的真正审美特性的充分标准，仍然不是直接的可欣赏性，而是通过某些特征表现出来的欣赏的持久能力。这种判断是对对象的审美特性的直接估价。对经验的真正的审美特性来说，它只是间接的估价。

在这种意义上，经验中的典型的审美特性就不仅仅是揭示出来的，它必须经过判断。但这种判断应该能指出这种经验的审美性质（它在某种程度上需要预见），而不是针对一种直接价值本身。所以，即使（或正因为）经验的审美特性必须由判断确定，经验中被直接揭示出来的价值，不管是否有审美价值，都不需要判断，而一经发现，就是明确的。经验中的这种可直接揭示的价值，乃是对价值的一切判断的根本依据和绝对参照。

四

本书并不旨在对审美科学作出什么新贡献。我们的目的是对审美判断作出分析,并对“某物有审美价值意味着什么”这样的问题以及与它相关的若干问题作出解答。审美的实证科学关心的是另外一个更进一步的问题,即“我们可凭借什么具体的标准,参照什么法则来对一特定物的审美价值作估量?”或者“为了使艺术实现自己的审美目的,人们必须用什么原则来指导艺术的创造活动?”首先,且让我们来看看,主宰着对审美判断的分析活动的目的,与主宰着确定美学的具体原则的活动的目的之间有何差别,同时也来考察一下这两种目标之间有什么样的关系。

我们眼前的难题,也许可以通过对另外两门科学即逻辑学和物理学之间存在的类似差异的观察得到解决。就推断中的题目的有效性而言,这里有两类不同的问题可以和以上问题相提并论,第一类问题是:“一般推理是有效的这句话意味着什么? 这种有效性又是什么?”这类问题属于分析,属于逻辑理论。根据我在本书第一卷的论述,我们可以对以上问题作这样的回答:“如果一种推断仅仅根据内涵意义就能得到证明,那么它在逻辑上就是有效的。”第二类问题是:“我们在判断某一推断有效时,根据的是哪些具体原则? 为了使推断有效,我们在推断过程中应该遵循哪些原则? 在人们对推断的有效性表示怀疑时,我们应该用哪些具体标准来检验它?”回答这类问题,我们需要一套推理的准则,需要一套属于逻辑的实证科学的原则。这两类问题是相互联系的。这联系在于,对第一类问题,即分析问题或理论问题的解释,确定了一种根本的、普遍的标准,参照这一标准,我们可以决定某种被当作逻辑规则提出来的陈述究竟可靠与否,究竟是否能对我们的推断有效性进行具体的检验。任何人,只要他掌握了合法的逻辑推断的普遍本质,就可以着手解决第二类问题,即寻找逻辑的实证科学的规则的问题。然而为了达到这一目的,仅仅理解有效的逻辑推断的意义还不够,还需要了解更多的具体意义,以便根据它们来表达这些明确的逻辑规律。①

在物理学中,我们也是首先有理论上的一般问题,它们针对着物质对

---

① 我们在第一卷中已经谈到,就逻辑而言,还有一个更进一步的问题:“哪些能证明推断有效与否的陈述被人们经常使用因而可以作为逻辑的原则?”对于这样的问题只有传统的或实用主义的回答。

象的各种基本属性的描述的意义。例如，说一种东西有这样长是什么意思，一颗粒子在某个位置有多大的速度是什么意思，两个事件同时发生又是什么意思，等等。这些问题属于物理原理范畴。要回答它们，必须进行分析，必须对物理概念作出充分而准确的解释。[①] 毋庸讳言，正是根据这样的理论，我们才能去发现实证物理科学的规律(那些明确的界说或它们的纯逻辑推论)。但是，若要解答这一物理学的具体规律的问题，我们还必须对物理现象进行观察。为了将物理学与美学进行比较，我们还应该注意到，对于以物体为原料的工程和其他创造活动来说，物理学的这些明确规律还起着某种规范的作用。

但是，在对实证科学的成效攸关的现象认识方面，逻辑现象与物理现象之间存在着根本的差异。逻辑现象本身是意义和意义的关系的现象。任何意义都可用某种陈述来表达。而这陈述的真实性是不言自明的和先验的。在逻辑科学中，我们无须求助于经验性事实(除了那些用符号来表达意思的事实)。如果说它的研究是归纳性的，那也只是像亚里士多德(或苏格拉底)那样，根据一些例子归纳出某种可以通过“推理”来检验的东西。但是，假设我们对要求不言自明的答案的物理理论问题作出了正确解答，那么第二点有关物理学的实证原则的问题，就只能用通常意义上的归纳概括来回答。逻辑是一种先验的科学，这一事实也得符合逻辑理论；而虽然对各种物理性质的普通规则的确定是不言自明的和先验的，而且非此不可，虽然人们在物理实践中为了用物理学来解释一些意义不自觉地遵照它的固有法则，物理学毕竟还是一种经验科学。

在美学中，我们也有关于审美性质的第一类理论问题。这类问题的答案是不言自明和先验地确定的。无论这种答案是多么重要，我们在寻求它的时候，都应该注意实际中和具体的评价中业已存在某种东西，并以其为研究的圭臬。但是，假设我们对审美价值的性质问题斗胆作出解释说，这一性质就是一种特性，这一特性引起人们的关照，并为关照者提供了一种意味隽永的乐趣，那么就会有第二类问题。诸如：“究竟是事物的什么特性使其成为意味隽永的观照欣赏的源泉？”“在引起疑问的情况下，

① 在这里的“理论”的意义上，我们可以列举出以下物理学理论的例子：布里奇曼(Bridgeman)的《现代物理学的逻辑》，伦曾(Lenzen)的《物理学原理》以及埃丁顿(Eddington)的《物理科学的哲学》一书的前几章。

我们应该根据哪些凡给人以关照欣赏的艺术品中都有、凡不给人观照欣赏的艺术品中都没有的标志(特征)来认识有审美价值的东西?”“在以创造有审美价值的东西为目标的活动中,我们应该以哪些具体原则为指导?”这一类问题只有用归纳法来回答:也就是说,我们必须根据观察到的具有审美价值的例子来进行概括。这类问题的解答属于审美的实证科学。

这样,正如在逻辑或物理学中一样,对美学价值的意义的明确解释,就成了一种根本标准,人们用它们来衡量那些关系到任何具体原则的确定的现象,这种解释因此也成为那些实证科学中的研究所必须公开地或隐蔽地依据的基础。但是美学与物理学一样,是一种经验科学,它的定律应该通过归纳概括从个别美学现象中总结出来。所以,关于美学价值的性质问题是哲学研究的课题,应该用分析方法先验地来解答。但是美学的实证科学的定律这一问题只有那些谙熟各种美学现象,有能力在这一领域内作出切实可信的经验性概括的专家才能解答。①

然而,在美学的实证科学的范围内,也有某种普遍原则值得我们认真考虑。其中一部分与我们所关心的基本认识问题,尤其是审美经验的主观条件与事物中的美学价值的客观条件之间的区别非常密切。因此,我们最后对有这种区别关系的某些事实作一简要论述就无任何不妥,虽然在本文中我们不可能对它们作详尽的探讨。

审美客观性——一个本体论范畴

美学至今还处于相当落后的状态。这不是对任何个人的批评,而是一个不容否定的事实。美学的次要原则——某些艺术中的“创作原则”——已经为数可观,而且也还颇有依据。然而这些不过是目前美学所仅有的确定内容罢了。人们已经注意到,美学界至今甚至还未就某些基本范畴取得一致的意见,而以上提及的美学原则却恰恰需要在这些范畴内最后确定。美学进展甚微的原因之一是人们公认的审美兴趣的对象具有显著的多样性,这些对象中的某些种类至少是非常复杂的

① 当然,具体的审美判断既不一定是实证科学的发展的产物,也不对之起什么指导作用。在任何领域中,实证科学的发展都需要有一套预先确定的具体真理。在亚里士多德之前就已经出现了正确的逻辑判断,在欧基里德之前就有了几何定律,伽利略和牛顿之前就有了经受了检验的物理事实,没有它们,实证科学便根本不可能产生。

现象。

例如，试考虑一下，名为“贝多芬第五交响曲”的究竟是什么样的对象？一部乐曲不是一个物体，对它的任何一次演奏本身就是一个复杂的物质实体。但是在演奏和作品之间却有一种明显的区别。演奏也许不会一般人也认为它不能准确地反映作曲家的音乐意向或这部作品所蕴含的审美可能。至于存在于一首十四行诗或其他文学作品本身与其理解之间的差距就更大了。在欣赏文学作品时，我们总得有自己的理解，而这样，我们不仅可能放过原作的一部分底蕴，而且可能由于粗疏，在理解中随意放油加醋。戏剧是最复杂的一种审美对象，它在某些方面与音乐有共同之处，在另一些方面又与诗歌相似。但有一点可以肯定：我们不能把一出戏与任何物质对象混为一谈。

在这些方面，一张画、一座教堂或一件雕塑似乎与一部音乐作品或文学作品有所不同。一幅画、一幢建筑或一尊雕像也许不能充分体现艺术家的意图，但这类审美客体至少全部包含在个别的物体中，但这样一来，人们就没有必要将艺术实体从它赖以存在的物质载体中分离出来了。然而，只要重新考虑一下这个问题，我们就会看到，这种差异是程度上的，而不是本质上的。例如，当我们站在一幅名画或一尊名雕前，就可能联想到与这一事物同类的某种东西，想到对它的各种充分的或不充分的表现，其中一些我们已经见识过了。那么，这张画布、这块大理石究竟是审美观照的对象呢，还是观照对象的“独特的”、最恰当的表现形式？而这对象是否是种抽象、被这些褪了色的颜料或饱经风霜的石头具体化、形象化了的一种抽象呢？甚至对于自然物体，人们的审美倾向也针对着某种以非物质形式存在的理式：即使面对一片使人倾倒的风景，一位写生者也会在他心灵的眼睛里移动下这个或去掉那个。在任何情况下，观察者的眼光都会起类似的作用。从以上理由来看，我们难道还能将任何种类的审美客体视为一件物体吗？若不能，是否又必须把艺术家的作品视为对一种抽象的和理想的实体的具体“模仿”呢？那么在限制它的表现的物质条件和对它在任何主体眼里的形象起限制作用的更深的、心理上的条件之间究竟存在着一种本质上的区别呢，还是程度上的和表面的区别？是否有那么一系列的偶然现象——一些是表面的和物质的，一些是内部的和心理的——把真实的客体和我们的理解分割开来了？

以逻辑方法来武断地对待这些发人深省的思想未免唐突可笑。在这里,我们至少可以看出三种东西。其一,艺术家的意向或他意在表现的某种理式;其二,在一首诗的两种版本和一部乐曲的两次演奏中都可以找到的那种抽象实体;其三,表现这种抽象、模仿这一理式的事物,它们有时是表现这一抽象或理式的形式。以上三者,无一可以忽略,因为它们之中任何一个都会被人们用来代表美学的基本内容——审美客体。

首先,让我们来考察一下任何艺术创造都旨在表现的理式吧。

在任何作品中,理式都可能成为我们的审美观照的对象。任何人在面对一件艺术品时都可能——也许还应该——力图透过作品表面,探求作者的意向。这一点对音乐和戏剧尤为重要,因为它关系到演奏或表演是否忠于原作的精神。对任何一种审美现实体[①]作类似的尝试,对那些企图通过对以往艺术成果的探究了解未来艺术的可能形式的人来说是有其价值的。再者,如果我们要揭示绝对准确和可靠的美学规律,那么这些规律也只会将理式,而不是物质作为其样品推到引人注目的地位,无论这些理式见诸艺术,还是存在于自然之中。这一点是显而易见的,也是毫无疑义的。

然而,以上两方面的考虑都没有揭示任何让我们把审美对象视为超验实体的充分理由。在艺术以外的其他事物中,也偶尔有这种情况:一个人并未实现自己的意图,甚至对这意图还不甚了然。可是我们却理解了他的意图,而那未曾完全实现的意图,仍不失为他的目标,尽管暂时未得实现,却是可以实现的。在这种情况下,我们的“理解”只有通过移情活动,借助丰富的想象才有可能。其所以如此,是因为这种意图人人都可能有。的确,透过现象探究意向的努力,无论在美学还是在其他范围内,总是存在着以臆测代替真知的危险。如果我们还要去确定自然物的什么意向的话,那若非“感情误置”,就只能是种迷信。而在科学的美学中,是没有这种迷信的合法地位的。被表现出的实体使一种特定的美学想象和艺术构思得到了完美的反映。这种实体决非深不可测,要理解它,有赖于审美理解和审美批判。但是,人类的目的是具有极大的一致性的,这使我们偶尔能超越审美现实体,直接抓住它们包含的美学目的。在音乐和戏剧中,它使我们能通过符号来重新创造、模仿和表达这些目的的审美现实

① 审美现实体指艺术品。——译注

体。关于这一点，我们实无必要故弄玄虚。这种事实没有给我们提供任何理由，使我们可以在对待美学目的时采取一种与对待经济或技术问题时不同的超验态度。也没有提供任何理由，让我们为美学理式寻求某种仙境，就像我们没有理由把"新大西岛"视为一种形而上的现实一样。

美学法则的典范将是理想的实体，不会是现实。这一点不会给美学中的超验主义提供任何依据，也不说明美学与其他科学有任何根本区别。例如，在物理学上就有这种情况：我们对它的规律的认识产生了对某些理想状态的设想——绝对真空、无摩擦表面、绝对可塑固体、百分之百功率发动机等等。此外，在物理学的任何运用中（这些运用在实际生活中总是旨在实现一定的目标）参与这种创造性活动的人必须依据一些理想性质，虽然他们同时也应看到材料和人类工艺方面的局限。

有一种抽象可以通过物质被忠实地体现出来，另有一种却只能被具体的物质实体所接近、摹仿。研究前者比研究后者更重要，也更为有用。这首先是因为某些审美客体就完全是这样一种抽象，而其余的也大致可如此看待。譬如说，一首十四行诗就不同于任何具体的物体。这不仅因为我们和我们的邻居在不同的书里读到的这一首诗都是一个样，而且还因为这首诗的本质不是白纸黑字间的物质存在，它的本质只是通过某种形式的物质符号从一个人的大脑传到了另一个人的大脑，一种复杂而又普遍的、非常根深蒂固的习惯使诗的确切含义与这种符号联接在一起。甚至属于美学现象的语言中的音韵、节奏，都不是直接显于读者的眼睛，而只是与物质表面联系在一起。它更像乐谱，而不是演奏。然而这首诗又是实在的，它绝不同于那种无人想象过的东西。唯一原因就是，这种语言形式有具体的、以物质形式出现的实例。由于有了语言习惯，这首诗才有了可能，而以上具体实例便是审美客体的表现。没有它们，便没有表现出来的诗，也没有可表现的诗。

我们还有必要看到在文学中，作为审美对象本身的这一抽象实体，实际上并不包含在表现它的物质手段中。确切点说，这种抽象，或这种抽象的实体存在于物质对象的某种结构中。在这里，它是一种由思维组织起来的结构。不过这种观点极可能被一些人用来蹩脚地证明审美现实的主观性。一首具体的诗究竟有何含意，取决于它的语言的实际形式。不错，审美客体需要主体根据语言规范以及有关解释的不成文法则来进行再创造。这种情况，使文学客体极易受到理解中的主观因素的影响。我们甚至可以怀疑任何绝对普遍、绝对客观的解释的可能性。有人曾说过,一位老人和一个小孩尽管读的是祈祷书上的同一段祷文,但这些文字对这一老一小的意义是绝不可能相同的,因为老人以他一生的经验充实了祷词的内容。这种见解对任何由语言表现的东西都有重大意义,尤其当它们是审美对象的时候,因为在这种条件下传达的意义会特别富于表现力。[①]然而这一事实却并不宽宥对这一现象的任何主观臆断。一首诗就好比一条法律,它的实现有赖于语言环境,但并不听凭任何随意解释的摆布。这一点说明,对一首诗的理解和其他任何艺术品的理解一样,总有优劣高低之分。为了理解它、评价它,人们可能需要一定经验和领悟力,但是这些主体方面的条件对主体来说只是他面前的表现形式的条件,而不是他所需要了解的真正内容的条件。它们是审美经验的条件,而不是审美对象的条件。

这里有一点值得注意:当审美现实体,亦即这首诗由白纸黑字或一位朗诵者的声音传达出来时,是以物质形式表现出来的。但这一审美对象无论从空间还是其他什么有关角度来看,都不应该被放到表现它的物质或物质形式之内。这首诗的某些性质,如它的语言形式,构成了书页上的印刷符号或音响的时间顺序的特点。然而这首诗本身的绝大部分,却是由物质符号表现出的意义构成,存在于与表现它的物质实体相联系的结构中。其次,值得强调的是,那的确属于诗的特点的东西,总是存在于以物质方式表现它的结构之中,而不在物质实体本身之中。这东西仍然不是主观的,而是像规律一样固定不变的。这类东西的固定方式也是同样的——它们总是由支配创造和解释的众所周知的习惯固定的。对它的理解(或误解)有主体方面的条件,表现它的物质形式的物质属性所揭示的东西越少,这种条件就越多。但是,如果要正确理解这首诗,主体所必须给予表现形式的任何解释,都不应超出这首诗的范围。如果主体作出的解释不能反映出这种关系,那么对审美对象确有的审美特性的理解就失败了——主体或者误解了它,或者根本就没有理解。

这首诗是一种抽象,它通过某种物质中介,由其表现形式具体化。从本质上来看,它是一种可以由任何表现它的形式重复的或为它们所共有

---

① 纯文学与较低劣的文学的界线的划分似应参考表现意义在其中的重要性而定。这种意义对想象力有启示作用,对逻辑理解则不然。

的实体。但是我们又必须看到，这种抽象跟诸如三角、诚实或不可调和性等普遍概念的抽象不一样，后者使这些普遍概念与任何具有感觉性质或想象成分的东西截然对立。这种抽象具有感觉的忠实性，我们称它为审美本质。

我们可以相当清楚地看出，在我们论题的范围内，并非所有的审美对象都像诗。各种不同的审美对象组成了一个系列，文学作品为它的一极端，以后依次是戏剧、音乐、绘画、造型艺术，最后是自然中的审美对象（若要作全面的探讨，我们非对每一种艺术作仔细研究不可，但这非本文力所能及）。但是，虽然这种顺序一目了然，其规律却不这么简单。一首诗是表现它的物质形式体现出的一种抽象，但是夕阳或一座山峰却是物体。而在抽象和具体之间，不可能有什么中间阶段。

从物质表现方式的物质特点在审美中的重要程度，从审美的本质对象在这以物质形式呈现的关联结构中所处的位置，可以看出以上顺序的规律。在这方面，审美兴趣的对象不仅可能，而且的确有程度上的差异。也许我们可以用图来粗略地表示这种情况。下图中实线内为审美实体，虚线内为物质载体。

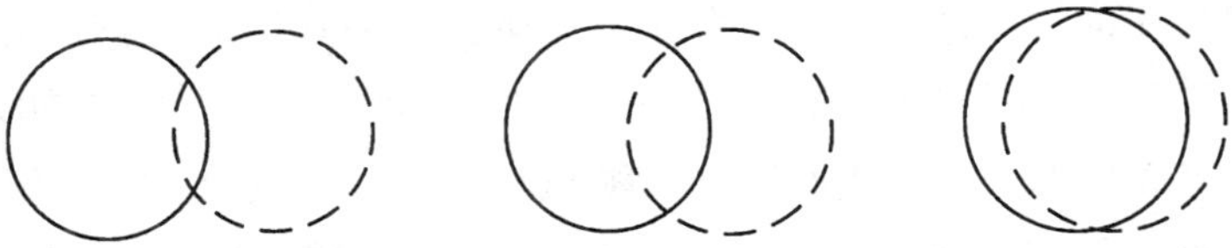

文学作品　　　　绘画与雕塑　　　　自然物

另外，如果我们想说在自然中发现的审美对象是完全具体的，那就必须记住以下两件事实：一、对于任何自然物，如果我们只观察其表面，是谈不上什么审美观照的；即使有，也不会有多大成效。本质的东西并不是它的物质属性，只是与这些属性联系在一起。正是由于这一事实，我们应该把真正的审美价值与“较低级的”东西的固有价值——如水于口渴的人之可贵——区别开来（我并不认为，“较低级的”价值就完全是表现他们的东西的物质属性，与任何结构不发生关系；但我的确认为：审美价值特别取决于结构）。二、我们还必须看到，在审美兴趣的任一物质对象中，都有与它的审美价值无关的性质。这些性质无论如何变化，都不影响它的审美价值。因此，即使审美本质包含在物体之中，也仍然是这物体的一种忠实的抽象。从理论上讲，这种本质还可以在其他的事物中得到同样的表现。

所以,我们可以说,审美经验中发现的实体无一例外地被物质的表现形式具体化了。但是观照的直接对象是一种审美本质,一种从理论上来说可以照样被其他物体表现出来的抽象。无论在什么情况下,这种审美本质都包括了某种不存在于它的物质载体中的东西。它只是在一定的结构里,以某种非武断、非主观的方式与之相联系。至于作为载体的物体的结构对被表现或传递的东西的审美本质和审美价值的重要程度,则因审美对象的不同类型而异。

当我们认为一件东西具有某种审美价值或其他什么价值时,我们必须搞清楚这种价值究竟属于谁。它可能是一般的具体对象——一首诗、一出剧、一支曲子、一幅画、一尊雕塑或一片风景。——但是,如上所述,它也可能是有目的地具体化的理式或虚构的东西,也可能是一首乐曲的演奏、一出剧的表演,还可能是作为审美表现工具的物体甚至具有这种价值的审美经验本身。如果我们要想知道有审美价值的东西究竟是抽象的还是具体的,就必须去观察自己的判断所需要的事实根据。当我们评价一首诗的时候,我们的评价对象不是任何有形体,因为我们甚至想都没想到印刷的书页,这一点颇能说明问题。如果我们评价的是音乐,那就必须弄清这种评价的意旨——是评判任何物质演奏形式所共有,可以为它们模仿的东西呢,还是某次演奏中的音乐内容?同样——尽管不如以上情况那么显而易见——当我们评价一幅画时,必须明了我们的对象究竟是这幅画呢,它上面的物质形式呢,还是这幅画与其复制品可能共有的东西。至于风景和其他自然物,如果说我们评价的不是这些有形物体而是另外的东西,听起来可能有些荒诞不经。然而,这里的确包含有那种抽象本质。从理论上来说,它是可能在其他物体中得到重复的。的确,对任何一种评价,都可能有这样的问题:客体究竟是有形实体呢,还是其中包含的本质抽象?即是说,我们欣赏的究竟是苹果呢,还是所有苹果都有的那种香味?最重要的是,不管被表现出的是什么,我们都必须仔细分析,搞清具有这种价值的究竟是不是某种客观实体,或者我们的判断对象就是审美经验本身?美学上的许多不幸的错误都是由于把本来仅仅属于经验的那类价值划归客体造成的。所有拙劣的审美判断都似乎要说明,世上只有一种客体。这种判断只能导致混乱。

我们可以对一件有形物体进行审美评价这一事实,一点也不与另一事实相矛盾,这就是:世上不可能有这样一种物体,对它的审美评价完全独立于它与它所包含的某种结构的关系(这物体应该被看作审美表现的工具)。物质的客观事物的一切价值都是外在的。一切物体所可能具有的审美价值都是内在价值。但是,说一种价值是某物的内在价值,并不等于把它归入该物的物质属性。根据我们的定义,说某物具有内在价值,意思就是说它只能由一特定的客体而不能由其他客体在经验中具体表现出来。因此,如果一个物体有助于表现确定的审美性质,那它就具备了审美价值。但是,如果根据这种见解,就断言任何抽象实体都不可能有审美价值的话,我们就应该看到,这种推理包含了一个错误的前提。像诗歌、乐曲这样的抽象是有审美价值的,它们可以通过物质事物中介而得到表现:虽然它们可以在不同的物质形式中得到反复表现,但它们本身就是感官性的和形象化的。

关于所有具备审美价值的物体,我们只能说它们的价值取决于组成审美本质的各种属性的综合。这些属性的一部分在作为表现工具的物体中得到了或能够得到体现,其余的则属于这一物体的内含结构。这种结构与这物体之间的联系并不完全来自主观。无论作为审美判断的直接对象的实体的性质如何,决定它有无审美价值的审美本质都是一个抽象实体,而这种抽象就是美学的一个基本范畴。

以上仓促草率的论述是难以说明本文的标题的,而且可能有含混之处。然而,它们却能够说明任何足以指导审美的科学的具体原则系统的普遍性。这一科学的规律的秘诀无论是由个别的理论进展显示出来的,还是作为这一科学的进展的产物,都可以在我们称为构成审美本质的性质的综合中,在作为现象格式塔心理学的这种科学的特性中,在使它成为某种结构整体的各组成要素的相互关系中找到。

寻求这些特定原则的普遍方法应该是一种对可作为审美观照中较为持久的快感所揭示出来的价值的试验。如果在什么地方有更特殊的或经验性的原则尚未确定,或存在着疑问,我们也正是通过这种试验来检验审美评价的正确与否。

邓　鹏译

——选自李普曼主编:《当代美学》,光明日报出版社 1986 年版

分析美学

分析美学是20世纪西方分析哲学对美学产生重大影响的产物。正像分析哲学主要盛行于英美那样，分析美学也长期在英美占有统治地位。分析哲学和美学的创始人可以追溯到摩尔。他在20世纪初出版的《伦理学原理》中，首创对概念进行逻辑分析的方法，并提出对“善”和“美”都不能下定义的主张。但是在分析哲学和美学的发展中，影响最大的是维特根斯坦，是他晚期哲学思想中所提出的“语言的意义即用法”的主张。根据维特根斯坦的理论，分析哲学的美学家们掀起了一股热潮，试图怀疑和取消长期以来给艺术或美下定义的做法的必要性。他们把美学的任务限制在澄清语言，消除由于对语言的误解而引起的困惑，以及理解语言的特殊作用、意义和方法上面。尽管他们这样做的时候，在理清混乱的美学概念的逻辑方面，做出了有益的贡献，但是美学的天地由此却变得狭小了，它远离艺术和审美活动的直接现实，仅仅同批评家或批评文献中的语言有关，成为学院派专家手中的艰涩、繁琐的文字游戏。后起的一些受分析哲学影响的美学家们，以及某些改变原来态度的分析美学家们，开始重新尝试对艺术作理论概括的做法，他们吸收了维特根斯坦的基本思想，同时小心翼翼地避免传统定义的缺陷，试图在传统美学与取消主义之间走出第三条道路。

（王又如）

维特根斯坦

路德维希·维特根斯坦（Ludwig Wittgenstein，1889—1951），奥地利—英国哲学家。生于维也纳，曾在英国剑桥大学三一学院学习和研究哲学，得过哲学博士学位，后来接替摩尔担任那里的哲学教授。晚年辞去教授职务，专心写作。他的主要哲学著作是《逻辑哲学论》（出版于1922

年)和《哲学研究》(出版于1953年)。两书分别给维也纳学派的逻辑实证主义和英国的日常语言哲学以很大的影响。在早期的《逻辑哲学论》里,他提出,思想和语句是事物的逻辑图像。他把能用语句说的——即能用命题描画的东西,与不能说的——即不能用命题描画的东西加以区别,后者包括传统哲学命题所陈述的绝大多数对象,例如"善"、"美"等等,他认为这些命题都是无意义的。哲学的任务就是清理命题,或者说是"语言批判"。在后期的《哲学研究》中,他不再认为语句的意义在于它是反映事实的图像,而主张语句的意义即在于其"用法"。所谓用法,就是指词语在其中扮演一个角色的"语言游戏"。语言游戏是一种活动,是某一种生活方式的一部分。随着生活方式的变化和不同,词语的意义也是各不相同的,因此,理解一个词语不能离开那种特殊的语言环境,不能离开那种特殊的活动和生活方式。但是由于在实际上有很多不同点的语言游戏之间往往存在着某种"家族相似性",人们就试图寻找共同的本质或是给它下定义。这就是哲学上的种种迷惑的根源。他认为日常语言中的许多概念都是开放性的,而不像哲学家们使用的那样,是封闭性的。他的后期哲学思想对当代西方美学的影响是非常大的,这种影响导致分析美学思潮在英美等国长期占据着统治地位。

维特根斯坦没有写过专门的美学著作,仅仅在任教时作过关于美学问题的演讲。一些人在他死后根据笔记把这些演讲整理、发表出来。这些演讲完全是《哲学研究》中的观点、方法的具体运用。这里选录的《美学讲演录》其主要论点是:为了表明"美的"、"好的"这些形容词的意义,人们必须描述这些词的用法,必须描述构成这些审美判断的整个活动、整个环境,必须描述特定的生活方式和特定的文化。因为这些形容词本身在整个活动和环境中是微不足道的。它们相等于某种姿势和某种表情,仅仅是一种赞美的表示。除此以外,各种审美活动之间的重要差别,在它们上面是看不出来的。因此,维特根斯坦的美学就是要引导人们脱离给"美"和"艺术"下简单定义的传统做法,促使人们注意审美活动及其背景的复杂性。他的思想虽然为美学上的种种怀疑论和取消主义打开了方便之门,但也为建立更为科学的开放性的美学理论提供了武器。尤其是他从特殊角度提出的审美活动与生活方式、社会习俗和文化背景相联系的观点,很有启迪意义。

(王又如)

美学讲演录

1. 这个题目(美学)太大了,而且就我看来,它整个被误解了。“美的”这个词比其他词更频繁地出现在某些句子里,如果你注意一下这些句子的语言学形式的话,你就会发现像“美的”这样的词更容易被误解。“美的”(还有“好的”)是一个形容词,因而你不禁要说:“它有某种性质,即‘美的’的性质。”

2. 我们从一个哲学主题转向另一个哲学主题,从一组词转到另一组词。

3. 划分一部哲学著作的明智的方法,是把它划分为几个言语部分、几种词类。在这里,你事实上不得不区分出比普通语法所区分出的多得多的言语部分。你将一连几个小时地谈论“看”、“感受”等等这类描述个人经验的动词。这些语词使我们产生了一种甚或多种混淆。① 你如果专辟一章研究数词,在此就会发现另一种混淆;如果专论“所有”、“任何”、“一些”等等,又会发现一种混淆;如果专论“你”、“我”这类的词,又会发现一种混淆;专论“美的”、“好的”,又会发现一种混淆。语言简直是在对我们耍新花招。

4. 我常把语言比作一只工具袋。它里面装着锤子、钉子、火柴、钎子、螺丝和扳子。这些东西并非凑巧才被放在一块儿。但是,不同的工具之间有着重要的区别,它们在一个有多种用途的家庭中被使用着,尽管扳子和钎子的用途的差别是那样的大。一旦我们进入一个新的领域,我们就会没完没了地对语言的新花招惊讶不已。

5. 当我们讨论一个词的时候,常常问自己,人们是怎样教会我们这个词的。这样做一方面摧毁了大量的错误概念,一方面为自己提供了一种这个词被用在其中的原始语言。尽管这种语言并非你 20 岁时所说的语言,你却要对是在进行哪一种语言游戏知道一个粗略的大概。比方说,我们是如何学会说“我梦见这个那个”?有趣的是,我们并非是由梦显示出来而学会这样说的。要是你问问自己,一个小孩是如何学会说“美的”、“好的”等等,你就会发现,他只是简单地把它们当作感叹来学的。(“美的”一词在说话中是个多余的词,因为它难得使用。)一个孩子,一般说来,

---

① 在此我们发现许多类似的混淆,我们发现所有这些语词造成的各种特殊的混淆。——原注

本文选译自 L. wittgenstein:《关于美学、心理学和宗教的讲演与谈话》1966 年英文版。

首先对食物使用一个“好的”这样的词。在教学中，极为重要的是夸张的姿势和面部表情。这个词是作为一个面部表情或姿势的替代而被人学会的。在这种情况下，姿势、声调等等，是表示赞成。“是什么使得这个词成为一个赞成的感叹呢？”[①]是这个词出现在其中的游戏，而非词的形式。（如果我不得不指出包括摩尔在内的当代哲学家所犯的主要错误是什么的话，我就要说，当人们注意语言的时候，所看到的是词的一个形式，而非这些词的形式所造成的用法。）语言是一大堆活动（谈话、书写、乘车旅行、会晤某人等等）的一个独特的部分。[②] 我们并不把自己的精力集中于诸如“好的”、“美的”这类全然没有特色的词——这类词一般来讲只用于主词和称谓（“这是美的”），而是集中于说出这类词的场合，即那极为复杂的场面，审美的表达不过在其中占有一个位置，在那场面中，表达本身也有一个几乎被忽视的位置。

6. 如果你来到一个陌生的部落，如果你全然不知它的语言却又希望知道什么词对应“好的”、“漂亮的”等等，那么，你会去寻找什么呢？你将去寻找笑容、姿态、食物和玩具。（对反驳之言的回答）：如果你到了火星上，人成了长若树木的天体，你就不会知道要去寻找什么。或者，如果你去一个部落，那里的人所发出的声音仅仅是呼吸声，或仅仅是音乐声，那么，语言就得由耳朵来造就。参照：“当你看见树木来回摆动，那是它们在彼此交谈。”（“任何事物都有一个灵魂。”）在此，你把树木比臂膀。当然，我们必须从我们的姿势进行类推，来理解那个部落的人的姿势。这把我们从通常的美学（还有伦理学）带离了多远啊！我们并不以特定的词为出发点，而是以特定的场合或活动为出发点。

7. 我们的语言有一个独特之处，即一大批在这些环境中使用的词是形容词——如“好的”、“可爱的”等等。但你知道这无论如何是不需要的。你知道，它们首先是作为感叹来使用的。但如果我不说“这真可爱”，而只是说一声“啊”，并笑了笑，或者只是摸了摸肚子，这又会怎样呢？在这些原始语言的范围内，关于这些词说了些什么，什么是这些词的真正主语

---

① 比如，为什么不是不满或者惊讶呢？（孩子领会的是你教他时所用的姿势。要是他没有领会这姿势，那他也什么也不会懂。）——原注

② 我们建房子时，我们要说和写。我乘公共汽车，我对售票员说：“三便士。”我们所关注的恰恰不是所用的词和句子（它简直毫无特色），而是说这些词和句子的场合。实际上，在艺术作品中（注意！），实际的审美判断等于零。——原注

(那被称之为“美的”或“好的”的东西)①之类的问题根本就没有出现。

8. 显然,在实际生活中,当人们做出审美判断时,诸如“美的”、“好的”等审美的形容词,几乎不起什么作用。审美的形容词在音乐评论里使用吗?你说:“注意这个转调。”②或者(里斯:“这段不连贯。”)或者,在诗歌评论中,(泰勒:“他意象用得很准。”)你所使用的这些词更近于“对的”、“正确的”(就像这些词在日常语言中的使用一样),而不是“美的”或“可爱的”。③

9. 诸如“可爱的”一类词,起先是作为感叹来使用的,后来使用它们的场合很少。我们可以说一小段音乐是可爱的,但这并非是赞扬它,而只是给它一个特点。(肯定有许多不能恰当地表达自己的人频繁地使用这个词,当他们使用它时,它是被当作一个感叹。)我要问:对于什么样的旋律我最喜欢用“可爱的”一词呢?我或许得选择是称某段旋律为“可爱的”呢,还是称之为“充满青春活力的”。把一阙音乐叫作“春天的旋律”或“春天交响乐”是愚蠢的。然而,“春天般的”一词本身并无荒唐之处可言,就像“庄严的”或“壮丽的”一词一样。

10. 如果我是个描图好手,我能用几画就表现出不可胜数的表情——

诸如“壮丽的”和“庄严的”这类词可由面孔来表达。当我们这样做时,我们的描述将远比用形容词来表达更具有灵活性和多样性。如果我说舒伯特的某段音乐是忧伤的,这就好比我给它一种脸部表情(我并没有表示赞成或不满),我也可以用姿势或舞蹈来替代。事实上,如果我们想做到表达准确,就得做出一个姿势或面部表情。

11. (里斯:当我们说“这是正确的方法”,我们使用的或涉及的是什么规则呢?如果某位音乐教师说某段音乐应该这样演奏并演奏了它,在此他诉诸什么了呢?)

12. 想想这个问题:“应该如何读诗?什么是读诗的正确方法?”如果你是指一首无韵诗,读这首诗的正确方法也许就是正确地读出重音——

① 那真正好的东西是什么?——原注
② “这一转调的方式是正确的。”——原注
③ 用“可爱的”来描述,也许不如用“庄严的”、“壮丽的”等等更好些。——原注

在此你所探讨的是要把节奏扬到或抑到什么程度。有人说这首诗应该这样来读，而且他就这样读给你听，你说："噢，对，这样就读得通了。"有些诗简直就应该划出音来，它们的音律像水晶一样透明——而另一些诗的韵律则完全是潜隐着的。我曾读过 18 世纪的诗人克洛卜施托克(Klopstock)的诗。[①] 我发现读他的诗的方法是打破常规地重读诗的步格。克洛卜施托克把"U - V"(等等)写在诗的前面。当我以上述方式读他的诗的时候，我说："啊哈，现在我可明白他为什么要这样做了。"发生了什么情况呢？我曾经读过这类东西，并且微微有点厌倦了。然而，当我们以上述新方法来读的时候，却异常兴奋，我笑了，说道："这真了不起。"等等。但是，我也可能什么也没说，重要的事实是我反复地读它。读这些诗时，我做出了一些姿势和面部表情，可以称之为称赞的姿态。可重要的是我以完全不同的更令人激动的方式读了这些诗，我对别人说："看！就应该这样来读这些诗。"[②]审美的形容词几乎就没起什么作用。

13. 一个能知道什么是好衣服的人在裁缝那儿试衣的时候会说些什么话呢？"这儿长度正合适。""这儿太短了。""这儿太窄了。"这里用不着什么溢美之词，尽管如果衣服合身的话，他看上去会非常高兴。但是，我不说"这儿太短了"，而说"看"；或许，也不说"对"，而说"就让它这么着吧"。一个好裁缝可以根本不费一言一语，而只用粉笔作上记号，然后，把不满意的地方改一改。我应该怎样表达我对一件衣服的赞许呢？最好的办法是经常穿上它，看着它的时候觉得喜欢，等等。

14. (如果我告诉你一幅画中人体的亮部和暗部，这样，我就能给你提供它的形状。但是，如果我给你看的是该人体的强光部分，你就无法知道它的形状。)

15. 以"正确"一词为例。你会遇到许多相关的情形。首先是你学习规则的情形。比如，一个裁衣的学习衣服该裁多长，袖子该裁多宽等等。他学习规则——接受训练——就像在音乐领域，你得接受和声和对位的训练。假设我去学习裁缝，我首先要学会所有的规则，总的说来，我也许

---

① 维特根斯坦这里指的是 F. G. 克洛卜施托克(1724—1803)的诗作《颂歌》(全集，斯图加特，1886—1887)。克洛卜施托克相信，诗的措辞与普通语言完全是两码事。他把节奏当作粗俗的东西抛掉，代之以古代文学的韵律。——英文版编注

② 如果我们说的是读一首诗的正确方式，就会赞成，在这种情况下，它只起非常微小的作用。——原注

会有两种态度。(1)有人说:“这儿太窄了。”而我却说:“不,这没错儿,符合规则。”(2)我培养了一种对规则的感觉,解释了规则,我会说:“对,这儿错了,这儿不符合规则。”[①]在此,我就是在对符合态度(1)中所说的规则的东西作出审美判断。另一方面,如果我没有学过规则,我就无从作出这个审美判断。在学习规则的过程中,你得到了越来越完善的判断。学习规则实际上改变了你的判断。(尽管即使你没有学过和声,也没有一对好耳朵,你仍然可以听出任何连续和弦中的不和谐的地方。)

16. 你可以认为,为量衣所制定的规则表达了某些人所要求的东西。[②] 人们在对一件衣服应该衡量什么这点上意见分歧:比如,有人就不在乎衣服的肥瘦,而另一些人对此则极为注意。[③] 你可以说和声的规则表达了人们希望和弦应遵循的方式——这些规则是他们的愿望的结晶(“愿望”一词过于暧昧)[④],所有最伟大的音乐家都遵循这些规则。(答复反对意见:)你可以说每位作曲家都改变了规则,但是,这种改变微乎其微,并非所有的规则都被改变了。在有大量旧规则存在的情况下,音乐仍是很好的。——虽然在这里可不能有这种情况。[⑤]

17. 在我们所说的艺术领域里,一个有判断的人是会发展的。(一个有判断的人并不是指那些对某些东西说“太妙了”的人。)[⑥]如果我们谈论的是审美判断,那么,在数以千计的事物中,我们想到了艺术。当我们对一件事物做出审美判断时,我们并不是对该事物瞥一眼,说道:“噢! 多美妙啊!”所以,要把知道自己在说什么的人与不知道自己在说什么的人区别开来。[⑦] 如果一个人准备赞美英国诗歌,他就必须懂得英语。设想一个不通英语的俄国人,竟为一首公认为好的十四行诗所陶醉,我们会说他根本就不知道诗里说了些什么。同样,如果一个人对音韵一无所知,居然也为这首诗所陶醉,我们就会说他也没有明白诗里说了些什么。在音乐

① 要是你没有看出来,如果我们把这儿做宽了,就不对劲,不符合规则。——原注

② 这些规则也许是极度明晰的,传授来的,要不然就根本没有制定出来。——原注

③ 然而,事实是,人们已经制定了种种规则。我们所说的“人们”,实际上是指一个特殊的阶层……我们所说的“人们”,其实是指某些人。——原注

④ 虽然,我们在这里谈到了“愿望”,事实是,这些规则已经被制定出来了。——原注

⑤ 这句话说,在我们目前的讨论中,可能有大量旧规则的存在,尽管这对音乐无碍。——译注

⑥ 在我们所说的艺术之中,发展了我们称之为“判断者”的人——即具有判断的人。这并不是指某些赞美或不赞美的人。我们掌握了一种崭新的因素。——原注

⑦ 他必须在长时间内不断地做出反应,必须知晓所有各种事物。——原注

里，这就更显然了。试想某人喜爱并欣赏公认为好的音乐作品，然而，他却记不住最简单的调，不知道低音是从哪里进入的。我们会说他并不知道音乐里有什么。我们用“一个人有乐感”这句话，但并不是用来指那种听到演奏一段音乐就说“啊”的人，正如我们不把一只一听音乐就摇尾巴的狗称作有乐感的。①

18. 我们应该谈论的词是“欣赏”。“欣赏”是由什么构成的呢？

19. 在裁缝铺里，假如一个人浏览了一遍众多的衣服式样，然后说：“不，这颜色暗了点儿，而这又有些花哨。”等等，那么，他就是我们所说的对象的欣赏者。他是不是一个欣赏者，并不是由他所说的话来体现，而是决定于他选择、挑剔的方式。在音乐方面也是一样：“这和谐吗？不，男低音还不够洪亮。我来这里就是想听到一些不同的东西……”这就是我们所说的欣赏者。

20. 描述欣赏的构成不仅是困难的，而且也是不可能的。要想描述欣赏的构成，我们就不得不描述整个环境。

21. 我很清楚，如果一个人对裁缝那里的衣服了如指掌，或者全然无知，会出现什么情况——他怎么说，怎么做等等。② 关于欣赏，有许许多多不同的情形。我所知道的当然逊于一个人所能知道的。为了说清楚什么是欣赏，我就得把诸如肿疱这类特殊的病症解释为艺术品或工艺品。我还不得不讲明白我们的摄影师如今在干些什么，以及为什么你付了1000英镑，也还是得不到一张你朋友的像样的照片。

22. 你不妨来看一看你或许可以称之为一种很高级的文化。例如，上一世纪和再上一个世纪的德国音乐。再来看一下这一文化退化时出现了怎样的情形。要是看一下仿造的建筑物，你便能了解建筑方面出现的情形，了解在人们专注于细微末节的时代里，建筑领域会出现怎样的情形。你还可以了解在这样的时代又会出现什么情形：那时，人们随意挑了一张桌子搁到客厅里，谁也不会知道它的来历。③

---

① 和这样的人比较一下。他喜欢听音乐，然而对音乐却说不出任何东西。对这门艺术一窍不通。如果他听见音乐只是感到高兴而没有其他反应，我们就不说“他是有乐感的”。——原注

② 那就是美学。——原注

③ 解释一下当一种工艺退化的时候会出现什么情形。在这样的时代里，所有的一切都被固定下来，人们过分专注于细节；在这样的时代里，所有的一切都是因袭下来的，没有什么东西是经过人们的思考的。很多人会对饭厅里的一把椅子的一个细部颇感兴趣。当这把椅子后来被放到客厅里去的时候，便没有人知道它是从哪儿拿来的，也没有人知道人们曾经为如何设计这把椅子而冥思苦想。——原注

23. 我们来谈论一下正确性。一位优秀的裁剪工,除了诸如"太长"、"可以"这类词之外,不会使用其他词。我们在谈论贝多芬的一部交响乐时,就不会谈论它正确与否。全然不同的东西出现了。一个人不会去谈论对艺术中非凡的东西的欣赏。就某些风格的建筑而言,说一扇门是正确的,这说明你欣赏它。但如果那是一座哥特式教堂,我们所做的就完全不是去看看它是否正确——对我们来说,"正确"起了一种截然不同的作用。[①] 整个游戏变得不同了。这种不同就像判断一个人:一方面,我们说他举止不错;另一方面,我们说他给我留下了伟大的印象。

24. "正确"、"迷人"、"美好"等等,产生完全不同的作用。参看一下了不起的布封先生关于写作风格的著名讲演。他作了那么多的区分,希望使人有清晰的理解,但我的理解却很模糊。那都是些诸如"壮观"、"迷人"、"美妙"[②]等等之间微乎其微的差别。

25. 那些我称之为表达审美判断的词语,在我们所说的某个时代的文化中,起着尽管复杂却又十分明确的作用。要想描述它们的使用或者你所指的一种有修养的欣赏趣味,你就不得不描述整个文化。[③] 我们今天所说的有修养的欣赏趣味,在中世纪是不存在的。在不同的时代,有根本不同的游戏。

26. 一种语言的游戏包括了整个文化。描述音乐欣赏趣味时,你就不得不描述孩子们是否举办音乐会,妇女是否举办音乐会,或者是否只有男人才举办音乐会等等。[④] 维也纳贵族阶层有(这样或那样的)一种趣味,然后它传到了资产阶级的圈子里,妇女加入了合唱,等等。这是音乐传统的一个例子。

27. (里斯:黑人艺术有传统吗?一个欧洲人能够欣赏黑人艺术吗?)

28. 黑人艺术的传统会是什么呢?妇女穿制草裙吗?诸如此类,等等。我不知道弗兰克·多布森[⑤]对黑人艺术的欣赏如何与一个有文化的黑人的欣赏相提并论。你如果说多布森欣赏黑人艺术,我不知道这是什

---

① 这里不存在等级问题。——原注

② 见《论风格》,1753 年,布封在接纳他为法兰西学院院士的仪式上的讲演。——英文版编注

③ 对一套审美规则的充分描述,实则意味着对一个时代的文化的描述。——原注

④ 比如,孩子们是由那些听音乐会的成年人来教的,学校就是现在这个样子,等等。——原注

⑤ 弗兰克·多布森(Frank Dobson, 1888—1963):英国画家和雕塑家。他第一个使英国人对亚洲的雕塑发生了兴趣。在第一次世界大战前后,正是亚非的雕塑使得毕加索及其他立体主义的作品具有独特之处。——英文版编注

么意思。[①] 他也许会在他的屋里摆满黑人艺术品。他只是说“啊”了吗？他是不是和一个最好的黑人音乐家做得一样呢？他同意还是不同意有关黑人艺术的这样或那样的东西呢？你或许可以把这称为欣赏，但这和一个受到教育的黑人的欣赏是完全不同的。即使一个有文化的黑人也在屋里摆上黑人艺术品，他的欣赏和弗兰克·多布森的也是不同的。你还会做一些与他们都不一样的事。例如，黑人穿着他们的传统服装，我说我很喜欢一件黑人穿的外衣——这是否意味着我也想做一件呢？是否意味着我会说（就像在裁缝铺里）：“不，……这件太长了。”或者说：“多迷人啊！”

29. 假设路易对绘画具有一种高雅的欣赏趣味，这种趣味与15世纪所说的高雅的欣赏趣味完全是两码事。那时，进行的完全是另一种游戏。路易所做的不同于那个时代的人所做的。

30. 有许多人，生活富裕，上过很好的学校，能够周游世界，参观卢浮宫等等，他们熟知数十位画家，能够滔滔不绝地谈论一番。还有另外一种人，他们看的绘画很少，而对一两幅印象极深的作品，能够聚精会神地端详。[②] 另外还有一种人，止于泛泛而知，既不精深也不广博。也还有一种人，视野狭小，所知有限，备受约束。这些是不同的欣赏吗？也许，他们都可以称作欣赏。

31. 谈论爱德华二世加冕时穿的礼袍，与谈论一件普通礼服，是全然不同的。[③] 关于加冕礼袍，他们[④]说过些什么做过些什么？这礼袍是一个裁缝做的吗？也许它是由具有自己传统的意大利艺术家设计的：爱德华二世在穿上它以前从来没有看见过它。像“那时是什么标准”之类的问题，和下面的问题有关：你能像他们评论那件礼袍那样去评论吗？你是以全然不同的方式进行鉴赏的。你对礼袍的态度与生活在设计这件礼袍的时代的人的态度是完全不同的。另一方面，那个时代的人也能以和现在的人一样的方式说：“这是一件漂亮的礼袍。”

32. 我提请你们注意差异，我说：“看，这些差异是多么强烈啊！”“看一看不同情形之间有何共同之处。”“看一看审美判断的共同之处是什

---

① 你在这里并没有讲清楚“欣赏黑人艺术”是什么意思。——原注

② 有的人从未旅游过，但他的观察却表明他“的确是在欣赏”。他的观察是专注于某一个对象，精深极致，以至于使人会为此倾囊中之所有。——原注

③ 忏悔者爱德华。——原注

④ 这显然是指当时的人们。——译注

么。”剩下的是一家子极其复杂的情况，[1]一起的还有最突出的东西——赞美的表达，一个微笑或是一个姿态，等等。

33.（里斯向维特根斯坦提出了一些有关“退化”理论的问题。）

你认为我有一个理论吗？你认为我是在阐明什么是退化吗？我所做的是描述那些被称之为“退化”的、不同的事物。我也许赞成退化——“你那美妙的音乐文化太好了；我很高兴现在孩子们不学和声了。”（里斯问：你所说的不就是意味着你喜欢以某些方式使用“退化”这个词吗？）好吧，如果你愿意，也可以这么说。不过，顺便说一下，这无关紧要。我所举的退化的例子是关于某些我所知道的东西的，也许是我不喜欢的——我不知道。“退化”适用于我所知道的少得可怜的东西。

34. 我们的衣着比起18世纪的来要简单多了，而且更适合某些激烈的运动，例如骑车、竞走等等。不妨让我们注意一下建筑、发式等方面类似的变化。假设我谈论生活方式的退化。[2] 如果有人问你：“退化究竟是指什么呢？”我就描述，举例。你一方面用“退化”描述一种特殊的发展，另一方面表示你不赞成这种发展。我可以把退化和我所喜欢的东西结合起来；你也可以把它和你所不喜欢的东西结合起来。但是，使用这个词可以不带任何感情色彩；你可以用它去描述一种特殊的情况。[3] 在它被使用时，它更像一个技术性的术语，可能（也不一定）带有贬义的因素。我谈论退化时，你可以抗议：“但这是很好的。”我便说：“不错，但这不是我正在谈论的。我用退化去描述一种特殊的发展。”

35. 为了澄清审美用语，你必须描述生活方式。[4] 我认为，在谈论审美判断时，我们不得不说“这是美的”之类的话。但我们发现，当我们必须作出审美判断时，我们根本就找不到这些词，找到的是另一种词，它的使用，就像是一个姿态，伴随着一个复杂的活动。[5]

36.（路易：如果我的房东太太说某幅画很可爱，而我则说它不堪入目，我们两人并不是互相矛盾的。）

---

① 英文原为“an immensenly complicated of cases ...”这不禁令人想起后期维特根斯坦哲学中的重要概念“家族相似”(family resemblance)。——译注

② 风格的以及生活的退化。——原注

③ “退化”一词的意义，来自我所能提出的例子。“那是一种退化”，这句话也许是不赞成的表示，也许表达了一个描述。——原注

④ 比如，“这件衣服真好看”。——原注

⑤ 判断是一个带有行动的巨大结构的姿态，这个结构并不是由一个判断来表达的。——原注

在某种意义上(和某些例子里),你们俩的看法的确互相排斥。房东太太小心翼翼地拭去画上的尘土,常常端详它,而你却想把它扔进火里。这正是哲学里出现的一种愚蠢的例子,好像人们只说过“这不堪入目”、“这很可爱”之类的东西。然而,这类东西只是其他东西的广袤王国的一部分——很特殊的一部分。假设是房东太太说:“这幅画不堪入目。”而你则说:“这很可爱。”——也行,就是那么回事。

二

1. 有趣的是人们那种关于一种美学科学的想法。我几乎想谈一谈美学的含义是什么。

2. 你或许会认为,美学是一门告诉我们什么是美的科学。从字面上看,这未免太可笑了。我想美学还应该包括哪种咖啡味道最佳吧。①

3. 我粗略地看到这一点——当你品尝可口的食物或闻到诱人的香味时,存在着一个表达愉快的言辞的王国,于是,便存在着一个迥然不同的艺术王国,尽管你在听音乐和品尝可口的食物时,常会做出同样的表情。(尽管你会因为某件你非常喜欢的东西而哭泣。)

4. 假设你在街上遇见一个人,他告诉你他失去了一位最伟大的朋友。他说话的声音充分表现了他的情感。② 你听后可能会说:“他的表达实在太美了。”假设你接着问道:“我对这个人的赞美,与我喜欢吃香草冰激凌有相同之处吗?”两者的比较,看上去简直令人生厌。不过,你可以通过中介把两者联系起来。假设某人说:“这是一种完全不同的快感。”然而,你知道“快感”的双重含义吗? 在两种场合,你使用的是同一个词。③在这些快感之间,存在着某种联系,尽管,在第一种情况下,愉快的情感对于我们的判断,是无关宏旨的。④

5. 这就像说:“我是这样来划分艺术作品的:有些是我推崇的,有些则是我鄙视的。”⑤在对于艺术作品以及其他事物的推崇和鄙视之间,我

---

① 很难看出界线。——原注

② 有的人在告诉你他失去了他的朋友时,克制着他的感情。——原注

③ 但请注意,你使用了同一个词,你也并不是用同一偶然的方式,同一个词“bank”来表达两个意思(“河岸”和“银行”)。——原注

④ 尽管,在第一种情况下,快感的表达可能是最不重要的。——原注

⑤ 你也许能进一步发现事物的特色,这些特色使我们推崇该事物。——原注

兴许能够发现各种各样的联系。如果我们发现吃香草冰激凌是我们所推崇的,那么,我们就不会认为推崇有什么重要性。可能存在着一个王国,一个小小的经验的王国,它使我们或推崇或鄙视。在这个国度,从我推崇什么鄙视什么这一事实,能够推断出许多东西。还存在另一个经验的王国,在那里,从我的推崇或鄙视中,什么也推断不出来。① 比如,在某一个社会里,穿蓝的或绿的裤子可能会有很多含义,但在另一个社会里,它可能一无所指。

6. 什么是对某个事物的喜爱的表达?仅仅是我们所说的话吗?或者是所用的辞藻?或者是我们脸上做出的表情吗?显然不是。它往往表现在我隔多少时间读某本书,或隔多少时间穿上某件衣服。我可能甚至都不说:“这很漂亮”。但是,我老穿它,端详它。②

7. 假设我们在建造房子,我们规定了门窗的尺寸。我们喜欢这些尺寸,这一事实必然会在我们的话语里表现出来吗?我们所喜欢的东西必然要由有关喜欢的表述来表达吗?③ (例如,我们的孩子在画窗子,如果画错了,我们就惩罚他们。或者,某人建造了一幢房子,我们拒绝住进去,或者逃走。)

8. 看一看时髦的玩意儿吧。时髦是怎么来的呢?就拿这个来说吧:我们衣服的翻领,比上一年的要宽。这是不是就意味着裁缝喜欢翻领越宽越好呢?不,不一定是。他就这么裁剪,今年他把翻领做宽了些,也许今年他还会觉得领子太窄了,还会做得更宽。他很可能根本就没用任何表达词语(表达愉快的)。④

9. 你设计了一扇门,端详着说:“再高一点儿,再高一点,再高一点,……好,行了。”⑤(姿态)这是什么?这是满意的表达吗?

10. 与美学相联系的、最重要的,可能是所谓的审美反应。例如,不满、厌恶和不适。不满的表示不同于不舒服的表示。不满的表示是这样的:“高一点儿……太低了……把这个改进改进。”

11. 我所说的不满的表示,与在知道引起不适的原因并要求消除它

---

① 有的人也许会夸大暗示方式的重要性。——原注

② 如果我喜欢某件衣服,我就可以买下来,并且经常穿在身上。我用不着感叹或做出表情。我可以永远不对它笑一笑。——原注

③ 我们喜欢这些东西这一事实,会以各种各样方式自己显示出来。——原注

④ 然而,裁缝并不说:“这真好。”他是一个剪裁好手,他仅仅感到满意。如果你的意思是说:“今年他把翻领做得更宽了。”那你就这么说吧。只有这样我们才满意,否则就不行。——原注

⑤ “……那儿,我的天。”“……对,那就对了。”——原注

的情况下的不适的表示，两者有没有相似之处呢？如果我说："这门太低了，弄高一点儿。"这是不是就可以说明我已经知道了不适的原因呢？

12. "原因"一词以许许多多不同的方式被使用，例如：

① "失业的原因是什么？""这一表达的原因是什么？"

② "你跳起来的原因是什么？""那片吵闹声。"

③ "轮子滚动的原因是什么？"这里所考察的是一种机械装置。①

13. (雷德帕斯："把门搞高一点儿，从而消除你的不满。")维特根斯坦问道："门这么装为什么不好？"其安装的方式是错误的，因为这种方式预先注定要被"取消"。

14. 你说你知道引起你不适的原因，这可以有两种含义：

① 我正确地预计到，如果你把门安装得低一点儿，我就满意了。

② 但是，当我说："太高了！"这句话在这里就不是什么推测。"太高了"和"我想我今天西红柿吃得太多了"是可比的吗？

15. 如果我问道："假使我把门安装得低一点儿，会不会消除你的不适呢？"你兴许会说："肯定能。"重要的是我说"太高了"。这是一种与把手从滚烫的金属板上移开相类似的反应，它可能不会消除我的不适。对这种不适的特定反应就是说"太高了"或者诸如此类的其他东西。

16. "我觉着不适并且知道原因"的说法，完全使人误解。因为在正常的情况下，"知道原因"指的是非常不同的东西。其令人误解的程度，取决于你在说"我知道原因"的时候，你是不是把这句话当作一种解释。"我觉着不适并且知道原因"这句话，听起来好像是说：在我的灵魂之中进行着两件事——不适和知道原因。

17. 在这些情况下，根本就不用"原因"(cause)一词。你使用的是"为什么"(why)和"因为"(because)，而不是"原因"。②

18. 在这里，我们有一种你可以称之为"定向的"不适。③ 例如，如果我怕你，我的不适就是定向的。"我知道原因"的说法，使人想起资料统计或对机械装置的考查。如果我说："我知道原因。"这就好像我分析了自己的感觉(就好比我分析听到自己的声音，同时搓手的感觉)。当然，我没有

① 原因：a. 实验和统计资料。b. 缘故(reason)。c. 机械装置。——原注

② 你为什么感到厌恶？因为它太高了。——原注

③ 我们不说"我知道原因"，而说"我的恐惧感是定向的"。这有什么优越性呢？——原注

进行分析。我提出了一个可以说是合乎语法规则的解释。(说出来就是:这一感觉是“定向的”。)

19. 对于美学意义上的不适来说,存在着一个“为什么”,而不是“原因”。不适的表达采取的是批评的形式,而不是说“我脑子乱哄哄的”或其他什么。它也许会采取这样的形式:看着一幅画,说道:“这画有什么毛病呢?”①

20. 这样的说法很好:“我们不能摆脱这种雷同吗?”是的,我们不能。如果我们想到不适——原因和痛苦,那么,痛苦的原因就会自然而然地表明其自身。

21. 在其所指向的对象意义上的原因,也是其他意义上的原因。当你消除它,不适感便消失了,等等。

22. 如果有人问:“我们能否立刻意识到原则呢?”我们首先想到的不是资料统计(比如“失业增加的原因”),而是考查机械装置。人们经常这样说:如果某事物是由另一事物引起的,这只不过是一种伴存(concomitance)。这不是很奇怪吗? 的确非常奇怪。“这只不过是伴存”这句话表明你认为这可以是其他什么东西。② 它可以是一个经验命题,但我不知道是什么。“这只不过是伴存”这句话表示你知道一些不同的东西,即联系。当他们说:“不存在什么必然的联系。”在此,他们否认了什么东西呢?

23. 在哲学里,你不断地这样说:“人们说存在着一个超机械装置(Super-mechanism),然而它并不存在。”而是,没有人知道什么是超机械装置。

24. (在此,并非真的存在关于一个超机械装置的观念,而是存在着关于一个机械装置的观念。)

25. 我们在谈论逻辑必然性的时候,我们就有了关于一个超机械装置的观念。例如,作为一种理想,物理学试图把众事物简化为机械装置,

---

① 如果我看着一幅画说:“这画有什么毛病呢?”那么,最好还是说我的感觉是有方向的,而不要说我的感觉是有原因的而我不知道它这样的话。另外,我们提出“痛苦”和“痛苦的原因”(即你吃下去的东西)是雷同的。但这是错误的,或是令人误解的。因为尽管的确是在“它所指向的”(“是什么使你蹦了起来?”“因为我看见他在门廊里出现了”)的意义上使用“原因”一词,但我们也常常在另外的意义上使用该词。——原注

② 如果你说:“谈论某些发展的原因,只不过是在谈论伴存物。”“原因只是一个关于伴存物的问题。”你若说了“只是”一词,你就承认了原因可以是其他的东西,这就是说,你还知道一些全然不同的东西。——原注

或一个物体撞击另一个物体的图景。[①]

26. 我们说人民宣判某人死刑，然后说法律判处他死刑。“尽管陪审团能够宽恕他(宣判无罪?)，法律却不能这样做。”(这可以意味着法律不能接受贿赂等等。)在此，存在着关于超凡的严厉和超凡的冷酷的观念，比任何一位法官更为严厉。[②] 关键是，你喜欢问：“我们还知道有什么更严厉的东西吗?”没有。但我们喜欢以一种夸大的方法来表达自己的意见。

27. 对照杠杆支轴，来认识一下关于超强度的观念。“几何学的杠杆比其他任何一种杠杆更耐强，它不会弯曲。”在此，你涉及了逻辑必然性。“逻辑是一个机械装置，是用无限硬的材料制造的。逻辑不会弯曲。”[③](好吧，它不会弯曲。)这就是我们到达“超某物”(super-something)之路，这就是某些至上之物产生的途径及其应用的方式，例如：无限。

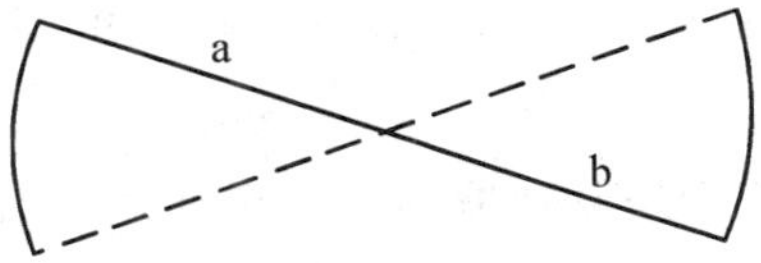

28. 人们会说：甚至在对机械装置的考察中，也存在伴存。但有存在的需要吗？我只不过是顺着线，走到在线的另一头的人那儿。

29. 假设在线内存在一个机械装置的意义上，存在一个超机械装置。即使存在这样一个机械装置，却也毫无用处。你确实把考查这一机械装置看作是考查一种特殊的有因可循的反应活动。

30. 你希望把有关联系的观念一起去除掉。“这也只不过是伴存。”这样，再没有什么可说的了。[④] 将不得不确定什么事例你不称其为伴存。“考查一个机械装置不过是发现伴存。最后，这个机械装置就会整个被简

---

① 你想说：“肯定存在着联系。”但什么是联系呢？看，杠杆、链条、齿轮，这些东西就有联系，我们知道它们。但是，我们在这里应该解释的是“超出这些东西之外的”东西。——原注

② 那些是不可动摇的。——原注

③ 假设我们处理的是运动学问题。已知动力臂和阻力臂的长度，求杠杆成弓形后的弧长。

但是，我们说：“如果杠杆是金属制的，不管它有多硬，它也会有一点弯曲，支点也不会正好在那里。”因此，我们就想到了超硬高：想到几何学意义上的杠杆是不会弯曲的。在此，我们想到了逻辑必然性：用无限硬的金属制成的机械装置。

如果有人说：“你切莫以为逻辑是用无限硬的材料制成的。”你就一定会问：“我必须不去想什么东西呢?”——原注

④ 我们所说的“解释”是联系的一个形式，而我们则希望把联系一起去除掉，摆脱关于机械的观点，并说：“它整个都是伴存。”可为什么说“整个都是”呢？——原注

化为伴存。”或许这可以被下列事实证明:人们从来不考查一个机械装置,除非他们掌握许多特定的经验。这可以这样来表示:“它已整个被简化为伴存。”

31. 以此为对照:“物理学什么也不解释,它仅仅描述伴存的事例。”

32. “不存在超机械装置”这句话的意思可以是:“谈论杠杆时,不要去想象原子间的机械装置,在那里,不存在什么机械装置。”①(你想当然地接受了原子结构图。② 这又有什么结果呢？我们对原子结构图已习以为常,就好像我们都看见过原子。每一个受到教育的8岁儿童都知道物体是由原子构成的。如果某人不知道棍棒是由原子构成的,我们就认为他缺乏教育。)

33. (你可以把机械装置看作一系列伴存的、有因可循的现象。你当然不是这么看的。)你说:“这个推动这个,这个推动这个,这个推动这个,等等。”

34. 考查机械装置是发现原因的一个途径:我们也就是在这种情况下谈论“原因”。但是,如果时常出现貌似钢制,实则为黄油制成的轮子,我们兴许会说:“这(‘这轮子’)根本就不是唯一的原因。它只是看上去像是机械装置。”③

35. 人们常说美学是心理学的分支。这种思想认为,一旦我们更加进步,一切——艺术的所有神秘——都可以通过心理实验而被理解。这种思想大概就是这样,简直是愚蠢透顶。

36. 美学问题和心理实验毫不相干,它完全是按照另一种方式回答问题的。④

37. “当我这么或那么说的时候,我在想些什么呢?”⑤我写了一句话,

---

① 你把现实的机械装置“简化”为一个更加复杂的原子结构,却就此不前了。——原注

② 我们也许会有一个原始的机械装置,然后,我们就会想到它整个是由粒子—原子构成的,我们也许要说:“不要再进一步去设想这些原子之间的原子。”在这里,我们认为原子结构图,一种离奇的东西,当然是正确的。如果我们必须说明什么是超机械装置,我们或许会说它不是由原子构成的:机械装置的各个小部分都是实心的。——原注

③ 我们总是喜欢把一些事物简化为另一些事物。若发现它们有时是伴存,我们会兴奋得想说它真的整个就是伴存。——原注

④ 我希望澄清这一点:美学中的重要问题并不能通过心理研究而得以解决。应该以一种不同的方式来回答这些问题。在“我这样或那样说的时候正想些什么”这一形式里,应包含更多的东西。——原注

⑤ 对比这句话:“人们真正想说的是这个或那个。”——原注

有一个词并不是我所需要的，我找到了正确的词。“我想说些什么呢？哦，对了，那就是我要说的。”在这些情况下，问题的答案就是使你满意的东西。例如，某人说（就像我们在哲学里常说的那样）：“我将告诉你：你究竟在想什么，……”

“哦，对了，就是这样。”

早已存在于你脑子里的标准是：当我告诉你，你表示同意。这不是人们所说的心理实验。下面才是一个心理实验的例子：向 12 个对象询问同一个问题，结果每人都有各自不同的答案，这一结果就形成了统计资料。①

38. 你可以说：“美学的解释并不是因果式的。”②

39. 参看一下弗洛伊德的《智慧和潜意识》(Wit and the Unconscious)。弗洛伊德论述了笑话。你可以把弗洛伊德提出的解释称为因果式的。“如果不是因果式的，你怎么知道它是正确的呢？”你说：“是的，那是正确的。”③弗洛伊德把笑话改造为一种不同的形式，我们认识到这种形式是一连串思想的表达，这一连串思想把我们从笑话的一头引向另一头。这是一种对正确解释的全新描述。尽管一种解释与经验并不一致，但它还是被接受了。你必须提出一种为人接受的解释，这就是解释的整个关键所在。

40. 比较下列两者：“我为什么说‘高一点’？”和“我为什么说‘我感到痛苦’？”④

廖世奇　张旭东译

——选自刘小枫主编：《现代性中的审美精神》，学林出版社 1997 年版

---

① 这样做会不会缩小心理实验的意义。——原注

② “心理学”确实是以颇为不同的方式而得到运用的。我们可以说美学的解释不是因果式的，或者说它是这样一种解释：赞同你的解释的人立刻看到了的原因。——原注

③ 我们所能说的就是：我们向你解释，你便说：“对，那正是所发生的。”——原注

④ 你在这种情况下问“为什么”时感到的不安，类似于你在探寻一个机械装置的过程中问“为什么”时感到的不安。在这里，“解释”是处在言语表达这一水平上的。在某些方面，两者处于同一水平上。对照关于“他感到痛苦”的两个游戏。在此，“解释”相当于言语表达——这是在言语表达(例如，当你说你感到痛苦)成为唯一的标准的情况下，此处的解释像是另一个人的言语表达——就像叫他哭一样。(这就使得下述事实不再令人感到惊奇：一个解释的全部关键在于它被人接受。相应于这些解释，存在着与此相仿的言语表达，正如存在着看似断言的言语表达。)

符号论美学

符号论美学的基石是由一位德国哲学家卡西尔奠定的，他以新康德主义的哲学观点来分析人类的文化现象，把语言、神话、仪式、艺术等现象都看作为用来组织和构成人类经验的符号形式，而不是客观现实的外观形式，这样他便抛弃了康德二元论所承认的“自在之物”，走上从思维中产生人类经验的唯心主义道路。虽然他不以美学家的身份出现，但符号论美学的基本原则是他在《符号形式的哲学》和《人论——人类文化哲学导论》两本著作中提出的。他认为，人之所以区别于动物的根本之点就在于人能创造并运用符号来交流思想和认识对象，而艺术就是人创造出来的一种直观形式，用来把握自然和生活，所以这种形式具有意义，但它不是现实的再现，而是一种可以感知的形式符号。艺术不像逻辑概念那样是抽象的语言，而是一种直觉的语言。

美国的女美学家苏珊·朗格是符号论美学的最重要的代表，她的第一本美学著作《哲学新解》(1942)通过对音乐意味的分析，把符号分为推理的符号和表象的符号，从而发展了卡西尔的基本思想。她认为音乐的曲调结构与人的情感生活有着逻辑的类似，因此音乐就成了情感的符号。在另一本被她称为《哲学新解》的续篇《情感和形式》(1953)中，她把对音乐意味的分析扩展到了所有的艺术，认为所有的艺术只有在创造形式符号来表现情感这一点上才有共性，所以艺术是表现人类情感的符号形式的创造。她具体分析了艺术作为语言符号有着自然的特殊性，即它是单一的、完整的表象符号，具有丰富的含义，而逻辑概念只是推理的符号，有确定的意义。在表现问题上，她以情感的符号为基础，把强调形式特征的形式说和强调经验内容的表现说融合起来，认为只有通过创造出来的形式结构来表现情感，才使艺术成其为艺术。但是，她坚决反对个人情感的发泄，认为艺术表现的不是个人的实际情感的外部征候，而是艺术家所理解的人类情感，所以艺术的表现从根本上来说，不是自我表现，而是揭示人类普遍情感逻辑的表象符号。她的后期著作《精神》(1967)一书，把艺术放到整个人类文化之中去考察，但没有什么特别新的东西。

符号论美学没有放弃对艺术的哲学分析，又兼收并蓄美学诸家的成果，形成一套较为全面、公允的艺术理论，在西方为相当多的人所接受，成为现代艺术在美学上的重要依据之一，至今仍很有影响。

（陈超南）

卡西尔

恩斯特·卡西尔(Ernst Cassirer，1874—1945)，20 世纪新康德主义马堡学派的最重要的代表人物之一。1874 年出生于德国西里西亚的布累斯劳(第二次世界大战后划归波兰)，在德国接受教育。他的新康德主义哲学观点来自就读于马堡大学时受赫尔曼·柯亨的影响。1919—1933 年任汉堡大学哲学教授。希特勒上台后，卡西尔作为一个犹太人表示不满，1933 年离开德国到牛津大学讲学。1935 年在瑞典哥特堡大学执教。1941 年去美国，任耶鲁大学和哥伦比亚大学客座教授，1945 年死于纽约。

他的哲学观点继承了马堡学派的衣钵并有所发展。和康德相同的是，他认为哲学家不是研究客体，而是研究人们认识客体的方式，所以他不作本体论的研究。但是卡西尔认为康德的先验原则应该是发展的，应用的范围应该更为广泛。他把康德的"静态的"理性批判发展为"动态的"文化批判，把康德的先验原则应用到语言、宗教、神话、礼仪等新领域，把哲学扩展为研究整个人类文化的学说。他认为整个文化都是人类符号活动的结果。各种文化现象都是用符号形式表示出来的人类经验，创造和运用符号是人的基本特征。这些观点集中反映在他的三卷本著作《符号形式的哲学》(1923—1927)之中。《人论——人类文化哲学导论》于 1944 年发表，实为《符号形式的哲学》一书的简要本，被认为是符号论哲学的第一本美学著作。

他认为，过去让美和艺术"隶属于一种外来的裁判权"，自从康德才第一次"给艺术的独立自足以明确而令人信服的证明"，认为美是"一种最清楚易辨的人类现象"，是心灵的一种积极活动。在艺术中"热情变成了造型的力量"，所以艺术不是经验对象的真理，而是纯形式的真理。由于这种形式与人的感情和感觉相联，所以艺术是一种有生命的形式。他的美学观点对苏珊·朗格产生了直接的影响。

这里选入的《人论》第九章主要论点是,艺术不是对现实的复制和模仿,“而是对现实的一种发现”。语言和科学是对现实的一种简化,艺术则是对现实的一种强化,审美经验对事物不断变化的形式有着无法比拟的丰富性。艺术是感情的形象而不是感情的本身。艺术中的感情已被转化为从形式中所理解到的激情。艺术既不靠模仿平凡的自然,也不靠表现神奇的幻想,“艺术是一种符号表示”,它给我们以“形式的理性”,是人们所理解的第二自然,是对现实的形式构造的深刻洞察,是我们内心生活的真正显现。

(陈超南)

人 论

三

关于美的心理学理论有一个显而易见的胜过一切形而上学理论的优点:它们没有义务给出一个美的一般理论。它们把自己限制在较窄的范围内,因为它们仅仅关心美的事实以及对这种事实的描述分析。心理学分析的首要任务就是规定属于美的经验的那些现象的种类。这个问题不会有任何困难。没有一个人会否认,艺术品给了我们最高的愉悦,或许是人类本性所能有的最持久最强烈的愉悦。因此,只要我们选择了这种心理学的方法,艺术的秘密似乎也就能发现了。没有什么东西能比愉悦和痛苦更不带神秘性的了。对这些极其明白的现象——不仅是人类生命的现象而且是一般生命的现象——提出疑问,那是荒谬的。在这里我们可以随处找到一个坚实而不可动摇的立足点。如果我们成功地把我们的审美经验与这一点相联结,那么关于美和艺术的品性就不可能再有任何不确定之处了。

这种解决的绝对简明性看来好像是可取的。但另一方面,所有的美学快乐主义理论都有着随优点而来的缺点。它们从阐述一个简单的、无可否认的、明显的事实开始;但是在走出最初的几步后就因失去了目标而突然停顿下来:愉悦是我们直接的经验材料。但是当它被看作一个心理学的原则时,它的意义就变得极端的模糊含混了。这个词扩展到这么大的范围,以致包含了各种最为不同的异质现象。引入一个足够广泛的一般语词来包含各种最不相同的事物，这始终是非常有诱惑力的。然而，如果我们屈服于这种诱惑，那就可能忽略事物的重要而有意义的区别。各种伦理学的和美学的快乐主义体系一直都有抹杀这些特殊区别的倾向。康德在《实践理性批判》中的一个典型的评论中强调了这一点。康德指出，如果我们意志的规定性依赖于我们从任何原因中期望得到的快感或不快感，那么我们受哪一类观念的影响对我们来说就全是一样的了。我们在作选择时所关心的唯一事情就只是这种快感有多大，持续有多久，获得它是否容易，以及多久重复一次。

> 正如对于一个只想要钱花的人来说，黄金究竟是从山里掘出来的还是从沙里淘出来的全是一样。只要它在任何地方都以同样的价值被人承认就行；同样的，仅仅关心生活享乐的人，并不问这些观点究竟是知性的还是感性的，而仅仅问它们在最长时间内所给予我们的快感究竟有多少和多大。①

如果快感是共同特性的话，那么真正重要的只是它的程度，而不是它的种类，——不管什么样的快感全都是在同一水平面上的并且可以追溯到一个共同的心理学的和生物学的根源。

在当代思潮中，美学快乐主义理论已经在桑塔亚那的哲学中得到了最清晰的表达。根据桑塔亚那的看法，美是一种作为事物属性的快感；它是“客观化了的快感”。但是这只是提出了问题。因为快感——我们心灵的最主观的状态——如何才能被客观化呢？桑塔亚那说，科学“满足我们求知的要求，在科学上我们要求一切都真实，而且只要求真实。艺术满足我们娱乐的要求，……而真实性在艺术上只是有助于达到这些目的罢了”②。但是如果这就是艺术的目的，我们就一定会说，艺术在其最高的成就上并没能达到它的真正目的。“娱乐的要求”可以用更好更容易得多的手段来满足。认为伟大的艺术家们在为这个目的而工作——米开朗基罗建造圣彼得大教堂，但丁或密尔顿写诗，都只是为了娱乐而已——那是不可能的。他们无疑都会赞成亚里士多德的名言：“为消遣计而努力和工

① 《实践理性批判》，艾博特英译本，纽约，1927 年，第 6 版，第 110 页。

② 《美感》(The Sense of Beauty)，纽约，1986 年，第 22 页。

作那是无聊的和十足孩子气的。”[①]如果艺术是享受的话,它不是对事物的享受,而是对形式的享受。喜爱形式是完全不同于喜爱事物或感性印象的。形式不可能只是被印到我们的心灵上,我们必须创造它们才能感受它们的美。一切古代的和现代的美学快乐主义体系的一个共同缺陷,正是在于它们提供了一个关于审美快感的心理学理论却完全没能说明审美创造的基本事实。在审美生活中我们经历了一个根本的变化。快感本身不再是一种单纯的感受(affection),而是成了一种功能。因为艺术家的眼睛不只是反映或复写感官印象的眼睛。它的能动性并不局限于接受或登录关于外部事物的印象或者以一种新的任意的方式把这些印象加以组合。一个伟大的画家或音乐家之所以伟大并不在于他对色彩或声音的敏感性,而在于他从这种静态的材料中引发出动态的有生命的形式的力量。只有在这种意义上,我们在艺术中所得到的快感才可能被客观化。因此,把美定义为“客观化了的快感”是用一句话包含了全部的问题。客观化始终是一个构造的过程。物理的世界——经久不变的事物和性质的世界——绝不只是感性材料的集合;艺术的世界也不是情感和情绪的集合。前者依赖于理论上的客观化的活动——借助于概念和科学构造的客观化;后者则依赖于另一种类型的构形活动,依赖于观照活动。

另一些现代理论反对把艺术与快感等同起来的一切企图,但它们也有着与美学快乐主义理论同样的缺陷。它们试图通过把艺术品与其他熟知的现象联系起来而寻求对艺术品的解释。然而,这些现象是处于完全不同的水平上的;它们是被动的,而不是积极的心灵状态。在这两类现象之间我们可以发现某些相似之处,但是我们不可能把它们归结为同一形而上学的或心理学的起源。这些理论的一个共同特征和基本动机正是要反对理性主义和理智主义的艺术理论。法国古典主义在某种意义上把艺术品变成了可以用三一律之类的东西来解决的一个算术问题了。反对这种观点是必要的也是有益的。但是最早的浪漫主义批评家们——尤其是德国浪漫主义者们——直接地走向了相反的极端。他们宣称启蒙运动的抽象理智主义是对艺术的歪曲。我们不可能靠着使艺术品服从于逻辑规则来理解艺术品。一本诗学教科书不可能教会我们如何写一首好诗。因为艺术来自于另一些更深的源泉。要想发现这些源泉,我们就必须首先

---

① 亚里士多德:《尼科马可伦理学》。

忘掉我们的共同标准，必须投身到我们无意识生活的神秘中去。艺术家有点像梦游者，他必须不要任何有意识活动的干预或控制而寻求他自己的道路。唤醒他也就毁灭了他的力量。F. 施莱格尔说："所有诗歌的开端，就是要取消按照推理程序进行的理性的规则和方法，并且使我们再次投身于令人陶醉的幻想的混乱状态，投身于人类本性的原始混沌中去。"[①]艺术就是我们自愿地沉溺于其中的醒着的梦。这同样的浪漫主义概念也在现代形而上学体系上打上了它的标记。柏格森提出了一个美的理论来作为他的一般形而上学原理的最有决定性的最后证明。在他看来，艺术品最好地说明了那基本的二元论——直觉与理性的互不相容性。我们所称作理性的或科学的真实是表面的、普通平凡的。艺术逃脱了这种肤浅狭窄的平凡世界，引导我们返回到实在的真正源泉。如果实在是"创造的进化"，那么我们就必须在艺术的创造中寻找生命的创造的明证及其根本显现。乍一看来，这似乎是一种真正动态的或有活力的美的哲学。但是柏格森的直觉并不是真正的能动原则。它是一种接受性的样式，而非自发性的样式。审美的直觉也处处都被柏格森说成是一种被动的接受力，而不是一种能动的形式。柏格森写道：

> ……艺术的目的在于麻痹我们人格的活动能力或不妨说抵抗能力，从而使我们进入一种完全准备接受外来影响的状态；我们在这种状态中就会体会那暗示出来的意义，就会同情那表达出来的情感。在艺术创作的过程中，我们可以发现通常的催眠手段的变相形式，这手段在艺术里被冲淡了，被精细化了，且在某种程度上被精神化了……美感并非什么特别的情感……我们所感到的任一情感都会具有审美的性质，只要这情感是通过暗示引起的，而不是通过因果关系产生的。……这样，在审美情感的进展中，正如在催眠状态里一样，有着不同的阶段……[②]

然而，我们关于美的经验并不具有这样一种催眠的性质。靠着催眠，

---

① 关于这些早期浪漫主义理论的详细材料和对它们的批评，可参阅巴比特(Irving Babbitt)《新拉奥孔》(The New Laokoon)第 4 章。

② 柏格森：《论意识的直接材料》(Essai sur les données imméediate de la conscience)，柏格森的英译本作《时间与自由意志》(Time and Free Will)，伦敦，1912 年，第 14 页以后。

我们可以促使一个人去做某种行为，或者说我们可以把某种情绪强加给他。但是美，就其真正的和特定的意义而言，不可能以这种方式印在我们心上。要想感受美，一个人就必须与艺术家合作。不仅必须同情艺术家的感情，而且还须加入艺术家的创造性活动。如果艺术家成功地麻痹了我们人格的活动能力的话，那么他也就麻痹了我们的美感。对美的领悟，对活生生的形式的认识，不可能用这种方式来传递。因为美既依赖于某类特殊的情感，又依赖于一种判断力和观照的活动。

夏夫兹博里(Shaftesbury)对艺术理论的重大贡献之一就在于他坚决主张这一论点。在他的《道德家们》中他对美的经验作出了给人印象深刻的说明，他把这种经验看成是人类本性的一种特权。夏夫兹博里写道：

> 在这一片翠绿的憩息之处，对着原野，对着在我们周围盛开着的鲜花，谁也不会否认美。然而，那美丽的草地或新鲜的苔藓、花枝，繁茂的百里香、野生的玫瑰或忍冬，也都是像这些自然形式一样可爱的呀。但是，吸引附近的牧群的，使幼鹿和小山羊快乐的，以及我们在吃着草的羊群中所看到的一片欢乐之情，却并不是因为那些自然景色的美引起的：它们所喜欢的并不是形式，而是形式后面的东西，是美味可口的食物吸引了它们……是饥饿的欲望刺激了它们……因为形式如果未得到观照、评判和考察，就绝不会有真正的力量，而只是作为满足受刺激的感官的偶然的标志而已……因此，如果动物……因为是动物，而只具有……它们自己的那部分(动物性的)感官，就不能认识美和欣赏美，当然人也不能用这同样的感官……去体会或欣赏美：他要欣赏的……所有的美，都要通过一种更高尚的途径，借助于最高尚的东西，这就是他的心灵和他的理性。[①]

夏夫兹博里对心灵和理性的赞美完全不同于启蒙运动的理智主义。他对美和人性的无限创造力的狂热的赞颂乃是18世纪思想史的一个全新特色。在这一点上他是浪漫主义最早的斗士之一。但是夏夫

---

① 夏夫兹博里：《道德家》(The Moralists)，第3部分，第2节，见《论特征》(Characteristics)，1714年，第2章，第424页以后。

兹博里的浪漫主义是一种柏拉图式的类型。他的审美形式的理论是一种柏拉图式的概念，借着这个概念，他走向反对和抵抗英国经验论的感觉主义。[1]

对柏格森形而上学理论所提出来的反对理由也适用于尼采的心理学理论。在他最早的著作之一《悲剧诞生于音乐精神》中，尼采向 18 世纪伟大的古典主义者的概念提出了挑战。他论证道，我们在古希腊艺术中所看到的并不是文克尔曼的理想。我们徒劳地在埃斯库勒斯、索福克勒斯或欧里庇得斯中寻找着“高贵的单纯、静默的伟大”。希腊悲剧的伟大在于狂放不羁的情绪之深度和极度紧张状态。希腊悲剧是酒神崇拜的产物；它的力量是狂放的力量。但是只有酒神崇拜不可能产生希腊戏剧：酒神的力量得到日神力量的平衡，这种基本的倾向就是每一件伟大的艺术品的本质。一切时代的伟大艺术都来自于两种对立力量的相互渗透——来自于狂欢的冲动和梦幻的精神状态。这也就是存在于做梦状态和醉酒状态中的那种对立。这两种状态在我们自身之内释放出了艺术力量的全部样态，但是每一种状态所释放的那些力量是不同类的。梦给予我们幻想的力量、联想的力量、诗的力量；醉则给予我们放纵不羁的力量、激情的力量、狂歌狂舞的力量。[2] 在这种艺术的心理学起源理论中，甚至连艺术的一个最基本特征也消失了。因为艺术家的灵感并非酩酊大醉，艺术家的想象也不是梦想或幻觉。每一件伟大的艺术品都以一种深刻的结构统一为特征。我们不可能靠着把它归之于两种不同的状态而来说明这种统一；像梦幻和大醉这样的状态完全是散乱而无秩序的。我们不可能把模糊不定的东西结合为一个有结构的整体。

另一种不同的类型是那些希望借着把艺术归结为游戏的功能而来阐明艺术本质的理论。对这些理论人们不可能批评它们忽视或低估了人的自由活动性。游戏是一种能动的功能，它并不局限于经验材料的界线内。另一方面，我们在游戏中所发现的快感是完全无偏见的。因此在游戏活动中，似乎不缺乏艺术品的任何特殊性质和条件。大多数艺术的游戏说的倡导者们确实都已向我们保证，他们在这两种功能之间完全不能找出

---

① 关于夏夫兹博里在 18 世纪哲学中的地位问题的详细论述，请参阅卡西尔：《柏拉图主义在英格兰的复兴与剑桥学派》(Die platonische Renaissance in England and die Schule von Cambridge)，莱比锡，1932 年，第 6 章。

② 参阅尼采：《权力意志》(The Will to Power)，卢多维齐英译本，伦敦，1910 年，第 240 页。

任何区别。[①] 他们断言,没有任何一个艺术的特征不能适用于自欺的游戏(games of illusion),而在艺术中也能发现这种游戏的所有特征。但是,可以为这种论点提出来的所有论据都是全然否定的。从心理学上讲,游戏与艺术彼此极为相似。它们都是非功利的,不与任何实际目的相关。在游戏中就像在艺术中一样,我们抛开我们直接的实际需要,以便给我们的世界以一种新的样态。但是,这种相似性并不足以证明真正的同一性。艺术想象始终与我们的游戏活动所具有的那一类想象有着泾渭分明的区别。在游戏中,我们必须与模拟的形象打交道,它们可能会如此栩栩如生以至被误以为是实在的事物。把艺术定义为只是这种模拟的形象的总和,那是用一个非常贫乏的概念来指示艺术的特性和任务。我们所说的"审美的幻象"(aesthetie semblance)与我们在自欺的游戏中所经历到的现象并不是一回事。游戏所给予我们的是虚幻的形象;艺术给予我们的则是一种新类型的真实——这种真实不是经验事物的真实,而是纯形式的真实。

在前面的审美分析中,我们曾区别了三类不同的想象力:虚构的力量,拟人化的力量,以及创造激发美感的纯形式的力量。在一个孩童的游戏中,我们能发现前两种力量,但没有第三种力量。孩童是用事物做游戏,艺术家则是用形式做游戏,用线条和图案、韵律和旋律做游戏。对一个做游戏的孩子,我们赞赏的是改造活动的敏捷与伶俐的特点:最困难的工作要用最简单的手段来完成。任何一块木头都可以使之变成一个活生生的东西。然而,这种改造仅仅意味着对象本身的变形,并不意味着对象被变成了形式。在游戏中我们只是重新安排重新调配已经给予感官知觉的那些材料而已。艺术则是另一种更深刻意义上的构造和创造活动。一个在做游戏的孩童并不生活在成人的那种刻板的经验事实的世界中,他的世界具有大得多的流动性和可变性。然而尽管如此,这个做游戏的孩童只不过是把他周围的现实事物调换成其他可能的事物而已。诸如此类的交换绝不是名副其实的艺术活动。艺术的要求远为严格。因为艺术家把事物的坚硬原料熔化在他的想象力的熔炉中,而这种过程的结果就是发现了一个诗的、音乐的或造型的形式的新世界。诚然,有相当数量的肤

---

① 例如可参阅康拉德·朗格(Konrad Lange)的《艺术的本质》(Das Wesen der Kunstt),柏林,1901年,两卷本。

浅的艺术品远远不能满足这种要求。审美判断或艺术鉴赏的任务正是要在名副其实的艺术品与其他那些赝品之间作出区别,后者确实是玩具,或者至多只是“满足娱乐要求”的东西而已。

对游戏和艺术的心理学起源和心理学效果的进一步分析导致同样的结论。游戏给予我们娱乐和消遣,但它还服务于一个不同的目的。游戏就其预示着未来的活动而言具有一个一般的生物学上的相应物(relevance)。常常有人指出,一个孩童的游戏具有一种前儿童教育学的价值。男孩玩打仗游戏,女孩给她的娃娃穿衣,二者都是在为其他更严肃的工作做准备和练习。美术的功能就不可能以这种方式来说明。这里既不是娱乐也不是准备工作。有些现代美学家已经认为有必要明确地区分两种不同类型的美。一种是“崇高的”艺术的美;另一种则被称作“悠闲的”美。① 但是,严格地说来,一件艺术品的美绝不是“悠闲的”。对艺术的欣赏并不发生于一种软化或放松的过程中,而是在我们全部活力的强化中。这种态度是审美观照和审美判断的必要前提,而我们在游戏中所看见的那种消遣则恰恰是与这种态度相反的。艺术要求最高度的全神贯注。只要我们没能全神贯注,而是追求令人愉悦的感觉和联想的单纯游戏,那我们就无法领悟艺术品本身。

艺术的游戏说是朝着两个完全不同的方向发展的。在美学史上,席勒、达尔文、斯宾塞通常被看成是这种理论的突出代表。然而,在席勒的观点与现代生物学的艺术理论之间很难找到一个共同点。这两种观点在基本倾向上不仅是背道而驰的,而且在某种意义上乃是互不相容的。在席勒的叙述中所理解和解释的“游戏”这个术语,在某种意义上是完全不同于所有以后的理论的。席勒的游戏说是一个先验的和唯心主义的理论;达尔文和斯宾塞的理论则是生物学的和自然主义的。达尔文和斯宾塞把游戏和美看成是普遍的自然现象,而席勒则把它们与自由的世界联系起来;并且,根据他的康德主义的二元论,自由并不意味着像自然那样的东西,恰恰相反,它代表相反的一极。自由和美二者都属于理智的世界,而不属于现象的世界。各种自然主义形式的艺术游戏说对动物的游戏的研究是与对人的游戏的研究同时进行的。席勒不可能承认任何这类

① 参阅鲍桑葵的《美学三讲》,以及亚历山大(S. Alexander)的《美与其他价值形式》(Beauty and Other Forms of Value)。

观点。对他来说,游戏不是一种普遍的有机体的活动,而是一种人类特有的活动。“只有当人成为完全的人时,他才游戏,也只有当人游戏的时候,他才完全是人。”[①]至于说在人的游戏与动物的游戏之间,或者就人的范围而言在艺术的游戏和所谓自欺的游戏之间,存在着一种相似性(更不必说同一性了),那就是与席勒的理论全然相异的。对他来说,这种相似性多半是一种基本的误解。

如果把席勒理论的历史背景考虑进来的话,他的观点就更容易理解了。他毫不犹豫地把艺术的“理想”世界与儿童的游戏联系起来,这是因为在他的心目中,儿童的世界已经经历过了一个理想化和升华的过程。因为席勒是作为卢梭的一个学生和崇拜者而说话的,并且他是以这位法国哲学家已经给予他的新眼光来看待儿童的生活的。席勒曾说:“在一个儿童的游戏中有着深刻的意义。”然而即使我们接受了这个论点,也必须说,游戏的“意义”是不同于美的意义的。席勒自己把美定义为“活的形式”。对他来说,意识到活的形式乃是导向自由的经验之最初的必不可少的步骤。按照席勒的说法,审美观照或审美反思,是人对宇宙采取的第一个自由态度。“欲望总是立即抓住它的对象,反之,反思则把对象移开一段距离,并且借着使对象摆脱情欲的贪婪而使之成为反思自身不可分割的部分。”[②]在儿童的游戏中所缺乏的恰恰正是这种“自由自在的”、有意识的和反思的态度,这种态度就是游戏与艺术的分界线。

另一方面,在这里被看成是艺术品的必要条件和最独特特征之一的这种“移开一段距离”,一直被证明是美学理论的一大障碍。因为假若真是这样的话,它就会遭到这种指责:艺术已不再是某种真正人类的东西了,因为它已经丧失了同人类生活的一切联系。然而,为艺术而艺术原则的捍卫者们并不害怕这种指责,相反,他们公然蔑视这种指责。他们认为,艺术的最大功绩和特权就在于它烧毁了与平庸的实在相连的所有桥梁。艺术必须始终是凡夫俗子望而生畏的一种神秘。斯特法纳·马拉美(Stéphane Mallarmé)曾说:“一首诗对于一个庸人来说一定是一个谜,室内四重奏对于一个门外汉来说也是如此。”[③]奥尔特加·伊·加塞特(Ortega y Gasset)

---

① 席勒:《审美教育书简》(Briefe über die ästhetische Erziehung des Menschen),1795 年,第 15 封信,英译本,伦敦,1916 年,第 71 页。

② 席勒:前引书,第 25 封信,英译本,第 102 页。

③ 引自古尔柏特(Katherine Gilbert)《近代美学研究》(Studies in Recent Aesthetic),1927 年,第 18 页。

已经写了一本书，在那里，他预言了艺术的“非人化”并且为之进行辩护。他认为，在这种过程之中，最后将会达到这样一点：人的成分几乎从艺术当中消失了。[①] 另有一些批评家则主张一种与此截然相反的意见。I. A. 理查兹(I. A. Richards)坚决认为：

> 当我们看一幅画、读一首诗或听一支音乐时，我们并没有在做着与我们去看展览或早起穿衣全然不同的事。这种活动产生的经验方式确实是不同的，并且一般说来这种经验是更为复杂的，而且如果我们成功的话，它也是更为统一的；但是我们的活动从根本上讲却并无种类的差别。[②]

但是，这种理论上的对立绝非真实的矛盾。如果美按照席勒的定义就是“活的形式”的话，那么它按其本性和本质而言就把这里互相对立着的这两个成分统一了起来。当然，生活在形式的领域，与生活在事物的领域，生活在我们周围的经验对象的领域，并不是一回事，但另一方面，艺术的形式并不是空洞的形式。它们在人类经验的构造和组织中履行着一个明确的任务。生活在形式的领域中并不意味着是对各种人生问题的一种逃避；恰恰相反，它表示生命本身的最高活力之一得到了实现。如果我们把艺术说成是“越出人之外的”或“超人的”，那就忽略了艺术的基本特性之一，忽略了艺术在塑造我们人类世界中的构造力量。

企图根据从人类经验的无秩序无统一的领域——催眠状态、梦幻状态、迷醉状态——中抽取得来的相似性来解释艺术的所有美学理论，都没有抓住主要之点。一个伟大的抒情诗人有力量使得我们最为朦胧的情感具有确定的形态，这之所以可能，仅仅是由于他的作品虽然是在处理一个表面上看来无合理性的无法表达的题材，但是却具有着条理分明的安排和清楚有力的表达。甚至在最狂放不羁的艺术创造之中，我们也绝不会看到“令人陶醉的幻想的混乱状态”、“人类本性的原始混沌”。浪漫主义作家们所提出的这种艺术定义，是一种语词矛盾的说法。每一件艺术作品都有一个直观的结构，而这就意味着一种理性的品格。每一个别的成

---

① 奥尔特加·伊·加塞特：《艺术的非人化》(La dezhumanización del' arte)，马德里，1925 年。

② 理查兹：《文学批评原理》(Principles of Literary Criticism)，伦敦，1925 年，第 16—17 页。

分都必须被看成是一个综合整体的组成部分:如果在一首抒情诗中,我们改变了其中的一个语词、一个重音或一个韵脚,那我们就有破坏这首诗的韵味和魅力的危险。艺术并不受事物或事件的理性之束缚,它可以违反被古典美学家们宣称为是艺术的合法规则的所有那些或然律(laws of probabilily)。它可以给予我们最稀奇古怪荒诞不经的幻象,然而却保持着它自己的理性——形式的理性。这样我们就可以理解歌德的一句初看起来是悖理的格言:"艺术是第二自然,也是神秘的东西,但却更好理解,因为它本产生于理智。"①

科学在思想中给予我们以秩序;道德在行动中给予我们以秩序;艺术则在对可见、可触、可听的外观之把握中给予我们以秩序。美学理论确实很晚才承认并充分认识到这些基本的区别。但是,如果不去追求一种美的形而上学理论,而只是分析我们关于艺术品的直接经验的话,那我们几乎就不会达不到目的。艺术可以被定义为一种符号语言,但这只是给了我们共同的类,而没有给我们种差。在现代美学中,对共同的类的兴趣似乎已经占上风到了这样的程度,以致几乎遮蔽和抹杀了特殊的区别。克罗齐坚持认为,在语言和艺术之间不仅有着紧密的联系而且有着完全的同一。按照他的思考方式来看,在这两种活动之间作出区别是相当专横的。根据克罗齐的观点,谁在研究普通语言学,谁也就在研究美学问题——反之亦然。然而,在艺术的符号和日常言语及书写的语言学的语词符号之间,却有着确凿无疑的区别。这两种活动不管在特征上还是在目的上都不是一致的:它们并不使用同样的手段,也不趋向同样的目的。不管是语言还是艺术都不是给予我们对事物或行动的单纯摹仿;它们二者都是表现。但是,一种是在激发美感的形式媒介中的表现,是大不相同于一种言语的或概念的表现的。一个画家或诗人对一处地形的描述与一个地理学家或地质学家所做的描述几乎没有任何共同之处。在一个科学家的著作和一个艺术家的作品中,描写的方式和动机都是不同的。一位地理学家可以用造型的方式雕出一块地形,甚至可以给它绘以五颜六色;但是他想传达的不是这地形的景象(vision),而是它的经验概念。为了这个目的,他不得不把它的形状与其他形状相比较,不得不借助于观察和归纳来找出它的典型特征。地质学家在这种经验描述方面走得更远。他不

① 参阅马克斯·赫克(Max Hecker)编《格言与思考》(Maximen und Reflexionen)。

满足于记录物理的事实，因为他想要披露这些事实的起源。他对地面之下的地层加以区别分类，指出年代上的差别，并且进一步追溯地球得以达到它现在的形态的一般因果规律。所有这些经验的联系，所有这些与其他事实的比较，所有这些对因果关系的探求，对艺术家来说都是不存在的。粗略地说来，我们的日常经验概念可以按它们与实践的兴趣相关还是与理论的兴趣相关而被分成两类。一类关涉事物的效用，关涉这样的问题："那有什么用?"另一类则关涉事物的原因亦即"怎么来的?"问题。但是一当进入艺术的领域，我们必须忘掉所有这样的问题。在存在、自然、事物的经验属性背后，我们突然发现了它们的形式。这些形式不是静止的成分。它们所显示的是运动的秩序，这种秩序向我们展示了自然的新地平线。甚至连一些最酷爱艺术的人，也常常把艺术说成仿佛只是生活的一种单纯附属品、一种装饰品或美化物。这就低估了艺术在人类文化中的真正意义和真实作用。一种实在的单纯复制品的价值始终是非常成问题的。只有把艺术理解为是我们的思想、想象、情感的一种特殊倾向和一种新的态度，我们才能够把握它的真正意义和功能。造型艺术使我们看见了感性世界的全部丰富性和多样性。要是没有伟大的画家和雕塑家的作品，我们能知道事物外表上的无数细微差别吗？与此相似，诗则是我们个人生活的展示。我们所具有但却只是朦胧模糊地预感到的无限可能性，被抒情诗人、小说家、戏剧作家们揭示了出来。这样的艺术品绝不是单纯的仿造品或摹本，而是我们内在生命的真正显现。

只要我们只是生活在感觉印象的世界中，那我们就仅仅接触到事物的表面。对事物的深层的认识，总是需要我们在积极的建设性的能力方面作出努力。但是因为这些能力并不朝同一方面行动，并不趋向同样的目标，因此它们不可能给予我们实在的同一面貌。有着一种概念的深层，同样，也有一种纯形象的深层。前者靠科学来发现，后者则在艺术中展现。前者帮助我们理解事物的理由，后者则帮助我们洞见事物的形式。在科学中，我们力图把各种现象追溯到它们的终极因，追溯到它们的一般规律和原理。在艺术中，我们专注于现象的直接外观，并且最充分地欣赏着这种外观的全部丰富性和多样性。在这里我们并不关心规律的齐一性而是关心直观的多样性和差异性。艺术甚至可以被称为知识，不过它是一种别具一格的知识。我们可以欣然赞成夏夫兹博里的意见："一切美都是真。"但是美的真理性并不存在于对事物的理论描述或解释中，而毋宁说是存在于对事物的“共鸣的想象”之中。[①] 这两种真理观是彼此大不相同的，但并不是抵触的或矛盾的。因为艺术和科学是在完全不同的平面上行进的，所以它们不可能彼此相矛盾或相反对。科学的概念解释并不排斥艺术的直观解释。每一方都有它自己的观察角度，并且可以说都有它自己的折射角度。感知心理学已经告诉我们，没有两眼的并用，没有一种双目的视觉，就绝不能意识到空间的第三维。在同样的意义上，人类经验的深层依赖于这个事实——我们能够改变我们的观看方式，我们能够变换我们对实在的看法。在形式中见出实在与从原因中认识实在是同样重要和不可缺少的任务。在日常经验中，我们根据因果关系或决定关系的范畴来联结诸现象。根据我们所感兴趣的是事物的理论上的原因还是实践上的效果，而把它们或是看作原因或是看作手段。这样，我们就习以为常地视而不见事物的直接外观，直到我们不再能面对面地看见它们。另一方面，艺术教会我们将事物形象化，而不是仅仅将它概念化或功利化。艺术给予我们以实在的更丰富更生动的五彩缤纷的形象，也使我们更深刻地洞见了实在的形式结构。人性的特征正是在于，他并不局限于对实在只采取一种特定的唯一的态度，而是能够选择他的着眼点，从而既能看出事物的这一面样子，又能看出事物的那一面样子。

甘　阳译

——选自卡西尔《人论》，上海译文出版社 1985 年版

苏珊·朗格

苏珊·朗格(Susanne K. Langer，1895—1982)，美国最著名的符号论美学家。1895 年出生于纽约，在美国接受教育并成为哲学博士。先后在赖德克利弗·哥伦比亚大学、康涅狄格学院等高等学府中任教。在发表了美学著作《哲学新解》(1942)和《情感和形式》(1953)后，蜚声于国际美学界。她不同于先验哲学家从逻辑推理来得出艺术的定义，而是坚持对各种艺术进行具体地分析，也不与那些放弃对艺术作哲学分析的人合

① 见帕克(De Witt H. Parker)《美学原理》(The Principles of Aesthetics)第 39 页：“科学的真是对经验的外部对象之描述的逼真性；艺术的真则是共鸣的想象——由经验本身组成的明晰性。”关于科学经验与审美经验之间的区别，在 F. S. C. 诺思罗普教授一篇富有启发性的文章中已作了最新的说明。参阅《激愤》评论杂志第 1 卷，第 4 期，第 71 页以后。

流，认为哲学是美学的“整个知识大厦”的“框架”。她采用新康德主义哲学家卡西尔的符号论来作为兼收并蓄各派之长的基础，认为艺术是情感的符号，它与逻辑概念是思想的符号一样，都是人们理智的产物；她试图用情感的符号形式这一观点作为打开美学诸问题的一把新钥匙。

她高度赞赏科林伍德的情感表现论，但批评他没有区分一般表现与艺术表现，从而轻视艺术的形式和技巧；她高度评价贝尔-弗莱的形式说，但认为有意味的形式应表现人类的情感。也正是对前人有所吸收和有所批评，才使她认为，情感无法像思想那样在推理形式中表现出来，只能诉诸表象符号形式，所以艺术就是人类情感的符号形式。承认艺术是一种含有意义的正规的交流手段，这不但不会削弱理性，反而更为加强人类的理性，因此她反对把现代艺术统统斥之为非理性的东西。她给艺术所下的定义是：“人类情感的符号形式的创造。”这正可作为她整个美学理论的缩影。她的美学著作还有《艺术问题》(1957)和《精神》(1967)。

这里所选的是苏珊·朗格《情感与形式》的第二十章。主要论点是艺术是不可分割的符号，是对情感的处理，它以诉诸空间的直觉形式来表现在时间上渐进的人类生命经验。艺术是情感的符号形式，但必须把纯粹的语言符号和艺术符号区别开来。前者在本质上是推理的，可分解为各种有确定意义的词汇，它的内涵是概括的，可以翻译；后者是非推理性的“情感的意象”，是单一的完整的“表现性形式”，因此无法分解为最小的独立符号，如绘画，没有专门画鼻子的斑点，不能翻译。此外艺术符号作为一种明晰的表示，作为一种传达符号，就有意义，就有逻辑，与理性并不妨碍。承认艺术符号是一种传达手段，这比过去更加强我们的理性概念。承认对生活的“直觉”、“洞察”不能排斥思想和理解。那种向荒谬的、神秘主义的、非理性的美学投降的人，“就连思想也一起抛弃掉了”。

（陈超南）

表 现 力

表现力

一件艺术作品虽然具有高度的表现力，却是一种单一、不可分割的符号；它不像一篇论文（论文也可以看作是一种单一的符号形式）那样，是合成的，可以分解的；论文可以分解为许多更基本的符号——主句、从句、短语、单词，甚至分解为更零散的有意义的构词成分：词根、前缀、后缀，等等。这些因素是根据众所周知的“语言规则”进行选择安排和变化的。因为语言,无论是书面语还是口头语,都是一个符号群,是一种符号体系;而一件艺术品,往往是一个基本符号。诚然,艺术品也可以分解,通过分解可以发现它的细腻之处,可以发现它所包含的各种因素;但,决不能通过把这些因素合成的方法创造艺术品。因为脱离了艺术品,这样的因素就不存在了。它们只能出现在一个整体形式中,就如同贝壳的凸凹两面,人们可以把这两面看成是构成贝壳这种形式的两个因素;但是,通过把“凹面”与“凸面”合成的手法是不能构成贝壳的:因为,没有贝壳,也就没有凸凹这两种因素。

到现在为止,我已经对各种艺术符号的产生进行了系统研究,其中每种符号都是一件“作品”。既然,我们已对这些符号的创造、细腻描述(articulation)的原则进行了讨论,而且在讨论中,联系到各种主要传统艺术,比如:造型艺术、音乐、舞蹈、诗歌(当然,也许还有其他艺术种类,甚至其他“基本幻象”,另外,还可以肯定,上述艺术种类中,还有其他形式),那么,接下来我们就该对由这一艺术理论所引出的某些重要的哲学问题进行探讨了。在本书第一部分,我们还不能进行这种探讨,因为在弄清它们的用途之前,进行全面一般的论述是不可能的。但是,到最后,我们就必须接受认识论提出的挑战了。而且,我们自然而然地还会遇到许多心理问题,其中有些也许直接涉及人类学,甚至生物学的实质问题。这些问题我准备在另一部著作中再进行探讨。虽然本书不是一部《艺术心理学》,但可能要涉及某些心理学问题,因为艺术家对题材和素材的某些富有特性的反应都表现了艺术的性质;如果以这些反应属于心理学为理由而对此加以回避(克莱夫·贝尔就对是什么引起他所说的审美情感这一问题加以拒斥),那就无异于用人为的、伪科学的分类隔离法为障碍来阻挡系统思维的前进。这一问题本来就属于这一学科,在这里提出这一问题是合乎逻辑的,而它的解决在这里也有重大意义。

然而,中心问题既是逻辑学的又是认识论的:

(1)如果一件艺术品不具备时间上的连续性,——比如一幅画,一座雕像,一幢建筑——它怎么能表现任何生命的经验呢?因为这种经验始终是渐进的。在这样的符号与情感结构之间,有什么逻辑形式的共性呢?

(2)一件艺术品对每个人,而不是对艺术家有什么意义?

(3)衡量最优秀艺术的尺度是什么?另外,艺术中的“妙趣”是什么?

(4) 美是什么？美与艺术的关系如何？

(5) 艺术的普遍重要性是什么？

下面就试着依次回答这些问题。

和其他所有艺术一样，造型艺术表现了各个领域的艺术家都称之为“紧张”的一种相互作用。块面的关系，特征的分布，线条的方向，实际上可以说，是各种组成因素在基本虚构空间中构成了空间紧张。艺术家的每项选择——色彩的深浅，技巧的平滑与粗犷，像日本绘画一样的非常精细而富于联想；像彩色玻璃一样的丰满、灿烂生辉，以及明暗对比，等等——每项选择都受到艺术家想要唤起的整体形象的制约。构成一件造型艺术，不是靠一些互相并列的因素，而是靠那些互相影响的因素。各种因素的持续的对比，形成了空间紧张(space-tensions)，但把各种因素——任何优秀作品都具有的数不胜数的那些独特性质——结合在一起的却是空间解决(space-resolution)。平衡和节奏，辅助因素的取舍，以及每项能使视觉集中和明了的手段，都为空间紧张、空间解决提供了补充；而其中那些辅助因素应用得非常自然、非常完美，以致人们看不出哪些因素决定了构图和背景。如果这种补充显得很不稳定，那么，整个紧张系统(system of tensions)就会消失，即不再存在。因为“空间紧张”是一种只属于虚幻空间的属性，虚幻的空间产生了视觉效果。而在普通的、实在的空间中不存在“空间紧张”。①

有感觉能力的生物对周围世界做出的反应，往往通过改变其总的条件完成。当某个生物的注意力从一个兴趣中心转移到另一个中心时，不仅那些直接与此有关的器官要受到影响(比如，双眼看到物体，双耳听到声音，并循声断定位置)，而且全身数百条神经纤维也都受到影响：知觉的任何最细微变化都要引起调整，而且，在正常情况下，这种调整很顺利，一个接一个传递下去。在这种可以称为“自觉生命”(waking life)的不断受外界影响的、变幻不定的过程下面，还有另一种节奏更为简单的变化，这就是生命功能系统。这种变化究竟是在所有时间内部反映了外部知觉功能呢，还是只有当后者超过一定程度时，它才反映呢？对此，我不能肯定，

① 当然，有人可能会说，实际空间只能依靠物理紧张(physical tensions)，即客体与物理事件中的电磁场区别而存在。但是，这类紧张并不是如此被人感受到，在“分子”水平上(在这一水平上，实际与虚构的感受得以显示其区别)，实际空间是均匀和静态的。

但是,外部的重大刺激肯定要引起整个系统——随意肌、不随意肌、心脏、皮肤、各种腺体以及四肢——的异常反映。

至少对人类来说,上述变化不是起源于外因,而是来自持续的(如果不是不间断的)想象过程中的各个环节。我们对动物的精神生活所知甚少;但是,所幸的是,它们在此处与我们无关;在人类生活中,理智和想象的功能肯定对自觉活动(waking activity)具有制约作用。甚至在睡眠中,它们都可能起一种独一无二的作用(这不是绝对的,但至少在成人中是如此,因为我们确实知道别掉下床——也就是说,睡着的人也知道从床沿上滚回去——而且,人在睡眠中也能控制自己的内脏器官)。

人对周围世界做出反应的方式主要是由这种精神活动和感受决定的。纯粹知觉——时而痛苦,时而快乐——往往没有连贯性,而且常常要以一种最基本的方式变换机体对其他苦乐的感受。在人的生活中,只有那些记忆中和期望中的感受,只有那些令人畏惧、令人渴望的感觉,甚至只有那些令人想象、令人回避的感觉才是重要的。而且,只有那些通过想象力形成的知性才能把我们所认识的外部世界展示给我们。而且,也只有连续不断的思维才能把我们的情感反应整理为各种具有不同情感色彩的态度,才能为个人的激情确立一定的范围。换言之:借助思维和想象,我们不仅具备了情感,而且也获得了充满情感的人生(life of feeling)。

这个充满情感的人生就是一条紧张与解决的溪流。所有情感,所有情感的色彩和基调,甚至个人的"生命感"或"个性感"(sense of identity),可能都是一种特殊、复杂,但却明确的相互作用——在人的机体中产生的各种实在的、神经和肌肉的紧张。在第八章,我们曾讨论过一个确切的概念——"内在生命"(inner life),人们不难在经过组合的"音响之流"中找到它的形象。但是,由于音乐是一种受时间约束的、行进的现象,这就很容易使人们错误地认为,音乐的章节不过就是心理、物理事件的摹本,不过是一连串与感情生活过程相平行的事件,而不是一种不受其所象征的事物状况限制的符号投射(symbolic projection),换言之,它并不由于音乐的意味具有时间性,从而必须在时间系列中进行表现。音乐的符号能力就在于它创造了一种紧张与解决的样式。由于它的质料——即它的基本幻象——是一种虚幻的(科学地讲,就是非常不实在的)时间;因此,音乐紧张的结构也是时间性的。而在造型艺术的非时间性投射中,我们也会找到相同的式样。由这种符号引起的抽象,可能没有音乐那样丰富,但比音乐抽象更明显。绘画、雕塑、建筑以及所有类似的艺术，都与音乐一样，创造了这种样式。

我在另一部著作中，曾有幸几次征引弗兰西斯·福格森所著的《关于一个戏剧的概念》(The Idea of a Theater)，其中有一段说明艺术理解力多么乐于摆脱时间性表现，多么乐意用非时间性形象为自己开拓前进道路。谈到瓦格纳的歌剧《特雷斯坦和伊索德》(Tristan and Isolde)时，福格森说："因为瓦格纳对故事情节进行了如此安排，以致舞台上经常出现激动人心的场面。这些连续不断的时刻构成一个秩序，构成一种情感节奏，构成一个由纯粹激情生发出来的感情系列(如果把它们总括起来看待，而不是在它们被人感受的那种时间延续中观察它们……)。"①

这种感情系列，是在非时间性艺术中具有组织能力的"理念"。情感生活被表现在非时间性投射中。只有那种本身创造了其组成成分的，而不是从外界摄取这种成分的艺术，才能通过"空间紧张"与"空间解决"的幻象，把紧张与解决一同展现出来。

虽然一件艺术品，可能是从经验的时间特性中抽绎出来的，但是，艺术品在其自身的逻辑投射中所反映的内容，在构思阶段必须忠实于经验结构。艺术总是有机的，其原因就在于此，因为所有生命紧张的模式都是有机的模式。当然，我们必须切记：一件艺术品本身并不是一个真正的有机物，它只是表现了生命、成长和功能统一性的表象而已。艺术品的物质结构或者是无机的，比如石块、死去的有机物——树木、纸张等等，或者根本就不是一种"物"。音乐是一种空气振动。诗歌也是一种空气振动，我们可以把诗歌看作一串墨迹。但是，正因为这种经过创造的表象，全都具有有机的结构，所以一件艺术品才能为我们展示出生命的表象。而且，如果虚幻的紧张模式打算涵盖被感知的紧张、人类的经验，那么，功能的统一性表象将是必不可少的。从技术的角度说，这意味着每个因素一方面似乎应该是独特的，就是说，是其自身，同时又要随着更大的、独立自主的(self-sustained)形式而发展。[参阅第五章，希尔德布兰德(Hildebrand)对绘画空间的分析]我认为，所有成功作品中所创造的那种常常可以看到的"活生生"的特色，就是这种互相依存的关系。因为艺术是象征性的表现，而不是情感的摹本；所以在一幅绘画、一块彩色玻璃窗，或一座比例均

---

① 参阅福格森《关于一个戏剧的概念》，第 79 页。

当的希腊庙宇的非时间性的、富于表现力的形式中，可以投射出许多对于情感的认识，就如同在音乐、舞蹈或朗诵等受时间约束的形式中所投射出的一样。

如果情感真的是紧张的复合(complex of tension)，那么，每一次情感经验就将是这种复合中可以准确测定的一个过程；每件艺术品，作为这种复合的一种形象，将能非常准确地表达一种特定的情感；它虽然不是我在《哲学新解》中假设的那种“不完全”符号，但它或许确实有着唯一的参照物了。我认为，情况正是如此。而且，一件艺术品的情感价值更多地在于它的智力水平，而不在于其基本含义：因为艺术品所表现的——知觉、情感、情绪的过程，以及旺盛的生命力本身——用任何词汇都难以准确表达。因此，艺术品的各种因素，只有在典型情境和动作中，被形象地反映出来时，我们才能经过推理认识它们，我们把它们叫做联想条件(associated condition)。但在完全不同的境况中，也能够引起同样兴奋的过程。在产生灾祸的情境中，在其他没有实际结果的结局中，也能引起同样的兴奋。而一种情感也许既可以是忧愁的成分，又可以是爱的愉快的成分。表达出这样模棱两可的联想情感的艺术作品，有人会认为是“快乐的”，有人则认为是“忧郁的”，甚至有人会认为是“悲切的”。但它所表达的恰恰是“可感知的生命”中一个难以形容的片段，通过其在艺术符号中的再现，这个片段变得可以认知了，即使人们从未有过这样的亲身经历。

即使是艺术家，也不需要在实际生活中经历他所表达的一切感情。也许正是由于熟练地运用他创造的各种因素，他才能找到新的表达情感和特殊情调的可能性，这种表达比他自己的气质所能产生的一切情感，或者比他曾经有幸唤起的情感，具有更凝重的激情。因为，尽管一件艺术品表现了主体的特性，它本身毕竟还是客观的，它的目的就是使充满情感的人生对象化。作为一个抽象形式，即使完全脱离其原形，仍然可以被人们掌握，而且能获得许多令艺术家感到惊奇的、能动的模式。艺术家的作品中，一切外来影响，都是对艺术家的人类认识(human knowledge)所做的贡献[我之所以没有使用“心理认知”(psychological knowledge)这个术语，是因为心理学是一门科学，只有推理性认识才属于它的范畴]。拜占庭艺术、黑人艺术、印度艺术或中国艺术、波利尼西亚艺术对我们的艺术生活日益重要起来，以至我们的艺术家不得不从这些来自异邦的作品中摄取各种情感。

现在,我们就谈第二个问题,这是一个认识论问题:怎样才能使一个艺术符号,即一件艺术品的意义不仅能被其创造者所了解,而且能为每个人所了解?

答案就是:通过最基本的理性活动,即直觉的基本理性活动来认识艺术符号的意义。但这种理性活动并不属于以对"物"的认识为实际属性的"理性"范畴,柯勒律治把这些属性称为"基本想象力",这是我们与高等动物共同具备的属性。

"直觉"这个术语,应用在哲学艺术理论中,自然会使人想到两个著名的人物——柏格森和克罗齐。但是,如果人们按照他们通常使用的意思去理解,那么,"理性直觉"的说法就矛盾了。因为——不论他们在理论上有多少分歧——他们都承认一点,这就是:直觉不具备理性的特征。克罗齐毫不含糊地声称,他已经把"直觉认识从任何理性的联想中解放出来了"①。至于柏格森关于直觉即现实的直接显现,理智是为了实际目的而对现实的歪曲等相反观点,已是众所周知,这里不再重复。② 然而,在柏格森看来,直觉与神秘感非常接近,实际上,哲学的分析对它都束手无策;它简直就是一种突如其来的启示,大彻大悟的认识,这对其他精神生活来说是罕见的、无与伦比的。克罗齐则有一个更有用的概念——直接意识(immediate awareness)。直接意识始终是个人的事情,个人的经历、印象和情感——至于这个概念的玄奥性质,即究竟是事实还是幻想,是不用过问的。③ 但是,在这里,正如柏格森所认识的那样,直觉活动并非一种盲目的"占有",或对"现实"的情感经验;对克罗齐而言,直觉是一种知觉活动,依靠知觉活动,内容具有了形式,对他来说,这就意味着把内容转化为形式。④ 虽然它不无道理,但这是一个令人费解的概念;在这里我不想详细解释,也不想进行评论,因为那样就要深入地涉及他的形而上学。我认为,就本质而言,这个概念与康德关于经验材料的概念是相同的,这些经

---

① 参见《作为表现和普通语言科学的美学》,第5页。

② 任何对此尚不熟悉的读者,都可以在柏格森的小册子《形而上学导论》中找到它。

③《形而上学导论》,第4页。"直觉是对真实事物的知觉与可能事物的简单形象所构成的没有区别的统一体。作为经验主义者,我们在直觉中并不反对外部现实,只是把我们的印象(无论是什么印象)客观化了。"

④ 同上书,第15—16页。"在审美事实中,有表现力的行为并不是补充表现事实,而是表现事实被纳入形式之中,并通过审美事实得到解释……因此,审美事实是形式,而且仅仅是形式而已。"

验材料已经由知性活动赋予了形式,已经被感知了,它是理性认识的最低级形式。克罗齐在使用"事实"、"活动"、"质料"等术语时,缺乏精确性,这就使得他的美学比其所应有的形象显得更加晦涩和暧昧了,至少就其作为艺术理论而言是如此。我认为,使用如此不精确的语言,肯定会导致,并进而掩盖某些在逻辑上无法成立的步骤,由此通向他的"精神"形而上学;在美学中,这些步骤只能引起巨大的混乱——把直觉与表现视为一体,[①]这最终会导致一种观点,即:从本质上说,艺术品就是艺术家头脑中的某种东西,把这种东西用物质媒介复制出来只是一种附带的活动。这种令人遗憾的结论,已经受到鲍桑葵(Bernard Bosanquet)和里德(L. A. Reed)等人恰当的分析和批评。[②] 确实,这是一个克罗齐本来绝不会,或不应该犯的错误,如果他不是对直觉与符号的关系产生了误解的话——对大多数与直觉打交道的理论家来说,这种不正确的看法是不足为奇的。

根据所有内在证据来看,克罗齐的"理智"不过就是"推理"而已。我认为"形成并且表达了"各种印象的、与直觉相一致的"有表现力的活动"(expressive activity)就是基本符号的创造过程。因为人类思维的基本符号就是各种意象,这些意象"意味"着它们从其中产生出来的过去印象,"意味"着所有表现了这一形式的未来印象。这是符号活动的最低阶段,人类富有特征的精神活动,正是在这阶段开始的。人类的任何印象都不仅是来自外界的信号,同时,它也总是产生可能印象的一种意象,换言之,它也是一个象征了这种经验的一个符号。

"这种"这个字眼表示了:一个基本抽象,或对形式的感知。我认为,克罗齐的"直觉"指的就是这种东西,在他那里,"直觉"与"表现"没有区别,在第一章结尾,他曾说:"直觉认识即表现性认识……直觉与再现之间的区别有如形式与感受的内容之间的区别,有如形式与感觉的波流的区别,有如形式与精神材料的区别,而这个形式,这种占有,就是表现。直觉即表现,而且是恰如其分的表现(既不多,也不少)。"[③]

表述(formulation)、再现、抽象,这是符号的特殊功能。然而,正如人

---

① 另一个广为流传的谬误就是认为可以把任何互相具有永久的、密切的关系的两个术语当作同一个术语。

② 特别请参阅:贝尔纳德·鲍桑葵所著《美学三讲》,里德所著《艺术生产之问题》,见《哲学研究学报》,1930 年,第 5 卷,第 533—544 页。

③ 见《作为表现和普通语言科学的美学》,第 1 页。

们对它们所进行的研究那样，它们主要是与一些推理性符号联系在一起的，如克罗齐所说，这就是下面这一事实发生的原因：“关于理性认识，世界上有一门非常古老的科学，毫无异议地得到所有人的承认，其名曰：逻辑学。但是，关于直觉认识的科学却勉勉强强、困难重重地只得到很少人的肯定。”[①]只要人们把直觉当作远离任何客观联系的东西，那么，无论是它的变化还是它与理性、想象，或任何其他非物质(non-animalian)的精神现象之间的关系，就都无法研究了。逻辑学家可能会对语言(无论是“自然”语言还是“人工”，即技术语言)复杂而又难以捉摸的功能进行考察，以便记录认识的经验——概念、概念的组合、推理、判断，并且发现某些理性活动的模式，这些模式反映在某些作为中介的形式既定的论述中。但是，如果仅把直觉视为非间接性的，不与任何外部事物相关联的直接经验，人们是不能把它们记录下来，并使之系统化的，更不用说创立一门关于直觉认识的、“与逻辑学完全相似的”“科学”了。[②] 正如克罗齐所说，形式特征的表现过程是超验的：直觉——纯主观的活动——在头脑中是自发的、不借助任何媒介而产生的。直觉没有种类的差别。因此，尽管表现的内容有差别，表现依然没有种类的差别——因为，在此处直觉就意味着表现。对艺术理论来说，这个观点的意义是很深远的，换言之，这就是说，艺术不是多种多样的，艺术没有各种形式，没有各种风格——甚至音乐与绘画、诗歌、舞蹈也没有区别，只有某些关于单一经验的直觉认识。[③]

克罗齐说：“任何真正的直觉或再现又同时都是表现。”实际上，他为研究直觉的人指出了一条可行的途径，因为他所谓的再现就是我所说的“逻辑表现”，不管他对“逻辑”这个字眼多么反感。他谈的不是感情表征，而是具有形式特征的表现。我认为没有符号的投射也就没有任何具有形式特征的表达，他所说的非理性认识的“科学”除了对非推理性的符号化过程加以承认外是没有别的出路的。他自己曾说：“一般地说，过分严谨的内容要依靠文字表达。只有不甚严谨的内容才能归之于所谓的口头表达。但是，还有一些非口头性表达，比如：线条、色彩和声音，以及所有肯定能扩大我们判断的那一切……只要它是绘画的、文字的，或音乐的……

① 参见《作为表现和普通语言科学的美学》，第 1 页。

② 同上书，第 14 页。

③ 同上书，第 4 章，到处都是这种观点。

任何直觉都不可能不用这些形式进行表达，就是说，表现实际上就是直觉不可分割的一部分。”①

卡西尔(Cassirer)在他的《符号形式哲学》(Philosophie der Symholische Formen)这部伟大著作中，为直觉研究提供了某些基础知识。另外，在对各个种类、各种程度的符号功能的研究中，人们发现，他们不仅认识了一种直觉，即对一些个别、明白的形式，某一事物、某一事件的直接经验(回答了克罗齐的观点)，而且也认识了其他种类的直觉。对形式的各种认识都是直觉的，各种关系只能通过直接的洞察即直觉来认识。各种关系是指：独特性、和谐、各种形式的一致性、对比，以及在整个完形中的合成等等。而且，形式，以及形式的意味或含义，也都是通过直觉发现的，(因此，有时也被人称为“感觉到”)否则，就根本无法发现；这就是符号的基本价值，它先于词句的含义而存在，并为之做出准备。②

通过某些典型的、已经形成的知觉或“直觉”，对形式本身的认识乃是自发而又自然的抽象；而对某些直觉的隐喻价值的认识，则是自发而又自然的解释，这种隐喻价值是从这些直觉形式中产生的。无论是抽象还是解释，都是直觉，而且都可能涉及某些非理性形式。它们以人类全部精神活动为基础，是语言和艺术产生的根源。③

那些认识到艺术欣赏中直觉特征的哲学家，似乎大部分都对科学概念和逻辑讨论抱有强烈偏见。他们似乎认为，为了提高直觉的价值和地位，就必须反对逻辑，而且他们总是在这两种“认识方法”中制造严重的对立。但实际上这种对立并不存在——因为直觉根本就不是“方法”，而是一个过程。直觉是逻辑的开端和结尾，如果没有直觉，一切理性思维都要遭受挫折。对前提进行简单联想就是所谓“演绎推理”，它仅仅是引导人们从一个直觉到另一个直觉的手段。一个人如果知道所有的人都会死，并能断定苏格拉底是一个人，但只要他尚未认识到因此苏格拉底也会死，那么，他就缺乏逻辑理解力，因为他对论证的每个步骤的正常直觉还没有

---

① 参见《作为表现和普通语言科学的美学》，这段引文说明了打算取消表现的类别或种种不同形式是不可能的。

② 关于“含义感觉”(sense of import)和语言性质的更详细讨论，可参阅《哲学新解》，第五章。

③ 既是神话概念的记录，又是一般科学概念的源泉，这就是语言的双重性质。卡西尔在《象征形式哲学》中对此曾进行了详尽论述。在其他几篇论文中，他也曾简要加以论述，特别值得一读的是：《语言和神话》。

认识。即使在低级推理过程中,没有相应的直觉也是不行的:如果那位蠢得出奇的人对下面所有词义,即"苏格拉底"、"人"、"是"、"一个",都能理解,但由于这些词汇的排列没有为他形成一个完整的概念,从而就不能认识"苏格拉底是一个人"这句话的含义,这就说明,他连"因此"这个词的含义都未能掌握。甚至那些智力正常的人,遇到拉丁文或德文那样变化较多的语言时,也会对那些不能形成句子的词感到莫名其妙。但是,一旦理解了句法符号(词形变化、动词形式)以及所有词汇的内涵,他们就能立刻理解句子的含义。这种含义的出现总是一种逻辑性的直觉或顿悟。所有论证的目的都在于逐步建立一些越来越复杂的逻辑性直觉。

一个艺术符号的意味不能像一篇论文的含义那样去建立,首先必须进行全面性观察,就是说,"理解"一个艺术品是从关于整个被表现的情感之直觉开始的。渐渐的,通过沉思,对作品的复杂性有了了解,并揭示出其含义。在论文中,含义是由一连串的直觉综合而成的;而在艺术中,首先看到或被预想到的,却是复杂的整体。① 这对认识论来说,确实是个僵局:艺术的含义,不像文字的含义,对任何不了解艺术符号的人,它只能加以展示,而不能论证。因为,在艺术中,没有固定含义的语义学单位,因此,要进一步确定艺术品的含义是不可能的,而语义学的固定含义,可以通过释义或翻译,用同等符号表达出来,就像文字可以解释和翻译那样。要把一幅图案、一支旋律、一首诗歌或任何艺术符号的情感内容传达给观众,其唯一的方法就是把有表现力的形式表现得非常抽象、非常有力,以致任何有正常艺术感受力的人们都可以看到这个形式及其"感情的特质"。[参阅巴恩施(Baensch)对《作为艺术品特质的感情》第二章,第20—21页的论述。]

一个不能与其代表的含义分离的符号,就不能说是真正指涉某个外在的事物。对它的特殊功能来说,"指涉"这个字眼并不恰当。而且,如果符号没有一个公认的参照物,它就不能很好地起到"交流"作用。然而,符

---

① 参阅论文《科学抽象与艺术抽象》,见《结构、方法和意义,纪念舍费尔(sheffer)文集》,第171—172页。艾利西欧·维瓦斯(Eliseo Vivas)教授在一篇评论中(见《美学学报》第10卷,第3期),曾把下列主张归之于我,即"有时抽象是从部分到全体,有时却是从全体到部分"。当然,这是无稽之谈,抽象与生命,与部分无关,无论抽象程度如何。在抽象过程中,都只有直觉在起作用。科学的抽象是通过连续的概括实现的,而在艺术中不存在任何这种理性的方法。维瓦斯忽略或忘记了谈到概括,但是在这两种形式的抽象中,恰巧存在差异。

号的功能是表现,是逻辑意义上而非生物学意义上的(如哭泣、暴怒、乞怜)表现。在优秀艺术中,表现是真实的;在差的艺术中,表现是虚伪的;而在拙劣的艺术中,表现则是失败的。凡是根本没有愿望和冲动而要表现任何东西的作品,都不能算作艺术品——即使这作品具有人的形象,就像服装店的模特或玩具娃娃。服装店的模特可能是艺术品,玩具娃娃也可能是,有时也许还真的就是艺术品。

关于艺术真实与艺术虚假的问题,我发现自己至少能与杰出的美学家科林伍德[①]抱有完全相同的观点:考虑到我是在完全形成了自己的观点之后,才有幸读到他的大作《艺术原理》,而我们的观点竟不谋而合,这一情况就更使我感到高兴,同时,我希望他也有同感。因为我们结论之间的相似性,有一种互相印证的作用。对他的认识论,我不能完全同意。在我看来,自我意识的辅助作用,以及艺术表现对实际经验的严格限制,确是一种误解。到后面,我们的其他分歧就更多。现在我们就谈真实性问题。

艺术就是对情感的处理,在我称之为符号,科林伍德称之为"语言"的东西中,它包括了情感的详尽叙述和表现。(当然,遗憾的是,这些字眼在不同作家手中竟有如此重大的区别——"符号"一词,在他手中只相当于今天语义学家的"人工语言",如卡尔纳普[②]分析的那些数学符号或结构语言——但是,从他文字的表面含义看,他对表现和感情处理的论述还有些道理。)然而,这种处理可能受到那些尚未被赋予形式,或尚未为人认识的,但对其他主观感受的想象仍有影响的情感的干扰。根本缺乏坦率从而受到严重歪曲的艺术是低劣的艺术,它之所以低劣是因为它与坦率的处理所应有的样子不相符。坦率就是标准,正如俗语所说,"要看得明白"。科林伍德曾说,对情感的处理失真时,实际上既不能说它是谬误,也不能说它是谎言;因为谬误只能产生于较高的"理性"阶段(推理思维),而说谎是以"知道正确东西"为前提的,但是缺乏坦率的精神,只能在想象的更深层次产生效果。因此,他把这种虚伪称为:"对意识的败坏。"[③]低劣

① 科林伍德(R. G. Collingwood, 1889—1943):英国著名历史学家、哲学家和美学家。主要著作有《艺术原理》、《艺术哲学大纲》。——译注

② 卡尔纳普(Rodolf Carnap, 1891—1970):逻辑实证主义哲学家,维也纳学派的主要代表。著作有《语言的逻辑句法》、《哲学与逻辑句法》等。——译注

③ 参阅《艺术原理》,第219页。

的艺术是败坏的艺术。这种虚伪最为邪恶，因为它不可救药，而谎言却可以揭露和取消，谬误也可以发现和修正。败坏的艺术则只能遗弃，只能摧毁。

他说："一件低劣的艺术品，是作者试图表现现成的情感而招致失败的行为。这就是低劣艺术与所谓虚伪艺术之间的差别……所谓的虚伪艺术，不存在表现上的失败，因为它没有进行表现的意图，它只能另有意图（无论是成功还是失败）。"①

一方面艺术与非艺术有区别，另一方面，优秀艺术与低劣艺术也有区别；在基本上是优秀的艺术中，尽管很少有实质性区别，但我还是想把它们区分为：自由的艺术与不自由的艺术或拙劣的艺术。

这是在与思维的"理性"阶段相对应的想象阶段，即艺术创作阶段出现的：科林伍德不承认艺术家的技艺本身是一种高度发展，因为他认为艺术不是技艺，也没有技艺。② 对于这点，我是不敢苟同的。我们的分歧也许是一种"文字之争"，但即使如此，这也很重要，因为人们的遣词造句不是随心所欲的；语言反映了人们的基本观点；所以，评论他的措辞，实际上也就是评论他那些在我看来不甚精当的概念。

简单地说，他措辞欠妥的地方有：作品、手段、目的、艺术媒介，以及关于人类各种活动之间关系的概念。在评论中，他具有一种人们会称为"简单否定"的倾向：考察两个概念之间尚未确定的关系时，比如再现与艺术表达这两个概念，他发现原来假设的关系不能成立，于是就断言这两个概念没有任何关系。③ 这种倾向使他不能把艺术创作的过程当作一个细致而有成果的研究课题，他把这种研究集中在富于想象性的处理过程上，这样最终导致他把艺术家的情感想象（他真正分析过的东西只有这件）当作艺术作品本身。他写道："一件艺术品只要出现于艺术家的头脑中，它的

---

① 参阅《艺术原理》，第 282 页。整个段落都说得很中肯（第十二章，《作为语言的艺术》，第三节，《优秀艺术与低劣艺术》）。当然，全部摘引下来就太长了。因此，我以最大的热情建议读者亲自阅读原文——最好阅读全书。

② 参见《艺术原理》，第 3 页，"表现这种行为无技巧之可言"。

③ 比如，确定一件艺术品能够引起什么心理反应（例如，想一想某一首诗"带来什么情思"）与这件作品是不是真正艺术没有任何关系（第 32 页）。有一种判断力，在其中情感是优秀艺术最可靠的向导。作品引起的兴奋情感，表明了作品作为艺术而不是别的东西所具有的意义。还可以引证一段："透视的本质……与作为建筑学的辅助手段的绘画是互相关联的，……而对电影来说，透视只不过卖弄学问而已。"（第 253 页）在有架子的绘画中，透视的目的确实不是产生墙的效果，但我们能因此就有理由说它没有别的目的？

创作过程也许就全部完成了。”(第130页)他还进而写道:“音乐是一种艺术品,而不是噪声组合,它是作曲家头脑中的曲调。”(第139页)这种观点在《艺术原理》第一部中是不胜枚举的。这正是克罗齐的“表现即直觉”的观点(虽然科林伍德使用的是“认知”这个术语,在他的词汇中还未出现过“直觉”这一术语)。此外,还有表现、直觉与艺术同一的观点,完全存在于想象之中的雕像,没有绘制的图画。

然而,他所有的观点中,最令人怀疑的是:一位艺术家竟不知道自己创作的作品属于什么种类——甚至最广义地说,他连自己创作的是喜剧还是悲剧都不知道,因为“如果悲剧与喜剧的区别就在于它们所表现的感情上的差别,那么,剧作家开始创作时,这种区别是不可能出现在他的头脑中的;反之,如果说剧作家开始创作时就知道这种区别,那么他就应该在尚未表达时就知道所要表达的情感。因此,……任何艺术家都不可能提笔就写一部喜剧、悲剧,或一首挽歌,等等。只要他是真正的艺术家,他就会像写其他作品那样写这些作品。……”①

在《艺术原理》第三部中科林伍德似乎改变了许多唐·吉诃德式的观点。他设想艺术家进行绘画是为了体现他们的幻想,表达他们的情感,并认为绘画是创造性观察的一部分,这与那种“只观察不描绘”(第308页)的活动不同。另外,他还认为音乐家是“为了表演才谱曲的”,“不仅允许而且要求演奏者去补充细节”(第320—321页)。即使用世界上最好的意愿去领会科林伍德的这种转变,也不能把他的前后观点吻合起来。表演者、观众,甚至其他艺术家怎么能在“作曲家头脑中的曲调”或任何“完全在艺术家头脑中……创造出来的”(甚至可能是造型艺术)作品上“通力合作”呢?

要想克服其评论部分(第一部)出现的这些困难,最好是追问一下:他为什么要急切地否定技艺在各种艺术中的作用,并进而否定技巧这个概念呢?为什么要反对科学和哲学中文字表达的观念?为什么把语言的本质看作一种偶尔带有概念内容的情感表达呢?其原因肯定是在认识论的结构上出了毛病。在他反对“技巧说”和“艺术等于技艺”的理由中,以及所有反对关于语言形式和文字含义的理论的理由中,存在一个严重缺陷,

① 参见《艺术原理》,第116页。这段文字的含义我认为最荒谬不过。它说艺术是一种无计划、无内容的“优美的癫狂”。

表明了他对难以接受的结论感到担心，这完全是由于缺乏哲学上的坦率——“意识的败坏”所造成的。这种缺陷在艺术中就像在哲学中一样，是自然而又常见的。他自己曾谈到这个事实：“意识的败坏并非少数不幸的人才能犯下的深重罪恶，而是任何艺术家在生活中都经常会遇到的，总之，艺术家的生活大体上就是与之斗争并不断取得胜利的一场战斗……”

“真实的意识为理智提供了一个坚实的基础，而败坏的意识却迫使理智基于流沙之上”。①

那么，我们就来寻找罪证吧。在《艺术原理》第一部中，科林伍德歪曲了他打算否定的观点，比如，他把所有“技艺”都归结为“把人类引入某种精神状态的方法”。显然，这是诡辩，而且，这仅仅是为了把“艺术中有技艺”的观点与“艺术等于技艺”说等同起来，然后，再把后者与“艺术即情感刺激”的说法等同起来——只有“艺术即感情刺激”说才是他真正要与之辩论的观点：这样一来，所有这些观点都被他搞得模糊一团了。

其次，在该书第108页，他明确断言：“‘技巧说’称之为目的（即艺术意图）的那个因素，被其界定为情感的激发。”可是，在别的地方，他还引述过，说那些为所谓“技巧说”的观点辩护的人都没认为技巧的目的就是激发情感，因此就更没有必要证明它的信徒会不会同意这个观点了。实际上，“技巧说”的这些原则是科林伍德自己找来强加于它的，他真正打算摆脱的却是“艺术即情感刺激”的说法，而“技巧”是不明不白地与那个“莫须有”的理论纠缠在一起的。

下列事实明显地暴露了他那些理由是站不住脚的，就是说：那些他认为不属于艺术，而属于其他领域的概念定义非常刻板、贫乏，以致在他认为最适当的场合中反不如在艺术中更有用途。比如，他为“符号”下的定义就非常狭窄，竟然成了“人工语言”的同义语。但由于语言学和逻辑学是以使用符号为基础的，结果这些狭窄的定义似乎就使得这些学科变成一些无足轻重的技能了。在哲学上，这是一种不法行径。实证主义者把他们毫无所知的一切艺术问题都归为“感情反应”，也犯下了这种罪行，而这种“感情反应”他们又归之于他们同样一无所知的“心理科学”。

最后，科林伍德断定语言并不像人们所设想的那样是一种语义学结构，它既无词汇又无句法，纯粹是一种由“意识”创造出来的表现。语言是

---

① 参见《艺术原理》，第284页。

艺术,但没有技巧,没有"用途"(无论正确与否),没有符号功能——就像舞蹈、绘画或音乐,都是感情的表现。所有的讲话都是诗歌。语法、句法甚至词汇都纯粹是为了制造语言而任意发明的(我们可以假设,这与中世纪学者们为了更便于查阅《圣经》的任何段落而划分出来的短句有某些相似之处)。但在此处,要建立如此标新立异的学说,而又没有坚实的论据,他的说服力当然要彻底破产了。他很乐于说明语言往往与情感发生联系,很乐于说明语言只存在于想象已经把握了"心理情感"并为其赋予形式的地方。他还指出,正如这种想象是艺术的根源一样,一切语言都是艺术,一切艺术也都是语言。为了证明这一观点,他甚至不惜诋毁语法学家("语法学家不是科学家……而是屠夫"[1]),不惜侮辱理查兹(I. A. Richards)(把他叫做"挑剔的剑桥长舌")[2]。一位占有了真理的人是不屑于说这种话的。此刻他已陷入理智的流沙之中,对自己不喜欢的观点从感情上进行否定,对美学中的"黑怪"(Black Beast)惶惶不可终日。

使大多数认为艺术即表现的美学家感到畏惧的"黑怪",就是艺术符号这个概念。这个威胁着他们而又陌生的事实就是:一个表现形式归根结底就是一个符号形式。一旦人们能够正视这个事实,那么一切自相矛盾和反常都会消失——比如,根本没有意味的"有意味的形式"[3],"只要我们愿意,我们就可以把"诗歌和音乐"看作是有表现力的",但是,"如果执意认为它们什么也不'表现',完全不表现"倒会省去许多麻烦,[4](这是——译者补充)克罗奇不用媒介的艺术表现论。科林伍德的观点与此相似,他说"表现行为"作为艺术品本身,只能发生于艺术家的头脑中。人们只要离开为"理念的表现"提供了媒介的符号形式,就无法研究表现过程,也无法精确找出它与其他行为的区别。但是,一旦承认了"表现形式"是一种特殊的符号形式,某些有趣的问题就会呈现出来,要求人们加以解决,而那些始终威胁着我们的危险,即美学与伦理学或科学所缔结的不相称的姻缘就会安然解除。一旦对艺术符号与科学符号——更准确地说是科学符号体系——的区别有所理解,那么,陷入"恶劣的唯理智论"的危险

---

① 参见《艺术原理》,第257页。
② 同上书,第264页。
③ 请参阅克莱夫·贝尔的用语。
④ 参阅鲍斯马(O. K. Bowsma)的《艺术的表现理论》,收入布赖克(Max Black)编的《哲学的分析》选集,第97页。

也就不存在了。它们的区别就是艺术与科学的区别,实际上,正是它们各自的符号形式之间的重大区别使艺术与论证(逻辑、科学或事实)分为截然不同的两个领域,而且也打消某些哲学家的希望(或称为恐惧,这要视具体情况而言),他们希望在“科学的世纪”里,艺术将会追求并最终能够享受科学思维的尊严。①

首先要解决的关键问题是:一件艺术品怎么能既是与人工制品有着内在区别的纯粹想象的创造物——实际上,它不是一种完全的、物理意义上的“物”——又是“真实”而“客观”的东西。当创造物这一概念作为不真实的即虚幻的,却富于想象,甚至能激发美感的概念时,只能起一种符号作用,而不起物理材料的作用,这样就不仅直接回答了上述问题,而且回答了一个与其有必然联系的问题——技术问题。断言艺术没有技巧,断言艺术与技巧没有密切的关系,毕竟有些独出心裁(tour de force)。短短的一段议论,处处可以看出,提出此种观点的人试图把它说得圆滑些,他说:虽然,“按照严格意义而言,绘画不是艺术品”,然而,“它的创作过程与审美活动却多少存在着必然联系,就是说,与作为艺术品的富于想象的经验创造存在着联系”。② 他表示要揭示这种联系的必然性;但是,他的证明却往往缺乏充分理由,令人难以捉摸。

然而,如果我们把绘画当作表现了想象经验的艺术符号,即艺术家对

① 桑塔耶那(Santayana)在《艺术中的理性》一书的第 3 页曾写道:“由于缺乏理性的训练,诗人在半神话的世界中感到迷惘。”而且,桑塔耶那还希望诗歌与科学能够友好相处:“一个具有理性头脑的诗人的幻想往往与人们要求神话去完成的(完成得很不可靠)作用具有同样的道德作用;它同样还要应用神话以一种混乱和草率方式表现理想的才能。细节还有待补充,更多的变化也有待介绍……这样的诗歌将会更深地植根于人类的经验,而不是植根于偶然的想象,因此,它对心灵的感染力也就更大。”

“如果知识是全面的,足够的,艺术就应用来表现现实……这样,实用与艺术就不会分离了。”(出处同上,第 214 页。)

在欧仁·佛隆(Eugene Veron)的《美学》中,也有同样的看法:艺术应该摈弃神话想象,应该具有科学性。斯特林堡也希望这样发展艺术,但是,他也担心公众启蒙将会葬送戏剧,因为戏剧要求有容易受到诱惑的观众。(《朱丽亚小姐》剧本序言)

在 1913 年,有两位先锋派作家——扎亚斯(M. de zayas)和哈维兰(P. B. Haviland)合著了一部《造型表现的当代演进》。在这部不大的著作中,可以看到他们以一种激烈的观点,谈到整整一代的艺术家、批评家对科学抱有卑躬屈膝的态度:“由于艺术表现了只能通过形式表现的科学现象,它正受到科学的强烈影响,而且可能为科学所吸收……艺术正在尝试把形式变成心理学和形而上学的运载工具。”(第 19 页)在前面,他们却相当忧郁地说:“我们不认为艺术达到了一个可以被称为人的纯粹科学表现的阶段……”(第 13 页)

② 科林伍德前面被征引的著作,《艺术原理》,第 305 页。

情感的处理,那么,这幅绘画就是"符合那一习惯用语[①]的本来意义"的艺术品,而我们也就明白了为什么从来没人应用过"本来"的意义,因为即使是优秀的艺术家,甚至那些信奉这种艺术理论的艺术家,当他们看到或想到那幅作为艺术品的《最后的晚餐》时,他们所指的也只能是达·芬奇的那幅画,而不能说他们自己"有"这幅画。确实,这幅画不是绘在墙壁上的,而是达·芬奇用颜料在潮湿的泥灰上创造的幻象。说来遗憾,画上的颜色大部分已经剥落;但是,有相当一部分还是保存下来了,使这个幻象得以流传,因此这幅画一直还存在。如果时间把最后淡薄的色素积淀也冲刷净尽,这件艺术杰作就消失了,无论什么人对它的生命意义——它所表现的情感的和谐记忆多么清晰,也是枉然。

艺术家的工作就是创作感情的符号,这种创作需要各种技艺或技巧。一个艺术家不仅要知道尽人皆知的基本技巧——运笔技法、语言技巧、刮削木条、开凿石块、演唱曲调——还要学会自己的目的所需要的技巧,而他的目的就是创造一个具有表现形式的虚幻的对象。但是,技艺、技巧并不是机械的、例行的陈规,并不是科林伍德所说的那种规定好的操作规程;每个艺术家都要发明自己的技巧,与此同时也发展自己的想象。这就是说当人们进行绘画创作时,绘画与观察是合二而一的一个过程,[②]欣赏、创作或演出音乐作品,其中的听、演、唱是无法分开的。

为了用符号表现主观实在的观念,每位艺术家都肯定要按照自己的方式掌握技艺,因此就不可能出现拙劣的(poor)艺术,它虽不是腐败的(corrupt)艺术,但,不能用十分明快的直觉表达艺术家所了解的东西。要对情感进行处理(hold an envisagement)而没有或多或少的固定符号是难以做到的,而碰到一种错误的符号,则能取消一种内在的幻想。生疏的工具、蹩脚的乐器、不听使唤的手,都会妨碍想象的发挥。甚至,在绘画意念开始萌动的时刻,就可能毫不容情地将它毁掉。结果则是拙劣的、不可救药的作品,尽管很认真,但由于没有得心应手的工具和熟练的技巧,一切都是糟糕、令人沮丧的。

我认为把"技巧"界定为"制造"是没有道理的,除非是为了反对把艺术品当作"商品",把珍爱艺术的人们当作"顾客"的风气。反对这种作风

① 即艺术是对情感的处理。——译注
② 参见《艺术原理》,第303页。

的动机是正确的，也很正当，但不应该割断艺术与那些真正养育了艺术的行为——各种技艺、整个人类对纯粹娱乐的兴趣——之间的一切关系。科林伍德和布兰德尔·马修一样，都认为具有纵欲、浅薄与低级趣味的行为，只不过是"消遣"，只能列入非艺术的范畴。① 但是，娱乐是另一回事。莫扎特的《费加罗的婚礼》，莎士比亚的《暴风雨》，奥斯汀的《傲慢与偏见》，都是极好的娱乐，又是非常优秀的艺术。只承认技艺(artisanship)或娱乐与艺术表现的可能的巧合是不够的。② 显然它们还有更内在的关系。这种关系确实很明显，各种技艺(包括文学、戏剧的技艺)为艺术创造提供了材料和技巧。即使是凭借直觉的艺术家，如果他没有体会到一个设计的各种艺术可能性，他仍然不能制造一个水罐，或为某个节庆活动谱写一支歌曲。如果这个水罐很丑，这支歌曲很平淡，那么这绝不是因为艺术家为了在廉价商店出卖，作曲家为达到"魔术表演"目的故意这样制作或谱写的；而是因为他们根本不是艺术家，只是些平庸的人，他们把丑陋的水罐视为"美丽"，把平淡的歌曲当作"奇妙"；或许他们根本就没想到感性的价值(perceptual value)，只要他的水罐能装上 12 盎司的水就行，只要他的歌曲有人唱就万事大吉。

总之，技艺为艺术创作提供了机会。当它成为激发细腻描绘的诱因，成为抽象幻觉的第一个形式性的表达者时，技艺实际上已在培育着情感(情感要通过自己的符号才能清楚地、有意识地表达出来)。艺术，无论是在宗教仪式中，还是在娱乐中；无论是在制陶女工、纺织女工的家里，还是在凄凉寂寞的阁楼上，它的目的、它的纯洁、它的尊严、它的意义都不会受到任何影响。

在艺术创作上，还有一个更为深入的问题，对此，科林伍德的态度要么是匹克威克式的态度，③要么就疑心重重。这个问题就是他所谓的作品的"种类"问题——悲剧、喜剧、哀歌和十四行诗，在其他艺术中，静物、风景、声乐、弦乐四重奏，等等。克罗奇也认为并不存在这些"种类"；他的理由归纳起来就是：世界上没有独立的标准可以判断绘画、诗歌等等的不

① 马修是为了相反的目的应用这一术语的，他说所有艺术，从比尔(Buffflo Bill)的《荒野西部》到索福克勒斯的《俄狄浦斯王》，实际上都是真正的消遣，因此也就是一种商品，所以美国人对高尔夫球、爆米花、冰激凌同样怀有敬意，感到同样可爱。参阅《一本关于戏剧的书》，第一章。

② 科林伍德著作，同前面引证的书，参阅《艺术原理》，第 277 页。

③ 即反常的宽厚憨直。匹克威克是狄更斯小说《匹克威克先生外传》中的主人公。——译注

同“种类”,因此,任何分类都是哲学上的无聊琐事。[①] 这样讲是有些道理,根据作品的题材、媒介及其所能容纳的内容来分类是徒劳的;但是这种徒劳与人们设想的艺术家在开始探究其作品的范围和一般特性时表现出的无能,是全然不同的。[②]

创造一个情感符号或艺术作品时,作者确实描述了一种离开了表现就无从想象的生命意味,因此,在表现这个意味以前,创作者无法认识它。可是促使他进行创作的构思活动,却是对“指令形式”,即要加以探究和表现的基本情感的处理,无论这种构思活动是像灵感那样突如其来,还是要经过毫无乐趣的、痛苦的思索。这就是“艺术品存在于艺术家的头脑中”这句话的含义。创作者一旦构想出作品的雏形(matrix),也就知道了它的总体结构的必然安排,各部分的比例以及详略程度等等。一个悲剧,一开始就带有特定“悲剧节奏”的轮廓,它决定着它的分量、它的台词及其整个结构。一首抒情诗来自一个完整的抒情情感,这种情感,绝非每个艺术家都知道,都可以敷衍成一个戏剧、一部小说的那些琐碎的、一连串的冲动。实际上,真正的艺术家不可能以这样的决心开始工作——“我要写一首抒情诗”! 他的创作是从一种发现开始的,他发现“有一个意念可以写成一首抒情诗”。然而即使“真正的艺术家”也未必全都如此。一位有资格的画家,接到肖像、壁画,或此类工作的委托之后,只是希望在考虑绘画材料的时候,能够突然领悟其所要表现的情感,然后根据它进行创作,他要追踪、体验和表现这种情感。可是他自己却可能认为,如果他对这个作品的主题有足够的考虑,他将会知道“如何着手工作的”。可以肯定,每个建筑师都必须找出适当的情感,以便在其设计的每个建筑中加以表达。他不能根据自己的主观愿望来决定设计一座别墅还是一座教堂。

认为艺术品的全部意义必须是作者亲身体验过的感情,那将是荒谬的机会主义和屈从。还有人认为作品是一种随意的符号,而不是一种感情[尽管“经过了过滤(Filted)”,或用科林伍德的术语,“排除了自然属性”],也不是一种感情流露。这种看法使得表现形式没有发展为一种“唯美主义”;唯美主义,一般说来会扼杀某些杰作——甚至大师的杰作,因为从理论上看来,这些作品可能让人觉得带有“不纯的”或“非艺术的”动

① 参阅《美学》,第 35 页。

② 同上书,第八章,在这一章中,这种观点不胜枚举。

机。[1] 符号的重要认识价值就在于它们能表现那些超越了创作者过去经验的理念。因此，第一个认识到一个艺术形式中生命含义的人，认识到一个因素所具备的情感可能性的人，认识到创作中某一变化（也许通过一个细节）的表现价值的人，就是艺术家自己。他是自己作品的第一位观众，也是最可靠、最合格的观众。与其说他成为一位艺术家是由于自己的情感，倒不如说他是借助对情感符号形式的直觉，借助于把感情认识塑造成这种形式的能力而成为艺术家的。在进行创作时，在塑造人类感情符号时，他从自己面前的可感的现实中认识到主观经验的前景，这是艺术家在日常生活中未曾认识到的。因此，艺术家的精神视野，以及本人个性的成长和发展，是与他的艺术密切相关的。

但是，要说艺术家没有表达自己的感情，也十分荒谬。一切认识来源于经验；如果不与我们自己的经验发生联系，我们也就无从得到任何知识。只是这种联系比“直接个人表现”的说法所假设的更复杂罢了。

有一次，我听到一位杰出艺术家，同时又是一位行文严谨的哲学家说：“在我幼小的时候——我记得，那时我还没上学——我就知道我的一生将要如何度过了。当然，不是说我能够猜到我的命运如何，我将有多少财富，我的政治前程怎样；但是，从我开始有独立意识的时候起，我就知道：在我的生活中，任何应该出现的东西将一定像那个样子呈现出来。”

艺术家所能想到的任何东西，都与其主体的“样子”类似，至少与他的感觉方式有关。一般地说，这种关系来自艺术家渊博的艺术知识，也就是说来自符号的启示。欣赏新的艺术就是开拓自己的感情，扩展自己的天生才干，而不是以宽容的态度听任新奇事物对自己的理智进行侵犯。宽容是另外一回事，当我们对别人新颖、奇异或非常个性化的表达不能理解时，这种宽容是十分恰当的。随着不断成熟的艺术思维，随着自由地变换、构筑和发展形式，随着通过自己积累的想象力不断发现新的生命意义，艺术家的宽容态度也会增长。甚至艺术家本人的作品——它来自艺术家的内心感受——也会，而且幸而会超越他自身的生活范围，而且在更为广阔的视野中，向他表明了：任何人性所能产生的就一定会像那个样子产生出来。虽然对主体的认识仍占据着中心位置，但这种认识已成为这更广阔的视野中的一部分。艺术家对人生的认识非常广阔，其程度有如

---

① 参阅本书第十四章，关于“纯粹诗歌”的讨论。

他的艺术所能达到的范围。

关于艺术家及其作品、理念及其形式,观念和表达的论述就到此为止。但是,艺术家发表了作品,而且介入了读者的生活,这就产生了另一个问题:观众根据什么标准来衡量艺术品呢?他们怎样看待艺术作品的普遍意义呢?

这些都是艺术哲学的终极问题,因为它是以对艺术符号本身的认识——它的性质、意义以及它的真理价值——为先决条件的。因此,只有经过系统的研究,提出这些问题才是有益的,才有希望得到某些理由充足的答案。

傅志强译

——选自苏珊·朗格《情感与形式》,中国社会科学出版社 1986 年版

存在主义美学

海德格尔

马丁·海德格尔(Martin Heidegger，1889—1976)生于德国弗莱堡市附近的梅斯基尔希，早年在弗莱堡大学就读神学和哲学，1913年获博士学位，两年后跟随胡塞尔在弗莱堡大学执教。1923年他被聘为马堡大学哲学教授。1928年胡塞尔退休，海德格尔回到弗莱堡大学接任哲学讲座教授，并且最终与胡塞尔关系破裂。纳粹时期他一度出任弗莱堡大学校长，战后因曾率众宣誓效忠希特勒，一度停教受审，直至1951年恢复教职。1959年退休后隐居家乡黑森林，少与外界往来。

海德格尔一生著述繁多，除了代表作《存在与时间》(1927)外，其他主要著作还有《康德和形而上学问题》(1929)、《论根据的本质》(1929)、《德国大学的自我主张》(1933)、《论真理的本质》(1943)、《形而上学导论》(1953)、《同一与差异》(1957)、《技术与转向》(1962)、《走向思的事业》(1969)和《现象学与神学》(1970)等。1971年美国学者霍夫斯达特将海德格尔7篇关于美学的论文英译成集，题名为《诗·语言·思》。作为胡塞尔的学生，海德格尔的思想直接发端于现象学，但他认为胡塞尔以纯粹的先验自我为知识确定性的基础只是一种超越时空的理想形式，因为它事实上并不存在。为此他以时空中人的存在为思想回溯的终点，把它称为“此在”，即“我的存在”，并强调“若无此在存在，亦无世界在此”。这一“此在存在”的本体论分析即海德格尔的“存在哲学”，也是后来一般存在主义的基础所在。

海德格尔的美学思想可视为对黑格尔艺术终结论的一个直接反应。黑格尔《美学讲演录》以艺术必逊位于宗教和哲学，故不复成为精神的最高需要。海德格尔认为黑格尔目光盯住艺术与真理的关系，较近代美学拘泥于艺术与美的关系来思考艺术要深刻得多,但黑格尔判定艺术为绝对理念自我外化的原始样式,则是大为可疑的观点,因为美的显现也好,艺术作品的发生也好,都是与真理携手并进的。艺术作品建立的世界不是物的总和,不是对这总和再现的想象框架,也不是使世界在艺术作品中主体化了。

这里收入被认为是海德格尔最重要美学著作的《艺术作品的本源》三节中的前面两节,作者充满诗意地描述了凡·高画过的一幅鞋子,指出在鞋子磨损了的敞开着的黑洞中,可以看出鞋子的主人农妇的艰辛步履,鞋子的坚实透射出农妇在寒风料峭中走过广袤单调田野时步履的凝重和坚定,鞋上有泥土的湿润和丰厚,暮色降临,田间小径的孤寂在鞋底悄悄滑过……总之,凡·高的鞋子展示了农妇的世界和大地,它们就是在这世界和大地之间的"存在"。有意思的是,据后来美国艺术史家梅叶·夏皮罗的考证,这双因为海德格尔的阐释而无人不知的鞋子并不是农妇的鞋,相反它们是城里人的鞋,具体说是凡·高自己的鞋子。德里达则更进一步告诉我们,这两只鞋甚至不是"一双"。

(陆　扬)

艺术作品的本源[①]

本源在此意味着:某个东西由此而来,并凭此而是它所当是的东西,以及事实上所是的东西。某个东西当是什么,事实上是什么,我们称之为这个东西的本质或本性。某个东西的本源是它的本性之源。对艺术作品本源的追问就是追问它的本性之源。通常认为,作品是从艺术家的活动并通过此活动而产生的。但是,艺术家本身凭什么并从何而成其为艺术家的呢?他是凭作品并通过作品而成为艺术家的;因为所谓作品给作者带来了声誉,实际上意味着正是作品第一次使艺术家以艺术主人的身份而出现。艺术家是作品的本源,作品是艺术家的本源。两者互为存在的前提。然而,任何一方都不是另一方存在的唯一前提。无论就它们自身还是就它们的关系而言,艺术家与作品都是凭借着一个先于它们的第三者而成为自己的,这第三者也就是给艺术家和艺术作品命名的东西——

① 本篇标题的德文原文:Der Ursprung des Kunstwerkes。最初写于1935—1936年间,初版于1950年。"结语"和"附录"是后来补写的。——译注

艺术。

正如艺术家之为作品的本源与作品之为艺术家的本源必然在方式上不同样，艺术也完全以不同的方式成为艺术家和作品这两者的本源。但是，艺术能够作为本源吗？艺术是从哪里并如何发生的呢？艺术——只不过是一个没有任何真实之物与之对应的词。也许可以把它当作一个集合概念，我们能够在这个概念之下为艺术中唯一的真实者（作品与艺术家）找到位置。即便艺术这个词具有比集合概念更为丰富的含义，它的意义也只存在于作品与艺术家的现实性之中。或者事情正好相反：只是因为作为作品和艺术家之本源的艺术存在，作品与艺术家才存在？

无论怎样，艺术作品的本源问题都是一个有关艺术本性的问题。既然一般艺术是否存在，以及如何存在的问题仍悬而未决，那么，我们将力图在这样一种地方，即在艺术无疑以一种真实的方式实存着的地方去追寻艺术的本性。艺术是在艺术作品中出场的。但艺术作品是什么以及如何是其所是的呢？

艺术是什么，这应从作品中得到说明。而艺术作品是什么，我们又只能从艺术的本质出发去了解。谁都能轻而易举地看出我们正在进行循环论证。日常理解要求我们避免这种循环，因为它违反逻辑。艺术是什么可以通过对实际艺术作品的比较考察而归纳出来。但是，如果我们事先不知道艺术是什么，我们又如何能肯定这种考察的确是从艺术作品出发的呢？我们不能通过对实际艺术作品特性的概括而把握艺术的本质，同样，我们也不可能由更高的概念的推演而把握艺术的本质。因为这种推演已经假定了这些特性充分肯定了我们先行把握为艺术作品的东西就是事实上的艺术作品。然而，从特定的对象中选择作品以及从原则中抽取概念，在此都是不可能的。只要我们这样做，就是一种自我欺骗。

这样，我们就不得不进行循环论证。这种循环既非权宜之计，又非一种缺陷。假若思是一种技艺，那么，踏上这条技艺之路是思之力量，行进在这条路上乃是思之节庆。不仅从作品到艺术（正如从艺术到作品）这主要的一步是一种循环，而且我们试图进行的每一步也在此循环中循环。

为了找到那真正在作品中起支配作用的艺术的本质，让我们来看看实际的作品，并追问一下：作品是什么？它是如何成为作品的？

每个人都熟悉艺术作品。我们在公共场所、教堂和住宅中都可以看到一些建筑和雕塑。不同时代与不同民族的艺术作品被收藏起来进行展览。如果我们从艺术作品未经触及的现实性角度去考虑它们而又不欺骗我们自己的话,我们就会看到,这些艺术作品的存在与物没有两样。悬挂在墙上的绘画就像一支猎枪或一顶帽子。一幅绘画,比如,凡·高那幅描绘一双农鞋的画,从一个展览馆搬到另一个展览馆。人们用船运送艺术作品,就像从鲁尔运煤,从黑森林运木材一样。在第一次世界大战期间,荷尔德林的赞美诗在士兵的背包中与换洗衣服装在一起。贝多芬的四重奏放在出版社的库房里,就像马铃薯放在地窖中一样。

一切艺术作品都有这种物性。没有这种物性的艺术作品会是什么呢?也许关于艺术作品的这种相当粗俗与外在的看法会使我们感到不快。搬运工或博物馆的清洁女工可能会按这种艺术作品观行事。然而,我们则必须这样来看待艺术作品,即将它们看作由体验、欣赏它们的人所遭遇到的对象。但是,即使是相当自诩的审美体验也不可能避开艺术作品的物性特征。在建筑作品中有石质的东西,在木刻中有木质的东西,在绘画中有色彩性的东西,在语言作品中有语音,在音乐作品中有音响。物性因素如此顽固地存在于艺术作品中,以至于我们不得不反过来说,建筑作品存在于石头之中,木刻存在于木头之中,绘画存在于色彩之中,语言作品存在于话语之中,音乐作品存在于声音之中。“这是显而易见的。”人们会这样说。毫无疑问。然而,艺术作品中这种自明的物性要素是什么呢?

也许,这种追问是多余的,而且还会造成混淆,因为艺术作品是某种别的超于和高于这种物性要素的东西。作品中这别的什么便构成了作品的艺术性。当然,艺术作品是一件制成物,但是,毋庸讳言,它讲说着完全不同于纯粹物本身的东西。作品将这有别于纯粹物的东西昭示出来,显露出来;作品是一个比喻。在艺术作品中,这别的东西与那制作物合而为一了。在希腊文中,“结合”一词为 sumballein。艺术作品是一个象征。

比喻和象征为人们提供了一个概念框架。长期以来,人们便是在这个框架中看待艺术作品的特性的。但是,在一件艺术作品中显示别的什么东西、连结别的什么东西的那个要素,就是艺术作品的物性。看来,艺术作品中的物性要素就像是某种别的本真要素筑于其上的基础。艺术家凭其技艺真正制造出来的东西不就是作品中的物性要素吗?

我们的目标是达到艺术作品直接而充分的现实,因为只有在此一度,我们才能在其中找到真正的艺术。因此,我们必须首先弄清楚艺术作品的物性因素。为此，我们必须充分了解物是什么。只有在我们弄清楚了物是什么之后，我们才能判断艺术作品是不是一件别的什么东西依附于其上的物；也只有到那时，我们才能断定作品在本质上究竟是不是别的东西，而根本不是一件物。

物与作品

就某物作为物而言，它究竟是什么？当我们如此发问时，我们的目的是要弄清楚物的物之存在（物性）。关键的一点就是要揭示物的物性特征。为此，我们必须了解一切存在者所归属的领域，我们长期以来是以“物”来称呼这个领域的。

大路上的石头是物，田野里的泥土是物。一把水壶是物，大路边的水井是物。但是，水壶中的牛奶与水井中的水是什么呢？如果将天上的云、地里的草、秋风中的落叶与林中的鹰都称为物的话，牛奶与水当然也是物。如果物这个名称甚至还被用来指那些（如刚才所列举的东西）不显露自身者，即不显现者，那么上述的一切就必然被称之为物了。在康德看来，整个世界，甚至连上帝在内，都是物，都是自身不显现的物，即“自在之物”。在哲学语言中，自在之物与显现之物，即以某种方式存在着的存在者都被称之为物。

如今，飞机与无线电是最接近我们的物，但当我们想到终极之物时，我们所思的却是全然不同的东西。死亡与最后审判就是最终之物。总之，“物”这个词在此指的是一切非无的东西。在此意义上，艺术作品也是一物，因为它不是完全无。然而，这种物的概念对我们毫无用处。至少在眼下，当我们力图将具有物的存在方式的存在者与那种具有作品的存在方式的存在者相区分的时候，情况便是如此。此外，要把上帝称为物也使我们为难。同样，我们也很难将田里的农民、锅炉旁的伙夫、学校里的教师看作物。人不是物。的确，我们把一个因年少而无力应付眼前事务的小姑娘称为小东西，但这仅仅因为我们感到在她身上还缺乏那种成为人的东西，并代之以这样的想法，即我们要与之打交道的是那构成物的物性因素。甚至在把林中的鹿、草中的虫与草叶称作物的时候，我们也很为难。我们更容易将一把锤子、一只鞋、一把斧头、一座钟看作物。但即使是这些东西也不是纯粹的物。在我们看来，只有石块、土块、一块木头是纯粹的物。自然界无生命的东西以及供使用的对象便是这种纯粹的物。

自然物与器具是我们通常所谓的物。

由此,我们发现自己从最宽广的范围——在这个领域中,每一物,甚至最高之物与最终之物,都是物(物=res=ens=一存在者)——带到单纯之物的狭小范围中来了。“单纯”在此首先指纯粹之物,即那种仅仅是物的东西;同时这个词所指的又差不多是一种贬义上的物。那种在严格意义上被看作物的东西是纯粹之物,这样的物甚至不包括器具。那么,这些单纯之物的物性特征是什么呢?物的物性必须参照这些物来确定。这种确定能使我们说明物性要素本身的特征。有了这种准备,我们就能描述艺术品那几乎可以触摸的现实,别的什么东西就内在其中。

至此,我们便面对着一个自古以来就广为人知的事实:一旦我们一般地提出存在者是什么的问题时,物便凭其物性一再作为存在者之典范而凸现出来。因此,我们注定要在存在者的传统解释中与物的物性定义相遭遇。这样一来,我们就只须弄清有关物的传统知识,而不必费力探究物的物性特征了。“物是什么?”对此的回答我们如此熟悉,以至于我们不再感到在此回答的背后还有任何值得追问的东西了。

那在西方思想史中占支配地位的有关物之为物的解释——这些解释早已成为自明的定论,并在今天被广泛运用——可概括为三种。

比如,一块花岗岩是一种纯粹之物。它坚硬,沉重,有广延;硕大,畸形,粗糙,有色,半明半暗。我们能注意到这块石头的所有特征。这样,我们便得到了它的特性的知识。不过,这些特性指的还只是这块石头本有的东西。这就是这块石头的属性。这物有这些属性。什么是这物?当我们现在想到这物的时候,我们想的是什么呢?显然,物不只是诸特性的集合体,也不是这种集合体赖以产生的属性的总和。人人都以为他所了知的物是集合各种属性的那种东西。我们就是在此背景下谈论物的实质的。据说古希腊人称此为 to bupokeimenon。在他们看来,物的实质是某种内在于物的东西,是某种总已在那儿的东西。而特性则被称之为 ta sumbebekota,即总是与特定实质一起出现一起产生的东西。

这些指称并不是任意的命名。这些指称中言说着某种在此论文范围之外的东西,即希腊人对在场意义上的存在者之存在的基本经验。然而,正是凭借这些确定,那自此之后成为标准的对物之为物的解释才得以确立,西方对存在者之存在的解释才得以固定下来。这一过程从一开始便伴随着罗马拉丁思想对希腊词汇的盗用。hupokeimenon 变成了

subjectum；bupostasis 变成了 substantia；sumbebekos 变成了 accidens。然而，将希腊名称译成拉丁文绝非至今所认为的那样是清楚无误的过程。在表面信实可靠的翻译背后，掩盖着一种改变，即将希腊经验变成一种不同的思路。罗马思想在接受这些希腊词汇的时候，却没有把这些词所包含的相应的、本真的经验一同接受下来，即没有把这些词汇的词义接受下来。西方思想的无根性就是从这种翻译开始的。

按照流行的看法，将物之为物界定为带有偶然性的实体，这个定义似乎与我们对万物的自然观相一致。毫不足怪，指向物的流行态度——我们与物打交道的方式以及我们谈论它们的方式——本身就与这种关于物的通常观念相一致。一个简单的命题陈述是由主语（subject）和谓语（predicate）构成的，“主语”是一个拉丁译名，因此已经是对 bupokeimenon 的再翻译了，而在“谓语”中，物的特征则是被用来说明主语的。谁敢贸然攻击物与陈述之间的这些简单的基本关系？谁敢贸然攻击句子结构与物的结构之间这些简单的基本关系？然而，我们必须追问：简单的命题陈述（对于主语和谓语的结合）是物（带有偶然性的实体的统一）的结构的反映吗？或者说，这种物的结构是一种句子结构的投射造成的，这可能吗？

人们将他们用来理解物的命题的方式转换成物本身的结构，还有比这更了然的事吗？可是，这种看法——貌似重要其实草率而缺乏深思——必须首先解释：如果物尚未成为可见的东西，这种命题结构向物的转化如何可能。那最初出现并作为标准而起作用的问题，即命题结构或物的结构，至此仍未被确定。甚至，这个问题是否能以此种方式来加以确定都还值得怀疑。

事实上，句子结构并没有为物的结构类型提供标准，物的结构也不是简单地反映在句子结构中。句子结构与物的结构，在其典型形式与其可能的相互关系上，都来源于一个共同的、更为原初的本源。无论怎样，对物之为物的这种最初的解释，即将物看作它的特性之承担者的解释，不管如何流行，都不像这种解释在外表上看起来那样了然。对我们似乎了然的东西，也许正是那种传统中的熟悉之物，这种传统已经忘却了它由此而来的那个不熟悉的本源。可是，这种不熟悉的本源曾使人感到惊异，并促使他沉思和探究。

我们信赖物的流行解释只是在表面上显得有充分的根据。此外，这种物的观念(物是它的特性的承担者)不仅包括严格意义上的纯粹的物,同时也包括一切存在者。因此,这个概念不可能用来区分物性的存在者与非物性的存在者。然而,甚至在一切反思之前,仅仅专注于物,就已告诉我们:这种物的概念并未触及物的物性因素,即物的独立自足的特性。有时,我们还有这样一种感受,即感到长期以来粗暴地歪曲了物的物性因素,并感到思想在此强暴中扮演了帮手的角色。为此之故,人们不是竭尽全力去使思更富于思,而是干脆拒绝思。然而,在界定物性的时候,如果只有思在此有权讲话,那么,感受(无论多么确切)有何作用呢?也许,无论我们把此处的感受或情绪称为什么,它都是更合理的,即更带领悟的感知,因为它比所有那些由于变成 ratio(推理)而被错误地解释为有理性的理智更接近存在。这种对非理性的追求,作为无思想的理性的失败,便产生了一种奇怪的作用。不错,流行的物的概念总是适用于每一物。然而,这种概念并未在物自身的存在之中把握物,而是粗暴地歪曲了物。

这种歪曲也许可以避免。但如何避免呢?只有在如下情况中才能避免:给物一个自由的领域,让其直接展示它的物性。凡在我们理解和谈论物时可能成为物我间障碍的东西,都必须首先清除。只有这样,我们才得以与物的无遮蔽状态照面。不过,不凭中介而使物与我们照面这种境况无须我们去追求和安排。这种境况总是无所不在的。在视觉、听觉、触觉所传达的东西中,在对色彩、声音、质地、硬度的感觉中,物便在这个词的严格意义上以体感的方式触动我们。物是 aistheton,即那种可为感官感知的东西,这些感官是植根于属于感受性的感觉之中的。后来,aistheton 成了一个通用概念,根据这个概念,物不过是在感觉中被给出的多种因素的结合体。无论这个结合体被看作总和、整体或形式,都没有改变这个物的概念的规范性特征。

对物之为物的这种解释,就像前一种解释那样,在任何情况下都是正确和可论证的。但正是这一点足以使我们怀疑其真理性。如果我们深思一下我们正在探索的东西——物的物性特征,那么,这个物的概念便会再一次使我们感到茫然若失。在物的显现中,我们决不会真正首先觉察到感觉的集合,比如音调与声音,就如这种物的概念所断言的那样;毋宁说,我们首先听到的是烟囱中呼啸的气流,是三引擎飞机,是有别于公共汽车的默西迪斯。物自身要比所有的感觉更接近我们一些。我们在家里听到门被关上了,但决不会听到声音的感觉,甚至也听不到纯粹的声音。为了听到一种纯粹的声音，我们就不得不去听物，就不得不将我们的耳朵从物那里调开，即抽象地听。

在刚才提到的这个物的概念中，对物的歪曲尚不及那奢望将物最接近地带给我们的过分企图。不过，只要我们把感官感受到的东西作为物的物性，物就绝不会最大限度地接近我们。如果说第一种解释使物疏远我们，将物放得太远，第二种解释则使物过近地挤压我们。在这两种解释中，物都消失了。因此，必须避免对两者的过分强调。必须让物自身保持在它的自在之中。必须让物坚定地居于自身。第三种解释（恰如头两种解释一样古老）似乎行得通。

那给万物以坚实性和实质，同时又是它们特殊的感觉刺激元素——色彩的、声音的、坚硬的、体积的——之基源的东西，便是质料。在将物分析为质料（bule）的解说中，形式（morphe）也同时被设定了。那在物之中持久不变的东西，即物的同一性，在于这个事实：质料与形式的紧密结合。物是受形式规范的质料。这种解释诉诸直接的观察，在此直接观察中，物以其外观（eidos）吸引我们。在此质料与形式的综合中，人们终于发现了一个既适应于自然物又适应于器具的物的概念。

这个概念把我们置于这样的地位，即要我们去回答艺术作品的物性因素的问题。物性因素显然是构成艺术作品的质料。对艺术家的赋形活动而言，质料是基础与原料。然而，我们本可以一开始就提出这个明白的、人尽皆知的物性因素的定义。何以我们要假道于别的流行的物的概念呢？因为我们对于这个概念，即物是受形式规范的质料，也同样不信任。

然而，形式质料这一对概念不正是常常被运用于我们应当探究的那个领域吗？不错。质料与形式的区分是一种概念图式，这种图式以极其多种多样的方式相当普遍地运用于一切艺术理论与美学。但这个毋庸置疑的事实恰好证明了：质料与形式的这种区分既没有充足的根据，又非原本地属于艺术与艺术作品的领域。此外，这对概念的使用早已远远超出了美学的范围。形式与内容是陈腐不堪的概念，一切东西都可以归类于其中。如果形式与理性的东西有关，那质料就与非理性的东西有关；如果理性的东西被认为是逻辑的东西，那非理性的东西就是非逻辑的东西；此外，如果主体—客体的关系也与形式—质料这对概念配对，那么，这种表述就支配了一种不可抗拒的概念机器。

然而,如果质料与形式之间有这种区别,那么,我们将如何利用这种区别去把握与其他存在物不同的纯粹之物的特殊领域呢?也许,只要我们颠倒扩张与抽空这两个概念的程序,就能恢复以质料和形式来说明物性特征的界定力量。的确是这样,不过,这预先假定了我们知道这两个概念是在存在者的何种领域内实现其真正的界定力量的。这种领域是纯粹之物的范围。到此为止,这都只是一种假定。从美学对这种概念结构的大量使用中导致出这样一种看法,即质料与形式是从艺术作品的本质中抽绎出来的规范,后来才转移到物的。质料—形式结构的根源何在——是在物的物性特性中呢,抑或在艺术作品的作品特性中?

一块自持自在的花岗石是具有某种确定形式的物质,即便这形式是无形式的。在此,形式意味着质料的各部分在空间位置上的安排与配置,由此形成特殊的形状即一块花岗石的形状。然而,一把壶、一把斧头、一只鞋也是具有形式的质料。在此,作为形状的形式并不是质料先前配置的结果。相反,形式决定了对质料的安排。更有甚者,形式在任何情形下都规定了质料的种类与质料的选择——壶的不可渗透,斧子的坚硬,鞋的牢实与柔软。在此占支配地位的形式与质料的结合也在先由水壶、斧头、鞋的目的所规定。这种有用性绝不是被指派给或后来被附加到水壶、斧头或鞋这类存在物上去的。但是,这种有用性也不是飘浮在作为结果的某个物之上的东西。

有用性是基本特性,某物凭此而与我们相关,也就是说,它凭此而与我们照面,而在场,并因此而成为它自己。赋形活动与对质料的选择——此选择与活动一起被给定——以及对质料与形式的统辖,都在此有用性中获得自己的根据。一个落入有用性中的存在者总是一种制造过程的产品。它是作为一件为了什么的器具而被制造的。相应的,作为对存在者的规定,质料与形式便在这种器具的本性中取得自己的恰当地位。器具这个名称所表明的正是为了使用而特地被制造出来的那种东西。质料与形式绝不是对纯粹物的物之为物的原初规定。

一件器具,比如一双鞋,在其做成之后,它也如同纯粹之物一样是自持的,但它却没有花岗石那种自我赋形的特性。另一方面,器具作为某种人工制品,与艺术作品同类。然而,由于艺术作品的自足性存在,它更接近于那种自我赋形与自持的纯粹之物。尽管如此,我们并没有将艺术作品归于纯粹之物。一般来说,艺术作品是我们周围的有用之物,这些有用之物是最接近的、本真的物:因此,一件器具一半是物,因为它具有物性的特征,可又不止这些,它还有比物更多的东西;同时,它一半是艺术作品,可又不完全是艺术作品,因为它缺乏艺术作品的自足性。器具介乎物与作品之间,倘若假定物与作品的秩序可作如是安排的话。

然而,质料形式结构——一件器具的存在凭此而首次被确定——很容易作为每一实体之当下了然的构造而自我呈现出来,因为作为制造者的人本身介入了一件器具的制造过程。由于器具介于纯粹之物和艺术作品之间,这就暗示着:非器具性的存在者——物与作品以及一切如其所是之物——要通过器具性的存在(质料—形式结构)而被理解。

将质料—形式当作一切存在者的特定构造的倾向,还因下述事实而受到影响:在一种宗教信仰即圣经信仰的基础上,一切存在者整体都是预先作为某种被造物(此处的意思是被制作出来的)而表现出来的。这种信仰哲学显然能使我们相信:上帝所有的创造工作都被思为不同于工匠的活动。尽管如此,倘若从托马斯哲学为解释《圣经》而假设的前定(predefermination)出发,即认为被造物(the ens creatum)预先就是质料(materia)与形式(forma)的结合体,那么,信仰便通过哲学的方式而得到阐述。哲学的真理在于存在者的无遮蔽状态,它与信仰的真理不同。

基于信仰的创造观念,可能会丧失其对作为存在者整体之知识的指导性力量。但是对一切存在者的这种神学解释,即基于借自于异己的哲学的质料和形式的那种世界观,一旦被建立起来后,就仍能保持一种力量。这一情形发生在中世纪向近代过渡的时期。近代形而上学是建立在中世纪所设想出来的形式—质料结构之上的,形式—质料这个词组自身就暗含着 eidos(外观)与 bule(质料)的性质。于是,从质料和形式来解释“物”——无论这解释是中世纪的还是康德之超验的——便已成为流行而不证自明的定论。然而,正因为如此,这种解释也和前面谈到的对物性的几种解释一样,歪曲了物的物性存在。

当我们把严格意义上的物作为纯粹之物来谈论时,上述状况就昭然若揭了。所谓“纯粹”,指的是对有用与被制作这个特性的消解。纯粹之物是一种器具,但却是一种被剥掉了器具性存在的器具。物的存在便是剥离后所剩下来的东西。但是,这剩余物的存在论特性在实际上并未得到界定。在剥离每一器具性东西的过程中,物性能否呈现出来始终值得怀疑。这样,解释物的第三种方式,即在形式—质料结构指导下对物的解释,也是对物的一种歪曲。

这三种界定物性的方式,或把物看作特征的载体,或把物看作诸感觉的集合,或把物看作受形式规范的质料。在有关存在者之真理的历史进程中,以上三种解释已经彼此结合,不过,在今天我们可能忽视了这一情形。在这种结合中,这些解释进一步强化了它们内在的扩张趋势,以便以相似的方式来解释物、器具和作品。于是,它们便滋生出一种思维方式,我们不仅以此思维方式来思物、器具与作品,而且还以此思维方式来思一般的存在者。这种熟知的思维模式预设了全部有关存在者的直接经验。这种前概念束缚了人们对任何特定存在者之存在的反思。这样一来,结果必然是:流行的物的概念阻挡了通向物的物性特性的道路,阻挡了通向器具的器具特性的道路,尤其是阻挡了通向作品的作品特性的道路。

正因为如此,所以有必要了解这些物的概念,其目的是要注意它们的演变及其没有限定的假设,而且还可以看出它们那种假冒的自明外观。当我们大胆地尝试着去揭示并以语言表达物的物性特征、器具的器具特性以及作品的作品特性时,这种知识就显得更加必要了。为此,我们必须注意,与上述思想模式的一切偏见和威胁保持距离,让物栖居于自身之中,回到它的物的存在之中。有什么比让一个存在者成其所是更容易呢?抑或,这样做是一桩最困难的事,特别是当这样一种意图——让存在者成其所是——正好是与漠不关心的态度(这种态度对存在者本身不予理睬,它所崇奉的是关于存在的未经探究过的概念)相反的时候?我们应该转向存在者,联系到它的存在来思它,同时又通过这种思让存在者保持在自身的存在之中。

看来,这种运思会在对物之为物的界定中遭遇到最大的障碍,因为,除此之外,还会有别的什么是上述努力失败的原因吗?粗朴之物最为固执地躲避着思。或者,纯粹之物的这种自我拒斥、这种自我持存的独立性恰好属于物的本性?难道物的本性这种陌生的、不可交往的特性就一定要与力图思物的那种思想隔离吗?如果情况果真如此,我们就无须费心去探究物的物性特征了。

上述有关物的解释的历史无可辩驳地证明:物之为物尤其难于表达,而只在极少数的情况下才能够表达。这个历史恰好与这样一种天命一致,根据这种天命,西方思想迄今已对存在者之存在作过思考了。不过,我们不仅现在有了这个看法,同时,我们还在这个历史中发现了一条线索。在对物的解释中，那种把质料和形式作为指南的观点，取得了特殊的支配地位，这难道是偶然的吗？对物的这种界定来源于对器具的器具存在的解释。通过人工制造而进入存在的器具，是人的思特别熟悉的东西。与此同时，这个熟悉的存在者便在物与作品之间占据了一个特殊的中介位置。我们应该追踪这条线索并首先探究器具的器具特征。也许，这将向我们暗示出某种有关物的物性特征和作品的作品特征的东西。我们只是必须避免过早地将物和作品看作器具的亚种。然而，我们忽视了这种可能性，即有关存在的历史的那些差异也可能出现在器具的存在方式中。

但是，哪条道路通向器具的器具特征呢？我们如何发现一件器具真正是什么呢？眼下必要的步骤是：必须绝对避免再次遭受任何习常解释的直接侵害。如果我们单纯地对某种器具加以描述而无须任何哲学理论的干预，我们就很容易避免受此侵害。

我们选择一个普通的器具——一双农鞋——来作此种描述的例子。为了描述它，我们甚至无须展示这种有用的实物。每一个人都熟悉它。但是，既然它是我们直接描述的对象，最好还是要有一个可见的对象。为此，一幅绘画作品就足够。我们将选用一幅凡·高的著名绘画，他曾多次画过这种鞋子。但我们在那些画中看到了什么呢？每个人都知道鞋是由什么做成的。如果它们不是木鞋或树皮鞋，就必定是那种由麻线和钉子扎成的皮子鞋底和鞋帮的鞋。这种器具是供脚穿的。由于鞋的用处不同，或用于工作，或用于跳舞，因而质料与形式也不同。

这些说法——无疑是正确的——只是说出了我们早已知道的东西。器具的器具特征在于它的有用性。但有用性本身又是什么呢？在考虑器具时，我们是否也考虑到了器具的器具特征呢？要成功地做到这一点，难道我们不需要探究在其使用中的有用的器具吗？农妇在田野里磨损着她的鞋。只是在此使用过程中，鞋才是其所是。农妇在她的劳作中对鞋子想得越少，看得越少，或者甚至很少意识到它们，它们就越发真正地如其所是。农妇穿着鞋或站或走。而这就是农鞋实际发挥作用的方式。正是在使用器具的过程中，我们才在事实上与器具的特性相遭遇了。

只要我们只是一般地想到一双鞋子，或简单地注视那双出现在画面中的、未经使用的鞋，我们就绝不会发现器具的器具存在真正是什么。我们甚至不能在凡·高的画中看出这双鞋是放在什么地方的。这双农鞋的四周空无所有，无法确定这双鞋在什么之中，归属于什么——除了一个不确定的空间。鞋上甚至没有田里的泥土与乡间小道的尘土,即那些可以暗示它们的使用的东西。一双农鞋,仅此而已。

可是——从鞋之磨损了的、敞开着的黑洞,可以看出劳动者艰辛的步履。在鞋之粗壮的坚实性中,透射出她在料峭的风中通过广阔与单调田野时步履的凝重与坚韧。鞋上有泥土的湿润与丰厚。当暮色降临的时候,田间小道的孤寂在鞋底悄悄滑行。在这双鞋里,回响着大地之无声的召唤,呈现出大地之成熟谷物宁静的馈赠,以及大地在冬日田野之农闲的荒芜中神秘的冬眠。这器具浸透着对面包之必然需求的无怨无艾的忧虑,浸透着克服贫困之后的无言喜悦,临产前痛苦的颤抖以及死亡临头时的战栗。这器具归属于大地,它在农妇的世界得到保护。正是从这被保护的归属之中,这器具本身才得以栖居于自身之中。

不过,也许只是在这幅画中,我们才注意到有关这双农鞋的一切。农妇本身只不过不经意地穿穿这双鞋而已。如果此不经意的穿用果真如此不经意也就罢了。当夜深人静,农妇在沉重而又强健的疲惫中脱下它,当朝霞初升,她又伸手去取它,休息的日子她将它放在一边,她毫不经意,从不思量地做着这一切。这器具的器具性的确就在于它的有用性。但这有用性本身则存在于器具的本质性存在的丰盈之中。我们称此为丰盈的可靠性。正是凭此可靠性,农妇才得以参与到大地之无声的召唤中;正是凭此器具的可靠性,她才确信了她的世界。只是在此器具中,世界和大地才为她,才为那些与她的存在方式相同的人而存在。我们说"只是"因此而失错,因为此器具的可靠性首次将其安全性给予这个单纯的世界,并确保了大地坚韧伸展的自由。

器具的器具性存在,即可靠性,按照万物的方式和范围将万物聚集到自身。无论怎样,器具的有用性都不过是可靠性的本质结果。有用性存在于可靠性之中,离开了可靠性,有用性也便化为虚无。一件器具会磨损用旧,同时,有用本身也会变得无用、报废并成为一般的东西。这样,器具性也便消失殆尽,成为纯粹的废料。在这种消耗中,可靠性也消失了。然而,这种消耗——有用之物就是从这种消耗中获得其突出的习常性的——是器具存在之原始本性的另一证明。于是,器具磨损的习常性便强行表现为存在的唯一方式,此方式只是器具所独有的。这样一来,便只剩下干巴巴的有用性。它给人一种印象,即器具本源于一个将形式赋予某种质料的纯粹制作过程。然而,在器具之本真的器具性存在中,器具则源于一个更深的本源。质料与形式，以及它们的区别都有一个更深的本源。

居于自身中的器具之宁静在于它的可靠性。只是在这种可靠性中，我们才看到器具的真正所是。但我们对最初所寻找的东西——物的物性特性——仍然一无所知。而且，我们也根本不知道我们所真正和唯一要寻找的东西，即艺术作品的作品特性是什么?

或许，在这样说的时候，我们是否在无意中知道了有关作品的作品存在的某种东西?

我们发现了器具的器具特性。但我们是如何发现的呢? 不是通过对实际在场的一双鞋的描绘和解释，不是通过对鞋的制作过程的报告，也不是通过对摆在那里或这里的一双鞋的实际使用的观察，而只是通过对凡·高这幅画的观赏。这幅画讲说着一切。当我们面对这幅画时，我们突然进入了一个不同于日常世界的另一世界。

这幅艺术作品使我们知道了鞋到底是什么。那种将我们的描绘看作一种主观活动，并认为我们早已如此这般地描绘了一切，然后将它投射于画中的看法是最坏的自我欺骗。如果说这里有什么值得怀疑的话，那就是我们对作品体验得太肤浅，而对这种体验的表达又太粗糙而浅俗。更重要的还在于，这幅作品并不像人们最初所认为的那样，只是为了更形象地把器具表现出来，毋宁说，器具的器具性通过这幅作品并仅仅在此作品中首次真正地露面。

在此发生了什么? 作品中是什么在活动? 凡·高这幅画是对一双农鞋真正所是的揭示。这一存在者在它存在的无遮蔽状态中呈现了出来。希腊人把存在者的无遮蔽状态称为 aletheia；我们称为"真理"，并毫不在意地运用这个词。如果在作品中发生着对一个特殊存在者的揭示，揭示出它是什么并如何是，那么，作品中便有在活动着的真理的发生、出现。

在艺术作品中，一个存在者的真理已自行投入活动。"投入"在此意味着：站出来。某个特定的存在者——一双农鞋——在作品中站入自身存在的澄明之中。存在者之存在进入它光耀的稳定状态。

那么，艺术的本性就是：存在者的真理本身置入作品。然而，迄今为止，艺术都被假定为与美的东西、与美有关，而与真理无关。生产这类作品的艺术被称之为美的艺术或精致艺术，以便与那种生产器具的应用艺术或工艺区别开来。在美的艺术中，艺术本身并不是美，它之所以被称为美的艺术,是因为它产生美。相反,真理属于逻辑。然而,美是属于美学的。

但是,也许艺术是真理之自行投入活动这个命题会重弹艺术模仿现实,描绘现实这一过时的老调,难道是这样么?不错,对存在着的东西的复制必须与这实际的存在者一致,必须与之符合;中世纪称此为adaequatio(酷似);亚里士多德则早已谈到过homoiosis(同质相似)。长期以来,与存在的东西的一致被认为是真理的本质,但是,我们是否认为凡·高这幅画描绘了一双实存着的农鞋,并因为它成功地描绘了这双农鞋而成为一幅艺术作品的呢?我们是否认为这幅画按照实际的东西描绘了一件类似品,并将此东西转化成一件艺术制品呢?绝对不是。

因此,艺术作品不是对某个偶然出现在某一特定时刻的特殊存在者的复制;恰恰相反,作品所复制的是此物的一般本质。然而,这一般本质何在,如何,以至于艺术作品能与之符合一致呢?一座希腊神庙应与某物的什么本性一致呢?神庙理念在此建筑中得到表现,谁能认为这是不可能的?然而,只要它是一件艺术作品,真理就在其中活动。且让我们思考一下荷尔德林的颂诗《莱茵河》吧。什么东西被预先给予了诗人,这东西是如何被给的,这东西能在诗中再次给出吗?如果在这首颂诗与类似的诗中,那现存物与艺术作品之间的模仿关系明显地消失,那么,艺术作品是个模本的看法,则在C. F. 迈耶尔的诗《罗马喷泉》中得到了有力的证实。

罗马喷泉

向上喷涌又倾下的水柱,
满盈圆形的大理石基池;
它轻纱遮掩,池水四溢,
落入第二级基池。
第二级基池池水丰盈,
第三级基池水珠四溅,
而每一级都在顷刻间接收着,给予着,
涌流着,停息着。

这首诗既不是对一座实际存在的喷泉的诗意描画,也不是对罗马喷泉之一般本质的复制。然而，真理被置入了作品。在作品中发生了什么真理呢？真理果真能发生并因此而成为历史性的吗？然而，人们说，真理是某种无时间和超时间的东西。

我们寻找艺术作品的现实是为了在那儿找到蕴含于其中的艺术，而物性基础是那种被证明为艺术作品之最直接的现实的东西。但是，要把握艺术作品的物性特性而用传统的物的概念显然不行，因为，这些物的概念本身就不能把握物的本性。流行的占支配地位的物的观念，即所谓物是形式化的质料这种观念，甚至不是源于物的本性，而是源于器具的本性。人们还发现，长期以来，在对存在者的解释中器具的存在占据了一个特别显要的地位。尽管我们不曾在意过器具性这种显要地位，但它则提醒我们在避免流俗解释的同时，重新追问器具问题。

我们曾通过一部作品的追问，要它告诉我们器具是什么。通过这种方式，在作品中起作用的东西几乎是不知不觉地显露了出来，这就是：特定存在者在其存在中的揭示，真理的发生。然而，如果艺术作品的现实只能通过在作品中起作用的东西来确定，那么，我们在艺术作品的现实中去寻找真正艺术的意图又该作何解释呢？只要我们假设艺术作品的现实原本地存在于它的物性基础中，我们就陷入了迷途。此刻，我们就面对着我们思考的一个显著结果了——如果它还可以被称为一个结果的话。有两点已经明确了：

第一：流行的物的观念不足以用来把握作品的物性因素。

第二：我们试图当作作品最直接的现实，即当作作品物性基础的东西，并不在此方式上属于作品。

只要我们在作品中寻找这样一种物性基础，我们便不知不觉地将作品看成了器具，并由此而将一种在我们看来应包含着艺术性的上层建筑归属于它。然而，作品不是一件器具，不是附加上一种审美价值的器具。纯粹物不是仅仅缺乏有用性与被制作性的器具性特征的器具，同样，艺术作品也不是这类器具。

我们对作品的追问一直不得要领，因为我们追问的不是作品，而是半物半器具的东西。此外，对这个问题的阐述最初不是由我们来做的，它来自于美学的阐述。美学看待艺术作品的方式，一开始就受到对一切存在者的传统解释的支配。然而，至关重要的不是动摇这种流行的阐述，而是正视这个事实，即只有当我们思考一切存在者之存在时，作品的作品因素、器具的器具因素、物的物性因素才更为接近我们。为此目的,首先必须做的是:排除我们前概念的障碍,将流行的假冒的概念丢到一边。这就是为何我们不得不绕道而行的缘故。不过,这样做便将我们直接带上了一条道路,这条道路能将我们引向作品之物性特征的确定。不应否认作品的物性特征;但是,如果这种物性特征显然属于作品的作品存在,我们就必须从作品的作品本性这个方面去考虑它。如果事实如此,那么,走向确定作品物性现实的道路,就不是从物到作品,而是从作品到物。

艺术作品以自己的方式敞开了存在者之存在。这种敞开就是去蔽,就是存在者的真理,这敞开是在作品中发生的。在艺术作品中,存在者的真理自行活动着。艺术就是真理本身置入作品,那不时以艺术方式而出现的真理本身是什么?这种本身置入作品是怎么回事?

作品与真理

艺术作品的本源是艺术。但艺术又是什么呢?艺术实实在在地在作品中。因此,我们首先必须寻找作品的现实。这现实何在?艺术作品都普遍地显示出一种物性特征,虽然各自显示的方式完全不同。用通常的物的概念来解释作品的这种物性的企图之所以失败——不仅因为这些概念不能把握物性特性,而且还因为,我们在追问作品的物性基础时,我们强迫作品进入了我们的先入之见,因此而切断了通达作品之作品存在的道路。只要作品的纯粹自我存在还没有清楚地自我呈现,就不可能发现作品之物性因素的任何东西。

然而,作品本身是可通达的吗?为了通达作品,就必须将作品从一切不同于它本身的东西中分开,以便使之只为它自身而处于自身之中。艺术家最深刻的意图已在此路子上了。作品被艺术家置入它纯粹的自我存在。正是在伟大的艺术中——我们在此只思考这种艺术——艺术家与作品相比是微不足道的。它几乎像一条通道,在作品的创作过程中自行消失。

于是,作品本身便出现在、悬挂在收藏所与展览厅中。不过,在那儿,它们是作为它们自身,并以本己的方式出现呢,抑或不过是作为艺术制造的对象而出现?作品是用于公开与私下的艺术鉴赏而创作的。公务员看管和保存艺术作品;鉴赏者与批评者忙于处理艺术作品;艺术商人以此供应市场;艺术史研究将艺术作为一门科学的对象。然而,在所有这些事务性活动中，我们是否遭遇到作品本身呢？

慕尼黑收藏馆里的阿儿纳（Aegina）雕塑，索福克勒斯的《安提戈涅》的最精致的注释本，作为它们所是的作品已被迫离开了它们原有的氛围。无论它们的质量如何高，感染力如何强，保存得怎样好，对它们的解释如何振振有词，但只要将它们收藏起来，便已使它们脱离了自己的世界。甚至当我们竭力避免对作品作这种移动时——比如，当我们去参观一座帕斯图门（Paestum）神庙的原址或巴门堡（Bamberg）大教堂的原址时——那作品的世界也已消失。

世界的退隐与世界的衰微无可挽回。作品不再是它们曾经所是的同一件作品。不错，我们在那儿遭遇到的正是作品本身，但作品本身已是过去的东西了。作为过去了的作品，它们在流传下来与保存下来的范围内与我们照面。从此，它们便只是这种纯粹的客体了。的确，它们一直是作为它们先前之自我存在的一个结果而出现在我们面前的，它们已不再是那曾经所是的同一个东西了。它们已脱离了自我存在。整个艺术工业，即使最大限度地以各种方式为作品本身而努力，也只涉及作品的客体存在，而不能构成作品的作品存在。

然而，如果作品处于一切关系之外，它还是作品吗？就作品而言，处于关系之中难道不重要吗？当然重要，——只是还要追问它处于什么样的关系之中。

一件作品的归属何在？作品之为作品，它只是归属到它自己敞开的领域。因为作品的作品存在出现于，并只是出现于这种敞开之中。我们说过，在作品中有活动着的真理之发生，我们曾参照凡·高的绘画指出过这一发生。与此相关的问题是：真理是什么以及真理如何能发生？

现在，我们从作品的角度来追问真理的问题。但是，为了更进一步了知这个问题牵涉到的东西，我们有必要使真理在作品中的发生成为了然的。为此，让我们着意选择一件不能归之为再现性艺术的作品。

一座建筑，一座希腊神庙，并不再现什么。它只是矗立在石壁深谷之中。这座建筑藏匿着神的形象，并在此隐匿中让神通过敞开的门廊而进入神圣的境域。通过神庙，神便出场了。神的这种出场，本身就是作为神圣之域的那种境域的伸展与定界。然而，此神庙与它的境域并没有消失到不确定之中。正是此神庙最先将各种途径与关系协调统一在自己周围，其中，生与死，祸与福，荣与辱，韧与衰，都获得了人的命运的形式。这种敞开的关联域的无所不包的领域就是这个历史性民族的世界。只是从这种领域并在这种领域中,该民族才首次为了完成自己的使命而回到自己。

矗立在那儿的这座建筑坐落在岩石上。这件作品在此一坐落,便从岩石中把岩石之粗糙而又富于天然支承性的神秘揭示出来了。矗立在那儿的神庙面对肆虐在上空的风暴巍然不动,并由此而首次使风暴在其狂暴中显身。岩石光彩闪烁,尽管它本身只是凭阳光而放光,但它仍首次使白昼出现,使宽广的天空出现,使夜晚出现。巍然屹立的神庙使不可见的空间成为可见的。此作品的坚固性恰与拍岸浪涛形成对照,并以宁静衬现出大海的狂暴。树与草、鹰与牛、蛇与蟋蟀初次显出它们特有的形状,并因此而显现为它们之所是:希腊人很早就把这种在自身中与万物中的涌现与升起称为 physis。它澄清和照亮人筑居于其上和其中的地基。我们称此地基为大地(earth)。大地一词的意思与那种有关积沉于某处的土块的观念无关,与那种有关行星的纯粹天文学观念无关。大地意味着:从此出现的东西由此收回,并隐匿一切自行涌现之物。在此涌现出来的万物中,大地是作为隐匿者而出场的。

矗立在那儿的神庙作品敞开了一个世界,同时又使这个世界基于大地,大地自身仅仅因此作为自然的地基而涌现。但是,人与动物、植物与物,绝不是作为不变的对象而在场并被人熟悉的,它们仅仅是偶然表现为适宜于此神庙的环境,一种在某一良辰添加到已经在此之物上去的东西。如果我们以颠倒的方式来思考这一切,我们就会更接近存在者之存在,当然,这假定了:我们事先知道一切事物是如何以不同方式与我们照面的。纯粹为自身之故而作的颠倒是什么也揭示不了的。

矗立在那儿的神庙首次将万物的外观给予万物,将人对自己的观看给予人。只要这座神庙是一件作品,只要神没有从中逃离,这种观看就会保持敞开。神的雕像以及奉献给竞技活动中优胜者的礼物也是如此。神的雕像不是要人们易于认出神的尊容;毋宁说,它是这样一件作品,这件作品让神自己出场,并因此而成为神自身。同样,对语言作品也如此。在悲剧中,并没有什么在舞台上表演,但新神反对旧神的战斗却进行着。起源于人民口头传说的语言作品,与这场战争无关;它变异了人们的口头传说,以至于每一个活生生的词都参加了这场战争,并决定:什么是神圣者,什么是非神圣者;什么是伟大者,什么是渺小者;什么是勇敢者,什么是怯

懦者;什么是崇高者,什么是轻薄者;什么是主子,什么是奴才。(参见:赫拉克利特:《残简》53 条)

那么,作品的作品存在究竟何在?只要记住刚才粗略提到的那些要点,作品的两个本质特征就会更加清晰地突现出来。在此,我们从久已熟悉的作品存在的前景出发来说明了物性特征,这些特征支持了我们对作品所采取的流行态度。

当一件作品被带入收藏所或放置在一个展览馆时,我们便说这个作品被“安置”起来了。但此安置在本质上不同于对一幢房屋的建筑,也不同于塑起一座雕像,和在神圣的节日上演一出悲剧。这种安置是“供献”与“赞美”意义上的“确立”。在此,“安置”不再意味着纯粹的置放。“供献”意味着奉献,在此意义上,在把作品安置起来时,神圣者被敞开为神圣者,神被召唤到他出场的敞开之中。赞美是属于奉献的,这奉献是向神之尊严与光辉表示敬意。尊严与光辉不是与神相区别的神之外或神背后的什么特性,而正是在此尊严与光辉之中,神才出场。在此辉煌的被反射之荣光中,流溢着亦即自我照亮着我们以这个词命名的东西。“确立”意味着:在一种主导范围内敞开应被敞开者,敞开一种形式,在此形式中,属于存在者之本性的东西起着指导作用。然而,何以一件作品的安置是起供献与赞美作用的确立?因为作品在其作品存在中要求如此。作品为何要求这样一种安置?因为,在其自身的作品存在中,作品本身就是某种能够行使安置的东西。作为作品的作品安置了什么?矗立在自身之中的作品敞开了一个世界,并将这个世界有效地保存起来。

成为一部作品意味着建立一个世界。然而,成为一个世界意味着什么呢?在我们先前考察那座神庙时,已暗示了这个问题的答案。我们必须在此沿着那条小路,才能指出世界的本性。此外,这种指示必须避免任何可能一开始就歪曲我们对于世界之本性的看法。

世界并非摆在那里的可数或不可数、熟悉或陌生的东西的单纯聚合。它也不是一种纯粹想象的框架,即由我们的表象附加到这种既定之物总和上的框架。世界世界着(the world worlds),比起我们自以为在其中居家的那个可感可触的领域来,它的存在更为完满。世界绝不是站在我们面前让我们细细打量的对象,只要生与死、祝福与诅咒不断将我们引入存在,世界就永远是我们所从属的、非对象性的东西。凡是在这样的地方,即在与我们存在相联系的,我们的历史性决断被我们作出、采纳、放弃、不被认识、因新的追问而重被发现的地方，世界都世界着。一块石头是无世界的。植物与动物也同样没有世界；但是，它们属于它们被牵连其中的混沌之境。而农妇则有一个世界，因为她栖居在存在者的敞开之中，栖居在存在着的万物的敞开之中。她的器具在其可靠性中，将其自身的可近性与必要性带给这世界。通过敞开一个世界，万物就获得自己的快慢、远近与大小。在一个世界的世界性活动中，广袤聚集起来了，诸神之保护性的恩赐在此广袤之中裁决着。甚至神的缺席这种厄运也是世界世界着的一种方式。

一件作品通过成为一件作品而为此广袤提供空间。“为……提供空间”在此尤其意味着特别要开放“敞开”(the open)，建构敞开。此建构通过前述之“确立”而发生。真正的作品建立了一个世界。此作品开放了世界的敞开。不过，建立一个世界还只是作品之作品存在的第一个本质特性。我们将再一次从作品的了然状态出发，尝试着以同样的方式说明第二个本质特性，它与第一种特性是一致的。

当我们用这种或那种作品材料——石头、木料、金属、色彩、语言、音调——来创作出一件作品时，我们便说它被制作，它从材料中展示出来。正如作品需要一种奉献与赞美意义上的建立一样(因为作品的作品存在就在于建立一个世界)，作品也需要一种展示，因为作品的作品存在本身具有展示的特性。真正的作品之出场是一种展示，一种给出。然而，作品展示了什么呢？只有当我们深究了那表面上通常被认作制成品或产品的作品观后，我们才可能了知这个问题。

使作品存在于那儿意味着一个世界的建立。由此看来，那通常被称之为作品材料的东西是什么呢？由于器具是由有用性和服务性决定的，所以，器具将它由此而构成的质料带入服务之中。在制做成的器具——比如一把石斧——中，石头被使用着并被消耗殆尽。石头消失到无用性之中去了，材料愈好愈适合，也就愈无力抗拒在器具的器具存在中消失。与此相反，神庙作品在建立一个世界的时候，却没有使材料消失，而是使材料首次出现并进入作品之世界的敞开中。岩石承受着，静卧着，如此而首次成为岩石；金属闪烁着光芒，色彩辉耀着。音调歌唱着，词语言说着。当作品返身回到石头的巨大性与沉重性的时候，回返到树木的坚实性与坚韧性的时候，回返到音调的发声性的时候，回返到词的命名力量的时候，所有这一切便呈现了。

作品自身回返而进入的东西，以及作品在其自身的回返中而使之出现的东西，我们称之为大地。大地是那既显出又隐蔽的东西。大地自持自立着，无为而无息。正是在此大地上和在此大地之中，历史性的人才获得了栖居于世界之中的基础。在建立一个世界的同时，作品便展示出大地。对“展示”这个词，我们必须从严格的意义上去思考。作品将大地本身置入一个世界的敞开之中，并将它保持在那儿。作品使大地成为大地。

然而，为什么大地的展示必须发生在这种方式中，即发生在作品自身返回大地的方式中？正好以此方式进入无遮蔽之中的大地是什么？一块石头的重压显示了它的沉重性。但是，当这种沉重性对我们施加一种反向压力时，它便推拒着我们对它的任何穿透。如果我们尝试着以砸碎它的方式而作出穿透，它仍不会在其碎块中把那已打开的任何内在之物展现出来。石头当即就收敛到碎块的体积与同样单调的压力之中。如果我们试图以另一种方式，即用称量的方式来把握石头的沉重性，我们就只是将沉重性转变成一种可被计量的形式。也许这样做是对石头的精确规定，但只剩下数字，重量的压力却脱离了我们。色彩辉耀着并只是辉耀。一旦我们以理性的方式，即通过量度颜色波长的方式来分析它，它便消失了。只是当色彩保持在不被揭示不被解释之中时，它才呈现出自己。大地也如此摧毁着一切穿透它的企图。它使一切对它纯粹算计的强求归于毁灭。这种毁灭可能在进步与统治的外表下自我预示，此进步与统治的形式是把自然加以科学技术的对象化。不过，此统治却保持了意志的重要地位。只有当大地作为天然就是不可揭示的东西，作为从一切揭示中收回并永远保持在自我闭合中的东西，而被领悟被看护时，大地才敞现为它自身。大地上的万物，以及作为整体的大地本身，都汇聚为和谐统一的整体。然而，此统一并非说它们彼此界线混淆与模糊。在此涌流着安闲宁静的、设定界限的河流，它在自身在场中界定每一出场之物。这样，在每一孤立隔绝之物之间，都存在着同样的互不相知性。大地在其本质上是自我隔离的。展示大地意味着将大地作为自我隔离者而带入敞开。

当作品自行返回大地时，作品便展示出大地。大地之自我隔离并不是始终不变地处于隐蔽之中，而是以单纯模式和形态的不可穷尽的多样性来展示自身。不错，雕塑家正像石匠那样以自己的方式使用石头。但雕塑家并没有消耗石头，只是在作品失败的情形下才偶有例外。不错，画家也使用颜料，但在此使用的方式中，颜色并没有耗费而只是闪现出来。

不错,诗人也使用语词,却不像一般演讲者与写作者那样把词语消耗掉,倒是这时才使语词真正成为并保持为语词。

在作品中,根本找不到作品材料存在的任何迹象。在对器具的本质界定中,器具所由构成的东西是否在其作为质料的器具本性中得到恰当的描述这甚至还值得怀疑。

建立一个世界与展示大地是作品之为作品存在的两个本质特征。在作品存在之统一体中,这两个特征彼此依存相关。在我们深思作品的自我存在,并试图用语言来表述这种被遮蔽的、自立的单纯宁静时,这就是我们要找寻的统一体。

然而,在上述的本质特征中,如果我们的陈述还有效的话,我们已经指出了作品中发生了一个事件,而绝不是一种宁静。因为,如果没有运动这一对立面,静将是什么呢?静绝不是将动排除在自身之外的对立面,而是将动包含在自身中的对立面。只有那动着的东西才能静。静的方式是随着动的方式而变化的,即使在身体纯粹的平移中,停止也只是运动的限定状态。只有当静止包含着运动,才可能有作为运动核心的宁静,所以最高的躁动状态就是那包含着静止的运动。那种静止在作品本身之中的作品的宁静就是这种宁静。因此,如果我们能成功地把握处于完满统一中的、作品存在中的事件的运动状态,我们就会更接近这种宁静。我们要追问的是:在作品本身之中所展露的,世界之建立与大地之展示间的关系是什么?

世界是自行揭示着的敞开,是在一个历史性民族天命中的那些单纯与本质性决断的宽广之路的敞开。大地则是那种不断自我隔离,并在一定程度上不断自我隐匿的东西的自发展示。世界与大地在本质上不同,而又不可分割。世界以大地为自身的基础,而大地则通过世界而展示。世界与大地之间的关系并不消减为互不相干的、对立面的空洞联合。世界栖息于大地上,而又竭力超越大地。作为自我开放着的世界是不能容忍任何关闭的。然而,作为隐匿着与遮蔽着的大地,则总是倾向于将世界拉入它之中并使之停留在那儿。

世界与大地的对立是一场斗争。不过,如果我们将斗争与不和或争执混淆起来,从而将斗争仅仅看作混乱与毁灭,我们就事先从根本上歪曲了斗争的本性。毋宁说,在真正的斗争中,对立面都能将另一方提高到它们本性的自我确定中。然而,所谓本性的自我确定,绝不是固执于某种偶然的状态，而是向一方的自我存在之源的那个被隐蔽的起源的归依。在此斗争中，对立的每一方都使另一方超越了自己。这样，斗争变得更为激烈，也更加本真地成为斗争。此斗争对自己做得愈是过火，对立面也就愈是坚定地将自己投入双方单纯相属的亲密之中。如果大地本身要显现为自我隐蔽之自由涌现中的大地，大地就不能没有世界的敞开；而如果作为支配一切根本命运之道路与范围的世界要将自己安放在一个坚实的基础上，它也不能超脱大地。

在建立世界和展示大地的过程中，作品是这种斗争的煽动者。这种情况的发生不是为了使作品在最初的一致中调停和了结这场斗争，而是为了使此斗争保持为一场斗争。在建立世界和展示大地的过程中，作品完成了这种斗争。作品的作品存在就在此大地与世界的斗争之中。正是因为这场斗争在亲密的单纯性上达到顶峰，作品的统一体才在此激战中产生出来。这场战斗是一种不断自我超越的聚集，它把作品的煽动力集合起来。栖息于自身之中的作品之宁静就这样在此斗争的亲密中出场。

从作品的这种宁静中，我们现在得以首次看到那在作品中活动着的东西。在此之前，真理在一部作品中投入活动还只是一个临时性的断言。在作品的作品存在中，真理是以什么方式发生的，亦即：在世界与大地之战的争斗中，真理是如何发生的？真理是什么？

我们有关真理之本性的知识是何等浅薄，这个事实由我们粗心大意地使用真理这个基本词眼而表现了出来。所谓真理，通常是指这个或那个特定的真理。这种真理意指真实之物。在一个命题中道出的认识便是这种真理。然而，我们不仅称一个命题是真实的，而且也称一个东西是真实的，如真金与假金；真实的在此意味着地道的、实在的黄金。在此，“实在的”这个表述意味着什么？对我们而言，这个表述是在真理中（in truth）的东西。真实的东西是与真正的东西相一致的，真正的东西是在真理中的东西。此循环再一次结束。

“在真理中”意味着什么？真理是真实的东西的本质。当我们讲到本质时，我们究竟想到了什么？通常，人们将本质思为一切真实之物共有的那些特性。本质是在一般的、普遍的概念中得到揭示的，这种概念表述了一种众多不同事物的通性。然而，这种漠然中立的本质（essential 意义上的本质性）只是非本质性的本质。某物的本质性本质是怎么回事呢？也许，这种本质在于在真理中“存在者”所是着的东西之中。一物之真实的本质性本质取决于其真实存在的方式，取决于这一既定存在者的真理方式。但是，我们现在所追寻的不是本质性本质的真理，而是真理的本质性本质。于是便出现了一个奇特的困惑。这探寻仅仅是好奇呢，抑或仅仅是概念游戏的空洞诡辩？或者——一个深渊？

真理意味着真实者的本性。我们是通过希腊词 aletheia，即存在者的无遮蔽状态来思这种本性的。不过，这样做是否足以确定真理的本性呢？我们是不是只是以改变词的用法——用无遮蔽状态来代替真理——的方式来规定事实？当然，只要我们还不知道那迫使我们以“无遮蔽状态”这个词来谈论真理的本性时所必定发生过的东西，我们就不会超出词语的变换。

这必须复活希腊哲学吗？完全不必。即使这种不可能的复活是可能的，它对我们也毫无助益。因为希腊哲学之被遮蔽的历史一开始就在于：它没有与闪耀在 aletheia 这个词中的真理本性保持一致，它不得不将真理之本性的认识与言说愈来愈误引到对真理的派生性质的讨论中。作为 aletheia 的真理之本性并没有被希腊人思出来，希腊以后的哲学更是一无所思。对思而言，无遮蔽状态是希腊存在中遮蔽最深的东西，尽管从最初的时代起它就决定了一切存在者的在场。

然而，我们为何不满意流行了许多世纪，至今已广为人知的真理的本性呢？真理在今天意味着并很久以来就意味着知识与事实的一致或符合。不过，如果构成知识并表达知识的命题要能与事实符合，首须事实将自己显现为事实；否则，事实也不能绑缚在命题上。如果事实不能自行站出遮蔽状态，如果事实不能自行站入无遮蔽状态，事实如何能自行显露自己呢？一个命题因其与无遮蔽状态一致，即与真实者一致，而成为真的。命题的真总是，并且毫无例外地是这种符合性。那些批判性的真理概念，自笛卡儿以来已不把真理定义为确定性，但它们都不过是变相地把真理定义为符合性。我们所熟知的这种真理的本性——描述的符合性——随着作为存在者之无遮蔽状态的真理而沉浮。

如果我们在这里和别的地方都将真理看作无遮蔽状态，我们就不只是要在这个希腊字的较为字面的翻译中找到避难所。而且，我们还想到那未被经验与思考的，蛰伏在熟悉与陈腐的真理之本性(即符合性意义上的真理)下的东西。当然，我们有时也勉为其难地承认：通常为了理解和验证一个命题的符合性(真理)，人们确实应该返回已经了然自明的某物，承认这个先行设定完全是不可避免的。只要我们以此种方式来谈论并相信这种方式，我们就总是只把真理理解为符合性，而这种符合性当然还需要另一个先行设定，这种设定是我们偶然作出的，天知道这是怎么作出的，何以要作出？

然而，从根本上看，并不是我们先行设定了存在者之无遮蔽状态，而是存在者的无遮蔽状态(存在)将我们置于此种存在条件之中。这一条件是:在我们的表象中，我们总是一直处于无遮蔽状态，并负责照料它。不仅一种认识按照它来安排自身的那种东西必然以某种方式总已是去掉遮蔽的，而且，这种"按照什么"发生在其中的整个领域也必定已经作为去蔽的整体而发生了；此种情况同样适合这种东西，对这种东西来说，一个命题与事实的一致性已显现出来。沿着一切正确的表象走下去，我们将一无去处，我们甚至不能先行设定那种我们能与之保持一致的、已经显露的某物，除非一切存在者的无遮蔽状态已经将我们暴露在、放置在这种澄明的领域中了。在此领域中，一切存在者都为我们站出来，并从此领域中收回。

然而，这是如何发生的呢？真理如何作为无遮蔽状态而发生的呢？首先，我们必须更清楚地说明这种无遮蔽状态本身。

万物存在着，人、礼物与祭品存在着，动物与植物存在着，器具与作品存在着，那存在着的东西，即特定的存在者站立在存在之中。通过存在，发生着一种隐蔽的天命，此天命被注定介于神性的东西和非神性的东西之间。在存在中，有大量人所不能支配的东西。

其中只有极少的东西能为人所知。被人所知的东西总是不确切的，被人把握的东西总是不可靠的。那存在着的东西绝不是我们制造的东西，或者甚至不是我们心灵的产物，而我们很容易将它看作这种东西。如果我们将所有这整体思作同一个东西，那么，我们便领悟了存在着的(只是它显现着)，尽管我们相当粗略地把握着它。

然而，——在存在者之外，不是远离它而是在它之前，还有发生着的别的东西。在作为整体的存在者之中，出现了一个敞开的场所。这就是澄明。就存在者而言，这种澄明比诸存在者更深广。因此，这个敞开的中心是不被存在者所环绕的；而是这个澄明的中心自身就环绕着所有的存在者，就像我们鲜有所知的无。

如果存在者能在被澄明照亮的东西之内站入与站出，那么，存在者便只能作为一个存在者而成其所是。正是这种澄明对我们应允并保证了一条通道,使我们得以通达我们自己所不是的存在者,并接近我们自己所是的存在者。由于这种澄明,一切存在者在不同程度上被去掉遮蔽。然而,正是在一个被照亮的存在者的范围内,它才可能被遮蔽。我们所遭遇到的每一存在者与那遭遇我们的每一存在者之所以保持这种奇特的存在对立,就在于它总是同时将自己抑制在一种遮蔽状态中。一切存在者从中站出来的澄明本身就同时是遮蔽。不过,遮蔽以双重方式发生在一切存在者之中。

每一存在者都如此拒斥我们,以至于只有在我们能够说一切存在者不过是存在着的存在者时,我们才最容易接触到那种似乎是极不重要的特征。作为拒斥的遮蔽不单是任何环境下认知的界限,而是那被照亮者的澄明的开始。但是,另一种遮蔽也同时就发生在被照亮者之内。一个存在者把自己置于另一个存在者面前,这个存在者能遮蔽另一个存在者,前者模糊后者,少数模糊多数,一个否定全体。在此,遮蔽就不单是拒绝了。毋宁说,一个存在者显现出来,但它把自己呈现为不同于自身的他者。

这种遮蔽便是假冒。如果一个存在者不假冒另一个存在者的话,我们就不会在与存在者打交道时犯错误或错误地行动,我们就不会陷入迷途,就不会僭越,尤其是绝不会越出我们的本分。一个存在者可能以其外表骗人是我们可能被骗的前提,而不是相反。

遮蔽可以是一种拒斥,也可以是一种纯粹的假冒。我们绝不可能完全了知它究竟是哪一种。遮蔽自身遮蔽着,假冒着。这意味着:一切存在者之中的敞开场所,即澄明,绝不是一座不变的戏台,那儿帷幕不落,永远上演着一切存在者的戏剧。毋宁说,此澄明仅仅作为拒斥与假冒这一双重遮蔽而发生。一切存在者的无遮蔽状态——绝不是一种纯粹的实存状态,而是一种发生着的事件。无遮蔽状态(真理)既不是存在者意义上的实存着的存在者的一种属性,也不是命题的一种属性。

我们相信自己熟知一切存在者的直接范围。那存在着的东西是熟悉的、可靠的、习常的东西。然而,无论如何,澄明总是弥漫着一种持续不断的、以拒斥和假冒的双重形式表现出来的遮蔽。实际上,通常的东西并不通常;它是反常的,不可思议的。真理的本性,即无遮蔽状态的本性,自始至终都被一种否定所支配。不过,此否定不是一种缺陷或不足,仿佛真理是摆脱了一切被遮蔽之物的、纯粹的无遮蔽状态。如果真理真能如此，它就不再是它自己了。这种以双重遮蔽形态出现的否定，属于作为无遮蔽状态之真理的本性。在其本性上，真理是非真理。我们如此提出这个问题，是为了以一种可能的、出其不意的敏锐注意到：以遮蔽之方式出现的否定属于作为澄明的无遮蔽状态。然而，“真理之本性是非真理”这一命题无意表明：真理实际上是谬误。这一命题也非指：真理绝不是它本身，而总是——从辩证的角度看——它的对立面。

真理在下述情形下正好是作为它本身而发生的：作为拒斥的遮蔽性否定为一切澄明提供不竭之源，但作为假冒的遮蔽性否定则为一切澄明提供不可消除的谬误的严重性。遮蔽性的否定用来意指真理本性中的那种对立面，此对立面存在于澄明与遮蔽之间。这是作为原初矛盾的那种对立面。真理的本性在自身中就是这种原初矛盾。在此矛盾中，敞开之中心是在那存在着的、站立着的东西之中获得的，并从此矛盾中返回自身。

这种敞开发生在一切存在者之中。它呈现出一种我们已经谈到过的本质特征。属此敞开的是世界与大地。世界并不就是与澄明同一的敞开，而大地也并不就是与遮蔽一致的关闭。毋宁说，世界是对这样一些道路的澄明，这些道路是些根本的指向，一切决断都依此指向而作出。然而，每一决定又基于某种未被支配、被遮蔽与混淆的东西之上，否则，它就绝不会是一种决断。大地并不就是关闭着的东西，毋宁说，它是那种作为自我关闭而呈现出来的东西。世界与大地总是内在地、本质地处于冲突之中，总是在本性上关联着。只是因此，它们才能进入澄明与遮蔽的冲突之中。

只有当真理作为原始冲突发生在澄明与遮蔽之间，大地才通过世界而实现，世界才把自己建立在大地上。然而，真理是如何发生的呢？我们的回答是：它以少许几种基本方式而发生。真理发生的方式之一是艺术作品的作品存在。在建立世界与展示大地的过程中，艺术作品是这样一场战斗的争斗，在这场争斗中，作为整体的存在者的无遮蔽状态，或者说真理取得了胜利。

真理发生在神庙所屹立的地方。这并非说，某物在那儿被正确地描绘出来或表达出来，而是说，作为整体的存在者在那里被带入无遮蔽状态并被握有。握有（balten）的原初意义是照看、保持、关照（büten）。真理发生在凡·高的画中。这并不意味着某物被正确地描摹,而是说在鞋的器具性存在的显露中,那作为整体的存在者——在其对抗表演中的世界与大地——进入了无遮蔽状态。

因此,在艺术作品中,是真理,而不仅是真实的某物在活动。那展现农鞋的画、讲述罗马喷泉的诗不仅显露了农鞋与喷泉这类独立存在着的东西——即便它们的确显露了什么;毋宁说,它们是使此无遮蔽状态关涉到作为整体之存在者而发生的。这双农鞋在其本性上愈是得到简明的、本真的表现,这座喷泉在其本性上愈是得到朴素的、纯粹的表现——一切存在者就愈是直接而迷人地在较大程度上达到那属于它们的存在。自我遮蔽的存在者就是如此被照亮的。这种光将自身的光芒融入了作品。这种融入作品的光芒就是美。美是真理作为无遮蔽状态而发生的一种方式。

的确,此刻,我们在某些方面更明确地把握了真理的本性。因此,在作品中活动着的东西也许会相应地变得更明晰。但是,此刻此作品之可见的作品存在仍未告诉我们任何有关作品之最近的、最突出的现实情况,以及作品之物性特征的情况。的确,在我们竭力追求纯粹把握作品之独立性时,我们似乎忽视了这种东西,即一件作品毕竟是一件作品,而作品意味着它是某种被制作、被生产、被建立起来的东西。如果有什么东西能把作品与别的东西区别开来,这便是:它是被创作的。由于作品是被创作的,而创作又需要作品得以被创作的媒介,因此,物性因素也就进入了作品之中。这个事实是不容争辩的。接下来的问题是:作品之被创作是如何属于作品的?只有弄清楚了以下两点之后,才可能阐明这个问题。

1. 在此与制作和被制作相区别的被创作和创作是什么意思呢?

2. 作品本身最内在的本性(被创作性在多大程度上属于作品,以及在多大程度上决定作品的作品存在,这只能由作品本身最内在的本性得到衡量)是什么?

在此,我们总是联系到作品来思考创作。属于作品本性的是真理发生的事件。开始,我们是通过创作与作为众存在者之无遮蔽状态的真理的本性的关联来界定创作的本性的。只有借助于对真理之本性作更根本的澄清,我们才能阐明被创作性与作品的相关性。我们再一次回到真理的问题及其本性的问题。

如果我们不想使真理在作品中活动着这一命题仅仅停留在断言的水

平上，那么，我们必须重提这个问题。

在此，我们必须首先以一种更根本的方式追问：成为作品的这种冲动是如何存在于真理之本性中的？那能够被投入作品，或者甚至在某些状况下必须被投入作品的真理，为了得以成为真理，它具有什么样的性质呢？但是，我们将真理之投入作品界定为艺术的本性，因此，我们最后的问题便是：那能作为艺术而发生，或者甚至必然作为艺术而发生的真理是什么？艺术究竟是如何存在的？

余 虹译

——选自《海德格尔诗学文集》，华中师范大学出版社 1992 年版

前期西方马克思主义美学

马尔库塞

赫伯特·马尔库塞(Herbert Marcuse，1898—1979)是德国哲学家、社会学家和美学家，法兰克福学派中最著名的理论家之一。他生在柏林一个犹太人家庭，1918 年起就读柏林大学和弗莱堡大学，一段时间曾受业于胡塞尔和海德格尔，获哲学博士学位。1933 年他加入法兰克福社会研究所，次年随该所流亡美国。二战期间他曾在美国国务院情报研究所等处任职，战后他没有同法兰克福学派的中坚人物霍克海默和阿多诺一起返回德国重建研究所，留在美国重返教坛，先后执教于哥伦比亚大学、哈佛大学、勃兰兑斯大学和圣地亚哥加利福尼亚大学等校，20 世纪 60 年代末因其激烈的政治态度，一度成为风起云涌的新左派运动和学生运动的精神领袖和代言人。1979 年他去世在赴当时联邦德国讲学的途中。

马尔库塞著述丰富，影响较大的计有《历史唯物主义现象学引论》(1928)、《辩证法的课题》(1930)、《黑格尔本体论与历史性理论的基础》(1932)、《论历史唯物主义的基础》(1932)、《理性和革命》(1949)、《爱欲和文明》(1915)、《单面人》(1964)、《论解放》(1969)、《反革命与造反》(1973)和《审美之维》(1978)等等。思想上马尔库塞被认为受黑格尔、海德格尔和弗洛伊德影响，从 30 年代开始，走过一个“正——反——合”的辩证循环过程，表现为哲学——批判理论——美学的形式。早年他系统阐述了马克思《1844 年经济学—哲学手稿》，认为《手稿》表达的是一种人道主义，其核心是政治经济学的批判，而且是一种实证的批判，其逻辑起点是人的本质和人的现实存在。为此他提出“总体人”的概念，以对照资本主义社会人的异化现实。50 年代，他接过弗洛伊德的理论，提出人的解放就是“爱欲”的解放，认为现存社会制度维护统治阶段的利益，对人的爱欲进行普遍压抑,直接造成了人类痛苦和不自由的生活,但艺术和审美是例外,它们是现实世界中难得的非压抑性的活动。

美学因此在马尔库塞哲学中占有至为重要的地位。这里选入的是第九章《审美层面》。在文中作者开篇就说,审美层面上不能确证现实原则的合法性,它从根本上说是非现实的。他提出应当恢复“美学”一词最初在希腊文中的“感性学”含义,认为审美活动的感性内涵一直是被理性压抑得很苦,而相应于现实原则,审美活动的解放功能至少表现在三个方面:现实原则下感性和理性彼此对立,审美活动则使这一对立趋于和谐;现实原则下人受制于压抑的系统,审美活动中这一压抑得到解放;现实原则下人是不自由的存在,审美活动使人复归于自由的存在。

(陆　扬)

审美层面

我们可以清楚地看到,审美层面上不能确证现实原则[①]的合法性,就像作为建成这个王国的心灵能力的想象力一样,在根本上是“非现实的东西”:它始终保持着避开现实原则的自由,而这是以它在现实中毫无成效为代价的。审美价值可以作为文化的装饰和水准,或作为私人的癖好而在生活中发挥作用,但是,靠这些价值“生活”,却只是天才们的权利,或不合时宜的艺术家的标志。在组成施行原则世界的理论理性和实践理性的法庭面前,同审美相关的实存物站在被告席上。可是,我们将要揭示,对美学的这种看法,是人们对不利于施行原则的真理和内容,施以“文化压抑”的结果。我们试图通过重温“审美”一词的原初意义和功能,在理论上解除这种压抑。这项工作涉及论证快感、感受、美、真理、艺术以及自由这些东西之间的内在联系。这种联系,可以在“埃斯特惕克”(aesthetic,审美)这个词的哲学历史演化中被揭示出来。在哲学史上,该词旨在这样的王国:这个王国在自由的现实中保留着感官的真理与和谐性,保留着人的“低级”和“高级”的能力——无论是感性的还是理智的,无论是快感的还是理性的。我们将把讨论的范围,限制在“埃斯特惕克”这个词的意义得以确定的那个时期,即 18 世纪的后几十年。

在康德哲学中,主体与客体的基本对立,反映在各种心灵能力的诸种

① 参见《审美之维》中的“现实原则”的译注。——译注

二律背反中，这就是感性与理智(知性)、欲望与认知、实践理性与理论理性。[①] 实践理性在为道德目的本身给予的道德律之下建构起自由;理论理性在因果律之下建构出自然。自然的领域完全不同于自由的领域:任何主体的自律都打不进因果律的领域，而且，任何感性材料都不能够决定主体的自律(否则主体就不会自由)。然而，主体的自律仍会在客观现实中具有某种“效果”，并且，主体为自己确立的目标必须是真实的东西。因而，自然的王国必定会“感受到”自由的立法;在两者相会的地方，必定存在着一个调解者的层面;在理论理性与实践理性之间，必有“第三种能力”允执其中。这种能力，促使自然的王国向自由的王国“过渡”，并将低级的能力和高级的能力联系起来，将欲望的能力和知识的能力联系起来。[②] 这个第三能力，即是判断的能力。心灵的这种三分法，构成了最基本的背反:理论理性(知性)提供着认知的先验原则，实践理性提供着欲望(意志)的先验原则，而判断力，借助于对快乐和痛楚的感受，介于这二者之间作为中介。当与快感结合时，判断是审美的;而这种判断的运用领域，便是艺术。

这就是以非常简要的形式，对康德在其《判断力批判》的导言中，对审美功用的经典推论所作的描述。康德的论述之所以暧昧不明，在很大程度上出于这样的原因:这就是，在“审美”的原初意义(即与感官有关的意义)中，又融入了新的意蕴(即与美本身有关，尤其与艺术有关的意义)。这种给审美一词赋予新意的情形，在康德所处的时代里，取得了全面的胜利。虽然康德企图重新把握未曾压抑的内容的努力，被湮没在他的先验方法设定的僵死的界限中，但是，他的思想，仍为理解审美之维的完满范围，提供出最好的向导。

在《判断力批判》中，审美之维以及与之相应的快感，并不仅仅作为心灵的第二个层面和能力，而是作为它的核心，作为自然借以与自由产生感应，与自律具有必然联系的媒介。在此媒介的调解中，审美功用是一种“象征的”功能。《判断力批判》中著名的第59节的标题是“论美作为道德性的象征”。在康德的体系中，道德性是自由的王国，实践理性在自身给

① 这些并不是那种可以合并的对子，它们指称着不同的概念领域，即一般的心灵能力、认知能力，以及它们的应用范围。

② 康德:《判断力批判》，J. H. 贝尔纳德英译本，第16页。

予的法则引导下实现于这个王国中。美作为这个领域的象征，就在于美直观地显现出自由的现实。既然自由是一个没有任何感知能与之对应的理念，美的这种显现只能是“间接的”，即类似象征的东西。我们现在想去阐释一下这个奇特类比的根据。这个根据，同是审美功用借以连接感性的低级能力与道德的根据。在此之前，我们想重温一下使审美问题变得如此尖锐的背景。

我们对现存现实原则的特定历史性质的界定，导致了重新考察弗洛伊德关于它的普遍适用性的那些观点。我们从废除由文明强加的压抑控制的历史可能性角度，询问了现实原则的适用性。文明的这个成果本身，似乎使施行原则失去了效力，使压抑的运用本能成为过时的东西。但是，建立在施行原则成果基础上的非压抑的文明观念，却遇到了这样的驳论，即本能的解放（进而导致全面的解放）会摧毁文明本身，因为后者的维护只能凭借克制和劳苦（劳动）——换言之，只能通过对本能能量的压抑性运用。摆脱了这些限制，人的存在就既没有工作也没有秩序，他遂会重新坠入自然，这就会毁掉文化。为回击这些驳论，我想起用某些想象的类型。它们不同于压抑的生产性中的文化使者，而表现出创造性的感受性。这些类型，表现出人和自然的完满，这种完满并非经过控制和剥削，而是通过内在的本能力量的释放。我们因此就给自己设定了“证实”这些象征的工作——就是说，展示出它们超越了施行原则而作为现实原则的象征的真理价值。我们认为，富有代表性的俄耳甫斯①和那喀索斯②形象的内涵，便是人与自然在审美态度中的爱的和谐（统一）。在该统一中，秩序即是美而工作即游戏。下一步，就是去消除那种把审美态度歪曲为不合时宜的艺术家的或博物馆中的那种非现实的氛围。以此目的作为指导思想，我们想从哲学的论据出发，去重新把握审美之维上的完整内容。在康德的哲学中，我们发现审美之维在感性和道德性——即人类存在的两极之间，占据着中心地位。假如这可以成立，那么，审美之维，必定包含对这两个王国都适用的原则。

对审美之维的基本经验，是感性的而不是概念的。审美直觉根本上

① 俄耳甫斯：希腊神话传说中的诗人与歌手，善弹竖琴，琴声可使猛兽俯首、顽石点头。——译注

② 那喀索斯：希腊神话传说中孤影自怜的美少年，死后变成水仙花。——译注

说是直观的，而不是理念的。[①] 感性的本质是“接受性”，即一种由外界对象刺激后的认知。正是借助这种与感性的内在关联，审美功用获得其中心地位。审美知觉由快感所伴随。[②] 这种快感生于对对象的纯形式的知觉，而不计其“内容”和其(内在和外在的)“目的”。以其纯形式表现出来的对象即是“美的”。这种表现是想象力的运作(或毋宁说是游戏)。作为想象力，审美知觉既是感性的又不完全是感性的(它是“第三种”基本能力)：它给予快感，因而它在根本上是主观的；但就该快感是由对象本身的纯形式构成，它又伴随着必然的和普遍的审美知觉——对每一个感受主体都适用。审美想象力虽然是感性的并因而是被动的，但它却是创造性的：在其自身的自由综合中，它建构起“美”。在审美想象中，感性为客观的秩序，创造出普遍适用的原则。

界定这种秩序的两个范畴为：“无目的的合目的性”和“无法则的法则性”。[③] 除在康德框架中的意义外，它们还包容了真正非压抑秩序的本质。第一个说法界定了美的结构，第二个说法界定了自由的结构。它们共同的特点，则在于高扬了在自由游戏中人和自然释放出的潜能。康德只把这些范畴当成心灵的过程去论述。但是，他的理论对其同代人的影响，远远超出他先验哲学构制的藩篱。《判断力批判》出版不久，席勒就从康德的思想中，发现了一种崭新文明模式的思想。

在康德看来，“无目的的合目的性”(形式的目的性)是对象以审美显现表现自身的形式。无论对象是什么(物体或花朵，动物或人)，它都不是以其有用性，不是以遵从任何它可能屈从的目的，也不是以“内在的”终极性和完满性的方式被表现和被判定的。在审美的想象中，对象的显现反而摆脱了所有这些关系和属性，作为自由存在本身而显现的。那种对象在其中如是“给予”的经验，完全不同于日常的或科学的经验。对象与理

---

① 以下的讨论只是康德论证中决定性步骤的简明扼要。对两种基本的认知能力(感性和知性)的假设与这样三种能力(感性、想象、统觉)之间的非常复杂的关系，在这里不可能讨论。在《纯粹理性批判》中的先验感性论(美学 Aesthetic——译注)与《判断力批判》中的审美(感性论)功用之间的关系，在这里也不可能讨论。海德格尔第一次揭示出康德体系中审美功能(感性论)的核心作用。参见他的《康德和形而上学问题》一书，关于那些基本认知功能之间的关系，尤其应参见该书(指《爱欲与文明》——译注)第 31 页之后，第 129 页之后。

② 以下依据《判断力批判》，导言，第七节，第 29 页以后。

③ 该句德语为“Zweckmärsigkeit ohne Zweck; Gesttzmässigkcit ohne Gesetz”。《判断力批判》，第 16—17 节、第 22 节。

论理性和实践理性之间的所有联系,都被阻隔或悬置起来。这种使对象进入其“自由”存在中的经验,即是想象的自由游戏的活动。① 主体和客体在新的意义上成为自由的。从这种对存在态度的剧烈变革中,产生出一种新的快感性质,即由对象在其中展示自己的形式所产生的快感。其“纯粹形式”的含义是“杂多的统一”,即按其自身规律活动的各组成部分和关系的和谐一致,也就是对象的“此在”或它的实存的纯粹显现。这就是美的显现。想象的出现与知性的认知观念相一致,这种一致建立起心灵能力的和谐,它是对审美对象的自由和谐的愉悦反应。美的秩序产生于那个制约着想象游戏的秩序。这两种秩序都与法则相适应;然而法则是那些本身自由的法则,它们不是外界强加的,它们并不强求去达到任何特殊的目标和目的。它们是实存本身的纯形式。审美的“适应法则”,使自然和自由、快感和道德结合起来。

审美判断

> 在涉及愉快或不快时是一个构成性原理。认识诸机能的协调一致包含着愉快的根据,在这些机能的活动中,它们的自发性,使得自然的合目的性概念成为自由的概念领域和自然的概念领域之间的中介性环节……而这同时又促进了心灵对道德情感的接受。②

康德认为,审美之维是一中介,在这里感性和理智结合起来。中介有赖想象去完成,它是“第二种”心灵能力。另外,审美之维还是使自由和自然得以结合的中介。这个双重中介之所以成为必要,就在于文明的进步所创造的人的低级能力和高级能力之间日益加深的冲突——这种进步的取得,是通过将人的感性能力置于理性的统治之下,是通过为了社会需求,对它们压抑使用。在审美之维,在感性和理性之间进行哲学调解的努力,因而就表现为去调和被压抑的现实原则撕裂的人类实存的两个领域。这种调和的作用是由审美能力行使的,它涉及感性,涉及感官。所以,审美的调和意味着加强感性以反对理性的专制,而且在根本上说,甚至是呼

① 参见赫尔曼·库尔亨《康德论想象力》一文,载胡塞尔编的《哲学和现象学研究年鉴》,第9卷,第478—479页。

② 《判断力批判》导论,第9节,第40—41页。

唤把感性从理性的压抑统治中解放出来。

的确,在康德的理论的基础上,当审美功用成为文化哲学的中心课题时,它就被用来去展示一种非压抑的文明的原则,在此原则中,理性即感性,感性即理性。席勒在他主要是受《判断力批判》影响而作的《审美教育书简》(1795)一书中,就是想借助于审美功用的解放力量,达到重建文明的目的:审美功用被认为包含着一种崭新的现实原则的可能性。

传统西方思想的内在逻辑,促使席勒把新的现实原则,以及与之相适应的新的经验界定为“审美”。我们曾强调过,该词最早被认为具有“与感官相联系”的含义,并强调过该词认知功能。在唯理论的统治下,感性的认知作用一直被弱化。当被划入压抑性的理性概念时,认知就成为“高级的”、非感性的心灵能力的最高关切,美学遂被纳入逻辑和形而上的玄思。作为“低级的”甚至“最低级的”能力的感性,最多只能为认知提供素材、原材料,以便让理智的高级能力去组织。审美功用的内容和适用性被削弱了。感性只在附属的认识论的位置上,得到了一点哲学的尊严;这些过程不适应于唯理论的认识论——也就是说,不适应那些超越材料的被动感受的领域——感性变得无家可归。在这些无家可归的内容和价值中最突出的是那些想象的东西:对不能直接“给予”的对象的自由的、创造性的以及再生性的直观,即那种在对象“不在场”时表现它们的能力。[①]这里,作为感性科学的美学,绝不对应于概念知性科学的逻辑学。但是,在18世纪中叶,美学却被当作一门新的哲学学科,作为艺术和美的理论:亚历山大·鲍姆嘉登[②]创造了这个词的现代用法。这种从“与感官有关系”到“与美和艺术有关系”的意义变化,其意味已远不止是一个学术上的更新。

从该词的哲学历史看,“埃斯特惕克”(aesthetic)一词反映了对感性(因而对“肉体的”)认知过程的压抑对待。在这个历史中,作为一门独立学科的美学基础,抵御着理性的压抑规则。它努力去展示美学功用的中心地位以及把它作为存在的范畴建立起来,它激发出感性的内在真理的价值,使它们不再堕入占支配地位的现实原则之下。审美的学科具有一

① 康德的定义见《纯粹理性批判》,“先验感性论”,第24节。

② 鲍姆嘉登(1714—1762):德国哲学家、美学家。他创造了“美学”一词的现代用法,使之成为哲学研究的一个学科。——译注

种与理性的秩序相对立的感性的秩序。当进入到文化的哲学时,这种观点,旨在去解放感官:它不仅不会毁灭文明,而且会给文明以更坚实的基础,更加强固的内在潜能。借助于一种基本冲动的活动——即游戏冲动——审美功用将"废除强制。而且,在道德上和肉体上,把人引入自由之中"。它将使情感和快感与理性的理念协调,将取消"理性法则中的道德强制",把"它们与感官的利益调和起来"。①

人们将反驳说:这种把哲学用语的感性(作为一种认知的心灵能力)与感官的自由等同起来的解释,仅仅是在玩弄词源上的模糊性,感性一词(sensuousness)的词根(sens)不可能解释感性的含义。在德语中,Sensuousness 和 Sensuality 仍然被译成同一个词:Sinnlichkeit。它既可以表达本能的快乐(尤其是性方面),也可以表现认知的感官——接受性和显现性(感觉)。这个双重含义,既保留在日常语言之中,也保留在哲学语言中,并且,该词也被用来表达美学的基础。这里,该词意指人的"低级"("混杂的"、"暧昧的")认知能力,以及"快感和不快的感受"——感觉加上情感。② 在席勒的《审美书简》中,他所强调的是审美功用的冲动、本能的性质。③ 这些思想,为崭新的美学理论提供了基本材料。后者被认为是"感性认知的科学"——即"一种低级认知能力的逻辑"。④ 美学是逻辑的"胞妹",并同时也是它的补充。与理性控制的对立决定了这门新科学的性质:"……不是理性,而是感性才是审美真理与谬误的构成物。那种感性所认识或能认识为真实的东西,美学也能作为真实的表现出来,即使理性拒绝承认它是真实的。"⑤康德在他论述人本学的著述中指出:"正像人们能够建立知性的普遍法则一样,人们也能够建立感性的普遍法则;也就是说,有一种感性的科学,即美学,和一门知性的科学,即逻辑。"⑥感性的原则和真理给美学提供内容,而"美学的目标和目的则是感性认知的

① 席勒:《审美教育书简、论文及哲学通信》,J. 魏斯翻译本,第 66—67 页。

② 亚历山大·鲍姆嘉登:《诺瓦利斯和波墨的哲学沉思》,第 25—26 节。见阿伯特·里尔曼《A. O. 鲍姆嘉登的美学》,第 114 页。

③ 席勒:《审美教育书简》,第 4 和第 8 封,以及整本《审美教育书简》。

④ 鲍姆嘉登:《美学》,伯哈德·波普编;见《A. O. 鲍姆嘉登》,第 1 节,还有第 44 页;《哲学沉思》第 115 节。

⑤ 鲍姆嘉登:《美学》,第 42 页。

⑥ 同上书,第 57 页。

完善。这种完善就是美”[1]。这里已经前进了一步,即把感性科学或美学,转化为艺术的科学,把感性的秩序转化为艺术的秩序。

一个基本术语的语源学命运,很难说是偶然的。从感性到感受性(感性认知)再到艺术(美学)的概念发展背后,什么是实在的东西呢?这就是感受性,即那个中介性调节概念,它赋予感官以认知的源泉和机能的含义。但感官并不是包容一切的东西,更不是首要的认知机能。它们的认识功能与它们的欲求功能(感性),是同时俱在的。它们是性感的,因而它们受制于快乐原则。从这种认知和欲求功用的融合中,产生出感官认知中混杂的、低级的、被动的性质。这使得它不适应现实原则,除非它屈从于理性或理智的概念活动,或者被这些活动所构造。只要哲学仍接受现实原则的规则和价值,感性欲摆脱理性控制的要求,在哲学中就不会有其位置。经过重大变形后,它只有在艺术理论中找到自己的避难所。艺术的真理就是通过自己与理性的和解,去解放感性:这是古典唯心主义美学的核心思想。在艺术中,

> ……思想被材料化了,而所用的材料不是由这思想自外来决定,而是本身自由的存在着;这就是说,自然的、感性的事物以及情感之类东西本身具有尺度、目的和和谐,而知觉与情感也被提升到具有心灵的普遍性,思想不仅打消了它对自然的敌意,而且从自然里得到欢欣;这样,情感、快感和欣赏就有了存在的理由而得到认可,所以自然与自由、感性与理性都在一个统一体中找到了它的保证和满足。[2]

艺术向占支配地位的理性原则发起挑战:在展现感性的秩序时,它激发出被禁忌的逻辑——即与压抑的逻辑相对的满足的逻辑。在升华了的审美形式后面,反升华的内容展现出来:艺术对快乐原则的许诺。[3] 对艺术的爱欲根基的考察,精神分析学起了很大作用。不过,这些根基与其说存在于艺术家,不如说存在于艺术的创作和功用。审美形式是感性形式,是由感性秩序构成的。如果感官认知的“完善”被界定为美,那么,这个定

---

① 鲍姆嘉登:《美学》,第一卷(法兰克福,1750年版),第14节。
② 黑格尔:《美学》,F. P. B. 奥斯玛东英译本,第一卷,第83页。
③ 参见O. 兰克:《游戏冲动和审美快感》,载《艺术和艺术家》。

义仍保留着与本能满足的内在联系，审美快感仍是一种快感。但是感性的本源是“被压入的”，而且满足是在对象的纯形式中。作为审美价值，感觉的非概念的真理得以被认可，而挣脱现实原则获得的自由被看作是创造性想象力的“自由游戏”。这里，具有完全不同的标准的现实被承认。不过，既然这个作为他者的“自由的”现实被赋予艺术，以及对它的经验被认为是审美态度，那么，它就不是介入性的，并不要求人类实存介入到生活的寻常方式中去；它是“非现实的”。

席勒试图取消审美功用的升华，是以康德思想为出发点的：因为在康德看来，只有想象力成为心灵的核心能力，只有美成为“人性的必要条件”[1]时，审美功用才能在重构文明中起到决定性的作用。在席勒从事写作的时期，这种重构的需求，似乎已昭然若揭。赫尔德[2]和席勒，黑格尔和诺瓦利斯[3]几乎都以同样的语言，发展着异化概念。随着工业社会开始定形于施行原则的规则下，其内在的否定性遂浸润到哲学的分析中：

> 享受与劳动脱节，手段与目的脱节，努力与报酬脱节。永远束缚在整体中一个孤零零的断片上，人也就把自己变成一个断片了。耳朵里所听到的永远是由他推动的机器轮盘的那种单调乏味的嘈杂声，人就无法发展他生存的和谐，他不是把人性印刻到他的自然（本性）中去，而是把自己仅仅变成他的职业和科学知识的一种标志。[4]

既然正是文明本身“给现代人这种伤痛”，那么，只有新的文明形式才能医治它。该伤痛产生于人类实存的两极层面之间的对抗关系。席勒以一系列成双成对的概念，描述出这个对抗：感性与理性、质料与形式（精神）、自然与自由、特殊与普通。两个层面中的每一方，都受制于一种基本冲动，即“感性冲动”和“形式冲动”。[5] 前者在根本上是被动的、接受性的；后者是主动的、征服性的、控制性的。文化，即是由这两种冲动的结合和相互作用构成的。而在已成的文明中，它们的关系是对抗的：并没有通

① 席勒：《审美教育书简》，第 46 页。
② 赫尔德（1744—1803）：德国哲学家，浪漫主义运动先驱。——译注
③ 诺瓦利斯（1772—1801）：德国早期浪漫派诗人。——译注
④ 席勒：《审美教育书简》，第 22 页。
⑤ 同上书，第 53 页。

过使感性理性化和理性感性化而调和这两种冲突,文明反而把感性归属于理性,以至于前者若要重新确证自身,就得以破坏性或"蒙昧的"形式表现出来;而理性的专制却使得感性贫瘠化、野蛮化。假如人类的潜能要自由地实现自身,那么,冲突就必须被和解。既然只有冲动才具有在根本上影响人类实存的永久性力量,那么,这两个冲突之间的和解,就必定是第三个冲动的工作了。席勒把这个第三调解性的冲动,界定为游戏冲动,它的对象是美,它的目的是自由。我们现在试图把席勒观点的完整内容与那种局限在传统美学范围内的仁爱式的审美方式区别开来。

我们寻求的是一种"政治的"问题的解决:将人从非人的存在条件中解放出来。席勒认为,为了解决政治问题,"人们必须通过美学这条路,因为正是美导致自由"。游戏冲动是这个解放的载体。这种冲动,并非旨在"同"某物嬉戏,毋宁说,它是生活本身的游戏,它超越了匮乏和外在的强制,它是没有恐惧和烦恼的实存的显现,因而就是自由本身的显现。只有当人从外在和内在的、肉体和道德的束缚中解脱出来,即只有当他既不被法则也不被需求约束后,①他才是自由的。但是,这种强制的约束正是现实。在严格的意义上说,自由就是从现存现实中摆脱出来的自由:当"现实失去其严厉性",和当其必然性"变得无足轻重"时,②人就自由了。最愚蠢和最聪明的人之间都具有某种共同性,这就在于,他们都只追寻真实的(实在的)东西;可是,这种对实在的东西追求和执著"都只是匮乏的需求的结果"。相反,"对现实无所谓"而专注于"显现"(展现、现象),却是摆脱匮乏性需求的自由的象征,而且,是人性的"一种真正的发展"。③ 在一个真正具有人性的文明中,人类实存将会是游戏而不是劳苦,人将生活于显现而不是需求之中。

这些观点,代表了最先进的思想水平的一部分。人们必须认识到,从我们所说的现实中解放出来,并非是超验的、"内在的"或者仅仅是理智上的自由(像席勒明白强调的那样④),而是在现实之中的自由。那种"失去其严酷性的"现实是欲望和需求的非人性的现实,而且,当欲望和需求在没有异化劳动的条件下得到满足后,它就失去了它的严酷性。那时,人将

---

① 席勒:《审美教育书简》,第 70—71 页,第 96 页。
② 同上书,第 71 页。
③ 同上书,第 130—131 页。
④ 同上书,第 93、140、142 页。

会自由地“运用”（游戏）他的能力和潜能，运用自然的潜能；而且，也只有“运用”（游戏）它们，人才是自由的。他的世界因而就显示出来了，而这个世界的秩序就是美的秩序。因为它是自由的实现，游戏就不仅仅属于束缚人的肉体和道德的现实了：“……人只能严肃地与惬意的、善良的、完满的东西打交道，但他却能与美游戏。”[①]如果游戏的王国是处于另一个压抑的世界中的装饰的、奢侈的、闲暇的王国，这种概括，就会成为不负责任的“唯美学论”。但是在这里，审美功用被看作是指导整个人类实存的原则，而且，只有当它成为“普遍的”，它才做到这一点，审美文化以“在知觉和感受方式上的彻底革命”为前提。[②] 而且，这场革命只有在物质和精神达到最高的成熟性时才有可能。仅当“需求的强制”被“充实自己的强制”取代后，人类实存才会被推入一个“其本身就是目的和手段的自由运动”[③]。从欲望必然造成的痛苦的动机和活动的压力中解放出来后，“人类将会重新获得一种自由，以成为他应当所是的那种东西”[④]。然而，“应当”所是的东西就是自由本身，即自由地去游戏。激发出这个自由的心灵能力，是“想象”的能力。[⑤] 它勾勒并规划出所有存在物的潜能；当摆脱由强制的事物所造成的奴役后，它们作为“纯形式”显现出来。这样，它们就构成了一种它们本身的秩序：它们“依照美的规律而存在”[⑥]。

一旦它真正得到了作为文明原则的优势，游戏冲动就会在根本上改变现实。自然，客观世界，此时，首先就不是作为被人操纵的东西（如同在现存的文明中那样），而是作为“沉思的”对象而被人们体验着。[⑦] 与这种在基本和建构性的经验中的变革相伴随，经验对象本身也变革了：当从残暴的控制和掠夺中解放出来，而受制于游戏冲动的调整后，自然也会从其本身的粗野中解放出来，并且将自由地展示它的宝贵财富，这些财富无目的性地表达着“它的对象的内在生活的”形式，[⑧]与之相应的改变，遂会在主体世界发生。这里，审美经验同样将消除那种把人变成劳动工具的残

---

① 席勒：《审美教育书简》，第 72 页。
② 同上书，第 138 页。
③ 同上书，第 140 页。
④ 同上书，第 100 页。
⑤ 同上书，第 133 页。
⑥ 同上书，第 111 页。
⑦ 同上书，第 115、123 页。
⑧ 同上书，第 114 页。

暴的和剥削的生产性。但是,他不会退回到一种受苦受难的被动状态。他的实存仍然是主动的,然而“他所生产和占有的东西,不再需要带有奴役的痕迹以及为达到这个目的的可怕的构想”。[1] 超越了欲求匮乏和枯燥的烦恼后,人类活动就成为显示——即各种潜能的自由显现。

在此问题上,席勒观点中的爆炸性性质就昭然若揭了。他诊断出文明的病症就在于人类的两种基本冲动(感性的冲动与形式的冲动)之间的对立,以及对这种对立的残暴“解决”:以理性压抑的专制既存体制去压倒感性。所以,对立着的冲突的和解,就涉及取消这个专制——也就是说,恢复感性的权利。自由应当在感性的解放中而不是理性中去寻找。自由在于认识到“高级”能力的局限性而注重“低级”能力。换言之,拯救文明将包括废除文明强加于感性的那些压抑控制。而这些正是《审美教育书简》所欲阐发的义理。它的目的,在于把道德建立在感性基础上,[2]理性的规律必须同感官的兴趣相协调,[3]占统治地位的形式冲动必须被限定:“感性必须胜利地保住它的领地,抵抗那种精神通过其攻击性的活动而随时可能会施于它的暴行。”[4]无疑,假如自由要成为文明的指导原则,那么,不仅仅理性,而且“感性冲动”也需要一种限制性的变形。感性能量的多余释放应适应于自由的普遍秩序。不过,无论施于感性冲动上的秩序将会是什么,其本身都必须是“自由的施行”。[5] 自由的个体本身必须表现出个体与普遍满足的和谐。在一个真正自由的文明中,所有的法则都是个体自身给予的:“由自由给予的自由是审美状态中的一个普遍法则。”[6]在一个真正自由的文明中,“整体的意志”只有“通过个体的本性”[7]才能实现。秩序只有在它建立在和维系于个体的自由满足的基础上时,才是自由的。

但是,永恒满足的死敌是“时间”,即内在的有限性,即所有条件的根本。因而,完整的人类解放概念,就必然包含与时间斗争的前景。我们曾看到,俄耳甫斯和那喀索斯这两个形象象征着对流逝的反抗,即竭力去抓

---

① 席勒:《审美教育书简》,第142—143页。
② 同上书,第10页。魏斯把“sinnliche”不是译成“感性的”,而是译成“可感的”。
③ 同上书,第67页。
④ 同上书,第63页。
⑤ 同上书,第63页。
⑥ 同上书,第145页。
⑦ 同上书,第145页。

住时间的流逝——这就是快乐原则的保守本性。如果“审美状态”的确是自由的状态，那么，它必会彻底战胜时间的破坏进程。只有这样，才是非压抑文明的征兆。因此，席勒赋予解放性的游戏冲动以“在时间中取消时间”的功用，即让存在与生成、变化与同一达成和解。[①] 在此工作中，把人类的进步弘扬到更高的文化形式。

席勒著作中占主导地位的理想的和审美的升华，并没有损害其激进的意蕴。荣格看到了这些意蕴并且理所当然地被它们所震撼。他警告说：游戏冲动的规则将会导致一种“压抑的释放”，这种释放遂会造成“对迄今所取得的所有最高价值的鄙弃”，以及“文化的灾难”，质言之，造成“蒙昧主义”。[②] 席勒本人很明显并不倾向于像荣格那样把压抑的文化与文化本身相等同，他似乎想接受荣格所说的毁灭的危险以及价值的贬低，只要这样能够导致更高的文化就行。他完全知道，在其开初的自由显现中，游戏冲动“将很难被承认”，因为感性冲动将不断地插入它“粗野的欲望”。不过，他相信这种“蒙昧”的爆发随着新文化的发展将失去效力，而且，仅仅一次“飞跃”，就能使旧的文化过渡到新的文化。他自己并不关心这个“飞跃”是否会涉及社会结构中的剧烈变动。这变动，已超出了观念哲学所允许的范围。但是，向着非压抑秩序变化的方向，在他的美学思想中却清楚地指出了。

如果我们集中席勒思想的主要内容，我们看到：

(1) 把劳苦(劳动)转化成游戏，把压抑的生产性转化为“显现”——必须把征服欲望(匮乏)作为文明的决定性因素。[③]

(2) 感性(感性冲动)的自我升华和理性(形式冲动)的反升华，以便调和两个根本对立的冲动。

(3) 征服时间，因为时间是持久满足的破坏性力量。

这些内容，在实际中，就是在现实原则和快乐原则之间调和的那因素。我们不禁想起在游戏和显现中归功于想象的那种建构性作用：想象

---

① 席勒：《审美教育书简》，第 65 页。

② 荣格：《心理类型》，H. 哥德温·伯恩斯英译本，第 135 页。

③ 试图在生物学基础上以游戏的方式界定人类自由，近来由吉斯塔夫·巴莱在《论自由的源泉和基础》一书中提出，特别是在该书的第 29、71、73—75 页。……巴莱的自由概念与席勒的自由概念接近，但席勒进步的地方却是巴莱退步的地方。席勒的游戏的自由是本能解放的结果，而巴莱的自由却是“与本能相对立的相对的自由”(第 94 页)，即抵抗本能需求的自由。

保存着那些一直摆脱着现实原则压抑的心灵过程的目标;在其审美的功用中,它们可以被纳入成熟的文明的意识理性中。游戏冲动,就代表了两种对立的心灵过程原则的共同水准。

此外,另一种内容,还将俄耳甫斯和那喀索斯形象与审美哲学连接在一起,即主体和客体世界、人类和自然在其中达到和谐的非压抑秩序。俄耳甫斯象征的核心,在于一个唱歌的神祇,他的生命就是战胜死亡并且解放自然,直至强制和强制性的东西将动物和非动物的美和游戏形式释放出来。这样,它们就不再竭力于欲求"那种尚未达到的东西"[①],并摆脱了恐惧和桎梏——因而达到自由本身。那喀索斯的沉思强使爱欲中的所有活动屈从于美,屈从于他的实存与自然的不可分割的统一。同样,审美哲学把非压抑的秩序看成是这样的东西:于人中的自然和外在于人类的自然,自由地感应着显现和美的法则。

非压抑的秩序,根本上是一种"充实"的秩序:必要的强制是由"过剩"而不是需求产生的。只有"充实"的秩序才与自由相适应。在此,观念论和唯物论的文化批判殊途同归。二者都同意非压抑秩序只有在文明获得最高的成熟性时,即当在最少的时间中用最少的物质精神消耗满足所有的基本需求时,才有可能实现。放弃掉那种与施行原则相联系的自由观念后,它们保存了作为实存的新的方式的自由;这种新的实存,将出现在实存需求得以普遍满足的基础上。自由的王国被展现为超越了必然王国:自由并不在"生存斗争"之中而是在其外。生活必需品的占有和获得是一个自由的社会的前提,而不是它的内容。必然的王国、劳动的王国不是自由的王国。因而,人类实存在这些领域中,还受制于那些不是他们本身的并且不让他们能力和欲望自由游戏的目标。这个领域的最适合的条件因而还取决于理性而非自由——即是说,还不是这样的组织生产和分配,以至于只花最少的时间生产社会所有成员的必需品。必要劳动在根本上是非人的、机械的和日复一日的琐碎活动的系统;在此系统中,个体不可能成为自身的价值和目的。合理地看,社会劳动的系统最好被组织得节省更多的时间和空间,以便发展外在于必要的压抑性工作世界的个体性。作为文明原则的游戏和显现,意味着不仅要改变劳动,而且还要把它完全附属于人和自然自由地发展其潜能。游戏和显现的观念现在就完

---

① 里尔克语。德文原文为"um ein endlich noch Erreichtes"。

全揭示出它们与生产性和实行性价值的距离:游戏是非生产性和非实用性的,正因为它放弃了劳动和闲暇的那些压抑和剥削的特征;它与现实“只是游戏”而已。然而,它同时也放弃了它们崇高的特点——它们的“高级价值”。理性的反升华不仅在自由文化的诞生中是一个根本的过程,而且,对感性自身的升华也是一个根本的过程。在控制的现存体制中,理性的压抑结构和感性能力的压抑组织相得益彰,互相维护。照弗洛伊德看,文明的道德就是压抑本能的道德;后者的解放意味着“贬低”前者。但是,这种对高级价值的贬低,将使它们回到它们由之疏离出去的人的实存的结构中去,而这个重新结合或许会改变这个结构本身。如果高级的价值失去其疏远性,以及它们与低级能力的脱离和对立,那么,后者或许会更自由地与文化产生感情。

李小兵译

——选自马尔库塞《审美之维》,三联书店 1989 年版

现象学美学

现象学是20世纪初由德国哲学家爱德蒙特·胡塞尔(Edmund Husserl)创立的，到20世纪30—40年代后发展为西方最重要的哲学思潮之一。现象学作为一种方法论，目前已被广泛应用到伦理学、美学、心理学、社会学等各个领域。现象学美学是现象学哲学的一个分支，主要代表是波兰哲学家罗曼·英伽登和法国美学家杜弗莱纳，他们的主要著作《文学的艺术作品》和《审美经验的现象学》，是现象学美学的代表作。现象学的出发点是一切意识都具有“意向性”，即意识不是被动地承受、容纳客体，而是主动地占有它；现象学的目的只限于通过“还原”(reduction)法对直接呈现于意识中的东西作出非因果性的描述。现象学美学是根据这一原则，在本体论上把文学艺术的存在方式界定为不同于实在客体和观念客体的“意向性客体”，并对其作出细致的层次分析；在认识论上，把审美活动看作一种特殊的“还原”，即排除一切先入为主的假定而专注地直观直接呈现的审美对象，同时认为审美又是一种主体能动的“重建”与“具体化”，在审美经验中，审美知觉的参与，是审美对象得以构成的基础。现象学美学对后起的存在主义、结构主义、接受美学等都发生了重要影响，对日内瓦学派和新批评派的文学批评也有一定影响。

(朱立元)

英伽登

罗曼·英伽登(Roman Ingarden，1893—1970)，当代波兰哲学家，现象学美学的主要代表。早年受教育于里沃夫、哥廷根和弗赖堡各大学，曾师从现象学运动创始人胡塞尔。1918年取得博士学位回国后，曾先后在里沃夫和克拉科夫等大学教授哲学。他的美学著作有《文学的艺术作品》(1931)、《对文学的艺术作品的认识》(1937)、《艺术本体论研究》(1962)、

《经验、艺术作品与价值》(1969)等,其中《文学的艺术作品》最著名,是现象学美学的代表作。

《文学的艺术作品》主要探讨两个问题:文学的艺术作品的存在方式是什么?文学的艺术作品基本特征是什么?关于第一个问题,英伽登的回答是,文学的艺术作品既不是一种观念的客体,也不是一种实在的客体,而是一种"意向性客体"(intentional object);他对第二个问题的看法是,文学的艺术作品是一种多层次构造,包括声音、意义、再现的客体与图式化观相四个层次。每一个层次都有其本身的审美价值属性。最高的审美价值属性是贯穿整个作品的具有"形而上学性质"的根本属性,如崇高、丑恶、神圣、悲剧性。文学作品之成为审美对象,是由于它的一切审美价值属性所构成的"复调和声",这种"复调和声"正是作品中与形而上学性质相结合使之成为艺术品的那种东西。

《艺术的和审美的价值》一文是英伽登晚年的一篇重要论文,该文坚持并发展了他的现象学美学观点,主要是:(1)在艺术本体论上,他重申了早期关于艺术作品作为"意向性客体"的多层次结构原理。(2)在艺术认识论上,他强调了艺术家与观赏者的共同创造作用。他认为,艺术家创造活动的结晶——艺术品只是一种"图式性"的产品,内中有不少"空白"和"不确定领域",有待于观赏者的"具体化"和再创造,即"重建"(reconstruct)活动去充实,以实现作品的潜在要素。在这个意义上,艺术品是艺术家与观赏者的共同产品。(3)在艺术价值论上,他强调了艺术作品审美价值的客观性,他认为正是作品中存在着的种种审美价值属性或质素同作品的"中性骨架"(neutral frame)相结合,形成作品的审美和艺术价值。(4)他对艺术作品与审美对象、艺术价值与审美价值作了明确的区分。

(张金言　朱立元)

艺术的和审美的价值①

在这个讲演中我主要将关注于艺术价值和审美价值的区别。除此之外,我还将有必要作出若干其他的区分:首先是在艺术作品与审美对象之间的区别;其次,一方面审美上有价值的特性与另一方面价值及其进一步

① 本文为作者于 1967 年 11 月 6 日向英国美学协会宣读的讲演稿。

的限定之间区别。这些区别,在以《文学的艺术作品》(1931 年)一书为开端的我的一些美学和艺术理论著作中已作了详尽的论述,但是,这里我将尝试在艺术价值与审美价值之间作出比以前更进一步的区分。

在把艺术作品和审美对象进行对照时,为简洁起见,我将略去对艺术作品所存在的方式,即究竟作为一个真正的对象,还是以某种其他方式而存在的问题的讨论。但是,我将简要地提及,一个艺术作品到底是有确定形式的物理对象,还是建筑在物理对象上的,由艺术家的创造活动实现的全新创作的某种事物。这种活动的实质是由艺术家有意向的明确行为构成的,但这些行为总是以某种物理的作用来显示自己,而这些作用是由那实现或改造某种物理对象——物质材料——的艺术家的意向所引导的,赋予物理对象以它借以成为艺术作品本身存在的基质的形式。譬如,一部文学或音乐作品、一幅画、一座建筑物等等,同时,这些作用保证物理对象获得同大量观赏者相关的持久性与可理解性。然而,一个艺术作品总是按其结构和特性扩展,超越自身的物质结构和基质,即在本体论上支撑着它的真实"东西",虽然这种基质的特性与依赖它的艺术品的特性毫无关系。艺术作品是艺术家的创造行为被导向其构成的真正对象,而作品实存的基质的形成,却从属于将由艺术家实现的艺术作品本身的一种辅助的手段。

每一部不论何种类型的艺术作品都有独特的性质,因此,它不是那种一切方面都完全由其种种初级特质所决定的事物,换言之,在明确性方面,它在自身之内包含有显示特性的空白,即各种不确定的领域:它是纲要性、图式性的创作。而且,并非所有它的决定因素、成分或性质都处于实现的状态,而是其中有些只是潜在的。因为这样,一个艺术作品就需要一个存在它本身之外的动因,那就是一位观赏者,为了——如我所表述的那样——使作品具体化(具象化),观赏者通过他在鉴赏时的合作的创造活动,促使自己像普通所说的那样去"解释"作品,或者像我宁愿说的那样,按它有效的特性去"重建"作品。这样做时,如果作品处在来自它本身的暗示的影响之下,那么观赏者就去充实作品的图式结构,至少部分地丰富不确定(模糊)的领域,实现仅仅处在潜在状态的种种要素。于是,就产生了艺术作品的"具象"(具体化)的东西。这样,艺术作品是艺术家有目的活动的产品;作品的"具体化"则不仅由于观赏者对作品中得到有效描述的东西的作用,而进行的一种"重建",而且也是作品的完成,以及其潜在要素的实现。这样，在某一点上它就是艺术家和观赏者共同的产品。

具体化必然地超过艺术作品的图式结构，但同时，它是——或者无论如何它能够是——为出现为作品相适合的那种图式结构，更确切地说，是作品在其中达到它充分、完整形象的结构——或者无论如何达到比在任何与作品本身不同的相像物中所达到的更为完整的形象。根据经验，一部作品总是在某种具体化中显现给某个观赏者的。但是，这并不妨碍观赏者试图按作品的纯粹图式结构及其全部独特的潜在可能来理解作品。但是，就观赏者而言，如果他要防止自己对一切性质上的不确定（模糊）作任意的完善，而同时又要充分地说明作品的每一潜在要素的特殊性质，那么，这种理解艺术作品的方式就需要一种特别的态度和努力。对艺术作品这样理解是罕见的，是观赏者在同艺术作品交流中以日常的“消费者”态度所意识不到的。

某个具体化，作为艺术家与观赏者的共同产品，在一种情况到另一种情况的变化中，将在或大或小程度上有所不同，但是这种变化的性质与程度既取决于作品（特别是它所从属的艺术类型）的性质，又取决于观赏者的能力，就像也取决于他观赏的经验性质，以及观察赖以发生的特殊条件一样。艺术作品可能被人感知的方式有两种：感知的行为可以发生在追寻审美体验时审美态度的关联中；或者可以在进入某种超审美的全神贯注中完成，为沉入科学研究中，或沉入某种单纯消费者的挂念时；人们要么关心从与作品交流中得到最大限度快乐的那个对象，要么——像通常在读文学作品时发生的那样——关心使自己熟悉的作品中所描写的人物浮沉变迁的对象，或关心一个读者能在艺术作品基础上获得的某些其他超文学事实的对象（如通过读荷马的作品，古典学者寻求了解古希腊人的生活，他们的习俗、服饰，等等）。

就两种态度而论，两种感知的目标中每一个都有可能占上风。或者，观赏者在同样作品交流时将寻求实现对艺术作品最忠实的具体化；或者他甚至可能寻求放任自由幻想，直到作品按个人的奇思怪想（如一位舞台监督的）来具体化的程度。如果某个具体化发生在审美态度内，那么，就出现了我称之为审美对象的事物。这对象将同原来创作作品时呈现给艺术家心灵的东西想象或相符合，假如具体化在被容许实现的限度内，始终贯穿着遵守艺术品的有效特性，尊重它提供的暗示的努力的话。但是，即使他试图忠实于作品本身，真正由观赏者生产的审美对象，在许多关键的细节方面不同于那被容许的东西,或者——如果我们可以用这个词的话——不同于艺术作品本身所需要的东西。因为这样,在对同一部艺术作品的不同"重建"中,整体的基本特性就被改变了,或者至少大量细节将发生冲突——那是争吵与辩论的一个根源。对于每个艺术作品来说,存在着数量有限的、可能的审美对象——在各种意义上可能的:在广义上,就观赏者接受的审美态度来说,我们关注着,真正达于具体化,但无须考虑有效的重建究竟是忠实于艺术作品,或对艺术品潜在要素的充实和实现,符合于它的有效方面,还是在某种程度上偏离它。在狭义上,只是在已知作品的种种具体化、包含对它的忠实重建之处,也在对作品的充实、对其潜在要素的实现存在于由它的有效特质所指明的界限之处,我们谈到可能的审美对象。这些具体化在自身中间、在各个方面仍然可能不同,因为一个艺术作品容许有对其不确定的范围加以充实和完善的多种方式:在这些充实中有一些与作品充分明确表现出的要素协调得较好,与其余对其不确定性的充实也协调得较好,而有些充实则协调得较差。

一个艺术作品"可能的"具体化的有效的出现——在这个词的上述的每一种意义上——明显地不仅取决于作品本身,而且也取决于有能力的观赏者们的在场,取决于由观赏者们按一种方式而非另一种方式理解的作品的实现。接下来,这还取决于各种历史条件。因此,任何艺术作品(和这对不同的艺术以不同方式起作用)贯穿各个辉煌的时代,那是这样一些时代,在这些时代,作品引起了频繁的、正确的审美的具体化,而其他时代,如果它"对于它的公众"不再是"易读的",它的吸引力就减弱,或者甚至消失了。或者,它还可能遇到那些有完全不同的感情反应方式的观赏者,那些对作品的某些价值已变得感情迟钝,或真诚地抱有敌意的观赏者,那些因此而不适宜产生这种具体化的观赏者,这些价值就在这种具体化中闪闪发光并作用于观赏者。当这种情况发生时,一个艺术作品不仅不值一读,而且它就像成了哑巴一样。

在大量潜在的观赏者中,与他们有密切关系的辉煌与暗淡交替的时代与变动——在不同时代,完全同样的艺术作品以不同方式的具体化出现的事实,以及它仿佛改变了自己性质和面貌失去了它作用于观赏者的力量,并只能不完善地显示其潜在价值的事实——所有这些,说明审美和艺术价值的相对性和主观性理论为什么如此的流行,似乎如此的有道理。"主观的"和"相对的"两词的意义在这点上依赖于某种人们想要理解它们的哲学背景的性质。这里我不能更深入细致地研究这个问题，但是，同是否或在什么意义上这理论可以被接受的问题相关，我愿意提供某种初步的思考。首先是艺术作品与审美对象之间的区别，其次是艺术上有价值和审美上有价值的特性的不同。如果没有这些区分，要在审美（或艺术）价值主观性或相对性方面达到一致是不可能的。

然而，有一种“主观的”意义——通常未经精确、系统地阐述——按此意义，审美（或艺术）价值的主观性理论应该被彻底抛弃，尽管它十分流行。这种看法是，一个艺术作品（或一个审美对象，它通常被混同于艺术作品）的价值，除了被理解为某个接触已知的艺术作品的观赏者所经历的明确的心理状态或体验的愉快（或就否定价值而言是不愉快）外，别无他物。他得到的愉快越多，观赏者就认为这个艺术作品价值越大。然而，根据这一理论，实际上艺术作品就没有价值了。诚然，观赏者是通过评价艺术作品而报告他的愉快的，但严格地说，他是在评价他自己的愉快；他的愉快对他是有价值的，他不加鉴别地把这愉快转移到引起他愉快的艺术作品上去。但是，同样的作品在不同的主体身上唤起不同的愉快，或者也许根本不引起愉快，甚至完全同一个主体身上在不同时候它引起不同的愉快。因此，所谓艺术作品的价值对于观赏者及其状况来说，将不仅是主观的，而且是相对的。这样来理解的艺术作品价值的相对性在前述意义上是它的主观性的必然推论。

有人如果愿意接受这样阐述的理论，他有明显的事实来支持他的论点：某些艺术作品引起我们愉快，一种可以随环境而变化的愉快；而另一些作品要么不引起愉快，要么甚至引起这种或那种不愉快。这个事实，其实很陈腐，但不容怀疑——也像其他事实一样，就一般人而言，都珍视他们的愉快，而避免那些不愉快的东西。如果承认这个事实，我们就会只抱怨未能辨别出那种由艺术作品传递给我们的愉快，未能辨认出愉快的多样性是如何关系到艺术作品内在价值的多样性的。由于认识到这些愉快有一种它们自己的特性，并以不同于来自一顿好饭或新鲜空气或洗个舒服澡的方式存在着，我们就应该让我们的事情有些推进，虽然这将丝毫无助于解决价值是不是，或本质上怎样就存在于艺术作品自身中的问题。因为，这一点似乎可以肯定：这些愉快，或是心灵的真实状态，或是精神状态和体验的特质，它们都不包含在艺术作品中，或受艺术作品的牵制。但如果在我们同艺术作品交流时这些愉快构成唯一表现出来的价值，那么，要把价值归于艺术作品自身就是不可能的。因为愉快完全在艺术作品之外保持着。作品是某种超出我们经验及其内容范围的东西,是某种在与我们自己的关系上完全超验的东西。同样的话也适用于构筑在艺术作品基础上的审美对象,恰好就在艺术作品及其具体化范围内,即在超越我们经验及其内容的范围内,我们必须注意搞清楚,是否有可能发现某种能够被认作明确的、真正有价值的东西。

只要人们把这种价值设想为某种工具价值的反映,由于我们在同作品接触中体验到某些愉快而把这种价值归于作品,或者如果把艺术作品看作一种为唤起这样那样美感的工具,那么我们就不可能在艺术作品本身中(或在它的审美具体化中)找到这种价值。当然,对这些愉快的体验常常是这样一种情况,即对体验者来说,愉快表现为对艺术作品价值的一种虚妄的幻想。这种幻觉之所以产生,特别是那些在艺术方面缺乏教养的幼稚的人非常容易受自己感情的影响,因而无甚体验的人就极易被那些缺少真正价值的艺术作品引起的激情所冲昏头脑。这种价值幻想的出现并不符合于无论是艺术的还是审美的真正价值,也不能够提供一种关于价值只取决于这类反射出来的愉快并因而是主观的或相对的论述。人们将不从这类特质中来探寻艺术作品的价值,而是有可能仅仅在某种自我——持续存在的特性中发现这种价值。

关于艺术作品的工具价值,即作品充当为在观赏作品的人们身上引起愉悦和快乐的工具,这种价值我们可以加以归结,但只是在从属意义上,作为愉快状态本身对主体是有价值的这个事实的一种推断;而不是在艺术作品本身具有某些属性的意义上作这样的归结,严格地说,根本没有考虑作品所具有的属性。从属类型的价值往往被人们归结为几乎完全无视对象属性与结构的工具,这些工具被用来产生这种对象。如果消费者承受了来自某个作品的感情愉悦的影响,那么对他来说,要把他快乐的根源归于引起那愉快的工具的价值,这就足够了。这工具价值明显的是密切有关的:由于它作为一种价值类型的明确性,这种价值一方面与充当工具的对象密切相关,另一方面又与这工具产生的效果密切相关。这种价值的特征和标记完整地存在于它同那被归结为快乐或愉悦完全不同的、无关的价值的关系中。况且,一个工具的价值在另一种意义上也是有关的:它是在依附的、易变的、非常偶然的发生中,按照工具用来生产的不论什么东西的性质和价值,改变着它的质的规定性的。最后,它依赖于观赏者及其在特定时刻所处的状况。当一个观赏者停止在情感上对它起反应,或对作为艺术作品的它不再有敏感时,在它被当作一种娱乐工具的范围内,观赏者不对它作肯定的或否定的评价,它就变成一种中性的对象了。但是,在这些主观情绪和反应的表现过程中,艺术作品本身在性质上并未经历变动。艺术作品贯穿变动着的接触形式(或这种接触未受不同观赏者多种形式欣赏影响),而仍保持为某种已完成的、完全为它自身的东西。只是在观赏者达到对作品本身的某种即使部分的、目前仍不完善的理解的,在他同作品的交流达到作品的内在特性(那种在初次接触时很少自行显出的特性)展露出来时,在对作品结构与特性的理解使他能发现其本质价值时(这些本质价值为任何艺术作品所特有,为作品成为一个有艺术价值的作品的要求提供了证明,事实上这些价值就是证据),只是在这样的时刻,我这里所探寻的价值或价值特性才向观赏者们显现自身。当然,观赏者必须成功地达到这种理解和欣赏的交流;如果他在对作品的领悟或反应方面的熟练是令人失望的话,那么,无论它的种种特性还是价值,都将不向他展示自己。但是,这并不意味着,那样的话,作品就被剥夺了价值,而只是意味着,观赏者在这点或那点上是无能的——或者由于他一般地缺乏艺术素养,或者因为他缺少训练,或者在特殊场合他不能够欣赏特殊的作品。这就是说,如果我们在寻求那种我想要称之为艺术作品的"艺术价值"的东西,那么它必须遵守以下要求:

1. 它不是在我们与艺术作品交流时我们的经验性体验或精神状态的一部分或一方面,因而不属于愉快或欢乐的范畴。

2. 它不是因为被看成某种如引起这样那样形式的愉快的工具而被归功于作品的东西。

3. 它把自己显现为作品本身的一种确定的特征。

4. 当并且只有当它存在的种种必需条件都以作品自身的特性呈现时,它才存在。

5. 它是这样的一种东西,即它的出现造成艺术品具有不同于所有其他文化产品的完全独特的形式。

换句话,如果任何对象缺少我这儿称为艺术价值的东西,那么,结果它就不再成为艺术作品。如果一方面它以其否定形式出现——不是作为优点而是作为不完善——那么,这作品在某种程度上就是失败的,就是说,如果除了否定价值外,还表现出某些肯定价值(那是这个词的较狭的,精神意义的价值)的话,它才完全能被当作艺术作品。

现在应当指出这种价值的某些例证。但是,首先,我必须把在艺术的或审美的或道德意义上有价值的各种质素(属性)(即价值的规定性)与在对象中出现的价值区分开来,这种价值是在给定的范围里对象具有的诸质素(属性)的特殊集合体必然产生的结果。换言之,价值出现在诸有价值的属性的明确的集合体基础上,无论对它的价值程度,还是对它的类型来说,它都特别依赖于这种集合体。只是由于它们有明确的规定和限定的属性,所以诸价值互不相同。这些属性中有一些规定着价值的一般类型(即它是审美的,或道德的,或经济的,或功利的),而另一些则规定着一般类型内特定的多样性,譬如像审美价值的一般类型内的"美"、"漂亮"或"丑"。我称为任何价值的"程度"或"高度"的东西就属于某个一般类型中的变种。如即将看到的那样,我们面临着许多不同的属性、层次,只有通过逐一细致地对它们分析和阐述,才有可能在这一般的价值理论中在很小的研究范围内取得进展。在我譬如谈到与价值本身及其较密切的定性(或价值属性)相反的特征时,下面的例子,将能使读者掌握我所指的意思。

暂时我将简要地谈一谈。"艺术价值"——如果我们终究要承认它存在的话——是在艺术作品自身内呈现的,在那儿并有它存在基础的某种东西。"审美价值"是某种仅仅在审美对象内、在决定对象整体性质的特定时刻才显现自身的东西。审美价值的基础是由在审美上有价值的诸属性的某种集合所组成的。这些属性又依赖于使它们有可能在对象中出现的各种属性一定结合的基础。无论这种那种价值,以往都假设一个完整的艺术作品(或审美对象)的存在。在这儿,怎样达到两类对象的设立并不重要。不容置疑的是,为设立一个审美对象,观赏者的共同创造活动是必要的,所以,几个审美对象有可能在完全同一个艺术作品的基础上出现;这些对象审美价值上可能是不同的。但是如前所述,这并不是证明价值主观性的根据。这种考虑事物整体的发生方式不能抛弃或贬低,但就审美价值本身的存在特性而言,这种方式并不是决定因素。

不必考虑审美对象的发端是什么,也不必考虑观赏者在构建对象时所起的作用,审美对象在被构建的时刻,是观赏者所直接接触的某种东西,但观赏者可能理解它或对它作出反应。尽管如此,对象还是某种同观赏者及其经验有关的东西,同时,就像艺术作品或任何其他在实存方面独立的、有自己存在权利的自然对象一样，审美对象也是超验的(一种独立的自我存在的整体)。这种对经验的超越不仅扩展到价值上中性的艺术作品或审美对象的那些特性上，而且扩展到对象的有价值的属性以及在此基础上建构起来的种种价值。

现在，我们将转向艺术作品。我们区分两个方面，它们就价值而论是中性的，在价值论上是潜在的，我们使用上述术语以便把有价值的属性、价值本身及其特殊定性全部包括进去。

那些决定我们所接触的艺术类型的特征基本上属于第一个范畴，无论它是文学作品，还是绘画、音乐等等。所以，譬如一个文学作品，是一个多层次的结构，有着类似时间的结构，因为它的各部分在时间的顺序中互相跟随，这使它能够在它所描绘的世界的时间里描述事件。在这个意义上，一幅画就不是类似时间的，即它的各部分并不在连续的顺序中互相跟随，所以一幅画如果是再现性的，那它只能描绘在一个特定时刻发生的一个简单的事件。另一方面，一幅画不像一部文学作品，它是凭借在视觉空间中二维或三维的延伸来显示特性的。文学作品首先和主要是语言学的构造。它的基本结构由双重语言学层次组成：一层是现象和语言学的声音现象层；另一层是词、句的意义层，由于有了词和句，出现了较高水平的意义单位，作品的再现内容与表现主观东西的那些方面就出自这些单位。虽然一幅画缺少语言的双重层次，但它有着自己表现对象面貌的合适手段，通过被表现的对象和再现它们的方式，有可能建构起像情景或叙事一类的较高水平的基础。一幅画中属于对真实世界再现的所有外貌特征都是非具象的画所缺少的；关于音乐或建筑，还出现了同艺术作品价值论上的中性特征有关系的另一种情况。

除了这些决定艺术作品基本类型的价值论上的中性特征外，在所有艺术类型中还出现另一些价值论上的中性特征，这些特征以其绝对的独特性结合起来，建构起艺术的“个性”。这样，在一部文学作品中，就有完全明确的、以确定秩序安排的句子，这种秩序具有既定的意义和精确的、按句法组织的结构，这些句子由语词组成，而语词具有固定的声音，属于既定的语言，是从那种语言的词汇中挑选出来的，作品以这样的方式构成，以创造一种只为作者或甚至为特殊作品所特有的语言学个性风格。还有许多其他价值论上的中性特征，所有这些特征同那些决定其类型形式的一般特征一起，我将称之为作品价值论上的中性骨架，如无这种骨架,这作品就不作为只是唯一的而非其他的艺术作品而存在。但是,很清楚,这骨架并不构成完整的艺术作品,不管我们是以其纯粹的图式形式来关注它,还是关注它的具体化,都是这样。尽管那些属于艺术作品骨架的特征在价值论上是中性的,但它们对于价值论上有意义的一整系列属性并非无关紧要。相反,只要恰当地赋予这骨架,它的特性就会导致种种似乎本来属于艺术作品而其实不同的全新特征的出现,因为这些新特征是价值论上有意义的、艺术上有价值的特征,它们在这个或那个集合体中出现,并赋予作品以种种艺术价值。它们基本上有两种:一是有这样一些属性,它们与“艺术的匠艺”——那是艺术技巧的效能——的优点或缺点密切相合;二是由于一部艺术作品有某些特性、成分而没有另一些特性、成分,而造成作品所具有的各种功能。我们将首先举些例子。

在文学作品中,个别的句子可以是简单的,也可以是复杂的,它们的结构可以是不用连接词排列的,也可以是用连接词排列的。这些特性就其自身而言在价值论上是中性的,属于作品价值论上的中性骨架。同样的,当我们发现在一个作品中名词占多数,而在另一个作品中动词占多数,或者在一个作品中一般的、抽象的名称占优势,而另一个作品都是这样构成,甚至连复杂的概念也用特殊事物的名称来表达。我们并不把价值附加到这些内在固有特性上去,但是,如果我们谈到某一句子(不管它是简单的还是复杂的),说它在结构上是清楚明白的,而说另一句句子在有碍明晰表达的意义上是复杂的;或者如果我们说它是模糊不清的或难于理解的;这样的话,我们就是在说明这些在艺术上并非中性的句子的独有特征。它们是,或者无论如何它们可以是有价值的,如果它们的出现不再是零星偶然的,或者某个偶然的出现并未被这句子所使用的方式和情景证明为正当的话,尤其是这样。当含混模糊的句子变成一堆混乱现象,而这些混乱现象不能靠使用这些句子表达某些客观情况或唤起某种艺术效果(我的意思是,这种效果对审美价值并非中性的东西)的必要性加以说明时,我们就是在提出那些无论对作品整体还是对作品的某些部分在其艺术价值上具有肯定或否定意义上的特性。当然,特殊句子或文本的模糊性可能有各种根源,但是,除了后面将要提到的一种情况外,不清晰、模糊性、晦涩难懂在一个已知的句子或作品中总是缺点,而明晰、表达的清楚和结构的精巧总是优点。于是,这些语言学的成分,就变成揭示文学作品本身特点的价值属性了。(人们可能提出反对,理由是这无关于艺术价值问题，而只是一种一般性质的价值，它在作品不单纯是艺术创作而是譬如也有一个科学目的时才出现。但我此刻所关心的一切就是以下事实：它是作品在价值方面有肯定或否定意义的一种必然出现的属性。）在文学的艺术范围内，这种与其他类似的价值属性一起出现的明晰性（或它的反面），可以在被结构成有机整体的艺术作品中获得一种特殊的性格，一种特殊的功用。它同其他艺术的价值属性相协调，可以或在艺术作品中，或在作品的具体化中诱发新的价值属性出现。事实上，上述句子或语言的特征，在一部已知的作品中，一般说来可能需要所描绘世界的特性。如果语言是不清晰的、模棱两可的、难于理解的，那么，被描绘的对象就具有一种特有的模糊性。对象之间的特殊细节与联系在轮廓上就会变得模糊起来；我们可以说，它们的构造就得不到完整的连接，就被打乱了，对被描绘的对象就不能提供一个清晰的印象。模糊、不精确、部分或完全晦涩难懂等等，不仅就它们本身来说是缺点，而且也是拙劣手艺的标志，是文学技巧的缺陷，这暴露出语言驾驭得不充分，或语言使用上的无能。这些作者创造力方面的不足随之就带进作为他活动成果的作品里去，这些缺点于是又构成艺术作品的否定价值。

当然，许多句子或整个句子集合体的上述否定的价值特性可能被作者有意识地引入文学作品。但这样做时，作者的意图必须从作品本身来看就是一目了然的。一句句子意义的模糊可能是为某种艺术效果而被利用；或者，一个结构得不好、有毛病的句子是作品中某人物所讲或所写的，这病句的特点有可能形成作品所描绘素材的一部分。某位作者能够利用这种手段来表现某个没经验的著述人的无能，这位著述人的升迁浮沉构成他作品的主题。在这种场合，模糊性就不是一个作品本身的缺点，而是作品中所表现对象的一个特点，是一个直接显示出来的，而不是间接描述出来的特点。最后，在某个句子中，或在某一作品的某个较大的部分中，为着对照起见，模糊可以是有意的，以便仅仅对照功用的那些部分越是建构得模糊、粗笨，或者其他方面越有缺陷，其余部分相反的优点就越有可能更加得到突出。在这种情况下，缺点只是一种强化那些本来也许并不打动我们的优点的手段。在作为整体的作品中为实现某种特殊效用的有意识的不完善，并不是作家本身缺乏文学技巧的证据，也不是作品本身的技术失误。相反，它是技巧熟练的一个标志；它仿佛是伪装的无技巧，其目的是要更好地展示技巧的纯熟和艺术作品中的技艺。

依此类推,无论文学、音乐还是绘画,一个作品某些局部的构成特征,本身在价值论上是这有机结构整体的中性特征,它能够通过对该作品的纯粹客观分析而得到说明。例如,对无论是连续的还是空间秩序中的各部分的这样那样的处理,安排整体中某一部分的诸要素的便与同一作品中其他部分诸要素的较自由、松散的分布形成对照的这样那样的特殊方式——是本身在价值上中立的结构特征。有人可能断言,在作品中这些特征的呈现完全是客观的,不带有任何暗含的价值判断。但是,这些自身在价值上中立的结构特征又可能需要具有肯定或否定价值意义的其他种种特征。例如,对细节或部分所作的太协调的布局,可能暴露出一种过分的迂腐,为了造成凭其统一性而凸现的井然有序的印象而过多的担忧,由于某种把支配作用归于结构性质的偏爱情感,仿佛对作品的修改本身就是决定一个作品的最终价值。作品中某一类的完善,当它同另一种可以觉察的缺陷(那是有内容的)齐头并进时,就成为千篇一律、沉闷乏味等等的一个根源。并非显然地为作品中有意识的艺术目的服务的那种结构上的不规则,由于打乱了整体内力量的平衡,是明显的缺点。再则,它可能是作者没经验的证据,可能是作品技巧上的缺点,因此该作品具有否定的价值,不管它需要什么否定的价值特征。另一方面,也许发生这种情况:在一个特殊作品里,有作品的其他性质为基础,结构上的无序性可以被看成是有意识的,是在整体中实现确定的功能。它并不因而停止这种无序状态,但是它作为一种否定价值因素的作用还是可能最终地导致这有机整体中肯定价值要素的出现。它可以这样,但并不需要这样。因为,有意为之的某种结构上不规则的事实,自然并不证明这种意图是正确的,或者人们已充分意识到这种意图,以便在最后的结果中使之产生出某种整体结构中的肯定价值。例如,小说中对人物命运的叙述可以不符合事件的时间顺序——一种著名的、不断被适用的小说家的技巧,然而,有人可能怀疑,在由阿尔多斯·霍克斯雷使用时,是否真正导致这种有意识的艺术上有价值的效果。在这一点上,为了揭示作品的某一方面有肯定价值还是否定价值,仅仅孤立地考察这一方面的价值属性是不够的。有必要把我们的探索扩大到整个作品,因为就价值属性而论,这种多样的属性可能、有时候必定发生相互影响。只有在作品完整的有机统一中(在这种场合,作品的中性特征和价值特征才受到人们的注意),诸属性的决定性形式才显露出来。这同较早的论述是一致的。较早的论述是,艺术上有价值的要素的真实作用只是在对一个作品欣赏的基础上方才显示出来。如果我们把自己局限于对这些或另一些以作品为中介的经验性愉快的享受，就不可能实现这一点。

为了再提供一个艺术价值属性的例子，我将涉及罗丹的某些大理石雕刻的特征。在这些雕刻中震撼我的是极端的精确，同时是表面加工方面的极端轻柔，通过雕像，再现了被表现的女子身体的柔软。这儿这种加工大理石表面的方法，在表现对象的功能方面发挥了核心作用，这对象——一个女人的身体——性质上不同于物质材料，雕像就是这样由这种材料构成，以至于观赏者在某种程度上产生这样的印象：在视觉上他不是在与大理石接触，而是就在同人的肉体接触。这是艺术的功效，它的卓越之处就在于对一个性质根本不同于雕像的物质材料的对象灵巧熟练地再现。但这种熟练并非此处唯一的优点，不是作品唯一的艺术价值。在使石头表面成形时展示出技巧的精通，而体现在技巧精通中的完满也可能赋予作品某种有艺术价值的东西，某种在作品本身中可以觉察得到，而与任何主观体验，或赞赏的心理状态，或愉快并不一致的东西。实际上，赞赏预先假定了我们成功地理解了我在说的作品本身的特征，赞赏是某种独立的东西，它被外加到作品中明显现存的东西上去了。

人们能够任意地增加艺术有价值和无价值的例子。有人可能提到过譬如有些艺术作品没有合适地挑选物质材料——例如，在芝加哥，非哥特式的大学建筑不是由石头而是由水泥建造的——或者我们本可能把"高贵的"巴洛克的过分雕琢与怪诞的建筑与低劣的、俗丽的、装饰过度的建筑加以对照。但我相信，我已提供的这些例子将足以说明当我谈到艺术作品中艺术上有价值的属性时我心中所悬的东西。虽然要传达这种属性或艺术价值属性的正确观念并非易事，这种观念是在种种特性基础上作为它们的最后结果而出现的。所以，我现在将着手通过对比，来提供一些肯定的和否定的审美价值属性的例子，把问题引向审美价值及其潜在多样性的例证和确定。

大量审美上有价值的属性是在已构成的审美对象中显现出来的。这些属性全都凭借直接向知觉提供某种东西而显出特征，或者如果我们想要表达的话，这些特性是直接呈现出来的现象，而不是某种可从其他材料推论出的间接的东西。它们具体地呈现给经验。为了审美上有价值的属性得以成立，必须获得一种审美体验，因为唯有在这种体验中，这些特质才逐步实现。把审美上有价值的属性同艺术上有价值的属性加以区分的困难,也许部分地存在于以下事实中:我们当作艺术上有价值的属性来对待的某些属性,也可以进入体验——作为有价值的——就某个给定的审美对象来说,这似乎并非不可能。这样我们就不得不研究艺术上有价值或审美上有价值的属性。但为避免使事情复杂化,我将先着手举若干例子。

首先使人想到的是各种感情特质,诸如由"悲伤的"、"恐怖的"、"宁静的"、"欢乐的"、"崇高的"、"忧郁的"、"戏剧的"、"悲剧的"等表达所暗指的特质。但是,也存在这样一些特征与上述特征恰成鲜明对照,人们可以称之为"理智的",如"机智的"、"聪明的"、"敏锐的"、"有趣的"、"深刻的"、"令人厌烦的"、"迟钝的"、"平淡的"、"陈腐化"等等。也有种种形式方面的特性,像统一与多样,和谐与不和谐,笨拙、简洁、紧凑、富有意味、推动力等等。另一类是"人造的"、"做作的"、"自然的"、"单纯的和真挚的"、"夸张的"、"真实的"、"伪造的"、"虚假的"、"不完善"等等。

我们可以将这些属性(质素)区分为两个主要类型:(1)在肯定或否定意义上,既就它们自身而言(当它们在审美对象中出现时),也在它们与这类其他特性相结合时,在审美上有价值的特性;(2)它们就本身而言在审美价值方面是中性的,但当它们与其他审美上有价值的特性结合在一起显现时,却获得一种审美价值的特性。我们称第一类为无条件有价值属性,第二类为有条件有价值属性(在审美上),虽然甚至前者也并不完全独立于它们所显现于其中的关系。至少某些情感特征属于这类有条件的审美价值。

如果有人在日常生活中由于某种惨重的损失而悲伤,这种强加于他普通生活经验之上的悲伤在审美上就是中性的。但若这悲伤是由譬如乔品的音乐引起的,是一种引人注意的、用音乐手段独特地产生的悲伤,则其性质在一个已知作品中(那是一种特别的演奏与试听,即一种审美的具体化)不容置疑地是一种与审美价值相关的特征,是已知作品全部决定性特征中的一个因素(如"阿丢德"歌剧)。相似的,某种普通人冲突的戏剧紧张性可能完全没有审美价值,但在"革命的学习"(歌剧)中这种戏剧紧张性就是一种审美上有价值的属性。另一方面,我们用像"庄重的"、"深刻的"、"单调乏味的"或"平庸的"一类词命名的特性属于美学上无条件有价值的属性范畴。相似的,为什么同一种情感特征一个时候有审美价值,另一个时候又没有审美价值?为什么这种特性一方面在与审美体验(审美对象正是通过这种体验而实现的)的独特功能相联系时,而另一方面又在与特殊的、显示审美对象——我试图在其他地方阐明，但太复杂、此处无法处理的课题——内容的存在方式特征的改变相联系时，才在自身内形成广泛的主题。

审美上有价值的各种属性能够通过不是削弱而是加强它们自己的有价值性的方式，共存于一个审美对象中，从而导致另外一些更高级的、本身是审美价值决定因素的特性；而这些更高级的特性互相排斥；或者造成各种特性的减弱与冲突，最后在审美价值方面造成互相的冲淡——对这些问题，理论上的分析刚刚开始。对它们的考察，必须凭借对它们的直觉的阐述，从打算阐明了这个那个特殊的、审美上有价值的特性的分析开始，这尤其因为我们一般用来指代这些特性的名称多数是模棱两可的，过分模糊的。这种研究只有在我们不断使用艺术作品具体例证或与它们对应的审美对象时才有可能成功，在这些审美对象上，我们达到了一致的看法，认为一个明确规定的特性在对象中表现出来，同时我们能够指向某些密切相关的、在与许多不同特征结合中显现出来的特性，这样我们就能直接把握住诸特殊属性按照其关联而得到改变的方式。毫无疑问，对在审美上有价值的属性中可能（和必然的）的关系的实际研究，很长一个时期局限于艺术方面。每一个真正有创造性的艺术家、音乐家、诗人、画家等，在创造新作品时都在这一领域进行某些实验。艺术家在构造作品时，通过创造性直觉就仿佛预先看透了审美上有价值的特性可能有的复杂性以及它们将怎样导致艺术作整体的全部审美价值的出现。同时，他尝试通过对那些审美上中性特性（颜色、声音、形状等）的选择来找到一些技术手段以实现特殊的复合，这些中性特征通过形成作品的骨架来创造对象的条件（即在艺术作品方面的条件），这些条件对主观条件的实现是必不可少的，那就是一个合适的观赏者的存在和审美体验的达到，如果没有这种审美体验，这些中性特征就不可能显现出来，共同引起各种属性独特复合的出现，审美上有价值的构成也不可能显现出来。

综上所述，很明显，在已知的艺术作品基础上凝定的审美价值，不是别的，而是一种特别高级的、通过对互相作用的、审美上有价值的特性的选择而表现出来的规定性。这些审美上有价值的特性，在有能力的观赏者重建的艺术作品的中性骨架基础上展现自己。

朱立元译

——译自《英国美学杂志》1964 年 7 月号

杜弗莱纳

米凯尔·杜弗莱纳(Mikel Dufrenne, 1910—1996),法国当代著名哲学家、美学家,国际现象学美学的重要代表人物,曾任法国《美学评论》杂志社社长。主要著作有《审美经验现象学》(1953)、《先验的概念》(1959)、《语言与哲学》(1963)、《诗学》(1963)、《为了人类》(1968)、《美学与哲学》(1967—1976)等,其中《审美经验现象学》最系统、最清晰地反映出杜弗莱纳的现象学美学思想,同时也是整个现象学美学的一部重要代表作。

在《审美经验现象学》中,杜弗莱纳把审美经验作为中心,从各个方面加以描述。他首先从审美对象入手,认为来自艺术作品的审美经验最为纯粹和重要,因而艺术作品构成审美对象的基本条件;但他所谓的“审美对象”并非是纯客观的,而是包含着鉴赏者主体的审美知觉在内的,被感知的艺术作品。全书讨论的中心便是审美对象与审美知觉的关系。他强调审美知觉在审美经验中的重要作用,认为审美知觉是审美对象的基础,审美对象只有在鉴赏者知觉的积极参与下才能成为完全的审美对象,所以审美经验乃是知觉经验的形式,审美知觉过程分为呈现、再现和想象、反照和感觉三个阶段。杜弗莱纳还提出了审美要素说,认为艺术作品的审美要素是作品的材料被审美地感知时所形成的那种东西;审美对象则是诸审美要素的组合。审美要素是主客体的共同行为,是审美对象绝对存在的基础之一;另一基础是意义,意义使人集中注意审美要素,构成审美要素的真正结构。审美要素是联结“被表现世界”的深度与鉴赏者的深度的中介物,感觉便是这两种深度的相互作用。通过相互作用,知觉主体与审美对象达到和谐与统一。

这里选译的两章首先探讨了审美形式的特殊内涵,指出审美对象的形式不依赖于它所表现的东西,而是在形式中表现事物;形式与意义、形式与感性、形式与情感都是合一的,“形式是作品的灵魂,就像灵魂是肉体的形式一样”,审美对象“始终由形式统一在一起,而形式是内在性的指望”,所以“审美对象是一个准主体”。其次,杜弗莱纳又分析、比较了审美态度与其他态度的异同,主要是:(1)对美与对真的态度的异同;(2)对爱人与对美的态度的异同。通过比较,杜弗莱纳对审美态度作出了细致、详尽的现象学描述。

本书选入《美学与哲学》第一部分《美学中的哲学问题》。作者阐明美不是一个观念，也不是一种模式，而是存在于我们特定感知对象中的一种特质，故审美价值也具有创造和体验的双重性质，用杜弗莱纳的话说，只有在世界与它所理解的和理解它的主观性相结合时，世界才成为世界。

（朱立元）

审美态度①

在结束对审美知觉的极为粗浅的研究之前，还要像我们比较审美对象和其他对象一样，将对待审美对象的态度与其他态度作一番比较。我们在这方面不会花很多时间，因为进行前一种比较时已经说了很多我们现在要说的话，也因为维克多·巴契就面对世界可能采取的五种态度所进行的著名分析仍然有效。

我们不会就对审美对象和对日用品的两种态度进行比较：我们在分析中已经对静思和运动进行了充分的比较。至于对审美对象的态度和对美观事物的态度的比较，我们将附带提一下：《判断力批判》已经谈到了这方面的要点；普拉蒂纳斯先生的感觉心理学间接证实了该书的论点，指出对美观事物的感受首先属于接触性的感觉，而对美的感知则属于有间距的感觉，它们是静思的工具而不是享乐的器官。在美观事物产生的快乐中，它本身并没有被真正认识；我对它的认识是它和我融会的方式，我也只是通过它和我的融会才认识它："就像果实融化成快乐一样……"确实，我关心自己胜过关心事物，当我享用它并从中得到快乐时我听任它在我身上消失。这样我们便觉得审美快感这一观念本身从它仍然唤起一种快乐的意义上说是令人怀疑的；在我们看来，作为审美经验必要组成部分的快感仅仅是肉体在事物面前并在与事物的合作下感到舒适的那种快感。然而并不能肯定，艺术毫无保留地把这快感本身交给了我们：我们看到过马尔罗如何谴责使人满足的艺术，他重复了阿兰的看法，认为伟大的艺术是通过其自身至高无上的和差不多是不正规的东西激起了人们的崇高的情感。当审美对象不由分说地呈现在我们面前时，它并没有这么多的小心谨慎：它不是向我们屈服，而是使我们向它屈服。那么我们在美面前是否就像在真面前一样呢？或者就像在可爱的人面前一样呢？主体的态度

① 这是该书第二卷第三部分《审美知觉现象学》的第五章，标题是原来的。——译注

正是在这儿最为相近,我们现在就对这些态度作进一步的比较。

一、对美和真的态度

审美对象造成的静止的崇拜和真所引起的态度类似吗?我们觉得,不管美和真从另一方面说是如何接近,这两种态度有三点是彼此不同的。首先,我对真和美的要求不同。诚然,这两者都可以看作是一种赠予:理性的证据和美感的证据同样使我不抱任何反感并为之折服。如果人们声称真和美不同,是以绝不排除野心和吝啬的一种活动为前提的话,人们就要反对那些传播某种不偏不倚的知识,把沉思作为知识的最后结局的人。不过还必须展开这一差异:即使当这沉思在放弃权力中达到了纯点,对真的追求仍然以适应为目标并且接受把真和美对立起来的那些手段。事实上,对真的沉思始终是一种苦行的代价,而我从中获得的快感则是获胜的奖品。真实可以像圣宠一样降到我的身上——"专注是一种天然的祷告"——我至少必须配得上它,向它敞开大门。当真实落到我的网里来时,我可以因为捕捉到了它而对它的所有权提出要求。因此,如果对真的占有不接受无偿的概念,把真看作是花了大力气才得到的财产,那么这种占有有时就会是吝啬的。毫无疑问,审美经验也是以苦行为前提的:教育提高了审美观并通过驱逐一切偏见腾出了场地;使人们对美敏感的思考同样是一种努力。但是不管这种努力多么持久和坚定,它不可能完全配得上那种圣宠,两种态度正是在这里显示出其区别。我有权利说我通过极大的努力才相信了真,然而审美经验包含着某一事物留给我的印象,它丝毫不依赖于我的寻求和我的热情。正如在韩波的作品中,意向尽可以多方布置,但是活力只有在它高兴的时候才会出现;同样,在艺术家的创作中施展各种才华并不能取消灵感;而对观众说来,单凭评论界的提醒和各种思考方法还不能产生美的不可抗拒的明证。佩雷阿斯说过:"我一直在寻找美,我找到了你。"在探求和发现之间隔着一道深渊,由存在用始终是新创的奇迹来填平。

其次,我对待真和美的方式不一样。我把我得到的这一真实作为所有物来看待。它被变成资本,继承下来,并作为货币符号和语言进行了交换:当我被美占有时,我占有了真。不过还得区分两种类型的真实。一类是必需的、理性的真实,另一类是可以大致称为直观的和主观的真实。我们在这儿谈的是前一类真实,它们化为知识,就是说它们在我通常掌握的一些经过验证的格言中表达出来,它们一直不被利用,也丝毫不会减少其功效。我对这些知识的态度有点儿像一个造物主的态度。在这中间掺杂些自豪是完全合情合理的:对真实的支配使我重新回到我自身并使我享受到我的权力。可是审美经验则相反,它不像真实那样听任自己被变成资本,这有两个理由:首先是因为真实的领域是不确定的,知识以一种全体性为目标,然而这全体性的所有体系虽然越来越接近核心,却始终是不完善的,因此知识始终有待发展和开拓。与此相反,审美经验不能像知识那样发展:如果说有发展的话,也只能是鉴赏力的锻炼和提高,并使我们对审美对象更为开放,更容易接受;但是这一发展非但没有扩大审美王国,反而由于我们的要求变得更高而趋向于使这个王国缩小。此外,如果说智力活动的丰富性在于我能够获取集中了各种经验并使其他经验得到根据的知识的话,我却不能把审美经验简化为知识,因为对象每次都是独特而不可替代的。当我谈论艺术体裁或流派、风格的时候,我做了很好的概括,但是有感知不到审美对象的危险:我成了历史学家和批评家,我所使用的概念告诉我作品的性质、它们的表达手法和结构,但是不让我和审美对象直接沟通。然而审美对象始终应当在我面前。我发现了真实并且一劳永逸地理解了它:我可以相信我暂时停止察看和核实的某个现实;不要总是倒退,要把现实放到人们可以掌握并且无须花很多时间阐述就能确定其内涵的一个符号体系中去,只有在这样的条件下思想才会发展。而审美经验完成之后,只剩下褪了色的、没有意义的回忆,替代它的知识也无法弥补它的消失。这里便可看出知识和情感的差异:情感仅仅是从具体的存在中汲取养料,否则就会萎缩,除非它像审美情感一样不依靠愿望的力量来支持。人们可以设想爱的情感经得起分离,尽管这是一种艰苦的考验,爱情要经受一些危险的变化,但是审美情感缺少了它的对象便不能继续存在。

最后,我在真和美之前是不一样的。情感和知识的区别还在于知识是没有特征的;我们已经说过,我掌握了知识可以感到如何自豪和高兴;但是获得并积累知识的这个自我并不是具体的自我,他所掌握的真实只是一种可以互换的财产,并不标明属于谁。而由于我面向着审美对象的整体,它在我的充满活力的作品中打动了我并且唤起一种比真实更深刻地震撼着我的情感。真的普遍性——它的最重要的标准——毫无疑问和其对象有关,但是它首先取决于每个人把他的自我排除在外:我只是通过牺牲一切构成自我深度的东西并把我自己局限于一种一丝不苟的"我思,故我在"才达到了真实。与此相反,审美判断的普遍性在于对象显示和说服的力量,而不是在于牺牲主观性。我们已经说过多遍,由于人们越来越以全部身心接受审美对象,这种接受就会结出更丰硕的果实。这也就是为什么审美对象比真实更深刻地约束着我并和我连在一起:我不再是一个知道二加二等于四的人,而是德彪西的崇拜者。

是不是应当由此得出结论,真和美之间的桥梁已断,不能让哲学的反思从美中寻求真实呢?不,因为至少还有另一种真实的形式,主体对它的态度更接近于审美态度。最广义的超验的真实一方面没有化为精确的和普遍适用的知识,因为这些真实仅仅对于我才有最充分的意义,另一方面它们通过对我的召唤既是自愿又是强制,因此它们既和我有所区别又是我内心的东西,它们源自于一种和审美态度相类似的态度,人们可以看到,和审美经验掺和在一起的正是这些真实而不是严格地合乎逻辑的真实。我们下面还要谈到这一点。

二、对可爱的人和对美的态度

对美的态度得以和对真实的态度相区别的那些特点正是人们使它和对可爱的人的态度靠拢的特点。在对美的赞赏和爱情之间事实上存在着一些共同点,首先是承认他人的力量并认可他的权利:我在审美对象——它的一切都有待我去了解和接受——面前和在所爱的人面前一样,都不抱有任何反感;我想修改这个对象,同时也想改变所爱的这个人,这两者我都想好好利用。反之,如果我没有这种美好的愿望,如果我首先关心的是我自己和我所体验到的东西,我就会既失去审美经验又失去爱的经验:我把他人变成了手段,把美降为美观;或者把所爱的人降为奇遇的一种机会,而我则是这些奇遇中得意洋洋的主角——我爱的只是爱情本身,不是他人;唐·璜和特里斯当处于激情的神话的两个极端,他们在这儿,在一种共同的自恋中,在他们获得的多少有些神秘的乐趣——唐·璜的乐趣来自其肉体的享乐,而特里斯当的乐趣则来自其精神的痛苦——中,这两个人连在一起了。此外,审美对象在要求观众做出自我牺牲之前,首先要求创作家这么做:任何创造活动都是一种爱的行动,而那些"被诅咒"的作家的生命正是从这里得到了其全部的意义——它在松垮、放纵或者疯狂的表象下面证实,艺术家抛弃了日常的琐事和人们通常对自我的关心。

不过也应当看看对可爱的人和对美的两种态度之间存在的差别。首先是强度的差别:爱的经验可以具有一种它特有的悲怆和悲剧的特点。

如果这不是因为爱情面向一个个人，而对美的赞赏面向一个对象的话，又是因为什么呢？（至于美是人的属性而不是艺术作品的特征，这点我们暂且不谈。）所以我们不是以同样的方式来察看审美对象和被爱的人：审美经验是在外表中找到其财产的；忧愁存在于曲调或诗歌之中。这也就是为什么知识每时每刻和对每个人来说都是完成了的：如果我学会了在曲调或诗歌中看到了其他东西，这不是发展，而是转换。然而对一个人的认识则从来不会完成。换言之，由于审美对象整个都在表象之中，它毫无保留地把自己交给了我，认识所碰到的障碍只能是来自我这方面，来自我本身的不可渗透性，而要认识一个始终可能躲避、装假或者撒谎的人，就必须得到他的同意才行。但是审美对象的透明性同时又是不透明的：由于它在把自己交给我时对我抱着某种轻蔑的态度，对它自己则抱着冷漠的态度，它对我来说仍然是陌生的："我很美，人啊，就像石头的梦……"与此相反，爱的认识则是以另一个人对我推心置腹并最终和我结合为前提的，因为这个本身始终没有完成的认识是通过始终没有完成的结合来进行的。

两种经验的差别正是在这里变得明显了：爱情要求一种结合，而审美对象却丝毫没有这种要求，因为它在对我产生影响的同时，是隔着一段距离抓住我的。在爱情中，我意识到另一个人少不了我：任何爱情都是善意的爱，通过它，我用他人的愿望代替了我的愿望以帮助他人成为他自己。而在美的面前，我变得很容易接受它的影响，它本身却不会受到影响：它是无懈可击的、永恒的，不需要我的敬意。我不能把它交给我的东西还给它，因为它全部完成了，任何修改都会是对它的侵害。和一个人的任何一种会见都是对话，而爱情就是要求得到答复的一个问题；这是一个迫切的问题，否定的答复会使它绝望；因而爱情服从他人的判断并且十分关心人们对它的估价；它要证明自己，证明它的功效；它毫不犹豫地屈从于艳情小说中想出来的那些神意裁判，这不是为了诱惑另一个人，而首先是为了向后者证实感情的真挚和有力。再者，爱情期待的第一个答复是见面，而由于这见面含有一种不能汲尽和唯一重要的意义，爱情像审美情感一样抵挡不住分离；但是分离在这儿有一种特殊的含义："你只要失去了一个人，一切都变得荒凉空寂。"儒勒·罗曼对这句诗作出了评论："分离的观念不再和其他观念一样了。它变成了突然调整好的一个精神世界的重要范畴之一……船舶的声音在我看来就像是一种分离的咒语。”[①]这是因为见面本身就是我所期待的礼物的条件，并且作为我的爱情的逆命题是这个礼物的开端。

如果说爱情向往结合，爱情是欲望，这是因为另一个人在它看来是不可缺少的并且确实是它的补充：这正是爱情最有决定性的特征，它赋予爱情以诗人们大为称颂的宿命的色彩；这另一个人是不可替代的意中人，我少不了他。要是没有我所爱的人，我就不再是我自己，我的生命就没有意义：“因为生命如果不是用于奉献还能有什么用呢？而女人如果不是为了让男子拥抱又是为了什么呢？”[②]审美对象则相反，并不真正是我的补充。当然，我从审美对象得到的经验改变并充实了我，但这是我虽然承受却并不很想要的一个行动，而且审美对象只有在我面前时才发生作用；但是愿望的力量是在分离中显示出来的，应该承认，日报的平庸言论和急迫的消息足以使审美的愿望不起作用，至少对读者来说是这样。由于我并没有真正对审美对象有什么要求，所以它带给我的快感也和性的快感不同：它使人平静而陶醉，不刺激人也不使人忘乎所以，它的审慎、从容和纤细的程度正好和后者急躁、激烈和粗暴的程度一样。

最后，爱情是一个人的愿望而不是对某种东西的需要，这一点便使它具有一种特有的不安全和靠不住的性质。这性质主要是由于另一个人是自由的：我期待的礼物悬在一种自由的身上，这自由始终有可能改变主意并收回它所给予的东西，这便是不专一、时间的摧残、心灵的间歇等主题。爱情用信仰来和这不可靠进行斗争，信任和妒忌便是这信仰的两个极端。它甚至可以对自己也贯彻这种信仰，那时就称为忠实了：因为我如果不受誓言的约束还怎么信赖自己呢？最后，爱情尽管有信仰，仍然是靠不住的，这是由其本身的性质所决定的：它对他人的自由有着十分强烈的意识，因此不可能有压制这一自由的意图，所以它并不仅仅是请求，而且还兼有结合的愿望和对差别的重视：这一二律背反使它注定得不到满足。爱是对结合的渴求，同时又是对结合的拒绝，因为完全的结合将是对自我和他人的否定。审美对象就丝毫没有这个问题，因为它并不要求结合：赞美以对象的在场为满足，但是对象的在场不会激起随后就会被压制下去

① 《吕西安娜》，第 15 页。——原注

② 克洛代尔：《三声部大合唱》，第 34 页。——原注

的占有的欲望，审美情感不知道紧张和不安全这两根爱情的棘刺。可以说，审美经验和爱的经验相比有过之也有不及。说它不及，是因为它不包含愿望和结合的既痛苦又欢乐的经验，因为它没有权给人在给予的同时超越自身的能力。说它过之，是因为它不那么苛求，更容易满足，因而也就更能做到客观公正，此外也是因为对象和主体之间保持的距离保证了热情的纯正。

通过上述几点可以证实，审美经验有其特殊的、其他经验无法比拟的特点。我们现在就通过对这一经验的评析和对它在其最高潮和最有意义的时刻所进行的先验性推理——即情感对表达方式的释读——的探询，来解释一下这种特异性：这样我们便从审美经验现象学过渡到了审美经验的批判。

程晓岚译

——译自杜弗莱纳《审美经验现象学》(法文版)，法国大学出版社1953年版

审美价值

艺术如何能表现出它是价值的持有者和创造者呢？它表现的价值又是什么呢？无论是定做一个吉祥物的部落领袖，还是定做自己肖像的王孙公子，或是定做“小夜曲”的萨尔茨堡大主教，他们都根本不是从审美价值这方面来考虑。他们听从的只是关系到自己的幸福、光荣或快乐的礼仪。这是因为艺术还没有被发明出来，或者至少说他们还没有承认有艺术。他们定做的不是艺术品，而是祭祀或宗教仪式的工具，其价值仅在于它的有效性。艺术品像爆炸的火药或布置宗教仪式的文物那样，在完成其使命亦即光耀祖先或君主，给宴会以较浓的气氛之后就自行消失了。那是在消费中才得以表现的使用价值，然而，这里所谓的消费并不是审美。

为了肯定某种更加可靠的价值，要不要把价值放到美的统治远不可及的太虚幻境之中去呢？形而上学的思想把美的理念推崇到了不可思议的地步，结果反而把它从美学那里夺走了。即使美的理念那时未被形而上学的思想带走，这片形而上学的天空也可能变成经院式的天空。其间价值只有通过外部标准的确认才能表现，其目的是提供一个客观的模式。这样的价值只能用来建立某种交换价值，由它来衡量和批准作品与模式

之间的差距以及艺术家对社会公认的标准的顺从程度。可是,抽象的思辨者并非仅仅在可靠的价值上玩弄手法,因为历史很快告诉他们:标准是有时间性的。假如艺术家始终顺从标准,假如作品最终创造不出自己的标准,那么还有什么历史可言呢?

因此,必须回到作品有一种内在的价值而且是真正的审美价值这个思想上来。那么,在什么条件下才能有这种价值呢?唯一的条件就是把作品纯粹地看作作品,即是说看作审美对象,而不是看作有用的对象。无须再给价值观念增加任何说明了,价值总是使用价值。但使用也有许多种类:音乐会的参加者不会像萨尔茨堡大主教的客人那样使用莫扎特的"小夜曲"。为了清楚地说明问题,或许并没有必要把作品和它的文化背景脱离开,尽管今天在我们的博物馆内许多古代的和原始的艺术是处于这种情况的。一座教堂不改变用途可能是美的;一幅肖像画,即使没有忘记模特儿是谁,也可能是美的。或许甚至可以说,创造性行为需要受到这种背景的启示,才能获得它的全部密度和全部真实性。进一步说,这种文化或许应该通过作品以某种方式仍旧呈现在我们眼前,不过条件是:在这里,作品应该是文化的真实,而非文化是作品的真实。因此,我们必须做到集中注意力于作品本身,并且以无利害的方式去欣赏它,玩味它。也就是说,除审美兴趣外,不为其他兴趣所动;除审美作用外,不作别的用途。

在任何情况下,这种价值与使用的关系都不能判定价值必然是主观的。使用所显示的恰恰相反,是它的客观性,是某些性质如何属于对象及如何受到检验的。然而,仍然有人试图把价值说成是主观的,因为价值涉及评价问题:不进行评价,换句话说,不把对象与某一标准相比较,就根本不会有价值,而标准的选择难道不是一种主观的决定吗?但是,标准恰恰可以被看作对象的存在的一种表示。例如,机器的标准是坚固耐用或效率,而不是美观或价格;水果的标准是味道,而不是光泽。另一方面,评价可以被用来比较对象,按这种标准分类,就像按所教的不同学科把学生分班那样。然而,相对价值并不是绝对价值。"山中无老虎,猴子称大王。"真正的或主要的评价是在任何比较之前就承认不可比较之物本身的内在价值的那种评价,这种内在价值既不可能加以衡量,也不从属于外部标准,因为对象对于评判者来说,它自身就是自己的标准,并且要求按自身去加以判断,要求自己判断自己:它是自在的标志。比较判断难道不正是建立在这个基础之上吗?在价值等级表中,最稳定的参照点就是在这些点上,即价值似乎或有或无地表现在某种不可比较的对象之中,又似乎促使我们作出我们所谓的真正评价并把它作为任何价值判断的基础,如果这种判断要有所根据的话。

因此,价值就是存在,就是完善的存在。真正的存在也就是根据真实性而存在。大概这种真实性需要被承认或完成:真正美味的水果在口渴者的嘴里应当化作享受,真正的道德行为在道德家的眼里应该是感人的和不可驳斥的。但是主体只承认存在于客体中的一种价值,客体通过价值获得肯定,并在自己的存在中持续下去,因为客体的存在恰恰就是允许某种使用,也可以说是为了某些目的。但它之所以能符合这种外在目的性,只是因为它符合了某种内在目的性;它也只有在有用、有趣或有审美价值这些规范成为它自身的规范时,才能服从规范。

由此可见,价值就是对象之所以成为有价值的对象的东西。它不是任何外在于对象的东西,而是对象符合自己的概念、完成自己的使命时的对象本身。那么,什么才是审美对象的使命呢?人们说,它的使命是令人愉快。这句话,不仅从崇高的角度(而在美中或许总是包含有崇高的)而言是不正确的,而且也说得过分了。人们总是用那种可能是主观性的裁判标准去衡量价值。同时,艺术作品或许是为了某一个人的,但它所期待的却是受到承认,也可以说,是被人欣赏,而丝毫不是接受判断;它期待公平对待它的知觉。这就是说,它主要是作为知觉的对象。它在完满的感性中,获得自己完满的存在、自己的价值的本原。在这里,所谓令人愉快,不是指取悦于耳目,而首先是指满足感性。

但是,这就足以激起审美愉快并且说明审美价值吗?难道只需要艺术作品拿出一副感性必然性的面貌、一种极其协调的含义就够了吗?不行。因为感性不可能不具有意义,对感性来说,极端地加以激发和规范是不够的,它还需要承担自己的语言作用,"合规则的光辉"这句话在它身上还必须出自某种含义:散文语言和诗歌语言的差别,恰恰就在于其意义是否内在于符号。美的对象就是在感性的高峰实现感性与意义的完全一致,并因此引起感性与理解力的自由协调的对象。

然而,我们还只是对这种美——即审美上的审美对象的完善下了定义。这是一般价值,更恰当地说,是准则性的价值。这种价值,通过某种先验的演绎手段,完全可以与其他五种价值排列在一起。这五种价值是:有用、愉快、可爱、真和善。它们都符合意向性的某些特殊样态,它们加在一起也许可以构成客体对主体的基本关系范围。这些价值相互之间是不可比较的,每种价值都划出一个适合于某种同时涉及客体与主体的要求的特殊领域。在这方面,这些价值是形式价值。然而,只有在使价值多元化的情况下,才能提出审美价值的创造问题。正因为如此,我们也不能停留在某种形式价值的思想上。每个对象,一旦是美的,它自身就成了价值,而且是以它的特殊存在为根据的。所以,要区分各种审美价值,即使使它们无限地分离,也要从形式走向内容,要仔细地考虑每个特殊本质,也就是回到每个审美对象所提出的意义上来。

风格就是由这种与符号不可分割的意义来确定的。因为风格远非无人称的、无表现力的技术方法的总和,它可以确定做和说的方式。然而说的是些什么呢?奏鸣曲能说些什么?它能说得像一首诗、一幅画或一座纪念性建筑物那样好吗?这不可能是一种可以概念化的意义。对于这种意义,语言的感性性质就是无足轻重的,因为美的信息是无概念的。这里,语言又回到了它的本源,它不是一种无特色的、在交流思想上可以变换另一种说法的手段,就像人们可以把欧几里德几何翻译成黎曼几何,把口语译成莫尔斯电码那样。语言创造并带有自己的意义,因此,它的意义是暗含的,或者至少是完全蕴蓄于感性之中的。那是新生的、清晰而又不易区分的、不可驳斥但又没有证据的意义:可以说是一种“前意义”。因为它不具有任何明确的规定性,所以它表示的是意义的未定的、繁多的辉煌可能性,是由尚未达到自我意识的理性所给予理解力的预兆。这就是为什么审美对象并不谈论某件事物的缘故,即使有时它表现一件事物也是如此。它谈论作为理性的一种观念的世界。梵·高(Van Gogh)画的椅子并不向我叙述椅子的故事,而是把梵·高的世界交付予我:在这个世界中,激情即是色彩,色彩即是激情,因为一切事物对一种不可能得到的公正都感到有难以忍受的需要。审美对象意味着——只有在有意味的条件下它才是美的——世界对主体性的某种关系、世界的一个维度;它不是向我提出有关世界的一种真理,而是对我打开作为真理源泉的世界。因为这个世界对我来说首先不完全是一个知识的对象,而是一个令人赞叹和感激的对象。审美对象是有意义的,它就是一种意义,是第六种或第 n 种意义,因为这种意义,假如我专心于那个对象,我便立刻能获得它,它的特点完完全全是精神性的,因为这是感觉的能力,感觉到的不是可见物、可触物或可听物,而是情感物。审美对象以一种不可表达的情感性质概括和表达了世界的综合整体：它把世界包含在自身之中时，使我理解了世界。同时，正是通过它的媒介，我在认识世界之前就认出了世界，在我存在于世界之前，我又回到了世界。

在这里让我们多说几句。因为现在我们能够给各种审美价值下定义了。由于我们拒绝把它们作为外在于对象的模式，我们曾说过：价值就是对象自身，因为对象真正成为所希望成为的东西，因为对象是真的；现在我们说：因为对象是真理的中心。而说明对象的价值的东西，就是对象在种种情感性质中所揭示的真理。然而人们能否把滑稽性、悲剧性或悲哀性称之为价值呢？或者确切地说，能否把这种或那种作品所特有的情感差别，如巴赫（Bach）的欢快、马蒂斯（Matisse）的宁静、伦勃朗（Rembrandt）的严肃，以及一个苏丹式的面具、一幅拜占庭（Byzantine）的镶嵌画或者一座法国式的花园使我们感受的那种难以名状的气氛称之为价值呢？为什么宁愿说价值而不说本质呢？因为术语本质指的并不总是本质的东西，这里本质的东西是无法明说的，是无法还原为普通观念的，而是应该加以感觉，就像感到花香或美德的芳香那样。还因为本质的东西出现在一个自身被规定为一种价值的范围之内，而且还要采取这一价值所要求的态度。此外，为了说清楚价值这一术语，只要不把价值搞成一种划分等级的手段就行了。人类可能把自己的一大部分活动用来表达偏爱，或分类分级。这些偏爱并不都是主观的，因为从形式上加以考察的价值把自己的权威借给了它们：美与丑是对立的，似乎可以分成若干等级；对多少有点美的东西，人们可以没完没了地加以争论。然而价值也许首先要求的是行动，而不是判断；在它是形式价值的范围内，它召唤的是实现它的行为，即使这个行为把行动变作辩证的对象也无所谓。辩证有其祸害之处，但却耐人寻思。肯定美意味着：行动起来，要生产一些不但不是失败的作品，而且是真正能引起沉思的作品！同时，它也命令观众：行动起来，要公平地对待美的事物！要让它们存在于你之中和通过你而存在，要你是你自己，但同时，你要缄默，让它们来说话！然而，如果价值对我们的表现是要求——使什么存在或让什么存在——这当然是因为它存在于对象的存在之中，特别是存在于赋予它以形式与风格的东西之中，也就是存在于给它以活力的意义之中。通过意义它才成为它现在的样子，它的完善才得到检验。价值就是对象，因为它作为对象的本原和目的位于对象的中心。创造价值，就是创造对象。创造审美价值，就是生产带有新意义、开创新风格和传达新世界的信息的新作品。

然而,假如人们否认价值可以被创造,那么作品与价值的一致也就可能成问题了。在这里,创造者的作用如何呢?也许,既要给予他权力,同时又要拒绝给他创造性,因为事实上价值并不单是一种主观的意义,一种"人对自然的补充",一种任意发明的产物。它必须被表现,而这种表现就是发明。但是在它存在之前,可以说已经像要求存在的莱布尼茨的本质那样预先存在了;它是一种等待实现的可能,但它自身也是真实的一种外貌。这一点,当我们深入透彻地分析属于审美意义特有的客观性时,将更加详细地加以探讨。

审美对象所显示的、在显示中所具有的价值,就是所揭示的世界的情感性质。一个什么样的世界呢?就是上面我们提到过的梵·高的世界,还有莫扎特的世界、米开朗基罗(Michelangelo)的或瓦雷里(Valéry)的世界。因此,这就关系到世界的一个存在,这个存在是为了世界上的一个存在:丝毫不是为了一种先验的主观性,而是为了一个特定的人。这就是审美表现与理性说明的不同之处:康德思想所暗示的世界乃是像理性自身那样的非个人的和客观的世界,是终于被理解力所征服的可理解的音调的希望或愿望。审美对象所暗示的世界,是某种情感性质的辐射,是迫切而短暂的经验,是人们完全进入这一感受时,一瞬间发现自己命运的意义的经验。因此,艺术家总是出现在他的作品之中,但他越隐蔽却越引人注目:他的声音如果不是讲他自己,我们就能更加清楚地把它识别出来。

事实上,如果说作品所表达的东西就是与某人产生某种关系的世界——人们会有一天摆脱这种关系吗?——那么千万不要以为此人在这里是世界的组成部分,或者甚至是世界的解说者。很可能,构成这个主题——这是有关灵感的主题——应该支配某种有关认识的理论、某种艺术理论。艺术家在其作品中的这种异化,提醒我们不要去相信审美世界的主观性。作品所意味的世界,为了显现当然需要某种意识,就像为了得到复现,它还需要观众的意识一样。这就是为什么我们能用艺术家的名字来命名这个世界的缘故。这就像用第一位登上陆地者的名字来命名从未为人所知的陆地一样。艺术家就是这位幸运的旅行者,在怀疑的大海上和努力的黑暗中,他经过长时间的航行,终于可能欢呼说:陆地!作品完成了!但是,为什么说完成了?因为他说出了一些东西,这些东西是不可能用别的方式去说的。

因此，某个世界被说了出来。是的，是世界，这位寻求作者的永恒的人物，激励艺术家，支持艺术家从事的坚韧不拔的事业。当作者通过作品揭示一个世界时，这就是世界在自我揭示，它是一切真理的祖国。这是不是说，世界是艺术所提出的所有特殊世界的总和？不，丝毫不是这样。前者是后者的根源，犹如宇宙反映在每一个单子（monade）中，世界也在诸审美世界的镜子中得到了反映。然而，真理不是一组镜子，呈现不是存在，而是存在的呈现：真理是呈现在那些镜子中的世界的面孔，是同样多的被真实所证实的可能性。这里所说的可能性，即想象出来的事物，证明了真实的无声的力量、世界的潜能。

在这里，人们看到了主观性的命运：在世界上存在，就是成为世界的一部分。世界不是原来没有我，后来才加上我的世界，我不是世界的外人；我存在于相互关系之中，我便是相互关系的许多项中的一项：只是对我说来才有世界，然而我又并不是世界；似乎从我产生的东西生出了我，康德思想于是回到了自然，回到了创造的自然；我则变为自然的不可缺少的和正式的见证人。然而，我证明的是可能性：这个是我自己的世界——梵·高的世界或者莫扎特的世界，酷夏或春光明媚的世界，无依无靠的或纯真的世界——这是一个可能的世界，而且，可能证实现实：我投射的可能就是真正的真理，它携带我并为我辩护。

我们认为，这也是最好的主观性，艺术家的命运。现在，我们可以来试图衡量他的创造性了。创造，这是一种完成主观性的命运的杰出方法，在通过世界成为必然性的同时，主观性必然存在于世界。不管艺术家在忧虑之中还是在纯真之中，这都无关紧要，他所听到的这种召唤，就是世界发出来的。也许艺术家并不知道这一点：世界对他发出的呼声是酝酿中的作品的呼声，是要求他完成的这种刺激性的和迷人的可能性的呼声。然而讲话的是世界：它恰恰就是这种内在于真实性中的可能性的潜能。首先它是未来的这种促进，因为它是时间。这就是为什么听到它的艺术家要进行两次创造的原因：创造一件作品，创造一件新的作品；因为时间不接受重复——谁承做一件作品谁就不能再做那些已经做过的东西；乔托（Giotto）必须与马萨乔（Masaccio）断绝关系，勒-格里果（Le Greco）必须断绝与丁道莱（Tintoret）的关系。对老师所应有的唯一忠诚，就是向他学习如何成为我自己，向传统学习如何成为革命派，也就是度过一段创造性的时间。然而，时间就是世界，它是世界的时间；它是真实的实在。什么样的真实呢？一切事物：房顶上的天空，沙漠里的棕榈树，情人的微笑。世界并没有藏在某处：它就在那里，就是不停地在有限中表示出来的无限，闪耀在每种表象之中的自在之物，存在于每个梦中的知识。这就是为什么斯宾诺莎(Spinoza)去观看一只奇特的苍蝇，梵·高去画一张椅子，拉维尔(Ravel)去画一座雨中的花园的缘故。然而，哥雅(Goya)所想象的妖魔，史诗中的神明，一旦被艺术固定了下来，也就是世界，因为，想象中的事物是反映在审美意识中的、具有无穷无尽意义的这个真实的一种可能的形象。

艺术家也许没有感觉到世界需要他来显示。于是，他寻找自我，寻找他的风格，而不知道他自己也在被寻找；当他认为完成了自己时，他却完成了世界。然而，他确实也需要自我完成；创造，首先在自身中创造——或允许其存在——一个相当敏感的器官来感受并说出世界的一副新容貌；唯有慷慨的人才相当富裕，能接受这副容貌并让它在自己身上充分发展。因此，艺术家在寻找自我的同时，寻找能发现世界的东西：一切作品为了成为客观的东西都是主观的，因为这是它们成为真实的方式。

然而，还需要创造充满价值的，并能以一种情感性质的形式揭示世界的某一个意义的作品。可是，我们已经说得相当多了，艺术的特点就在于它的意义全部投入了感性之中：感性在表现意义时非但不逐渐减弱和消失；相反，它变得更加强烈，更加光芒四射。因此，艺术家是为突出感性而不是创造价值而工作的。另外，指引他的意义也产生了。像阿兰(Alain)所重复说的：他首先是手艺人，某种意义所凭借的一种风格和一种技巧，这就是他和内容作斗争时发明出来的东西。哥特式精神的发明，首先是一种搭脚手架的新技术的发明，巴赫的世界的发明，首先是平均律音阶(la gammetempérée)的制定。这样说是不是有损于发明家的天才呢？否。技术发明要具有风格的效能，必须使方法显得像是能与世界结成新关系，并能掌握与固定住真实的一个新侧面的人物的作品和表现，即使这个人物不知道自己有这种能力。不要发明一种意愿的价值，光是意愿是不够的；可是意愿和行动只能指向客体而不是主体，只能指向内容而不是意义。艺术家并不愿意发明某种价值，他愿意做一件作品。因为，正如在艺术作品中意义完全内在于感性之中，在艺术家身上，意义的发明也完全内在于对感性的运用之中，精神性完全内在于技术性之中。所以，永远没有必要去贬低技术性：制作，不仅仅是对思想的检验，它本身已经是思想和按照这种思想去生活的某种方式。艺术家的工作就像现代科学家在另一个领域中的工作一样，使行动和沉思调和起来。那些用手去思想的人真幸福！

或许也没有必要去抬高艺术家。风格可以是集体性的。罗曼(romane)建筑，佛兰德斯(flamands)早期艺术，17 世纪的法国音乐，都创造了一些虽然可以清楚地辨认出，但却是无名无姓的作品。如果鉴定家能做得到的话，就让他们费神去审理这些作品的祖师爷是谁的官司吧。对此感兴趣的是艺术史而非价值史。所以很明显，是风格表现价值，而不必非是一个人的风格不可。或者说得更确切些，只要这个人承担了这一风格并选择了在自己的作品中而不是在自己的传记中存在，只要他在自己天真无邪地成为某种传统的继承人时，不知不觉地成为创造价值的工具，同时或许——我想到的是哥特人、多恭(dogon)雕刻匠、拜占庭的镶嵌画师——也成为某种信仰的捍卫者就够了。

以上所述最终提示我们，观众对审美价值的建立也是不可缺少的：是观众使美学与宗教、巫术或功利分家，是观众掌握纯粹的价值，并在想象的博物馆中用价值组成永远不能完成的宇宙。观众也有一项任务：这种从要制作的作品上升到艺术家的召唤，也要求从制成的作品上升到观众，因为完成的作品还要被知觉。在感性的光辉中，通过感觉者与被感觉者的共同行动，审美价值大放异彩。因此，观众参与价值的建立。他丝毫不创造价值，但他永远可以不承认价值。再说，人们对公众的高度赞赏能给作品带来些什么是相当清楚的。

综上所述，我们约略地看到了审美价值的地位。由于审美价值要由艺术劳动来创造，同时又要由观众的审美经验去加以复现，它的地位必然是双重的不稳定的。审美价值虽有被感觉事物的不稳定性，但既非空洞的，也非任意的。因为审美价值表现的是世界，把世界可能有的种种面貌都归结为情感性质；但只有在世界与它所理解的和理解它的主观性相结合时，世界才成为世界。我们不妨滑稽地模仿康德有关时间的一句名言，说：我在世界上，世界在我身上。审美价值证实了这种矛盾的相互关系：审美价值根据一时的念头被创造出来，然而却是迫切需要的；它是偶然的却又是必然的；它受知觉的支配，却又是不可辩驳的；它是想象的却又是真实的。可是或许那正是任何价值的性质：如果人是远景中的存在，那么价值不是任何一个地方的存在，但它却到处存在并具有迫切性；因为价值表现的既非人的存在，也非世界的存在，而是人与世界之间不可分割的纽带。根据这种纽带，人在自我创造的同时进行创造，因为他是被创造出来的，他身负世界而又献身于世界，直到在审美经验中自我异化为止。

孙 非译

——选自杜弗莱纳《美学与哲学》，中国社会科学出版社 1985 年版

语义学美学

流行于 20 世纪上半叶的语义学美学，它的创始人及主要代表是 I. A. 瑞恰兹，其代表作是《文学批评原理》。

语义学美学是一个建立在新实证主义基础上的美学流派。它主张对美学中使用的术语进行语义分析，以消除用语上的含混不清。它认为对美和艺术的本质进行探讨是没有意义的，因为前人对此的努力已完全证明了这一点。

语义学美学特别重视艺术的价值和艺术的传达问题，把艺术作品看成是一个封闭的系统，与客观的现实世界毫无关系。它否定客观对象中存在着“美”这样一种性质，否定有一种特殊的审美经验的存在，认为审美经验不过是经过良好组织的普遍经验而已。因此，语义学美学很容易导致美学上的取消主义。

语义学美学主张区分“情感语言”和“符号语言”，认为在艺术中使用的是情感语言。以路德维希·维特根斯坦和莫里斯·韦兹为代表的分析美学同语义学美学颇有相似之处。他们把语义学美学的基本观点推向极端，从否定方面来对“艺术”、“美”作语义分析，从而认为像“艺术”这样的词完全是约定俗成的，本身并无确定的意义。

（张德兴）

瑞恰兹

瑞恰兹(Ivor Armstrong Richards, 1893—1980)，英国美学家、批评家和诗人。早年就学于剑桥大学，毕业后留校任教，后来长期担任美国哈佛大学教授。瑞恰兹著述颇多，写于 1925 年的《文学批评原理》是其代表作。此外还著有《美学基础》(1921，与 C. K. 奥格登和 J. 伍德合著)、《意义的意义》(1923，与 C. K. 奥格登合著)、《科学与诗歌》(1926)、《实用批评》(1929)、《孟子论心:多义性实验》(1931)等书。瑞恰兹在他的一系列著作中首次运用语义分析的方法,对审美范畴进行分析,从而创立了语义学派。语义学派对欧美的美学和文艺批评影响很大。

瑞恰兹非常注重语言问题和意义问题,认为只有在对语词、句子和意义作出科学的分析的基础上,讨论与审美判断有关的问题才有意义。瑞恰兹美学理论的主要哲学倾向是新实证主义,他主张区别"情感语言"和"符号语言",认为艺术中使用的是"情感语言",而诗则是"情感语言"的最高形式。同样,艺术中的陈述是不能用经验事实核实的"拟陈述"(pseudostatement),它区别于可用经验事实验证的科学的陈述。他的美学观点集中在艺术的传达和艺术的价值方面。在他看来,艺术是人类信息传达活动的最高形式,艺术价值的核心概念是"冲动","冲动"既是生理的需要,又是心理的需要,价值与"冲动"的满足相联系。审美经验与日常经验并无本质区别。他否定有一种特殊的审美价值的存在,也否定在客观对象中存在着一种被称为"美"的这样一种性质。他认为所谓"美",只能是一种主观的情感反应,是客体在关照者身上引起的一种经验。

这里收入《文学批评原理》第二、三、四章。第二、三、四章中瑞恰兹主要讨论了审美经验问题。他认为并不存在一种特殊的审美经验,一般人所说的审美经验,其实只不过是一种进一步发展的、经过良好组织的普通经验;同样,他认为"美"这个幻影也应当抛弃,与之相应,结构、形式、表现等术语也都应抛弃。因为我们平时的语言,特别是讨论艺术作品的语言都是不严格的、虚幻的,因此,被讨论的事物的真正本质被这种语言掩盖了。所以应当进行语义分析。

(张德兴)

虚幻的审美境界

他干的蠢事他将毫不后悔,他也不希望重蹈覆辙;人类注定不会有更好的福气。

——《威廉·迈斯特》

美学中一个比较严重的缺陷就是避免价值方面的考虑。的确,判断不当地引入价值考虑通常导致彻底失败,托尔斯泰即为一例。不过,诸门艺术所引起的经验中有一些是有价值的,而且由于其价值才呈现出现有的形式，这个事实并非无关题旨。至于分析时这个事实是否有用，自然要取决于所采纳的价值理论。但是完全置之不顾则意味着不怕失去解决整个问题的线索。其实，线索已经失去了。

近代全部美学都依据一个始终鲜见论述的臆说，即假定存在着一种类别明确的精神活动，它出现于大家所说的审美经验。自从康德道出了“关于美的第一句言之成理的话”[①]，人们就不断尝试，把“趣味判断”界说成关乎快感的，而这种快感是无关利欲的，普遍存在的，非理智性的，不能和感官的或一般情感的快感混为一谈，总而言之，是要使之成为自成一类的东西。由此便产生了审美方式或审美境界这个虚幻的问题，这份历史遗产可以上推到关于善、美、真的抽象探究的年代。

把这种二分法和意、情、知的类似三分法并列而论的诱惑是难以抗拒的。康德这样说过：“心灵的所有天赋或能力，都可以归纳为三种，不容许从一个共同基础寻求任何进一步的衍生，即认识能力、快感或不快感以及欲望能力。”[②]理解力、判断力、理性名正言顺地分别代表上述各种能力。“处于认识能力与欲望能力之间的快感，恰如判断力之介乎理解力与理性之间。”他继而论述了理应属于判断力领域的美学，三种能力的中间一种；在《纯粹理性批判》和《实践理性批判》里他已经分别就第一和第三种能力作了全面阐述。结果他实际是把美学附属于唯心主义哲学，从此美学在这个构架中一直起着重大的作用。

形式对应的这种偶然属性已对思辨发生影响，即使它并未贻害无穷，却也显得荒谬可笑。时至今日，摆脱窠臼仍然很困难，尽管它们一直无助于解决问题。真与知两个领域的认同不会引起争议；意与善息息相关，通过下文可以理会；但是试图把美和情纳入划一的分类则是令人不堪的歪曲，现已普遍为人所放弃，[③]虽然批评著述中附和的论调随处可闻。评论家对“情感”的独特用法，“审美情感”提法的广为流行，便是其中一例。再则，由于情的提法引起异议，这就不得不另外寻求精神活动的某种特殊方式，可以把美归入这种方式。真则为探索活动的对象，是心智的理智或理论部分的活动对象；善则为意志、欲望、实践部分的活动对象；美的活动对

① 黑格尔的高论，《哲学史讲演录》，第二卷，第 543 页。（见中译本，商务版，1983 年，第四卷，第 299 页。——译注）

②《判断力批判》，梅瑞狄斯英译本，第 15 页。

③ 鲍桑葵博士是最后的信奉者之一。参阅《美学三讲》。

象能在什么部分找到呢?某种既无猎奇性又无实践性的活动。它并不质疑问难,也不寻求运用。结果这就是审美的、观照的活动,在绝大多数讨论中,[1]人们仍用这些否定条件去界定,视之为与事物沟通的方式,它既非深入事物本质的理智探索,亦非促使事物满足人们欲望的一个尝试。后来发现观照艺术对象时产生的经验可用这样一些术语描述,于是体系取得了暂时的胜利。

确实这些经验中有许多显示出特性,它们既体现于目前存在的学术兴趣,也体现于经验中欲望形成的过程;而且这些特性——超脱、无个性、沉静等等——具有重大意义。我们在继续讨论时要仔细予以审视。

我们将发现经验涉及两种迥然不同的趋向。它们产生于大不相同的起因,但从内省角度看又难于区别。就标明探索的一个特殊领域而言,它们实在无法令人满意。对于我们的论旨来说,经验即使不是十分含混,也会导致一种倾斜的或偏向的分类。有些迫切要求我们考虑的经验会为人所疏忽,而许多无关紧要的经验则被引入探讨范围。选择审美境界作为探讨诸门艺术的价值的起点,实际上犹如选择"长方形的,有些地方是红色的"作为画的一个定义。结果我们竟发现最终讨论的大量事物不是原来打算讨论的事物。

但是问题仍未解决——是否存在审美境界,或自成一类的经验上的审美性质?具体说来谁也未曾提出过多少详明的论点。的确,浮农·李[2]在《美与丑》第10页论证了"可见可闻的形式与我们自身之间完全自成一类的关系",可从"特定的比例、形态、图案、组合带有再现于艺术的倾向"这一论据推导出来。至于推导的过程则难以臆测。砷常见于谋杀案,网球活动多见于夏季,但是无法由此证明那里存在自成一类的性质或关系。显然只能通过审视才说得出某一事物是否与其他事物相似或不相似,再说注意到同一事物的某一情况类似于另一情况,也说明不了什么。人们未免怀疑,既然论点如此混淆,原来的问题就不十分清楚。

某一种类的经验是否类似于其他种类的经验才是问题所在。这分明是一个关于相似程度的问题。为了澄清疑问,姑且承认:涉及各门艺术的

---

① 例如浮农·李的《论美》。

② 浮农·李(Vernon Lee, 1856—1935):原名维奥莱特·佩吉特,英国女作家、艺术批评家。美学论著包括《论美》、《美与丑》。——译注

价值时存在着各种各样的经验，美的属性来源于各种各样的因由。是否其中有一种经验跟下述实际并未产生的经验有所不同，例如嫉妒出于记忆？或数学计算来自吃樱桃？什么程度的区别会使经验带有特殊性？如此提出问题，显然不容易回答。这些区别没有一种可以估量，程度参差不一，所以全部难以评估；然而绝大多数新康德主义作家，以及此前的许多人，都毫不犹豫地作了答复："是的，审美经验是独有而特殊的。"他们的理由，在并非限于文字方面的时候，通常就是来源于直接的审视。

与这个传统背道而驰需要几分魄力，我不是没有经过三思就这样做的。不过毕竟问题属于分门别类，而心理学方面诸多其他的分支正在受到析疑和重建，所以这个问题也不妨重新加以审视。

关于一种有所区别的审美经验种类的问题可以采取两种形式。不妨认为存在着某种独特类别的心智成分，它进入审美经验而无法进入其他经验。因此克莱夫·贝尔[①]先生总是坚持认为存在着一种名曰"审美情感"的独特情感，视之为种差。但是心理学中并未给这样一种存在留出位置。对此还有什么其他东西揭示出来呢？例如浮农·李本人所强调的，除了进入审美经验，移情作用还进入举不胜举的其他经验。我并不想提出什么主张。

如其不然，审美经验可能并不包含任何独特成分，而是具有平常的材料但显现为一种特殊形式。这就是大家一般所臆断的审美经验。现在上述特殊形式，正如通常所形容的——采用无关利欲、超脱、距离、无个性、主观普遍性等等措辞——这种形式，我稍后将力求表明，有时无非是经验产生方式的一个结果，交流的一个条件或效果。但是有时可以用相同措辞来形容的一个结构却是经验的一个本质性特征，实则它的价值就取决于这个特征。换句话说，由于原因各异，至少有两种不同的性质当前是为人们惯用的，它们都由"审美"这个术语含混不清地包括了。因此，单单把某种材料置于一个框架，或者写成诗体从而具有一种"审美性质"，这是一层含义，把价值包含在内则是另一层含义，将二者区别开来是十分重要的。而含义上的这种混淆，以及其他的混淆，[②]已使审美这个术语几乎毫

① 克莱夫·贝尔(Clive bell, 1881—1964)：英国艺术批评家。他在《艺术》(1914)中认为，形式是艺术作品最重要的成分，独立于内容，这就是他的"含义形式"理论。——译注

② 举例而言，任何选择，如果选择者无法举出理由的话，在实验室里往往被称之为"审美选择"。

无用处。

审美方式通常假设为一种可以练习的看待事物的特有方法,不论随之而来的经验是有益的、有害的抑或无益无害的。它旨在包括丑的经验以及美的经验,并且要兼顾介乎二者的经验。我所希望坚持的是:这种方式并不存在;丑的经验和美的经验毫无共同之处;二者并不以不计其数的其他经验共同运用这种方式,而那些经验任何人做梦也不会(克罗齐除外,不过这个限制往往是需要的)想到称之为审美的。但是人们也发现比较狭义上的审美含义是限于美的经验并且必然包含价值。关于这一点,虽然承认这类经验是可以区别的,但同时我将力求表明它们和许多其他经验十分相似;它们的主要差别在于成分之间的关系方面;它们仅仅是进一步发展且更加精细地组织了普通经验,而根本不是一种新型的不同的种类。我们赏画读诗或者听音乐的时候,我们并不是在做什么特别的事,跟我们前往国家美术馆途中的言谈举止或清晨我们穿戴衣冠的情形并无两样。使我们产生经验的方式有所不同,一般说来经验比较复杂,而且我们如果是成功的话,经验也就比较一致。不过我们的活动并非属于一个根本不同的种类。倘若假定它是另一种类,那就把难题放在表述和说明这个种类上,而这就多此一举,迄今还无人成功地攻克这些难题。

这里提出的要点在后面的探讨中将逐渐比较明了①,特别是两种迥异的审美形质的区别,正是基于这个根据,一个经验才可以形容为审美的或无个性的和无关利欲的。

对存在特有审美立场这一假定的进一步异议,为它是特有的美学价值、纯粹的艺术价值这一思想铺平了道路。假定存在一个特有的经验种类即审美经验,那么就很容易一步走向下一个假设:存在着一个特有独具的价值,它不同于普通经验的其他价值的类别,而且和后者割裂开来:“欣赏一件艺术作品,我们无须从生活中带来任何东西,不必认识它的思想和事务,不必熟悉它的情感。”②于是近来流行着一个关于审美假说的偏激论调,现在颇占上风。再援引一个例证,它不太极端但也包含着审美经验是自成一类,其价值与其他价值并非同一种类的言外之意。“诗歌性质不应成为现实世界(根据我们对这个提法的通常理解)的一部分,也不是它

---

① 参阅第10章和第32章;关于无个性,见索引。

② 克莱夫·贝尔:《艺术》,第25页。

的摹本，而应成为一个自成一体的世界，独立、完整、自给自足。”[①]

诸门艺术为审美家提供了一个个人的世外桃源，下文将要显示的这种观点是探究艺术价值的一大障碍，它对那些不加分析地予以接受的人的一般立场所产生的影响往往是令人遗憾的。同时，它对文学和艺术的影响已经历历在目，表现为缩小和约束了本来活跃的文艺兴趣，表现为精雕细镂、矫揉造作、虚饰的疏远。艺术[②]被设想为神秘的、不能言喻的优点，是“审美心境”的近亲，从影响上看可能容易产生害处。它作为一个理念培养着精神的习性，而作为一个奥秘它又吸引着那种习性。

杨自伍译

——选自瑞恰兹《文学批评原理》，百花洲文艺出版社 2010 年版

燕卜荪

威廉·燕卜荪（William Empson，1906—1984）是英国诗人和批评家。他在剑桥大学最初学习数学，后改读文学，师从的就是 I. A. 瑞恰兹。1931 年至 1934 年在东京文理科大学任教，1937 年至 1939 年任北京大学和昆明西南联大文学教授。二战期间他在英国广播公司中文部任编辑。1947 至 1952 年回北京大学任教，1953 年至 1971 年执教英国设菲尔德大学，1978 年被封为爵士。

燕卜荪的诗歌受 17 世纪玄学派诗人和 T. S. 艾略特的影响，形式严谨，思想艰涩。文学批评著作主要有《朦胧的七种类型》（1930）、《田园诗的几种变体》（1935）、《复杂词的结构》（1951）和《弥尔顿的上帝》（1961）等等。他继承了瑞恰兹语义学的美学思想，坚持读诗是充实个人经验的过程，而伟大的诗作非作深入的语义分析，不足以揭示它们的丰富内涵。诗歌语义的丰富性即燕卜荪所说的“朦胧”。他的名著《朦胧的七种类型》是受老师瑞恰兹给他批改的一份作业启发写成，以大量实例旁证，将他定义为可使同一句话引起不同反应的语义差别的朦胧亦即含混，分成七种类型：一、一物与另一物相似。二、上下文引起多义并存。三、同一词具有两个似乎并不相关的意义即双关。四、一句话的两个以上的不同意义，合并

① 安·塞·布雷德利：《牛津诗歌讲演》，第 5 页。

② 原文用日耳曼黑体字，显然作者有讥嘲德国唯心主义美学之意。——译注

反映作者的复杂心态。五、一种修辞手段介于要表达的两种思想之间。六、矛盾难解的表述迫使读者自己去寻找本身同样是相互冲突的多重解释。七、一个词的两个意义正是它们的反义所在。

这里选入的是燕卜荪《朦胧的七种类型》的最后一章,是该书的一个总结。作者重申了他一直坚持的诗语言具有无限丰富性的立场,同时也强调意义的含混须为诗歌的张力服务,不宜为朦胧而朦胧。他谈到有两类批评家,即鉴赏型和分析型的批评家。前者分析出的文学效果正是自己读作品时的体验,读者明白他的意思之后,就愿意回到原文,自己去找出那一意思。后者则认定所讨论的作品多少已为读者所知,因此就用读者以往的体验,来解释作品何以对读者产生如此影响。先者要做的是用简单明白的形式重现作品的效果,后者则可以放手探幽索微,展开气势不凡的批评过程。燕卜荪认为现代美学的通病之一就是对两种批评立场的分歧含混其词,结果是批评家和读者都糊里糊涂,不知所以。正确的方法是鉴赏家必须同时也是分析家,反之分析家必须同时也是鉴赏家,唯其如此,才能解开作品的审美世界。

(陆 扬)

朦胧的七种类型

第八章

我用这最后一章对前面的章节作一些评述,谈谈适当的朦胧应该具备的条件,朦胧在何种程度上才能立即得到读者的理解,以及人们理解朦胧的方式。

针对第一个问题,1927 年出版的《牛津诗文集》的序言很明确地提出了一种看法,认为“在单词意义的外延和内涵之间有着逻辑上的冲突”;即是说,“冲突存在于以下两种倾向之间:一种是‘节制’的主张,它剥去单词所有的联想意义从而摧毁语言;一种是‘不拘’的主张,它任意发挥、自由联想从而也毁掉语言”。我一直采用的方式似乎是断言一切诗的语言在意义上都很丰富,几乎没有止境,这里,我应该提说一下对立的那一面了。

显然,单词的所有附属意思都是密切相关的,因为任何事物(短语、句子、诗行)只要作者用来作为一个单位,就必定是一元的,必定只代表思维的一个体系。在复杂的情形中这种一元性即受到威胁:你想到的是好几种事物,或是想到了好几种事物之后才能想到那一种事物,或是通过好几种方式才想到那一种事物。你了解到所有这些事物发生前后的相互关系后，也许可以得到一个概念，达到一元性认识，但这样的话，这些事物的相互关系就成了你思考的那一件事物。我们可以更广泛地说，要使朦胧具有一元性，必须有一种把它的各要素聚合在一起的“力”，所以我在讨论朦胧的时候，就应该研究这些“力”是什么，它们是否适合要求。但是，这儿的情况正像我首章关于节奏的情况，很难详细说明节奏的作用规律；指出了节奏对词义的影响也还是未能详细地说明节奏的运用情况。

由于句子太简单而通常省去连接词（在逻辑内容上再加上逻辑形式的陈述），用了连接词反而错误；从这一情形当中我们可以看到两个并行不悖的概念。我们省去了一个形容词“虽然”，就需要“因而”来强调它；如果把两句话依次排出，则两处逻辑联系都暗示出来。同样，人们习惯于自动地判断将各种意思聚合起来的那些“力”，他们觉得自己在分析了意思之后就可以理解这些力。当然，许多这种力只是隐藏在意思之中的，所以，对这两个互相规定的要素而言，我们更容易找到一个词来代表意义，而不容易找到词来表示力。我觉得我讨论过的那些朦胧都很美；所以我认为，通过举例说明朦胧的性质，我已经指出那些恰当地把朦胧各要素聚合起来的力的性质。如果用相反的方式，通过力来说明模糊，则不自然；如果同时运用正反两种方法说明，则又冗长无趣。[①] 我这里只想说，这类隐约存在于我们想象中的“力”对保持一首诗的完整性是至关重要的，而且我们无法以朦胧这一术语来讨论这种“力”，因为它只是朦胧的补充。只是，我们在讨论朦胧时，能弄清关于这些力的许多问题。特别是如果有矛盾存在，那一定暗示有张力（tension）。矛盾越突出，张力越大；张力的传达和维持不是通过矛盾，而是通过别的方式。

因此，朦胧本身并不令人满意，也不宜为朦胧而朦胧。凡有运用朦胧的情况，都应是产生于客观的需要，其适当性又由客观予以证明。同时，朦胧运用于更为有趣或更为重要的场合时，其适当性则更容易得到证明。这样，对那种“尽量不要弄得朦胧”的做法，我们得多作分析以解释之，而

① 当时写到此处时，我是在竭力达到我先前未能达到的纯洁。我应该说，书中许多分析如果说令人信服，则是因为它们考虑到了在诗人心中起作用的那些力，而不是因为使用了表达细节稀微的词语来描述那些力。不过，这并不影响理论上的区分。

且我以为我所讨论的大多数诗人都是这种做法的响应者。这种做法有可能使诗文的意思更直截了当,更明白易懂,从而更能使诗篇长存下去;这是一种必要的手段以防范毫无意义地故弄玄虚,也保证在必须使用时用得恰到好处。不过,“尽量不弄得朦胧”这提法本身就不明确、不可靠;它包含以下所有的问题:一个诗人能做些什么?他对自己的创作思维活动领悟到何等程度?如果他尽了力,又能对自己的创作有多大程度的理解?我相信,我前面描述的那些方式方法对批评家很有用处,但肯定会使诗人陷于困境。甚至在散文中,倘若作者相信这些方法,他们也会据此写出一些糟糕的东西来。他们会写出一些含混的东西,心中却认为这样能更直接地表达他们要表达的意思。

至于说到当前研究朦胧的重要性,我们自然对语言最近的发展感到惊惧,从而认为英语实在是非由分析家来清理一下不可了。英语过去一直就以丰富而混乱著称,现在正迅速变得更丰富更混乱了。它本来就缺少遣词造句的恰当手段,现在还正在迅速抛弃仅有的少得可怜的语言手段。它变得越来越含义丰富,越来越勇于把一切可能的意思一揽子包括进去。简略地回顾一下小说的发展,便可看到受过教育的人所说的英语在这一世纪以来已令人吃惊地大大简化了语法结构。人们有时候说,他们使用的单词就像一眼望穿的柜台那么毫无精致优美之感;他们还说,英语所用的词汇越来越少,运用方式也越来越粗糙。但是,这种新闻语言似的平淡无奇并不表明单词的意义简单贫乏,而是因为用这种风格写作的人使词句与读者之间好像隔有一个距离,那些单词在一定距离之外代表作者来不及消化的含混、复杂的各种思想和体系。现代科学肯定会减少语言的朦胧性,不仅因为科学语言有清楚准确的传统,还因为多数科技用词即使不止一个意思,也只有一个背景,一个观点。但这类词运用并不普遍,它们只弄得我们已经使用着的词更加混乱无序。英语正变成一个词语的乌合之众,词与词相互的关系极为松弛,许多单词有共同点,所以很容易在不经意间造成朦胧,你还得时刻不忘作为你服务对象的那为数不多的一群人。据不精确的看法,很多近年来的创作正是为了对以上谈的现象进行斗争,才毅然变得难以读懂的。

英语中朦胧与日俱增,文体日趋简洁,逻辑区分也越来越小,最显而易见的例子是报纸的标题。我还记得有这样一条出色的标题。它是:

ITALIAN ASSASSIN BOMB PLOT DISASTER
意大利刺客爆炸阴谋惨剧

这样一来，我们把中文里重要单词平铺直叙的方法用到了英文里，名词性形容词表达了具体的意义。或者，也可看成一种粘着语法，一个词一句话，像爱斯基摩语那样。我听说美国报纸的标题不论怎样古怪，一般都是句子；英国的方式更完整。“炸弹”和“阴谋”这两个词既可是名词也可是动词，还能欣然作形容词，它们在这个标题中很不确切。我们初看一眼会认为有两个词或两句话，其中的分号像在电报行文中一样被省掉了：“为了你腰包中的钱，让我告诉你关于意大利刺客和众所皆知的爆炸阴谋造成的惨剧”；但我记得那位刺客不是意大利人，“Italian”这个词修饰它后面的一连串名词，而这标题中被修饰的中心名词是“disaster”（灾难）。也许，由于“Italian”这个词离它修饰的名词这么远，就暗示着它后面其他词也多少与“Italy”（意大利国）相关，暗示“bombs”（炸弹）、“plots”（阴谋）、“disasters”（灾难）既属于政府，又属于谋乱者；也许我们一读到“意大利刺客”就会想到受伤的墨索里尼。这种形容词的延伸用法起了音乐中切分音的效果，使文句的节奏强烈，一行文字里带上两个休止；当然，主要节奏传达出的意思是：“发生在意大利的刺杀—爆炸—阴谋事件是一个尤其令人激动的惨案。”唯一的强重音落在“bomb”（炸弹、爆炸）上。

我们不得不承认，这个标题写得有力，不仅是因为它用很适宜全部用大写字母排印的短小精悍的形式来传达出内容，还因为它虽很短，却内容丰富，读者看一眼就得到好几种意思，这些意思相互之间统一协调，像暗喻中包含着统一、众多的意思那样，而且整个标题对读者的刺激不亚于标题中最受宠的词：“炸弹”。这是一种引起逻辑学家的强烈兴趣的陈述方式，别的英语文学形式如果也采用这种陈述法，那么惨剧也就不复存在了。对各种可能的陈述方式进行的清晰的分析，灵活自如地用句法结构将这些方式精明巧妙地结合起来以达到预想的效果，就有可能给目前已经无计可施、干枯乏味的语言重新灌注一点伊丽莎白时期的血液。在现代英语中合乎规范语法的文句并非唯一的陈述形式，我认为，我讨论诗歌时所采用的方式将变得越来越必要，尤其是当我们企图控制语言时更是如此。

我不敢断言自己在研讨这一问题时所运用的思辨方式恰如其分。比如,瑞恰兹先生将诗划分为意义、感情、语调和意图四部分。只有这四部分分别归入一个附属的小类,而表达出每一小类内容的细微的句法变动也依序列入,我们才可以说作了正确恰当的解释(因为即使这位分析家已经征服了全国,他还没有统治着它)。但是,理解一首诗和理解对这首诗的分析,却绝不同于细读依序列入的句法种类;只要能做到尽可能清楚明确,我们总想达到这样一种讲述方式:一旦我们正确地理解了它,就会永远记得住它。人们把一个复杂的概念作为包含有事实和判断的一种感受并记住了它;要他们直接地说出这些感受就不像说出骑自行车时的感受那么容易;这种感受的产生是由于知识能力的作用,尽管通过细读依序列入的不同句法也可能得到这种感受。不过,各不相照地分别陈述事实和判断(思想和感觉),好像两者迥然不同,却绝不是解释它们的结合关系的好方法;这种方法使读者在理解时以为有两个事物,而实际上应该使读者明白只有一个事物。从心理学上讲,这种详尽的分析很不错,但这种分析很难说是文学批评;它使读者先必须掌握大量有关这种分析法的知识,然后才能起步去获得他所需要的东西。

这个关于统一的概念格外重要;不仅仅(虽然主要是)对诗而言,而且对一切文学作品和大多数口头交谈来说也是如此。这里,为了比较而不是为了解释,让我们回想一下巴甫洛夫在他做实验的狗的大脑里得到的发现:某一部位的刺激会立即在邻近部位产生抑制,不多久抑制也发生在刺激部位本身。所以,把一事物分成两部分陈述完全不同于把它作一个单位来陈述;柯勒律治曾说过,人的任一次思维活动总是固执地使用一个词来表达,宁可用一个欠恰当的词而不用两个恰当的。当你的思想中有着各种各样的事物时,或当你用很多思维手段来分析一个事物时,要贯彻你的全部标准,唯一的方法就是在同一时间内贯彻它们:要迫使读者抓住你的整个意思,唯一的方法就是把意思的各要素作这样的安排,使读者既信服它们,又牢记住它们,从而只会感到满足;要避免毫不相关的异类混淆,唯一的方法就是使你写出的东西在每一方面都是统一体。

我在本章开头提出的第三个问题更为重要,那就是理解朦胧的方式。我一直运用的分析法,越过了两种思想方式之间的鸿沟,巧妙地产生出多种可能的意义,我还认为由于一种天生的思考能力使读者感到这种方法在他的预见之中。这样说一定令人怀疑,但有关理解诗歌的所有实例都非比寻常。我这种看法是好是歹,通过它在事物具体的细节上的运用可得到最好的判定。这里,我只试图使自己的这一看法显得合乎情理。

我们不是用词而是用直接的短语来进行思维,但就在一个句法得到认可之前,我们心中首先感到的却是半信半疑;我们会想:“句法结构可能是这样或那样的。那些词可以这样联接,也可以那样联接。”我们把单词看成已经在某种句法当中,很像我们把一个字母看成已经在某个词当中,但我们更容易认识到自己在句法理解上搞错了,而不容易发现在单词理解上的错误。有些药物你服用后会感到周围的东西在跳动,如果平时你觉得某个东西更可能移动到别处,如果你在对它进行理解时已赋予它各种移动的组合因素,那么,在这种药效之下,你更容易觉得这个东西在被移动。同理,你在考虑单词的时候同时也想到组合它们的一种合理的句法,但这个句法也带有一种盖然性,可以有别的句法来取代之,那种可能性较小但仍然存在的句法会以某种方式出现在你的脑海里。

在诗歌中人们很重视这些可供选择的不同句法。要知道怎样掌握这些句法,就得努力去理解诗人本人。关于人眼将组合因素加在所见事物上的情况,我再举一例。我们能感觉到一个东西距我们多远,这离不开我们的视觉,当这种印象与我们视觉分割开来时,我们感到自己的目光会仓皇失措(假如你以为某物是一堵墙,结果是大海,刹那间你什么也看不见,短时间内好像面对一种含混朦胧,感到莫名其妙,随后才恢复正常视觉)。与此同理,许多读者在接触一个新诗人的作品或接触任何一种诗的时候,都只感到不自在,不舒服,就像不知道又想知道是墙还是海。

正是这类隐约存在又各行其是的对盖然性的判断,通过一种好似“爆炸”的方式,统一起来使词句通顺,表示出一组短语的主要意思。这一“爆炸”式反应,速度虽快,也不是我们所想的那样快如转瞬之间。还有,正如在化学反应中那样,会有逆反应,支反应,微小的阻尼爆炸,缓慢的蔓延型反应,它们一齐发生,但产生热量不大,最后的结果由于主反应初期阶段的作用而变得复杂,或因为反应产物在反应停止后过一段时间才表现出来的性质而变得复杂;一般说来,你思想上得到的印象,是各种有关意思的最后统一的联合体,它使我们十分满意地作出这一回答:“我已经懂得这个了。”我们只是偶尔注意到这种反应过程的奇特性。我记得有一次自己为了看懂一个词而对它格外仔细,同时又想象见过这个词的反义词。同理,我们开始读一首诗的时候,并没有马上把句法结构定型,各个词也还不具有它们应该具有的分量;这首诗说的什么,我们只有泛泛的印象,但心底深处还有诸种同时出现的感受,那些感受不一定成为我们最后由判断而得到的意义,但往往决定着我们最后所得意义的格调。同样,诗人开始写一首诗时,常常在不同意义的关键点上不断改变句法结构,而不去改变整个大句法结构。从克拉索的《基督割礼之赞》中我们能找到这种情况的范例,虽然微不足道,却是十分典型的:

紫色的花边无比高贵,
配上你粉红色的床帏,
并不给你增添风采,
也不能给你带来光辉。(1646)
所有这一切高贵的紫色,
为你的床帏绣上了花边,
并不给你增添风采,
也不能使自己更加鲜艳。(1652)

诗人为了写好诗,选中某一句法而不选另外的句法,我过去一直认为这里面大有文章;以上例子却暴露出这一方法的局限。因为,显而易见的是,尽管在句法上有改变,这几行诗几乎没有什么变动。我们快速阅读时根本察觉不出有什么不同。"laces"(花边;绣花边)在这儿到底是名词还是动词并无什么区别,因为虽然名词与动词有别,但两者中读者看到其中之一就必然想到另外那一个。至于说到单词"guild"(镀金;增辉)由原形变为第三人称单数,究竟是"高傲"作主语而造成还是"床帏"作主语,那并不要紧;无论读者设想成哪种,反正都觉得两者会各以自己的方式来镀金。这样,无论哪种说法,都把对方包括在自己可能具有的意义之中。或许,大多数读者都会有一个很短的阶段,在这个阶段里他们还没有能够察觉到作者实际上采用的到底是哪种句法。前面所举的实例表明,诗歌中语法有一种被吸收从而消融的复杂情况,这个例子由于明白易懂而令人信服。还有,它也证明了我已经说过的一点,即:改动几个词并不能轻易影响诗的效果。

我们还应当思考的,不仅是句法的这种综合现象是否最先发生,还应当思考作者是怎样谨慎地抹去这种综合痕迹的。最后,还有我们对这种情况应加以多大注意才恰到好处。很清楚,作者和他的读者的批评原则在很大程度上决定着这一情形。我们必须先记住这些原则，再去决定某一特定的朦胧是否是作者有意制造的总体效果的一部分（这算不上是严重警告，因为无论什么情况下读者都得记住这些原则才行）。由此，我们有理由认为17世纪那个时代是当时流行的各种朦胧手法的根源，因为很奇怪的是，当时的风尚与如下的批评原则毫不沾边，还没有接受和体验一首诗，就对诗下判断。另一方面，我们不宜老是坚持认为蒲柏善于朦胧手法，因为他期待的是读者们会自动去清除头脑中先前存在的紊乱，就像他本人已经仔细清除过自己头脑中的一样，所以，我举的18世纪的实例必须由以下几个因素制约：1.作者本人也许认为无足轻重的句法变动，2.作者故意设计并认为读者看得出的双关语，3.作者思想中一种富有效力的一知半解造成意思的多样化。然而，我们同样必须对17世纪的朦胧置若罔闻，因为那些朦胧与作者要追求的总体效果毫不相干，一点也没有被自然地吸收进文体之中。

本·琼生（Ben Johnson）一首最著名的诗可作为这种情形的一个令人费解的例子：

不用，只用你的眼睛与我对饮，
我也用我的眼睛同你干一杯；
或者，你在杯中留下一个热吻，
没有美酒，我也一样心醉。
从灵魂发出的干渴，
需要的是爱情的圣酒甘味；
但若得到一杯主赐的玉液，
我会认为它远比你的珍贵。

最后两行诗说的刚好与作者想说的相反（他本意是：所以，我若得到一杯主赐的玉液，也要用它换回你的吻）。我没有把这有名的例子归入第七类朦胧，有我的道理。[①] 但读者通过全诗的印象已经得出结论：诗人写的是一首抒情诗。除最后两行外不存在任何说得通的双重意义的暗示，“but”（但）这个词也只可以引进一种形式来完成对句。我这里并不是说

① 与本诗其余部分不同的是，最后两行未经翻译，所以用那种方式不能解决问题。

最后两句出了问题,应该修改过来;相反,倒可以这样设想:作者的热忱通过最后两行而达到了动人的完美,他是这样自信,认为绝不会有人误解他的本意。的确,我们还可以更认真地分析一下这件事,才能把末两行看成是真正在陈述两个对立面。我们可以说,与全诗发生矛盾的最后两行的意思,才是琼生更习惯更适应的;他也许是为了抒情的目的而情不自禁重复他在《美人鱼》中已经用过的话语,想表现诗人的而不是恋人的心情;他也许当时并未留意这种前后不一,而后来发觉时已经太迟。我还可以说,这一类抒情诗要表现的,是那种使人身心交瘁的激情,诗人自然从自己在热情中想到的慷慨词句里挑选诗句。最后,我还可以说,总之,这些诗是很恰当的夸张,因为琼生从灵魂深处感到一种渴求,渴求诗的神圣气息。所有这一切都千真万确,传记作者对这些事实尤感兴趣,但与诗的欣赏毫不相干。当然,很难划出一条区分线,那些欣赏诗的人在一定程度上也是传记作者,但这个极端的例子可用来证明我的以下这一说法:并非所有的深刻的朦胧都紧扣主题;我主要讨论的是诗的作用方式,而不是诗人的心灵。这一点显得重要,因为我在把思想交流看作一种非同寻常的现象,所以下一步就是对它完全失去信心。相比之下,更合理的做法是:在对待各个含混的句法时,不要宣称你在对作者写的东西进行解释,而要说你在展现作者心里想到的东西(这会使传记家感兴趣),或者说你在披露读者心中可能产生的东西(这会使诗人感到兴趣)。这更合理的做法也更有条理,但是,像许多怀疑形式一样,这种做法会自以为知道得很多;无论对读者还是对作者来说,能被表达出来的东西,都有它自己的原理,这个原理比影响朦胧效果的原理更神秘得多,所以更可取的做法是同时把两方面都提到,如果有一方面你说对了,就该满足了。

这儿有必要提一提对诗的信念,提一提你在试图理解诗人的感受时是否有必要同意他的观点。从行为学的意义上讲,一般都必须相信诗人的观点;你得对这些观点极为熟悉,才能想象出它们的结果。你必须要做出似乎它们是真实的样子。无疑,如果是这样,我们很难理解我们居然能够欣赏这么众多的诗人。可能的解释是,上几代从事文学创作的人在社会上学到了这样一种本领:他们可以不动声色地当场抓住人们话里的暗示,而且将它们接受下来。更明确地说,我认为在目前文化界普遍存在缺乏决断精神的状态下,人们实际上对出现在诗中的互相矛盾的观念全盘接受,才有可能在作决断之时发挥它们的作用。正是由于这种缘故,最近大众染上的博览群诗的习惯，已使得对诗的理解欣赏变得复杂而艰深莫测，使读者对自己的感受更没有把握，使人们必须重新求助于某种易懂的解释。因此，我们现在读济慈的诗时，很难想象人们过去曾经无须心理分析的帮助就能凭感受来欣赏这些诗；能被直接感受的还有那些玄学派诗人的“人类学”诗作，像我在末章所举的克拉索的作品就属此类。

我们这里所面临的情形好比是一个形象思维者所面临的那样，若先不看到有关图像，就无法欣赏诗作，脑海中出现的任何图景，只要与作品多少相关，就令人鼓舞(正如我们从科学家的自信中也会感到鼓舞一样)，哪怕实际上这种图景并不一定能解释什么；如果你感到自己对此的反应是在情理之中而且能大概想象得出，你就会欣然投入浪漫派运动的狂喜之中，用不着压抑必要的激动，用不着害怕严厉的自尊。所以，完全由于18世纪本身的原因，才使莎士比亚如此负有盛名。的确，琼生博士认为，莎翁有能唤起深邃广阔的悲剧情感的各种方法，但比较起他的第一流的幽默感(没有人要求玩笑处处解释得通)，还是稍逊一筹。我认为自己也力图采用与琼生博士类似的论证方式来说明这一点，我用的是像“处于意识焦点之外”一类的词语，并没有心理学理论的确切依据。的确，给读者提供这种论证正是批评的主要职能。

很多承认诗歌富于朦胧而且也认为朦胧手法很重要的人，会认为我一直在把朦胧堆积起来一个个安到特殊的实例头上，直到“整个事情”变得荒谬：“你可别指望我们相信这一切，燕卜荪先生。”事实上，我一直很全面地把值得包罗进来的例子尽量包括进来，而且考虑的是每一细节是否合乎情理，而不是考虑整体说来的结果是否合理。批评家们在运用这些分析法时通常是不经意的，东敲一榔头西敲一棒的，这暗示出这些批评家很世故狡诈，不去深入问题之中。如果把这些分析法系统地集中起来，我想它们的效果就大为不同了。无论如何，我们有理由使这些分析法经受这一检验。如果读者认为我的解释冗长乏味，所说的东西又陈旧老套，他最好记住这点：英国的文学批评家们对这类区区技巧问题不屑一顾，毫无兴趣，就连那些显而易见的陈旧老套，也可惜无人问津。

不过，这种态度自有其理由；文学批评家的工作主要是社会性的而不是科学性的。毫无疑问，他最终还是要应付实际问题，因为只要人们在读一个作家的作品，他们就是在以不同的方式读他的作品。批评家的责任，就是为公众提炼出他们所需要的东西；去帮助形成或自己开创时代的欣赏趣味。所以只要文学还是有生命力的事物,它所要求的,并不是要人们知道到底有着什么具体东西,而是要怎样才能"消除"特定状况。详而又详的反复解释,无论在文学还是在社会领域中,都只引起人们的猜疑:"既然我们大家都知道这个,为什么他还要用这么多唠唠叨叨的废话来浪费我们的时间?这有什么好处?"同一个道理,下面关于普鲁斯特(Proust)[①]的轶事会使分析家抬不起头。普问一些公爵夫人:"你们是怎样和为什么像公爵夫人一样走进会客室的?"她们回答不出。在看到他走进会客室时,都笑了起来,为了达到理解而不惜死,也不能使已经理解的人满意。

我们还可以更详细地以社会为背景作出比较,并把我在首章中的问题也包括进去。这样,意义和纯声音之间的关系完全相同于性格与外表之间的关系;这也许能说明,我们必须得在实际生活当中完全相信纯声论是正确的。外表令人愉悦其原因在于性格的被人理解,我们对性格的看法改变了,就会改变对外表的看法(通过改变我们所选择的因素)。美存在于声音和外表里,但这两种审美对象主要是从意义和性格中提炼出的东西(美化为立即可见的形式)。

有些人说诗歌中重要的是意义而不是声音,那么,另有些人说人的性格而不是外表才重要,就是既明智又严格的了。这两种情况下人都丢开现象而直接唤起意识之前的本能的理解方式;都在为了满足思想而运用更易看懂的词;都犯了思维上的错误,即认为大脑只是被动地收集观念;或都以为抽象的真理才宝贵,真理不是拿来经过理解后才变得有用处。这两种观点我们可以部分地克服,那就是持这种看法:重要的不是意义,而是"你认为它有的那种意义";重要的也不是被认识的性格本身,而是这种性格与你自己性格之间的可能有的那些关系。当然,这两种情况中,被我如此无情戏弄的那种区分手段,主要是文字上的,许多人都觉得无关重要。有人会说,他读史文朋是想欣赏诗的声音,读赫伯特又是看中诗的意义。但他不会坚决否认,他读这两个诗人其实是为了以不同方式懂得诗的意思。一个生意人雇用一位秘书可能会感到秘书的外表和性格之间有不同,但生意人自然知道,这是从外表的角度去区分两种不同性格。读者也许会认为这无异于一种理论玩笑;假如真是如此,那一定使人误入歧途,因为作为玩笑它便包含有道德因素,会运用朦胧手法。在上段所说的

① 法国小说家,有反常敏感和神经质表现。——译注

两种情形里，有一种“高贵——丑恶”尺度（一定程度上相当于事物经受分析的能力强弱），也有一种“思维——本能”尺度（相当于进行这种分析的难易）；在两种情况里，都是天真的理性或幼稚的严格把两个尺度混合在一起。我必须说，作上边第一个括号中的臆断就差不多是这种错误。我曾在首章中断言过，只有糟糕的诗会因为分析而显得更糟，也就是犯了这种错误。这一点为什么是正确的，并没有必然的理由。那些认为这一点不正确的读者，其看法也值得我们注意。

许多艺术作品给观众一种力量和松快之感，因为这些作品摆脱了它们的观众所依循的道德训令；快慰是因为满足了观众的想象；力量是因为观众从它们那里体会到自己内心得到了一种平衡（即使是秘密地得到），因为在你从这两方面体会了作品以后，你会更了解自己。这样的作品使人产生可贵的想象，而这样的观众也不容许有人对作品进行分析。我末章中克拉索的诗就可能属这类例子。我还以为依然存在人的美和诗的美两者并行不悖的情况；有些很优秀的人因为看得上他们邻居的品格而自然喜欢他们的外表，而假如这些好人真的能理解邻居，会发现邻居的品格差得叫人吃惊。

在这类极为特殊的情况下，我们应尽量使人们不去分析他们自己的反应，这类情况也不是像它们看起来那么特殊。毕竟，生活的目的不是去理解，而是去维护自我防线，保持平衡，尽可能美好地生活；并非只是老姑娘们才这样过日子。既然我这里在为论敌作最好的考虑，我认为有一点必须记住：“作为对全然不知怎样读诗的人们的初步接触或总的指导，纯声音主张算是帮助人们进行审美感受的一种药方，也是必要的。”

这样，为了总的对分析法进行辩解，我们只得求助于阅读这些分析者的自我尊重，并假设他目前有受人尊敬的品质。他应该有完好的平衡，很坚固的自我防线；他首先必须能对一首诗作出敏感明确的反应（可以把这叫作女性气质），然后，他还必须将这反应恰当染色后固定在承物玻璃片上，冷静自若地放到显微镜下观看，并留神不用手指弄脏被观察物；他必须有能力使自己再次产生的类似感觉不去干扰对初次反应的理解进程（可以把这叫作男子气概），必须有一种超脱感，不介意自己满足的东西到底会被发现是什么。我上边用过“固定”一词，是来自冲印快照的暗喻；我后来又想，这个暗喻比显微镜的比喻好，因为显微镜毕竟不易到手。

这种品质目前受人爱戴，因为它赋予我们一定的能力去探讨可能被证明是真实的任何事物;人们已经感到这种能力威力无穷。我这时并不是说这种能力的价值举世无双;它有可能使人的感受失去应有的刺激作用,失去丰富心灵的作用;中世纪的感受性也许比现代的更完整和令人满意。但是许多人理所当然地感到,现代读者更有能力应付当今的困难,他的自我防线坚固,足以使他能有很强的理解力;我也同情那些想尽可能理解更多事物的人,他们并不顾及他们尚不能预见的后果。

在说了表示赞同的话后,我还得回到我前面称之为谬误的观点上,讨论真理的科学观究竟是不是与诗歌创作有关。我分析的那些诗,有许多批评家早就表示欣赏,但只从它们的效果这一角度来描述了它们。因此,我想要表明,一个有适当能力和水平的读者在读诗时的思维过程,表明在这过程中思维者本人也全然不理解自己的思维过程。所以,人们可以说,我关心的是科学,而不是美,是在把诗当作实用心理学的一个分支。但是,假如可以如此毫不动情地来看待诗,假如诗成了受检验的外在事物,那诗就死亡了,根本不值得检验;不仅如此,倘若批评者对诗能毫不动情,倘若他压抑了感情共鸣而只保留好奇心,他就使自己失去了检验诗的能力。

科学方法适宜分析什么样的题材,这早就是个大难题。但这里的问题不完全与此相同,至少,问题还要困难得多。举例来说,我们也许会将上面的论点用于医学:"人们可以正确地冷静地看待人体,所以人体不值得治疗。"这也许显得不怎么有说服力,但早有人这样提过。人们以这观点为据来反对活体解剖,俄国正统天主教堂还禁止人读医学书。不过,对人体的处理有两种方法;我们从受鄙视的人体上获得知识和真理,用于我们喜爱的人体上时,结果能起很好的作用。还有更重要的,同一人体完全可能既被轻视又被珍爱;当然,医生想要反对精神分析也很困难,不过作出区分是可能的。但是,诗不是人体,因为理解诗是一种行为,这行为本身就是一种同情的表示;你不欣赏一首诗,你就不可能在自己头脑中再创造出这首诗。真正的科学观是:通常处于被动状态的大脑,收集着外部世界的信息;把科学观点用于诗,那是有趣的,因为它把真理的观念减缩成自我矛盾。

人类生活就是这样奇特地充满着自相矛盾,当我们似乎以直觉彻底解决了这些矛盾时,就不存在区分矛盾的需要了。由此我隐约感到普鲁斯特列举了许多人为什么快乐不起来的理由;但在快乐的时刻中,人不容易记起那些理由。所以，这儿我们仍然应该考虑直觉怎样才能解决这种自我矛盾，仍然应该说明对诗的分析如何才会变得有用，以及这种分析到底指什么。

从表面看，有两类文学批评家——鉴赏性的和分析性的，难就难在我们必须身兼两职。鉴赏家分析出的文学效果正是他自己读作品时所体验到的效果。或许，为了保证自己的解说比原文更容易为读者所懂，就用更长、更明白的句子，就把注意力只集中在某一点上。读者在从他那儿知道该寻找些什么以后，就愿意再回到原文，自己去把那些东西找出来。从这个意义上说，楷模诗文就是鉴赏性批评，大部分普鲁斯特的作品我们读起来像是对不幸消失的小说所进行的绝妙的鉴赏性批评。分析家不是这种方式的老师。他断定自己所讨论的作品已经多少为读者所理解，于是就着手用读者以往的体验来解释作品为什么对读者会有这种作用。作为分析家，他的文章并不重新表现这种作用，甚至可能阻止它的再次产生。现在我们看吧。显然，鉴赏者必须也是分析者，因为要把一个复杂的体验说得简单些，唯一的方法是把它拆散开来，一个一个依次述说。分析家必须也是鉴赏家，因为他必须使读者信服自己，确认自己很在行(对议论中的事物很有体会)；因为他必须能够向读者表明，在自己把体验拆开以后，正在讨论哪一个组成部分；还因为他必须巧言利舌使读者相信，他点穿的原因就正是他们感受到的效果的成因；不这样，读者与批评者之间就毫无关系可言。另一方面，一旦分析家变为欣赏家，他就再也不敢断定他能作什么解释了；假如他似乎已经说清楚了一点东西，也可能只是因为他设法再次作了一遍同样不可解释的事情。因而，我在发现可用几个词来传达出诗中某一个词的作用方式时，并不认为新词的作用方式比旧词的更简单；一个词具有生命体的性质，或生命体某部分的性质。我们要使读者更敏锐地理解那个词的使用与方式，就不能只作几条几款的解释，而必须提供一篇新的文章。正是这篇新东西要经受分析。

我在首章中提到过里查德·佩吉特(Richard Paget)运用舌头的各种姿式，结果得出了一个令人吃惊的概念：企图说明一首诗是怎样产生效果的，那是徒劳无益的，因为我们说不出这种效果中有多大程度是由声音作用决定的，这是语言的基本性质之一，至今还没有得到足够详细的解释。我的回答是，由解释进程的特性所决定，我试图作的解释用不着非全面不可，这个解释应该通过自己的遣词造句来暗示，诗的整个效果中有多少是由我们可解释的手段决定的，又有多少是目前尚无力解释的。

因此，这个解释过程一定是动摇于这两种批评之间，或使两种批评发生冲突。你在引用一段原文时，必须先告诉读者你自己的看法，可以通过隐喻、暗示、声音效果或任何可行的手段来告诉；另一方面，在你想发表批评意见、说明你的引用为什么是得当的时候，你必须尽量明白清楚地把自己的话说出来，使读者一看便知，一想便通。你也许认为我这样说不对，因为实际上我们得同时作那两类批评工作。但我认为我提的这种做法有用处；比如，我们可以用它来处理这个问题：对显而易见的事物，我们应该花多少笔墨？很多分析型批评家都为此大伤脑筋。

肯定地说，在鉴赏型批评中，即在你想告诉读者你对一首诗的看法和感受时，你绝不要戏弄读者；这类批评文章中的陈腔老调只会让人头疼，只会妨碍批评的自然进展；而这个进程的实质是用更简单明白的形式重现原文的效果。而在分析型批评中，由于其目的是告诉读者诗的作用方式，批评家可以放心地在明显的事物上大费笔墨，因为读者愿意看到完整的批评过程。的确，批评家不论是暗示原文某处有微妙的地方，还是对这微妙大加解说，都会使自己显得自以为是，咄咄逼人；因为这样做就是等于暗示那些不知道这点的人不屑一顾；其次，还因为他这样就是假设已经没有别的值得探讨的了。事实上，有些读者会把这种微妙看作理所当然，所以他们会认为批评家的暗示一定指更微妙的东西。

批评家在这种场合不充分说明自己的立场，是一种假派头的表现，还会在读者身上引起一种对立的假派头。这是现代美学令人沮丧的通病。这种情况的造成，主要是文艺审美迷失了正确方向，悲哀地感到事物不可解释（他们说："唤起一般人的理性是徒劳的，我们得保住自己的尊严才行"），而不是由于审美家自己的无才。这也多少说明，为什么对反理性的崇拜令人生厌：分析性批评比鉴赏性批评更令人快活（当然两者都同时存在），正是因为人们用不着为那些语调问题焦头烂额。

我们可以说，分析工作就是把知识从诗的阶段推展到散文的阶段，从直觉推展到思维。很明显，前后两阶段正是同样类型的对立物，因为一个阶段承认另外那个阶段的存在。但是这种"成对"的说法肯定包含了分析法的长处，我可以在这里说说自己是怎样在运用分析法的。经过分析，你可以知道眼下作什么才令你满意；你有什么感觉；怎样表达你自己独自一人清晰地想到的东西。在你对自己思维的直接对象或状态进行鉴赏时，在思维的直接对象和状态成为判断的条件时，你就是在获取诗的知识。的确，诗主要是感知几种这类事情之间的关系，不过这些关系人们是从诗的角度来认识的。另一方面，你能够将已知的事物以某种秩序放进一组类似事物中，使它得到某种程度的平衡和保险。你可以知道好几种理解这个事物的途径，知道以几种方式去理解其余的类似此事物但又不同的事物，了解足够多的构成因素及其组合方式，从而即使构成因素不齐全或条件有变，你也能控制整个局面；你可以向熟人陈述这件事，它在你的思维中有很强的结合力，能和别的许多事物结合而形成各式各样组合。这些过程，从它们的安排、组织角度讲，从它们总是想把已知事物连贯地串起来这一情形来讲，就是散文的知识。所以，一个诗的用语是诗人的构思，含义深长；一个散文用语平淡无奇但实用，作者可以用不同的方式运用它。

我们不运用比较就无法对观察物进行构思，同时也只有在认识的基础上才能进行比较。新取得的知识和过去的经验互为前提；这样，对任何特殊情况来说，问题主要是：你心里想到的事物哪一个才是主要的？但是，以这样的方式运用一对一对的成对词至少使我们找到反驳有些人说法的理由，那些人认为分析只会弄坏诗歌；常常由于历史原因，人们不再能以自己对诗的掌握而欣赏诗，然而以自己对散文的掌握却能重新发现诗的有条有理的构造。

但是，即使我们放弃思想和感情之间的对立，转而去注意思维达到的解释，效果并不令人鼓舞。你的语言或你的思维活动中能否找到应付一个特定问题的手段，这只是碰运气的事。甚至在已知的限度内也是如此。比如，你只能靠侥幸才能在欧几里德几何中找到一种作图方式（即使你总是能找到，也还是凭运气）。而在分析几何中，你必然有办法证明一个命题，尤其是那种明显属于几何的命题。不过，对人类的耐心来说，这个命题是不是过于复杂了一点，那就不能担保了。这两种凭侥幸的方式在一个特定情况里能否起相同作用，也得靠机遇。因而，暂时或永久都不能解释的事物，比起另一类你碰巧目前就能解释的事物，并非绝然不同。我们也不能认为这两类事物不同，除非你已经知道很多有关不可解释事物的情况。对文学作品的解释，如果是反复推敲一个也许是微不足道的类比，字里行间又不乏信口开河，这种解释就更像是纯几何而不是分析几何。而且，如果你想不出一个图解，那就可能说明，你也许会聪明地用一套另外的方法,但不能说明这是属于新的一类问题。

我一直强调这一点,因为我认为重要的是人们应该相信这样的解释是可能的,即使还没有人作出这种解释;那个类比给了我们图解的概念,也就是有用的。我们为了解说一段诗,常有必要把一些毫不相关的东西硬扯进来;因而,我发现必须上下查找,才能找到一种手段表达我想到的概念;这常常使我困惑不解。的确,这种搜索枯肠贯穿于表现手段的始终,因为不如此我们怎能知道去查找什么?这样的手段是非有不可的,一方面是为了显得你自己对所谈的事物很精通,一方面是为了显示"文采",还有一方面是因为你对散文的根本看法是,人说的话各个部分都有某种意思。(这三方面最后含义相似,且一个比一个更概括。)否则,我们就只会是在不停地陈述我们不知的或不明确的对象之间的关系,或只是在陈述这种关系的某方面,对这些关系本身我们则一无所知,所以,我们的陈述方式也许会准确反映陈述的性质,但只有纯数学家习惯这种方式。因此,我作的许多解释也许有明显的错误,但很说明问题,或者说,虽然说明问题,但有明显错误。

关于图解的概念也暴露了图解过程的不可靠因素。只要我们的思维不操之过急,就能无限度地作出不同事物的区分,甚至那些有关语言学的问题也不一定会吸引诗的读者。当一首诗明确无疑地提到某一个领域时,我们通常可以在这个领域当中划一条界线,然后说诗正在用朦胧手法描绘相邻的两个领域。这样做有一点用处:它证明这个领域有外延。但我们不能以为,正确地理解这个领域,就像理解我们自己头脑中定下的那条界线。所以,我认为,我的七种类型用来进行区分可以立见成效,但对更严肃的分析来说,它们可能显得微不足道,相互也互有差别。我认为它们有用,不仅仅是它可以把许多实例串起来,还因为在复杂情况下,对不管怎样都互不相关的实例所作的区分,能使读者更清楚地感受到那些实例。

不过,既然我承认分析一首诗得花费很多口舌来说明其内容,既然我承认这种分析并不能指出它所描绘的那些手法是怎样产生和运用的,既然我承认这种分析所提供的东西并不能代替正常的感受,承认只是因为这种分析在某些方面起作用才为人们所容忍,那么,我认为应当在作结论时说一说它到底有什么用处。它无须有什么用处。所谓正常感受,是一种为人所意识的理论变成人的习惯后又回到前意识的结构,这样一来,为人所意识的理论就可以丰富人的感受，即使不能作出什么结论，不能形成从科学意义上说的一般理论，来协调所描绘的结果并使结果能很快被利用，这样也提升了描绘手法，读者从而对自己的理解更有了信心；更能区分什么是个别的，偶然的，什么是极为重要的，或可以重复的；更信任自己的体验（即更深信不疑诗文的可传达性）。一句话，这就在读者心中丰富了所描绘的东西，即使并未增加这些东西的可描绘性。要得到文学上的满足，需要的不是“这是美的，因为某某理论”，而是“这是对的，因为我正在体会到这一点；我知道作者意欲影响我的那种方式是什么”。

当然，这个看法并不新，但有必要重复。我们经常听到超现实主义派的批评家说，假如没有批评文章，诗还是诗；所以，比方说，蒲柏如果没有批评的教条，还是会以同样方式写诗的。依我之见，开诚布公地说理论家在胡说八道，那是不明智的做法，正如说“并非人人都平等”是无用的一样。这是因为，理论家可能是有意识地在制造一种似非而是，以暗示一个更大的真理。所以，如果说蒲柏可以把他的教条弃之不顾，因为这些教条早就成了他感受力的一部分，这种说法也还有一定道理。显然，我们又面临了鸡和蛋的老问题。教条产生了感受力，又来源于感受力。如果要说教条不影响感受，那当然是荒谬的。人们只是在试图强调感性产生理论时才这样说。他们的理由来自科学观点与美学观点之间的冲突，我一直就在仲裁这两种观点。人们不清楚一个批评的教条有何效用，不清楚应在多大程度上不受制于自己的时代和个人喜恶，还不愿意把自己的感受力置于理性的裁判之下，怕的是自己一旦开始运用理智，就会陷入谬误的囹圄之中。另一个由此而产生的原因前面我已经提过；只是最近以来，广大读者才开始赞美多种不同的诗风，同时也就需要多种不同的批评法则，这样，就不再只需要一种阅读习惯，而需要一种理解能力，指导他们有条不紊地涉猎一种又一种风格。这样一来，读者会密切关注诗在自己心上激发起的各种感受；重要的是，别忘记这是一首什么种类的诗，以免产生错误的感受。

那么，为了这些缘故，有必要保护我们的感受力，不让它受批评教条的侵扰，但也正因为如此，某些有说服力的分析手段反过来又变得如此必不可少。所以，我敢说，今天所有的诗歌读者都会一致认为，某些现代诗人是江湖骗子，尽管不同的读者会将这游戈不定的怀疑加在不同的诗人身上；但这些读者没有肯定的办法能证实自己的怀疑，我们的约翰逊博士自己认为他有肯定的办法,这倒是实话。并不是无人知道这个办法,而是它还不普及;人们感到,既然它总是不恰当,它一定也总是不可信的。结果,人们无论读什么诗,总感到有某种不满足,心中永远有疑团,不知道自己是否在正确地理解诗句,而假如应该这样理解,又不知道自己是否应该感到满意。很明显,缺少分析手段。比如缺少那类稳健可靠的手段来判定自己的态度正确与否,就会导致情感的贫乏,而缺乏情感不如不读诗。难怪,我们这个时代所需要的,就算不是对某一种诗的解释,也应该是一种有普遍说服力的信念,即坚信所有诗都是可解释的。

那么,我要说,那些发现本书不乏新意的人,会发现诗更美;他们并不一定非得想起这是新奇点不可,也无须试图把这些新奇点奉为原则。我就以此为本书这么多小题大做的话向读者致歉。

周邦宪等译

——选自燕卜荪《朦胧的七种类型》,中国美术学院出版社 1996 年版

西方审美教育经典论著选 4下

主编 朱立元
副主编 栗永清

江苏凤凰教育出版社
Phoenix Education Publishing, Ltd

图书在版编目（C I P）数据

西方审美教育经典论著选．第4卷：全2册 / 朱立元主编．— 南京：江苏凤凰教育出版社，2015.7
ISBN 978-7-5499-5323-3

Ⅰ．①西… Ⅱ．①朱… Ⅲ．①审美教育 — 西方国家 — 文集 Ⅳ．①G40-014

中国版本图书馆 CIP 数据核字（2015）第171377号

书　　名　西方审美教育经典论著选　**第四卷(下册)**
主　　编　朱立元
责任编辑　王　岚
装帧设计　张金风
出版发行　凤凰出版传媒股份有限公司
江苏凤凰教育出版社(南京市湖南路1号A楼　邮编210009)
苏教网址　http://www.1088.com.cn
照　　排　南京前锦排版服务有限公司
印　　刷　江阴金马印刷有限公司(电话:0510-86022033)
厂　　址　江阴市滨江西路803号(申港)(邮编:214400)
开　　本　787毫米×1092毫米　1/16
总 印 张　79
版　　次　2015年7月第1版　2015年7月第1次印刷
书　　号　ISBN 978-7-5499-5323-3
总 定 价　220.00元(上、下册)
网店地址　http://jsfhjycbs.tmall.com
新浪微博　http://e.weibo.com/jsfhjy
盗版举报　025-83658579

总　　序

1850年，鲍姆嘉登出版了他的*Aesthetic*，作为一门学科的美学正式进入人类的知识图景，其后，尽管美学的学科对象、性质等等发生了巨大的变化，但鲍姆嘉登作为"美学之父"的学术史地位，却得到了绝大多数美学史家的认同。在随后的美学学科谱系中，"美的本质"即"美是甚么"的问题在19世纪的西方美学研究中成为基本问题之一：而在当代中国，自上世纪50年代以来它更是成了美学研究的核心问题。鲍姆嘉登关于"美是完善"的表述，也被视作对"美"之本质的界说，为后世所重。不过，应当指出，鲍姆嘉登说"美学的目的是感性认识本身的完善(完善感性认识)，而这完善就是美"①，其实并不是在为美下定义，而是在强调感性认识"完善"乃是"美学"的根本"目的"所在。众所周知，鲍姆嘉登创立美学(感性学)的初衷即在于补足哲学界对"感性认识"缺乏关注的局面，对鲍氏而言，"美学"之创立，除了以一种认识论的方式对人类的较低级的"感性认识"、"自由艺术"(即今日所谓的"艺术")进行分析之外，其实不无为人类的"感性认识"立法之初衷。② 换言之，对鲍姆嘉登而言，美学不仅仅是一门纯粹的理论性的学科，同时也具有着极强的"实践性"，美学将为人为指明一条如何实现"完善的感性认识"的坦途，而这在他本人对于其著作的架构中也可以约略见出③。

---

① 鲍姆嘉登：《美学》，第18页

② 鲍姆嘉登为美学所下的定义为"美学作为自由艺术的理论、低级认识论、美的思维的艺术和与理性类似的思维的艺术是感性认识的科学"(《美学》第13页)，在笔者看来，其中"美学"作为"美的思维的艺术"、"与理性类似的思维的艺术"的定义本身就较为直接地呈现出鲍氏心目中的"美学"包含着如何让人类的"感性认识"臻于完善的"立法"诉求。

③ 鲍姆嘉登的《美学》只完成了一小部分，在他的构想中，"美学"当包括理论部分和实践部分，已经出版的两卷只是理论部分的大约三分之一(即他所说的"启迪学，关于事物与思维的一般规则"的部分)，而"关于条理分明的安排的一般规划"的"方法学"和"关于用美的方式想到的和加以安排的东西的表达手段的一般规则"的"语义学"以及更具应用性的"研究在个别情况下如何运用的问题"的"实践美学"，鲍氏并未完成。(《美学》第17页)

鲍姆嘉登不仅专门开辟出一节讨论了"审美训练"的问题，指出"每当接受训练的美学家使美的认识有力地发挥作用时，通过这两种训练，不仅精神，而且情感和美的气质也能获得独特的技巧，并且由于适应而得以增强"①，更明确指出，审美学说本身就包括"一切美的教养，即那样一种教养，对在具体情况下作为美的思维对象而出现的事物的审视，超过了人们在未经训练的状况下可能达到的审视程度。熟悉了这种教养，通过日常训练而激发起来的，美的天赋才能，就能成功地使星峰起来的，转化为情感的审美情绪——包括在珀耳修斯那里看到的那种'尚未沸腾'的审美情绪——对准美的思维的某一确定对象"②这已近乎是直接给出一个"审美教育"的定义了。我们似乎可以肯定地说，在"美学之父"那里，美学其实本身就包含着指导人如何抵达"美"的，亦即"审美美育"的维度。"美育"不是美学的"应用"，而直接的就是"美学"的有机构成。

然而，或许由于过于强大的形而上学传统的影响，或许是由于鲍姆嘉登对于"实践美学"的思考未能形诸笔墨，"美学之父"之后，美育，或者说"美的教养"的问题似乎并未成为美学的核心，直至席勒《美育书简》的问世。

19 世纪西学东渐大潮之中，"美学"通过其他"舶来之学"一道进入中国，1906 年，王国维在《去毒篇》中首倡"美术者，上流社会之宗教"③，1915 年，蔡元培提出"以文学美术之涵养，代旧教之祈祷"④，1917 年，蔡氏在北京神州学会演讲中明确提出"以美育代宗教"说。虽然第一代中国美学家们都对美育给予了高度重视，蔡元培执掌北大期间，更亲授美学课程，其对后世中国美学进程也着实产生了重要影响，在中国当代美学史上产生极大影响的实践美学的领军人物李泽厚在 20 世纪末亦再度重申了"审美代宗教"即可看做此种影响的表现。然而，理论家们的呼号与努力却并未真正"落地"。"美育"虽贵为"德智体美劳"五育之一，但在具体的教育中如何实施？教育工作者们却似乎并不了然，而美学家们对于美育的具体实践似乎也缺少足够的关注，甚至在美学家最为拿手的理论、学术史领域，关于美育的研究著作、美育史、美育思想史的著作也实为鲜见。

---

① 鲍姆嘉登：《美学》，第 33 页

② 鲍姆嘉登：《美学》，第 34 页

③ 王国维：《王国维文集》第 3 卷，中国文史出版社 1997 年版，第 25 页

④ 蔡元培：《蔡元培文集》第 2 卷，浙江教育出版社 1997 年版，第 339 页

在我们看来，这种局面的形成，原因自然是多方面的，但对美育史、美育思想相关文献资料的整理的不足，显然也是其中一个极为重要的原因。也正由于此，我们起了一个编辑西方美育经典著述的念头，承蒙江苏教育出版社的大力支持，才有了这套图书。

这套图书的编辑，在我们自己，确实是有些希冀的。在许多人，也包括不少的美学爱好者甚至研究者看来，作为哲学的二级学科的美学是象牙塔之内的逻辑推演，是不同理论模型、体系之间的思辨诘难，其实，在我们看来，美就存在于人生实践之中，美参与着个体乃至人类境界之塑造，而美育便是这种“参与”、“塑造”的行为本身。我们希望这套书能够为学术界对于美育的研究，教育界对于美育的实施，大众对于“美育”的重要性的理解提供一些帮助。自然，至于这些希望可否达到，还需要时间和读者的检验。

是为序。

朱立元　栗永清

2013 年 7 月 10 日

目　　录

波 兰 卷

塔塔尔凯维奇

瓦迪斯瓦夫·塔塔尔凯维奇(Wladyslaw Tatarkiewicz, 1886—1980)是波兰杰出的哲学家和哲学史家,在美学、美学史以及艺术史的领域里取得了卓越的成就和地位。塔塔尔凯维奇在《西方六大美学观念史》第十一章《美感经验:概念史》中追溯了审美经验的历史,审美经验对于艺术的鉴赏有极为重要的意义。

一、前启蒙时期的美感经验

早期,人们并没有区分"美感的"与"美的"范畴,"美感的"一词在18世纪中叶才进入人们的视野,之前一直被纳入审美知觉的范畴。毕达哥拉斯采取"旁观者"的审美态度。希腊人认为美的知觉必须调动感官的凝神专注,并从中得到强烈的快感,近乎着迷。亚里士多德从品尝和痛饮之乐与观赏和聆听之乐的不同中把握到了美感经验的特质。柏拉图认为美在观念,普罗提诺主张灵魂的美是体验美感的先决条件。中世纪,阿奎那秉承了亚里士多德的理论,波埃修、厄里根纳则发展了柏拉图和普罗提诺的观念。文艺复兴时期的理论家则认为美感经验的产生有主动和被动两种方式。前者强调内心美的观念的重要,后者主张灵魂降服于美。格拉维那认为对于美与艺术的反应是非理性的狂热。杜波斯的理论假定,人们发展美感经验的目的乃是为了补救无聊。

二、启蒙时期的美感经验

启蒙时期,人们厌倦了"甚么是美"这样的问题,转而追问"人们欣赏甚么"。18世纪的英国以趣味来区分美丑,夏夫兹伯里开创了美感经验的心理分析,后由艾迪生、哈奇生所推行,但在美感经验的认识上存在着分歧,夏夫兹伯里认为美是对象的一种客观的性质,哈奇生则认为美是一种感觉的性质。休谟的"趣味说"则是一种极端的主观主义。博克认为细小、光滑、柔软的物象产生美。英国经验派为美感经验的知识奠定了基础,却没有得出审美经验的清晰的意念。德国的鲍姆加登主张美感经验是一种感性的认知。康德完成了英、德的美感经验概念的综合,认为美感经验以非概念性、无利害性、形式性、主观性以及普遍性等为特征。叔本华的"观照说"主张美感经验只是一种观照。

三、现代美感经验

近百年来,由于心理学的发展,美感经验获得了详实的资料,但许多学说都言过其实。冯特、费希纳等心理学家主张美感经验是一种特殊的"基本的审美感情"。快乐主义学说是诸多显学中比较原始的一种,桑塔耶那主张美是事物的性质的快感,弗莱恩斐尔斯主张美感经验的价值恒等于它所包含的快感。克罗齐认为美感经验是一种直觉,费德勒主张心灵在对艺术的美感经验中,发现到关于世界的视觉本质的一种解释。幻想主义与认知理论对立,认为美感经验是一种有意的幻想。哈特曼和盖格认为美感经验中感情都是假造的、不真实的。迈农认为我们在剧院所下的判断都是虚构的,而布劳斯坦则辩称扮演才是虚构的,但实际上二者并不出现在所有美感经验中。游戏说认为美感经验是游戏,如席勒、斯宾塞等人。菲舍尔、李普斯的移情说存在诸多疑点,并非每一种移情都会产生出审美的效果。观照说近百年来也有不少附和者,并且产生了一些自然结果:闵斯特堡的"孤立说",布洛的"心理距离说",被人继承用来描绘美感经验全部特征的康德的"无利害说",以及阿恩海姆的完形心理学,之后还有极端反理智的"欢乐说"。上述种种学说之间存在冲突,美感经验被解释为主动过程(移情说)和将它解释成一种被动过程(观照说)正好相反。

四、美感经验理论的遗产

柏拉图为美感经验产生的条件即心理机能奠定了理论基础,启蒙时代寻求是哪些心理机能对美感经验负责,众多审美经验理论是关于审美态度的。各种美感经验理论之所以言过其实,是因为它们难以把美感经验和日常经验区别开来,而且美感经验的概念并不明确。英伽登认为审美经验是多重的,在不同的阶段,美感经验截然不同,在当代,美感经验理论是多元化的,对于本书作者而言,美感经验也没有一个定论。

(李 兵)

美感经验:概念史

第一节　早期的历史

在过去的一百年间,大部分有关美与艺术的著作,都具有心理学的性质,它们的主题通常总是人类对于美和艺术的感应,也就是所谓的美感经验;美感经验的属性、元素和发展都被考察过;它所需要的心理态度,其性质也被追究过。它被认定是美学的主题;不仅这样,还被认为是美学仅有的主题,相比之下,其他的课题都显得有些虚幻、无稽。

19 世纪的思想家们都陷于幻想,自以为他们自己是美学的革新者,开创了心理学的美学。其实这也是一种夸张,因为早在很久很久以前,已经有些作者发表过关于美和艺术的心理学的各种意见。确实,他们只是少数人;而今天所流行的一般性的课题,在过去也很少被人接触到。究其所以,部分的原因,可能是由于问题似乎显得太简单:世界上原本到处都有美,任何人只需要有一双眼睛并且用它们来看东西,他就能知觉到美。何况说得更确切、更宽泛一点,凡人都必须能够知觉到美,并且都假定对它会采取一种适当的态度。

就一切可能性来考虑,有关美感经验的讨论可说是始于毕达哥拉斯。他的论著被第欧根尼·拉尔修译成拉丁文,其中有一段提到:“人生就好比一场体育竞赛,有人像摔跤者那样在搏斗,有人像小贩那样在叫卖,但是最好的还是像旁观者的那一些人。”

我们可以设想,古代的希腊人用“旁观者”这个名称来表示那些被认为具有审美态度的人,而实际上,他把这种态度跟旁观者的态度看作同一回事。这一段文字开启了美感经验的概念的历史,对于历史的观察,也可以把它当作名言来看待。

1. 美的认知(Cognitio aesthetica)

在早先的许多个世纪里,即使那些对美感经验有兴趣的人,也没有把它称作美感经验:名词是后起的,概念本身也几乎是一样的。这是概念与表示它们的名词并非生于同时这个事实的一个古典的实例。

“美感的”(aesthetic)这个形容词,显然源于希腊文。希腊人用άί σθησις,这个词来表示感觉的印象,再配上 νόησις这个词来表达思想,这两个名词也各有其形容词的形式。αι′σθητιχόϛ和 νοητιχόϛ分别表示感觉的和理解的。在拉丁文中,尤其是在中世纪通行的拉丁文中,它们的同义词是 Sensatio 和 intellectus, sensitivus 和 intellectivus;而 sensitivus 有时则依照希腊文被称作 aestheticus。所有的这些名词都被用在古代和中世纪的哲学里面;不过,只限于用在理论性的哲学里面;在作美、艺术以及与这些相关的经验的讨论时,"美感的"这个词还没有被用到,这种情势保持了很长一段时间,甚至进入 18 世纪,整个情势还未改观。

时至 18 世纪中叶,在德国,作为莱布尼兹和沃尔夫学派哲学家之一的亚历山大·鲍姆加登,一方面保持了古代人所作的那项介于理解的和感觉的认知之间的区分 cognitio intellectiva 和 sensitiva,同时又给它一个令人吃惊的新诠释:他把感觉的认知 cognitio sensitiva 视同美的认知,并且用一个希腊文/拉丁文合璧的名词 cognitio aesthetica 或简称 aesthetica 来称呼有关美的认知的研究。像这样,从近代的拉丁文开始,"美学"("aesthetics")这个名词和"美感的"("aesthetic")这个形容词才双双进入近代的语言之中。

名词像这样被吸收,既不直接,也不完全。起初只限于德国的沃尔夫学派。其他的学派则嫌它们有些粗俗而不予采用。康德对于鲍姆加登的著作十分熟悉,起初对于他的名词弃而不顾(在《纯粹理性批判》里),随后(在《判断力批判》里)才接受了它。这是一项重大的突破。在 19 世纪初,美学这个名词被用作赫尔巴特和黑格尔著作的名称。像这样,美学连同逻辑和伦理学,变成为哲学一大分支的名称。

当"美感的"这个形容词被用来标明过去事实上无以名之的种种心情、经验以及对艺术和美的情绪感应时,它就随同名词普及开来。教人深感惊奇的是:不只是柏拉图、亚里士多德、斯各特·厄里根纳和托马斯·阿奎那在没有名词的情况下讨论过这些感觉,即使 18 世纪非常先进、非常近代的英、法两国的美学家们的处境也是一样。相对于一个至少被讨论了两千年之久的现象而言,"美感的"一经验证算得上是一个姗姗来迟的名称。若就它的语源来看,一切都显得令人不可思议,因为其中没有美,没有艺术,也没有快感。一开始,甚至在 19 世纪,人们对这一名词的使用还不无疑虑,海涅的美学概念还包含着一些造作和夸张的成分,不过这种情形很快就成为过去。

这种自 18 世纪以来被称作美感的经验,在之前的各个世纪里曾被简单地界定为美的知觉。甚至在今天,还是照样流行着一种想法:认为美感经验跟美的经验是同一回事;如果打算界定美感经验,只要说"这是一种美的经验”就够了。其结果，由于“美感”经验的概念一向发达，以致学者们都不曾关心它的定义，而只关心它的理论。那也就是说，他们以为认识美感经验十分容易，要想去表述它的特征和要素却显得相当困难。

不消说，界定美感经验原不是一件轻而易举的简单事。美学家们在以往曾经区分出类如：雄伟、生动、妩媚、悲剧的以及喜剧的这些近似美却不同于美的种种性质。但是对于这些性质的经验，通常都被包含在美感经验之中。照这样看来，“美感经验”这个概念的范围，毕竟不同于“美的经验”这个概念的范围；当然与“艺术的经验”这个概念就更加不同了。这三大美学概念——美、艺术与美感经验，或者采取形容词的形式来说，便是美的、艺术的和美感的——其中的每一种都有其自身的特殊的范围。

2. *凝神专注*(Concentration)

我们在前文引述毕达哥拉斯发表的有关美感经验的主张，可以说是有其缘由，并非事出偶然，因为它看起来似乎是相当自然的一项见解，那就是认为美的经验只是对于美的知觉和注视。在古代人心目中，无论是知觉或旁观(希腊文是 υ ἑā)的概念，其用意都很广泛：它包括了学生和观众的态度；不过后者必是看得专心，瞧得真切，才能算数。毕达哥拉斯的想法，还可以用另外的一种方式来表示：为了知觉到美(无论是在自然里或在艺术里)。无论是谁，都必须把他的眼光集中在它上面。

不过，从很早以前，这个概念便由耳至眼，扩展了开来，因为不独是眼睛，耳朵也同样是知觉美的器官。正如为了知觉视觉的美，一个人必须集中他的眼光那样，一个人为了把握一首乐曲之美，他也必须要注意倾听，把他全副的听觉集中在它上面。这个概念，也就是美的知觉必须是某一感官的集中注意，甚至各种感官的集中注意，符合了希腊人的目的，因为相对于希腊人而言，这个概念即使不是他们的美学的一个终极的目标，至少也确实算得上是一个出发点。他们曾以十分简单的方式表示说，我们对于美的知识乃是出于各种感官：我们的眼睛看到了匀称，我们的耳朵听到了和声。但是关于诗歌之美的情形又如何呢？他们觉得那也得全靠听觉带路。在诗歌中，也诚如昆提利安后来所描写的那样：optime iudicant aures，我们的耳朵成了最好的判断。巴比伦的第欧根尼留下了一句名言说：要想欣赏诗，一个人只要具备一对“陶养有素”的耳朵就得了。(Phiodemus. De musica，11)

3. 着迷(Enchantment)

这种关于美感经验的初步意见,也就是把美感经验视同旁观者(或旁听者)的经验的意见,在希腊早期曾由亚里士多德提供了一个完满而成熟的表现方式:不只是表现在他的《诗学》里,也表现在他伦理学的著作里。不过由于被表现的内容都被隐藏在其中,所以长久以来,美感经验的学说都未曾被学者们所注意,尤其是在很少被人读到的《犹德穆伦理学》里。它虽然被考虑得十分周详,情形也是一样。我们可以承认他没有用到过美感经验这个名词,但实际上,他所描写的正是我们用那个名词去称呼的经验。

亚里士多德的理论是相当复杂的。在其中,我们可以找出我们所经验过的感觉上的六大特征,那是我们认为一个"旁观者"的态度所以成立的依据。且依照亚氏提出来的说法:

(1)它是一种从注视或倾听中得到的强烈快感的经验,由于这种快感是如此的强烈,以致感受到它的人很难摆脱得掉它;(2)这种经验使得意志中止,凡经验到它的人都"仿佛着了海妖的迷,意志全被解除掉了";(3)这种经验实际上具有各种程度的强度,而且经常会显得"过度";但比起其他别种的快感来,这种经验虽然过度,也没有人发现它会遭人厌恶,至于其他别种快感,一旦过了度,就不免令人厌恶;(4)这种经验乃是人的一项特征,它只属于人;其他的生物固然也有它们的快感,但那都是从滋味和气味中得到的,不像人从视觉和被知觉到的和谐中还能感受到快感;(5)这种经验虽然源于感官,却不全靠它们的敏锐:动物的感官通常比人类的感官要敏锐得多,但是动物并不因此就能感受到这一类的经验;(6)这一类的快感源于感觉的本身(而非生于今天所谓的联想):要点在于感觉可以自身为理由而被享受,或因它们所关联,激发乃至期待的事物而被享受,例如:佳肴和美酒的气味之所以令人愉快,是因为它期待着品尝和痛饮之乐,然而,观赏和聆听乐在它们的本身。不消说,品尝和痛饮之乐,总受到生理条件的限制。亚里士多德将带有生理条件的快感与其余的快感相对。虽然当时他未曾将后者称之为美感(花了两千年的时间,这个名词才算获得它当今的用意),但是根据他的描述,显示他所表示的正是我们用那个名词所称呼的事情。事实上,他已经把握到了美感经验的特质。

4. 观念(Idea)

有关这类经验的另一种学说,在亚里士多德之前,早在希腊哲学家柏拉图的著作中便已经形成了。柏拉图的美学主要是关系到美的学说,但也旁通到美感经验的学说。柏拉图追寻真实的美,不在物象之中,而在观念之中。我们的眼睛和耳朵能够知觉到物象的美,但不能知觉到观念的美;其结果,为了知觉到一种理想的美,柏拉图势必要给灵魂规定出一种特殊的才能。由此看来,亚里士多德所致力描述的是审美的态度,而柏拉图所致力描述的,则为体验美感必不可少的一种心灵的能力。柏拉图坚信,这种能力内在于人,这构成了他在美学史上的主题;它在柏拉图的后人们那里一再出现。尤其是在古代衰落之时,它明显地出现在普罗提诺的作品中。

普罗提诺主张,唯有那具备了与生俱来的内在美的人,才能知觉到存在于世界中的美。他并且宣称:"除非灵魂本身成其为美,否则它就见不到美。"像这样,他看出了这一项体验美感的先决条件,不只是为了拥有一种特殊的美感少不了它,甚至要想拥有某些道德的以及精神的品质,以表现出心灵的崇高,也都同样少不了它。

早期希腊的文献中,关于美感经验的论说,只有少数流传了下来,而且还是靠柏拉图、亚里士多德和普罗提诺这几位大师的贡献,这都是极富历史性的重要文献,它们不仅包含了有关美感经验的早期的记述(其密切性恐怕是难以超越),而且也包含了有关产生这种经验的心灵才能的早期的省察。

5. *灵魂的内感*(Sensus animi)

比起古代来,中世纪的学者们对美感经验的问题兴趣并未减少,但是很少加入甚么新的观念。原则上,凡是古代的意念、概念和学说都被保留了下来。例如:认为美感经验基本上就是注视和聆听。它不需要与寻常的观众和听众所采取的态度不同。阿雷佐的古义多于11世纪间在他的著作上(Micrologus. P. L. CXLI. C. 393)曾经说:"悦耳动听的事物的甜美,神奇奥妙地直透人心。"(delectabilium rerum suavitas intrat mirabilliter penetralia cordis.)

托马斯·阿奎那在他主要的著作《神学大全》中,接受并阐扬了亚里士多德认为有一类特殊的美感经验的学说。我们可以在阿奎那的书上读到:"当一头狮子望见一只鹿或听到它的动静时,它不免见(闻)猎心喜,然而一个人却能经由其他的感觉体验到快感,这也就是说,他不单从食物中得到快感,并且也能从感觉印象的和谐(proper convenientiam sensibilium)中得到快感。生于这些感官的印象,透过它们相互间的和谐一致而激发快感。这种情形正如当一个人听到完美的和声时所领受的快感那样(sono bene harmonizato)。由此可见这一类的快感是跟维持他的生存无关的。”阿奎那受到亚里士多德的影响,其见解虽与后者大体相近,却显得更为积极。他把审美的态度跟受到生理条件限制的态度区分开来;前者只在人之中被发现,却不能在动物中被发现。他写道:“单只是人能在感觉对象的美中找到乐趣。”(in ipsapulchritudine sensibilium secundum se ipsam.)

当阿奎那坚持亚里士多德的学说之际,其他中世纪的学者们则致力于发展柏拉图和普罗提诺的观念。他们认为人以一种特殊的感官去知觉美,这种专属人的官能使人体验到美感。波埃修在这里充当一个介于古代和中世纪之间的中介者的角色,他和新柏拉图主义者一样,主张为了知觉得到美,一个人必须先有美在其本身之内。他写道:“我们享受到声音的适当的组合,因为我们自己也是由相同的方式组合起来的。”(Institutio musica, I. 1.)

中世纪的学者们在人之中寻找使人得以知觉到美的特殊才能;他们还试图去界定这种才能,并且为它命名。约翰·斯各特·厄里根纳将它称之为“灵魂的内感”(interior sensus animi),而圣波拿文都拉则将它称之为“精神的视觉”(a “spiritual vision”),这些思想都源于柏拉图的传统,正如阿奎那的思想源于亚里士多德的传统一样。

由于美的感觉这个观念在当时变得很普通,所以厄里根纳采取它并不显得有甚么新奇,但是除此之外,他还持有另一个在当时显得新奇而且不寻常的观念。这个观念虽是出于亚里士多德的观念,但他把它表现得比亚里士多德更清楚。厄里根纳把审美的、观赏的态度——也就是旁观者的态度——跟实用的态度对立起来,也就是把欣赏跟贪婪对立起来。有些人被美好的事物(例如,厄里根纳提到花瓶)所引诱,究其所以,是由于他们的贪婪和占有欲。但是,无论如何,对于这些东西还有一种不同的态度,不仅可能,而且正当,这种可能有的正当态度,其中“既无贪财之想,也显现不出其他任何的欲望”。凡是采取这种态度的人,在一个美的对象之中,只见到“造物者及其作品的壮丽”。厄里根纳用宗教性的名词所表明的态度,正是我们认为宜于对美所采取的态度。他写道:“那些以贪婪的态度接近形象之美的人,都在作孽。”

6. 灵魂的降服(lentezza)

文艺复兴时期的理论家们也都保持了先前的那一种信念,就是认为美感经验(如果用他们的说法,不如说是美的经验)的产生,不仅对象之美是必要的,主体的特殊的心灵才能,即适当的态度,也是必要的。这种态度,被文艺复兴时期的思想家们设想成两种完全不同的方式:主动的,或是被动的。

依照头一种概念,一个人为了知觉到对象中的美,他必须在他的内心现有一种美的观念。费奇诺依照柏拉图的传统,在他的著作中写道:"当美符合于我们与生俱来的美的观念时,它便打动了我们。"(Commentarium in Plotini Enn., I. 6.)

在另一方面,阿尔伯蒂主张美的接受者只要灵魂的降服(lentezzad' animo),为了领受美,被动地降服于它,实际上远比以一种控制经验的主动观念来得重要。

这两种概念,在15世纪佛罗伦萨的同一个圈子里,都找到了它们表现的机会:柏拉图式的那一种将经验建立在管治它的观念之上,而和它平行的亚里士多德式的那一种,则只假定降服于美妙对象的作用。两者随后都有它们各自的追随者。

7. 狂热(Delirio)

关于美感经验的见解,事实上还包含着另外一种争论:到底是哪一类的心灵能力被指定用来产生美的知觉呢?它们是理性的能力呢,还是非理性的情感?如果就过去一大段漫长的时期而论,学者们所采取的态度,千篇一律都是理性主义者的态度,这个事实是无可争论的。对于美感经验的合乎理性的了解,特别是在古代的论文中得到了表现,这些论文到了文艺复兴时期都被尊为权威。例如:在亚里士多德的《诗学》里,以及在维特拉维斯视觉艺术的学说里,都可以见到这类表现。

然而,还没到巴罗克时代的末期,相反的观点就已经使人有所风闻,而它一旦出现,就来势汹汹,显出一种仇视一切的姿态。在格拉维那1708年发表的著作*Ragion Poetica*中,它就找到它的表白,而且算得上是一种极端性的表白。格拉维那持着一种意见,认为对于美和艺术的反应,可以借非理性的情感霸占心灵的这个事实来加以判别:当非理性的情感霸占心灵之时,就把它带进一种兴奋的状态,使它将常规抛弃掉。当"人们睁着眼睛做梦"时所进入的这种几近疯狂的喜乐状态,格拉维那把它称作delirio(狂热)。乍看起来,他似乎只恢复了古代柏拉图的学说,其中肯定艺术的本质在于uaria(疯狂)。然而,无论如何,柏氏的主张和他的见解之间还是存在一个基本上的差异。格拉维那把美的接受者也纳入了他的概念,这也就是说,在他的心目中,不只是创造的经验,即使是美感经验也同样陷于狂热。由此看来,在这个范围之内,他真算得上是前无古人,至少是找不出像他这般有把握和走极端的人。

8. 补救无聊(Remedy for boredom)

纵观古代、中世纪以及文艺复兴这几个时期,我们可见它们被美感经验预先占据到一个相当可观的程度,对于它们的考察,范围却很有限。被考察到的问题主要是:我们靠甚么经验到这些情感?它们需要哪些机能和态度?至于这些情感如何被界定的问题则很少被查问到,因为定义似乎显得很简单:所谓美感经验就是一种美的经验。只有在少之又少的情形下,这些问题所归属的"类"(genus)才被详加考虑,而有关于它们的"类差"(differentia specifica)问题,被问到的机会更少,只有在距今不久之前,这个问题才变成美学中的主要课题。

出现得同样晚的一个问题是:这些经验到底要来干甚么?对于这个问题的答案,似乎显然是将它们用来知觉美,这乃是人生的目的和意义。不用说,柏拉图的见解:"如果人生值得活,那只是为了注视美。"在此被分享了;果然如此,在这里就看不出会有甚么问题。但是,文艺复兴时期过后,问题终于显现出来了。先是出现在17世纪法国作家们的著作之中,接着在下个世纪初,有关这个主题的整套学说便被建立了起来。杜波斯在1719年出版了他的书:《关于诗与画的考评》。他的理论假定:人做,而且只做那满足他的需要的事情;而他的需要之一便是让他的心灵被事情充满,否则他便会感觉烦恼和不快。为了避免无聊,于是他从事各式各样的活动,其中有一些活动甚至使他冒险犯难。但是,同样的目标,也可由另一个既没有危险,又没有伤害的途径去达成,这个途径便是通过艺术和美感经验,使唤人们的心思,那是它们可以帮忙达成的目的!这十之八九乃是头一种解释美感经验的目的的学说。由于相对于美的爱好者而言,它不免显得有些讽刺,所以它的倡导者在生前很少有甚么附和者,那种光景和今天比较起来,真是不可同日而语了。

杜波斯的学说,就跟格拉维那的学说一样,始于18世纪初;从这以后,学者们的兴趣和偏爱立即产生了很大的转变,由于这个转变的产生,美感经验和问题便被转移到最前线。于是,这个在过去曾使柏拉图、亚里士多德、厄里根纳、阿奎那、格拉维那和杜波斯发表过少许主张的问题,就此变成了无数论著的主题。

第二节 启蒙时期

在历史的一个特殊的时点上，兴起了对于诸如“甚么是美？甚么东西是美的？”这一类问题的厌倦。因为这一类问题是无意义的，对某人而言，某样东西是美的；然而对另一个人而言，另一样东西也是美的。照这样看来，应该追究的问题理当是：人们欣赏甚么？甚么是他们认为美的东西？从这里面得出来的结论，往往是美的理论只能是一种品位的理论，一种心理的分析，一种美感经验的理论。由于这个结论符合了 18 世纪的精神，也符合启蒙时期心理学家的兴趣，所以它在世纪之初就由学者们，特别是英国的学者们所达成。

1. *在英国*　这些学者分别加入两个系统——两个祖师。他们的见解有的出于洛克的学说。洛克把具有一贯性的心理学的观点引进到整个哲学领域，他以心理的分析取代了存在的分析；但是也有的由于夏夫兹伯里的学说。夏夫兹伯里把更多的重要性加到情感的问题上。并且把它的价值看得比认知与存在更高。依照前者，18 世纪的美学采取清醒、冷静的理智主义的路线；依照后者，又采取富于诗意的反理智主义的路线。由于洛克的学说在当时较占优势，所以当这两种趋向归结在新起的英国美学中的时候，它们所占的比例并不平均。

主要的论题之一是：我们究竟靠哪一种心理机能方得享有美感经验呢？（W. Folkerski. Entvre le classicisme et le romantisme, especially part I, Chaps. I－IV）长久以来，柏拉图和新柏拉图主义的学说都假定，我们享有美感经验，不只是靠知觉的推理的机能，而且也靠着另外一种机能直觉。在这些学说之中，直觉有助于美的认知，正如它有助于真的认知一样。在 18 世纪，兴起了一种认为有一种特别认识美的机能的观念，这个在当时得宠的观念便是趣味（gout, gusto）的观念。这个观念不只是被哲学家和心理学家所用到，也被艺术家、文人以及庞大的知识界所用到。在当时人的心目中，趣味为直觉美的机能，不如其为区分美丑的机能。康德将它界定为 sensus communis aestheticus，也即决定甚么是各人所爱好的机能。此外，像狄德罗等人则借趣味在群众中分布得极不平均的事实而强调其稀罕性。他说：“有良好的感觉的人数以千计，但有趣味的人则千不及一。”（“Ily a mille gens de bon sens contre un homme de go ut.”）

英国的哲学家们为美的领会与认知规定出一种特别的机能,那便是他们所谓的“美的感觉”。他们认为这种感觉乃是每一个人的天赋。这种学说始于夏夫兹伯里,不过当初他把认识美的机能跟感觉善的机能相提并论,把它们合称为“道德感”。但是到了下一代,夏夫兹伯里的继承者哈奇生在1725年把“美的感觉”从“道德感”中区分出来,前者在他的心目中乃是知觉美的被动机能。可想而知,这个名称和定义所暗示出来的见解与传统正好相反:认为美并不是一种理性知识的对象。依照这种见解,关于美的知识是不能由比较、推理以及原则的应用而达成的;美只能透过特别的感觉而直接地被人知觉到。于是,到后来甚至出现了“美感”多元化的局面。杰拉尔德在1759年假定存在为数多达七种的“内感”,那就是:美感、新奇感、和谐感、雄伟感、想象感、荒谬感以及美德感。不过,在启蒙时代的早期,典型的概念并不在这些蔓延的旁枝,而在具有广义的美的概念。

美的经验的心理分析,或用今天的说法,美感经验的心理分析,由英国的夏夫兹伯里所创始,接着由艾迪生和哈奇生所推行,经过一整个世纪的耕耘,其成果在18世纪中叶便已达到了高峰。这些卓然有成的学者,例如:博克和荷姆分别在1756年和1762年出版了他们的著作。但是心理学的题材和方法,继续流行到世纪之末,甚至有些作家已带着它们迈入19世纪,例如:耐特的著作便发表在1810年(见 W. J. Hipple, Jr., The Beautitiful, the Sublime and the picturesque in Eighteenth-Century British Aesthetic Theory, Carbondale, Ill., 1957)。

18世纪发生在美学理论中最有意义的转变,便是转向无须乞助于夏夫兹伯里和哈奇生的假设,便能解释美感经验。这也就是说,无须作有一种特殊的美感存在着的假定。美感经验开始以另一种方式加以解释。简单地说,有些东西原本就能激发出一种能够满足审美的感觉,而能激发后者的主要的角色,乃是由联想来扮演。相对于夏夫兹伯里而言,联想只能算是错误之源;相对于哈奇生而言,它们对美感经验绝不相干,也不紧要,但是,现在,相对于世纪中叶以休谟和哈尔特里为首的许多作家而言,正是联想在决定着美感经验的存亡。博克所采取的是一个中间的立场,照他看来,有些东西靠它们本身就足以激发美感经验,但是其余的就得透过联想才能达到这个目的。18世纪的英国人,在美学中牢牢地建立起联想主义,但是我们也该记得一个名叫克劳德·佩罗的法国人,在一个世纪之前便已经把它的基础打好了。

在18世纪,以心理学的方法处理美感经验的问题,通常总带有一个相信它们的主观性的信念。不过在这一方面,意见颇显分歧。依照夏夫兹伯里,美是对象的一种客观的性质,但哈奇生则把美视为一种感觉的性质,也就是感官对客观刺激所作的一种主观的反应。休谟在他《论趣味的标准》一书中则表现出一种极端的审美的主观主义。他这样说:"美并非对象本身的一种属性,而只是存在于知觉者的内心。"但是,如果依照博克的说法,情形就不一样了。他说:"美并非我们理性的产物,它大半是起于物体中的某种性质,透过了感官的中介,机械地作用于我们的心灵。"然而,不论怎么说,休谟本人在他的论文集中所发的意见,绝不是主观性的,因为他分明说过:"美乃是事物如此这般的一种秩序和结构,它能够为我们的灵魂提供愉快和满足。"总而言之,18世纪英国学者留下了相当丰富的文献,尽管他们的成见和方法大体一致,但是对于问题的解决,显得意见纷纭,莫衷一是。

具有现代用义的"美感的"一词,乃是18世纪的产物。然而,当时的英国作家们虽然都很关心美感经验,却没有利用这个名词。出现在他们著作里的还多半是"美的感觉"这种表达法。虽然,就休谟的论著来看,其中有一部分,无论是要领和范围,跟"美感经验"都很吻合,但并非所有英国的美学家们都把它用在那种意义之中。

博克所发表的下面一段话,可以用来给这种事实作证:"大多数的人,都必须注意他们所有的这一类的感觉:快马轻车经过光滑的草皮,人在车上,但见浅坡处处,渐起渐降,这种景象足以为他提供一个较佳的美的观念,它比其他大多数的事物,都更能指出它可能产生的原因。"

相对于博克而言,只有细小光滑的物象,柔和地发生作用,才能产生出来美。因此,他的美的观念,多少显得有些偏颇,只有把他内心的美的感觉,和雄伟的感觉加在一起,才大致相当于我们今天所谓的"美感经验"。18世纪英国的作家们,在这一方面表现得更是变本加厉,因此产生出美的感觉、雄伟的感觉、新奇的感觉、庄严的感觉,如是等等,不一而足。像这样,当他们关心美感经验之际,不只是没有用到"美感经验"这个说法,而且他们也没有甚么别的说法可资替代。对于这些作家中的某些人而言,它乃是各种经验的总括。看这种情形,任何人都可以作此带有诧异的指证:那些为我们美感经验的知识奠定基础的人,他们本身对这类经验还没有一个清晰的意念。

2. *在德国* 对于美感经验的认真思考,在18世纪中进行的情形,其热衷的程度和在英国一样,但是其方式和结果则大异其趣。且就鲍姆加登而论,他创立了"美学"这个名词,主张美感经验是一种认知,并且完全是感性的一种(representatio sensitiva),因为它是"含糊的",所以是一种低级的认知(Meditationes philosophicae de nonnullis ad poema pertinentibus, 1735, PP. 115–116)。一方面,这个概念可以说是接近传统,因为它在美感经验中留意到了认知;但另一方面,它又离开了传统,因为它容忍了非理性的认知这个观念。在整个18世纪,它有不少的附和者,其中最杰出的一个人物便是迈尔。

在这里我们要附带留意的一点是:美的非理性的认知这个观念,在德国之外,早就得势了。在反省的形式中,美是不可界定的,它是"不可言传之物"("je ne sais quoi")。

3. *综合* 发生在美感经验的历史上的一件大事,便是19世纪初,在德国达成了英、德两国概念的综合,这一综合乃是康德的杰作。康德起初在德国的大学里接受教育,后来又研究英国文学。他所作成的综合,可以说是既伟大又富于创意的。在他于1764年所作的早期研究(对美感和崇高感的观察)中,康德还没有达成这项综合;它在他大学的演讲里方才逐渐成形,直到1790年他把它表现在他的《判断力批判》里终告定案。

康德接受了英国美学家们的基本主张,他写道:"趣味的判断,并不是认知的,因此它不是逻辑的,而是审美的,我这样说,意思是:它的基础只能是主观的。"(Critique of Judgement, part I, chap. 1, P. 4)。不过,无论如何,判断以及整个的美感经验,即使它不是一种认知的活动,也不止于仅是单纯的快感经验。因为它对普遍性毕竟是有所要求的,虽然这项要求得不到充足的证明,然而它是不可轻易否决的,那便是康德建立的美感经验的一项特性。

除此之外,康德还发现了其他的特性,诸如:(1)美感经验乃是无利害关系的,意思是说,它的发生与其对象的实际存在无关,因为使人产生快感的,不是对象本身,而是它的影像(由此可见审美的态度,不同于道德的态度);(2)美感经验乃是非概念性的(这使审美的态度有别于认知的态度);(3)它只属于对象的形式(这使审美的快感有别于一般的感性的快感;(4)但这种快感除了以感觉为其基础之外,同时也以想象和判断为其基础——它是整个心灵的一种快感。概略地说,康德认为审美的快感,乃是当对象的形象与我们的心灵相契之际所产生出来的一种快感。当对象具有这种合适的形象时,它必万无一失地使人感受愉快。只有这样,美感经验即使仅仅是主观的,也还是不失其强制性。美感经验还有另一种属性;(5)那就是并没有普遍性的法则,决定到底是哪些对象能使人产生快感,每一个对象都必须个别地被欣赏、品味。那就是为何有关审美的快感的判断只能是个别的。然而,由于人同此心的缘故,所以我们有理由去盼望,某一对象只要使某人产生快感,必使其他的人产生快感,由此可见,审美的判断乃是以普遍性为其特征的。尽管由于它不接受由任何法则立下的界说,它仍是一种极为特殊的普遍性。

讨论至此,可见美感经验乃是以无利害性、非概念性、形式性、全心参与性、必然性(但为主观性的一种)以及普遍性(然而没有法则)等为其特征。照实看来,如此复杂诡异的一套美感经验的学说,真可以说得上是前所未见。不过,它既然是出于康德爱好幻想的本性,所以也就简单不起来了,看起来悖谬的是,由于我们所应用的是一种认知的尺度,而美感经验跟认知是完全不同的(Kant, Cretitique of Judgement, 1971)。虽然康德美学经验的学说也有一些附和者,但是它毕竟难以满足每一个人,为了这个缘故,较为简单的公式,势必要被人继续去追寻。

4. 观照的学说　一个世纪的四分之一好不容易算是过去了,多谢康德的美感,一套十分简单的美感经验的学说,总算在欢呼声中出现了。这个演变并非发生在启蒙时期,而是发生在唯心论的思想体系建立的时期,它乃是叔本华所提出来的一套学说。这套学说发表在他 1818 年所出版的那部主要的论著《作为意志和表象的世界》中,它主张美感经验只是一种观照。当一个人采取了观赏者的态度,他便能体验到这种感觉。叔本华描写这种经验道:当他遗忘了他寻常对事物所采取的实用态度,当他停止思考它们的来源和目的,而只是全心关注甚么是出现在他眼前的事物,他停止作抽象的思考,而只是把他的心力投向对象的观照,将他自己淹没在它们之中,让他所观照的事物充满他的意识,也就是任他眼前的事物,霸占住他的意识,他变得忘掉了他自己的个性,遏制了他自己的意志,于是,主体变成了对象的反应:在他的意识里,再也没有观看者与被观看的东西之间的区分,他全部的意识都被世界的画像所充满,这种心灵的状态,这种对对象的被动的降服,叔本华把它称之为注视、观照、审美的快感

(aesthetisches Wohlgefallen, chap. 37)以及“审美的态度”(aesthetische Betrachtungsweise, chap. 38)。

这种美感经验的界说,符合了流行在过去若干世纪的一种相当自然的概念,也就是被毕达哥拉斯所注重的那种“观看者”的态度。不过,正是由于这种概念与自然流行的概念混同在一起,所以长久以来,从没有被明白地作为公式或立为界说,在这种意义之下,它虽然在事实上经久长存,却不知始于何时,叔本华的概念,教人看起来倒像是一个新的概念。纵使亚里士多德和阿奎那没有为它命名或提出过公式,他们也都有过大致相同的意思,但是,不论怎么说,从来没有人能像叔本华那样,把它的界说立得切实而中肯。

在这里我们要附带留意到的一点是,叔本华的这套简单的理论,实在有赖于康德的那套复杂的学说,他从其中采取了美感经验必须具备无利害性与形式性的主旨。

由于叔本华把他的理论,织入了形而上学的思想体系,因此难免有所妨碍:他把观照解释成为对于一种永无休止的意欲的安慰;又把美学的观照说淹没在他的形而上学之中。这样一来,固然吸引了一些人对他的学说感兴趣,但是因此也阻止了其余的人。

第三节 近百年

在 19 世纪前半期诸多伟大的哲学体系之中,美是美学的主要概念,但是这种情形并没有维持多久。到了后半期,美感经验便入主美学,声势之大,甚至超过了启蒙时期,美学明显地变成了心理学的一支。继费希纳于 1860 年发表的著作之后,不但建立了一种经验科学的地位,而且更确立了一种实验科学的地位。

那末,究竟是甚么原因导致这种主题与方法上的转变呢?波兰的美学家塞加尔在 1911 年出版的《波兰哲学评论》上写道:美的对象除了表现出各种不同的形象与特征之外,并没有具备甚么一般的通性,因此,具有一般性之美的理论是难以设想的;但是另一方面,当我们碰到美的对象时,我们去发现我们所经验到的事物的通性,倒是可行的;换句话说,我们能够发现美感经验的通性。

由于应用心理学的方法,美学获得了广泛周详的事实的资料。然而,19、20 世纪的美学家们,都不以此为自足,他们有更多的要求,试图将这些资料包括在一种具有普遍性的学说之中。这样一来，周详的资料固然可信，但是每一种学说都言过其实，于是，没有一种学说是恰当的。这就形成了学说虽多，唯独不见恰当者的现象。

我们打算在此把那些最具代表性和最具影响力的学说作一番通盘的考查，它们大多都是以新的学说，或我们这个时代的新发现的姿态出现，然而，美学史家留意到，它们大多都符合产生在古代的观念，当然在那个时候还没有人能够说得出一套美学的实验心理学。

1. 单纯主义的学说(The simplest theory)

美感经验是无法减缩成为其他经验的一种特殊的经验，它不是分析的主题。这项意见被像冯特那样杰出的心理学家，像费希纳那样杰出的美学家，像柯恩那样杰出的哲学家所发表。冯特相信有一种特殊的"基本的审美感情"(Aesthetische Elementargefühle)存在，乃是流行在 18 世纪的那种，认定有一种个别之美的感觉的观念的一种更慎重、更现代的表现。它曾盛行于 19、20 世纪，分析审美感情的企图所反对，他们的见解应当先从简单而又流行的一种快乐主义的学说说起。

2. 快乐主义的学说(The hedonistic theory)

这种快乐主义的学说主张，美感经验只不过是一种快感(如就否定的情形来说，就是一种不快之感或是丑)。依照西裔美籍哲学家桑塔耶那所发表的那种极端性的主张来说，美，只不过是一种"被当作事物的性质的快感"，而德国的哲学家 R. 缪勒-弗莱恩斐尔斯一方面以一种极端的方式提出了美学的快乐主义，而同时又把它从一套美学价值的理论中演绎出来。他主张：美感经验的价值恒等于它所包含的快感，它的价值完全被快感的强度和持久性所估量；然而，由于它的强度是无法度量的，所以实际上只靠它对于诸多个人和时代所产生的持续性的影响。例如，贝多芬的奏鸣曲比起一般的舞曲来，其所以显得超卓不凡，正在于其较为持久的影响力("Das Urteil in der Kunst", Archiv für systematische Philosophie, 1909)。

快乐主义的学说，是在美学的经验心理学的概念尚未产生之前，便已出现的诸多学说之一。早在美学的观念出现之前，希庇阿斯的快乐主义说便已经出现在古典时期的希腊了。随后即使它逐渐被柏拉图和亚里士多德的传统——在古代的情形和在中世纪以及文艺复兴时期的情形大致一样——所取代，也还是不乏其附和者。不论怎么说，它又回转到近代，至少是从伟大的笛卡儿(Deascartes, Oeuvres complètes, I, 1909)开始：

在他于1630年3月18日写给梅森的那封著名的信函上,他单只把美视同快感。其后,在18世纪英国的美学中,以快乐主义的观点处理美感经验,变成了一件理所当然的事(艾迪生将经验称为"想象的快感")。到了19、20世纪,快乐主义的学说不再拥有它在18世纪所享有的那种特殊的地位,从那时起,它只是诸多显学中的一种,不过,比起其他学说来,它是比较原始的一种。

其他出现在近百年间,企图界定美感经验的美学理论,先以各种不同,甚至有时互相冲突矛盾的措辞来完成这个目的:一种理论主张美感经验是认知,另一种认为它是幻想;一种主张它是一种主动性的经验,另一种又认为它是被动的经验;一种将它视作一种理性的经验,另一种又将它视作情感的经验。

3. *一群认知的理论*(A group of cognitive theories)

一群认知的理论,主张美感经验是一类认知,它也有不少前例,特别是鲍姆加登的 representatio cognativa 学说。在19、20世纪之间,它以不同的形式出现,克罗齐在美感经验中看出一种"直觉",一种"精神的综合",一种借着切合于现象的公式而在内心产生的领悟。不过,真正说起来,最富于创意的还是费德勒的学说,它被同时代的人所忽视,却被后世的人所赞赏。它主张心灵在对艺术的美感经验中,发现关于世界的视觉本质的一种解释:der Verstand werde über das anschauliche wesen der Welt durch das Kunstwerk aufgeklärtwerde (Schriftenüber Kunst, 1913-1914)。

4. *幻想主义*(Illusionism)

幻想主义与认知理论极端对立,按照幻想主义,美感经验放弃现实世界,在幻想、表象与想象的世界中发生作用。

这种学说其实也谈不上新奇,因为在欧洲美学最初的阶段,它就早已经出现在高尔吉亚以及智者们的著作中了。多年来欧洲的思想一直对它相当陌生,但是到了19世纪末、20世纪初,它终究还是回转来了,它是以多种形态回转来的。

(1) 美感经验乃是一种有意的幻想(bewusste Selbsttäuschung)。那是由朗格所宣扬的一套幻想主义的说法。他认为在审美的态度中,心灵来回摆荡在幻想与幻想的自觉状态之间。我们暂时自觉到幻想,但随即又顺从于它。这种学说所遭受到的批评是:除了这类意识的摆荡不只是发生在美感经验中这一点外,美感经验的产生,事实上在于心灵对对象的虚实,不再有明白分辨的兴趣。

(2) 美感经验可借包含于其中的感情是假造的(Spurious)这项事实来加以区别。该项意见表现在哈特曼(E. von Hartmann, Ästhetik, 1907－1909)以及后来的现象学者盖格(M. Geiger, Das Problem der Scheinge fühle, 1910)的那些著作之中。他们也有一位前期的学者,那就是圣奥古斯丁。凡附和他们学说的人,都像圣奥古斯丁那样,认为在戏院里所体验到的,或阅读小说时所体验到的那些忧愁和欢乐的感情是假造出来的。他们认为被观众或读者所体验到的恐惧都是不真实的;因为,毕竟没有人因为受到惊骇而逃出戏院。凡属假造的感情,其特征在于:即使它是不愉快的,也还不至于干扰到快感。这便是所谓的“杜波斯的难题”,他早在18世纪初就不但留意到它,而且还尝试解决它。不过,我们这个时代总算找出了假造感情的学说所犯的毛病,首先,这些感情不足以自成一个范畴,它们只不过比一般的感情来得弱一点;何况,它们也不只是发生在美感经验之中,因此,也不能算作足以界定美感经验的类差(differentia specifica)。

(3) 美感经验的假想说所演变出来的另一种形态,不是在感情之中,而是在判断和扮演之中看出假造和虚构。迈农认为,我们在剧院中所作的判断都是虚构的;我们把它们加到剧中人(dramatis personae)的身上,然而我们心里明知出现在我们眼前的都是些演员(Abhandlungen zur Erkenntnistheorieund Gegenstandtheorie, 1917)。一个名叫布劳斯坦的波兰学者认为上述说法有些不妥,于是想法去修正它。他辩称:在美感经验中,谈得上虚构的并非判断而是在于扮演(Przedstawienie imaginatywne, 1930)。这些学说也曾遭遇到类似那些登记有案,用以反对朗格和哈特曼的学说的保留。虽然“想象的”判断和扮演都只是出现在美感经验之中,然而它们实际上并没有出现在所有美感经验之中。

(4) 与幻想说相近的另一种学说,认为美感经验是一类游戏。它最初在康德的著作中被预示,然后在席勒的著作中得到了古典性的表达。在18世纪的后半期它又随着达尔文和斯宾塞,带着一种特别的生物学的证明转了回来,并且被格鲁斯加以阐述(EinLeitung in die Ästhetik, 1892),但它充其量只是一套艺术论,实在还算不上是一套完满的美感经验说。

5. 移情说(The theory of empathy)

即美感经验的主动性的学说,或是感情移入的学说。因为在德国找不到它最早的表达,所以它最初的名称便是 Einfühlung;不过,后来,一个源于希腊文的英文 empathy 趁势将它取代了。这种学说的开端可以上溯到 18 世纪的赫尔德和浪漫主义的诺瓦利斯。它早期的代言人是菲舍尔,还有黑格尔以及唯心论者。其后,它进入了洛采的哲学。但是意义重大的发展,还是由慕尼黑的一位教授李普斯在 20 世纪初一手推动的(T. Lipps, Ästhetik, 1903)。

这种学说的主旨是说:唯有当主体将它本身的活动移入对象之中的时刻,美感经验才随之而产生;这样一来,他将美感对象前所未有的性质加于其上。依照菲舍尔的见解,在这种情形之下,仿佛主体将他自己的经验借给了对象(ein Leihen, ein Einfühlen der Seele in unbeseelte formen.)。李普斯接着强调,这便是快感之源,一个人在异己的对象中发现到他自己,那便是 ein objektivierter Selbstgenuss。由此产生出一种"心灵的共鸣",足以提供一种特别的满足。如众所周知,美感经验虽然并非这种现象唯一仅有的形式,但它的确算得上是最重要的一种形式。

移情作用一面是以多种不同的方式被人解释:菲舍尔把它当作一种原始而不可解说的本能来了解,洛采则是凭着经验来了解它,把它视为经验和联想所产生出来的一种效果;费希纳和早期的李普斯也都采取了相同的想法。这种解释流行过好长一段时间,不过,后来沃尔克尔特(J. Volkelt)指出:在移情作用中,个人的联想所扮演的只是一个无足轻重的角色。由于这种现象在儿童中就已经出现了,所以有点像是一种遗传的倾向。事实上,存在于移情说中的可疑之点还多的是:审美的移情作用到底是感情的移情,还是观念的移情?是整个个性的移情,还是部分经验的移情?

此外,移情说的批评家们还指出,并非每一种观念与感情的移情都会产生出审美的效果,而且,也并非每一种美感经验都包含着观念与感情的移情。按照这些批评看来,这种学说似乎属于夸张一型的。它不仅显得是一种把偶然的现象视为具有一般性的常态的学说,并且还把审美态度所需的那些先决条件当作它的要素。

6. 观照说(The contemplation theory)

观照说与移情说正相反,它主张在美感经验之中,我们绝不是从我们自己的身上，也就是从主体上获得快感。事实上，快感来自对象——来自被我们所观赏到的事物——我们服从于它们，同时被它们的美所吸引。美感经验乃是观众的一种特殊的经验，一种专注的经验，一种被动降服于美的经验。

这种学说并不是新的；在美学思想初显曙光的时刻，它便早已出现了。其后经过了许多个世纪，无论对外行还是学者，它都是被人广泛接受的一种意见。它通常被认为明显得不需要一个特别的名称。到了19世纪初，叔本华把它明白地表示在它那古典的形式之中，并且给它命名。[这个名称，颇为不幸，因为它所指的，不仅是对于外界的审美的观照，同时，也是对于完全不同，具有宗教性的内在经验的观照。例如，当卢梭提到“世界的观照”的时候，其中观照一词(contemplation de I'univers)便可以作两方面的解释。]

在近百年之内，观照说，也即审美的专注说，或被动降服于美的学说，曾经有不少的附和者：在德国有居尔卑(O. Külpe, Grundlagen der Ästhetik, 1921)，在美国有杜卡斯(C. J. Ducasse, Philosophy of Art, 1929)，在波兰有塞加尔；后者曾写道：观照乃是“属于一切美感经验的特征，无论是哪一类的艺术，也无论它所感动的感觉是哪一种，都是如此”。而且，它是走向美学的出发点。即使是柏格森，当他谈论到诗时，也曾作此想，他写道：“其任务在于催眠我们心灵的各种主动机能，并如此将它们带入一种降服于被暗示的思想与感情的状态。”

观照的要素乃是被动性，专注于外物；那也就是为何它与实用的以及考察的态度都有所不同的缘故。它是一种知觉，却是异乎寻常的特殊的一种(寻常的知觉为现实的人生服务，用眼睛和耳朵所捕捉到的，只是那些出现在关系重大或需求的时刻的特征)。它是一种充分的、被动的、专注性的知觉，当它产生的时候，情形正如叔本华所说：将他自身“沉没在”对象之中，让对象“充满它自身”，同时变成“对象的反映”。

以这种学说来支持视觉艺术，似乎要比支持音乐或诗歌来得容易，因为，我们如何能观照不断消失的声音呢？或是观照由文字所代表的文学的对象呢？然而，此中的要点在于观照不仅是感觉的知觉；它同时也包含着心理的机能：当我们观赏一幅画的时候，我们不只是看到了形象与色彩，并且我们也知道甚么是它们所再现的东西。由此可见，不只是感觉加入了观照，记忆也同样加入在其中，这情形在音乐与诗歌中最为明显——

我们靠记忆把作品连续的部分接合在一起。预期在关照中也扮演一个角色,它连同记忆,把被关照的作品统合成为一个整体。把这一点放在心里,我们同时也就明了为甚么亚里士多德要假定一件艺术品应当是 εύσ ύ υοπτου,那也就是说,它不应该超过被感觉和理解所能观照成整体的大小。对于可见世界的观照(他的附和者着重这一点)并非一种静态的知觉,而是一种逐步的"占有"。事实上,在视觉艺术中的观赏过程,也是循着类似于在音乐和文学中所经历的途径,它是把一件作品的各个部分连接在一起,并且把它们统统记住,甚至即使被观赏的对象是静止的,观赏者的眼睛也不是静止的。总而言之,一幅画或一件雕刻的观赏,是一个在时间中逐渐完成的过程。这情形正和听一首奏鸣曲或读一首诗的情形一样。

7. 观照说的一些自然结果

在 19、20 两个世纪的美学理论中,有些除了只适合被视作观照说的自然的结果之外,颇难被当作自成一格的学说来看待。

(1) 孤立说(the isolation theory)

这种对象的孤立与主体的趋脱状态,即使不是美感经验的本质,也算的上是它的首要条件。这个学说的代表人物德裔美籍的心理学家闵斯特堡写道:"一个人应该只让一个简单的观念充满着心灵,同时不给任何其他别的事物留余地,如果达到这个状态,其结果就十分明显;相对于对象而言,它是完全的孤立,相对于主体而言,他是完全热衷于对象之中;而其实这不过是美的享受的另一种说法罢了。"(Principles of Art Education, 1905, P. 20)

艺术史家哈曼也把对象的孤立当作他的美学理论的基石(Ästhetik, 1911)。他认为这种孤立,不只是有别于现实生活的孤立,有别于对日常存在的联想的孤立,而且还有别于对象的处境的孤立。美感经验将它本身集中在一个简单的对象之上,将其余的东西一概清除掉:像绘画的框边、雕像的底座、戏院的舞台,这些东西无非都是些孤立被观赏的对象的权宜之计,而艺术的风格化和理想化,也都是为了达到相同的目的所采取的不同手段(经常内在于艺术之中)。它们的目的,也在于艺术品的孤立,因为像这样做可以方便观众对它们采取一种审美的态度。由于实情诚如批评家们所指出(H. S. Langfield, The Aesthetic Attitude, 1920)孤立确实不是足以产生美感经验的一项充足的条件,却是条件之一。由于这个缘故，孤立说可以被我们视为观照说的一个自然的结果。我们要接下去讨论的其他学说，情形也大致一样。

(2) 心理的距离说(the psychical distance theory)

观照需要将全副注意力集中在一个对象上，或至少是“注意力的一个层面上的状态”。个别的意识，不可能被分布在关于所见事物的思想与关于某人自己的思想之间，它需要丧失某人对自己个人的意识。换句话说，美感需要“心理的距离”，一如英国的心理学家布洛所称呼它的那样。海上的风暴是一种壮观，但是相对于那考虑到其中所包含的危险的人而言则不然，假如一个人站在海边，为了避免他的鞋子被涌来的潮水沾湿，抽身后退，那末，他就因而表现出审美态度的丧失。在戏院里，鼓掌叫好固然是观众享有一种美感经验的表示，但是这种经验未免过了分。

(3) 无利害说(the disinterestedness theory)

此说主张美感经验有时使人摆脱实务，对关系个人利害的事一概不加理会。这种见解过去曾被康德大力推广过，但是他并非首先发现美感经验与无利害的态度相关的人。因为对这种态度，厄里根纳早就已经指出来了。

对康德而言，无利害的态度只是决定美感经验的多种特征之一。但是在他的继承者之中，有人把无利害的态度当作是单独足以描绘美感经验的特征，这种夸张的说法难免激起反对，其中最著名的批评家，有法国的古约和波兰的维特维奇。不过，照实看来，在某种程度上，他们的论据都建立在一种误会之上，那就是他们着眼于美感经验的现实利益时，每每发生偏差。其实，无利害说并未否定美感经验的现实利益；要点在于：当一个人将现实的利益萦绕于心，那末他的经验就不再成其为美感经验了。

(4) 完形心理学(Gestalt psychology)

流行于两次世界大战之间，它的指导原则是：在知觉中，整体先于部分，我们认识只见过一次的一张脸，即使我们不记得它嘴唇的形状或额纹的方向。来自外界的个别刺激在人心之中被关联成为一个整体，也就是“形态”或“一致的体系”。

“完形说”起初并没有把美感经验计算在内，但最后它终于发现它也可以应用到那个领域，由于阿恩海姆的推进，它在1957年被应用到绘画里(Art and Visual Perception)，而左劳斯基在1962年又把它推广到建筑中(Obudowie formy archictektonicznej)。他们所解释的美感经验的完形性,在一幅画或一座大厦的观照中变得愈来愈明显。这位波兰学者所发表的意见,变得跟亚里士多德的主张十分相像。后者认为唯有当一个对象的整体易于被心灵、感觉或记忆所把握时,对于该对象的美感经验才可能产生。例如,一件视觉艺术品,无论是一幅绘画或一座大厦,只有当它具有"强烈的"形式,因而易于被知觉时,影响到观赏者,观赏者对它才能产生美感经验。那种情形加以必要的改变之后,也可以应用到其他的艺术上去。事实上,早在学说正式成立之前已被艺术家、音乐家和诗人们运用到他们的作品之中了。不过,事实上,完形心理学还不是一套完满自足的美感经验说,如果把它看成观照说的一项重大的补遗,倒是再恰当不过。

现在且让我们把上述有关美感经验的近期的学说资料作一番总结,并从而指出它们之间的矛盾。我们发现,将美感经验解释成一种主动的过程(移情说)和将它解释成一种被动的过程(观照说)正好相反。除此之外,在关于美感经验的学说之中,还有不少其他的两极性。

有些学说认为美感经验是一种理智的经验,还有一些学说认为它是一种纯感情的经验,以上考察过的每一种都属于第一项范畴。它们19世纪的附和者对感情在美感经验中所产生的那一部分作用并没有疑问,但是他们并不把它们看成足以决定美感经验的成分。只是到了19世纪末,美感经验是纯粹的感情、纯粹的欢乐的观念方才出现,但是那也不是一种新的观念,因为格拉维那的狂热说,早已给它立下了一个伟大的先例。

8. *欢乐说*(the euphoria theory)

当一种纯感情的美学理论紧接着实证主义的时期出现的时刻,实在是出人意料。当波兰的心理学家爱德华·阿伯拉莫斯基在1898年对"甚么是艺术?"这个问题,提出一个极端反理智的答案时,的确叫人吃了一惊("Co to jest sztuka?" Przeglad Filozo ficzny, 1898)。他的推理是"当我们抛弃了理智的元素,即当我们停止在思考的门口",美感经验由此产生;因为只有紧接着那种时机,现象才会向我们显现出"它那二度直觉的面貌",而美才会同时在"人类的灵魂中诞生"。只要理智在发生作用,那就没有直觉,没有美,也没有美感经验。

到了20世纪初,类似的见解,特别是和诗相关的见解,便开始蔓延开来。在这些见解之中,最具分量的一种,由法国诗人兼思想家瓦莱利所创始。同样的情形，英国牛津大学的诗学教授塞林柯特看出来，诗在传达一种强烈感受的经验。他表示诗的价值就在它使人生的意义达到无限变化的能力。

以一种完全属于感情的观点，来设想“纯粹的诗”的一位极端性的代言人，事实证明，他便是著名的《宗教感情史》的作者，法国学者布雷芒。他所了解的诗，不仅是狭义的，而且也是不容变通的，他认为，在诗里，并不包含我们维持在人生表面上的那些活动，它既没有包含理解，也没有包含感性，更没有包含任何借文法或哲学的解析所发现到的东西。它没有包含透过翻译而被保留在诗里的事物；没有包含诗的主题、内容乃至单句的声音；没有包含观念的逻辑的次序、故事的发展、描绘的细节，乃至被立刻激发的感情。总之，“教导、叙述、描绘、战栗的产生、泪水的激发——如果只是为了这一切，那末，散文便足以当之，而且这也的确是散文的本分”。

那末，依照布雷芒的见解，到底还有甚么东西能剩下来给诗呢？只有一种“无可界说的着魔状态”。但是这种着魔的状态即足以建立起“与一种神秘的实在的接触”，并且“传达我们灵魂的深奥”。照说，如果只有着魔的状态被涉及的话，那可谈的便难得有多少；然而，正是由于灵魂深奥加入的缘故，可说的还实在很多。的确，诗句的音乐属于诗，但是这种音乐只有一种补充性的意义，它是一种“流体的管道”。那末，究竟纯粹的诗，以及由诗里所产生出来的着魔状态所能达成的目标呢？散文的字句，能够引起一些日常的活动，但是诗的字句，能中止这些活动，并且使它们休息，而透过了平静的休息，它们把我们带领到一个世界，那是“一处正在等候着我们光临的异于世俗凡尘的所在”。照这样说来，归根结底，诗竟成了祈祷者。

依照这种见解，决定是否能成其为诗的考验，不在其形式的和外在的属性，而在于一种灵魂的状态，也就是一种感情的、超脱的神秘状态。那末，对像这样的一种诗的了解，还能讲出一些甚么赞成的话来呢？布雷芒回答道：“例如：像我们慢慢地读诗，很少留意到它的内容；不等到我们读完一首诗，有时少数字句就能感动我们；又有时我们在对其内容不求甚解的处境下，便甘心为它入迷，这情形就好比头脑简单的人朗诵圣诗一样；其实，照诗的内容来看，够得上伟大的诗可以说为数甚少，而诗之所以令人愉快，往往在于它们的用意含混；它们的价值有赖于那些无可估量的事物,只需更改一字便足以毁灭整个印象。”

大致说来,这便是美感经验的极端性的一种独尊感情,反对理智的概念。它起初以诗的概念出现,但是,如果加以必要的修正,它也可以适用到一切艺术和一切美感经验之中。当然,像这样极端性的主张,难免会引起许多争论,但是,当欢乐一旦被认为是美感经验诸多形式中的一种,而非其唯一的一种时,它便失去那诡辩的性格。而这种见解始于叔本华,他认为欢乐乃是我们对音乐的正常反应,并且这种反应只对音乐。尼采在他的指引之下,创立了一种美感经验的二元性的概念,它们一部分是“日神型的”,一部分是“酒神型的”。

第四节 遗 产

我们都已看出,以上择要简述的有关美感经验的各种见解,其间的差别实在不小。不过,我们要知道,它们通常并非针对相同的问题。

1. 有些论文在创立美感经验的界说,而其他的论文则创立美感经验的理论。就整个的迹象来看,后期的美学家参照前期的美学家早已建立的界说来立论的情形,真可说是难得一见。大多数的美学家甚至根本就没有想到要区分这两项工作。

我们在亚里士多德和托马斯·阿奎那的著作中,不只找得到美感经验的界说,同时也可以发现他们对于典型的经验所作的描绘。至于柏拉图,更远远超出了在理论上的贡献,特别是关于产生美感经验所必需的条件,也就是一个人为了享受到美感经验,必须要具备何种心理上的机能,他发表了自己的见解。柏拉图的见解在普罗提诺和费奇诺的著作中,得到了回应。启蒙时代的美学家们也同样很少为界说的问题操心,他们自认为他们有美感的经验——那只是对于美和雄伟的经验,反倒是他们去寻求确定到底是哪些心理的机能对美感经验负责。不过,康德是一大例外,因为在他的著作中,我们不但可以找到界说,也可以找到理论。在叔本华的著作里,我们见到的情形也是一样。至于19世纪和20世纪早期的美学家们,快乐主义者、幻想主义者以及移情论者都是致力于现象的解释,而非着眼于它们的界说。

2. 逐渐演变出来的有关美感经验的学说,其中包含的主题不止一种。毕达哥拉斯所持的“观众”(“spectator”)概念,乃是关于审美态度的一种学说。而厄里根纳根据“无欲”(“nulla cupido”)所作的推理,情形也大致一样。此外，叔本华观照性的美学主张，也是同气相求。然而柏拉图首先给美感经验必需的心理机能提出了一套重要的学说。启蒙时代有关“审美感觉”和趣味的种种学说，情形也颇为相似。而在某一方面，康德所提出的“判断力的机能”学说，则强调美感经验的产生必须依赖一切心理机能的协同合作。

在晚近的美学理论中包含的主题，其复杂多变的情形，和以往相比较，实有过之而无不及。美感经验的产生经过，乃是移情说的主题；布雷芒的学说，将重点放在美感对象上，着重一种神秘的实在；哈曼的学说为美感经验列出了必要的条件，那就是从日常生活中孤立出来，而心理距离的学说，也大致相当；在爱德华·阿伯拉莫斯基的学说中，他给美感经验提出了一个否定性的条件，那就是理智元素的消除；快乐主义的学说，涉及美感经验的元素；想象中的再现的学说给美感经验指证了必需的心理机能；而在摆荡说中所着重的乃是美感经验的次序。大约在 1900 年前后，一种心理学的美学的基本概念，找到了它的代表者(其中主要的如：德国的居尔卑和波兰的塞加尔)。这个基本的概念，就是决定美感经验能否形成的审美的态度。然而有关态度的本质，各家的见解并不一致：居尔卑和塞加尔都赞同观照的态度，但是移情说采取了不同的立场。无论如何，经过许多世纪之后，我们又重新采取了毕达哥拉斯所着重的那种“观众”的态度。

3. 美感经验的界说和理论，其所以难以定位，究其所以，通常是缘于一种事实，那便是这个名词包括了多种不同的经验。波兰的学者斯坦尼斯劳·奥索斯基在他的名著《美学基础》(U podstaw estetyki，1958，cf. The Foundations of Aesthetics，1978，P. 271)上写道：“美感经验之多变或许不下于这些经验的对象之多变。”

有些新近的美学家，曾经想到，也许会有足以使得美感经验单独成立的某种特殊的感情存在，于是他们试图去寻找并描绘它。不用说，如果真有像这样一种特殊感情，那末凭着它就可以把美学的界限划分清楚，但是，事实上，像这样的一种感情到底存不存在，毕竟还是可疑的！在他们之中，有些心理学家提出了一种新的见解，那就是：“事实上，并没有一种特别的感情，可以让我们把它标明为审美的感情。”那末，到底是甚么决定着美感的经验呢？也许是由各种不同的感情所组成的大联合和某一种心理的态度吧！有些先锋派艺术家就采取了这种想法，罗伯特·莫里斯说：

“美感经验与日常经验之间的差异,在量而不在质。”

4. 在有关美感经验的种种讨论中,有一件主要的事我们必须认清,那就是美感经验的概念并不是一种明确的概念。例如:当一件艺术品的新奇性和异常性发生作用时,它是否发生了美感的作用呢?约瑟夫·艾迪生(Joseph Addison. The Spectator, 1712)反对异常与美相关;但是他也曾一度以变相之“想象的快感”将它们连在一起。从那时起,它们之间的关系不但引起争论,而且异常性与新奇性愈来愈被纳入艺术之中;它们不但与新生的艺术相关,而且还与古老的艺术相关,这种表现在古董店里的情形,其明显的程度,实在不下于它表现在先锋派艺术的展览场里,因为:“古老的既然已经变得没有人知道,那它就因此赢得了新的称呼”(A. Moles. Esthétique expérimentale, P. 21)。旅游者和博物馆的参观者都似乎带有一种审美的情感,但是那种情感,其实只是一种专属于观光客的情感。再就图画明信片的收集来看,它们曾被人似是而非地认为经验到了一种更加严格的“审美的”感情。但是通常这个名词的用法显得广泛而不定,在这种情形之下,它就把既非认知也非行动的一切事物都涵盖其中了。

5. 正由于此处存在的矛盾实在太大,因此整个情势对于一切调解的企图都很难构成鼓励。如果过去的一百年间是一个极端性学说盛行的时期的话,那末当今这个时期似乎是在追求和解,并且在复杂的、多元的、轮选的理论中去找到它。

这些学说中之一,乃是由罗曼·英加登所创立(Przezycie, dzielo, wartość; Experience-works-value, 1966)。其目的在指证:美感经验在时间发展的过程中乃是多么重要,它经历一个由不同的性格所构成的阶段;在一个阶段,它印证了理智态度的学说,在另一个阶段,它又印证了感情态度的学说;在一个阶段,它印证了主动姿态的学说,可是在另一个阶段,它又印证了被动姿态的学说。

依照英加登的说法,美感经验开始时是由他所谓的“初发情感”(“initial emotion”)所分辨,而这种情感通常具有激动的性格。在那种激动的影响之下,于是产生出美感经验的第二个阶段,其时我们把全副意识转向那引起我们激动的对象;非但正常的意识活动受到了阻止,同时它活动的范围也大为缩小,兴趣只集中在那被知觉到的性质上。而正当我们“凝视”(“concentrated beholding”)那种性质时,第三个阶段又开始了,在第三个阶段，美感经验可能中止，也可能继续。但是如果它能够继续的话，主体所面对的对象现在已是出于他自己的构想，并且经过了彼此间的沟通。在这种情形之下，他热衷于自己所产生出来的东西。照这样看来，依次产生在美感经验之中的是：主体部分的纯粹激动、由主体所形成的对象以及针对着对象产生的知觉经验。起初的阶段具有感情的和动作的性格，而到了最后一个阶段，则退回到观照之前。

6. 除了以上所述的美感经验的多重观之外，在当代学说中，还有一种多元性的概念。它的主旨是说：美感经验有许多不同的种类（W. Tatarkiewicz，“skupienie i marzenie”［Concentration and Reverie］，Marcholt，II，1934. reprinted in Droga przez estetyke［The Path of Aesthetics］，1972）。美感经验的概念所包括的经验，主动性的和被动性的都有，并且两者都既包含纯理智的因素，又包含纯感情的因素，以感情为本质的美感经验，不但包含着观照的和平静的状态，并且也包含着激情的状态。这一切在美感经验的共同概念里，都觅得了一席之地，而且这一切都有权分享美感经验的名义。这套学说也赞成美感经验是一种欢乐的状态，但是只有一部分的美感经验被这个名词所涵盖；这项看法跟观照说的主张颇相近似。

上述美感经验的各种学说，特别是最后两种，也可以用大家都了解的、最简单的日常用语来表示：所谓观照，追根究底，原本无非是把我们的全副心力集中在那产生美感经验的对象上，而感情主义的学说，在美感经验中所看出的，跟通常所谓的“梦想”也颇近似。实情既然如此，任何人都可以说，在英加登的学说中，美感经验是梦想与专心的交替，而在塔塔尔凯维奇的学说里，它（美感经验）或许是梦想与专心的综合，或许单独是梦想或专心。唯有借着这些选项，我们才能描绘美感经验的概念，因为事实上它是如此的普遍和不定。

刘文潭译

——节选自《美感经验：概念史》，瓦迪斯瓦夫·塔塔尔凯维奇：《西方六大美学观念史》，上海：上海译文出版社 2006 年版。

德国卷

阿多诺

阿多诺(T. W. Adorno，1903—1969)是德国著名哲学家、美学家、社会学家、音乐理论家，法兰克福学派第一代主要代表人物，批判理论的奠基者之一。该学派的成员还有霍克海默、马尔库塞、哈贝马斯等人。阿多诺深谙现代音乐，他的音乐理论是法兰克福学派社会批判理论中最有特色的。阿多诺一生著述甚丰，主要的哲学美学著作有:《启蒙辩证法》(1947)、《新音乐哲学》(1949)、《多棱镜:文化批判与社会》(1955)、《否定的辩证法》(1966)、《美学理论》(1970)等。

阿多诺的学说主要受马克斯·韦伯、卢卡奇、本雅明的影响，法兰克福学派认为资本主义已经变得根深蒂固，暴力推翻资本主义已经不可能。但阿多诺认为哲学批判仍然是有必要的，因为现代资本主义社会使世界变成了碎片，人性扭曲，艺术担当起了宗教的拯救功能，艺术保持对社会的对立与批判的功能，展示了现实中不能实现的理想。阿多诺的美学思想以他独特的"否定的辩证法"为基础。他反对"总体性"和"同一性"为特征的辩证法，认为它们都是虚假的，是对特殊性与个体的粗暴干预与整合。

阿多诺对文化工业的批判是大众文化批判理论的基础，他对大众文化的态度是矛盾的，一方面认为大众文化中的黑人音乐具有反抗传统理性的积极意义，另一方面又认为这种反抗是有限的，最终都被商品化收编。工业的巨大发展给人们带来丰富的物质选择性，快乐唾手可得，对于人们功用而言的物之本性的重要性大大降低，为了在感性层面上吸引消费者，大众文化产品获得了审美化的外观，情感的愉悦原则渗透进大众的日常生活形式，审美成为大众日常消费的一部分。这种感性的扩张使审美活动丧失了先验的基础，美学失去了建构一种固定、统一知识形态的内在根据。阿多诺认为美的理念如果丧失，人们就会对美丧失兴趣，美学的价值批判就无从谈起。他认为现代艺术在机械复制时代也失去了个性，从形式到内容都趋于同质化，成为批量生产的大众商品。他认为一切文化都是相似的，所有的美学活动都同样颂扬铁的韵律。在文化工业中，普遍存在着“个性的虚假”，创造性的个性不复存在。艺术被迫走向边缘化，大众文化获得了艺术的外衣，形成艺术的虚假繁荣。

“奥斯维辛之后写诗是野蛮的。”这是中国作家和批评家最喜欢引用的阿多诺的名言，后来因为策兰的回击，阿多诺在《否定的辩证法》一书中收回了他原来的名言，说：“经年累月的磨难，就像被折磨者可以大喊大叫那样，有着许多表达的权利；因此，在奥斯维辛之后不再写诗的做法可能是错的。”

阿多诺论丑：

一、美与丑的辩证法

美离不开丑，美与丑的观念是动态的。“艺术无丑”，丑在艺术中有特定的功能。美与丑处于相互对立、相互吸收、相互转化的辩证法中，美与丑都是历史的产物，惊鸿一瞥的美一开始也被误置为丑。丑借否定而被挪用，作为美的对立面，丑被认为丑，是因为触犯了审美禁忌。康德的形式主义玷污了美，形式美是暴力调和的结果。但二分法的形式主义不可断然放弃，因为形式可以抵御美的抽象性的企图。

二、丑作为反抗的形式

丑有时成为反抗的形式，现代艺术用丑来痛击社会。丑在艺术中保持着否定性，其激进主义具有社会契机。美丑的边界变化引起了保守美学的强烈否定，保守美学对丑的谴责得到主观美学的支持。艺术具有转化对立面的潜力，丑恰恰成为艺术发展的推动力。艺术过分自律就会压制事物，这是艺术的原罪。主观行为凭借形式在材料身上留下了烙印，这是对艺术自律的放纵。现代艺术过分自律的结果是残酷，美获得了权威，成了打击和破坏的力量。于是，材料在化为不朽的美的形式中，丧失了生命力，成为玩物。

三、美的观念作为审美的契机

美的定义尚无定论，美的观念是审美的契机，即其审美本质无法加以直接说明。美的定义是矛盾的，如果没有美的观念和定义，美学就会失灵,无人会对艺术和美感兴趣,但这种抽象的界说对具体的审美对象没有任何说服力。形式是人试图超越自然的产物,但自然的力量必然迫使美投降。形式法则一直在美与非美之间寻求均衡,美同时连接着形式本质和被支配物,表现了征服与消亡的悲痛感。艺术的悲痛在于艺术无奈的自我牺牲,艺术的死亡体现在超越特殊性获得总体性的概念。美的理念是一种机制或契机,用来容纳和释放异质的东西,美对任何一种简单的定义表示反感。

四、模仿与理性的辩证法

资本主义掩盖非理性,艺术则在意象的理性与非理性的双重意义中再现真理性。传统美学的衰弱源于忽视模仿与理性的辩证法,模仿把艺术界定为认知的形式以及理性的东西,但艺术的独特性被毁,艺术的伟大就在于如何处理这对矛盾。艺术要求表现独特性,拒绝完美理想。因此,艺术面临两难:模仿与理性互不相容。人的活动是相互依存的,理性主义和非理性主义的艺术论都是不充分的。理性用超逻辑和因果关系来反对不成功的艺术,这种理性是作品组织和构成整一性的契机。艺术可以不受逻辑的束缚遵循创造的规律,艺术被指控为非理性的原因在于其摆脱了工具理性的束缚。

五、艺术建构

艺术使用理性来建构,沾染了压抑性总体的虚假性。建构的权力有限,建构是主观力量的延伸,艺术借助建构朝普遍性方向发展,抽象和超验的主体成为审美的主体,但建构限制了审美的主体性。艺术通常是非物质性的,黑格尔认为作品完成时,就是主观理性消失于作品之中时,这是乌托邦式的建构。建构难免的错误在于企图消除客观的整合之物;摆脱这个困境的出路在于,主体与主观理性论战,以展开多种艺术形式,并借此超越使主体深陷其中的艺术形式,艺术才能幸存下来。

六、艺术的黑色特性与艺术技巧

快感是艺术的动力,其来自巫术残余,它保存了模仿的契机。现代艺术使用巫术的黑色特性来抗衡商品拜物教,但祛魅的世界不能依据巫术来界定艺术,那是一种与艺术的真理性相悖的幻想行为,这是艺术二律背反的形式之一。艺术的非实体化倾向植根于艺术的技术倾向中,它不会因为艺术的自律而被清除。艺术技巧是近代的概念,艺术必须自己去寻找技术革新,而不是把科学技术直接转化为艺术。艺术对技术的要求来自于对巫术的怀疑和艺术创新的要求,技术是组织艺术作品的唯一媒介而非权宜之计。意识形态否认技巧的意义和价值,但意识形态的权威常常赋予骗人的把戏。技巧先于美的观念,技术通过超越现存的观念形成自己的语言,这是某些语言无法阐述的东西。

七、功能性创造物与艺术

功能性创造物如桥梁或建筑物如果以美为标准就会减弱其功能性,非功能性艺术则保有美的理念。非功能性的艺术对无功利的追求导致艺术成为异在的多余,反过来,艺术完全客观化就不再是艺术。

(李　兵)

美学理论

第三章　丑、美与技术

1. 丑的观念

艺术与美的观念并非是共同扩张的,但艺术需要借助作为一种否定(negation)的丑来实现自身,这已是老生常谈。这一洞识并非意味着取消丑的范畴是必然的结果。恰恰相反,丑依然作为戒律而存在——一条不再禁止违反一般规则,但仍禁止破坏内在一致性的戒律。此戒律只在特殊性处于首位的情况下才具有普遍性,这事实上等于戒除任何没有个性的东西。对丑的禁忌已经转化为对粗糙无形与结构欠缺的禁忌。在艺术中,不和谐这个术语,是用来表示被普通语言与美学称之为丑的事物的。丑,无论其到底会是甚么,在实际或潜在意义上均被认为是艺术的契机。率先断定这一点的是黑格尔的一名信徒,也就是《丑的美学》(*The Aesthetics of the Ugly*)一书的作者卡尔·罗森克兰茨(Karl Rosenkranz)。自古希腊人本主义时期视觉艺术中出现农牧之神与森林之神以来,古风艺术与传统艺术充满了被视为丑的题材的描述。在现代派艺术那里,这一因素的意味已发展到如此程度,呈现出一种在本质意义上新的和不同的功能。根据传统美学,丑的事物与支配作品的形式律相冲突。因此,与艺术材料相比较,丑的事物就得整合起来以便确保形式与主体自由的优先地位。如此一来,丑的素材据说在某种更高意义上会成为美的,因为它在整个构图中具有一种功能,譬如说有助于生产一种动态的均衡。这同黑格尔美学中的母题之一是相一致的,黑格尔认为美并非是作为结果而发生的均衡本身,而总是后者与产生它的张力的结合。否认自身包含张力的和谐变得虚假,令人不安,甚至不和谐。简言之,这是“和声学”上的问题。

在现代艺术中,关于丑的和声学观点已经破灭。丑已经发生变化。在里莫博德与戈特弗坦克德·本(Gottfried Benn)的作品中对解剖细节的令人反感的倾注,在贝克特作品中对肉体接触的描写以及现代戏剧中的社会学倾向,与17世纪荷兰绘画中乡村式的粗俗毫无关系。肛门期快感(anan pleasure)与能够体现这种快感的艺术自我满足感已经导致形式律屈从于丑的特性。这表明丑的观念,如同美的观念一样,完全是动态性的。两者蔑视界定,使传统美学失去效用;而传统美学无论是以怎样间接的方式,都想将这些范围视为理所当然的东西。

大体上说某物“显然是丑的”——譬如说,被工业联合企业掠夺去的一幅风景画或绘画中一张变形的面孔——可能是对这类现象作出的自发性反应,但也并无那种自以为具备的不言而喻的效果。这并未说明丑的印象为何得自工艺与工业风景画的原因。顺便提及,这一印象不会由于在设计工厂等过程中出现了“审美上优良的功能形式”(Addolf Loos——阿道夫·路斯语)而消失。丑的印象源自疯狂的破坏原则,该原则在人类目的与大自然自身目的相对立时就会发生作用。在工艺中,对自然的压制并非通过艺术描绘媒介予以反映,而是直接而明显地将自身呈现在观众面前。结束这一事态将需要技术生产力的导向,这样一来,事情无论从人类意向角度来看,还是从大自然想以一种多么调和的方式来表达自身的角度来看,均是合理化的。萧条过后,生产力的进一步扩大将会在不同于量性生产增长的层面上发生。在适应周围风景之形式与线条的功能性建筑物中,对上述扩大有种种限制;在建筑原材料取自周围地区的古建筑中也是如此,例如许多城堡与大别墅就是这样。德语中被称为“文化景观”(culture landscape)的东西,扭住了这种美的可能性。如今,此类母题会以一种有目的的、理性的方式得到处理,以便治愈理性留给大自然的创伤。在天真地谴责毁于工业化的风景因此而变丑的过程中,在自然向人类展示出不可压制性外观的关键时刻,资产阶级的注意力转向了自然处于支配地位的表象。因此,资产阶级发出的谴责是支配性意识形态的一部分。这种丑唯有在人与自然的关系抛开其压制性时才会消失。这种变化的机会在于意识形态的绥靖过程之中,而不在于这个遭技术抢劫的世界上建立飞地的思想里面。

艺术中没有原本就是丑的东西。举凡丑的东西，在某一特定的艺术作品里有其自身的职能。另外，举凡丑的东西，一旦艺术摆脱了烹饪享乐主义的态度，便可扬弃自身丑的品性。

不妨考察一下历史光谱的另一端，也就是丑的观念的起源，借此将会进一步证明这一论断：丑的事物的确是一个历史的和中介的范畴(historical and mediated category)。该范畴或许是在古风艺术向后古风艺术过渡时期出现的，因此随后一直标志着古风艺术的永恒再生。这正是它为何与普通的启蒙辩证法(艺术是其组成部分)关系密切的原因。原始崇拜对象的面具与画脸所体现出来的古代丑，是对恐怖的实体性模仿，一般散布在忏悔的形式之中。随着神秘的恐怖性逐渐淡化与主观性相应增强，古代艺术中丑的特征变为禁忌的目标(尽管这些特征原本作为强化禁忌的载体)。继主体及其自由感形成之后，相解的思想随之诞生，丑也随之展露出自己。尽管如此，旧的妖魔鬼怪并未从此销声匿迹。历史并未履行关于自由的承诺。相反的，主体作为不自由的代理人，使这一神秘的魅力得以永存，对其既抵触又屈从。有关尼采(Nietzsche)之格言与谢林(Schelling)之洞见的经验主义基础，很可能就是艺术的历史；前者宣称所有美好的事物曾一度是可怕的事物，后者断言起初就存在恐怖。

在适当之时，误置的与永存的神秘内容变化升华为想象力与形式。美也是历史产物，并非像柏拉图哲学中所谓的某种纯粹开端。美也在某一遥远的历史时刻，在大众对可怕的神秘力量感到厌恶的条件下出现的，而那些神秘力量回想起来则被视之为丑。美是基于一种魅力的魅力，带着那种魅力的遗痕。丑的歧义性源自下述事实，即：主体将所有认为需要的东西，包括从变态的性欲、摧残性的压抑与死亡等一系列东西，全都纳入主体性的抽象与形式范围之中。复发的东西是那个对立的他者(antithetical other)，没有它，艺术就不再是艺术的观念所意味的东西。丑由于借否定而被挪用，故作为美的对立面，不利于肯定性的艺术精神化。在艺术史上，美的观念可以说是已被吸收到丑的辩证法中去了。在此联系中，拙劣的模仿作品或媚俗的垃圾现象是失去丑这一对应物的美的东西。因此，伪劣媚俗的作品，即纯化的美，易受审美禁忌的影响。该禁忌正是以美的名义将伪劣媚俗的作品判定为丑的东西。

只能给丑的观念及其肯定性的关联物——即美的观念——作一形式

上的界定。这与艺术固有的启蒙过程密切关联。艺术越是为主观性所渗透,它越对所有客观给定的东西怀有敌意,而且主观的理性越会演变为唯一的形式原则与美学法则。无视客观对立物而只遵从主观性法则的倾向,依然保持着令人满意的能力:由于不为那对立物所动,主观性无意识地从自身,也就是力量感中获得满足。在这一点上,美学摆脱了粗糙的物质性,满足感与欣赏艺术对象中的数学关系相一致,其中最为著名的例证就是视觉艺术中的黄金分割率(the golden section)与和谐乐声中固定的泛音关系。对这种追求满足感的美学来讲,马克斯·弗里施(Max Frisch)给他那出以唐·璜(Don Juan)为主题的话剧所加的这条荒谬的副标题《几何学之恋》(*The Love of Geometry*)也许是比较适合的。艺术为了超越自然力——结果使其在支配自然与人类的形式中得以永存——而付出的代价是:以形式主义的方法来处理丑与美的事物。康德的美学便是一例。尽管它赞扬美的观念,但其形式主义的古典主义思想玷污了美。这方面最典范的作品,在试图安排和"组合"任何细节方面包含着某些疯狂的东西。通过从外部施予其和谐,古典艺术轻视那种和谐的真理性。作为暴力的调和结果、美学形式主义、对抗的现实这三者合而为一了。

在试图界定何为丑与美的内容时,人们无须完全或断然放弃形式主义。重要的是,这种二分法的形式方面可以抵消一种纯然的实质性差别,从而能够阻止想凭借过分强调内容水平的方式以修正美所固有的抽象性的任何企图。

2. 丑:丑的社会样态及其历史哲学

丑与美之间在形式区别上的潜在内容具有一种社会的维度或层面(social dimension)。譬如,当农民成为适合艺术的表现主题时,让丑进入艺术便反映出一种反封建的冲动。其后,里莫博德的那些描写多种死尸的诗歌,在追随丑美二分法的形式主义方面,看来要比波德莱尔的"殉难者"更为激进。作品中有位妇女在杜伊勒利宫(les Tuileries)发生动乱期间说道:"我是恶棍(Je suis crapule),我属于乌合之众、第四等人、流氓无产阶级。"这位站在革命一边的受压抑的家伙,按照丑恶社会中美的生活准则,显然是位粗俗的、被憎恨所扭曲的人物,她的全身布满了由劳苦生活所导致的耻辱与不自由的印记。

为文明进步担负责任的人所拥有的基本人权之一就是不被人们忘

怀。与解放的意识形态的肯定性整体相反，这种权利要求耻辱的印记应以想象的形式载入记忆。艺术应当追究那些被打上丑的烙印的东西的起因。在这方面，艺术不应借助幽默的手法来消解丑，也不应借此调节丑与丑的存在，因为这会比所有的丑更令人反感。相反的，艺术务必利用丑的东西，借以痛斥这个世界，也就是这个在自身形象中创造和再创了丑的世界。顺便提及，对被压迫者所表示的这种颇为激进的审美同情感，是冒着过于肯定的、与压迫者串通一气的风险。尽管如此，现代艺术是令人反感的和肉体上令人憎恶之物的凸现（社会现状的辩护者对此持反对态度，他们老调重弹，认为社会现状实际上已经够丑的了，因此艺术应当把美作为一种理想）基本上表明了一种批判性的和唯物主义的母题。在自律性的创作中，艺术谴责压抑（即便在其升华为一种理智原则之时），并且藉此证明被压抑者的权利。甚至在幻象领域，上述母题依然如故，仍是批判性的和唯物主义的。

重大的审美价值因社会丑而得以释放，典型的例证便是《哈奈尔天国旅行记》（*Hanneles's Trip to Heaven*）第一幕中那样深不可测的黑暗。该过程类似于引入负量值（negative magnitudes）的过程。后者保持着那些负量值在艺术品的连续统一体中的否定性。目前在处理这一问题时，对极端事例（如表示挨饿的工人阶级子女的图表）的描述采取了容忍的方式，认为这些文献包含着一颗慈善之心，其心跳甚至可以在想象得出的最糟的条件下听到。正由于这一原因，情况便不会变得那末糟。激进的现代艺术设想凭借形式语言来铲除以社会现实主义为特征的肯定性痕迹，藉此反对那种勾结串通行为。形式激进主义具有社会性契机。

保守的文化辩护士们视充满道德的美学为腐朽，而康德曾将其错误地纳入被他置于艺术之外的崇高理论之中。这种对纯粹性与非污染物的保守性嗜好，反映出为整个艺术史划界所付出的辛劳。此举从未取得圆满成功，这在艺术关涉消遣的情况中可以见出。但是，任何似乎令保守分子回想起这些边界之变化特性（shifting qualities of these bounderies）的东西，任何意味着混合型艺术之可能性（possibility of hybrid art）的东西，都会引起他们一种强烈的否定性反应。

保守美学中对丑的谴责得到主观倾向的支持，社会心理学可以证明这一倾向，即一种为了突出地责难丑而将其与受苦的表现等同起来的倾向。希特勒的顺从者将这部分资产阶级意识形式，连同其剩余部分，一并付诸检验:虽然他们使人民受尽磨难,但他们确定头上的屋顶依托于新古典主义的廊柱。不变量理论(theories of invariance)时常对艺术的颓废提出异议,并且假定自然是其概念上的对立物。然而,自然所代表的正是被各种意识形态(包括纳粹主义)打上颓废标记的东西。艺术无须为自身辩护,无须为自身因颓废而受到的指控进行辩护。艺术由于拒绝肯定那万恶的、似乎受到大自然铁的必然性支配的世界进程,也会遭到上述指控。艺术具有将其对立面包含于自身之中的潜力。因此,艺术的热情不会消失,会被用来推动那种潜力,而那种潜力的精神化与丑的契机相近似。施特凡·乔治在给波德莱尔《恶之花》(*Fleurs du mal*)的译本所写的序言中,对此有过深刻的表述。"忧郁与理想"(Spleen et ideal)作为前80多首诗的副标题,就暗指这一点,因为这意味着艺术的观念超越了它与理想的传统认同性,意味着忧郁是指沉湎于某种东西的一种特殊情感状态。而那种东西抵制造型,敌视艺术,这恰恰成为艺术发展的一种推动力。看来丑的东西就是如此,这是因为:在艺术中,丑恶与残酷并非单单是对丑恶与残酷事物的描绘。尼采认为,艺术自身的姿态就是残酷的姿态。在所有艺术形式中,想象力毫不留情地将某些东西从活生生的整体(如语言、声音或视知觉主体)中分割出来。艺术的形式愈纯粹,自律性程度愈高,它们就愈残酷。在另一方面,对不甚残酷而更为人道的态度的任何要求——这同时也等于要求创造迎合其潜在观众之趣味的艺术——如果受到艺术家的重视的话,那只会冲淡其作品的特性,因为这将意味着用形式律来进行拙劣的修修补补。艺术"影响"事物,也压制事物。支配自然的仪式依然存在于游戏之中。这是艺术的原罪,也是艺术对以毒攻毒的道德伦理的永久抗议。

下述事实会使我们顺应形式的观念,即:艺术成品通常是指这些作品,它们使形式本身带有某些应被形式毫不留情地从材料中剔除掉的杂乱无章的东西(这是一种效仿材料抵制形式的暴力行为)。也就是说,凭藉形式,主观性支配行为在已经带有支配标记的东西(譬如材料)上留下了自个的烙印。艺术造型的残酷性是对神话的模仿式放任与操纵。古希腊的天才在不知不觉中以讽喻的形式表达了这一理式:在意大利巴勒莫(Palermo)考古博物馆陈列着一件来自塞利农特(Selinunte)的早期多利斯型的浮雕作品(early Doric relief),它把佩伽索斯(Pegasus,希腊神话中有双翼的神马,传说由墨杜萨的尸体所变——中译者注)描绘成从墨杜萨

(Medusa,希腊神话中三女怪之一,在造型艺术中常被刻画为吐舌露齿、头上长着毒蛇的可怕形象——中译者注)的血泊中蹦出来的东西。

就像在现代艺术中那样,当残酷性明显而直接地表露出来时,旨在证实如下思想:艺术在现时代不能再依赖其先验能力把残酷性转化为形式,因为现实具有压倒一切的力量。残酷性是现代艺术自省的结果,这种自省使人绝望地意识到残酷性常常见诸顺从权势者的角色之中(那与其说是残酷,还不如说是抚慰)。一旦艺术品的魔力对其失去控制,残酷性便会以赤裸裸的形式出现在作品之中。美的神秘的残酷性,在艺术品的不可压制性现象中会找到它的对应物,据说这一直是阿佛罗狄忒(Aphrodite Peithon)的一个特性。正如在奥林匹亚阶段那样,乱七八糟的神秘力量集于主神一身,它在征服众神之后依然保留着毁灭的能力。所以,伟大的艺术作品后来由于成功地获得权威地位,也保留着打击与破坏的能力。这些作品的光辉是阴暗的,渗透到牵制美的否定性之中。甚至连那些看来是中性的、艺术一直试图使其化为不朽的对象,通常也显露出强硬、不可同化与丑陋等特征——它们似乎担心在其化为不朽的过程中会失去生命力,这对材料来讲尤其如此。如果艺术作品不堕落成为各种玩物的话,形式上的抵制观念对艺术作品来讲无论多么不可或缺,也肯定会将其方法的残酷性塞进极乐时期的艺术之中,譬如印象派艺术,其表现主题碰巧很少涉及自然的宁静,而几乎总是充斥着适合天使般的印象派绘画(the beatific peinture of impressionism)吸收的文明碎片。

3. 美的观念

在美与丑之间若有任何因果联系的话,那末,丑对美来讲则为因,美对丑来说则为果,而不会颠倒过来。完全禁绝美的观念对美学来说如同釜底抽薪,就像从心理学中抽掉心灵概念或从社会学中抽掉社会概念一样。然而,美学作为关于美的学说,其定义尚无定论,因为美的观念的形式特征通常缺乏丰富的审美内容。如果美学仅仅是所有可称之为美的东西的详尽无遗和系统性名单的话,那末,我们将不可能理解内在于美的观念中的动态生命。实际上,该概念在审美反思的总体中只是一个契机而已。它表示有些基本的东西不能直接地详细说明那一本质。的确,人们如果不以这种或那种方式来论述这个或那个美的人工制品的话,那末,所有对这一人工制品的兴趣就不可理解,也无人(不管是艺术家还是观众)会有任何理由去参与那种脱离实用目的(本质上也就是自我保护的愉悦原则)领域的行动,即一种受艺术本质支配的行动。

黑格尔甚至抓住了美学思想的辩证法,他把美静态地界定为“理念的感性显现”。美不可能被界定,但美的概念也不可能被一笔勾销。这在严格的意义上是自相矛盾的。如果没有概念化,美学就会失灵,成为一锅粥。它只能以历史与相对论的方式来描述不同社会或不同风格中被认为是美的东西。尽管它可能会从这些经验主义资料中提取出某些共同的特征,但作为结果而得出的抽象界说必然是一种拙劣的模仿,一旦遇到随意拣起的一件具体的艺术对象,它就没有任何说服力。尽管如此,美的概念中所预示的一般性并非是偶然的。连接形式优先的通道(因美的范畴而长存)已经包含着形式主义的萌芽(审美对象与最基本的主观特征的耦合),后来引发出关于美之概念的所有难题。

为了使美作为一种物质品性能够安分守己但又藉此抛弃形式上美的东西,可能是一种错误的做法。相反的,必须把形式主义原则视为历史产物,必须把握其动态与内容。作为独特实体的美的意象,是与人类摆脱恐惧的过程同时出现的,这种恐惧是对全能的大自然的唯一性与同质性(omnipotent oneness and homog geneity of nature)的恐惧。由于美的事物能使自己脱离直接的存在,并且能够谋求一处神圣的领地,因此依然挪用和保存着那种恐惧。艺术是美的,因此相对于纯然的存在,艺术的造型精神只允许那些它能把握或者可望同化的因素进入艺术作品。此过程以形式化为特征。因此,从其发展趋向看,艺术的确是形式性的东西。美通过超越可怕的神秘力量并将其从艺术中清除出去(艺术似乎成了某种寺庙)的方式而造成这种有意图的还原作用,这种意图是相当虚弱的,因为神秘的威胁会像城墙外的敌人一样围而不攻,迫使城中的居民饿极而降。美必然要抵制这种围攻,抵制与其自身发展趋向相悖的东西,否则它将失去自身的目的(its telos)。

正如尼采所见,古希腊人本主义精神的历史至关重要,因为它是神话与天才相互作用的衬托。无论是彷徨于阿格里琴托(Agrigento)神庙里的古代巨人,还是雅典喜剧中的精灵,皆非可以牺牲或抛舍的神话残余,而是必要的形式补足物。形式愈想将他们剔除,反倒会愈加屈从于他们。在后来所有著名的艺术中,神话契机以变化不已的方式得以持续。这在欧里庇得斯的剧作(Euripidian drama)里可以见出。剧中所描写的那种对神秘力量的恐惧再次集中在纯化的奥林匹亚诸神身上。他们虽然有美的一面，但现在则被指控为恶魔。随后，伊壁鸠鲁的哲学（Epicurean philosophy）想把古希腊人的意识从这种可怕的形式中解放出来。然而，由于令人敬畏的自然的诸形象从开初就意在凭藉模仿来抚慰自然，因此可以断言，古代时期那些涂上色彩的面具、巨兽和半人半牛的怪物开始近似于人的形象。那些混杂的动物已经反映出理性的秩序原则；一段时间之后，它们被自然历史当作虚构物予以清除。当时，它们之所以令人敬畏，是因为它们使人想起自身的脆弱性。但它们并非混乱无序。事实上，它们集威胁与秩序于一身。顺便再举一例，原始音乐以重复性节奏为特征，那节奏也具有威胁与秩序的特质。

古代艺术自身带有对立面。艺术的质性飞跃是一种细微的转变。正由于这一辩证法，美的形象随着整个启蒙运动不断变化。形式化法则代表此过程中暂时的均衡，这种均衡不时受到来自美（beauty）与其无法控制的非美（non-beauty）之间的关系的干扰。可怕的力量被理解为源自形式的强制，并被纳入美自身之中。那光耀炫目（das blendende）的概念阐明了这一经验。美的事物的不可抗拒性，源于性欲领域并通过升华进入艺术，它有赖于美的纯粹性，与物质性和效果相去甚远。这种不可抗拒的强制会沉积在内容之中。由于起初的敌视表现，美的形式本质仅有一半成功地转化为一种表现（a kind of expression），其中连接着受本质支配的威胁性和对被支配物的留恋感。如此一来，便表现出一种由于征服与消亡（即死）而产生的悲痛感。

所有艺术与死亡的密切关系在纯形式理念中非常突出，由艺术强加给活生生的各种事物的这种形式理念便如此而亡。在未被玷污的美中，其难以对付的反面将会得到安抚；这种审美调解（aesthetic reconciliation）方式对超审美的他者（extra-aesthetic other）来讲至关重要。艺术所表现的悲痛源自下述事实：艺术意识到假调解是以真调解为代价的。看来艺术的终极职能在于哀悼它所作出的牺牲，即艺术在无可奈何状况下作出的自我牺牲。美的事物不仅像死亡信使那样来表达自己——瓦格纳歌剧中的瓦尔库尔（Walküre）就是如此；而且还将自个同化于被视为过程的死亡之中。通往艺术作品之整合与自律的道路，将导致这两种契机总体上的终结。由于艺术作品超越了自身的特殊性，因此与死亡调情卖俏，而死亡的集中体现则是作品的总体。尽管艺术作品的理念以不朽与永恒的生命为模式，但通往目的地的道路上布满着个别的被消灭的生命。这也涉及艺术表现。就像表现是总体的末日或死亡一样,总体也标志着表现的暗淡或失落。艺术殊相急切潜入整体之中的愿望反映出本质性的解体的死亡意愿。艺术作品愈是整合而成,其分别选用的组成因素就愈会发生解体。因此艺术作品的成功与解体同义。这正是其深层歧义性的原因所在。与此同时,解体使内在于艺术中的离心反向力得以解放。

美的事物在个别纯化形态中实现自身的情况越来越少,而在艺术作品的动态总体中显现自身的情况却越来越多。如此一来,它一方面通过将自身从个别性中解放出来的方式继续趋向形式化,另一方面通过公平对待扩散性的方式将自身同化于特殊性之中。在潜在意义上,这一复杂的交互关系使艺术能够打破它所陷入的那种罪责与惩罚的循环模式,从而展现出一幅关于超越神话之条件的新图景。艺术将那种循环变换成意象层,藉此反映和超越对方。

热衷优美的意象将招致对美的反感,这意味着对张力的需求和对张力释放的反对。某些现代艺术样本正是由于失去张力的倾向或者因为对部分与整体之间的关系无动于衷,而遭到人们强烈的批评。另一方面,把张力设立为抽象的先决条件也同样是错误的,因为这会导致贫乏与华而不实的结果。真正的张力概念发端于一种张力状态,即形式与其他者之间的张力状态。这种状态凭借细节再现于作品之中。一旦美的事物作为张力的自动平衡被转换为总体,那末它就会被卷入一种旋涡之中。总体,即整一体中各部分的趋同现象(convergence of parts in a unity),预先假定各部分具有实质性的契机。与传统艺术相比,这一要求对现代艺术更为重要,因为在前者,张力隐而不见,潜伏在约定俗成的习语之中。由于总体最终会吞没张力,并将其转化为意识形态性的东西,这样,自动平衡的观点就站不住脚了。这便是过去二十多年里激进时尚给美与艺术带来的危机。美的事物的理念虽败犹荣,因为它是一种机制或途径,可用来释放所有那些异质的东西,受具体化影响的东西以及取决于常规的东西。为了美的事物而不会再有一个美的东西,因为它已经不再美了。

会出现唯一以否定的方式来对抗分解或腐朽的东西,我们不能将其归于虚假之列。美对于任何过于光滑的或者看上去就像一道算术题的单义解决方法的东西均表反感,这种反感进而转化为结果,并且如同张力一样,对艺术来说是不可或缺的。目前,对为了艺术而完全厌恶艺术的前景进行预测是可能的。在表露出沉默或消亡趋向的现代作品中就预示着这点。这些作品甚至在政治上反映出如此真实的意识:再没有比社会主义现实主义更好的艺术了。

4. 模仿与理性

艺术是模仿行为的庇护所。在艺术中,有赖于艺术自律性程度的主体,采取了与其客观的他者(objective other)相对应的不同立场。这主体总是有别于他者,但从来不是完全分离的。艺术对巫术实践(magical practices)——艺术自身的前提——的抵赖表明艺术分享着理性。艺术作为理性中的模仿,甚至在利用那种理性手段之时能够立于不败之地,乃是对这个理性的官僚主义世界之非理性作出的一种反应。所有理性的目的被视为所有实用手段的总和,这目的不同于某一手段,而是一种非理性的特质。资产阶级社会掩盖和抵赖这种非理性,而艺术则不然。艺术在保留那种意象的双重意义上再现出真理性,那意象是一种被理性完全窒息的目的之意象,是揭露现实状况中的工作理性与荒诞性的意象。

借助理智来直接干扰人类事务的思想贯穿着整个历史,但艺术摒弃了这种东西。这并非意味着艺术能够通过追忆而直截了当地回归自然。这不可能,也不应当。艺术与自然的分离是可以消除的,那只是因为这种分离所致。这样便强化了艺术的理性契机,与此同时也使其得以开脱。艺术反对现实的支配,尽管艺术一再坠入意识形态中的支配同盟者的地位。

谈论"艺术巫术"(magic of art)切忌使用唾手可得的语词。用马克斯·韦伯的话说,艺术是将世界从着魔状态中解脱出来的那一过程的组成部分,因此,艺术腻味重蹈巫术的覆辙。艺术与理性化紧紧地纠缠在一起。艺术可随意使用的手段与生产方法全都源自这一联系。由于遭到意识形态中唯美主义者的中伤,技术在同一程度上支持艺术,并且威胁到上千种使艺术的巫术传统得以幸存的不同形状。但艺术并不支配技术,而是在不同范围内调动技术。几乎所有传统美学思想中的诸多伤感与衰弱现象均源自下述事实,即:丝毫不重视内在于艺术的模仿与理性的辩证法。尤其在近一个时期,对突然从天而降的技术性艺术作品所表现出的惊讶之感,正是表明古往今来的美学之朴素性(naiveté)的诸多例证之一。

在某种意义上,关于"艺术巫术"的陈词滥调听起来也成了真理。模仿的继续存在(被理解为主观创造过程与客观的、未安置的他者之间所结成的非概念性亲合关系)把艺术界定为一种认知的形式以及“理性的”东西。模仿行为是对认知的目的作出反应,同时通过各个范畴对其产生阻碍作用。艺术将认知范围扩展到一个据说是不存在的领域。这样一来,艺术就摧毁了与知识相对的独特性与单义性。由于被艺术世俗化了的巫术实际上停滞不前(虽然在世俗化框架中的巫术本质上已经退化为一种被称之为迷信的神话学残余),艺术便面临着被毁灭的危险。所谓艺术危机,似乎是一种最近产生的全新特质,而事实上则与艺术概念本身一样古老。艺术存在的可能性与伟大之处取决于艺术如何处理这一相互矛盾的关系。艺术无法实践自身的观念。因此,任何一件艺术作品,包括最高尚的作品,都不是完美无缺的,故而拒绝接受所有艺术作品务必追求的完美理想。僵化却一贯的启蒙作用将会抛弃艺术,就像严肃而十分讲究实用的人们事实上也会抛弃艺术一样。艺术所遇到的这种二难抉择——复归到真正的巫术那里好呢,还是让模仿冲动屈从于物似理性好呢?——困境,有助于系统地阐述艺术的运动规律;这种二难抉择不应废除。每件艺术作品所再现的过程实际上与作品一样深刻,因为模仿与理性是互不相容的。当你想要评价艺术被视为调和意象(两者互补)的观点时,务必牢记这一至关重要的洞见。实际上,正是因为没有一件艺术作品能够获得成功,所以艺术的力量才得以释放。艺术正是在此处近似于调和。

艺术是不能征服而能批判自身的理性之物。假使社会中的所有人类活动是相互依存的话,那种认为艺术是前理性或非理性的见解,从一开始就站不住脚。因此,理性主义与非理性主义的艺术论是同样不充分的。如果一种受到启发的思维方式被机械地转换到艺术领域,那末,我们将会养成一种庸俗的自制能力,这种能力曾使歌德、席勒及其同时代的浪漫派人物惯于嘲讽德国资产阶级对革命表示同情的方式中所存在的那点微不足道的东西——除了在一种更为显眼炫耀的形式中之外,当今资产阶级那逆来顺受的艺术宗教委实缺乏敏感性。理性惯于借助把超艺术逻辑与因果关系准则应用于艺术作品的方式来反对(没有成功)艺术作品。这种理性主义的艺术批判活动依然存在,因为在意识形态领域滥用艺术会不断引发这种批判活动。譬如,一位现实主义小说传统的后继者对艾兴多夫(Eichendorff)的诗句——“云彩像沉沉的梦幻一样漂流”——就曾提出异议,认为人们不妨把梦幻比作云彩但不能把云彩比作梦幻。面对这种异议中那切中要害的说服力,诗歌只好退回到自个领域。这里,有关本质的观念将自身转化为一则有关内情的富有洞察力的寓言便不足为奇了。无论谁否认艾兴多夫这行诗——最佳的伤感诗的原型或范例——的表现力,谁就会在这一作品的黄昏暮影里失去他的立足之地,从而(哪怕是模糊不清地)把握不住其文字的细微差别及其情意丛(constellation)。

艺术作品中的理性是组织与构成整一体的契机。这种理性虽与支配外在世界的理性不无关系,但并不复制外在世界的概念性秩序。在后者看来像是艺术之非理性特征的东西,并不是非理性精神的征兆,甚至也不是非理性的主观心态的征兆。哪里有"心境"(frame of mind),人们就有可能发现思想艺术(Gesinnungskunst);在某种意义上,这种艺术总是理性的,无论那份心情是否属于理性或非理性。真正的抒情诗人从容随便(désinvolture)——不受逻辑的束缚,尽管逻辑的阴影依然会进入他的领域——能够遵循自个创造物的内在规律。

在心理学意义上,艺术作品并不压抑意识的内容。相反的,心理分析家认为,艺术作品凭借表现,有助于将扩散与遗忘的经验提高到意识水平,而无须将其"理性化"。

指控艺术为非理性主义原因在于艺术成功地摆脱了工具性理智的束缚,这与官方信奉艺术的不合理性均属于意识形态范畴。这种指控也非常适合那些具有各种说服力的大官僚的需要。像表现主义与超现实主义这样的艺术潮流,均以实际行动反对压抑,反对权威,反对蒙昧。这其中大量的理性成分使有些人深感不安。众所周知,德国和法国曾有一些从属于法西斯的表现主义和超现实主义艺术家。但与这些艺术运动的客观理念相比,其亲法西斯倾向是没有意义的,而且为了达到宣传目的早已被扎达诺夫(Zhdanov)及其后继者搞得乱七八糟。通过造型过程来表明艺术中的非理性(心理的与客观秩序的非理性)因素,这在某种意义上与使其成为理性的东西是一回事;当然,鼓吹非理性则是另一回事。这在使用艺术手段方面与一种肤浅的理性主义常常密不可分。瓦尔特·本雅明在他有关机械复制时代的艺术作品的学说中也许忽略了这一点。首先,本雅明对有韵味的艺术与机械复制艺术的二分法,为了简单起见而忽视了两种类型之间的辩证关系;另外,他成了一种艺术观点的牺牲品,结果把照相术实体化为一种样式,这与把艺术家(譬如说)视为创造者的观点一样糟糕。顺便提及,本雅明在《照相术简史》(*Short History of Photography*)一文中首次提出自己的二元论,而在此五年前他曾在一篇专论复制的文章里以更为辩证的方式阐述过这个问题。《照相术简史》实际上接受了早期文章中关于韵味的界说。然而,在论照相术的文章中,本雅明承认早期照相作品确有韵味性的东西,但随之被商业化剥夺了(尤金·阿特盖特语)。与第二篇文章中的简化说法相比,这种说法也许更接近真理,可那些简化说法却使其得到广泛的流行。本雅明的观念作为整体来说,趋向于一种复制现实主义(copy-realism),故此无法表明艺术中批评对立——与膜拜对象和意识形态的生活表面现象对立——的契机。于是,本雅明首先引进了韵味概念(the concept of aura)。他对韵味的否定性评价很有助于揭示真正的现代艺术,这样使自身与实际行动逻辑拉开了距离,并且使处于另一极端的大众文化产品失去了效用;无论在甚么地方,包括那些自诩的社会主义者所掌管的国家,这类产品均带有利润的印记。

正是在这种关系中,我们方能搞清类似布莱希特选择那种歌曲之现象的某些意义。魏尔(Weill)与别的作曲家谱写的那种歌曲没有使用无调性和十二音体系技巧(atonality and twelve-tone technique),他摒弃了这种过于浪漫的和太富于表现力的技巧。另外,根据这一高见,容易把一切所谓的理智生活的理性大潮置于法西斯的红色标记之下,容易无视其中包含的抗议契机——抗议和唤起资产阶级思想的具体化的契机。这一立场,如同专制国家的文化政策一样,看不到启蒙作用即欺骗群众这一情况。这种非神秘化的艺术方法太随意了,它对所有现象听之任之,不能使那些现象脱胎换骨或者重新神秘化。本雅明为机械复制所设计的大型理论有其不足之处,即:他的两极范畴无法将完全非意识形态化的现代主义艺术观念,同那种为了达到大众利用和支配目的而滥用的审美理性现象区别开来。本雅明很少触及这一可供选择的领域。除了照相机的理性主义之外,他所注重的唯一方面就是蒙太奇(montage)。众所周知,蒙太奇在超现实主义影响下达到顶峰,在被电影掌握后则又急剧衰落。在任何情况下,健康的常识可以使人看到蒙太奇一再搅乱现实因素,为的是从中取得方向性变化,或者为的是唤醒其潜在的语言。然而,蒙太奇之所以盛极而衰,是因为它不能迸发出自个独特的因素。通过改换外部提供的成品材料,蒙太奇表露出某种趋于遵奉主义非理性的倾向。

5. 建构的观念

从蒙太奇(一条死胡同)至建构(construction)是现代艺术中的一种

逻辑必然。这一变换中的诸阶段有朝一日会由日后的美学编史工作者予以调查研究:建构原则要求分解艺术的材料与成分,同时又强求整一性。不可否认,建构中存在一种旨在掩饰不连续性的协调倾向。为了达到纯逻辑一致性的目的,建构竭力靠近意识形态。这便反映出当今时代现代艺术的命运,即现代艺术不可避免地会沾染上压抑性总体的虚假性。同样的,建构是今日唯一可能被艺术中的理性契机采纳的形态。顺便提及,建构在意大利文艺复兴时期的艺术中也同样重要。当时,建构——后来称为"组合"(composition)——曾作为手段,将艺术从对拜膜的依赖中解放了出来。

在单子中,也就是艺术作品中,建构所扮演的角色超出了客观知识的范围之外,相当于一种统管逻辑与因果的全权大使所扮演的角色,可这位全权大使的权力却十分有限。建构是多重的综合,以牺牲性质不同并且受其摆布的契机为代价,同时为了完成综合而以牺牲自身的主体为代价。建构同认知过程的相似性,或者说是同考察认知过程的方式的相似性,与两者之间的差异性同样明显。一种实质上非命题性的艺术,如果真的要作命题判断的话,那将会违背艺术的观念。在最为广泛的意义上(我们正是在此意义上谈论"绘画组合"的),将建构与组合区别开来的东西,不仅能够完全驾驭来自外部的所有事物,而且能够完全驾驭内在于艺术过程中的所有部分契机。因此,建构是主观支配力量的延伸,这种支配力量日益掩饰着自身被推得越来越远的本质。建构将现实因素从其原初关系中撕裂开来,并将其分别加以改变,最终使它们能够容许一种新的整一体,一种与原初整一体一样受外界支配的和附加的整一体。建构作为一种手段,艺术藉此可以在自身的进程中超越其唯名论的和偶然发生的情境,随之朝着某种贯穿始终的效度,或称为普遍性的方向发展。通过逐渐消减这些因素,建构的还原契机往往会把这些因素的潜能消减到这样一种程度,以至于不用吹灰之力就能战胜它们。抽象与超验的(或者像康德的系统性组合理论中所指——隐蔽的)主体成为审美主体。即便如此,建构还是限制着审美的主体性。在构成主义方法最初与表现主义对立的事实中就表露出这点。蒙德里安(Mondrian)就是一个现成的例子。为了使建构的综合获得成功,就得植根于其潜在的要素之中。但是,这些要素从来不会轻易地遵从主观综合所强加给它们的东西。当然,建构也不会复归到虚幻的机体论(organicism)观念中去。

总之,主体在其准逻辑的普遍性方面是审美结合行为的工作者,但是,主体性的最终表现形式，也就是艺术作品，通常是非物质性的(immaterial)。黑格尔美学的至为深刻之处，就是它远在构成主义之前就认识到这一真正的辩证关系。黑格尔认为艺术作品是在主体消失于作品之中时主观地完成的。正是通过这一消失过程，而非借助恭恭敬敬地被现实同化的过程，艺术作品超越了单纯的主观理性，若它果要如此的话。此乃建构的乌托邦性相。另一方面，建构的错误难免性，存在于那种消除其整合之物与把握其激活过程的倾向中。今日构成派艺术中张力的丧失不仅仅是主体的软弱无力所致，而且也源自构成的理念本身，更明确地说，是由于构成与幻想的关联所致。在其实际上不可抗拒的进程中，构成对所有外在性表现出宽容性，想将自身转化为一种特殊的现实，尽管其原则的纯洁性是借自外在世界的技术与功能形式。构成由于摆脱了目的的束缚，因此一直被卷入到艺术之中。阿道夫·路斯用以抵制工艺品观念的那种完全构成的和严格讲求实际的艺术，最终导致了工艺品的产生，因为这种艺术以模仿的方式使自身适应于功能形式。这里，没有功能的功能性成为一种嘲弄。摆脱这困境的出路在于：主体要与主观理性展开论战，以期引发诸多表现形式，藉此超越那些主体否定自身于其中的表现形式。艺术只有为这矛盾留下余地而不是将其消除，才能幸存下来。

6. 技术

对客观的、就事论事的艺术(Sachliche Kunst/matter-of-fact art)的需要，由于在功能性媒介中未得到满足，因此就得求助于自律性媒介。首先要指出的是，客观的艺术(objective art)揭示了艺术作为人类劳动之产物的观念，依然保持着这样一个与众不同的特性，即：与其说客体是物中之物(a-thing among things)，还不如说是关乎自身的客体(objection-to itself)。那末，客观艺术由此说来基本上是矛盾的东西了。然而，这种矛盾修辞法(oxymoron)的发展是现代艺术的核心要素。

事实上，艺术的主要动力在于：艺术那令人陶醉的、给人以直接感官享受的特性，作为巫术历史阶段的残余，往往遭到现实世界中尚未完全消除的非神秘化因素的否认或抛弃。正是艺术这一令人陶醉的特质，保存了艺术中的模仿契机。这种特质的有效性取决于自身存在对理性实体化的批判。巫术本身当然不是甚么真实的东西，却是启蒙作用的一个方面：巫术幻象使这个从着魔状态中解脱出来的世界不再抱有幻想。这便是寓当代艺术于其中的辩证法。由于抛弃了它对真理性的所有权，赤裸裸的巫术契机有助于我们理解审美幻象与审美真理的本质。由于继承了对待实体的原始心理倾向，艺术会乘机将现今遭到禁忌的东西，以一种调和与有意识的方式加以盗用，因为这种处理方式看来有益于理性知识的增长。

一个从着魔状态中解脱出来的世界，不知不觉地把艺术视为刺激物，视它为所不能容忍的巫术的余象(after-image)。如果艺术以禁欲主义方式容忍这一点，即依据盲目的巫术来界定艺术，那末，艺术就会进一步使自身丧失信用，结果会成为一种与其真理性要求相悖的幻想行为。在一个从着魔状态中解脱出来的世界里，甚至连与艺术最为简朴节制的关联——一种没有任何抚慰或振奋的关联——也受到浪漫主义的影响。在此意义上，黑格尔把浪漫主义解释为一种审美历史哲学的最后阶段是正确的，这不包括他那需要等待现代反浪漫主义艺术出现后再予以证实的诊断。尽管如此，现代艺术总的看来主要借助其自身的巫术契机，即黑色特性(blackness)，以期排除这个丢掉幻想的世界中的巫术般的商品拜物主义(magical commodity fetishism)。借助自身的存在，艺术作品要求现实中不存在的有些东西也要存在。这是表现艺术二律背反(the antinomy of art)的另一方式。若以给所有那些与这个丢掉幻想的世界格格不入的东西打上“旧式的”标签的方式对此矛盾作出反应，那将是错误的。这是爵士乐爱好者的知觉过程。实际上，只有同这个世界不相容的东西才是真实的。艺术的先验预设条件作为一种方法，不再符合外部历史发展的情况，即使假定有过这种巧合现象，那也只是一种含糊未定的假设而已。如今，这种不一致性不可能通过适应方式来克服，而必须为了真理性起见，允许它以辩证的方式逐渐展露出来。反过来讲，艺术的非实体化过程在其严肃的和商品性流行作品中，是艺术之内在动力的组成部分。它植根于艺术的技术倾向之中，这种倾向不会被坚持所谓艺术的纯粹性、直接性与内在性的幼稚做法所消除。

艺术技巧概念是最近的产物。直到法国革命时期，该概念还鲜为人知；那时，对自然的审美支配方兴未艾，正成为自觉的东西。虽然名称可能缺乏，但事物本身在那时肯定广为人知。艺术技巧并非是以实用主义的方式适应某个自诩为“技术”时代的一种现象，在这种时代里，生产力(从生产关系的实质来看)似乎独步天下，决定着时代的结构。在审美技术(aesthetic technology)想把科学直接转化为艺术而不是寻找技术革新的情况下，艺术将会坐失良机。对第二次世界大战之后的一些艺术思潮来讲,情况确是如此。科学家,尤其是物理学家,不难证实在那些被科学术语冲昏了头脑的艺术家身上所存在的某些误解,藉此提醒他们那些被其用来描述其所作所为的物理概念,与这些术语在物理学中的原意没有丝毫对应之处。

技术对艺术的渗透是由主观的意向与客观的艺术情境所致,前者诸如对巫术之模糊性的醒悟与怀疑,后者诸如权威性艺术作品越来越难以脱颖而出。类似这样的可能性已成为问题,一半是因为传统方法的衰退(其中有些仍坚持至今)。依据那种曾被康德将其与审美的东西相提并论的手段目的关系(means-ends relation)来组织艺术作品的唯一现存媒介,一般说来就是技术。技术绝非因为缺乏更好的东西而采取的或由外部强加的某种权宜之计,尽管这在艺术史上有诸多变化的实例,譬如与物质生产中的技术革命相似的那些实例。基本说来,对技巧的无限控制趋向,是在传统方法之中与日益增长的艺术主观化情况之下形成的。如此一来,技术所设置的控制便成为一项基本原则。

使艺术中的技术应用得以合理化的东西,在于伟大的传统作品从技术发展与精心制作的特质中所吸取的真实性(authenticity)。从安德里·帕拉迪奥(Andrea Paladio)开始,艺术家偶尔对技术程序表示出某种敏感性,这种趋势一直延续到技术最终将传统方法完全打碎为止。只要回顾一下,便可更加清楚地看到技巧在传统艺术中是一个多么有意义的组成部分。文化意识形态惯于否认这一事实,贬低这个被称之为技术艺术的时代,认为它是早期人类自发性时代的没落结果。就算如此,那末谈到类似巴赫(J. S. Bach)这样的作曲家,要弥合其音乐结构与其成功演奏所必需的技术手段之间的鸿沟也不是甚么难事;顺便提及,这一事实将会在美学历史主义批判的语境中产生影响。但是,这种异议仅仅包含某种有限的相关意义。譬如,巴赫的经验就在于引导他获得更高水平的作曲技巧。另一方面,在严格意义上的古代作品中,表现与技巧同缺乏技巧混为一体,或者说得更确切些,同某些技巧因为过于落后而不能完成的东西混为一体。透视画法以前的绘画(pre-perspective painting)的影响到底是因表现的深度所致呢,还是因技术欠佳的原因所致(总是反过来成为表现)呢?这是一个争论未决的问题。在可能性范围基本有限的古代艺术作品中,常常包含着与实现该艺术项目所需要的同样多的技巧。这将赋予它们某种骗人的、遮盖技巧初步发展的权威性。

面对这类作品，有关其意想取得甚么但未能如愿的问题虽然微不足道，但肯定会将人引入歧途。不过，对此问题保持沉默也有蒙昧主义(obscurantism)的一面。阿洛伊斯·里格尔(Alois Riegl)的艺术意志(Kunstwollen)概念，虽然十分有助于消除审美经验中抽象的和不变的常规，但也不能予以确认。使一件艺术作品与众不同的东西，与艺术家的意志和意向没有多大联系。朱利亚城的伊特洛里亚阿波罗雕像(Etruscan Apollo at the Villa Giulia)那可怕的冷峻是该雕像之内容的构成要素，无论它是否有意而为。

技巧的功能在波节点(nodal points)上发生了变化。一旦得到充分发展，艺术技巧便表明制作优先于相反的艺术产品接受观念。在不够发达的历史阶段，艺术有时与技巧对立，所描述的是不能制作而只能表达的东西。然而，技巧方面的优势绝非制作的同义词，头脑简单的文化保守分子喜欢将两者等同起来。艺术技术化的所作所为，是要清洗艺术作品中的主观性直接语言，而不顾这种技术化是主体对自然支配力的延伸这一事实。技术的必然性会把偶然因素排挤出去，也就是把创作个体排挤出来。传统主义者对凭借技术将艺术(与所有其他东西)非人化的做法哀叹不已，而在事实上，正是这一相同的技术过程，能够使今日的高级创造物以一种与有意沟通人类启示或陈说毫无关系的方式来讲话。看上去像具体化的东西，实际上是在探索一种潜在的物语(the latent language of things)——一种通过技术的根本用途而能详细阐述自身的语言。如此一来，艺术中的技术具体化过程，将会脱离意义必定是而且一直是人类意义的观念，反过来拥抱自然的潜在意义性的观点。现代艺术在其最佳状态超越了对心理状态的描绘，结果阐述了某些有意义的语言不能阐述的东西。克利是不久前这方面的杰出典范。他作为以技术为导向的鲍豪斯学派(Bauhaus School)的成员之一绝非偶然。

7. *功能主义辩证法*

如果有人鼓吹真正的技术客体是美的思想观点，也就是阿尔夫雷德·卢斯(Alfred Loos)所臆想的和继他之后的几代专家的治国论者所一直宣传的东西，那末，那些客体据说具有一种绝非客观的或就事论事的特性。类似桥梁或工业设备这样的功能性创造物，有一种属于目的性的形式律。如果它们追求作为一种伴随物或虚饰物的美——这种美是以和谐或(更糟的)巨大等模棱两可的传统范畴为衡量尺度的——的话，那就会影响或减弱其功能性。另一方面,那些认定一件功能性创造物因遵守形式律而必然是美的人们,显然是在狡辩,因为他们把就事论事当作美的内容,而事实上并非如此。

只有在关涉自身时才是功能性的自律性艺术作品,旨在通过其内在的目的论以便获得曾被称之为美的东西。非功能性艺术与功能性技术艺术可能会在它们就事论事的敏感性中聚集一起,但差异依然存在:非功能性艺术保持着存在问题的美的理想,而功能性技术艺术则可以将其抛弃。美深受无功能的功能性的影响。就像其外在目标开始萎缩一样,艺术的内在目标也在萎缩;结果,功能作用,作为异在,显得多余,并且衰变为一种虚饰,摆出一副作为自身目的的架势。在此过程中,功能性的契机遭到侵蚀破坏,即各组成部分的内在功态被打乱。所以说,各部分的必要的自我导向与自决能力会从下面涌现出来。这便削弱了就事论事的艺术作品获取那种张力均衡化的能力,而这正是它们想从功能性艺术中得到的东西。

所有这一切表明,功能结构组织和精心制作过程与艺术作品的总体非功能性之间存在着差别。尽管如此,艺术对功能性的模仿适应过程不应该因为重新强调直接主观性而被抛在一边,这种主观性只会有助于伪装个体及其心理的观念(从社会优势观点来看)变得更加富有意识形态色彩。就事论事是这一情境中的真正意识。其危机不应被当作一份复归到"人"的请柬,那样立刻会生成一种安慰性的施舍物,即一种与真正的非人性相互关联的东西。

如果人们从就事论事的内涵追溯到其严肃的目的,便会开始注意到这一方法所包含的一些野蛮的和前审美的(pre-aesthetic)东西。新主体论(New Subjectivity)对伪劣的模仿作品、多余的和装饰性要素以及所有带有奢侈味道的东西均抱有厌恶态度。从弗洛伊德关于对文化的破坏性不满的学说角度来看,这种态度是野蛮的。就事论事的两分法确证了关于启蒙作用之辩证本质的论断,在此本质中,进步与倒退相互盘绕在一起。(照猫画虎似的)就事论事是野蛮的。艺术如果完全客观化,那末就会成为一个单纯的事实,而不再成为艺术。功能主义的危机开辟了一种选择的可能性,那就是:或者放弃艺术,或者改变艺术的观念。

王柯平译

——节选自《丑、美与技术》,阿多诺:《美学理论》,成都:四川人民出版社 1998 年版。

伽达默尔

一、伽达默尔其人

汉斯-格奥尔格·伽达默尔(Hans-Georg Gadamer，1900—2002)，(台译:高达)美国哲学家，现代哲学解释学的创始人。1960年出版的著作《真理与方法》标志着解释学的确立，对人文科学领域的各个学科影响深远。他著作颇丰，主要有《柏拉图与诗人》、《论哲学的本源性》、《美的现实性》等。1900年生于德国马堡，19岁时进入新康德主义中心的马堡大学，师从那托普学习哲学，1922年获博士学位。1923年，他前往弗莱堡师从海德格尔，在弗莱堡只呆了几个月的时间，但海德格尔的现象学本体论思想对他影响深远。从海德格尔那里，他学习了现象学的方法、存在论的思路，使他摆脱了早期新康德主义的影响。1929年在马堡大学获教授资格，1947年受聘成为法兰克福大学哲学系首席教授，1949年受聘于海德堡大学，接替了雅斯贝尔斯的职位。1949后一直在马堡大学任教，直到他去世为止，一直是海德堡大学的荣誉教授。后相继任莱比锡、海德堡、雅典、罗马等科学院院士。

他的哲学可以称之为教化哲学，他继承了施莱尔马赫和狄尔泰人文科学的精神，并把它与海德格尔的存在主义结合起来，认为艺术中的真理无法通过自然科学的方法获得，而且他认为教化使得现代科学得以诞生。他认为艺术是解释学的出发点，但对艺术的理解必须回到人文科学的教化传统中，正是在教化中，审美理解的对话与问答才得以进行。接受美学的创始人尧斯是伽达默尔的学生，接受美学的效果史、视野融合等术语直接受其启发。

二、教化概念的理论渊源

西方近代的认识论受到自然科学方法论的影响，如实证主义哲学家认为科学是万能的，自然科学的方法是一切科学唯一有效的方法。施莱尔马赫和狄尔泰的解释学与上述自然科学的方法论有本质的不同，其解释学的不足在于方法论偏向于语言解释和心理解释，其历史主义追求的目标不具备普遍性的特征。自然科学的方法论也遭到了胡塞尔、伽达默尔等的猛烈抨击，认为那是一种独断论，胡塞尔致力于以现象学为人文科学奠定科学基础，伽达默尔则认为方法论之争无关紧要，关键是看是甚么东西使得现代科学得以可能。在综合了前人的研究成果的基础上,伽达默尔认为人文科学中的教化概念是人类理解和精神的基础,是真理的源泉。因为教化的本质是追求普遍性,而普遍性是理解的前提。

三、"教化"概念的词源学考察

这里有必要澄清德文"Bildung"一词与中文"教化"之间的差异。从语义上看,这个德文词有两个基本意思:1.形成、建构、发展等;2.文化、教育。在英语和中文中均没有对等的词。洪汉鼎将"Bildung"译为"教化"已获学界的认可,成为共识。但此译也并非没有问题,这种译法只译出了"Bildung"的第2种含义,即文化、教育,是一种片面化的译法。"Bildung"是主动与他者对话的行为,目的是超越自身获得普遍性;而中文教化一词大体上指一种上行下效的集体行为,目的是要获得一种道德或政治上的规训效果。"Bildung"与教化的共同点都是立足于使个体的精神境界有所提高。但在体会伽达默尔教化思想的时候,切不可在理解上片面化,以免误读。

伽达默尔认为教化概念是18世纪最伟大的概念,它为19世纪的精神科学奠定了基础。从词源学上说,教化源于中世纪的神秘主义,后来有了宗教内涵,最后被赫尔德规定为"达到人性的崇高教化"。"教化"一词最熟悉的内容是"自然造就",后与修养联系在一起,意指人类发展自己的天赋和能力的特有方式。康德没有在赫尔德的意义上使用教化一词,而是使用修养一词,黑格尔已经讲到了自我造就和教化。伽达默尔教化概念受到了赫尔姆霍茨的影响。赫尔姆霍茨把机敏当作一种意外的心智能力,伽达默尔认为赫尔姆霍茨没有真正理解机敏的本质——机敏是人活动的要素。机敏的本质是不表达性和不可表达性,作为一种特定的敏感性和感受能力保护私人领域不被侵犯,是精神科学的认识方式和存在方式。机敏包含了教化,即审美性教化和历史性教化。机敏造就感觉,区分美丑好坏。受到教化的意识是一种普遍的感觉,教化的传统就是人文主义的传统,这是精神科学之为科学的原因所在。面对自然科学方法论的冲击,精神科学必须从人文主义的教化的思想中才能获得真正的生命。

四、教化概念在伽达默尔解释学中的地位和意义

教化概念贯穿伽达默尔研究的始终,其解释学可以称之为教化哲学,教化概念有突破认识论与本体论对立的意义。伽达默尔把教化分为理论教化与实践教化，这受到了黑格尔和亚里士多德的影响。黑格尔认为哲学是教化的前提，理论性教化是一种理论的异化。在《精神现象学》中，黑格尔描述了理论性教化的过程，即从异己的东西出发去寻求普遍，在异己的东西中认识到自身，向自己本身返回，在这个过程中扬弃了人的自然性、个别性和特殊性，成为一个普遍的精神存在，而这本身就是一种异化。实践性教化的概念，最早应该追溯到亚里士多德的伦理学，在《尼各马可伦理学》中，亚里士多德认为沉思的生活是最符合德性的，但人是政治的动物，所以沉思需要转化为外在的行动，需要从哲学的沉思走向政治活动。伽达默尔"解释学的应用"一说就来自亚里士多德的实践智慧，他认为理解就是一种应用，即把理解的本文应用于解释者的目前境况。黑格尔也谈劳动，但黑格尔所讲的劳动是一种抽象的精神的活动，黑格尔的教化只有在绝对知识里才能实现，其本质是一种异化。伽达默尔认为教化的本质并非是理论的异化，而是人在交流对话的实践中去获得真理，达到普遍性。教化论虽然受海德格尔的影响带有本体论的色彩，但已经突破了方法论与本体论的对立，因为教化是二者得以存在的前提和基础。

五、伽达默尔"论审美无区分"

伽达默尔认为席勒的美育理论是一种审美主义的幻象，受康德二元论的影响，席勒的游戏说试图调和人的感性与理性的冲突，但又制造了新的二元对立：诗歌与实在。康德美学的认识论没有摆脱自然科学独断论的影响，趣味判断的普遍性是主观的，不是客观的，而且由于这种反思的审美判断只是一种主观情感上的愉悦，无法达到真正的普遍性，隔绝了与其他知识领域的联系，反思判断变成独断论，无法获得精神科学的真理。席勒把康德的审美判断转化为一种道德的要求，把审美作为无上的命令。艺术的绝对自律与实在对立，以保障审美王国的自由，但这种自由不在实在中。由此，如果审美只是实在的幻象，游戏就成了现实生活的短暂逃避。席勒的审美意识是一种抽象活动，来源于康德的审美区分，即从审美中区分出道德和宗教的内容，审美作为原型的再创造与原型相对。康德的审美区分使其陷入了主观主义和不可知论的泥潭，艺术家成了局外人，被孤立于原先所属的地盘和世界。审美教化要求艺术家走出自我。

伽达默尔认为审美区分切断了美学与其他有意义的东西的关联。伽达默尔抛出了审美无区分论，他认为并不存在所谓的单纯的看本身，即使是纯粹音乐的理解仍然保持着对有意义事物的关联。单纯的看和听，是按照自然科学的概念来衡量认识的真理,都是独断论的抽象和荒谬的形式主义。甚么是艺术?艺术与非艺术如何区分?康德的艺术概念建立在天才概念上,伽达默尔认为艺术是认识,艺术作品的经验作为局部水准分享或参与艺术真理的实现。精神科学的任务是理解经验的多样性,我们不能只从审美意识出发,而应从精神科学的更为广泛的范围内去解决艺术问题。艺术作品的经验包含着理解,而这一点必须从艺术作品的存在方式出发才能得到阐明,由此,伽达默尔引入了游戏概念。

(李 兵)

《真理与方法》

b) 人文主义的几个主导概念

a) 教化(Bildung)

在教化(Bildung)概念里最明显地使人感觉到的,乃是一种极其深刻的精神转变,这种转变一方面使我们把歌德时代始终看成是属于我们的世纪,另一方面把巴洛克时代视为好像远离我们的史前时期。可是,我们通常所使用的基本概念和语词却是在那时形成的,如果谁不想被语言所困惑,而是谋求一种有历史根据的自我理解,那末他就会看到自己必须面对整个一堆语词史和概念史的问题。下面的探讨只是本书整个研究工作的一个开端,有助于我们所进行的哲学探究。我们所认为的一些不言而喻的概念,如"艺术"、"历史"、"创造性"、"世界观"、"体验"、"天才","外在世界"、"内在性"、"表达"、"风格"和"象征",本身就具有极其丰富的历史内涵。

如果我们转而考察教化概念——我们已经强调过这一概念对于精神科学的重要性——我们便会幸运地受益于一个既存的考察。这个考察对于这个词的历史作了很好的研究:它最初起源于中世纪的神秘主义,以后被巴洛克神秘教派所继承,再后来通过克洛普施托克那部主宰了整个时代的史诗《弥赛亚》而得到其宗教性的精神意蕴,最后被赫尔德从根本上规定为"达到人性的崇高教化"(Emporbildung zur Humanität)。19世纪的教化宗教(Bildungsreligion)保存了这个词的深层内容,而我们的教化概念则是从这里得到规定的。

对于"教化"这词我们所熟悉的内容来说,首先要注意到的是:"自然造就"(natürliche Bildung)这个古老的概念——它意指外在现象(肢体的形成，臻于完美的形式)，并且一般意指自然所造成的形式(例如“山脉形成”)——当时就几乎完全与这个新概念相脱离。教化后来与修养概念最紧密地联系在一起，并且首先意指人类发展自己的天赋和能力的特有方式。赫尔德所赋予这一概念的特征，是在康德和黑格尔之间才圆满完成的。康德还没有在这样一种意义上使用“教化”这个词，他讲到过能力(或“天赋”)的修养(Kultur)，这样一种修养就是行为主体的一种自由活动。所以他在讲到人对自己的义务应当是不让自己的天赋退化时，只称之为修养，而不使用“教化”这个词。反之，黑格尔在人对自身的义务问题上采纳类似康德的观点时，却已经讲到了自我造就(Sichbilden)和教化，而威廉·冯·洪堡以他那与众不同的灵敏感觉已完全觉察到修养和教化之间的意义差别。他说：“但是如果我们用我们的语言来讲教化，那末我们以此意指某种更高级和更内在的东西，即一种由知识以及整个精神和道德所追求的情感而来、并和谐地贯彻到感觉和个性之中的情操(Sinnesart)。”教化在这里不再指修养，即能力或天赋的培养。教化这词的这种意义提升实际上是唤醒了古老的神秘主义传统，按照这种传统，人是按照上帝的形象创造的，人在自己的灵魂里就带有上帝的形象，并且必须在自身中去造就这种形象。对应于教化这个词的拉丁文是“formatio”，而在其他语言，如在英语里的对应词(在沙夫茨伯里)则是 form(形式)和 formation(形成)。在德语里与 forma 这个概念相应的推导词，例如 Formierung(塑形)和 Formation(成型)，很长时间与教化这个词处于竞争之中。自从文艺复兴时期的亚里士多德主义以来，forma 就已完全脱离了其技术方面的意义，并以一种纯粹能动的和自然的方式加以解释。尽管如此，“教化”这词对“形式”这词的胜利看来仍不是偶然的，因为在教化(Bildung)里包含形象(Bild)，形象既可以指摹本(Nachbild)，又可以指范本(Vorbild)，而形式概念则不具有这种神秘莫测的双重关系。

与通常的从变异(Werden)到存在(Sein)的演变相适应的，教化这词[如同今天所用的“成型”(Formation)]与其说表示变异过程本身，不如说更多地表示这种变异过程的结果。这种演变在教化这里是特别明显的，因为教化的结果并不是在技术构造的方式里完成的，而是从塑形和教化的内在过程中产生的，因此教化的结果总是处于经常不断的继续和进一步教化之中。就这方面来说，教化这词绝非偶然地与希腊语里的 physis(体格)相类似。正如自然一样，教化没有自身之外的目的。[我们将对

“教化目的”(Bildungsziel)这词及其所指内容持怀疑的态度,这只能是来自教化的从属的意思。教化本身根本不可能是目的,它也不能作为这样的目的被追求,因为这样的目的只存在于人们所探究的教育者的意图中。]在这里,教化概念超出了对天赋的自然素质单纯培养的概念,尽管它是从这样的概念推导出来的。对自然素质的培养乃是发展某种被给予的东西,因此自然素质的训练和培养只是一种达到目的的单纯手段。所以,一本语言教科书的教学内容乃是单纯的手段,而不是目的本身,掌握它只有助于语言能力的提高。反之,在教化中,某人于此并通过此而得到教化的东西,完全变成了他自己的东西。虽然就某种程度而言,所有被吸收的东西都是被同化了的,但是在教化里,被同化了的东西并不像是一个已丧失其作用的手段。在所获得的教化里,实际上没有甚么东西是丧失了,而是一切东西都被保存了。教化是一个真正的历史性的概念,并且正是因为这种“保存”的历史性质,教化对于精神科学中的理解有了重要的意义。

所以,对“教化”这词的历史最初的考察,就把我们带进了历史性概念领域,有如黑格尔首先在他的《第一哲学》中对教化所作的卓越考察。实际上,黑格尔对甚么是教化已经作出了最清楚的说明。我们将首先跟随他。他已经看到,哲学“在教化中获得了其存在的前提条件,而且我们还可以补充说,精神科学也是随着教化一起产生的,因为精神的存在是与教化观念本质上联系在一起的”。

人之为人的显著特征就在于,他脱离了直接性和本能性的东西,而人之所以能脱离直接性和本能性的东西,就在于他的本质具有精神的理性的方面。“根据这一方面,人按其本性就不是他应当是的东西”——因此,人就需要教化。黑格尔称之为教化的形式本质的东西,是以教化的普遍性为基础的。从某种提升到普遍性的概念出发,黑格尔就能够统一地把握他的时代对于教化所作的理解。向普遍性的提升并不是局限于理论性的教化,而且一般来说,它不仅仅是指一种与实践活动相对立的理论活动,而是在总体上维护人类理性的本质规定。人类教化的一般本质就是使自身成为一个普遍的精神存在,谁沉湎于个别性,谁就是未受到教化的,例如,他没有节制和分寸地听任其盲目的愤怒。黑格尔指出,这样一种人根本缺乏抽象力:他不能撇开自己本身,而且不能看到某种普遍性,而他自身的特殊性却是由这种普遍性出发才得到正确而恰当的规定。

因此,教化作为向普遍性的提升,乃是人类的一项使命。它要求为了普遍性而舍弃特殊性。但是舍弃特殊性乃是否定性的，即对欲望的抑制，以及由此摆脱欲望对象和自由地驾驭欲望对象的客观性。这里，现象学辩证法的演绎就补充了《哲学纲要》里所陈述的东西。在《精神现象学》里，黑格尔阐述了一个真正“自在和自为”的自由的自我意识的发生过程，并且指出了劳动的本质不是消耗（verzehren）而是塑造（bilden）物品。劳动着的意识在劳动赋予物品的独立存在中又发现自己是一个独立的意识。劳动是受到抑制的欲望。由于劳动塑造了对象，并且是无自我地活动着和企图得到普遍性的，所以劳动着的意识就超越了其自身此在的直接性而达到了普遍性——或者像黑格尔自己所说的，由于劳动着的意识塑造了物品，它也就塑造了自己本身。黑格尔的意思是这样，由于人获得了一种“能力”，一种技能，所以他于此中就获得了一种特有的自我感。在人整个地投入于某个生疏的对象中，由于无自我的劳动而舍弃的东西，在他成为劳动着的意识时，又重新归还予他了。作为这样的意识，他在自身中发现了他自己的意义，而且就劳动来说，说劳动在塑造事物，这是完全正确的。劳动着的意识的自我感就包含着构成实践性的教化的一切要素，即放弃欲望的直接性，放弃个人需求和私有利益的直接性，以及对某种普遍性的追求。

在《哲学纲要》里，黑格尔通过一系列例子论证了追求普遍性的这种实践性教化的本质。例如在节制里就有这种实践性教化的本质，节制通过某种普遍性东西——例如健康的考虑——限制了过分满足需求和过分使用力量。同样，在谨慎里也表现了这种本质，谨慎在面对个别的情况和事情时，常常总是让人考虑到其他也可能是必然的东西。不过，每一种职业选择都具有某种这样的本质。因为每一种职务总具有某种属命运的东西、某种属外在必然性的东西，并且指望给自身以一项人们将不视为私有目的的任务。因此，实践性的教化就表现在：人们整个地直至一切方面都从事其职业活动。但这也包括人们克服那种对他们作为人的特殊性来说是生疏的东西，并使这种东西完全成为他自己的东西。因此热衷于职业普遍性的活动同时“就知道限制自身，这就是说，使其职业完全地成为他自己的事情。这样一来，职业对他来说就不是一种限制”。

在黑格尔对实践性教化的这种描述中，我们已经认识到历史性精神的基本规定，即自己与自己本身和解，在他物中认识自己本身。这基本规定在理论性教化的观念里得到了完满的表现，因为采取理论性态度本身就已是异化(Entfremdung),即指望“处置一些非直接性的东西,一些生疏的东西,处置一些属于回忆、记忆和思维的东西”。这样,理论性的教化就超出了人类直接获知和经验的事物之外。理论性的教化在于学会容忍异己的东西,并去寻求普遍的观点,以便不带有个人私利地去把握事物,把握“独立自在的客体”。因此,一切教化的获得都包含理论兴趣的发展,黑格尔认为古代世界和古代语言特别适合于这一点,因为这个世界是相当遥远和陌生的,这必然使我们与自身相分离——“但是,这个世界也同时包含着返回到自身,与自身相友善和重新发现自身的一切起点和线索,不过,这是一个按照精神的真正普遍本质的自身。”

人们在作为文科中学校长的黑格尔的这段话中,将看到古典主义的那种偏见,即精神的普遍本质正是在古代尤其易被发现。不过,这里的基本思想还是正确的。在异己的东西里认识自身,在异己的东西里感到是在自己的家,这就是精神的基本运动,这种精神的存在只是从他物出发向自己本身的返回。就此而言,一切理论性的教化,甚至包括对陌生的语言和表象世界的领会,也只是很久以前开始的某个教化过程的单纯延续。每一个使自己由自然存在上升到精神性事物的个别个体,在他的民族的语言、习俗和制度里都发现一个前定的实体,而这个实体如他所掌握的语言一样,他已使其成为他自己的东西了。所以,只要单个个体于其中生长的世界是一个在语言和习俗方面合乎人性地造就的世界,单个个体就始终处于教化的过程中,始终处于对其自然性的扬弃中。黑格尔强调说,民族就是在这样的属它自己的世界中表现自己的此在。它从自身做出,因而也是从自身设定出它成为自在的东西。

由此可见,构成教化本质的并不是单纯的异化,而是理所当然以异化为前提的返回自身(Heimkehr zu sich)。因此教化就不仅可以理解为那种使精神历史地向普遍性提升的实现过程,而且同时也是被教化的人得以活动的要素。这是怎样的一种要素呢?这就是我们要向赫尔姆霍茨提出的问题。对此问题,黑格尔的答复将不会使我们满意。因为对于黑格尔来说,教化作为异化(Entfremdung)和同化(Aneignung)的运动是在某种完全充溢的实体中、在消除一切对象性的事物中实现的,而这种结果在哲学的绝对知识中才能达到。

正如我们不把意识历史性的见解与黑格尔的世界历史哲学联系起来一样,我们也不认为教化作为精神的一个要素同黑格尔的绝对精神哲学有联系。我们必须明确,即使对于已脱离黑格尔的历史精神科学来说,完满的教化(die vollendete Bildung)这一观念仍是一个必要的理想,因为教化是精神科学赖以存在的要素。即使在古老语言中对身体的外观称之为"完美形式"(vollkommene Bildung)的东西,与其说是指某种发展的最后阶段,还不如说是指那种开创一切发展并使所有肢体能和谐运动的成熟阶段。正是在这种意义上精神科学才假定:科学意识乃是一种已教化过的意识,并因此具有了正确的、不可学的和非效仿的机敏,而这种机敏像一个要素一样构成了精神科学的判断能力(Urteilsbildung)和认识方式。

赫尔姆霍茨关于精神科学的活动方式所描述的东西,特别是他称之为艺术家的情感和机敏的东西,实际上就是以教化这种要素为前提条件,在这种要素中,精神获得了一种特别自由的运动性。所以赫尔姆霍茨讲到了"随意性(Bereitwilligkeit),历史学家和语文学家由于这种随意性而在记忆中获得了截然不同的经验"。从自然研究者思考所遵循的"自觉推理的铁定般的工作程序"的理想来看,赫尔姆霍茨这种描述可能是相当肤浅的。赫尔姆霍茨所运用的记忆概念,对于解释这里所包含的过程是不够的。如果人们在机敏或情感中所想到的是一种意外的心智能力——这种能力运用强有力的记忆并这样达到了并非可严格把握的知识,那末这种机敏或这种情感实际上就没有正确地被理解。使得这种机敏可能发生作用的东西,导致对这种机敏的获得和占有的东西,并不单纯是一种有益于精神科学认识的心理学设置。

此外,如果人们在记忆中所看到的只是某种一般的素质或能力,那末人们也就没有正确地把握记忆自身的本质。记住(Behalten)、遗忘(Vergessen)和再回忆(Wiedererinnern)属于人类的历史构成,而且本身就构成了人类的一段历史和一种教化。谁像训练一种单纯能力一样地训练记忆力,——所有记忆技巧都是这样的训练——,他所获得的记忆力就不是他固有的东西。记忆力必定是被造就而成的,因为记忆力根本不是对一切事物的记忆。人们对有些东西有记忆,对另一些东西则没有记忆,而且人们像从记忆中忘却一些东西一样在记忆中保存了另一些东西。正是时间使记忆现象从能力心理学的平均化倾向中解放出来,并把这种记忆现象视为人类有限历史性存在的一个本质特征。遗忘实际上属于记忆和回忆,这一点长久以来未受到充分重视。遗忘不仅是一种脱落和一种缺乏,而且如 F. 尼采所首先强调的,它也是精神的一种生命条件。只有通过遗忘,精神才获得全面更新的可能,获得那种用新眼光去看待一切事物的能力,以致过去所信的东西和新见到的东西融合成一个多层次的统一体。“记住”乃是有歧义的。它作为记忆(mnēmē)包括对回忆(anamnēsis)的关系。但是,这也同样适合于赫尔姆霍茨所使用的“机敏”概念。所谓机敏,我们理解为对于情境及其中行为的一种特定的敏感性和感受能力,至于这种敏感性和感受能力如何起作用,我们是不能按照一般原则来认识的。因此,不表达性(Unausdrücklichkeit)和不可表达性(Unausdrückbarkeit)属于机敏的本质。我们可以很机敏地(taktvoll)说某事,但这总是表示:我们很机敏地使某事被略过而不被表达,而不机敏地(taktlos)说某事则是指说出了人们只能略过的东西。但略过(übergehen)并不指不看某物,而是指这样去看某物,即不是正面触及它,而是旁敲侧击地触及它。因此,机敏就有助于我们保持距离,它避免了对别人私有领域的冒犯、侵犯和伤害。

这样,赫尔姆霍茨所讲的机敏就不会与这种习惯的和日常交往的现象相等同了。但是它们两者之间也有某种本质上的共同点。因为就连在精神科学里起作用的机敏也并非只限于一种感情和无意识的东西,它同时也是一种认识方式和存在方式。这一点在上面对教化概念所进行的分析中,就更加明显地表现出来。赫尔姆霍茨称之为机敏的东西就包含教化,而且是一种既是审美性教化又是历史性教化的功能。如果我们在精神科学研究中能信赖他的机敏,那末我们就一定对审美的东西和历史的东西有感觉,或者造就感觉。因为这种感觉不是简单地出自天性的东西,我们就有理由讲到审美的或历史的意识,而不真正讲到感觉。但或许这样的意识与感觉的直接性是有关系的,也就是说,这意识知道在个别事件中确切地作出区分和评价而无须说明其缘由。所以,谁具有了审美感觉,谁就知道区分美的和丑的,好的质量和糟的质量;谁具有了历史感觉,谁就知道对一个时代来说甚么是可能的,甚么是不可能的,而且他就具有对过去区别于现在的那种异样性的感觉。

如果所有这些都以教化为前提,那末这就意味着:教化不是一个程序或态度的问题,而是一个既成存在的问题(Frage desgewordenen Seins)。如果我们不事先具备一种对于艺术作品或过去的“他者”的接受性,那末我们就不能对流传物作出更精确的考察和更彻底的研究。我们追随黑格尔正是把这一点强调为教化的普遍特征,即这样地为他者、为其他更普遍的观点敞开自身。在这更普遍的观点中，存在着一种对于自身的尺度和距离的普遍感觉，而且在这一点上存在着一种超出自身而进入普遍性的提升。保持距离地看待自身和自己的个人目的，就是指看待这些东西如同其他东西看待这些东西一样。这种普遍性无疑不是一种概念的或知性的普遍性。从普遍性事物出发，特殊事物是得不到规定的，也没有甚么东西令人信服地被证明。受到教化的人为其敞开自身的普遍观点对这个人来说，并不是一个适用的固定标准，对他来说，这个普遍观点只作为可能的他者的观点而存在。就这一点而论，受到教化的意识实际上就更具有某种感觉的特质。因为每一种感觉，例如视觉，当它达到了它的范围并为某个领域敞开自身，而且在对它如此开启的东西中把握了差异时，它就已是普遍的了。受到教化的意识之所以超越于所有的自然的感觉，就在于后者总是被限制于某个特定范围。受到教化的意识可以在一切方面进行活动，它是一种普遍的感觉(ein allgemeiner Sinn)。

我们所说的一种普遍的和共同的感觉，实际上就是对教化本质的一种表述，这种表述使得人们联想到某种广阔的历史关系。对教化这一概念的思考，如这概念作为赫尔姆霍茨的思想基础所考虑的，使我们重又回到了这个概念的广阔历史中。如果我们想把精神科学对哲学所表现的问题从那些人为地束缚了19世纪方法论的狭隘眼光中解放出来，那末我们就必须跟随这种历史关系一段路程。现代的科学概念以及与此相应的方法论概念是不充分的。精神科学之所以成为科学，与其说从现代科学的方法论概念中，不如说从教化概念的传统中更容易得到理解。这个传统就是我们所要回顾的人文主义传统。这个传统在与现代科学要求的对抗中赢得了某种新的意义。

分别地考察一下自人文主义时代以来对“学院派”科学的批判是怎样受到重视的，以及这种批判是怎样随着其论敌的变化而一同发生变化的，这倒是一桩有意义的事情。最初是一种想重新恢复古典文化的动机。人文主义者寻求希腊语言和博学之路的热情，除了好古的偏爱外，还意味着更多的东西。古典语言的复兴同时就导致了对修辞学的重新评价。因此，这种复兴一方面反抗“学院派”，也就是反抗经院科学，另一方面支持一种在“学院派”中达不到的人类智慧的理想——这实际上是在哲学一开始时就已经存在的一种对抗。柏拉图对智者派的批判，尤其是他对伊索克拉底的那种特有的心理矛盾的态度，指明了这里存在的哲学问题。面对17世纪自然科学的新方法论意识，这个古老的问题不可避免地更加尖锐化。鉴于这种新科学的独占性要求，人们便愈来愈迫切地提出了这样的问题，即在人文主义的教化概念中是否存在着真理的固有源泉。事实上我们将看到，这个问题就是人文主义教化思想的继续存活，19世纪的精神科学正是从这个思想的继续存活中才获得了其真正的生命，虽然它并没有承认这一点。

所以，在当时起决定性作用的不是数学而是人文主义研究，这从根本上说是不言而喻的事。那末，17世纪的新方法论对于精神科学来说究竟能有甚么意义呢？对此，我们只需要阅读一下《波尔·罗亚尔逻辑》有关章节就行了，这些章节论述了理性规则在历史真实里的应用，以便让人认识到这种方法论概念运用于精神科学其成效将是何等可怜。如果17世纪的新方法论是指，要真实地判断某个事件，我们必须考虑该事件所伴随的情况，那末，这实际上是方法论上的一种陈词滥调。——詹孙教派的信徒就是想以这种论证方式对于奇迹究竟在甚么程度上值得相信这一问题给出一个方法论的指点。他们试图把新方法的精神运用到某种未受检验的奇迹信仰中，而且主张以这种方式使《圣经》传说和教会传统的真正奇迹合法化。新科学为旧教会服务，这是再清楚不过的了，不过，这种情况决不会继续，而且一旦基督教的前提本身被人怀疑，人们就能想象必定会发生甚么事。当自然科学的方法论理想被应用于证明《圣经》传说里的历史证据时，这种理想将不可避免地导致对基督教来说是灾难性的完全不同的后果。从詹孙教派的奇迹批判走向《圣经》的历史批判，其路程并不很遥远，对此，斯宾诺莎就是一个很好的例子。以后我们将指明，这种方法如果被彻底地用作为精神科学真理的唯一准则，那就等于对这种真理的自我废弃。……

艺术真理问题的重新提出

a）审美教化置疑

为了正确地衡量这个问题所涉及的范围，我们首先进行一种历史的考虑，这种历史的思考可以在某种特有的、历史上造成的意义上去规定“审美意识”概念。如果康德把时空学说称之为“先验美学”，而把关于自然和艺术中的美和崇高的学说理解为一种“审美判断力批判”，那末，我们今天用“审美的”一词所指的东西显然就不再完全等同于康德赋予这个词的东西。这个转折点看来是存在于席勒那里，因为席勒将趣味的先验观点转化为一种道德要求,并把这一点视为无上命令:你要采取审美的态度!席勒在其美学著作中曾把彻底的主体化从某种方法的前提条件改变为某种内容的前提条件,而康德曾用这种彻底的主体化先验地论证趣味判断及其对普遍有效性的要求。

由于康德已经给予趣味以这样一种从感官享受过渡到道德情感的意义,席勒在此本来可以以康德本人为出发点。但是,由于席勒把艺术说成是自由的一种练习,因而他与费希特的联系就比与康德的联系更紧密得多。对于康德曾作为趣味和天才的先天性基础的认识能力的自由游戏,席勒是从费希特的冲动(本能)学说出发用人类学加以理解,因为游戏冲动(Spiel-trieb)将会引起理性(形式)冲动和感性(质料)冲动之间的和谐。这种游戏冲动的造就就是审美教育的目的。

这有广泛的结论。因为现在艺术作为美的现象的艺术是与实际的现实相对立的,而且艺术是由这种对立而被理解的。现在,现象和实在的对立取代了那种自古以来就规定了艺术和自然关系的所谓积极的互补关系。按照传统的看法,"艺术"的规定性就是在由自然所给予和提供的空间内去实现其补充和充实的活动,尽管这种规定性也包含着一切有意识地把自然改造成人为需要的活动。甚至"美的艺术",只要在这个视界中去看它,也是实在的某种完善化,而不是对实在的外在的修饰、遮掩或美化。但是,如果实在和现象的对立铸造了艺术概念,那末自然所构成的广阔框架就被打破,艺术成了一种特有的立足点,并确立了一种特有的自主的统治要求。

凡是由艺术所统治的地方,美的法则在起作用,而且实在的界限被突破。这就是"理想王国",这个理想王国反对一切限制,也反对国家和社会所给予的道德约束。这与席勒美学的本体论基础的内在变动相联系,因为在《审美教育书简》中,一开始的杰出观点在展开的过程中发生了改变,即众所周知的,一种通过艺术的教育变成了一种通向艺术的教育。在真正的道德和政治自由——这种自由本应是由艺术提供的——的位置上,出现了某个"审美国度"的教化,即某个爱好艺术的文化社会的教化。但是这样一来,就连对康德式的感性世界和道德世界二元论的克服,也不得不进入一个新的对立中,因为这种克服是通过审美活动的自由和艺术作品的和谐来表现的。理想和生命通过艺术而来的调解只是一种部分性的调解。美和艺术赋予实在的只是一种倏忽即逝的薄暮微光。美和艺术所提升的情感自由只是在某个审美王国中的自由，而不是实在中的自由。所以，在审美地调解康德式的存在(Sein)和应在(Sollen)的二元论的基础上，分裂出一个更深层的未解决的二元论。这就是异化了的实在的散文诗(Prosa)，审美调解的诗歌针对这种散文诗，必须找寻它自身特有的自我意识。

席勒以诗歌与之对立的实在概念，确实不再是康德式的实在概念。因为正如我们所看到的，康德经常是从自然美出发的。但是，就康德为了批判独断形而上学的缘故把知识概念完全限制在“纯粹自然科学”的可能性上，并因而使唯名论的实在概念具有公认的效用而言，19 世纪美学所陷入的本体论困境，最终就可追溯到康德本人。由于唯名论偏见的影响，审美存在只能够不充分地和意义模糊地加以理解。

从根本上说，我们应把对那些有碍于正确理解审美存在的概念的摆脱，首先归功于对 19 世纪心理学和认识论的现象学批判。这个批判曾经表明，所有想从实在经验出发思考审美特性的存在方式，并把它理解为实在经验的变相的尝试，都是错误的。所有这些概念，如模仿、假象、虚构、幻觉、巫术、梦幻等，都是以与某种有别于审美存在的本真存在的关联为前提的。但现在对审美经验的现象学还原表明，审美经验根本不是从这种关联出发去思考的，而是审美经验在其所经验的东西里看到了真正真理。与此相应的还表明，审美经验按其本质是不能由于实在的真正经验而失望。与此相反，所有上面称之为实在经验的变相的东西，其本质特征就是有一种失望经验(Erfahruugder Enttäuschung)必然地与它们相符合。因为只是假象的东西终究要被识破，虚构的东西要成为现实的，属巫术的东西要失去其巫术性，属幻觉的东西要被看透，属梦幻的东西，我们由之而觉醒。如果审美性的东西也在这个意义上是假象，那末它的效用——如梦幻的恐怖性——也只能在我们尚未怀疑现象的实在性的时候才存在，而随着我们的觉醒将失去它的真理。

把审美特性的本体论规定推至审美假象概念上，其理论基础在于：自然科学认识模式的统治导致了对一切立于这种新方法论之外的认识可能性的非议。

我记得，赫尔姆霍茨在我们由之出发的那个著名地方，并不知道有比“艺术性的”(Künstlerisch)这个形容词更好的词可以去刻画精神科学相对于自然科学的独特要素的特征。积极地与这种理论关系相应的，就是我们能称之为审美意识的东西。这就提出了“艺术的立足点”,席勒是第一个确立这种立足点的人。因为,正如“美的假象”的艺术是与实在相对立的一样,审美意识也包含着一种对实在的离异(Entfremdung)——它是“离异了的精神”的某种形态,黑格尔曾把教化(Bildung)视为这种“离异了的精神”。能够采取审美态度,就是已得到教化的意识的要素。因为在审美意识里我们看到了表明已得到教化的意识特征的一系列特点:上升为普遍性,放弃直接接受或拒绝的个别性,认可那些并不与自身要求或爱好相适应的东西。

我们在上面已从这种关系讨论了趣味概念的意义。但是,识别和联结某个社会的统一的趣味理想与构成审美教化外形的东西在特征上是有区别的。趣味还遵循一种内容上的标准。在某个社会里有效的东西,在某个社会里主宰着的趣味,便构成了社会生活的共同性。这样的一个社会选择并知道甚么东西是属于它的,甚么东西不是属于它的。甚至对艺术兴趣的占有,对社会来说,也不是任意的、谁想有就有的,实际的情况是,艺术家所创造的东西和社会所推崇的东西,都是与生活方式和趣味理想的统一联系在一起的。

反之,审美教化的理念——如我们从席勒那里推导出的——则正在于,不再使任何一种内容上的标准生效,并废除艺术作品从属于它的世界的统一性。其表现就是普遍扩大审美地教化成的意识自身所要求的占有物。凡是审美地教化成的意识承认有“质量”的东西,都是它自身的东西。它不再在它们之中做出选择,因为它本身既不是也不想是那种能够衡量某个选择的东西。它作为审美意识是从所有规定的和被规定的趣味中反思出来的,而它本身表现为规定性的零点状态。对它来说,艺术作品从属于它的世界不再适用了,情况相反,审美意识就是感受活动的中心,由这中心出发,一切被视为艺术的东西衡量着自身。

所以,我们称之为艺术作品和审美地加以体验的东西,依据于某种抽象的活动。由于撇开了一部作品作为其原始生命关系而生根于其中的一切东西,撇开了一部作品存在于其中并在其中获得其意义的一切宗教的或世俗的影响,这部作品将作为“纯粹的艺术作品”而显然可见。就此而言,审美意识的抽象进行了一种对它自身来说是积极的活动。它让人看到甚么是纯粹的艺术作品,并使这东西自为地存在。这种审美意识的活动,我称之为“审美区分”(ästhetische Unterscheidung)。

因此,与那种充满内容的确定的趣味在选取和拒斥中所作出的区分完全不同,这是一种单独从审美质量出发进行选择的抽象。这种抽象是在“审美体验”的自我意识中实现的。审美体验所专注的东西,应当是真正的作品——它所撇开的东西则是作品里所包含的非审美性的要素:目的、作用、内容和意义。就这些要素使作品适应于它的世界并因而规定了作品原来所特有的整个丰富意义而言,这些要素可能是相当重要的,但是,作品的艺术本质必须与所有这些要素区分开来。这就正好给了审美意识这样一个本质规定,即审美意识乃进行这种对审美意指物(dasästhetisch Gemeinte)和所有非审美性东西(alle Ausser Ästhetischen)的区分。审美意识抽掉了一部作品用以向我们展现的一切理解条件。因而这样一种区分本身就是一种特有的审美区分。它从一切内容要素——这些内容要素规定我们发表内容上的、道德上的和宗教上的见解——区分出了一部作品的审美质量,并且只在其审美存在中来呈现这种质量本身。同样,这种审美区分在再创造的艺术那里,也从其上演中区分出了原型(文学脚本、乐谱),而且由于这样,不仅与再创造相对立的原型,而且与原型或其他可能见解相区别的再创造本身,都能成为审美意指物。这就构成了审美意识的主宰性(Souveränität),即审美意识能到处去实现这样的审美区分,并能“审美地”观看一切事物。

因此,审美意识就具有了共时性(Simultaneität)特征。因为它要求一切具有艺术价值的东西都聚集在它那里。审美意识用以作为审美意识而活动的反思形式同样也不仅是一种现在性的形式。因为审美意识在自身中把它所认可的一切东西都提升到共时性,所以它同时规定自身也是历史性的意识。这不仅指,它包含有历史知识,并作为记号被使用——审美意识作为审美意识而自身特有的对一切内容上被规定的趣味的摈弃,也强烈地表现在艺术家向历史性事物转向的创作中。历史画——其起源并不是由于同时代人对表现的要求,而是由于要从历史反思中进行再现,历史小说,但首先是那些引起19世纪建筑艺术不断进行风格探索的历史化的形式,都表现了审美要素和历史要素在教化意识中的内在相关性。

人们可能会否认说,共时性不是由于审美区分才出现的,而历来就是历史生活的一种组合产物。至少,伟大的建筑作品作为过去的生动见证深入到了当代生活中,并且对风俗和伦理、绘画和装饰中的继承物的所有保存,只要向现代生活传导了某种古老的东西,它们就做了同样的组合。

但是审美教化意识与此完全不同，它并不把自己理解为这样一种时代的组合，它自身所特有的这种共时性乃是建基于它所意识到的趣味的历史相对性。随着不要简单地把一种偏离自身“良好趣味”的趣味视作低劣趣味这种基本认识，事实的同时性（die faktische Gleichzeitigkeit）就成了某种原则的共时性（eine prinzipielle Simultaneität）。因而某种灵活的质量感觉就取代了趣味的统一。

审美教化意识作为审美意识而进行的“审美区分”，也为自己创造了一个特有的外在的存在（Dasein）。由于审美区分为共时性提供了场所，即文献方面的“百科图书馆”、博物馆，耸立的剧院、音乐厅等，审美区分也就显示了它的创造性。人们使现在所出现的事物与古老的东西的区别更加明显，例如，博物馆就不仅仅是一个已成为公开的收藏馆。古代的收藏馆（宫廷的和城市的）反映了对某种特定趣味的选择，并且优先收藏了可以视为典范性“流派”的同一类型的作品。反之，博物馆是这样的收藏馆，而且很明显地是在掩盖由这样的收藏馆而产生这一点才臻于完善的，尽管它事实上是通过对整体的历史的改造，或者通过尽可能广泛的补充而产生的。同样，19 世纪耸立着的剧院或音乐厅也表明，演出计划是如何越来越远离当代人的创造，并且如何按照这些设施所承受的教化社会所特有的需求适应于自我确证。甚至看来如此地与审美体验的共时性相违背的艺术形式，如建筑艺术，也牵连进了这种教化社会中，而不管这种建筑艺术是通过建筑学和绘画的现代复制技术产生的，还是通过把旅游变成画册图片的现代旅游事业产生的。

由于作品归属于审美意识，所以作品通过“审美区分”也就丧失了它所属的地盘和世界。与此相应的另一方面是，艺术家也丧失了他在世界中的立足之地。这一点在对所谓任务艺术（Auftragskunst）的非议中表现出来。对于由体验艺术时代所主宰的公众意识来说，必须要明确想到，出自自由灵感的创造是没有任务感的，预先给出的主题和已经存在的场合以前乃是艺术创造的例外情况，而我们今天对建筑师的感觉乃是另一种独特的形象，因为他对他的创造物来说，不像诗人、画家或音乐家那样独立于任务和场合。自由的艺术家是没有任务感地进行创造的。他似乎正是通过他的创造的完全独立性而被标志的，并因而在社会上获得了某种局外人的典型特征，这种局外人的生活方式不是用公众伦理标准去衡量的。19 世纪出现的艺术家生活放荡（Boheme）的概念就反映了这一过程。流浪人的家乡对于艺术家的生活方式来说就成了其类概念。

然而,“如鸟如鱼一般自由的”艺术家同时受制于某种使他成为双重角色的使命。因为某个从其宗教传统中生发出来的教化社会对艺术所期待的,随即就要比在“艺术的立足点”上与审美意识相符合这一点多得多,浪漫派新神话的要求——如在F.施莱格尔、谢林、荷尔德林以及青年黑格尔那里所表现的,但同样富有生气地出现在例如画家龙格的艺术探索和反思中——给予艺术家及其在世界中的使命以一种新圣职的意识。艺术家就如同一个“现世的救世主”(伊默曼),他在尘世中的创作应当造就对沉沦的调解,而这种调解已成为不可救药的世界所指望的。自此以来,这种要求规定了艺术家在世界中的悲剧,因为这个要求找到的兑现,始终只是某种个别的兑现。实际上这只意味着对这种要求的否定。对新的象征或对某个新的维系一切的“传说”的实验性的探寻,虽然可能吸引一批公众在身边,并形成一团体,但由于每个艺术家都是这样找到他的团体,因而这种团体教化的个别性只证明不断发生着的崩溃。这只是统一一切的审美教化的普遍形态。

教化的真正过程,即向普遍性提升的过程,在此似乎是自我崩溃的。“沉思性反思的能力,是运动在普遍性中,把每一种任意的内容置入所移来的视点中,并赋予这内容以思想”,按照黑格尔,这就是不参与思想的真正内容的方式。伊默曼把这种精神向自身的自由涌入称之为某种耽于享乐的东西。他以此描述了歌德时代的古典文学和哲学所开创的局面,在这种局面中,仿效者发现了精神的一切已经存在的形态,并因而把教化的真正成就、对陌生物和粗野物的涤除,改换为对这些东西的享受。这样,创作一首好诗,就成了轻而易举的事情,而造就一位诗人,则成了困难重重的难事。

b）对审美意识抽象的批判

现在让我们转向我们已描述其教化作用的审美区分概念,并且讨论审美特性概念(Begriff des Asthetischen)所包含的理论困难。直至“纯粹审美特性”被留下的抽象显然要被抛弃。我认为,这在那种想以康德式区分为出发点去发展一种系统美学的最彻底的尝试上得到了明确的表现,这一尝试是由理查德·哈曼作出的。哈曼的尝试是卓绝的,因为他实际返回到康德的先验意图,并因而消除了体验艺术的片面标准。由于哈曼在审美要素存在的一切地方都同样地指出了这些要素,因而与目的相联系的特殊形式，如纪念碑艺术或广告艺术，也获得了其审美的正当性。但是，即使在这里哈曼也确立了审美区分的任务，因为他在那些特殊形式里详尽地区分了审美特性和审美特性存在于其中的非审美关系，就像我们在艺术经验之外还能讲到某人采取审美的态度一样。因而这就使美学问题又重新恢复了它的充分广度，并且又重新提出它的先验课题，这一先验课题过去是由于艺术的立足点及其关于美的假象和丑的现实的区分而被抛弃了的。审美体验对这一点即它的对象是真实的还是不真实的，场景是舞台、还是生活，是无所谓的。审美意识具有一种不受任何限制的对一切事物的主宰权。

但是，哈曼的尝试在相反的方面遭到了失败，即失败于艺术概念上。哈曼始终是如此宽泛地由审美特性领域中抽挤出艺术概念，以致这种艺术概念与精湛技艺相吻合。这里"审美区分"被推到了极端。它甚至舍弃艺术而不顾。

哈曼所由之出发的美学基本概念是"感知的自身意味性"(Eigenbedeutsamkeit der Wahrnehmung)。显然，这个概念所表达的东西与康德关于与我们一般认识能力状况合目的的协调这一学说是一样的。对于康德来说，那种对认识来说是本质的概念标准即意义标准应被取消，同样，对于哈曼来说，也是这样。从语言上看，"具有意味性"(Bedeutsamkeit)乃是对意义(Bedeutung)的两次造就，这种造就把与某种特定意义的关联有意味地推到了非确定的东西上。一个东西是"具有意味的"(bedeutsam)，就是说它的意义是(未说出的，或者)未认识的。而"自身意味性"则更超出这一点。一个东西是具有自身意味的(eigenbedeutsam)，而不是具有他物意味的(Fremdbedeutsam)，就是说，它将根本断绝与那种可能规定其意义的东西的任何关联。这样一种概念能为美学提供一个坚实基础吗？难道我们能对某个感知使用"自身意味性"这一概念吗？难道我们必须否认审美"体验"概念有与感知相适应的东西吗，也就是说，我们必须否认审美体验也陈述了真实东西，因而与认识有关联吗？

事实上，我们回忆一下亚里士多德是有好处的。亚里士多德曾经指出，一切感觉(aisthēsis)都通向某个普遍性东西，即使每一个感觉都有其特定的范围，因而在此范围中直接给予的东西不是普遍的，情况也是如此。但是，这样一种对某个感觉所与的特殊感知正是一种抽象。实际上我们总是从某个普遍性东西出发去观看感官个别地给予我们的东西,例如把某个白色现象认作为某个人。

反之,"审美的"观看确实有这样的特征,即它并不是匆忙地把所观看的事物与某个普遍性的东西、已知的意义、已设立的目的或诸如此类的东西相联系,而是自身作为审美的东西逗留在所观看的事物中。但我们并没有因此而中断这样的观看关系,例如把我们在审美上赞赏的这个白色现象仍然视为一个人。我们的感知从来不是对诉诸感官的事物的简单反映。

其实,新的心理学,尤其是舍勒跟随 W. 柯勒、E. 施特劳斯、M. 魏特海姆等人对所谓刺激-反应的纯粹知觉概念所进行的尖锐批判,已经指出这个概念来源于一种认识论上的独断论。刺激反应这个概念的真实意义只是某种正常的意义,即刺激反应乃是消除一切本能幻觉的最终极的理想结果,即某种大清醒的结果,这种清醒最终能使我们看到那里真实存在的东西,而不是本能幻觉所想象的东西。但是这意味着,由合适刺激概念所定义的纯粹感知只表现了某种理想的极限情况。

不过,对此还有第二点。即使被认为合适的感觉也从不会是对存在事物的一种简单的反映。因为感觉始终是一种把某物视为某物的理解。每一种把某物视为某某东西的理解,由于它是把视线从某某东西转向某某东西,一同视为某某东西,所以它解释了(artikuliert)那里存在的事物,而且所有那里存在的东西都能够再度处于某个注意的中心或者只是在边缘上和背景上被"一起观看"。因此,这一点是毫无疑义的,即观看作为一种对那里存在的事物的解释性的了解,仿佛把视线从那里所存在的许多东西上移开了,以致这些东西对于观看来说不再存在。然而,下面这一点也是同样确实的,即观看被其预想(Antizi pation)引导着"看出了"根本不存在的东西。我们也可以想一下观看本身所具有的那种不改变倾向,以致我们始终尽可能精确地这样观看事物。

这种从实用经验出发对纯粹感知学说的批判,以后被海德格尔转变成根本性的批判。但是这个批判由此也适用于审美意识,尽管在此观看不是简单地"越过"所看到的东西,例如看到了该东西对某物的普遍适用性,而是逗留在所看到的东西上。逗留性的观看和觉察并不简单地就是对纯粹所看事物的观看,而始终是一种把某物视为某某东西的理解本身。"审美上"被观看事物的存在方式不是现成状态。凡涉及有意味性表现的地方，如在造型艺术的作品里，只要这种表现不是无对象的抽象，意味性对于所看事物的了解来说就显然是主导性的。只有当我们“认识到”所表现的东西，我们才能“了解”一个形象，而且也只有这样，所表现的东西才基本上是一个形象。观看就是划分。只要我们还检试变动不居的划分形式，或者在这样的形式之间摇摆不定，如在某种字谜画那里，我们就还看不到存在的东西。字谜画仿佛是人为地使这种摇摆永恒化，它是观看的“痛苦”(Qual)。字谜画的情况类似于语言艺术作品。只要我们理解了某个文本——也就是说，至少把握了它所涉及的语言——该文本对我们来说才能是一部语言艺术作品。甚至当我们听某种纯粹的音乐，我们也必须“理解”它。并且只有当我们理解它的时候，当它对我们来说是“清楚的”时候，它对我们来说才作为艺术的创造物存在在那里。虽然纯粹的音乐是这样一种纯粹的形式波动，即一种有声的数学，并且不具有我们于其中觉察到的具体的意义内容，但对它的理解仍保存着一种对意义性事物的关联。正是这种关联的不确定性才构成了对这种音乐的特殊意义关系。

单纯的观看，单纯的闻听，都是独断论的抽象，这种抽象人为地贬抑可感现象。感知总是把握意义。因此，只是在审美对象与其内容相对立的形式中找寻审美对象的统一，乃是一种荒谬的形式主义，这种形式主义无论如何不能与康德相联系。康德用他的形式概念意指完全不同的东西。在他那里，形式概念是指审美对象的结构，它不是针对一部艺术作品的富有意义的内容，而是针对材料的单纯感官刺激。所谓具象性的内容根本不是有待事后成型的素材，而是在艺术作品里已被系之于形式和意义的统一体之中。

画家语言中经常使用的“主题”这一术语就能够明确解释这一点。主题既能是抽象的，又同样能是具象性的——从本体论看，它作为主题无论如何都是非材料性的(aneu hyles)，但这绝不是说，它是无内容的。其实，它之所以是一个主题，是因为它以令人信服的方式具有了一个统一体，并且艺术家必须把这个统一体作为某种意义的统一体去加以贯彻，完全就像接受者把它理解为统一体一样。众所周知，康德在这方面就讲到过“审美理念”，对这种“审美理念”康德补充了“许多不可名状的东西”。这就是康德超越审美特性的先验纯正性和承认艺术特殊存在的方式。正如我们前面所指出的，康德还根本未想到避免纯粹审美愉悦本身的“理智化”。阿拉贝斯克不是他的审美理想，而只是一种方法论上的特殊事例。为了正确对待艺术,美学必须超越自身并抛弃审美特性的“纯正性”。但是,美学由此就找到了一个真正坚实的地盘吗?在康德那里,天才概念具有先验的功能,正是通过这种先验功能,艺术概念才建立起来。我们已经看到,这个天才概念在康德的后继者那里是怎样扩充成为美学的普遍基础的。但是,天才概念真正有这种作用吗?

今天,艺术家的意识似乎是与这个概念相矛盾的。这就出现了一种所谓天才朦胧(Geniedämmerung)。天才用以进行创造的梦游般的无意识的想象——至少通过歌德对其诗兴创作方式的自我描述而能合法存在的一种想象——今天在我们看来,只是一种虚幻的浪漫情调。诗人保罗·瓦莱利曾经用艺术家和工程师列昂纳多·达·芬奇的标准去反对这种情调,在达·芬奇的独特天资中,手工艺、机械发明和艺术天才是不可分割地统一在一起的。反之,普通意识今天还是受18世纪的天才崇拜的影响,并且受我们认为是19世纪市民社会典型特征的艺术家气质神秘化的影响。这就证明了,天才概念基本上是由观赏者的观点出发而构造的。这个古典时代的概念并不是对创造者的精神,而是对评判者的精神来说,才具有说服力。对于观赏者来说表现为奇迹的东西,即某种人们不可能设想某人能做出的东西,将通过天才灵感反映到神奇的创造中去。不过就创造者专注于自己本身,创造者也可能使用同样的理解形式,所以,18世纪的天才崇拜确实也是由创造者所造就的。但是创造者在自我神化里从未走到像市民社会所允许的那样远。创造者的自我理解仍是相当客观的。在观赏者寻求灵感、神秘物和深邃意义的地方,创造者所看到的乃是制作和能力的可能性和“技巧”的问题。

如果我们考虑一下这种对于天才无意识创造性学说的批判,我们将看到自身又重新面临康德通过赋予天才概念的先验功能所已解决的问题。甚么是一部艺术作品呢?艺术作品与手工产品,或与一般“制作物”,即与审美质量低劣的东西是怎样区分开来的呢?对于康德和唯心主义来说,艺术作品是被定义为天才的作品。艺术作品作为完美的出色物和典范的标志,就在于它为享受和观赏提供了一个源源不尽的逗留和解释的对象。享受的天才是与创造的天才相适应的,这一点在康德关于趣味和天才的学说中就已经讲过了,而且K. Ph. 莫里茨和歌德还更加明确地指明了这一点。

现在,如果抛开天才概念,我们应当怎样思考艺术享受的本质,以及手工制作物和艺术创造物之间的差别呢?

一部艺术作品的完成,即它的实现,我们又应当怎样思考呢?通常被制作和生产的东西,都具有它们实现其目的的标准,也就是说,这些东西是由它们应当作出的用途所规定的。当所制作之物满足了规定给它的目的时,制作活动就结束了,所制作之物就完成了。但是,我们应当怎样思考一部艺术作品完成的标准呢?如果人们还想如此理智而冷静地观看艺术的"制作过程",那末许多我们称之为艺术作品的东西就根本不会为某种用途所规定,并且也根本没有一种据以衡量一部艺术作品是否实现这个目的的标准。作品的存在难道只是表现某个实际上超出该作品的塑造过程的中断吗?作品在自己本身中就根本不可能完成吗?

事实上,保罗·瓦莱利就是这样看问题的。他也没有畏惧这样的结论,这结论对于面对一部艺术作品并试图理解它的人来说,便是由此而得出的。如果一部艺术作品在自己本身中不是可完成的这一点成立的话,那末接受和理解的合适性应于何处衡量呢?一个塑造过程的偶然而任意的中断不能包含任何受制约的东西。由此也就得出,艺术作品必须向接受者提供接受者于自身方面从当下作品中所得出的东西。所以理解一个创造物的方式并不比其他活动方式更少合法性。并不存在任何合适性标准。这不仅是指诗人本身不具有这样一种标准——这一点天才说美学将承认的,实际上,对作品的每一次接触都有新创造的地位和权利——我认为这是一种站不住脚的诠释学虚无主义。如果瓦莱利为了回避天才无意识创造的神话,有时对其作品得出了这样的结论,那末在我看来,他实际上是更加陷入了这种神话之中。因为他现在交付给读者和解释者的乃是他自己并不想行使的绝对创造全权。理解的天才实际上并不比创造的天才更能提供一个更好的指导。

如果人们不是从天才概念,而是从审美体验概念出发,也会出现同样的困境。这里,格奥尔格·冯·卢卡奇的重要论文《美学中的主客体关系》早已揭示了这一难题。他把一种赫拉克利特式的结构归给了审美领域,想以此说明,审美对象的统一根本不是一种实际的所与物。艺术作品只是一种空洞的形式,即众多可能的审美体验的单纯会聚点,而在这些审美体验里只有审美对象存在在那里。正如人们所看到的,绝对的非连续性,即审美对象的统一体在众多体验中的瓦解,乃是体验说美学的必然结果。奥斯卡·贝克尔跟随卢卡奇的思想直截了当地表述道:"从时间上看,作品只属于瞬间存在(也就是说,当下存在),它'现在'是这部作品,它现在已不再是这部作品。”事实上,这一点是确实无疑的。把美学建立在体验中,这就导致了绝对的瞬间性(Punktualität),这种瞬间性既消除了艺术家与自身的同一性以及理解者或享受者的同一性,又摈弃了艺术作品的统一性。

我认为克尔凯郭尔已经指明这种立场是站不住脚的,因为他认识到主观主义的毁灭性的结论,并且第一个描述了审美直接性的自我毁灭。克尔凯郭尔关于存在的审美状态的学说是从道德学家立场出发设计出来的,因为道德学家看到了在纯粹的直接性和非连续性中的存在将有怎样的危害性和荒谬性。因此,克尔凯郭尔的批判性尝试具有根本性的意义,因为在此对审美意识作出的批判揭示了审美存在的内在矛盾,以致审美存在不能不超出自己本身。由于存在的审美状态在自身中站不住脚,所以我们承认,艺术现象向存在提出了这样一项任务,即面对个别审美印象应有动人表现的要求去获得自我理解的连续性,因为只有这种连续性才可能支持人类的此在。

如果我们仍然试图对审美此在作出这样的一种存在规定,这种存在规定是在人类存在的诠释学连续性之外构造审美此在——那末正如我所主张的,克尔凯郭尔所进行的批判的合理性就会被抹杀。即使人们能够承认,在审美现象中,此在的历史性自我理解的界限是显然可见的——这种界限类似于那种表现自然性事物的界限,自然性事物作为精神的条件以许多不同的形式一起被置入于精神中,作为神话同,作为梦幻,作为有意识生命的无意识先期形式而进入精神性事物中——我们仍未获得这样一个立足点,使我们能从其本身出发去观察限制和制约我们的东西,并且从外面去观察受如此限制和制约的我们。而且,我们的理解难以达到的东西,也将被认为是限制我们的东西,因而从属于人类此在于其中运动的自我理解的连续性。所以,对“美的消失和艺术家的冒险性”的认识,实际上并不是在此在的“诠释学现象学”之外对存在状况的描述,而是表述了这样一项任务,即面对审美存在和审美经验的这种非连续性去证明那种构成我们存在的诠释学的连续性。

艺术的万神庙并非一种把自身呈现给纯粹审美意识的无时间的现时性,而是历史地实现自身的人类精神的集体业绩。所以审美经验也是一种自我理解的方式。但是所有自我理解都是在某个于此被理解的他物上实现的，并且包含这个他物的统一性和同一性。只要我们在世界中与艺术作品接触(Begegnen)，并在个别艺术作品中与世界接触，那末这个他物就不会始终是一个我们刹那间陶醉于其中的陌生的宇宙。我们其实是在他物中学会理解我们自己，这就是说，我们是在我们此在的连续性中扬弃体验的非连续性和瞬间性。因此对于美和艺术，我们有必要采取选择一个立足点，这个立足点并不企求直接性，而是与人类的历史性实在相适应。援引直接性，援引瞬间的天才，援引“体验”的意义并不能抵御人类存在对于自我理解的连续性和统一性的要求。艺术的经验并不能被推入审美意识的非制约性中。

这种消极的见解有积极的意义，艺术就是认识，并且艺术作品的经验就是分享这种认识。

这样一来就出现了这样一个问题，我们如何能够正确对待审美经验的真理，以及如何能够克服随着康德的“审美判断力批判”而开始的审美特性的彻底主体化倾向。我们已经指明，把审美判断力完全系之于主体状态，乃是为了达到某个完全受限制的先验根据(这是康德所执行的)这一目的的一种方法抽象。如果这种审美抽象以后却是在内容上被理解，并被转变到“纯粹审美地”理解艺术的要求，那末我们现在就看到，这种旨在达到真正的艺术经验的抽象要求是如何陷入了一种不可解决的矛盾之中。

在艺术中难道不应有认识吗？在艺术经验中难道不存在某种确实是与科学的真理要求不同，但同样确实也不从属于科学的真理要求的真理要求吗？美学的任务难道不是在于确立艺术经验是一种独特的认识方式，这种认识方式一方面确实不同于提供给科学以最终数据，而科学则从这些数据出发建立对自然的认识的感性认识，另一方面也确实不同于所有伦理方面的理性认识，而且一般地也不同于一切概念的认识，但它确实是一种传导真理的认识，难道不是这样吗？

假如我们像康德一样按照科学的认识概念和自然科学的实在概念来衡量认识的真理，上述这些就很难得到承认。对于经验概念我们有必要比康德所理解的更广泛地加以领会，这样即使是艺术作品的经验也能够被理解为经验。对此任务，我们可以援引黑格尔的值得赞赏的《美学讲演录》。在那里，一切艺术经验所包含的真理内容都以一种出色的方式被承认，并同时被一种历史意识去传导。美学由此就成为一种在艺术之镜里反映出来的世界观的历史，即真理的历史。这样，正如我们所表述的，在艺术经验本身中为真理的认识进行辩护这一任务就在原则上得到了承认。

我们所信赖的"世界观"概念——这概念在黑格尔那里首先出现在《精神现象学》中，用以表示康德和费希特对某个道德世界秩序的基本道德经验的假设性补充——只有在美学中才获得其真正的意义。正是世界观的多种多样和可能的变化，才赋予了"世界观"概念以我们所熟悉的声调。不过，艺术史对此才是主要的事例，因为艺术史的多样性在指向真正艺术的进步目的的统一中没有被扬弃。当然，黑格尔只是通过下面这一点才能认可艺术真理，即他让领悟性的哲学知识超过艺术真理，并且从已完成的现时自我意识出发去构造世界观的历史，如世界史和哲学史。但是，只要由此远远超越主观精神领域，人们于此中所能看到的就不只是某种不合情理的东西。在这种超越中就存在着黑格尔思想的一个永恒的真理要素。当然，只要概念真理由此成了万能的，并且在自身中扬弃了所有经验，黑格尔哲学就同时否认其在艺术经验中所认可的真理之路。如果我们想维护这一真理之路自身的合理性，我们就必须在原则上对于甚么是这里所述的真理作出解释。整个来说，对这一问题的答复必须在精神科学里找到。因为精神科学并不想逾越一切经验——不管是审美意识的经验，还是历史意识的经验，是宗教意识的经验，还是政治意识的经验——的多样性，而是想理解一切经验的多样性，但这也就是说，精神科学指望得到这许多经验的真理。我们还必须去探讨，黑格尔和"历史学派"所表现的精神科学的自我理解是怎样彼此相关的，以及他们两者在关于甚么东西使得对精神科学的真理的合理理解有了可能这一问题上是如何彼此对立的。无论如何，我们不能从审美意识出发，而只能在精神科学这个更为广泛的范围内去正确对待艺术问题。

由于我们试图修正审美意识的自我解释并重新提出审美经验为之作证的艺术真理问题，我们在这方向就只迈出了第一步。对于我们来说，关键的问题在于这样去看待艺术经验，以致把它理解为经验。艺术经验不应被伪造成审美教化的所有物，因而也不应使它自身的要求失去作用。我们将看到，只要所有与艺术语言的接触(Begegnung)就是与某种未完成事物的接触，并且这种接触本身就是这种事物的一部分，艺术经验中就存在有某种广泛的诠释学结论。这就是针对审美意识及其真理问题的失效而必须加以强调的东西。

如果思辨唯心论想使自己提升到无限知识的立足点以便克服那种建立在康德基础上的审美主观主义和不可知论，那末正如我们所看到的，有限性的这样一种可知论的自我解脱包含了把艺术弃置于哲学之中。我们将要确立的不是这种无限知识的立足点，而是有限性的立足点。我认为，海德格尔对近代主观主义的批判的建设性成果，就在于他对存在的时间性的解释为上述立足点开辟了特有的可能性。从时间的视域对存在的解释并不是像人们一再误解的那样，指此在是这样彻底地被时间化，以致它不再是任何能作为恒在(Immerseiendes)或永恒的东西而存在的东西，而是指此在只能从其自身的时间和未来的关系上去理解。假如海德格尔的解释带有这样一种意思，那末它就根本不涉及对主观主义的批判和克服，而是涉及对主观主义的一种“生存论上的”彻底化，而对这种彻底化人们一定能预见到它的集体主义的未来。但是，这里所涉及的哲学问题恰恰是对这种主观主义本身所提出的。仅由于此，人们把主观主义推向极端，以便使它成为有疑问的。哲学问题是探讨甚么是自我理解的存在。由于这个问题，哲学也就从根本上超越了这种自我理解的视域。由于哲学揭示了时间是自我理解的隐秘根基，因而哲学不是教导一种出自虚无主义绝望的盲目的义务，而是开辟了一种迄今是封闭的，超越出自主观性的思维的经验，海德格尔把这种经验称之为存在(Sein)。

为了正确地对待艺术经验，我们必须首先着手于审美意识的批判。艺术经验确实自己承认，它不能以某个终极的认识对它所经验的东西给出完满的真理。这里既不存在任何绝对的进步，也不存在对艺术作品中事物的任何最终的把握。艺术经验自身深知这一点。可是，同时我们也决不要简单地接受审美意识认为是它的经验的东西。因为，正如我们所看到的，审美意识在最终结论上仍把经验视为体验的非连续性。但是这个结论我们认为是不能接受的。

与此相反，我们对待艺术经验，不是追问它自身认为是甚么，而是追问这种艺术经验真正是甚么，以及甚么是它的真理，即使它不知道它是甚么和不能说它知道甚么——就像海德格尔在与形而上学自身认为是甚么的对立中去探问甚么是形而上学一样。我们在艺术经验中看到了一种对作品的真正的经验，这种经验并不使制作它的人有所改变，并且我们探问以这种方式被经验的事物的存在方式。所以,我们可以指望更好地理解它是怎样一种我们在那里所见到的真理。

我们将看到,这样便同时开辟了一个领域,在这领域内,在精神科学所从事的“理解”中,真理的问题重新又被提了出来。

如果我们想知道,在精神科学中甚么是真理,我们就必须在同一意义上向整个精神科学活动提出哲学问题,就像海德格尔向形而上学和我们向审美意识提出哲学问题一样。我们将不能接受精神科学自我理解的回答,而是必须追问精神科学的理解究竟是甚么。探讨艺术真理的问题尤其有助于准备这个广泛展开的问题,因为艺术作品的经验包含着理解,本身表现了某种诠释学现象,而且这种现象确实不是在某种科学方法论意义上的现象。其实,理解归属于与艺术作品本身的接触,只有从艺术作品的存在方式出发,这种归属才能够得到阐明。

洪汉鼎译

——节选自《论教化》,伽达默尔:《真理与方法》,上海:上海译文出版社 1999 年版。

《交谈无能》

交谈能力是人的一种自然准备,交谈无能指的是交谈能力的下降或中断,问题在于交谈双方的线索能否维系,双方是否坦诚。交谈无能并不仅仅指由于交流手段如书信和通信的消失导致的交际手段的萎缩。交谈的真理在于只有通过别人的接受和他人的认同才能获得成功,同时也意味着误解与个性的拓展。真理之路在于交谈,交谈有一种交换的力量,互相发现对方,造成某种改变。

生活中存在各种交谈形式,首先是教学法交谈,教师必须准确地将知识传给学生,但无休止的教学独白是一种交谈无能,责任在教师。但要让学生从被动接受转到主动提问和辩驳,则又相当困难,同时与许多人交谈绝对是不可能的。

伽达默尔区分了交谈的三种类型:谈判、疗谈和密谈。政治谈判中的谈判者不作为人格而活动,尽管如此,为了交谈能够进行,必须学会倾听。疗谈针对的是与人自然交往中存在的病态障碍,对病人疾病的认识是疗谈的首要条件。交谈无能有两种:主观无能,即无能去听;客观无能,无共同语言基础。一个人不能只倾听自己，能够倾听别人的话是仁爱的提升。随着媒介技术与信息技术的发展，谈话可能被荒废。总之，理解要以共同语言为前提，缺乏语言之外，通过耐心、同情、理性等也能达到相互理解，所以交谈无能更多的是不愿去听。

巴赫金、托多洛夫、伽达默尔等人都在倡导对话，人类不都是处在交谈和对话中吗？为何还要提倡交谈与对话？显然，日常对话与对话哲学有着本质的不同，日常对话与交流中很多时候，正是伽达默尔所言的交谈无能，比如官僚机构上下级的对话、学校教育中老师与学生的对话、家庭教育中家长与子女的对话、大国与小国之间的对话等都是不平等的，不是真正的对话。对话哲学之需要，正对应着现实中对话的缺位，对话哲学把对话提升到人类生活的本体地位来研究，形而上学的命题的思考转向了语用学的实践。

交谈与对话对美育的重要性是不言而喻的，美育中的交谈所指范围较为狭窄，主要指批评家与读者、读者与作品之间的对话，就美育的过程而言，前者更为重要。在美育中，教师往往充当了批评家、裁判者的角色，首先是批评理论、批评方法的传授，然后是对学生的劝导，最后是通过考核来检测学生的审美能力，整个教学过程中，如果只是教师独白，那末就是教师的无能。在中国当下的审美教育中，造成教师独白和无能的罪魁祸首正是教育体制和教育制度。这里要把应试教育和考试分开，学生要考试，这是天经地义的，但应试教育把教育的目的都归结为升学考试，这就偏离了教育的宗旨。应试教育把课堂变成了“一言堂”，老师教标准答案，学生全盘接受，丝毫没有反思和质疑，学生提不出问题正是教育的最大问题。所以，审美教育的过程设计和问题意识很重要，否则就会变成交谈无能。

再从对话哲学来看，主体间性理论从客体——主体——主体间性的发展过程，仍然是基于传统理性的黑格尔式的逻辑套路。西方哲学是同一性的哲学，其筹划和实施的就是把他者置于同一性之中，美育理论也不例外，对话的目的仍然是消灭他者。在西方美育思想史中，原始、另类、差异、特殊等被贬斥为丑与恶，无法进入美育之中，美育理论仍然封闭于先验的审美理念之中。在后现代的视域中，美育首先应该考虑伦理的维度，美育要交谈，但交谈不是去消灭他者、差异，而是要让他者永远保持他者存在。高尔基说：“美学是未来的伦理学。”审美教育的宗旨在培养个性，其特殊价值在于个人通过交流与对话来促进认识和反省，这是个人社会化的最高形式。

（李 兵）

交谈无能

人们立即会理解,(我们在)这里提出了一个甚么样的问题,该问题又是从哪些事实出发的。交谈的艺术正在消失吗？在当代社会生活中,我们不是看到人类行为的一种不断增加的集权化吗？——这是我们的文明(这种文明同科学-技术的思维方式密切相关)的一种普遍现象。或者,交谈无能是现代世界——它在青年的嘴上贴了封条——中自我异化和孤立化的特殊经验？或者,它甚至是对所有理解意愿的断然抛弃,是对那种在公共生活中占统治地位、被其他人作为“交谈无能”而加以抱怨的表面理解的愤懑拒绝？这些问题是每个面对这儿涉及这个论题的人,都会立即遇到的。

就此而言,交谈能力是人的一种自然装备。亚里士多德曾将人称为拥有语言的生物,而语言仅仅在交谈中。尽管语言经常可以编纂,在词典、语法和文献中有某种相对的稳定性,但是,它特有的生命力,它的陈旧和自我更新,它最终在文学艺术的高级风格形式中的粗犷和精致化,所有这些,都活跃在说话者的活生生的相互交流当中。

但是,交谈在人类中间所起的作用又是何等不同啊。我曾经有幸在柏林的一家旅馆看到:一个由芬兰军官组成的军事代表团围绕一张巨大的圆桌坐着,沉默寡言,性格内向,而且在每个人与他的邻座之间有一种心灵风景中的辽阔冻土,如同一段无法弥补的间隔,使人感到恐惧。还有,当人们到北部地区国家旅游时,又有谁不会对那种交谈的持续的汹涌澎湃——这是从例如西班牙或意大利等南方国家的集市和广场上纷然轰鸣地发出的——表示惊讶！但是,人们既不能将前者作为交谈愿意方面的欠缺,也不能将后者作为交谈方面的特殊天才加以考察。因为交谈,也许毕竟是某种完全不同于按其声音强度而变换的社交生活的交际风格之类的东西。而且对交谈无能的抱怨,肯定也不是指这类东西。交谈,必须在严格限定的意义上加以理解。

让我们根据某种对比现象来阐明这一点,这种现象也许对交谈能力如此下降并不负有责任——我指的是电话交谈。我们已相当习惯于在电话里进行长谈,而且,在关系亲密的人之间,这种在电话里由于声音局限而造成的交际的贫乏，几乎还感觉不出来。但是交谈问题，恰好不是在两个人生命密切交织，从而不断地、不断地编织起交谈线索的情形下被提出来的。相反，交谈无能的问题是指：为了交谈线索能来回编织，人们究竟是否彻底地自我敞开了，并且是否发现别人也是坦诚的。在这里，电话交谈的经验，就像一张摄影底片一样，是记录在案的。那种对别人乐意参与一场交谈的坦诚的倾听，在电话里几乎是根本不可能的；那种使人们保持相互亲近的经验，在电话里是无法被分享的。（这种亲近是这样的：）人们一步一步深入一场交谈，并最终卷入得如此之深，以致在交谈的伙伴之间形成了再也无法重新隔断的沟通。我把电话交谈称作一张摄影底片。因为人们在其中得以相濡以沫与谛听的范围，是通过电话媒介来人工地接近的，所以似乎是冷冰冰地被冲破了。每打一次电话，都有某种干扰和被干扰的粗暴性存留于记忆中，尽管伙伴还是坚决地声明他是何等高兴地接到这个电话。

通过这种比较，人们首先会体会到：真正交谈的这些条件是在多大程度上被编织好的，以便使进入人类沟通之深处的交谈能够进行；而在现代文明中，又有哪些与之对立的反作用力正在蔓延。现代信息技术（它也许刚刚处在其技术完善的开端）以及书籍和报纸，将尤其使那种可以通过人际交往而形成的教导很快完全成为多余——如果人们相信技术预言者的话。这些都唤起了我们对其反面——曾经改变过这个世界的交谈的圣哲——的回忆：孔夫子和佛陀，耶稣和苏格拉底。我们虽然阅读他们的谈话，但是谈话是他人的记录，这些人不可能获得和再现谈话的原始的魅力，这魅力仅仅出现在提问与回答、言说与“使自己成为言说者”的生动的自发性行为当中。但是恰恰是这些记录，具有一种特殊的、有文献资料作为根据的力量。在某种意义上它们是文学作品，也就是说，它们以某种写作的艺术——它知道用文学手段展现和塑造活生生的现实——为先决条件。但是与想象力的诗歌的运演不同，这类记录，对于本真的现实和本质的事件之某种遮蔽，始终保持一种无与伦比的穿透力。神学家弗朗兹·奥韦尔贝克（Franz Overbeck）正确地看到了这一点，并且在运用到《新约》时创造了“原文学”（Urliteratur）的概念，它出现在真正的文学之前，正如原始时代出现在历史时代之前一样。

在此，若进一步了解到另外一种类似现象，将是有益的。交谈无能，肯定不是为我们所了解的唯一的交际萎缩现象。很久以来，我们就已经看到书信和通信的消失。17 和 18 世纪的伟大的书信撰写者已成为历史。邮政马车时代采纳了这种交际方式,那时候,人们通过寄送邮件——单纯从字面上看这意味着邮件通过马车寄送——而相互回答。显然,这种交际方式要比以电话交谈为特色,几乎完全达到问答同步的技术时代的交际方式更加有益。谁要是了解美国,就会知道在那儿还坚持写信的人,比起"旧世界"中的人是少得可怜了。事实上,即使在旧世界,人们用书信形式相互交流的现象也大为减少了,而且人们相当执着于这样的事物:它们可以既不需要语言上的创造力,也不需要心灵的感受力或创造性的想象力——人们要求电传打字机做得比书写笔所做的更好。书信已变成一种陈旧的信息手段。

在哲学思想领域,这种交谈现象,尤其是交谈的那种出色的方式——人们将这种两人私下进行的交谈形式称作对话——也起过某种作用,这种作用,显示在我们刚才恰好作为一种普通文化现象加以认识的同样的对比当中。首先是浪漫主义时代及其在 20 世纪的复兴,赋予这种交谈现象以一种批判哲学思维之灾难性的集权化的作用。交谈大师,如弗里德利希·施莱尔马赫(Friedrich Schleiermacher)(一位友谊的天才),或者弗里德利希·施莱格尔(Friedrich Schlegel)(他的多愁善感使他在交谈中时常滔滔不绝,似乎将某种东西变成固定的造型),同时都是一种辩证法在哲学上的代言人,这种辩证法将某种特有的真理优先权判定给作为典范的柏拉图式的对话、交谈。这优先权存在于何处,是容易得到理解的。如果两个人彼此相遇并且相互交流,那末这似乎经常是两个世界、两种世界眼光、两种世界观的相互趋近。伟大的思想家们的思想是如何凭借其概念的努力和拟订的学说使自己被传达出来的,这并不是投向这一个世界的这一种眼光的问题。柏拉图仅仅在撰写的对话中传达他的哲学,这不仅是出于对那位交谈大师——苏格拉底——的仰慕。他从中看到了一条真理原则:仅仅通过别人的接受和他人的认同,言谈才能经受住检验。一个人的思想,如果不同时与别人的思想保持一致,那末这个思想的连贯性就会缺乏强大的力量。而且,下述这一点也是真实的:人类的每一种观点都自在地包含某种偶然之物。就像一个人以自己独特的方式经验这个世界一样,视、听乃至味觉的方式,始终保留着它的最独特的奥秘。"谁的手指会指向气味?"(里尔克)正如我们感性世界的统觉永远是私人的一样,我们的冲动和兴趣也是偶然的,而且,为所有的人所共通的、有能力把握一切共同之物的理性,面对这种助长了我们的支离破碎的混沌,也始终无能为力。于是,同别人交谈就意味着他的反对或认同、他的理解和误解,意味着我们的个别性的扩展,意味着对理性鼓励我们进入的一种可能的沟通的检验。可以设想,一种完整的交谈哲学是从这样的经验出发的,即,反映了整个世界的单个人观点不可交流,而整个世界则以完全破碎的观点被呈现出来。这是歌德也对之表示了惊羡的莱布尼茨的伟大的形而上构想:宇宙这一多面的镜子(这些镜子是单独的个体)按其普遍性,就是这个宇宙本身。根据这一点,可以塑造起一个交谈的宇宙。

浪漫主义在发现个体性之不可解释的秘密时对概念的抽象普遍性所作的反对,在20世纪初得到了一场复兴,这场复兴表现为对19世纪学院哲学的批判以及遵循自由主义的进步信仰。这绝不是偶然的。德国浪漫主义的一位门徒,丹麦作家索伦·克尔凯郭尔(sören Kierkegaard),在19世纪40年代就开始凭借其伟大的写作艺术同黑格尔唯心主义的学院统治相抗衡。现在,在20世纪,克尔凯郭尔又通过德文译本对欧洲大陆产生影响。在这里,在海德堡(当然也在德国别的地方)出现了这种情况:这种思想把对“你”的体验同新康德主义的唯心主义相对峙,而“你”这个词,也把“我”和“你”联系在一起。在《创造》刊物上,这场“克尔凯郭尔复兴”(它在海德堡主要是由雅斯贝尔斯促成)得到了有效的表达。克尔凯郭尔的忠实信徒有弗朗兹·罗森茨威格(Franz Rosenzweig)和马丁·布伯(Martin Buber),弗里德利希·戈加特(Friedrich Gogarten)和费迪拿特·埃布纳(Ferdinand Ebner)。还可以列举来自非常不同的阵营的犹太人的、新教的、天主教的思想家。当然还有一位精神病医生冯·魏茨泽克。这些人在一种信念的基础上联合了起来,即,真理之路在于交谈。

甚么是交谈?我们就此考虑到的,肯定是人类相互之间发生的一种过程——人类虽然有各式各样的表现及其潜在的无限性,但仍拥有某种独特的统一和团结。在我们看来,对话已成为这样一种东西:它在我们身上留下了某种东西。并非我们在那里经验到某种新东西这一点使交谈成为一种交谈,而是在别人那里可以遇到某种在我们自己的世界经验中尚未遇到的东西。单个人自在地体验到的,正是哲学家们在批判独断论思想时所考虑到的。交谈有一种变换的力量。交谈成功之处,既给我们留下某种东西,又在我们身上造成了某种改变。于是,交谈与友谊,就有一种奇怪的邻里关系。仅仅在交谈中(以及在彼此的开怀畅笑中——这笑声如同无言的、宽厚的认同),才有可能找到朋友,并建立那种使每个人都和别人保持同一的沟通:因为两人都发现了对方,并在对方身上发现了自己。

然而,为了不经常只是从这种最极端和最深刻的意义出发谈论交谈,我们还想将我们的注意力转向存在于我们生活中的不同的交谈形式,它们都面临我们的论题所涉及的那种奇特的威胁。我指的首先是教学法交谈。这并不是说这种交谈自在地就配享有某种特别的优先权。但是,可以借这种交谈而十分清楚地表明,在交谈无能这种经验背后可能还存在甚么。虽然教师与学生之间的交谈肯定是交谈经验的原始形式之一,而且我们上面说到的那些交谈的圣哲,也都是通过交谈教导弟子或青年的大师和导师,但是,就教师的情况而言,要掌握交谈的能力,显然有一种奇特的、大多数人都受制于它的困难。无论谁,当他教导学生时,他都相信必须讲话,应当讲话,而且他越是能够讲得连贯和紧凑,就越是认为必须将他的学说传达给学生。这是我们大家都了解的"讲坛危险"。我想起自己在胡塞尔主持的一个研究班接受训练的研究时期。众所周知,这类训练就其可能性而言应当研究交谈,至少是教学法的交谈。作为弗赖堡的现象学大师,胡塞尔早在20年代就深受一种使命感的鼓舞,而且事实上从事了一项很有意义的哲学教学活动。但他并不是交谈的大师。他坐在那个研究班上,开始提出一个问题,得到一个简短的回答,然后他同意这个回答,就无休止地进行教学独白达两小时之久。当他最后和他的助手海德格尔离开座位步出大厅时,他对海德格尔说:"今天真是一场令人兴奋的讨论。"这类风格的经验在今天已导致某种如同"讲座危机"之类的东西。在这里,交谈无能首先在教师一方,而且,就此面言,教师实际上是科学的代理人,立足于现代科学和理论构成的独断的结构之上。在高等学校的生活中,人们经常不断地试图通过讨论来活跃讲座气氛,在这方面当然必定会遇到相反的经验:要实现这种从听众的被动接受到主动提问和辩驳的态度转换,是相当困难和罕有成功的。就教学情境而言,一旦它超出了小圈子里交谈的亲切感,那末最终会存在某种无法克服的交谈方面的困难。柏拉图早就清楚地看到了这一点:与许多人同时进行交谈是绝对不可能的,或者说,在许多人出席的情况下绝对不可能进行交谈。我们所谓的讲坛讨论,这类在半圆形桌旁进行的交谈,也始终是半死不活的交谈。但是,还存在别的真正的、也即个性化了的交谈情境,在此种情境中,交谈发挥了它的真正功能，我想区分三种类型：谈判、疗谈和密谈。

在谈判这个词当中业已包含一种对互动——谈判者在谈判中通过互动而彼此靠拢——的强调。这里肯定涉及社会实践的方式。生意人之间的协商或者政治的谈判，并不具备所谓个人的相互辩论的性格。在这里，如果交谈是富有成效的，它也提供了某种调解，这调解并且是它的真正规定。但是，这些通过条件互换而达到某种调解的人，在谈判中并未作为人格而活动，而是他们所代表的党派利益的代理人。尽管如此，若更详细地去研究是哪些真正的谈判天才之特征使某位成功的商人或政治家与众不同，他又是如何懂得克服在别人（这些人反对达到某种调解）当中存在的壁垒的，这也许是很够刺激的。人们知道把别人作为别人来考虑，这肯定也是其中决定性的条件。在将别人当作别人考虑的情形下，同自己利益相对立的别人的现实利益如果被正确地考虑到的话，就有了“自行联合”的可能性。就此而言，在谈判的过程中，下面这种普遍的交谈规定就被证明是正确的：为了交谈能够进行，必须学会倾听。在仅仅涉及美元或权力利益的地方、这种同别人的相遇，使自己得以提升并超出自己的界限。

疗谈，尤其是在精神分析实践中进行的疗谈，对我们的论题有特别的启发性。因为在这里，交谈无能恰好是这样一种初始状态，从这种状态出发，重新学会交谈就作为治疗过程本身表现出来。交谈无能构成了病态的障碍，它最终使病人一筹莫展，结果，他与同时代人的自然交往由于各种妄念而被迫中断。病人如此之深地被这些妄念纠缠，以致他事实上再也不知道去倾听别人的谈话——他是如此放纵自己病态的幻想！但是，正是这种与人类自然的交谈关系的破裂的不可忍受性，最终使他对疾病有了认识，并促使他去看医生。由此，一种对我们的论题有突出意义的初始情境就被描述了。这种极端，对所有中间情形始终富有教益。可见，精神分析疗谈的特殊之处在于：除了通过这些交谈，它不采用任何别的方式去治疗“交谈无能”，因为后者构成了一种独特的疾病。然而，从疗谈过程中可以学到的东西，毕竟不能简单地推演。同时，精神分析者不仅是交谈者，而且还是内行，他针对病人的抵抗力而逼使他打开无意识禁区。虽然人们有理由强调，这种交谈本身其实是一种共同的解释活动，并不是医生单方面知识的简单运用，但是，另有一种与此相关的条件是特殊的，它限制了精神分析疗谈向社会实践的交谈生活的过渡，这就是：在这里，对病人疾病的认识肯定是首要条件，也就是说，交谈无能在此处本身是独立的。

与此相反,我们考虑的真正论题,是一种自己不想负责的交谈无能。它毋宁有这样的标准形式:人们并不在自己身上看到这种无能,而是把这种无能归咎于别人。人们说:“和你没甚么可谈的。”而且在别人身上,感受乃至经验也成了不可理解之物。这样一来,使得一个人事先就沉默下来,或者甚至恼怒地抿紧嘴唇。就此而言,“交谈无能”最终看来始终是这样一个人提出的诊断:这个人没有把自己置于交谈之中,他并且不可能成功地同别人进行交谈。别人的这种无能,同时终究也是自己的无能。

我想不仅从主观方面,而且从客观方面来考察这种无能,也就是说,一方面谈到主观的无能——无能去听,另一方面也谈到客观的无能——它建立在不存在共同语言这个基础上。无能去听,是人们如此熟悉的一种现象,以致人们对此绝对无须想象交谈无能达到某种特殊程度的那些人。只要曾经漏听或错听过,人们从自己身上就足以了解它了。而且,我们不会同时知觉别人身上发生的现象,我们双耳尚未精致到足以“听见”他的沉默和他的自我僵化的地步。这些难道实际上不是我们人类的一种根本性的经验吗?或者,这也是因为人们听错了?但这种事要是可能的话,那是难以置信的。我曾经——由于莱比锡地方当局(本来无关紧要的)干预——在警察局监狱里呆过。在那儿,整整一天。叫唤受审人犯名字的声音不时通过过道传来。老实说,每当叫声乍起,我真的以为听到了自己的名字——我身上的这类期待是多么急切啊!漏听和错听,两者都是由于同样的、在同一个人身上可以遇到的原因发生的。这个人漏听或听错了,是因为这个人不断地倾听自己,他的双耳,似乎完全被由于受自己的冲动和兴趣所驱使而不断给自己造成的拥挤所充满,以致他再也不能听见别人的话。在全部可以思议的层次当中,这是——正如我所强调的——我们全部的本质特征。尽管如此,人们还是能够经常进行交谈,也就是说,能够倾听别人的话,这在我看来似乎是人类向仁爱的真正提升。

当然,现在也可以给出客观的原因:我们越习惯于我们今天科学文明的这种独白状况,并且将语言移交给无名方式的信息技术,作为人类交流的媒介,语言便越是趋于瓦解。人们或许会想到餐桌交谈以及杀死这种交谈的极端形式——在一些豪华住宅里,可怜的美国富人通过舒适的技术设备及其无意义的使用,有可能达到这一地步。在那儿,有如此建造起来的餐厅:每位就餐者从他的碟子旁舒适地仰视专门为他安置的电视机。

人们可以想象技术的进步,这种进步还会继续向前推进,并且人们在某种意义上将通过进步而戴上一副眼镜,透过这副眼镜,人们将再也不会去旅游观光,而只会看电视。譬如,人们有时看到某些人漫游奥登瓦尔德,看到他们在那里静听悦耳的声调和流行歌曲——这些声调和歌曲,就是他怀揣半导体收音机散步时散播开来的。举这个例子仅仅是想表明:存在着客观的社会环境,由于这些环境,人们有可能荒废说话,也就是说,说话是"对某人说"和"对某人答",而且,我们还把说话称作交谈。

同时,在这里,这种极端情形还再次使中间情形变得清晰。也就是说,我们必须注意到,人们之间的理解创造了某种共同语言,正如反过来同样可以说,理解要以共同语言为前提。人们相互间的异化表现为他们再也不讲共同语言(像人们所说的),而且这接近于是说人们曾经找到过一种共同语言。这一点是真的:哪儿缺乏共同语言,那儿的理解就很困难。但是,哪儿曾经寻找过、并最终找到了某种共同语言,理解起来也就很容易。我们从母语不同的人之间的不流畅的交谈这种极端情形中认识到这一点:他们只了解对方一些零碎的用语,但是强烈地感到必须相互说些甚么。在那里,理解,最终还有实践交往中的协调,还有个人或理论的交谈,究竟是如何达到的,这可能象征了这样一点:在缺乏语言之处,通过耐心,通过敏锐的感觉,通过同情和宽容,通过对理性——我们所有人都分享了它——的无条件的信赖,也可能达到相互理解。我们肯定会经常体会到,在气质不同、政见不同的人之间,交谈也能够进行,依我看,"交谈无能",更多的是一个人对另一个人——这个人不愿听从他的思想,并且把这思想当作别人实际上拥有的缺陷——的责备。

(1972 年)

舒远招译

——节选自《伽达默尔集》,上海:上海远东出版社 2002 年版。

哈贝马斯

一、哈贝马斯其人

尤尔根·哈贝马斯(Jürgen Habermas, 1929—),是德国当代最重要的哲学家、社会学家之一。历任海德堡大学教授、法兰克福大学教授、法兰克福大学社会研究所所长以及德国马普协会生活世界研究所所长。他是西方马克思主义法兰克福学派第二代的中坚人物,被认为是“当代最有影响力的思想家”。他致力于重构启蒙传统,认为现代性是未完成的工程,提出交往行为理论,对后现代主义思想进行了有力的批判。其著述颇丰,主要有《公共领域的结构转型》、《认识与兴趣》、《合法化危机》、《现代性的哲学话语》、《交往行为理论》、《包容他者》、《后形而上学思想》等。

本文选自哈贝马斯的《现代性的哲学话语》一书,与美育理论关系比较密切。1981年,哈贝马斯提出了交往行为理论,这有特定时代、社会、文化背景的因素,也是哲学理论自身发展的结果。从前者来看,哈贝马斯认为西方现代社会是一个严重异化的社会,交往呈现病态,交往风险增加,交往空间不断缩小。这源于资本主义私人领域与公共领域之间出现了矛盾,公共领域的结构转型导致了生活世界被殖民化,由此,他要“重建历史唯物主义”,构建一个理想的交往行为模式。就后者来说,他认为现代哲学是意识哲学,导致理性与理性他者的冲突,有必要从意识哲学的范式转为交往行为理论的范式,以使现代性获得规范的内涵。

他将人的社会学行为分为四种:一是目的行为,借助工具理性改造客观世界的活动。二是规范行为,有共同价值取向的行为。三是戏剧行为,人戴着面具,背诵着台词与人交往。这三种行为都是不合理的,因为人的主体性被压制,人被异化为工具。于是他提出了交往行为,交往行为假定了一个理想的言语环境,交往参与者相互提出假设、相互论证,兼顾了现实与理想的要求,通过有效性的承认来获得共识,能有效地抵御异化的风险。交往行为理论的意义在于:交往行为理论避免了早期批判理论过分强调意识形态批判,忽视经验分析的错误;交往行为理论在思维方式上突破了现代性的二元对立的思想,他把原初的、尚未分化的生活世界作为解决二元对立的归宿;交往行为理论对解决社会转型带来的异化问题有积极意义。不可否认,交往行为理论也有理论和实践上困难,如存在普世主义、折中主义和西方中心主义等问题,其“生活世界”的概念具有乌托邦的色彩。

二、两种范式之争

现代性的认识范式是意识哲学的范式,此范式包含了两种模式:理性分裂的模式和自我膨胀的理性排斥模式(下文简称分裂模式与排斥模式)。前者的代表是康德、席勒和黑格尔等;后者的代表是尼采、海德格尔、福柯、德里达等,他们的话语又被哈贝马斯称之为现代性的反话语。

分裂模式意即理性处于分裂状态之中,如康德的理性划界模式,他把知识领域分为知、情、意三种。席勒继承了这种现代性的分化思想,认为人处于感性与理性的冲突中。黑格尔意识到这种分裂,并试图以绝对精神囊括理性和理性的他者。青年黑格尔派以具体理性概念反对绝对精神,认为社会实践可以调和理性和他者。席勒和黑格尔所言的分裂最终演变成了马克思所言的不同阶级的社会。黑格尔和马克思仍然采用客观的认识范式,而没有完成主体的理解范式的转变。分裂模式揭示了实践是历史性的理性活动的场所。

排斥模式是对康德式主体的驱逐,其中主体没有分化,但脱离了社会和自然,成为理性的他者,表现为分裂的生命力、浪漫派的想象与放纵以及以肉体为核心的审美经验,如海德格尔的存在,福科的权力,德里达的差异。这些话语从反面揭示了现代性的主体原则,但没有解决理性与理性的他者的矛盾,而且导致了此在主义、相对主义和隐规范主义,无法走出现代性的困境。排斥模式揭示了实践只是权力展示的舞台。所以,排斥模式仍然立足于主体哲学的前提,无法摆脱意识哲学的范式,排斥模式仍然以康德理论为发端。

哈贝马斯认为这些争执都表明了现代意识哲学已经穷途末路,必须从意识哲学范式转向交往范式。现代性的认识范式采取客观立场,人与世界的关系是一种垄断关系,主体要么是世界的主宰,要么是世界的实体,理性是片面的。而交往范式采取互动参与者的行为立场,通过沟通把行为协调起来,言语者、听众以及在场者的视角系统相互作用、相互制约,自我处于人际关系中,从他者的视角出发与自我建立联系。

三、对实践哲学的批判

哈贝马斯认为实践哲学同样无法摆脱主体哲学的二元对立:历史与主体,社会规范与工具秩序,灵与肉。实践哲学的语言学转向也没有导致范式的转变,最多是把语言变成实践的中介或差异性的事件。语言哲学主张的语言本体论,把语言变成了无根的存在,语言的真理无法变为革命性的实践。语言哲学建构的视域,如存在、延异、权力等,排除了与世界的互动。实践是内部自然与外部自然相互作用的过程,不是上层建筑机械地依赖于经济基础,而是依赖于观念世界与学习过程的相互作用。语言哲学对意义的揭示与表达的真实性等同起来,对意义的揭示必须在交往中来进行。实践哲学是片面的,生产范式唯独遵循真值有效性,排斥了其他有效性,无法获得现代性的规范内涵。

四、对真值有效性的探讨

哈贝马斯结合奥斯汀的言语行为理论对语言的真值有效性作了一番考察,他认为不能把真值有效性作为理解命题的起点和条件,其使意识哲学或语言哲学的本体论框架显得过于狭隘。意识哲学的知识局限于客观事物的知识,主体与世界的关系以真理为标准。交往理性以知识以交往为中介,其标准则在于命题的真实性、规范正确性、主观真诚性以及审美和谐性等要求的论证程序,是一种解中心化的世界观。意识哲学的主体不具同化整体的能力。交往理性摆脱了形而上学的真值有效性,通过行为协调机制和生活世界的再生产,把自我负责变为集体责任。交往理性的有效性如何把符号世界与物质世界联系起来?哈贝马斯认为纯粹理性一开始就是处于交往世界中的理性,共识可以通过主体间对有效性要求的承认来衡量。交往参与者就有效性的论证提出相互假设,主体间性的关系在这种争论中获得再生产,一个理想的言语环境中离不开假设的纯洁的言语和不纯的言语,论证使命在于从参与者的视角对有效性进行彻底的批判。

交往行为理论继承了普世性的要求,但又不可能满足所有不现实的要求。这种普遍结构随着社会的分化越发显得重要。

(李　兵)

现代性的哲学话语

走出主体哲学的另一条路径:交往理性和以主体为中心的理性

1

权力理论的困境在谱系学的历史写作中有着显著的反映,而谱系学的历史写作涉及现代的惩罚程序或现代性的特征。悬而未决的方法论问题在缺乏经验的状态中表现了出来。福柯的确深入批判了主体哲学对人文科学的约束:这些人文科学摆脱了认知主体在自我表现时所遇到的矛盾和困境,同时却在自我物化的科学主义中越陷越深。然而,对于自身理论的困境。福柯看得就不那末清楚了,否则,他应该发现他的权力理论为何会落入同样的命运。他的理论试图超越那些伪科学而达到更加严格的客观性，却越发无望地陷入一种此存主义历史写作的陷阱：这种历史写作模式自以为不得不从相对主义出发进行自我否定；而且，它也无法阐明其修辞学的规范基础。一边是自我克制的客观主义，一边是自我遗忘的主观主义，两者之间是一致的，福柯试图用权力作为基本概念，把创造活动中的先验因素保留下来，并在其中消除掉一切主体性。这样做导致了此在主义、相对主义和隐规范主义（Kryptonormrativismus）。这种权力概念并没有把谱系学家从充满矛盾的自我表现中解脱出来。

因此，我们有必要回过头来重新考察一下理性批判对人文科学的揭露，但这次我们要注意到一个遭到尼采传人彻底否定的事实。尼采传人没有注意到，从康德开始，现代性的哲学话语中一直就存在着一种哲学的反话语，从反面揭示了作为现代性原则的主体性。福柯在《事物的秩序》最后一章敏锐地诊断出了意识哲学在基本概念上的困境，而席勒、费希特、谢林和黑格尔也曾作过类似的分析，当然，他们提出的解决方案是各不相同的。但是，如果现在权力理论同样也无法找到走出这一困境的途径，那末，我们就有必要回到现代性的哲学话语的起点，以便重新考察当时人们在面临重大选择时所指明的前进方向，这就是我讲演的根本意图，你们或许也记得，我曾经指出过，青年黑格尔、青年马克思，甚至还有《存在与时间》的作者海德格尔，以及研究胡塞尔的德里达，都是有选择余地的，可惜，他们没有做出任何选择。

黑格尔和马克思所关注的是，不要再一次把伦理总体性的直觉重新置于具有认知和行为能力的主体的自我关涉视域之中，而是要根据（面临着合作压力的）交往共同体中非强制性的意志形成模式对伦理总体性的直觉加以阐释，海德格尔和德里达所关注的则是，不要把阐释世界所具有的创造意义的视域归入勇于自我筹划的此在，或构筑结构的背景事件，而是要归入具有交往结构的生活世界（这些生活世界通过以沟通为取向的行为中介进行再生产）。我在其他地方曾提出过这样的想法：客观认识的范式必须被具有言语能力和行为能力的主体的理解范式所取代。黑格尔和马克思没有完成这样的范式转换；海德格尔和德里达努力把主体性的形而上学抛到一边，但他们依然沉湎于源始哲学的直觉而不能自拔。福科的出发点同样也在于：他对强迫自我关涉的主体的不断自我重合现象做了三重分析，并由此转向已经证明是死路一条的权力理论，福柯跟随着海德格尔和德里达，抽象地否定了自我关涉的主体，简言之，他宣称“人”

是不存在的。不过,与海德格尔和德里达不同,福柯不再通过历史化的原始力量来弥补已经消失的事物秩序,而孤立的形而上学主体在结构上早就不堪重负,却在徒劳地用自己的力量去恢复这种秩序,不过,先验历史主义的"权力"最终证明自身是话语长河中唯一的恒量,可以作为上文所说的生命哲学的"生命"的等价物。如果我们抛弃所谓形而上学无家可归这样一个充满感伤色彩的前提,如果我们认真思考一下先验的考察方式与经验的考察方式、激进的自我反思与反思所无法复现的远古、自我生成的类的创造性与先于一切生产的源始性之间的关系,换言之,如果我们把所有这些不断重合的神秘现象理解为穷竭的一种症候,那末,我们就可以找到一条切实可行的解决途径。穷竭的是意识哲学范式。果真如此,我们就必须从意识哲学范式转向交往范式,因为只有这样才能消除穷竭的症候。

我在其他地方阐述了以沟通为取向的行为模式,如果我们暂时可以肯定这种行为模式是成立的,那末,认知主体针对自身以及世界中的实体所采取的客观立场就不再拥有特权,相反,交往范式奠定了互动参与者的完成行为式立场,互动参与者通过就世界中的事物达成沟通而把他们的行为协调起来。一旦自我做出行为,而他采取了相应的立场,他们就进入了一种人际关系。人际关系是由言语者、听众和当时在场的其他人所具有的视角系统构成的,这些视角相互约束、相互作用,并在语法上形成了一种相应的人称代词系统。不管是谁,只要经过这个系统的训练,都能学会用完成行为式的立场来接受第一人称、第二人称和第三人称的视角,并使这些视角互相转换。

但是,语言互动参与者的这种立场也使得主体与自身的关系不同于观察者面对世界中的实体所采取的纯粹客观化的立场。如果在观察者的视角之外没有其他选择可能时,自我关系在先验-经验层面上的强化就是不可避免的;只有在这时,主体才必须把自己看作一个出现在世界上的实体。在先验自我的超越立场与经验自我的内在立场之间,不会存在任何中介,一旦用语言建立起来的主体间性获得了优势,也就不会再存在这样一种选择了。这样的话,自我就处于一种人际关系当中,从而使得他能够从他者的视角出发与作为互动参与者的自我建立联系。而且,从参与者视角所作出的反思避免了客观化,而观察者视角即便已经具有反思性,也会导致客观化。从第三人称角度来看,不管是向内看还是向外看,一切都必然会成为对象,第一人称用完成行为式的立场从第二人称的角度转而与自身建立联系,这样就可以把刚刚完成的行为再重复一遍。重构一种不断运用的知识,也就代替了一种通过反思而呈现出来的知识,及自我意识。

先验哲学早先所要做的是从直觉的角度分析自我意识,这一点现在也适用于重建科学。重建科学从话语和互动参与者的角度,通过对成功命题或遭到扭曲的命题的分析,努力阐明具有言语能力、行为能力和认知能力的主题所使用的前理论的规则知识,由于这种重建的努力不再针对超越现象领域的知性王国,而是针对一般命题中实际使用的规则知识,所以,先验与经验之间的本体论区分就不存在了,正如皮亚杰的发生结构主义所显示的,重建命题和经验命题可以组成同一种理论。这样,自我表现不可避免而又互不相容的各个方面之间的复杂联系也就被打破了。于是,再也不需要甚么复合的理论来弥合先验与经验之间的鸿沟。

就对无意识的揭示而言,自我关系的重合同样也是如此。按照福柯的理解,主体哲学思想在无意识层面上不断摇摆:不是倾向于努力把自在之物改造成自为之物,就是倾向于承认存在一个摆脱了自我意识的透明性的模糊背景。如果我们转向交往范式、自我表现的上述两个方面也就不再互不相容了。由于言语者和听众直接就世界上的事物达成沟通,因此,他们活动在其共有的生活世界视域当中;这个生活世界始终都是参与者的背景,这是一个完整而不可分割的背景,参与者凭着直觉就可以把握住它,言说情境就是各个主题涉及生活世界的组成部分;对于理解过程而言,生活世界既构成了一个语境,又提供了资源。生活世界构成一个视域,同时预先提供了文化自明性,由此,交往参与者在解释过程中可以获得共识的解释模式。价值共同体的团结以及社会化个体的能力,同文化上根深蒂固的背景假设一样,都属于生活世界的组成部分。

当然,要想提出诸如此类的命题,我们就必须改变一下视角:只能从背后去洞察生活世界。从以理解为取向的行为主体的视角来看,生活世界始终都是一同给定的,它必定要回避把自己呈现出来,作为总体性,它使得集体和个体能够建立起自己的认同和生活历史规划,但它只有在前反思阶段才会表现出来。规则知识是在实践中提出来的,并积淀在命题当中,虽然可以从参与者的视角加以重建,但不断后退的语境和始终作为背景的生活世界资源并不包括在内,我们要想把交往行为作为整个生活世界再生产的中介,就需要有一种理论视角。当然,即便从这个角度来看,也只能提出形式语用学的命题,它们涉及的是一般生活世界的结构,而不是具有一定历史特征的具体的生活世界。于是,互动参与者也就不再是作为原创者,不再能够借助有力的行为来控制环境,而是作为传统的产物(他们身处传统之中)、团结的产物(他们属于团结的群体)、社会化过程的产物(他们是在社会化过程中成长起来的)。也就是说,只有当这三种超越了行为者视角的功能得到满足的时候,生活世界才会获得再生产:文化传统的延续、集体通过规范和价值实现一体化,以及一代又一代人的不断社会化。这我们所看到的就是具有交往结构的一般生活世界的特征。

要想搞清楚个人的生活历史或一种特殊的生活方式所具有的个别总体性,就必须回到参与者的视角上来,放弃合理重建的意图,而直接从历史的角度展开分析。如果必要的话,可以把叙事手段凝聚成为以对话方式展开的自我批判,医生与病人之间的分析谈话可以说是这方面的一个典型模式,这种自我批判的目的在于消除虚假的本性,即对感知的不自觉的限制和对行为的不自觉的强制所具有的虚假先验性。自我批判涉及通过叙事而呈现出来的整个生活历史或生活方式。对假设和自我生成的客观表象的分解得益于一种反思的经验。其解放的力量针对的却是单个的幻觉:它无法使个体的生活历史或集体的生活方式整个变得透明起来。

走出意识哲学范围的自我反思有着双重遗产,它们的目的和意义也各不相同。合理重建致力于启蒙纲领,针对的却是无名的规则系统,而不是总体性。相比之下,自我批判的方法则关乎总体性,而且意识到它永远也无法彻底揭示生活世界背景的潜在意义、前谓词的内涵以及非现实的意义。因此,通过以交往理论为取向的精神分析学,我们可以很好地看到,重建和自我批判这两种方法处于同一个理论框架之中,即便是认知主体自我表现的两个方面,也并非不可调和;就此而言,强行克服矛盾的复合理论也就显得多余了。

主体的第三种重合同样也是如此:作为一个既具有原创性、又远离其源头的行为者,形式语用学所阐明的生活世界概念要想成功地为社会理论所用,就必须转变为一种可以使用的经验概念,并与自我控制的系统概念融为一体,构成一个两层的社会概念。此外,我们有必要严格区分开来发展逻辑问题和发展动力问题以便从方法论上把社会进化和历史区别开来，并在它们之间建立起联系。最后，社会理论对自身的发生语境以及它在当代语境中的位置有着明确的认识；即便是那些具有十足普遍主义特征的基本概念，也有一个时间上的定位问题，这样做如果有助于我们成功地克服绝对论与相对论之间的两难境地，我们也就不会再面对这样的选择了：要么作为（无论是精神的还是种属的）自我生成过程的世界历史概念，要么是原始思维的天命概念（它通过撤销和剥夺的否定性而使人们意识到已经丧失的源始力量）。

对于这样复杂的联系，我在这里不可能展开详细的论述。我想要阐明的是，范式转变何以能够使得那些困境失去意义，而福柯就是从这些困境出发来解释主体性的危险动力（主体性沉湎于认识，并成为伪科学的牺牲品）。从以主体为中心的理性到交往理性的范式转变，也鼓励我们把现代性从一开始就具有的反话语再一次接受过来，无论是在形而上学批判路线当中，还是在权力理论路线当中，都不可能贯彻尼采的激进理性批判，因此，我们要另辟一条走出主体哲学的途径。如果从不同的前提出发，一种正在崩溃的现代性的自我批判的理由就会引起充分的注意，这样，我们就能正确对待尼采以来轻率告别现代性的致命动机。我们必须清楚地认识到，纯粹理性的纯粹主义在交往理性中并没有得到复活。

2

过去十年里，激进的理性批判几乎成了时尚。无论是就主题还是就方法而言，哈特穆特·伯麦和格尔诺特·伯麦的研究在这方面都堪称典型，他们根据康德的著作和生平来理解福柯关于现代知识形式发生的观点。他们的研究是一种科学史写作，而且带有文化史和社会史的风格，探讨的是纯粹理性批判和实践理性批判背后到底隐藏着甚么。比如说，他们通过探讨康德与通灵者斯维登堡的争论，寻找理性批判的真正动机，认为康德在这个人身上找到了自己孪生兄弟的影子，即遭到压抑的自我形象。哈特穆特·伯麦和格尔诺特·伯麦把这些动机追溯到私人领域，认为康德作为一个学者，其生活方式非常忧郁、非常古怪，也非常幽静；没有性生活，没有肉体生活，也没有幻想，枯燥不堪，这些都和他的理性批判动机有着千丝万缕的联系。两位作者从精神史的角度展示了“理性的成本”。他们用精神分析学的论点来核算成本与收益，并用历史数据来加以证明，当然，他们无法告诉我们，如果他们的观点是成立的，那末，这些论据和数据到底发挥了怎样的重要性。

康德从理性自身的视角出发,对理性展开批判;所谓理性自身的视角,就是说,理性用一种严格的话语方式对自身进行限定。现在,如果要阐明自我限定的理性(把形而上学排除在外)的发生成本的话,我们就需要有一个超越这种划界的理性视域,好让计算成本的先验话语能够自由活动。这种再一次被推向激进的理性批判必然要设定一个更具包容性的理性。当然,伯麦兄弟并不打算以魔驱魔;相反,他们和福柯一样,认为从(康德模式的)排他性理性向包容性理性过渡的过程中,所显示出来的仅仅是“用渗透的权力类型来补充排斥的权力类型”。由此,他们自身的研究自然就要在理性的他者那里获得一个永远外在于理性的位置。可是,一个地方,如果理性话语在先验意义上都无法进入,在这里再坚持理性还有甚么意义呢?因此,在这部著作中,尼采以来反复出现的悖论并没有留下明显的印记而让人不安。在方法论上对理性的敌视,也许和一种历史的天真有关,就是因为有了这种历史的天真,诸如此类的研究才在论证、叙事和虚构的乌有乡里任意驰骋。新的理性批判压制了现代性本身所固有的反话语,这种反话语已有近两百年的历史,我的这些演讲就是要回顾这种反话语的发生和发展历史。

现代性的反话语把康德哲学看作对现代性的无意识表达,因而也把康德哲学作为自己的发端,目的是要揭示启蒙自身的狭隘性。新的理性批判否认与这种反话语有着连续性,尽管它仍然处于这种反话语之中:

> 关键已不再是完成现代性设计(哈贝马斯);而是修正现代性设计,启蒙并不是一直都处于未完成状态,而只是没有得到明确而已。

然而,用启蒙的手段来修正启蒙,从一开始就把康德的批判者团结到了一起——包括席勒与施莱格尔、费希特与图宾根神学院的学生。我们继续往下看:

> 康德哲学开始就是用来划分界限的,但它丝毫也没有告诉我们,划分界限是一个动态过程,理性凝聚成为一个稳定的领域,而把其他一切都排斥出去,因此,划界的过程就是明确自身和排除他者的

过程。

本章开始的时候已经指出，黑格尔以及谢林和荷尔德林是怎样把反思哲学的划界成就看作一种挑战的（反思哲学设定了许多二元对立：信仰与知识、无限与有限、精神与自然、知性与感性、职责与爱好等）；他们又是如何把主体理性的异化足迹从内在自然和外在自然一直追溯到政治生活和日常生活中遭到破坏的伦理的“实证性”那里的。黑格尔认为，一体化力量从人类日常生活中消失了，也正因为如此，才会出现对哲学的客观需要。但是，黑格尔认为，以主体为中心的理性的划界不是一种排除，而是一种分裂，而且认为，哲学能够进入囊括理性和理性他者于一体的总体性。哈特穆特·伯麦和格尔诺特·伯麦对此却表示怀疑，他们认为：

> 然而，如果不把（无法扬弃的）理性他者结合起来考虑，我们就无法搞清楚理性到底是甚么，因为理性会自欺欺人，以为自己就是整体（黑格尔），或包括整体。

这正是青年黑格尔派一度质疑他们导师的地方，他们反对绝对精神，提倡一种新的过程，在其中，理性的他者总是先于理性而存在，其自主权利应该得到恢复。这是一个解理想化的过程，由此形成一个具有理性的概念；决定它与时间的历史性、外在自然的现实性、内在自然的解中心的主体性、社会的物质性之间关系的，不是包容和排斥，而是本质力量的想象实践和培养实践，而这种实践是在“不由自主的”有限条件下发生的。社会被想象为一种体现理性的实践。这种实践是在历史时间层面上完成的；它把个体的主观自然与周围世界在劳动中获得客观化的自然协调了起来。理性有着明确的历史定位和肉体体现，并直接面对外部自然；社会实践就是理性与他者实现调和的地方。调和实践能否成功，主要就取决于其内在观念，取决于它在社会制度化的生活语境中的分裂程度和和解程度。席勒和黑格尔所说的自我中心主义体系或分裂的伦理总体性，到了马克思那里，变成了分裂为不同阶级的社会。正如席勒以及青年黑格尔所指出的，没有发生异化的合作和共同生活具有一种团结的力量，并决定社会实践中所体现出来的理性是否会与历史和自然取得一致。死亡的压迫、历史意识的消除以及对内在自然和外在自然的征服等，正是来自分裂的社会自身。

从理性历史来看,青年马克思的实践哲学的意义在于把黑格尔的分裂模式同把理性的他者囊括在自身之中的理性概念分离了开来,实践哲学的理性被认为是有限的:但它仍然以一种社会批判理论的形式,与一种包容理性保持联系,因为它知道不超越它们是不行的;不超越它们,就无法认清资产阶级交往形式中体现出来的以主体为中心的理性的历史局限性。凡是顽固坚持排斥模式的人,都会对黑格尔上述认识视而不见,而从马克思那里我们可以看到,黑格尔的上述认识无须付出把精神绝对化的代价。从这一有限的视角出发,后黑格尔主义理论从一开始就接受了黑格尔的缺陷,而且影响深远:

> 直到理性的工具性、压抑性和狭隘性遭到批判的时候,依然还在发挥作用:在霍克海默和阿多诺那里还有着影响,他们的批判总是打着一种更高理性的旗号,即包容性理性的旗号,这种理性许诺可以提出总体性要求,而总体性要求在现实理性身上是值得怀疑的。并不存在甚么包容性理性,我们应该从弗洛伊德或尼采那里汲取教训,认识到理性离开他者便无法存在,而且,就功能上说,正是因为有了他者,理性才必不可少。

伯麦兄弟的上述这段话让我们联想到,尼采曾根据浪漫派的遗产,用总体化的理性批判来对抗具有辩证风格的启蒙纲领。只有当理性被剥夺掉一切先验力量,只有当理性始终处于疯狂的自主状态和无能状态,到了康德为知性和理智状态所划定的极限,启蒙辩证法才会失去其意义:

> 理性主体想要依靠的不是他者,也不是他物,而是自身,这既是他的理想之处,又是他的疯狂之处。

只有当理性自身让我们看出它在本质上是一种自恋的权力,把周围的一切都作为征服的对象,仅仅具有表面上的普遍性,坚持的是自我捍卫和特殊的自我膨胀,理性的他者自身才可以被设想为一种能动的力量,它奠定了存在的基础,既充满活力,又识别不透,不再被理性的火花所照亮。理性被还原为作为理智和目的行为的主观能力;只有这样的理性才适合于一种排斥性的理性形象，它走得越高，就越是失去根基，直到最终枯萎凋落，成为隐蔽而异在的源始力量的牺牲品。启蒙辩证法的秘密应该说就表现为自我毁灭的动力。只有当理性自身所产生出来的仅仅是赤裸裸的权力，这种自我毁灭的动力才会发生作用。其实，理性本身是想把它所产生出来的权力作为一种达到更好认识的非强制性的强制力量。

此外，这一强制也充分说明，尼采所开创的康德解释从根本上消解了康德的理性建筑术；它必然要消除纯粹理性批判与实践理性批判以及判断力批判之间的联系，因为只有这样，才能让前者融入一种关于异化的外在自然的理论，也才能让后者融入一种关于控制内在自然的理论。

如果说理性的分裂模式揭示出社会团结实践是一种具有历史定位的理性的活动场所，让外在自然、内在自然和社会都集中到了这里，那末，理性的排斥模式所显示出来的这种乌托邦空间则充斥着一种被还原为纯粹权力的不可调和的理性。社会实践仅仅是一个舞台，目的是让规训的权力不断展示出来，由此，一种被剥夺力量的理性会胡作非为，寻找进入先于它而存在的东西的途径，在其所谓的自主性当中，理性变成了主体性，成为各种自然力量的傀儡。这些自然无论是内在的还是外在的，都遭到了排斥，成为客体，其不同力量直接对理性施加机械的影响。

自我膨胀的主体性的他者已经不再是分裂的总体性——它首先表现为遭到破坏的相互复仇的力量，表现为遭到扭曲的交往关系带有宿命色彩的因果性；其次表现为社会生活总体性遭到扭曲所导致的苦难，既是异化的内在自然，也是异化的外在自然。在排斥模式中，主观理性的复杂结构实际上没有得到分化，它脱离了社会，进而脱离了自然：

> 理性的他者是自然、人的肉体、幻想、欲望和感情——或更确切地说，是理性所无法占有的一切。

因此，理性的他者可以说就是遭到分裂和压迫的主观自然的生命力；就是浪漫派重新挖掘出来的梦幻、想象、疯狂、狂欢和放纵等现象；就是一种解中心化且得到理性他者授权的主体性以肉体为核心的审美经验。不过，早期浪漫派仍然想用一种新的神话形式把艺术确立为社会生活的一个公共机制，想要把由此引发的激情升华为宗教一体化力量的等价物。只是到了尼采，这种激情力量才被彻底转移到现代社会以及历史的彼岸。

审美经验在先锋派那里被推向了极端,其现代源头仍然秘而不宣。

这种激情力量被塑造成为理性的他者,既是神秘的,又是匿名的,并在其他名称下表现了出来——诸如存在、异质、权力等。玄学家的宇宙自然和哲学家的上帝变得模糊不清,成为让人着魔的回忆,成为哲学和宗教意义上孤立主体的一个动人记忆。这个主体所摆脱的秩序,即未被异化的内存自然和外在自然,现在只以过去时态出现,在海德格尔那里是古老的形而上学起源,在福柯那里则是人文科学考古学上的转折点——当然还有更时髦的说法:

> 与肉体相分离,其力比多力量能够提供快乐的途径;与母性相分离,母性包含着共栖整体和哺育保护的古老形象;与女性相分离,与女性的混合属于原始的幸福图景——被剥夺一切形象的理性哲学只能生成一种了不起的意识,让理智凌驾于自然之上,凌驾于低贱的肉体和女性之上……哲学赋予理性一种全能性、无限性和未来之完善性,相反,与自然之间的本真关系已经丧失,而且不会再重新出现。

然而,现代主体关于起源的这些回忆都是用来回答坚决追随尼采的人所不愿意回避的问题。理性的他者不管叫甚么,只要我们用叙事的形式来谈论它,只要话语思维中的异质因素没有采取进一步的防护措施就以专名的形式出现在哲学表述和科学表述当中,那末,天真就无法弥补康德所开创的理性批判的欠缺。在海德格尔和福柯那里,主观自然作为他者的占位者已经消失了,因为主观自然一旦作为弗洛伊德或荣格、拉康或列维-斯特劳斯概念上的个体无意识或集体无意识进入任意一种科学话语,它就不能再以理性的他者自居。无论是以沉思的形式,还是以谱系学的形式,海德格尔和福柯都想建立一种特殊话语,要求超越理性视域,而又不会变得彻底非理性。显然,这样做不过是转移了悖论而已。

理性的历史形态可以从被排除在理性之外的他者视角来加以批判考察。这就需要有一种超越自身的自我反思行为,而且是一种理性行为,在这种行为中,原生的主体肯定要被理性的他者所取代。主体性,作为认知主体和行为主体的自我关涉,体现在自我反思的两层关系中。这个格局保留了下来。但主体性只能出现在客体的位置上。海德格尔和福柯对这种悖论的讨论存在结构上是非常类似的,因为他们都想通过理性的自我放逐(即把理性从其自身领域中驱逐出去),而创造出一个理性的异质因素。这种方法自认为自己是通过揭示而打倒自我偶像化,一边推动主体性,一边又遮蔽主体性。与此同时,它用支离破碎的宗教-形而上学秩序概念来建立自己的属性。反之,一直寻求的他者异在于理性,但又一直作为理性的异质因素而与理性保持联系;他者源于绝对者的彻底终极化,而主体性错误地取代了这个绝对者。我们在前面已经看到,海德格尔选择时间作为终极范畴,把理性的他者构想为时间长河中一种无名的源始力量;福柯则选择集中在自身肉体经验当中的空间范畴,把理性的他者设想为肉身互动的权力化的无名源泉。

由此可见,悖论虽然得到了处理,但绝没有得到解决。悖论退隐到了处于特殊地位的超验话语之中。如果说沉思属于一种神秘化的存在,那末,谱系学则属于一种权力。沉思应该开创一条通往在形而上学意义上遭到动摇的真理的特殊途径,而谱系学则要取代看起来已经堕落的人文科学。海德格尔对他的特权形式三缄其口让人们无从得知如何评价他晚期哲学所使用的文类,福柯则不事声张,默默写作,但他充分意识到了他在方法上有着无法摆脱的困境。

3

包容性理性和排斥性理性的空间隐喻表明,所谓的激进理性批判仍然立足于主体哲学的前提,而它想要摆脱的正是这些前提。一种理性,只有当我们赋予它绝对权力的时候,它才可能包容或排斥。因此,内和外是与统治和臣服联系在一起的;而克服掌握权力的理性则和砸破监狱的大门、确保进入无拘无束的自由联系在一起的。所以说,理性的他者始终都是权力理性的镜像,献身和命令始终是与控制欲联系在一起的,如同反抗权力依赖于压迫的权力一样,那些想要把一切范式连同意识哲学范式统统抛在一边,而直接迈入后现代性的澄明境界的人,根本无法摆脱以主体为中心的理性概念及其直观形态。

从早期浪漫派开始,就不断要求用审美主义和神秘主义的临界经验来让主体在迷狂中实现超越。神秘主义者在绝对者的光芒照耀下变得盲目了,他们视而不见;审美迷狂者则表现出震惊和眩晕。无论是前者还是后者,其震惊的源头都是不明确的。而这种不确定性中所呈现出来的,正是遭到克服的范式的模糊轮廓——即被解构之物的轮廓。从尼采一直到海德格尔和福柯，这种局面都没有甚么变化；从中还出现了一种没有客体的顿悟。于是，亚文化出现了，通过没有膜拜对象的膜拜行为，亚文化既平息又保持了对未来不确定真理的激情。这种奇特的游戏带有宗教审美的放纵色彩，它所吸引的主要是知识分子，他们时刻准备着在需要指点迷津的祭坛上奉献理智。

然而，即便如此，一个范式只有在遭到另一个不同范式的明确否定时才会失去其力量，即是说，在因认识而被剥夺价值时才会失去其力量；任何发誓要消灭主体的做法都会遭到抵制。解构劳动一泻千里，但只有当一个具有认知能力和行为能力的孤立主体的自我意识范式、自我关涉范式被另一个范式，即被理解范式(交往社会化和相互承认的个体之间的主体间性关系范式)取代时，解构才会产生明显的效果。随后才会出现一种对以主体为中心的理性的占有思想的具体批判——对西方"逻各斯中心主义"的批判，它对理性的诊断不是太多，而是太少。它不是克服现代性，而是把现代性内部所固有的反话语重新挖掘出来，并把它从黑格尔和尼采之间毫无意义的对峙当中解脱出来。这种批判抛弃了过分强调回归古代源头的原发性，释放了现代思想自身当中的颠覆力量，其矛头直指从笛卡尔到康德所建立起来的意识哲学范式。

尼采引发的对西方逻各斯中心主义的批判是破坏性的。它表明，依附肉身且具有言语能力和行为能力的主体并不是自己的主人；由此还得出结论认为，通过认知而把自己明确下来的主体实际上依赖于一个先在的、无名的和超主体的事件——或是存在的天命，或是偶然形成的结构，或是一种话语形式所具有的创造力。因此，真正主体的逻各斯看起来似乎是错误的天命，被错误地专门化，虽然效果不凡，但也是错误累累，这种后尼采主义的分析所唤起的希望，总是具有充满期待的不确定性特征。一旦以主体为中心的理性的防御被打破，逻各斯也就轰然坍塌，而逻各斯可是长期以来一直都把受到权力保护的内在性凝聚在自己内部，尽管这种内在性外强中干。不过，逻各斯现在必须听从于其他者，而且不管这个他者是甚么。

对西方逻各斯中心主义的另一种批判虽然不是这样彻底，但也已经逐步展开；它一上来就攻击关于逻各斯的抽象概念(逻各斯脱离了语言，具有普遍主义特征，而且虚无缥缈)。它把主体间的理解看作日常语言交往中固有的目的，把被意识哲学推到极端的西方逻各斯中心主义思想看作是对日常交往实践中的一种潜能的全面压缩和扭曲，这种潜能虽然一直都在发挥作用，但只有部分得到了充分发挥，只要西方的自我理解认为人与世界的关系表现为一种垄断关系：面向存在者，认识和处理对象，提出真的命题和实现意图，那末，理性就依然只能在本体论、认知论或语言分析意义上局限于其某个层次。这就是认知主义对人与世界之间关系的还原，而且，在本体论上被还原为一切存在者的世界（即一切可以想象的对象和一切现存的事态的总体性）；在认识论上被还原为认识现存事态和从工具理性的角度引用这些事态的能力；语义学上被还原为用断言命题明确事实的言语——除了内在所把握的命题真实性之外，不允许有任何其他的有效性要求。

就语言哲学（从柏拉图到波普尔）而言，这种逻各斯中心主义集中体现为这样一种断言：只有语言呈现事态的功能才是人的一种垄断能力。由于人和动物一样都有所谓的召唤功能和表达功能（卡尔·毕勒），因此，只有再现功能对于理性具有构成意义。相对而言，当代动物行为学提供了新的证据，尤其是人工训导大猩猩掌握语言的实验表明，我们的社会文化生活方式所固有的，不是对命题的使用，而是对陈述语言的交往使用；而且，后者还构成了真正的社会生活再生产的一个层面。就语言哲学而言，一旦我们离开判断或命题的分析层面，把分析扩大到言语行为和对命题的交往使用，我们就会发现，语言的三种基本功能具有相同的源头，也具有相同的价值。基本的言语行为展示出一种结构，在这种结构中，三种因素相互交织：表现（或提示）事态的陈述因素、建立人际关系的以言行事因素以及表达言语者意图的语言因素。言语行为理论对语言的复杂功能（表现功能、建立人际关系功能和表达各自经验的功能）做了透彻的阐述，对于(a)意义理论、(b)交往理论的本体论前提、(c)理性概念自身等产生了深远的影响。对此，我在这里只想结合言语行为理论对于(d)一种新的工具理性批判方向的重要意义来加以阐明。

(a) 真值语义学是从弗雷格到达米特和戴维森而发展起来的。和胡塞尔的意义理论一样，真值语义学的出发点也是一种逻各斯中心主义：断言命题的真实性关联和用于实现一定意图的意向性命题的间接的真实性关涉，为解释语言观念提供了一个恰当的起点。因此，真值语义学得出了这样一条基本原则：我们要想理解一个命题，首先就要了解使这个命题为真的条件。而要想理解意向性命题和命令式命题，相应的，也就要了解

"成功的条件"经过语用学拓展的意义理论,克服了把语言功能仅仅局限于反映事实的做法。和真值语义学一样,意义理论也坚持认为,意义与有效性之间存在着一种内在联系,但它并没有把这种有效性还原为真值有效性。也就是说,对应于语言的三种基本功能,我们可以从三种不同的有效性角度对任何一种基本的言语行为做出总体性的考察。无论是对命题(及其陈述内涵的现实前提)所坚持的真实性提出质疑,还是对言语行为在规范的表达语境中的正确性(以及先存的语境自身的正当性)提出质疑,或是对言语者表达意向(即意向与言语的一致性)的真诚性提出质疑,都可以让听众从总体上去否定一个言语者的表达。因此,意义与有效性之间的内在联系涉及的是整个语言意义——而非仅仅针对可以补充成为断言命题的表达意义。任意一种言语行为,而不仅仅是记述式言语行为(Konstative Sprechakte),只要我们了解它在何种前提下能够得到有效接受,我们也就理解了其意义。

(b) 但是,如果不仅是记述式言语行为,而且还有调解式言语行为和表现式言语行为,都与有效性要求有着联系,并因承认其有效性而得到接受或因否定其有效性而遭到拒绝,那末,意识哲学的本体论概念框架(除奥斯丁之外,这个概念框架对于语言哲学也有规范意义)也就过于狭隘了,主体可以用他的想象或命题与"世界"建立起联系,而"世界"一直被认为是对象或现存事态的总体。客观世界被认为是一切断言命题的对应物。但是,如果规范的正确性和主观的真诚性被作为类似于真实性的有效性要求而引入命题的话,我们就必须为正当的人际关系和主观经验设定类似于事实的相应"世界":不仅要为我们以第三人称立场所遇到的"客观"事物设定一个"世界",要为我们觉得我们应该以接受者的立场加以服从的"规范"事物设定一个"世界",还要为我们以第一人称立场在公众面前所暴露或遮蔽的"主观"事物设定一个"世界";在任何一种言语行为中,言语者都与客观世界、共同的社会世界以及主观世界中的事物建立起了联系。要想用这样一种方式来拓展"世界"的本体论概念,逻各斯中心主义遗产也就露出了其术语上的局限性。

现象学特别是海德格尔所阐述的生活世界参照关系概念,同样也需要进一步加以拓展,它们在互动参与者背后构成了一个不成问题的沟通语境。参与者从这个生活世界中所汲取的,不再单纯是共识的阐释模式(命题内涵所依靠的背景知识),而且还有规范可靠的关系模式(悄悄设定的团结,用作以言行事行为的基础)以及在社会化过程中获得的能力(言语者的意向背景)。

(c) 我们最初认为"理性"是具有言语能力和行为能力的主体的基本品质,以此可以获得和使用容易出错的知识。只要意识哲学的基本概念迫使我们把知识仅仅理解为关于客观世界事物的知识,那末,理性所要衡量的就是,孤立的主体是如何把他的想象内涵和命题内涵作为自己的取向的。以主体为中心的理性在真理和成功的标准中找到了自己的准则,而且具有认知能力和相同的行为能力的主体与客观世界或客观事态所构成的世界之间的关系,就是由这些真理和成功的标准支配的。相反,我们一旦把知识看作以交往为中介的知识,那末,理性所要衡量的就是,负责的互动参与者能否把主体间相互承认的有效性要求作为自己的取向、交往理性发现,其标准在于直接或间接兑现命题真实性、规范正确性、主观真诚性以及审美和谐性等有效性要求所使用的论证程序。

因此,我们可以根据不同论证形式之间的相互依赖关系,即用一种语用学的论证逻辑,来明确一种程序主义的理性概念。由于包含了道德-实践内涵和审美-表现内涵,这个理性概念要比局限于工具-认知因素的目的性理性概念更加丰富多彩;它是建立在言语有救性基础上的理性潜能的体现。这种交往理性让我们回想起古老的逻各斯思想,因为它包含着一种话语所具有的非强制性的一体化力量和共识力量,而在这种话语中,参与者为了建立一种具有合理动机的共识,克服掉了其最初的有限的主观观念。交往理性表现在一种解中心化的世界观当中。

(d) 由此看来,在认知-工具层面上对客观自然(和社会)的占有和(目的理性意义上)自恋式的自主性都是一些派生因素,它们已经独立于生活世界的交往结构,即独立于理解关系和相互承认关系的主体间性,以主体为中心的理性是一种分化和僭越的产物,而且是一个社会过程的产物。在这个过程中,一个次要的因素占据了整体的位置,却又没有同化整体结构的能力:与福柯一样,霍克海默与阿多诺曾把这个超出自身能力的自我物化的主体性过程描述为一个普世过程。但霍克海默和阿多诺以及福柯都忽视了这个过程所具有的深刻反讽意义,具体而言:交往理性潜能首先必须在现代生活世界形态中释放出来,才能让获得解放的经济亚系统和行政亚系统的命令回过头来对遭到破坏的日常生活实践施加影响,促使认知—工具因素支配遭到压制的实践性理性因素。交往理性潜能在资本主义现代化进程中既得到了释放，又遭到了破坏。

两个过程之间存在着一种充满悖论的共时性和相互依赖性。马克斯·韦伯曾用实质理性与形式理性的对立来展示这样一种错误的两难选择，而我们只有在克服掉这种错误的两难选择之后，才能正确地把握住上述两个过程之间充满悖论的共时性和相互依赖性。这种错误选择的前提在于，宗教-形而上学世界观的解神秘化剥夺了理性和传统的实质内涵，也使它们失去了一切力量，从而无法超越目的理性组织手段，无法对生活世界发挥建构性的作用。相反，我坚持认为，交往理性尽管具有纯粹程序主义特征，尽管摆脱了一切宗教和形而上学的假设，但它依然直接进入了社会生活过程；具体途径在于：理解行为承担着一种协调行为机制的作用。交往行为网络依赖的是生活世界的资源，但同时又构成具体生活方式的再生产中介。

因此，交往行为理论可以摆脱意识哲学前提，对黑格尔的伦理生活关系概念加以重建。交往行为理论祛除了一种宿命所具有的难以揣度的因果性，这种宿命由于具有一种无情的内在性而同存在的天命区别了开来。不同于存在事件或权力事件的“不可预测性”，遭到损害的交往生活关系所具有的伪自然动力保留着自我负责的天命的某种性质，当然，这里说的是一种主体间性意义上的“责任”，也就是说，交往行为者不管自己承担责任的能力如何，都必然要卷入一种集体责任，从而不自觉地造成了后果。自杀在周围人群中引起震惊，这绝非偶然；一个人不管如何铁石心肠，也能从中感知到命运的不可捉摸，从而惺惺相惜。

4

在交往行为理论中，把生活世界和日常交往实践结合在一起的循环过程，占据了马克思和西方马克思主义为社会实践保留的中介位置。在社会实践中，具有历史定位、依赖于肉身并直接面对自然的理性，应该与他者协调起来。现在，交往行为如果想要承担起同样的中介功能，那末，交往行为理论就会让人觉得它只是另一种不同的实践哲学。事实上，两者所要履行的是同一项使命：把理性实践理解为体现在历史、社会、肉身和语言中的理性。

实践哲学如何用劳动来代替自我意识，而自然后来又落入生产范式的窠臼，对此，我在前面已经作了探讨。实践哲学经过现象学和人类学更新，由于可以使用胡塞尔分析生活世界的手段，已经从马克思对生产主义的批判中汲取了教训。实践哲学限制了劳动的意义，参与到了两难的尝试当中，把主观精神的外化、一种具体理性的时间化、社会化和客观化放到不同的主体-客体关系当中；由于使用的是现象学-人类学的思想手段，因此，实践哲学恰恰是在它无能为力的地方放弃了原创性：把实践定义为具有合理结构的中介事件。也就是说，它让自己又一次服从于主体哲学的二元概念：历史是主体筹划和创造出来的，而主体本身又是在历史进程中被筹划和创造出来的（萨特）；社会表现为一个客观的关系网络，要么作为一个规范秩序，笼罩在具有先验前理解能力的主体头上（舒茨），要么作为工具秩序，在相互客观化的斗争中从主体自身那里生产出来（科耶夫）；主体要么集中体现在肉身当中（梅洛-庞蒂），要么与肉身构成离心关系，把肉身当作对象（普莱斯纳）。一种思想只要同主体哲学保持联系，就无法克服这些二元性，而必然会像福科所敏锐诊断的那样，在两极之间无助地摇摆。

实践哲学的语言学转向同样也没有导致范式转型。言语主体要么是语言系统的主人，要么是语言系统的守望者。他们要么使用语言创造意义，以便不断地揭示世界；要么总是在一个揭示世界的不定视域中活动。对他们来说，揭示世界依靠的是语言自身——语言成为一种创造性实践的中介（卡斯托里亚迪斯）或成为一种差异性的事件（海德格尔和德里达）。

卡斯托里亚迪斯用语言哲学的方法阐述一种关于想象制度的理论，大胆地发展了实践哲学，为了重新赋予社会实践概念以革命的爆发力和规范的内涵，卡斯托里亚迪斯不再从表现主义的角度而是从造物的角度，把行为视为绝对新颖、绝对独特的原始创造，而且，每一个创造形式都打开了一个无与伦比的意义视域。对现代性的合理内涵的保障——自我意识、真正的自我实现和团结中的自我决定等，被认为是用语言创造出来的想象力。当然，这就非常接近于没有任何根基的存在，从而引起了人们的质疑。最终，在唯意志论的“自力更生”与宿命论的“听天由命”之间，有的只是一种修辞学上的差别。

按照卡斯托里亚迪斯的理解，社会和先验主体性一样，分为创造者和创造物、建构者和建构物，在此过程中，作为意义源泉的想象之流不断涌入相互交织的语言世界观当中。这是对意义总体性的绝对崭新和不断更新的本体论创造;它的发生犹如存在的天命一般;这种历史真理的创造性发生如何才能转换为个体(他们具有行为意识和自主性,而且能够自我实现)的革命实践计划,对此,我们无从得知:自律性和他律性最终要用一个社会本真的自明性来加以衡量,而这个社会不能用社会外部的投影来遮蔽其想象的源头,并把自己明确为一个自我建构的社会。可是,谁是这种知识的主体呢?卡斯托里亚迪斯认为,除了存在主义的抉择之外,没有任何其他理由来推动物化社会的革命:"因为我们想要这样做";但他反过来必然又要追问:如果社会化的个体不过是"社会想象"所"设定的",那末,谁又是这个极端意志的"我们"呢?卡斯托里亚迪斯的结论,正是齐美尔的前提:生命哲学。

这个结论源于卡斯托里亚迪斯从解释学和结构主义那里借用过来的语言概念。同海德格尔、德里达和福柯一样,卡斯托里亚迪斯的出发点也在于:在语言与所言说的事物之间、在建构性的世界观与建构起来的内在世界之间,存在着一种本体论的差异,这一差异表明,语言揭示了意义视域,而在这个意义视域中,具有认知能力和行为能力的主体对事态加以阐释,即遭遇到人和物,并在与这些人和物打交道的过程中积累起自己的经验,语言揭示世界的功能,被认为是类似于先验意识的创造功能,当然排除了其纯粹的形式特性和超越特性。语言世界观是一种具体的世界观,具有历史的先天性;它把不同解释视角的内涵严格地固定了下来,构成性的世界观处于变化之中,而且独立于主体根据这种前理解对世界状况的阐释所能积累起来的经验,独立于主体在与内在世界的交际交往中所能学到的东西。无论语言世界观在元历史层面上的变化被认为是存在、延异、权力或是想象,无论它是被赋予神秘的拯救内涵、审美震惊、造物主的痛苦,还是被赋予创造性的迷狂,所有这些概念都有一个共同之处,那就是:语言建构视域的创造性与一种内在世界的实践结果彻底脱离了开来,而这种内在世界的实践在语言系统中已经预先被规定了下来。揭示世界的语言与世界上的学习过程之间的任何一种互动,都被彻底排除在外。

由此看来,实践哲学已经同一切语言学历史主义严格区别了开来。因为,实践哲学把社会生产看作是类的自我创造过程,把劳动对外部自然的改造看作是通过学习而改造自身内在自然的一种动力。社会化的生产者根据这些观念来阐释一个具有历史意义的先在自然,而这些观念世界的变化反过来又依赖于与改造活动息息相关的学习过程。这些建构世界的作用之所以能够获得内在世界的实践意义，绝不是由于上层建筑机械地依赖于经济基础，而是由于两个简单的事实：有了观念的世界，才有可能对合作加工的自然做出具体的解释；但它自身又受到社会劳动所驱动的学习过程的影响。语言学历史主义设定语言具有解释世界的力量；相反，历史唯物主义（以及后来的实用主义和发生学结构主义）认为，世界观结构与学习过程之间存在着一种辩证关系，前者依靠对意义的前理解使得内在世界的实践成为可能，后者则表现在世界观结构的变化当中。

这种相互作用可以追溯到意义与有效性之间的内在联系，但它并没有因此而消除两者之间的差异。意义无法穷尽有效性。海德格尔把对意义视域的揭示与富有意义的表达的真实性等同起来，这样做实际上是错误的；而只有命题有效性的条件才随着意义视域的变化而改变——对意义的不同理解必须在经验中、在与出现在视域中的一切交往过程中证明自身。然而，实践哲学无法充分利用它在这方面的优势，因为，正如我们已经看到的，实践哲学用生产范式把真值有效性和效用之外的一切统统排除在理性的有效范围之外。由此，我们在内在世界实践中所习得的东西，只能随着生产力的发展而逐步累积。这是一种生产主义的概念策略，它使我们再也无法获得现代性的规范内涵，至多只能悄悄地关注现代性的规范内涵，以便把一种变成总体性的目的理性限制在一种从事谴责的否定辩证法范围之内。这种尴尬的结论或许也会促使卡斯托里亚迪斯把社会主义的合理内涵委托给一个创造意义的造物主；这里所说的社会主义是一种生活方式，它所要带来的是团结中的自主性和自我实现；而创造意义的造物主超越了意义与有效性之间的差异，不再依赖对其创造物的世俗捍卫。如果我们把实践概念从劳动转向交往行为，就会出现一种完全不同的视角：然后，我们就会看到揭示世界的语言系统与内在世界的学习过程在整个有效性范围内所存在的相互依赖关系：学习过程依靠的不再仅仅是社会劳动过程，而是在工具-认知层面上对客观自然的处理，这就是说，一旦放弃生产范式，我们就可以为整个潜在的意义世界去捍卫意义与有效性之间的内在联系——而不仅仅是为了肯定命题和意向命题所表达出来的意义碎片。交往行为用肯定或否定的立场，对正确性要求和真诚性要求提出了挑战，这和对真实性和效用性的反应不相上下；因此，在交往行为中，生活世界的背景知识也要不断接受全面的检验。唯其如此,我们才可以通过与内在世界的交往,而间接地修正揭示世界的语言系统所具有的具体的先天性乃至分散的本体论前提。

这并不意味着,意义与有效性之间的内在联系应该被放到一边。创造意义的潜能今天退回到了美学领域,仍然具有创新的力量。这虽是偶然,却属实。

5

更加关键的问题在于:有了交往行为和普遍有效性要求的超越力量等概念,我们是不是会再创立一种与历史唯物主义的自然主义不相通约的唯心主义呢?生活世界只能通过理解行为这个中介才能获得再生产,但生活世界难道没有被切断同物质生活过程的联系?当然,生活世界在物质上是通过其成员干预世界的目的行为的结果和影响而获得再生产的。不过,这些工具行为与交往行为相互交错,因为它们表现为计划的实施,而这些计划又与其他互动参与者就共同的语境定义和理解过程而提出的计划联系在一起。沿着这样一条思路,在社会劳动领域里获得的解决问题的办法,和以理解为取向的行为的中介联系到了一起。交往行为理论同样也注意到了,生活世界的符号再生产与其物质再生产之间有着一种内在联系。

人们一直都存怀疑,有了一个以有效性要求为取向的行为概念,关于纯粹理性的唯心主义就会蔓延开来,先验领域与经验领域之间的二元对立就会换一种形式死灰复燃。而当年哈曼就曾针对康德批判过"理性的纯粹主义"。并不存在一种后来才给自己披上语言外衣的纯粹理性,纯粹理性从一开始就是一种体现在交往行为语境和生活世界结构当中的理性。

如果不同行为者的计划和行为通过言语的交往运用而在历史时间和社会空间中连为一体,那末,针对可以批判检验的有效性要求所采取的肯定立场或否定立场,不管多么含蓄,在日常生活实践中都会发挥一种核心作用。通过交往而达到的共识,可以用主体间对有效性要求的承认来加以衡量,它使得社会互动和生活世界语境连为一体。当然,有效性要求有其两面性:作为要求,它们超越了任何一个局部语境;但是,如果它们想要让互动参与者通过协调达成共识的话,它们又必须在一定的时空范围内提出要求,并切实得到承认。普遍有效性的超越性打破了一切局限性；而接受这些有效性要求又有一定的时空约束，这种约束力就使得它们成为依附于语境的日常生活实践：由于交往行为者通过言语行为相互提出有效性要求，因此，他们各自所立足的都是一种潜在的理由，而且容易受到攻击。于是，一种绝对的因素就被置于实际的沟通过程之中——所要求的有效性不同于实际发生的实践的社会有效性，然而又是作为实际共识的基础。命题和规范所要求的有效性超越了时间和空间（“消灭”了空间和时间）；但要求总是在一定的时间和空间范围内、总是在一定的语境中提出的，并且要用实际的行动后果来加以接受或予以拒绝。阿佩尔曾形象地称之为现实的交往共同体与理想的交往共同体的交织。

日常交往实践自身内部仿佛具有反思性。不过，“反思”已不再是认知主体的事情（认知主体通过客观的方式与自身建立起联系）。这是一种前语言的孤立的反思，取代它的是交往行为中话语和行为的分化。因为，实际提出的有效性要求或直接或间接地针对能够处理或兑现这些要求的论证。围绕着假设的有效性要求所展开的这些争论，可以说是交往行为的反思形式——一种自我关涉性，离开主体哲学基本概念中的强制客观化，它同样也能成立。因为，在反思层面上，主体间性关系的基本形式在支持者和反对者“针锋相对”的过程中获得了再生产，这种主体间性关系一直都用与接收者的完成行为式关系来调节言语者的自我关系。理想与现实之间的紧张关系，在话语自身当中表现得尤其明显。参与者一旦进入论证，就不可能不相互假设，一个理想的言语环境的条件已经得到了充分的满足。但他们清楚地知道，话语永远也无法彻底“根除”潜在的动机和行为压力。离开假设的纯洁言语，我们将一事无成；而与此同时，我们也必须容忍“不纯”言语的存在。

在第五讲结束时，我曾指出，证明语境与发现语境之间以及有效性与生成性之间有着一种从未彻底中断过的内在联系。论证的使命就在于从参与者的视角对有效性要求进行彻底的批判；但它最终不能脱离生成性的考察方式；生成性的考察方式就是从第三人称视角出发，对权力要求与有效性要求的混合现象作意识形态批判。自柏拉图和德谟克利特以来，哲学史一直为两种对立的观点所左右：一种观点坚决主张抽象理性的超越力量和理智的绝对解放力量，而另一种则试图从唯物主义的角度揭露理性纯粹主义的想象性。

相比之下,辩证法思想利用唯物主义的颠覆力量打破了这些错误的选择,针对把一切经验从观念领域驱逐出去的做法,辩证法思想并没有简单地把有效性关系还原为节节获胜的权力。相反,交往行为理论认为,有知与无知之间的辩证关系,深深地扎根于沟通成功与沟通失败的辩证关系之中。

交往理性在主体间的理解与相互承认过程中表现为一种约束的力量。同时,它又明确了一种普遍的共同生活方式。在这种生活方式中,我们不能像巴门尼德区分无知与知那样,把非理性和理性截然分开(按照巴门尼德的理解,知作为一种绝对的肯定力量,主宰着无知)。谢林继承了J.伯麦和卢里亚的观点,正确地坚持认为,错误、罪过和欺骗不是没有理性,而是理性走向反面的表现形式。对真实性、正确性和真诚性等有效性要求的破坏,直接影响到充满理性关系的总体性。掌握真理的少数人责无旁贷,他们与那些在黑暗中摸索的多数人不可同日而语,对所有人都要求的合理的共同生活结构的破坏,同样也要影响到每一个人自身。青年黑格尔所说的伦理总体性,其意义就在于此。罪犯的行为打破了伦理总体性,因此,只有深刻认识到异化所造成的痛苦是难以分享的,我们才能恢复这种伦理总体性。同样的想法也促使克劳斯·海因里希把巴门尼德与约拿对照起来。

耶和华与以色列人结盟的观念,构成了背叛与复仇的辩证关系的萌芽:

> 履行与上帝的盟约是忠诚的标志;不履行盟约则是背叛。对上帝虔诚,就等于忠实于创造生命的存在自身——在自身与他者身上,在一切存在领域当中,否认任何一个存在领域,也就意味着不履行与上帝的盟约,背叛自身的基础。……因此,对他者的背叛,同时就是对自己的背叛;而对背叛的每一次抵抗,不仅是以自己名义的抵抗,同时也是以他者名义的抵抗。……在反对背叛的斗争中,每一个存在者都是潜在的"盟友",包括每一个背叛他自己和背叛我的人,这是唯一可与巴门尼德表述的斯多葛式顺从相抗衡的思想。巴门尼德把有知者和无知的大众区别开来。我们大家所熟悉的"启蒙"的概念,如果没有普遍结盟反对背叛这样一个潜在的概念,便是不可想象的。

而直到皮尔斯和米德才用一种真理的共识理论和社会交往理论把结盟的宗教动机提升到哲学的高度。交往行为理论继承了这一实用主义传统；和黑格尔早期关于犯罪与惩罚的片段论述一样，交往行为理论的主导观念也可以用《旧约全书》的概念表述如下：在动荡不定的现实生活关系中，形成了一种由于背叛和复仇的辩证关系而导致的矛盾心理。

事实上，我们不可能总是甚至也不可能经常满足一些不现实的实用主义前提，尽管如此，我们依然还要从这些前提出发开始我们的日常交往实践——而且是在一种先验必然性的意义上这样做。因此，社会文化的生活方式在结构上受到一种同时遭到否定和肯定的交往理性的约束，但交往行为中的理性并不仅仅受到外部环境的约束；它自身的实现条件也迫使它分成历史时间、社会空间和以肉身为中心的经验等不同的维度。这就是说，言语的理性潜能与任何一种特殊的生活世界资源都是交织在一起的，只要生活世界承担着提供资源的功能，它就具有一种直观知识的特征。这是一种整体论的知识，明确而不可动摇，我们不能随意加以质疑——就此而言，它不是甚么严格意义上的“知识”，而是一种由背景假设、团结和社会技术组成的混合物，构成了一股保守力量，用以抵御通过有效性要求而进行的理解过程中可能出现的异议风险。

生活世界是互动参与者的资源，由此，互动参与者提出了能够达成共识的命题。作为这样一种资源，生活世界相当于主体哲学赋予一般意识的综合活动。当然，这里的创造性活动涉及的不是形式，而是足够相互理解的内容。因此，具体的生活方式取代了同一性的先验意识。理性表现在交往行为中，并与各种自成总体性的传统、社会实践以及切身的复杂经验都保持着紧密的联系，其中介包括文化的自我理解、通过直觉而呈现出来的集体团结以及社会化个体的认知潜能等。仅仅以复数形式出现的特殊的生活方式，无疑并非只是通过家族相似性的网络而建立起相互联系，它们展示出了一切生活世界的共同结构。但这些共同结构只有通过以理解为取向的行为才能对各种特殊的生活方式产生深刻的影响，因为，通过这种以理解为取向的行为，特殊的生活方式获得了再生产。由此，我们也就不难明白，这普遍的结构何以会随着分化的历史进程而越发显得重要。这同样也是生活世界合理化的关键，是交往行为中的理性潜能得以成功释放的关键。这种历史倾向可以解释清楚一种受到自我毁灭威胁的现代性的规范内容,而不必依赖历史哲学的帮助。

曹卫东译

——节选自尤尔根·哈贝马斯:《现代性的哲学话语》,南京:译林出版社2004年版。

海德格尔

马丁·海德格尔(Martin Heidegger, 1889—1976),德国哲学家,对20世纪后半叶的思想影响深远,受其老师胡塞尔的影响,致力于对西方哲学进行批判性研究,试图发展出新的哲学思路和方法,1927年《存在与时间》出版,这本著作奠定了"基础存在论"的哲学路向的基础。海德格尔对形而上学的批判,使形而上学在20世纪成为哲学最大的敌人,并引发了质疑和批判形而上学的潮流。海德格尔认为在现代技术中形而上学的思想达到了顶峰,他把技术的总体称为框架,在此框架中,自然和世界被过度索取,工厂生产出工厂,框架被无限制地复制,人和事物都被纳入框架中被技术设计。海德格尔随后在荷尔德林的诗歌中领会到了对技术思维的替代方式,认为艺术和技术都是对存在者去蔽,但技术的去蔽生产出对世界的统治性关系,而艺术的去蔽则开启了一个领域去让人居住,并且将世界创生为一个关联的整体。语言言说着,而不是人,人不能把语言当成工具而是当做存在的家,才能开启一个新的世界。海德格尔是20世纪最有影响的哲学家之一,他的著作和他的纳粹经历一直到今天都是人们讨论的话题。其主要著作有《存在与时间》、《荷尔德林诗的阐释》、《林中路》、《尼采》、《思的经验》等。

《人诗意地居住》来自荷尔德林的晚期诗歌,正确的倾听必须回到诗歌的语境中来。人要诗意地栖居在大地上,这意味着我们没有能够诗意地栖居。荷尔德林本人是一个不能应付生活的人,但我们不能据此认定诗意与居住毫不相干。从居住的角度来思考人的生存,我们要放弃习惯的居住概念。诗意地居住意思是诗意创造使居住成为居住。这里有双重要求:从居住本性思考人的生存,而诗意的本性是使之居住。

语言是人的主人,人在倾听语言的过程中接受它。语言召唤我们,朝向事物的本性。"诗意地居住"的理解要回到荷尔德林的原文:"充满劳绩,但人诗意地居住在此大地上。”人的劳绩即是培养和关心,就是去建筑。不但去建造建筑之物,还去建造作品。因为劳绩,人没有办法使居住的本性完满。通常的建筑只是熟悉的被动的产物,只有以另外一种方式建筑并保持为建筑时,才能居住。荷尔德林特意强调了在“此”大地上,诗意地居住不是幻想般逃离现实、逃离大地,正是诗意使人从属大地,使人居住。

荷尔德林所谓诗意地居住是甚么?我们倾听诗中第 24 行到 28 行。第一行给了我们理解的线索,荷尔德林问道:“如果生活全然是劳累,那末人将仰望而问,我们仍然愿意存在吗?是的。”人的仰望跨于天空和大地之间,在两者之间赋予人居住,两者之间的赋予正是维度。所以,荷尔德林接下来又说,人用神性度量自身,这是人居住的尺度。度量不是科学,而是把天空和大地带到一起并存。

诗意是一种特别的度量,首先要度量在度量活动中的尺度,写诗是尺度的取舍。荷尔德林本真的询问人用以衡量自身的神性,神是不可知的,但它是尺度。神靠天空显明的方式而显现为不可知,这种显明就是人度量自身的尺度。这里尺度的选择不是夺取,而是处于倾听中的听见。人居住着,同时横越“在大地之上”与“在天空之下”,“在之上”与“在之下”属于一起。此维度要求以尺度来衡量和接受。意味着诗人创造诗歌,诗意的度量是为了居住。诗意的度量不考虑数字的本性,不是去抓住或把握,而是让被赋予的出现。神看不见、不可知,它让熟悉的显现,让陌生的不可知。在熟知的现象中,诗人呼唤不可见者、陌生者。诗人用形象让人想象不可见者,形象由熟悉的目光中的陌生构成,将光明与黑暗聚集为一。

人居住在大地上并依靠他的居住,使大地成为大地。诗意是居住本真的度量,并允许人进入其非常的本性。人在诗意的度量的意义上建筑,诗人为建筑度量。我们非诗意地居住,这源于狂热的度量和荒谬的过剩。荷尔德林认为只要善良持续存在着,人就能幸福地用神性度量自身。

（李　兵）

人诗意地居住

VII “……人诗意地居住……”

此短语选自荷尔德林的晚期诗歌,它以独特的方式走向我们。它这样开始:“教堂顶部的金属尖塔,闪耀在可爱的蓝色中。”(斯图加特版 2,1 372页以下)如果我们正确地倾听短语“人诗意地居住”,我们必须审慎地将它回复到诗歌中。在此环境中,我们思考这个短语。让我们澄明它突然产生的疑惑。因为否则,我们将失去由倾听并回答此短语的自由意愿。

“……人诗意地居住……”如果需要的话,我们可以想象诗人有时诗意地居住。但是,“人”——这意味着每人和永恒——如何被看作诗意地居住呢?难道所有的居住不是和诗意不一致吗?我们的居住因为住房短缺而受到折磨。甚至尽管并非如此,我们现在的居住也因为劳作而受到折磨,由于追求到利益和成功而毫无保障,因为娱乐和消遣忙碌而心醉神迷。但是在今天的居住之中,哪里还有为诗意留下的空间和积攒的时间?如果真有的话,人们将用来从事美的精神研究,不管是通过写作,还是通过广播。诗意或者被拒绝为轻薄的闲荡,进入无知的空想和滑入梦幻之地,或者看作文学的一部分。文学的名望由当时的现实标准进行估价。现实标准在这一方面是由制造公众文明意见的组织所制定和控制。它的工作人员之一——既是支配者又是被支配者——乃是文学行业。在它完全被按照教育和科学概念来探讨之处,它是文学历史的对象。西方的诗歌在“欧洲文学”的共同标题下持续着。

但是,如果一开始诗歌存在的唯一形式是在文学中的话,那末,人类居住如何能理解为建基于诗意呢?“人诗意地居住”的短语,的确也只是源于一个诗人,而且事实上源于我们所知的不能应付生活的一个人。这是诗人对现实闭上其双眼的方式。代替活动,他们沉入梦境。他们所为只是想象。想象之物仅仅只是被制作。用希腊语来说,制作即 poiesis。而人的居住能设定为诗歌和诗意吗?这只能够假设,当然,这只能靠那种人,他们远离现实,而不希望看到人们现在的历史——社会生活的存在状态——即社会学家所称之为的集体。

但是,在我们如此直率地宣称居住和诗意毫不相容之前,认真地注意诗人的陈述将是适宜的。他言说人的居住,他并非描述今天的居住情况。首先,它并没有断定,去居住便是在住房里,在一居住之所。它也不是说诗意在诗意的想象的非现实的活动中耗尽自身。哪一位深思过的人,因此将敢于毫不犹豫地从一个留有疑问的角度宣称,居住和诗意是毫不相干的?也许两者相互承受。更进一步,也许其一甚至承受他者,它以这种方式:居住属于诗意。如果这的确是我们所设想的,那末我们被要求根据它们的基本本性去思考居住和诗意。如果我们不回避这种要求,我们就根据居住思考一般所谓的人的生存。在这样做的时候,我们当然放弃了习惯的居住概念。根据那种观念，居住仍然是人类伴随其他的行为的一种行为方式。我们在城里劳作，但是我们在城外居住。我们旅行，我们或居于此，或居于彼。这般理解的居住始终只是寄宿的占住活动。

当荷尔德林言说居住时，他在自己眼前拥有人类生存的基本特性。他从与那种从本质上来理解的居住的关系中看见了"诗意"。

尽管这样，这并非意味着诗意仅仅是附加于居住的装饰物和额外品。居住的诗意特性也不是意味着诗意在全部居住中以某种方式和其他方式产生。不如说，"人诗意地居住"是说，诗意创造首先使居住成为居住。诗意创造真正使我们居住。但是通过甚么，我们达到一居住之地呢？通过建筑。诗意的创造，它让我们居住，它是一种建筑。

因此，我们面对着双重的要求：因为一种事情，我们依靠居住本性的方式，思考所谓人的生存。因为另外一种事情，我们思考诗意创造的本性为使之居住，为一种（也许甚至就是那种）与众不同种类的建筑。如果我们根据这种观点寻找诗意的本性，那末我们便达到了居住的本性。

但是，人类从何处获得我们关于居住和诗意本性的信息？人类从何处听到达到某物本性的呼唤？人类唯有在他接受之处才能听见这种呼唤。他从语言的倾诉中接受它。不过，这只是在并且只要在他思考语言的本性的时候。然而，遍及全球一种被言说者放肆的但圆滑的谈论，写作和广播喧闹着。人似乎作为语言的形成者和主人而活动着。但是事实上，语言才是人的主人。当这种支配关系颠倒过来，人便想出了奇怪的策略。语言成了表达的工具。作为表达，语言能衰变成作为印刷文字的媒介。甚至在语言的这种运用中，我们也保留着语言的周密。这全然是好的。但是，只是这样，并不能帮助我们从语言和人的真实支配关系的颠倒之中逃离出来。因为，严格地说，是语言在言说。人只是在他倾听语言的呼唤并回答语言的呼唤的时候才言说。在我们人类存在物可以从自身而来并和自身一道成为言说的全部呼唤中，语言是至高无上的。语言召唤我们，首先但又在最后，朝向一物的本性。但是这并非说，甚至，在以任何随便获得的语词的意义中，语言已经向我们提供了事情的透明的本性，它是如此的直率和确定，就像为我们提供即可使用的对象一样。但是，在人本真地倾听语言的呼唤时的回答中，是用诗的要素来言说的。诗人越是诗意化——他的言说越自由（即对于意外更开放和更有所准备）——他更纯粹地使其所说听凭于不断努力着的倾听，其所说更超然于单纯的陈述，对于这种陈述的判断，人们只是鉴于其正确性或错误性。

“……人诗意地居住……”

诗人如是说。我们更清楚地倾听荷尔德林的语词，当我们是它返回它所属的诗篇的时候。首先，我们倾听这两行诗，我们曾从中分离出上述短语。它们说着：

充满劳绩，但人诗意地
居住在此大地上。

此行基调的回响在于“诗意地”一词。此词从两个方面被强调，即在于在它之前到来的东西和跟随它之后的东西。

在它之前的语词是：“充满劳绩，但……”它们听起来似乎这样，好像下一个词“诗意地”，给人充满劳绩的居住以一种限定。但是，刚好相反，限定由“充满劳绩”的表达所指示出来，对此，我们必须在思想上加上一个“虽然”。虽然，人在他的居住之中取得多方面的劳绩。因为人培养大地上的成长之物和关心它们的成长。培养和关心(colere，cultura)乃是一种建筑。但是，人不仅培养那由自身施展生长的事物，他也在建造(aeaificare)的意义上建筑，建造那不能靠生长而生产和生存的事物。在此种意义上的建筑之物，不仅包括建筑物，而且包括凭借人之手和通过人安排制造的作品。然而，由于这种多方面建筑的劳绩，从没有使居住的本性完满。相反，它甚至否认居住自身的本性，一旦他们仅仅因为他们自身的原因而被迫寻找和掌握。因为在这种情况中，劳绩，正是由于其将处处逼迫居住在所谓的建筑的限制以内。这种建筑追求居住需要的实现。在农民培养生长的作物，以及大厦和作品的建立连同工具的制造意义上的建筑，它已经是居住本性的结果，但是它不是居住的起因，更不用说是居住的基础。这种基础一定在一种不同的建筑中产生。通常的建筑，常常只是被动的并且只是那熟悉的东西，虽然将丰富的劳绩带入了居住。但是，只是当他已经以另一种方式建筑，正在建筑并且保持为建筑时，人才能够居住。

“充满劳绩(虽然)，但人诗意地居住”，下面接着的话语是“在此大地上”。我们会倾向于认为这是不必要的附加。因为居住毕竟意味着：人居于大地上——在“此”大地上，对此，每一个短暂者都知道自身被显露和放逐。

但是，当荷尔德林敢于说短暂者的居住是诗意的，这一陈述当它已作出，就唤起了这样的印象，似乎，“诗意”的居住将人从大地上夺走。因为“诗意”，当它作为诗歌，便被认为属于幻想的领域。诗意的居住便幻想般地飞翔于现实之上。诗人特意指出“诗意”地居住是“在此大地上”的居住以反对这种忧虑。这样，荷尔德林不但从可想而知的错误的解释中，保护了“诗意”，而且用附加“在此大地上”一词特别地指出诗意的本性。诗意并非飞翔和超越于大地之上，从而逃脱它和漂浮在它之上。正是诗意首先使人进入大地，使人属于大地，并因此使人进入居住。

充满劳绩，但人诗意地
居住在此大地上。

我们现在知道人如何诗意地居住了吗？我们仍然不知道。我们现在甚至冒险将陌生的思想强加给荷尔德林的诗意语词。因为荷尔德林虽然说了人的居住和他的劳绩，但是他仍然没有像我们刚才所为，把居住和建筑相联。他没有说建筑，既没有在培养和建立的意义上，也没有以这种方式，即完全把诗歌描述为一独特的建筑类型。因此，荷尔德林没有如我们的思考所为，谈论诗意的居住。虽然如此，我们所思考的和荷尔德林诗意般言说的完全是一回事。

然而，此处指出一关键点是重要的。这需要一简短的附加说明。诗意和思想相遇并合为一体，其必要和充分条件是它们坚定性地保持其本性的区别。同样从来不等于一致，它甚至不是那单纯同一性的空洞的单一。一致或同一总是转向走向区别的隐去。于是，万物将会在此达到一致。同样则相反，它凭借区别的聚集，作为那区别的同属。我们只有在考虑到区别的时候，我们才能说同样。正是在区别的实现和设置之中，同样的本性的聚集达到光明。此同样消除所有的热情，永远将区别调和为同一的事情。此同样使那区别的聚集进入原初的合为一体的存在。同等则相反，使之分散进入仅仅是齐一的单调的统一体中。荷尔德林以他自己的方式，理解了这种关系。在以《所有罪恶之根》(斯图加特版Ⅰ，1 305)为题的讽刺短诗中，他说：

一致的存在是神圣的和善良的。
究竟人们的欲望由何而来,
只是因为一致的存在吗?

当我们在思考中追随荷尔德林关于人的诗意居住的创作,我们推测出一条道路,在这条道路上,我们通过不同的思考接近诗所创作的东西本身。

但是,荷尔德林所谓的诗意地居住是甚么?我们通过倾听诗中的24行到28行,来寻求对此问题的解答。因为我们刚才评注的两行诗句来自那个范围中。荷尔德林说:

如果生活是全然的劳累,
那末人将仰望而问:
我仍然愿意存在吗?是的!
只要善良,纯真尚与人心同在,
人将幸福地
用神性度量自身。
神是不可知的吗?
神还是像天空一样显明?
我宁愿信奉后者。
它本是人的尺度。
充满劳绩,但人诗意地
居住在此大地上。
星夜的夜色
如果我能这样说,
不会比人更加纯洁。

人,他被称为神性的形象。
大地上有一尺度吗?
这里没有。

我们将仔细思考这些诗行中的几点。此唯一的目的是为了更清楚地倾听,荷尔德林在他称人的居住是“诗意地”居住的时候他所意指的。第一行(24 至 26)给予我们一线索。它采用提问并给予确定的回答这样一种形式。这提问扩展了我已经解释的诗句所直接表达的意思,即"充满劳绩,但人诗意地居住在此大地上"。荷尔德林探问:

如果生活是全然的劳累,
那末人将仰望而问:
我仍然愿意存在吗?是的!

只是在单纯劳累的领域,人才努力争取"劳绩"。他们为自身获得了丰富的"劳绩"。同时,人被允许在这一领域源于它并且通过它追寻神圣性。此仰望穿越向上直抵天空,但是它仍然在下居于大地之上。此仰望跨于天空与大地之间。这"两者之间"是赋予人的居住。我们现在把这赋予性的跨越称为维度。这一维度产生并非由于大地和天空相互转向。不如说,它们转向依赖于此维度。这一维度也不能作为一般的理解为空间的伸展,因为每一空间之物,作为构成空间的某物,已经需要这种维度,此即,它需要进入它被允许的东西之间去。

维度的本性乃是两者之间的赋予(它被照亮并被跨越)。两者之间即朝向天空和俯瞰大地。我们没有给维度的本性命名。根据荷尔德林的语词,人由天空的尺度衡量自身而横越此尺度。人并非偶尔从事这种横越。此即为何他虽然能阻碍这种横越,缩短它,歪曲它,但他永远不能回避它。人作为人,总是用天空之物衡量自身。魔鬼也是从天空降临。因此,我们读到下一行(28 至 29):"人用神性度量自身。"神性是人衡量他居住、居于大地之上天空之下的"尺度"。只是因为人以此种方式运用他居住的尺度,他才能与他的本性相当。人的居住依靠于维度之衡量的仰望,在此之中,天空和大地一样同属。

这度量不只是衡量大地,因此它相应地不只是几何学的。人同样很少为自己测量天空。度量不是科学。度量测定两者之间。它将天空和大地两者带到相互并存。这种度量拥有其自身的尺度,因此拥有其自身的格律。

人用赋予自身的维度度量自己的本性,将居住带入其基础计划。维度的度量,是人的居住赖以持续的保证因素。度量是居住中的诗意。诗意乃是一种度量。但是甚么是度量?如果诗意理解为度量,那末显然,我们不能将它归属于任何度量和尺度的观念之下。

诗意大概是一种高级的和特别的度量,甚至更进一步。或许我们用不同的重音把句子“诗意是一种度量”读为“诗意是一种度量”。在诗中,所有度量的发生乃是在其存在的基础中。因此它有必要注意度量的基本活动。这在于人首先度量那在每种度量活动中被采用的尺度。在诗中,尺度的取舍发生了。从严格的语词的意义来理解,写诗乃是尺度的取舍。凭借它,人才首先为他存在的深广接受尺度:人作为短暂者生存。人被称作为短暂者是因为人能够死。能够死意味着:能够作为死亡而死亡。只有人死亡——而且的确是不断地死亡,只要人居于此大地上,只要人居住。然而,人的居住是居于诗意之中。荷尔德林在尺度的取舍中,看到了“诗意”的本性,此借助于人类存在的度量完成了。

但是,我们将如何证实荷尔德林认为诗性的本性是尺度之取舍呢?我们此处不需要证实任何东西。所有的证据只是在一假定的基础上承诺的结果。全然能被证实的任何事物,只是依赖于制造的假定。但我们此处只能注意几点。这已经足够了,如果我们注意诗人自己的语词。因为在下面几行里,荷尔德林首先并本真地只是询问尺度。此尺度乃是人用以衡量自身的神性。在29行,他用这样的话语提问:“神是不可知的?”显然不是。因为如果它是不可知的,那末它作为不可知如何成为尺度?但是(这里我们现在必须倾听和记在心中)神,像他所是的那样,对于荷尔德林是不可知的,但是,他正是作为这种不可知的而成为诗人之尺度。此也正是为何荷尔德林因一艰难的问题而感到困惑。那在本性上处于不可知的如何成了尺度?因为人度量自身所运用之物必须首先透露自身,必须显现。但是,如果它显现,它就是可知的。然而,神是不可知的,但是它是尺度。不仅如此,而且处于不可知中的神,必须通过显现自身为它所是,而显现为那处于不可知者。神的显明(不仅他自身)是神秘的。因此,诗人立刻提出下一个问题;“神还是像天空一样显明?”荷尔德林回答:“我宁可相信后者。”

为何(于是我们现在探问)诗人的臆测倾向于此?接着的话语给予了回答。他简练地说:“它本是人的尺度。”甚么是作为人类度量的尺度?神?不是!天空?不是!天空的显明?不是!此尺度在于那处于不可知中的神作为此如何由天空而显露的方式。神通过天空的显像让我们看到那遮蔽自身的显露。但是让我们看到它,不是靠试图将那遮蔽者从自身的遮蔽之中强抓出来，而只是凭借在其自身遮蔽之中守护其遮蔽。因此，不可知的神靠天空显明的方式而显现为不可知。这种显明乃是人度量自身所运用的尺度。

一种奇怪的尺度，对于短暂者的一般观念而言，它似乎令人困惑，使日常观念的价值的无所不知感到难受。这种观念乐于宣称它是所有思考和意识的正确标准。作为日常生活而且也特别作为所有纯粹科学观念的奇怪尺度，当然不只是明确的尺棍和测杆。但是事实上它们更容易掌握，如果我们不是用手去抓，而是通过与这里所采取的尺度相应的姿势来引导。这里所发生的尺度的选择绝不是夺取，而只是处于倾听中的聚精会神的听见。

但是，为何这种对我们当代人如此奇怪的尺度，向人提出了并以诗意的度量透露了？因为唯有这种尺度测定了人的重要本性。人们居住着，同时横越“在大地之上”和“在天空之下”。这“在之上”和“在之下”属于一起。它们共同的活动是横越，是人在作为大地之物的存在的每一瞬间的横越。在一个片段（斯图加特版 2,1 334）中，荷尔德林说：

永远热爱！
天地运动，
天空保持。

因为人存在于他承受的维度之中。他的存在现身而且必须不断被赋予。这要求一尺度，它同时包括一致的整体维度。去辨明这一尺度，去把它作为一尺度而测量，去把它作为一尺度而接受，意味着诗人创造诗歌。诗意乃是度量——它的度量的确是为了人的居住。因为在“它本是人的尺度”之后，马上跟随着如此诗行：“充满劳绩，但人诗意地居住在此大地上。”

我们现在明白了荷尔德林所说的“诗意”吗？既明白也不明白。明白，因为我们接到了一提示，如何思考诗意，即它被看作一度量的杰出种类。没有明白，因为诗意作为那奇怪尺度的测量，变得更加神秘。而且这样，它必然仍处于神秘之中，如果我们真正准备使我们居于诗意存在的领域。

但是，荷尔德林以为诗意乃是一种度量，这仍然给我们以奇怪的印象。只要我们只以现在流行的意义来理解度量，这便是有理由的。在这个意义上,凭借已知事物的帮助(度量的标杆和数码),不可知之物测出而成为可知,并纳入随时可以一目了然的数量和秩序中。这种度量能随着使用仪器种类的变化而变化。但是,谁能保证这种度量的通常种类,只是因为它是习惯的就已经触及度量的本性?当我们听到尺度,我们马上想到数字,并把尺度和数字两者作为量的规定。但是,尺度的本性和数字的本性一样几乎不是一种量。的确,我们已经考虑到数字,但并不是考虑数字的本性。当荷尔德林将诗意设想为一度量时,而且重要的是,当他将诗本身作为度量时,我们为了思考诗意,甚至必须重新首先思考在诗中所采用的尺度,我们必须注意此处度量的种类,它不在于一抓住和任何其它把握,而不如说是让那已经被赋予的出现。甚么是作为诗意的尺度?是神性。因而是神吗?谁是神?也许这个问题对人太难,提出得太突然。因此让我们首先询问关于神可说些甚么,让我们首先只探问:甚么是神?

这对我们来说是幸运的和有刺的,荷尔德林的一些诗节已经保存了那在实质上和时间上属于诗歌“可爱的蓝色……”的范围的东西。它(斯图加特版 2,1 210)这样说:

甚么是神?不知道,
但是他丰富的特性
乃是其天空的面容。
因为闪电是神的愤怒。
某物越是不可见,
它越是归属那陌生者……

那仍然与神陌生者,太空的面容——这正是为人所熟知的。但是它们是甚么?在天空中,因此在天空下,因此在大地上的万物,它们闪光和开放,发出声响和芳香,上升并到来,但也逝去和枯萎,也呻吟和沉默,也苍白和黯淡。那不可知者就顺应于这种人的熟思者而神的陌生者之中,以保存为不可知者。但是诗人呼唤所有天空景象的光辉及其轨迹和微风中的每一声响,呼唤它们进入歌唱的语言并且使它们闪光和鸣响。但是,诗人——如果他是诗人——没有只是描写天空和大地的形象。诗人以天空的景象,呼唤那在自我揭示中恰恰显现为自我遮蔽的东西,而且的确作为自我遮蔽者。在熟知的现象中,诗人呼唤着那作为不可见者,为了保持其所是——不可知，而顺应其中的陌生者。

诗人只是在度量时，才创造诗歌。他这样言说天空的景象，即他服从不可知的神顺应于其中作为陌生者的形象。我们现在对某物的景象和现象的命名乃是“形象”。形象的本性是让某物能看见。相反，复制和模仿只是真正形象的变种。真正的形象作为景象让不可见可见，而且这样在与它陌生的物中想象了不可见。因为诗意采用了神秘的尺度，就是，用天空的面容，因此，它用“形象”说话。这正是为何诗意的形象是在最好意义上的想象：不仅是幻想和幻境，而且是构成形象，是采用熟悉的目光中的陌生的、可见的内含物。形象的诗意言说将天空现象的光明和声响，与那陌生的黑暗与沉睡聚集于一。借助这种景象，神震惊了。在这种奇异中，神宣告了他稳定的亲近。因为这种原因，荷尔德林在诗行“充满劳绩，但人诗意地居住在此大地上”之后，继续说，

……
星夜的夜色
如果我能这样说，
不会比人更加纯洁。

人，他被称为神性的形象。

“夜之阴影”——夜自身即夜色，那永远不会变成只是漆黑的黑暗，因为作为夜色，它和光明相信赖，被光明所抛弃。诗歌所采用的尺度告诉自身——作为那不现身者于其中保持它的现身中的陌生者——归属于那天空景象中熟知的东西。因此，尺度拥有天空的本性方式。但是，天空并非纯然的光明。其顶点的光明在自身中是它庇护的全部的深广的黑暗。天空可爱的蓝色的蓝是其幽深的色彩。天空的光芒乃是晨昏蒙影的日出和日落，此晨昏蒙影保护了那能显示的万物。这天空乃是尺度，此正是诗人为何必须探问：

大地上有一尺度吗？

而且他必须回答：“这里没有。”为何？因为当我们说：“在大地之上”生存，

我们只是指在这样一个限度内,即人居住在大地上并且依靠他的居住,使大地成为大地。

但是,居住的发生条件是诗意实现并且现身,而且在这种方式中,诗意已成为我们所知的本性,即成为所有度量的尺度。这种度量本身是本真的度量,不是使用已备好的度量标杆,为图纸制作而测定。诗意也不是在树立和安装建筑物意义上的建筑。诗意,作为居住维度的本真测定,是居住的根本形式。诗意首先允许人的居住进入其非常的本性,其现身的存在。诗意是居住本源性的承诺。

人居住,因为人建筑。此陈述现在被赋予了其适宜的意义。人居住并非在于通过培养成长之物和同时树立建筑使他完成了他居于大地之上和天空之下。人能够如此建筑,只是在于他已经在诗意地度量的意义上建筑。本真的建筑的产生只是在这样一种范围,即这里有诗人,这样一种诗人,他为建筑、为居住结构度量。

在 1804 年 3 月 12 日,荷尔德林从尼尔廷根致他的朋友塞肯多夫:“现在,我特别地忙于寓言、历史的诗意观和天堂的结构,特别是我们民族的,就其不同于古希腊民族而言。”

“……人诗意地居住……”

诗意建造了居住的特别本性。诗意和居住并非相互排斥。相反,诗意和居住同属一起,相互呼唤。“人诗意地居住。”我们诗意地居住着吗?或许我们并非诗意地居住。如果是这样的话,诗人的话由此被证实为是谎言而不真实了吗?不,他表达的真理由最令人震惊的方式证实。一种居住可能是非诗意的,只是因为它在本性上是诗意的。因为一人可能失明,但他必须保持他的安排一个明目人的本性。一片木块根本不会失明。但是,当人失明,那里仍然存在这样的问题:是否他的失明源于某种缺陷和某种失误,或者在于过多或过度?在同一诗篇里,荷尔德林思索为所有度量的尺度。荷尔德林说(75 至 76 行)“俄狄浦斯王或许拥有一只眼睛也太多”。因此,会是这样,我们非诗意地居住,它没有能力度量,这源于狂热的度量和计算的荒谬的过剩。

当我们知道诗意,我们就能在任何情况中体验到,我们非诗意地居住着,和在何种程度上非诗意地居住着,我们是否和何时将会达到转折点。

当我们注意诗意时，我们也许只能期待我们的行为和意愿能够参与这一转折，只有我们自己证实，如果我们认真地对待诗意。

诗意是人类居住的基本能力。但是人能够拥有诗意，在任何时候只能按照这一尺度，他的存在如何与此相转化，即它自身喜欢人并需要人的现身的东西。根据这种转让的程度决定诗意是本真的或者是非本真的。

这正是为何本真的诗歌不是在任何时候都发生。本真的诗歌生存于何时和多久？荷尔德林已经在引用的诗篇中的26—29行中给予了回答。关于它的解释，我们有意推延至今。

……只要善良、纯真尚与人心同在，
人将幸福地
用神性度量自身。

“善良”，它是甚么？一无恶意的语言，但荷尔德林用一大写的修饰语“纯真”予以指称。善良——这一语词，如果我们按照字义对待它，是荷尔德林对古希腊语词 charis 精彩的翻译。在索福克勒斯的《埃杰克斯》中，他说到过 charis(522 行)：

charis chafin gar estin he tiktous aei
这就是善良，它总是引起善良。

“只要善良、纯真尚与人心同在……”荷尔德林用他喜欢用的话语说：“与人心同在”，不是“在他的心灵”。与人心同在，即它已达到人的居住的存在，作为尺度向心灵的呼唤，以此方式，心灵转向注意此尺度。

只要善良的赋予持续着，人便长久地成功地幸福地运用神性度量自身。当这种度量转化时，人由诗意的特别本性创造出诗歌。当诗意适宜地出现时，那末人将人性地居于此大地之上，即(如荷尔德林在他最后的诗中所说的)“人的生活”乃是“居住地生活”。(斯图加特版 2,1 312)

远　景

当居住的生活走向遥远，
在遥远的地方，

葡萄藤的季节闪耀光辉，
这也是夏季空旷的田野，
森林赫然耸立，
它的形象黑暗般地显现。
自然如此完整地描绘了四季，
她停留，但它们如此快速地滑行，
这源于完善，
然后，天空光芒的极顶，
如同花朵装扮了树木，
使人类获得了光明。

彭富春译

——节选自《人诗意地居住》，海德格尔：《诗、语言、思》，北京：文化艺术出版社 1991 年版。

韦尔施

韦尔施是德国后现代美学的风头人物，1974 年获博士学位，曾在德国、美国等多所大学任教。韦尔施曾于 1999 年访问过中国。其著作还有《我们后现代的现代》、《审美思维》等。《重构美学》一书是作者 20 世纪 90 年代以来发表的一系列论文和讲演的合集。重构美学的意思不是要取消美学，而是超越传统美学，回归其哲学的本质。美学从诞生伊始就包含着伦理的内容，这是美育理论得以存在的前提，因为审美的最终目的就是改变异化的现实，使人性达到一个较高的水准。从柏拉图的禁欲主义的理念论，到康德无关功利的形式美学，再到尼采诉诸感觉本能的美学等，在美学的谱系学中，伦理与审美一直此消彼长，势不两立。韦尔施提出了“伦理/美学”的概念，试图让美学超越传统的以艺术为框架的审美主义局限，建立超越艺术哲学、涵盖日常生活和传媒文化等的美学，走多元化的道路。

传统的观点把美学与伦理学相对立，美学被看成是危险的。美学学科的建立，标志着审美现代性的确立，意味着美学从伦理学的束缚中解放出来。在后现代的伦理学中，美学在伦理学中扮演了重要角色，现代性的分化的思维被后现代的去分化的思维所取代。有鉴于此，韦尔施的“伦理/美学”概念，旨在发掘审美中的伦理潜质。这并不意味着用美学取代伦理学，而是把伦理/美学作为伦理学的补充。这一新概念包含两个视角：一是当前感受向高级感受提升的必要；二是平等地对待各种感觉。

韦尔施认为“伦理/美学”的学理基础就在审美领域的内部。与传统崇尚艺术的美学理论相反，基础美学强调与感知的关联。感知包括感觉与知觉，首先是感觉，评价标准是愉快与不快。从感觉到知觉，人的感知逐渐摆脱对象的感性特征，步入认识的阶段，纯粹反思的快感或不快取代了原先的生存感觉的层次，于是审美趣味得以诞生，其标准是如优美、幽默等。感知的双重特性表明人有超越直觉束缚进而产生升华的需要，但升华的需要不能否决之前生存的需要，这是伦理/美学的第一需要。升华的需要是本质性需要，其直接导致了美学的诞生。升华的需要是审美领域里一个真正的伦理需要，美学中的伦理学起点就在审美领域的内部。

审美升华的需要逐渐发展成一种文化权威，“伦理/美学”最初的感性需要遭到了排斥。鲍姆加登发明“美学”一词来帮助我们把握感官，其学生梅尔倾向于用文化规则来控制感性，将感性的认识力量描述为心灵的渣滓。这是美学混乱、矛盾的地方，反感性是其策略，但又重视感性。席勒思考的起点是反感性，席勒认为感觉能力是一个应该与之斗争的可怕领域。席勒的美育原则是完全审美化，即要求离开感性，不再有感情冲动。这个原则把升华变成了战争。消除原初感性，对材料施以暴力，这成了美学的基本原则，也是传统美学的公理。这是审美的独断主义，包含了三重弊病：反感性、剔除世界的绝对主观性、科学和道德遭到贬低。其悖论是没有发展认识和解放感觉的策略，而是发展了控制感觉企图消灭之的策略。传统美学至阿多诺都没有保持审美的差异性，而是企图完全消灭原始感性。审美应该公正地对待异质性，而不是对多元性进行强制性的形构。

所以，“伦理/美学”概念的宗旨在于审美公正，即要求承认艺术范式的差异性。异质共存是艺术公开的事实，现代性使多元性越来越成为艺术的一种根本样式。多元化、美学与非美学的辩证关系，构成了现代审美意识的基本法则。作为一种原则，伦理/美学是一种不排斥、不拒绝、不疏远的文化，推崇广泛的空间、裂隙和另类。美学比现实生活的清晰，使得美学成为伦理/美学的权威，因为伦理/美学的目标是公正。只有认识到审美的伦理/美学的维度,才能让美学来纠正生活。

(李 兵)

《重构美学》

3 伦理/美学:美学的伦理学内涵与后果

美学是伦理学之母

约瑟夫·布罗德斯基:《非凡之容》

3.0 概述:美学与伦理学的联系及伦理/美学的内涵

作为哲学两个分支的美学和伦理学,近年来的发展令人瞩目。伦理学发展的原因显而易见,南北差异、生态变化、失业、遗传学技术、工业社会所面临的新的、也是前所未有的严重问题,促成了对伦理学持续增长的需求。美学的热门,却是出自完全不同的原因。它的蓬勃发展不是外部原因造成的,而是起因于理性化发展这一内在原因,也就是说起因于这样的事实,即:真理,这个科学理性的指导范畴,越来越证实它自身能够具有审美的内容,结果,美学正在变成一门基础学科。

近年来,美学与伦理学之间的关系也发生了变化。如果从传统和现代意义上说,它们是互相对立的,那末现在,它们之间互相联系的一面被推到了前台。

传统上,审美被看成是危险的。伦理学则必须遏制这种危险。因此在古代,审美被置于哲学-伦理学的标准框架之中,即使是在西方基督教世界中美学直到现代,还是受伦理学的支配。

现代性于是构筑了这两个学科的对立,就是说,使互相隔离的这两个分支势均力敌起来。自律,这个现代美学的口号,最初意味着将美学从伦理学的束缚中解放出来。与之相应,自康德以来,现代伦理学并没有美学观点的位置。

然而,在伦理学与美学之间,伦理重于审美的传统样态和两者持平的现代样态,在最近的几年里,已为对两者之间的相互纠缠的新关注所打乱。新亚里士多德主义和后结构主义(努斯鲍姆、福柯)的伦理学,使美学在伦理学中扮演了关键的角色,同样社会学和生态学的美学理论(布尔迪厄、伯麦)将伦理方面的确定性,视为审美的基本观点。

一般地讲,今天我们正在意识到,不同的领域与学科取决于相互之间缠绕不清的关系,这与现代的区分理论和分隔教条所想象的方式是截然对立的。这需要思维由分隔的形式转变为相互缠绕的形式,学科的纯粹主义和分离主义已变成陈腐的策略,超学科性与横向分析正在取代它们的位置。

从这个观点出发,接下来我要问,美学本身在多大限度中包蕴着伦理学的确定物?我将尝试发掘审美自身的伦理潜质,并指出由此而来的某伦理学后果"伦理美学"(aesthet/hics)这个生造词由"美学"和"伦理学"缩约而成,它旨在意指美学中那些"本身"包含了伦理学因素的部分。

有关这样一个伦理/美学的问题,首先要做到避免误解,由于伦理/美学是一个新词,我们在这儿只能粗略地把握其意义。提出这可能性,并不意味着想用美学替代伦理学。如果说我论述了美学的伦理学内涵和后果,那末我决非想宣称由于其自身原因,伦理学的独立存在已无必要。尽管如此,这种伦理/美学能够补充通常意义上的伦理学,或者说能够对此有所助益,它可以弥补推理上的漏洞,提供证据,明确目标,有助于进入更深入的疑点。

我想谈一谈这样一种伦理/美学的两种形式,一是审美中的久为人知的道德命令(第一、二部分),二是与之相反的一种新选择,它已成为势所必然(第三、四部分)。第一个视角关注的是由当下感受提升到高级感受的必要,第二个视角关注的是平等对待感觉的不同需求这一格言,比如说将当下感受和高级感受一视同仁。正如我所要展示的那样,这两种情况中均含有伦理/美学的内容。

3.1 美学领域固有的伦理学

3.1.1 基础美学

首先,伦理/美学的传统形式在基础美学中已经显现。"基础美学"(elementary aesthetics),我理解为与那些有关艺术的理论相反的美学,它与"感知"(aisthesis)和"知觉"(perception)相关联。事实上,"美学"也就是来自"感知"一词。

众所周知,"感知"具有双重含义,一方面,"感知"意为"知觉"(perception),另一方面,意为"感觉"(sensntion)。这双重的含义在希腊语中已经产生,在大部分其他语言中亦有发现。它源生于现象。作为"知觉","感知"指的是对诸如颜色、声音、味道和气味等真正的感官属性。为

“认识”服务;然而,用作“感觉”意义时,它指的是情感走向,以“愉快”和“不快”作为评价尺度。

“感知”的第一阶段是“感觉”,它服从于生存的兴趣。“愉快”与“不快”这样的评价客观对象的标准,指向的就是对人类的生存需要的满足有益抑或有害。尽管如此,在这儿,它已经潜在地暗指着远近感觉之间功能差异。远程感觉与近程感觉不同,它不依赖于与事物的直接接触,而是将其放在远处进行观察。这成了知觉与感觉后来分离的起点,因为与感觉相关的生理反应,最终总是直接接触的结果(即使是老虎,在远处也不能伤害我们)。因此,原则上与直接接触相关的近程感觉,和远程知觉相比,与感官的联系更加密切。远程知觉的特性使其具有了远离感觉束缚的机会。尽管如此,从一开始,“感知”作为整体就活动在感觉的意向层面上,因为远程感觉已经在功能上,如果说不是在意向上的话,将自身与直接的感觉模式区分开来了。而近程感觉正与这种直觉形式相关联。

当“感知”面对对象如其本然的外观,摆脱其感性特征时,知觉与感觉的分离就发生了,此时,其客观倾向性替代了先前的主观倾向性,如我所言,这种现象更容易发生在远程感觉中,因为其与感觉的功能上的区别(其空间距离上的运动),同时支持着一种意向上的距离。在这个意义上,远程感受作为一种较高级的、类似于知觉的“感知”形式的提倡者而行事,它现在所针对的不再是对象限定在感觉上的方面,而是其客观属性,“感知”的这种类似认识的倾向,既而可以连续传送给近程感受。

这样,一种新型的感知,即实际的“感知”(perceiving)类型,被确立了。其面对的是对象的真正的感官特性:颜色、音调、味道、气味、手感等品质。“感知”就存在于其客观特性之中,这些特性不依赖于与生存相关联的主观感觉,这种“纯粹”的感知代表着传统上一直被善待的那种感知。它不再服务于生存的好恶,它完全彻底地被置于认知的理念之中,在第一个层次上,它摆脱了感觉性感知的束缚,并整个儿摆脱了感觉的领域。感知成为自发的行为,当其步入认识阶段,就把感觉水平上的“感知”抛在身后,留在底下了。

然而,由于向纯粹的感知迈出了这样一步,感觉也不再是原样了。与感知和感觉的原初的统一相应,一种更高级、更纯粹的行为建构,如今将在感觉的案例中应运而生。它依然与愉快相一致,但这种愉悦已不再是初级的生存愉悦。相反,愉悦的大厦可以说又被增加了一层。一支新型愉悦的雅曲超越了生存感觉愉悦的层次。这是一种纯粹反思快感或反思不快的愉悦。此处正是特殊的审美感受——趣味的诞生地，也就是说，它不再像初级的感觉那样以诱人、美味或令人作呕等生理标准来衡量对象，而是以带反思色彩的标准，比如说优美、喜人，幽默或令人厌恶，丑陋、烦人等来衡量。至此，感觉与愉悦的大厦包括了两个层面：处于底层的是感官趣味层，处于上层的是反思趣味层。康德就是这样称呼这种区别的。

3.1.2 审美的或升华的需要

诚如我要论证的那样，在感知的大厦里，这一内在于感知的伦理学基础处于怎样的位置呢？

感知的双重的特性，很明显地与“审美需要”相关联，同时，就它指示我们如何把握感觉能力而言，它与伦理学美学的需要同样重要。这一需要首先与“感知”的知觉性内涵有关，在这儿，它表明，在感知时，你要让自身脱离直觉感觉的束缚，否认它，超越它！不仅如此，这一需要也涉及感觉，在此，它宣称：不要只留意于基本的生理愉悦，也去体验一下那更高级的、由深思之乐带来的独特审美愉悦吧！在这两种意义上，伦理/美学的需要都要求我们超越初级的知觉判断，因此，我想将之称为“升华的需要”。

3.1.3 生存的需要

不过，这种升华的需要显然不是审美领域的最初需要，位于其前面的是另一种需要，即：“生存需要”。因为如我所言，“感知”作为感觉，最初只服务于生存利益，它服务于生活，令你生存，存活(zen soteria)，但还不是过好日子(eu zen)。它只区分有用还是碍事，有益还是有害，并且作用于相应的专注或转移某人注意力的生存行为。在这个意义上，美学与伦理学在生存层面上，已经建立起了最初的和最基本的联系。这种原始的审美行为已经直接服务于一种伦理的目标——维持生活，至少大致说来是这样。这种与“感知”相关联的需求要求听命于观察，它于生活极为有用。这一生存的需求，是伦理/美学的最初需求。

3.1.4 人类学的差异

但是，现在出现如下问题：通常我们认为，感知的原始结构只描述动物而非人的生活，人类生活区别于动物之处，被认为正在于克服了这一生存决定论。

比如说，亚里士多德就有这样的描述：动物只知甚么有用，甚么有害，令其快乐还是痛苦足以成为有用与否的标志,然而,人还知道诸如好与坏、合理与不合理这些更高层次的属性,这些需要不止是感觉所限,它们需要反思与交流的能力。

因此,这种升华的需要与人类学的差异直接相关,与作为人类的人有关,这是一种超越直接感觉判断的要求,它既可导致一种纯粹的感知,也可导致一种更高级的愉悦。作为一种动物,生存的需要同样也是我们的伦理/美学中的第一需要,升华的需要只能是第二位的。但是作为“人类”,升华的需要是我们本质性和决定性的需要,对人类而言,它是一种明显的对“高尚”的需要。

接下来,我将关注第二种需要,即升华的需要,它不仅代表着我们文化中的一个基本公理,即成功的生活必须照此步步攀升,更重要的是这一升华的需要,也导致了被命名为美学的哲学学科的诞生。

但是首先,我要再提及一件事:升华的需要是成长在审美领域里的一个真正的伦理需要,确切地说,它就是伦理/美学,在这里,不是伦理学的规则从外部强行进入美学领域,而是这需求自身就是在审美领域里生长起来的。美学中的伦理学的起点摆在了我们的面前。

3.2 传统美学及其审美——升华需要的绝对化倾向

在这一部分,我将说明传统美学对于升华需要的主张来说,如何变成一种文化权威。还有,我也愿指出这种美学面临的巨大困境,以及它可称得上荒谬的特性,即它与感觉为敌的特性。

3.2.1 鲍姆加登、梅尔

为了使其有关美学的新方案在文化中获得接受的机会,18 世纪的美学家们首先就要说明,他们的意图根本不与现有文化标准的伦理要求相冲突,而是与其协调一致的,甚至可以以某种特殊方式,在桀骜不驯的可感的领域,来确认这些要求的合法性。

怀着这样的念头,美学奠基人鲍姆加登针对他的美学是为感性推波助澜的反对意见。指出这点固然是应当抵制而不应当鼓励,但他确信美学将帮助我们达到意愿中的对于感官的把握。鲍姆加登的学生梅尔更是强烈倾向于用文化规则来控制感性。他强调说:“人们必须留意……所有那些低级的欲望力量……在它们还未变得过分强烈时,就要予以重视。否则,我们将滑向动物的状态,以道德为苦役。”梅尔将实际上构成美学主要成分的“感性认识的力量”描绘成“心灵的渣滓”,他断言:“按理说,感官应该成为理智的奴隶。”有了这样的前提，人们就能够理解为甚么美学可以成为一项规范感觉的任务了。

这样说可能很大程度上是鲍姆加登的策略宣言，事实上，他对于许多感性世界自己的主张，也相当重视。然而，随之产生的非常重要的美学概念，虽然与感官有着明显的亲和关系，实际上它们被思考和被论证的方式，却肯定是反感性的。我的例子是席勒，这个例子乍看起来可能让人吃惊。

3.2.2 席勒

在《美育书简》中，席勒希望通过对人类进行审美教育，或更准确地说，通过“训练感觉能力”，一切会收益不浅。不过，在书简的最后，他希望“知觉的力量已经在它自己界限内被摧毁”。他此时认为，感觉能力是一个应该与之“斗争”的“可怕的敌人”：人们必须“在物质的境界里与物质作战”。“艺术大师的真正秘诀”恰恰在于“以形式消灭内容”。正是在这类消除原始感性的战斗中，席勒看到了“审美文化”的基本任务。人们通常认为感觉属于美学，最初在席勒那里也能看到此类的论述，此时，人们怎样来解释这种由有意亲近感觉，转而变成与之为敌，且陷入战争状态的反常行为呢？

席勒的最初意图是均衡和调和感性与理性，他关心的是“理性的法则……与知觉的趣味”之间的和谐。一方面试图亲和感觉，另一方面又敌视感觉，与之展开斗争。这之间的差异根植下这样的事实：席勒在升华原则方面决不让步，基于此，他赋予这一原则以一种绝对的形式。

就像我所说的那样，席勒相信“感觉能力的训练”，他称之为“高贵化”。然而，因为他同样认为我们的感觉能力是按照某种绝对化的审美需要来发展的，而这要求与直接的感觉彻底分离，所以我们的修养计划就变成了一种战争方案。席勒呼唤的是一种我们“整个知觉模式”的“彻底革命”。我们要“完全”离开原始的感性，在将来不再感情冲动，而是完全审美化。我们不仅应该处处攀升于“物质状态”上，而且应当造就向“审美（状态）”的转化。原初的感性和高级的感性状态不是并肩而立，也不是一个压过一个，而是第二个完全消灭第一个。上流社会的席勒是审美需求的严格执法者，他需要的是对审美需求的完全顺从。

对席勒来说，这看上去有点荒诞不经的对原初感性的消除行为，构成了审美教育的基本职责。这一点被反复说明，在不同情形下被提及。因此,例如席勒赞赏工艺家和艺术家同样“毫不犹豫地对材料施以……暴力”。消除原初感性,成了美学的基本特征。

这并不仅仅是席勒一个人的观点,就它强调了升华需求而言,它是整个传统美学的观点。而我在此引用席勒的观点是为了例证,而不是为了指责。席勒概括了传统美学的公理,同样,比如,黑格尔也解释说:“艺术品固然要表现感性事物,但是这种感性事物只应以它们的外表或外形显现出来。”艺术展示,“从感性方面来说,它有意要造出一种只是由形状、声调和直觉所组成的阴影世界”。

3.2.3 三种独断主义

一种反感性的独断主义,被建构进这种类型的审美理论,就是说,被建构进大部分传统审美理论之中。它苛刻地、独断地理解审美需求的结果。事实上这只说明,你不应当仅仅是感性地行事,同样也应当审美地行事。但是它也可以表述为:你哪里也不能感性地行事,而只是处处完全是审美地行事,这样,美学不再承担扩展和揭示感性的重担,而是成了感性的严格组织者。尽管人们普遍相信,美学包含着感性的权利,但由于将“与物质作战”作为座右铭,这一思想形式使美学实际上变成了感性的反对者。如果有一天要想让美学真正成为美学的话,这一点必须改变。

除了这第一种擦掉了感觉的独断主义之外,还有第二种剔除了世界的独断主义。席勒的论述再次显得举足轻重。他认为,美学对主体来说,是一种与世隔绝的游戏,席勒要求人们“把外在的一切化为形式”,也就是说,不是按事物的本来面目来接受事物,而是通过赋予其形式,使任何东西变得合乎人的统一性,并占用它。“人不应将自身投入于世界之中”,而应该“根除自身仅属于世界的东西”。这样,美学成了绝对主观性的完满形式。先在的东西,外在性、抵抗,变更,都得不到认可、尊重或保留。在这种类型的审美理论中,模仿、沉湎于物质、变革的体验、打开主观性的铠甲这一类事情,从一开始就被排斥在外。这一遗产也将不得不被现代美学所抛弃。

如果说第一种独断主义去除的是美学之内的原始感性,那末第二种独断主义则疏离了每一种真正与世界不同、奇异、相对立的事物。根本上说,那几乎正是审美经验自身。剩下的只有审美生产力和由主体自身引入的审美活动了。

最后,第三种独断主义出现了。美学宣称它是唯一合法的方向,与之相抗衡的现代权威——科学和道德——被系统化地贬低了。因此,席勒通过指出启蒙与科学的片面性与不充分性,而消解了它们确定方向的作用,更有甚者,他宣称只有美学才能达到“生活的艺术”(Lebenkunst),并且能解决那些使法国革命走向失败的“政治问题”。这样,一方面他宣称审美超越了认知,另一方面他又宣称审美替代了道德方向。众所周知,这一美学先行论的纲领然后阔步走进了“德国唯心主义‘最古老的体系’”,后者起步于某种伦理学规划,以使美学最终像吸收认识那样,把伦理学吸收进来。

所有这些由席勒的理论而来的审美需要绝对化倾向,深深地植根于整个传统美学之中,总体上说,它指向的不是审美的和谐统一性,而是指向了三个层面的审美独断主义:导向原始感性、世界,与美学比肩而立的其他定向方式。这里潜伏着传统美学的三重弊病。

正如我所说的那样,位于这种独断主义背后的系统错误是对于审美需要的误解。超越直接感觉的指令,被理解为对它的否认与消灭。这就是这种类型的审美理论之所以有下列做法的原因,即:没有发展认识和解放感觉的策略,而是发展了控制感觉、消灭感觉和严格管理感觉的策略,这是传统美学最内在的悖论。美学最初旨在恢复感觉的地位,这种移位多多少少是对这一学科的颠覆。

3.3 现代美学:“公正对待异质性”(阿多诺)

虽然在20世纪,这种传统类型的美学依然存在,但通过对阿多诺理论的说明,我希望展示传统美学的内在矛盾,并因此给美学下一个不同的定义。

3.3.1 传统主题的循环

诚如众所周知,阿多诺的基本理论涉及美学阅读与伦理学阅读之间的关系:在内容和叙述的层面上,艺术品无论如何都与道德、伦理及社会无关,它也不想拥有这些东西,然而,艺术品通过其构架间接地、在相似的意义上与最高层次的道德相关。一个作品越是有内在完整性,越是因此会为社会提供一些例外,而社会中没有甚么因自身而得价值,万物无不在与他物的关系中见出价值。这意味着甚么呢?

在阿多诺看来,艺术通过其形式化的工作,使粗鄙的感觉上升为智性的自我肯定,“粗鄙的、主观的邪恶内核,是艺术最先要否定的东西,而完全形式化的理念与艺术是不可分割的”。在此,阿多诺显然是重复了美学那古老的升华原则,即粗鄙是一种罪恶,艺术就与它针锋相对,建构形式。高层次的审美战胜低层次的审美,一如天使战胜魔鬼。

在这儿,克服粗鄙感觉的是形式构架。阿多诺继续说:"……这不是道德大棒挥舞下的宣言,不是道德影响的结果,这是它(艺术)承担的道德责任,或者说是它与一个公正的社会的联系所在。"艺术品的极鲜明的特性,就是它对社会环境的否定性,完全形式化的艺术品高举着一面镜子,映照出一些比这个异化、商品化的社会要好的东西。"在一个几乎完全商品化的社会里,没有甚么东西是纯粹的、完全由于其内在法则造成。法则不会施加无言的批评,不会谴责堕落。就此而言,所有的东西都是为他物而存在的。艺术的反社会性正是对这样一种社会的某种否定。"这种每样事物都只为其他事物而存在的社会功利性,与艺术品的自由性相对立,在艺术品中,每样事物都有其自律性。概言之,艺术品的自律性,批判着社会的他律性。

阿多诺的一些分析听起来可能气势非凡,然而,就这一论点而言,不过是重复了美学中的古典主题。第一项分析,即由粗鄙的感觉到完全形式化的过程,与传统美学的升华需求相一致,这一需求要求超越粗鄙的感性,而取深思熟虑后的感性。第二项分析,即将此——升华与自由的属性相联系,同样是我们早已熟悉的东西。由粗糙的声色官感升华为崇高的美学,这在传统中已经被认作是由功利王国、他律王国向自由王国、自律王国的升华了。阿多诺将现代的手法与古典的审美升华需求连在了一起。

3.3.2 内在的矛盾与反作用

不过,这也就意味着,阿多诺以艺术否定粗鄙的当代呼吁,同传统美学的类似要求一样靠不住。首先,它没有保持住审美的差异性,而是通过完全消除与之相对的原始感性。

就像阿多诺对待粗鄙之物所做的那样——消弭了这种差异性,这一点我在批评席勒时已经说过。第二,这样做,被称作自律的拯救社会的理想也不再纯洁,因为它由于被阿多诺利用而不再自律。自律应表现为自由。它也应当用来证明自在的可能性,而截然不同于现实社会中"每样事物都仅仅为他物而存在"的状态。但这一点恰不是在形式的前提下进行的,因为作品的诸要素无法将自身组合起来,成就作品的完整性,而是要由形式构架将其聚合成一个整体——就像个体被聚合进社会一样。自律可能是对作品的要求,而不是对其构成要素的要求,这些要素只有作为整体的一部分时才有意义,它们的存在理由就在于此。

对直觉感性的否定与形式的强制性,是传统方法的两道阴影。不管它是以18世纪的语言还是以20世纪的语言表述的。正如我所说的,阿多诺让自己陷入诸如此类的传统观念已经到了令人吃惊的地步,席勒谈论的是"高贵化",而阿多诺则更为委婉地谈论"智性化"。然而,实际上,长期以来,要务就是去发现这类形式构架的强制性特征。

3.3.3 对形式至上论的批评

另一方面,确切地说,正是阿多诺发现了这种透明状形式构架的可疑性和专制性,他简略地说道:"与感觉因素针锋相对的是,智性化过程在许多方面变得盲目地与自身的差异性抗争起来,这差不多就是智性自身……"有鉴于此,阿多诺首先分析了这类形式构架的反感性效果,然后反对说,感性不是以这样来被认知的,因为感性的差异化的倾向,传统上被认为是它的多重性质,应由形式或智性的综合活动来加以克服,说真的应被当作某种智性自身来作理解和估价。古典美学的客观矛盾,存在于其对感性实施的暴政之中,因为它没有把感觉的多样性本身理解为智性的东西并加以尊重,而是错误地将其当作粗鄙之物了。

3.3.4 公正地对待异质性

与此同时,这也为将来的道路隐约地指出了方向:作品的构成因素不应被强行堆积成一个整体。相反,它们的独特性必须蕴含其中。我们应该从材料世界撷取异态纷呈的冲动,"以使设计沿循这些冲动本身要沿循的方向"。审美作品不应行使专制,而应沿循每一种冲动,公正地对待它们。追求一种理念,不应通过形式构架以求统一,而应公正地对待异质性。怀着这种想法,阿多诺说:"审美统一"——此处他说的是真正的审美统一,"在自身的多元化中找到了尊严。它让公正降落到异质性上面"。

由限制多元性的强制的形构,到公正地对待异质性,美学主导理念的这一转变,对我来说似乎具有极为重要的意义。新的主导理念提供的是摆脱传统错误的自由:不再否定原始感性,不再疏离于感性,因之也就真正审美地对待事物。认可与公正代替了控制与压制,先前只是一方向另一方的机械灌输,现在则出现了交互模仿的可能。

3.3.5 美学的后果

这种美学,即公正对待异质性的美学,同样有着伦理/美学的结构。

与这一新的理想相伴而生的艺术,同样也能具有伦理道德的光辉。这种艺术不再提倡征服的伦理学,它提倡的是公正的伦理学。

阿多诺详述了新的审美理论与伦理学的两种关联。第一,新的审美理想为一个新型的主体提供了范例,对此阿多诺这样概括说,它不再满足于对他物的统治,而是宁愿去发现“似曾相识地(他者)依然是某种遥远的、不同的东西,以异质的形态超越异质性”。这类主体能够实现“没有控制的差异状态,……其中不同的事物能够彼此交融”,事实上,在新美学的核心框架中,这类主题格言是在频频出现。

第二,审美公正的概念包含着对政治-法律形式的公正的尖锐批判。阿多诺认为,只有在美学中,公正才能够被完整地表述,在政治中,公正概念是无以实现的。政治公正,依据的是“形式等值原则”,它导致了差异的消失,对其施加了“真正的暴力”。另一方面,美学公正认识到了差异的存在,因此,美学公正(即“对异质性的公正”),与政治公正(即“消灭差异性的平等”),两者之间的关系,就如同公正与不公正的关系。鉴于政治公正依然是被囚禁在控制机器之中,同样传统美学中主导的形构观念也一声不吭地关在那里,所以只有审美公正才能走出一条路来。

3.4 当代审美意识的伦理内涵与后果

作为结论,我将指出公正的美学这一概念在当今形势下如何能够得到进一步的发展。

3.4.1 多元性

在阿多诺心目中,需要做的是超越艺术品内在的异质性,将其外化为艺术品的外在异质性,不仅要承认单个作品中五花八门的内容倾向,而且要承认不同艺术品之间,乃至整个艺术领域中,都存在着艺术范式的差异性。

事实上,对异质性的这种赞誉(至少见于温和的形式),早已成了艺术领域里的一个基本组成部分。在这一领域里比在其他领域里表现得都要充分。从古代开始,人们就知道在不同的文体中,不存在统一的经典,相反,不同文体与风格,要按其特殊性进行关注和评价,因此,西塞罗说:“言语的文体与风格样式几乎是无限的,它们有着各自的特殊性,作为一个文体,它们又都值得称颂。”同质性和编年制的法则,在别处可能是需要的,但艺术属于异质共存,惠斯特·克洛诺斯吃掉了他的孩子,艺术之女却幸存了下来。

随着现代性生产出数不胜数的多样化的作品形式和视角,多元性越来越成为一种最根本的样式,与之相关的不再是建立在共同基础上的差异,而是根本性的差异。艺术品创造,或者说表现着不同的范例,所以需要以不同的标准判断它们;它们不再允许以同一支画笔对其上色。观察者绝不会再持单个的艺术模式,除非他完全没有感觉,或者是贝克默塞的化身,在理解现代艺术品时,那些被认为是抗拒力、不解之谜和疑难点的东西,表明它们遵循的不是单一的规则,而是发展了它们自身。只有在人们明白了这一点之后,艺术品才露出了真容。与此同时,这些艺术品还诱使你找出这些东西,发现它们的密码。

这样,对于来自现代立场的美学意识来说,有两点是不证自明的,即人们必须看到单个作品中的个人习语;以及人们必须意识到艺术作为整体之时,其范式的深层多元性。

3.4.2 美学与非美学

另外,在多元化这一首要的美学基本原则之后,出现了第二个原则。美学和非美学的两元形象,可以概括这一原则。

所有的感悟都是特殊的。这并不意指你感知一物无以感知另一物这个微不足道的发现,而是指这样的事实:每一次感知所展示的都是某种特殊性。这种特殊性一方面使某些对象可被感知,一方面在构成上排斥他物。观看甚么东西总也是忽略其他甚么东西。每个视野都有自己的盲点。对特殊性的每一感知,都有一种超验的功能,它既具启发性,又是排他的。这一点在个体感官之间已有体现:目之所视,耳不能闻,感官所及处,皆如此。偏好某种感知特性,或者艺术范式,因而也就不仅是一种美学判断,而同时也是非美学判断的结果:它将其他感知选择强行置于一旁。

正是在知觉形式在文化上被多元化的地方——诚如今天正在发生的那样,关注这种双重性,关注美学与非美学的这种辩证关系,变得至关重要,反思的美学不仅注意审美范例这一特殊性,而且同时注意它们各自的盲点。

3.4.3 审美意识的法则

一边是多元化,一边是美学与非美学的辩证关系。两者构成了现代审美意识的基本法则。从这一起点出发,可以勾勒出现代审美意识法则的概貌。虽不能说完全,但大致可开列如下:

1. 特征意识。关注每一审美目标的特征是极为重要的，人们必须发现其线索，把握并遵循其逻辑。

2. 偏好意识。一定不要宣称个别的范式是唯一可能或唯一可爱的东西，这将阻碍它实际特征在现实中的具体显现，总体上会阻碍多元性。

3. 警觉性。不能简单地认为，每一范式都是特殊的，因而其他范式只能合法地、并且几乎总是必然地存身于它的旁边，人们同样应该意识到任何范式之不可避免的排他性，意识到范式的对立面。变化应该被看作原理所在。

4. 关注。美学注意排他状况，这告诫我们应该保持注意力集中，确切地说，关注那些我们感觉不到、想象不出任何东西的地方，或我们以为只能碰到毫无价值、不足挂齿的东西的地方。你永远不能确定，在狭隘的心灵中，这一印象能否浮现，不能确定被认为是渣滓的东西，会不会在另样的眼光下发出贵金属的光泽。在许多方面，现代艺术恰恰是转向了那些社会上被贬值的东西。在“虚无”处，往往会有所发现。约翰·凯奇有一篇精彩的“关于虚无的演讲”。

5. 认识的趋势。知觉总是引导着注意力，更进一步说，导向对不可见、不可听、前所未闻的事物的认可。总的来看，“前所未闻”在日常用语中，很大程度上被认为是“荒谬绝伦”的同义词。然而，从审美的角度看，“前所未闻”意味着：首先，至今还未被耳闻，但应该被听到的事物(前所未闻意味着未听到)；第二，指还没有被听，其需要的检验——实际上是它的要求被听——还没有展开(前所未闻意为尚未实现)；第三，指超出常规并且处于惯常的秩序之外(前所未闻意为超乎寻常)。每种情况下，都包含着某种潜在的意义。因此，每种情况下，知觉的任务也都是确定的。一旦与之相应的感知没有运行，障碍没有跨越，前所未闻接下来就会像不合时宜、荒谬绝伦一样，继续自然而然地失却资格。人们不该总是仅仅讨论黑格尔的三重扬弃(Aufhebung)，这次就注意一下“前所未闻”的这种三重或四重意义，它与扬弃愉悦的反面相关。

6. 公正的趋势。以上几点在公正性这一点上汇合。美学家应当感觉到它的强制性.以它为行事准则。现代艺术很少把力气花在既定事实上面，而是不遗余力来关切视而不见、前所未闻的东西，并且要促使这些进入语言、表达和认识之中，那里内在地具有一种公正的推动力。

3.4.4 美学:超越美学

以上因素代表了当代伦理/美学的方方面面。伦理/美学没有给艺术划出边界,但它能够辐射到生活世界的背景中。它前面的目标指向的是我在别处所说的"盲点文化"。作为一种原则,这种文化是一种敏感于排斥、拒绝、疏远的文化。它不崇拜清晰可见、明白无误、辉煌灿烂、光彩熠熠,而是推崇压抑、空阔的空间、裂隙和另类。艺术与生活的现代类同,使得反思的美学意识的伦理/美学的评价对于解决生活中产生的问题组合,同样变得卓有成效。此外,我们期望得到这种帮助,还因为众多情形表明,在复杂的生活世界里,这些结构相对模糊,而在审美领域里,它们要清晰得多,因此,早些时候得之于艺术的东西,现在就成了生活的楷模。美学对于生活,不应像今天普遍存在的那样,只是一种装饰关系,而应是伦理/美学的权威。美学的表面可能作为设计的外形,然而,其伦理/美学的内核,目标却是公正。

对审美结构及当代审美意识中的伦理/美学成分的验证,最终导向对以美学命名的这个学科的挑战。它不应以一种最传统的方式,剥夺对审美的美好外表的审美反思,而应去认识审美的伦理/美学维度,并促使其作为一种文化酵素而发生作用。唯此,在这个文化家庭中,美学才能不仅适合于补充,而且也适合于纠正生活。

陆 扬、张岩冰译

——节选自韦尔施(Wolfgong,W.):《重构美学》,上海:上海译文出版社 2002 年版。

汉斯·罗伯特·耀斯

汉斯·罗伯特·耀斯是接受美学的创始人,1967 年发表了《作为向文学理论挑战的文学史》一文,标志着接受美学的诞生,确立了文学研究的新维度——读者。耀斯是伽达默尔的学生,而伽达默尔又是海德格尔的学生,所以,耀斯的接受美学与解释学和存在主义有很深的渊源关系,接受美学的很多观点是受到上述二人的启发,从中衍生拓展形成的,比如耀斯的所谓效果史、视野融合、期待视野等观点。《审美经验与文学解释学》一书从接受的视角研究了审美经验理论,并将审美经验区分为创作、感受、净化三类功能。我们所谈的美育理论,跟审美经验理论密切相关,没有审美经验,何来审美?从接受的维度看,美育不光是批判和否定,也不只是移情,更是一个交流过程。

《净化:审美经验的交流功能》一节回顾了“净化”一词的简要概念史,于此来把握审美经验的交流功能。本体论的净化观把艺术视为完全是沉思的、无利害的,而否定美学把净化视为艺术的辩证否定,二者都忽视了审美经验的交流功能。耀斯重新把净化界定为对由演说或者诗歌激起的情感的享受。享受意味着分享和自我愉悦,意味读者积极主动参与整个交流过程。

净化引发一系列的审美反应,呈现为各种各样的形式:疏远与反省、震惊或怜悯等。古代的净化观强调寓教于乐的理想性,现代净化规则概括为偏袒与反省,如阿多诺否定交流性认同,认为有可能导致对工业文化的全盘接受。由此,亚里士多德的净化论传统遭到抛弃,但古典的审美升华概念实际上暗含了距离和反省,此乃外部和内心解放的必经之途。所以,从净化的效果看,审美认同并不与净化形成冲突,抑或不如说,净化包含了认同。由此带来的审美经验的基本矛盾在于:审美经验冲破真实世界的樊笼,接受者有可能对典范产生认同,也可能只是单纯的好奇。基督教美学重新界定了审美经验的范围,诗化了教诲、怜悯等非自主的审美经验,以此获得与事物的审美认同的经验。奥古斯丁否认审美快感能净化人的情感,并认为人可能因之而远离上帝。基督教诗歌企图通过灵魂的激动和怜悯的道德认同来消除审美快感,但这无法阻止观众的好奇心和自我满足的情感主义。

净化的审美经验在现代出现了转型,卢梭和霍布斯认为净化并不促进人性的改善,不适宜利用艺术的净化功能。布莱希特采用异化或间离的手法激发观众的批判性反思,让观众相信世界是可以改变的,但观众仍然能从史诗剧中找到快感,但问题在于如何把行动规范不带强制性地暗示给观众。基督教“身教重于言传”,其教诲性的故事具有创立规则的作用。而否定美学把一切从审美导向道德认同的东西视为消极。蒙田抛弃了外在的陌生的典范,发现自身即典范,但这种典范是一种特殊的排斥模仿的典范。而康德意义上的典范是无法公式化的普遍规则,可以弥合审美与道德之间的鸿沟。

耀斯关于净化的审美经验理论创新之处在于其并不赞同现代美学中

片面强调升华、超越与否定的一面，而是通过净化经验史的梳理，认为传统的净化论中的典范的作用和交流功能是不能超越的地平线，否则的话，就会造成审美和道德认同之间难以理解的鸿沟，正是净化搭起了两个领域间的一座桥，使得美育的功能得以实现。

《净化：审美经验的交流功能》

1. 7 净化：审美经验的交流功能（感动与调和）

我试图揭示的审美经验功能的诸形式的第三个，也是最后一个步骤，不言而喻，便是审美经验的交流功能。而这一功能在过去曾遭到本体论的艺术理论和否定性美学的曲解。如果说，考虑到审美实践是较为含蓄的理论问题，我们可以使用创作和感受这两个概念作为引导来阐明生产和接受功能的历史，并且通过审美快感追溯它们的起源的话，那末，我们也可以通过净化的概念来把握审美经验的交流功能。不过，我们必须同时把握下述三个现象：亚里士多德对于净化的快感的理解；奥古斯丁对于沉湎于“好奇心”的享受的批评；高尔吉亚首次解释的那种现象，即情感所具有的那种使演讲更具说服力的力量。在本章第 3 节中，我从这三个来源引申出审美经验的交流功能，并把净化界定为对由演说或者诗歌激起的情感的享受；这种享受在听众或者观众身上造成信仰的变化和思想的解放。这个定义假定了通过享受他人的经验，可以产生辩证的相互作用或者自我享受。这个定义还使接受者成为构建想象之物的积极参与者。而按照传统的理论，审美距离被理解成一种单向的、与某处的对象之间的关系完全是沉思的、无利害的。这么一来，接受者的那种作用就完全被剥夺了。但是，我对于净化定义也包含着这样一种可能性：审美快感特有的那种悬浮状态有可能偏向某一方面，要么变成对对象的亲密无间的享受，要么变成感伤的自我享受。于是，净化的经验就有可能被人利用，用来为意识形态的目的服务；或者成为一种有预谋的消费，从而丧失它的真正的交流功能。

鉴于我在本章第 3 节里作出的这个结论，我想足以修正我早先关于净化、认同和交流之间的联结的观点，并足以回答在“第四次诗学和解释学”讨论会上对我的观点提出的批评。我的观点中不能令人满意之处主要在于，我企图把人们对描写对象产生的审美认同（它蕴含在一切净化作用中）看作原始的即在反思之前出现的审美经验的基本特征。D. 亨里希的论点使我确信，审美态度——不论如在古典艺术中表现为多形态的，还是表现为它在现代使用中的清晰明确——无法依照人们的认同要求来加以界定。因为缺乏审美中介作用的角色范例也能劝导人们去那样做。确实,从根本上说,审美态度是朝着人们的认同要求开放的,因为在审美态度的知觉结构和人类生活行为的类型和模式的表现之间,存在着一种客观的联系。正如人们能够把审美态度更贴切地描述为“复杂的、明确的知觉”一样,“朝着完善的人性发展的每一个进步都应该被看作是朝着一个特殊的、明确而又复杂的动机结构去进步”。D. 亨里希认为,这种亲密的关系解释了为甚么艺术通过审美态度这一媒介,特别易于接受各种认同的要求,尽管造成这一倾向的还有其他一些原因。这些其他因素解释了审美态度在传递认同要求时所作的贡献;一旦人们把亨里希“复杂的、明确的知觉”这个定义从审美知觉的对象扩展到感知主体,并按照我的提议把审美享受理解为在享受他者时的自我享受,这些其他因素便明晰可辨了。在这种情况下,审美态度向认同要求的这种特殊的开放不仅可以在知觉的简明性与人的差异性之间的亲密关系中得到解释,而且也可以通过净化的快感这种在观众和主人公的认同中释放出来的东西加以解释。

审美态度比某种由宗教、传统、教育所树立起来的模式或者某种由抽象的道德说教所肯定的生活方式更能使个人牢固地采取一个模式。因为,在前一种情况下,在对他人经验的享受中得到的自我享受起着如一种令人刺激的奖励所起的作用。某些文学类型,例如从主人公想象的命运中得到“快感”并使心灵获得解放的悲剧,其劝善效果使人类的行为和磨难中可引以为鉴的事件具有振聋发聩的作用。对一个文学上的楷模作出审美反应的更大动力来自更为复杂的净化的快感。这并不意味着审美认同和消极地接受某种理想化的行为方式是一回事。审美认同是在获得审美自由的观察者和他的非现实的客体之间的来回运动中发生的;在这一运动中,处于审美享受中的主体可以采取各种各样的态度,例如惊讶、羡慕、震惊、怜悯、同情、同情的笑声或眼泪、疏远与反省。他可以把某个典范楔入他个人的世界,或者只是为好奇心所诱惑,或者开始作不由自主的模仿。审美经验的历史展现出这些基本的审美认同态度迄今尚未穷尽;这些将在本书第二章中通过主人公的互动模式加以考察。这里,我们感兴趣的是一个更为重要的问题,这就是劝善的效果和交流功能之间的关系在历史上的表现问题。因为这个问题运用表现为各种净化形式的审美态度来传达认同的意图。古典主义肯定了审美的净化作用，把它看作娱乐和教育的理想的统一或者两者的必然连续。这种看法早在现代艺术萌发之际就已经受到质疑，而现代艺术的特征则可以概括为偏袒和反省；换句话说，“净化”这个概念的历史似乎表现为这样一种无止境的尝试：破坏审美认同的直接证据，把否定的力量强加给接受者，以便使他的审美的和道德的反思获得自由，而不致完全为想象之物所迷惑。

如果要对审美经验的交流功能进行历史性的全面考察（现在无法这样做），就必须追溯审美经验的解放过程。从把净化从参与宗教礼拜仪式中分离出来开始，进而分析产生各种标准的认同活动的诸发展阶段和形式，最后考察当代艺术经验的反思是如何否定交流性认同的。伴随着这个解放过程的理论思考在受亚里士多德影响的接受史中表现得最为明显。但是，当审美理论更多地关注艺术作品的品格而不是关注它对于欣赏者的效果时（例如在文艺复兴时期的柏拉图主义和德国唯心主义的美学中），或者当艺术是自主的那种观点和它的对手（正统的唯物主义）不得不以心理主义或者以仅仅是鉴赏社会学为理由来否定关于接受模式、主体经验的具体化和艺术作品的社会意义等问题的时候，这种理论思考又是十分模糊的。但是，即使是在阿多诺的《美学理论》中，也像大家可能都会想到的那样，作者在这方面的观点是十分极端的，“在观看者和对象之间制造距离的”审美经验与市侩作风等量齐观，被看作是急于要在所描绘的人物身上寻求认同；亚里士多德的净化论传统也遭到断然谴责，因为它孕育了一条“最后被工业文化接受并加实施”的原则（第 354 页和第 514 页）。这里指的是净化论之后的审美升华的原则。它作为“快乐的代用品”只能为维护统治者的利益服务。任何追求认同，因而必然迷恋于实际目的、迷恋于自我价值和快感原则的审美行为也是如此。

阿多诺忽视了这样一个方面：亚里士多德关于悲剧对观众所产生的效果的论述已经把审美经验的那种特殊功能作为前提。而阿多诺则把这一功能看作现代的自主的艺术所独有，认为那种审美经验能够冲破“顽固的自我价值的束缚”，从而变成“自觉意识的样板，在这种意识中，自我不再从自身的利益中寻找幸福，最终也不从自身的再生产中寻找幸福”（同上，第 515 页）。古典的感情升华的审美概念已包含了观众方面的距离感，可以把这种现象描述为一种双重的亦即外部和内心的解放。一方面，与悲剧主角在情感上的认同，导致了观众从他的切身忧患和他自己的感情纠葛中解脱出来。当观众否定了自己日常生活中的具体利益，并对悲剧情节采取审美态度时，观众和主人公的认同条件——怜悯和恐惧就在起作用了。但是，如果观众把自己置于主人公的位置，那末，他的更为纯洁的感情，即由悲剧唤起的感情也就“被净化掉了”。通过悲剧情感，将导致一种“令人向往的泰然自若”。由于审美经验是以这种方式获得解放的，它的对象的想象性质具有不可忽视的作用。

正如柏拉图关于模仿的概念已经要求有一种想象行为以产生模仿的模仿，同样的，亚里士多德的净化概念也以虚构一个或为真实或为可能的客体为先决条件，通过这种虚构，才会出现所期望的“纯化”。正是审美经验与想象之物的这种关系才导致心灵的解放，正如斯塔罗宾斯基最近在分析 S. H. 布彻时指出的：“因为，一方面，想象之物保持着现实所具有的力量，能够唤起我们的激情，在我们内心引起震荡；但另一方面，其结果又不表现为任何真实之物。因此，它所激发出来的感情完全能够作自身消耗(就像‘纯耗损’一样)，这就解释了纯化的效果、净化的效果。”如果说按照柏拉图的理论，艺术是堕落的，因为作为“影像的模仿”，艺术只能引发感觉现象的幻觉，只是模仿的模仿，那末，这种本体论上的缺陷似乎从反面突出了亚里士多德净化论中审美经验的优点，即创造出审美经验特有的“无利害性的兴趣”。正是悲剧的想象性对象、悲剧的远离实际生活目的的情节，才使观众得到自由，从而在与主人公的认同中，他的感情比在日常生活中更能无拘无束地激发出来，并能更完全地消耗自身。因此作为实际生活行为的对立面的净化和观众与悲剧主人公的认同，或者和听众对讲演者揭示的行为模式的认同，这两者之间并不存在任何矛盾。还不如说，净化包含着认同的要求和行为的模式，它是一个交流的框架。其中，被情感所激起而获得解放的想象力就在这里开展活动。作为为可能发生的活动提供场所的交流框架，观众和听众(他们通过另一个人的命运或者不同寻常的典范而获得享受)的审美认同能够传递或者创造行为模式，也能够怀疑或者打破传统的行为规范。但同时也应该考虑到，净化的这个社会功能还有另外的一面。净化的认同也能让观察者在独自的心灵解放中获得纯粹个人的满足，或者使他仅仅停留在好奇的状态中。“由悲剧对象引发的快感”使观察者获得自由，这时他可以通过认同采纳具有典型意义的东西。但是，如果他只是童稚般地对“英雄”的业绩惊叹不已，他也可能延宕或者审美地中和掉认同的经验。

由净化作用引起的审美经验的基本矛盾在于：审美经验可以冲破真实世界的樊笼。但是，在这样做的过程中，它既可能使观众与某个典范行为进行自由的、符合道德规范的认同，也可能让他停留在单纯的好奇状态中。最后，通过他的情感认同，审美经验能够把他吸引到受别人控制的集体行为中。以下的基本矛盾可以被看作必须付出的代价：解放人们心灵的净化现象是通过想象之物的中介作用获得的。在审美经验的历史上，正是这种矛盾一再成为人们论战的靶子；这种论战是以宗教权威、社会道德或者实际的理性的名义进行的，目的在于反对难以控制的艺术效果。在审美经验的交流功能这一方面，基督教文学艺术的不同发展方向具有特殊的意义。因为，就控制生活行为这一点讲，基督教教会和学说的权威力量并不满足于柏拉图对散布谎言的诗人的批评。它出于训导和布道以及向世俗人士灌输宗教信仰的目的，逐渐发展或者认可了它自己的审美经验的表达形式。这些形式的基本原理与非基督教的古代审美准则大相径庭：在礼拜和教诲中获得的喜悦心情与沉思性的审美距离互相对立；引发行动的怜悯与感情的净化相对立；一面是榜样的感召力，另一面是盲目地享受想象之物；一面是“模仿”的劝导原则，另一面则是“模仿”的审美快感。

对审美经验的这种对比的阐述与再评价，要比单纯介绍基督教美学好得多。它使人清楚地看到在处理甚么是值得表现的这样的问题上，古典主义标准和基督教标准之间的历史分界线究竟在何处。因为，基督教美学只能作为假设。在中世纪的艺术和诗歌中，找不到这一美学的单独证据。它出现得较晚，直到基督教的统治接近尾声，启蒙运动和浪漫主义交替之时才出现。后来又在哈曼、谢林、夏多布里昂、让·保罗和黑格尔等人的追述中才得以形成完整的体系。真正的中世纪基督教文学现象，例如“生灵现实主义”（艾·奥尔巴赫语），来自对历史的形象化理解和各种混合在一起的“谦卑的布道”风格，还来自后来发展成为“灵界诗”的寓言诗。这些文学现象并没有产生出自主的基督教美学。在理论上，中世纪的艺术和诗歌仍然处于神学教条的控制之下；在实践中，它们被严格的“超然存在的准则”弄得黯然失色，这种准则的根源是柏拉图-斯多葛以及新柏拉图主义关于美的学说。然而，即使在基督教信仰笼罩一切的年代里，文艺的这种屈从状态也被基督教作家的审美实践所抵消了。与“审美性”相反，亦即与世俗的艺术和诗的美的外表迷惑性相反，基督教作家的审美实践创造了关于创作、接受和净化的经验的新的表现形式。他们重新界定了审美经验的范围,并把审美经验的交流功能归入基督教大众的信仰之中,在这里,引人注目的经常是这样一种过程:随着人们给予表现和交流以审美形式,教诲、怜悯或者首次不自觉地进入审美准则的模仿等道德认同态度本身也逐渐地诗化了。最初意在克服沉思的审美距离的道德认同,这时似乎也越来越依靠审美态度作为中介了。沿着这条路前进,道德就会逐渐在审美中成为客观事实,并最终融化于感伤的自我享受和消费行为的颓废形式之中。

在基督教对净化经验进行重新解释的这些态度中,没有比教诲受到这种逆反现象的损害更为严重的了。作为一种确认规范和实现规范的认同,教诲在我们的时代被局限于陈腐的、仅仅为了消遣、为了蛊惑人心的宣传这种低下的层次上。它出现在廉价商店出售的小说、滑稽的传奇故事和虔诚的物品中,还出现在流行歌曲的抒情歌词和政治抒情诗歌中。J. P. 赫贝尔的《编年史》的广为流行似乎恰恰说明了这部作品的低劣。这里,我们有了一个审美快感产生于历史距离的例子:今天受过教育的读者在怀旧的情绪中能够再一次欣赏“聪明的家庭朋友”给我们的启蒙教诲。这是另一个时代的经验,只要这些故事还能以轻松的笔调来叙述,只要人们有理由相信这些故事可能对生活有所启迪,或者相信有了善良的意图就能够产生出好的文学。后来,当 R. 卡洛伊斯在他的《美学词汇》(1946年)中揭示出道德和因袭之间的混淆古已有之,谴责后人对不道德行为的因袭,并指出“教诲在文学和生活中是必不可少的,就像教诲在建筑中是必不可少的一样”时,“美好的情感写出糟糕的文学”这句成为公认的名言几乎引起一场轩然大波,从而使人们回想起已被遗忘了的“建构”一词的历史起源。

今天,商业化艺术泛滥,教诲已被人们看成是审美经验的颓废形式,被列于顺从意识形态和肯定社会制度的罪孽之首。但它曾经是基督教诗歌的首席辩护士,直到启蒙运动深入开展以后,它还是一种充满宗教内省精神的伟大文学的主要驱动力。而宗教文学的潜在能力则自《少年维特之烦恼》问世以来,始终被经验的世俗诗歌占为己有。歌德的《劝慰书》从审美角度利用了精神升华的宗教模式——这种情形雄辩地证明了新的关于自主感情的文学崇拜的合理性——直到近期,这种宗教模式才变成意识的主体和孤独的内心的表现形式。“建构”一词原本是指为模仿基督教做好准备；这是靠一种非人格化的过程获得的，个人作为社团的一分子通过自己灵魂的活动而成为“信仰的大厦”。这个术语绝不意味着返回到主观内心世界。教诲所引起的净化作用并不是简单地促使虔诚的灵魂与它所崇拜的对象相融合。这种净化作用是建立在一个不是由自己而是由“聪明的建筑师”打下的基础上的。在“活石”这一矛盾的意象中，基督的劳作既体现在建筑师身上，也体现在宗教社团的“精神之家”：“你们……也就像活石，被建造成为灵宫，作圣洁的祭司，借着耶稣基督奉献上帝所悦纳的灵祭。”

正如《新约全书》中的记载所表明的，教诲作为一种非自主的审美经验，从一开始就假设了一种反省距离。这种反省距离已经消失在它的现代的蜕变形式中了。在灵魂的活动中，暗示的沉思态度既可能使人们虔诚地思索所描绘的苦难时刻，又可能使人们在沉思中感知“圣主受难颂”的那些令人不寒而栗的因素。只有把教诲不断地加以诗化，才能获得与所描绘事物的审美认同的经验。这样，沉思的主体能够发现自己内在的感情，但同时也有可能陷入“移情”和神秘的自我享受的泥潭中。这个过程的第一阶段在雷·赫尔措格从古典主义晚期的权威典籍的诗歌中发掘出来的材料里表现得再清楚不过了。赫尔措格是第一个把这批材料用于接受美学研究的人。从这一新的角度观察基督教英雄史诗早期的伟大传统，教诲便成为最初不由自主的审美态度的原动力；它使基督教作家有可能接受异教的诗歌技法和模式。《圣经》原文在沉思性的诠释中面目皆非。出于整合的目的而肢解古典的范例，为了叙述的利益而取消叙述，这些都是赫尔措格的发现。对此他根据新的信仰需要和这种信仰通过教诲给人带来的满足加以解释。与故事中传统的审美快感相反，教诲的意图表现在诸如“由虔诚和过于敏感造成的畸形状态”等现象中。这时，故事情节受到阻滞，以便通过古典主义的净化手段来创造出一种虔诚的形象，这常常伴随着极度现实主义的细腻描写（做过了头，就往往变成了“虔诚的反感”），甚至最早使用“慢镜头”技法。但是，当一个事件未被具体地描述，而只是通过对比鲜明的情感来加以认识时，读者的情感介入也可能被引向一种“发愤献身的精神状态”。在这些阐释事例中，晚期古典主义和中世纪的教诲对劝善和描述应达到甚么程度作了极其细微的区别，其特征是，教诲不再运用这种直接表达主观感情的方式。作为一种“没有实现的热情”（这种情感有各种表现，它不断地寻找适当的表达形式”），作者和读者的情感,还有那些遇见神的圣经人物的激动心情,这些始终是以一种客观化了的教诲形式表现出来的。的确,这种教诲是要付之实现的:“同样的,最后出现的是一幅完成了的描绘献身的画面;画面上,次要人物指着主要的形象,因而在他自己和形象之间创造出非常明显的距离。”

如果我们研究一下基督教是如何接受和重新评价通过净化达到洗清罪孽的古典主义理论,那末,人们只要把奥古斯丁对净化的那种“痛苦的快感”的批判与(新近形成的!)“怜悯”(因为怜悯是中世纪耶稣受难剧——基督教悲剧的最初形式——要求观众采取的那种态度的名称)这一概念并列比较,便可以清楚地看出审美经验历史的发轫了。奥古斯丁对“由诗的想象产生的纯然乐趣”的批判出现在《忏悔录》第1卷中。他叙述了维吉尔的《伊尼德》对拉丁语学者产生的审美效果。他首先揭示出一个纯粹想象出来的命运所具有的魅力(某个名叫伊尼亚斯的人的漫游),然后揭示出人们在为狄多的自杀而感到的悲痛中获得的那种悲喜交集的快感。这样,他就从基督教的角度指出了世俗诗歌欣赏中存在的那种基本缺陷——忘却自我:“我被迫忘掉自己而去记忆伊尼亚斯的漫游,又被迫为因爱情而自杀死去的狄多哭泣,同时,我却两眼干涸,眼睁睁地看着悲惨的自我在那些事情中死去,远远地离开了你,上帝啊,我的生命。”在这里,奥古斯丁捡起了柏拉图关于诗歌有害影响的批评。他否认净化中出现的快感能荡涤被激起的情感,把净化作用中所获得的自我满足与失去唯一真实的自我体验(这种自我体验是面向上帝的)等同起来,从而极大地深化了对非理智的“痛苦的快感”的攻击。

但是,不管奥古斯丁的意愿如何,他只能在追忆式的自我谴责中证实净化中的快感的力量。基督教信仰的新经验使人们在既陌生又亲近的上帝身上寻找和发现了真实的自我,而审美经验则使人们在对他者的享受中得到自我享受,这两者之间有一种隐秘的相似性。事实上,“痛苦的快感”也能使观众由于同情而充实起来,“由于幸福和不幸降临到陌生人头上,出现在各种事件中,灵魂在某种程度上就通过词语获得了经验”。高尔吉亚看到了被奥古斯丁的炽烈的信仰所否认的净化经验的其他成就。既然在救世的历史上新发现的真理已经驳倒了旧的“诗人的谎言”,那末,为甚么净化的快感所产生的强烈效果不能用来服务于基督教的教谕呢?人们与想象中的陌生者命运发生认同的现象为甚么不能加以调整,使人们与信仰中真实的英雄的苦难发生认同,并且通过“怜悯”导向对基督教的模仿呢?

关于在12世纪发展起来的基督教中世纪宗教剧与被遗忘了的古典悲剧之间没有任何联系这件事的确可以这样理解,即宗教剧起源于基督教对占用净化经验所发生的兴趣。宗教剧的观众所期望的仅仅是沉思性的享受态度:他会被呈现在眼前的《圣经》情节所震惊,感动得流下眼泪。更有甚者,他不仅仅是被帷幕与舞台隔开、与剧情保持距离的观众,他还被吸引到这样的情节中去了。在那里,《圣经》中的主要人物都作为剧中人集合到一起,在同一个场景中,《圣经》人物都成为现场目击者。当公众观看《使我们获得拯救的伟大的苦难》时,要求公众采取的态度不是仰慕高大完美的英雄或者烈士,也不是通过净化而荡涤灵魂,以获得判断的自由,而是具有一颗"充满怜悯的心"。这里所要求的净化经验不是清涤灵魂,而是把激起的情感转化为对基督的自觉模仿。

在中世纪的资料中,这种"怜悯"的变化被解释成一系列神秘的步骤,不过也被解释成在他人身上反映出自身的过程。研究圣主蒙难的神学要求人们参与这样一个过程,即从沉思向怜悯发展,最后达到模仿。前面引证过的《圣主蒙难的秘密》一书的作者力图借助神秘的镜子比喻,以把握怜悯的内在过程:基督的磨难就像是一面镜子,置于观众的同情心之前。观众从这面镜子里不仅能认识自己的苦难,而且也能在其他人的苦难中认识自己;通过这面镜子,他终于看清了基督永不磨灭的光辉之本质。镜子隐喻代替了涤罪隐喻,因此对于基督教来说,也就消除了亚里士多德把净化看作"顺势疗法"的荒谬性。所谓"顺势疗法"就是:"人可以清除心头的冷酷,而不能消除怜悯。"但是,历史文献也说明了怜悯为甚么不能被理解为主体的移情。这里涉及的是一种相互反映的来回运动,通过这种运动,充满怜悯心的个人将认识和采纳其他的东西,即他所模仿的榜样。这就意味着他在一种"神秘的整体"中将不会丧失自身。

然而,在基督教诗歌中要通过灵魂的激动和怜悯的道德认同(模仿基督)来消除审美-沉思的距离是带有危险性的,教会的教父们曾以此抨击过异教的诗歌。描写一个神圣的、《圣经》上的或者圣徒传记式的行为,意味着被表现的事件像一切意象一样,人们只有通过它清晰的外观来感知它,而不是把它看作具有某种感召力的、示范性的或者告诫性的事例。即使宗教剧的教谕意图也无法阻止在认识一个被描绘的事件时出现的那种快乐变为对被模仿事物的审美快感。观众的思路不会遵循向他指明的那种道德感,也不会按照所要求的那样去改变信仰。相反,观众从中能使自己的无端的好奇心得到满足或者沉溺于自我满足的情感主义之中。更糟糕的是,即使是宗教剧的基督教观众也会对古代的礼仪产生一种集体的认同。正如沃宁指出的,一种异教的二元论的世俗虔诚心理下意识地反对唯名论的上帝和一神教的教义规则。人们使用审美的和修辞的手段,形象地表现信仰的真理;与此同时,《旧约全书》对各种形象的禁令又暗示了审美认同的危险。这两种情况一次次地使教会权威们进退维谷。索尔兹伯里的约翰生活在宫廷抒情诗的鼎盛时代,他的《政治学》谴责了宫廷内的娱乐活动。在该书第1卷中他对音乐的效果和危险性作了精细的鉴别和批评。这门关于声音的艺术是人自己创造的,它的神奇的力量超过了自然所能创造出来的任何东西——甚至夜莺。这种艺术能够使虔诚的灵魂飞向上帝,但是,像塞壬的歌一样,也能以"勾起人们温柔的情欲"而把灵魂引入迷途。相信人耳的判断是不够的,而以为对各种巧妙的变调有批判鉴别能力就能够使人不至于被如此"美妙的声音"所迷惑也是不够的。当音乐超越了给它设下的界限时,也就是说当它成为进入超感觉的极乐状态的中介时,它立刻就会产生情欲的感觉,而不是一种使听众感到自己已从尘世的烦恼中解脱出来,正在飞向上帝和"天使社会"的感情。无论在肯定的还是否定的意义上,基督教对音乐的净化经验的理解以上述例证最为吸引人。关于净化经验的交流功能以及"耽于声色之乐"的危险这个问题,在如何布道的训诫中有专门的论述。

一方面,正是在对牧师的训诫中,提出了在给俗人灌输基督教时应该采用修辞和审美手段的要求。因为诉诸感官要比诉诸理性更能令人信服地传达信仰的真理("而且,布道时要使俗人感到一切就发生在他们的眼前或者其他感官之前,这样做之所以更为适宜,是因为描绘比理性更能打动众生"),这样,宗教画的合理性就获得了有力的论证,这论证同样适用于宗教剧。这个论点便是,一个呈现在人们眼前的行动("使它看上去像出现在眼前一样")要比它被人们听到时更能使精神激动。因为这样它必然会不断地出现在人们的记忆中。这个论点符合亚里士多德的传统,按照这个传统,眼睛在认识中的作用超过其他感官。但是,还有一个传统也可以追溯到奥古斯丁。这一传统把耳朵看得高于其他器官,因为耳朵可以立即获得洞察力(人有耳朵就是为了理解,因为我们是用耳朵听才明白事理的),并且信仰也是以听到的东西为基础的(相信来自听闻)。奥古斯丁用了一个通过视觉诱惑人的例子，来解释出于同情认同所产生的消极面，即被束缚的意识为它所看到的东西迷住了。

这个例子便是那段著名的记述：阿利比乌斯出于自愿去观看一场斗剑比赛，起初，他闭上双眼，不愿看到正在发生的一切，但是后来，人群中发出疯狂的呼叫，他为好奇心所驱使睁开了眼睛，便再也无法转移目光，杀戮欲点燃了他的激情："因为他一看到鲜血，便贪婪地望着这残酷的场面，非但不掉过头去，反而把目光死死地盯住格斗的场面，不自觉地陶醉在疯狂之中。"（奥古斯丁《忏悔录》，第6卷，第8节）好奇心使富有同情感的观众对伤势严重的格斗士发生的同情的认同，退化而变为对残酷的贪欲的集体认同。这样一种生死攸关的"游戏"，其违反常情的程度不仅破坏了审美态度，而且破坏了观众的道德自由。（"与那个他看到身体上受伤的男人相比，他在灵魂上受到的创伤更为严重。"）奥古斯丁抨击了当时的剧场的激情，他把同情认同的另一种堕落形式描绘为在想象的痛苦中得到的一种虚假的（因为它是自我满足的）专注的快感："但是舞台上虚构的苦难怎么会引起人们的恻隐之心呢？作者不是要把观众感动得去帮助受难者，而只是为受难者感到悲伤；这些故事的作者越是把观众搞得伤心落泪，他们就越是喜欢这些观众。"（《忏悔录》第3卷，第2节）基督教诗歌需要用真正的"怜悯"（奥古斯丁仍然使用"可怜"这个词）来打破"痛苦的快感"，亦即一种同情的欣赏态度的审美客观化。基督教所需要的这种真正的怜悯必须证明自己随时可以进行"模仿"。

艺术的净化经验到了现代便发生了危机。关于这种危机的著名例证，人们可能会想到卢梭的《给M.达朗贝尔的信》（1758年）和布莱希特关于史诗戏剧的论文（1933—1948年）。这一现代危机把奥古斯丁的论点重又提了出来，但也表明怜悯的形式在现代发生了多么大的变化："我听人们常说，悲剧通过恐惧导致怜悯。事实的确如此，但是，这种怜悯又是甚么呢？它是一种转瞬即逝的虚妄的情感，其持续的时间并不比它所由产生的幻觉更长；它是一种很快就被激情所窒息的自然情感的痕迹；一种靠几滴泪珠滋润的毫无效果的怜悯，永远不会产生出哪怕是微不足道的人性行为。"现在，这种传统的责难增添了新的社会意义。因为，卢梭的批评矛头并非针对上述怜悯，而是痛斥这样一种戏剧观：戏剧通过想象的人为中介，恢复了那种会使人们去主动分担他人痛苦的"自然情感"。在《论不平等的起源》中，卢梭几乎完全把基督教怜悯的伦理要求变为自己的理论,以至于把怜悯归结为处于“自然状态”中的人所唯一需要的“天然的美德”。霍布斯否认人类具有任何被传统地奉为神圣的美德。他不知道恰恰由于“自然人”是“有缺陷的生物”,因而需要用怜悯来补偿他的自然缺陷;而且怜悯这种自然倾向即使在动物身上也能发现:“一种与生俱来的不愿看到伙伴受难的本能。”在使用理性之前,对伙伴的怜悯是唯一能够与自我保护原则相抗衡、确保人类生存的情感。这种真正的带有普遍意义的美德足以从一个共同的根基上产生出人类历史上所有的“社会美德”,并足以消除人具有“天然的社交性”的假设。鉴于在历史发展中,异化已经成了人的第二本性(这完全要归咎于人类自己),卢梭认识到,若要把已经枯萎了的同情,即对同时代人的苦难产生同情作为首要的社会美德来加以复苏,利用艺术净化功能是最不适宜的方法。戏剧的效果远不能促使人们认识到社会改革的必要性。它有很大的局限性,只能肯定现状、偏见和私人嗜好,实际上是在加剧它们的发展(“实际的情况好像是,由于戏剧的效果局限于强化而不是改变已经确立的道德规范[行为方式],所以它势将对善者善,对恶者恶”)。因此,卢梭的结论与那个古老的药方如出一辙:日内瓦城市应拒绝建造剧场——柏拉图曾经为建立理想国提出过这样的要求——并取消任何艺术,代之以在市民中倡导源自工作、家庭和公共精神的简朴、自然的乐趣。

在这方面有一个很引人注目的范例:古代斯巴达人朴实无华而又高尚的生活,即使在节日活动中也没有丝毫的铺张奢侈。在卢梭抨击戏剧的最后部分,他举出了上述范例与所有现代依想象力而生诱惑的事例相对照。尽管卢梭是一个清教徒,敌视艺术,但是他暗地里还是屈从了那种诱惑,这诱惑本身便是一种审美态度:对古代的感伤。这种感伤就其对逝去的“简朴生活”的怀旧而言,已经预示了浪漫主义。

布莱希特则从净化经验的现代危机中得出了相反的结论。他阐述了一种非亚里士多德式的戏剧的观念,这种戏剧是要通过第二次异化即通过“史诗戏剧”的新技巧来与社会生活的异化相抗衡。在这种剧中,“幻觉的场所”又一次变成“经验的场所”。在我们看来,布莱希特对于亚里士多德的净化论的批评是饶有兴味的。因为,他把亚里士多德的净化论简化为“对被描绘的个人产生移情作用”,也就是说,不加思考地采纳或者接受他们的行为规范或者世界观。为了抗拒在这种移情作用中的享受,剧作家将使用异化的技巧,展示事件的“奇特性和陌生性”,以便在这样的情况下使观众看到，这世界“是可以控制的”。为了激发观众的批判性反思，作者剥夺了观众与剧中人物的熟悉认同。但观众还是会在“教育剧”中找到快感。于是，那个古老的问题又重新出现了：新戏剧怎样才能做到既有娱乐性又有教育意义呢？在布莱希特较早写成的《非亚里士多德戏剧艺术》(1933—1941 年)中，一开始就提出：“在没有移情作用的情况下，或者至少在不是移情作用的基础上，艺术享受是否可能实现？”及至在作者后来写的《戏剧艺术初探》(1948 年)中，布莱希特试图在“我们自己时代的……特殊的快感”中去发现这种情感的基础，以解决上述问题。史诗戏剧的异化效果已经为布莱希特的观众提供了那种“新视域”的批评距离。换句话说，这些效果把观众身上一切移情式的认同现象清除殆尽。这样，布氏的观众最终将在古老的净化快感中为他们那种清教徒式的、唯物主义的净化找到酬答！

如果人们不把布莱希特的非亚里士多德的戏剧艺术观看作一种否定，而是看作辩证地接受了亚里士多德关于艺术的净化效果的学说，那末就比较容易理解布莱希特为甚么把净化和移情作用等同起来。这样不公正地针对古典悲剧，实际上是指资产阶级戏剧及其对伟大的个人和自然主义幻觉的欺骗性所持的崇拜态度：“人们不再可能对反复无常的个人、可以避免的行为、多余的悲痛等等发生移情作用了。只要我们是在李尔王的身上发现他命运的星宿，只要他被看作是固定不变的，只要他的行动被描绘成完全是由本性所决定的，换句话说完全是无法避免的、命中注定的，那末我们就仍然能发生移情作用。关于他的行为的任何讨论……也就是不可能的了。”但是，莎士比亚的戏剧就像中世纪的宗教剧和古希腊悲剧一样，其目的不在于产生这种移情作用。与“观众只看到能使他们产生移情作用的主人公”这种倾向相反，早期的欧洲戏剧已经以各种方式在观众和演员之间造成了一个信息空白。其目的在于使剧中主要人物的行为具有争议性，使命运的模糊性“可供讨论”。关于这一点，我们只须提醒读者回想一下古典戏剧中的合唱队、中世纪戏剧开场白的解说者、莎士比亚剧中的丑角和莫里哀作品中仆人们的那些讽刺性评语的作用就足以说明了。

的确，不管是亚里士多德式的古典主义和人道主义戏剧，还是基督教戏剧，都不具有布莱希特那样大的野心：“现在，戏剧把整个世界呈献在他面前，从而使他能够掌握世界。”布莱希特认为，史诗戏剧只需把它所描述的予以陌生化，从而使观众相信看似不可能改变的世界实则是可以改变的。但是，这种奢望如果要实现的话，就远不只需要求助于理性的洞察力。这就是那种具有进步意义的恢复戏剧作为“一个娱乐场所”这一最古老、“最高尚的功能”的根本动机。在这个过程中，当前科学时代的“种种特殊娱乐”正受到人们的审查：“这些娱乐必须包含解决那些问题的智慧，包含对受难者直接表示同情的那种愤怒，包含对尊重人性的人们的尊敬，或者干脆说对任何表达人性的东西表示尊敬。简言之，包含任何使从事生产的人们感到高兴的内容。”人们可能会怀疑，这一切是否足以“使辩证法变得让人们乐于接受”。当然，布莱希特的“教育剧”也有简单的方法可以用来“使道德教诲变得让人们乐于接受，并由此带来感官的享受……”这样，布莱希特就在他的《戏剧艺术初探》的“美学”中，重新找到了净化经验的劝善效果，并且用自己的技巧加以丰富。但是他并未穷尽那种经验的交流功能。问题不仅在于戏剧怎样才能够重新把娱乐和教育融为一体，异化怎样才能带来快感，还在于怎样才能促动孤独的观众从批判性的反思状态转变到采取联合行动。这就意味着，怎样才能把行动规范暗示给他，而不带半点或者明显或者隐秘的强制性。社会主义的现实主义的“正面主人公”当然是与布莱希特提出的解决方法相对立的。早在布莱希特之前，就已有人探索过这种解决方法。这一点已为典范概念的历史所证明。在此，我们将最后一次地回溯一下这段历史。

在基督教的生活规范中，典范本身不同于虚构事物所产生的矛盾心理力量，甚至明显地比怜悯的交流情感更不同于后者。由于典范的暗示性主要依赖于一个确已发生的行动的示范能力，从而使某个“可供模仿的形象”展现出来。这种“可供模仿的形象”诉诸洞察力，而不是通过感官来作诱惑的。正如基督教早期著作家们的著作充分证明的那样，由典范行动确定的标准从基督教的象征论的历史理解中获得了新的合法地位。这一点似乎能够说明，随着基督教教诲的传播，为甚么教诲性的故事获得了新的价值和文学地位，以及为甚么从中世纪鼎盛期对俗人的训诲开始到文艺复兴时期对历史的理解这整个时期中，它一直繁荣不衰。这种故事之所以具有这样的交流效果，其主要原因可以从阐述基督教徒使用这一形式的最早的理论中找到答案。安布罗斯极力推荐这形式，把它作为一种证明手段，认为它主要适用于俗人(“由于词语对俗人不够使用，他们便习惯于用典范加以劝导”)。教诲性故事，像寓言和其他范例的形式一样，依靠所描绘的人物的审美根据。但是,它作为一个实际存在的典范,凭借事实的更强有力的力量,比虚构出来的典范更高。这样,基督教意义上的典范便可界定为创立规范的那种认同,因而有别于异教的修辞手段。这种手段受到基督教传道士和基督教诗人的抨击,说它由于用花言巧语蛊惑人心,所以表达的绝不是真实而只能是貌似真实的东西。基督教的教诲性故事由于具有创立规范的功能,还能用来反对带理论色彩的理性以及它的那种主张。唯独概念化的思想及其逻辑手段方可探知这种真实性。在关于典范的新主张背后,存在着基督教的信念,即认为历史记载的东西必定比仅是思想更为重要;作为事件的看得见的行动比仅是空头教条的大厦更为重要。为了巩固信仰,布道者可以召唤出基督这个所有典范中破除规则的典范,基督"身教重于言教":"因为典范在向人的心灵暗示、灌输以及使这些东西予人以深刻印象时尤为有效,所以上帝的圣贤——耶稣基督,主要是通过行为而不是通过言语来传授他预言的精妙之处和教义的重要意义,似乎把他的教义化为看得见、摸得着的事物,用各种对比、寓言、奇迹和实例来强化和装饰它,以便使他的教义能够立即为人们所领会。"在典范中,否定和认同密切相关,以至于奇异但也是真实的事物冲破了日常生活行为的准则(与典范混合在一起),从而给意识带来了自由,使之具有深刻的洞察力并改变其信仰,而且还为行为设计了框架,在这个框架内,"模仿"的道德认同将显示它的效果。

在审美经验的历史中,典范具有特别重要的地位,这不需要详细引证文献资料。典范的创立准则和交流的功能,不仅在教会对俗人的教诲中,在宗教社团中,或者在道德说教的文学和实用哲学中(这两者一进入现代就开始把自己从神学的监护下解放出来)也显然可见。自从夸美纽斯以来,在基础教育的理论和实践中,以及在(最后但不是最不重要的)1789年年初人们体验历史的方式中,这种体验一直是由典范形成的也是显然可见的。人道主义者为典范的实用意义提出的那些理由(教谕变成行动),从于埃到布兰肯堡的小说家和理论家们无一不加以采纳。这是因为他们要使他们所读的东西具有权威力量,使之服务于资产阶级社团的解放。正是在这里,艺术在形成具有客观约束力的意义的过程中,它的交流功能才变得显然可见。否定性美学忽视了这种功能,它视一切从审美性导向道德性的认同为消极的东西。在它看来,那些认同都是对社会的肯定,它们顺应社会,维护其制度永久不变。

R. 科泽勒克在“大师历史”的解体中，看到了一个新的开端，并把这归因于启蒙运动的历史主义。在审美经验的历史上，这个开端至关重要。新的见解认为，正是在民族、制度及其体现者的不断重现的历史中，并通过他们，这一部人类历史的不可逆转的过程才得以发生。这种新见解使得运用过去模式和典型作为典范的方法变为无效，而涉及这一独特而又具有普遍意义的历史的起源和目标，以及人作为这一历史负有责任的主体等问题就成为哲学和思想史的中心主题。K. 施蒂尔勒非常详细地论述了蒙田在这个过程中的地位，从而丰富了这一论题。这里所涉及的不单是通常所说的对历史采取的怀疑主义的做法，而且“以不加评论作为描述的真正原则”。施蒂尔勒把传统的教谕性的故事相互对比，从而暴露出它们的道德格言的普遍适用性大成问题。他还开辟了一个反思的领域，新的发现弥补了已经失去信任的“历史给予的教训”。“当蒙田抛开那些陌生而又繁琐的典范时，他发现自己本身‘典范’的取之不尽的源泉，具有经验的依据。就这样，自我取代了‘历史’而成为真实故事的精髓。”这里至关重要但时常被忽视的是，蒙田的随笔中的“我”并没有找到某种永久的物质作为“真正的自我”。蒙田对自己的检验并未把孤独的个人上升到“大师”的高度，而是想成为一种典范性的经验。这种经验由于反映出其他人反复无常、前后矛盾的行为，因而能察觉自身极其平凡而又变幻不定的本性：“我研究我自己的长期努力也教会了我去粗略地判别别人，我能恰切而不引人指责地谈论的东西很少……从年轻时起就培养自己从其他人的生活中观察自己的生活，因此我对这个题目已经有了极大的兴趣。”

蒙田创立的“随笔”这种新的文学形式使教谕性的故事成为问题。问题在于它的双重功能：一是阐释道德格言，一是作为在作出某种决定之前进行劝诱和劝阻的一种证明手段。对于甚么能够成为人类生活的典范，“随笔”也揭示了一种新的经验。世俗的历史传统不仅把行动中的人的非凡业绩载入史册，而且也片面地，或肯定或否定地描述它们，还把生活中的平凡事物载入史册，任何个人的内心状态都被视作“人的能力”的组成部分：“我阐明过一种卑微的、默默无闻的生活，那没有甚么关系。你既可以把所有关于道德的哲学同一种较为充实的生活联系起来，也可以把它们同普普通通的私人生活联系起来。每一个人都具有人的全部形式。”的确，古典主义的道德传统也认为，一件小事，“一种措辞或者一句笑话”往往比战场上最“光辉的业绩”更能有力地体现出生活中的典范性质。但是，这个出自普鲁塔克的所谓“亚力山大和恺撒雷同”的著名论点，指的是两个历史人物的传记。而否认“名人”权威的蒙田，却正是从恺撒的生活并不比蒙田自己的经验可以告知蒙田更多东西这一点去寻找典范性的：“凯撒的生活并不比我们自己的生活显示给我们更多的东西；不论是皇帝的生活还是普通人的生活，都是一种受制于各种人类偶然事件的生活。”恰恰是那些非凡的、经过历史证明是真实可靠的行为使人难以分辨甚么是才干，甚么是命运的恩宠：“我的行动会更多地说明命运而不是说明我自己。”随笔这种新形式使人们有可能在某种经验中寻找典范，这种经验在行为受他人支配的状态中尚未得到体现：“我主要描绘我的思想，这个在运动中无法表现的不成形的主体。”但是，这种反思自身的典范性质具有一种矛盾的功能，即它仅仅是“特殊的典范而不是普遍的典范”。它是一种排斥“模仿”的典范性。

就典范而言，审美经验的根本矛盾总是表现在它本身包含两种“模仿”的可能性：一是通过典范来自由地学习理解；一是机械地、不自由地去遵循某条规则。典范的道德认同则发生在自由的遵循和不自由的模仿这一对立的两极之间。这个特征在基督教的生活行为（模仿基督）领域内已有详尽的阐述。但在道德哲学中，特别在康德关于典范的理论中，它也具有重要的地位。在《判断力批判》一书的有关章节里，典范不同于箴言，遵循有别于“单纯的机械模仿”：“对于一个典范作家的作品可能给予其他作家的一切影响的恰当表述是继承，继承涉及先例，而与模仿无关。继承意即在创作中从同一源泉中汲取养料，正如典范作家在创作时从前人的源泉汲取养料并学习他们利用这种源泉的方法。”（第 32 节）

这里所理解的典范概念可以弥合审美判断和道德实践之间的鸿沟，并且能弄清楚审美认同转向道德认同的过程。在审美和道德领域里，典范的独特成就在于它突破了“规则与事例”的框框：“典范适用于‘不确定的东西’，它具有一种能动的特点，就是说，每一次新的具体化都丰富了它的定义。”因此，在实用理性的范围内，典范能够用道德情感的生动画面去“克服那种从审美的角度把道德加以客观化的做法”，并且在行动本身中产生出兴趣。康德认为，就审美判断“只能被称为典范的那种必然性的意义上说，亦即对被看作例示一条无法公式化的普遍规则的判断作全体赞同的必然性的意义上说”，康德意义上的那种典范提供了一种开放的、创造规范的意见一致的模式。正是在这个基础上,赫伯特试图按美学来建立伦理学。

张乐天译

——节选自汉斯·罗伯特·耀斯:《审美经验与文学解释学》,上海:上海译文出版社 1997 年版。

法 国 卷

让·鲍德里亚

让·鲍德里亚(Jean Baudrillard，1929—2007)，中国台湾译为“布希亚”，法国哲学家，社会学家，被誉为“后现代思想的守护神”，自称是“知识的恐怖主义者”。1968年出版了其博士论文《物体系》，开始获得声誉。随后其符号学研究转向超现实世界的分析，认为后现代社会是拟像社会，一切都由符号构建，现实与模型之间的差别消失，真实、事实被悬置，他甚至认为海湾战争从来也没有发生过。海湾战争作为符号已经在之前的电子演练中被重复了无数次，真实的战争只不过是电子游戏的复制而已。随着电影《黑客帝国》的上映，鲍德里亚在美国声名鹊起。鲍德里亚的思想背景比较复杂，求学期间学的是社会学，早期师承马克思主义，中期专攻符号学理论，80年代后，转入主客体关系的形而上学研究。他认为在后现代社会客体无限增殖，主体对于客体不再具有优势，客体特别是超真实的客体、被仿真的客体获得了对主体的优势。鲍德里亚的后现代理论总体上看比较悲观，他认为未来已经提前到来，剩下只是符号无限的复制。鲍德里亚的观点引起了很多争议，美国批评家道格拉斯·凯尔纳认为鲍德里亚夸大了现代与后现代之间的断裂。鲍德里亚最大的问题是丧失了早期师承的马克思主义批判精神，他认为理论注定要被操纵、被利用，然后沉浸于符号的游戏中，冷漠而慵懒地面对现实社会。鲍德里亚的主要作品还有《生产之镜》、《符号交换与死亡》、《拟像与仿真》、《消费社会》、《诱惑》、《冷回忆》、《完美的罪行》、《论摄影》等。

《最美的消费品：身体》出自鲍德里亚早期的作品《消费社会》(1970年)，书中他把马克思主义的政治经济学同符号学理论结合起来，对消费社会中主体与客体之间的控制关系、日常生活的商品化进行分析。鲍德里亚认为要成为消费对象,必须先成为符号。其消费逻辑就是商品摒弃了使用功能而变成了纯粹的语言符号,商品的意义来源于符号彼此间的内在差异关系。消费符号把人区分为不同的等级从而实现社会的控制。在《符号的政治经济学批判》中,鲍德里亚进一步把这种观点推向极端,认为商品就是符号,符号也被当作商品。传统社会是一个灵肉二元对立的社会,身体是在世的负累,期待灵魂的拯救。在消费社会,人们身体在今天负载了更多的内涵,已经彻底取代灵魂成为救赎物品。人们开始了对身体的自恋式投入和戏剧性认知,身体成了一种不和谐的双重实践:作为资本的实践与作为偶像的实践。

法国的时尚杂志《她》(鲍德里亚虚构的一份杂志)的一篇文章以小说的语言描述了对身体占有的心理,表明如今是身体的皮囊包裹着灵魂,皮囊成了像衣服一样用来穿的符号,而不是传统的灵魂包裹着身体。文章建议女性进行自恋式的开发,以变得时尚、健康和美丽。身体成了所有被操纵和被消费的物品中最美丽的一个,这无疑是更加深刻的异化。美对于女性成了宗教式的绝对命令,因为美丽是一种资本。美丽的逻辑就是时尚的逻辑:实用价值向功用性价值的蜕变,其中现实的具体的东西被抽象化为交换的符号。性欲也和美丽一样被重新赋值,交换符号的色情同肉体的性欲区分开来。《她》中的时装模特已经不是一种身体,而是一种抽象化的符号形式,美变成了抽象的空无。身体被赞美是因为时尚而不是因为快感,在和其他的功用性物品同质化的过程中身体被取消。

身体与物品的同质,可以相互交换含义并相互赋值,并进入了深层的消费机制。色情与身体被虚假的符号包围,唯一的被解放的冲动就是购物的冲动,身体、色情、美丽都被出售着,这是快感的原则。对身体的祛魅贯穿了西方历史,身体的颠覆性价值是意识形态最尖锐的策源地。但今天身体成了新的神话和救赎模式,继承了灵魂崇拜的意识形态功能。身体成了新时代特权化的支柱,把个体和社会牢牢控制住。身体神话是建立在女性基础上的,这不是女性的天性使然,而是女性被奴役、被流放的历史造就的。今天,一切都在解放的名义下进行——性、色情和游戏。这种神话通过把青年判定为叛逆的,将女性同性解放混同起来获得自恋式解放,这是消费的机制。

健康也变成了对地位的功用性追求,健康与其说是生理命令,还不如说是与地位相关的社会命令。传统的医术类似于巫术,可以恢复身体的神力，如今医生和健康的地位是通过自恋式投入和赋值确立起来的。在获得健康的欲望下，个性化的身体进行一些非理性的、次要的医疗消费。消费社会的美丽与苗条密不可分，这只能从同身体同谋的角度来解释。当代对身体的关切是一种压制性关切，被查禁、被忘却以便变得纯洁，防止身体与欲望沟通，这是一种游戏式的道德。对身体的侵略性冲动更多地体现在节食中，这超越了时尚的轮回，身体在一种全面的折磨中，变成了必须根据某些美学目标来监禁、禁欲的危险品。

性被消费，其作用机制是商业化和工业化的物品标准。这种色情化并非是对传统的祛魅，色情的失度是逐步升级的，性欲被纳入了边缘化生产及无限分化的过程。精神分析家对色情广告的分析只是一个二流的神话学，因为色情广告中并无象征和幻象，色情材料只不过是氛围，这种隐喻并不是无意识，色情广告只是符号而不是意义，真正的幻象是无法表现的。广告只是引起文化联想的符号组合，因而是无害的。色情广告的机制并非对观众进行无意识的劝诱，而恰恰是对有深刻意义的幻象表达进行审查，目的只是让单调乏味、模式化的色情广告留下空间。性欲从实体中脱离出来成为消费材料，这比弗洛伊德的解释更加恐怖。鲍德里亚认为性玩偶是一种逻辑的畸变，充满怪诞与虚伪，现实成了对本真的物化和颠倒。一切都被赋予性征来取消力比多和象征功能，而性教育则通过过度的性符号的展示对孩子实施了真正的阉割。

鲍德里亚符号学理论对美育理论的启示：在符号泛滥和信息过度冗余的消费社会里，人们追逐符号，追逐时尚，甚至出现了为买一部苹果手机而卖肾的所谓“卖肾青年”。美育在这样的社会里举步维艰，传统美育理论似乎成了清教徒苦修与禁欲的象征，被后现代狂热的拥趸嘲讽、解构与颠覆。真、善、美一度被视为宏大叙事而被边缘化，唯恐与之沾边而被扣上虚伪的帽子。在一个假、丑、恶横行时代，美育也许如鲍德里亚所言，会被控制、被利用，理论也许会成为消费的符号，但美育作为一种生活直接发生关系的手段，永远不会过时，美育呼唤重归美好的人性、重建和谐的社会。面对符号与实体的双重压迫，美育不再留恋于抽象的形式，其革命性与政治性已经来到唇边，呼之欲出。

（李　兵）

最美的消费品:身体

在消费的全套装备中,有一种比其他一切都更美丽、更珍贵、更光彩夺目的物品——它比负载了全部内涵的汽车还要负载更沉重的内涵。这便是身体。在经历了一千年的清教传统之后,对它作为身体和性解放符号的"重新发现",它(特别是女性身体,应该研究一下这是为甚么)在广告、时尚、大众文化中的完全出场——人们给它套上的卫生保健学、营养学、医疗学的光环,时时萦绕心头的对青春、美貌、阳刚/阴柔的追求,以及附带的护理、饮食制度、健身实践和包裹着它的快感神话——今天的一切都证明身体变成了救赎物品。在这一心理和意识形态功能中它彻底取代了灵魂。

布道者根据圣经的话语不知疲倦地提醒人们,我们只有一个身体,必须对它进行救赎。几个世纪中,有人不懈努力,试图说服那些没有感觉到这点的人们(可他们从来也没有被真正说服过);如今也有人坚持系统地说服他们相信他们的身体。这便有些奇怪。身体难道不是本来就明摆着的事实吗?看来不是:身体的地位是一种文化事实。现在,无论在何种文化之中,身体关系的组织模式都反映了事物关系的组织模式及社会关系的组织模式。在资本主义社会里,私有财产的普遍地位同样适用于身体、社会实践及人们因此而产生的心理复现表象。在传统秩序中,比如在农民身上,就没有对身体的自恋投入、戏剧性认知,而有的只是由劳动过程及与自然关系所导致的一种工具式/神奇视角。

我们想要说明的是,当前生产/消费的结构在这一主题上促成了与自身身体不和谐(却深刻联系的)复现表象相联系的一种双重实践:作为资本的身体的实践,作为偶像(或消费物品)的身体的实践。在这两种情况中,重要的都是那远未被否定或忽略的身体能够得到毫无约束的投入(取这个词的两个意思:经济投入和心理投入)。

▶ 您身体的秘密钥匙

这种对身体有指导的重新占有的一个完美典范是由《她》(法国的一本时尚杂志,法文名为《Elle》,中文刊名为《世界时装之苑》。——译者注)在一篇题为《您身体的秘密钥匙——迎刃解开生命之路》的文章中向我们提供的。

"您的身体既是您的局限也是您的第六感。"文章开头说道,随后它又以小说般的语言一本正经地对身体及其映象之占有的心理起源进行了阐述："大约六个月大小时，您就开始感觉到，尽管还是非常模糊地感觉到，您有一个不同的身体。"一段对镜像阶段的暗示（"心理学家们称之为……"），一段对性欲发生区的冷冰冰的暗示（"弗洛伊德说……"），之后就过渡到正题："您在您的皮囊里感觉好吗？"接着出现的，就是 B. B.（即碧姬·芭铎（Brigitte Bandot）。——译者注）：她"在她的皮囊里感觉很好"。"在她身上，一切都是美丽的，脊背、脖子、腰的下部。""B. B. 的秘密？在于她真实地生活在她的身体之中。她就像一只确确实实填满了她的裙子的小动物。"[她是生活在其身体中还是其裙子中？裙子和身体，哪一个是别墅？实际上：她像穿裙子一样穿着她的身体，这赋予这里的"生活"以一种模式的和全套装备式的效果、一种更因"小动物"而强化了的游戏式原则。]假如说以往是"灵魂包裹着身体"，今天则是皮囊包裹着它，但皮囊并非那作为裸体（因而欲望）之泛滥的皮肤：皮囊就像是魅力的服装和别墅，就像是符号，像是对模式的参照（因此可以被裙子取代而不发生意义上的改变，正如我们在剧院及其他地方对裸体的现实不择手段利用之中清晰所见的那样，在那里尽管它挑动了虚伪的性欲，仍然还是作为时装例词中的一个多余词条出现的）。

回到我们的文章中来。"应该对自己在场，学会阅读自己的身体"（否则，你就是反 B. B.）。"您平躺在地上，展开双臂。用右手中指极缓慢地画一条从无名指沿着手臂直到肘窝、腋窝的无形的线。您的腿上也有这样的线。这些都是敏感线。这是您的爱情国地图。还有其他一些温柔线：脊椎沿线、脖子、腹部、肩膀……假如您不了解它们，就会造成身体的压抑，就像在心理上造成压抑一样……您的敏感不存在的、您的意识不造访的那些身体部位，都是失宠的部位……那里的循环情况很差，它们缺乏活力。甚至蜂窝织炎就会在那里决定性地扎下根来……"换句话说：假如您不进行身体护理，假如您因疏漏而犯错，您就会受到惩罚。您的一切痛苦，都是由对您自己（您的救赎）不负责任的罪过造成的。与激怒了这张"爱情国地图"的那种独特心理恐怖主义（它和清教的恐怖主义相同，所不同的只是惩罚您的不再是上帝，而是您自己的身体——它的要求突然变得凶险、抑制，而且如果您对它不够温柔它便要进行报复）无关。我们看到这一话语是如何打着协调每个人与自己身体关系的幌子，在主体与作为双重威胁的客观身体之间，重新引入了与社会生活关系相同的关系、与社会关系的规定性相同的规定性：讹诈、镇压、被迫害综合症、配偶神经症（同样那些读到这里的女人们会在更远的某页读到：假如您对您的丈夫不够温柔，那末您就要为您的婚姻失败承担责任），《她》中除了这种更主要是针对女性的潜在恐怖主义之外，有趣的便是其提出的要内转到自己身体中去并“从内部”对它进行自恋式投入的建议，这样做根本不是为了深刻地了解它，而是，根据一种完全拜物崇拜和耸人听闻的逻辑，为了使它向外延伸，变成更加光滑、更加完美、更具功能的物品。这种自恋的、然而是指导性自恋的关系，它在身体上进行的操作就像在“处女地”和“殖民地”上进行操作一样，它把身体当作一座有待开发的矿藏一样进行“温柔地”开发以使它在时尚市场上表现出幸福、健康、美丽、得意动物性的可见符号，这种关系在女读者们的告解中找到了其神秘表达，她们说：“我发现了我的身体。感觉纯净地触到了我。”还有更好的：“……就像我的身体和我进行了拥抱。我不由地爱上了它。而且，爱着它的我，想用我对自己孩子的那种温情去照料它。”这里意味深长的是情感性朝着身体孩子、身体/小玩意——这是对被疼爱、被抚慰……被阉割的阴茎的无穷无尽的隐喻——的这种逆退式退缩。在此意义上，身体，变成了最美的关切之物，独自垄断了一切所谓正常的（对其他真实的人的）情感性，但并不因而就获得了自身的价值，因为，在这一情感转向的程序中，无论其他何种物品都能依据同样的拜物崇拜逻辑来扮演这一角色，身体只是心理所拥有的、操纵的、消费的那些物品中最美丽的一个。

但是最重要的，是这种被改编成解放及实现的神话的自恋式重新投入，实际上同时又一直是一类有效的、竞争的、经济的投入。这样“被重新占有”了的身体从一开始就唯“资本主义的”目的马首是瞻：换句话说，假如它得到了投入，为的就是使它能够结出果实。身体之所以被重新占有，依据的并不是主体的自主目标，而是一种娱乐及享乐主义效益的标准化原则、一种直接与一个生产及指导性消费的社会编码规则及标准相联系的工具约束。换句话说，人们管理自己的身体，把它当作一种遗产来照料，当作社会地位能指之一来操纵。上面那位说了“要用对自己孩子的那种温情去照料它”的女人随即补充说道：“我开始频繁出入美容院……这段危机过后，见到我的人们都发现我更幸福、更美了……”作为娱乐工具和魅力指数恢复过来后，身体就成了一种投入（操心、挂念）工程的客体；

这一工程,在人们非常希望实现的解放神话后面,无疑包括了一项比之对身体的开发在劳动力方面更加深刻异化了的工程。

▶ **功用性美丽**

在这一将身体圣化为功用性身体指数价值——即不再是从宗教视角中的“肉身”,也不再是工业逻辑中的劳动力,而是从其物质性(或其“有形的”理想性)出发被看作自恋式崇拜对象或策略及社会礼仪要素——的漫长过程中,美丽和色情是两个主导主题。

这两者是不可分割的,并共同创立了身体关系新理论。它们对男女都适用,尽管如此还是区分成一个阴极和一个阳极。弗里内主义和健身运动:我们大概可以这样来指代这两种范例,它们主要的基础论据还是相互流通的。然而女性范例掌握了一种优先权,大约它就是这种新伦理的指导性模式,因而我们能在《她》中找到以下这类分析资料并非偶然。

美丽之于女性,变成了宗教式绝对命令。美貌并不是自然效果,也不是道德品质的附加部分,而是像保养灵魂一样保养面部和线条的女人的基本的、命令性的身份。上帝挑选的符号之于身体好比成功之于生意。此外,美丽和成功在它们各自的杂志里都包容了同样的神秘主义基础:在女性身上,是那开发着并“从内部”提示着身体所有部分的敏感性——在企业主那里,是对市场的各种潜在性的充分预感。它们都是上帝选择和救赎的符号:这与新教伦理相距并不遥远。而事实的确如此,美丽之所以成为一个如此绝对的命令,只是因为它是资本的一种形式。

让我们顺着这一逻辑走得更远一些:美丽的逻辑,同样也是时尚的逻辑,可以被界定为身体的一切具体价值、(能量的、动作的、性的)“实用价值”向唯一一种功用性“交换价值”的蜕变,它通过抽象化将光荣的、完善的身体的观念、欲望和享乐的观念概括为它一个——且由此而当然地否定并忘却它们的现实直到在符号交换中耗竭。因为美丽仅仅是交换着的符号的一种材料。它作为价值/符号运作着。这就是为甚么可以说美丽的命令是功用性命令模态的一种——这对物品和对女人(及男人)一样有效——因为每个女人对她自己而言都变成了那种和企业中设计师或工艺设计师同质的美容师。

另外,如果考察一下工业美学——功用主义——的支配性原则,就会看到它们被简单地应用到了美丽的宪章之中了:那位“在自己的皮囊里感觉很好”或“确确实实填满了她的裙子”的B.B.,就是同样一种“功用与形式和谐结合”的模式。

▶ 功用性色情

和我们刚刚定了性的美丽密切联系并且如今在各处指导着身体之“重新发现”及消费的,就是性欲。美丽的命令,是通过自恋式重新投入的转向对身体进行赋值的命令,它包含了作为性赋值的色情。应该将作为我们社会中交换普遍化范畴的色情与本来意义上的性欲明确区分开来。应该将作为欲望交换符号载体的色情身体与作为幻觉及欲望栖息处的身体区分开来。在身体/冲动、身体幻觉中占主导地位的是欲望的个体结构。而在“色情化”的身体中,占主导地位的则是交换的社会功能。在此意义中,色情的命令,和礼貌或其他诸如此类的社会礼仪一样,受到符号工具化编码规则的约束,只不过(就像美丽中的美学命令一样)是功用性命令的一种变体或隐喻。

《她》的女性的“热度”就是当代整个动产的热度:这是一种“氛围”的热度。它再也不属于内心隐秘、肉欲,而是属于经过估算的性含义:好色就是热度。这种性欲是既热又冷的,就像一种“功用性”内部的冷热色调游戏一样。它和包裹着“设计好的”和“穿着妥当的”当代物品的形式具有相同的“清白”。另外这也不是人们所说的“性冷淡”,因为性冷淡还意味着对强暴的一种性反响。时装模特并不是性冷淡的:而是一种抽象化。

时装模特的身体也不是欲望的客体,而是功用性客体,是混杂着时尚符号和色情符号的论坛。它再也不是姿态的综合,即使时尚摄影展示了其通过一种模拟程式重新创造自发手势和自然动作的艺术,它也不是本来意义上的身体,而是一个形式。

当代所有的审查官就是在这一点上搞错了(或者说自愿搞错),即在广告和时尚中,他们把(女人的或男人的)裸体当作肉体、性、欲望的目标而进行拒绝,相反却将身体被切分的那些部位改编进一个对本来的身体进行升华、祛邪的庞大程式之中。

就像色情是在符号之中而从不在欲望之中一样,时装模特的功用性美丽是在于“线条”之中而从不在表达之中。它尤其意味着表达的缺场。长相不规则或丑陋的或许还能凸现一种意义:她们都被排除在外了。因为美丽完全在于抽象之中,在于空无之中,在于陶醉之缺场及陶醉之中。

这种对物质的忽视至少被概括在目光中。那些迷人的/着迷的眼睛，深不可测，那目中无物的目光——那既是欲望的过分含义也是欲望的完全缺场——在他们空洞的勃起中、在对他们审查的赞美中，是美丽的。它们的功用性就在于此。美杜莎的眼睛，呆住了的眼睛，纯洁的符号。就这样，沿着这被揭去衣服的、受到赞美的身体的，在那些因为时尚而不是因为快感而发黑的惊艳了的眼睛中的，就是身体本来的意义，是在一个催眠过程中被取消了的身体的真相。就是在这一范围中，身体，尤其是女性的身体，特别是时装模特这种绝对范例的身体，构成了与其他功用性无性物品同质的、作为广告载体的物品。

▶ 快感原则和生产力

反过来，暗中对女性的身体/物品范例进行投入的最小物品，也以同样的方式被偶像化了。由此色情全面渗入"消费"的整个领域。这里并不是轻佻意义上的时尚，这是整个时尚本来的、严格的逻辑。身体和物品构成了一个同质符号网，它们可以在我们刚谈过的抽象化的基础上交换它们的含义（这便是它们的"交换价值"所在）并相互赋值。

这种身体与物品的同质进入了指导性消费的深层机制。假如说"身体的重新发现"一直都是对被其他物品普遍化了的背景中的身体/物品的重新发现的话，那末可见从对身体的功用性占有到购物中对财富和物品的占有之间的转移是何等的容易、合乎逻辑和必须。另外我们知道色情和身体的当代美学是如何浸泡在一个处于全面掺假符号之下的，盛产产品、摆设、附件的环境之中的。从卫生保健到化妆，其间还包括晒黑皮肤、运动和多种对时尚的"解放"，身体的重新发现首先都要经过物品。看起来，唯一被真正解放了的冲动便是购物的冲动。让我们再一次提到那位对自己身体一见钟情的女人，她急急忙忙地就去了美容院。另外，这种反例在所有那些因为希望"重新发现自己的身体"而献身于香水、按摩、疗养的女人中越来越常见。作为符号的身体和物品在理论上的等同造成了事实上的奇妙等同："购买吧——您会在您的皮囊里感觉良好。"

以上分析的一切心理功用在这里获得了其经济和意识形态意义。身体被出售着。美丽被出售着。色情被出售着。而这并不是那在最后关头为整个"身体解放"历史进程指明了方向的原因中最小的一个。它把身体当成劳动力。它必须"被解放、获得自由"以便它能够因为生产性的目的而被合理地开发。就像必须遵循自由决定和个人利益——这是劳动者个体自由的正式原则——以便劳动力可以变成对薪水的要求和交换价值一样,必须使个体能够重新发现自己的身体并对它进行自恋式投入——这是快感的正式原则——以便欲望的力量可以变成对可合理操作的物品/符号的要求。必须使个体把自己当成物品,把自己当成最美的物品,当成最珍贵的交换材料,以便使一种经济效益程式得以在与被结构了的身体、被解构了的性欲相适应的基础上建立起来。

▶ 当代身体策略

然而,这一生产性目标、这种效益经济程式——生产的社会结构通过它才得以普及身体层面——相对于那些通过整个以身体为中心的神话和心理部署而建立的社会一体化及控制的目标,可能还只是次要的。

在意识形态的历史中,那些与身体相关的意识形态,在很长时间里,都具有对以灵魂或其他某种非物质原则为中心的唯灵论、清教、说教性类型意识形态进行攻击批判的价值。从中世纪开始,面对着教会僵硬的教条,所有的异端都以某种方式表达过身体的肉欲要求和预先恢复(这是不断复兴而不断遭到正统教义审判的"亚当"趋势)。自从18世纪以来,感觉主义、经验主义、唯物主义的哲学摧毁了传统的唯灵论教条。对那种被称为灵魂的基础价值进行的极其漫长历史分解进程,牵涉到救赎的整个个体模式,当然也包括社会一体化的整个过程,如果对这一进程进行细致的分析,那会是很有意义的。这种为身体进行的长期祛魅及世俗化贯穿了整个西方历史:身体的价值曾在于其颠覆性价值,它是意识形态最尖锐矛盾的策源地。怎么会变成今天这样,那些价值都具有了公民权并被作为一种新的伦理强加到大家头上呢(关于这一点可以说很多,而我们主要是处在一个清教意识形态和享乐主义意识形态相互渗透的阶段,它们的话语在各个层次上都混杂在一起了)?我们看到,今天似乎取得了胜利的身体并没有继续构成一种生动矛盾的要求、一种"非神秘化"的要求,而只是很简单地接过了时代的接力棒,成了神话要求、教条和救赎模式。它的"发现",曾经在很长时间内是面向更多自由、真相、解放的、对圣化的批判,简言之就是人反对上帝的战斗,如今它也落到了重新圣化的符号之下。身体崇拜不再与灵魂崇拜相矛盾:它继承后者及其意识形态功能。就像诺曼·布朗所说(《情欲与死亡》,第304页):"不要被圣化与世俗之间的绝对二律背反所迷惑,不要把那实际只是圣化变体的东西诠释为'世俗化’。”

我们不应该被“被解放了”的身体(但是我们已经看到:它是作为物品/符号被解放的,而在其欲望的颠覆性真相中、在色情及体育和卫生保健中它都遭到了查禁)的物质表现所蒙骗——它仅仅表达某种已过时的、与生产系统发展不相适应且不再能保证意识形态之统一的、有关灵魂的意识形态,被一种更具功用性的当代意识形态所取代,这一意识形态主要保护的是个人主义价值体系及相关的社会结构。它甚至还强化了它们,给予它们一种几乎是决定性的根据,因为它用身体的自发表现取代了完全内在的灵魂超验性。然而,这种表现是虚假的:当代神话建构的身体并不比灵魂更加物质。它,和后者一样,是一种观念或者应该这么说,因为观念一词尚不足以表达:一种部分实体化了的物品、一种享有优先权并因此而得到投入的双重体。它就像灵魂在其自己的时代中那样,变成了客观化的特权化支柱——消费伦理的指导性神话。可见身体是如何作为(经济)支柱、作为个体的指导性(心理)一体化原则,和作为社会控制的(政治)策略而紧密地渗透于生产目的之中的。

▶ **身体是女性的吗?**

回到我们本节开头所提出的问题,即关于女性及女性身体被赋予的作为美丽、性欲、指导性自恋的优先载体的问题。因为,尽管很明显,身体向美学色情的交换价值蜕变的过程在触及女性之时,也同样触及了男性[我们为此提出了两个词汇:健身运动和弗里内主义,弗里内主义大致就是由《她》及一些时尚杂志中的女性所代表的——男性健身运动最广泛的范例则表现在(高层)干部的“健身运动”中,它正如广告、电影、大众文学所到处宣扬的那样:敏锐的目光、宽厚的肩膀、灵活的肌腱和运动型汽车。这一运动范例也包含了性健身运动:《世界报》启事栏里的高层技术干部也是《他》(作者杜撰的杂志,以与《她》相对。——译者注)中的男性。但是说到底,不管男性范例或由于有些“年轻人:构成的第三性的、“多形倒错”性欲的中间型两性范例在其中占多大比重]——然而占主导地位的依然是女性,或者说这一美学/色情的弥天神话主要是建构在女性基础上的。应该为此找到有别于其他那些范型的原因,如:“性欲,就是女性,因为这是天性使然”云云。确实,在与我们相关的这个历史时代,女性被混同于不祥的性别并被认为注定如此,但这种心理/性的宣判完全受到某种社会奴役的唆使:女性和身体在整个西方历史上遭到了同样的奴役、同样的流放。女性的性别界定是历史造成的:对身体的压抑和对女性的剥削被置于同一符号之下,这一符号要求所有被剥削的(因而是危险的)范畴自动获得一种性别界定。黑人也同样被“性别化”了,并不是因为他们“更接近天性”,而是因为他们是奴隶、被剥削。整个文明的被压抑、被升华了的性欲,必定是和其社会压制、隶属构成的这一文化自身基础的范畴结合在一起的。

既然女性和身体在奴役中曾连结在一起,那末女性的解放和身体的解放的联系也是合乎逻辑且合乎历史的。(出于相近的原因,青年的解放也和它们发生在同一时代。)但是我们看到这种同步的解放是在女性与性欲之间的基本意识形态混淆根本尚未廓清的情形下进行的——清教的障碍依然纹丝不动。最合适的说法是:女性,既然她以前作为性被奴役,今天作为性被“解放”,那末她只是到今天才获得了充分发展。以至于此后我们看到这种几乎是不可逆的混淆以各种形式加深着,因为正是随着她的一步步解放,女性越来越被混同于自己的身体;但前提条件是:实际上,表面上解放了的女性被混同于表面上解放了的身体。对女人就像对身体一样,就像对青年以及一切其解放构成,当代民主社会的主题范畴一样,可以说:一切在名义上被解放的东西——性自由、色情、游戏等等——都是建立在“监护”价值体系之上的。这些同时引导着消费以及社会放逐行为的价值是“不负责任”的——这甚至是一种称赞,对名誉的过度强调阻隔了真实的社会经济责任。

女人、青年、身体,他们在被奴役、被遗忘了几千年之后的浮现,实际上构成了最具革命性的可能,并因而构成了对任何一种既成秩序的最根本威胁——他们被一体化、回收成为“解放的神话”。把本属于女性的提供给女人们消费,把本属于青年的提供给年轻人消费,这种自恋式解放成功地抹煞了他们的真正解放。或者还可以这样做:把青年规定为叛逆(“青年=叛逆”)。这种做法可谓是一石二鸟:通过将青年规定为特殊范畴以避免叛逆向全社会扩散,并且此范畴由于被控制在一个特殊角色即叛逆之中而被中和。指导性解放惊人的恶性循环又被用来对付女性:将女性和性解放混同,使它们相互中和。女性通过性解放被“消费”,性解放通过女性被“消费”。这并不是文字游戏。消费的一个基本机制,就是集团、阶级、种姓(及个体)的形式自主化,这种形式自主化是始于且由于符号或角色系统的形式自主化的。

我们并不是要否定作为社会范畴的女人和年轻人地位的“真实”发展：事实上他们更加自由了；他们选举，他们获得了一些权利、他们越来越早地参加工作。同样我们不可能否认使身体获得护理及乐趣的客观重要性，不可能否认“身体和性欲的额外附加物”，既然如今普通个体都从中获了益，我们还远未达到兰波所说的“梦想的解脱”，但说到底，我们还是承认这一切之中包含有女人的、年轻人的、身体问题的最大的操作自由以及最大的主动一体化。我们想要说的是，这种解放是相对具体的，因为它只是对作为与某种功用性实践紧密联系的范畴的女人、年轻人、身体的解放，还夹杂着或者说具有了某种神话超验性、某种像神话一样的客观性这样的两重性。某些女人的解放（而这是相对于全体女性的解放而言的，为甚么不呢？），在某种程度上，只是庞大战略操作的二手利润、散落的尘埃、借口，那个庞大战略操作就是把性解放的所有社会危害都规定在女性及其身体的概念中，把女性解放的危害规定在性解放的概念中（规定在色情中），凭借女性/物品来消解女性社会解放的一切危害。

▶ 医疗崇拜：“状态”

从人与身体（并非本来意义上的身体而主要是功用性且“个性化了”的身体）的现实关系，可以推断出人与健康的关系。后者在借助身体工具式表现的中介时，就被界定为身体平衡的普遍功能。借助身体表现的中介就像借助名望的财富一样，变成了对地位的功用性苛求。由此，它进入了竞争性逻辑，并且表现为对医疗、外科、药剂服务的无限要求——与身体/（部分的）物品的自恋式投入相关联的强制性要求，与个性化及社会流动进程相关联的地位要求——这种要求，无论如何，此后与人权的现代广延、自由权及财产权的补充“健康权”只剩下一种遥远的关系。如今，与其说健康是与活下去息息相关的生理命令，不如说它是与地位息息相关的社会命令。与其说它是一种基本“价值”不如说它是一种赋值。在赋值的神秘主义中，它就是与美直接结合在一起的“状态”。它们的符号在个性化范围内相互交流，那是对功能/身体符号的迫切的至善论操纵。将自恋和社会名望联系起来的这种赋值身体综合症，在目前非常普遍的现实中，很明显也是与其反面相联系着的，我们应该将它视作当代伦理的一个主要要素：无论何种对名望的失望、无论何种社会或心理挫折都即刻被躯体化了。

因此断言说如今医疗实践(医生的实践)被“祛魅了”,说人们因为越来越经常、越来越自由地去看医生,因为他们毫不费劲地(这并非实情)肆意滥用这种普及了的社会供给,所以他们接近了健康和医疗的“客观”实践,这种说法是肤浅的。“普及消费了”的医疗并未丝毫丧失其神圣性及奇妙功用。但显然它再也不是那种传统医疗,像在医生、教士、巫师、游医的本位中那样,依附于对被外在命数觊觎着的实际身体、工具式身体的操作;这在农民及“原始”的观念中似乎还是如此,在他们的观念中身体并未作为本位、“个性化”价值而被内在化人们不通过身体来进行救赎、来标注自己的地位。身体是劳动工具和神力,即高效的力量。假如它出了毛病,医生就会恢复身体的神力。这类巫术,以及相应的医生地位,趋向于销声匿迹。但它并没有把它在当代“观念”中的位置让给身体的某种客观表现,而是把这位置让给了两种互为补充的模态:自恋式投入和赋值——“心理”面和地位面。医生和健康的地位就是在这两个方面重新构建起来的。而且只是到了现在,通过对身体的“重新发现”和个体圣化,医学性才获得了大规模发展(正如作为超验制度的专利权是随着“个体灵魂”的神话般的结晶才获得了大发展一样)。

那些原始“宗教”并不讲究“圣化”,它们讲究的是一种集体实践。圣化及以此为任的“主祭修士”是随着救赎原则的个体化(主要是在基督教修行当中)产生的。个体忏悔这种最突出的圣化是随着意识更加深入的个体化产生的。在充分考虑到可能的危险性的前提下进行比较,对我们来说身体和医疗也是如此:正是随着普遍的个体“躯体化”(取该词最广泛的含义,而非其临床医学中的含义),随着身体成为名望和救赎的物品,成为基础价值,医生才变成了“听告解者”、“赦罪者”、“主祭修士”,这一医疗主体才在目前属于他的社会超特权中安顿下来。

在私营化、个性化的身体上,更变本加厉地汇集了各种自我关切和祈祥祛邪、满足与压抑等祭祀导向,——这完全是一堆次要的、“非理性的”消费,其中并不包含治疗目的,而且发展到了违反经济命令的地步(药物的购买有一半是在没有处方的情况下进行的,其中包括参加社会保险的人):为甚么要遵从这种导向,不就是这种您必须(而且只要)做出一些付出以期健康在交换之中突然降临的根深蒂固思想在作祟吗:这里,仪式化、祭祀化的消费比治疗措施更为重要。这在“低等”阶级那里是对药物的强制性要求,在富庶阶级那里是对医生的要求,医生对后者而言更主要是“身体精神分析学家”，对前者而言则是财富和物资符号的散发者——不管就何种方式而言，医生和药物除了治疗功能之外更具有了一种文化效力，而且作为“潜在”神力被消费。这就是根据与要求身体为之服务的传统伦理相反的一种完全当代的伦理，命令个体为自己的身体服务（参见《她》中的文章）。人们必须像进行自我修养一样进行自我护理：在某种意义上这是体面的标志。当代女性既是自己身体的修女又是其经理，她负责使其保持美丽和有竞争性。功用和圣化在此不可分离地掺杂在一起。于是医生的本位中则兼具了由于其作为内行而获得的尊敬及由于其职业的神圣地位而获得的尊敬。

▶ 苗条的牵挂：“线条”

保持线条的牵挂可以从同一范畴的命令来理解：当然（只要对其他文化瞥上一眼），美丽和苗条根本没有天然关系。肥和胖在其他时代、其他地方也曾被看作美丽。但那种强制性的、普遍的以及大众化的美丽，那种作为大家在消费社会中的权利和义务的美丽，则是与苗条密不可分的。美丽在于肥胖或苗条、沉重或轻盈，都是由一种建立在形式和谐基础上的传统规定所决定的。根据目前它与符号相联系的逻辑规定，它只能在于苗条及轻盈，这一规定和物品的功用性或曲线的优雅一样，受到代数经济的支配。从那些样板和模特的身形来看，它更在于苗条甚至消瘦，她们既是对肉体的否定也是对时尚的颂扬。

这一事实也许显得有些奇怪：因为，其中，假如我们把消费界定为时尚组合程式的普遍化，那末我们知道时尚可以对一切事物、对那些相反的项发生作用，可以一视同仁地对旧与新、对“美”与“丑”（就它们的传统意义而言）、对道德与非道德发挥作用。它对肥胖与苗条却无能为力。此处有一种绝对的限制。这会不会是因为在（食品的）超消费社会中，轻盈变成了一种自身区别符号？即使苗条对先前的一切文化和世代、对农民和“低等”阶级起到了这样的作用，我们知道其中并不存在甚么自身区别符号，而只有对立形式符号（旧与新，[裙子的]长与短，等等），它们作为区分符号轮流交替以使物资得到更新，而且它们并不绝对排斥对方。然而在“线条”这一时尚的突出领域中，自相矛盾的是时尚循环不再起作用。其中必然有某种比之区分更加基本的东西。而它应该是和我们所看到的、在当今时代建立起来的、与自己身体同谋的模式本身相联系着的。

对身体的“解放”造成的后果是将其构筑成关切对象。然而这种关切，和一切与身体及身体感受相关的东西一样，是自我矛盾的，即它绝不只是积极的，而且还是消极的。身体总是作为伴随着这一双重关切的客体被解放着。结果是，那种被我们描述为身体当代机制的赐予关切之巨大进程夹杂着压制性关切的一种平等且同样可观的投入。

当代一切与身体相关的集体牵挂所表达的正是这样一种压制性关切。各种形式的卫生保健，以及其关于消毒、杀菌、预防，或者相反，关于混杂、感染、污染的幻景——其目的都是为“器质性”身体祛邪，尤其是排泄和分泌功能——它力求通过排泄达到一种光滑、完美、无性、能抵御一切外部侵袭而自我保护的消极身体的界定。然而卫生保健并非直接承自清教道德：后者否定、拒绝、压抑身体。当代伦理则更加微妙地将其置于卫生保健的抽象化之中，置于对被忘却、被查禁欲望的——脱离了肉体能指的纯净之中，使其变得圣洁。这便是为甚么(在耳边回响的、强迫性的)卫生保健的要求总是显得很迫切。然而总的说来，卫生保健之虑造成的，并非一种动人的道德，而是一种游戏式道德：它利用身体的一种表面的、肤浅的宗教来“规避”那些深层的幻景。“热爱着”身体的它小心翼翼地防止身体与欲望之间的任何沟通。总之，它与身体“准备”的祭祀技术、与原始社会中控制而非压制的游戏式技术之间的距离比起它与清教时代压制性伦理之间的距离要更近一些。

那种身体的侵略性冲动，是和身体本身同时“获得解放”的，它主要不在于卫生保健之中，而更多在于“节食”的禁欲之中。古代社会曾经有过仪式斋戒。那是一些与节日庆祝相关的集体实践(节前或节后的——领圣体前的斋戒——将临期斋戒——狂欢节后的封斋期)，它们的功能就是把身体(与食物及“消费”相联系的双重矛盾体)的那种侵略性弥散冲动完全引导和吸收到集体奉行中来。现在，种种斋戒和禁欲制度，因为不能与普遍的、彻底的身体解放兼容，已经遭到废弃。我们的消费社会显然不再支持，甚至从原则上排斥一切约束性标准。但是，在把身体全部的潜在满足解放出来的同时，它自以为将一种先天存在的人与其身体的和谐关系解放了出来。这里就有一个难以置信的错误。同时获得了解放而不再受到社会机制集中引导的整个对立侵略性冲动如今都涌进了对身体的普遍关切之中，正是它推动了今天影响着发达国家 1/3 成年人口(以及 50%的女性；美国的调查显示：446 名青少年中有 300 名遵循某种作息、饮食制度)的那种自我压抑的真实事业。就是这种冲动,超越了时尚的(且不可置疑的)规定性,培养了那种不可抑制的、非理性的、猛烈的自我毁灭,其中起初的目标,美丽和优雅,都只是一种无法摆脱的日常惩戒操练的借口而已。身体在一种全面折磨之中,变成了必须根据某种"美学"目标来进行监护、简约、禁欲的危险物品,我们只要把眼睛紧盯着《浪潮》中的那些瘦削、枯瘪的模特们,就可以从中解读出丰盛社会对于其身体必胜主义的完全反向的侵略,和对于其所有自身原则的强烈否定。

线条崇拜中的这种美丽与压抑的组合,——其中身体,在物质及性欲方面实际上再没有甚么作用了,而是被作为完全不同于满足逻辑的两种逻辑的载体:模式命令,即社会组织原则,和死亡命令,即心理组织原则——这一组合是我们"文明"的一个巨大悖论。对线条的狂热、对苗条的痴迷如此的深刻,完全是因为这正是一种暴力形式,是因为身体本身在其中变成了祭品,同时就像在祭祀中一样达到了完美并激烈地复苏。这个社会的一切矛盾在此都被归纳到身体层面。

斯堪迪-梭玛能"通过其杰出作用"给您带来良好身材——腰围——臀围——腿围——平坦的腹部——再生的组织——结实的肌肉——光滑的皮肤——全新的形象。

"在使用斯堪迪-梭玛三个月之后,我身上的赘肉全去掉了,还获得了出色的体形及平衡的神经。"

在美国,广告大力宣传的"低卡路里食品"、人造糖、脱脂黄油、饮食节制让它们的投资者发了财。大约有 3 000 万美国人是大胖子或自认为是大胖子。

▶ 性交换标准

第一必需品的自主性感化。

"不管被投入到商业领域中的物品是轮胎还是棺材,它们总是企图触及潜在客户的同一个部位:腰带之下。这对精英来说是色情,对大众而言是淫秽。"(雅克-斯顿伯格:《你是我的夜晚》,洛斯费尔德。)

裸体剧院(百老汇:《霍·卡尔库塔》):警方允许进行演出,条件是舞台上不能出现勃起或进入的场面。

哥本哈根第一届淫秽作品集市:"性 69"。这是一届"集市"而不是节日,正如报刊所宣称的那样——就是说这主要是一次向淫秽制造者们提供征服市场机会的商业性展览……似乎克里斯蒂安斯堡的领导者们在豪迈地想到去除樊篱以将这一因神秘而具有诱惑力的领域展示于人时,低估了此事的商业前景。一些时刻准备进行牟利投资的审慎人士很快就理解了,对这一从此属于自由商业范畴的消费领域进行深入开发,会给他们带来极大的意外收益。因而,他们迅速地组织起来。要把淫秽创作变成丹麦最有效益的一个工业部门(据报刊报道)。

绝没有丝毫性欲发生区遭到荒废(J. F. 贺尔德)。

不论在何处,问题都在于"性膨胀",在于"色情的逐步升级"。性欲是消费社会的"头等大事",它从多个方面不可思议地决定着大众传播的整个意义领域。一切给人看和给人听的东西,都公然地被谱上性的颤音。一切给人消费的东西都染上了性暴露癖。当然同时,性本身也是给人消费的。其中起作用的,仍是那种我们在谈到青年与反抗、女性与性欲时所揭示的操作机制:在越来越按照商业化并工业化了的物品及信息来评估性欲的同时,物品及信息偏离了它们的客观合理性,而性欲亦偏离了其膨胀的合目的性。就这样,社会与性的变化正在为得到实现而开辟道路,而"文化"及广告的色情即是这些道路的实验地。

当然,这种膨胀、这种激增伴随着性别相互关系中、个体与身体及性的关系中的深刻变化。它更反映了对性问题的某种真实的迫切需要,这种迫切需要从很多方面看都是具有新意的。但也不能肯定当代社会的这种性"标记"是否是这些问题本身的巨大借口,或者说,它在将它们系统地"正式化"的同时,是否赋予了它们一种欺骗性的"自由"表象而掩盖了它们的深层矛盾。

我们感觉到这种色情化是失度的,而且这种失度是有意义的。它反映的仅仅是一种对传统禁忌的祛魅、解压的危机吗?在那种情况下才可能想象,清教继承人的这种渴望一旦达到饱和、满足,解放了的性欲才能找到自身平衡,才能从工业及生产本位主义的旋涡中摆脱出来而变得自主。同样可以想象,由此触发的逐步升级会像国民生产总值的逐步升级一样、像对宇宙征服的逐步升级一样、像时尚及物品革新的逐步升级一样继续进行下去,而且原因也一样(J. F. 贺尔德):这样看来,性欲被决定性地包括在边缘化生产及分化的无限过程之中,因为正是这一体系本身的逻辑将其作为色情系统，作为消费的、个体及集体的功能来“解放”的。

我们拒绝一切类型的道德审查；这里并没有“腐化”的意味，而且，我们知道最坏的性“腐化”也可能是活力、财富、解放的符号；因而它是革命的，而且反映出一个意识到自己胜利的新阶级的历史性成熟——意大利的文艺复兴就曾是如此。这种性欲是庆祝的符号。但事实并非如此，而是：它是徘徊在没落社会中的死亡符号的幽灵。阶级或社会的解体总是通过其成员个体的溃散以及(包括)通过某种把性欲当作个体动力和社会野心的传染病的真正蔓延来完成的：古典制度末期就曾是这样。看来，割断了自身历史且对未来没有希望的、严重涣散的集体，总是会回复到一个几乎纯粹充满了冲动的世界中去，同时会将利益的即时决定与性的即时决定混淆为同一种狂热不满。社会关系动荡，那种不牢固的联系和激烈的竞争营造出了经济世界的氛围，它们反作用于神经和感官，而性欲也不再是人们共同称赞的对象以及将众人凝聚起来的因素，而变成了对利益的个人狂热。它纠缠着每个人，使他变得孤立。而且，还有一个特征，就是性欲在加剧的同时，会变得对自身充满渴望。作为几个世纪及清教传统的标志的羞涩、廉耻或犯罪感对它不再具有影响力：它们随着官方标准和禁忌的消失而渐渐消失了。约束这种性解放的，是个体压抑的恳切要求、内心的审查。今后审查不再是(从宗教、道德、法律出发)建立在与性欲相对立的位置上，而是渗入个体的无意识中并和性欲一起汲取着同样的源泉。笼罩着您的各种性满足，本身就包含了对自身持续的审查。再也没有了(或者更少有)压抑，但审查变成了一种日常功能。

“我们将播种一种闻所未闻的放荡。”兰波在其《城市》中说道。但色情的逐步升级、性解放与“各种感官的放纵”毫无关系。这种背景式放纵和渗入其中的隐隐忧虑远没有“改变生活”，而只是构成了某种集体“氛围”，其中性欲实际上变成了私事，也就是说它具有了强烈的自我意识、自恋并自厌——消费系统用道德包围着它，使它构成该系统的政治齿轮。因为凌驾于那些“玩弄”性欲的把戏以促进销售的广告商之上的，还有现存的社会秩序，它“玩弄”性解放的把戏以反对对总体性造成威胁的唯物主义。

▶ 广告中的象征与幻象

这种规定了消费性欲的普遍化审查，尤其不能将其与道德审查混淆起来。它不以意识命令的名义制约有意识的性行为：在这方面，表面的宽容是毫不含糊的，一切都要求如此并对此进行鼓励，甚至堕落行为也能得到宽容(当然，这一切都是相对的，但事情正朝着这个方向发展)。我们社会在其性感觉过敏之中建立的审查更加微妙：它发挥着与幻象本身及象征功能相适应的作用。与此相反，一切反对传统审查的战斗行动都毫无成效：它们在与一个过时的敌人作战，就像(依然辛辣尖锐的)清教势力还在挥舞着那些以他们的审查、道德等为代表的过时武器一样。基本的进程在他处展开，而且并没有意识到或表现出性的吉祥或凶险的幻象。对性自由进行大肆攻击的人和性自由的坚决捍卫者一样，右派和左派一样，在这方面都天真得可怕。

我们以亨利奥香槟酒广告为例(J. F. 贺尔德)。“香槟一瓶，玫瑰一支。玫瑰变得红艳、含苞欲放、镜头拉近、玫瑰变大、显得肿胀；心脏的搏击声夸张地充满了大厅，加速，变得兴奋、发狂；瓶塞开始被慢慢地、不容置否地从瓶颈中拔出来，变大，贴近镜头，上面的黄铜丝绊——蜕去；心脏撞击、撞击，玫瑰膨胀，还有瓶塞——啊！突然，心跳停止，瓶塞蹦出，香槟的泡沫沿着瓶颈缓缓地流下，玫瑰变得苍白并自行闭上花瓣，紧张气氛渐渐弱化。”

我们也记得那则阀门广告，其中有一个荡妇非常卖力而矫揉造作地表演着，镜头定格特写，在出现操纵杆、管道等一整套象征着男性生殖器和精液的机器装备时渐渐地达到了性高潮——这样的例子还有成百上千，说到底都是在玩弄所谓的“潜移默化”的把戏，这一把戏“如此危险地”操纵着我们的“冲动和我们的幻觉”，而且不仅激起了消费者的想象，更引发了智者的非议。色情广告令人厌烦，令人产生犯罪感，在我们身上造成了如此深刻的不安……全裸的金发女郎身上挂着些黑色内衣吊带，好了，赚到了，吊带商发财了。贺尔德尽管指出了“只需把最不起眼的雨伞朝天一举便足以构成男性生殖器的象征”，但他既没有对这是否是一个象征提出质疑，也没有对这种象征对有支付能力的需求到底能有多大效力提出质疑。后来，他还比较了威伯内衣商的两个广告方案：生产商们选择了第一个方案，他们的选择是有道理的，他认为，“痴狂的男孩就像是祭品。女性有着强烈的成为主宰的欲望……但这也是一种令人生畏的欲望……假如威伯用斯芬克斯姑娘及其牺牲品作为其商标图案，那末其潜在顾客的心理负罪感也许会变得十分强烈，以至于她们会去选择一些更名誉的胸罩。”

于是精神分析家们作出博学的样子，颤巍巍地显出对广告幻象的兴趣，对其中可能表现了贪婪的口腔、肛门或阴茎等内容的兴趣——这一切都被与消费者的无意识联系在一起，而消费者只能听任被这样操纵（这种无意识，当然被看作已经存在于此的前提因素，因为弗洛伊德已经这样说过——这是一种隐藏着的本质，其最喜欢的食粮就是象征或幻象）。无意识和幻象之间的循环论证，与从前意识层次中主体与客体之间的循环论证是同样的。两者互为索引、互相规定，无意识被规定为个体功能，而幻象则是广告公司的成品。由此，可以规避无意识逻辑和象征功能提出的所有真正问题，而将它们巧妙地物化到符号的意义及效用的机械进程中去："其中存在着无意识，还存在着一些与之相联系的幻象，而这种奇妙的结合促进了销售。"这和那些相信土著神话并按字面意思去理解它们，且同时将土著的迷信看作这些神话和仪式的神奇效应的人种学家们同样天真——这一切都是为了维护他们自己"原始精神"的理性神话。广告对销售的直接影响力开始受到怀疑：大概也到了对这种天真的幻象机制提出彻底质疑的时候了——它也许只是广告商和精神分析学家们的借口。

粗略说来，问题在于：这其中真的有力比多吗？在这种铺陈炫耀的色情之中有甚么性欲、力比多可言？广告（以及所有其他大众传媒系统）是否是幻象的真正"舞台"？说到底，对这种明显的象征和幻象内容的理解是否比梦的解析更加严格？而色情指令说到底所具有的象征效应或价值，难道并不比直接商业指令的商业效应大吗？我们谈论的是甚么？

实际上，我们在这整个过程中，面对着的是一种二流神话学，它想方设法地让人把那仅仅属于魔术幻灯的东西当成幻象，它通过虚假的象征，使个体陷入所谓个体无意识的神话中，以促使他们对其作出投资而完成消费功能。必须让人们相信他们"有"一个无意识，且这种无意识就存在于此，投射、表现在广告的"色情"象征之中——这是它存在的证明，他们有理由相信此事，并因而愿意接受它，首先要在对这些象征的"阅读"层次上进行接受，随即就要通过对由这些"象征"所指定的并承载着这些"幻象"的物质财富的占有来进行接受。事实上，在这整个色情会演当中既没有象征也没有幻象，人们把这一切指责为"欲望战略"，这是在同风车战斗。即使关于阴茎或其他的信息并非无稽之谈、"转瞬即逝",并非只是游戏,人们也完全可以承认围绕着我们的一切色情材料都是有文化修养的。这既不是幻象的材料,也不是象征的材料,而是氛围的材料。在这里发言的,既不是欲望也不是无意识,而是文化,一种堕落为陈词滥调、把戏、市集辞藻的精神分析亚文化。这是一种二流虚构,确切地说是隐喻。它(无意识)在这里并没有发言权,就是因为它的发言权被移交给了在当今文化系统中建立起来的,与该系统完美融合为一体的精神分析学;但显然并非移交给了作为分析实践的精神分析学,而是移交给了精神分析学中提高了文化修养的、美学化、大众传媒化了的功能/符号。然而不应把那些神话式主题的形式的、隐喻的组合与无意识话语混淆起来,就像不能把人工柴火与火的象征混淆起来一样。在这种"所指的"火与巴什拉所分析的火的诗意实体之间没有任何共同之处。这种柴火是一个文化符号,仅此而已,而且只具有一种文化参照的价值。同样,所有的广告、当代色情都只是符号,而不是意义。

不要落进广告色情逐步升级的圈套(同样也不要落进与之形影相随的广告"讽刺"、游戏、距离、"反广告"的逐步升级的圈套):这一切内容都只是些并列的信号,它们堆积在一起构成商标这一超级符号,而只有商标,才是唯一真实的信息。其中绝无语言,尤其没有无意识:这便是为甚么印度艾尔渡恩航空公司在其最近的广告中一本正经地一字排开五十个女性臀部("嗯,是的,一切尽在其中……它正是我们的首要研究领域,我们要研究它可能摆出的一切姿态……因为我们和塞维涅夫人一起思考,云云"),这便是为甚么这五十个臀部,以及其他许多臀部,能够出现在广告中——它没有任何企图、也不唤醒任何"深层"的东西。它们只表达文化内涵,是一种内涵元语言:它们"在风中"谈论某种文化中的性神话,而与真实的肛门毫不相干——因而它们是无害的——且可以通过画面形式即时消费的。

真正的幻象是无法表现的。如果它可能被表现,那将是令人难以忍受的。吉列刀片曾有表现被剃刀刀片框住的两片女性光滑的唇的广告,它之所以可以观看,完全是因为它并没有真正地表达出它所"暗示"的那种令人受不了的幻象,即阴道割礼的幻象,而只是满足于把从句法关系中摆脱出来的一些符号,一些孤立的、编了目的、不会诱发任何无意识联想(相反这类联想会刻意地规避这些符号)而只会引起"文化"联想的符号组合起来。这是象征的格莱文博物馆，陈列着一大堆不再留有丝毫冲动作用痕迹的、僵化的幻象/符号。

简而言之，与其对广告充满情感的操纵进行谴责还不如对它表示敬意。但无疑这种令审查者们和捍卫者们竞相中计的大骗局有一个非常明确的功能，即令人们忘却那真正的过程，也就是对躲在这整个魔术幻灯背后非常有效地“发挥着作用”的审查过程进行彻底的剖析，广告色情机制令我们承受的调控，并非“深不可测的”劝导、无意识的建议，相反恰是对一个清晰句法中的深刻意义、象征功能、幻象表达方式的审查，简单地说就是对性能指的生动流溢的审查。在性符号编码游戏中，在被随处展示的性的晦涩表现中被删除、被剪辑、被取消的正是这一切，可是在那里对句法的巧妙解构只是为一种闭塞的、反复叙事式的操纵留下了余地。就是在这种发挥着与含义相适应作用的系统的恐怖之中，一切性欲都从实体中摆脱了出来而成为消费材料。消费“过程”正是在那里发生着，另外这比起幼稚的裸露癖，比起交易会上的阴茎崇拜和滑稽剧等弗洛伊德主义来更要严重。

▶ 性玩偶

这是一种新玩具。但儿童玩具是以成人幻象为出发点而通向一个完整文明的。这种新玩偶证明，在消费社会中，我们与性的关系和我们与其他任何事物关系之间具有一般性，这是由一种模拟和重现的进程决定的。其原则是一种对现实的人为旋转：在这里性欲被与性器官的“客观”现实混淆在一起。

假如就近考察，就会发现电视的色彩、广告中或其他地方的身体裸露，就像对工厂的参与或观众们对先锋戏剧的“总体”场景的“器质性和积极主动”的参与一样：无论在何处，它指的都是对某种“真相”或某种“总体性”的人为重现，是在对作用或功能进行了预先划分的基础上，对某种总体性进行的系统重现。

就性玩偶（性作为玩具、作为幼稚把戏的对等物）而言：必须像划分总体性那样先把性欲在其总体交换的象征功能中进行分解，才能将其限定在性符号（生殖器、裸体、第二性征，并扩展到一切物品上的色情含义）的范围内，并将它们作为私人财产或特征指定给个体。

“传统”玩偶充分实现了其象征（因而也是性的）功能：用特定的性符号对其进行装扮，从某种意义上来说就是划掉这种象征功能，并将该物品拴在一个戏剧化功能之上。这并非特例:这种附加于玩偶的性作为第二特征,作为性装扮并事实上作为对象征功能的审查,是裸身和色情装扮以及对到处包围着我们的身体符号的颂扬在儿童阶段的对等物。

性欲是一种象征的及总体的交换结构:

1. 撤销其象征,代之以性的现实的、明显的、戏剧化的含义和"性需要"。

2. 撤销其交换(这一点是基础的),将性爱个体化,将性指定给个体并将个体指定给性。在这里完成了劳动的技术和社会分工。性变成了被分为许多份的功能,并且在这同一个运动中,它作为"私有"财产而被指派给了个体(对无意识来说也是如此)。

可见归根结底这指的还是那唯一的、不变的事情:否认性欲是象征交换,也就是说否认性欲是超越功能划分的总体进程(即否认性欲是颠覆)。

性欲的总体功能及其交换象征一旦被摧毁并丧失,那末它便落到使用价值/交换价值的双重模式之中(这两者都是物品这个概念的总体特征)。它作为孤立的功能,同时表现出:

1. 对个体(通过自己的性器官、"性技巧"及"性需要"来实现——因为现在谈的是技术和需要,而不是欲望)而言的使用价值。

2. 交换价值(它不再是象征的,而要么是经济和商业性的——如各种形式的卖淫——要么是那种更能说明当今问题的炫耀性质的价值/符号——如"性地位")。

这便是打着"进步"玩具旗号的有性玩偶所讲述的一切。就像电唱机或印度航空公司广告额外提供的女性裸臂一样,这种玩具娃娃似的性,是一种逻辑畸变。它和未到青春期的幼女戴的胸罩(在海滩上可以看到这种情形)一样怪诞。尽管表现形式相反,但它们具有同样的意义。一个遮掩,另一个泄露,但两者同样做作,同样和清教一般虚伪。在这两种情况下,都有一种审查在透过赝象、透过炫耀的模拟发挥着作用,这种模拟总是建立在一种对现实的玄想基础上的——现实在这里成了对本真的物化和颠倒。

人们越是为赝象添加上现实的符号/属性,使其得到完善,就越是会通过将象征的负荷转向对物化的性的文化玄想来审视真相。这样一来,一切——不仅仅是玩偶——现在都将被人为地赋予性征以更好地祛除力比多和象征功能。但这个特例是惊人的，因为在这里，本来在这方面甚么也不用做的父母们，出于良好意愿并以性教育为借口，通过性符号的过度展示，对孩子实施了一种真正的阉割。

刘成富、全志钢译

——节选自让·鲍德里亚：《消费社会》，南京：南京大学出版社 2000 年版。

皮埃尔·布尔迪厄

皮埃尔·布尔迪厄(Pierre Bourdieu，1930—2002)，著名的哲学家和社会学家，当代法国最具国际性影响的思想大师之一，巴黎高等研究学校教授，法兰西学院院士。布尔迪厄的研究涉猎范围甚广，从人类学、社会学和教育学到历史学、语言学、政治科学、哲学、美学和文学研究，都留下了他的足迹，布尔迪厄向当今的学科分类提出了多方位的挑战，并向已被公认的社会科学的思维模式提出了多方位的挑战。其国际性学术影响是从 80 年代后期开始急速上升的，进入 90 年代后，非但势头未减，而且后劲十足。法国总理在为其所致的悼词中说道："布尔迪厄是当代法国的社会学大师，是一位伟大的知识分子。"

布尔迪厄 1930 年出生于法国贝恩亚，他早年学术研究受结构主义的影响，他试图以索绪尔的语言学理论为基点发展一种"普遍的文化理论"，他在批判性地重新思考了索绪尔的理论命题之后，尤其是思考了其言语与语言、文化与实践的二元对立之后，放弃了这一计划，并开始探索一种有关文化实践的理论，并得出这样的结论：只有当分析超越了传统的对立关系及二分法，超越了由此造成的视野的局限性之后，理论的发展才会成为可能。布尔迪厄觉得只有从这一立场出发，才能建立一种对古典社会理论的批判。

《纯美学的历史起源》选自周宪教授主编并翻译的《激进的美学锋芒》一书。布尔迪厄在本文开篇就追问是甚么把哲学话语和日常话语区分开来。他认为哲学与人类科学的关系是矛盾的，哲学往往从人类科学中借用某些东西，然后又通过否认借用来获得合法化。

首先,布尔迪厄从历史性的维度分析了审美经验的来源。

审美经验史中到处是形式、自律、直观等超历史的标准,但这些标准本身来自社会科学其他资源。审美经验的反思不应该忽视反思和反思对象的历史性,因为审美经验是历史的产物。对艺术品形式的关注是一种文化习得,这种特殊的审美经验不能成为审美实践的普遍特征。单纯的形式分析是一种非历史的机制,它同时处于两种状态中:在场域中表现为物,在精神中表现为意向的形式。画廊赋予杜尚和沃霍尔的作品以价值。对形式凝视的能力是长期艺术熏陶的结果,是艺术场域培养了这种审美意向。所以,审美经验来自同一机制的两个方面:文化习性和艺术场域。

其次,布尔迪厄从共时性的角度分析了场域斗争的自主化逻辑。

是甚么使一件作品成为艺术品的?杜尚的签名使得小便器成为艺术品,而这正是艺术场域使之产生质变。场域的运作是争夺利益的过程,艺术家或批评家通过场域驱逐对手、贬低对手,使自己的作品罩上神圣的光晕,这个自主化的过程逐渐制度化。艺术场生产出了艺术自主性一系列清单,如签名、天才等,同时生产出了社会机构,如画廊和沙龙等。艺术大师的名字是崇拜物,艺术场通过一系列的社会机制,如命名、报酬、评价、传记等确立艺术家的权威。艺术场生产了介入者如艺术家、批评家和中介等的眼光,这些眼光又返回来指导生产,在场域自主化的过程中,审美的标准得以确立。

最后,场域确立审美活动的基本规范。

艺术场的逻辑建构了艺术的概念、类型与体验方式,但这些概念和技术范畴实际上是场域斗争的结果,各种各样的观点因为视角不一样,呈现极端的含混和不确定,在不同时期意义不同甚至互相独立。审美概念也是场域斗争的符号资本,最好当然是自己作裁判者,判定谁是艺术家,最后当然得依赖场域使之合法化。对形式的纯粹凝视是场域自主化的产物,没有比本质主义描述的纯粹审美更不自然的事了。历史化的考察必须回到场域的历史结构中去,并远离本质主义虚假的永恒化。艺术场域的自主化导致了场域的封闭,审美规范逐渐僵化,艺术开始自我反思、自我批判,出现了杜尚式的休克疗法来重新唤起艺术的惊奇。在场域的结构和历史中产生了审美感知的区分,逐渐简化为形式主义的纯粹凝视。形式主义的反历史化是建立在对社会历史条件的无知上,伴随生产场域的自主化,纯粹美学才得以诞生。

上述理论是布尔迪厄场域理论的一部分，为了从社会学的角度解释艺术自主化的过程，布尔迪厄引入了场域理论，这里的场不是艺术的边界，而是一个制度化的结果。他把场分为艺术场、文化场、权力场等，艺术场只是社会生产场中相对自主的空间中的一个，而权力场域则是最重要的场域，支配着艺术场等领域的运作。审美感知，以及通过审美教育来获得文化资本的过程，都是场域斗争的结果，场域斗争遵循区分的法则，区分成了现代性分化的根源。区分的法则是受索绪尔语言学二元区分思想影响的结果，布尔迪厄认为符号区分的二元对立逻辑同时也决定我们理解社会世界的方式，它使得我们倾向于依据同一种两极逻辑来组织社会世界并因此而生产出社会区分与认知区分。区分的目的就是为了争夺合法性，同时也是为了实施“符号暴力”的垄断性权力。美育按照布尔迪厄的社会学理论，也是为了获得特定形式的符号资本，美育的过程包含了经济资本向符号资本的转化，积累经济资本的同时也在积累符号资本。美育的最终目的就是为国家培养合格的有良好趣味的公民，这一目的的实现包含着符号资本向经济资本的逆向转化。布尔迪厄的场域理论为一些美学基本问题提供了很好的解释，而且也为科学争论提供了建设性的想法，他设想了一个科学场域的空间，在其中，分歧和争端能达成一致，当然只是在解决分歧的方法上达成一致，而非在所有方面达成一致。

布尔迪厄社会学理论最大的问题在于把权力泛化为一种超验的、无所不在的权力，因而这在一定意义上也就意味着权力哪儿也没有。其理论的适用性也很有限，现实中很多掌握文化资本的人，被权力边缘化，成为教育牺牲品，资本一词显得有点名不副实。其场域理论过于老套和保守，他通过各种复杂的社会学考证和推理，推理过程索然无味，结论过于平淡。

（李　兵）

纯美学的历史起源

皮埃尔·布尔迪厄(Pierre Bourdieu, 1930—2002)，法国著名社会学家，法兰西学院社会学教授。布尔迪厄的著述极其广泛，涉及社会学的各个领域，从教育问题到文化问题。他的社会学研究对西方世界产生了较大影响，主要著作有：《区隔：趣味判断的社会批判》(1979)、《艺术的法则》(1992)、《学术人》(1984)、《论电视》(1996)等。

本文译自他的《文化生产场:文学艺术论集》(剑桥:波利蒂出版社1993年版)。

让我们从一个矛盾现象开始。一些哲学家(我心里想到的是阿瑟·丹托[Arthur Danto]已想到去思索如下问题:是甚么使人可以把艺术品和简单日常物区分开来?尽管他们从不被当做社会学家,但他们以一种果敢的社会学家勇气提出,必须在一种体制之中寻找上述本体论差异的原理。他们说,艺术对象是一个人造物,只能在艺术界(artworld)里发现其根基,即是说,在那种授予艺术品以审美欣赏候选者地位的社会世界之中发现其根基。然而,尽管某个后现代主义者迟早定会想到,但对哲学家(这是一个很有"价值的名头")来说,他们尚未想到去探索如下问题:甚么可以使人把哲学话语和日常话语区分开来?这样的问题在如下情形中就会变得很切题了,即某个被哲学界所命名和认可的哲学家赋予他自己一种话语,却拒绝(在"社会学理论"的标签下)给予任何像社会学家那样的人以这样的话语,因为社会学家不是哲学体制的一部分。

哲学是在它与人类科学(human sciences)的关系中确立起这一根本矛盾的,这一矛盾为哲学提供了一个可靠的手段,用以掩盖哲学从人类科学中所借鉴的东西。实际上,在我看来,贴上了后现代标签(通过一种直到如今艺术界仍保留着的贴标签方式)的哲学,仅仅是以一种否定的方式(比如在弗洛伊德的否定意义上)来吸纳社会科学和历史主义哲学的某些发现,而历史主义哲学或隐或显地体现在这些科学的实践之中。这种被掩盖了的挪用是通过否认借用而合法化的,然而,这种挪用成了哲学所采用的反对社会科学和相对主义化威胁的最有力的策略之一,而相对主义化则是社会科学用以威胁哲学的东西。毫无疑问,海德格尔的历史性本体论就是这种做法的典范。这种策略类似于"双重游戏"(the double jeu),这一游戏使得德里达从社会科学(他与这些学科保持距离)中借鉴了某些最有特征的"解构"工具。通过反对结构主义及其"静态的"结构观念,采用一种对科学知识还原方法的伯格森主义批判的"后现代"变体,德里达因此而赋予自己某种激进主义的表征。他是采用一种对二元对立的批判来达到这个目标的,这一批判与传统的文学批评相对立,而这种二元对立经由列维-施特劳斯,一直可以追溯到涂尔干和莫斯(Mauss)所珍视的"分类形式"最经典的分析。

但人们毕竟不可能赢得这一切，“解构主义者”只能依据否定模式来运作的艺术制度社会学从来不会得出自己合乎逻辑的结论：它那暗含的对制度的批判是不成熟的，尽管这足以引起一种伪革命的欣快战栗。而且，这一批判通过宣称与旨在揭露非历史的和本体论为基础的本质之企图的彻底决裂，很有可能阻碍对美学倾向和艺术品之基础的探索，因为艺术品实际就定位于艺术制度的历史之中。

本质的分析与绝对的幻象

哲学家对艺术品特殊性问题所做的种种回应给人印象深刻，但并不完全体现在这些莫衷一是的解答对艺术品的无功能性、无功利性和无偿性(gratuitousness)的往往一致的强调中，而是体现为他们(维特根斯坦可能是个例外)都怀有一种要把握超历史或非历史本质的野心。纯粹的思想家把自己的经验(一个来自特定社会背景的有教养者的经验)当做反思主题，但是，并未聚焦于这一反思的历史性，以及反思对象(即对艺术品的纯粹体验)的历史性。因此，纯粹的思想家不知不觉地把这种单一经验确立为适合于任何审美感知的超历史性标准。这种经验看来带有单独性的各个层面(其价值很可能源于独特的体验)，现在来看，这种经验本身就是一种制度，它是历史创造的产物，它的存在理由只能通过恰当的历史分析来重新评价。这样的分析才是同时阐明上述经验的特性和经验所获得的普遍性现象的唯一方法，对于那些有经验的人来说，普遍性开始于一些哲学家，当他们反思这一经验时却并没有注意到它可能性的社会条件。

对这种与艺术品关系的独特形式的理解是一种直观的理解，它预设了一种对分析者的自我理解。这种理解既不能诉诸生活经验的简单现象学分析(因为这种经验依赖于某种主动地忘却它本身亦即历史产物的历史)，也不能诉诸通常用于表达这一经验的语言分析(因为它就是非历史化过程的历史产物)。不同于涂尔干的名言——“无意识就是历史”，人们可以说“先验(a prori)就是历史”。只有当人们调动了社会科学的所有资源时，才能够完成这种超验筹划的历史具体化，这种筹划是经历史记忆而对整个历史运作的产物的再次挪用所构成的，而意识也就是历史运作(每一时刻)的产物。在个别情况下，这就包括了对种种倾向和分类系统的再次挪用，这些倾向与系统乃是审美经验的必要组成部分，正像本质分析所明显描述的那样。

自我反思的分析中所遗忘的是以下事实,尽管好像是自然的馈赠,但20世纪艺术爱好者的眼光乃是历史的产物。从种系发生学角度说,那种能够按照艺术品所要求的方式(亦即自在和自为的,以形式而非功能)来理解艺术品的纯粹凝视(the pure gaze),与纯艺术目的所促成的艺术生产者的出现密不可分,因而也与一个自主艺术场域的形成密不可分,这是一个能够提出和确立抵制外在要求的自身目的的场域。从个体发生学角度说,纯粹凝视是和习得的具体条件联系在一起的,诸如小时候时常光顾博物馆,长期地接受学校教育,以及这种凝视所隐含的 skholé。所有这些都表明,忽略这些条件的本质分析(把特殊情况普遍化),暗中把相当特殊的经验特征作为适用所有审美实践的普遍特征;但是,这种经验是特权的产物,或者说,是习得的特殊条件的产物。

实际上,对艺术品和审美经验所做的非历史分析在现实中所把握到的是某种机制,这种机制喜欢存在于双重状态之中:既存在于物之中,又存在于精神之中。在物中,它以一个艺术场域的形式存在,亦即一个相对自主的社会世界,它是一个缓慢形成过程的产物。在精神中,它以一些意向(dispositions)的形式存在着,而这些意向则是由创造场域的同一过程所创造的,它们直接顺应于这一场域。当物和精神(或意识)趋于一致时,即是说,当眼光就是与之相关的场域的产物时,那末,由于提供了所有产品,对于这一眼光来说,场域就直接构成了意义和价值。显而易见,如果通常被认为是理所当然的艺术品价值之源的问题出现时,也就需要某种特殊的经验能力,这种能力对于一个有教养的人来说完全是例外的经验。但对那些并没有机会去获得艺术品客观上所要求的那些意向的人来说,则显然是正常的经验。这种情况可以通过经验研究来阐明,比如丹托也提到过这样的情况。在看过沃霍尔在斯塔波画廊展出的《布里尔包装盒》(*Brillo Boxes*)这一展品之后,丹托发现了某种武断任意的特征,就像莱布尼茨所说的 ex instituto(熏陶而成),亦即通过某个场所的展品,既把这个场所神圣化了,同时又把展品本身神圣化了,由场域所创造的确立价值的任意特性。

对艺术品的经验之所以会直接具有意义和价值,这是同一历史机制的两个互为根基的方面达成一致的结果:一个方面是文化习性(the cultural habitus),另一个是艺术场域。假设艺术品存在(亦即作为一个具有意义和价值的象征对象),确切地说,只有当它被具有所要求的意向和审美能力的欣赏者所把握时，才可以说正是一个审美者的眼光使得某个艺术品得以成为艺术品。但是不能忘了，这只有在如下情形中才有可能，即审美者本身就是长期接触艺术品的产物。这个循环是一种信念和崇拜物的循环，每一个机制都分有这种循环；只有在社会游戏的客观性中，以及在诱惑人们兴趣并参与游戏的意向中同时构成的机制才会起作用。美术馆可能会有如下铭文："唯艺术爱好者方可进入。"但是显而易见，并不存在着对这样一种铭文的需要，这一点是不言自明的。游戏导致了某种错觉，并经由有教养的游戏者对游戏的投资来维系游戏。注意到游戏的意义和这种意义为游戏而被创造出来（因为游戏者就是被游戏创造出来的），游戏者玩游戏，并通过玩游戏而确保游戏的存在。恰恰是通过这样一种作用，艺术场域创造了审美意向，没有它，艺术场域就无法运作。确切地说，场域之所以能无止境地再生产出对这一游戏的兴趣，以及对赌注价值的信赖，就是通过介入游戏的行动者之间的利益之争实现的。为了阐明这一共同努力是如何运作的，为了说明象征权力和自愿的或被迫的认可（通过认可产生出声望储存，而创造者的崇拜依赖于这一声望）的无数合谋行动，只要回想一下无数先锋派批评家的关系就足够了。他们通过把某些其神圣价值并不为有教养的艺术爱好者或这些批评家最有力的对手所接受的作品加以神圣化，进而把作为批评家的自己神圣化了。简言之，就像审美判断特殊性问题一样，艺术品的意义和价值问题，和许多哲学美学的问题一起，只能在场域的社会史中得到解决，在特殊审美意向（或态度）建立之条件（这是场域在每一情况下都需要的）的社会学中解决。

艺术场域的起源和纯粹凝视的诞生

究竟是甚么使某件艺术品成为艺术品而不是日常物或一个简单的小便器？是甚么使一位艺术家成为艺术家而不是工匠或业余画家？是甚么使一个小便器或酒架成为美术馆里展出的艺术品？是因为它们有公认（首先作为艺术家而被认可）的艺术家杜尚的签名而不是酒商或管子工的签名？如果答案是肯定的，那末，这难道就成了只用"大师之名崇拜"来取代艺术品崇拜的问题？换言之，是谁创造了这个作为崇拜物公认的和知名的生产者的"创造者"？是甚么赋予他的名字以魔力或（如果你愿意的话）本体论的效果？亦即其名字的效应是他宣称自己作为艺术家而存在的尺度，恰如一个时装设计师的签名一样，他的名字增加了附加其上的物品的价值。即是说，何以构成专家作用和权威争论中的这些赌注？在哪里找到这种标签，或命名或理论效果的基本原则？(理论是一个很微妙的词，因为我们这里涉及的是看——theorein——使别人去看）那种通过引入差异、分工和区分来生产神圣的基本原则存在于何处呢？

这类问题与人类学家莫斯在其《巫术理论》中所提出的问题很相似。莫斯探讨了巫术效果原理，并发现他不得不从巫师使用的器具返回到巫师本身，从那儿再到巫师追随者的信仰上去。他逐渐发现自己必须面对的是一个巫术在其中演变和实践的完整社会空间。同样，在探索艺术品价值的基本原因和最终基础的这种无穷追溯中，也必须做相似的运动。为了解释质变(transubstantiation)的这种奇迹(质变正是艺术品存在的根源，尽管常常为人所忘，但又可以毫不留情地通过杜尚作品中这一天才的签名笔触而记起)，必须以这一世界的起源的历史问题来取代本体论问题。就是说，这个世界就是艺术场域，在这个艺术场域中，通过一种名副其实的连续创造，不断地生产和再生产出艺术品的价值。

哲学家对本质的分析只记录了本质的实际分析结果，历史本身通过自主化过程就客观地对本质做了实际分析，艺术场域在自主化过程中逐渐制度化；各种行动者(艺术家、批评家、历史学家、美术馆长等)，以及作为这一世界特征的种种技术、门类和概念(类型、潮流、时期、风格等)也就在自主化过程中被创造出来了。某些和“艺术家”或“创造者”概念(以及命名和构成这些概念的词语)同样常见和显著的概念，也是漫长而缓慢的历史过程的产物。艺术史家并未完全逃避“本质主义思想”的陷阱，这种思想就隐含在历史上出现并已过时的词语的用法之中，这些用法总是萦绕着年代错误的幽灵。由于无法质疑隐含在艺术家这一现代概念中的所有问题，尤其是在19世纪发展起来的不能创造的“创造者”的专门意识形态问题，由于无法和显而易见的对象，也即艺术家(或别处亦即作家、哲学家、学者)割裂开来，那末为了考察艺术家(从社会角度他们被制度化为“创造者”)是产品的生产场域，艺术史家是不能以经济和社会状况问题来取代有关艺术家(与工匠对立的)性格呈现的时间地点的仪式性研究。经济和社会状况构成了艺术场域确立的基础，而艺术场域则建立在一种归诸这一场域最发达状况中的现代艺术家的准巫术力量信仰理论之上。

这不只是一个祛除本雅明以略带亵渎和天真之反语所说的“大师之

名崇拜物”问题：无论人们是否想要，大师的名字实际上是一种崇拜物。于是，需要描述的问题便是，使得艺术家作为艺术品崇拜物的生产者之特征成为可能的一系列完整的社会条件是如何逐渐出现的。换言之，这个问题也就是把艺术场域（包括艺术分析家，首先是对艺术史，甚至是他们中的一些最具批判性的人）建构成一个场所，在这个场所不断地生产和再生产对艺术的价值和对艺术家有价值的创造力的信仰。这不仅生产出艺术家自主性的标志的完整清单（诸如通过如下活动来体现，合同的分析，艺术家签名的在场，或艺术家特殊才能的肯定，或某个争论中对同仁仲裁的求助等等），也生产出这个场域本身的自主性标志的清单，比如作为文化商品经济运作必不可少条件的一系列完整的特殊社会机制的出现。这些包括：展出场所（画廊、美术馆等）、神圣化或认可机制（学院、沙龙等）、生产者和消费者的再生产机制（艺术学院等）、专业化的各种代理人（经纪人、批评家、艺术史家、收藏家等），他们都是具有场域和特殊感知和欣赏范畴客观上要求的意向的人，这些特殊范畴是不能化约为普通用法的范畴的，而能够给艺术家及其产品价值附加某种特殊尺度。一旦画作通过画面单元、生产的持续时间、使用材料的数量和价格（如金色或群青）来衡量，艺术家、画家和房屋油漆工并无根本差别。这就是为甚么在这些伴随着生产场域出现的发明中，最重要的发明之一可能就是一种艺术语言的精巧化。它首先涉及确立一种命名画家的方式，谈论他们及其作品本质以及作品报酬方式的特性，借助这种方式也就确立起特定的艺术价值的自主性的规定性——这种价值是不能还原为完全的经济价值的；同时，也确立起谈论画作本身、绘画技巧的方式——这种谈论方式要运用使人可以谈论绘画艺术的恰当词语（常常是一对对的形容词），亦即某个艺术家的个性风格，这种风格的存在是经由命名它而社会性地构成的。同理，名流的话语，尤其是传记，也发挥着决定性的作用。这很可能不是因为传记对艺术家及其作品谈论了甚么内容，而是说因为传记使艺术家作为一个难忘的人物，就像是政治家和诗人一样，具有了历史考察的价值。与其说是谈论艺术家的东西确立了这种状况，还不如说是其传记导致了这种状况。（众所周知，那些使人名声显赫的比较有助于强化绘画艺术的不可还原性，至少在某个时期是如此，直到它们成为一种障碍。）发生学的社会学在其研究模式中必须包括对生产者及其行动以及他们如下要求的研究，即有权做出绘画生产的独立判断，形成某种欣赏或接受其产品的标准。

这种社会学也应考虑效果——对他们自身和他们所拥有的生产形象的效果,以及对他们的生产本身的效果——他们自我形象及其生产的效果,这种生产借助各种介入艺术场域的行动者的眼光又返回到生产者自身,这些行动者包括其他艺术家,也包括批评家、委托人、收藏家等。(例如,人们可以假定,自15世纪意大利文艺复兴以来,某些收藏家所表现出来的对素描和漫画的兴趣只是有助于艺术家提高自己价值的观念的形成。)

所以说,当场域本身构成时,事情就变得很清楚了,艺术品的生产"主体"——也就是艺术品价值和意义的生产主体,并不是实际上创造其物质对象的生产者,而是一系列介入这一场域的行动者:在这些行动者当中,有归入艺术性的作品(伟大或渺小的、知名或无名的艺术家)的生产者,有各种信念的批评家(他们自己也在这一场域中),还有收藏家、中间人、美术馆长等。简言之,就是所有与艺术关系密切的人,包括为艺术而生存的人,被迫在不同程度上依赖艺术而生存的人,彼此面对着斗争的人(在斗争中重要的不仅是要确立世界观,而且要确立对艺术界的看法),还有通过这些斗争参与了艺术家价值和艺术价值的生产的人。

假如说这就是场域的逻辑,那末,这也就不难理解为甚么用于考察艺术品的概念,尤其关于它们分类的那些概念,恰如维特根斯坦所发现的那样,体现出某种极端的不确定性特征。诸如类型概念(悲剧、喜剧、戏剧、小说),形式概念(民谣、回旋曲、十四行诗),历史分期或风格概念(哥特式、巴洛克式、古典式),或各种运动概念(印象主义、象征主义、现实主义、自然主义)情况也是如此。人们也不难理解为甚么混乱仍存在于如下情形中,即当涉及用以描述艺术品特征的概念时,用术语来描述对艺术品的接受和欣赏时(诸如一对对形容词,美的与丑的、精致的和粗糙的、轻快的或沉重的等),正是这些概念建构了人们对艺术品的体验和表达方式。因为这些概念就深嵌在日常语言中,它们一般的用法并不在美学领域,这些趣味判断范畴(对于共享一种语言的所有言者来说是共同的)保证了一种交流的明显形式。然而,尽管如此,恰如维特根斯坦又发现的那样,即使是被专业人士运用时,这些术语总是呈现出极端的含混性和灵活性,这种含混性和灵活性使之彻底地抗拒本质主义的界定。这可能是因为这些术语的使用和赋予它们以意义都依赖于其使用者所特有的、历史的和社会的视角,这些视角往往是没法协调一致的。简言之,假如人们总是提到趣味(众所周知,有关偏爱的对照在日常对话中扮演了一个重要角色),那末，可以肯定，在这些问题中，交流只是伴随着高度的误解而产生。这一点是确凿无疑的，因为使交流得以可能的老生常谈，与那种使交流实际上无法进行的东西是同一的。采用这些话题的人每一个都给予那些对立的词语不同的（有时是正相反的）意义。因而，对个体来说，他们有可能在社会空间中坚守着对抗性的位置，以便能给予那些通常描述艺术品或日常事物形容词以完全对立的意义和价值。我们想到了形容词 soigné（法语：考究的、精美的）这个例子。这个形容词常被排除出资产阶级趣味的范围，这也许是由于它体现了小资产阶级的趣味。由于人们身处于历史的维度中，所以可以无穷尽地罗列出一个概念清单，这些概念开始具有美的理念，但在不同时期，或者作为艺术革命的后果，它们会呈现出不同的甚至截然对立的意义。Finish（完成）这个概念就是一个例证。由于这个词已被简约为与学院派绘画的伦理和审美理想密切相关的概念，后来便被马奈和印象主义艺术家排除在艺术领域之外。

所以，那些被用来描述接受和欣赏艺术品的范畴，与历史语境的关联是双重的。由于它们与具体的和特定时间的社会世界密切相关，所以这些范畴的用法也就成为一个主题，这些用法本身体现出使用者的社会地位，他们在这些范畴所有可能的审美选择中实践着自己习性的构成意向。

艺术家和批评家用来界定他们自己或对手的大多数概念，实际上是斗争的武器和资本，艺术史家为了论述他们的主题所采用的许多范畴，不过是熟练地加以遮蔽的或变形的具体范畴，这些范畴的大多数最初是用做贬斥或责难的。（“范畴”这个词来源于希腊语 kathegoresthai，意思是公开地谴责。）这些充满了斗争意味的范畴逐渐变成了技术性的范畴，多亏了发生学的遗忘症，批评剖析、学位论文和学术论文便赋予这些范畴以某种永恒性的意味。在介入这样的斗争的所有方法中（这些斗争必须从外部来加以理解，以便使其客观化），最具诱惑力和最完美的方法毫无疑问是把自己呈现为法官或裁判的方法。这样的方法涉及解决现实中的冲突，涉及给出满意的判定——比如宣称甚么确实是现实主义，或者更简单，（通过一些表面上看很单纯的决定，诸如某某人包括或不包括在生产者的主体或名单中）判定谁是艺术家谁不是艺术家。这最后一个决定因其显而易见的肯定性而略显单纯，它实际上却是更为关键的，因为在这些艺术斗争中，主要的赌注之一无论在何处总是一个归属于场域的合法化问题（艺术界的边界问题），也是因为各种结论（显然是统计学上的结论，它可以合适地确立一个世界)的有效性依赖于合适地得出这些结论的范畴的有效性。

假如存在着真理,那末,真理就是斗争的某种赌注。由各种介入艺术场域的行动者所做出的多样或对立的分类和判断,尽管这些分类和判断肯定受制于(和场域中特定位置相关的)某些特殊的意向和兴趣,但它们是以普遍性要求的名义来陈述的,也就是对绝对判断的吁求,这种判断是对不同视点相对性的断然否定、"本质主义的思想"在任何社会世界中都会起作用,尤其是在那些文化生产场域中更是如此,诸如宗教、科学和法律场域等等。在这些场域中,普遍性处于危险之中的游戏正在衰竭。然而,就此而言,"本质"就是规范这是显而易见的。这恰恰就是奥古斯丁在分析诸如"真正的人"、"真正的"勇气(在此就是"真正的"艺术家或"真正的"杰作)这类表述中形容词"真正的"含义时要我们记住的东西:在所有这些例子中,"真正的"这个词含蓄地将我们考虑的情形与同一范畴内的其他情况相对照,其他言说者指出同一个谓语尽管不那末合适(即是说,以某种并未"真正地"被证明合理的方式),就像所有普遍性的诉求一样,但这个谓语具有强有力的象征力量。

科学所做的不过是极力确定这些与真理有关的斗争真相,把握某种客观的逻辑,据此来决定赌注、阵营、策略和胜负。科学可力图把思想的种种表征和工具——它们都主张普遍性,尽管成功的机遇是不均衡的——带回到它们产生和使用的社会状况中去。换言之,带回到场域的历史结构中去,也正是在这样的结构中思想的表征和工具才得以出现并发挥作用。正在占据的位置(文学或艺术的形式,分析的概念或工具等)空间与在场域中已占据的位置空间之间存在着某种对应,从这一对应的方法论假定(其有效性可以通过经验分析不断加以确证)出发,人们就可以对这些均要求普遍性的文化产品的历史化。但是,这种历史化不仅(像人们所认为的那样)意味着通过回忆把文化产品相对化,即文化产品只有在与斗争场域受制约的状况相关时才具有意义;而且意味着通过使这些产品远离不确定性(这一不确定性来自某种虚假的永恒化的),使这些文化产品重新获得某种必要性,"便使这些产品回到它们发生的社会条件之中,这就是一种真正具有生产性的界定。我们决不导向历史相对论,我们用于历史对象而且是这一对象的产物的思维形式的历史化,提供了逃避历史的唯一真正的机遇,即使这样的机遇很少。

那些建构审美知觉的反对意见并不是先验的，而是被历史地生产和再生产出来的，它们与使之运作的历史条件不可分离，所以审美意向也是这样：把一些根据其社会用途和应用而命名（同时，通过某些范畴、概念和分类法，将其活动拓展全审美能力）的对象确立为艺术品的审美意向，乃是场域的整个历史的产物，它必定是经由每个潜在的艺术品的消费者通过特定的欣赏再生产出来的产品。这要么足以证明审美意向的分布是贯穿于历史之中（直到 19 世纪末，批评家们一直在捍卫一种服从于道德价值和说教功能的艺术），要么足以说明审美意向的分布就在今天的社会之中，这进而使人确信，没甚么比那种对待艺术品——或者更宽泛地说，对待任何对象的这种意向，即本质主义的分析所描述的某种纯粹的审美态度更不自然的事了。

正是在场域向自主性的运动中，纯粹的凝视应运而生。实际上，不用提起这里所提出的整个论点，人们会坚持说，对艺术品评价和生产的自主性原则的肯定，是与对生产者自主性的肯定密不可分的，也就是说，是和对生产场域的自主性的肯定密切相关的。就像左拉关于马奈所恰当地写下的那样，纯粹的绘画意味着作为一幅画而被自在地和自为地加以欣赏，亦即作为一种玩味画的形式、明暗和色彩的游戏。换言之，而不是作为一种独立于关于超验意义的话语。所以，纯粹的凝视（与纯粹的绘画必然相关）乃是纯粹化过程的结果，是由历史不断变革过程中所实现了的本质之真正分析。就像在宗教场域中发生的情形一样，变革总是引导着新的先锋派以一种重返正确起点的名义，并以对艺术体裁的纯粹界定来挑战正统的东西。诗歌中也可以发现对其所有次要特性的纯粹化：被破坏的形式（十四行诗、亚历山大诗体），被颠覆的修辞比喻（直喻、隐喻），被抛弃的内容和情感（抒情性、情感宣泄、心理学），以便根据某种历史分析，一点一点地使诗歌简约为更具特殊的诗意效果，这就像是与声义对应论（phonosematic paral-lelism）的一次决裂。

更宽泛地说，趋向于更大自主性的不同文化生产场域的演变伴随着某种反思性和批判性的回归，亦即生产者回归到他们自己的生产，这种回归使得生产者们从中获得了场域自身的原理和特殊的前提。首先，这是因为现在处在断然拒绝任何外来限制或要求位置上的艺术家，可以确认他们已经掌控了那些规定他们并属于他们的东西，那就是艺术形式、技巧，一言以蔽之，掌握了艺术的唯一目的。福楼拜在写作领域和马奈在绘画领域很可能是如下尝试的倡导者，亦即哪怕有很多主观的和客观的困难，也要确立某种对创造性的凝视力量的自觉而又彻底的肯定。这种力量不仅可以用于(通过简单的颠倒)粗俗的和平庸的事物，就像尚弗勒里(Champfleury)和库尔贝的现实主义所追求的目标那样；也可以用于不重要的对象，在这些对象面前创造者能够肯定自己那种变形的准神力。“写好平凡的东西”，福楼拜的这种对马奈也是适用的说法，是把形式置于一种与主题的关系之中，同时也就确定了有教养的欣赏活动的基本规范。在哲学家看来，艺术地位的分布是一种关于审美判断广为接受的界定，因为可以从经验上加以证实，今天并不存在有教养的人(即是说，没人拥有学术标准所规定的高级学位)，他们并不知道，任何现实，一根绳子，一块小圆石，衣衫褴褛的小贩，都可以成为艺术品的主题。他们也不清楚，这么说至少是明智的，即当一个先锋派画家，亦即混淆新的美学原则的专家使我注意到时。实际上，为了唤起当前那些具有无限艺术善意的审美者，为了在他身上重新唤起艺术的甚至哲学的惊奇，就必须以一种杜尚或沃霍尔的方式来对他使用休克疗法，杜尚或沃霍尔方式亦即通过展示某个如其所是的日常事物，便以某种形式刺激了创造力，这种创造力正是纯粹的审美意向(不用多虑)赋予艺术家的，正像马奈以来所界定的那样。

这种将艺术内省地和批判地返回自身的第二个原因在于，由于场域本身的封闭，因此对特殊知识的实际掌握——它就置于过去的作品中，这些作品在访谈和赞颂中被所有专家(他们与文学史家和艺术史家、注释家和分析家一起)加以记录、编撰和经典化——已变成进入生产场域的条件的一部分。结果是，与朴素的相对主义告诉我们的正相反，艺术史的时间真的是不可逆的，它呈现出一种积累性的形式。没甚么比先锋派艺术家与场域特定的过去关系更加密切的了，包括颠覆的意图——也是和场域的状况密切相关的。这些先锋派艺术家冒着“幼稚天真”之险(诸如卢梭[Douanier Rousseau]或布里塞[Brisset]的风格)，必定不可避免地将自己置于一种此前曾有过的种种尝试的关联之中，这些尝试就是超越该场域历史中曾经出现过的东西，或强加于新事物的可能性空间里曾经出现过的东西。在场域中所发生的事情越来越多地和场域的特殊历史相关联，而且只和场域有关。因此，要从特定时期的一般社会世界的状况推演出场域来已变得越来越困难(某种“社会学”正要求有权这么做，它并未意识到场域的特殊逻辑)。正是因为有场域的结构与场域的历史，所以一些诸如沃霍尔的《布里尔包装盒》或克莱因(Klein)的单色画这样的作品才获得自己的形式特征和价值。对这类作品的感知乃是一种区分性的和区别性的感知;换言之,就是关注其他作品的偏离,不管是当代的还是过去的作品。结果是,如同生产一样,消费那些与传统断裂、与历史断裂的漫长历史的产物的作品,完全成为历史性的了,因而也就越来越在总体上非历史化了(dehistocized)。实际上,使译解和欣赏活动运作的历史渐渐地被化约为一种纯粹的形式史,它完全消解了为形式而努力的社会史,而形式也就是艺术场域的生命和动力所在。

这也就解决了一个看做不可解决的问题,即形式主义美学(它只想考察艺术接受和生产中的形式)构成了对社会学分析的真正挑战,总之,源于纯粹关注形式的作品似乎必定要确立只注意形式特征的内在解读的唯一有效性,似乎必定在尝试把形式特征还原为社会语境(而形式特性正是建立在这个语境基础之上的)时失败并产生怀疑。然而,为了改变这种状况,必须充分注意到形式主义反对各种历史化的雄心是建立在对其可能性的社会历史条件的无知基础上的。同理,那种记载并确证这一雄心的哲学美学也是这样。这两种理论中所忘却的东西恰恰就是历史过程,经由这个过程,摆脱"外在决定"的社会条件才能确立起来;即是说,这是一个确立生产的相对自主场域的过程,正是由于这个过程,纯粹美学或纯粹思想的领域才有可能存在。

周　宪译

——节选自福柯等著:《激进的美学锋芒》,北京:中国人民大学出版社 2003 年版。

杜布费

让·杜布费(Jean Dubuffet, 1901—1985),法国勒阿弗尔市人,法国画家、雕刻家和版画家。他是第二次世界大战以后出现的最伟大的法国画家。二战后,其艺术生命正式展开,当时的艺术界流行抽象艺术。他对传统和学院派的表现手法和技艺深表不满,他使用各种手段来创造各种风格,如原始艺术、儿童绘画、街头涂鸦、精神变态者艺术等。20 世纪 40 年代末形成自己的风格,称为原生艺术(生涩艺术)、涂抹派或塔希主义，优先考虑艺术家的内心世界，拒绝接受艺术的精英化、组织性、整体统一性的主张，在一定程度上揭示了艺术的发展方向。其作品使人联想到儿童涂鸦的自发乐趣，也有史前洞窟壁画的野性意味和西方城市街道涂抹画的随意性。《四棵树》(1969)和《装饰品小园地》(1976)成为法国艺术品中不朽之作。杜布费艺术和他本人一样充满了矛盾性。其作品充满了艺术-反艺术、形象-无形象、彩色-单色、立体-平面等冲突。其创作过程往往忽视观众的存在，不理会艺术史的发展，认为创作不应在乎别人的眼光，却又希望艺术是让一般大众所共享的。他一再批评艺术，排斥官方机构，其作品却在法国国立现代美术馆展出；轻视荣耀，却接受1984年威尼斯双年展的荣誉表彰；不屑于将艺术商业化的生意人，却经营自己的作品。他还提出了反艺术、反文化的口号，引发人们对艺术价值、西方文化的新思考。

在《反文化的立场》这篇演讲辞中，杜布费认为在现代传统的价值衰落了，文艺复兴以来的人文主义受到攻击，并开始了对原始文化和原始思维感兴趣。杜布费认为西方人并不缺乏野蛮人的价值，但如今西方文化已经成为西方人不适合的外套，作为一种官僚文化，不再拥有生活和真实的根。西方文化的基本特征是：其一，是把人与自然对立起来，鄙视树林与河流；而原始人热爱自然。其二，理性至上，万物与理性同构；原始人的思维方式则是艺术的。其三，把观念视为精神机能最重要的因素。杜布费则宣称自己的艺术筑基于更深的根。其四，西方人热衷于分析，杜布费则以整体思维为傲。其五，西方文化建立在对语言特别是书面语言的特别信任上，而言语和绘画则是比语言更丰富的手段。其六，是西方文化中的美的观念是虚假的，西方人以原始人不懂美丑为由，把原始人称为野蛮人。西方人关于甚么是美一直无定论。感受美需要特殊的感官，美育可以培养出这种感官。西方文明的基本原则建立在美的概念上，杜布费认为美的理念是虚弱和缺乏创意的，他认为生活主要由丑构成。他说绘画更接近事物本身，比词语丰富，可以使事物和周遭的一切得以呈现。

杜布费的上述讲演是跟他的艺术主张和艺术创作一脉相承的，其反文化的立场从反面揭示了西方思维方式的局限，在一定意义上是成立的。他反对西方文化，也反对西方的美的观念和学院派式的美育，认为这种美育只会培养出缺乏创意的感官。这种美育观点虽然过于极端，但也切中了传统美育理论的要害，即连美是甚么都纠缠不清的文化，侈谈审美，有指鹿为马之嫌。后现代的美育要看清传统审美理论的虚假性，扎根于现实生活之中，才能认清美育理论的发展方向。

（李　兵）

反文化的立场

让·杜布费（Jean Dubuffet，1901—1985）是法国艺术家，现代主义艺术的重要角色。本文是杜布费1951年12月在美国芝加哥艺术俱乐部的一次演讲。演讲的题目就是“反文化的立场”。文章是节选自这一演讲。译自维利·萨福尔著：《现代文学和艺术中自我的失落》（纽约：温特齐出版社1962年版）。

我认为，目前正在发生一个重要的变化，它不但出现在艺术中，而且也出现在其他许多领域中。这个重要的变化就发生在我们的时代，在我们许多人的心灵结构之中。

在我看来，长久以来某些价值被认为是确凿无疑和无须讨论的，但今天对不少人来说，已开始遭到怀疑，甚至被认为是完全虚假的。另一方面，其他一些曾受到冷落或不予重视的价值，甚至是完全不为人所知的价值，现在则显得异常重要。

我发现，那些构成文艺复兴以来所谓的人文主义，以及我们文化之基础的种种思维方式，眼下正遭遇一个彻底的清算。或者至少可以说，这种清算将很快发生。

我以为在过去50年中，对这一转变具有重要作用的乃是人们对所谓原始民族思维的认识，尤其是对原始人所制作的艺术品的了解，它使西方公众深感震惊，并使他们产生了浓厚的兴趣。

在我看来，许多人开始扪心自问：西方人有无必要向这些野蛮人讨教许多极为重要的东西？在很多情况下，他们最初展现在我们面前看来很粗野的解决办法和做事方式，也许比我们的方式方法更聪明。或许，粗野的做法不是他们而是我们自己。或许，需要精练，动脑筋和深入思考的不是他们，而是我们。

从个人角度来说，我完全信赖野蛮人的价值，我说的是直觉、激情、心境、热烈、迷狂。

现在我必须表明，我并不认为西方人缺少这些野蛮人的价值。而是相反！但是，我认为我们的文化所展示的这些价值并不与西方人精神的真实结构相对应。我觉得西方文化是一件并不适合西方人的外套；不管怎样，这件外套已不再适合他了。我想，这种文化很像是一种死了的语言，它与大街上人们常说的语言毫无共同之处。这种文化越来越游离于日常生活之外，作为一种官僚文化，它被限定在某些狭小的和僵死的范围里。它不再拥有真实的和活生生的根。

就我来说，想要追求的是一种与日常生活直接关联的艺术，它从日常生活出发，并且是我们真实生活和真实心境相当直接和真挚的表现。

下面，我要列举一些与西方文化有关而我决不赞同的重要方面。

西方文化的基本特征之一是这样一种信仰：人之本性全然有别于世上其他存在物。人们习惯上认为，人绝不可能与诸如风儿、树林、河流一类自然物一样，或至少不能比做这些自然物——除非幽默地用于某些诗意的修辞形象。

最终说来，西方人是非常鄙视树林与河流的，也讨厌像树林与河流那样。

与此相反，所谓的原始人却热爱并赞美树林与河流，他乐于像树林与河流那样。他坚信在人和树林、河流之间存在着某种真正的相似。他深刻地体验到万物的延绵，尤其是在人与世界其他部分之间存在着延绵。较之于西方人，这样的原始社会肯定更加尊重世间万物。他们体认到：人非万物的拥有者，他不过是万物中的一员而已。

我不赞同西方文化的第二个要点如下：西方人认为，他所思考的事物，就以一种与他思考它们同样的方式外在地存在着。他确信世界的形态是和他的理性完全一致的。于是，他坚信自己的理性基础非常牢固，特别是他的逻辑的基础是坚固无比的。

然而，确切地说，原始人的理性和逻辑观念十分薄弱，他们真的是以另一些方式来获得有关事物的知识的。这就是为何他如此看重并赞美我们称为疯狂心灵状态的原因所在，我必须申明，我对这样的疯狂十分着迷，并确信艺术与此密不可分。

现在，来谈谈我不赞同西方文化的第三点。我要说说西方文化对精致观念的崇拜。我并不把精致的观念当做人之机能最重要的因素。确切地说，我以为观念不过是精神阶梯过程中脆弱的一个台阶而已：它就像这个阶梯上的一个平台，在那儿精神过程会变得越发贫瘠，像是被冷冻了的干硬面包皮似的。

观念就如同是水蒸气，达到了理性和逻辑的水平时便被压缩成了水。

我想，在观念的这一平台上，是决然找不到精神功能最重要的价值的，我感兴趣的并不是这个平台，我宁愿去把握先于这一精致观念平台的那正在发展的想法，其实，整个西方的艺术、文学和哲学就被置于这个精致观念的平台之上。但是，我自己的艺术、我的哲学完全依靠更低的台阶。我总是力图在其更深的根上去把握精神过程，在那儿，我敢说，汁液会更加丰富。

现在我来说说第四点：那就是西方文化沉溺于分析，然而我压根儿不喜欢分析，也不相信分析。人们认为，要了解事物，就必须通过分解它的方式，或是通过将它分解为各个部分，然后分别来研究各个部分。

我的感悟则完全不同，相反，我总是更倾向于重组各种事物。一旦某个对象只被分割为两个部分，我就会感到它在我的研究中便消失了。我会更加远离这个对象而不是更接近它。

我强烈地感悟到部分之和并不等同于整体，当我要真实地去看某个事物时，我的脾性便引导我结合着周围环境来看，并把它看做一个整体。如果我要了解桌上的这支铅笔，我不会直接去看它，我会注意这间房子的中间部位，力图尽可能多地把事物纳入我的眼帘。

假如乡间有一棵树，我并不会把它带回我的实验室，然后在显微镜下仔细审视。因为我认为，要想了解这棵树，那末吹落树叶的风儿是绝对不可或缺的，因此风儿不能和这棵树分离开来，同样，树枝上的鸟儿，甚至鸟儿的鸣啭也不能和这棵树分开。我的运思就是要把这棵树周围的更多事物整合起来，并且总是整合越来越多的环绕着树之周围的那些事物的事物。

长久以来，我一直坚持这一点，因为我认为运思是我的艺术层面的一个重要因素。

现在该说到第五点了，那是我们的文化是建立在对语言的某种根深蒂固的信任基础之上的，特别是书面语言：也就是这样一种信仰，即语言的能力可以转译并推敲思想。在我看来这似乎是一种误解。我的想法是，语言是一种粗糙的、非常粗糙的速记，一个尚未发育完善的代数符号体系。它是有损于思想，而不是有助于思想的。言语是更加具体的，语音，各种音调，一声咳嗽，甚至做出某个表情或模仿别人的样子，都会赋予它以活力，在我看来它也是更有效的。我以为书面语言是一种很糟糕的工具。作为一种表达的工具,某种程度上它就像出自火中的熔渣,只能传递思想中僵死的残余物。作为一种推敲思想的工具,书面语言似乎过多地负载了思想,从而也就歪曲了思想。

我相信(这里,我和所谓的原始文明完全一致),绘画比起书面词语来说更加具体,在思想的表达和推敲方面,绘画是比书面词语更为丰富的手段。

我已经说过,就思想而言,我感兴趣的并不是转换为有序观念的那一刻,毋宁说我感兴趣的是在这之前的那些时刻。

我的绘画可以看做适合于这些思想领域的实验语言。

让我现在来涉及第六点,亦即最后一点,我要说的是西方文化所采纳的美的观念。

我想告诉你们,我自己的观念全然有别于这一寻常概念,我就从这里谈起。

美的观念使我们相信,存在着美的和丑的事物、美的和丑的人、美的和丑的地方,等等。

我却不这么认为。我相信美并不存在于甚么地方。我以为美是一个完全虚假的概念。我拒不接受如下观念,即有所谓丑陋的人和丑的事物。对我来说,这样的观念是难以忍受的和令人不快的。

我想,是希腊人最早提出了某些事物比另一些事物更美的观念,然而,所谓的原始民族则完全不这么看。当你说到美的事物时,他们会不知所云。

但这恰恰就是人们说他们是野蛮人的理由所在。谁不理解存在着美的和丑的事物,谁压根儿不关注美,西方人就把他们称为野蛮人。

令人感到奇怪的是,多少世纪以来,直至现在,西方人仍在争论甚么是美的事物、甚么是丑的事物,所有人都确信美是毫无疑问地存在着,却找不到就两个人会一致认为某物是美的;一个世纪又一个世纪,美的概念在不断地变化。西方文化在某个世纪宣称美的东西,在前一个世纪则被认为是丑的。

这种理性化的观念乃是美确实存在,不过许多人却看不见,感受美需要某种特殊的感官,而大多数人都缺乏这一感官。

人们还相信,经过训练有可能培育出这种感官,甚至在那些缺乏这一天赋的人身上使之显露出来。所以学校便承担了这一功能。

在这些学校里，教师告诉学生们无疑存在着事物的美，但他又不得不补充说，人们关于哪些事物有美尚存争议，在坚实地确立美这一方面至今尚未获得成功。他请自己的学生继续考察这些问题，所以一代又一代，这样的争论延绵不绝。

然而，美的理念不过是我们的文化所极力赞美的诸多事物之一，人们已习惯于把这种对美的信仰和崇拜看做西方文明的终极合理性，这一文明的基本原则深受美的概念之影响。

我注意到，这种美的理念乃是一种疲弱而缺乏创意的发明，特别是它并不能激励人。……我甚至形成了这样的想法，那就是我们生活于其中的世界，百分之九十是由丑的事物和地方所构成的，而美的事物和地方寥寥无几，很难碰到：所以我必须说，我发现这种想法并不令人兴奋……

我刚刚说过，现在还要再次重复，在我看来，绘画是一种比词语更为丰富的语言。所以，在艺术中寻找理性化的东西是徒劳无益的。

绘画是一种更为直接的语言，同时，意义也更丰富。绘画是通过符号来操作的，但这些符号不像词语那样是抽象的和无形的。绘画的这些符号更接近事物本身，进一步说，绘画操作的种种材料本身也是具有活生生的物质。这就是为甚么在接近事物和使之显现方面，绘画比词语可以使人们走得更远。

显而易见，绘画也可以某种程度上使事物显现，就像事物本身所呈现的那样。我的意思是说，事物某种程度上的在场。这就是说，它们处于在与不在之间的不同的阶梯上。

最后，绘画并不是孤立地使事物显现，而是关联着事物周遭的一切：它把许许多多的事物同时呈现出来。……

周　宪译

——节选自福柯等著：《激进的美学锋芒》，北京：中国人民大学出版社 2003 年版。

利奥塔

利奥塔(Lyotard, 1924—1998)，法国著名哲学家，法国战后思想界第三代中坚人物。《后现代状况》是他的代表作，是与哈贝马斯论争的产物。所谓后现代就是对元叙事的怀疑态度,以多元化和差异性为核心。该书主要考察了后工业社会知识地位的变迁,分析了各种病态症候,提出了消除危机的策略。利奥塔认为在后工业社会,科学变成了一种话语,现代科技无不与语言有关,知识电脑化、商品化改变了传统知识的功能:科学研究功能不再是寻求真理,而是变成了追求效率的游戏;知识传递教化的功能也被技能训练所取代,教学内容只是商业信息。由此,产生了“合法化”的危机,宏大叙事衰落,权威受到质疑,真、善、美的标准被抛弃,拒绝共识,追逐新奇和多元化,后现代的人们变得茫然和无所适从。为了应付“合法化”的危机,利奥塔提出了所谓“语言游戏”理论,主张把传统知识重新加以合法化,尊重不同话语的差异性,人们可以根据不同的游戏制定不同的规则,各种话语之间是平等的,都有权利去抗争。

第十二章《教学与通过性能达到的合法化》讨论了传统教育在后现代的衰落,传统教育的目的是培养社会精英,而后现代则是培养能胜任岗位角色的游戏者,这标志着大学权威的衰落。如今的大学在教甚么?随着信息社会的来临,传统教学中的教师角色可以被计算机所取代。教育的任务主要是传授获取信息的手段或程序,但是数据的现实化是否能形成有效的策略,在能力同等的条件下,如何增加系统的性能?跨学科的集体将致力于“想象”精神的提升和“冲动”,即改进新的设计和模式以增进性能。于是,后现代不再区分知识的生产与传递,教学实际上分成了两种:“简单”再生产与“扩大”再生产。教师地位面临着非合法化和性能优势的威胁。

利奥塔的理论对于后现代的审美教育极具启发意义,在后现代,从利奥塔的理论推知,美育理论也面临非合法化的问题,传统的关于美的知识在后现代丧失了权威,“怎样都行”的后现代审美观泯灭了美丑之间的界线,甚至出现了以丑为美的反审美,这些都给当代美育提出了新的难题。大学如何进行美育?显然传统的美育理论和方法必须进行新的转型,一方面知识的传授不应占据教学的主导地位,另一方面,在片面强调创新和培养学生想象力的过程中,不应过分功利化,而应该突出审美无功利的核心思想。

(李 兵)

后现代状态

第十二章 教学与通过性能达到的合法化

至于知识的另一个方面,即传递方面,也就是教学,我们似乎很容易描述性能标准的流行对它的影响。

在既定知识的观念得到承认之后，知识的传递问题可再分为一系列语用学问题：谁传递？传递甚么？向谁传递？采用甚么手段？通过甚么形式？效果如何？大学政策是由一整套对这些问题的严密回答构成的。

当相关标准是假设的社会系统具有的性能时，就是说当人们采纳系统论的观点时，人们把高等教育变为社会系统的一个子系统，用同样的性能标准来解答上述每一个问题。

预期的结果是高等教育为社会系统达到最佳性能而做出最大贡献。因此，高等教育应该培养社会系统所需的能力。这些能力分为两大类，其中的一类主要用来迎接世界竞争，它们随着民族国家或重要教育机构可能在世界市场上出售的各种“特产”而变化。如果我们的总体假设是真实的，此书开始处指出的那些将在未来几年里成为赌注的尖端领域对专家和高中层干部的需求将会增长；所有涉及“电信”教育的专业（信息学专家、控制论专家、语言学家、数学家、逻辑学家……）将看到自己在教学方面处于优先地位，何况这些专家的增多还会促进其他知识领域内研究的发展，我们曾在医学和生物学中见到过这种情况。

另外，根据这个总体假设，高等教育应该继续为社会系统提供符合系统自身要求的那类能力，系统自身要求是维持它的内在严密性。以前，这一任务包括培养并传递一种普遍的生活方式。这种生活方式往往是由解放的叙事合法化的。在非合法化语境中，大学和高等教育机构从此需要培养的不是各种理想，而是各种能力：多少医生、多少某专业的教师、多少工程师、多少管理人员，等等。知识的传递似乎不再是为了培养能够在解放之路上引导民族的精英，而是为了向系统提供能够在体制所需的语用学岗位上恰如其分地担任角色的游戏者。

如果说高等教育的目的是功能性质的，那受话者又是甚么样的呢？大学生已经有了变化，而且还将继续变化。他不再是一个来自“自由精英”的青年，他也不再或近或远地关心社会进步、人类解放的伟大任务。“民主”大学没有入学选拔，如果我们考虑人头费用和接受的大量注册，它不论对学生还是对社会来说都不算昂贵，它的模式是解放型人文主义的，从这个意义上说，它在今天显得效率不高。事实上，高等教育已经发生了重大变化，这种变化既受到行政措施的影响，也受到社会需求的影响，这种来源于新用户的社会需求本身很少受到控制，它将高等教育的功能逐渐分为两大类服务。

高等教育的职业功能面对的仍然是来源于自由精英的青年,传递给他们的是职业所需的能力。那些与新科技密切相关的新知识的受话者一般属于这些人,他们的道路不同(如通过工学院),但受教育的模式相同,他们也是尚未“就业”的青年。

除了这两类复制“职业知识分子”和“技术知识分子”的大学生外,其他大部分在校青年是没有计算在求职统计表内的失业者,因为他们的数量超过了他们从事的专业(文学和人文科学)所能提供的需求。事实上,尽管他们还很年轻,但他们属于知识传递的新一类受话者。

因为大学不仅具有这种职业功能,而且还开始或应该开始在改善系统性能的方面扮演着一个新角色即培训或成人教育,除了那些负有职业使命的大学、院系或机构中,知识不再是一劳永逸地全盘传给尚未就业的年轻人,而是像“点菜”一样传给已经就业或即将就业的年轻人,以便改善他们的能力并促进他们的晋升,同时也是为了让他们掌握信息、语言和语言游戏,让他们拓宽职业生活的视野,连接技术试验和伦理试验。

知识传递的这种新动向并不是没有争议的。因为,对系统而言,即对系统的“决策者”而言,鼓励职业培训越是有好处(因为这只会改善整体的性能),这种关于话语、体制和价值的试验就越是显得缺乏操作性,人们就越是以系统可靠性的名义拒绝给予经费,因为这样的试验必然在履历、教学和知识检查中带来“混乱”,何况还有社会政治的影响。然而,这里显露出来的脱离功能主义的出路是不应该被忽略的,因为正是功能主义指出了这条出路。不过我们可以设想,这种责任交给了大学外的网络。

无论如何,即使性能原则并非在任何情况下都能清楚地确定需要采取的政策,它仍然带来了高等教育体制从属于权力这种总体后果。自从知识不再以理念的实现或人类的解放为自身目的,它的传递便不再属于学者和大学生特有的责任了。在今天看来,“大学特权”的观念已经属于另一个时代了。在60年代末的危机之后,人们承认大学享有“自治”,但这是微不足道的,因为事实上教师委员会几乎在任何地方都无权决定他们的机构应该得到多少预算。他们拥有的权力只是分配他们得到的经费,而且还仅仅是在为了得到经费而走过漫长的道路之后。

人们目前在高等教育中传递甚么呢?如果我们局限在职业化问题上,而且局限于纯粹的功能主义观点,我们可以说传递的主要是知识的有机储备。在这种储备上应用新技术将会极大地影响交流基础。交流基础并不一定是教授面对沉默的学生大声讲授的一堂课(学生之所以沉默,是因为提问时间推迟到了助教指导的“工作”课上)。因为知识可以转译成计算机语言。因为传统教学与存储相似,所以教学可以由机器来完成,这些机器可以把传统的存储器(图书馆等)作为数据库与学生使用的智能终端连接在一起。

教学不会因此而必然地受到损害,因为仍然需要向学生传授一些东西,不是内容,而是终端的使用,即一方面传授新的语言,另一方面传授怎样更灵巧地操纵这种提问的语言游戏:向哪里提出问题,即哪个存储器与人们想知道的东西相关?怎样提出问题才能避免错误?等等。从这个角度看,如同学习外语的日常应用一样,计算机基础教育,特别是电信学基础教育应该必然地成为高等预备教育的一部分。

仅仅当我们从精神生命和/或人类解放这些合法化大叙事的角度看问题的时候,机器部分地取代教师才会是一种缺陷,甚至是不可容忍的。但这些叙事可能已经不再是追求知识的主要动力了。如果这种动力是追求力量,古典哲学的面貌就与此无关。职业学生、国家或高等教育机构提出的问题不论明确与否,都不再是:这是否真实?而是:这有甚么用?在知识的商业化语境中,后一个问题往往意味着:这是否可以出售?而在增加力量的语境中则意味着:这是否有效?不过,在上述状态中,高效的能力似乎应该是用于出售的,它从定义上说就是有效的。不再有效的东西是按照真假、对错等其他标准而定的能力,当然还有通常所说的低性能。

一个辽阔的操作能力市场展现出来了。不论现在还是将来,这种知识的占有者都是收购的对象,甚至是政治引诱的赌注。从这个角度看,知识的末日不仅没有来临,而且正相反。那些数据库将是明天的百科全书,它们超出了每个使用者的能力,它们是后现代人的“自然”。

不过我们要指出,教学并不仅仅由信息的传递构成。而且即使是高效的能力,也不能归结为一种对数据的良好记忆或一种进入机器存储的良好能力,重要的能力在于为了“当下”解决问题而使那些相关的数据现实化,并使它们形成一种有效的策略,但强调指出这点是一件平庸的事情。

只要游戏还处在信息不全的阶段,优势就属于那个可以获得补充信息的人。从定义上来说,这便是一个处在学习阶段的大学生的情况。但当游戏处在信息完全的阶段时，最佳性能就不能通过这种假设的补充来获得，它来自对数据的重新整理，这些数据确实构成了“招数”。这种重新整理一般是把以前那些相互独立的数据系列连接起来。我们可以把这种将分散的东西连接为整体的能力称为想象。速度是这想象的特性之一。

不过我们可以认为后现代知识世界是信息不全的游戏支配的世界，因为其中的数据在原则上是所有专家都可以得到的：没有科学秘密。因此，在能力相等的情况下，在知识的生产中(不是在知识的获取中)，性能的增加最终取决于这种“想象”，它或者让人采用新的招数，或者让人改变游戏规则。

如果教学不仅应该保证能力的复制，而且应该保证能力的进步，那末知识的传递就不应该限于传递信息，而应该包括学习所有的程序，这些程序可以改善那种连接不同领域的能力，知识的传统结构小心翼翼地把这些领域相互隔离开来了。跨学科性这一口号似乎符合这个方向，它是在1968年的危机后得到普及的，但在此之前很早就已经有人提倡了。据说这一口号遭到大学封建主义的反对，其实它遭到更多人的反对。

在洪堡的大学模式中，每门学科都在一个系统中占有自己的位置，思辨位于这个系统的顶端。一门学科侵入另一门学科的领域只会给系统带来混乱和“噪音”。学科之间的合作只能出现在思辨的层面上，即出现在哲学家的头脑中。

相反，跨学科性的观念在本质上届于非合法化时代和它那种受到围攻的经验主义。它与知识的关系不是实现精神生命或人类解放的关系，而是复杂的概念工具、物质工具的使用者与工具性能的受益者的关系。他们既没有一种元语言，也没有一种元叙事来表达这种工具的目的性和正确的用途，但他们可以通过“集思广益”增强工具的性能。

集体工作的增值依靠的正是这种性能标准在知识中占据的优势。因为对说出真理或规定正义而言，数量是完全无关的：只是在人们从是否更有可能成功这一角度考虑正义和真理问题时，数量才起一点作用。事实上，社会科学早就明确指出了集体工作改善总体性能时所需的那些条件。老实说，社会科学在性能问题上取得的成就仅限于特定模式的范围，即完成一项任务的范围：当需要“想象”新的模式时，即需要设计时，这种改善就显得不太确定了。我们似乎可以举出这方面的一些例子，但仍然很难判定哪些东西应该归功于集体机制，哪些东西应该归功于集体成员的才华。

人们会发现，这种定向主要涉及知识的生产(即研究)，而不是它的传递。截然分开知识的生产和传递，这即使在功能主义和职业性的范围内也是抽象的，甚至可能是有害的。然而，在世界各地，知识机构的发展方向实际上把教学区分为两个方面，即“简单”再生产和“扩大”再生产，这种解决办法区分了各种性质的实体，它们可以是机构、机构中的层面或部分、机构的组合或学科的组合，其中的一些实体致力于职业能力的选择和复制，另一些实体致力于“想象”精神的提升和“冲动”。前者拥有的传递渠道可以被简单化，大众化；后者有权以小组的形式在贵族般的平均主义中运作，它们是否正式从属于大学，这并不重要。

但看来可以确定的是，在这两种情形中，非合法化和性能优势都敲响了教师时代的丧钟：对传递确定的知识而言，教师并不比存储网络更有能力；对想象新的招数或新的游戏而言，教师也并不比跨学科集体更有能力。

车槿山译

——节选自利奥塔：《后现代状态》，北京：三联书店 1997 年版。

雅克·马利坦

雅克·马利坦(Jacques Maritain，1882—1973)，法国天主教哲学家。他是当代圣托马斯·阿奎那哲学的重要阐释者，并且将圣托马斯·阿奎那哲学运用到宗教、艺术和教育当中去，是“新托马斯主义”的代表人物。马利坦美学是理性的直觉主义，是现代人本主义美学的重要源流之一。马利坦曾在巴黎教书，并且在多所大学执教。1940 年，马利坦定居美国，曾任普林斯顿大学哲学教授。他的作品还包括：《艺术与经院哲学》、《诗的境界及其他》、《艺术家的责任》等。

马利坦的美学思想。马利坦是神学家，但其艺术理论中的神学成分很少。阿奎那认为美与善是分不开的，马利坦也认为美与善是联系在一起的，他认为一件事物如果能在人理解的过程中给心灵以快感，那末这件事物就是善的。但马利坦对美与善做了认真的区分，他认为审美的愉悦是认识的愉悦，而欲望的满足如果不能带来认识上的愉悦，就不是美的。

在甚么是美的问题上，他最终投入了神学的怀抱，认为美的形式之所以被人认识，一方面是人有理智之光，另一方面是美的形式来自神赐之光。

马利坦为了说明艺术的本质，作了一系列的区分，第一个区分是把智性分为理论智性与实践智性。理论智性的目的是把握真，实践智性是去创造、去指导、去评价。二者的本质区别是前者为认识，后者为行动。这里有两个要点，一是关于欲望，欲望往往与理智活动相冲突；但在实践的智性而言，欲望起着认识的作用。二是关于真，理论智性或思辨智性中，真就是智性与存在、智性与事物的一致。在实践认识中，智性着手去创造，这里的真就是智性与欲望或倾向的适合与一致。

第二个本质的区分是把实践认识区分为道德的活动与艺术的活动。这个区分就是为了区分艺术的善与道德的善的不同。道德的善是谨慎；艺术的善不是道德的，而是智性的或精神的内在完美，一种升华，使人不偏离给定的活动。文如其人是错误的，艺术家伟大与否，主要是看他为世界贡献了多少精神财富。

第三个区分是规则的不同。在艺术中，意志希望作品能按规则来，当作品的创造与规则一致时，就是真的。艺术比道德的谨慎需要更多的智性。规则并不是既定的，而是用创造的眼光去发现其运用的方式，之后方式才成为诀窍。

美的艺术的首要规则是创造性直觉，它是生命的标记和特权，其中融入了我们灵魂的自然的过剩。它超出了智性的界限，使我们仅仅依靠欲望与意志的力的运动就有可能完成作品。智力的纯粹的创造性活动是艺术活动的本体论根基，它排除了非艺术的其他成分，超出了生活的实用领域。美是无用的，因智力的绚丽多彩，从属于狂喜的领域。美的艺术比实用艺术更严格地遵循不断更新的规律，因为美是无穷无尽的，其规则并非预定，而是由偶然性决定的，靠的是谨慎的努力。美是超自然的、自给自足的、绝对的，要求艺术家的主观性受到约束。尽管如此，美是由欲望产生的，美要求智性与美合一。对于美的艺术而言，最初的规则是真正的创造性精神。创造性直觉发端于智性的最深层，精神的自由创造性正是通过此直觉来获得体现，艺术家必须忠实和顺从创造性直觉中的最初规则。

所以，实用艺术的规则与美的规则是不同的。现代工程技术是对于效用、强度等的追求而不是对美的追求，自然导致了它的美。而美的艺术属于自由的世界，这种自由不允许采取实用艺术的单一的尺度。美的艺术对实用艺术的超越就是实践的智性，不是逻辑和概念的理性，也不是工作理性，而是处在靠近灵魂中心的隐秘而高级地带的创造性理性。逻辑和概念的理性以及工作理性在艺术中起着不可少的第二位的作用，这与创造性直觉实现的特定方式有关。

总之，艺术的本质是作为实践智性而起作用的善，但这种善不是孤立的，要求与智性的整个领域沟通，艺术家要有使用这些宝藏并使之成为手段的能力。艺术是智性的一种创造性的善，它以自己的方式继续神的创造性活动。

（李　兵）

艺术与诗中的创造性直觉

第二章　作为实践的智性的善的艺术

实践的智性

1．我们在缝制衣服之前，必须先剪裁。一个寻求事物特性的哲学家得以鲜明的区分作为探寻的开始。这类区分似乎可能是蛮横的，它们简单地涉及包含在它们自身的某些本质。而我们又如何从存在的混乱的不断的变动中去阐明事物的可理解性呢？去分离本质并不意味着任何对于现实的复杂性和连续性的忽视。为了用正确的方式去分析这类复杂性和连续性——而且最终明了事物真正的丰富和含义，这样做是必需的。

在这章中，我将使自己限制在对于艺术的思考上——处在最基本的和最原始的形式上的艺术，或处在根本特点上的艺术，这种艺术在某种意义上是与诗通过对比而区别的。因为正是在实用艺术中，就其是艺术而言，我们可能发现艺术最显著和最典型的特点，以及它作为人类根本的活动性的最一般意义。在史前时代，对美和装饰品的追求似乎是与对设计的工具和武器的追求同时的，原始人的绘画和雕刻活动开初似乎并不是朝向巫术的目的。然而，事实仍在于“模仿的愉悦”和诗性的冲动不过是我们努力去满足人类生活的某种需要。在这种努力中美无疑是本能的追求而非为美而美（这个有意的目的是使女人更有吸引力，或使男人更强悍，或使人的住处因人和人的想象力的标志而更醒目）。谈到艺术潜力的自然进化，艺术从不自由和为美而美开始。它从为人类生活而制造的各种工具开始，独木舟、花瓶、弓箭、项圈或壁画，它们通过巫术的或非巫术的符号而指向主体，指向受人控制的人类环境。艺术决不会忘记它的起源。“技艺人”(homo faber)和“诗人”(homo poeta)加在一起就是人。但在人类的历史进程中,“技艺人”承担着“诗人”的责任。因此,我首先将面向手艺人的艺术;其次,我将把手艺人的这一艺术领域同自文艺复兴和半神时期以来我们保留艺术家名字的艺术领域进行比较。

2. 亚里士多德已指出——这是一例最终由哲学所创造的获得物(至少,要是哲学家对他们自己的宝库很清楚的话)——就智性的活动而言,被人们承认的最早和最原始的划分,是思辨的智性或理论的智性同实践的智性之间的划分。这不是指两种分隔力之间的区别,而是指两种根本不同的方式之间的区别,在这两种全然不同的方式中,灵魂的同一种力——智性或理性——实施它的活动。

思辨的智性仅仅为认识而知。它渴望了解,而且只是了解。真,或对于真的把握,是它的唯一目标和唯一生命。

实践的智性为行动而知。从一开始,它的目的就不是朝向被把握的存在,而是朝向被指导的人的活动和被完成的人的任务。它被浸透在创造性中。去智性地形成那些将要实现的事物,去评价那些目的和手段,去指导或控制我们实行着的各种力量——这些才是它的真正生命。

这样一种区别并不同偶然情况有关,它是一种本质的区别。因为智性的全部推动力和它典型地接近自己的目的,所依靠的只是这种真正的目的,当目的只是认识和当目的是行动时,它们是根本不同的。

3. 如果我们计及这样两个根本的观点,我们就会更清楚地明白这一道理:第一,由欲望起作用的部分;以及第二,真的特性——它或者归结为思辨的智性活动,或者归结为实践的智性活动。这两类智性活动相互之间的差异是如此之大,以至于在讨论的这两种情况中,智性和欲望间的重要关系既不相同,而且它们真实的构成也不一样。

就思辨的智性而言,欲望——就是说意志专心于某种存在的好事,不过不是就决定权这一意义而言,而是就人的欲望和爱的活力这一更广泛的意义而言——只是阻止智性实施智性自己的力量,比如说,阻止智性从事和进行数学问题的探究或人类学的探究。但智性一旦在工作,欲望对它就不起作用了。就通过所涉及的概念的名义认识而言,工作所依靠的武器只是理性。

另一方面,就实践的智性而言,欲望在认识的工作中起着本质的作用。于是,理性用种种方法和通过十分不同的度(因为可行性容许有大量的不同的度)与意志一道起作用。因为在自身内被理解的智性独特地倾向于把握存在;作为渗入的智性仅仅以这种或那种方式,通过欲望朝向自己的目的的活动去关心自身,智性的这种关心不依靠被把握的存在,而依靠被实现的行动。

结果,在思辨的认识中,真是智性与存在、智性与事物的本性的适合或一致。但在实践的认识中,能这样吗?在实践的或创造性的认识中,是不存在能使智性与自身一致的那种先行存在的事物的。事物虽然不存在,但它却得存在。就这个尚未存在,但将被创造出的事物而言,智性不是因为存在,而是因为人的主体的直接倾向性的推动力而必定使自身一致。换言之,就人着手创造而将存在的事物而言,在实践的认识中,真是智性与直接欲望、智性与直接倾向目的的欲望的适合或一致,构成托马斯主义哲学基础的这一陈述,以最富于变化的形式,又以类似而非单义的方式适合于实践的认识的不同领域。但它对实践的认识的全部领域皆适用。

艺术的善

4. 现在得考虑的是第二个本质的区分,这次涉及实践的认识自身。实践的智性活动分为得完成的人的活动(在人的命运领域内)和得完成的工作(由人来完成,但在事物的领域内而超出人的命运的范围);换言之,它区分为道德的活动和艺术的活动。

道德与经院哲学家们所说的“做”(agibilia)有关:说得更精确些,人的自由意志的真正使用,取决于人的好坏这一事实。艺术则与经院哲学家所说的“制作”(factibilia)有关;说得更精确些,作品的制作取决于这部真正的作品的好坏这一事实。

因此谨慎是典型的道德上的善(我指的是古代真正意义上的“谨慎”(prudentia),即处在实践性的顶点的实践的智慧。大胆通过善,做出了一个确实可靠的决定,而不是我们资产阶级的谨慎和胆小的谨慎)——谨慎是关于得完成的行动的直接智性的决定。相反地,艺术是关于得完成的作品的直接智性的决定。

艺术存在于灵魂之中,它是灵魂的某种完善。它是亚里士多德所说的ἕξις,用拉丁文表达,一种习性(habitus),一种内质或一种使人的主体及其自然力达到生命结构和活力较高的稳定的并且是根深蒂固的气质——或使人具有自身特别的力量,假如你愿意,当一种习性,一种“占有状态”或控制性,一种内精灵已在我们中间发展时,它成为我们最有价值的好事,成为我们最不屈服的力量,因为在人性和人的尊严的真正王国中,它是一种升华。

艺术是一种善——不是道德上的善(它与道德上的各种善形成对比)。艺术是一种善,古人是在较广泛和更富于哲理的意义上给出这个词的:习性或“占有状态”,一种在人中发展的内在力量。就人的行动方式而言,它们使他完美并使他——就他使用它的程度而言——不偏离给定的活动。善并不是确实可靠的,因为人在行动中,并不总是使用他的善;但善自身绝没有错。拥有艺术的善的人在他的作品中并不是确实可靠的,因为在行动中,他并不总是运用他的善。但艺术的善自身绝没有错。

艺术是实践的智性的善——这种特定的智性的善同应完成的客体的创造有关。

这样,我们就明白了艺术与理性之间的本质关系是怎样的。正像玫瑰味从属于玫瑰,或火花从属于火一样,艺术的本质是智性。艺术,或工作的理性的适当的善,是——在制作的领域——智性的内在完美。中世纪的学者承认,不但在菲狄亚斯和伯拉克西特列斯身上,而且在乡村的木匠和铁匠身上也都存在内在的理性的发展,以及智性的崇高。在他们眼中,手艺人的善不是肌肉的力量或手指的灵巧,而是智性的善,而是赋予最卑微的手艺人的某种精神的完美。

5. 但是与谨慎(谨慎也是实践的智性的完美)相区别的艺术与作品的好坏有关,而与人的好坏无关。在古人对于艺术和谨慎的完全的对比中,他们以强调这种不同为乐。只要手艺人造出一幅好的木制品或珠宝制品,那末他是个邪恶的人或放荡的人这一事实就不重要,就像妒意和邪恶对几何学家并不重要那样,只要他给我们提出几何学的事实。在这方面,托马斯·阿奎那提出,艺术与思辨的智性的善类似:艺术使人以正确的方式行动,它同人自己的自由意志的运用无关,同人的意志的正确无关,却同特定的作用力的正确有关。艺术所追求的好不是人的意志的好而是真正的人工制品的好。因此,就艺术自己的特质和它自己的——人的或道德的——目的和冲击力而言,艺术并不需要以意志或欲望的不偏离作为必要的前提,或并不需要它们处在人的命运的路线上。当奥斯卡·王尔德写下下面一句话时,他不过是个好的托马斯主义者,“就散文家来说，他是放毒者这一事实对他的文体无损”。

在这里，我们面临着一个超出本书主题的问题。不过对于这个问题顺便说几句，也许并未离题。正如我在开头所说的，哲学的主要职责是对发生在特定的事物自身的特点或本质作出阐明和界定。哲学考虑这些：例如，发生在艺术自身或它自己首要的和基本的需要的特质和本质。然而困难在于我们实际上未涉及发生在它们自身的本质而只涉及体现在具体的实在中的本质。事实上，艺术从属于一个与道德领域分隔开的、独立于道德领域之外的领域。它很像一个浪荡的王子或一个女子游泳健将闯入海关或教区那样突然地闯入人的生活和人的事物之中；它总是制造麻烦，挑起猜疑。但艺术存在于人类之中——存在于艺术家之中。结果，虽然一方面的事实是，作为一个放毒者，散文家对他的文体无损，但另一方面的事实是，作为一个吸毒上瘾的人，他最终有时可能对其文体有损。对我们将全部热情倾注在艺术上面，波德莱尔已告诫大家，这样下去会逐渐毁了人的主体，而且最后——由于物质的诱发性或主观的诱发性所通过的间接影响——毁掉艺术自身：因为只要一个人完了，那末他的艺术也就完了。

但事情还要复杂得多，因为艺术家事实上是明白他自己的道德生活对于他的艺术的这种影响的，所以当他为了自己的艺术完全屈从于他心爱的精灵，而朝着作品的好而不是他的灵魂的好去发展他自己特有的道德和道德标准时，他就被诱惑了。然后他将努力去品尝大地上的各种苦果和烂泥，并将以任何一种新的道德的实验或以吸血鬼的奇特去好奇地或鲁莽地造就他最高道德的善，以便养育他的艺术。这一举动最后将被证明是一种失算，因为艺术家在这一冒险中将被置于更难以捉摸的方式之中——并被置于一种与创造性领域，即关于思想和感觉力的一般气质，以及关于感觉和智性同实在的一般关系联系更紧的方式中；这类一般气质和一般关系，是艺术活动的人类环境。

然而他仍可能是个艺术家——甚至一个伟大的艺术家，无论他在一些方面的损伤如何。事实仍在于他真正的存在已在自我牺牲中被奉献给这个世界的繁荣，奉献给我们自己的快乐，以及奉献给人类的精神幸福。因为阿维拉的女圣徒特雷莎说过，生活无诗就不可忍受——甚至对于僧侣也是这样。我们没有必要去评价艺术家，不管怎样，上帝将同他一道使真相大白。

实用的艺术和美的艺术

6. 实践的智性总是用种种方法和意志协同工作,而在实践的认识中,真是智性同直接的欲望一致,这是亚里士多德哲学基本的准则。这一陈述以完全不同的方式适用于艺术和谨慎。就谨慎而言,在欲望倾向人类生活的目的的范围内,谨慎在实践的认识中起了必不可少的作用,就欲望已超过道德的善而直接实现而言,真是同直接的意志或欲望的一致。

但就艺术而言,在意志倾向作品的范围内,意志是起作用的;意志或欲望是正确的这一事实意味着它倾向于作品的好,以使得作品通过智性所发现的各种规则而产生;因此,当艺术家的手指做出的每一个动作与通过出诸智性的各种适当的规则而直接倾向于作品的产生的欲望一致时,艺术家对于他的手指的每一个动作的评价是真实的。因为,归根到底,主要作用是由智性作出的,艺术比谨慎更智性化。

让我们设想一下(特意地用一种过于简单化的意象)由人所发明的第一只船吧,其时无论船这个词还是船的观念均未产生。除了满足某种需要——渡河或海湾的需要外,甚么都不存在。这种需要应被满足——这对于发明者的智性的执行来说,是唯一的规则或唯一的规则者。当智性通过运用少许先前获得的知识(人见过漂浮在水面上的树干),并将这些知识加在一起形成一个新生的观念时,它就创造出第一种适当的工具,而且它的评价是真实的,因为它与最初的规则一致。

造出的第一个木筏有时大概是十分不好使而且笨拙的。它得加以改进。现在智性得留心两条规则:最初的、基本的规则(被智性所把握的需要,被欲望所欲选到的满足),一条与已造出的第一条木筏相一致的规则;第二条规则,智性在创造第一条木筏的过程中刚刚发现的新生的关于制作的规则。这样第二条木筏在与这两条规则的一致中被造出;同时第三条新生的关于制作的规则,它涉及在制造第二条木筏中所产生的改进,被发现——并被保留在记忆中。这一过程同样地通过智性既留心先前发现的规则,又发现新生的规则而继续下去。我们关于飞机、回旋加速器、计算机等的发明和渐次的改进,情况与此相同。

我刚才所运用的例子过分简单,我希望能得到人们的谅解。这个例子帮助我们阐明了一些真理,这些真理对于我们的目的来说的确也是十分简单却是基本的。第一个真理是,甚至在实用的艺术中,规则并不是由学校和博物馆的教授所教给的现成的诀窍,而是处在关于发明的真正劳动中的智性的创造性眼睛所发现的重要的运用方式。这些方式一旦被发现,它们的确就倾向于成为诀窍,但接着它们也就成了对艺术的生命有利或不利的帮助或障碍物。

另一个基本的真理是,手艺人所发现的规则不论是怎样越来越精纯和精巧,他首要的职责仍是遵从最初的规则——从一开始,他的意志便基本上朝向那个应得到满足的需要。

最后,总的来说,让我们说在实用的艺术中,意志或欲望所要求的是去满足特定的需要;欲望的直接指的是它倾向于通过智性所发现的种种规则去满足这种特定的需要,而第一位的需要是这种真正由智力所把握的需要。

7. 现在那些被称作(以后我将说明我为甚么怀疑这种表达)美的艺术的艺术怎样呢? 在这里我要说在美的艺术中,在它对于美(不可思议的美)的渴望中,意愿或欲望所要求的,是对于精神的真正的创造性的释放。美的艺术与诗的强烈挚爱和争执,将是我们下一章要讨论的内容。

欲望的直接指向是它倾向于目标,以通过由智性所发现的各种规则去达到它。首要的规则是整部作品所由产生的创造性直觉。创造性,或形成力,不仅仅从属于物质的生物体,它也是精神事物中的一种生命的标记和特权。"我们应是丰富的,以便在我们自己的范围内表现这些丰富,"圣·托马斯·约翰(John of St. Thomas)写道,"这是一种伟大的完善,它本质上从属于智性的特质。"我们身上的智性努力去这样做。它不仅仅是急于产生出我们心中的内在的词即概念,而且迅速地产生出一部作品,这部作品像我们自身一样既是物质的,又是精神的,其中融入了我们的灵魂的过剩的某些东西。智性通过自然的过剩而倾向于向外表达和诉说,倾向于吟唱并将自身表现在作品中。由于这种自然的愿望超出了智性的分界线,因而仅仅通过意愿和欲望力的运动,它就可能完成。这使得智性按照它自己的自然的灵感忘却自身,并使它在最原始和最一般的冲力上决定了智力的有效的实践性。

精神的这种创造性首先是艺术活动本体论的根基。而且它在美的艺术中是纯粹的,清除了所有外来的成分。精神的智力的纯粹的创造性倾向于得到某种东西,而精神的智力就在这某种东西中找到了它自己的愉悦,说得更精确些,产生出美中的客体。智性离开它精神性的自由后,便力求在美中形成。

这就是渴望美的精神的纯粹的创造性,而欲望则与美的艺术的重要冲击力中的智性一道基本上倾向于解放这种创造性。

在这里,我们没有满足人的生活特定需要的要求。我们超出于实用的领域。对智性来说,需要不是外部的,而是同一的。通过创造的客体,我们有参与的要求,在某些东西中,创造的客体自身在性质上是精神的。因为美是无用的,它因智力而绚丽多彩,它像智性的领域那样是超自然的和无穷尽的。这样真正的目的——超宇宙的目的——倾向于从属于智性的领域、狂喜和喜悦的领域,而不是从属于实用的世界。而美的艺术中的艺术的理智性(虽然它与敏感力和情感力的关系更密切),比手艺人的艺术中的艺术的理智,处在更高的程度上。美的艺术中极基本的东西,就是需要智性用创造性直觉从外部去表现它所把握的事物,并用美去加以表现。

从这一观点出发,我们可能看出,所有那些由心理学的唯物主义或社会学的唯物主义,由经验主义、逻辑经验主义或实用主义者的实证主义所提供的解释和艺术理论,或由泰特这样一些人所提供给我们的解释,全都不可避免地离目标远而又远。例如泰特就向我们解释说,“诗的刺激是如何以组织我们的冲动,以朝向行动这样一种方式来引出反映”。他还告诉我们,“诗是一种应用心理学”,否则(这是逻辑实证主义)就是“唯一亲切的疯狂”,因为“它‘指明’但并不指示任何真的人”。

8. 如果这不错,那现在就让我们依靠它进入达到一致的创造性评价即各种规则——或倾向美(依照种种适当的规则被创造的作品所参与其中的美)的直接的欲望这个问题上来吧。

美的艺术中的这种关于规则的真正的概念,是通过美对艺术活动的影响而被美化了的。

首先,美的艺术中的规则,比实用的艺术中的规则更严格地遵循永远不断更新的规律。不但就特定的客体——船、花瓶或计算机——应改进而言,而且就美应参与而言,它们都必须永远是新生的规则;美是无穷无尽的。在任何特殊的文体或杰作的世界之外,永远存在着获得对于美的参与的无数的其他方式。艺术形式无论如何完美,皆不能包括纳入它限度之内的美。艺术家面临着一个广袤而无人居住的大海,

……无船桅啊,无船桅,又无富饶的海岛(Sans mâts, sans

mâts, ni fertile Ilots,)

而且他所举起的用以反映这个场景的镜子,并不比他自己的心脏大。他不仅不去寻求一种新的说明,一种新的完全不同的对于美的参与;而且这种新的对于美的参与将涉及并需要一种新的创作方法——不是对于基本而长期的规则的新的适应,就是对于迄今为止尚未使用过的规则的运用,这些规则是全新的,它们首次同人们为难。而且,在这一点上强调一下我刚才所说的基本而长期的艺术规则——或者,说艺术的内在规律更好——的精神的普遍性,似乎是恰当的。这些艺术的内在规律并不能在特定的制作规律的水平上,确切些说,在著名的黄金数中被发现。它们只存在于最一般的哲学水平上,只存在于最一般的、隐藏在艺术的善的根基中的智慧(比概念化更有生气)的水平上。在艺术家,它们是他的智性的善的精神的和一般的根基,是先于这种善的特别的技术表现的。在运用中,它们是通过无穷的变化而被任何时代和任何风格的伟大作品引为榜样的。

第二,就美的艺术而言,作品应完成事实上是一个目的,一个总体上单一的、完全独特的目的。还有,对艺术家和对每一部单一的作品而言,每一次都存在一种新的独特的方式去追求目的,去对思想形式的事物施加影响。结果,制造的规则——通常就艺术而言,它们作为对由谨慎所使用的规则的反对而被固定和被规定下来——进到美的艺术中来分担由谨慎所使用的规则的无穷的顺从和适应性,因为它们每一次都涉及一种新情况的完全的独特,这种独特实际上是无前例的。这样,艺术家所成功地形成的美的技艺,靠的是并非预先确定的,而是由每一种情况的偶然性所决定的谨慎的规则,靠的是谨慎的适当的效力——敏锐、周到、审慎、勤奋、大胆、机灵和狡黠。

第三,也因为应完成的作品实际上是目的,是某种单一的和最初的完全独特的对于美的参与,所以对于艺术家来说,理性不足以单独地在他的自我的范围内,以一种确实可靠的创造性评价去形成和构想成这部作品。因为正如亚里士多德所说,“既然人人都是目的,这样目的便出现在他面前。”当人人都按照他自己的实际面目为他自己的自我所吸引时,人所评价的只是他自己的目的。既然最终的超自然的目的是美——不是应满足的特定的需要,而是美应富于吸引力——这样,精神的、超自然的、自给自足的、绝对的、十分严格的目的,就要求艺术家真正的自我和主观性应受它约束。结果,对艺术家来说,为了在他的自我的范围内以一种确实可靠的创造性评价去形成和构思成他的作品,那末他的主观性的冲击力、他的意愿和欲望必不可少地得直接朝向美。在这方面,存在于同直接的欲望的一致中的实践的智性的真这一提法,便呈现出新的含义。而且我们明白,尽管美的艺术比实用的艺术更智性化,然而它意味着更大更本质的作用是由欲望所产生的,并要求对于美的爱应使得智性与美同一。因为归根结底,在艺术中如同在默祷中一样,处于艺术顶峰的理智性超然于概念和推论理性之外,它是通过与客体的相宜或同一面达到的,它的爱能单独地产生。艺术家为产生出美,他必须与美相恋。这样的不偏离的爱是一种超艺术的规则——一个前提,它不足以适应创造的各种方式,然而必不可免地要合于重要的艺术的生气——艺术的生气是以全部艺术规则为先决条件的。

9. 仍然得论及最有意义的论点。在谈到实用的艺术时,我们已注意到,由手艺人所发现的越来越精巧的第二位的规则无论如何重要和必要,手艺人首要的职责应是最初的规则,这在他就是,从一开始他的意愿就基本上倾向于那个对于某种需要的满足。一幢无出入口的辉煌的屋宇,并不是一座好的建筑物。

那就美的艺术来说,这种最初的规则是甚么呢?我说过倘若是这样的话,在对于美的渴望上,欲望与智性基本上一道倾向于对真正的精神的创造性的解放。所以,最初的规则是精神的这种自由的创造性首先借以表达自己情感生命的调节器或动因——因此艺术家的思想和手首先必须忠于它。

这样,对作为画家或作曲家的初学者来说,最初的规则是得完全地遵循他将要对之作出反映的他的眼睛在色彩上的愉悦,或他的耳朵在声音上的愉悦,并倾心注意于它们;每一瞬间产生出的只是使感官愉悦的事物。因为在对美的渴望上,精神的创造性通过感官并以脆弱的方式首先对它们警惕着。而且,当一个初学者一开始发现,或被授予一种特别的创造规律时,他比往常更不愿失去这些对于艺术的脆弱的、不完全的醒悟,因为他缺乏内在的力量去把握讨论中的这种特别的规则,于是这种规则成为一种诀窍,它与他对于他的愉悦的忠实一道毁坏了最初的艺术规则。

不过尽管艺术的开端尚未交叉,但当在统治之下通过的作品的制造不再是充满智力的感官的愉悦,而是创造性直觉时,它是交叉的;创造性直觉则发端于智性的最深层。因为精神的自由的创造性通过真正的生命的调节器首要地表现的，是这种创造性的或诗性的直觉。对这种直觉来说，在美中形成的整部作品，在其作为一种独特的、和谐的、完全的独特上，是附加的。我将要在随后一章中讨论创造性直觉；现在我只能提一提它。

我想强调的事实是，就美的艺术而言，艺术家全部的忠实、顺从和注意必须交付给我们在创造性直觉中所拥有的最初规则。我还要强调的是，这种最初的、基本的、粗疏的规则与其他所有制作规则之间的不同无论是怎样地必不可少，但存在一种本质的不同，这种本质的不同可以说是无边无际的，就像天地之间的不同那样。所有其他的规则皆是尘世的，它们涉及作品制造中特定的运用方式。但这种最初的规则是天国的，因为它涉及在美中产生的作品的精神内心的真正概念。如果创造性直觉缺少，一部作品可能完全地形成，但它甚么也不是，艺术家甚么也没有说。如果创造性直觉呈现出来，并在某种程度上进入作品之中，那末这部作品存在着而且向我们述说，即算它在形成上是不完全的，而且出诸这样的人：

> 他具有艺术的特性和一只抖动的手。(c' ha l' habito del' arte e man che trema，)

对于那些长久地在各种规则的路上漫游的人来说，在艺术活动的极点，最终却无路可走。因为神之子处在无规律之下。正如根据圣·奥古斯丁(不是字面上的他，不过这无关紧要)的格言，完美的灵魂的独特规律最终是“去爱去做你想要干的一切”(ama et fac quod vis)，那末，完美的艺术家的独特规律归根结蒂也是：“依靠你的创造性直觉，做你想做的事。”这类优点……我们公认为是“极少存在于人中的一种纯粹的创造力，或一种自由自在的精神。”

美的艺术的超绝

10. 一定不能以太绝对的方式去理解实用的艺术同美的艺术之间的区别。在手艺人最粗糙的作品中，如果存在着艺术，那末，就存在着对美的关系，精神的创造性需要通过一种间接的作用对客体的生产施加影响，以服务于人的需要。而且,特别是在由我们工业时代所生产的产品中,在各种各样的机械中,或在由工程艺术或由我们现代具有工程思想的艺术所设计的机械式物件中,它对于纯有关效用、强度和完成了的物件的良好运用的技术的要求,而对于美的不追求,自然导致它自身的美。我们现代的汽船,只是根据速度和效用的观点建造出来的,并不需要古代帆船那给眼睛以愉悦的装饰,和通过它们完美的外形所显示出来的意向。我认为布鲁克林大桥并不是以任何美的意图建造出来的;但它能激起哈特·克莱恩最深沉的激动,并常常会酿成他的诗句。环绕着纽约的拥挤的桥梁和高架公路、荒废的烟囱、灰暗的工厂、稀奇古怪的工业廊柱和翼梁、讨厌的恶魔般的机器,是世界上最动人——而且最美的——奇观之一。

所有这一切都是真实的。尽管如此,我却认为勒科尔比西埃的学说是不完善的教条主义,并认为任何为机械调节的缘故而清除美的美学体系都是关于形式和假的严厉的清教主义。因为我刚才所说的这类美的确存在:不过是作为一件偶然的事件,作为全部艺术领域内的一个十分特殊的例子而存在,我甚至怀疑我们在它上面所发现的愉悦是不是能令我们高兴,它也许是我们过于开化的眼睛的某种反常的本能。事实上,自然并不遵循勒科尔比西埃的教导。花儿、昆虫和鸟儿并不是依生活必然性的观点构造起来的;在装饰上它们显示了令人吃惊的奢华。而且巴洛克艺术风格的美也存在。最后,相同的对于美的关系出现在手艺人中,相同的对于精神的创造性的要求的相互影响,它人不知鬼不觉地在机器的制造中和工程艺术中产生。汽车外形的美与工程师所描绘的蓝图不是无足轻重的。而且我拿不准建造乔治·华盛顿大桥或特拉华纪念大桥的工程师是否是唯一地讲实用的清教徒。

至于那些乐于只是把自己描述为制造词语或声音的制作品的工程师的伟大艺术家,像保罗·瓦莱里所干过的,以及像斯特拉文斯基经常在做的那样,我认为他们有意识地不讲真话,至少不完全讲真话。实际上,是创造性直觉的精神内涵与它所传达的诗性的或旋律的意义一道给他们的艺术品以生命力,尽管他们讨厌灵感。而且他们对这种神所赋予的成分的重要价值是很清楚的。但是由于这在他们是贫乏的,或由于它仅仅自易怒的缪斯的工作理性的某种秘密的激动中产生,因而他们弥补了这种真正的荒芜,并借赞美它来转移我们的目标,以便他们因虚假地描述为总体的缺乏——缺乏那种柏拉图在想象上已发明了的特性,他们说,这种特性对真正的艺术来说,甚么也不是——而得意洋洋。尽管如此,斯特拉文斯基却不是个自我陶醉者,而是个天才的创造者。“一种已与人的女儿之歌恋上了的残忍的智性。”

11. 现在我想指出的基本事实是,在我们方才关于实用的艺术和美的艺术的对比中包含着这一双重主张:首先,由于美的艺术同美和精神的纯粹的创造性的直接关系是自由的——包括精神的真正的自由,从而事实上,美的艺本属于自由主义艺术的世界。就大多数美的艺术而言,它是一种古人未认识的真,因为任何手工的劳动在古人眼中都具有奴性状态的痕迹。而且美的艺术这种精神的自由,迫使它们寓居于不允许有一般的、以实用的艺术作单一尺度的地方。当将实用的艺术在它们中运用时,所谈及的关于艺术的一切事物一般都被美化了。这种被美化了的事物就是实践的智性的善;但是,正像我们将在我们未来的章节中所要见到的,在它们中起主要的和极大的作用的智性或理性不是概念的、推论的、逻辑的理性,甚至也不是工作的理性,而是处在靠近灵魂中心的隐蔽而高级地带的创造性理性。在这种创造性理性中,位于灵魂的各种力量的唯一本源上的智性展开它的活动,并与各种力量结合在一起。这就是美的艺术对于实用的艺术的超越。

然而——这是我的第二个要点——从美的艺术应归入一般的艺术种类之中这一事实出发,美的艺术分享实用的艺术的规律。这样,概念的、推论的、逻辑的理性,或更好的表述(既然我们处在实践的次序之中),工作的理性,在美的艺术中起着基本的和必不可少的——虽然是第二位的——作用。这种作用,与事物中客体的制造和创造性直觉的实现的特定方式有关,是一种作为手段的作用,它不仅是第二位的,而且只是手段式的。当一部作品一得到控制权时,这部作品便成了一具艺术品的死尸——一件学院式的作品。但当推论的理性的资源,以及所涉及的规则——我在前面称它们为第二位的规则——被用作支配的习性的工具和手指头,比如说用作创造性直觉的工具时,它们就组成了关于艺术生命的谨慎、机敏和灵巧的必不可少的武库。德加针对所有这一切声称:“绘画是一种需要有罪恶的胡说那样多的狡猾、卑劣行为和邪恶的事物。”在标榜艺术自由上,对各种规则加以嘲笑,正是愚昧向庸才提供的一个口实。“很清楚,”波德莱尔写道,“修辞学和韵律学的方法并不是任意发明的严格的形式,而是精神存在的组织所要求的规则的集聚:韵律学和修辞学的方法从未妨碍创造力自身本能的表现。相反更为实在的是,它们有助于创造力的发展。”柯勒律治的意见更中肯些:“正如事情必定不是无规律的那样,天才也不是无规律的;因为甚至这种构成天才的东西——创造的行动之力也处在它自身的创造规律之下。”

12. 必须谈谈最后的两点意见。我试图阐明和强调的是艺术在其特征上的真正的本质,即作为实践的智性而起作用的善。但是很明显,智性的善不能孤立地存在。既然艺术是智性的善,它就要求与智性的整个领域交通。因此智力和认识是艺术的正常气候,坚实而完整的信念和价值系统的开化传统是它正常的土壤,为深沉的痛苦见识所启迪或为沉思的思想的智性的善所启迪的大量的人的经验是它的正常的见识。对艺术家来说,崇拜无知和粗野,不过是内心虚弱的一种征象。然而事实仍在于,只有当艺术强大到足以主宰大地上的宝藏并使之作为艺术自身活动的手段,作为它自身活力的精神食粮时,大地上所有的宝藏才有益于它。而且并非所有的人都具有但丁所具有的那种力量。

另一方面,智性天生是沉思的,这样,要是没有沉思多多少少同时的运动,也就没有智性的善,甚至没有实践的善在它自身特定领域内真正的发展。那末,在艺术领域内,沉思的智力的名称是甚么呢?它的名称叫创造的理性。关于这一点,波德莱尔写道:“让一个批评家变为一个诗人,一种所有心理学规律的倒退,一个怪物”(波德莱尔的意思是批评家仅仅出于批评家的天赋——这在我看来,是一个毫无意义的假说),“这一定是艺术史上一种花样翻新的‘离谱’,相反的,每一个伟大的诗人都自然而然地成了批评家。我很为这些独独受本能支配的诗人遗憾;我认为他们是不完全的。一场危机必然在这些伟大诗人的精神生活中发生,而诗人们想在这场危机中推论出他们的艺术,想通过他们已创作出的诗作去发现各种各样含混的规律,并从这样一种详尽的研究中得到一系列其神的目的是诗性创作中的可靠物的规则。一个批评家能变为诗人,那一定是个奇迹,而在诗人自身之中不包含批评是不可能的”。就诗人而言,我认为这些意见是很不错的。而就批评家而言,则必定是恰如其分的,正如我们将在后面的一章中能有机会看到的那样。

最后,让我们说,如果不错的话,艺术就是智性的一种创造性的善,这种创造性的善倾向于在美中发生,而且它在创造的世界中捕捉住自然奥秘的活动方式,以产生出它自己的作品——一种新的创造物——结果是艺术以它自己的方式继续神的创造性劳动。因此诚如但丁所说的那样，我们人类的艺术，似乎是上帝的儿孙——

你们的艺术，差不多就是上帝的儿孙。(Si che vostr' arte a Dio quasi è nipote.)

刘有元译

——节选自雅克·马利坦:《艺术与诗中的创造性直觉》，北京：三联书店 1991 年版。

茨维坦·托多洛夫

茨维坦·托多洛夫(Todorov, Tzvetan. 1939—)，法籍保加利亚裔哲学家、符号学家。1939 年生于保加利亚的索菲亚，1963 年定居法国，专门著写文学理论、文化理论、哲学史和思想史方面的文章及著作。1966 年入巴黎大学学习。1968 年起任法国科学研究中心研究员。1970 年获文学博士学位。1965 年主持翻译了俄国形式主义批评家的主要论文，以《文学理论》为题出版，引起强烈反响。这本书为法国结构主义和符号学理论的形成和发展做出了贡献。随后又发表专著《符号学研究》、《文学和意义》、《甚么是结构主义》，提出法国形式主义批评是一种诗学，结构主义批评所关注的是文学现象特有的抽象性质即文学性。1969 年发表代表作《〈十日谈〉的语法》。在这部著作中，着重作品的语法结构分析，在语句排列基础上，探讨叙述结构。他首先区别叙述的三个层次，即语文、句法和词法，又把句法分为命题和序列两个基本单位。此外在体裁理论方面也很有成就，《幻想文学导论》是这方面的重要著作，认为体裁的特征不仅在作品本身，而是在阅读中寻找。著作还有《散文的诗学》、《诗学》、《象征的理论》、《批评之批评》等。

《对话批评?》选自《批评的批评——教育小说》一书的总结部分。对话批评理论的提出主要受到了巴赫金的影响，巴赫金的对话理论和哈贝马斯的交往诗学把人的因素特别是人与人之间的关系凸显在哲学的首位，为美学理论和美育理论的发展提供了一条积极的途径。虽然这种理论自从诞生伊始就受到多方面的质疑，有人质疑对话中的意识形态性，认为对话理论只具有形式意义或理论意义，实践中如何对话，对话的结果如何等都无法保证等。但无疑，对话在美育中具有本体的地位，美育离不开教师对学生的劝导，离不开人与人之间的对话。可以说，没有对话，就没有美育。

托多洛夫在《批评的批评》一书的前言部分阐述了批评是文学作品的一部分，并谈及何种批评观和文学观是接近正确的。他认为放弃普遍性和价值判断的做法是可笑的、幼稚的，至于为何选取巴赫金等人而不选其他作家，托多洛夫认为这恰好是心心相通和可能性对话的表现。托多洛夫简要回顾了文学概念和文学批评的历史，认为文学是在与实用语言的对立中诞生的，随后把文学的内在性倾向推到了极端，中世纪的奥古斯丁认为人不该享用自身，而是为了上帝而存在。18 世纪的文学重新确立了以人为中心的体系，施莱格尔认为诗是共和的言辞，表明诗与政治的关联。现代美学主张作品与外在的绝对物无关，只受内在相关性的制约。斯宾诺莎认为对作品意义的探索与既定的真理无关。斯宾诺莎转变了阐释的方式，从判断作品的对错转为作品到底要说甚么的问题，阐释变成了元语言。批评变为了结构批评，批评的任务就是不做评价地阐明意义。托多洛夫对现代性的相对主义、个人主义乃至虚无主义深感不满，其批评理论试图穿越内在论与外在论的二分法，他把这种突破称之为超越浪漫主义的浪漫主义者。托多洛夫把自己文集的副标题定为“教育小说”，认为自己所写的是一部未完成的教育小说，其意味深长，一方面旨在强调批评是文学的一部分，另一方面也表明文学批评与美育的紧密联系。

《对话批评?》文章开门见山地提出了问题，即我们如何通过别人的言语来了解自己？然后托多洛夫回顾了两次谈话过程，对话改变了他的批评观念，他过去认为中性的描述实际上总是与明确的历史选择有关。他重新审视了两种批评观念，一种他认为是教条式的批评，从既定真理出发到文本中去寻找真理和意义在甚么地方，比如奥古斯丁的批评等。另一种批评是内在批评，托多洛夫认为其实质和教条式批评一样，局限于对手的观点之内。批评陷入了二者非此即彼的争斗之中，这涉及伦理范畴中普遍与相对的对立。内在批评放弃了对作品的评价，教条式批评则禁止人说话，但是，批评是对话的，是探索真理的。对话批评就是批评家把作品视为一个对话者，展开我与你的对话。在其中各种批评声音和批评理论形成互补共证。托多洛夫认为探索真理式的批评也要寻求“说得对吗?”,虽然不是简单的错与对的问题,真理必须作为对话的调节原则和前景。托多洛夫认为知识在对话中只能起到复原对方声音的作用,我们自己的声音则来自我们必须承担的伦理责任。浪漫派一直强调文学就是自身找到目的的语言,托多洛夫反对这样的观点,认为文学是与人类生存有关的、通向真理和道德的话语。文学与价值有着天然的联系,这也意味着对话有了共同的价值基础。文学不是铁板一块,而是由许多层面组成,有形式的因素也有意识形态的要求。探索真理式的批评与文学对真理的探索有共同的属性,即事物的而不是事实的,揭示的而不是相符的真理。文学领域展开对话批评的可能性在于存在着愿意与作家展开辩论的批评家。只有在批评家与作家观点完全一致的情况下,对话才不存在。对话存在不同层次的区别,与不同思想的人交锋对抗的强度不一样。批评家的批评只是对话环节中的一环,不能被当成崇拜的对象。对话批评并不比内在批评和教条批评更具时代特征,意识形态通过多个层次来表达,对话批评总是以各种名义来到我们身边。文学是一个异质性的多面体的组合,它有自己内在的也有对真理的诉求。对话在每个时代都存在,在我们的时代似乎有更多的机会。

简评:托多洛夫的对话批评的提出并不是偶然的,当时教条式批评和内在批评形成了互相对立的堡垒,托多洛夫从中看出了二者表面上针锋相对,实则两者都是独白式的批评。“教条式批评”用既定的真理来评价作品,指导作家创作,批评家成了在作品中发现真理的权威。内在批评过分将批评引向作品的自身,造成了作家在独白批评家面前失语的局面。对话批评则是一种探索真理式的批评,主张在文学批评家与作家之间、批评家与批评家之间、批评家与读者之间、批评家与作品之间展开对话,引发出对作品更为合理的评价,更接近真理。在作品形式的分析中就自然含有价值的评价,从而破除了内在与外在对立的壁垒,消解了批评的权威。托多洛夫的对话批评吸收了巴赫金的对话理论,其提出也表明了独白式批评的理论困境,适应了时代的迫切需要,其包含的建设性意见是积极的、正面的、值得肯定的。托多洛夫在对话批评之后,加上了问号,表明对话批评尚无体系和范畴可言,至于怎样对话、对话之后如何等问题,留待后世的哲人积极探索。

（李 兵）

对话批评?

大家知道,要想知道别人对你的批评是很不容易的。或者他们侵犯你,但这是因为他们不了解你也不想理解你:他们对你不是他们所期望的样子十分恼火;他们是那样地否定了你,你都不再认为这一切是冲自己而来的了。或者他们是(或者曾经是)你所亲近的人,而这时出现的就是感情的决裂,他的痛苦超过了一切客观的考虑:其实重要的是不再爱了,而不是因为你变成了甚么样子。或者他们仍在爱你,但不再对你说任何你觉得有实质争议的东西:他们已经接受了你之为你,尽管他们也许不这样看。应该考虑怎样通过别人的言语来了解你自己。但是,可能我只是在谈我自己?当然,在我努力对自己的精神轨迹进行反思的时候,我回想起与别人的两次会面。很久以后想起来,这两次会面竟促成我的转变。

初看起来,这两次会面有某些表面的相似。它们都发生在我在国外讲课结束之际。这些讲座一半为旅游一半为讲演(我们参观人家也让别人参观我们),讲演的内容形成了我的理论主张必不可少的一部分。这类讲座可能会赢得某些赞同,也可能招致尖锐的批评,但总的来说,涉及不到你内心深处的东西。我要谈的这两次讲座都是在我一般很少光顾的英国举行的,遗憾的是,这两次讲座对我的影响比讲座本身更能让人回味。

第一次是在十多年前的伦敦。我在一个法语学院胡乱讲了一通,在其后的见面会上,有人把我介绍给亚瑟·柯斯特勒。他年岁比我稍长,蓝色的眼睛,神采奕奕,手中擎着杯威士忌并很快一饮而尽。还在保加利亚的时候,我就读过他的《零与无限》,这本书给我留下了深刻的印象。像应该发生的一样,谈话根本没有围绕我的讲座内容,而是围绕着我从一个东欧国家来到这里这件事。那个时候,在政治方面,我采取的是我少年时代在那边接受的立场,并且同许多同代人一样相信它。这一代人是由宿命论和麻木不仁造就的。一切的一切都只能如此,最好是完全地漠然处之。我把这一态度同柯斯特勒谈了,并且还把它当成一种比较尖锐和明智的观点。我不记得他是怎样回答的了,但我知道他说的那些话彬彬有礼、沉着冷静,并且充满着惊奇和不敢苟同的含义。我突然感到,他的存在就是对我所说的东西的一个反证:他并没有接受宿命论的思想。交谈过程中,他没有对我加以驳斥,也没有进行批评责难,但他表现出一种沉稳的自信。因为他就是他,所以他才这样。

第二段插曲发生在牛津大学。我还记得那次讲演的题目是《叙述的结构分析》(在那时候,我知道这意味着甚么),谈的是亨利·詹姆斯。我是受到一个学院的邀请,院长叫以塞亚·伯林(Isaiah Berlin)。在此之前,我从未读过这位哲学家兼历史学家的著作,然而他热情、善辩,很快就把我吸引住了。我永远也不会忘记他的热情款待(就像他对每一个讲演者一样)以及我们在他的书房,一个真正的书房度过的一晚。这回,我拿着一杯伏特加,他一边客气地为我斟酒,一边讲起了他对帕斯捷尔纳克及阿赫玛托娃的回忆。他曾静静地听我讲演,在晚会的某一时刻,他对我说:"不错,亨利·詹姆斯,对,叙述的结构,是的,可您为甚么不去研究19世纪的虚无主义和自由主义呢?您知道,那是很有趣的。"

我十分了解这些往事对我的影响,尽管其后发生的事情微不足道并且只有与我的其他经历结合起来才有意义。另外,我当时也并未对这两件事多加注意,只是回想起来,发现自己在成千上万件事中尤其对此记忆犹新,才意识到它们的重要价值。于是,我便开始寻找它们之间的共同点,寻找它们与其他事件不同的地方。这两件事使我听到了某种批评、某种鞭策,但我并没有像惯常那样把它们归入无能、恶意与私欲一类而嗤之以鼻。这当然因为我的两个对话者是令人尊敬的知名人士,也因为他们的热情好客(可能出于英国人的礼貌,但我并不这么认为)。这两个人都同我一样,生活在异国他乡,接受着异域的文化,可他们却知道怎样生活在个人相异性之中:尽管与那里的一切都有距离,却保持着各自的自我。

这两次谈话,即便再微不足道,也对我产生了一定的影响。如果能把我领悟到的东西简单地表述出来,我会说每一次谈话都是对我的观点的偶然性和任意性的认识。伯林先生告诉我说,文学不是惟结构的,它是由观念和历史组成的;我又从柯斯特勒那儿知道,放弃自由的主张是没有甚么"客观"理由的。当然这些事实都是显而易见的,但我们需要以某种方式接受它们并归为己有。

由于一些我们所不知的原因,这些话就像一场及时雨,修正了我关于文学是甚么以及批评应该是甚么的观念。就在那些年,一种好奇心驱使我读了大量我当时很感兴趣的有关象征及阐释的修辞学、阐释学、美学及语言哲学的古代著作。我不带任何历史构想地读这些作品,希冀从中寻找一些总是"有效的"概括以及对隐喻、寓意和暗示的阐释方法。但在阅读过程中,我发现作品中的历史构想与结构构想并不如我想象的那样容易分辨。我过去一直以为是中性方法及(我的)纯描述概念的东西现在却成了某种明确的历史选择的结果(这些结果本可以是另外一种样子),另外这种选择也必然要在"意识形态"上——对此,我总是没有接受的准备——反映出来。本书的前言中,我已经谈到了这些关联。

通过阅读这些古代书籍,我还发现我的参照域并不是可以检验过去的文学与阐释观的最终被证明了的真理,而是某种意识形态选择的产物;另外,我也并不觉得自己很赞成以个人主义与相对主义为主要内容的这一意识形态的所有蕴涵。

可是,又有甚么别的办法呢?不接受这些前提,不是回到了更站不住脚的旧批评(尽管它并没有这样一个名称)立场上去了吗?为了有别于现代批评所主张的内在论,应该把它称作教条批评。在教条批评看来,文学既然不再与人类其他语言产物相对立,就该像圣·奥古斯丁谈到雄辩时说的那样,"加入为真理役使的行列中"。阐释是否也要为此事先知道在甚么地方去找甚么意义或者根据一个既定原则去评价这一意义,从而成为教义的仆从呢?

事实上,因为我是在保加利亚上的学,对这一批评还是有所了解的,尽管那时我只是在文学作品里应用了它。当我到巴黎时,"文学理论"在索非亚还是一门必修课。这与法国的情况正好相反,现在我还记得(1968年)当我用蹩脚的法语问巴黎大学文学院院长谁是这里的"文学理论"教员时他那陡然冷漠的表情。而在索非亚,包含文学史在内的这一文学理论完全可以用两个概念("人民性"与"党性")概括出来。依据这一理论,许多作家都有第一种品质,只有最优秀的作家才具备第二种;我们事先就知道作家要说甚么,要探索的只是他们的表达方式。我想,正是这种教育才激起了我对俄国形式主义的兴趣。

在我看来,"内在论"的主张者与"教条论"的主张者一样,都把对手的观点看作是他们所接受观点的唯一可能的变化。保守的教条论者认为所有对他们价值的放弃就是对所有价值的放弃,"自由的"内在论者则主张所有对价值的向往都导致蒙昧主义和压制。可是,应该相信他们吗?

有关这个问题的答案,是我在走了许多弯路以后才获得的。自从我取得法国国籍以后,我就强烈地感到我与其他的法国人不同:我同时属于两种不同的文化。内在与外在的两种归属,既可理解成一种缺憾也可理解成一种优越(我本人过去、现在都倾向于乐观的看法),但它使你对文化的相异性、对“他人”的感受更加深刻。当我在墨西哥举行讲座，偶然发现早期的美洲征服者们留下的笔迹时，便萌生了个宏伟的计划。这一对他人的发现（和无知）在我的脑海里萦回了三年，这确是些绝妙的论据。然而，当我开始思考这些问题的时候，我发现，我又回到了更广泛的文学问题中了，因为它涉及伦理范畴中普遍与相对的对立。是否应听从统治我们思想的宽容精神（尽管这一精神没有使我们的行为发生变化），放弃对与我们的社会不同的另一个社会的评判？或相反，如果我掌握着某些普遍的价值，我还能够避免在一个既定的（我的）模式中压倒他人吗？这种二者必居其一的选择当然使人想起“内在论”与“教条论”的矛盾冲突。

我想正是我那还算幸运的流放经历才使我把这种矛盾冲突的绝对性看成是不切实际的。占有真理与放弃对真理的探求并没有排除我们面前的一切可能性。我们也可以不完全拒绝普遍价值，把它当成一种与他人交流的共同点而不是一种先验的知识。我们还可以发现我们无法占有真理，但我们不能放弃对真理的探索。真理可以是一种相通之处、一个期望的终极（而不是起点）。我们并不放弃真理的思想，但我们可以通过人际交流的调节原则而不是通过真理的内容来变更真理的法规及功能。总之，不同文化代表（或在我身上的不同文化成分）之间的互相理解是可能的，假如这种互相理解的愿望存在的话。这样，就不仅仅存在着各种不同的“观点”了。人的特性正在于能够超越主观偏见及个人局限性。

这样一种信念也使我有区别地看待批评与文学。“内在论”批评家放弃对 vérité（智慧而不是真实的含义）的探求，不去做任何评判；他阐述作品的意义，而从某种意义上讲又不去严肃对待它：他并不对此做出回答，好像涉及的不是人类命运的问题；因为他把作品改造成可以忠实描述的客体，并且他以同样亲近的态度对待博须埃与萨特。

“教条论”批评家则根本不让别人说话。他是无所不在的，因为他代表着天命或历史规律或另外一个默启的真理。对他人（内在论批评家），他只是根据一种永远正确的教条阐明：读者是被看成与他观点一致的。

但是，批评是对话，是关系平等的作家与批评家两种声音的相会。公开承认这一点是很有益处的，不过，许多流派的批评家在拒绝承认对话批评上不谋而合。教条论批评家、“印象主义”评论家以及主观主义的信徒们都只让人听到一种声音即他们自己的声音，而历史批评家（这个名称不太确切,这在论及瓦特那一章已谈过)又只让人听到作家本人的声音,根本看不到批评家自己的影子;“内在论”批评中的认同批评把与作家融为一体直到以作家的名义讲话奉为理想,而结构主义批评又以客观描述作品为金科玉律。殊不知,这样禁止与作品对话,拒绝评判作品所阐述的真理无疑削弱了作品的主旨所在:探索真理。这使我想起了我做的又一次讲演(确实,这种场合给我留下了出乎意料的印象),那是在布鲁塞尔,讲演题目是有关狄德罗美学的。胡乱讲完狄德罗的美学思想后,我谈到了其思想的“缺憾”以及“不足”。一个来听讲座的狄德罗专家打断了我:“我同意您对狄德罗美学思想的陈述,但您加的修饰语委实令我吃惊。您不是想给狄德罗上课吧?您没有把时代搞错吧?”我想,在他看来我对这一古代作家缺乏尊重。但事后(事后聪明)想起来,我觉得对狄德罗缺乏尊重的是他,而不是我,因为他拒绝对狄德罗的思想做出评判,只满足于拼图游戏地把它们拼到一起。狄德罗是为了寻求真理而写作的,同他一起或通过批评他来继续探索真理,究竟是对他的尊重还是不尊重呢?

对话批评不是谈论作品而是面对作品谈,或者说,与作品一起谈,它拒绝排除两个对立声音中的任何一个。被批评的作品不是应起“元语言”作用的物,而是批评家所遇到的话语,被批评的作家是“你”而不是“他”,是我们与之探讨人类价值问题的对话者。不过,这种对话是不对等的,因为作家的作品是封闭的,而批评家则可以无限地继续下去。为了避免舞弊行为,批评家应光明正大地让人听到他的对话者的声音。在这里,不同形式的内在批评都找到了他们的权利所在(但经过不同的途径)。只有把一段文字放到越来越广泛的语境中去,才能更好地理解它的意义:首先是作品的语境,然后是作家、时代乃至整个文学传统的语境;这正是某某“专家”所完成的。这些不同方面的结合不是互相排斥,而是互相容纳、互相交叉、互相补充的。这一点,对新阐释方法作过阐释的斯宾诺莎是非常熟知的。作为批评家,我必须在两种倾向之间做出选择(当然也有例外),并非因为这两种倾向原则上互不相容,而是人生短暂、事务缠身,难以面面俱到。然而,作为读者,我没有任何理由做出一种排他的选择。为甚么我不去欣赏诺思若普·弗赖的才华呢?他会告诉我作品中的形象是属于哪一文学传统(历时背景)的。为甚么我要拒绝贝尼舒的观点呢?他给我揭示了产生这一形象的意识形态领域(共时背景)。

这样,“结构主义者”在这方面的缺陷就可由意识形态专家来弥补,反之亦然。但是，这两者(我现在不是讲弗赖与贝尼舒)有一个共同的缺陷，说明这一点无疑是很重要的：我们需要的不是更多的事实，而是更多的思想。批评家拒绝把自己看成思考主体(而不是隐遁在收集到的客观事实后面)，拒绝进行评判，这是很值得研究的问题。与斯宾诺莎相反，或至少与他所表明的意图相反，我们不会把我们的探索仅停留在作品的意义上，我们也要探索作品中的真理；我们不只关心“他说了甚么?”也关心“他说的对吗?”(我们希望对此的回答不是简单地说：“我正确。”)。我们同意斯宾诺莎的对作品意义的探求不能从属于事先掌握的真理这一观点，然而，我们没有任何理由为此放弃对真理的探索并把它与作品的意义对立起来。

正因为这样，我才把这种批评称为“对话”批评。我所向往的那种真理只能通过对话去探索，反之(在巴赫金那儿，我们已经看到)，为了进行对话，应该把真理当成一种前景、一个调节原则。教条批评获得了批评家的独白；内在批评(以及相对主义批评)达到了作家的独白；不过是多种内在分析算术相加的纯多元论批评使几种声音并存，但缺乏听众：好几个主体在同时表达，却没有人注意到它们之间的分歧所在。如果我们接受共同探索真理的原则，就已经在实践对话批评了。

“新历史”开创人之一马可・布洛克说：“撰文支持或反对路德比探索他的内心要容易得多!”我的想法几乎完全与此相反，但我看不出这两者之间何以不能兼容。如果我们认真地“探索”了，那末，只有在被研究对象对我们来说陌生得没有甚么可说、只好任其存在的时候，我们才应该避免发表看法。如果路德继续与我们对话，我们也该与他对话，并且表达出对他的观点的赞同或者反对意见。我们不要自欺欺人，以为我们的评判来源于我们的学识。实际上，我们的学识只有助于我们复原他人的声音，我们自己的声音则来源于我们自己，来源于我们所承担的伦理责任。然而，真正做到对话也并非是一桩易事。以我自己为例：我曾先后写过两篇论贡斯当的文章，一篇 1968 年发表在《批评丛刊》上，另一篇 1983 年发表在《诗学丛刊》上。两篇文章的区别或者说我对后一篇的偏爱并不只是因为 15 年来我读了更多的书，也不是因为在过去概括要比现在容易。我发现我在第一篇文章里并没有把两种声音分离开：我企图表述贡斯当的观点，自然自己也想说点儿甚么，因此就把自己的某些想法归于贡斯当了。结果产生了一种混杂单一的、分辨不出作家与批评家谁在说的声音。在后一篇文章里，我努力使贡斯当保持本来面目，又对他进行批评。这有点像两性相爱,融为一体的幻想是甜蜜的,可它毕竟是幻想,其结局是苦涩的。他就是他,这样的态度能让人更好地相爱。

只有我们改变对文学的既成观点的时候,才能改变我们对批评的看法。二百年以来,浪漫派以及他们不可胜数的继承者都争先恐后地重复说:文学就是在自身找到目的的语言。现在是回到(重新回到)我们也许永远不会忘记的明显事实上的时候了,文学是与人类生存有关的、通向真理与道德的话语。让那些害怕这些大词儿的人见鬼去吧! 萨特说:文学是对社会与人生的揭示——他说得对。如果文学不能让我们更好地理解人生,那它就甚么也不是。

如果我们这样无视文学的这一主要内容,就是预先把真理化成了证实,把道德当成了说教。小说的叙述并不像历史的叙述那样向往客观真理,迈进这扇大门是徒劳无益的。小说也没有必要描写一个社会的具体历史形式,尽管它完全可以做到这一点;这里并不是真理的所在。当然,也并不是说作家的思想都是定然正确的。但是,就像昆德拉(Kundera)说的那样,文学是向我们揭示"人类存在一个未知方面"的尝试,因而,尽管文学并没有任何特殊的地方使它获得真理,它也从来没有停止对真理的探索。

文学与伦理:"真可怕!"我的同代人会由衷地感慨。同样,当我发现生活中有一种服务于政治的文学存在的时候,我也主张它应该与政治彻底决裂,并且避免与非文学的东西发生任何接触。但文学与价值有着必然的联系,这不仅因为排除价值而谈文学是不可能的,也因为写作行为是一种交流行为,它意味着在共同价值基础上互相理解的可能性。作家的理想可能是发问、怀疑或拒绝,但这并非不是鼓励他的读者赞同他的观点,也并没有因此就不具有"伦理"意义。宣传文学与哲理小说离穷尽作品与价值的关系相去甚远,它们甚至提供了一个错误的典型,即预先掌握的只需阐明的教条真理。然而,文学不是布道,在教义中为先验知识的东西在文学中只是一个期望的前景。

有人会反驳我说:既然这样,文学就只是我们可以赞成或反对的思想的表达了。这种反对意见是以文学是个统一体为假定的,实际上文学并不是一个统一体,它是由文学成分的形式方法和意识形态要求(以及其他一些东西)组成的;它并不只是对真理的探求,但它也是对真理的探求。为此文学才有别于其他艺术,就像萨特和贝尼舒所说的那样。因为它"越过”了语言,不只是声音、色彩或运动等简单材料的形式化;而所谓“抽象文学”是不可能存在的。今天,我们拥有足够的概念来描写文学的结构特点并分析它的历史纪实,但对文学的其他方面我们还所知甚少,而这是亟待努力提高的。过于严格的决定论,批评家的错误在于主张文学作品是意识形态(并且是“占统治地位的”意识形态)的表现、反映,对此,我们很容易找到一些相反的例子。然而,说文学不是外部意识形态的反映并不证明它与意识形态毫无关系:文学并不反映意识形态,它就是一种意识形态。应该对作品中的思想观点有所了解,这并不是为了发现时代的精神面貌,也不是因为我们已经把握了这一时代精神并要对它进行新的阐释,而是因为作品中的思想观点正是作品的核心所在。

另外,我也发现了文学与批评的相近关系。有人说:文学谈世界,批评谈书。这是不确切的。首先,书也总是谈过去的书,或不可避免地流露出这个迹象:写作的欲望不是源于生活,而是源于其他的书。另外,批评不该,甚至也不能仅限于谈书,它也经常谈它对生活的看法。只不过,当它仅仅进行结构描述或历史重现时,它期望自己的声音越不被人听见越好(尽管它从未完全达到目的),然而,批评能够也应该记得它也是对真理和价值的探索。批评探索的真理与文学所探索的真理是有共同属性的,即事物的而不是事实的真理,揭示的而不是相符的真理(批评对此也有所了解,但只是把它作为一个先决条件)。就像陀思妥耶夫斯基试图说出人类真理而并不因此就表示他占有真理一样,批评家也有同样成功的机会希冀至少在理论上说出陀思妥耶夫斯基的真理,为此批评家也不可避免地要谈到人。意识到这一点,我们就会在批评、历史甚至在人种学上避免许多失误。萨特说:“散文是与真理的互相交流和共同探索,它是认识也是互相认识。”(《圣·热内》第407页)去掉“散文”二字,这就是批评的定义。当然,批评与文学不是没有差别,然而目前更重要的是看到它们的共同点。

对话批评在关注作家思想的哲学中颇为流行,而在只关心思考和欣赏的文学中则鲜为人知。不过,形式本身就是思想的传送者,并且也存在(尽管很少见)着不满足于分析而愿与作家辩论的批评家,这就证明了文学领域里对话批评也是可能的:正是为此,雷乃·吉哈尔(Renè Girard)才与浪漫派相左,而列奥·拜萨尼(leo Bersani)才与现实主义作家论战。为了让人理解,形式的语言也要求自己的听众(我们看到瓦特对此做了很好的阐述)。当这种可能性不存在的时候,我们不得不转向作家的直接陈述,或更糟地转向人物的直接陈述。但文学并不会因为某些批评家耳聋就停止自己的表述。即便最不具“道德”意义的作品都要对人类价值发表意见,并且允许批评家的观点与之相左。只有在批评家与作家观点完全一致的时候,对话批评才不可能进行,在这种情况下,任何争议也不会发生,对话被赞颂所取代。当然,我们可以就这种完全一致的情况是否真的存在发出疑问,但有一点是可以肯定的:对话有不同层次的差别。对我来说,与我不赞成其思想的狄德罗对话(当我胆敢如此冒昧的时候)比与司汤达对话容易得多。不过,还应该声明的是,就个人来说,当对立异常激烈的时候,我也感到无所适从:战争可不是在寻求理解。

还有一点需要补充。如果批评家愿意与他的作者对话,他也不要忘记,他发表的作品也使他成了一个作者,将来的某一读者也可能找他来对话。批评的理想并不是使读者瞠目结舌、自惭形秽和对作者推崇备至的权威性论断。批评家应该意识到,他所进行的对话不过是系列链条中的一个链节,因为作者是为了回答别的作者而写作,并且从这时起,批评家自己也成了作者。批评家的作品形式也不是无关紧要的,因为它应该允许回答而不是把自己当成被崇拜的偶像。

这样说来,难道对话批评比内在批评与教条批评更具“我们的时代”特征吗?通过把后两种批评描写成前后继承关系(先有圣师著作阐释,后有语文学),可能别人会以为我是这样看的。然而,事情远非如此简单,因为社会不是完全统一的价值体系,历史也不是单线发展的。在昆提利安的讲演术里,我们看到了“内在论”思想,而“教条论”阐释也并没有同教会的宗教作家们一起死去。现代社会允许各抒己见,基督教思想和(教条的)马克思主义观点就与历史的和结构的(内在的)批评思想潮流比邻。人类从来就不是由他的环境决定的,自由就是他的定义。我本人就是这种决定论衰落的真实见证,因为我本人在几年的时间里曾多次致力于我现在加以区分的三种批评形式。

然而,还有一点是确凿无疑的:虽然个人主义早在斯多噶派的著作中既已有所表现,但它在文艺复兴时期才获得新的发展,直到浪漫派时期才占据了统治地位。一个社会的意识形态是通过不同层次表达出来的,而这是意味深长的。如果对话批评以这一名义或其他名义此时此地来到我们身边,我认为这并不是偶然的(某些个人的纯自由行为);我也不相信我们的对话批评比前人进行得更好。发生在我们生活中的事件对它来说是“有利条件”，而不是“原因”，我相信我听到了它们的回声。下面我将不拘形式地列出这些事实来：普遍接受的教义的缺乏；大众传播工具和飞机使我们与其他文化不断接近；至少在意识形态领域对非殖民化的赞同；科学技术前所未有的进展；20 世纪中叶几乎发生的新型大屠杀；人权斗争的复兴（诞生?）。

我在文学本身目前所进行的变革中发现了这类进化的另一个迹象（当然我本人则献身于我为自己选择的事业）。我认为最能说明文学特性的不是使文学陷于崩溃的大量自传体裁，而是文学公开承认它的异质性这个事实：文学既是小说也是宣传手册，既是历史也是哲学，既是科学也是诗。索尔仁尼琴、昆德拉、君特·格拉斯、D. M. 托马斯的作品并没有把人封闭在文学的旧观念之中，它们既不属于“为艺术而艺术”的文学，也不属于“介入文学”（广义的介入，而不是萨特的“介入”），这些作品意识到自己既是文学的结构，也是对真理的探索。

当然，对话批评在每一个时代都存在着。严格地讲，如果我们接受批评总是对怀疑主义与教条主义这一对立关系的超越，我们就可以省略掉批评前面的修饰语。不过，看起来，我们这个时代（还要有多久?）为这种思想形式提供了机会；应该赶紧抓住它！

王东亮、王晨阳译

——节选自茨维坦·托多洛夫：《批评的批评——教育小说》，北京：三联书店 2002 年版。

美国卷

阿恩海姆

（一）

阿恩海姆(1904—2007)，德裔美国人，1956—1960 年间美国美学协会主席，从事艺术心理学和教育的研究，因把格式塔心理学的理论运用于艺术研究而获得世界声誉，他的《艺术与视知觉》于 1954 年发表，被认为是一部为艺术理论奠定科学基础的巨著，稍后出版的《视觉思维》似乎更加成熟，两部书的理论基础都是格式塔艺术心理学。

格式塔是德文 Gestalt 的音译。英文往往译为 Form(形式)或 Shape(形状)。中文一般把格式塔译为“完形”，是经由知觉活动组织成的经验中的整体。格式塔的两个重要特征：一、格式塔绝不等于构成它的所有成分之和。“整体”的性质却对“部分”的性质有着极重要的影响。二、“变调性”。一个格式塔，即使在它的各构成成分——如它们的大小、方向、位置等——均改变的情况下，格式塔仍然存在或不变。知觉中有对简洁完美的格式塔的追求，即组织得最好、最规则和最简单明了的格式塔。但完美简洁的格式塔只不过是高度冗余的视觉样式，如同儿童的绘画一般。在艺术发展的高级阶段，出现了对规则偏离的不完全的形，从而产生更强的完形压强而富有刺激力，带来更强的审美经验。

阿恩海姆《视觉思维——审美直觉心理学》一书的重点在于强调感知的理性本质，认为感知是发现真理的源泉和起点，感知中包含着理性和对真理的发现，而艺术乃是增加感知能力的最强有力的手段。此书第十六章《视觉思维在教育中的作用》主要阐述了教育者运用视觉思维来教学的重要性。阿恩海姆把艺术教育提高到了无以复加的地位，认为欣赏艺术的能力是每个受教育者必备的能力，创造性思维即知觉思维最有效的培育方式是艺术教育。他认为当前的教育有忽视艺术抬高科学之嫌，认为当前视觉思维的教育还处于空白状态，而视觉思维是基础的基础。

艺术教育要让学生认识到绘画的形象是从基本的结构骨架中变化出来的，还要让学生认识到个别形象中反映出的一般性的力的式样。所以，艺术和科学在这里是互补的。如何看？或者说如何组织自己的视觉意象？阿恩海姆认为，每个视觉意象都包含了两种以上的形象，都可以按照不同的结构式样加以重组得到不同的意象，创造性的思维不是机械性的反射，而是把观察到的各个方面连结在一起来考虑。如何教？在教学实践中，可以用画家般的想象力，以简单的说明图把复杂的意象的基本结构和性质展示出来，在忠实复制与多大程度上作简化之间如何保持平衡需要经验和想象力。抽象与直观之间应该保持紧密的联系，二者才能发挥出应有的作用。如何使用图像来教学？视觉教育必须假定任何绘画都是一种陈述，都能陈述有关问题或主张。人类的视觉理解力因文化、年龄等的差异而呈现不同的状态，儿童在理解成人的视觉形象时可能拘于过去的视觉定式而出现误差。视觉形象设计的原则是甚么？视觉形象的设计必须合乎它们所服务的目的，对视觉形象空间关系的呈现是为了展示各部分之间功能上的联系。功能限定了视觉形象的变化范围，比如车轮必须是圆形的而不是方形的。但也不是功能决定视像，而是必须意识到基本原则和其体现物之间的区别，这是创造性思维必须遵循的区别，只有这样，才能充分发挥想象力而又不是不着边际。所以，视觉思维的能力不管是科学还是艺术都是必需的，而艺术教育是培育视觉思维能力最好的工具。

阿恩海姆对艺术教育的推崇是值得肯定的。放眼当今世界，技能教育、技术教育对艺术教育形成了压倒性的优势，功利主义泛滥。视觉思维理论强调了科学与艺术都存在特定的力的作用模式，二者并非是对立的，而是可以相互取长补短的。阿恩海姆的艺术理论最大的问题在于机械还原论，任何视觉形式都被他还原为原始的力的模式，而且有科学主义的嫌疑。

（李　兵）

（二）

鲁道夫·阿恩海姆(Rudolf Arnheim 1904 - 2007)，德裔美国著名美

学家、心理学家。30年代从事电影理论研究，著书立说为无声电影辩护，坚决反对有声电影和一切电影技术上的进步。在西方电影理论方面具有极大的影响。其早期代表作《电影》出版于1933年，集中反映了他在电影理论方面的主要思想。

由于不满希特勒的统治，他于1939年移居美国。此后，对艺术审美中的视知觉因素进行了更为深入周密的探索，成为格式塔心理学美学流派的代表人物。其主要著作有《视觉思维》、《走向艺术心理学》、《艺术与视知觉》等。《艺术与视知觉》是阿恩海姆的代表作。在该书中，他坚持并系统地论证了他早年所提出的"即便是最简单的视觉过程也不等于机械地摄录外在世界，而是根据简单、规则和平衡等对感觉器官起着支配作用的原则，创造性地组织感官材料"这一理论。阿恩海姆把视知觉看作艺术创作和欣赏中的最基本因素。在这一领域内，他坚决反对洛克的"白板论"和冯特的知觉是各种感觉要素的复合的"要素论"。他强调了"某种可以称之为康德倾向的元素"。

这里所选的是《艺术与视知觉》一书的"引言"和第十章"表现性"，集中反映了作者所主张的"视觉形象永远不是对于感性材料的机械复制，而是对现实的一种创造性把握"这一重要理论。其要点是：(1)运用格式塔心理学原理来分析视觉效能对艺术作品的把握，"以有助于指导视觉并使它的机能得到恢复"。(2)在视觉对艺术品的把握中，只有对对象的整体或统一结构形成完整的视像，才能创造或欣赏艺术品；在这种把握中，人的诸心理能力也是作为一个整体活动着。(3)视知觉对世界的观看活动是外部客观事物本身的性质与观看主体的本性之间的相互作用。(4)客观事物具有表现性，能表现人类的特有情绪、情感和心理。(5)事物的表现性就存在于事物的结构形式之中，这种结构形式同主体心理结构形式的相同或相似，就使事物具备了表现性。(6)这种主体与客体、精神与物质之间的"异质同构"主要体现为两者之间力的样式的相同结构。(7)表现性是人的日常视觉活动的固有性质，更是艺术创造和观赏方式的主要内容。(8)根据这一原理，艺术教学应按照视觉的本能反应，训练学生捕捉对象表现性的能力。(9)艺术品的实体就是其视觉外观形式。(10)艺术中"象征"的基础就是表现性。

(张唤民 朱立元)

艺术与视知觉

引言

看起来，艺术似乎正面临着被大肆泛滥的空头理论扼杀的危险。近年来，真正堪称为艺术的作品已不多见了。它们似乎在大量书籍、文章、学术演讲、报告会、发言和指导等——这一切都是想要帮助我们弄清楚甚么是艺术，甚么不是艺术；甚么人在甚么情况下创造了甚么作品，他为甚么或为了谁才创造了这些作品等等——组成的洪流中淹没了。在我们眼前出现的是一具被大批急于求成的外科医生和外行的化验员们合力解剖开的小小的尸体。由于这批人总是喜欢用思考和推理的方式去谈论艺术，就不可避免地给人造成一种印象：艺术是一种使人无法捉摸的东西。

上述分析或许是很随便的，但人们对艺术现状的不满，是无可否认的事实。如果我们认真追查原因的话，就会发现，这主要是因为我们继承下来的文化现状，不仅特别不适宜于艺术生产，而且还反过来促使那些错误的艺术理论滋生和蔓延。我们的经验和概念往往显得通俗而不深刻，当它们深刻的时候，又显得不通俗。这主要是因为我们忽视了通过感觉到的经验去理解事物的天赋。我们的概念脱离了知觉，我们的思维只是在抽象的世界中运动，我们的眼睛正在退化为纯粹是度量和辨别的工具。结果，可以用形象来表达的观念就大大减少了，从所见的事物外观中发现意义的能力也丧失了。这样一来，在那些一眼便能看出其意义的事物面前，我们倒显得迟钝了，而不得不去求助于我们更加熟悉的另一种媒介——语言。

由于不能凭借自己的视觉去理解大师们的杰作，就使得许多人尽管经常进出于画廊之间，并收集了大量有关绘画艺术的资料，到头来还是不能欣赏艺术。他们天生具有的通过眼睛来理解艺术的能力沉睡了，因此很有必要设法唤醒它。而唤醒这种潜在的能力的最好办法就是拿起铅笔、画笔和凿刀。然而即使这样去做，仍然避免不了长期养成的坏习惯和错觉的干扰，除非能从别的地方求到保护和帮助，否则这些坏习惯和错觉是不太容易消除的。人们能寻求到保护和帮助的唯一的东西，势必是语言媒介。因为眼睛与眼睛之间所能交流的意义，毕竟是有限的。但恰恰就在语言交流的能力问题上，我们又遇到了某些十分强有力的偏见。

在这种种的偏见中，有一种声称说，视觉事物是决然不能通过语言描述出来的。这一警言,当然包含着一定的真理内核。一幅伦勃朗绘画所产生出来的那种特殊的经验,用描述性和解释性的语言只能将它部分地表达出来,而这种局限性在我们欣赏艺术时也并非是一种个别的事例。事实上,这一见解同样也适合于其他任何一种经验对象,没有一种描述或解释——即使是最熟悉老板的秘书对老板的特征的描述,或是外科医生对他熟悉的病人的腺体组织的描述——能够把自己对于对象的经验完全表达出来。它充其量也不过是运用几个一般的范畴,把这些经验的大体轮廓呈现出来。科学家们可以建立起概括性很强的模型,如果他幸运的话,这种模型还能够为他提供理解某些特定现象的本质所必需的东西。然而,所有的科学家都很清楚,对于某一个别事物说来,无论如何也找不到另外一个可以把它完完全全地再现出来的个别事物,而且也没有必要去对这个现存的个别事物进行全面的复制。

同科学家一样,艺术家也运用类似于形和彩等要素在个别之中猎取那些具有普遍意义的东西。他既不打算去猎获那些真正个别的东西,而且也不能得到它们。如果我们打算理解或解释一件艺术品,我们预先所要做的最重要的事情,便是去制造某些指导性的原则。对艺术的理解和解释,并不比理解和解释其他复杂的事物(如生物的身心构造)更困难多少,艺术是由有机体创造出来的,因此它不可能比有机体本身更为复杂,当然也不一定会比有机体本身简单。

如果我们看到了或感到了艺术品的某些特性,然而又不能把它们描写或表述出来,其失败的原因并不在于我们运用了语言,而在于我们的眼睛和思维机器不能成功地发现那些能够描写或表达这些特征的概念。当然,语言并不是我们的感觉同现实接触的通路——它仅仅是给那些看到、听到或想到的事物赋以名称。但对于描述和解释视觉对象来说,语言并不是一个生疏的或不合适的媒介。我们的失败,往往是发生在我们的视觉分析器遭到破坏的时候。所幸的是,我们的视觉分析系统还能够进一步得到发展,并且还可以唤起能够"透视"事物的那些潜在能力。而这些潜在能力的发挥,又能帮助我们弄清那些不能够分析的事物的本质。

持第二种偏见的人声称:语言分析会麻痹人们的直觉创造能力和悟解能力。这种见解同样包含着某些真理的内核。以往的历史和现在的经验都向我们表明,仅仅依赖固定的公式和处方会给人们造成多大的危害。但我们能不能就由此得出结论说,在艺术这一领域里,当心灵的一种能力发挥作用的时候,另一种能力就必定要失去效用呢?事实不是已经证明,乱子恰恰就发生在心灵的一种能力发挥作用而心灵的其他功能都受到抑制的时候吗?不仅理智干扰了直觉时会破坏各种心理的平衡(只有这种平衡才能使我们的生活和工作愉快),当情感压倒了理智时也会破坏这种平衡。过分地沉溺于自我表现并不比盲目地服从规矩好多少。对自我进行毫不节制的分析固然是有害的,但拒绝认识自己为甚么要创作以及怎样创作的原始主义行为同样也是有害的。现代的人能够而且必须在崭新的自我意识状态下生活,生活的任务或许是更困难了,然而没有任何捷径可循。

这本书所要达到的目的之一,就是对视觉的效能进行一番分析,以有助于指导视觉并使它的机能得到恢复。就我的记忆所及,我的一生从未间断过对艺术的关注——研究它的本质和它的历史,欣赏它甚至亲手创造它,与艺术家、艺术理论家和艺术教育家接触和讨论。我对艺术的兴趣随着我对心理学的研究而变得更加浓厚了(我所说的心理学当然并不局限于"情绪"范畴,而是指研究所有心理表现的科学)。某些艺术理论家承认自己从心理学著作中大受启发,而另外一些艺术理论家则没有意识到或者不愿意承认他们正在从心理学中受益。但不管他们承认还是不承认,他们自始至终都是在实际应用着心理学,——不是家传的,便是其他人流传下来的,不过大部分都低于我们目前所掌握的知识水平罢了。正因为如此,我才试图把现代心理学的新发现和新成就运用到艺术研究之中。

我所引用的心理学试验和心理学原则,绝大部分是取自格式塔心理学理论。这种偏爱看起来是不无道理的,即使那些对格式塔心理学理论持有这样或那样不同看法的人也愿意承认:真正为我们目前对视知觉的认识奠定基础的,是格式塔学派在试验室里所进行的那些大量的工作。当然,格式塔心理学的贡献还并不仅仅如此。从这一理论的首次开创到20世纪上半叶的整个发展过程中,它都与艺术息息相关。格式塔心理学的奠基人——维台默、柯勒和考夫卡的著作中,也大都涉及了艺术问题。但更重要的一个事实是:这些理论所遵循的最重要的指导原则,向来都使广大的艺术工作者们听起来感到十分顺耳。事实上,那种类似于艺术家对现实的观看的视觉过程,越来越使科学家们认识到,对自然界的大多数现象的描述,仅仅通过对其局部进行个别分析的方法是无法完成的。对于大多数艺术家来说,“整体不能通过各部分相加的和来达到”的思想,并不算甚么新奇的东西了。多少世纪以来,科学家们就能通过那些排除了复杂的组织和相互作用的简单推理,而达到对现实作出极其有价值的分析。然而,无论在甚么情况下,假如不能把握事物的整体或统一结构,就永远也不能创造和欣赏艺术品。

冯·埃伦菲尔斯在他那篇首次提到格式塔这个名字的论文中指出,如果让十二名听众同时倾听一首由十二个乐音组成的曲子,每一个人规定只听取其中的一个乐音,这十二个人的经验相加的和就决不会等同于仅有一个人听了整首曲子之后所得到的经验。后期格式塔学派所作的一系列试验都是旨在证明,某一整体式样中各个不同要素的表象看上去究竟是个甚么样子,主要是取决于这一要素在整体中所处的位置和起的作用。在阅读这些试验报告的时候,任何一个有头脑的人,都会对眼睛在观看一幅简单的线条画之类的简单行为中所表现出来的那种追求统一和秩序的积极倾向赞叹不已。所有这些试验都证明了,视觉形象永远不是对于感性材料的机械复制,而是对现实的一种创造性把握,它把握到的形象是含有丰富的想象性、创造性、敏锐性的美的形象。一个不可否认的事实是:那些赋予思想家和艺术家的行为以高贵性的东西只能是心灵。心理学家们已经发现,这一事实实际上并不是一种偶然的和个别的现象,它不仅在视觉中存在着,而且还在其他的心理能力中存在着。人的各种心理能力中差不多都有心灵在发挥作用,因为人的诸心理能力在任何时候都是作为一个整体活动着,一切知觉中都包含着思维,一切推理中都包含着直觉,一切观测中都包含着创造。

用这种观点去解释艺术中的理论问题和实践问题,是再恰当不过的了。我们再也不能把艺术活动看作一种超然的、受到上苍神灵秘密资助的活动了,更不能把它看作一种与人们在其他生活领域中的所作所为毫不相关的活动了。那些导致了伟大的艺术品的崇高的观看活动,看起来只不过是从那些最普通和最谦卑的日常观看活动中生发出来的。正如那些毫无诗意的寻取信息的活动也应该算作艺术的一样(因为这种活动中同样也涉及着赋予现实以形状和意义的成分),艺术家的想象和表现,反过来也应该被看作一种生活的工具,这就是说,是用来理解自己究竟是甚么样的人和住在甚么地方的一种高雅的方式。

人们发现,当原始经验材料被看作一团无规则排列的刺激物时,观看者就能够按照自己的喜好随意地对它进行排列和处理，这说明，观看完全是一种强行给现实赋予形状和意义的主观性行为。事实上，没有一个从事艺术的人能够否认，个人和文化是按照它们自己的“图式”来塑造世界的。然而格式塔学派的研究向人们宣称，人们面对着的世界和情景是有着自身的特征的，而且只有以正确的方式去感知，才能够把握这些特征，观看世界的活动被证明是外部客观事物本身的性质与观看主体的本性之间的相互作用。既然经验中存在着这样一种客观因素，在形成关于现实的概念时，究竟包括没包括这一客观因素，就成了区别完整的现实概念和非完整的现实概念的关键所在。进一步说来，一切完整的概念都应该包含着某种共同的(或普遍的)真理内核。这一内核使得一切不同时代和地区的艺术能够对一切的人发生作用——这也是对于那种毫无节制的主观主义和相对主义弊端的十分急需的解毒剂。

最后，我们从“视觉不是对元素的机械复制，而是对有意义的整体结构式样的把握”这一发现中，同样也吸取了有益于健康的营养。如果这一发现适合于知觉一件事物的简单行为的话，那它就更应该适合于艺术家对现实的把握。很明显，无论是艺术家的视觉组织，还是艺术家的整个心灵，都不是某种机械地复制现实的装置，更不能把艺术家对客观事物的再现看作是对这些客观事物偶然性表象所进行的照相式录制(或抄写)；换言之，这些科学发现使人们愈加坚信，虽然艺术形象远远不是“酷似现实的形象”，它们仍然能使人感到是真实的。

由于艺术教育领域也在自己独立的研究中得出了与上述结论相同的见解，我的观点和信念就更加牢固了。其中最值得一提的，是沙夫尔-西莫恩在古斯塔夫·布雷提什理论的鼓舞下对艺术问题所作的那些脚踏实地的研究。他的研究进一步证明了，在心灵为获取一个有秩序的现实概念的斗争中，总是以一种法定的和合乎逻辑的方式从把握最简单的知觉式样开始，逐渐过渡到把握最复杂的式样。种种迹象都向我们说明，在格式塔心理学试验中所揭示出来的各种知觉法则，同样也适合于对发生学的研究。在本书的第四章中，我已经对这种理论的某些基本方面从心理学角度作了论述。这些论述，还即将在沙夫尔-西莫恩先生编著的另一本书中以更详细的形式出现。西莫恩先生还在他已经出版的那本《论艺术活动》中阐述了他那令人十分信服的观点。他的基本观点就是：用艺术的方式把握生活的能力，并不是少数几个天才的艺术专家特有的，而是属于每一个心智健全的人的,因为大自然给每一个健全的人都赋予了一双眼睛。对于心理学家们来说,这就意味着,对艺术的研究,是对人本身研究的一个必不可少的部分。

第十章

……

第二节 表现性就存在于结构之中

身心之间是否是同一的呢?这个问题连威廉·詹姆斯也未能作出肯定的答复。但詹姆斯在涉及这个问题时,曾经说过这样的话:“必须指出,为这些作者们所极力强调的活动与情感之间的不等同,并不像乍一看上去那样绝对。在一般的情况下,我们不仅能从时间的连续中看到心理事实与物理现实之间的同一性,就是在它们的某些属性当中,比如它们的强度和响度、简单件和复杂性、流畅性和阻塞性、安静性和骚乱性中,同样也能看到它们之间的同一性。”①很明显,按照詹姆斯的见解,虽然身与心是两种不同的媒质——一个是物质的,另一个是非物质的——但它们之间在结构性质上还是可以等同的。

詹姆斯提出的上述观点,引起了格式塔心理学家们的极端重视。维台默强调指出,由于对表现性的知觉具有非常明显的直接性和强制性,所以它不可能仅仅是学习的结果。当我们观看一场舞蹈时,那悲哀和欢乐的情绪看上去是直接存在于舞蹈动作之中的。维台默认为,对舞蹈动作的表现性的知觉之所以具有如此强烈的直接性,主要是因为,舞蹈动作的形式因素与它们表现的情绪因素之间,在结构性质上是等同的。②

为了更好地解释上述道理,我们试举比内的一个试验加以说明。③在这个试验中,被试者是一组舞蹈学院的学生,他们被要求分别即席表演出悲哀、力量或夜晚等主题。试验结果证明,所有的演员在表现同一个主

---

① 见詹姆斯《心理学原理》,第六章,第 147 页,纽约版,1890 年。虽然詹姆斯在这一章中讨论的是另一个题目——神经系统和心理经验之间的关系,但他提出的理由也能解释表现性问题。

② 有关格式塔学派对表现性的看法,可参见以下著作:维台默《格式塔学说》,载《社会研究》1944 年,第 11 期,第 94—96 页;柯勒:《格式塔心理学》,第 216—247 页,纽约版,1947 年;考夫卡:《格式塔心理学原理》,第 654—661 页,纽约版,1935 年;阿恩海姆:《格式塔心理学对表现性的解释》;索洛曼·E. 阿什:《社会心理学》,第 5—7 章,纽约版,1952 年。

③ 比内是阿恩海姆的一个学生,这个试验是在萨拉·劳伦斯舞蹈学院做的。

题时所做出的动作都是一致的。举例说,当要求他们分别表现出“悲哀”这一主题时,所有演员的舞蹈动作看上去都是缓慢的,每一种动作的幅度都很小,每一个舞蹈动作的造型也大都是呈曲线形式,呈现出来的张力也都比较小。动作的方向看上去时时变化、很不确定,身体看上去似乎是在自身的重力支配下活动着,而不是在一种内在的主动力量的支配下活动着。应该承认,“悲哀”这种心理情绪,其本身的结构式样在性质上与上述舞蹈动作的结构式样是相似的。一个心情十分悲哀的人,其心理过程也是十分缓慢的,而且很少能够超出与他的直接经验和眼前的喜好直接联系在一起的状态,他的一切思想和追求都是软弱无力的,既缺乏能量,又缺乏决心,他的一切活动,看上去也都好像是由外力控制着。

当然,在舞蹈艺术中,表现“悲哀”等类情感的动作也许有一套规定的方式,我们也不否认,这些被试者在测试中很可能是受到了这些传统表演方式的影响,但这一点并不影响我们对表现性的解释,因为不管这些动作是被试者自己发明的,还是学习的结果,在这些动作中所展示出来的结构性质都与它们所要表现的情感活动的结构性质有着一致性。既然速度、形状、方向等结构性质是被视觉直接把握的,我们就有理由断定,由这些性质所传达的表现性,同样也是被视觉直接把握的。

但是,如果我们继续深入地分析这些事实,就会进一步发现,表现性其实并不是由知觉对象本身的这些“几何-技术”①性质本身传递的,而是由这些性质在观看者的神经系统中所唤起的力量传递的。不管知觉对象本身是运动的(如舞蹈演员或戏剧演员的表演),还是静止不动的(如绘画和雕塑),只有当它们的视觉式样向我们传递出“具有倾向性的张力”或“运动”时,才能知觉到它们的表现性。

我在本书中所列举的许多作品,都能说明视觉力的表现性含义。在吉托的《哀悼》中,那上升的斜线表现了“复活”这一能动的活动,而由那一群哀悼者所构成的忽升忽降的曲线,则代表了从悲痛欲绝的感情向敬畏的感情发展的过程。为了更进一步地证明“不必联系式样所再现的自然事物,就能从式样本身见出表现性”的道理,我将继续举出几个抽象的式样,加以分析。

如果我们拿两种曲线——一种是圆形的一部分,另一种是抛物线的

---

① 参见维尔纳·海纳斯的《精神发展的比较心理学研究》,第67—82页,芝加哥版,1948年。

一部分——进行比较,就会发现,从圆形中取出的那条曲线看上去比较僵硬,而从抛物线中取出的那条曲线看上去就比较柔和。那末,这两种不同的曲线为甚么会造成两种不同的感受呢?在寻找原因时,我们并不需要去联系我们周围的那些与这两种曲线同形的自然事物,而只需要直接分析这些曲线本身的结构。作为一个几何图形,圆形具有一种不变的曲率,而这种不变的曲率又是由圆形仅有的一个结构条件决定的。这个结构条件就是:圆形轨迹上的所有的点离中心点的距离都相等。与圆形比较起来,抛物线的曲率就有了变化,而这种变化性又是由抛物线的两个结构条件决定的,这就是:抛物线轨迹上的所有的点,不仅需要离一个中心点的距离相等,而且还要离一条直线的距离相等。这就是说,抛物线是两种结构需求经过互相谦让或互相妥协之后的产物。这就证明,圆形曲线所具有的僵硬性和抛物线所具有的柔和性,完全是由这两种曲线的内在结构性质决定的。

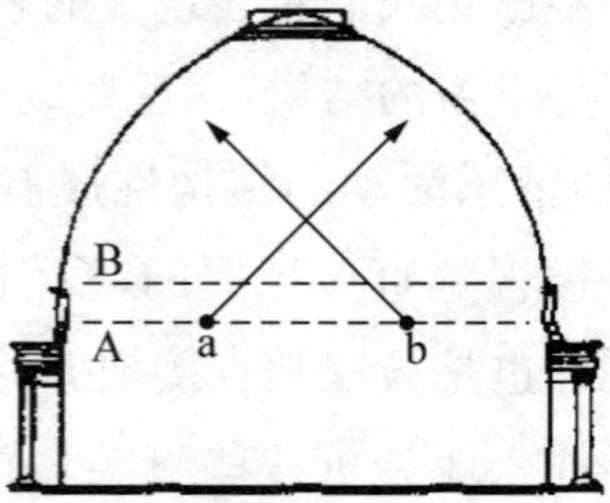

我们所要举的第二个例子取自建筑艺术,这就是米开朗琪罗为罗马的圣·彼得大教堂设计的圆屋顶。任何一个观看过这座建筑物的人,都无不为这座把庞大的体积和自由上升的运动巧妙地结合起来的圆顶建筑式样所折服,仔细分析起来,这种表现性效果其实是由下述条件所决定的:①(从中我们可以看到)构成圆顶外围的两个组成部分,全都是从圆形中截取下来的,因此,它们都具有圆形曲线所特有的稳固性。但是,这两部分曲线却又不是从同一个圆形中截取下来的,所以连接在一起之后就不会形成一个半圆。这就使得右半部圆形曲线的圆心落在 a 的位置上,左半部圆形曲线的圆心落在 b 的位置上。众所周知,在哥特式的建筑中,两部分曲线在拱顶上的交界是完全暴露着的,而在米开朗琪罗设计的这一拱顶上,却是隐蔽着的,因为它被一层顶棚和悬挂在这个顶棚上的吊灯

① 该图引自沃尔夫林《文艺复兴风格与巴洛克风格》,第 297 页,慕尼黑版,1888 年。

遮盖起来了。这样一来，左右两个部分的曲线看上去就好像是连在一起似的，但看上去又不像同一个半圆那样僵硬。由于左右两部分的连结体现了两种不同曲率之间的合解，所以它就显得极其柔和，但在这种柔和性中又透出了圆形曲线所特有的稳固性。整个拱顶的轮廓线看上去似乎是由同一个半圆偏离之后得到的，又由于这个半圆是向上伸展的，结果就产生出了一种垂直上升的运动感。此外，由于在线段 A 中包含了左右两部分圆形轮廓线在水平方向上的直径，所以就使得这两部分轮廓与 A 相交的地方上下垂直，这就为整个圆顶造成一种极其稳定和富有静态的空间走向。但是，又由于这两个上下垂直的部分是被 A 和 B 之间的鼓形石块挡住的，就使整个圆顶的基点落在了 B 上而不是落在 A 上，这就为圆顶与基底相交的地方造成了一定的倾斜度，这一倾斜度的出现就使得整个圆顶看上去不是垂直上升，而是稍稍向内倾斜着上升。这种内倾又进一步产生出了一种倾斜的下垂力——一种重力作用。所有这一切能动因素合并在一起之后，就达到了一种巧妙的平衡，这种巧妙的平衡又产生出了一种复杂的，同时又是统一的整体表现性。正如沃尔富林在评论这座建筑时所说的："那象征重力的形象被保留了，但同时又受到了那体现精神解放的表现性质的支配。"[①]这就使得米开朗琪罗的拱形建筑体现了"一般的巴洛克精神中所固有的矛盾"[②]。

第三节　表现性的优先地位

一个视觉式样所造成的力的冲击作用，是这个式样本身固有的性质，正如形状和色彩也是知觉式样本身的固有性质一样。事实上，这种表现性还是视觉对象的一种最最基本的性质。我们总以为视知觉就是记录事物的形状、距离、色彩和运动的，事实上，对于事物中类似上述可以度量的性质的知觉能力，是人类发展到晚期之后才具备的。即使是对 20 世纪的西方人来说，要想知觉到这样一些可以度量的性质，也是要有一定的先决条件的(例如，要经过训练等等)。只有那些科学家、工程师或售货员的眼睛，才能一眼看出某一个顾客的腰围有多少、某个人口红的浓淡、某一只皮箱有多重等等；当普通人坐在火炉跟前观看那火焰的跳动时，他并没有

---

① 沃尔夫林：《文艺复兴风格与巴洛克风格》，第 306 页，慕尼黑版，1888 年。

② 沃尔夫林：《文艺复兴风格与巴洛克风格》，第 306 页，慕尼黑版，1888 年。

去注意火焰的色调和它的明亮度的变换，也没有注意火舌的规则几何形状和运动的速度，而是注意火舌跳动时那优美的姿态和它那生动的色彩。当人们知觉或回忆一个熟悉的人时，只是知觉或回忆起这个人的面庞是和蔼的还是绷紧的，是注意力分散的还是全神贯注的，而不会是他的脸型的三角形性、眉毛的倾斜性或嘴唇的平直性。

表现性在人的知觉活动中所占的优先地位，在成年人当中已有所下降，这也许是过多的科学教育的结果，但在儿童和原始人当中，一直稳固地保留着。按照维尔纳和柯勒收集的资料，[①]儿童和原始人在描述一座山岭时，往往把它说成是温和可亲的或狰狞可怕的；即使在描述一条搭在椅背上的毛巾时，也把它说成是苦恼的、悲哀的或劳累不堪的等等。

外部表现性在人的知觉活动中所占的这种优先地位，其实是不足为奇的。我们的视觉并不是一台能够自动进行调节的摄影机，而是有机体在生存斗争中发展出来的对外界环境作出适当反应的工具。与有机体关系最为密切的东西，莫过于那些在它周围活跃着的力——它们的位置、强度的方向。这些力的最基本属性是敌对性和友好性，这样一些具有敌对性和友好性的力对我们感官的刺激，就造成了它们的表现性。

如果说表现性是人的日常视觉活动的主要内容，那末，在特殊的艺术观看方式中，就更是如此了。我们看到，事物的表现性，是艺术家传达意义时所依赖的主要媒介，他总是密切地注意着这些表现性质，并通过这些性质来理解和解释自己的经验，最终还要通过它们去确定自己所要创造的作品的形式。因此，在培养艺术家的时候，就要特别注重学生们对表现性的反应能力，并培养他们把表现性作为使用铅笔、画笔和雕刻凿刀时的用力基准。事实上，很多优秀的艺术教师在教学实践中也就是这样做的。但是，另外一些教师所采用的教学法就完全不同了，学生们在接受了这种培养之后，不但未能使得自己对表现性的反应敏锐起来，就连自己原有的那点本能反应能力，也受到了压抑和破坏。

在这方面最典型的是现在仍在沿用的那种老式教学法。按照这种教学法，学生们在再现一个模特儿时，必须准确地再现出他的轮廓线的长度、方向、各个点的相对位置和形状。这就是说，他最关心的是如何把自

① 维尔纳：《精神发展的比较心理学研究》，第 67—82 页，柯勒：《关于某些人类学问题的心理学探讨》，载《美国心理学杂志》，1969 年第 50 期，第 271—288 页。

然事物的“几何-技术”性质再现出来。这种习惯沿变到现在，就是极力要求学生们把一个模特儿看作是体积、平面和方向的集合体，这实际上还是万变不离其宗。

这种教学法强调的其实是如何按照科学原理创造，而不是按照视觉的本能反应创造，它与我们所推崇的教学法是完全不同的。

为了说明我所推崇的教学法，只要把这种教学法的课堂教学情况介绍一下，就能说明问题了。我所说的教学法是这样的：上课开始，教师先让一个模特儿成耸肩姿势坐在地板上，但他并不把学生的兴趣集中在这个姿势的三角形形状上，而是要求学生们回答出这种姿势的表现性质。当学生们能够正确地回答出他的表现性质(看上去很紧张，那缩成一团的身体充满了潜在的力量等)时，教师便要求学生们将这种表现性再现出来。在作画时，学生们并不是不注重他的比例和方向，而是把它们当作体现这种表现性的因素，每一道笔触的正确与否，都是看他是否捕捉到了这一题材的表现性质而定。这与把它们当成纯粹的“几何-技术”性质是完全不同的。

按照这种教学法，即使是纯粹的制图，也必须注重表现性。在一堂制图课上，教师必须使得学生和那些未染上坏习惯的人认识到，一个圆形，绝不是由所有离中心点的距离都相等的点所组成的一条具有不变曲率的轨迹，而首先应该是一件坚实、稳定和宁静的事物。一旦学生们理解了圆形性并不等于圆形这一道理之后，他们设计一个式样时所遵循的结构逻辑就会自然地符合这个被表现事物的基本概念；反之，如果学生们在设计时仅仅是把注意力集中在事物的纯形式特征上，就会在无数可供选择的形式式样面前感到不知所措。因此，只有一个表现性的主题，才能引导学生们很自然地把那些适合目的的形式选择出来。

当然，我在这儿并不是鼓吹所谓的“自我表现”，“自我表现”只能大大减小那些被再现的事物本身的表现性质所起的作用，甚至完全把它们排除在艺术表现之外，因为这种“自我表现”法只是一味要求艺术家把自己内在的情感像放电影一样，极其被动地倾倒出来。我所推荐的方法与此完全不同，因为它要求艺术家必须积极地使用自己的一切组织能力，去把被再现事物的表现性质发掘出来。

或许有人会提出这样的疑问，即：如果一个艺术家不去首先掌握表现形式的技巧，他怎么能够成功地把事物的表现性质表现出来呢？在我看来，这些人所提出的这种创作步骤却恰好与艺术创作的实际步骤相反。

事实上,所有的技巧练习,都不能离开对表现性的把握。这样一种看法是我在很多年之前观看舞蹈家格莱特·帕鲁卡表演一套最普通的舞蹈动作时想到的。帕鲁卡称自己的这些舞蹈动作为"即兴技巧",它们看上去并不是甚么很复杂的动作。事实上,这仅仅是舞蹈演员们在正式演出之前为了活动自己的关节而做的一套练习动作。一开始时是扭颈、转头,随后便是耸肩,最后是扭动脚趾。但是,在旁观者看来,即使这样一种纯粹的技术性练习,也是一种极其成功的表演,因为这样一些动作完完全全是一种表现性的动作。在这样一些准确、有力和富有节奏的表现性动作中,形形色色的情绪——从懒洋洋的惬意到傲慢的讽刺——就很自然地被表现出来了。

为了使某种舞蹈动作达到技术上的准确性,一个有能力的舞蹈教师并不要求他的学生去表演一些准确的几何式样,而是要求他们努力获得上升、下降、攻击和退让时的肌肉经验,而要取得这样一些经验,就必须完全与这种经验有关的动作(这与医疗中所使用的物理疗法有点相似。在运用这种疗法进行治疗时,医生并不要求病人去做那些毫无意义的纯形式练习——伸胳膊、曲腿等,而是要求把兴趣集中于完成某种游戏或某一件工作上,而要完成这些游戏或工作,四肢自然也就完成了要求的动作)。

滕守尧、朱疆源译

——节选自鲁·阿恩海姆:《艺术与视知觉》,北京:中国社会科学出版社 1984 年版。

《视觉思维——审美直觉心理学》

第十六章　视觉思维在教育中的作用

本书自始至终一直致力于重新确立知觉与思维之间的统一。视知觉远远不单纯是一种对有关个别性质、个别物体和个别事件的信息的收集,而是对一般普遍性质的把握。通过产生代表某一类性质、某一类物体和某一类事件的意象,视知觉便为概念的形成奠定了基础。人的意识所达到的范围,当然要远远超过眼睛在某一瞬间直接接受到的东西。因为它总是运用记忆提供的无数种意象工作,并把一生的经验组织到一个由无数视觉形象组成的系统中。意识制造这些概念(或形象)的思维机制大都是在直接的感知中进行的,但有时又通过直接感知所储藏的经验之间的相互作用进行。在艺术家、科学家乃至任何一个脑子中正思考着解决某一个问题人的想象中,也都进行着思维活动。

如果这样一种论断是有效的，它们就会深刻地影响我们对艺术、科学以及对介于这两个极端之间其他一切认识活动的看法。从原则上讲，我一直把艺术看作人类取得活动定向的基本手段，产生于人类理解自身和理解他生存的世界的需要。正如我以前所提到的，我们完全可以证明，艺术所达到的其他种种目的，也都是建基于它的这个基本的认识功能。照此看来，艺术不管作为一种目的还是作为一种手段，都是与科学相当接近的。对本书所要达到的目的来说，认识到它们的共同之处，要比坚持找出它们之间的差异更为重要。当然，对它们之间的某些差异，在后面我会陆续提到的。

第一节　艺术的目的是甚么?

在我们这个时代，由于艺术受到过高的赞誉，以至妨碍了它去完成自己最重要的功能。这种过高的珍爱使它远离了日常生活：有时因为艺术家的狂喜而被“流放”(如辗转于买主的手)，有时又因为对于它的肃然起敬而被“囚禁”于宝库中。学校和博物馆(尤其是在我国)为克服艺术的这种“孤立”状态已作了大量工作，使艺术品变得更为熟悉和接近。但这些艺术品并非艺术的全部，它们只不过是整个艺术领域中的少数几个高峰。为了使艺术重新成为人类生存的必不可少的部分，我们有必要把艺术品看作人类更普遍的活动——为生活的一切方面创造出可见的形式——中的最明显和最成功的结果和事例。现在已经没有可能再把美术看成整个艺术王国的主宰者，把绘画和雕塑看成这个王国的贵族，而把其他所谓的实用艺术、建筑和各种各样的设计统统斥之为“不纯”或是“介于艺术与实用事物之间”，从而把它划到这个金字塔的最底层。为了证明那些古老的艺术种类无多大实用价值，现代的艺术家已花费大量精力和时间，使用现成的实物；以它们的日常排列方式来代替传统上用画笔和雕塑刀创造的作品，以便证明，假如艺术想在人类生活中起一定的作用，它就必须成为人类日常生活环境的一个重要组成部分。再深入发展一步之后，那种使人类生存的一切环境都将成为美的形式的理想，就将成为艺术所首先考虑和关心的东西。当然，在这个美的环境中，个别美术作品仍然有它们的一席之地。这样一个广义的艺术概念，就是已故的阿纳达·K. 库玛拉斯瓦米(Coomarasnamy)一再坚持和反复加以论证的“标准的艺术观”。在我看来，这样一种艺术观要想全面，还须从心理学和教育学的角度加以补究,按照这方面的一些研究,艺术乃是一种视觉形式,而视觉形式又是创造性思维的主要媒介,要想使艺术从它的非创造性的孤立状态中解放出来,就必须正视这一点。

在本书的开头部分,我曾提到在我们教育系统的各个层次上对艺术的忽视。这种状态之所以产生,主要是因为艺术教育家们没有对艺术的作用展开充分的陈述。我们对各种论述艺术教育的文献稍作浏览就会发现,人们对艺术的价值是如此肯定,以至仅选择少数几个起源阶段,就足以对它的价值作出证明。一个占压倒优势的倾向是:艺术是一个独立的研究领域,直觉与理智、感知与推理、艺术与科学,可以共存,但并不能协作和配合。假如我们发现高等学校的学生对艺术史了解得很少,甚至不能区别蚀刻画和平版画、油画和水彩画,那是因为我们没有向学生们充分说明这类知识的重要性。举例说,假如我们向学生们说,艺术的价值在于发展健康的或美好的趣味,这一理由有多大分量,就取决于这种趣味对于那些能够获得它的人是一种奢侈享乐,还是生活之不可或缺的条件。如果说艺术是我们整个文化的一部分,是每一个受教育的人都必须具备的能力,那些有关的艺术家就必须弄清楚,是否这一文化中的所有组成部分都是这个文化组成成员所需要的,是否所有人都能接受和学习到,是否所有这些部分对他们都有同等的重要性。如果我们听说,艺术能够发展和丰富人的个性,能够调动和开发人的创造能力,我们就要弄清楚,与其他领域比较起来,艺术是否在这方面更为优越和得力。对片面追求理智的做法要展开斗争,但这种斗争不能以牺牲科学为代价,换言之,不能通过滋长一种浪漫主义的偏见——把科学看作将人异化为机器的领域——而达到。如果说目前的科学实践的确在麻痹人的心灵,使之更加贫乏,对它的纠正和治疗就必须从改进现有的科学教育入手,而不是从科学逃往艺术,把艺术作为一个避难所。更何况,迂腐、僵化、缺乏创见、呆板机械等病症,并不仅仅存在于科学领域,在艺术中这种种弊病同样存在。

一旦我们认识到创造性思维在任何一个认识领域都是知觉思维,艺术在普通教育中的中心地位便变得十分明显了。对知觉思维能力的最有效的培育是由艺术创作家提供的。科学家和哲学家可以警告他们的学生当心陷入纯粹的文字游戏中,坚持让他们多想象一些适当的和有着明晰结构的模型。但他们在这样做的时候,并不一定拒绝艺术家的帮助,因为艺术家在展示如何组织一个视觉式样方面都是专家,艺术家了解形式的多样性变化，以及创造这些多样性形式的技巧，他们具有培养想象力的手段。他们习惯于将复杂的东西视觉化，他们喜欢以视觉形象来构想现象和问题。

第二节 绘画作为一种陈述

只要艺术家和艺术教师相信，每一件艺术品都是对某一件事情的陈述，他们就会将上述才能充分地发挥出来。每种视觉式样——不管他们是一幅绘画、一座建筑、一种装饰或一把椅子——都可以被看成一种陈述，它们都能在不同程度上对人类存在的本质做出成功的说明。这样一种说明并不一定是有意识地进行的。没有哪位真正的艺术家能够用文字说明他们要说的事情。在这方面，凡高就是一个典型的例子。有些艺术家干脆就拒绝这样做。大量事实证明，假如艺术家的创造是受一种想传达一种明确信息（如某种伦理的或社会的信息）的愿望的支配，他就很可能失败，因为在这种情况下他们很可能把他们的想象固着于一些陈旧的符号。相应说来，如果在艺术教育中坚持把艺术传达的意义说得十分清楚，同样也是危险的。然而我在本书第七章中所描述的那种训练十分有用。对某些概念，如过去、现在、未来等作抽象的再现，同画一幅肖像画、静物画或风景画的作用是一样的。它们均可以将呈示某种特殊的“力”的式样作为目标。为了找到一种真正能够再现作画者对某一主题的概念的意象，他必须能够随机应变、训练有素和具有恒心。这就是创造性艺术实践在教育上结出丰硕果实所必具的气质。对在试验中使用的那些富有理论特色的主题，可以用一些更富激发力的主题去加以补充。鲍尔·克立为他的绘画拟的那些标题就是很好的例子，如：“从下滑到上升”、“返老还童”，“开始冷却”、“自鸣得意”、“反潮流”、“寻觅与发现”、“最后的希望”、“龌龊的音乐”，等等。

这样一些练习可以帮助学生们认识到，从纯粹的形式法则中，是不能得到正确与错误的标准的。和谐、平衡、变化、统一等等，只有当有某种确定的东西需要表达（不管它们清楚地意识到，还是未意识到）时，才能被运用。掌握一种形状和色彩，既是为某种内容寻求一种“结晶体”，又是极力以一种平衡、统一的方式将这种内容更清楚和更和谐地解释出来。类似这样的练习还可以向学生们暗示出，任何一种有组织的式样都是意义的传达者，不管是有意的还是无意的，都是如此。按照这一道理，纯粹的自然性爆发，不管是信口开河，还是说漏嘴，既是一种不完美的艺术表达，也是一种不完善的人性表现。纯粹的狄俄尼索斯(酒神)狂舞,是一种快乐的表现和一种对严格限制的反抗,但同时又需要它的对立的艺术表现阿波罗风格作为补充。总之,能量发泄的目的在于创造形式。

对自然物的描述是艺术的传统使命。但从原则上说,它与概念的符号性再现并无不同。描绘一个人物或一束花,就是捕捉和创造出一种普遍的形式或一种结构骨架。这类实践在建立认识能力的感性基础方面,是极其有用的。像这类对心灵的训练,没有一种是靠机械录制原型,靠准确的测量数字或靠一种作为测量工具的视觉来完成的。准确的复制对达到某些实用目的来说是极为有用的,但用机器去复制不是更可靠,更迅速吗?在艺术中作量的准确估计是没有多大意义的,即使偶尔有这种必要,某些测量工具就能帮助我们更好地完成任务。人类的大脑并不适于机械的复制,它在生物进化中是作为一种获取认识定向的工具发展起来的,因此,更适合它做的事情是创造和认识某一事物(普遍性把握)。

但在不久之前,逼真地复制原物还仍然被看成是绘画和素描教育的主要目的。早在20世纪初,一个权威的艺术教育家乔治·克森斯坦那(Georg Kerscheateiner)就曾声称,在公立学校里,对人体的再现作为绘画的目的是很不适合的,因为儿童们所能达到的那种再现只是外貌上的相似,画出的多是人体的局部,在最好的情况下,也只能达到大体的接近,“然而绘画教学也同其他教学领域一样,决不能满足于‘近似’”。

这是一种纯粹从量上规定的标准,或者说,在“量”上准确与否成了衡量绘画好坏的标志。追溯其根源,还是来自文艺复兴以来发展起来的准确科学。但我们有必要记住,即使在科学中,准确的测量本身也不是一个最终的目的,而是探求有关事实的性质的手段。量度上要求的准确程度完全取决于想要认识和区别的事实的性质。在试验中所测定的各种数字,必须能够证明试验结果并不是偶然得出来的,或者说在每一种试验或测定中,其结果都没有受到经验本身固有的“噪音”的干扰。举例说,开普勒(Kepler)用于确定行星轨道的测量数字,就必须准确到能够把椭圆和圆清楚地区别开来的程度。在伊万·巴甫洛夫的试验中,测量数字的准确同样很重要,因为他同样想发现狗是否能把圆和椭圆区别开来。为了观察和印证狗分辨形状的能力,就要测定出形状之间的相似性达到甚么程度狗便感到无能为力。要做到这一点,巴甫洛夫必须使自己得到的测量数字准确可靠。这就是说,在科学和技术测量中,其误差所容许的范围是由执行任务本身的性质决定的。超过了实际需要的准确，就成为迂腐，科学家想要得到的最终的答案绝不是靠数字来满足的。当一个科学家知道了人的生殖细胞中包含着 46 个染色体时，他还要继续发问，为甚么会有 46 个，而最终的答案绝不是数字所能代替的。不管是艺术还是科学，都是在追求一种"质"的事实，数字测量在这两个领域中都是达到这个最终目的的手段。

第三节　标准意象与艺术

如果说对自然的机械复制不合艺术的要求。那末对约翰·皮斯塔拉则(Johann Pestalozzi)提出的原则又应该怎么看呢？他主张"应把培养视觉判断的 ABC 课程放到比字母的 ABC 学习更优先的地位，因为概念性的思维是建立在正确的视觉判断的基础上的"。皮斯塔拉则在 19 世纪初就想到的这个问题，的确应该引起我们的重视：

"我必须指出，判断力 ABC 是训练怎样正确判断一切事物之形状的一种极其重要和必经的途径。但即便如此，这一原则仍旧被整个地忽视了。到今天为止，它甚至还不为人所知。其实，在数字和语言学中，这类可供使用的基本手段有数百种之多。对这种缺少学习视觉形式的指导性手段的状态，不应仅被看作是人类一般知识教学中的一块空白，而是一切知识的最基础部分的空白。与这一基础相比较，数字和语言的学习根本就算不上甚么基础。我提出的判断力 ABC 就是为了纠正或医治这种在基础课中缺少指导性手段的根本弊病的。它有助于人们打好基础的基础，即打好所有其他指导性手段赖以成立的基础。"

然而，为了达到这样一个令人羡慕的目的，皮斯塔拉则却只是强迫孩子们在纸上一个劲地画各种角、正方形、线条和弓形等等。他认为，这些是组成各种事物的形状的特殊字母，正如文字的字母是文字的组成要素一样。皮氏的这种教学方法在整个 19 世纪都有很多追随者。皮特·施密特在教学中要求他的学生们逼真地画各种立体、球体、圆柱体、厚板片形状等，认为它们是更为复杂的自然物体的建筑基石。直到 1893 年，康拉德·朗格还建议说，在学校中应该先由教师在黑板上用简单的几何线条画出桌、椅、旗、床、教室等物，然后让学生们照猫画虎地模仿。实际上，这种在绘画中以几何图形为先导的教学方法，至少应追溯到 13 世纪的法国设计师维拉德·霍乃考特(Villard de Honnecout)，他在一本素描书中详细介绍了如何以三角形、长方形或星状形为基础,从中变换出人体或动物形状。

从一种基本的结构骨架中变换出某种事物的形象,这种方法是有一定的价值的。事实上,艺术家每创造一件作品,开始时都是先把总体式样粗略描绘出来,以其为基点,逐渐精雕细刻。但是,这一步骤并不同于那种绘制批量绘画产品的花俏的技艺,也不同于那种预先提供一套套现成的形式处方供学生们忠实仿照的呆板教程。这后一种方法等于是告诉学生们,每一类事物都只有一个标准的和客观正确的形状,而在客观世界中真实遇到的这类事物的个别标本,则只不过是这一原型的精细加工。因此,认识到这一概念(或形状)中包含的心理的和物理的内核是一回事,使艺术教育的战略以此为基础又是另一回事。因为通过艺术,人们可以接受丰富多样的个别表象,从这些表象中寻求可把握的形式,并以这样一些形式对自己所看到的东西作出反应,而不是以一些预先想好的现成图式强加给它们。由一片风景或静物所暗示出来的形式结构,都是一些独特的结构,因此只能间接地与树木、农舍、洋蓟、游鱼的标准形状和意义相联系。艺术品所捕捉的这些结构的有效性,主要并不在于它们告诉我们它们代表着某某事物,而是它们那个别的轮廓线中反映出更加一般性的力的式样。我的意思是说,当凡高把一个播种者同一个巨大的黄色太阳放在一起时,这幅画实际上是对人、光和劳动的陈述。这种"陈述"除了告诉我们它是个甚么东西外,很少谈及这些事物的标准形式和标准特征。假如他忠实地复制出太阳、人和树木的标准形状,最多也只能使这种作品成为残缺不全的再现,而没有更多的益处。

因此,在艺术中,学生们遇到的任何视觉表象都象征了一种有意味的力的式样。这同科学中对感性信息的使用是大不相同的。许多从客观情景中得到的偶然性的视觉表象,在艺术中完全可以成为某种意义结构的有效承担者,并且按照一种完全不适于科学陈述的标准,被判定为真实的或虚假的,合适的或不合适的。但是艺术并不仅仅是利用了多样性的表象,它还进一步肯定了个别人的世界观,从而又引入了另一个多样性的维度(人的主观世界)。既然艺术的形状并不是完全被用来确证它们代表的事物的客观性质,它们反映个别人对这些事物的独特解释和创造性的认识也就是合法的。

不管是艺术还是科学,都执着于对事物的形状中存在的力的结构的理解,而且二者都需要以一种无私的态度才能达到这个目的,如:二者都不容许主观武断性，因为它们都忠实地服从自己的真理标准，二者都要求准确、秩序和纪律。因为如果没有这些，任何一种全面的陈述都不可能取得；二者都把感性世界作为中世纪的人们所说的那种“事物的信号调”(Signatura rerum)，但在处理方式上又截然不同。中世纪的物理学家们相信，黄色的花能治愈黄疸病，有血纹的绿宝石则可以止血。从一定意义上说，即使在现代科学中，人们不也是极力从事物的表象中寻找能代表它们的特征和品行的征兆吗？艺术家同样可以把红色和黄色作为一种可以呈示放射状意象或表现人类情感的东西。艺术欢迎多样性的个性和文化风格，因为多样性的反应符合多样性的现实，也符合事物本身的构造。

这就是艺术中准确的规则同科学中准确的规则极为不同的原因所在。在一种科学的证明中，只有当被证明物的个别外观能把有关的事实呈示出来时，它才受到重视。一个容器的形状，一个罗盘的大小，某种物质的准确色彩等，也许对这些东西都是无关宏旨的，某种特定的比例、角度，某种图表的颜色，也许并不重要，这是因为，在科学中，事物的外观仅仅是一种指示器，更重要的是超出外观的那些隐藏着的“力”的作用模式。试验室的证明和教科书中的图表，本身都不是科学的陈述，而是这种陈述的例证。在艺术中，意象本身就是陈述，它包含并展示出它想要陈述的力的作用模式。因此，它所有的可见的方面和性质都与它要表达的东西息息相关。在一幅静物画中，瓶子的颜色和形状以及它们的排列方式，都是艺术家所要呈示的信息的形式。

第四节　观看和理解

艺术家告诉学生们自己直接经验的事物以及他们自己对这些事物的意义的反应。从这个意义上说，艺术与科学信息是互相补充的。因为科学必须越过直接经验。至于每个观察者个人的所见，只有当它有利于形成所观察的现象的共同概念时，才算有效。当一个生物学学生或一个心理学学生观看一件自然物或一种行为时，他并不满足于把他看到的东西“组织”成一种视觉意象，还要进一步把这个直接看到的形象同另一个形象联系起来。换言之，他还必须联系到这个被感知的物体或事件内部的作用机制。这种联系往往十分不易，因为自然形状的生成并不以向人的眼睛揭示它内部的机制和功能为目的。自然并不是由一个设计师制作的，它的视觉外观只不过是它的物理存在的一个非直接的副产品。一个有经验的外科医生、机械师和生理学家，在观看一种伤口、一部机器和显微镜下的标本时，会看到一个新手从中看不到的东西。如果要求专家和外行同时把他们看到的东西复现出来其结果肯定会大不相同。N. R. 汉逊(Hanson)曾经指出过，这些人的不同“观看”，并不单纯是对同一个知觉对象作出不同的解释的问题，而是要求视觉的“谷物”进入理性的“磨盘”上的问题。正因为如此，专家和外行人会看到不同的东西，不同的专家从中看到的东西也不相同。但是，同一种视网膜印象怎么会导致不同的知觉对象呢？不同的观看者所看到的东西究竟有哪些不同呢？首先应指出的是，很多视像都是模棱两可的，由于它们如此模糊，所以可以按照各种不同的结构式样对其加以组织，或者说，可以把它们组织成不止一个清晰明确的结构式样。多数现代心理学课本都向我们展示出种种可变换的图形，从这些图形中可以看到两种互斥的形象隔一定的时间轮流出现。其实，这类图形只不过是这类现象的较明显的例证而已。可以说，从绝大多数视觉式样中都可以看到两种以上的形象。马克思・韦太默曾画了下面一种图形(图 76)用来证明，通过对一个图形的重新组织，可以极其容易地解决一个几何习题。由于知觉有一种捕捉最简单结构的倾向，所以喜欢把这一图形看作一个正方形前面重叠了一个平行四边形。但是要想在已知 a 和 b 的两条线条的长度的情况下求出正方形的面积，又最好把这一图形看成是两个三角形的重叠或结合体，每一个三角形的面积是 ab/2。从这一例子可以看出，同样的视觉刺激物，由于对其组成要素的两种不同组织方式，就产生出两种不同的知觉对象(一是两个直角三角形的结合体，另一个是一个正方形同一个平行四边形的重迭)。很明显，第二种组织方式要比第一种方式更适合于这个几何问题的解决。假如观看者脑子里想到它们是直角三角形，这个题解起来就更容易些。但还有比这更容易的方法：像在动画片中那样，先让这两个三角形随意地在一片空地上移动，最后停留在图 76 所示的位置上。这样一来，观看者在解这个几何题时就不会再遇到麻烦了，因为这种栩栩如生的实地表演，实际上对他的知觉起一种指导作用。

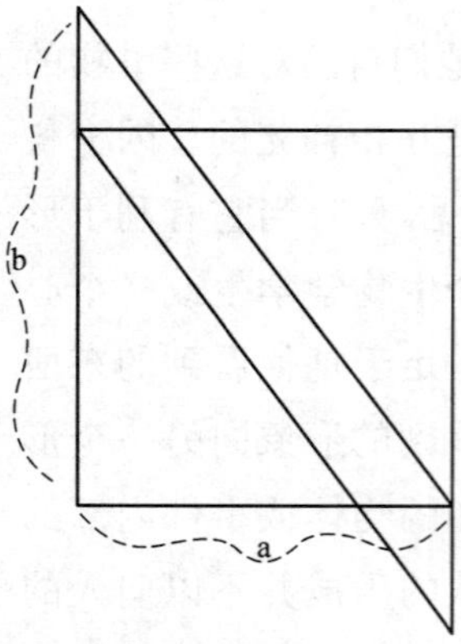

图 76

我下面要举的另一个例子，不再涉及图形各组成成分的组合方式的变化，而是它的动力矢量方面的变化。一个空间定向可变换的立体(图 77)，其空间定向是由它的对角线上的动力矢量的方向决定的。由于这些可感知的矢量是通过形状呈示出来的，所以同一个图形就常常可以承担不止一个力的结构式样。

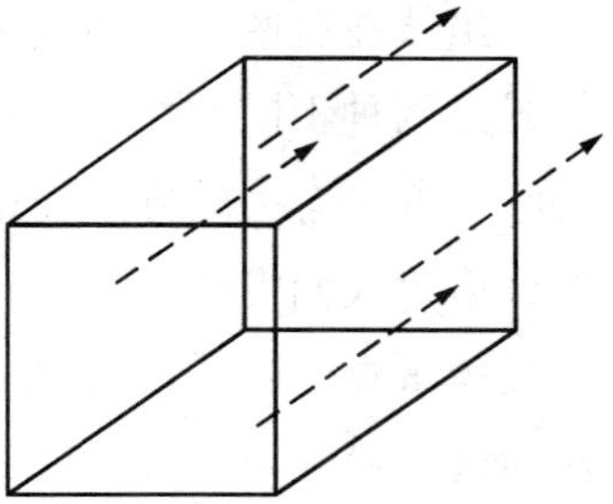

图 77

在很多情况下，从一个问题的已知条件中，可以直接感知到最后想得到的答案(或最终目标的结构式样)，从图 76 中直接看到的两个三角形就属这种情况。不管是一个猎人还是一个护鸟人，不管是数学家还是显微镜观察者，只要头脑中预先形成了所观察目标的意象，不管在多么复杂变换的形状中，都能够将这些意象认出来。与此相类似的是知觉对象得到以往视觉经验的填充或补足的例子。一个行家会把一个不完整图形的残缺部分看成是一个完整图形的暂时的中断，因而仍然看到了完整的图形：河滩上的一个脚印会使我们从中看到印下这一脚印的那只脚(尽管脚早已不在)；一个学过大陆漂移学说的学生在观看非洲和美洲大陆遥遥相对的边界线时，决不会把它们看成是各自独立的和任意的形状，而是在它们之间看到一种牙口相合或阴阳相配的关系。换言之，在他眼里，它们不再是两个独立的大陆，而是同一片大陆分裂成的两个部分。被分裂的两部分看上去似乎是动态的，就像一把壶破裂时裂成的碎片，其中包含的动力是整个知觉对象本身的真实组成部分，而不仅仅是一种联想。

但尽管如此，在感知领域中对某一问题的解决，并不像思维活动所赖以进行的那种意象，需要从问题的已知条件中直接看到。正如汉逊(Hanson)所说，为了完成太阳中心说，并不一定要求哥白尼“从我们所在的星球的固定位置上看到地平线的倾斜或转动”。几千年来，无数文学现象都是同宇宙中转动的球体和壳体形态联系着，而用来确定这种“直接的观察”和“纯形状”之间的关系所需要的视觉变形，也多是局限于知觉所及的各种变换范围之内。因此，哥白尼不得不依赖于他自己日常生活经验中所熟悉的那些有关相对性运动的意象。在作出决定性的重新组构时，势必把这种相对性运动的结果运用到宇宙本身的结构模式中，而不是运用到他在日出时所看到的情景中。

虽然在这些例子中直接观察到的东西同重新组构所赖以进行的结构模式是两种不同的意象，但在知觉中它们是联系着的。这种将所观察的现象中各个有关的方面连结在一起的“连续性”是理解所必须的。当然，对许多为人们发现和学习到的有用的关系来说，它们在经验中同各种有关具体事物的联系，纯粹是通过联想进行的。人们可以偶尔发现马钱子对肌肉的松弛作用，还可以通过学习得知旋开恒温器可以改变室内的温度，但所有这一切都是在对引起这些效果的原因或机制根本不了解的情况下发生的。人类的许多能力，甚至它取得的某些进步，都是来自这种实际联系。但是，由于机械的条件反射使大脑回避了与之有关的事实，其中就不包含任何真正的创造性思维，当然也不能作为证明这种思维的模型。

第五节　教学中怎样使用例证

当大脑以科学思维方式活动起来时，就要从直接经验到的现象中寻找能代表它的正确意象。在这种情况下，教育的作用就是去填补或弥合这种极其复杂多样的初步印象(经验现象)同这种现象之相对简单的“准确意象”间的距离。为了使科学追求的这一目的能够达到，这种教育恰恰应该避免艺术教育中所必须做的事情。也就是说，它应该以一种尽可能简单的图式把“最终的意象”(或代表现象的正确意象)呈示出来。当学生们自己无法从其复杂的现实形象中辨认出这一意象时，这样做就更有必要了。我们可以设想一下学生们竭力想理解人类心脏的形态和机制时的情形。心脏有曲曲折折的心室，还有错综复杂地盘绕在一起的动脉和静脉，其形状和位置也很不对称，却有着极为对称、和谐和整齐有序的机制和功能。这必然会使学生们的感觉陷入迷茫和困惑之中。与之相比较，让他们解开缠绕在拉奥孔雕像群上的那条大蛇，想必容易得多了。但不管怎样，学生们必须学会找出支配这一奇特和复杂的意象的简单原理。他们甚至还想理解为甚么自然在完成如此简单的生理机能时，要经历如此多的周折。但是，通向这一目标的路将是困难和险峻的，除非他直接从这一复杂的现象中看出一个能代表其本质的模型性的意象。图 78 是鲍尔·克立为了向他的学生们解释心脏的功能而画出的一个心脏的草图。这个图对心脏的整个形状从根本上作了约简，成为一个把它的基本作用原理再现出来的最简单的图。所有立体的体块和通道全都被限定在一个二维的平面上。心室内部的复杂分隔不见了，变成一个极为对称的结构。

与之同样对称的是两种血液循环路线，一条线路是把血输送到肺部去净化，然后再送回心脏；另一条线路则携带血液进入全身，然后回到中心泵房。克立这幅图在解剖学方面表现得很随便，这也许是它的一个不足和错误，但是他充分运用了一个画家的自由想象力，以一种类似儿童画一样的简单图式，把题材的最基本的结构和性质呈示出来。学生们看完这幅草图之后，基本上可以把握心脏的工作原理，在这个基础上，他们可以继续深入，直到近似地把握心脏内真实的复杂作用过程。在教学实践中，运用知觉抽象去学习必须有合适的说明图做指导，而这种说明图又必须具有相当高的创造能力才能制作出来。以《科学美国》杂志的封面设计为例，可以说，在传达视觉信息方面，它的每一期都是相当出色的。某些科教书在这方面同样很出色。然而有些设计明显误入歧途；在这些作品中，设计者以一种“艺术性”的装饰图案加以搪塞，这种装饰图案满足了这种商业性艺术家那错误的虚荣心，却使读者陷入迷惑不解的状态。还有些说法犯的是另外一种毛病：它们没有充分考虑到自己的设计所达到的抽象水平是否适合于学生们的智力发展情况，也不管他们对图中涉及的题材是否熟悉。这种情况现在已有了极大的改善，这大概是得益于中世纪的一批医学教科书的启发。在这些教科书中，为了暗示应当如何行使医术和如何接上断裂的骨头，并没有把行医的实际情况画出来，而是呈示出一些穿戴严整的医生和护士，周围是医疗设备一应俱全的治疗室和药房。但是，在决定说明图中应该在多大程度上作忠实复制和多大程度上作简化处理时，就需要有教学经验和视觉想象力。因为这涉及怎样使说明图与现有教学的抽象水平恰好适合的问题。举例说，在一幅地理说明图中究竟应该包含多少细节？视觉图像的复杂性应保持怎样的水平才能为学生们所接受？

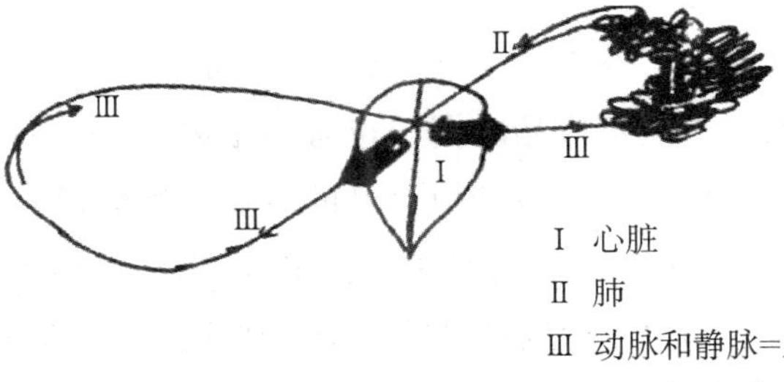

I 心脏

II 肺

III 动脉和静脉=血液循环

图 78 鲍尔·克立 人类心脏的草图

当要求学生们自己画说明图时,上述问题就会变得更加尖锐。在艺术课中,如果学生们刚好处在比较低级的智力水平上,其自由绘画作品仍然由一些相当简单的几何图形组成,教师就应当尊重学生在这个初期阶段上的视觉意象。但在一堂地理课中,情况就不同了。虽然上这堂课的也许是同一个教师和同一些学生,却必须强迫他们忠实地描出美洲大陆的海岸线或是某一条河流的灌溉网。很明显,这些形状既不是学生们真实看到的和理解的,也不是从他们的记忆仓库中发掘出来的。当一个大学学生被要求画出他在显微镜中看到的东西时,他决不能仅为了准确和清晰,瞄准样品机械地描摹,而必须确定应首先把这一个别样品中哪些最关紧要的形状和方面再现出来。因此,他最后画出的东西绝不是原样品的忠实复制物,而只能是他经由自己的理智主动地观看和理解了的东西的意象。这种导致包含着理解因素的视觉形象的法则,并不仅仅限于艺术创作领域。在上其他课时,如果视觉感受力没有因受干扰而变得迟钝和迷乱,运用这种法则同样能取得成功。试图在一片茫茫的海洋中建立起一座视觉文化的孤岛,最终只能自取灭亡。视觉思维是适用于一切领域的。

现在的问题是:一方面,在科学和技术领域中缺乏视觉思维方面的训练;另一方面,艺术家们则忽视或不屑于把某些客观事实变成可见的美的形象,以便向那些渴望知道这些事实的心灵展现出来。我感到,这是我们所生活的文明世界的一大隐患。它甚至比 C. P. 斯诺不久之前提到的那种使公众震惊的"文化分裂"病更为危险。斯诺抱怨说,科学家不读文学作品,文学家对科学又知道得很少。这也许是事实,但他的这一抱怨仍未刺中要害。在我看来,一个完美无缺的人,并不是对任何事情都懂得一点的人,而是在做任何一件事情时,都把自己整体的心理能力发挥出来的人。斯诺曾提出,"科学与艺术的碰撞点很可能是创造性奇迹出现的地方";这一假设似乎并没有抓住科学与艺术之间的基本血缘关系。一个科学家在鉴赏某些大师的艺术作品时同样也可能很内行,但一旦让他将这些作品中展示的知觉想象力运用到他自己的专业思维时,又很可能会失败;一个画家在读了一部生物学或物理学著作后,或许感到很有收益,却发现自己无法将这些知识运用到自己的绘画创作中。艺术与科学之间的这种疏离,似乎是一种更加基本的性质。

在提倡更自觉地把知觉抽象运用于教学之中时,我们还必须记住,假如不时时保持抽象与直观现实之间的密切联系,就很可能把这种抽象变成一种“孤离”。每一位思维者都试图把某种简化的结构视为现实本身。格拉尔德·霍尔登(Gerald Holton)曾一再指责他的同行(教师)在讲课中举的那些例子,说它们“公然不讳或名正言顺地变成了一种小心修改过的、抽象的、简化的、匀质的和干枯的例子”。他们仅用一种类比便整个地取代了实在的现象,举例说,“仅仅机械地摇动一个装满铁球的盘子……就可以根据它讨论一种基本的现象(在这儿指布朗运动 Brownian motion),而根本就没有想到向听课的学生讲述一下真实的运动本身”。换言之,他们使自己讲的现象完全脱离了它出现的背景,就好像它是一种自我完善和独立的事件。不管是从道理上讲述还是借助形象讲述,都是把它们放到“一片空白的背景”中,这种背景完全清除了“真实情景中的噪音部分或杂乱部分。在这种情况下,当学生们真的面对复杂多变的生活现实时,将会无所适从,而且不可能体验一个探索者在清除障碍、开辟前进道路时那种既兴奋又担心的心情。即使是某些严肃的试验中使用的照片和电影,以至真实的自然状态,也同它们取代的直接经验有着重大的不同”。

霍尔登的警告提醒我们,科学也同艺术一样,只有当它从直接的感性知觉跨越到形式化的结构式样,并且能够持续不断地将二者作任意转换或保持二者之间的紧密联系时,才能真正起到应有的作用。一旦与它们涉及的真实情景脱离或割裂,不管是风格化的意象,还是刻板定形的概念,抑或是统计资料,都会流入空洞的形式游戏。正如一成不变地向学生们展示自然经验不能增加他们的洞察力一样。

第六节　说明图的使用

使用所谓的辅助说明图,其本身并不能成为视觉思维得以进行的充足条件。劳伦斯·K. 弗兰克曾经指责说,这样一些辅助图(正如这个字眼本身的意思)“只能是对至关重要的语言交流(不管是传统的口语,还是书写语言)的辅助或补充。一般情况下,辅助说明图就是语言的图解,因为语言被认为是交流的主要形式”。我认为,仅仅用照片、草图、模型或标本等把所研究的事物呈示出来,并不能保证对于所研究课题的创造性把握。现代教育家在教学中坚持使用直接经验到的形象,这在反对传统教学脱离实际的倾向方面,当然有其一定的价值,但这样做还不足以将所研究的对象呈现出来,供人们直接审查。不管是绘画还是电影,只有当它们合乎视觉思维的需要时,才能成为起辅助作用的说明图。我在本书中竭力加以证明的知觉与概念性思维之间的统一,深刻地揭示出,理解和领悟均发生在意象领域中,然而只有当它的形态结构本身能够形象地暗示其有关特征时,上述假设才能成立。在另一本书中,我曾这样说过:

> "视觉教育必须基于这样一个假设,即:每一幅绘画都是一种陈述。绘画不是呈示出物体本身,而是对物体的一系列说明和陈述。假如你喜欢的话,还可以这样说:任何绘画所呈示出的物体都是作为一系列陈述(或说明)出现的。"

一幅绘画,如果不能形象地陈述有关的问题或主张,它就是无用的、不可理解的和模糊的,这样的绘画还不如一张白纸。同样,视觉为了完成这一任务,也必须使自己遵照视知觉自身的组织原则,因为只有这些原则才能揭示出形状和色彩对所见形象的决定作用,以及如何起到这种决定作用。这方面的研究已经取得了很大的进展,但仍有很多事情要做,在这儿,我只需要举出几个实际例子,就足以说明问题了。

对于儿童和学生们在观看一本教科书中的图解、一场电影或一个电视节目时真正看到的东西,我们究竟能知道多少?对这个问题作出回答是十分必要的。因为假如学生们从中没有看到他想看到的东西,他的学习便失去了基础。我们是否有权认为,一幅画,不管它看上去是甚么样子,也不管甚么人观看它,都能展示出它再现的物体呢?在照相或摄影领域,上述问题最容易受到忽视,我们总认为,既然相片是机器拍摄下来的,它就一定是正确的;既然它们忠实于客观现实,我们就应该相信它们能把一切事实都揭示出来,既然每个人自生下之后就在练习如何观看世界,他们在观看逼真的绘画或相片时就不会遇到甚么麻烦。上面这一系列假设和推断究竟有多少道理呢?

在一本最早的电影理论著作中,贝拉·巴拉赞(Bela Balatz)曾讲述了一个乌克兰贵族农场主的故事。十月革命之后,他破了产,成为原来房产的看管人,其住处离最近的火车站也有几百公里。因此他一连 15 年没有进过城。作为一个高等知识分子,他可以读读书报,看看杂志,还有一台收音机。这些条件足以使他及时知道外界发生的事。但他从来未看过电影，不知道电影是甚么样子。有一天，他旅行来到基辅，并且有生以来第一次看上了电影。这部电影是一部早期的故事片，情节简单，连他周围的小孩子都感到很容易看懂，而且看后感到很愉快。可是这位乡村绅士便不同了，他瞪大眼睛盯住银幕，兴奋得发抖，但又感到很吃力。过后有人问他："你感觉这部电影怎样？""有意思极了，但我不知道这部影片究竟说了甚么。"这就是说，他对这部影片并没有理解。

不管这一故事可靠性如何，都有力地证明了一个问题，即：对于像照片一样忠实再现的绘画和影片，并不是人人都能理解的。琼(Joan)和路易斯·福尔斯德尔(Louis Forsdale)曾收集过大量例子来证明，爱斯基摩人或非洲部落民族在初次见到这类相片和绘画时，根本就看不出上面画的是甚么东西。在某些极端的情况下，一个外国来宾向我们展示的画，在我们眼里只不过是一张平板的纸，从中看不出画了些甚么。在一部长长的影片中，我们从中能识认出来的唯一的东西，也只不过是一些小的情节。一个摇镜头看上去令人迷惑，因为看上去房子似乎在移动。观看这类电影时的某些困难和障碍，在我们西方文化中已得到克服，但对于儿童来说，仍然还存在着一些我们尚未认识到的问题。

在福尔斯德尔引用过的一个研究成果中，曾提到非洲市民对西方绘画的反应。这些反应清楚地告诉我们，人类的意识并不能本能地接受绘画的长方形画框。视觉接受的"实在"是无边无际的，因此，在电影中当一个人"走出"银幕的边界时，观众就想知道他为甚么会消失，是怎样消失的。时间上的连续如果被打破，同样也会使人感到困惑。一个美国电影拍摄者发现，一个伊朗的电影观众不能看出一个特写镜头和一个远距离镜头之间的关系。为了使他理解单独出现于银幕上的一只大眼睛或一只大脚属于刚不久出现的那个动物，摄影机不得不把整个变换过程(由小到大)展示出来。

在我们的文明中，儿童从很小起就学会了如何理解这种空间和时间的中断现象，虽然在我们面对着某些自己不熟悉的状态时也会遇到麻烦。在一项专门研究小学生和中学生如何掌握地图的试验中，巴布拉·S.巴兹(Barbara S. Barrtz)观察到，儿童们有时候会误把地图的边缘视为一个国家的边缘。她还注意到，地图上画出的一个国家的边界线往往较为齐整，以致常给人造成一种错误的印象，认为边界果真如此。因此，把地图印成出血版要比留下页边空白好一些。如果在一幅大地图上加上一个插图,以便把这页地图中未曾包括的一部分区域展示出来,或是把一个大城市的细微部分加以详细呈示,仍然容易引起上面提到的那种误解(即认为图的边线便是一个国家或一个城市的边线)。

从试验中可以明显看出,在处理这类问题时,年龄较大些的儿童要比年龄较小的儿童好一些。除此之外,在不同社会经济条件下生活的人,处理这类问题的水平也很不相同。当然,一个聪明些的儿童要比一个迟钝一些的儿童反应更灵敏和准确,有些教师在训练学生们如何识认地图时,要比另外一些教师熟练得多。教师们必须清楚地意识到学生们识认地图时问题出在甚么地方,因为地球毕竟与一般视觉世界的外观不一样。除此之外,他们还必须掌握指导学生们领会视觉式样的种种知觉原则。正如我上面指出的,构思一幅地图时所达到的抽象水平,应该与它想要达到的目的和使用地图者的理解水平相一致。在巴兹举的一个例子中曾提到,用来标明地图上一英寸相当于实际距离多少公里的比例,其详细程度不能高于需要的水平。一个要求作准确测量的高中学生,就比一个五年级学生所需要的比例详尽一些。

有些视觉式样常常使人不易理解。但是,如果较自觉地观察一番他们遵循的知觉原则,这种障碍就可以得到克服。举例说,对它使用的比例方面的某些变化和差别,就应该较明确地指出来。因为"相对"尺度的概念,有利于克服初看一种事物时那种认定该事物的实际大小就是这个样子的习惯倾向。这种倾向会诱使他们通过两个国家在两幅比例尺不同的地图上占的绝对面积来判定它们的大小(可以把这种错误的倾向与幻灯片的不可避免的弊病作一比较,在幻灯片中,不管是巨幅挂图,还是微型相片,都被放大到同墙壁一样大)。地图制造者们好几个世纪之前就已经意识到,当地球那球形表面投射到平展的纸面上时,它的形状和大小就会受到歪曲。另外,当把地图的经纬线弯曲过来时,南北两个方向在整个地图上便不一致了,因为在最上部和最下部,它已经弯曲了。

在使用色彩时也常常遇到一些麻烦,这些麻烦也是可以避免的。从根本上说,色彩可以表示出不同事物的"质"的区别。举例说,西班牙是蓝色的,法国是绿色的、意大利是黄色的,等等。但色调同样也可以作为"地层本色"来指明地势在高低方面的差别。对此,W. H. 纳尔特曾这样说过:

"我们已经发现,儿童往往从色调方面的变化(从绿色到褐色,再到蓝色)联想到‘质’的变化,从明暗度方面的变化联想到‘量’的变化(强度和体积方面的变化)。许多儿童指出,浅蓝色表明水是浅水,深蓝色表示深水。但是,当用一种稍带紫色或稍带红色的蓝色代表最深的水域时,有三分之二的儿童不能联想到这是表示水变得更深一些,而是猜想到各种各样的质的变化——出现了岛屿或是珊瑚礁石等等。我们发现,在制地图时,色调是一种很难掌握的因素。儿童们在学习识别地图之前,就已经学到了许许多多‘色调——联想’,如红色表示热,蓝色表示冷,绿色表示草地,蓝色代表水等等。这样一来,他们一旦开始学习识别地图时,就会本能地作出错误的反应和解释。”

这类问题的解决还需要那些从理论上和实践上对知觉原理比较熟悉的艺术家、设计师和心理学家们的帮助。

识别地图时遇到的问题,同样适合出现于课本、模型、图表、电影等领域的任何视觉式样。如果仔细地研究一下这些图片的读者们从中看到了些甚么东西,对解决这种问题是很有帮助的。在这儿我们有必要指出,有许多从技术细节上论述听觉和视觉原理的小册子,它们往往无视或抹杀上面提到的问题,用一些草率的建议加以搪塞,指出只要使画面清晰一些、自然一些或简单一些,上述问题就会自然得到解决。

对于这种无知,我们只需举一个简单的例子就可以驳倒。儿童心理学家J.皮亚杰,一生都在研究知觉问题,他曾用图79来检验儿童的理解能力,看他们能否理解这个水龙头的工作原理。这幅画想要告诉人们,当水龙头的把手旋转到水平位置时,水的通道便打开了,水便从中流出;当旋转到其他位置时,通道便是关闭的。我认为,儿童对这一工作原理的理解,主要取决于他们能否从这个草图中认出哪个是水龙头,以及这个草图是否把一个水龙头的有关部位画得很精确。在观看这个图时,人们会不会把图79a那个十字形的东西看成是一个水龙头呢?这是很值得怀疑的。我们看到的输水管同样也很模糊,乍一看去,它是扁平的,丝毫看不出是一个圆柱体,而且高悬在那儿,无所依托。我们不知道它同哪儿相接,也看不出它是从哪儿来的。至于那个闸门,我们根本就看不出这是一个充满水的空心管道,似乎与那条代表水的通路的黑色条带没有任何关系。通道看上去也不像个通道,它位于把手的前面,而不是隐藏在它后面。至于把手本身,看不出它是位于管子的前面。我们再看图79b,它究竟是一个位于管道外面的垂直把手,还是一个装在长方形盒子或管子内的“浮子”呢？我并不想否认，一个多年来一直同这种低劣的教科书插图、邮购目录册和其他诸如此类的不合要求的视觉图案打交道的人，由于在观看时有了免疫力和存有戒心，所以能毫不费力地看出这些图案的意思(尤其是看到旁边的文字解释时，事情就更容易些)。但对于一个儿童来说，情况就不一样了。假如他侥幸地通过了考试，这并不说明他的理解得到这个说明图的帮助；如果他失败了，也不能证明他不能理解一个水龙头的工作原理，而是说明他没有从某种为视觉设置的圈套中解脱出来。

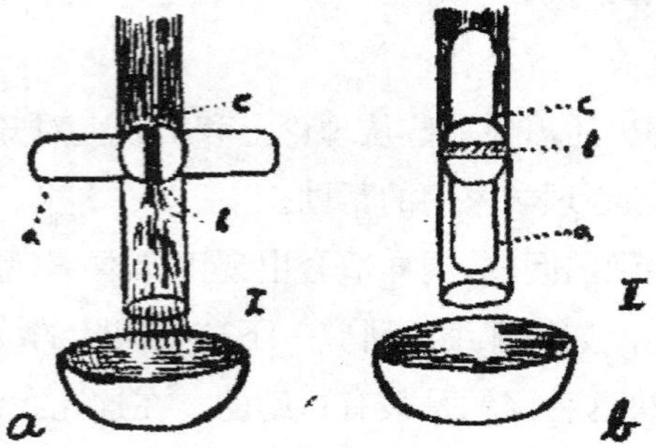

图 79

第七节 集中于功能

类似这种先天不足的图画，可以在任何一个抽象水平上见到。这种画可能是相当写实的，但仍然不能把某种物理状态的最本质的特征展示出来。之所以会这样，并不是因为它们的模糊和画片上的谬误。达·芬奇画的那些解剖图，看上去就极为成功。这并不是因为达·芬奇具有艺术天赋，能把自己看到的东西画出来，而是因为他把人体的每一个部分都看成是发明出来的奇妙装置。举例说，由于他看到的每一块肌肉、每一根骨头或肌腱，其结构和形态都合乎它们所服务的目的，因而总是把它们作为一种工具来再现。他对空间关系的使用同样也是为了展示各部分之间在功能方面的关系。就是他画的那些技术性的草图，情形也是如此。

艾玛努尔·温特莱兹(Emonuel Winternize)曾发现了达·芬奇如何再现事物之间的类似性或平行性的有趣的例子。在达·芬奇画的一幅草图中，我们看到的是“肌腱如何附在脊柱”上的情形。达·芬奇没有把肌肉的厚度全部呈示出来，而是用一些带状的粗线条去再现它们，以便清晰透彻地呈示出它们支撑脊柱时起的作用。在这幅草图旁边附加的文字解释中，达·芬奇把脊柱同这些条带之间的关系，比为“船桅同支索之间的关系”。达芬·奇还发明过一种装置，他发现，管乐器各指孔之间因距离过大而不好用手操纵，便改用一种特殊拉线去操纵它。温特莱兹认为，达·芬奇的这个主意是通过同人手背上肌腱作用原理的类比中得出的，因为手上的肌腱同样能控制离它很远的手指尖。

达·芬奇之所以能在外表相差很远的事物之间看到它们作用机制的类似，这完全是因为他在任何一类物体中看到的东西，都是它们的“功能性意义”(functional value)。卡尔·顿克(Karl Dunker)曾把“功能性意义”这个词引入心理学中，并证明了一切创造性思维都是在基本原理和它们的偶然性体现之间作出区别。例如，他曾就下面的问题作过一次试验：

> “已知某人胃部有一颗不能用手术除去的瘤子，这时恰好有人发明了一种能极为有效地摧毁有机组织的射线。在这种情况下，我们怎样才能用这种射线摧毁这个肿瘤，同时又不伤害肿瘤周围的健康组织呢？”

图 80 所示的是他作为解决这个问题采取的第一个步骤。这幅画虽然看上去像儿童画一样简单，却把这一问题涉及的关键部位呈示出来了，这就是体内的肿块(射线瞄准的目标)，还有射向这一肿块的射线。刚开始时，对这一问题的解决或许是在一个高度抽象的水平上进行的：设计一种通道，使射线可以通过，而又不伤害身体。从这一设想出发，又继而想到下一步，对身体作解剖学的审查，看其中是否有这样的通道。顿克把这第二步称之为“自上而下的解决途径”，除此之外，还有一种“自下而上的途径”。这就是首先从解剖身体结构入手，看是否能偶尔发现某种解决问题的办法。这两条途径之间的相互作用和补充，是任何一种成功的思维活动所必需的，同时又对应于上面所提到的学习过程中涉及的两极，即：对原则的高度抽象的呈现和对真实生活情景的复杂性呈现。

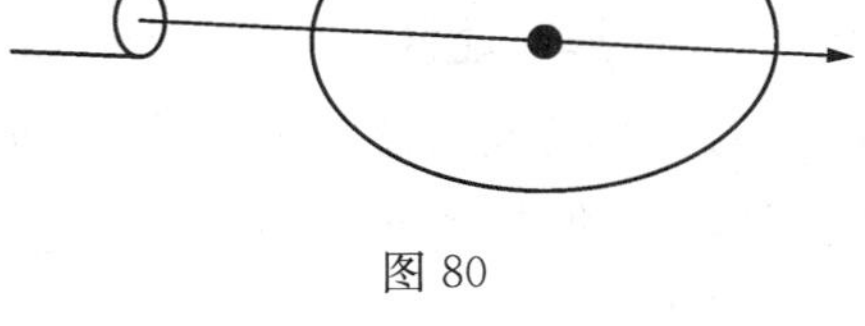

图 80

但不管从哪一个极入手,观察者的注意力都必须对准体现于对象中的“功能性价值或意义”。顿克曾经证明,许多愚蠢的错误,是由于某些人模糊地记得某些有用装置的外部形态,而没有真正认识到这些形态所服务的原则或目的。但对许多发明家来说,又往往趋向另一个极端,他们多注意物体的功能价值(如达·芬奇草图中见到的),而不是其他。设计家同样需要清醒地意识到原则及其体现物之间的区别,只有这样,他们才知道应该在甚么地方自由地发挥自己的想象力,在甚么地方应对其加以限制。设计家达维德·皮艾依(David Pye)曾有力地证明,功能从来不能规定形式,但可以划定它的变化范围。车轮不可以是方形的,它的千变万化只能是在圆盘的范围内进行(不管怎么变,必须是圆的)。同是楔形可有千百种形态、无数种尺寸相比例,至于别针、棒子、挂钩、杯子,也都无不如此。总而言之,“功能”乃是一种原则,它不是对应于某一个别的形式,而是某一类形式。

第八节 教育的责任

我在上面所说的东西,也许理论性太强了,但如果它包含的原理有效的话,是值得每一个教育者牢记的。仅仅在口头上谈论如何重视视觉说明图的运用是很不够的,仅仅使用电影放映机或坐在电影厅里消遣上几个钟头,也不能解决根本问题。在我看来,最紧要的是要把系统的视觉训练看作任何一个教育工作者做好自己工作的必不可少的一部分。一幅能够说明问题的插图与一幅不能说明问题的插图之间是有极大区别的,但只有那些对感性形式的本能反应能力得到开发和训练的人(而不是这种能力受到压抑的人)才能看出这种区别。

视觉教育所依据的理论基础和试验已经在心理学中得到发展。艺术创造和欣赏活动又为之提供了宝贵的实践经验。但是,假如把敏感的感受力看作是艺术和审美特有的,这就犯了战略上的错误。因为它意味着,把这种能力转移到一个特殊的领域,只有那些天才和专家们才可能具有。从广义上说,视觉思维需要的是一种把视觉形状看为支撑我们整个存在的力的作用模式的意象的能力,这种力的模式处处可见,不管是精神活动、身体活动、机器活动,抑或是社会和观念的结构,都有着自己特定的力的作用式样。

至于艺术,假如它不是被看作纯艺术的话,就可以在视觉教育方面起到最好的作用，因为它早已注意到，形状、物体、事件等等通过展示自身的本质，能够唤起使人类认识自身的更深刻和更简单的“力”，这就是我们运用自己见到的东西进行的思维所能获取的奖赏之一。

滕守尧译

——节选自阿恩海姆：《视觉思维——审美直觉心理学》，北京：光明日报出版社 1987 年版。

艺术教育中的知觉促动

《艺术教育中的知觉促动》选自《艺术心理学新论》(1986 年)一书，本书是阿恩海姆用格式塔心理学探讨艺术的范例，全书所录文章各自成篇，不构成一个系统，但仍然对某些艺术难题提出了真知灼见，其美育心理学理论也为美育工作者提供了有价值的参考。

艺术对于美育而言是不可或缺的，因为艺术是人性的流露。艺术的地位需要艺术自身负载更多的力量来支撑，很多挂羊头卖狗肉的艺术其实甚么也不是，甚么也没有说。艺术之为艺术，是因为艺术提供了特有的吸引人的形式。对于艺术教育来说，把教学步骤还原到元素的做法是不可避免的。与艺术的自律理论相反，艺术美育必须教给学生伦理道德，即甚么人在甚么事情上是值得肯定的。艺术的学习与制作必须投入全部的身心，这也与伦理有关。将涂上了油彩的干草捆扔在展台上的做法，骗人骗己。艺术虚构论者反对艺术的实用目的，艺术的功用虽不决定形式本身却决定形式的范围。坏的鉴赏力并不是缺乏精英教育，而是心灵受到禁锢，比如极权国家对理想化的虚饰的追求。没有崇高的人性，就不会有好的艺术。在艺术中，不存在不表达任何东西的纯粹形式，艺术教育不了解这一点，就无法做出恰当评价。

坏的鉴赏力还与我们生活的视觉世界的支离破碎有关，生活在这样的环境中，孩子们无法对世界的各种事件之间的联系以及人与人之间的联系保持敏感。阿恩海姆认为有必要在感官刺激和知觉促动之间做出区分，感官刺激仅仅提供了个人对自身的感受，知觉促动要求学生接受有组织结构的形式的挑战，并推动他们去阐释和改进。当代社会太多的感官刺激让学生体验到了无秩序的无拘无束，不能对知觉促动作出反应。如何培养学生的知觉促动，首先要使用学生能接受的有内在秩序的材料，其次,这种秩序必须与学生的生活方式有功能上的联系。总之,从艺术品中获得的知觉促动,可以引导我们正确地面对生活。

阿恩海姆的这篇短文,主要有两个重要的观点:一个是坏的鉴赏力的社会学原因,另一个是强调面对视觉世界的感官刺激时,如何培养学生的知觉促动。关于感官刺激导致知觉促动丧失的言论,在中国古代道家那里也可找到佐证,老子有言:"五色令人目盲,五音令人耳聋,五味令人口爽。"视觉文化时代的来临给现代美育提出了新的难题,阿恩海姆的上述言论让我们美育工作者时刻保持警醒。

(李 兵)

社会总是从艺术家的想象中引申出关于伟大与卑劣、欢乐与痛苦一类东西的化身来的。在今天,我们仍然欢迎这样的化身给我们以指引:今天我们正要好好地确定甚么是堕落,好好地认定人类有权享用大地。因此,使我们感到烦恼的是,我们不能确定是否艺术还仍旧愿意并且能够以人们所熟悉的方式将我们的标准形象地表现出来。

其所以不能确定有几个理由。我们询问艺术是否还将我们人类生存的基本状态描述为失败的悲剧或成功的辉煌;描述为人心在健全时候的满怀同情和清澈透明,以及进入罪恶状态时候的野蛮愚昧。我们不知道有多少艺术家将对这些问题的关注视作他们的使命。我们还听人说,充斥着像我们这样的一个时代的艺术的,是不可饶恕的夸夸其谈,并且只要是我们仍需要全力以赴去扬善抑恶的时候,视觉形式和表象也不可能是至关重要的。米开朗基罗在一首著名的诗中曾告诫观众,当差耻与邪恶还在四处游荡的时候,不要惊醒了《夜》的沉睡。从事艺术教育的人面对这些疑惑不可能只是无动于衷;因为如果他要把艺术灌输给孩子,他必须确信,艺术对于孩子们是不可或缺的。

在20世纪好几十年以来艺术已经不再描述人的形象了。难道艺术不再表现人性了吗?我并不认为情形是如此。即使在抽象艺术中,那些古老的主题仍然不衰。无论是在A.高尔基(Ashile Gorky)的那些极度痛苦的形象中,还是在J.阿尔普(Jean Arp)在大理石上雕出的那些给人以完美感受的形象,无论是在蒙德里安那里表现出来的古典主义者式的冷峻,还是康定斯基早期浪漫主义的欢悦,都有着许多人性的流露。另一方面,正当最近艺术中的一个主要潮流又回到对人的形象的表现上来时,那些抛弃了人文主义的、标榜粗鄙和僵死意念的作品却是叫我们震惊的。

我怀疑在艺术史上是否确实有过需要僵死枯燥和粗鄙的时期。但的确存在过这样的情形，艺术出于自身健康发展乃至生存的利益的要求，必须将自身还原为赤裸裸的元素，正如同胃有时候需要最清淡的食物，一个狂躁不安的心灵必须在荒漠的空旷中去得到安宁。K. 马利维奇(Kasimir Malevich)在一篇文章中告诉我们，1913 年他展示了那幅著名的画，那是在一个白色底面上画上黑色正方形，他之所以这样做是因为“我拼命想使艺术脱离客观性的压载”。他被迫作出这样激烈的行动以恢复他认为已经在非人性的形象和物件所造成的那个面具后面消失了的“纯感情”。今天，我们带着一种崇敬乃至妒忌的心情来看这块黑色正方形，正如同我们看圣马可教堂里僧侣空徒四壁的居所时一样；我们也可以承认它在 20 世纪早期绘画史上应有一席之地。但是清醒的判断要求我们意识到，那个正方形本身可以说几乎甚么也没有表达。毋宁说它是一种证明，一种牺牲的证据，一件勇气的纪念物，正好像历史博物馆陈列柜里的一面军旗残片上的斑斑血迹一样。倘若一件艺术作品要想凭借自己的力量来支持自己的地位，那就得需要更多的东西。

不久以前，艺术家们向我们展示了一些由其所具有的简单性而使我们感到困惑或欢欣的二度或三度空间中的物象。一些艺术教育工作者对这些作品表示欢迎，它们易于制造；那些对于年幼的学生来说并不难的技术能够从艺术角度受到人们尊敬，这是我们乐于听闻的；教师还知道，当学生的眼和手都还显稚嫩的时候，还原到元素的做法不仅是不可避免的，而且还是必然的。因为一切视觉定向及其把握都是从对易于理解的简单图形和色彩的处理开始的；换言之，艺术教育工作者熟悉“至简的”艺术(minimal art)是对的，因为他们所教授的是“至简的”学生——如果这个表达并不包含不敬之意的话。

不过，制造和鉴赏“至简的”艺术的成人不应该被看作“至简的”人。因此有必要追问，黑色正方形传统的后代作品尽管具有简单性的特征，但它们能否唤醒那些与人脑相称的复杂和深刻的经验来。在这方面某些各执一端的论证始终是饶有趣味的。

例如，有人说，虽然艺术作品本身几乎没有提供与眼睛的关系，但那时比较成功的雕塑从“作品里面引出关系，使这些关系成了空间、光以及观赏者的视觉场的一种功能”。作品要求观赏者用自己的头脑来补充一些作品本身并不具备的复杂的东西。事实上,任何愿意合作的观赏者都可能会这样做。如果他的眼光富于想象力,它们会面对外面世界忙个不停,地面和水坑里的诸种视像不断地映入眼帘,光的折射、阴影、各种图形在上面自然地重叠交错,还有一些超现实主义的结构。这样一个人在艺术画廊或博物馆也会专注地去看类似的一些引起他视觉上兴趣的东西。或许他会借助天窗进来的光线发现图形与色彩的一些精巧搭配出现在展品上面,不过还得加上一句才是公正的,在日光下的一般景象都争相吸引观者的目光,唯有艺术作品自身提供出特有的能吸引人的形式来时,人们才不至于把它与墙上的灭火器或者某人随手扔在椅子上的大衣混为一谈。

将由环境或观赏者富有创造性的想象力所创造的丰富经验归之于创作者是不怎么公平的。这一世界上的任何物象或事件在适当的条件下都可以对人心产生深刻的震撼。无论是扔在道旁的注射器或是孩童手中的雏菊都可以达到这样的效果。倘若产生这样印象的人是一个诗人或者电影编剧,那他的经验就是艺术性的,但这并不是因为这些东西本身就是艺术品。再举一个方尖塔标志的例子,它本身正如这个词所指明的,只是那样的一个标志,如果将它放在贝尼尼创作的大象雕塑的背上,或是搁置在圣彼得广场的中央,并将它与埃及神庙或者它所从盗走的墓穴的记忆联系在一起,这样它就成了一种壮丽恢宏的景观,放在别处与此是不可比拟的。即使如此,方尖塔标志本身不过是一块石头,或许有着令人赏心悦目的比例而已。

我的一个学生乐于沉思。他告诉我,他在一幅美国画家创作的巨大作品面前尤其能遐想连翩,这幅画是由具有不同宽度和色彩的横条纹所构成的。我能明白这是为甚么。一个人的眼光不停顿地沿着这些横条纹扫过整个视觉场;这些横条纹相互之间没有明显可分辨的距离,并且没有形成一个固定的图像平面。观赏者难于分辨出全部三维来了。如果这正是他要做的,那就没有比这幅画更好的目标了。然而,在一个当地博物馆展出引人入胜的日本国宝禅宗艺术时,这同一个学生发现他在15世纪和尚贤固绍庆所画的一幅比真人还要大的禅宗创始人菩提达摩的水墨画前,同样也能很好地进行沉思。对人物面部每一块肌肉的强调,以及每一个轮廓所表现的感人力量,使得它成为一个伟大精神的最为有力的图像。我怀疑我的那位学生站在两幅画前的体验是不一样的。假如有甚么区别存在的话,那正是由于其中的一幅画表现出了无边无际的无鲜明特征图形的弥漫,而另一幅画则通体包容地以人为关注的中心:我认为这里的区别是关乎重要的。

提到菩提达摩，我们可以作更进一步的论证。据传说，当这位圣贤到达中国嵩山少林寺时，他面壁而坐，盯着它冥思达九年之久。直到今天，佛教徒们还在仿效他的行为。但是从来不会有任何人认为墙壁的建造者具有这种精神启蒙力量。

我坚持这一点是因为艺术教育者必须教授给学生一件事情，一个伦理的道理，那就是，哪些人在甚么事情上是值得认定的。我总是带着某种怀疑的心情去看幼儿园里儿童们画指画，因为人们轻易地就认定了拿着笔胡抹一气的孩子用一些夸张的阴影和团块表达出来的令人眼花缭乱的效果，以及通过偶然涂抹上颜料——没有经过甚么心思的——而产生的离奇的透视。当一个孩子在创作一件简单东西时，他所听到的赞扬的反应应该要让他明白，他成功地做到了人们期望他去做的，并且这在教师看来，要做的事情并没有结束，还只是刚刚开始。除此而外，一个孩子还可以怎样去发现他在这个世界中的地位呢？

这里还有一个相关的问题，它在一定程度上也是伦理的问题。一个年幼的人需要学习的一件事情是，除非他全身心投入于其中，否则他所做的事情就谈不上有甚么价值。只有这样他才可能由于他自己的努力而成长起来，也只有这样他才会最佳地体现出人之本性来，今天当我们在艺术市场中常常会发现一些不仅不能满足观赏者的要求而且也极易制造出来的物件或活动时，强调这一点就尤其重要了。将涂上了油彩的干草捆扔在展台上或许是一个值得感触的有益行为，不过这既不需要譬如焚烧一张明信片草图那样的勇气，也没有对这样做的人作为一个制作者、思想家或艺术家的潜能有任何考验，如果我们断定，这种做法并不十分好，我们并不是出于恐惧而要求艰苦工作这样的清教徒式的美德，我们之所以这样做是因为我们知道，一个碌碌无为的人是在欺骗作为他自身人格的自己。有幸的是，人类没有多少动力能像全力以赴去工作那样具有强大力量。只有当他感到来自文化和个人方面的极大压抑时，他才会否认自己具有这一基本权利。

如我前面曾指出过的，我们可能已不那末肯定是否应认定艺术对于人的存在来说是必不可少的。诚然，在我们所知道的一切文明中都有艺术存在，它只可能由于官方强制而受到暂时的压抑。不过艺术或许只是给人以欢悦的，而并不是真正不可缺少的，或许我们应当假定旧石器时代洞穴里的画和澳洲土著的树皮画只不过是带有奢侈意味的闲暇时间的产物,在这个时间里,“原始人”既已满足了他们的真正需要,就通过作画来消磨过剩的精力。这听起来不大可能,然而仍然有一些声称艺术纯粹是奢侈的人。他们说,在社会、经济和政治危机的时代里,对形式的关注不过是一种反动的娱乐消遣。例如,有一些“行动主义”的年轻建筑学家提出了与 H. 麦耶尔(Hanner Meyer)相似的见解,后者作为包豪斯(Bauhaus)学院的院长在 1928 年以这样一段陈述开始了他就建筑所发表的宣言:“这个世界上的一切东西部是一个公式的产物:功用乘以俭省。因此这些东西全都不是艺术品。一切艺术都是构拟,因而与使用性是正相反对的一切生活都是功用,因而都是非艺术的。”类似的对于艺术与实用目的错误的截然两分在绘画和雕塑的实践和理论中不时也能发现。

我时常渴望知道,所谓原始文化中的部落人在谈到他们茅屋的形状时会使用甚么样的语言,究竟他们是将它称作好的或坏的,对的或错的,正确的或不正确的,还是丑的或美的。由于他们远不是忽视了这种形状,而是遵守着相当严格的标准,因此他们肯定对它是关心的并且是会谈论它的。形式是不可避免的;并且它不是由功用所规定的。迄今为止我们所知道的功用只决定可容许采纳的形状是在怎样一个范围内的,而并不决定实际的形状本身。特殊的形状必须通过发明和精选才能得到,极少有人对形状和色彩的语言不闻不问。

姑且承认,当一个人不得不在花一百万美元去建一所医院还是建一个艺术馆之间做出抉择时,他会选择前者。不过在绝大多数情况下,这种选择是受了人为因素的影响;这显然并不证明艺术是可有可无的;声称贫困的人只有物质方面的需要是对他们的轻蔑。因为绝大多数人宁愿要糟糕透顶的家具和水准极低的图画而断言好的鉴赏力只是一小部分精英的特权或许并不谬误,但这包含着对于坏的鉴赏力本质的一种肤浅见解。坏的鉴赏力并不是由于精英教育的缺乏而造成的:毋宁说它是特定个人或文化心灵受到禁锢的标志。孩童或所谓原始人天真无邪的艺术作品绝不会显示出坏的鉴赏力。坏的鉴赏力,无论它存在于何处,都反映了一种更深刻的匮乏。

在许多集权主义国家里,意识形态压迫所带来的僵化在视觉上表现为一种“社会主义的现实主义”。官方所偏爱的苏联绘画和雕塑的风格并不可以简单地解释为未受过教育的领导者们具有坏的鉴赏力。这种政治体制所坚持的立场是一贯的。它绝不会容忍在许多现代艺术中反映出来的不和谐和暴力，也不会容忍个人世界观的各不相同。官方党派艺术的赏心悦目的理想化了的、毫无瑕疵的目的正是与那一体系建立于其上的遵奉者心态相对应的。希特勒反对“堕落艺术”同样是与法西斯主义意象的虚假僭妄相一致的。

我们的同胞在客厅里或看电视取乐时所表现出的坏的鉴赏力是与追求消遣而不是真理的心态相一致的。这种心态偏爱甜蜜欢快的情感，而将悲剧作为一种提高肾上腺素水平的温和刺激物。那些新艺术风格式的掉价艺术中的“致幻”式插图是与光顾者的模糊暧昧的离奇想法相一致的；有着精心修剪过的卷发和指甲的连环画中的少女，还有“波普艺术”(pop art)那些迅速老化的产品中的好莱坞女演员，我们可以从中诊断出一种令人惬意的疏离，艺术是心灵的反映，没有崇高的人性，也就不会有好的艺术。

艺术形式是必不可免的，因为没有它便不能有任何作品或陈述表达出来。尽管它受到忽略和轻视，它还是作为一种复仇而出现了，它与自身的创造者相冲突、相抗辩。反过来说，同样很显然，不可能存在有纯粹形式，即不表达任何东西的形式。几年前曾经有过一个关于黑人艺术的大型展览。这个展览较其他任何一个没有把一代人中几个伟大天才包括进去的集体展览可算是不过不失，不过在它的主题中有值得注意的东西。一位颇有影响的艺术批评家曾写道——倘若出于论证的目的，可以对他的地位作一点漫画式的描述的话——展览包含了许许多多参与黑人问题相关的社会和政治方面的主题；但是既然主题与艺术毫不相干，而那些作品对色彩和形状的处理又是平淡无奇的，因此这个展出只是一个微不足道的事件。很难相信在艺术界里仍有人断言一件艺术作品所表达的内容是不相干的。对一件作品来说，形式的关系就是一切，艺术不具有任何内容；像这样的说法，无论我们是从 60 年前某位批评家所写的文章中，还是从今天创造几何装饰的艺术家的宣言中发现它的，都早已无可挽回地过时了，每一个从事艺术教育的教师都知道，如果对对象的所指没有某种心照不宣的了解，就无法对即使是最简单的图形排列作出评价。如果我们无可言说，又何必还要创造出视觉语言来呢？

对于这一批评家的评价曾有过一些抗议的声音。其中一位黑人艺术家曾指出，仅仅关注于形式正是缺少思想性的白人艺术的典型特征。他取而代之地提出唯一相关的是行动者的陈述。正如同他的对手一样，他致命地陷入了内容和形式的两相分裂之中。

这后一个例子提醒我们,刚才讨论过的坏的鉴赏力的社会决定因素,并不是艺术要取得成就的唯一障碍。这里我无须详细提及我们中的绝大多数人被迫生活于其中的支离破碎的环境本质与效果。主宰着我们的视觉世界的是由无数个人的各不相干的事业拼凑在一起的人类环境。其所导致的混乱有可能产生致命的危害,因为对它所能进行的唯一抵抗是压抑人们的结构感觉,而把世界看成是一些不相关联的片段。即使视觉活动的妨害只限于我们对外部世界现象的反应,这也就够糟糕的了。但是危害还没有就此为止。知觉表象是一切认识理解的根据。如果我们把世界看成是支离破碎的,我们又如何会对邻居与同胞的关系、政治事件与经济事件的联系、原因与结果间的联系,乃至我与你的关系保持敏感呢?我们又如何会将我们内在的自我视为一个整体呢?

从事教育的人们了解如何应付处于混乱的世界中的孩子们。他们已经开始意识到,对于一个毫无思想准备的孩童来说,突然面对一个有着完美秩序的静谧的世界会使他感到困惑并产生抗拒。然而还有一种值得忧虑的倾向,那就是相信,要着手把握这个不得不居住于其中的世界,最好的途径是给那些传送混乱、骚动和喧嚣等暴力的技术和主题以优先的特权。这是一个诱人的解决方式。教师会认为他跟上了时代;学生则更愿意在无秩序的状态下无拘无束,而不是迫使自己接受一个有组织结构的挑战。

这样也就有了我的最后一个评论,那就是为甚么有必要认定感官刺激与知觉促动之间的区别。两者都是人类心灵的有效资源,但将它混为一谈是有害的。感官刺激激发人的生物学功能是没有特定性的。黑咖啡、麻醉药物或者汽车旅馆里的电动震颤床垫都是如此。拿麻醉药物来说,人们相当清楚,它将起些甚么作用。在合适的条件下,它能增强知觉印象,提高感受能力,同时减低联系和惯例的约束能力;但从根本上说来,它仅仅提供了个人对他自身的感受。一个人接受了他潜藏着的既有的东西。这在鲍德莱尔(C. Baudelaire)——一个早期吸印度大麻的瘾君子——那个时代就已经很清楚了。他告诫人们不要接受药品能从外界带来超人格的恩赐这样一种虚幻的看法。相反,麻醉药品使一个人仍然保持他的本然,只不过是在一个更强烈的程度上。鲍德莱尔在 1860 年写道:“他被征服了,但不幸的是他只被他自己征服了,即是说,被他自己已经居于支配地位的那一部分征服了;他想当一个天使,却成了一头野兽,一头暂时变得非常强有力的野兽，如果我们把强有力看作一种过分的感性能力但不能对之加以控制从而达到缓和和利用的目的的话。”

这样一种刺激从原则上说来不同于知觉促动，在后者那里某一外在情景促动人以其自身的能力去进行把握、阐释、解疑和改进。我坚持认为这一区别是存在的，因为在有些教育设计中它被忽略了。有人构想了各种设置有各种感觉刺激的教育设施，其中有变幻无常的形状和光的流动、跳动的色彩、各种噪声的汇合、供接触的材料、供闻嗅的东西等等。在我看来，这些代价昂贵的离奇东西带有 19 世纪遗老遗少的颓废味道。这些构思精巧的带有世纪末感觉的穷作乐据我所知并不是出于教育的目的而建立起来的。它们的确表明了某种存在的需要，但这种需要的本质或许是被误解了。

我们的孩子中究竟有多少人缺少感官刺激？人们恐怕会怀疑绝大多数孩子都接受得太多太多了。他们所遇到的麻烦是另外的，即他们不能对知觉促动作出反应。他们感知和认识反应的迟钝或许是对那些不可理解的、令人恐惧的、令人不知所措的感觉的抵抗。我认为，所需要的不是更多无形状的、不可捉摸的和互不相关的感觉，而是更多的知觉促动。

要达到这一目的，至少必须具备两个条件。首先，所使用的材料必须具有内在的秩序并且容许这些秩序在孩子们能够接受的水平上创造出来。孩子们对他们不能领悟的东西不会感到有吸引力。当他们不能领悟时，就只会停止接受。而这正是我们要克服的。我们所需要的一种经验就是，在可见的东西中，毕竟有着某些能理解的成分。其次，充分规则的情景必须直接或间接地与孩子们的生活方式可见地联结起来。恶劣的环境或许不可能让他们理解，他们所看见的东西能够揭示出与他们的存在相关的事实来，也即是说，在眼睛所见的与一个人为了生存并享受这生存所必须认识到的东西之间存在着某种功能上的联系。假如我们不小心，就会让我们的感觉流连于徒然漂亮的表演和练习之中，这样做会使孩子们确证了他们原有的怀疑，即在所看到的东西和应该知道的东西之间不存在甚么联系。

我有一个老师，他也是一位心理学家，同时也差不多称得上是一位艺术家，他常常这样说，一棵树的枝杈纵横交错的方式比他所知道的大多数的心灵还要更有智慧一些。同样，正确领会和理解可从艺术品得到的知觉促动，可以自然而然地导引我们面对生活的使命，并且教导我们如何完满地履行这一个使命。

郭小平、翟灿译

——节选自鲁·阿恩海姆:《艺术心理学新论》,北京:商务印书馆 1994 年版。

作为治疗手段的艺术

《作为治疗手段的艺术》选自《艺术心理学新论》一书。艺术可以治疗精神病人,这听起来有点匪夷所思,更遭到了自律论者和柏拉图主义者们的反对,阿恩海姆力图证明艺术的治疗价值。

西方艺术有两个特征:民主化和享乐主义。艺术的词源学揭示了艺术的精英主义传统,在近代才出现了艺术民主化的主张,宣称每个人都可以从艺术中获益。享乐主义的主张认为艺术不具实用性,只为愉悦而存在。阿恩海姆认为知觉是象征的,艺术首要的功能是认知,即对结构的发现,从特殊中察觉出一般。艺术治疗可以从被治疗者的艺术作品中看出其态度,有如科学实验中用个别来替代比对现实。人类存在本质上是精神的,优秀的艺术作品表达的是真理,只有付出努力使作品优秀,才能产生同样的治疗效果。经验只有成为形式才能具有明晰性和感染力,才能传达有效陈述。因为艺术教育的匮乏,导致治疗的效果大打折扣。艺术治疗应该注意到从伟大作品到普通作品其艺术价值是逐渐递减的,即使是乡村歌曲也能陶冶人,而艺术治疗最大的障碍是商业化导致的艺术贬值。艺术真实、艺术真理要求作者按照事物的本性来塑造现实,而非玩弄纯形式感兴和沉溺于暴力和色情的肤浅吸引力中,这是艺术应该做出的庄严承诺。由此,我们需要一种应用艺术,为现实的人类需要服务。

从上述理论中我们推知,阿恩海姆反对要求艺术“纯美”的审美主义,因为这些理论远离艺术的真理,让人不知所云,对于人类的美育而言毫无意义。这当然是有争论的,因为过分强调艺术的伦理道德的目的,有可能使艺术沦为“载道”的工具,而充满意识形态色彩的艺术被证明起的是压抑而不是解放的作用。另外,把艺术作为一种治疗手段,其作用相当有限,而且精通艺术的人不见得就是道德高尚的人,据说当年很多纳粹军官就是听着贝多芬的音乐屠杀犹太人的。用阿恩海姆的理论来说,艺术的世界是复杂的,是因为人也是复杂的,面对病态的社会,艺术的拯救作用必须和社会的其他系统工程相结合才能更好地发挥作用。

（李　兵）

作为治疗手段的艺术

将艺术作为一种治病救人的实用手段并不是出自艺术本身的要求，而是源于病人的需要，源于陷于困境之中的人的需要。任何能达到满意治疗效果的手段都会受到欢迎：药剂、身体锻炼和疗养、临床交谈、催眠术——为甚么艺术不可以也这样呢？于是以一种踌躇犹豫和半信半疑的态度，尝试用艺术来治疗疾病的人出场了。他不仅必须用实际的成功，还必须用具有说服力的理论来证明他们存在的价值。人们期望他能对艺术所以有益于人的那些原则作出说明。

要达到这一要求，我们必须对艺术的本性作一番考察，特别注意对那些可以有助于或有害于这一目的实现的性质。这样一种对艺术本性及其当前形态的审视，揭示出了两个与治疗有关的富有影响力的特征，即艺术的民主化和西方美学中的享乐主义传统。

在我们所处的特定文化中，艺术在过去是属于贵族的。它通常是一些有专门技艺的工匠艺人为王室和教廷里的一小部分人所创造的。这些工匠艺人在文艺复兴时期又更被认为是一批极有才华的天才人物。艺术在极大程度上是为了取悦少数人。由于民主的发展，艺术是为每一个人而存在的这样的一个主张也就出现了，这距今不过一百年之久。说艺术是为每一个人而存在的，这不仅是就它们应当能让每一市民都有机会接触得到而言的，更重要的是越来越令人信服地证明每个人确实有权利从艺术中获益，并且具有创作艺术作品的内在能力。这一具有革命性的信念为艺术教育孕育了一个新的基础。它还为民间艺术和所谓原始艺术的欣赏提供了前提；在几十年前，它使这样一种观念成长了起来，即艺术活动能通过从前认为只有艺术家才具备的方式使那些需要精神帮助的平常人得到灵感并充满活力。

这一关于艺术实用效益的新见解还必须与近来盛行于欧洲的一个说法相抗衡，后者认为艺术的独特性质正是它不具有实用性。当艺术失去其传达宗教和王权统治者的思想这一功用之后，一种新兴中产阶级的思想将之归结为娱乐性的装饰物。与之相应的哲学断言，艺术只为愉悦而存在。任何心理学家都应当立即对这一享乐主义的见解表示反对,他应当指出,愉悦本身并不提供任何说明,因为愉悦不是别的,只是有机生命物的某些需要得到了满足的信号。人们一定要问:这些需要是甚么?弗洛伊德就个人对这问题的回答作出了第一个重要尝试,其他的心理学家和社会学家也就步其后尘而来了。

我个人意见认为,艺术首要达到的是一种认知功能。我们所获得的关于我们所处的这个环境的全部知识都是通过感官而得来的;但是我们通过眼睛、耳朵和触觉器官所接收的意象远不是关于事物的本性及其功用之能够得到轻易解读的图表。一棵树是一个混乱的视觉意象,一辆自行车或者一群正在行走的人也都是如此。因此,感性知觉不能够局限于对刺激接受者感官的意象的简单记录。知觉必须寻求结构。事实上,知觉即是结构的发现。结构告诉我们甚么是事物的组成成分,它们通过哪种秩序进行相互作用。一幅绘画或一件雕塑正是这样一种对结构的探寻的结果。它是艺术家知觉之经过澄清、强化并富于表现性的对应物。

对于我们眼下的目的来说,更为重要的是这样一个事实,即一切知觉都是象征意义的。由于一切结构性质都是普遍性的,我们将个别的形象作为事物的类、行为的类来加以感知。个别的知觉对象象征性地代表了事物的整个一类。因此当诗人或画家或从事艺术治疗职业的人将树感知并表现为奋力相搏以接触到阳光,而将火山感知并表现为令人恐怖的侵略者,它们都建立在知觉的这样一种正常能力之基础上,即在任何特殊的事例中察觉出具有广泛意义的一般性来。

我们还记得,在我们所处的环境中所感知到的一些有意义的特征在形状、色彩、质地、运动这样一些富有表现力的性质中达到了具体化。因此,甚至环境中的物理物体也都被遗忘了,只有形状、色彩等保留了下来,这些"抽象的"形象自身便能够对相关的行为作出象征性的解释。这就使得治疗者有可能不仅从被治疗者的艺术作品所表现出来的可认识的物象中,同时也从抽象的模型中发现其所反映出来的态度。当然,正由于这同一理由,音乐中的抽象形象也是作为存在和行动的方式而为人们所接受的。

因此,一切知觉都是象征的。严格地说来,没有人曾经考察过独异的个别性。人们总是将一特殊的事物或一特定的个人作为一类存在来看待的,总是按照其所传达出来的一般性质。人类对待经验的这一基本方式为另一种能力所补充,即能够以一种替代的方式来比对并代替现实的情景。有点像那些在实验中对与一组情景相关的因素作出的反应进行检测的科学家，我们都是依据着与我们相关的情景的虚构替身行事。这种带有试探性质的行事方式可能只作为“思想实验”来进行，在实验中人们通过想象来回答下述问题：“如果……那末将会怎样？”这样一种虚构还可以采用易于感知的形式，如在心理剧的即兴创作、故事的讲述，在用于进行艺术治疗的绘画和雕刻中那样。众所周知，这类意象的创造者并不是非得要尊重客观事实，如同科学家在他们的实验中所必须做的那样，他们可以根据自己的需要来进行塑造。

在一个相当广泛的范围内，这样的创造被人们作为实在东西的替代物而加以接受。在艺术治疗师的工作室中的表演和创作，远远不能说单是一些离奇怪诞的东西，同样也远远不能说单单是对个人立场的表白。的确值得注意的是，当一位病人面对着他严父的意象或者敢于在想象中拥有了一个渴望已久的钟爱对象的时候，他的表演常常会有某些真实经历的效果。这个病人已经真正勇敢地面对了暴虐的父亲和拥有了美丽的心上人儿。我相信，我们仍然倾向于对这种所谓替代行为采取一种不适当的轻蔑态度；我们认为从事这种实践的人让他们自己的那些糟糕的想象所轻易产生出来的那些支离破碎的片段所愚弄了。我们倾向于将物理实在当作唯一的有意义的实在。实际上，人类存在从本质上说是精神的而并非物理的。物理的事物是作为精神性的经验而对我们产生影响的。毕竟，物理意义上的成功或失败最终只是根据其对当事者心灵的作用来决定的。自由的丧失，财产的丢失，乃至物理的伤害，都是作为精神方面的感受而传达到人的。

既然我们将艺术家或神秘主义者的想象作为关于实在的有效事实来加以尊重，我们就应该更进一步承认，当我们试图使一个人适应于所谓实在原则时，我们不仅要使他超出“单单的”精神性实在而达到物理实在的“真正”事实，而且要使他调整自己的意象以适应于那些有可能为他将来所具有的经验所证实的条件。这类意象的有效性应当经受最严格的审查，不仅是因为它是有代表性的，而且还因为它所导致的后果像在所谓实在世界中发生的事件一样是确确实实的。

有一个问题跟这里的讨论是相关的，那就是，病人所创作的作品的质量是关乎重要的（质量这里指的是艺术上的优劣）。有好几个运用艺术来进行治疗的人坚持认为，作品应当追求尽可能的好。这种主张并不是源于一种达到完美审美效果的教条性的要求,而是出自一种有充分根据的确认,一个人的最优秀作品所产生的治疗成果不经过同样的努力便不可能取得。首先,质是直接与艺术的现实价值相关的。好的艺术作品讲出的是真理。当然,这与弗洛伊德论及艺术时所提出的见解是截然相反的。他认为好的形式犹如一层糖衣,目的在于使接受者接受作品的内容所提供出的本能愿望的实现。我一直认为这一理论完全不具有说服力。我看不出这种糖衣有任何必要。我们对期望实现的东西不抱有任何反感。我们完全愿意接受理想中的英雄,接受德行战胜罪恶,只要这些内容是在好的艺术作品中提供出来的。我们这样做并不是因为我们为优美的图形和可喜的结果而去接受理想中的梦幻,而是因为好的艺术家向我们证明了这些为人所向往的结果对于生活来说可以是非常忠实的。当"处于纯粹形态中"的人类生存条件给表明了出来的时候,事实上也就做到了赏善罚恶,因为善正是突出安乐的状态的,而恶则是破坏这种状态的。当平庸之作以扭曲真理为代价来达到愿望的实现时,它们也就难以为人所接受了。当善只是一种廉价的施舍并且不可能得到成功时,当恶棍所犯下的罪行不会消失时,当所爱对象的诱人之处仅仅是一种肉欲的怪诞虚构时,我们就会持反对的态度,因为我们不能把现实出卖。

与此相似,用艺术来从事治疗的人断言,病人作品的质是直接与它是否呈现出了一个可靠的实在相关的。甚至对于那些有才华的精神病患者所创作的令人不可思议的作品来说,情形也同样是如此。我们从普林茨霍恩(H. Prinzhorn)以及巴德尔(A. Bader)等人的著作中可以了解到这一点。精神病患者所具有的破坏性最可以使病人的想象力从传统标准的束缚中解放出来;而某些带有疯狂特征的视像恰好赤裸裸地表明了人类的体验。

艺术作品的现实状况既不依赖于它所特有的风格,也不依赖于其老练成熟的程度。我曾提到过我们对于早期艺术形式"民主式的"欣赏态度。这样一种方式使我们明白,即使在非常简单的作品中,也能满足优异的质这一要求。我们寻求那些由于直接经验的作用而形成的表象,它们并不是由于机械性地应用的框架而变得死板僵化的东西。可以认定的是,经验通过形状、色彩或别的甚么中介才变成为可见的东西,通过这样的中介而得见的经验带有最伟大的感染力和明晰性。形式并非享乐主义的安抚者,而是实现传达有效陈述的必要手段。

毋需否认,用艺术方式进行治疗的绝大多数患者由于艺术教育的可悲状态而遇到了障碍。缺乏训练、缺乏自信、仰仗一些低下的标准，这些使得一般人不能发展他们的艺术表达的自然天赋。在我看来，从事于用艺术治疗的人不能忽视这一令人遗憾的现状。他们千万不要相信，患者作品的质量与他们的特定目的并不相干。美学意义上的质量不过是艺术宣言由之而达到其目标的方式。不仅概念应当是真实的，它还应当尽可能完美地实现出来。因为艺术作品正是通过它的明晰性和感染力而产生影响的，这种影响甚至及于作者本人。

在这方面，我们并没有在一小部分幸运的人所创造的伟大作品和艺术治疗师工作室内产生的并不辉煌的作品之间进行任何区分；因为当我们在区分伟大艺术和平庸艺术时，我们必须从两个不同的方向上来进行。一方面，创造性、复杂性、智慧和感染力的尺度是从伟大的作品到最普通的作品往下递减的。但是即使乡土歌曲或小孩子的绘画也有一定的整体性和完美性，它们也能给予人类心灵以美好享受。另一方面，伟大艺术与由于娱乐事业和大众传播媒介的商业化所导致的艺术贬值是格格不入的。后者所造成的污染阻止了观赏者与他们自己的真实体验发生关联，阻止了他们发展自己的创造能力。因此它是用艺术从事治疗的努力最具危险性的一个障碍。

当艺术尚未遭受这种致命的威胁时，它体现出了一种不妥协的逻辑力量，由此种力量它迫使作者按照事物的内在本性来塑造事实，而不管他的个人意愿或他所恐惧的是甚么。艺术对于事实的呈现可以坚实到如此地步，以至于它们在表述自己的要求时较诸日常经验中的表述要有更大的力量。在我所教过的大学生中，我记得有一位舞蹈家，她是一位卓有才华的姑娘，她时而会陷入这样的矛盾心理冲突中，一方是她从小受之熏陶的宗教信仰，另一方是她持反对态度的教会的所作所为。处在这样一个矛盾旋涡之中，要作出一种解决的决定是需要很大勇气的，她决定编一段独舞，名叫“至高无上的审讯者”。在舞蹈中，她通过想象所塑造出的那个与她的有意识的意向及她所遵从的传统标准正相反的人物性格驱动了她，使她刻画出了一种粗鲁严酷的恶魔式的教条形象，这迫使她不得不去正视某些她在舞蹈之外并不愿去接触的事实真相。几乎不能怀疑，她作为一个舞蹈家的完美正直有助于她达到作为一个人的成熟。

让我用这样的建议来作为结束：用艺术来进行治疗，远不应将它作为艺术的一个继子来对待，而可以认为它是一个典范，它有助于使艺术又回到更富有成效的态度上去。在我看来下述事实是无法否认的,那就是,近来我们的画家、雕塑家和别的艺术家的创作一般说来都有缺乏真诚动机之虞。玩弄纯形式的感兴和沉溺于暴力和色情的肤浅吸引力中,已经使我们在画廊和博物馆里所见到的展品的平均质量下降。现在似乎不乏才气,但缺少目的和承诺。在这样的情况下,应用艺术应当带个头,而艺术诊疗就是一种应用艺术。它们应当用事例表明,艺术为了保持其活力,必须为现实的人类需要服务。这种需要对于患者来说就常常显得更突出了,同时患者从艺术中获得的好处也更为突出。艺术对于压抑消沉的人所能起到的作用,也就向我们提示了它能为每一个人做些甚么。

郭小平、翟灿译

——节选自鲁·阿恩海姆:《艺术心理学新论》,北京:商务印书馆 1994 年版。

尼尔·波兹曼

尼尔·波兹曼(Neil Postman, 1931—2003),世界著名的媒体文化研究者和批评家,生前一直在纽约大学任教。波兹曼生于纽约并长住于此,1959 年开始在纽约大学执教。1971 年他在该校开创了媒体生态学的课程。1993 年获教授头衔,并任该校文化与传媒系主任,直到 2002 年。2003 年波兹曼病逝。波兹曼去世后,美国各大媒体发表多篇评论,高度评价波兹曼对后现代工业社会的深刻预见和尖锐批评和对媒介文化深刻的洞察。波兹曼主要著作包括有:《娱乐至死》、《童年的消逝》、《技术垄断》、《教学:一种颠覆性的活动》(合作者:查尔斯·韦恩加特纳)、《教学:一种保存性的活动》、《诚心诚意的反对》、《疯狂的谈话,愚蠢的谈话》、《如何看电视》、《建造通向 18 世纪的桥梁:过去怎样改变未来》。其中《娱乐至死》和《童年消逝》已译成多种文字在许多国家出版。《娱乐至死》和《童年的消逝》都是其对西方媒介体制转型深深的忧虑和反思的产物。这在当时西方文化界产生了深远的影响。并为《纽约时报》、《时代杂志》等各大报刊写过两百多篇文章。

《娱乐至死》是波兹曼最著名的著作之一,1985 年初版,已被翻译成 8 种语言,全球销量超过 20 万本。该书追溯了电视逐渐取代铅字的过程。

波兹曼阐发了麦克卢汉媒介即信息的观点，认为媒介不同，信息也不同，并把历史划分为三个时代：口头媒介时代、文字媒介时代和电视媒介时代。19世纪的美国被认为是"理性时代"，一大原因就是当时的主要媒介是印刷传媒。到了20世纪后半叶，美国文化中出现了重大变化，电视媒介取代了印刷媒介成为主流媒介。电视的表达方式是娱乐，它改变了公众话语的内容和意义，公众话语以娱乐的方式出现，并成为一种文化精神，其结果是我们成了一个娱乐至死的物种。电视的表达方式对传统的教育方式提出了重大挑战，教育通过媒介包装后，娱乐的外表和形式取代了教育的内涵，电视教学的内容是固定的，无法与观众进行双向交流，无法履行教育的职责。

《芝麻街》（英文：*Sesame Street*）于1969年在美国的国家教育电视台（National Educational Television）首次播出，后转到公共电视台（Public Broadcasting Service）播出，内容结合了教育和娱乐。它是迄今为止，获得艾美奖奖项最多的一个儿童节目（71项），其中许多的滑稽短剧和小栏目都已成为其他电视节目竞相模仿的典范。波兹曼认为孩子们喜欢《芝麻街》，原因很简单，该节目寓教于乐，类似娱乐性的广告。父母也因此可以减轻教育的责任，减轻不能或不愿限制孩子看电视的负罪感。教师也认为新技术可以帮助他们实施有效的教育。《芝麻街》改变了学校的观念，教室是一个社交场所，而电视则属于私人领域。教室中的娱乐只是手段，而是电视的娱乐就是目的。

《芝麻街》的确有教育性，但是它跟传统的书本学习和教室学习具有本质的不同。因为它让学生远离学校以及与学校有关的一切事物，去热爱电视。约翰·杜威有句名言：课程的内容是学习过程中最不重要的东西。换句话说，方法才是学习中最重要的东西，而电视只是让学生去做电视上要求的事情。

西方教育史上出现了三次危机：第一次是公元前5世纪，从口头文化向书面文化过渡的时候；第二次是16世纪印刷机的出现；第三次是电子信息时代，即现在。美国目前最大的教育产业是在电视机前，电视通过控制人们的时间、注意力和认知习惯获得了控制人们教育的权力。电视成了一种课程，成功取代了学校的课程。电视对教育哲学的主要贡献是提出了寓教于乐的思想，但是从没有人说过或暗示过，只有当教育成为娱乐时，教育才是持久的、有效的、真实的。相反，学习是件苦差事，要付出代价。

电视提出了三条戒律:一是你不能有前提条件,摒弃了教育的连贯性和思想性。二是你不能令人困惑,电视教学以最易懂的方式出现。三是避开阐述,讲求戏剧性和辅以图像和音乐。电视教学的实质就是娱乐。电视时代的教师也不断在教学中添加视觉刺激减少读写任务,教师把教室变成了二流的电视节目。

《咪咪的旅途》获得了教育部的大力支持。其中贯穿了一些学术的主题,如地理环境知识等。教育部的官员认为这个节目可以培养人的高层次的思维能力。这个节目采用多媒体的方式,但这种方式很老套,无任何创意。教育部的另一个节目《别说错》同样是吃力不讨好,对提高人们的英语能力毫无帮助,因为现在电视广告中到处是语法错误的病句。研究证明,学习的效果并不因为娱乐化的形式而提高。电视在培养人的深层次的、推论性的思维方面明显不如铅字。《咪咪的旅途》中的学术主题如航海技术对于生活在城市的学生而言毫无意义。《咪咪的旅途》的创意就在于它展示了电视的好处而非教育的好处,教学内容的主要载体就是电视节目。教室成了人们了解媒介的地方,电视教学避开了一些紧要问题,如怎样看电视,电脑的认知倾向和社会效应是甚么。《咪咪的旅途》的确可以让学生学会一些无用的知识,但这些知识可以通过其他方式获得,它或许只是为了证明学习是一种娱乐方式。

本章《教学是一种娱乐活动》从媒介的角度来谈电视时代的教育问题,对教育理论或美育理论意义非凡。关于媒介的正负效应,争论很多,以麦克卢汉、波兹曼、马克波斯特等为代表的媒介理论家,更多的是强调媒介技术非人化、压迫性的一面,而也有许多理论家认为新媒介如网络媒介使人与人的关系更接近,如牛津大学一些计算机科学家在2009年的调查研究证明了这一点。这个争论的背后隐含着一个哲学难题,即如何评价媒介的地位和作用的问题。客观地说,媒介作为人与人交流的中介,交流方式的改变当然会带来生活方式的改变。如果把所有的教育问题都归之于媒介,就如同工业化初期的工人把罪责都归之于大机器般愚蠢。媒介只是技术垄断的一种形式,归根结底还是资本垄断,生产媒介和控制媒介的人是资本家。从马克思的制度批判走向媒介批判,是马克思批判理论的进一步深化,但也有技术至上的思想。因为媒介的本质是资本,至于媒介采取何种表达方式,则因资本家的盈利方式而定。

波兹曼的重要发现是关于电视的表达方式——娱乐的,寓教于乐本身没有错，错在只剩下娱乐。后现代在艺术终结之后，美是否也终结了？美育是否也终结了？信息时代的美育状况不容乐观。《中国日报》英文版 2011 年 4 月 3 日头版，有一幅漫画，画面是“牛顿”拿着苹果手机在忘情地看微博，几个苹果砸在他脑门上都无动于衷，漫画下方有一条说明：“用户对即时信息的渴望轻易地吞噬他们的白天和黑夜。”在 2006 年，第四次全国国民阅读调查结果发布，结果显示，在识字的成人群体中，2005 年有 51.3％的人连一本图书都没有读过。这一比例首次超过半数。而且，我国国民图书阅读率连续 6 年持续走低，而网络阅读率则大幅增长。文学阅读式微，新媒介在其中扮演着重要甚至是主要的角色。现代人更多地通过图像与声音来获得信息，但很多是无用的信息；而且伴随文字阅读所特有的思索没有了。比如央视的《百家讲坛》，不可否认，这种学术快餐有很多知识和教育性的内容。但这些内容无一例外被精心包装成故事的形式，再辅以漂亮的图像和动人的音乐，赏心悦目。学术内涵打了折扣不说，这些讲演如同有偿新闻一样，看过之后，被人们很快遗忘。上述事实表明，后现代的美育现状堪忧，同样面临过度娱乐化的问题。

（李　兵）

第十章　教学是一种娱乐活动

让《芝麻街》在 1969 年面世真是一个明智之举，策划者们深信这个节目将受到孩子、父母及教育者的喜爱。孩子们喜欢这个节目，因为他们是在电视广告中长大的，他们知道广告是电视上最精心制作的娱乐节目。对于那些还没有上学或者刚刚开始上学的孩子来说，通过一系列广告进行学习的念头并不奇怪。他们认为电视理所应当起到娱乐的作用。

父母们喜欢《芝麻街》有几个原因，其中一个原因是这个节目减少了他们因为不能或不愿限制孩子看电视而产生的负罪感。《芝麻街》的出现让四五岁的孩子可以名正言顺地在电视机前入迷地坐上很长时间。父母们热切地希望电视除了告诉孩子哪种早餐麦片最好外，还能够多教他们一些东西。同时，《芝麻街》还减轻了他们教学龄前儿童阅读的责任——这在一个把孩子视为累赘的文化中可不算是件小事。父母们清楚地认识到，尽管《芝麻街》有这样那样的缺点，但它和流行在美国社会的那种精神是完全相通的。在《芝麻街》里，可爱的木偶、耀眼的明星、朗朗上口的曲调和快速的编辑,无疑都能带给孩子们很多乐趣,并为他们将来融入一个热爱娱乐的文化作好充分的准备。

在教育者这方面,他们也普遍对《芝麻街》持赞同态度。和普通人不同的是,他们往往喜欢尝试新的方法,特别是如果有人告诉他们教育可以通过运用新的技术更有效地完成的话。(这就是为甚么“不受教师影响的”课本、标准测试和电脑在课堂上大受欢迎的原因。)《芝麻街》在帮助解决怎样教美国人阅读这个问题上显然很有想象力,同时它还起到了鼓励孩子热爱学校的作用。

我们现在知道,只有当学校像“芝麻街”的时候,《芝麻街》才能起到鼓励孩子热爱学校的作用,也就是说,《芝麻街》改变了传统的学校概念。教室是一个社交场所,而电视机前的那点空间却是私人领地;在教室里,老师可以解答你提出的问题,而电视机屏幕无法回答任何问题;学校注重语言的发展,而电视提供的只有图像;上学是一种法律规定的行为,而看电视是一种自由选择;在学校里不听老师讲课可能受到惩罚,而不看电视却不会受到任何惩罚,在学校里你必须遵守各种行为规范,而看电视的时候你不必顾忌任何规章制度或行为规范;在教室里,娱乐不过是达到目的的一种手段,而在电视上,娱乐本身就是一种目的。

传统的教室在电视机前的一片笑声中黯然退出了我们的生活,这并不能怪《芝麻街》以及后来随之出现的《电子伙伴》。如果现在的教室开始成为一个枯燥而无趣的学习场所,那末要怪就怪电视机的发明者,而不是儿童电视工作室。我们不能奢望那些想制作好节目的人时时刻刻挂念着教室的功能,他们挂念的只能是电视的功能。这并不意味着《芝麻街》没有教育性,事实上,它绝对具有教育性——每一个电视节目都有教育性。就像阅读能培养人们对于学习的某种倾向一样(不管是怎样的书),看电视也能起到同样的作用。《荒原上的小屋》、《喝彩》和《今夜秀》在促进所谓“电视式学习”方面和《芝麻街》一样有效。这种学习,从本质上来说,同书本学习或学校学习是水火不容的。如果我们确实要怪罪《芝麻街》,我们也只能怪它不该装扮成教室的同类物,说到底这是它大胆利用基金和民众钞票的主要理由。作为一个电视节目,作为一个好的电视节目,《芝麻街》没有鼓励孩子热爱学校或任何和学校有关的内容,它鼓励孩子热爱的是电视。

这里有必要补充一点,《芝麻街》能否教给孩子们字母和数字完全不重要。约翰·杜威曾经说过,课程的内容是学习过程中最不重要的东西。

我们这里也许可以借用他的观点作为指导。他在《经验和教育》中写道："也许人们对于教育最大的错误认识是，一个人学会的只有他当时正在学习的东西。其实，伴随学习的过程形成持久的态度……也许比拼写课或地理历史课更为重要……因为这些态度才是在未来发挥重要作用的东西。"换句话说，一个人学到的最重要的东西是学习的方法。正如杜威在另一本书里写到的，我们学习我们要做的事情。而电视教育的方法是让孩子们去做电视要求他们做的事情，当然这和教室对他们提出的要求相去甚远，就像读书和看演出风马牛不相及一样。

虽然我们无法从各种各样的建议中找出改善教育制度的方法，但大家都清楚地认识到读书和看电视对于学习的定义是完全不同的，这已经成为当今美国关于教育的重要话题。事实上，美国可以被当作西方教育第三次危机中的一个典型例子。第一次危机出现在公元前 5 世纪，那时雅典人经历了从口头文化到字母书写文化的变更，如果要了解其中的意义，我们应该读一读柏拉图。第二次危机出现在 16 世纪，印刷机的出现使欧洲发生了巨变，要了解这个阶段，我们应该读一读约翰·洛克。第三个阶段正发生在美国，这是电子革命，特别是电视机发明后产生的后果，要想了解其中的奥妙，我们应该读一读马歇尔·麦克卢汉。

人们不再认为教育应该建立在缓慢发展的铅字上，一种建立在快速变化的电子图像之上的新型教育已经出现在我们面前。目前的教室还在利用铅字，但它们之间的联系已经日渐削弱了。而电视正以前所未有的速度持续发展着，为"甚么是知识"和"怎样获得知识"重新进行了定义。我们完全有理由说，美国目前最大的教育产业不是在教室里，而是在家里，在电视机前，这个产业的管理者不是学校里的行政人员和教师，而是电视网络公司的董事会和节目制作人。我并不是说这样的局面是某些人蓄意而为，也不是说那些控制电视的人应承担这个责任。我只是想说，像字母和印刷机一样，电视通过控制人们的时间、注意力和认知习惯获得了控制人们教育的权力。

正因为这样，所以我觉得把电视称作"课程"是很确切的。在我看来，课程是一种特别的信息系统，其目的是要影响、教育、训练或培养年轻人的思想和性格。电视正可以起到这样的作用，而且可以做到持之以恒。通过发挥这样的作用，电视成功地战胜了学校里的课程，甚至几乎消灭了学校里的课程。

我曾写过一本书,名字叫《教学是一种保护活动》,在那本书里,我详细地分析了电视和学校这两种课程的对立性,这里我不想重复。但是我想重提两点,因为我觉得我在那本书里阐述得还不够,而且这两点对现在这本书来说是至关重要的。我想指出的第一点是,电视对教育哲学的主要贡献是它提出了教学和娱乐不可分的理念。从孔子到柏拉图到洛克到杜威,没有人在他们对教育的论述中提出过这样的观点。如果你博览教育文献,你会发现有人说过,孩子在学习自己有兴趣的东西时掌握得最好;你还会发现有人说过——柏拉图和杜威对此也十分强调——理性只有在情感的肥沃土壤里才能得到最好的培养;你甚至会发现有人说,一个慈爱的老师会使学习成为一件轻松的事情。但是从来没有人说过或暗示过,只有当教育成为娱乐时,学习才能最有效、最持久、最真实。教育哲学家们认为获得知识是一件困难的事情,因为其中必然有各种约束的介入。他们认为学习是要付出代价的,耐力和汗水必不可少;个人的兴趣要让位于集体的利益。在他们看来,要想获得出色的思辨能力对于年轻人来说绝非易事,而是一场艰苦卓绝的斗争。西塞罗说过,教育的目的是让学生们摆脱现实的奴役,而现在的年轻人正竭力作着相反的努力——为了适应现实而改变自己。

电视提供了一个诱人而富有创意的不同选择,我们也许可以说,电视提出了三条戒律并由此形成了教育的哲学。这些戒律的影响在每一种电视节目中都能够体现出来——从《芝麻街》到《诺瓦》和《国家地理》杂志这样的纪录片到《幻想岛》到音乐电视。下面就是我所说的三条戒律:

你不能有前提条件

每一个电视节目都应该是完整独立的,观众在观看节目的时候不需要具备其他知识。我们不能说学习是循序渐进的,也不能强调知识的积累需要一定的基础。电视学习者应该可以自由地选择何时开始学习而不会受到歧视。因此,你从来没有看见或听见哪个电视节目开头的时候会警告观众:如果你没有看过前面的节目,你就无法看懂眼前这个节目。电视是不分等级的课程,它不会在任何时候因为任何原因拒绝观众。换句话说,电视通过摒弃教育中的顺序和连贯性而彻底否定了它们和思想之间存在任何关系。

你不能令人困惑

在电视教学中,让观众心生困惑就意味着低收视率。遇到难题的学习者必然要转向其他频道。这就要求电视节目中不能有任何需要记忆、学习、运用甚至忍受的东西。也就是说，任何信息、故事或观点都要以最易懂的方式出现，因为对于电视来说，最重要的是学习者的满意程度，而不是学习者的成长。

你应像躲避瘟神一样避开阐述

在电视教学的所有敌人中，包括连续性和让人困惑的难题，没有哪一个比阐述更可怕。争论、假设、讨论、说理、辩驳或其他任何用于演说的传统方法，都会让电视变成广播，或者更糟糕，变成三流的印刷材料。所以，电视教学常常采用讲故事的形式，通过动感的图像伴以音乐来进行。这也是《星际旅行》、《宇宙》、《芝麻街》和各种电视广告的特点，如果没有可视性和戏剧背景，任何电视教学都不可能实现。

如果要给这样一种没有前提条件、没有难题、没有阐述的教育取一个合适的名字，那末这个名字只能是“娱乐”。在美国青年的生活中，除了睡觉，没有其他活动比看电视占据更多的时间，所以我们不难得出结论：大众对于学习的态度正在重新定位。这就引出了我想强调的第二点：这种重新定位的后果不仅体现在教室的传统功能的日益衰退，而且还体现在教室被改造成一个教和学都以娱乐为目的的地方。

我前面已经提到过费城学校进行的一个实验，在那里，教室被改造成摇滚音乐会。但这只是试图把教育定义为一种娱乐方式的众多例子中最愚蠢的一个。老师们，从小学到大学，都在增强他们教学内容的视觉刺激，减少学生们必须应对的阐述比重。他们布置的读写任务越来越少，他们得出一个结论（虽然是万般无奈的）：吸引学生兴趣的主要途径是娱乐。我可以毫不费力地在本章剩下的篇幅中填满各种关于教师怎样把教室变成二流电视节目的例子，当然，在有些情况下，他们可能是无意识的。但这里，我想重点讨论一下《咪咪的旅途》，这个节目如果不能算是新型教育的典范，至少也应该算是一个综合体现了。《咪咪的旅途》是一个开支庞大的科学项目的名字，它涉及了教育界最负盛名的一些机构：美国教育部、银行街教育学院、美国公共广播系统和霍特-瑞恩哈特-温斯顿出版公司。这个项目获得了教育部 365 万美元的资助，因为教育部总是慎重地把钱用在有价值的项目上，而《咪咪的旅途》正是一个有价值的项目。为了简要地介绍一下这个项目，我从 1984 年 8 月 7 目的《纽约时报》上引用了四段话：

> 该项目由26集系列片组成,描写了一个流动鲸鱼研究实验室的惊险历程。为了配合这个电视节目的播出,他们还制作了配有精美插图的书籍以及模仿科学家和航海家工作的电脑游戏……
>
> 《咪咪的旅途》通过一系列15分钟的电视片描写了4个年轻人的冒险经历,他们陪伴两个科学家和一个脾气暴躁的船长踏上了监控缅因州海岸座头鲸的旅途。他们凭借一艘改造过的拖网渔船跟踪鲸鱼,在船只被风暴毁坏之后想方设法在荒无人烟的孤岛上生存下来……
>
> 在每一集节目之后都有一个15分钟的涉及相关主题的纪录片。在其中的一集纪录片中,一个少年演员拜访了特德·泰勒,他是格林波特的一个核物理学家,他发明了一种通过冷凝海水来对海水进行净化的方法。
>
> 教师们可以随时从电视上录下这些节目用于教学,他们还可以选用配套的书籍和电脑练习。根据情节,这些练习中自然贯穿了四个学术主题:地图和航海技术、鲸鱼和它们的生活环境、生态系统和电脑运用能力。

美国公共广播系统播出了这个电视节目,霍特-瑞恩哈特-温斯顿出版公司出版了配套的书籍和电脑软件,银行街教育学院的教师们提供了教学方面的专门技术。由此可见,对《咪咪的旅途》我们绝不能等闲视之。正如教育部弗兰克·威斯罗所说的:“我们把这个项目当作一个王牌项目,我们相信很快就会有其他人效仿的。”每个参与这个项目的人都充满了热情,他们说起它的好处时总是如数家珍。霍特—瑞恩哈特—温斯顿出版公司的贾尼丝·特里比·理查兹强调说:“研究表明,当信息通过戏剧化的形式表现出来时,学习的效果最明显,电视在这方面可以比任何其他媒介都做得更好。”教育部的官员认为,把电视、铅字和电脑这三种媒介结合在一起,能够培养高层次的思维能力。威斯罗先生还说,像《咪咪的旅途》这样的节目可以节约很多财力,从长远的角度来着,“它比我们做的任何其他项目都要便宜”。威斯罗先生还就怎样为这类项目集资提出了自己的建议。他说:“拍摄一部《芝麻街》,我们需要5年或6年时间来集资,但最终我们可以通过广告衫和饼干罐头来赚钱。”

在思考《咪咪的旅途》所产生的意义时,我们应该记住,这个创意绝不新奇。所谓的“把三种媒介结合在一起”或“多媒体形式”，曾经有一个名字叫“视听教具”，这是教师们为了提高学生对课程的兴趣已经运用了多年的方法。几年前，教育部为了一个类似的节目向 WNET 电视台提供了一笔资金。这个节目叫《别说错》，在这个电视系列剧中，那些滥用英语的年轻人遇到了各种各样的社会问题。语言学家和教育家们为教师们准备了与节目配套的课程。这个节目很有吸引力，但似乎并没有证据可以证明，通过观看这个节目，学生们运用英语的能力得到了提高。说实话，每天的电视广告中不乏滥用英语的例子，我们不明白美国政府为甚么还要花这个冤枉钱来编造如此多的例子用作课堂教学的内容。大卫·萨斯坎德的任何一个节目录像中出现的错误用法都足以让英语老师分析一个学期。

但是，教育部仍然一如既往，因为他们相信——再次引用一下理查兹女士的话——“研究表明，当信息通过戏剧化的形式表现出来时，学习的效果最明显，电视在这方面可以比任何其他媒介都做得更好。”对于这样的观点，我们最厚道的反应是说它误导人心。乔治·科姆斯托克和他的助手们认真分析了 2 800 项有关电视对行为的影响的研究，包括对认知过程的影响，没有找到让人信服的证据可以证明：“当信息通过戏剧化的形式表现出来时，学习的效果最明显。”而且，在科思和萨洛蒙、麦林高夫、雅各比、霍耶和舍路卡、斯托弗、弗罗斯特和赖博尔特、斯特恩、威尔森、纽曼、卡茨、阿道尼和帕尼斯以及冈特的研究中，他们得出了相反的结论。雅各比和其他一些人发现，在观看了两个 30 秒长的商业电视节目和广告之后，只有 3.5％的观众可以正确回答和节目有关的 12 个判断对错的问题。斯托弗和其他一些人在研究了学生对电视、广播和报纸上的新闻做出的不同反应后得出结论：学生对于报纸新闻中出现的人名和数字做出的回答正确率最高。斯特恩的研究结果表明，51％的观众在看完一个电视新闻节目几分钟之后无法回忆起其中的任何一则新闻。威尔森发现，普通的电视观众只能记住电视剧中 20％的信息。卡茨和其他一些人发现，21％的电视观众无法回忆起一个小时之内播放的任何新闻。在他自己以及其他人研究的基础上，萨洛蒙得出一个结论：“从电视上获得的意义往往是一些具体的片段，不具备推论性，而从阅读中获得的意义往往和我们原来储存的知识相关，所以具有较强的推论性。”换句话说，通过这一系列的研究，我们没有发现观看电视可以有效地提高学习效果，电视在培养深层次的、具有推论性的思维方面明显不如铅字。

我们不能为了获得捐款就不顾事实。当某个项目岌岌可危的时候，我们似乎都会为了获得支持而吹嘘它的好处。当然，我不怀疑理查兹女士也可以找出几个研究结果来支持她的观点。问题是，如果你集资的目的是为了让已经看了太多电视的孩子们再多看一些电视，那末你夸大其词的程度就令人担忧了。

《咪咪的旅途》最重要的特点是它的内容是经过精心挑选的，因为所有内容必须能够通过电视来表现。学生们为甚么要学习座头鲸的习性？所谓"学术主题"的识图能力和航海技术到底有多重要？航海技术从来就没有被看作是"学术主题"，对于大城市里的学生来说根本就没有意义。为甚么"鲸鱼和它们的生活环境"会成为一个如此有趣的话题，值得人们花上一整年的时间来制作这个节目？

我认为，《咪咪的旅途》的创意很可能来自有人问了这样一个问题："电视的好处是甚么？"而不是"教育的好处是甚么？"电视的好处在于它可以展示遇险的船只、航海历险、脾气暴躁的老船长以及接受电影明星采访的物理学家，这就是我们在《咪咪的旅途》中看到的。为这个情景喜剧量身定做的配有图片的书籍和电脑游戏，证明了电视节目可以控制学校课程。学生浏览的图片和他们玩的电脑游戏，都是由电视节目的内容决定的。书籍似乎已经成为一种视听教具，教学内容的主要载体是电视节目，电视节目之所以能在学校课程中占据重要地位，是因为它具有娱乐性。当然，电视节目确实可以用于提高学生对所学内容的兴趣，甚至成为学习的重心。但现在出现的情况是，学校课程的内容完全受制于电视节目，人们甚至开始认为教室是学生们了解各种各样的媒介——包括电视——怎样影响人们态度和认知的地方。既然我们的学生在中学结束之前已经观看了大约1.6万个小时的电视，我们理应提出这样的问题，教育部的官员们也应该想到这样的问题：谁应该来教我们的孩子怎样看电视？甚么时候不该看电视？《咪咪的旅途》避开了这些问题，他们希望学生们以观看与《西尔街蓝调》的相同心态沉浸于节目之中。(我们可以推断，所谓培养"电脑运用能力"也没有涉及电脑的认知倾向和社会效应之类的问题。而这些在我看来，正是我们关于新技术应该讨论的最重要的问题)。

《咪咪的旅途》按照媒体商人的旨意，盲目而无形地花掉了365万美元，结果学生们学到了甚么呢？可以肯定，他们对鲸鱼有了一些了解，也许也获得了有关航海和识别地图的知识，但这些他们也完全可以通过其他途径获得。最重要的是,他们知道了学习是一种娱乐方式,或者更准确地说,任何值得学习的东西都可以采用娱乐的方式出现,而且必须这样。如果他们的英语老师让他们通过摇滚音乐学习演讲稿的八大部分,或者,如果他们的社会学老师用唱歌的方式教给他们有关 1812 年战争的史实,再或者,如果他们的物理课内容出现在饼干和广告衫上,他们绝不会有任何异议。这正是他们希望的,而且他们已经作好了充分的思想准备,要以同样轻松愉快的方式来接受他们的政治、宗教、新闻和商业。

章 艳译

——节选自尼尔·波兹曼:《娱乐至死》,桂林:广西师范大学出版社 2004 年版。

哈罗德·布鲁姆

哈罗德·布鲁姆(Harold Bloom, 1930—),当代美国著名文学批评家。哈罗德·布鲁姆先后就读于康奈尔大学和耶鲁大学,曾在耶鲁大学、纽约大学和哈佛大学等高校任教。主要研究领域包括诗歌批评、理论批评和宗教批评三大方面。早期研究浪漫主义诗歌,曾出版过论布莱克、雪莱、叶芝、斯蒂文森等诗人的专著。70 年代前期转向文学理论研究,与保罗·德曼、希利斯·米勒和杰弗里·哈特曼并称"耶鲁学派",又称"耶鲁四人帮",以"误读理论"更新了对文学传统的认识。1973 年出版了《影响的焦虑》,在欧美批评界引起强烈反响。90 年代以后又转向《圣经》和宗教研究。他以其独特的理论建构和批评实践被誉为"西方传统中最有天赋、最有原创性和最有煽动性的一位文学批评家"。主要作品还有《误读之图》、《西方正典》、《诗歌与压制》、《竞争:一种修正主义理论》等。

甚么是经典?经典的意义何在?面对这个问题,人们众说纷纭,但美国批评家哈罗德·布鲁姆力排众议,维护了经典的审美价值,并把它作为人们开展审美教育的基础。经典的原始意义与意识形态的遴选相关,但问题在于,人们选择读甚么书?布鲁姆认为阅读经典并不会使人变得更好,而审美价值并非所有人都能感受到、知觉到的。文学包含了人性骚动的所有内容,其深层次的焦虑是文学性的。经典是广告吹出来的吗?每一部经典都是原创性的吗?马克思主义者、后结构主义者等否定了经典的原创性。布鲁姆把这些人称为憎恨学派。憎恨学派的基本原则是:审美价值出自阶级斗争。这个原则虽然无法全然否定,但核心是审美的。个体自我是理解文学的审美价值的唯一方法和标准。为钱写作的文学经济学无法成为文学的标准。莎士比亚的经典甚至是无法阐释的,任何对莎士比亚的弗洛伊德式的阅读只会削弱莎氏的力量,对弗洛伊德的莎士比亚式的阅读可以说明并压倒弗氏的文本。一切强有力的文学原创性都具有经典性,要有原创性就必须去和原有的经典斗争。但这个斗争不同于马克思主义的阶级斗争,斗争是文学的内在特性。强有力的诗人战胜传统并使之屈从自己,这是检验经典性的最高标准。

经典的力量是审美的力量,与传统战斗就是颠覆传统的价值观。人们阅读并不是为了社会的、政治的或道德的目的,而是为了获得审美的力量。经典不会使人变好或变坏,却可以促成内在自我的成长。当然,布鲁姆的审美主义并不是主张文学与世俗力量完全不相干,恰恰相反,文学常常与世俗的力量纠缠不清,品达用诗换金钱并不影响品达成为经典。但是,文学不应该过度热衷于社会竞争,一首诗负载过度的情感和政治观,则会损毁诗歌的想象力,使诗失去诗味。经典是甚么?可能谁也说不清。但经典是文化思考的基础,一句话,经典就是莎士比亚。从布鲁姆的经典理论推而言之,审美教育也有自己孤独的一面,毕竟,审美力量只有个体自己能体会。虽然审美价值的生产是一个社会过程,但社会能量自身写不出一场莎翁的戏。由此,经典是生命力的准绳,没有了经典,我们就会停止思考。但是,布鲁姆把莎士比亚奉为不可逾越的经典,实际上变相地树立了某种文学的权威,不利于文学的创新。

总之,布鲁姆的审美主义使他成为耶鲁解构学派的另类,与其他解构理论家要解构和颠覆经典的意图不同,布鲁姆对经典的误读恰恰是为了维护经典的审美价值。当然,我们可以从当代许多理论的角度批评其审美主义思想,把这种理论视为西方审美“无利害”学说的当代变种等等。用批判理论的观点来看,文学或艺术的审美主义思想或许正是被意识形态排斥的结果。然而,布鲁姆的审美主义思想在文学和审美泛化的今天,维护了审美的核心价值和地位,对防止文学走入歧途具有警示意义。其审美主义思想对美育理论的重要性也是不言而喻的,美育与其他教育理论的本质区别就在于审美这个核心。

（李　兵）

经典悲歌

经典的原意是指我们的教育机构所遴选的书。尽管近来流行多元文化主义政治，但经典的真正问题仍在：那些渴望读书者在世纪之末想看甚么书？《圣经》所云的七十载光阴还不够阅读西方传统中伟大作家的部分名著，更不用说遍览世界上所有的传世之作了。读书必有取舍，因为实际上一个人没有足够时间读尽一切，即使他万事不做光读书也罢。马拉美的名句“此身憔悴，啊，我已饱读天下诗书”不免夸张。马尔萨斯式的过剩应该是经典焦虑的真正缘由。近来，自称身负批评家政治使命的学界旅鼠们无时无刻不在坠身悬崖，然而，主张教化的潮流终会退去。我们的每一个教育机构中都将设立文化研究系，这一趋势好比一头公牛不可拂逆；同时，审美的暗潮也会涌动，从而恢复人们几许读书的激情。

奥登曾言：评论劣书有害人品。像所有多才的道德家们一样，奥登忍不住地要理想化，他也确实应该活到今日，时下，一些新的政治委员们告诫说读好书于人品也有害，我想这也许是对的。阅读名家如荷马、但丁、莎士比亚和托尔斯泰的作品，不会使我们变成更好的公民。照那位凡事正确、品位崇高的奥斯卡·王尔德的说法，艺术确实毫无功用。不过他还指出，一切劣诗都是诚挚的。假如我有行事的权力，我会要求把这句话刻在每一所大学的校门之上，以便每个学生都能思考其中的真知灼见。

《纽约时报》一篇社论曾称赞玛雅·安杰洛为克林顿总统所写的就职诗具有惠特曼的雄浑，其诚挚感人至深；该诗就成了充斥今日学界的所有速成经典中的一部。令人不快的事实是，我们对此无能为力，因为我们的抵制是有限度的，过了这个限度连我们的大学也不得不指控我们是种族主义者或性别主义者。我记得一位同事无疑是以嘲讽的口吻告诉《纽约时报》的记者说：“我们都是女性主义批评家。”这一说法似乎更适于用在一个被占领的国家，因为那里的人们无法指望从解放中获得解放。于是，那些机构也许会听从兰佩杜萨的《豹》中亲王对同伴的劝告：“对一切事都稍做改变，于是一切就会照旧。”

不幸的是，万事在变，因为阅读的艺术和激情作为我们事业的基础，深深地依赖于那些从小就爱好读书的人。即使虔诚而孤独的读者们如今也必定感到苦恼，因为他们也无法确知，新一代人是否会反叛时弊，钟爱莎士比亚和但丁胜过所有其他作家。黄昏的大地上阴影正在延伸，我们在临近第二个千禧年,阴影还会扩大。

对此我并不忧伤;我认为审美只是个人的而非社会的关切。虽然我们有些人不喜欢别人说我们缺乏后辈所具有的自由、宽容和开放的社会视野,但不管怎样大家都是无辜的。文学批评是一门古老的艺术;布鲁诺·斯奈尔认为阿里斯托芬堪为鼻祖,但我宁可同意海涅的看法,“有一个上帝,他的名字叫阿里斯托芬”。文化批评是又一门沉闷的社会科学,但文学批评作为一门艺术,总是并仍将是一种精英现象。相信文学批评会成为民主教育或社会进步的基础,这种看法是不对的。正当今日英语系和其他文学院系缩到我们现在古典文学系的规模,并把自己繁重的任务转交给文化研究军团时,我们或许能重拾那不可回避的任务,即研究莎士比亚和少数可以与他比肩的人,因为毕竟是他们创造了我们。

当我们从个别读者和作者与保存下来的作品之间的关系来看经典,并忘掉经典是必修书目时,经典就可视为文学的“记忆艺术”,而非宗教意义上的典籍。记忆即使在被迫的情况下也总是一种艺术。爱默生曾把记忆和希望对立起来,但那时的美国与现在非常不同。现在虽然希望已很渺茫,但记忆和希望二者已合而为一。把希望体制化是危险的,而我们所在的社会也不再允许把记忆体制化。我们的教育应更有选择性,要挑选那少数有能力变得高度个性化的读者和作者。对其他适应政治化课程的人可以任其自然。实际上,审美价值可以被认知或体验,却无法传达给那些无法抓住其感受和知觉的人。以审美的名义进行争吵总是大谬不然。

我更感兴趣的是许多同行们避开了审美领域,其中一些人至少在当初还有体验审美价值的能力。据弗洛伊德之见,逃避隐含着压抑,是无意识的却是“有目的的遗忘。我的同行们之所以逃避,他们的目的很明显‘去减缓错位的负疚感’”。审美语境中的遗忘是具有毁灭性的,因为在批评中,认知总是依赖于记忆。朗吉努斯也许会说,愉悦正是憎恨者所遗忘的。尼采也许会称其为痛苦;但他们总是会站在高处去思索着相同的体验。那些从高处如旅鼠般跳下的人们会喋喋不休,认为最好把文学解释成是资产阶级体制所促生的神秘化。

这样一来就把审美降为了意识形态,或顶多视其为形而上学。一首诗不能仅仅被读为“一首诗”,因为它主要是一个社会文献,或者(不多见但有可能)是为了克服哲学的影响。我与这一态度不同,力主一种顽强的抵抗,其唯一目的是尽可能保存诗的完整和纯粹。那些弃此目的的“军团”代表了我们传统中的一种倾向，即总是要避开审美领域；如柏拉图的道德主义和亚里士多德的社会、科学。对诗的攻击往往是因其对社会福祉的破坏而要驱逐它，或者容其苟活但要求它在新的多元文化主义大旗下执行社会净化的任务。在学界的马克思主义、女性主义和新历史主义表象之下，柏拉图主义的古老论题和同样过时的亚里士多德式社会疗法仍在我行我素。我认为，上述这些观念和一直受困的审美支持者之间的冲突永无竟时。我们正在败退，并无疑地还将败退，这是令人沮丧的，因为很多优秀的学生将弃我们而去，另寻其他学科和职业，这种抛弃已随处可见。他们的选择无可厚非，因为我们不能保护他们，使他们免受我们专业内知识和审美价值与成就标准降低的连累。现在我们所能做的一切只是维系审美领域的连续性，同时也不屈服于说我们反对冒险和抵制新阐释的谎言。

弗洛伊德给焦虑所下的著名定义是“焦虑的预期”(Angst vor etwas)。总有一些事情在未发生时会让我们感到焦虑，也就是说，当我们预期要被召唤去实现它们时会感到焦虑。爱欲大概是最令人愉悦的预期，它把自身的焦虑引入反思意识，这就是弗洛伊德的主题。一部文学作品也要引发它要实现的预期，否则它就会失去读者。文学最深层次的焦虑是文学性的，我认为，确实是此种焦虑定义了文学并几乎与之一体。一首诗、一部小说或一部戏剧包含有人性骚动的所有内容，包括对死亡的恐惧，这种恐惧在文学艺术中会转化成对经典性的企求，企求存在于群体或社会的记忆之中。即使是莎士比亚，在其最有感染力的十四行诗中也徘徊于这一执着的愿望或冲动。不朽的修辞学也是一种生存心理学和一种宇宙观。

构思一部让世界不会遗忘的文学作品，这种想法来自何处？这与希信来圣经无关，因为希伯来人视经典为弄脏翻阅之手的东西，这也许是因为凡人之手不宜持有圣洁之作。于是耶稣为基督徒们重写犹太经典，而与耶稣有关的最重要之事就是复活。在世俗的写作史上，人们何时开始谈到诗歌或故事能够永存的？这种自负存在于彼特拉克的诗中，又被莎士比亚的十四行诗大大增强。它也已隐含在但丁对自己《神曲》的赞许中。我们不能说是但丁将这种观念世俗化；因为他包罗万象，所以从某种意义上说，他没有将任何东西世俗化。对他而言，他的诗如《以赛亚书》一样大都是预言，所以我们或许可以说是但丁发明了有关经典的现代观念。

杰出的中世纪专家柯尔提乌斯强调指出,但丁认为在他之前只有两次真正的超凡之旅:维吉尔的《埃涅阿斯记》第六卷和《哥林多书》第十二章第二节叙述的圣保罗的故事。从《埃涅阿斯记》中诞生了罗马;从保罗的故事中诞生了非犹太人的基督教;但丁如果活到 81 岁的话,他也许会使《神曲》中隐含的奥秘预言得以实现,不过但丁在 56 岁时就死了。

密切关注经典隐喻之兴衰的柯尔提乌斯在《诗作为永恒化》这篇附论中将诗名之永恒追溯至《伊利亚特》,甚至还包括贺拉斯的《歌集》。这些作品告诉我们,是缪斯的口才和热情让那些英雄们不朽。雅各布·布克哈特在柯尔提乌斯引用过的有关文学声誉的章节中指出,意大利文艺复兴时期诗人兼哲学家但丁"最深刻地意识到他是声誉和不朽的传播者",柯尔提乌斯认为这种意识早在公元 1100 年法国的拉丁诗人作品中就已存在。但这一意识在一定程度上与世俗的经典观联系起来了,这样不是被赞颂的英雄,而是赞颂本身被视为了不朽。世俗经典意指一些受到认可的作家作品,它实际上直到 18 世纪中叶才出现,即出现于敏感、感伤和崇高的文学年代。威廉·柯林斯的《颂诗》在"敏感"(Sensibility)的英雄先驱中追溯崇高经典,自古希腊直到弥尔顿,因此是最早宣扬世俗经典传统的英语诗作之一。

经典是具有宗教起源的词汇,如今已成了为生存而互相争斗的文本之间的选择,不管你认为这个选择是由谁做出:主流社会、教育体制、批评传统,或如我主张的是由那些自认为被某些古代名家所选中的后起作者。一些学术激进派人士近来甚至主张,跻身经典的作品是由成功的广告和宣传捧出来的。这些怀疑论者的同道们有时甚至进一步质疑莎士比亚的卓越声名,认为他名不副实。如果你崇拜历史进程中的复合神,你就注定要否认莎氏那显著的美学权威性,即他戏剧中易受诽谤的原创性。原创性正在成为个人事业、自给自足及竞争等词汇的文学同义语,这些词汇无法取悦女性主义者、非洲中心论者、马克思主义者、受福柯启发的新历史主义者或解构论者——我把上述这些人都称为"憎恨学派"的成员。

有关经典构成的一个有见地的理论是阿拉斯戴尔·弗勒在《文学的类型》(1982)中提出的。他在"文学经典和体裁等级"一章中论述道:"文学趣味的变化总是与重估由经典作品所代表的体裁有关。"每一时代里都有一些体裁比其他文体更具经典性。在我们时代的早期阶段,美国的散文罗曼司被推崇为一种体裁,它帮助福克纳、海明威和菲茨杰拉德成为

20世纪主要的散文小说家，并成为霍桑、麦尔维尔、马克·吐温等的合格继承人，也成为因《金碗》和《鸽翼》而成功的亨利·詹姆斯的某些方面的继承人。赞赏罗曼司而不是“写实”小说的后果之一是奇幻的叙事，如福克纳的《我弥留之际》、纳撒尼尔·韦斯特的《寂寞芳心小姐》、托马斯·品钦的《拍卖第四十九批》等作品受到的好评超过了西奥多·德莱塞的《嘉莉妹妹》和《美国悲剧》。新闻体小说是当今一个新的体裁，例如特鲁曼·卡波特的《冷血》、诺曼·梅勒的《刽子手之歌》、汤姆·沃尔夫的《虚荣之火》，等等；《美国悲剧》在这些作品的烘托下也重获了它往日的荣耀。

对历史小说的评价似乎一直不高。戈尔·维达尔曾带着辛酸对我倾诉，他直露的性倾向使他无法获得经典地位。更可能的是，维达尔最好的小说（除了极端无节制的《米拉·布雷肯瑞奇》）都是出色的历史小说，如《林肯》、《信尔》等好几部作品，这种次级体裁不再适于经典化，这也有助于解释梅勒极富创意的作品《古代的夜晚》为何遭遇凄凉了，这一部深刻分析欺诈术的作品无法再获得《亡灵书》在古埃及的地位。历史写作和叙事小说已分道扬镳，我们的感受力似乎再也不能让它们彼此接纳。

弗勒费了一番笔墨来解析为甚么一个时代容不下所有体裁这个问题：

> 我们必须容忍如下事实：文体从来都不会均衡地，更不用说全面地，出现在一个时代里。每一时代只有一小部分体裁会得到读者和批评家的热烈回应，而能为作家所用的体裁就更少了；除了最伟大、最杰出或最神秘的作家，短暂的经典对所有人是一样的。每一时代都会从体裁库中删掉一部分。或许可以说，所有时代里都存在所有体裁，它们隐约地体现于各种离奇怪诞的特例中……但活跃的文学体裁总是少数，并遭受各种程度的增删。一些批评家禁不住按流体力学的模式来思考体裁的谱系，似乎体裁总量是不变的，只是要重新分配。
>
> 但是，这一思考没有坚实的基础。我们最好将体裁的变动仅仅视为一种审美的选择。

我自己部分同意弗勒的看法，主张审美选择总是经典构成的每一世俗方面的指导准则，不过在维护文学经典和反对文学经典同样都已高度政治化的今日,要坚守我的主张殊为不易。就对审美价值的伤害而言,从意识形态上捍卫西方经典与那些宣称要摧毁或“破解它”的人的攻击是相同的。对西方经典来说,没有甚么比遴选规则更重要了,这些规则是精英们按照严格的艺术标准建立起来的。反对经典者坚信在经典的构成中总有意识形态的因素;确实,他们更进一步提出经典构成的意识形态性,认为创造经典(或使一部经典不朽)本身就是一种意识形态行为。

反经典的英雄非安东尼奥·葛兰西莫属,葛氏在《狱中札记》里反驳了如下观点:任何知识分子仅仅依靠与同道(如其他的文学批评家)共享的“特殊资格”,就可摆脱主导社会群体的影响。“这些不同类型的传统知识分子通过某种群体意识而经验他们连续不断的历史资格,可以表现出自身对主导社会群体的独立自主性。”

作为文学批评界的一员,我认为自己遭遇了最糟的时代,并认为葛兰西的苛责并不妥当。专业主义的“群体意识”令许多反经典的高级传教士们出奇地喜爱,而我却不以为然,同时也不承认西方学界有甚么“不间断的历史连续性”。我希望强调和上一个世纪及过去三代人中的少数批评家的连续性。至于我自己的“特别资格”纯属个人事务,与葛兰西无关。即使“主导社会群体”指的是耶鲁大学的法人,或纽约大学等一般美国大学的董事会,我也找不到我个人的特别治学方法与任何社会群体有甚么内在关联,我毕生都用自己的方法去阅读、记忆、判断以及解说我们称为“想象性文学”的东西。要寻找为某种社会意识形态服务的批评家,人们只需注意那些要把经典非神秘化或破解的人,或是那些与之对立却同蹈覆辙的人。不过,这两部分人都不真正是“文学的”。

回避或者压抑审美在所谓的高等教育机构中是普遍的风气。莎士比亚至高无上的美学地位四个世纪以来举世公认,然而他如今也被“历史化”为实用主义的无足轻重的东西,其真正原因在于莎氏怪异的美学力量不见容于任何意识形态说教。现今憎恨学派的基本原则可以一语道破:所谓的审美价值也出自阶级斗争。这一原则太宽泛而无法全然否定。但我本人坚持认为,个体的自我是理解审美价值的唯一方法和全部标准。不过,我也不得不承认,“个体的自我”只有相对于社会才能被界定,两者之间的冲突不可避免地牵涉到社会的和经济的阶级之间的冲突。作为一位制衣工人的儿子,我一直有无尽的时间来阅读和思考。我所工作的耶鲁大学当然属于美国体制的一部分,因此我对文学的长期思考易于受到最传统的马克思主义阶级分析方法的批评。热烈宣扬孤独自我的审美价值势必使人们要提醒我:思考的闲暇必须向社会去购买。

没有一位批评家,包括我在内,可以像独居的普洛斯佩罗那样在一座迷幻岛上施展精妙法术。批评与诗一样,(在隐含的意义上)好似公有财产中的窃取物。如果我年轻时的统治阶级听任某人成为美学说教者,那末这个阶级的利益必然与这一说教有关。不过,赞同这一点无关大局。领悟审美价值的自由也许是阶级冲突的产物,但价值本身并不等于自由,即令价值没有那种领悟便不能把握。就定义来说,审美价值产生于艺术家之间的交流,一种诠释性的相互影响。做艺术家或批评家的自由必然来自社会冲突。但与审美价值有关的自由感受的来源并不等同于社会冲突。已获得的个体性里总有一份负疚感;这种负疚感来自个体只是一个生存于世却对审美价值没有贡献的人。

不对竞争的三重问题——优于、劣于或等于——做出解答,就不会认识审美价值。这个用经济学的形象化语言提出的问题,在弗洛伊德的经济学原理中是找不到答案的。一首诗无法单独存在,但审美领域里存在一些固定的价值。这些不可全然忽视的价值经由艺术家之间相互影响的过程而建立起来。这些影响包含心理的、精神的和社会的因素,但其核心还是审美的。马克思主义者或受福柯启发的历史主义者可以无休止地坚持认为,美学的生产是一个历史动力的问题,但此处不欲讨论"生产"这个问题。对约翰逊博士的座右铭我欣然赞同:"除了傻瓜,无人不是为钱写作。"但是,自品达至今不可否认的文学经济学却不能确定美学最高权威的问题。经典的破解者和传统主义者都认为这种最高权威只能在莎士比亚作品中找到。莎士比亚就是世俗经典,或者说是俗世的圣经,考察前人或后辈是否属于经典作家都须以他为准。这是憎恨学派成员遭遇的一个难题:他们要么否认莎氏的超凡特质(这是痛苦而费劲的事);要么必须表明历史和阶级斗争为何并如何产生出莎剧的这些特质,因为这些特质赋予了他在西方经典中的核心地位。

这些人所遇到的是莎氏最独特的力量中不可超越的障碍:不管你是谁和身在何处,他总是在观念上和意象上超过你。他使你显得不合时宜,因为他包含你,而你却无法包括他。不论是用马克思主义、弗洛伊德主义还是德·曼的语言学怀疑主义,你都无法以新的信条来阐释莎士比亚。相反,莎氏却以自己的后识而不是先知来阐释信条:所有弗洛伊德思想的精粹已存在于莎剧之中,此外还有莎氏对弗氏的有力批判。弗洛伊德的心灵地图是莎士比亚的,前者似乎只是对后者的肤浅解说。换个角度说,对弗洛伊德的莎士比亚式阅读可以阐明并压倒弗氏的文本;而对莎士比亚的弗洛伊德式阅读只会削弱莎氏的力量,或者如果我们可以容忍的话,将是某种达到荒谬程度的损失。《科里奥兰》是对马克思的《路易·波拿巴的雾月十八日》的有力解读,远非马克思主义地解读《科里奥兰》所能企及。

我确信莎士比亚的卓越会是憎恨学派最终无法逾越的巨石。他们怎能两者兼顾呢?如果莎氏成为经典的核心实属偶然,那末他们应该表明为甚么主导社会阶级选择莎氏而不是本·琼生作为那样一个随意的角色。或者,如果推崇莎士比亚的是历史而不是统治阶级,那末莎氏究竟具有何种特质去左右那全能的造物主,即社会经济的历史?这一探讨的思路显然接近于幻想;不过只要承认有一种质的差异一切就简单得多,这就是莎氏与其他作家,甚至包括乔叟和托尔斯泰等人之间的那种类的差异。绝不承认原创性是憎恨派的大毛病,莎士比亚仍然是我们所知的最有原创性的作家。

一切强有力的文学原创性都具有经典性。几年前在纽黑文的一个暴雨之夜,我坐下来再次阅读了约翰·弥尔顿的《失乐园》。我需要为在哈佛大学的系列讲演写一篇有关弥尔顿的东西,但我要全盘重评此诗,好像我和我的前人从未读过此诗那样去读它。这样做就意味着我要抛开头脑里贮存的连篇累牍的有关弥尔顿的评论,但这实际上是不可能的。不过我仍然尝试了,因为我想重新体验一下四十多年前第一次读它时的感受。我一直读到午夜入睡,《失乐园》原有的熟悉特征开始消退。以后的几天里它一直在消退,直到我读完全诗,我感到一种莫名的震动,既觉生疏又全神贯注。我读的是甚么?

虽然《失乐园》是一部古典形式的圣经史诗,但它给我的奇特印象与英雄史诗无关,我认为它具有文学幻想或科幻小说的特性。"离奇"(weirdness)是它的首要效果。让我震惊的是两个不同却相关的感受:作者的竞争和取胜能力。这种能力或隐或现地巧妙展示在作者与其他作者及包括《圣经》在内的文本的竞争中;还有那不时表现出来的惊世骇俗的陌生性。直到读完全诗我才(清醒地)回忆起威廉·燕卜荪眼光犀利的专著《弥尔顿的上帝》,书中评价《失乐园》好比某些非洲原始雕塑一样具有粗野之美。燕卜荪基于他所厌恶的基督教准则指责弥尔顿的粗野。虽然燕卜荪在政治上是一个马克思主义者并深切同情中国共产党人，但他绝不是憎恨学派的先驱。他以惊人的才能将自由文体历史化，他也保持着社会阶级冲突的意识，但他并没有受惑而将《失乐园》降低为经济力量之间的一种相互作用。他主要关注的仍是审美，即文学批评家的正业，他力图将自己对基督教（以及弥尔顿的上帝）的道义不满转移到对诗的审美评判上。我和燕卜荪一样对该诗的粗野特征印象深刻；其竞争必胜主义更令我着迷。

我认为西方经典中只有很少几部作品比《失乐园》更重要——如莎士比亚的主要悲剧，乔叟的《坎特伯雷故事集》，但丁的《神曲》，托拉经，福音书，塞万提斯的《堂吉诃德》，以及荷马史诗。也许除了但丁的诗，上述作品都不如弥尔顿的沉郁作品具有斗争性。莎士比亚当然从与之竞争的戏剧家那里受到启发，而乔叟纯熟地引用一些虚构的权威去掩盖他对但丁和薄伽丘的真正借鉴。希伯来圣经和希腊文新约圣经如今的面目是数次修订而成的，修订者也许与原作者并无共同之处。塞万提斯以无与伦比的兴致戏拟了前人的骑士故事，而我们不知道荷马的前辈写下了甚么样的文本。

弥尔顿和但丁是西方最伟大作家中最好斗的两位。学者们似乎都设法回避两人的凶悍犀利，甚至粉饰他们为虔诚之人。于是，C. S. 刘易斯能够在《失乐园》中发现自己的“纯净基督教”(mere Christianity)；约翰·弗里切罗发现但丁是一位忠实的奥古斯丁信徒，满足于在“自我小说”(novel of the self)中模仿奥氏的《忏悔录》。正如我也开始认识到的，但丁创造性地修正了维吉尔（在众多人之中），其深刻性正如弥尔顿以自己的创作全然修正了他之前的所有作家一样（包括但丁）。但是，不管争斗中的作家是玩世者如乔叟、塞万提斯和莎士比亚，还是咄咄逼人者如但丁和弥尔顿，竞争是永存的。这种马克思主义的批评对我似乎特别有价值：强有力的写作中总是存在主题与结构之间的冲突、纠葛和矛盾。我与马克思主义者的不同之处在于冲突的起源上。自品达以降，力争经典地位的作家会为某一社会阶级而战，正如品达为贵族而战那样。但每一有雄心的作家主要还是为了自己，因此就常常背叛或忽略自己的阶级，以便增进完全以“个人化”为核心的自我利益。但丁和弥尔顿都为了自己所坚信的某种精神上丰富而正义的政治事业而牺牲甚大，但他们不会为了任何事业而放弃自己的主要诗作。他们的做法是事业等同于诗，而不是以诗来服膺事业。如此一来，他们就提供了一个先例，尽管今日的学术争执各方不太遵循这一先例，而是寻求把文学研究和社会变革的要求联系起来。人们会在他们期望找到的地方找到但丁和弥尔顿这一倾向的现代美国追随者们，即自惠特曼和狄金森以来最强有力的诗人：社会反叛者华莱士·斯蒂文斯和罗伯特·弗罗斯特。

能够写出经典作品的人总是认为他们的写作比任何典范的社会事业更为重要。问题在于是否干预，伟大的文学即使面对最有意义的事业也会坚守其自足性：不论是女性主义、非裔文化主义，还是当前其他各种政治正确的事业。受干预的事情各不相同；强有力的诗就定义而言也是拒绝任何干预的，即令是但丁和弥尔顿的上帝也罢。萨缪尔·约翰逊博士是文学批评家中最聪敏的人，他正确地指出，奉献的诗无法与诗的奉献相提并论："不朽的善恶观念对于智慧之翼太过沉闷。""沉闷"是"不可干预"的隐喻，而"不可干预"本身是另一个隐喻。当代经典的破解者们贬低公开的宗教，却号召写奉献式诗(和奉献式批评！)，即令所奉献的对象已变成了妇女或黑人的进步，或是在美国最鲜为人知的神祇——阶级斗争。一切取决于你的价值观，但始终让我不解的是，马克思主义者在到处发现斗争上很有悟性，却看不到冲突性就是高雅艺术的内在特性。过度理想化和过分贬低想象性文学常形成一种奇特的组合，并总是在寻求自己的自私目的。

《失乐园》成为经典是在弥尔顿的下一世纪，当时世俗经典还没有建立起来。"谁使弥尔顿成为经典?"这个问题的答案首先在于弥尔顿自己，但同时还有其他强有力的诗人，从他的朋友安德鲁·马维尔经约翰·德莱顿等一直到18世纪和浪漫主义时代的几乎每一位重要诗人：蒲柏、汤姆逊、柯拍、柯林斯、布莱克、华兹华斯、柯勒律治、拜伦、雪莱、济慈等。当然，约翰逊博士和黑兹利特等批评家也对经典化作出了贡献。但是，弥尔顿如他之前的乔叟、斯宾塞、莎士比亚和他之后的华兹华斯等人一样，直接战胜传统并使之屈从于己。这是检验经典性的最高标准。能够战胜和涵盖传统的人仅是少数，今日也许无人堪为。因此，如今我们面临的问题是：你是否能从传统内部挤压出自己的空间，而不是如多元文化主义者希望的那样从外部着手?

从传统内部着手绝非意识形态之举或让传统为任何社会目的服务，

即使这种目的在道德上令人赞赏。只有审美的力量才能透入经典，而这力量又主要是一种混合力：娴熟的形象语言、原创性、认知能力、知识以及丰富的词汇。历史不公的最终结局也是不公的，它给予受难者的除了受难意识外别无他物。西方经典不管是甚么，都不是拯救社会的纲领。

捍卫西方经典最蠢的方法是坚称经典体现了所有七种根本的美德，这些美德形成了我们标准的价值观和民主原则。这显然是不真实的。《伊利亚特》讲述的是战功的无尚荣耀，但丁则热衷于让私敌受永恒的折磨。托尔斯泰个人的基督教观念与他人的观念几乎大相径庭，而陀思妥耶夫斯基宣扬的却是反犹主义、蒙昧主义和必要的人身限制。就我们能够辨认的莎士比亚的政治观来说，似乎与他笔下的科里奥兰没有太大的差异，弥尔顿关于言论和新闻自由的观念并不能防止强加各种方式的社会限制。斯宾塞为屠杀爱尔兰起义感到欢欣，华兹华斯的自大狂只赞赏自己的诗才而罔顾别人的任何成就。

西方最伟大的作家们颠覆一切价值观，无论是我们的还是他们的。不少学者要求我们在柏拉图或《以赛亚书》中找到我们的道德和政治观的根源，但他们和我们所处的现实脱了节。假如我们读经典是为了形成社会的、政治的或个人的道德价值，那我坚信大家都会变成自私和压榨的怪物。我认为，为了服膺意识形态而阅读根本不能算阅读。获得审美力量能让我们知道如何对自己说话和怎样承受自己。莎士比亚或塞万提斯，荷马或但丁，乔叟或拉伯雷，阅读他们作品的真正作用是增进内在自我的成长。深入研读经典不会使人变好或变坏，也不会使公民变得更有用或更有害。心灵的自我对话本质上不是一种社会现实。西方经典的全部意义在于使人善用自己的孤独，这一孤独的最终形式是一个人和自己死亡的相遇。

我们拥有经典的原因是生命短促且姗姗来迟。人生有涯，生命终有竟时，要读的书却前所未有的多。从耶和华文献作者和荷马到弗洛伊德、卡夫卡及贝克特，经历了近三千年的旅程。但丁、乔叟、蒙田、莎士比亚及托尔斯泰是这一旅程所必经的深广港口，每一位作家都足够我们以一生的时间去反复阅读，实际的难题在于每次广泛的一读再读都要排除掉一些东西。于是，一项测试经典的古老方法屡试不爽：不能让人重读的作品算不上经典。难以避免的类似是色情作品。如果你是堂·乔万尼而由莱波雷洛开书单的话，一次短暂的遭遇就足够了。

与某些巴黎人所见不同的是，文本给予的不是愉悦而是极端的不快，或是一个次要文本所不能给予的更难的愉悦。我不想和艾丽斯·沃克的《梅里迪安》的欣赏者们争辩，那是一部我勉力读了两遍的小说，但第二次阅读是我最精彩的文学体验之一。在那次阅读产生的顿悟中，我清楚地认识到那些宣称破解经典者的口号中所隐含的新原则。检验新经典的正确方法简单明了，并对社会变革极有益处：它不必也不能重读，因为它对社会进步的贡献正在于它慷慨地让人们急速吞咽后再唾弃。从品达经荷尔德林到叶芝，自我经典化的伟大颂诗已宣称其竞争性的不朽。将来能为社会接受的颂诗无疑会免除各种藻饰，而着眼于共同的姐妹情谊所具有的适度谦逊和缝制被褥式的新型崇高感，这是现在女性主义批评所偏爱的比喻。

不过，我们必须选择：因为时光有限，我们要重读伊丽莎白·毕晓普还是阿德里安·利奇？我是和普鲁斯特一起追忆似水年华，还是试图再读一遍沃克对包括黑人和白人在内的一切男性令人激动的谴责？我以前的不少学生如今是憎恨学派的明星，他们宣称正在教授社会无私，而这又从学习如何无私地阅读开始。作者、文学人物和读者都无自我。我们是否要和这些宽宏的鬼魂一起聚在河边，抛掉过去自认的罪孽，然后在忘川之水中经受洗礼呢？我们怎样做才能获救？

文学研究无论怎样进行也拯救不了任何人，也改善不了任何社会。莎士比亚不会使我们变好或变坏，但他可以教导我们如何在自省时听到自我。接着，他也许会教我们如何接受自我及他人的内在变化，也许包括变化的最终形式。哈姆莱特是死亡派遣给我们的少数几位使者之一，死亡从不在我们与那冥界之间无可逃遁的关系上撒谎。这种关系是完完全全的孤寂，尽管传统中不乏使死亡社会化的各种可憎企图。

我已故的朋友保罗·德·曼喜欢把每一文学文本的孤独性比之为一个人的死亡，这种类比我曾反对过。我向他提出，把每一首诗的产生比作一个生命的诞生是更具反讽意味的比喻；这种比喻把文本像婴儿一样联结起来，无声被联结于过去的声音，无语被联结于已说的话语，就好比我们每人曾听到死者的言说。我没能赢得那场争辩，因为我无法说服他认可那更宽泛的人生比喻；他偏好那更具海德格尔风格的反讽所具有的辩证权威。一部文本如悲剧《哈姆莱特》与死亡共有的全部就是孤独。但是，当我们与一部文本共处时，它是否也以死亡的权威在言说？不管答案是甚么，我要指出的是，不论是文学的还是存在的死亡权威，基本上都不是某种社会权威。经典是死亡的侍从而远不是主导社会阶级的奴仆。要开启经典，你必须说服读者从充塞着死者的空间中清出一块新的地方。让已逝的诗人乐意为我们腾出地方，阿托德曾呼吁道；但这正是他们不愿做的。

如果我们能够永生，或我们的寿命可加倍达到140岁，那我们可以放弃所有关于经典的争论。但我们生命有涯，在世难久，如果以各种社会正义的名义写出的劣作充斥这短暂的人生，在我看来这不是文学批评家的责任。弗兰克·伦屈夏教授信奉以学术意识形态来变革社会，他试图把华莱士·斯蒂文斯的《坛子轶事》解读为一首政治诗，宣扬的是社会主导阶级的观念。对斯蒂文斯而言，摆放坛子的艺术与插花艺术相通，所以我不知为甚么伦屈夏不出一本稍有分量的书来论述插花艺术政治学，并以《爱瑞尔与我们时代的花》为题。我至今仍记得约35年前第一次被带到耶路撒冷观看足球赛时的震惊，当时犹太观众正在为来自海法的客队欢呼，因为该队属于政治上的右派，而耶路撒冷队属于工党一派。不妨也把文学研究政治化一下？先把报道体育运动的作者换成政治学权威们以便重组棒球赛事，让共和党人和民主党人在世界系列赛上对阵。这样一来，我们就再也不能像现今这样逃避到棒球中去获得田园式的消闲。棒球队员所负的政治责任恰如文学批评家现在所鼓吹的政治责任一样。

作为一种普遍的世情，文化过时现象在美国尤为突出。我们是西方传统的最后继承者。建立在《伊利亚特》、《圣经》、柏拉图和莎士比亚等先辈遗产上的教育，在某种有限的形式中仍是我们的理想，虽然对我们身处闹市的生活来说，这些文化基石不免显得遥远。憎恨一切经典的人会为一种精英的负疚感所困，因为他们会清楚不过地意识到，经典总是间接地服务于西方社会每一代富有阶级的社会、政治及精神关注与需求。很显然，培育某些审美价值必然需要资本。作为古代抒情诗的最后一位杰出代表，品达将艺术才华投资在以颂诗换重金的赞美操练之中，于是他就称赞有钱人，因为他们以重金酬报他对他们神圣血统的慷慨夸耀。这一崇高与金钱和政治权力的联盟从未停止，将来也不可能会停止。

当然，从阿摩司、布莱克直到惠特曼这样的先知们会奋起抨击这一联盟，而且一个类似布莱克的伟大人物无疑有一天会再次出现，但只有品达而不是布莱克会成为经典的规范。即使但丁和弥尔顿这样的先知也做了一定的妥协,在《神曲》和《失乐园》中作者显示了实用主义的文化意图,而这是布莱克不愿或不能做的。我花毕生精力钻研诗的学问方才明白为甚么布莱克和惠特曼不能不成为真正的隐逸和神秘诗人。如果你切断了财富与文化的结盟——它标志着弥尔顿与布莱克之间或但丁与惠特曼之间的那种差异——那你就是在为那些寻求摧毁经典延续性的人付出高昂而可笑的代价。你于是成了一位迟到的诺斯替教徒,通过把你对传统的误读加以神秘化来抗拒荷马、柏拉图和《圣经》。这样的战争只会产生有限的建树;如布莱克的《四天神》和惠特曼的《自我之歌》即为此类有限之作,因为他们会驱使他们的继承者们完全扭曲创造的愿望。继承惠特曼道路最成功者是深刻的而非肤浅的类似他的人,如斯蒂文斯、T. S. 艾略特和哈特·克莱恩等十分严谨的诗人。只模仿惠特曼那显见形式的人都消逝在荒野之上,初出道的狂想者和学术骗子们则要倒在那位飘逸父亲的身影之中。没有播种就无收获,惠特曼不会为你代劳。次等的布莱克或学徒式的惠特曼一定是伪先知,无益于任何人。

诗要依赖世俗力量这种事实令我极为不快;我只是响应威廉·黑兹利特,这是大批评家中真正的左派。在其《莎剧人物论》对科里奥兰的精彩论述中,黑兹利特开头就无可奈何地承认:"人民的事业确实不能算做诗的一个主题:它运用修辞,进行论辩和解说,但不能向心灵展示即时而清晰的意象。"黑兹利特认为这些意象在暴君及其仆从那里却随处可见。

黑兹利特清楚地意识到修辞的力量和权力修辞学之间麻烦的互动,这一认识能够照亮我们现今所处的黑暗。莎士比亚与科里奥兰的政治观也许相同或不同,这正如莎氏的焦虑与哈姆莱特或李尔的焦虑也许相同或不同。莎士比亚也不是悲剧性人物马洛,后者的工作与生活似乎都在教会莎士比亚何为畏途。莎士比亚隐约了解黑兹利特苦心阐明的道理:不论是悲剧还是喜剧,缪斯总是站在精英一边。对每一位雪莱或布莱希特而言,在任何社会里都有成群有实力的诗人自然地趋奉主导阶级一方。过度热衷于社会竞争玷污了文学的想象,因为在整个西方历史上,创造性想象都视自身为最具竞争性的方式,类似于孤独的跑步者总在为一己荣耀而竞跑。

伟大诗人中最杰出的女性是萨福和艾米莉·狄金森,她们是比男性更顽强的竞争者。阿姆赫斯特的狄金森小姐没有去帮助伊丽莎白·B.

勃朗宁太太完成一床被褥。相反，狄金森把勃朗宁太太远远抛在身后尘土之中，尽管这份胜利与惠特曼在《当紫丁香最近在庭园中绽放时》一诗中对丁尼生的胜利相比，被更为微妙地传达出来。《紫丁香》一诗明显地响应了桂冠诗人的《惠灵顿公爵挽诗》，从而让敏锐的读者认识到，林肯挽诗远超过对那位铁腕公爵的哀悼。我不知女性主义批评在要求改变人性方面能否成功，但我相当怀疑任何理想主义（无论如何姗姗来迟）将会改变西方创造心理学的整个基础，这基础涵盖了男性与女性作家，从赫西奥德与荷马的对抗一直到狄金森与毕晓普的竞争。

当我写下这些句子时，我瞄了一眼报纸，注意到有一个故事讲述女性主义者面临的烦恼，她们被迫为一个参议员提名而在伊丽莎白·赫斯曼与杰拉尔丁·费拉罗之间做出选择，这种选择与批评家实际上需要在已故的强力诗人梅·斯文森与激情诗人利奇之间做选择一样。一首目标明确的诗也许会有最典型的情感和最受称道的政治观，但会失去诗的意味。一位批评家可以有政治责任感，但他的首要职责是再次提出那古老而严峻的有关竞争者的三重问题：优于、劣于或等于？我们正在摧毁人文与社会科学的一切知识和美学标准，这是以社会正义的名义进行的。我们的机构对此没有信心：脑外科医生和数学家可以不受任何限制。学习本身已被贬低，似乎博学与判断和误判都不相干。

尽管要破解经典的人抱有无限的理想主义，但西方经典之存在正是为了设置限制，以建立一个既非政治又非道德的衡量标准。我了解如今在大众文化与自称的“文化批评”之间有一种潜在的联盟，以此联盟名义进行的认知本身也许会必然担上“不正确”的污名。认知不能离开记忆而进行，经典是真正的记忆艺术，是文化思考的真正基础。简而言之，经典就是柏拉图和莎士比亚；它是个人思考的形象，不管是苏格拉底临死之际的思考还是哈姆莱特对未知国度的思考。死亡与记忆在对经典引起的现实检验的意识中走到了一起。从本质上说，西方经典决不会封闭，但现今的拉拉队长们也无法将其强行打开。只有一种力量能够将其打开，即弗洛伊德或卡夫卡在他们的认知否定中所表现出的持久力量。

加油鼓劲是可以转移到学术领域里的积极思考力量。西方经典的正规学子尊奉认知活动中内在的否定力量，欣赏审美感悟中艰辛的愉悦，摸索学识教给我们行走的隐秘之路，并让我们拒绝轻易得来的快乐，包括拒绝一些人无休止的呼唤，这些人宣扬某种超越一切个人审美经验的政治美德。

轻率的永生观念在包围着我们,因为当今流行文化的主题不再是摇滚音乐会,而是被摇滚乐录像所取代,其本质是一种瞬间的不朽,或一种不朽的可能性。宗教与文学的不朽观念之间的关系总是纠缠不清,即使在古希腊罗马时代也是如此,当时的诗艺和奥林匹斯诸神之间的关系也是混乱复杂的。这种烦恼可以容忍,在古典文学中甚至是良善的,但它在基督教的欧洲则变得更为不祥。天主教对神的永生和人的名声之间区分十分明确,因为那是牢固建立在神学教义之上的,这种区分一直延续至但丁出现,但丁自认为先知并暗中赋予《神曲》一种新圣经的地位。但丁实际上取消了世俗和神圣经典构成的区分,这一区分再没恢复过,这是我们对力量和权威产生烦恼意识的另一个原因。

"力量"和"权威"这两个词在政治学领域里的意思实际上相左,在我们应该称为"想象性文学"的领域里也是如此。如果我们难以看出这一对立,也许是因为存在一个"精神的"中间地带。精神的力量和权威总会无人不晓地影响到政治和诗。因此我们必须把西方经典中的美学力量和权威同由之衍生出的任何精神、政治及道德后果区分开来。虽然阅读、写作和教学当然属于社会行为,但甚至教学也有自己孤独的一面,用斯蒂文斯的话来说,这是一种只有两个人能分享的孤独。格特鲁德·斯坦因认为,写作是为自我及陌生人而为,我要将这一高见引申为一个对应的短谚:阅读是为自我及陌生人而为。西方经典的存在不是为了增强预先存在的社会精英。它将被你和陌生人所阅读,于是,你和那些从未谋面的读者能感受真正的美学力量,以及波德莱尔(和以后的埃里克·奥尔巴赫)所说的"美学尊严"的权威。美学尊严是经典作品的一个清晰标志,是无法借鉴的。

美学权威和美学力量都是对能量的一种比喻或象征,这些能量本质上是孤独的而不是社会性的。海登·怀特早就揭示了福柯的一个大错,即他对自己的隐喻变得盲视,对这位尼采的信徒来说这是一个具有讽刺性的弱点。福柯以自己的比喻替换了拉夫乔伊的思想史比喻,但他常常忘记他的"史料"是有意或无意的反讽。新历史主义者的"社会能量"也是如此,他们永远记不住"社会能量"和弗洛伊德的"力比多"一样都是不可量化的。美学权威和创造力也是比喻,它们所指代的东西,不妨称为"经典性",却有着大体上可量化的特征;这就是说,威廉·莎士比亚写了38

部戏，其中24部是杰作，而社会能量这种东西却写不出一场戏。作者之死是一个比喻，隐含恶意；作者的生平却是一个可以量化的实体。

一切经典，包括时下流行的反经典，都属精英之作，世俗经典从未封闭过，这使"破解经典"之举实属多余。虽然经典如同所有书目一样都倾向于收纳而非排斥，但我们如今所面对的是花毕生精力去阅读再阅读也难以通览的西方经典。事实上，今日想要掌握经典毫无可能。这不仅意味着要细读三千来本书，这些书若非大多数也有相当一部分具有真正的认知和想象难度，而且这些作品之间的关联也会由于我们视野的扩展而更复杂麻烦。西方经典的内涵还具有高度的复杂性和矛盾性，而绝不是一种统一体或稳定的结构。没有一个权威可以告诉我们西方经典是甚么，当然，这不是指自1800年到现在这个时期。它不会也不可能正好和我及其他人所开列的书单一样。即便是一样，这样的书单也只是一个崇拜物，另一件商品。不过，我不打算同意马克思主义者的说法，即西方经典是"文化资本"的又一例证。我不清楚像美国这样充满矛盾的国家，除了一些高雅文化的碎片促进了大众文化而外，是否会有产生文化资本的环境。自1800年以来，即从美国革命后一代人开始，我们并没有一种正式的高雅文化。文化统一是一种法国现象，在某种程度上也是德国的产物，却不是19或20世纪美国的现实。在我们的语境中并从我们的观点来看，西方经典是一份幸存者的名单。按诗人查尔斯·奥尔森的说法，有关美国的一个核心事实是它的空间，奥尔森把它作为一本论述麦尔维尔和19世纪的书的开篇之句。在20世纪即将结束之际，我们面对的核心事实是时间，因为日暮的大地正处于西方的日暮之时。难道有人会把三千年宇宙战争中幸存者的名单称为一种崇拜物？

问题在于文学作品的消亡或不朽。能成为经典的必定是社会关系复杂斗争中的幸存者，但这些社会关系无关乎阶级斗争。审美价值产生于文本之间的冲突：实际发生在读者身上，在语言之中，在课堂上，在社会论争之中。很少有工人阶级的读者能决定文本的存废，左翼批评家也无法为工人阶级代劳。审美价值出自记忆，或(如尼采所见)出自痛苦，出自追求更艰辛而不是便捷的快感所带来的痛苦。工人们充满焦虑，转向宗教并寻求解脱。他们确知审美对他们是另一种烦恼，这就使我们体会到，成功的文学作品是产生焦虑而不是舒缓焦虑。经典也是一种习得的焦虑，东西方经典都不是道德的统一道具。如果我们能设想出一种多元文化和多元价值的普遍性经典,那它的基本典籍不会是一种圣典,如《圣经》、《古兰经》或东方经典,而是在世界各种环境中以各种语言被阅读和表演的莎士比亚戏剧。不论当代新历史主义者有何种信念,莎士比亚对他们说来只是英国文艺复兴时期社会能量的一个能指;而对千百万非白种欧洲人来说,莎士比亚代表了他们的伤悲,他们与莎氏用语言所塑造的人物认同。对他们来说,莎氏的普遍性不是历史的而是最基本的,因为他们的生活被他搬上了舞台。在他的人物之中,他们看到和遇到了自身的苦恼和幻想,而不是早期商业化伦敦城所显示出的社会能量。

记忆的艺术既有修辞学的先例又有魔术般的创新,它在很大程度上是想象的或真实的场景被转化成视像的过程。我自幼便对文学有着不寻常的记忆,但这纯粹是语言的记忆,没有一点视觉成分。只是近来当我年逾六旬,我才认识到,我的文学记忆一直依赖经典作为一个记忆系统。如果我是特例的话,那只是因为我的经验是经典主要实用功能的一种更极端情形:毕生阅读的记忆和整理。最伟大的作家占据了经典记忆剧场的“场景”角色,他们的杰作占据了在记忆艺术中被“意象”所填满的位置。莎士比亚和他的《哈姆莱特》,即核心作家和普世戏剧,促使我们不仅要记住《哈姆莱特》剧中发生之事,而且更为重要的是要记住文学中发生了甚么使作品值得记忆并因此延长了作者生命的事。

福柯、巴尔特及他们的徒众所宣称的作者之死是另一类反经典的神话,类似于要排斥“所有已死的欧洲白人男性”的仇恨叫嚣,这些人加起来正好是“面包师傅的一打”:荷马、维吉尔、但丁、乔叟、莎士比亚、塞万提斯、蒙田、弥尔顿、歌德、托尔斯泰、易卜生、卡夫卡和普鲁斯特。不论你是谁,这些人都比你有活力,又毫无疑问都是男性,而且我猜都是“白人”。不过与任何活着的作者相比,他们都没有死。如今我们之中又出现了加西亚·马尔克斯、品钦、阿什信里以及其他一些人,他们有可能成为最近去世的博尔赫斯和贝克特那样的经典作家,但是,塞万提斯和莎士比亚是另一类生命力的代表。经典确实是生命力的准绳,是测定那些不可公度之物的一种尺度。关于作家不朽的古代隐喻在这里有其意义,它为我们更新了经典的力量。在《诗作为永恒化》这篇附论里,柯尔提乌斯引用了布克哈特在《文学声誉》中关于声誉等于不朽的思索。但这两人都生活在“沃霍尔时代”之前,而在“沃霍尔时代”有如此多的人都可以当15分钟的名人。15分钟的不朽如今可以免费赠与,并被视为“破解经典”行为中一个皆大欢喜的后果。

捍卫西方经典绝非要维护西方，它也不是一项民族主义的事业。如果多元文化主义意指塞万提斯，谁能与之争辩？审美与认知标准的最大敌人是那些对我们唠叨文学的政治和道德价值的所谓卫道者。然而我们并不依照《伊利亚特》的道德或柏拉图的政治学来生活。讲授阐释学的人更认同萨福而非苏格拉底。这正如我们不能指望莎士比亚为我们破败的社会做些甚么一样，因为莎剧的功能与公共道德和社会正义几乎毫无关联。当今新历史主义者奇怪地混合了福柯和马克思，但这一流派仅是柏拉图主义漫长历史上的一段小插曲。柏拉图希望在放逐诗人之时也放逐暴君。但放逐莎士比亚，或把他还原到他的社会环境中，并不能使我们摆脱暴君。无论怎样，我们不能抛弃莎士比亚，或抛弃以他为中心的经典。我们常常忘记的是莎士比亚在很大程度上创造了我们，如果再加上经典的其他部分，那就是莎氏与经典一起塑造了我们。在《典范人物》中，爱默生恰如其分地写道："莎士比亚不属于杰出作家之列正如他不属于大众一样。他的聪明令人不可思议，而其他人的才智却能被了解。一位好读者似乎可以钻进柏拉图的脑子里去思考，但无法如此对待莎士比亚。我们仍不得其门而入，就经营才能和创造性来说，莎士比亚确实举世无双。"

我们有关莎士比亚的一切言论都不及爱默生的领悟重要。没有莎士比亚就没有经典，因为不管我们是谁，没有莎士比亚，我们就无法认知自我。莎士比亚赐予我们的不仅是对认知的表现，更多的还是认知的能力。莎士比亚与其同辈对手的差异既是种类也是程度的差异，这一双重差异决定了经典的现实性和必要性。没有经典，我们会停止思考。你可以无止境地梦想以种族中心和性别的考虑来取代审美标准，你的社会目的也许确实令人赞赏，但正如尼采恒久证明的，只有强力才能与强力般配。

江宁康译

——节选自哈罗德·布鲁姆：《西方正典》，南京：译林出版社 2005 年版。

韦恩·C. 布斯

韦恩·C. 布斯（1921—2005）美国著名文学批评家，芝加哥大学教授。1961 年出版的《小说修辞学》被誉为"二十世纪小说理论的里程碑"。

他本人也被誉为“文学批评家的批评家”。另著有《反讽修辞学》(1974)、《批评的理解:多元论的力量与局限》(1979)、《我们所交的朋友:小说伦理学》(1988)、《修辞的修辞学》(2004)等。

《文学教学的伦理问题》一文针对日前文学教学中对伦理的疑惑,认为教学中最重要的是引导学生进行批判性阅读,并对文学教学如何教授伦理提出了六点建议。最终他得出结论认为伦理教育最好的手段是用故事去打动人,塑造人。

布斯反对用“主义”给人乱扣帽子,因为即使是后现代主义者如德里达等人也在其作品中大谈正义、责任等。布斯认为最好用美德一词来代替伦理,广义的美德包含伦纳德关于如何塑造自我所践行的美德。一套美德的践行者总是认为自己的美德优于其他人的美德,将不同的美德权衡时,需要使用决疑术。

布斯的第一个主张就是,传统的道德教育和塑造自我的努力可以协调,现代、后现代、前现代之间的很多纷争是不道德的社会建构。杜威的伦理教学案例被简化为一句标语:“教育孩子,而非教授科目。”但学习技能和内容与教育孩子并不矛盾。伦理、美德的主张获得了新生,伦理教师应该思考为甚么工作,教师要寻找一个“自我”,然后改变学生的“自我”。对《哈克贝里·芬历险记》进行严肃的道德批评的确是在误读,因为犯了“感受谬误”的错误。但我们都是心照不宣的伦理批评家,都认为好的文学作品对生活至关重要。布斯要求我们思考伦理教育的目标:如何从伦理上完善自我。为考试而学习只会让学生、教师、家长成为分数的奴隶,学生的成绩也难以提升。教师的教学不能生搬硬套,探究式教学能让学生真正被调动起来,学生会逐渐喜欢越来越复杂的阅读、写作和说话。

伦理教育存在诸多矛盾,一方面道德家把机械的规则强加给学生;另一方面激进分子要求学生反叛,甚至鼓动学生退学。但我们要把这些混乱的观点挡在教室门外。那末我们应该教甚么?答案是让学生投入故事世界并且教他们批判性地阅读,因为学生从故事中而非教条中吸取教训,学会如何面对伦理的复杂性。文学教人决疑和取舍。有些文学作品,如果不加以批判性阅读,会对人有害处。一句话,就是要教会学生学会伦理的阅读。这包含了三个层次的追求:首先,读者要成为叙述读者,学会虚心的倾听;其次,要成为作者的读者,要明知其假而宁信其真。最后,要有批判和怀疑精神,学会反思故事中的价值。实际经验告诉我们,我们的欲望与思维能被作品改变。

如何教授伦理的六点建议：一是书目的选择中至少要有一部伦理上有缺陷，许多学生厌恶的作品，或选择知识分子过度赞誉的作品。二是选一篇和第一篇文章相对，能揭露其危险或愚蠢的文章。这两条建议的目的是让学生学会决疑。三是选一些隐含作品要求读者细读的故事，学生要学会从叙述读者转到作者的读者上来。四是找出隐含作者无意中暴露的矛盾和瑕疵，这能让学生明白是粗心大意还是欺骗。教育要根据学生的实际情况选择书目。如果学生都被灌输了反官僚主义的信念，那末就要选择非现代作品，以挑战其现有价值观。还必须根据学生的阅读能力选择难度相当的作品。五是要求学生理解故事讲甚么，然后通过批判性阅读达到逾解，即引入相异的价值观。六是对真正的批判性交流进行日常训练，以培养能有效进行交流、否定且批判的人。通识教育能确保学生有一些共同的阅读体验，这样就会产生学生之间自发的交流，阅读由浅入深，误读会被更正。

结论：从伦理上教故事比任何教学都重要，都难。故事统治了每一个领域，我们都生活在故事的世界里，不管我们持何种主义，都要努力用故事塑造学习者，而非仅让他们会通过考试。

（李　兵）

文学教育的伦理问题

近来许多教师对伦理和文学这类词汇表示怀疑。他们认为，这些词暗指天真地重拾不值一提的旧问题和完全站不住脚的旧方法。一些维护“传统价值”的极端分子对文学的定义非常狭隘。他们认为，文学就是在狭隘的传统价值和各种经典的名义下，攻击所有后现代主义运动的诸多极端化的德索萨及希美尔法布式说教。鉴于这种情况，许多教师对伦理和文学产生怀疑也是可以理解的了。

我一直致力于推动当前争论中的各方相互倾听对方的观点。现在也是如此。因此。有些人谴责我是后现代主义者，有些人将我称作传统主义者，还有些人说我只是个懦弱的和事佬。我们不能轻率地给任何人扣上帽子。而且，无论是后现代主义的支持者还是反对者往往都忽视了隐藏在不同词汇背后一个令人欣慰的事实。有些人被称为后现代主义者，可我们细读其作品后就会发现，他们也和传统主义者一样关注文学及文学教学的伦理和道德效应。当我们追随他们的脚步,拓展文学的领域,使其涵盖从古代经典到昨天的肥皂剧的整个“故事”世界,随后解构我们其他的用词差异,我们就会发现,后现代主义的舞台上随处可见有关伦理、人格、正义、责任、信仰、希望及慈悲等各种论断。例如,雅克·德里达的近作中就有许多让人印象至深的劝诫:正义、责任、“教会给予,学会给予”等几乎无所不包(例如,参见他的《死亡之礼》)。

许多在大专院校里从事文学及写作教学的教师都非常关心伦理问题,即使他们都用后现代主义语言而非传统的伦理语言来表述自己的观点。去年12月的《大学英语》上登载的李·安·卡罗尔的《后现代蓝调:一年级作文的故事》就是一个例子。本文中,我将把伊丽莎白·安妮·伦纳德发表在《大学写作与交流》1997年5月刊上的文章作为主要案例。伦纳德是一名博士,同时也是作家及写作教师,即是在探讨一个负责的教师如何能为自己构建一个自我,从而帮助学生构建一个她所期望的自我这样的伦理问题时,她也避免使用传统伦理语言:

> 我如何才能教导(我的学生),让他们把自己视为被构建的,但同时又不让这种构建阻挡缪斯的敲门声?我……如何才能鼓励他们对学院及其权力结构提出质疑,但同时又能享受成为一个创造者、一个思想者的喜悦?……如果我只在改变学生,我如何才能让他们朝着我认为对其最有用的方向改变?(222)

对有用一词的定义在此或许会引发争议,但除了用词不同之外,伦纳德和许多倡导教师要塑造学生人格的传统主义伦理学家的观点一模一样。这难道不是显而易见的吗?要不是道德研究这个词已经败坏到沦为为陈规服务的道学研究的地步,我本会把她的研究称为一项道德研究。

伦理一词或许可以把我们的注意力从对特定戒律或规章的判断转向和伦纳德一起关心构建某类人。最好的伦理思考往往不直接指向“你不应该如何如何”,而是追求一系列“美德”,即:值得称赞的行为举止之典型习惯。(有关习惯一词的论述,详见亚里士多德的《尼各马可伦理学》。)传统说来,这些美德包括实践者(the practicer)、自我(the self)、人格(the character)(或他/她的评论者)可以推崇。或至少能够忍受的一切能力、力量或心智习惯。美德是任何值得称道的卓越之处,不管是成功驾驭一艘航船、掷出一枚铁饼，还是养家糊口，都是美德。（复兴视美德为个人卓越之处这一传统观点的最具影响力之作，请见阿拉斯代尔·麦金太尔的《追寻美德》。将伦理探究重新引入整个"自我"领域的最具挑战性的尝试则是查尔斯·泰勒的《自我的根源》。）这种广义上的美德显然包括威廉·贝内特所列的主日学校教学目录上的诸多内容，但这类整齐的目录中绝不会包括伦纳德在构思一篇具有挑战性的论文或思考如何创造更好的"自我"时所践行的美德。

美德的思想史中自然会有争论：有人认为这种或那种美德其实是种恶习，或者甚至——如同一些文艺复兴时期的文本——仅仅表达了一种品位。然而，有一点从未改变：讨论伦理问题的人，即便是锋芒毕露的后现代主义者，也大都认同伦纳德未明说的假定：一些践行某套美德的人确实优于践行某些其他美德却忽视了一些基本美德的人。我想不出哪个后现代主义者不会对所有敌视或轻视"他者"的人表示谴责。在后现代主义者眼中，这些人在道德上是低下的。

纵观这段历史，大多数时候，讨论者们已经认识到，若不依赖决疑术——一个很大程度上被诋毁的词，指将不同美德相互权衡，做出选择的必要性——没有一个主日学校开出的基本美德表能得以施行。例如。关于说真话的伦理思考不会导向"任何情况下，你都不应说谎，不管说真话会造成多大伤害"这个绝对的规则，而会使你"试着变成一个能思考为何一般情况下说谎不好，但有时为了更崇高的原因它又必不可少的人"。

那末，我的第一个主张是：传统上塑造人格（character）的伦理目标和伦纳德塑造自我（selves）——有一个真正值得称道，或"有用的"伦理中心之人——的努力可以协调一致。虽然伦纳德避免使用伦理、习尚、道德及人格等词，也从不使用文学一词，但从广义上讲，她显然教授文学——故事的世界——而且她希望借此创造出我们都应该期待的结果。（请注意，作为一名伦理学家。我有权强调"应该"一词。这个词被太多公然表示严格的道德或伦理准则根本不存在的作者使用过。）这个主张显然有赖于一个强有力的次主张（subclaim）。这个次主张本身就是一个伦理宣言：前现代、现代及后现代之间的鸿沟和纷争本身就是种种能被证实为不道德的社会构建。它们会造成伪战争，而伪战争是我们都应避免的。

伦理教学及其反对者

人们对伦理批评术语的种种误解令我忧心，然而令我更忧虑的是，人们普遍忽视了伦纳德的文章所关注的核心问题：如何教授伦理阅读和写作——不管我们叫它甚么，“英语”如何能“以对学生最有用的方式改变他们”。20世纪前几十年里，许多书籍和文章受约翰·杜威的影响，大张旗鼓地谈论塑造人格这一教育目标(参见杜威的《民主与教育》)，然而，杜威关于伦理教学的复杂案例马上被化为一句标语“教育孩子，而非教授科目”，仿佛教育孩子成为我们理想中的人，意味着对学习技能和内容的价值弃之不顾，这真是讽刺。

由于某些无法充分解释的原因，20世纪50年代至60年代，道德和人格这两个词被拒于多数学术场合之外——就像伦纳德也几乎对这两个词不理不睬一样。虽然在宗教作品，特别是右翼宗教作品中，这两个词无可避免地存活下来，但在“英语”及其他人文学科中，它们已被遗弃。时至今日，它们似乎又回来了，而且它们的回归仍然引发了激烈的争论。例如，参见收录在《哲学与文学》(*Philosophy and Literature*)一书中关于在大专院校的课程中教授道德的文章《研讨会》(*Symposium*)。在该文中，我们七位伦理学家试着劝说一名政治学教授，使他认同，所有学院都应教授伦理学，而且好的学院都在教授伦理学。

读者们可能早就猜到了，我主要的期望就是要强化这个重生。这并不仅仅因为我想看到伦理、人格及美德之类的词从视每个后现代主义运动为邪恶和腐败的右翼人士的统治中解放出来。更重要的是，我希望人们能更深入地思考，每一位伦理教师在课堂上应该为甚么而工作，不管他/她运用的是传统语言还是后现代主义语言。用伦纳德的话来说，我们应该为自己寻找一个教师的“自我”，从而使学生的“自我”以我们确信对他们最有用的方式改变。

即使为我所推崇的后现代主义者也和太多传统主义者一样，没能探讨如何从伦理学的角度教文学，这让我很苦恼。前不久，我受邀出席一场在威尔士举办的名为“文学与伦理”的会议(阿伯斯威，1996年7月4—7日；由多米尼克·雷恩斯福德主办，安德鲁·哈德菲尔德及提姆·伍兹协办)。虽然最终未能到会，但我收到了此次会议的72篇论文摘要。其中许多论文都直接探讨了我提出的第一个问题：他们确实致力于调和伦理的传统语言和后现代主义语言。这使我更加确信伦理语言正在浴火重生，但是，仅有一篇摘要，也就是说72篇文章中仅有一篇提到了教学、教育或其他任何与使学生思考文学及伦理相关的问题。

现在，我已非常肯定，这七十二位文学批评家中有许多位都确实很关注教学及以各种方式教授各种故事所产生的伦理效应。他们只是不愿提到它，至少在他们的摘要里没有提到……

费力写完上一段后我突然想到："在我主要的伦理学作品《我们所交的朋友》中，我自己又有多少次提到了教学？"于是我查了查，在500页的文章中，提到教学的内容还不到一页！虽然，整本书确实都隐含着我对该如何教学的意见，但其实我起码可以用一整章来充分阐述那一页中的观点。

以下是那本书中少得可怜的与教学相关的叙述：

> 25年前，芝加哥大学负责人文教育的老师们在商讨指定给下一批新生的课文时，为一个小丑闻而震惊。《哈克贝里·芬历险记》多年来一直榜上有名，大家普遍预计这本书会再次入选，但是突然间，我们的一名黑人教员、文学助理教授保罗·莫西公然进行了一次非常严肃、不容妥协的道德批评，在那个情景下，这真是一次不光彩的震怒。他的故事在走廊上及喝咖啡时间的休息室里传开，内容如下：
>
> 虽然这件事对我来说难以启齿，但我还是不得不说。我就是不能再教《哈克贝里·芬历险记》了。马克·吐温塑造吉姆的方式对我简直是种侮辱。因此我在课堂上发火，但我无法让那些自由的白人孩子明白我为甚么会发火。另外，这本书建立在许多被歪曲的种族观点之上，我认为让学生暴露在这种观点之下是不对的，不管他们是黑人还是白人。我并不是讨厌"黑鬼"这个词，我讨厌的是书中关于奴隶制及其后果、白人应如何对待解放了的黑人、解放了的黑人应该如何举止，以及如何对待好白人或坏白人等一系列假设。那本书会把人教坏，但是它又写得这么巧妙，这对我来说更是麻烦。
>
> 他所有的同事都被冒犯了：显然莫西违背了客观这一学术规范。对我们许多人而言，大家还是第一次看到一位学术圈内人士认为一部文学作品危险得不能给学生读。我们都认为只有"局外人"——那些文化的敌人、审查员——才那样谈论艺术，我记得人们感叹保罗·

> 莫西受到的蹩脚教育使他读到一部伟大的经典作品时无力分辨。难道他没注意到吉姆是所有角色中最接近于道德中心的吗？显然莫西无法正确阅读，也无法正确思考哪些才是判断一部小说的价值时应该考虑的问题……
>
> 在和他漫长、激烈而又让人困惑的辩论中，我们从未把他的主张当回事：教师应该关心一部小说会对学生产生甚么影响……我们受到的教育告诉我们"诗就是诗，不能把它当作他物"。而且，要相信一部伟大小说的价值比从中析出，或用来解释其"意义"的任何观念、命题都微妙得多。我们知道，有经验的批评家从不由一部小说可能对读者产生的影响来判断其价值。有经验的教师也不会问他们所教的作品是否会毒害学生。"诗不能促使任何事发生"(奥登的名句)，我们都喜欢引用这句话。接受保罗·莫西的抱怨就会犯——用当时的行话来说——"情感谬误"(affective fallacy)。
>
> 然而矛盾的是，我们同时又都有一个共同的信念：总的来说，好的文学对我们的生活至关重要，对学生的生活也同样至关重要。把好的文学介绍给"读者"，让他们读到好东西，是我们的使命。(3—4)

现在，我想用略微不同的语言重新描述这个使命，从而更加强调——事实上，那本书后面也是这样做的——阅读和教人阅读的正确途径及错误途径。当然，那本书后面也指出，莫西对《哈克贝里·芬历险记》的指控并不合理。但问题是，我们都是心照不宣的伦理批评家，尽管我们都公开否认这一角色。

我希望，我们大家都能期待有更多的教师致力于追求教育的某种伦理目标。不管我们认为自己是传统主义者还是后现代主义者，不管我们的专业方向是甚么(英语、作文、写作、阅读、演讲、文本分析、创作、语言学、性别研究、种族问题、文化批判、新历史批评还是修辞)，让我们和伦纳德一起思考教育的伦理目标：我们希望通过我们的劳动塑造追求何种思想、何种行为、何种社会进步的人？再次解释一下伦纳德的观点：在故事中或故事外，我们应该如何在伦理上完善自己，从而帮助学生创造对他们最有用的自我——不仅是狭隘的功利主义意义上的有用，而且要创造一个最终有意义的人生，为一个有益的、可以坚守的社会服务。

一旦我们从广义上思考教育的目标，我们就会面对许多其他反对者。

他们有些人运用的词汇会让我们觉得他们似乎是站在我们这一边的。或许近来最引人注目的就是“内容及戒律派”(content and command-ments crowd)。那些人认为:改进英文教育的方法就是要迫使教师和学生们努力达到一个全州或全国范围内明确的、预先设定的考试标准。克林顿总统(及之后的布什总统)为国家标准摇旗呐喊,仿佛自己是世界上最具美德的卓越教育追求者。但是,他从未真正探讨过施行这些机械标准会塑造甚么样的人、甚么样的人格或甚么样的自我这类问题。

不久前,我听了一场由芝加哥学校改革/革新/重生/复兴项目主任保罗·瓦拉斯发表的生动演讲。那场演讲绝对只限于如何提高考试成绩。在提问环节,一位女士问他,他的革命性努力是要塑造甚么样的人?他毫不犹豫地差点大喊:“能在那些考试中拿高分的人。”我当时就想:“这就意味着,我们要培养的是那种一发现我是英语教师就马上扮鬼脸说‘噢,我一定会注意我的语法!’的学生。”

现在在芝加哥,实行这个项目后,学生成绩不好的学校和教师会被察看,有些成绩果真有所上升——不过仅仅是科学和数学成绩,而阅读、写作、语法和拼写成绩却持续下降。这很让人吃惊吗?如果教师为人所驱,让学生操练词汇和语法,而学生的词汇和语法成绩还是持续下降,这很让人吃惊吗?只有通过学习逐渐喜欢上读写的人才会每周学会几百个新词,如果学生一味服从老师,心不甘情不愿地背老师发的单词表,老师又服从校长,校长服从校外的某些委员会,委员会服从州长,州长服从克林顿总统,总统,当然,再服从上帝,这样下来是记不住单词的,这一点显而易见。

哪些学生会在语法考试中得高分?这取决于你的考试仅仅是考语法术语还是考实际运用。学有效语法的人都是那些已通过学习逐渐喜欢上越来越复杂的阅读、写作和说话的人。有些学生即使考试不合格,但一旦真正被调动起来,认真学习语法史和术语就会变成十分有趣且快乐的事。但如果你像我一样,你的老师本身就讨厌语法,教学时又生搬硬套,你就知道学习语法是多么让人绝望。我上高三时,一位很好的新老师强调要投入地读写,于是我决心要当一名英语老师;我想成为像她一样的人。四年级时,我遇到了一位把英语当成名称加日期加语法加规则的虔诚教官,我的志向马上变成了化学,因为化学至少有趣。直到大学,我的英语老师进行探究式教学,而科学老师教学时生搬硬套,我才很快转回原来的志向。

内容及戒律派真的认为学生中途退学是因为老师们没能教给他们这样或那样的内容吗？学生们中途退学主要是因为他们知道课堂不是为他们而设的：无聊、沉闷、与他们个人毫不相关的内容、陌生感，教的是“别人关于如何生活的想法，并非我的”。

过于注重内容和机械技巧引发了一个特别棘手的问题，其传达的“如何生活”这个问题完全属于未来：“今天的学习是为明天做准备。”四年级的学生必须要学他们上五年级时所需的内容，不管他们是否讨厌这些内容；高二学生必须要记住各个被讲得毫无光彩的经典著作的细节，为高三做准备，不管他们的老师是否喜欢这些作品。高四不是享受愉快和振奋的一年，而是为升学做准备，或是为了确保工厂招工时，学生不会拼写出错，不会说出语法错误的句子，或者不会像伦纳德在她的文章标题中一样，在语法规则或拼写检查指出要用“that”的情况下用了“which”。

伦理教学之下的悖论

显然，说我们希望学生仅仅喜欢我们英语教师、喜欢我们对某一主题或某一文本的解读容易引起误解。虽然对很多学生来说，这种模仿是他们走出的有用的第一步。伦纳德的论文就暗示，寻求模仿会让我们面临一个悖论：我们希望塑造一种人，同时又不希望太独断专行。然而，我们常常对自己的狂妄感到不安，意识到我们希望他们成为的那种人就是我们自己想要成为的人——我们还希望在他们眼中，我们已经成为那种人。不管有意还是无意，每一位成功的教师都很可能会塑造一个值得称道的人物形象。随后，这个人物就会被模仿。我记得我的一些研究生同学在被芝加哥大学的罗纳德·凯恩折服后纷纷叼上了烟斗——拿烟斗的姿势和他一模一样。我们之中的更多人则吸取了他的智识及教学习惯(美德)，这些习惯中有许多是值得称道的，有些在我现在看来则是值得推敲的。

这个悖论以及因其而生的争论常被致力于道德教育的教师所忽视。一方面，太多道德家妄图将摩西十诫、童子军十二条军规(我也曾宣誓过)，或斯蒂芬·科维的《高效能人士的七个习惯》这类机械准则强加给学生。这些准则全都变成“命令”：我们的学校要培养出不欺、不偷、不杀的学生，要培养远离毒品、妥善对待自己的性欲、为父母争光的学生。为甚么？隐含的答案往往是，“这样，他们在市场上就能获得成功”。有些鼓吹美德的人从未担心学生是否受到启发而愿意继续学习：我们应该把他们训练成“好公民”，这就往往意味着把学生培养成无须政府救济，被动接受低薪收入的人。

在另一个极端，有相当一部分反保守主义者在各种名义下用同样常规化、未经仔细思考过的词发出他们的命令：解放、创造力、赋权，甚至是反叛。他们常以反击者的姿态出现，拒绝一切制度上的要求。像我一样留着胡子或戴耳环。一些左翼人士给学生传播某种观念，使学生认为学校常常并且无法避免地灌输一点也不酷的传统或反动价值，暗中导致学生中途退学。

因此，“内容”派抱怨教育忽视语法，违背规范，而保守的伦理派则往往把时间浪费在抱怨学生缺乏礼仪或教育未能灌输工作动力上，同时，一些自我及社会构建派则抱怨我们未能培养出革命者。

这些差异及悖论制造出的争论也许会使我们想退回到单纯讨论语言技能及词汇表的状态，这丝毫不足为奇。一部分人极力倡导的伦理规范图景一定会冒犯其他人——这个事实使得一些折中主义者继续政教分离的路子，妄图将道德和伦理讨论从公立学校中分离出来。一切堕胎行为都是错误的，或者，没有一个堕胎行为是错误的。

某个极力鼓吹这类观点的老师来教吗？所有伦理规范都是由社会构建的，教育的目的就是为了证明规范最终不具有效性，或者相反，我们不应听任何人散布“我们是由社会构建的”这类言论。我希望我的孩子由某个极力鼓吹这类观点的老师来教吗？我当然不希望如此，所以我们就把一切此类内容挡在教室门外吧。

如果英语教师从伦理上教授故事，他们比起最好的拉丁语、微积分或历史教师来说对社会更为重要。为何如此？

对于我们这些回到教室后，即使对教授规范产生怀疑，意识到伦理的模糊性，但还是致力于培养学生，使他们本身就致力于追求可固守的价值的教师来说，还可以做些甚么？幸运的是，对于这个棘手的问题有一个真正有效的答案——一个老生常谈但仍然正确的答案：让学生们投入到故事世界（包括传统意义上的“文学”）之中并且教他们批判性地阅读。引导他们,使他们不仅喜欢上这本或那本书,或是某个固定书目上的作品,还要使他们喜欢故事的诱惑及对这种诱惑进行批判的乐趣。

教学生投入地、批判性地阅读(或观察、倾听)是至关重要的,因为学生正是从一个个或长或短的故事而非戒条中吸取教训,学会如何面对伦理的复杂性。正是从处理故事的冲突中,他们学到了面对价值冲突所必备的技能。这里所说的价值是我们真正的价值,而不仅是社会构建。我只和最优秀的学生说行话。这一点用行话来说就是:文学教人有效地决疑,即对不同"案例"进行比较、权衡及取舍。正是在故事中,我们学会虚拟案例进行思考,而这些案例和我们回到更无序的"现实"世界时遇到的事情将相互呼应。

显然,没有一个故事或故事清单会对每个学生都产生有益的伦理影响。我们许多最好的故事——《创世纪》、《米德镇的春天》、《押沙龙,押沙龙!》(列出你最喜欢的故事)——如果不加以批判性的阅读,反而会给读者带来害处;另一方面,也可以教那些老师因为种种原因不喜欢的故事,还可以通过教这些故事使学生被我此刻推崇的复杂事业所牢牢吸引。归结为一点,就是教学生如何进行伦理的阅读——不仅给他们灌输强有力的故事,使他们有可能在某一既定层面理解这个故事,还要寻求教他们进行伦理的或负责任的阅读(或倾听)的途径。

这个从未完全成功过的过程可以简化为对三重视野的追求。首先,学生们要学习如何完全投入到故事中去,在某种意义上,天真地实行柯尔律治所称的"愿意暂时搁置怀疑"(willing suspension of disbelief),或彼得·拉比诺维茨所说的"成为叙述读者"(becoming the narrative audience):这或许可称作"真正的倾听"(genuine listening)。他们必须学着体会"沉醉于故事世界"的乐趣——甚至常常在沉醉的感觉中体会完全逃离日常世界的欢乐。第二,他们必须学习如何同时加入拉比诺维茨称之为"作者的读者"(authorial audience)的行列,即当隐含作者使自己和自己正在讲述的故事中的天真信任(credulities)保持距离时所邀请的批判性读者。例如,作者的读者知道鹅不会生金蛋,但寓言家塑造了一个相信鹅会生金蛋的叙述读者(narrative audience),作者的读者乐在其中。但同时,它还参与了隐含作者的隐喻性解释:当"鹅"生下"金蛋"时,剖开它寻找更多的金子也许是愚蠢之举。第三,学生们必须学习如何成为一个具备充分的批判和怀疑精神的读者和听众。质疑对故事"世界"的

“吸收”和隐含作者对这个世界的意见：如果一个情形（鹅）已经有利可图，为了攫取更大的利益而深入（鹅的）内部得寸进尺，这样做总是错误的吗？

简而言之，学生们可以学到将充分聆听和对“所听”内容进行批判性分析相结合的丰富而复杂的经历——我在其他地方曾将其称之为理解和逾解。他们要学习如何思考，甚至拒绝他们所“吸收”的故事中的价值。

从个人经验和对学生的观察中我们都知道，当故事真的起作用，当我们完全沉醉于故事世界，对故事中刻画的人物或爱或恨、或崇拜或厌恶之时，我们自己的渴望和思维习惯就会改变。比起年轻人，训练有素的教师身上的改变频率必然较低且不会那末剧烈，但即使是我们，这种改变也比大家普遍认为的剧烈得多。一个年长的同事告诉我，最近读马丁·埃米斯的《信息》改变了他对辅助自杀的看法：现在，他正在认真思考这个问题。另一个年长的朋友最近跟我说，读川端康成的《山之音》不知怎地激励了他，使他从因衰老而生的忧郁中走了出来。

写《我们所交的朋友》时，我采访了许多人。他们之中有教授也有幼儿园教师。我问他们甚么故事曾改变了他们的生命，几乎每个人都立刻回答了我的问题。“当我读《悲惨世界》时，我发誓将永远努力拯救像冉阿让那样失落的灵魂，哪怕他们偷走我的烛台。”“读辛克莱·刘易斯的《阿罗史密斯》后，我下定决心要当一名科学家：理想化的、纯粹的探索，追求真理是我的最高目标。除此之外不被其他任何动机玷污；后来我才认识到这个目标有多复杂。”“读《傲慢与偏见》使我打消了和我所爱的第一个男孩私奔的念头：我意识到，他真的就是威克汉姆。”“当我看《费城故事》这部电影时，我决定是时候不再禁酒。而且或许要第一次喝个酩酊大醉。”“读《汤姆·索耶历险记》后，我模仿汤姆对他婶婶的方式，一度对父母更加不老实。”“14 岁那年我在父亲的小屋里碰巧看到了《O 娘的故事》，读过之后，我至今觉得这本书糟蹋了我十多年的生活。”“年少时我读了凯鲁亚克的《在路上》，之后我退学，重走主人公的路，在路上漂泊了一年。我现在很后悔，虽然我也从那段经历中学到了一些好东西。”

最近我跟一个看过电影《大话王》的 12 岁女孩聊天。“你觉得这部电影怎样？”“呃，”那个不到青春期的酷女孩说道，“我一直很喜欢撒谎，看了这部电影后我不想再撒那末多谎了。”（所有引用的语言都是根据记忆而非磁带整理——因此，读者应批判性地、“抵抗性地”阅读。）每位读者都可以加进一两个例子。

这些经历范围广泛,好坏兼有,这就进一步突出了伦理一词的模糊性。转而认为向成年人撒谎是一件很酷或很残酷的事是一个伦理转变,不管是好的转变还是坏的转变;到底是养成了好习尚还是坏习尚,这取决于改变前的习尚。一个更差或更完善的自我从而得以建立。

实用建议

我对如何教授伦理提出以下六点互有重合的建议。

一、书目中至少要有一部你认为从伦理上看有极大缺陷,许多学生都会厌恶的作品:比如说《邮差总按两次铃》、米基·斯皮兰的《我,陪审员》,或全世界知识分子都过度赞誉的作品,例如塞利纳的《长夜行》(你的选择取决于你对学生现有伦理认识程度的估计)。我们列的书单里有太多的书都一边倒地宣扬我们自己崇尚的价值,学生们要么不加批判地被其深深吸引,要么对其深感无聊、充满抗拒。

二、一定要选一篇和第一篇文章相对,能揭露其危险或愚蠢之处的文章。至少要有一个故事中的价值观能和那本邪恶之书中宣扬的价值观抗衡。挑一个能证明"沉醉于"第一个故事会带来危险的故事。

同时采纳这两个建议就能确保我们列的阅读书目,乃至整个课程能让我们所担心的价值产生内部冲突——推崇这些美德的故事本身就是对推崇那些美德的故事的批判——从而反复灌输关于决疑术的正确的理性思考。学生真正需要"吸收"的是对待价值冲突及施行褒义上的"决疑术"时的兴奋。

三、选一些隐含作者巧妙地要求读者细读的故事。在这些故事中,隐含作者拒绝接受故事中极富吸引力的人物或特别富于同情心的叙述者所推崇的价值:学生必须学习如何加入到作者的读者,而非仅仅是叙述读者的行列中……即使专业批评家也常常表现出他们对这种区别思考得并不够。一位评论者把约翰·厄普代克近期的一部小说《时间的尽头》评得好像小说完全是在歌颂主人公身上的邪恶道德缺陷。她没有抓住厄普代克认为不言自明的极其微妙的伦理线索。

四、教学生在一篇既定的文章中找出隐含作者无意中的前后不一或不经心表现出的瑕疵，使他们体会到这样做的乐趣。虽然一些后现代主义者把这种抵抗性阅读进行得太过，以至于失去了真正倾听的可能；但是我们这一代太多的老师都在强调统一，没能教我们：即使许多最具感知力的隐含作者也会在伦理上自相矛盾——就和我们读者一样。教给学生这些东西是至关重要的。巴赫金强调，这种内在冲突可以成为深层的作者探索的证据，但他们同样可以揭露纯粹的粗心大意和商业欺骗。

去年夏天，我得知我孙子喜欢看《独立日》这部电影。后来，我在飞机上看到了这部充满血腥屠杀场面的电影，随后我就给他写了封邮件问了他一个问题："为甚么最后活下来的人都是制片人让我们从一开始就最喜欢的人？"他给我回信说："我没想过那个策略，但这让我对新《侏罗纪》电影感到纳闷。他们如何决定谁受伤谁安然无恙——而且，为甚么没人被吃掉？"

上述四个建议突出体现了任何一名教师最浓厚的批评兴趣与他对这些学生在这个文化时刻最需要的对立叙述现实之了解这两者间的固有冲突。《论现代文学教学》是莱昂内尔·特里林最有趣的文章之一。在这篇文章里，这种冲突得以突显。特里林汇报了自己在哥伦比亚给大学新生上现代文学课的经历。他选择了自己认为最好的现代作品，将它们视作"文学批评家"。因为那是在20世纪50年代，他选的"最佳"作品都对他认为是官僚主义陈腔滥调的作品进行了尖锐的批判或攻击。他唯一的教学指导思想就是要实现一个伦理目标——这都是些强有力的作品，它们将唤醒学生。

但他发现，他的学生事实上已被灌输了反官僚主义信念。要挑战他们现有的价值需要的是非现代作品。他如文学批评家一般思考，编出他认为对学生最好的书目。然而，当他问自己，"这些学生最需要的是甚么"时，他必须对书目进行调整。

那末，问题的关键是：不要忘记特里林对自己错误的剖析——未能充分思考教学和文学批评之间的关系。我们必须至少选一个故事来对当前热门的陈词滥调进行有力挑战:它可以是石黑一雄的《长日留痕》,也可以是奥斯汀及乔治·艾略特的作品,盖尔·戈德温的《好丈夫》或《奥德赛》也未尝不可。

我们都知道这四个建议中没有一个能适用于所有教学场合。如果你班上的学生阅读能力较差,甚至读不懂与上述难度相当的作品,你就得选择一些更简单易懂的作品。

五、从为课程设计书目转向讨论教学方法,我们必须将前面四个有关设计书目的建议融会贯通。你及你所指定的作品一定要教给学生完全投入阅读的方法——理解故事本身要讲甚么——以及批判性地监督,达到逾解。当我们把相异的价值引入一个故事中去,逾解就会发生。

如果你问我将理解和逾解故事的伦理效果相结合的最佳指南是甚么,我当然会给你一个简单而坚决的回答——本人的拙著:《我们所交的朋友》(我已经两次提到这本书,这违背了我不在作品中自引这一坚定原则)。还有一本更相关的是彼得·拉比诺维茨和迈克尔·史密斯合著的《授权读者:抵抗与尊重》。该书正好论述这一观点:教学生(不管是高中生还是大学生)如何尊重一个故事真实的智识和伦理要求,同时教他们如何负责任地抵抗这些要求。

六、或许最重要的方法问题是如何培养学生进行真正交流的习惯,真正的交流是已学会如何对彼此的阅读(及教师自身的偏见)进行敏锐批评的学生间富有思想性的谈话。其最重要的单一产品——借用这个近来在管理者中日益流行的商业术语——是能对别人进行否定且卓有成效的批判的人。这就需要对真正的批判性交流进行日常训练。如果时间允许的话,我会谈谈高质量的课堂讨论和低质量的课堂讨论、对话和胡扯之间的区别,但现在,我将以一个制度性的解决方法作结。也许这个方法看起来有些机械,但不管老师在课堂上干甚么,它都能起作用。一般来说建立一个制度都比较困难,特别是在规模较大的高校里,但是,我在三个规模不一的大学里,都体验过建立这种制度的益处。

我建议，至少要设定一个全校范围内的通识教育要求。这个要求不是让不同系的学生读各不相关的节选。相反，它会确保所有学生至少能有一些共同的阅读体验。我们不可能全凭自己就能得到真正好的判断；我们需要持有不同意见的读者相伴，而不仅仅是在同一个课程中被灌输了同样观念的读者。每一个高校都应确保读同样故事的不同班学生能在一起交流意见：同样的小说、同样的历史、同样的电影、同样的自传。

没有一位读者或教师的解读是完整的、决定性的、完美无缺的。我们想要让自发交流日臻完善。这种交流能减轻不良故事和读物的负面影响，并强化优秀故事和读物的正面影响。如果一所学校里的每个学生都好好读同一个故事或同一个书目上的作品，不管这些作品从道德上看是高尚还是卑劣，自发的交流就会迸发，阅读就会由浅入深，误读就会被更正，邪恶的故事就会被揭露。从固定不变的规范中推演或从一些无价值的投票中归纳就会被批判性的对话取而代之。我将这种批判性对话称做"共导"。

结论

上述没有哪一条建议是容易做到的。伦纳德和我都认为，从伦理上去教故事比其他任何教学都重要，实际上，它还比其他任何教学都更难。与教学生如何吸收故事又不被故事吸收，如何将伦理抵抗和伦理尊重结合起来相比，教学生热力学定理就像小孩子扮家家一样容易。然而，这并不是说只有"英语"才是至关重要的。故事统治了每一个领域，甚至包括纯粹的硬科学。学生可能会被统治各个领域的或隐或显的故事所"蒙蔽"，因此受到毒害，也可能由此获得真正的解放。许多课本中都"讲述"了下面这个故事，该故事也常被用来描述历史上科学的胜利大游行。有甚么比批判性地对待这个故事更为重要的呢？

很久很久以前，无知的人们信仰各种神灵。经过一场又一场的战争，科学作为唯一有效的思考方法渐渐打倒了迷信。20 世纪我们在追求一个目之可及的最终的总理论之时，至少正在朝完全掌握宇宙的全部真理奋进。

而有种幼稚的“创世论者”(creationist)反对进化论,他们的历史论认为世界始创于几千年前。有甚么比学会批判性地对待它更重要呢?

在此我可以列举一大批过去两百年里出版的这类故事,两种版本皆有。有些把宗教刻画成在战争中被歼灭殆尽,有些却展现其最终和科学和谐相处的画面。我并非要贬低科学作者或宗教作者,而是想让他们双方都认识到,他们常常走入了“英语”的领域。因为我们都生活在故事的世界里,所以我们英语教师可以找到办法,和其他各学科的老师一起追求一个共同的目标——伦理教育。这种期望难道很荒唐?不管我们认为自己是激进的、自由主义的、保守的、传统主义的还是后现代主义的,是科学家、人文主义者还是反人文主义者,我们都应该努力用故事世界塑造有自我推动力的学习者,而非仅会通过考试的仆役——虽然他们也能通过考试。他们应该和我们一起生活在他们的时代里,从而使通向未来学习的路畅通无阻。

美国教育的未来取决于热切寻求伦纳德这一问题之答案的教师们:“如果我正在改变学生,我如何才能让他们朝着我认为对其最有用的方向改变?”

吕　黎译

——节选自韦恩·C. 布斯:《修辞的复兴》,南京:译林出版社2009年版。

阿瑟·丹托

阿瑟·丹托,哥伦比亚大学的约翰逊讲座名誉哲学教授,《国家》杂志艺术评论人。著作主要有《艺术界》、《日常事物的变形》、《艺术的终结》、《艺术终结之后》、《美的滥用》等。

黑格尔的艺术终结命题,指的是艺术最终成为哲学而死亡了,这是其逻辑框架自然延伸的结果,并非指艺术作为一个历史阶段结束了,他本人也并没有预测不再有艺术品。丹托认为艺术的未来比这个结论复杂。如果艺术将继续存在下去,很难对它的将来做出准确预测。阿瑟·丹托勾画了两种艺术模式,试图来解释艺术的终结问题。一种是模仿模式,另一种是模仿难以表示其特征的大量艺术,类似于“艺术界”的事物包含了前者。

丹托认为模仿模式与进化论的进步史观相关,认为艺术会不断进步。

另一种艺术模式认为艺术作为表现，就不存在终结的问题。首先我们来看再现的模仿，在绘画领域，追求的是对现实的精确复制，对动作的展示通过所谓“暗示性顷刻”来表现动作，随后出现的透视画法展示了近大远小的情景，但透视法是一种视觉欺骗，并不表明我们用透视法来看待世界。我们欣赏这些艺术需要通过中介推断。但是电影取消了中介推断而获得感性直观，于是成了再现进步的一个范例。丹托为了说明电影与绘画的区别，采用新的分节方法，区分了手段发展和手段改变的不同。他认为绘画从最初的线条勾勒到透视法，是手段的发展。而电影把推断替换为展示，就是手段的改变。电影之后的手段改变也许是全息摄影，全息摄影把图画与雕像合为一体，似乎是实现了模仿技能进步的幻想。从传统的观点看，艺术真正的题材显示精湛的技艺。再现手段的进步，使得技术和题材的关系成为作品最突出的特征。但电影如果只是关注运动的展示，必然是苍白的，它必然要变成为叙事。在制造知觉相等物不成为问题后，我们部分地放弃了艺术，但艺术的定义不能根据复制能力的高下来表述。艺术史进步的样式似乎在绘画-雕塑-电影中找到了最佳范例，但文学作为一个再现系统，仍然处于语言中，进步概念不合逻辑。

对于非模仿模式的艺术来说，艺术史对抗着进步范式。电影出现后，重建艺术史的新路线被提出。野兽派画家马蒂斯的绘画没有沉湎于知觉对等物，它迫使人们思考新的理论，就是绘画更注重表现而不是再现。问题出现了，如何确定与知觉对等物脱节的现象在何种程度上技艺不足，何种程度上是表现？进步的概念不再有用，从再现观点看是可笑的脱节，而在表现来看，就是艺术基础，阐释纯表现主义的作品需要参考无对象的情绪。如果艺术只是再现，那末艺术史就可以想象成进步史，反之，如果艺术只是表现，那末就不会有那种历史，艺术终结的问题就不存在了。但问题又出现了，艺术史的各个阶段是否相对独立的，互相之间不具参照性？但如果从线条勾勒到透视画法的发展，看似又存在手段的进步，但这种艺术不具备普遍性，所以，艺术性质与艺术的历史之间存在深刻的内在联系。如果艺术有终结，就必须有一种线性史观，必须有一种把文学音乐等纳入其中的普遍再现理论。黑格尔的艺术终结论就是这样，但黑格尔的进步不是技术进步，而是认识的进步。历史随着自觉的到来而终结，艺术随着它本身哲学的出现而终结。

在考察了两种模式的艺术之后，丹托认为艺术的终结实质上是一个理论问题,或者说我们如何思考艺术自身的身份问题。艺术是甚么?艺术似乎是无法满足任何特殊概念的某种概念式的东西。从野兽派起,似乎每种艺术运动都需要某种理论认识,艺术的命令似乎就是创造一个艺术史的新时期,普遍性的判断不再起作用了。艺术哲学的本质是反思,对艺术身份的自反性理解使艺术哲学成为可能。理解马蒂斯之后的艺术,理论已经成为艺术的一部分,要理解艺术,就要理解理论自身。理解当代的艺术,就是艺术已经没有意义了,而理论趋于无限,艺术在对自身的纯粹思考中蒸发掉了。艺术进入了所谓后历史的时期。

丹托认为马克思的历史终结论与黑格尔的艺术终结论都是有缺陷的。因为这种知识论认为知识之外一无所有,这是独断论,不具普遍性。黑格尔说艺术在后历史时期只是一种游戏,但这种艺术从属于其他客体,不是自由的。艺术是一种过去的事物,被放逐到理念领域,丧失了曾经的辉煌。多元主义时代,方向概念不再有用,自由终结于自身的实现,从属的艺术与我们同在,艺术界创造的新事物最终也会消失,但生活在历史中仍然是一项巨大的特权。

艺术终结论对美育理论的启示:丹托所谓后历史的艺术的界定,正是后现代艺术在宏大叙事垮塌后的表征,艺术是多元化的,没有一种艺术比另一种艺术更正确、更高级。他认为"甚么都被许可了",这与后现代的"怎样都行"相互呼应。艺术的多元化、一切皆可,这必然导致犬儒主义和虚无主义。从本文来看,丹托从艺术的表现模式对艺术终结论作了新的阐释,其中也有批判,但没有超越黑格尔的艺术终结论的框架。后现代的艺术如果像丹托所言的那样失去了意义,那末美育最终也将变成哲学的一部分而终结。后现代的美育理论谱系的确是多元化的,但并不追随丹托的终结论,后现代的美育理论仍然面临和现代性同样的问题:感性与理性的冲突、人性的异化、自然环境的恶化、伦理道德的退化等。就此而言,后现代的美育理论首先是现代性的,或者说是对现代性的重写。

（李　兵）

五　艺术的终结

艺术死了。

它现有的运动绝非生命力的征兆;

它们也不是死前痛苦的挣扎；

它们是尸体遭受电击时的机械反应。

——马里于斯·德·萨亚斯，《日落》，《摄影》(1912 年 7 月号)，39:17

本文由提交一次艺术界状况研讨会的短文扩展而成，它与约翰·伯杰、克莱门特·格林伯格和罗莎琳德·克劳斯等人那些可比较的陈述一起，以《艺术的攻击》这一机智的标题，发表在糟糕的《索霍新闻》上。在那次陈述的基础上，我应明尼阿波利斯的沃克当代艺术研究所之邀，在一系列关于未来的讲座中，做了次讲演。这一讲演，经大量扩充，成了一本书的中心文章，这本书就是由贝雷尔·兰编辑、黑文出版社出版的《艺术之死》，为此，兰邀请另外一批人，对我的文章或这个主题作出回应。

通过其每一阶段，本文回应着艺术界的沉闷状态，对这种状态，我曾寻求并将继续寻求解释。我日益信服我最后形成的艺术史模式(在第九篇文章中，它进一步占据了中心位置)，但很清楚，它代表了第一篇文章所描述的一种剥夺艺术权利的形式。它假定自身的哲学就是艺术所追求的，结果艺术通过最终成为哲学来实现其命运。当然，艺术远远不止如此，这使艺术之死成为一种夸大的言词。我们的艺术是一种后历史的艺术，然而，随着每一新季节的到来，对它的认识就更深入了。

有一些历史哲学的见解，它们允许，甚至要求就艺术的未来做出预测。如果我们假定艺术会继续下去，这种预测涉及的问题就是艺术是否有未来，必须把它与仅仅涉及预测未来艺术的问题区分开。确实，后一预测从某种程度上说更为困难，恰恰是由于这样一些困难，与它们相伴的，是要试着设想未来艺术品的样子或如何欣赏未来的艺术品。请想一下，在 1865 年，为了预言后印象主义绘画，或是迟至 1910 年，为了预告仅仅在五年后出现的如杜尚《断臂之前》这样的作品(就在《断臂之前》被当成艺术品接受时，它仍然保留着作为极普通雪铲的特性)，从这种问题中会产生怎样的情况。从其他艺术中可以找出与之比较的范例，特别是在我们接近这个世纪时，那时的音乐、诗歌、舞蹈产生了这样的范例，它们作为词语、声响、运动的组合，在以前从未出现过，也不曾被视为艺术。好幻想的艺术家阿尔贝·罗比达于 1882 年开始搞题为《20 世纪》的系列出版物。它打算显示1952年的世界景象。他的图画充满了未来的神奇事物：电话镜、航空机、电视、水下城。不过，这些图画本身无疑属于创作它们的那个时代，正如许多表现它们的方式所显示的那样。罗比达想象天上有餐馆，顾客会乘飞行器光顾这些餐馆。可是这些大胆预测的餐饮场所是那种装饰性铁制品的集合体，我们会把这类东西与巴黎中央菜市场和圣拉撒路火车站联系在一起，而就比例和装饰浮雕来说，它们看起来也很像那时在密西西比河上漂浮的汽船。"美好岁月"戴大礼帽的绅士和穿撑腰长裙的夫人光顾它们，系长围裙的侍者在那里服务，而他们是乘蒙戈尔菲埃认可的气球来到天上的。我们可以肯定，如果罗比达真对印象主义绘画有眼力的话，要是他画一座水下艺术馆，其中最先进的作品就会是这些绘画。1952年，最先进的画廊都在展览波洛克、德库宁、戈特利布和克莱因的作品，在1882年，一时是无从想象这样的艺术家的。一个时代把目光投向未来时，属于它本身这一时期的东西并不多：巴克·罗杰斯把20世纪30年代的装饰风格带到了21世纪，而现在这却显得与洛克菲勒中心和科德汽车水乳交融；20世纪50年代的科幻小说，与干马提尼酒一起，把艾森豪威尔时代的性道德带入永世，它的太空人穿着的专用服也属于那个时代的男子服饰店。因此，如果我们描绘一座星际艺术馆，它陈列的作品，尽管在我们眼里显得很新潮，但它们仍将属于许多这样的艺术馆存在之时的艺术史，这恰似我们给那些展示者穿上的时髦服装很快就属于服装史。未来是这样一面镜子，通过它，我们只能显示我们自身，虽然我们会觉得它是一扇窗，通过它，我们能看到出现的事物。达·芬奇惊人的名言"每位画家画的都是自己"(ogni dipintore dipinge se)，暗示了一种并非有意为之的历史局限，就像从达·芬奇本人想象的素描中能看到的那样，它们与它们所属的时代密不可分。我们能想象将会出现的各种事物；但在我们试图想象这些事物时，它们不可避免地会像已经出现的事物，因为我们只能把已知的形式赋予它们。

即使是这样，如果任何事物都会出现的话，我们就能历史地预测艺术的未来，而不必投身于何为未来艺术品的思考；甚至也可以假定艺术本身并无未来，虽然在一种业已消失的生命力的余悸中，艺术品似乎仍能后历史地产生出来。这的确是黑格尔的命题，其某些观点影响了现在这篇文章，因为黑格尔十分明确地说过，这样的艺术，或者至少是处于最为光彩焕发时刻的艺术，完全是作为一个历史阶段而结束的，虽然他本人并没预言不再有艺术品。黑格尔本可以表明，当他确信他惊人的命题是真理的时候，他对即将出现的那些作品没甚么可说的，它们可能，或许还必定会以他无法预测的方式产生，并以他无从理解的方式被人们欣赏。我发觉这是一种很特别的想法，它认为世界要经历所谓的艺术时代，这个艺术时代与基督教神学家弗洛雷斯的约阿希姆预测的历程平行，它就是因圣子诞生而步入终结的圣父时代，以及因圣灵时代而步入终结的圣子时代。约阿希姆并没宣布那些在圣父时代实现其历史使命的事物会灭亡，或是其生存的形式会在圣子时代突然消失：它们能越过其历史使命的阶段，历史化石的阶段，继续存在下去，可以这么说，这就像约阿希姆会假定犹太人能存在下去，尽管他相信他们在历史舞台上的时机已经过去了。因而，虽然犹太人将来还会出现，他们的生存形态或许会以无法预测的方式演化，然而，据约阿希姆的构想，他们的历史不再以最壮观的哲学方式与"历史"的历史本身重合。

黑格尔的看法是，恰恰是通过这样的方式，在某个时期，艺术活力与历史活力重合，而现在，历史与艺术坚定地朝不同方向走去，虽然艺术或许会以我称之为后历史的样式继续存在下去，但它的存在已不再具有任何历史意义。现在，几乎无法在一种哲学史框架外思考这样一个命题了，如果艺术未来的紧迫性并不以某种方式出自艺术界本身的话，那就很难认真看待它了。在今日，可以认为艺术界本身已丧失了历史方向，我们不得不问这是暂时的吗？艺术是否会重新踏上历史之路，或者这种破坏的状态就是它的未来：一种文化之熵。由于艺术的概念从内部耗尽了，即将出现的任何现象都不会有意义。我们的各种常见事物，如艺术馆、画廊、收藏家、艺术期刊以及诸如此类的事物，全都处在反对设想一种有意义的，甚至是辉煌的未来的立场上。在甚么是目前就要出现的事物，谁是未来运动中重要实践者的问题上，存在着一种无法避免的商业利益。英国雕塑家威廉·塔克说了一段颇富约阿希姆精神的话："60年代是评论家时代。现在则是商人时代。"不过假如它真使一切终结了，并达到只有无发展的变化的地步，达到艺术生产机器只能把已知形式组合再组合的地步，尽管外部压力或许赞成这样或那样的组合，结果又会怎样呢？假如艺术会继续让我们惊异的这样一种历史可能性不再有了，从这种意义上说，艺术的时代已从内部瓦解了，用黑格尔惊人而忧伤的话说：一种生存方式已衰老了，结果又会怎样呢？

过去的七八十年间，艺术界疯狂的冒泡正是某种事物（它历史的神秘变化过程仍有待认识)的最终发酵现象,这种情况是可能的吗?我想十分认真地对待黑格尔,并勾画出艺术史的一种模式,其中像它一样的事物可以被说成是有意义的。最好是理解它的意义,我首先要勾画艺术史上两种更为人熟知的模式,因为那种最终会吸引我的模式,以一种惊人而又近乎辩证的方式,预测了它们。令人感兴趣的事实是,虽然第一种模式主要适用于模仿的艺术,绘画、雕塑及电影,但第二种模式能包括它们,并且还能包括模仿难于表示其特征的大量艺术。最后的模式以如此广泛的方式适用于艺术,从而使艺术是否终结的问题获得了如艺术这一术语本身一样宽广的参照,虽然它最富戏剧性的参照会是针对勉强可视为是“艺术界”中的事物的。确实,解释存在于以下事实中,即绘画与其他艺术(诗歌和表演,音乐和舞蹈)的界限已彻底动摇了。这是一种不稳定性,它是由那些使我最后的模式符合历史的可能的因素造成的,它也能提出那令人沮丧的问题。问题的答案是肯定的,由于已变成哲学,艺术实际上完结了,我将以追问我们如何适应这一事实来结束本文。

在提出其新颖的科学史观的过程中,托马斯·库恩注意到在19世纪特别把绘画作为不断进步的行为来看待,当成人类事务真能进步的证据;他这种看法令我们吃惊。艺术史的进步模式源于瓦萨里,用贡布里希的说法,他“把风格史当做对自然外观的逐步征服”。相当有趣的是,这也是贡布里希的看法,它就这样明确地体现在他的《图像与眼睛》和他全部的著作中。艺术史,或者至少是如此构想的绘画史,实际上已终结了,所以我将以这种众人熟悉的模式开始论述。

值得怀疑的这种进步主要涉及视觉复制,通过它,画家日益掌握精湛的技艺,以便有效地提供视觉体验,这些视觉体验与真实物体和场景提供的那些视觉体验相当。真实的视觉刺激与绘画的视觉刺激之间距离的缩小,也就标志着绘画的进步,而通过肉眼区别两者不同的程度,人们就能度量这种进步的程度。艺术史证明了这种进展,因为肉眼区别奇马布埃所呈现的图景与现实的不同,要比区别安格尔所呈现的图景与现实的不同容易,艺术就这样以一种科学所希望的方式,获得了可证明的进步,它承认视觉在这儿只是为人类心智完成一种对再现的隐喻,这种再现就像神之独立认识一样确切——虽然迟至维特根斯坦的《逻辑哲学论》出现时,这种看法曾一直是种可能的语义学幻想,被维特根斯坦称为“整个自然科学”的东西该是一幅混合的图画，在逻辑上它与被认为由全部事实构成的世界是同构同形的。因而能把科学史理解为再现与现实间距离的逐渐缩小。在这一历史中，有着乐观主义的基础，这种乐观主义认为，依然保留着的无知区域，会一点一点地接受光明，最终能认识一切事物，恰似在绘画领域，最终能显示一切。

考虑到电影的发明拓展了我们的再现能力，现在可以超过绘画所允许的，给出一个更宽广的艺术进步的概念。艺术家当然早已获得了表现动态事物的技艺：贝尔尼尼的《大卫》表现了一位正在投石的动态年轻勇士，达·芬奇的骑士跨在前蹄凌空的马匹上，他素描里的水在波动，他风暴图里的云在空中奔驰；人们很少怀疑这些情景。还有乔托的阿雷那湿壁画上的基督，正挥臂告诫，驱赶贷款人。然而，我们虽然知道正在观看一个动态的事件，但是从呈现在眼前的情景中，我们没发现与实际的动态事物相当的东西，因为我们没发现运动。为了让人能推断出真实时空中应有的相关对象和事件，艺术家安排了一些精妙的提示，据此，我们推断出运动。于是就有了并无动态表现的对动态事物的表现，由这一特性出发，就有可能理解电影及借助回溯的线性透视画法所完成的工作。这就是支持一种直观，取消靠提示使感性现实显得更明白的中介推断。发现透视画法之前，艺术家利用堵塞、不同的尺寸、阴影、肌理的变化等手段，也能使我们更明白正在察觉的物体是近大远小的。但是，借助透视画法，他们才能真正展示物体近大远小的情景。人们知道，穿着粉红色长袍的人物应当比跟天使谈话的人物更靠近窗户，而利用透视的技艺，我们就能或多或少直接察觉这一事实。

因此，我们考虑的这种进步，一般可以从一种需要上来理解，这种需要就是用某种与其所呈现的感性现实相当的东西来取代对可能的感性现实的推断。即使在最直接的感性知识中也存在着一种推理的成分，这种看法在哲学上确实是值得讨论的。虽然如此，推断还是需要摆脱对相当于感性现实的某种事物的知觉，需要摆脱对感性现实本身的知觉，它能与那种总是被视为知识的、涉及对现实知觉的推断区分开来。这样一来，我们就能通过说这是活动着的某个人来解释一个被呈现人物的姿势了。但是我们看到了动态人物的真实活动，电影带给我们与此相当的东西，在这儿，再现的技艺胜过了解释的需要。在另一种情况下（这或许标志着这种进展的逻辑限度），我们总是要推断他人正在通过表情和行为所提供的提示来感受。我们或许该推断我们正在感受的就是爱或忧虑,但就在我们无法应付他人的爱或忧虑的时候,我们至少还能感受到它。如果有某种真正相当于感受他人感受的东西,它就会是这种再现进步的一个范例。

就这种进步而言,存在着一些令人深感兴趣的情况。例如,从我们能以相当于直接知觉的事物来替代提示和推断的程度来说,我们接近了某种普遍的事物,以及能称之为非常规的事物。或者,在提示本身远不只是我们理解的常规事物时,至少情况是这样的。艺术家制定出了一种规则,用来促进对他们在现有手段限制下无法直接再现的事物的推断。这些提示是符号,了解它们的意义不必依赖外物,方法几乎就是语言,至少也是词汇。有部奇异的艺术史等待着撰写,它涉及如何为味道和声音培植视觉提示。在这方面,连环漫画家(他们的独创性在生动的卡通中持续着)比其他艺术家群体更富创造性,鱼上方的波动线条意味着它臭了,圆木里的锯齿线意味着某人在打鼾,一片片细小的云意味着某物在动。我偏爱的范例展示了如下事实:描绘自己多种角度的头像时,一个男人转动着他的头,用一些断续的圆圈组成这头像。我们把这理解为一个转动头的男人,而不是印度雕塑中那类人们熟悉的多头人,但这是因为我们的文化是图画丰富的文化,我们懂得那末去做。一种有其他符号的文化,不需要绘画表现运动,向这种文化的成员展示这幅头像,他们不会明白发生了甚么。或许他们会猜测。正如在打量这种类型的前哥伦布时代的或印第安人的描绘时,我们必须猜测一样。但在我们给他们看电影时,丝毫没出现这种问题,因为电影直接到达那些涉及发现运动的知觉中枢,并在无推理的层面起作用。当然,在电影制作者懂得必须每秒有多少画面经过镜头才能带给我们类似真实所见的运动情景之前,要相信所展示的运动,仍需要花不少时间:用贡布里希的说法,这是“制作与匹配”的问题。

我们谈到“欺骗感官”时,我们涉及的是这种推理的旁道,这是透视画法的成就,对此没有甚么疑问。欺骗感官当然并不意味着欺骗观者:我们对世界的信念形成了一个体系,以及我们明白我们在看一幅画的这一事实,使我们受骗的感官所透露的情况中立化了。不过,我们对透视画法的兴趣目前集中在别处,因为哲学家不时坚持透视画法完全是个习惯问题,因而特别需要学会它,就像任何象征性事物一样——或许它与觉察到的再现性作品相反,这些再现性作品的轮廓与物体边缘相一致,这里有证据表明这种认识是自发的,或许是尽力为之的。真的,就再现的技艺而言,发现透视画法花了很长时间，但在艺术家必须学会用透视画法表现事物时，并没有人必须学会用这种方式看事物。贡布里希注意到乔托的同代人在用陈旧的手法描绘我们早餐食物盒上一碗碗麦片时渴求着逼真的效果。但他们的渴求或许会证实他们马上就明白了这些描绘远比乔托的描绘忠实于感性现实，哪怕艺术家学会创作这样令人信服的图画花了几个世纪的时间。不幸的是，认识绘画与创作绘画，理解句子与写作句子，并无同样的对称，这正是推测绘画能力不同于语言能力，以及绘画不构成一种语言的一个基点。认识绘画与觉察世界有连续性，但制作绘画是不同的技巧：动物被证明能理解绘画，但制作绘画似乎是人类独有的特权。艺术（至少也是再现性的艺术）有历史，其一部分原因就是必须学会它。我们的知觉系统或许也在演变，但这与有历史是两码事。

制作那些与对象相似的绘画，这种文化决定或许是个习惯问题。存在着另一些象形系统，但瓦萨里，当然还有贡布里希，宣称把视觉真实当做艺术明确目的的现象只有两次，首先在古希腊，然后在文艺复兴的欧洲。我认为这是种低估。有内在证据表明，例如中国人，要是他们知道透视画法，他们也会用它，或许这对他们的艺术并不利。由于人们经常发现云雾常破坏轮廓线，如果允许它们继续下去，看上去就会不舒服；而一种对视觉错误的文化敏感或许能被描述为追求它尚未懂得如何达到的目标。日本人，在他们最终看到西方的透视画时，立刻就明白了他们的画错在何处——但是，如果不是无保留地追求视觉真实的话，从透视画法的角度得出的对错并没意义。典型的日本画家葛饰北斋一旦了解到透视画法的存在，马上就采用了它——但他的版画毫无“西方的”面貌。我们自身的视觉关怀解释了存在于西方绘画中的阴影，也解释了其他许多绘画传统中实际不存在阴影的现象，虽然就在它们不存在时（就像又一次在日本美术中见到的那样），我们也应当确定这是因为具有不同的象形文化，或只是因为在实现实体感方面技艺落后造成的停滞现象：光应有光源，而不仅只有漫射的光亮——如果我们确实能只依据光来思考日本绘画的话——这必须与同样的一些考虑结合起来，在这些考虑中，空间被看成由眼睛确定的，而眼睛则作为消失在一点上的光源和光线。我很少怀疑东方人的空间概念不符合东方人在空间中觉察到的情况；我现在宣布，这种情况不是习惯问题，也不是作为知觉系统的感觉问题：我们是以那种方式发展起来的。我们把空间再现仅仅当做习惯问题，这么一来，进步的概念就消失了，我们正讨论的艺术史的结构也完全无用了。我现在就转向那种结构。

如果那种用直接知觉取代推理的文化规则所确定的进步继续下去，那末这个文化规则就会继续尽力改变再现的手段。我想我们实际上应区分手段发展与手段改变的不同。想象一下这样的历史吧：最初我们用轮廓线勾勒物体，那里只是暗示了色彩，指望观者了解具有特定形状的彩色事物会像甚么。随后，有人想到照实际展示这些色彩，于是就不再需要推理了。而现在，彩色的形状已走向逼真，它们与空间中他者的关系是个推理问题，艺术家要靠我们来了解这些关系像甚么。接着有人想到色彩和明暗的变化会被看成深度的改变，由于这一发现，最强烈的明暗就是最接近眼睛的明暗。这一发现或许标志着从圣像画到奇马布埃和乔托的发展。然后，透视画法的发现标志着可能直接地觉察，就像我们在现实中觉察到距观者和其他对象的实际位置究竟有多远一样。由于手段本身并无特殊的改换，这可以说是一个发展的范例，我们处理的是画家的传统材料，就相关的规则本身来说，会越来越有效地运用它们。但是我们仍要推断运动，一旦确定这是我们想替换展示的，手段的固有局限就成了障碍。只有电影技艺所代表的那种手段的改变，才能克服这些障碍。黑白电影变成彩色电影，单镜头空间变成立体再现，或许可视为发展，而声音的添加或许可造成手段的改变。不论情况如何，这方面的每一进步，都需要日益复杂的技术，而发展与改变之间的区分或许会有点模糊不清了。我要说的是，只要复杂与昂贵成本相伴，就必须决定我们是否能在我们现有的手段内生活下去，我们是否会被那让进步建立在越来越昂贵的手段上的规则驱使。或许会有与科学进步的昂贵成本相似的情况：伴随着每一次向宇宙微观结构的深入，需要越来越多的能量，我们必须由社会来决定是否值得不惜代价去获得下一次深入会带来的认识控制方面的增值。现在甚么技术适合手段的改变，就这一点考虑，恰当的技术是全息摄影。迄今为止，这是某种科学玩具，虽然简单或静止的全息摄影被艺术家用在类似神灵的事物上(录像也用在这种事物上)，作为提供给艺术家的机会，使他们无须特别参考我们所讨论的进步观就能从事艺术实验。可以这么说，这是利用它的物理可能性，劳申信格利用铅笔物理性质(标记和涂抹)的方式就是这样的。

众所周知，定点透视画法没有容纳视差的地方，结果人们要是放弃在空间中确定有序退缩的那个点，场景就会像没做好的蛋奶酥一样歪曲变形了。波佐在罗马的圣依纳爵教堂天花板上绘制了辉煌的湿壁画，在这幅画上，圣依纳爵被表现为升天成圣的样子，教堂展开，朝向天空，他笔直升入天空的似真假象，只有从下方某一点上看才有感染力，这一点由地面的一块圆形云石精心标明了。事实上，巴洛克艺术家利用云掩饰视差的矛盾，其目的与中国人利用它们抑制透视扭曲十分接近，就算在两种情况中云具有精神乃至地形的意义（也就是说，分别标志着天空和山丘的位置），情况也是如此，我们懂得与电影和别处的歪曲视差相处，或许这很像中国观者懂得与不规则的绘画空间相处，在我们想为克服不便干点甚么（假如可能的话）之前，我们都懂得以一种禁欲主义精神与生活中的不便（灰尘、噪音、蚊子）相处。深受视差搅扰的人，可以在电影院找个座位，那里能最大限度地消除视差造成的不适。由于在舞台设计上真正革命性的介入（这种介入，某种程度上在正统剧场中预示了所谓的通畅圆形剧场），全息摄影使保存视差成为可能。恰似这种概念把演员从前台建筑造成的一种人为的二维空间中解放出来，活动的全息摄影能带来圆形电影，图像会摆脱电影屏幕这个平面。图像会具有真正三维的性质，就像幻影一样出现在我们中间，非常饱满，只是触摸不到。古代的祭司利用中国魔镜，在奇特的殿堂空间里，制造神的假象，这种中国魔镜能反映出扮演赫丘利的演员竟然独立出现在空间中，而借助的就是焚香烟的烟雾（这些总易操纵的烟雾！），让它们干扰轻信的参与者，使他们不去注意虚假的迹象。如上所述，全息摄影图像不能触摸，这就有了个要进一步面对的问题，是否这正是要与之相处的另一种事物，从财政上研究这种进一步改变的手段是否有艺术价值。或许我们能在保持不可触摸性的条件下，使一种与神秘幻象相似的事物显得自然，甚至是向艺术提供一个隐喻。

据雕塑史提供的背景来估量这种选择是颇有教益的。传说代达罗斯为弥诺斯王的孩子们制作了活动玩偶。弥诺斯王当然会关注更惊人的消遣。但是大部分雕塑家喜欢让人们推断运动，就像提到过的贝尔尼尼的例子。我想，在很大程度上，这当然是由于要让形象活跃起来的方法没甚么效果，或有些拙劣，或太触目，难以使运动令人信服，无法创造出成功的假象：我们一定记得，古人以一种无疑十分接近我们给死者化妆的方式彩绘他们的雕像，目的是使雕像看起来非常舒服。人为的生动或许会让我们更不舒服：在这种想法里有种令人讨厌的东西，至少也是奇怪的东西（想想《葛蓓莉亚》中的舞蹈玩偶），装有发条的亚伯拉罕·林肯的塑像在迪士尼乐园发表着葛底斯堡演说或许是十分令人不快的。

要在审美上说得过去，活动雕塑只能是抽象的，就像考尔德的可动雕塑那样，在这样的雕塑上，我们显然不必考虑真实世界，而考虑真实世界会使活动雕塑的观念带上坏的，甚至野蛮的趣味。不过我参观过印度的寺庙，那里的人物形象涂了十分花哨的颜色，我断定，信徒会欣赏让湿婆的手臂像风车般旋转的。无论如何，由于全息摄影，三维的非抽象活动物终于有可能令人信服了，而我们两种传统的具象实践(图画制作和雕像制作)也合为一体，实现了一种模仿技能进步的幻想。现在我想问是否可触摸性会提供进一步的机会。我敢说，把《望楼的阿波罗》涂上粉红的肉色调，摸起来仍是冷冰冰的感觉。云石和青铜摸起来只能像云石和青铜，无论形状像乳房还是像胸肌，没有人(至少在杜尚之前)寻求过克服物质的障碍，创造出与血肉之躯摸起来相似的雕像，以使作为维纳斯标志的乳房摸起来像真东西。这可能是审美的堕落，就像抚爱那种为害羞而又无望的男人制作的真人大小的塑料玩偶一样，不过这只是我个人的看法。就像在全息摄影中，活动本身变得令人信服，俗气可能就减少了。但或许从这点来估量过去是鲁莽的，因为我的目的只是阐明一些审美的和道德的思考，这些思考涉及再现进步领域内的技术选定。

然而，有一点我不得不指出，托马斯·马克主张(我相信是正确的)有些音乐作品要求表演者掌握精湛的技艺，就此应当说的是，它们涉及的方面是表演它们需要的精湛技艺：这些被表演的作品正是我们称之为样品的东西。但我认为，普遍的真相是，从传统的杰作观念看，艺术品经常或永远涉及体现它们所需的精湛技艺，因此，作品的直接题材(如果有的话)通常只是真正题材的一个机会，真正题材就是显示精湛技艺。于是，在纽约画派的绘画上，笔触并非这种题材，它更像是显示真正题材的一个机会，而这个真正题材就是作画时体现精湛技艺的动作。运用线性透视画法的早期作品利用那些能体现透视画法的题材，如规则整齐的一排排柱子和直线形状的古典式风景；柯罗和巴比松画派喜爱的那种树林遍布的风景对这个目的没甚么用处，选择树林遍布的风景暗示了对空间更浪漫，也更少约束的态度：空间不那末像包厢和舞台了。人们会同情一位像保罗·乌切洛这样的艺术家，自从迷上透视画法，他就选择不大可能的题材来展示它的力量，例如战争的场面，强调那些枪矛的排列和旗帜的组合，真是滑稽：由于乌切洛这位失败的英雄，真正的战争就发生在题材与处理之间了。

现在,每当再现的可能性有了技术上的扩展,类似题材与技术间这种内在联系的事物就会成为作品最突出的特征。最初一批影片从卢米埃兄弟的制片厂出来时,选择的题材,纯粹是为了展示运动:选择一部表现堆满苹果的桌子的影片是愚蠢,哪怕从当时表现运动真正可能以来,这确实是首次使静态成为作品的一个客观特征。向观众展示的景象是:从工厂拥出的人群,歌剧院广场上的交通,火车,遮盖在布洛涅森林野餐者头上的枝叶。即使在今天,追逐,作为电影的一道主菜,仍没让人倒胃口。宽银幕立体电影在真正的空间中向我们猛扑过来,它基本上是肤浅的,因为基于铁滑道或旋转飞机上的体验有很大局限。自然,我选择的第一个全息摄影题材是基督显圣容,就像《马太福音》中描述的。随后,我想看看为了让女儿和她的情人惊喜,普罗斯佩罗一挥权杖,就从空无中唤出的假面舞会。当然,我们很可能会有的,将是惊跑的牛,跃起的马,破口大骂的牧牛人。然而,在可触知性变成一种技术可能性时,这些几乎就不会是适宜的题材了:要猜想一种超越技术发展的艺术发展,会遇到一个严肃的问题,这就是——可触知性是否能与叙事充分结合。举例来说,如果影片不叙事,我们仅仅关注运动的展示,必然是苍白的——毕竟,我们只要想看,随时都能看到真正的东西。除非模仿变成 diegesis 或叙事,否则一种艺术形式就会因刺激日减而死去,我认为情况大体就是这样的。

无论情况如何,永远有可能想象(至少是粗略地想象)那靠再现进步解释的艺术未来。人们原则上知道何为议事日程,以及由此会有何种进步,要是有进步的话。爱幻想的人会说"总有一天,图画会动起来"之类的事,但他们并不知道怎么实现它,这就像不久前他们会说"总有一天,人会走上月球",又一次,他们完全不知道这是怎么实现的。但另一方面,这是认真讨论这一完整理论的主要原因,谈论艺术的终结是可能的,至少谈论作为一种进步训练的艺术终结是可能的。在每一知觉范围的 R 都能从技术上产生出一个相等物时,艺术就会完结了,正如在 19 世纪,由于真有一种可能性使每一事物都被认识时,科学就会完结了一样。例如,在 19 世纪,人们相信逻辑是一种完成了的科学,就连物理学也是这样的,只要再搞好少数受挑剔的细节就够了。不过,没有甚么内在原因让我们认为科学或艺术没有尽头,因而关于后进步的生活会是甚么样的,永远是我们必须面对的一个问题。的确,自从制造知觉相等物的问题不再怎么困扰我们以来，我们或多或少放弃了艺术这种样式，而且在叙事成为一个艺术事实时，无论如何会有某些明确的限制出现。即使是这样，如我们会看到的，就在今天这种样式也有间接的相关性。

然而，在未涉及之前，我想提个哲学观点，只要艺术哲学依据知觉相等物技术的成功或失败来表述，就难于获得一个令人感兴趣的一般艺术定义。亚里士多德拓宽了模仿的概念，把对行为的模仿包括了进来，以便把叙事的戏剧引入这个概念的范围。但据此而言，模仿的理论与知觉相等物的概念有分歧，因为它远离了戏剧仅靠知觉相等物就能提供给我们的那种清楚明白，对行为的一种目击所能发现的就是这种情况。然而，就戏剧表演而言，这是个错误的娱乐理想，当我们把小说视为行为描述时，情况完全不是这样的。当我们对照模仿来思考描述时，我们可能马上就会注意到，它全然不清楚根本就没给进步的概念或技术改变的概念留下任何余地。让我来解释这一点吧。

从老子到现在，对语言不足之处，思想家有的哀叹有的赞美。觉得它在描述上有局限，因而无法表达超越这些局限的重要事物。但真实的情况是这样的，用引入语言的新措词来说，扩展再现的可能性并不会改善这种形势，主要是由于抱怨针对的是描述本身，它实在太远离现实了，无法给我们带来现实本身提供的那种体验。能用一种语言说的，也能用其他任何一种语言说(不能用一种语言说的，也不能用其他任何一种语言说)，这是自然语言的一个标志，它永远考虑到适当措词的差别和委婉说法的程度。因而，不可能有过一种涉及扩大自然语言描述资源的技术难题:这些资源同样是普遍的。

我并不打算暗示语言无局限，只是想指出，无论这些局限是甚么，都不会被当成克服它们的进步，因为这作为一个再现系统，仍然会处在语言里。所以，就进步这个概念而言，并无合乎逻辑的地方。例如，在文学史的每一点上，爱幻想的人都不能预言某一天人能说某些事情——或许部分是因为正在说人能说时，就已经说了。当然，有人或许能说某一天人能谈论那时禁止的事情，这可能是性，或许能说某一天人能用语言批判现在他们不能批判的制度。但这大约是个道德进步或政治进步的问题，如果是这样的话，那就会大量应用于图画和言语上。无论这么做有何价值，我们今天能在电影里看到前一代人不会想到展示的事物，比如说，明星的乳房。但这并非技术的进步。

艺术史线性的或进步的样式就这样先在绘画和雕塑，后在电影和有声电影（如果你希望的话，再加上可感觉的艺术品）中找到它的最佳范例。描述运动、深度或物质可触知性的难题从不曾有过。“她柔顺的肉体”描述了一种并没模仿相等物的知觉体验。由于言语与图画的差别并没阻挡它，我们下一个样式将可能引出一种更一般的定义。但另一方面，它从艺术本质中排除了那些能让人把艺术视为一种进步学科的因素。

我想推测我的历史命题的一个证据——在19世纪末和20世纪初，艺术制造知觉体验相等物的任务，从绘画和雕塑的活动移向了电影的活动——事实上，画家和雕塑家恰恰在叙事电影的所有基本策略到位之时明显地放弃了这一目标。1905年左右，从应用以来，几乎每一电影策略都已发现了，而正是在那时，画家和雕塑家开始提出（即便只是通过他们的行动）有甚么能留给他们做的问题，因为火炬好像由其他技术举起了。我推测艺术进步的历史会倒退：我们能想象方案实现后的状态，但现在，不管出于甚么理由，用推理的提示取代知觉相等物，似乎是个好主意——或许因为更大的价值基于推理（等于理性）而不是知觉。电影摄影术逐渐被我们在罗莎·博纳尔或罗丹等人那里找到的运动学活动取代，直到（我推测）知觉相等物完全从艺术中消失，我们获得一种纯描述的艺术为止，在这种纯描述的艺术中，言语取代了知觉刺激。谁知道呢，这或许显得与体验联系得太紧密了，下一个步骤或许是音乐。但考虑到进步本身被设想的方式，1905年左右，似乎画家和雕塑家只能靠在某些方面重新为艺术定义来证明他们的活动，这种做法必定会震动那些继续用进步之典范的标准来判断绘画和雕塑的人，他们不了解技术的改变现在已创造出适合那些越来越古风化的标准的实践。

野兽派是个好例证。请考虑一下马蒂斯1906年为他妻子画的肖像，显示在这幅画上的马蒂斯夫人鼻子上有条绿颜色（实际上，这幅画的标题就是《绿条》）。张叶跟我谈过某位耶稣会艺术家给中国皇帝的一位宠妃画的一幅画，这幅画让她吓了一跳，因为她知道她的脸的一半不是黑的，而他运用了阴影。有关世界真实面目如何的教诲，会使她明白他显示她的方式就是她真正的样子，这方式考虑到了现实的明暗。但是，那种情况一点也不会替知觉相等物的历史赎回马蒂斯的画，哪怕在他所表现的对象的鼻子上碰巧有处绿色阴影也不成——因为它不会是那种特殊的绿色。当时的女士也不像我们时代的女士运用眼影那样运用鼻影。她也没患鼻坏疽。所以人们只能断定(如大众做的那样)马蒂斯忘了怎样作画,他虽记得怎样作画但发疯了,他虽清醒但出于冲击资产阶级的目的滥用他的技艺,或试着欺骗收藏家、评论家和艺术馆馆长(他们是艺术界中最差劲的)。

这些本会是各种使对象合理化的标准方式,正是在那时开始像流行病一样大量出现,毫无疑问它们就是各种绘画,但是,由于现实世界和艺术界的任何事物的知觉相等物达到如此惊人的程度,它们没达到目标,对它们存在的某种解释似乎是专横的。那就是,直到开始理解如果确有任何脱节的话,那也只与或许会提出挑战的理论有关,好吧,如果有一处的话,很可能是理论的错。在科学领域,至少从理想的角度说,我们的理论不起作用时,我们并不责备世界——我们改变理论,直到理论起作用。因此正是由于后印象主义绘画,日益变得清楚的是迫切需要一种新理论,艺术家并没沉湎于知觉相等物,而是追求这些说法最初根本不了解的东西。它的实践者用理论响应这种情况的做法为美学增添了光彩,这些理论,尽管不正确,却认清了需要,一种至少是合适理论的好例证就是画家更注重表现而不是再现。克罗齐的《作为表现科学的美学》出现在1902年。那末猜测一下《绿条》试着让我们看到马蒂斯怎样感受被显示的表现对象、他自己的妻子吧,这需要观者这一方进行复杂的解释。

这种描写对下述事实来说是惊人的,这个事实是它把知觉相等物的理论纳入感觉,使之预测出各种脱节,然后把这解释为由于感情。它好像承认情绪状态中的强烈特征,即感情,是涉及或指向某种对象或事态的;由于克罗齐假定艺术是种语言,而语言是一种交流形式,当作品能展示所表达的感情针对甚么对象时(例如艺术家之妻),就会产生感情交流。那时,现实显示这一对象的方式和可能显示它的方式间的脱节只是知觉相等物所针对的,知觉相等物不再标志着被艺术进步或艺术家制造假象的精湛技艺所遮盖的距离,而是存在于外化或客观化了的艺术家对表现对象的感情中。于是,传达给观者的感受使他能根据脱节推断艺术家的感情。确实,由于艺术家用这样的方式感觉对象,观者必定假设这样的结果,即对象就是以这样的方式显示的。就是这样,德库宁画了如同乱砍乱伐之地的女人,埃尔·格列柯画了如同伸长垂直物的圣徒,贾柯梅蒂塑造了消瘦得难以想象的人物,这既非出于视觉原因,也非由于真有这样的女人、圣徒或人物，而是因为艺术家分别揭示了攻击的感情、精神渴望的感情、怜悯的感情。或许很难设想德库宁表现怜悯，更不用说精神性了，或是埃尔·格列柯表现攻击。不过，感情归属当然永远是个微妙的认识论问题。

当理论提出如下看法时，它就变得特别微妙了，即作品所再现的对象成了表现有关它的事物的理由，而我们随后就开始沿着这些新路线重建艺术史。因为我们现在必须确定那些同理想的知觉相等物脱节的现象在何种程度上是技艺不够的问题，以及在何种程度上是表现的问题。显然我们无法解读所有作为表现的脱节，因为那时进步的概念不再适用了：我们必须假定在许多情况下，如果艺术家知道怎么做的话，他就会消除脱节。即使这样，从再现观点出发会觉得可笑的某些脱节，从表现观点看，就成了艺术基础。在野兽派时期，通过指出艺术家毕竟能画这个事实(作为证据，有人指出马蒂斯的学院作业，或毕加索16岁时的惊人油画)，使新艺术辩护士和新理论赞同者强调的背离能被接受了。但是表现越来越带有鲜明的艺术特征，经过这段时间后，这些烦人的问题就失去了力量。对象变得越来越难于辨认了，终于完全消失在抽象表现主义中，抽象表现主义当然意味着阐释纯表现主义的作品需要参考无对象的感情：快乐、沮丧、一般化的激动，以及诸如此类的感情。令人感兴趣的是以下事实，由于会有纯表现的、因而也就根本不具清晰再现的绘画，再现性必然会从艺术定义中消失。但从我们的角度看，更有趣的事实是艺术史需要一种完全不同的结构。

这么做是由于不再有任何理由把艺术看成具有进步的历史：表现观念连续发展的可能性完全不存在，正如模仿性再现观念连续发展的可能性存在一样。这不是由于没有起中介作用的表现技术。我不想暗示新的再现技术不会接受新的表现方式：毫无疑问，电影中存在着新的可能性(这没改变艺术电影中类似的东西)。但这些新的可能性不会形成进步的发展——也就是说，由于我们可以说我们现在能显示那些我们以前只能力不从心或根本无法显示的事物，就说我们现在能表现那些我们以前表现不好或根本无法表现的是没有根据的。艺术史对抗着进步的范式，亦即它一个接一个地散落在一连串的个别活动中，所以，艺术史决无某种可以推测的未来。当然，可能有一些感情是人们在某个特定时刻不敢表现的，而人们在恰当的时刻是可以表现它们的。不过控制表现的门槛高低是道德史的事。当然，或许有表现感情的知识史，就像经过一种治疗似的,但另一方面,由于并不专门用于艺术,这大概属于一般的自由史。海德格尔说过,自从亚里士多德在《修辞学》中对感情进行哲学分析以来,就再没有人能跨出一步——但这肯定是由于人类感情的范围不可能与古代有甚么不同。或许,这些感情有新对象,甚至有新的表现方式——但也不是一种发展史。

还有一点。一旦艺术被解释为表现,如果我们要阐释艺术品的话,它必然立即把我们送往它的创造者的心境。说实话,某一特定时期的艺术家分享某种表现的语汇,这就是为甚么不论对错我通常对德库宁、埃尔·格列柯、贾柯梅蒂的因果阐释至少看起来是自然的。即使如此,我觉得这也完全是个外部的事实,对表现的观念来说,根本不是不可或缺的,可以相信每位艺术家都能以自身的方式表现自己,因此可以说,一种语汇与另一种语汇是不可比的,这种情况使关于艺术史非连续性的激进观点成为可能,照此观点,一种风格紧接着一种风格,就像在一处群岛中那样,我们或许在原则上能想象我们选择的任何一组风格。无论如何,只有借助对我们正在研究的这位特殊艺术家定义的词语,我们才能理解每一作品、每一主体,适合德库宁需要的并不适合他人的需要。表现的观念使这样一种观点成为可能,这就是使艺术成为每一独特艺术家的相对物。艺术史正是一个接一个艺术家的生平。

引人注目的是,今天视科学史是沿着这些路线行进的某种现象——并非像 19 世纪那样乐观地视其为一种不可避免的线性进步,一直通向全部认识之再现的最终境界,而是一组非连续性的阶段,其间存在着根本的不可比性。差不多就像科学词语的语义学与“痛苦”之类词语的语义学相似一样,每个使用者在这里都涉及不同情况,并用个人的措词讲述——为了达到我们彼此完全理解的程度,我们利用我们本身的词语这么做。这样一来,“质量”在科学的每一阶段就意味着不同情况,在某种程度上是由于运用在它身上的每一理论都重新定义它,以致理论与理论间的同义是不可能的。不过,即使我们停在这种极端的词汇激进主义外,仅仅是历史结构或许也能保证某种程度的不可比性。想象一下倒转艺术史,其结果是它始于毕加索和马蒂斯,经过印象主义和巴洛克,因乔托而招致衰败,只是依靠《望楼的阿波罗》的独创性才达到顶峰,越过《望楼的阿波罗》,不太可能设想甚么进一步的提高了。严格地讲,有争议的作品可能产生在那种秩序中。但它们不可能获得阐释,因而也不可能有结构,在当前的年表之中，我们发觉它们获得了阐释，有了结构。仅举一例，毕加索一直参考被他系统地解构的艺术史，因此这些过去的作品成了他的先决条件。某种同类情况也适用于科学。即使科学家不像艺术家那样意识到他们的历史，实际上仍存在着理论的相互参照，它们保证了不可比性的程度。如果只是由于我们知道伽利略，而他不可能知道我们，以及我们习惯于参照他的程度，那末我们使用的词语就不会与他使用时的意义相同。所以，有个要考虑的重要方面，这就是我们必须通过我们自己的词语来了解过去，因此不会有各个阶段通用的一贯用法。

有一些历史哲学，即使它们依据的不是我简述的理由，也把这些不可比性当成中心问题。我现在正想到斯宾格勒，他弄清了那种假定西方历史是线性地分成三个清晰而又独立的历史时期的观念，这种观念把这三个时期称为古典时期、东方三博士时期和浮士德时期，每一时期都有自己的文化形式语汇，它们之间能假定没有意义的可比性。古典神庙、带穹隆的巴西利卡、有拱顶的大教堂与其说是线性历史中的三个阶段，不如说是用建筑手段对清晰的基本文化精神进行的三种清晰表现。从某种绝对意义上说，这三个时期是相承接的，不过只是依照一代人接一代人的方式相承接的，与之相伴的是得出的特殊类比：每一代以自己的方式达到并表现其成熟。它们中每一时期都确定了一个不同的世界，而不可比的正是这些世界。斯宾格勒的书有个著名的标题《西方的没落》，它一出现，就被看成是极端悲观主义的著作，这在某种程度上是由于斯宾格勒使用的生物学隐喻，这些隐喻需要他的每一种文明经历自身青春、成熟、衰落、死亡的一个周期。因而，如果我们接受他的上述看法，我们艺术的未来就是十分暗淡的。不过（他毕竟非常乐观地宣称）一个新周期又会开始，它有着自己的高峰，而我们只能照我们从前一轮循环所想象的来构想它。因而，艺术会有未来，只是我们的艺术没有未来。我们的艺术是已经衰老的生命形式。因而，你可以把斯宾格勒看成述说阴暗之事或光明之事的人，这就看你怎么在它（实际上如同我在这一节中讨论的所有观点）所依赖的严格的相对主义框架内感受你自身的文化。

我开始讨论的这个问题，促使我在此强调这种相对主义，艺术是否有未来，显然是反相对主义的，因为从某种意义上说，它实际要以线性历史为先决条件。这具有绝对深刻的哲学暗示，因为它需要我确定艺术的方式与我想象艺术史的方式之间有种内在联系。举例说吧，如果只首先把艺术想成再现,那末我们就能把艺术想成具有某种实现进步样式的历史。另一方面,如果我像克罗齐那样,仅仅把艺术视为表现或感情交流,好吧,恰恰是由于表现的观念与那种不可比性(在这种情况下,一件事只是在另一事后出现)相伴,艺术恰恰就不会有那种历史了,而艺术终结的问题也就谈不到了。因而,即使艺术家表现感情是事实,那也仅仅是事实而已,而如果艺术有某种历史(艺术终结的出现在它之中是说得通的),那末它也不会是艺术的本质。作为知觉相等物事业的那种艺术与其具有的那种历史是一致的。然而,如我们所知,作为艺术定义,它缺乏普遍性。于是,从这种辩证法里出现的是,如果我们认为艺术有终结,我们就需要一种线性的艺术史观,但一种普遍得足以包容不同于那种错觉性绘画的再现艺术理论最佳的例证是:文学的再现,甚至还有音乐的再现。

现在,黑格尔的理论满足了所有这些需要。他的思想要求有真正的历史连续性,实际上这就是一种进步。这里谈的进步并非那种不断完善的知觉相等物技术的进步。相反,这是一种认识的进步,显而易见,在这里艺术渐进地接近着那种认识。认识实现之际,实际上也就不再有任何艺术的意义和需要了。艺术是某种知识出现过程中的一个过渡阶段。接着的问题就是这种认识会是怎样的,它就是何为艺术的知识,这一回答刚公布时引起了失望。恰似需要我们看到的是,在艺术的性质与历史之间,存在着一种内在联系。历史随着自我意识到来而终结,或更恰当地说,随着自觉到来而终结。在某种程度上,我想我们个人的历史具有那种结构,至少我们种种教育的历史具有那种结构,因而它们终结于成熟期,在它们这里,成熟被看做了解(和接受)我们是干甚么的,乃至我们是谁。艺术随着它本身哲学的出现而终结。现在我要通过回到往昔知觉艺术的历史,来讲述这最后的故事。

艺术表现理论的成功,也就是艺术表现理论的失败。它的成功由以下事实构成:它能以一种统一的方式,也就是感情表现,来解释艺术的一切。它的失败由以下事实构成:它只有一种解释艺术的一切的方式。非连续性作为令人困惑的现象首次出现在进步的再现史中之际,它真正洞察到或许艺术家正试着表现,而非像原来那样试着再现。但在1906年前后,艺术史简直就像是非连续性的历史了。确实,这能适应理论。我们每一个人都有他或她自身的感情,因而能料到它们会通过个人的方式,乃至不可比的方式表现出来。当然,我们之中大部分人以很相似的方式表现我们的感情,有一些表现形式,要理解它们,虽不能说要通过生理学词语,却要通过进化论词语:我们以自己都了解的方式表现感情。但另一方面,这种理论认为,这些人是艺术家,而确定艺术家身份,某种程度就是通过他们感情的独特性。此乃艺术家与我们这些人的不同之处。撇开作为源头的后印象主义不谈,从野兽派起,每个新运动似乎都需要某种理论的认识,情感心理学和语言仿佛都不如这种理论认识恰当,如果浪漫主义的说法建立在这个事实上,那末前述似真的看法就有麻烦了。

请想想我们世纪令人眼花缭乱的一连串艺术运动吧:野兽派、种种立体主义的表现、未来主义、漩涡主义、同步主义、抽象主义、达达派、表现主义、抽象表现主义、波普艺术、欧普(光效应)艺术、极简主义、后极简主义、观念主义、照相写实主义、抽象现实主义、新表现主义——这只是列举一些颇为人知的运动。野兽派持续了两年左右,而有过这样一个时候,在那时艺术史中一个完整的时期似乎注定了只能延续五个来月或一个半月。那时的创造力似乎是由创造时期而不是由创造作品构成的。艺术的命令实际上就是历史的命令——创造一个艺术史时期吧!——而成功就存在于制造一种公认的新事物中。如果你成功了,你就有了制作他人不能制作的作品的专利权,因为他人不能用你或许还有少数收藏家从现在起就与之等同的事物来创造一个时期了。随之而来的是某种财政保障,由于艺术馆(它们与历史结构和一种完整性结合在一起,后两者要有每一时期的典范相伴)需要从你那里获得典范,假如你属于一个适宜的时期。像德库宁这样富于创新精神的艺术家从未被特许去发展,确切理解这些机制的德·基里科,就在其一生中画了许多德·基里科式的作品,因为这是市场需要的。谁会需要看起来像蒙德里安的某个郁特里罗,或是看起来像格雷斯·哈蒂根的某个玛丽·洛兰珊,或看起来像弗朗茨·克兰的某个莫迪里阿尼呢?每个时期需要相当数量的相当复杂的理论,以便也能在艺术层面上处理时常是很微小的对象。面对历史定位与理论解放的深刻相互作用,对感情和表现的呼吁似乎越来越没说服力了。即使在今天,我们几乎也不明白立体主义真是怎么回事,但我确信在布拉克和毕加索宣布他们对吉他惊人一致的感情之后还有许多值得玩味的东西。

尽管表现论单薄得远不能说明这极为丰富的艺术风格和类型,但它仍然极为擅长把艺术品处理成具有一种自然的性质又面貌多变的东西,进而以科学的精神回答那自柏拉图起就思考的问题——甚么是艺术?在普遍承认的模式失去作用时,这个问题在20世纪就变得紧迫起来,虽然那模式并非好模式,可没有一个人说它不好。但是,随着每一运动重新提出这个问题,把自身当做可能的最终答案推出来,这种理论的不恰当就逐年(如果我可以说的话,或许应说一个时期接一个时期)变得更明显了。这个问题实际上伴随着作为我思(Cogito)的艺术新形式,依照康德的一个伟大命题,它陪伴着每一判断,每一判断仿佛都就自身提出了何为思想的问题。看起来仿佛我们这个世纪艺术的要旨,就是在拒绝所有不具普遍性的合适答案的同时,追寻其自身身份的问题。利用康德著名公式的意思说,艺术就像是无法满足任何特殊概念的某种概念式的东西。

这种看待事物的方式,暗示着另一种艺术史样式,一种以教育小说的叙事为范例的样式,这种自我教育的小说在自我对自我的认识中达到高潮。这是近来的一种类型,我认为也恰是主要能在女性文学中找到的一种类型,在这里,女主角向读者和自身提出的问题,既有她是谁的问题,也有何为女人的问题。具有这种形式的伟大哲学著作是黑格尔惊人的《精神现象学》,一部主角是世界精神的著作,黑格尔把这个主角称为Geist(精神、心灵等意思——译者),其发展的各个阶段指向自知,进而经自知达到自我实现,黑格尔辩证地探索了这一历程。艺术就是这些阶段之一——确实,是精神通过精神复归精神的那些近乎最终的阶段之一——不过,它是一个必须经历痛苦的攀登升至最终救赎的认识阶段。

精神的追求和命运的顶点碰巧是哲学,照黑格尔的规划,主要是由于哲学在本质上是反思的,意识到这是甚么的问题就是这是甚么的一部分,它本身的性质是它主要的难题之一。确实,可以把哲学史看成哲学弄错身份的故事,以及哲学经自身和据自身看问题遭到失败的故事。宣称艺术哲学史存在于其存在最终纳入其自身哲学中,接着又指出对某种其身份存在于自我理解中的事物来说,自我理论化是一种真正的可能和保证,有可能据这样的看法明白黑格尔。所以,伟大的历史剧,在黑格尔心目中,是心智的神曲,会终结在最终的自我启蒙的那一刻,在这里,启蒙存在于其自身之中。因而艺术的历史重要性就建立在它使艺术哲学成为可能和变得重要的这个事实上。现在,如果我们凭这些条件看待我们不久前的艺术,它们尽管壮观,我们所看到的却是某种越来越依赖理论才能作为艺术存在的事物,因此理论不是外在于它寻求理解的世界的事物,因此要理解其对象,理论就得理解其自身。不过,这些前不久的作品显示了另一种特色,那就是对象接近于零,而其理论却接近于无限,因此一切实际上最终只是理论,艺术终于在对自身纯粹思考的耀眼光芒中蒸发掉了,留存下来的,仿佛只是作为它自身理论意识对象的东西。

如果类似这种观点的事物极不可能似真,那就有可能假定艺术终结了。当然,艺术创作会继续下去。但生活在我想称之为艺术后历史时期中的艺术创作者,将创作出缺乏历史重要性或意义的作品,而这种历史重要性或意义正是我们长久期待的。艺术家为哲学铺了路,任务最终必然移交到哲学家之手的时刻已经到来。让我用一种或许使人能接受它的方式讲清楚这件事,从而结束本文吧。

在我们用力控制它不去结束每一事物,不去爆炸性地把人类从存在中逐出时,"历史的终结"一句带有不祥伴音的话。《启示录》中的情景一直是可能实现的幻境,但难得像今天这样地接近现实。当没有甚么创造历史的东西留下来时,即不再有人类时,也就不会有历史了。但是,19世纪伟大的历史学家,凭着他们本质上是宗教性的历史解读,心中怀有的是不同于仁慈的感情,即使如此,以卡尔·马克思为例,暴力就是这种仁慈达到极点的发动机。在这些思想家看来,历史是某种必不可少的剧痛,经历这种剧痛后,历史的终结才会莫名其妙地获得,而历史的终结就意味着那剧痛的终结。历史终结了,但人类并没终结——正如故事终结,而人物并没终结一样,他们生活下去,一直很幸福,做他们在他们的后叙事的无意义中能做的事。无论他们做甚么,无论他们现在遇到甚么,这一切都不是承受他们的那个故事的一部分,他们仿佛是工具,而故事仿佛是题材。

下面是深刻而有影响的黑格尔评注者亚历山大·科耶沃一段中肯的总结:

> 就事实而言,人类时间或历史的终结——那就是人类最后的消亡,确切地说,是自由和历史的个体的最后消亡——仅仅意味着在这个词语全部意义上的行为的停止。实际上,这意味着战争和流血的革命的消失,也意味着哲学的消失。由于人类不再有本质的变化,也就没理由改变那些基于人类理解世界和自身的(真实)原则。但其余的一切都会无限期地保存下去,它们是艺术、爱、游戏,以及诸如此类

的事物:简言之,是令人愉快的每一件事。

而马克思,在一段著名文字(很可能科耶沃的看法就以它为出发点)中描述了人生,在决定历史的所有矛盾(就是《共产党宣言》中极为不详地述说的阶级斗争的所有矛盾)经历历史的巨痛,消耗掉自身之际,社会马上就没有阶级了,也没留下产生历史的事物,人呆在乌托邦的福地上,这是一个无异化无特殊性的乐园。马克思告诉我们,在那里,我早晨可以是猎人,中午可以是渔夫,而晚上可以是爱挑刺的评论家。后历史的生活,对黑格尔来说,就像对马克思来说一样,会具有某种哲学的地中海俱乐部的形式,或是众所周知的天国的形式,在这里,除了(用我们青春期的说法)闲逛,我们再没甚么可做的了。或者,另挑个形象化的图景,这次选自柏拉图,在其《理想国》结尾处,他描述了一个挑选的场面,在那里,在来生中洗尽罪孽准备重返人世的男人,让形形色色的生活排列在他们面前,他们可以从中挑选一种:精明的奥德修斯挑选了一种十分不显眼的生活,大部分人大部分时间过的那种生活,情景喜剧单纯的无言存在,乡村的生活,家庭的生活,以及呆在阴间的阿喀琉斯,在一个痛苦的场合痛惜的那种生活。不过,照马克思和黑格尔的看法,没有能超越遥远地平线行进的历史。风暴永远停息了。注意到那根本不是命令的命令:“做你想做的一切。”我们现在能做想做的事了。

历史的终结与黑格尔说的作为绝对知识出现的事物相重合,而它们确实是完全相同的。在知识与其对象没有裂缝时,或知识就是其自身对象,因而主客体同一时,知识就是绝对的。《精神现象学》结尾的段落恰当地体现出它所处理题材具有的那种哲学结束的特征,它说这种结束“存在于完全了解其自身中,存在于了解其本质中”。现在,知识之外一无它物,也没有认识的直觉之光不理解的。我相信,这样一种知识的概念注定有缺陷。但是,如果一切都接近证明它,我们时代的艺术也能做到这一点——由于理论意识让包含着艺术品的客体发出明亮的光芒,从而差不多要消除主客体的分裂,而且艺术是行动着的哲学,还是哲学是思想着的艺术都无关紧要。“无疑情况是这样的,”黑格尔在其《艺术哲学》中写道,“艺术只能作为消遣和娱乐,或是用在美化我们的环境、把生活提高的外观印在我们生活的外在条件上,或是用在由装饰强调的其他题材上。”科耶沃谈到艺术时,把它放在使人在后历史时期快乐的事物之中,这么做时，他心里必定想到一些这样的功能。它是一种游戏。但这种艺术，黑格尔坚持认为，不是真正自由的。“由于从属其他客体，”他继续说道，只有“它在一个与宗教和哲学分享的领域内牢牢站住脚，从而变成一种另外的样式和形式，通过这种样式和形式……最广阔范围的精神真理被意识深切领会”时，艺术才是真正自由的。除了这一切，作为黑格尔，还有许多要说的，他总结道，有趣与否我留给读者去决定，“对我们来说，艺术是而且依然是一种过去的事物”。再有：“在其最大可能性的一面，(艺术)丧失了它真正的真理和生命，它被放逐到我们的理念世界，不再能保持它以前的必要性和它在现实中的优越地位。”因而，就一种“艺术科学”、也即Kunstwissenschaft(德文的“艺术科学”一词——译者)而言，黑格尔肯定认为，它与艺术史一样，作为今天的一种学科，并不是成熟的，他宁愿以他本人正在制定的某种文化哲学取而代之——“在我们时代，对艺术科学的迫切需求，远胜过艺术仅凭自身就能充分让人满意的时代。”在这一十分惊人的段落中，他进一步说道：“艺术请我们沉思地审视它……以便科学地弄清楚它的性质。”它打算做的，跟我们知道的艺术史没甚么相似之处，虽然我能肯定，当前有点贫血的学科是从像黑格尔设想的那样概念健全的事物中发展起来的。不过，由于我们知道的艺术已经完结了，艺术史具有我们知道的形式也是可能的。

好了。

像马克思可能说的，你早晨能是抽象艺术家，中午能是照相写实主义者，晚上能是极小的极简主义艺术家。或者，你能剪纸玩偶，或者，你做非常喜欢做的事。多元主义时代降临在我们身上了。你做甚么都不再有甚么关系，那都是多元主义希望的。一个方向同另一个方向一样好时，方向概念就不再适用了。当然，装饰、自我表现、娱乐正等待着人类的需要。永远会有帮助艺术演示的服务，如果艺术家喜欢这种情形的话。自由终结于自身的实现。从属的艺术永远与我们同在。艺术界的制度——画廊、收藏家、展览会、报刊——基于历史，并由此创造出新事物，它们也会逐渐消失。幸福会使我们何等幸福是难以预言的，不过请想一下对美食烹调的狂热在日常的美国生活中造成的影响吧。另一方面，生活在历史中是一种巨大的特权。

欧阳英译

——节选自阿瑟·丹托：《艺术的终结》，南京：江苏人民出版社2001年版。

埃伦·迪萨纳亚克

埃伦·迪萨纳亚克是加拿大艾伯塔大学艺术学院、美国印第安纳的鲍尔州立大学和西澳大利亚大学的访问教授，曾在世界多个地方任教和讲学。她的另外两部著作是《艺术为了甚么?》和《艺术与亲密:艺术如何发端》。在《审美的人》一书中，埃伦重新梳理了艺术的自然史，认为艺术地位衰落，原因不能从形而上学的角度来考察，而应该从人类生物进化的漫长景观中来考察，从中我们可以得出结论:艺术是人类最严肃和最重要的事情的组成部分。埃伦提出了物种中心主义的元叙事，对抗后现代对元叙事的解构。此书被认为是审美人类学的一部杰作，一经面世，反响强烈。哈佛大学的霍华德·加德纳认为:“这是有关艺术在人类进化过程中和在未来中的地位的一篇意义深远的论文，博学而富有生气。”肯尼斯·贝克在《旧金山新闻》上撰文称:“埃伦·迪萨纳亚克的书是我迄今读到的对后现代主义艺术理论浅薄的悲观主义的最有力回答。”

第 7 章《书写抹去艺术了吗?》是全书的总结，集中体现了埃伦的审美人类学思想。西方传统美学是以西方中心主义为视点建构的，西方中心主义又集中体现为逻各斯中心主义，康德、黑格尔所言的审美的普遍性显得极其可疑。从西方中心主义到物种中心主义，埃伦转移了美学研究的重心，用人类学的方法来研究不同民族的审美现象，文化不同、民族不同、种族不同，但人人在审美面前都是平等的，因为他们都是审美的人。传统的审美理论在新的审美人类学框架中自然成了被批判的对象。

后现代主义美学中有一个重要的范畴——“书写”，它是德里达等人解构逻各斯中心主义的利器，德里达的文字学又称为“书写学”。德里达把“书写”定义为“抹去一个事物的在场又使其仍然能够辨认这一姿态的名称”。他主张“文本之外一无所有”。埃伦认为这是典型的识字过度的表现，后现代美学是不充分的。后现代积极的一面是为艺术的解放和民主化开辟了道路;其消极面是造成了混乱无序的状态和价值立场。埃伦进一步认为德里达等人并没有走出传统哲学的阴影，仍然是逻各斯中心主义的，逻各斯在古希腊语里有语言、思维等的意思，德里达的方法论仍然局限于语言、思维和现实的预设中，正是对阅读和书写的依赖使西方哲学和现代主义成为可能。从物种中心主义和进化论的观点看，口头交流才是更基本的，阅读和书写能力在过去只是精英的能力，而且阅读和书写用来维持和强化权威的意见。

人天生就能进行口头交流，阅读能力要进行培养。口头交流卷入对话和交流，书写则容易让人自闭。柏拉图是第一个从文字的角度来发言的哲学家，区分了现实与理式。艺术最早的概念是技艺。书写和理论使艺术剥离了技艺的原始含义，并把书写和理论作为艺术本质的标签。后现代玩弄互文性的文本游戏，试图逃离文本的意识形态和形而上学，现实在永远被延异而不能抵达。这种文本观与艺术的现实不符，在远古社会，能指就是所指，听到的话就是其所指，现象就是现实，原始人把雕像奉为神，二者不分。现代语言学认为能指与所指之间的关系是任意性的，此观点被解构主义滥用，以书写为基础却又破坏并颠覆书写，殊不知后现代书写者咬的正是给他们喂食的手。

埃伦以达尔文进化论的"物种中心主义"为立场，提出了其审美人类学的基本框架和方法，物种中心主义把人类视为一个整体，以此展开对西方美学思想进行批判。后现代主义者频频暗示我们只是语言的产物，意义是不在场的，那末人类的经验从何而来？后现代主义者认为我们对世界的认识中间隔着语言这堵不透明的墙，我们永远无法真正抵达现实，这也明显是错误的，因为语言指涉的世界存在着，可以被认识和体验。我们与世界的分裂恰恰是由语言造成的。最后，语言本体论的"萨丕尔—沃尔夫假说"是不成立的，生理学研究证明大脑的信息加工并不完全依靠语言。日常交流中大量使用非语言特征来表达。最直接的证据是动物有思维，却没有语言。由此看来，语言本体论是 20 世纪识字过度的表现，语言不是存在的家园，语言的历史短暂，抽象的艺术和审美概念只是 18 世纪晚期的事情。我们不只是语言的产物，非语言的认知方式在现代之前很重要，今天我们特别需要了解识字之前的社会是怎样的。

在批判传统美学的基础上，埃伦提出了审美人类学研究甚么的问题。我们知道，西方传统形而上学是过度识字、过度书写的产物，按照形而上学的逻辑，艺术会最终消亡。后现代主义者甚至认为，艺术作为一个文本被书写抹去、解构了。如何走出形而上学与反形而上学的理论怪圈，埃伦提出了从形而上学美学向生活世界美学转变的想法。现代美学是博物馆式的、精英主义的美学，这是现代性分化的结果，前现代社会中，艺术是一种把人类团结起来的仪式，而且艺术是人类自然的、生物的需求。这就表明艺术不仅是文化习得的,而且还是人类的一种普遍需求,“为生活而艺术”而非“为艺术而艺术”才是通则。为了走出理论反理论的怪圈,埃伦把艺术看做一种行为,一种“使其特殊”的行为,“使其特殊”是人类的基本倾向或需求。艺术和审美被看做活动而非结果,行为而非物品。人人均可参与其中,人人皆可得到愉悦。形而上学的理论研究让位于被书写抹去的艺术,语言本体论转向物种中心的生活世界。

总之,埃伦的审美人类学理论是对传统美育理论的彻底改造,传统美育理论实际上是审美经验理论或审美批评理论,在经历了各种理论的转向后,美育理论应该追随哪种转向?语言学转向抑或是审美人类学转向?在读者读完埃伦的《审美的人》之后,相信他们会得出自己的答案。不管美学如何转向,有一点是无法被解构的、被转移的,这就是艺术与美永远值得人去支持和耕耘,而不是用来消费和解构。

(李 兵)

第七章 书写抹去艺术了吗?

> 有一个无足轻重的毕加索雕像,有支柱和金属薄板,没有胳膊,没有胜利,只是一个标志,一个提示,只是一个艺术作品的观念。我想,很像我们赖以为生的其他观念或提示。
>
> ——索尔·贝娄:《洪堡的礼物》(1975)

提出书写“抹去”艺术(而不是它本身易于被抹去)似乎是书写学流行词语的后现代套语中更加纠缠不清的一种,而且并非特别有新意的一种。根据德里达的文字(用典型的晦涩的深奥或深奥的晦涩来表达的——我们从来没有十分肯定究竟是哪一种),书写就是“抹去一个事物的在场又使其仍然能够辨认这一姿态的名称”(斯皮瓦克,1976,xli)。因此,艺术——像“认识”、“灵魂”或“存在”一样——可以被合法地置于“涂抹之下”(sous rature)。

然而,我这里分析艺术被书写“抹去”,意味着同一般后现代的论述有明显的不同。相反,就像在前面几章中一样,我将被一种切切实实的物种中心的方向所引导,而这种方向对于巴黎的文人学士和后结构主义世界的绘图者来说是很陌生的。我将用平实的语言指出,如一位德里达派的人可能指出的那样,书写的确抹去了艺术,但是,我对书写和艺术的想法明显不同于德里达派鼓吹的那些看法。我希望,在达尔文和德里达的分歧之中将出现比当代后现代理论可能提供的更丰富的一种思考艺术的方式。

首先,简要地回顾一下艺术的概念和实践在过去2个世纪左右的时间里产生的发展将是有益的。在这段时间里,西方文化经历了那些激烈的社会变迁,如今这些变迁在世界的其他地方发生时被普遍称为“现代化”或“发展”——也就是说,从一个主要是农村的或以土地为基础的、传统的和宗教的社会到一个主要是城市的和以工业为基础的、现代的、世俗的社会的转变。当代生活和艺术中的种种混乱,可以被溯源到这一转变所固有的先决条件和危险之中,因为当通往现代化的路被跨越之时,各种难以想象的舒适和机遇就变得唾手可得,以至于每个人都想行进在这条路上,一旦开始,就无法回头。而且沿途为了免除压迫和限制所付出的代价似乎是人类前所未遇的那种无根和不牢靠。

西方(美)艺术概念的出现

尽管早期有关绘画、雕塑或音乐创作的论文都使用了我们译作“艺术”的术语,但是,一旦我们假定这些作者和我们用同样的方式来思考艺术,我们就过于狭隘了。柏拉图讨论的并非“艺术”,而是美、诗歌和形象创作;亚里士多德的著作涉及了诗歌和悲剧。他们使用了一个词 technē,我们已经译成“艺术”,但这个词同样被用于钓鱼、驾驶战车和其他世俗的活动。Technē 的意思是“对有关原理有一个正确的理解”,而且可以像我们用“艺术”来指“烹饪艺术”或“育儿艺术”那样来加以使用。

在中世纪,艺术主要服务于宗教,和它从一开始在人类社会中一直起的作用一样。它们并没有“从美学上”被看作本身或其中具有意义和意味的某种东西,而只是因为它们揭示了上帝才受到重视。文艺复兴时期的艺术家们逐渐用以人为中心的关系取代了末世学的关系,但是,在从一种以上帝为中心的艺术到一种以人为中心的艺术的转变中,他们的作品描绘的要么是一个熟悉的理念的/神圣的领域,要么是他们生活在其中的现实世界。这些艺术家们的“艺术”包括用手艺人似的美、和谐和杰出的标准来准确地表现题材。

18世纪如今被认为是一些社会的和理智的趋势汇集在一起,相互交织和影响并且最终产生我们日渐确认的“现代性”的时期。这些趋势中我可以提到(这里必须用一种简短的叙述,但这种简洁又容易引起误解):社会的逐渐世俗化,其目标变为生活、自由以及个人对幸福的追求而不是默许一种在人的知识和能力范围内无法知晓的神圣计划;科学的兴起,它不仅鼓励质疑和异议,而且使技术和工业化的发展成为可能;随后是用基于金钱交换的工具关系取代封建的和亲属忠诚的情感纽带;强调把理性当作理解和控制生活事态的最有效的工具;美国和法国发生的伟大的政治革命及其随后将社会划分为工人和资产阶级,还有贵族和牧师的逐渐衰微。

现代性带来了很多新的"商品",但也有种种相关的"弊病"。现代性带来了个人主义和从习俗与权威的统治中的解放,但也有和自身的工作以及他人的疏远;带来了思维和体验的新的可能性,但也有对人在这个世界中的位置的确定性和安全性的空前丧失;带来了新的舒适和方便,但也有逐渐的规格化、束缚于钟表和迁离自然世界;理性使客观和公正成为可能,伴随着在非逻辑的却在情绪上使人满足的传统活动中得以表现的创作神话的和幻想的思维方式的贬值。

和其他每个人一样,艺术家们发现,新秩序既使人解放又不安全。随着19世纪的推进,他们失去了传统的保护人、教堂和法庭。现在他们发现自己在可能形成的一个艺术市场中要依赖于公众——多种多样、没有面孔、像今天一样被广告和新奇所支配的公众。胸怀大志的艺术家们不再在一个行会体制中充当学徒,而是要了解新设立的国家学院和国家博物馆的收藏品能够接受的标准是甚么。个体商贩和画廊似乎在艺术家和公众之间进行调解。为报纸和新创刊的艺术杂志写作的职业批评家促成了新的社会氛围,就像把其领域设定为特定艺术作品的连续发展史的艺术院校和艺术学者所做的那样,这些作品是每一位受过良好教育的人都应该知道的。

现代主义:艺术即意识形态

启蒙时期迅速的世俗化刺激了对种种新学科的兴趣。这些新的兴趣领域之一逐渐被称为"美学":它关注于阐明趣味和美这样的支配着一切艺术而且实际上使它们成为(美)"艺术"范例的原则。在启蒙时期之前,没有其他社会把艺术看作一个本质的实体,可以同使用它的环境(通常是在庆典或娱乐之中)或者同它所描绘或暗示的内容分开。对我们似乎是自明的"艺术"之物(例如,绘画、雕塑、诗歌、赞美诗、大合唱或者——在其他社会中——雕刻、瓮、小人像、面具、装饰品、戏剧性表演)并不被其制作者或使用者如此看待。他们发现没有理由假定这些归属于一个值得命名的高等级范畴“艺术”,并由此暗示一种特殊的劳作方式或显赫的社会身份(做一位“艺术家”而不仅仅是某些绘画的人)或一种特殊的结果(一件“艺术作品”而非一件圣坛背壁装饰画或祖先的画像)。

当美学的学科在下一个世纪取得发展之际,一种惊人而又颇富影响的观念开始生根了。这种观念主张欣赏艺术作品要有一种特殊的心理结构:这是不顾个人对对象的个人利害关系的任何考虑及其用途和社会的或宗教的后果的一种“无利害的”态度。这种史无前例的观念导致了另一个观念,即艺术作品是一个自足的世界,只是或主要是作为这种超然的审美体验的一个契机而被创造出来,而这种体验被认为是精神活动的最高级形式之一。

“无利害”意味着一个人能够超越时间、空间和气质的局限,从而远离自己时代的艺术作品作出反应——无论他是否懂得这些作品对其最初制作者和使用者所具有的意义。在这个意义上,艺术是“普遍的”。另一个在美学领域逐渐发展起来的主要观念是,艺术作品是一种特殊知识的载体——随着宗教信仰的式微,这种知识常常具有一度仅限于教堂的那种精神光晕和权威。另一个推论是为艺术的艺术(或者为艺术的生活)的观念,认为艺术没有目的,而只“是”并且为欣赏一种自为的审美经验提供契机,一个人无需有更高级的召唤,只需向这些兴奋的时刻敞开自身。

随着绘画越来越不像面对自然或社会竖起的镜子,观众也不再译解或天真地赞美它们了。批评家们在艺术家和公众之间充当了更为重要的中介者,因为得有某些人向迷惑不解的公众解释,甚么使一部艺术作品变好或变坏,甚至一部作品“意味着”甚么。在英国,20 世纪最初的数十年里,克莱夫·贝尔和罗杰·弗莱由于援引“形式主义”标准来评价塞尚这样的后印象主义者或立体主义的令人困惑的新作品而极有影响力,这种作品用(任何人都能够明白的)构思之美、题材的崇高、表现的准确或传达有价值的真理之类有用的老标准是无法理解的。艺术已经变成即使不是一种宗教也至少是一种意识形态,其原理由那些有足够闲暇并受过足够的教育来占有艺术的少数人来表述,也是为他们而表述。

更精致和抽象的形式主义标准被美国的批评家如克莱门特·格林伯

格和哈罗德·罗森堡提出,意在为世纪中叶的一个抽象的印象主义绘画流派辩护,这一流派有意冒犯鉴赏力并且对先前作为艺术而被接受的东西提出挑战。像"无立体感"、"色饱和度"、"绘画水平"之类的术语成为超验意义的语词表征,他们告诉观众可以在绘画作品的色团、色点和上色技巧中发现这些表征。由于这些评价对于未受训练的观察者来说远非易事,所以,欣赏艺术就比以往更成为一种精英的活动,需要与艺术家的活动不无相似的那种训练和献身精神。从来不成问题的是"高雅艺术"的一种假设,即艺术作品——无论它们看起来多么古怪或者它们显得多么缺乏训练——是超验和超凡的价值以及来自无意识的真理的通道,是唯有艺术家才能够理解和传达的人类普遍事务的表现或展示。

随着"主义"的增生以及艺术变得日益难懂和肆无忌惮,批评家的作用也不仅是给予帮助,而且是艺术作品的接受所不可或缺的。回首望去,为了解释艺术是甚么,似乎不可避免地会产生一种"体制性的"艺术理论。正如乔治·迪基(1974)和阿瑟·丹托(1964)(他们描述了事情的原委,并没有拥护它或者替它辩护)系统阐述的那样,由批评家、商人、画廊拥有者、博物馆的董事、馆长、艺术杂志编辑等组成的一个艺术界,是为这些对象赋予"艺术作品"地位的策源地。艺术家们创作的东西是"欣赏的候选物",而且如果这个艺术界买了和卖了它们,写了它们,展示了它们,它们才能被确证为"艺术"——而不是在此之前。

这种解释隐含着一种认识,即针对一部作品所说和所写的东西对于该作品被概括为艺术来说不仅必需,而且实际上可能比作品本身更重要(沃尔夫,1975)。没有阐释就没有艺术的欣赏。我们能够分辨博物馆里展出的一堆石头或一堆灰色毛毡不同于博物馆外的路面上的一堆石头或者博物馆旁边一家地毯商店里的一堆毛毡。因为博物馆里的物品是透过有关这些物品在某个传统中的地位的知识透镜来被观看的。"把某种东西全然看作艺术,"丹托(1981,135)表明,"需要的无异于一种艺术理论的氛围,一种艺术史的知识。"由此看来,不存在未经正规训练的艺术家和未经正规训练的艺术:今天的艺术家们既能够解说在博物馆和画廊里被观赏的作品背后的理论,又能把他们自己的作品置入这些传统之中。

后现代主义:艺术即阐释

承认欣赏艺术作品(更不用说只是把它们认作艺术了)必须阐释,就开启了现在被称为"后现代主义"的一个潘多拉的盒子,这是一种质疑两个世纪以来有关艺术的精英性质和特殊性质的视点。尽管“后现代”这一术语被人们不加分辨地使用(和滥用),正像“现代”一词过去常常也被如此使用一样,但后现代主义者们被一种信仰团结起来,这种信仰就是我刚才描述的“高雅艺术”或现代主义观点是站不住脚的和不能接受的。但他们并不主张回归前启蒙时期的观点。后现代主义并非简单的另一个“主义”或运动。相反,它是对一切主义和运动的终结,也是对深层理论不可能性的一种宣言。后现代主义者们声称反映了一个多元的、无根的社会,这一社会的消费主义、媒体和媒体形象的增生、多国资本主义经济等等使它与此前存在的任何社会产生了巨大差异。

后现代主义者们回避了可以把事实或事物联系起来并加以理解的那种包罗万象的解释方案的观念(他们称之为“元语言、“元叙事”或“元理论”)。他们反而区分了属于不同“解释群体”的话语的一种多重性,其中的每种都有它自己的先入之见,它自己要例行的原则和要耕耘的领地。因此,任何“真理”或“现实”实际上只是一种视点——经由我们的语言、我们的社会制度、标志个体作为一个国家、一个民族、一种性别、一个阶级、一种职业、一种宗教实体、一个特定历史时期的成员之特征的那些假定的中介和制约之后呈现给我们的一种“表象”。艺术家正和其他任何人一样,并不以任何独享特权的或客观真理的方式来看世界。而是——和其他任何人一样——根据其个人的和文化的鉴赏力来解释它。而且,既然个人的解释是派生性的,人们不再能够找到要表达一个独一无二的个人领域或风格。一切“新的”风格和领域都已经被发明过了(詹明信,1983)。

在后现代主义者看来,被祀奉为“高雅”艺术的东西无非是在很大程度上代表着精英、西欧的男性白人的世界观的作品的一种有限标准。像乔伊斯、艾略特和劳伦斯这样被授予“大师”地位的作家,只是提供了有限观点的个人表达,其中很多在今天听起来是性别歧视的、种族主义的、政治上保守或反动的,或者根本就是无法接受的。像“趣味”、“美”和“为艺术的艺术”之类的术语,是表达阶级利益的一些建构。声称某人能够评价产生于异文化的作品是一种帝国主义的盗用之举:一个人关注的多半是诉诸其自身标准的那些特征,无知地忽视或更糟糕的是摒弃了正是其制作者和使用者的标准的那些特点,并由此歪曲了外来的作品。艺术并不是普遍的,而是在概念上被其知觉必然有限和偏狭的个人建构出来的。

现代主义美学掩盖了对没有接受过教育的、无权无势的非西方民族以及对妇女的沙文主义的、专制的和压制的态度,作为这一发现的一个结果,后现代主义艺术家们开始有意颠覆或“质疑”旧的“高雅艺术”标准,通常是通过戏仿或嘲弄它们。例如,不是试图创造永久的、“永恒的”艺术作品。后现代艺术家们有意创造必须由观众激活的间歇的或暂时的作品,或者当表演结束就不存在了的作品。避开了规范的场所和博物馆里的宗教式氛围,艺术被创造在大街上,在遥远的沙漠。或者被发现用简陋的或琐细的物品和材料制成。后现代主义艺术家们用混合的媒介来挑战个人艺术的完整性:用画布做成的雕塑,或者用语词和数字做成的画。艺术家们用复制、照相甚或挪用过去艺术中的形象来创作他们的新作品,或者对一个形象或结构做多次重复或复制,以这些办法挑战高雅艺术的唯一性和独创性的观念。他们用早期艺术家的风格创作“仿制品”,不加掩饰而又毫无愧疚地将它们呈现出来,没有讽刺的意思,实际上常常也没有任何社会的或美学的辩解。他们用相互之间显然没有任何联系而只是并置在一起的片段来创作作品。

尽管“后现代主义”这个称号是相对较晚才出现的,但后现代主义理论和实践在20世纪初甚至20世纪之前就被预示了出来。马塞尔·杜尚的《泉》——1917年在纽约自由艺术家协会展览上展出的那个臭名昭著的尿壶——在当时似乎是一个令人震惊(或可笑)的离经叛道,如今可以被看作高雅艺术的堤坝上的一个裂口,在过去20或30年中,它已释放出反正统理论和理论具体化(即艺术作品)的日渐凶猛的洪水。

被称为后现代主义的作品和观念可能被惋惜或者被忽视,但是,像现代主义的作品和观念一样,它们肯定反映了产生它们的那个社会。由于20世纪中叶的政治灾难和野蛮行为——右翼和左翼的专制、种族灭绝、核毁灭的可能性——现代主义者对人类理智的信仰及其对人类生存的进步和可完善性的信念似乎和中世纪的神学一样过时和站不住脚了。社会主义以及最近其他下层社会的运动也对民主社会提供客观、普遍的公正或同等的法律保护的托词提出了挑战。至于说德行,民主政府的核心一再发生的丑闻表明,道德从来都难以和权力结合在一起。弗洛伊德的理论已经使那些有思考力的人难以相信仅有客观的理性就能推动人类的事业。物理学相对论解释的成功也暗示出相对的主题无处不在,包括哲学和伦理学的领域。汽车以及遍布城市和景区的高速公路与停车场的有形配备像污染性的真菌般扩散,更不用说其他更糟糕的环境灾难了。这些肯定对人类技术主宰自然的智慧提出了非难。形象在广告中和电视上的增生,使一切事件——从一个令人兴奋的新牙膏或房屋清新剂到布朗克斯区的一场火灾,对特拉维夫的一次导弹袭击,约翰尼·卡森的独白,非洲的一场饥荒,超级杯赛或秘鲁的一场地震——显得同样真实(或不真实),好像它们确实是一个接一个地发生的,在时间、空间和意义上均被压缩了。

当然,现代主义艺术家们肯定意识到了混乱、多样性和相对性:我们只消读一读乔伊斯、曼、普鲁斯特或穆齐尔的小说。有些已经质疑了科学和理性的使用,并且用他们的艺术提供一个能够为一个实利主义的、伪善的资产阶级社会重新定位并使之再生的神话(例如,艾略特的《荒原》,斯特拉文斯基的《春之祭》,劳伦斯的"血缘意识"以及像毕加索和诺尔迪之类的艺术家对原始雕刻品的着迷)。不过,这些艺术家(其作品当初也是令人震惊和困惑不解的)相信他们通过自己的实验、偏离和抽象更好地表达了一种潜在的真实,尽管它神秘而复杂。

相反,如戴维·哈维(1989,44)指出的那样,后现代主义者毫无怨言地拥抱了现代生活的短暂性、零散化、间断性和混乱,并不试图反抗或超越它,或者试图在它里面界定任何永恒的成分。这是将他们与那些同样认识到现状中的不完美的前辈们区分开来的一种重要差别。后现代主义者的投降(表现为相对主义和失败主义),他们的"宽容最终几近于漠不关心"(哈维,1989,62),他们的"人为的无深度性暗中毁坏了一切形而上学的庄严"。这些正是使他们的作品对现在还没有变得如此玩世不恭和虚无的一个普通公众来说显得如此令人不快和不安的东西。因为很多人继续相信(或者想相信),艺术仍然有激励和提升的使命,或者哲学仍然必须寻求和发现人们赖以为生的真理。

尽管艺术被后现代主义批评家称颂为对很多人来说即使不是令人震惊和讨厌的也是令人困惑的,但它反映的社会问题和文化困境不容否认。对常常潜在于现代主义修辞学背后的那种顽固的、排他的和自满的态度的暴露,多半应该受到欢迎,因为它为艺术的解放和民主化开辟了道路。但是,存在着个人现实的多样性,所有这些现实都对无穷多的阐释开放并且都同样值得审美的表现和关注,这种后现代主义宣言使我困惑不解。我发现,后现代主义美学的这一方面是不充分的:后现代主义者们难道不是为了同样不能居住的相对主义、犬儒主义和虚无主义的隐秘的反结构而放弃了现代主义权威的摇摇欲坠的大厦吗？如果一切都是同样有价值的，是不是任何事情都值得去做呢？四处蔓生的混杂无序真的是对狭隘的精英主义的改进吗？绝对相对主义是比绝对权威更可信的一个立场吗？从后现代视点来看，这些问题的答案大概是“很不幸，是的。它就是那样，就像它或许也不是一样”。然而。达尔文式的元叙事已经看出了一些振奋人心的把握，可以使我们逃离深渊，重新接近人类意义和人类真实的世界。

识字、艺术和现代心理

为了反驳一切世界观都可以互相置换因而可以像这么多唇膏一样拭完就扔这种后现代主张，我正在提出的似乎只是另一个元叙事之类的东西。但我相信，它能够为后现代的虚无主义提供一个真正的替代(而不仅仅是一种选择)。因为虽然后现代主义和我本人的物种中心主义大概都是西方文化的产物，但前一种立场是有局限的和受文化束缚的，而正是在这一点上，后者却不是。后现代主义远非一种新的意识模式，而是一种受蒙蔽的哲学传统的必然结局，这种蒙蔽恰恰在于它的职业工具被限制在它对语言、思维和现实的预设之中，而且也没有考虑到进化论对更广泛而真实地理解人类行为所具有的重要意义。

具有讽刺意味的是，后现代思想中的“裂缝”或蒙蔽之物正是使它还有西方哲学和现代主义本身成为可能的东西：即对阅读和书写的依赖。当然，识字也使科学成为可能，所以具有双倍或者可能是三倍的讽刺意味的是，当前的否认者和相对主义者正是从一种科学的视点(这里出现在一本为了被阅读而写的书中)来获悉守卫我们的失乐园之桥的那个巨人的真实的身份的。

对于书本的积习已深的读者(以及作家和出版家)来说，宣布识字不是一件毫不含糊的好事可能会显得有些荒唐。然而，有关它如何影响个人和社会的智能的评价，对于理解书写如何抹去了艺术而且似乎以不易为其觉察的方式影响了后现代主义理论的实践者和辩护者这一点来说，却是一个关键。

值得指出的是这种“识字的心态”只是人类过去的一小部分成员的特点，而且继续只是今天活着的少数人类的特点。因此，从这个特殊而例外的出处对“艺术”、“存在”、“认识”或“终极现实”提出的看法，也和它们试图挑战或取代的意识形态或元叙事一样，是片面的、错误的、自大的和专横的。我将指出，由识字而产生的后现代主义(以及实际上包括西方哲学)是文字中心的，正像前哥白尼的世界是以地球为中心的一样。做一次深呼吸，把眼光放远，可以使我们对最让人困惑难解的一些后现代忧虑作出更清晰也更少一些自我关注色彩的再度审视。

识字的反常

可能会让我的很多读者大吃一惊，不过我还是想指出，数千年来，人们并不阅读和书写但仍然能够完全地生活并且过上完全的人类生活。自从现代人(Homo sapiens sapiens)作为一个物种出现以来的 4 万年间，有大约 1 600 代人(以 25 年为一代)。其中的 1 300 代，我们是作为狩猎——采集者和游牧者生活着，同和欧洲人接触之前的澳大利亚土著或很多美洲本土部落不无相似之处。只是其中的 300 代，绝大多数人类才变成定居的农耕者；只是从大约公元前 7500 年以来，我们才居住在村落、城镇或城市之中。而且，尽管书写是大约公元前 4000 年(150 代以后)被发明的，但直到字母表(而非象形文字、表意文字或音节文字)发展之后，阅读才能成为人们而非祭司或抄写员之类的专职人员的一项技能。这些人当然也要用数十年来学习大量的符号和记号。祭司与抄写员并不像我们这样用他们的技能来获取知识或者得到阅读的快感：他们用阅读和书写来保存记录或者为了维持和强化权威的意见。

在其 8/9 的历史中，人类根本就不会阅读。直到 500 年前印刷术的发明，即只是 20 代以前，阅读和书写才开始在一般社会中起到重要作用。(当然，在柏拉图的时代，人们并不从书本上学习，而多半是通过口头的、对话性的传授。)因此，在可信的 1 600 代中，只有大约 20 代人在理论上有机会去学会阅读和写作。当然，实际上，这些潜在读者中的绝大多数，即使在识字最为普及的西方，也从来没有机会成为实际的读者。

用字母识字的特点之一是它的“清晰性”，它似乎提供了不用费力去解释而立即和直接接近其对象的途径，很像一幅用单点透视法创作的画，似乎提供了认识真实世界的一个窗口。一旦被掌握，字母文字就“融化”了，而阅读就显得自然而然，尽管产生阅读材料的技能根本就不是自然的。作为言语的语言是自然的。它对我们人类来说是天生的、基本的。每个人，即使绝大多数心理有缺陷的人，也能学会说并且理解口头语言；这种能力是在我们的基因中被编码的，而且我们的大脑被进化来和口头交流一起活动并且在口头文化中发挥功用。但是,阅读和书写并非如此,很多儿童发现难以学会读写,它们需要脱离语境,这对心理自发的工作方式来说是很不自然的。要学会阅读,心理必须接受再训练。

把“口头”文化即无文字的文化和“书面”文化即有文字的文化加以比较是富有启发性的。当然,纯粹的口头文化和纯粹的书面文化都是抽象名称:在从来没有一种书面语言的那些族群和像我们这样或多或少需要用识字来充分参与社会并且多年训练识字技巧(还有阅读、书写和学校教育的伴随物如抽象、量化、分析、效率、预想)而且使之成为第二天性的族群之间,存在某种连续体。在两者之间的是这样一些社会,其中的人们学会了基本的阅读技能——例如,足以阅读一本经书。阅读和书写的技能常常包括学会非本人母语的一门语言(如中世纪时期的拉丁语,或者如今在前殖民地国家中的英语和法语);同样屡屡出现的情况是,阅读和书写并没有渗透到社会活动之中,而是像西方的中世纪时那样,仅仅留给牧师或官僚的一个精英阶层。事情往往也是这样,一个高度书面化的社会中的任何个人都将参与各种或多或少是书面化的交往和活动之中。

不过,尽管口头-书面连续体的两极是人为的,但由此可以得出一些耐人寻味的对比和比较。首先,口头交流是亲自的和直接参与的。读者与听者必须面对面或至少相互邻近,可以有一种分享的体验。可以假定他们有共同的知识和期望,所以很多都能够被视为理所当然。很多东西可以不必考虑,而且如果听者不明白,她或他还可以要求澄清。相反,书面语言是非个人的和超然的。书写者不能认定共享的知识,所以他们必须在一个说话者含蓄的地方明晰;在一个说话者粗心的地方精确和小心;在一个说话者啰嗦的地方简明扼要和惜墨如金。书面语言主要是严格按字面来解释的,与符合逻辑而且条理清晰的说明或论证有关。口头语言是生动的、使用很多习语的,至少和促进社会交往以及准确而明白地传达增长知识的信息有关。

口头和书面交流的这些差异反映在这两种类型特有的社会类型和人群类型之中。在口头社会中,分析和质疑是不被鼓励的——实际上,这在能写能读的意义上几乎是不可能的,因为那样的话:一个人得有一个可以被重读、核对、比较、思考、分类和解释的文本。因此,人们依赖传统和权威——它们通过谚语、民间故事、仪式化成规等等手段被保存下来——来指导他们如何生活。他们对这些文化宝藏的有效性的态度是肯定和信仰的态度。由于整个族群都被联合在同一种信仰或世界图景之中，其特征是一种团结一致的感觉，个人沉浸在一个更大的整体中而不是希望他们主要依赖于自己。这种世界图景就是人类学家杰克·古迪(1987)所说的“意味深长-怡然自得”，和文字社会的“机械-有序”形成对比。在后者中，知识取代了信仰。一种冰冷的、非个人的、理智化的精确理念取代了温暖凌乱的感情主义，对相对的、暂时的、任意的和偶然的东西的接受取代了确信和承诺。事实上，现代性不可能发生在没有高度识字水平的社会之中(参看托德，1987；汤森，1988)。这大概是无可否认的。

识字与现代性

上一节里的口头的和识字的人与社会的总体特征显然过于笼统，需要在个别实例中做某些限定。例如，在一个“识字的社会”中。甚至在一个高度识字的人身上，口头社会及其心态的残留物依然存在，口头思维和活动的契机也时有出现。我也承认，导致现代男女所感到的那种疏异的原因是很多的，我并不打算认为学会读写就像哈耳摩尼亚和卡德摩斯那样，会自动将我们抛出乐园。不过，不能否认，阅读和书写培养起来的技能容易导致个人化和孤立，因此强化了促成社会零散化的其他一些变化。一个人对另一个人说和听；一个人独自读写，即使其他人就在旁边。这使人想到，只有在西方，自传才成为一种文学形式：它最早产生于文艺复兴时期。在历史上，我们已经逐渐专注于自我和自己了。

尽管个人主义有其优点和收益，但有关更单纯的或先前的人类社会的研究并没有材料表明，我们作为一个物种是用孤立生活的先天智谋而得以进化的，如邓斯·司各脱所说，感觉“个性是极度的孤零”。恰恰相反，从出生的那一刻起，一个婴儿就开始和母亲形成亲密关系，而且在绝大多数非西方社会中，从来不会真正地分开，而是逐渐过渡到与亲朋的亲密关系，最后，常常通过引人入胜而又难以忘怀的成年礼与作为一个整体的社会认同。

在文字社会，调节孤独的焦虑或恐惧的指定手段通常就是更多的分析和超脱。在弗洛伊德的精神分析中——这个术语说得十分清楚——菲利普·利夫(1966，59)说，“一切治疗的治疗，一切秘密的秘密，一切阐释的阐释……就是不要让自己专一地或者过于热心地依附在任何一个特定的意义或对象上”。超脱的时候，为了援助这一超脱的过程，一个人就必须考察其依附的原因。如赫伯特·马尔库塞(1968，68)已经注意到的那样,如今的灵魂已经没有多少秘密和渴望不能被明明白白地加以讨论、分析和测试了。

识字促成超然和分离,其部分原因在于书写使人们有可能把一个词看成一个物,与其所指相分离。不识字的人从来不认得书面文字,因而从来不离开流动的话语,也从来不把它们转化成视觉的物,他们认为自己听到的词语就是其所指的东西:指橡木或大象的词(声音)与橡木或大象本身是不可分的。在这方面,我遇到的一个男人给我讲了一个可爱的故事,他偷偷地担心自己小时候在医院的新生儿监护室里的身份标签已经被人和他孪生兄弟的标签调换了,这样,他实际上是戴维而他的兄弟戴维实际上就是他本人保罗。后来,有一位听过一场有关夜空的讲座的女士,过后我听见她说:"我想我理解天文学家怎么能够算出这些星星离我们有多远,甚至他们怎么能够看出它们是由甚么气体和物质构成的。但我完全无法理解他们是怎样找出它们的名字的。"

对于原始人和无论哪里的传统宗教信徒来说,雕像就是神。神的在场,正像"橡木"这个词就是一棵橡木以及星星的名字就是这些星星本身的一部分一样。原始雕刻和面具是神灵的体现物:两者像那些就此而言在极度孤零时并不觉得自己孤独的人们一样要参与现实。

前文字社会对其环境的这种嵌入,言词和所指、形象和现实的黏合与相互渗透,自柏拉图时代起已经从西方哲学主流中开始流失了。在论证形象与现实如何形成对比时,柏拉图是第一个从完全文字的角度来发言的伟大哲学家。在他看来,一个画家或雕塑家创作的作品是一个理念现实的形象或表象,这一现实永远与其任何个别的实例相分离和脱离。换言之,如我们所见,他们创作了"艺术"。这一概念不能用于认为形象并非形象——虚假、模仿或假象——而是现实(或神灵)本身的那些不识字者。柏拉图对现实与理式的这种划分,在性质上不同于启蒙时期的高级"艺术"范畴或后现代的延异观念,但所有这三者都是只能用于文字心态的概念。

所有这些似乎都悖论性地确证了书写和文字心态非但没有"抹去"反而"创造"了艺术,不仅在艺术多半与艺术理论密不可分的今天,而且在5世纪时的雅典,当柏拉图和亚里士多德表明艺术与诗歌如何是现实的一些模仿、表象、形象因而与它相脱离时,已经是如此了。

然而,与此同时,当书写和理论创造了"艺术"这个概念,用"艺术"这个标签来为所赏识的候选者命名(如理论家们所说)并以此构成艺术时,那些书写和理论化的人本身主要关注的就是这些概念和标签,好像概念和标签是重要的界定特点,是艺术的本质。而且,"艺术"这个词、概念或标签的所指,被艺术哲学家和批评家斥为("抹去")不可知的、不能得到的,也是毫无意义的。

更有甚者。在一篇题为《艺术的终结》(1986)的文章中,阿瑟·丹托描述了艺术观念如何变得越来越依赖于理论才能生存,直到今天,我们拥有的一切实际上就是理论,"艺术在关于其自身的纯粹思想中最终被蒸发掉了,而且似乎只是为了留下来充当它自身意识的对象"(111)。对丹托来说,这意味着:既然艺术这个概念从内在来说已经被耗尽,被变成了哲学(84,86),那末现在只有"无发展地变化的可能性了"(85)。

在其深奥微妙的分析和温文尔雅的散文体之下,丹托愁眉苦脸的悲观情绪也是十分明显的。"多元主义时代降临在我们身上。你做甚么再也无关紧要,这就是多元主义的意思。当一个方向和另一个方向一样好时,就不再有可以利用的方向概念了。"(114—115)他继续给了一点儿安慰:"当然艺术创作和艺术创作者将继续存在"(111);"当然,装饰、自我表现、娱乐是永久的人类需求。艺术总是会提供某种服务,如果艺术家们满足于此的话"(115)。丹托在开列这些清单时可能已经包括了"使其特殊"。难道艺术的未来无非是业余绘画、家庭主妇们的插花、幼儿园里的孩子费力做出的五朔节礼品花篮吗?一种物种中心的观点如何抵制这种凄凉的预言(它与黑格尔的高度一致似乎让人无可置疑)呢?

识字过度与后现代性

让我们对当代艺术理论的一些关键词和观念做进一步考察。将会变得明显的是,它们甚至比从前的哲学术语更是出自有关人类心理和精神的一种有限的和狭隘的观点之中,我已经(在我对口头心态和识字心态的差异所做的必定是很粗略的概括中)把这一观点描述为现代识字性情的特征。由于天生就是被"除根的"和疏异的,我认为它们不再能够描述人类努力或人类艺术的整体,正像现代以"病案"为指向的医学没有资格对人类身体的治疗发表意见一样。

后结构主义和后现代主义公开地和无条件地专注于读写。德里达及其追随者们充分意识到了口头语与书面语的不同。他们认为,书写对有关现实与我们达到、进入和把握它的能力之间的差距的后现代意识来说是最为重要的。因此,他们关于一切事物、所有文化产品——形象、礼仪、制度——都可以被看成文本的主张是脱离现实的,正像艺术的言词和作品与它们试图描述的现实事物形成反差一样。正如阿瑟·丹托(1981,82)所说,“艺术作品作为一个门类与现实事物形成反差,恰恰和言词与之形成反差的方式一样”——换言之,它们同言词一样和现实保持着同样的哲学距离。

因此,由于它们是文化产品,艺术作品就像文本那样发挥作用,它们要求观众积极地反应,而观众和读者一样,必须填充、增加、依赖暗示的成分,提供外在历史的、个人的和社会的参照,而不是像在旧式的现代主义或在非文字社会中那样,把自己带入艺术家最初创作或者作品“存在”的那个特殊的世界和时代。

和后现代主义原则中的“文本”概念结合在一起的是含混得让人担心却又频频被使用的一个词“解构”。它听起来有些暴力,但并非如此——实际上,这个术语不是毁坏或爆破性的,而是相当理智的,指一种精神上的拆解或拆卸。“解构”这个词指某种超然的和形式的分析(应该记住,它也是有了识字才可能产生的一种技能)。对一个文本的解构主义阅读旨在暴露文本潜在的假设,尤其是它正在谈论或表现的现实的任何托词。解构主义的阅读表明,尽管文本好像自然而然地涉及现实,它们实际涉及的是其他文本,所有这些文本必然掩盖着未经核实的意识形态假设和形而上学假设。像“作者”、“作者意图”、“历史”、“人”、“现实”和“自我”之类的概念被表明只是心灵的构造,由语言结构产生而来——因而必然是可以解构的。作为后现代主义哲学或文学理论的例证,当今的艺术作品公然无耻地表明它们对其他作品的依赖,它们的暂时性,它们的可重复性或可取代性,它们的无聊或琐细,它们的杂糅,它们的缺乏共鸣和权威。正如罗兰·巴特(1977,167)所说,艺术家必须使意义的表象裂开。

后现代主义者并非为毁坏的冲动所激励,像蓄意踢倒别人积木的一个生气或淘气的孩子那样——尽管谁要是怀疑其中有类似这样的动机也会得到原谅。毋宁说,在我们这个世纪所特有的那种对语言的细致研究的影响下,后现代主义者已经接受了费尔南德·德·索绪尔(1915/1966)有关能指(作为声音或意象的词)与所指(被指涉的概念)之间完全是任意的关系这种认识。索绪尔的理论被后结构主义的一系列事件推向了极端,由此导致一种主张,即意义根本就不在语言(或艺术)所“表现”或“反映”的世界中。的确，意义实际上是由语言或艺术产生的——或者更确切地说，是由再生产它的读者或观众产生的。

如这一运动的一个杰出代表人物希利斯·米勒(1987，1104)所说：“不存在先于语言的‘在世界和时间中生存的经验’之类的东西。我们的一切‘经验’都被语言渗得透之又透。”如果他真的“意味着”他所说的意思(这是有关后结构主义书写的诠释中的一个永恒的问题)，那末他就是在断言，我们拥有意义和经验仅仅因为我们有一种语言来容纳它们。而且由于语言先于我们而存在，由于我们诞生在一种被我们继承的文化之中，这一文化具有一种已经存在的、需要我们学会然后用它表达我们的意义和经验的语言，所以我们实际上是我们语言的产物，而这一语言本质上是不能“说”、看或把握的现实。

根据后现代主义的圣经，我们从来不可能抵达或到达一个没有经过中介的现实。在我们与我们对不用言词而占有意义的向往之间存在着无法改变的、不可逾越的间隙、裂缝和断裂。结合永远被延迟了，一种无可挽回的延异存在于我们和其他一切之间。由识字促成的客观性和无根性现在变成完全的隔断和不在场。

我们可以设想，认识到事情的这样一种无望无助的状态之后的反应。会是一种存在主义者似的焦虑或恶心，会导致拒斥或紧张症似的失望。但根本不是。只有达到识字传统的更高智力水平才能理解这一悲哀的消息，更不必说表述了，对它的反应就是对它写点甚么，而且是带着看起来可疑的自以为是和沾沾自喜来写写。不过，尽管没有“识字”——由书面传统促成并使之可能的心理类型——他们的哲学发现就真正是不可思议的，但他们用无聊的议论讨论这些东西，是与一清二楚地说明的书面理想背道而驰的。后现代写作者任性地、博学地，甚至丧心病狂地玩弄着语言，并且带着能够觉察出来的对其聪明的沾沾自喜。虽然这种书写是别出心裁和富有想象力的，但它必须被指出是和古老的口头模式无关的。没有哪个称职的吟游诗人或民谣歌手会用这样的迷惑术和迷宫般的晦涩性。他会明白听众很快就会向他投掷烂石榴或生橄榄，或者至少在刚开始几句之后就开始悄悄溜掉了。后现代主义书写是人类交流中的某种新东西：它是以书写为基础又破坏并颠覆书写的一种书写。正像蔑视和批判其父母的实利主义的富家子弟却又按月接受使其波希米亚式的生活方式成为可能的施舍一样，后现代书写者们咬的正是给他们喂食的手。

语言、思维和现实

我想把刚才描述的以文字为中心的否定思维系列提交给物种中心观来审查。通过从其狭隘的和被保护的书面框架(它在这里似乎是自明的)中把它取出并且把它置入一个更宽广的泛人类视野——与其说是把它交给解构不如说让它承受阉割——后结构主义的后现代立场的不充分性就会变得昭然若揭。

首先,物种中心观并不反对我们是我们的语言的产物。我们用我们小时候学会的语言,先于个人而存在的一种语言来描述我们的经验,如海德格尔所指出并被后现代主义者重申的那样,一种在很大程度上为我们产生了我们的意义和阐释的语言。

然而,由于其有限的视野,后现代主义哲学家们似乎并没有意识到,首先,语言并不"总是"在那里。它作为一种适应而得到演化——就像用两条腿走路或者进化出一只可以相对的拇指一样——以使我们把某些事情做得更好,更好地满足我们的需要。我相信,后文字时代的后现代者所犯的错误不在于他们说我们是我们的语言的产物,而在于他们暗示我们只是我们的语言的产物。(不言而喻,说我们"只是"意义的单独来源和产生者,与语言无关,同样也是错误的。)

如我在前几章中所指出,我们作为人类的经验来自我们生来就有物种"包装"(J. Z. 扬[1978]称之为"一系列程序")的遗传禀赋倾向或准备,以决定我们如何思考或如何对我们的环境及其供给作出反应的模式,也决定我们在物质和精神上从环境中需求甚么或者不得不寻求甚么:团结、依附他人,与他人分享和互惠,自我超越,建立秩序和分类,加入一个群体以确证有关世界的某个解释体系,养育,被养育,感到我们的存在和活动对我们自己和他人是有用和有价值的。无论我们是否表述这些事情,也不管我们怎样用语言来表达它们,我们都做着它们——当然,不同文化会以不同方式并且有不同的强调,但是,根据我们的特性即人性来说,意义就在那儿。如果意义——遍及人类的普遍意义,是不在场的,这些事情就不会被演化并且被持续下来,语言也就不会帮助我们去做这些被演化并被持续下来的事情。我们就不会在每个文化中普遍地做这些事情并且还在做着了。即使后现代哲学家们也做这些事情,虽然他们特有的过度书面化的世界观(如其所主张的那样是其"语言"中所固有的)会使他们感到并且声明他们远离并遗失了某种东西。

正像语言被演化以帮助我们得到为了生存所需要的东西一样，人类语言的所指也具有人类的意义，人类的世界——我们需要或不需要的那些东西——也是真实的。换言之，语言被演化出来去指涉的事物（环境的供给）在某种重要的意义上必须存在。不仅我们能够认识、指涉或体验世界，而且世界就在那里可以认识、指涉和体验。

这应该几乎不需要强调，但是，在其认识论的和形而上学的无政府状态中，后现代哲学家们被20世纪其余很多哲学连结在一起。这是一个值得注意的事态，因为他们的方法、兴趣和目标十分不同，而且他们互相之间一般也不对话和倾听。我认为，这是由于在他们的理论差异之下，共同拥有一种类似的"识字心态"，即使他们各自的语言观似乎明显不同。

从古至今的西方哲学一直试图理解现实——这个可感知的世界或者这个可感知的世界背后的某种不可感知的东西——以及除了我们对它的感知（因而即知识或观念）之外它存在于其中的方式。现实或"世界"同我们自身的这种分离可以看作是超然、分析、客观化、言词与其所指的分离的倾向中所固有的。如上所述，这些倾向是由识字促成的。这并不是说客观分析所发现的东西是否准确，而是指出一个人对（书面）语言的依赖会以遗漏人与世界的很多互动——我在第6章中引介了这一观点，而且我将在下文中对此详细讨论——的方式给"语言"（特别是句子的和命题的语言）以特权。

现在我想讨论被后现代哲学家、历史学家、社会学家和其他知识理论家普遍接受的一个观点中固有的"相对性"问题。这个观点就是：现实在我们有关它的理论之外没有独立的存在。相对主义追随者们相信，所有经验科学描述的都是不同的现实，每一个都有其自身内在的结构。他们进而相信这些"现实"不能被比较，因为在评价它们所依据的理论之外没有共同的基础（也可参看古德曼，1978）。

那末，为我的讨论提供了框架的物种中心观可能会被斥为又一种在根本上并不比（例如）新柏拉图主义或儒学更可证实、更确切或更真实的世界观或元叙事。但是，我认为这是基于固执的封闭心态的一种决断。科学解释的验证不仅要参照其内在一致性而且要参照它们与其他解释的一致程度以及它们预言和"解决问题"的能力。而且，如艾布尔-艾贝斯费尔特（1989a，53）所指出，被装入我们知觉的"理论"（如第6章中所描述的那样）已经"在数百万年的进化过程中比科学理论接受了更全面的验证"。

因此，即使我们的科学理论是有限的，是基于我们不完善的感官和认知之上的，它们也指代了一个世界，而不仅是我们的心理。艾布尔-艾贝斯费尔特引用康纳德·洛伦茨于1941年所写的“我们的认知的和知觉的范畴，先于个人经验而被赋予我们，适应于环境，和马出生之前马蹄就适合平原以及鱼卵孵化出来之前鱼鳍会为水而改变是一个道理”(引自艾布尔-艾贝斯费尔特，1989a，8)。而且，洛伦茨继续写道(与康德相反)，“不可能鱼鳍决定了水的物理属性或者眼睛决定了光的特点，正如我们思考和观看世界的方式不可能‘发明’空间、时间和因果关系一样”(艾布尔-艾贝斯费尔特，1989a，53)。

即使如此，很多当代哲学似乎与这一观念结合在一起，即我们有关空间、时间和物质的科学的或物理学的观念不过是以对物质构成和宇宙起源的特定看法为基础的精神建构而已。因此，我们真的无法知道任何事情。这一观点够糟的了，然而有关我们认识论意义上的无能为力的一些后现代看法甚至更糟：不仅一切世事都是相对的，而且都同样合理和有意义(或不合理也没有意义)。

我承认人类心理是有限的：如我在第6章所指出，我们看不见紫外线，闻不到飞蛾信息素，不能理解数百万。但这些局限组成了现实：环境的供给以及我们对之作出反应的感官、认知和情绪。因此，我当然要驳斥博德里亚关于我们不再有任何手段验证以现实为标准的托词之类的断言。齐格蒙特·鲍曼(1988)在评论博德里亚的两本书时表明，对很多人来说，现实仍然一如既往，是有实体的、耐久的并且常常是严酷的：实际上，他们可能会高兴地发现它只是模拟的。前线士兵或生孩子的妇女肯定有能力分辨来自现实的托词。如特里·伊格尔顿(1987)所说，显然尼加拉瓜人和非洲国民代表大会无论哪一个都没有听到元叙事的认识论幻念。

我也必须反驳在德里达《论书写学》的译者前言《斯皮瓦克，1976. xxiii)中发现的一种观点。它把我们对“神经刺激”的反应看作一种“由人格化来界定的权力需求，这种界定迫使人类创造无止境地衍生的解释，而这些在神经纤维中战栗的解释的唯一‘来源’是一个直接的虚无符号，导致没有基本的所指”。虚无吗？火是烫的。饥饿是糟糕的。小宝宝是好的。

尽管后现代主义者的理论观念认为一切现实或文本都是均等的，但事实仍然是有些现实和有些文本(而非所有的)被选择或者被回避。它们吸引和抓住人们而且似乎迫使我们一而再、再而三地返回到它们这里,或者它们根本就不这样。这些规律性似乎会是开始寻求意义的一个良好的空间,当然在这里也可以认识到并非每个人在一切时间或者某些时间都将想要或选择所有这些东西。(我应该再次指出,一个进化论者不会对某个群体中存在变化有异议。)

在这方面,苏人的一位巫医有关一个饭锅所做的下述演说似乎值得深思:

你在这儿看到了甚么,我的朋友?不过是一个普通的旧饭锅,被烟灰弄得黑不溜秋而且到处坑坑洼洼。

它架在一个旧式柴火炉的顶上,站在火苗之上,当白色的水蒸气升上屋顶时,水沸腾着并且掀动了锅盖。锅里是开水、带骨头和肥肉的肉块,还有很多土豆。

它似乎不会有某种信息,那个旧锅,而且我猜你不会对它有某种牵挂。除非汤闻起来很香让你感到饿了。大概你会担心这是炖狗肉。噢,别担心,这只是牛肉——不是为特殊的庆典准备的肥实的狗崽。这只是一个普通的家常便饭。

但是我是一个印第安人。我要思索像这个锅似的普通的、一般的事物。沸腾的水来自雨云。它代表天空。火来自温暖我们一切——人、动物、树木的太阳。肉代表四条腿生物,我们的动物兄弟,它们奉献自身这样我们才能存活。水蒸气是活生生的呼吸。它曾经是水;现在它升到天上,又变成云雾。这些事情是神圣的。看着那口盛满鲜汤的锅,我在想,瓦坎坦卡神(Wakan Tanka)是如何以这种质朴的方式照料我的。我们苏人用很多时间思考那些在我们的心里与精神混在一起的日常事物。我们在我们周围的世界中看见了很多能够为我们传授生活意义的象征。我们有一种说法,即白人看见这么一点点,他肯定只用一只眼睛看,我们看到很多你们不再注意的东西。如果你想注意你也能注意,不过你总是太忙。我们印第安人生活在一个象征和形象的世界里,其中的精神之物与平常之物是一个东西。对你们来说,象征只是一本书里说或写的话。对我们来说,它们是自然的一部分,我们自己的一部分——大地、太阳、风和雨、石头、树木、动物,甚至像蚂蚁和蝗虫这样的小昆虫。我们试图不用头而是用心去理解它们,而且我们需要的至多是给我们的意义所做的某种暗示。

对你们显得稀松平常的对我们可以通过象征而显得奇妙。这有些可笑,因为我们甚至没有一个表示象征的词,然而我们都和它牵连在一起。你们有这个词,但仅此而已。

拉姆·迪尔和厄尔多斯,1972

用实事求是的后现代眼光看着这段文本,我们可以断定,和任何文化产品一样,拉姆·迪尔对他的饭锅的阐释也是有局限的和片面的:它可以被解构。但那又有甚么关系呢?我用来写字的桌子给人一种坚硬的幻觉,尽管物理学家告诉我它实际上是由彼此之间有很大空间的原子构成的。但是,它仍然支撑着我的书和打字机,如果灯灭了而一个不熟悉这个房间的不速之客——比如雅克·德里达——意外碰到它,它将会足够坚硬,以使他不会为与现实无可挽回的分离而忧心忡忡。同样,一旦我们注意我们的文化构想所体现的人类普遍现实,也能够从中发现坚实的、可靠的意义和“冲击力”。

如我反复说明的那样,文化是表达和满足前文化的需求的途径。我认为,大概正是这些前文化的需求——例如对社群和互惠的需求,对超常和超越的需求,对游戏和假装的需求,对依恋和亲密关系的需求,对制度建构的需求,对崇敬自然环境和自然现象并与之保持一致的需求,——才是艺术涉及而且在西方必须重新开始涉及的东西,即涉及言辞语言无法理解的东西,不能被说出、解构或抹去却仍然可以用非言辞的、非书面的前现代认识方式来感知其存在的东西。我认为,比拉姆·迪尔天真地坚持他的元叙事更可悲的是我们自己与简单的神秘之物和日常事物的疏离以及我们把神经纤维中的战栗解释成“虚无的符号”。

一些有希望的迹象表明,有些当代哲学家已经自觉自愿地考虑自然科学和物理学,即使不是直接的,至少使其观点建立在被证明是有科学渊源和可验证的主张的基础之上。例如,于尔根·哈贝马斯的交往行为理论强调人类“生活世界”的自主性以及由交往和相互理解支配着的人类主体间关系的首要性。他认为,不仅知识,而且其有效性的标准,都能够在人类“有利害关系的”活动中找到(鲍曼,1987)。一个物种中心主义者几乎不能对这一简洁陈述有所增益了。

至少有两位现代心理哲学家已经把他们的著作奠定在人类智能的生物进化解释的基础上，认为信仰是功能性的而且它们反映了环境。丹尼尔·丹尼特(1987,47)说，一个机体的信仰是“它应该具备的，考虑到它的知觉能力，它的认识的需要以及它的兴衰史”，因而一般来说它的信仰既是真实的也是和它的生命有关的。而且，它的欲望也是“它应该具备的，考虑到它的生物需求以及满足它们的最可行的手段”。丹尼特的著作描述了我们相互理解和理解世界——发现意义、给出理由、形成信仰时所采取的“有意姿态”(注意：他没有称之为“阐释”)。

戴维·帕皮诺(1987)的“表象的目的论理论”同样用生物学来研究心理表象问题，认为这些表象被看作我们的信仰和欲望的生物功能方面的问题能够得到最好的理解。他说，我们形成某种类型的信仰，“因为在过去它的表征一般都具有有利的行为效果因而导致它被保存下来”。因此，真实的信仰根据事实本身在生物学意义上是有利的(77)。

我认为，识字过度就像鱼体内的汞或母乳里的滴滴涕(DDT)一样，已经神不知鬼不觉地渗入20世纪西方所有的思想中，而且大部分也是造成其过激的原因。不仅大陆后结构主义，而且一切当代哲学，都以彻头彻尾地专注于语言，特别是语言与思维和语言与现实的关系为特征。这是一个值得出力的追求，但它首先受到把语言看成书写文本并且没有认识到书面语迥异于真正的“人类”语言即口头语这一无意识倾向的损害。忽视绝大多数人类的“思维”和“现实”直接引起人们对其断语的普遍性的怀疑。哲学家(也包括非哲学家)所说的“思维”通常就是局限于他们自己那种牌子的理性的、批判的、客观的、命题式的思维——即识字之后方可能有的那种思维。但是，这种思维并非人类心理活动的全部，尽管对于那些很少跨出学院大门的超级文豪来说它们似乎就是全部。

而即使是思维语言的提倡者也承认，我们用天然的语言片段(而不是句子似的命题)进行思维，他们把第6章中描述那种非言语心理活动归类为非思想和非经验。例如，德里达(1976,50)认为：“从有意义的那一刻开始就只有符号别无其他。我们只用符号来思维。”当代有关大脑、儿童和动物行为或跨文化视野中的人类心态(例如，口头-书面的连续体)的认识使这一假设至少是成问题的。

大脑生理学家很快就推翻了这种观点，而且如我在第6章中所解释的,大脑中大量信息加工的发生与言语过程无关(利维,1982;斯佩里,赛德尔和赛德尔,1979;特里瓦辛,1990)。神经生理学家(例如,利文撒尔,1984)强调不需要有言语标签就可以使其进入意识对于情绪、认知和知觉或情感经验所具有的重要性。无论如何,我们在第 6 章里已经看到,"沉默的"右半球在加工语言材料时远比迄今被怀疑的重要(加德纳,温纳,贝克霍夫和沃尔夫,1983;斯佩里,赛德尔和赛德尔,1979)。实际上,口头语甚至口头命题的很多意义是由副语言特征或超语言特征来表达的,这些特征在书写中如果没有某些暗示就不是明显的,所以即使是抽象句子的加工也需要非语言的"体验"和"认知"。只有当"符号"让步成为第 6 章中描述的那种基本"表象",被当作各种知识储存在大脑的不同模块之中,这种加工才会以它们为中介。

当一位汽车技工或洗衣机修理工检查并断定一辆汽车或一台洗衣机毛病出在哪里时,他大概并不用语言,甚至不会不出声地在他的头脑中用语言。他将依靠大概主要由右脑来作中介的空间机械思维。问他在判定时采取了甚么步骤以及他之所以那样做的理由,你可能得到就是这样和就是那样之类的遁词。用户手册中"清晰的、逻辑的"引导——"文本"——对于那些没有机械技术能够使其首先省去引导的有些人来说,大概是难以理解的。

我不相信很多哲学家会花很多时间从事机械修理工作。而且似乎很显然,他们或者不和小孩子一起呆在家里,或者从来不能补充他们关于你不能思维、你不能有意义和经验,除非你用语言的假设。看看仅有极少词汇量的蹒跚学步的儿童,仍然能够想出(思维)怎样用她的玩具(在智力玩具中哪个形状装在哪里,纺锤上先装哪个环)解决问题,怎样悄悄地把她的豌豆荚丢在地板上以使自己有一个曲奇饼,怎样巧妙地安排第二次或第三次吻别。

雅克·拉康对弗洛伊德的改写的一个关键因素是儿童获得"语言"时必然意识到的延异和不在场。拉康把一切语言都看成隐喻的,代替对对象本身的某种直接的无法用话语表达的占有。但并非所有语言都涉及对象或实际地甚或是隐喻地获取某些东西。语言也用作维持社会关系并显示情绪互惠的手段。我们在第 6 章中已经看到,即使很小的婴儿不用言语语言也能表达清晰的信息,情绪表情本身也是一种语言,既非由言语界定,也不是来自由言语中介的思维或反省(昂德,1984,特里瓦辛,1984)。

(如果拉康是对的,语言就从来不会被演化,因为人们从来不会得到他们想要的东西。)即使黑猩猩和狗也相当明显地在思维,作出推论,解决问题,预测下一步会发生甚么——一直如此。我们不知道它们怎样做到这一点,但我们没有证据表明它们使用了语言。

我已经多次强调,大脑的右半球(被真正的书面沙文主义称为“小”半球,因为它是“沉默的”)也“思维”——即使像婴儿和狗那样,它不能向我们报告其思维过程。例如,正是在这里视觉形象和音乐才被加工。如维克多·楚克坎德尔(1973)所说,音乐接近了被加入时空的整个现实维度,在此我们发现自己和他人是团结一体的而非分离的和连续的。口头语言、书面语言和分析思维——左半球活动——当然是分离的和连续的:难怪当我们仰赖这些活动时很容易低估甚至根本没有认识到其他种类的思维。

大概更确切地是把思维和经验看作口头言语背后或下面发生的东西,看作说话有助于约略显示和交流而书写(或重写)却会歪曲的某种东西,以至于书写把心理活动的自然结果——流动的、分层的、密集的、片段的、对于言词来说过于深刻和丰富的——转变成某种不自然的硬边的、线性的、精确的和精致的东西。我们像逻辑学家那样主要在(也因为)纸上“思维”。如果我们声称思维和经验整个都由语言所构成,这只是因为,由于20世纪的识字过度,我们阅读和书写现实多于我们经历现实。

把语言当作书写是一种非常特殊的命题式的逻辑演绎思维的前提。识字过度的社会无疑有其能够用这种方式进行思维的科学成就和随之而来的全球经济与军事权力。而且我们识字过度的个人也有掌握了识字技能而得来的更多的薪水,更有趣的工作,我们相对的自由、灵活和更高的社会地位。但我们没有因此获得思维的一种垄断。

在《心理的结构》(1983)一书中,心理学家霍华德·加德纳描述了被我们这个褒奖逻辑数学能力和言语能力(通过读写测试的那种智能)的社会忽视或贬低的那些“智能”。而且,这些是在识字社会高度发达而且在前文字社会中全然不用的技能。(后现代主义礼拜仪式中最极端见解的奉行者正是文学理论家,这并非偶然)。但是,吟游诗人、故事讲述人或演说家使用的纯口头言语智能是怎么回事?运动员、舞蹈家、标枪投掷者和射箭运动员、汽车司机,都必须“知道”他们在哪里也必须不用言语“思考”平衡和把握时机,他们的动觉是怎么回事?那些有意识、敏感和能力去估计一次邂逅或一次聚会的气氛然后就“知道”需要做些甚么来校正、改进、活跃、掌握事态的人们是怎么回事？环境意识在南太平洋上的普卢瓦特人的航海技术中达到一个明显的极限，他们乘独木舟在浩瀚无路的太平洋上不靠工具或地图能够找出自己的路，这又是怎么回事呢？

这些都是“认知的方式”；谁能严肃地声称由于语言是缺席的或初步的，所以就没有思维、没有意义并且没有经验呢？如我所说，这些另外的认知方式在更单纯的前工业的、前现代的社会中特别重要。在如今的工业化世界中被任其退化，它们又遭到过分理智、过度书面化的哲学家的盲目忽视，我们可以说句不大好听的，他们的航行技能和社会技能的训练，无非是在从一个机场到另一个机场以便从一个研究班或讲座赶往另一个的过程中得到的，在这里，心理同样分了叉的另一些人会听着他们大谈特谈其至高无上的主题，即他们自己与现实之间的裂隙。

识字的奖赏，无论在精神上还是物质上，都是巨大的，作为一个书写者，我并不想颠覆它们。我也不想贬低获得识字能力对于不识字的人所具有的社会的和文化的重要性。但是，我怀疑，当我们开始假定生活本身只是一个语言问题的时候，我们是不是已经读解和哲学化了太多的东西。这不仅是如浮士德呼吁的生命是短暂的而艺术是常青的，而且生命——人类在地球上的生存——是久远的而识文断字的经验是很短的。我常常认为，特别是今天，我们最需要从书本中学习的是有书本之前的生活是个甚么样子。

作为人类，我们被演化了数千年不仅要在以语言为中介的意识形态中，而且要在我们人类世界的供给中，在诸如石头、水、天气、人类双手充满深情的劳作、人类说话时富有表现力的声调、巨大、神秘而永恒的事物中发现意义。直到我们开始用话语谈论话语，这些才是我们的文化文本所涉及的东西。重要的是记住，我们并非必然地或自动地要用书写甚至语言来对它们作出反应。

被抹去的艺术

最后该回到艺术了，那个曾经引起这么多解释赘语的小单音节词，那个我认领的小淘气已经退缩和离开并且像咧嘴而笑的柴郡猫那样消失了，只留下一个顽皮的后现代微笑。

艺术这个概念已经无可争辩地蒙受了后现代主义理论和实践的致命

一击。“美”艺术已经被降级为不过是一个人借以展示并试图维持自己精英地位的一面透明的意识形态旗帜。目前更广泛、更民主的艺术观念宣布，艺术作品充其量是在文化上建构起来的“文本”，只涉及一个被个人解释的因而也是相对的世界。

如我在本章早些时候所指出的，早在艺术开始被概念化为与生活相分离的某种东西的柏拉图时代，物种意义上的艺术——对现实（即世界及其供给）加以体现、强化和转化的率真创造——就开始消失了，后现代哲学用了2 500年才完成了识字开始的这项工作。是的，书写的确抹去了艺术，即使后现代主义声称个体的读者、作家和观众用他们的理论又一次使其再生。

尽管表面上对书面传统发动了一场反叛——解构其文本，否认任何体系和逻辑发展的观念，质疑“作者”或“作者意图”的概念——但是，如我已经指出，后现代哲学立场如果没有识文断字就完完全全是不可想象的。只有那些有文学研究的各种学位的人才能领会，更不用说讨论，对后现代理论来说如此亲切的理论的在场和缺席或者符号、能指、所指和所指之物（significates）之间的细微差别。而且其思想的主要信条——从环境中出脱，与他人和传统的分离，主张形象和言词是不充分的或者只是暂时的努力以表达一种本来就不可知的现实，抱怨没有甚么东西能够真正使人满足而且一切将只是对你不能得到的东西的一种替代——都是识文断字的伴生物。而且不会被前文字民族所想到。解构以及为了被解构而创作出来的艺术依赖于一种错综复杂的自我意识，只有那些无可挽回地失去了率真的过度识字者才能够获得这一意识。

唯一可期待的是，作为我们这个时代的人，我们中的很多人发现当代艺术和艺术批评是有趣的。二者的聪明、大胆、精明都是令人钦佩的。以他们的方式，他们也使疏异和深渊特殊了。在一个像我们这样从频频闪现和常常变化的微小满足中获取快感的社会，这大概就是我们从我们的艺术中所期望的一切。后现代时尚表演的老练观众观看并看见了我们的皇帝实际上确实穿了衣服，它们被一层又一层饶舌的话语包裹着——亮晶晶的、闪光的、雾蒙蒙的，微风的每一次波动都给旁观的人带来另一次兴奋的焦急或战栗。只有当我们回到家里并且试图回想甚么东西如此让人兴奋时，我们才意识到，这个外衣是华丽而有趣的。但是——稍等片刻——它们阻止我们注意到，在一切让人眼花缭乱的语词之下，根本就没有皇帝。

被复原的艺术

我相信,理解和解决现代主义与后现代主义美学的使人困惑的矛盾、不充分和混乱的唯一途径就是把艺术置于最广阔的可能视野之中:我们必须认识到,艺术是后传统社会本性上肯定否认的一种人类的普遍需求和倾向。

有意思的是,在“艺术”获得其作为预留的某种东西这一现代意义的同时,各种艺术本身也被越来越少的社会成员实践着和欣赏着。在小型的、非特化的前现代社会中,个人可以制作和从事其生计所需的一切事情。这样的社会可能不具备抽象的“艺术”概念,但是,它们给其所有成员提供了成为“艺术家”的频繁机会:通过装饰他们的身体和财产,跳舞、唱歌、作诗、表演。当然,传统社会中的某些人被认为比别人更有才华或技能,但少数人的特殊才能并不妨碍多数人的艺术创作。在这些技术上较单纯的社会中,如我所描述的,艺术是表达、表现和强化一个群体最深层信仰和关切的仪式庆典的永恒而不可分割的一部分。作为群体意义的载体和群体一心一意的激励者,与仪式结合在一起的艺术是群体的生存所必不可少的;在传统社会中,“为生活的艺术”而非“为艺术的艺术”才是通则。

当然,在我们自己高度特化的社会中,艺术本身已经变成专长,而且除了仪式的或其他任何“别有用心的”意图之外,的确为其自身而存在。这种只是现代化的或“先进的”社会所特有的分化,已经使艺术成为一个大写的问题。艺术的特化遗产及其最近自称的无关宏旨使之被政府预算的制定者斥为一种“虚饰”。艺术在传统上具有的神圣灵韵及其与特权阶层的联系足以使它成为社会的某些成员极度垂青的一种商品和另一些人的辛辣批评的靶子。因此,艺术同时被崇奉和贬斥为废物,成为复杂诠释的主题,并且完全被人忽视,在拍卖沙龙里值数百万却和绝大多数人的生活没有关系。

要理解艺术是甚么或者可能再次成为甚么,我们必须超越人类历史的 1/9 的跨度(或者,如果我们考虑的只是自文艺复兴以来的历史,就是一个 1/8 的跨度)在人类(honw sapiens)学会读写之前来寻找审美倾向的证据。如果我们考察今天的前文字社会和所有社会中的幼小儿童并且把来自这些发现的信息同我们从旧石器时代人工制品中能够推断出来的东西结合起来,我们将发现,艺术既比今天理论家们所说的更多变也更简单。

他们和我们共同假定艺术涉及形象或文本——表象。但是，这种“书面的”探讨承认艺术是对象——物体，就像语词是物一样。让我们转而把艺术看作种种行为，种种做事的方式，包括但不限于视觉或文字的表象。当我们超越了现代的、西方的和受西方影响的社会的有限情况来看，当我们扩大我们的视野以便涵括古今社会的一切实例之时，我们就会发现，人们做了许多类似于艺术的事情，与我们认为的“艺术”是一致的：他们探究，他们游戏，他们塑造和美化，他们形式化或创造秩序。这些行事方式是人类活动中所固有的：我们自然而然地对它们无师自通。

把艺术看作一种行为——“使其特殊”的一种实例——将着重点从现代主义者视艺术为物品或性质或者后现代主义者视它为文本或商品转移到这一活动本身（创造或者做和欣赏）。它在很多前现代社会中实际上就是这样的，这些社会中的物体本质上是参与庆典的一个契机或一种配备。

“使其特殊”是一种基本的人类倾向或需求。我们为重要的场合烹制特殊的膳食并且穿特殊的服装。我们找到说特殊的事情的特殊方式。仪式和庆典是日常生活被塑造和美化而变得超出平常的一些契机。现代艺术家以其特化的而且常常是被迫的方式所做的就是对普通人自然而然并且带着愉悦也做的事情所进行的一种夸张和延伸。由此看来，艺术也就是使一个人关心的事情特殊的活动，对每个人来说都是基本的，而且就像在传统社会中一样，理应被认为是正常的，而正常的、对社会有价值的活动，应该得到鼓励和发展。

在书写看见其结果并且把它们叫做“艺术”或“文本”之前，使重要的事情特殊就是数千年来人类行为的一个基本而不可缺少的组成部分。书写告诉探究者、游戏者、塑造者和美化者说，他们正在创作与现实分离的物品，被阅读而且被分析、自觉地从其语境中抽象出来的文本。但是，直到 20 世纪，这些探究者、游戏者、塑造者和美化者尤其是对这些书面声明的深奥难解的意义并没有给予多少关注。绝大多数艺术家直到 20 世纪并不关心其作品引发的一切言论。

教科书告诉我们，浪漫主义的 19 世纪专注于艺术家或作者；现代主义的 20 世纪专注于作品或文本；当代后现代主义专注于批评家/读者。现在大概是从这些东西转向表现于物种性质中的人类“现实”的时候了；也就是说，转向长久的人类需要、渴望、克制、局限、成就还有被现代过度的书面生活所掩饰、歪曲、减缩和抹去的“艺术”。

加德纳的《心理的结构》中描述的很多“智能”是标志艺术家特征的那些:视觉-空间的、动觉的、力学的、音乐的。但是,今天的很多艺术家已经被其不平衡的过度言语教育洗了脑,他们不是充当对抗后现代生活糟糕透顶的非人性的最后拒绝者,而是屡屡使其作品成为言语化——“陈述”和“文本”的主要契机。

我在第1章已经描述了托尔戈夫尼克(1990)所哀叹的那种当代原始化的趋势至少可以部分地由这种可能性来解释,即作为识字过度的人,我们感到自己被剥夺了某些在自然中的根性,而理性和客观性在整体上是不能令人满足的。丹托(1986,121)称某种当代艺术为“骚扰式的”,因为它试图以一种特别令人不安的方式,用“猥亵、正面裸露、流血、排泄、残身、真实的危险、实际的疼痛、可能的死亡”来打破艺术与生活之间的隔离界限。

我发现,托尔戈夫尼克和丹托的分析中有趣而吸引人的地方正在于这些成分恰恰是很多前现代仪式的要素——比如对于第4章以及第6章末尾描述的恩登布人和苏人来说。当然,差别是当用于仪式庆典之中时它们充满了被分享的社会意义。它们的“打扰性”是有意使用的,因为它给群体真理赋予了情绪的现实,否则这种真理就会显得抽象和苍白无力。但是,当如今被用于丹托所说的“身体艺术”或“表演艺术”中时,它们就是——像今天的所有艺术一样——作为一种多半为其自身缘故的个人陈述来表演的,缺乏更广泛的意义和使用的情境。

认为艺术比通常所设想的更普通和无处不在,并不一定是说一切标准都飞出了窗外而且一切都可以放行。(实际上,即使对艺术是非同寻常和稀有的这种观念来说,也已经发生了这种情况。)使某件事情特殊一般意味着留心和尽力以便产生对花时间欣赏它的人来说是——在或大或小的程度上——容易理解的、触目惊心的、能共鸣的和使人满足的一个结果。当我们说凭借艺术,经验被强化、提升,被变得更加难忘和更富有意味时,说的正应该是这种意思。并非每件事情都同样有意义或有效。我们发现一部作品容易理解、触目惊心、能共鸣和使人满足的原因既是生物的禀赋又是文化的习得;它们不只是游戏的和变动不居的阐释问题。

采用物种中心观作为我们在更宽泛的意义上对艺术和生活的个人理解的基础,我们就能更好地理解我们自己的连续性以及我们凭借天性的艺术创造。西方社会视之为装饰性和可有可无的奢侈品的艺术行为和艺术反应，实际上是我们的天性不可或缺的组成部分。当代西方社会对自然和身体的疏远已经遮蔽和置换了——如我在第 6 章中所描述的那样——我们人类的生物构造中固有的赋形和苦心经营的倾向。我们的艺术哲学，不是抬高其对象就是“质疑”它难以理解，它仍然没有意识到艺术的独特性并不在于无利害的孤芳自赏，而在于其原始的生物根性。如果一种物种中心的研究能够表明艺术就像我们的恋人、我们的孩子和我们的上帝一样，内在于我们的生活并且是生活绝对必需的，那末它就值得所有声称深切地关心艺术或各种艺术的人的注意。

一旦我们认识到艺术内在于我们的物种身份——我们的人性——我们每个人都应该为尽力以对生活质量的关注和思考来过我们的生活而感到理直气壮，而不是无助地被卷入简化的和转向实用的消费者规则以及重效率的和“给我娱乐”的社会之中。也许那些负责资助艺术的人已经开始认识到，艺术并不是局限于天才、幻想家、怪人和骗子——他们互相之间难以分辨——的小圈子，而是需要并且值得促进和培养的一种基本的行为特征。

类似艺术的活动存在于一切社会和生活的一切行为之中，远比其内在的尊严或自由更为适时和相关的是意识到，艺术作为使重要的事情特殊的人类普遍的偏爱值得支持和耕耘——在学校、社区甚至每个人而不只是艺术世界中的艺术家的生活中。在我看来，不仅国家艺术基金会，而且联邦的、州的和地方的教育和社区发展部门都应该探索使所有的人通过艺术使其个人和集体的生活更有意味的种种途径——使事情特殊——而不是获得、消费、阐释、争论、毁坏或者玩世不恭地拒绝它们，这些方式即使最终无法使人满意也是对我们的后现代世界的一种根深蒂固的反应。

从若干学术角度来看，本书这个漫长而复杂的文本证实了一个相当直白而简单的结论：艺术是人类的一种正常的和必需的行为，就像其他普通又普遍的人类职业和使人专注的事情，如交谈、工作、锻炼、社会化、学习、爱与关心一样，应该在每个人身上得到认识、鼓励和发展。

户晓辉译

——节选自埃伦·迪萨纳亚克：《审美的人》，北京：商务印书馆 2004 年版。

杰姆逊

一、弗雷德里克·杰姆逊的生平

弗雷德里克·杰姆逊(1934—),在耶鲁大学获得硕博士学位,先后在哈佛大学、美国加州大学圣迭戈分校、耶鲁大学、杜克大学任教。杰姆逊的前期研究领域是文学理论,出版了《马克思主义与形式》、《语言的牢笼》、《政治无意识》等,获得了声誉,后期杰姆逊转入了文化研究领域,随后出版了《晚期资本主义的文化逻辑》、《时间的种子》、《文化转向》等著作,聚焦于西方后现代主义文化现象,并将其纳入历史化的语境中条分缕析,成为当代西方著名的思想家之一。杰姆逊曾经于1985年、2002年两次到中国演讲,引发了人们对后现代主义的关注和讨论。杰姆逊的阅读策略往往是从形式和审美入手,在结束处与政治相遇。他用马克思主义的辩证法和总体论来建构后现代理论,他对后现代文艺特征的分析结论大多是消极的。杰姆逊提示我们在后现代要保持一种乌托邦的政治思考模式,这对于我们反对西方中心主义和理论殖民有重要的参考价值。

一、纯粹的快感?

首先,杰姆逊从左派的观点来探讨快感的性质。在欧洲高傲的传统里,审美快感总是与理念、灵魂联系在一起。启蒙时期,审美快感成为一种无利害的、形式的感性观照。近代以来,人们发现了快感中存在虚假的幻想成分。这表明快感的含义和性质在不同的历史阶段有不同的定位。杰姆逊认为对快感问题的讨论应该历史化,在特定的历史阶段的快感问题不能移植到其他时期来讨论,而这正是马克思主义理论的方法论和容纳力。

在历史化的视角中,快感曾经与欲望区别开来,成为纯粹的愉悦。如席勒等人,纯粹的审美愉悦由物质的形式激发,经过扬弃后抛弃了物质性,最终与理性调和起来。快感是与欲望对立的。快感是高尚的、形式的、上半身的,欲望是低下的、物质的、下半身的。所谓纯粹的快感理论,遭到了法兰克福学派的批判,马尔库塞认为消费刺激虚假的需求,快感只是一种商品,一种虚假的意识。杰姆逊认为马尔库塞等人的批判只不过以哲学王的身份唤起人们复杂的感情,他们注意到了传统文化的衰微,人们沉浸于盲目的消费中,批判理论的意识形态批判迎合了美国的反知识主义传统，取得了成功。消费者的意识是虚假的，但产生的快感是不容置疑的。后结构主义取消了商品化概念，代之以精神分裂者的意识的分析。快感的性质是甚么？上述理论都没有澄清。

巴尔特与特里林都宣称自己是正宗的左派，快感在二人身上又有了不同含义：生理的快感兼具正派的价值，并被用来否认左派政治。传统上，左派总是被描绘成清教徒式的知识分子，右派则被描绘为自我放纵的、精神颓废的人。左派对快感的看法首先涉及一种集体的关怀，不可避免地与性政治联系在一起。杰姆逊引用了劳拉·马尔维《视觉的快感和叙事影片》一文来证明这一点，在这篇论文中，男性被标示为他者、压迫者，总是与窥淫癖和恋物冲动联系在一起。男人可能会处于负罪意识而反省，这是左派知识分子常用的个人拯救的方式，这些讨论为反对快感的政治论辩铺平了道路。早期左派对快感的看法局限于性的欲望，后期出现了文化政治的剖析，但其主张大都来自中产阶级或右派。

在 20 世纪 60 年代特殊的语境中，石油武器的出现和经济危机的爆发导致了文化的断裂，快感与欲望产生了断裂，这主要得益于巴尔特的贡献。特里林在《诚与真》中恪守最后的道德说教，而巴尔特对快感的分析则使快感成为一种纵欲理论，他反对的正是特里林式的形象，其功绩在于他合法地将快感问题公开讨论，而这正是传统的马克思主义未能研究的基本问题。

二、快感还是欲望?

巴尔特关心的是快感，他厌恶将理论价值归于欲望，他放弃了文本的政治承诺，文本的快感是阅读的情欲、语言的狂欢。但这种狂欢前提是其欲望的超越。在纯粹的享乐中走入了一种空洞的、零度的幸福。杰姆逊认为这种快感性质的描述是狭隘的、厨房里的、资产阶级意识形态的。杰姆逊认为问题不是快感，而是力比多及其政治性。从《写作的零度》到《文之悦》，巴尔特企图通过一种白色的、中性的写作来逃避符号实践中的集体犯罪。巴尔特在《文之悦》中认为享乐摆脱了意识形态和道德承诺而获得了更强的感染力，零度悬置了历史似乎大有可为。巴尔特恢复了快感的某些政治象征价值，但要抛开历史和政治的困境去谈阅读是不可能的，巴尔特的这种逃避正是二者反作用和无处不在的表现。在巴尔特的著作中，可以发现自我放纵和道德败坏的意识，或许阅读的快感不能称之为自我放纵，但问题仍然在别处。

杰姆逊认为我们必须超越了巴尔特、马尔库塞等人的眼界,以便反思他称之为“深层主体”的力比多及其政治性,他认为他们对快感的描述都不是政治的,其解释的是个体与自身肉体或自然间的关系,是另一种生活方式的乌托邦。并认为马克思主义如今首先要战胜唯物与唯心的独立,认为两者实际上可以协调,快感可以是概念的,但根基在物质。物质与心象是相互循环的,事物可以变成概念、心象,心象和概念可以变成政治的、物质的力量。杰姆逊对快感的讨论于是从快感领域转向了欲望领域,快感于是成了政治问题,成了欲望、形象、寓言的象征。

三、快感:一个政治问题

杰姆逊认为对快感、欲望的理解和处理都必须历史化,马尔库塞、巴尔特的快感体验只是60年代的产物,在消费社会的历史语境中已经过时了。巴尔特对快感的理解类似于埃德蒙·伯克关于崇高的理论,伯克认为崇高的体验是一种恐惧,巴尔特关于快感的否定性、超越性的描述类似于恐惧的性质。恐惧作为对平庸的舒适的超越而使身体得到协调。但恐怖力量的历史性质充满了歧义,早期面对大机器的恐怖体验已经成为久远的回忆,如今,虚幻的庞大文化与后期资本主义的巨大超人系统联系在一起造成了虚幻的享乐体验。所以,快感的适当的政治用途在于讽喻,作为一个政治问题的快感,必须包含双重焦点,局部的论争必须纳入到总体乌托邦和社会整体变革的视点中,这是辩证法的责任。具体的快感的存在必须作为整个社会关系转变的形象。

(李　兵)

快感:一个政治问题

主体正常状态的某些方面能够在记录的表面被识别:一个陌生的主体,没有确定的身份,通身只是一个空壳,却始终围着欲望机器运转,它被其产品的份额所定义,以获得这里、那里乃至每一处的酬劳,并以逐渐形成即具体化的形式,诞生于消费状态之中并再生于每一新的状态:“因此这就是我。因此这对于我就是!……”与欲望机器相伴的主体仅作为一种剩余物被生产:一个令人吃惊的消费综合体:“因此就是这个!”[哇]

G. 德鲁兹·F. 居塔里《反俄狄浦斯》

一天晚上，在莫斯科叶克特瑞娜·彼什科娃家里，列宁听了伊撒亚·多波洛夫演奏的贝多芬的几首奏鸣曲，他说：

“我不知道有甚么东西会比《热情奏鸣曲》更好的了，我愿意每天都能听一听。多么绝妙、神奇的音乐啊！我总是骄傲地也许有点天真地想：看哪，人们能够创造多么非凡的奇迹啊！”

他眯起眼睛轻声笑了，接着他收住了笑容：

“但是我不能常常听音乐，它会刺激我的神经，使我想说一些甜蜜的蠢话，想抚摸人们的脑袋，他们生活在污浊的地狱里，却能创造出这样的美。但是现在我们不能敲任何人的脑袋，不然，我们的手会被咬掉的：我们一定要打他们的头，毫不留情地打，虽然我们在理想上是反对用暴力对待人的。嗯——嗯——这是一项地狱般的艰难的工作。”

M. 高尔基《回忆列宁》

我们被告知，快感，像幸福或兴趣一样，从来不可能被人的眼睛直接捕捉——更不用说把它当作目标去追求，或使其概念化——而只能从旁去体验，即事后类似副产品的某些东西。若将快感认作一种目标，快感就不再存在，它将悄然转换成完全不同的东西，一种激情，一种由萨德以他特有的方式赞美过并体现在唐·胡安或赫安·雅克伯·施密特这些伟大原型中的非人的形而上的“对存在的选择”。他们最终已根本不再是享乐主义者，而是主体的放荡和疯狂。

这里我稍作停顿，去扫视一下我们这个论题的另一个层面——即历史自身，我们所连接的历史性。我吃惊地发现，近来已经没有人提起这些(男性)探索原型了，也没有人提及资产阶级个人主义画廊里诸如冒险活动中的那些随从了。难道他们整个都从消费社会消失了吗？难道他们原有的强烈情感都已消退或膨胀，进入精神病理学——如以“饕餮”的形式——或退缩到小团体的圈子里——如搞同性恋吗？不管怎样，我们已经清楚地看到。在讨论快感和政治的关系时，我们这个时代出现的新问题如消费资本主义，后工业社会，说好点，即欧内斯特·曼德尔称作的“后期资本主义”等都应被考虑在内。

快感就其性质而言无法确定，只有令人愉悦的活动，或事后快感的余味。不过，快感这个词仍继续存在，同时它还暗示了我们这个论题的另一限定条件。它是集中在愉悦的体验上呢,还是意指政治或从事政治的活动?或者是另外一些敏感的话题,即快感的概念,快感的意识形态,和一些标举抽象概念的口号的政治价值?有关这些将促使我们思考一个常见的问题,是否把这种颠覆性的力量作为一种革命的"要求"。新的需要,新的要求,这一提法立刻使我眼前再次出现最近形成的一种颇有影响的政治思想意识——新左派或马尔库塞的理论。按照他们的观点,后期资本主义的文化矛盾将被理解为这样的方式:消费体系刺激新的需求,它们中必定有一些虚假的东西,而它们的动力和压力不可能在体系内调节,其中的绝大部分因此有将体系膨胀的危险。这一政治文化分析是更大的研究中的一部分,最近鲁道夫·巴罗的概念"过剩意识"可作为这一庞大分析的箴言。它意味着一个体系的普遍过剩文化的生产过剩正以新的也是传统的方式从它自身产生着它的异己和它的否定成分。昨天我们相信这个,现在我们还会继续相信吗?如果不,为甚么不呢?60 年代以来我们周围改变了甚么?提出这样一个特殊的政治策略——它是否太陈旧和过时呢?

与此同时,这一提醒至少有效地暗示了一些别的东西,即最近出现的关于快感和享乐主义的一整套左派的政治或意识形态的观点。在"决定"我们到底思考甚么之前,需要正视一些问题。(事实上,我们真正思考的东西也许只是某一种比较陈旧的意识形态的残余。)令人奇怪的是,马尔库塞的观点产生于他的对立面,法兰克福学派中坚持商品与我们曾认作的快感之间的决定关系的另一更有影响的传统。那末,我们如何区别真正的快感和纯粹的消遣呢?换句话说,如何区别快感与那种将空闲时间降为非常商品化的所谓"休闲"的做法,与那种取代以前最个人化的性欲阅读快感的商品消费形式呢?这一分析建立在对超常膨胀的后期资本主义的更普遍的系统描述上,现在它借"文化工业"或"意识工业"等各种称谓,渗透到体系中前资本主义的"自然"的两个残存的领地——即无意识。(另一个是第三世界的前资本主义的农业和乡村文化。)

关于商品的研究产生了两个问题。第一个就是实践政治问题:如果当今人们想象的快感只不过是一种商品的话,那末,如何对待它的附加值?谁把这种窘况透露给那些享有休闲品体验意识的人们——告诉他们在消费中意识到的"快感"实际上不过是一种虚假意识?更深一层讲,谁具有这种权威——以甚么名义?——作出这样的评价?对于马尔库塞的解释的诽谤,可能已经通过欢迎《压制的宽容》的自由主义者的愤怒量得到了均衡。当自由主义者抛开所谓“伟大传统”的文化包袱,瞥见柏拉图的哲学家之王仍活跃在消费社会中,并控制着各种媒体和自由讲话的权利,他们不由得为之震惊。可是,对于一个从一开始就提出真理的位置和阐释特权的反权威左派而言,法兰克福学派分析的马尔库塞的观点最多不过是唤起众所周知的复杂情感,因为在左派的传统中,柏拉图的睿智通常被革命党赋予迥然不同的名声。

至少,我们已经清楚地看到,新的革命的需求与对商品化的欲望和快感两者得到了辩证的统一。虽然前者是一种意识形态的幻象,但这个幻象仍是由相应的意识形态的“衰微”意识和商品消费的概念所孕育。根据某些人民党成员的观念,的确,人们可以这样设想,无论是电视里播放的盲目消费的形象,还是广告上登载的养生之道,所有这些都不是事物本身,但它们所产生的快感是不容怀疑的。不管消费者的意识多么虚假,多么缺乏内省,事实上它们都在以公民的职责尽力地推动着这消费之磨。

一位治疗学家曾说,区别快感和预设物的方法是你做甚么事情时有没有框框。但是可以肯定主体在其内心深处会不断地意识到某些东西。实际上,这里代词暗示了另一物的概念,即盲目消费者的概念,城郊商业区资本主义极端的商品虚假意识;同时它还表明,衰微的消费主要指女性,指通常称为“美国家庭主妇”的女人们。从旧的教科书中看到,这一系谱可以追溯到50年代首次构想的城郊群体生活的蓝图。例如,菲力浦·怀利的“母亲崇拜”和消费妈妈的精神分析恐惧,她不仅主宰战后所有的新产品,而且有吞噬一切的危险——这是一个日益耗损的消费景象。根据常规,那些工作得精疲力尽的男性工人或商人则可能对扑面而来隐约可见的毫无价值的没落景象总保持着比较清醒的认识。但是从一开始,在美国资本主义的粗野的反知识主义中,那些以各种形式出现的无用的和“女性化”的东西,包括从欧洲的“高雅”文化一直到低级杂志和喜剧书这些替代品,就是非文化的。

面对文化的衰微和精神上的拜物,法兰克福学派在急剧的变动和历史的焦虑中建立的理论最近以肯定的形式在莱茵河的这一边取得了瞩目的成果。众所周知,法国后结构主义理论家只是改变了阿多尔诺、霍克海默和马尔库塞原有的描述框架,废除了以往常用的商品化概念,而代之以由德鲁兹和瓜塔里提出的理想的精神分裂者的意识,即“真实主人公的欲望”。在这一特殊的转变背后,留下了比纯粹的民族或时代差异更多的问题。这两种理论都保守着一个秘而不宣的对象,他们对这个对象的特性几乎都缄默不语;并且两者都与同一纷扰和预设的现实达成默契。这一点我们可以从美国资本主义那里得到验证。人们认为,美国资本主义的历史性改变就是这些二等理论体系的决定因素。从曼哈顿、好莱坞或初期的用户第一主义和现代化,到60年代超级大国的“疯狂的纽约”和加利福尼亚的反主流文化,在此期间,早期德国流亡的知识分子从曾疑惑地保持着欧洲中心文化的骄傲和辩证的自我意识,到如今一种相反的拉力正促使衰落的西欧知识分子发生改变,这种改变包括快感本身和它的形象和功能。

可是,在快感的研究上紧随其后并最有影响的法国对立派是与另一名字——后期的罗兰·巴尔特联在一起的。关于巴尔特,人们有十分详尽的评论。巴尔特这个人和他后来的发展都是一个复杂且饶有兴味的话题,这里我只能稍作展开。不过,由于在《文本的快感》的描述中有过多的花边,我担心这本小册子的象征意义若不加解释很难被真正领会。那种有影响的、碎片式陈述产生于一个特殊的年代——1973——回想起来充满意义。石油武器的出现和全球经济危机的爆发(至今仍能感受到它的影响以及各种事件的政治影响如智利政变和法国左派的“共同纲领”)戏剧性地造成了断裂,从1972年到1974年的普遍运动可视为60年代世界范围的各种事件的终结。在文化和理论领域,这一运动也是一系列陈述的时机,经过乔装的宣言所做的就是用这种或那种方式清除那个时期和它的价值与必要性。他们要求休战,并经常对恢复60年代的那个道德价值提出疑问,这一点也表现在莱昂内尔·特里林的相反但同样有代表性的著作《真诚与真实》(1972)中。这种最后的道德说教和它所捍卫的传统以及所必须履行的书籍版式似乎离我们并不遥远,像巴尔特的享乐主义和他的自鸣得意一样。无论阅读或写作,巴尔特都执拗地信奉片刻的纵欲(这里,纵欲转换成一种真正的理论),他对极乐的自我克制表现出盎格鲁族美国批评家对批评本身的道德使命意识的“高度严肃”——“对于文本的享乐甚么也不必说;……你对它不可能说甚么,你不可能仅仅只说它‘内部’的东西,只有随着它的指引,一心成为一个色情的剽窃者,在十足的空虚中歇斯底里地重申享乐。”

虽然这是对笃信盎格鲁-撒克逊文化优越论的一个值得注意的替换

物——因为那种文化多少还是形成了我们特有的制度和风俗——今天重读《文本的快感》，它仍以其奇特的防御性而显得十分醒目。无疑，它驳斥的对象不是墨守经文的清教徒，而是60年代“真实”的，与特里林勾画的人形成对照的，各种各样的做着美梦的党徒。这里，更意味深长的特征是，这两位作者尽管所处的国情很不相同，但这两个似乎是对手的人都以正宗左派的形象和代表自诩——唯一的区别是，在特里林看来，左派体现为日益高涨的狂野的学生运动和黑人激进主义，而巴尔特则以马克思主义战士的身份，以更为传统的法国共产党和正统列宁主义的清教徒形象出现。于是，在他们两人的论述中，个体满足的表层问题（一方面为美学；另一方面是自我表达或“真实”）证明只是传达更深层的政治和意识形态立场的工具，其中一方面具有“正派”的价值，另一方面则是满足生理上的快感，这些都被两位作家用来促进和呼吁确认对左派政治的否定，尽管这两位作家的理论方法与左派哲学传统有一定的历史联系。

左派是否具有清教徒的历史渊源，甚至是否存在着某种真正的革命精神即永远注定保持一种清教徒的姿态，这些问题对于我们的论题是很重要的，但凭经验又是完全不可能回答的。例如，列宁的故事表明他的清教主义是策略上的：他显然喜欢贝多芬（相反，正统左派拒绝现代主义和它所蕴含的特殊的快感，这是一个值得探究的问题）。可是，无论谁谈到快感，通常意指性，这一现象大约直到20年代末期苏维埃文化革命的结束（有些方面的表现还延续到30年代初期，如对威廉·赖克的排斥和中止他关于“性别政治”的试验）。关于左派清教主义的讨论才发生转折。无论弗洛伊德的分析惯例在这一地区有甚么样的作用（例如，布尔什维克领导人更深层的无意识的态度），重忆这一转折的战略和策略层面仍是有必要的，转折必然涉及发动（或疏远）工人阶级群众这样一些完全不同的核心问题和口号。虽然我们的讨论不必采用意识层次理论的等级框架，和所谓工人阶级在性方面的意识比较滞后的分析——“他们不准备为妇女的权利和性解放以及堕胎而斗争”；“他们需要进一步接受文化再教育”——注意，准确地说，这些分析不管怎样居高临下，主要是一些实际问题，即文化革命自身和等级、服从等纲领式的惯例，所有这些正是文化革命寻求要解决的。

但是，理解工人阶级抵制性别政治的口号（总是假定这样的抵制存在于“经验主义”的层面上，并且认为这是重建政治和意识形态战略的决定因素)现在有了不同的思路。那是这些问题的阶级象征主义。阶段问题和阶级意识的基本概念表明按照工人阶级的观点,对性解放问题的把握不是根据他们自己的主张而是依靠许多阶级的意识形态和众多集团的意愿(例如中产阶级中的年轻人),甚至包括被工人阶级视为阶级敌人的阶级和集团。这至少提醒我们注意这种可能性,即快感作为一种现象来讨论与作为政治口号或价值观的性解放、乌托邦和力比多身体(Libidinalbody)等也许不是完全没有关系。

至少可以肯定,巴尔特的这本小册子的历史功绩之一是将快感作为左派的一个主题合法地公开讨论(此外还有一些影响略小的讨论,如塞巴斯蒂罗·蒂姆帕拉罗的"厌世的享乐主义"概念)。当然,对这些问题的兴趣显然是60年代出现的更为普遍的情感中的一部分。传统的马克思主义未能专门研究一系列关于存在的基本问题——死亡和生命的意义;整个无意识领域;宗教,乌托邦;整个日常生活范围和它的质量或异化方式,以及日常生活中的政治是否是可信的;自然的决定作用和生态问题。

可是,我还是从上述问题中省去了政治问题,因为在我们这个时代左派清教主义对此已经做了最有力的重申;再把它作为一个存在主义的问题来描述似乎失去了意义,虽然这样做可以使我们了解到存在主义在修正和完善马克思主义中的局限,以及存在主义范畴与纯粹个人经验的关系。这样一来,女权主义也许成为相对于男人的存在主义的问题,这是一种为妇女奋斗的集团的事情,故又是完全不同的问题。自相矛盾的是,在有些情况下左派对快感"问题"的重新采用(出自法国理论文化界的巴尔特的理论阐述,和拉康的精神分析所做著名的揭示)现在却为有趣的颠倒,为反对快感的一种激进的政治论辩铺平了道路。劳拉·马尔维的《视觉的快感和叙事影片》是一篇很有影响的论文,她的主旨——"解构作为激进武器的快感"——就是建立在对传统的电影快感观的理论评价上的,那种快感观是男人"有权观看"的权力的象征性表达,它的首要对象是妇女的身体,或者更确切地说,妇女的肉体。我认为,这篇文章中的政治意义仍能用前面提到的更老的阶级术语加以论证;抵制性解放包括色情描写和整个文化中的力比多形象的观看权力——这些都是吸引男性的口号,但是又象征性地标明(此处与其说在两性关系上,还不如说在阶级论上)相对女性来说他们又是作为他者、压迫者,和一个类似于阶级敌人的统治形式的实践者。这篇文章论证的更重要的理论基础——建立在拉康关于男性主体的构造的说明上(尤其是"'母亲'的生殖器崇拜",恋物欲者等等)——遭到绝大多数精神分析研究中的非历史构架的破坏。囿于设计的一个视点,男人的性欲在这个视点中总是不由自主地以这种方式形成,并且总是与观淫癖、恋物冲动联在一起:于是,女强人或女同性爱分离主义者将是唯一必然的"出路"。同时,就男人们的良好愿望而言,论争的深层心理部分可能主要用于强化意识形态的反省,和对于病态东西的反省及自我反省,负罪旅行这样一个比较古老的宗教实践的特殊变异经常是孤独的左派知识分子"实现个人拯救"的颇有诱惑力的方式。(自相矛盾的是,这种行动也是巴尔特享乐主义所允诺的。)

由此,问题逐渐明朗,如果"快感"作为一个政治口号的价值不仅对于工人阶级而且对于妇女都并非缺乏诱惑力,那末,它的意识形态作用将明显地被削弱。至于巴尔特本人,我们回到前面,"快感"的概念——更确切地讲是享乐——已具有更复杂的功能,如果我们联系他早年在《写作的零度》中关注的问题来理解《文本的快感》也许会更清楚一些。那本早期的著作是与萨特提出的"文学是甚么"这一基本问题相呼应的。对于这一问题,巴尔特作出了与萨特完全不同的解释,不过,他接受了萨特关于历史是流血的梦魇的观念。萨特在书中表明,就世界范围而言,所有的文学语言对地方的、局部的(非普遍性的)集团或公众的"记号"的必要限制使得所有的文学实践成为这个或那个集团反对他者的阶级暴力的象征。萨特正统的解释——无产阶级作为最后一个阶级,作为历史上唯一可能的第一次出现的真正的全体民众的保证——被清楚地表明是一个乌托邦。于是,巴尔特机智地构想出一种完全不同的逃避"历史的梦魇"的途径,即通过设计一种写作形式来消弭所有集团和阶级的记号,即白色的或称纯洁的写作,一种乌托邦式的中性的实践,它能使我们由此逃避任何文学符号实践中固有的集体犯罪。具有反讽意味的是,最典型的白色写作最终又逐渐变成了文学惯例和文学符号的实践:巴尔特所列举的同时代人加缪的例子,今天看来既不是非常中性的,也不是像后来法国新小说的实践者所作的那样。

因此,在《文本的快感》中,作者采用了相当不同的操作方式。这种方式通过接受而不是生产使历史被悬置,渗透于各种文本中的点点滴滴的享乐所具有的社会功能将摆脱所有的意识形态和道德承诺(左派的和右派的)而获得更强的感染力,文学符号的零度一度似乎大有前途。宁可阿托邦(Atopie)也不愿乌托邦(Utopie):如此,巴尔特的享乐已无处存在,那里的主导意识形态的文学句子和惯例被暗中破坏。可是,与似乎相关的《泰凯尔》和克莉斯蒂娃的陈述不一样,他们把这种暗中破坏誉为真正的革命行动。而巴尔特这位过于聪明的愤世者不愿用更有蛊惑力的术语来描述这一运动,他采用了局部的抵制堕落的话语,并展示了堕落(他的随笔的主题)对权力的污染。然而,甚至可以说从历史和政治的逃逸也是对现实的反作用和表明它们无处不在的方式,巴尔特的随笔的巨大功绩在于他恢复了享乐体验的某些政治象征价值,他表明无论人们选择甚么样的立场(清教主义或享乐主义)去面对这个问题,要抛开对政治和历史的窘境的反应去阅读它是不可能的。

但是,如果没有对巴尔特本人这位颇有争议的人物作最终的评价,我们不能对所有这些作出结论。我们是否有必要回忆一下早期巴尔特的政治热情和他为我们提供的(并在像《神话学》这类的书中继续提供的)具有明显的政治性能的批判工具和武器呢?不管怎样,后期的巴尔特所表明的思想也许能作如下阐述(实际上训导一直存在,只不过在后来的文本中变得更加单一):他教我们阅读我们的身体——并且经常把它们作为写作对象。由此,如果有意的话,我们将从巴尔特的著作中不可避免地发现自我放纵和道德败坏的意识。力比多体,既是感觉的领域又是感觉的工具,在那个意义上只能是自我放纵。要约束它,赋予它正当的表现,并要求它压抑自身的另外一些任意的冲动,这只会同时限制它作用的发挥,更糟糕的是将会彻底地摧毁它。懒怠,突然爆发的厌烦或热情,阅读这个现实和它的文本时产生的恶心或享受,倾听被文明和理性麻木了许多的感觉中枢的微弱颤动,直接感受这种颤动的信息,细细品味痛苦或快感——所有这些生理上的情绪或许都不能完全称作自我放纵。它可能需要一种控制和一种很少且不同寻常的反应,有些东西如自由联想(诳过自我或理智的瞬间防卫)即伴随着细微的意识流动的划船、遐想、骑马。的确可能更深层的问题在于:并非快感(每一个人从巴尔特到埃得蒙·伯克都一致告诫我们,反对舒适和平庸),而是力比多体本身和它特有的政治性超出了快感狭窄的、烹饪的、资产阶级的意义而进入了一个十分广阔的领域。

因而逐渐地"唯物主义"这个词开始被滥用。风行一时的左派把这个术语变成了公共汽车式的口号,我认为有理由反对这种做法。将马克思主义与女权主义之间的真正的张力作为一种民众阵线的答案在我看来是轻率的和不诚实的,将“历史唯物主义”作为意识形态的同义词也是极端的误解和不恰当的。“唯物主义”作为一个术语和一个概念是18世纪资产阶级启蒙运动和19世纪实证主义功能上的联合所设下的陷阱。因为无论事先人们做了甚么,而最终规定的决定因素仍是物质(这就是说,个体或生物体处于孤立状态)而不是像历史唯物主义所认为的由生产方式决定的。要理解马克思主义和辩证法,最好去做的不是单单战胜唯心主义,而首先要战胜的是唯物主义和唯心主义之间的意识形态的对立。萨特和葛兰西在他们的著作中都阐发了“超越唯心主义和唯物主义”的立场,如果人们不满意所构想的新解释——称为“实践”——那末他至少应该努力把有些问题研究得更加充分。

再则,就快感而论,人们很容易承认它是唯物主义的:无论意识(心理主体)是否一直并且在所有历史阶段和生产方式中从本质上讲是唯心主义的,对共同点的寻求对我们来说应该是无损的(在最低限度上它表达了唯物主义者思索的一个难题,唯物主义所信奉的东西并不是完全不能与头脑中唯心主义的特性协调的——恰恰相反!)因为资产阶级的单子不停地将事物变换成事物的概念,变换成心象、名称,直到这一过程突然中断,禁忌和非想象的“外部”刹那间将这条线扯断:春天清新湿润的空气轻拂着我的脸,一个音乐短句的纯粹金属的气味不再表达它的思想而是器乐本身的物质振动和音色,这“如此可口的绿色受到了伤害”(波德莱尔语),神秘莫测的气味,根基却在大地,或萨特性欲描述中被称为“肉欲”的生机勃勃十分惬意的兴奋。快感最终成为肉体生命的满足,与物质世界中必需的物质存在相和谐——尽管这种和谐是短暂的。(于是,在那一点上,物质化的东西在先前也曾是唯心主义的——唯物主义这个词再次成为心象;也许所有这些中最不容置疑的是思考过程本身及“头脑”中的各种想法,它们均是作为一种活动来表现的:享乐属于真正的科学直觉,或许属于真正“演绎”的神秘故事……)

还有,所有这些都要求舒适、轻松,用巴尔特略带贬义的话说——“要有房子、地位、食物、灯和居住位置合适的家,最好离都市不要太近也不要太远……这是自我(借助幻想)超常强化的表现;一个膨胀的无意识。”在巴尔特看来,这仍是一种私人的和比尔德梅尔式(Bierdermeier)的中产阶级的体验,一种负罪的逃逸。然而,我们还有其他一些阶级的形象——布洛克所描述的农户的庆典,布莱希特所构想的工人拥有汤和雪茄的平民唯物主义,乃至马尔库塞的“工作过程中的性冲动”,它带有在先进的工业技术发展时代对古老的手工艺物质快感的再创造。这里所说的肉体快感的看法与其说是政治的,或另一种生活方式的乌托邦,倒宁可说它所解释的是个体与自身肉体之间的关系——也就是说与大地(Earth)(海德格尔语)或通常称作的自然之间的关系——并且,在我自身或我的肉体与他人的关系之间,换句话说,在历史、政治这种更严格的意义上讲也不是完全不同的。

性的问题的棘手和难以规范的原因究竟在哪里?它仅仅只是舒适的物质享受呢,还是不可救药的堕落——如性“癖”(巴尔特的“享乐”一词的最强烈的转换),或甚至是性支配上权力意志的更昏暗的事情?旨在驯化的快感是难以接受的,它们的政治内涵使人易于联想到宗教,或法西斯主义——然而这是另一种“快感”,最后的一种!这样,清教徒的疗法似乎又卷土重来,不过,在接受它之前,如果我们试图将这些二难境地历史化,并体验产生它们的过程,也许我们可能得到想看到的东西。例如,对美学的迷恋,巴尔特所说的享乐,是否只是60年代的体验?如果真是这样,那末,在另一时间探讨新的体验——我称为“幻影的快感”——与它的美学对象——现在称为“后现代主义”——以及它赖以产生的社会历史环境——“消费社会”,媒体社会,多国或“后”资本主义,“开放的社会”之间的历史关系则很难得到满意的结果了。

体验果真是如此的新鲜?它没有任何历史先驱或一点相似吗?就我个人而言,我发现在巴尔特早期过渡阶段的《文本的快感》中一些鲜为人知的概念竟出现在出自阶级敌人之手的一本颇富创造性且具有永恒魅力的著作中,这就是埃德蒙·伯克的《关于崇高与美的概念起源的哲学探讨》一书。在此书中,已经有了真正的巴尔特式的对立,里面对美的快感的体验——被描述为生物体的舒适和准性欲的娱乐(“那种下沉,那种融化,那种柔情,在每一点上都具有美的特有的感觉”)。这种美的快感与崇高的“恐惧”体验形成鲜明的对照,按照伯克的自我保存本能的观点,恐惧体验能使身体状况在反应中得到协调,如面对拳头,和在“练习和劳动中。其实,劳动就是一种对困难的克服,和肌肉收缩力的运动;痛苦在这一点上与劳动类似,它在除程度外的一切方面构成了张力或收缩”。他列举了一连串的具有共同属性的例子(巨大的建筑物,雄伟的长廊,黑暗,弥尔顿,上帝,无穷无尽的思想,包括政治思想,如荣誉、公正、自由——此外还有面对高耸的山峰时发生的罗曼蒂克的感伤情调)。这些例子猛一瞥似乎与巴尔特的迷恋并不十分一致——巴尔特所展示的是突然而强烈的享乐,倦怠的老资产阶级自我的精神分裂症的解析,漂流,尼采式的呐喊,丑闻,中断,主体的分裂,晕厥,空虚寂寞的歇斯底里的断言——直到现在我们才注意到这些论述中的明显的否定性,不由得回忆起巴尔特所引用的霍布斯的格言,霍氏研讨的问题与埃德蒙·伯克不期而遇:"在我的生活中,唯一真正的激情就是恐惧!"

恐惧的美学接受,它的艺术表达和转换,它给人体带来的震动和混乱的享受。这些都是恐惧中要讨论的问题。根据伯克的崇高理论,恐惧是通过一个既定的美学客体,以它那令人敬畏的巨大使个体生命受到震慑,威胁,感到萎缩,渺小。人们如何能够享受到这种体验呢?伯克在关于神自身的替换链的结尾通过吝啬现象作了有益的揭示:"当我第一次考虑这个问题时,我特意避开引出那个巨大的存在的概念作为论证这个微不足道的现象的例子。"的确,上帝在设计上为把可怕的恐怖(死亡,焦虑,无意义的繁衍,破碎暗淡的生活)转换成力比多的满足提供了绝妙的方法。对于伯克的物体系统中人类这样一个脆弱的个体,如果我们代之以一个巨大的威胁物,并且将另一实体(它按人体形象模式结构,即所谓镜像阶段)——分解为心理主体、自我、个性、个人身份,结果将是如何呢?再则,我们是否可能通过内在本质、尼采的选择、工作的享受和恐惧的第二种类型这些很接近巴尔特所标明的意义的概念的提出,以有意回避把任何平庸的舒适当作享乐的暗示呢?

如果是那样的话,这种与伯克的类似也许会给我们进一步的启示,因为伯克关于美与崇高的区别已经被作为一种结构类型:内在性与超然性。用以往的哲学语言讲——美是对小规模客体的自我满足的体验,对创造物(逐步形成宗教主题)的细微的快感,一种与崇高不是辩证而是迥然不同的体验。(在伯克看来,快感与痛苦不是对立的,而是无关的,自我满足的体验有些时候很像一个三组合:快感,痛苦,中性。)反之,崇高,作为恐惧的快感和痛苦的美学占有,则是一种完全不同的事情,一种双重或立体的体验,在现在的语境下可称为"讽喻"。即崇高将其对象作为依托和诱因,直觉在这种全然无形的力量和权力的引发下感受它并超越它,在最字面的意义上产生眩晕。(想象在敬畏的力量里面和在其本身都未能找到"形象";甚至伯克的"上帝的概念"也是一个替代物。)

在特有的尼采式的断言——选择打垮你！——中，崇高找到了它的满足和它的心醉神迷的折服。于是，详细说明这种恐怖力量的历史性质成为一个颇费思索的问题。资本逻辑学家最近提出了一个荒唐的意见，他们将黑格尔的“绝对精神”简单地理解为资本本身出现的超个体的，统一的、非人的、至高无上的力量；在没有非常充分的原文证据和面临违者将冠以极端的解释教条主义帽子的前提下，任何人都不敢贸然将伯克的直觉归类。而对于巴尔特的崇高人们则可以做，不过，这超出了我的讨论范围，虚幻的庞大文化也许被适宜地理解为将众多的无意识瞬间与同样无形的、非想象的事物，与多国机构，与后期资本主义技术的巨大的超人系统联系在一起。而这种虚幻的体验无论我们喜欢与否都构成了一整套对享乐的日常迷恋和不时爆发即精神分裂症患者的解析——“因此就是这个！因此这就是我！因此这对于我就是！”对机器的迷恋再次出现在未来主义中，不过今天已没有了机器的任何“意识形态”，没有了初次面对坦克、机枪或工厂本身那些真正的物质和感觉的体现时所出现的激动和新鲜。计算机的概念将这些早期的激动加以归类，但已超出了任何有形物或体现(现在计算机不过是一个有着许多线路的具有智能的盒子)。

这样，享乐的政治和历史性似乎已清楚了，如同社会的象征性体验一样，它也具有基本歧义。可是，这一点并未唤醒那些刚刚休眠的左派去将这样的体验道德化，反而使他们吸取了与快感本身根本不同的政治用途的教训。那末，我要提出的是，快感的适当的政治用途必须在“讽喻”的意义上，这一点上面已经讲得很清楚：作为一个政治问题的特殊的快感的主题(例如，在城市的美学领域的论争；或对于某些形式的性解放，或为了进入某种文化活动；或社会关系或政治机构的美学转化)必须总是包含双重的焦点，在这种焦点中，局部的问题是充满意义和自足的，但又被作为总体乌托邦和整个社会体系革命转变的同一且同时的形象。若没有这些同时存在的方面，那末，政治要求将在这个或那个小团体的微型政治或它们特殊的癖好即专门化中又成为另一个局部“问题”，并且一度相信的口号也将不再具有政治上的号召力。

这一双重的或称“讽喻”的焦点，作为一个革命转变的概念，总的来看既突出了马克思主义的独特性，也显露了它的困境。辩证法在本质上就具有创造一些途径将此时此地的直接情境与全球的整体逻辑或乌托邦结合起来的双重责任。由此，一个既定的经济要求如果不沦为经济主义，就必须在某种意义上是更为整体的革命转变的一个形象。再则——举一个从事社会活动的左派知识分子比较熟悉的例子——一个既定的文本分析必须对它的对象作经常的或偶然的陈述,但也必须同一且同时被理解为是对马克思主义研究的一个更普遍的贡献。在这两个例子中,它必须这样做,而不是将具体的局部的需要返回到仅仅是作为“例子”的“抽象”构架中(最好称为总体观)。总之,一个具体的快感,一个肉体潜在的具体的享受——如果要继续存在,如果要真正具有政治性,如果要避免自鸣得意的享乐主义——它有权必须以这种或那种方式并且能够作为整个社会关系转变的一种形象。

胡亚敏译

——节选自杰姆逊:《快感:文化与政治》,北京:中国社会科学出版社1998年版。

诺埃尔·卡罗尔

诺埃尔·卡罗尔是威斯康星-麦迪逊大学门罗·C.比尔兹利艺术哲学讲座教授,曾担任美国美学学会会长,他的《艺术、叙事与道德理解》原载《美学与伦理学》,杰罗尔德·莱文森编,剑桥大学出版社1998年版,后收入了《超越美学》一书,卡罗尔重新思考了艺术与道德的关系,为此类问题的讨论提供了一个一般性的框架,不乏新意。

首先,卡罗尔分析了艺术哲学中的自律论立场,该立场认为艺术与道德彼此分立。然后,卡罗尔分析了两种传统:乌托邦主义与柏拉图主义。前者认为艺术在本质上是提高道德的。后者则认为艺术的本质特征在道德方面是可疑的。柏拉图对艺术的诽谤众所周知,其余音在今天仍然不绝于耳,当代阿尔都塞-拉康式体系的柏拉图主义者控诉艺术邪恶的意识形态的目的。乌托邦主义者马尔库塞认为艺术本质上是解放的。卡罗尔认为自律论者与柏拉图主义者并不完全一样,因为自律论者维护艺术的审美价值,认为真正的艺术并无道德的目的,其论据就是并不是所有的艺术都有道德维度。艺术美育的目的实际上隐含了道德企图。自律论者认为艺术不是道德教育的工具,很多从艺术作品中得出的道德知识实际上很俗套。卡罗尔批评了亚里士多德的净化论,认为通过净化来教育情感的方法行不通,与此相似,乌托邦主义者的理论过于简化,过度感情用事并有可能导致过度阐释。

卡罗尔超出两种传统主义的地方就在于他引入了叙事的角度,认为推动叙事的道德规则是理解叙事类作品的前提。由此,卡罗尔批驳了自律论者艺术与道德无关的理论。自律论者坚称某些艺术种类与道德无涉。但卡罗尔认为艺术史和艺术接受史表明这种观点在某种程度上是可疑的,因为这不排除某些艺术恰恰是道德上有趣而吸引人,而且某些故事类作品恰恰引起人们的道德反应,甚至进入某些文本之前,还需要必备的知识储备包括感情储备。所以,理解叙事作品依赖于叙事与接受者知识背景的契合,叙事和理解的过程通常要使用我们的道德力量,卡罗尔把这种叙事艺术与道德之间关系的观念称为澄清观。阅读叙事作品的过程就是持续的道德判断的过程,我们的道德判断能力由此得到训练并提高,所以艺术不能改变接受者的说法是值得商榷的。反之,如果人们不对叙事作品产生道德反应,这通常意味着交流的无能和失败。能引起我们道德反思的作品通常更有魅力,而视淆和误导道德理解的叙事通常被批评。值得注意的是,卡罗尔并不是重复艺术道德教育的老调,而是强调通过影响观众的道德理解来达到吸引观众、成功叙事的目的,从这个角度对作品进行道德评价就是正当的。

卡罗尔是从艺术哲学的角度来讨论艺术和道德的关系的,对美育理论也不乏启示意义,传统美育理论流于卡罗尔所言的两种传统主义,不是支持就是反对,而卡罗尔却独辟蹊径,引入叙事的维度,为叙事与美育关系的讨论打开了一扇新的窗户。

（李　兵）

艺术、叙事与道德理解

我们很自然地倾向于用道德方面的词汇来谈论艺术。尤其是当思考长篇和短篇小说、史诗、戏剧和电影时,我们似乎很容易根据伦理意义——根据人物是否善良或邪恶,或者哪些人物是善良或邪恶的,以及作品自身是道德的还是不道德的,或许还根据它是否带有性别歧视或种族主义的色彩——来谈论它们。毫无疑问,后结构主义者将会反对我使用“自然地倾向于”这样的词,因为他们并不相信人们会自然地倾向于甚么事物。但是这个一般性的前提是一个既没有理由那末强硬,又显然虚假的假设。此外，我希望证明这里我关于自然倾向的讨论并没有放错地方，因为我们易于用道德评估的语言来评价作品是由于它们确实属于这类事物。

并且，我们并不仅仅对整体的艺术品和具体的人物作出道德评价；而且事实上这些道德评价是可变的。也就是说，我们发现某些艺术品在道德上是善的，而其他艺术品则不是；某些是值得推崇的，而其他的则是邪恶的，或许甚至是有害的；剩下的其他作品似乎不需要道德上的认可或指责。因此，尽管我们确实经常对艺术品进行道德评价，强调我们拥有所有可能的评价性判断供我们支配仍然是重要的：从道德上的善到道德上的恶到丑恶，再到道德上漠不关心和无关紧要。我所说的我们对艺术品的道德评价的可变性正是指这种不同判断的可用性。

因此，我们经常对艺术品作出可变的道德评价，我认为这个评价只不过是对我们谈论艺术（至少是某些种类的艺术）这项普通实践得出的平淡无奇的结论。但是即使这个结论平淡无奇，奇怪的，它并不符合我们在艺术哲学中的某些主要传统。因为(1)我们对艺术进行道德评价和(2)这些道德评价都是可变的，这两个命题虽然采用了不同的方式，却都违反了艺术哲学中某些众所周知并深刻确立的观点。

首先，在艺术哲学中有一个立场——可以称之为自律论——从18世纪以来就对艺术思考产生了巨大的影响，甚至在今天它还继续困扰着我们对艺术的直觉。按照自律论者所说，宽泛地说，艺术和道德领域是彼此分立的。出于这个原因，艺术与道德上的善恶无关，并且道德上的善既不会增加也不会减少艺术品的总体价值。从自律论者的视角来看，我们花了这么多的时间来谈论这么多艺术品的道德这个事实（如果它是事实的话）几乎是难以理解——或许这只能通过它使沉迷于这种言论的人产生了深刻而巨大的迷惑来解释。

对于自律论者来说，艺术区别于其他事物的本质特征是与道德分立：这是自律论者根本的哲学信条。因此，从自律论者的观点看，我们对特定的作品进行道德评价是不可思议的事，它很可能显示了我们缺乏趣味或者缺乏理解力。对于自律论者来说，问题在于我们竟然会对艺术品进行道德评价，因为自律论者在哲学上致力于这样的观点：所有艺术品都与道德考虑分立，或者被免除了道德方面的考虑。

另一方面——这使问题更加复杂化了——我们也是其他哲学传统的受益者，尽管它们与自律论相反，并没有觉得我们对艺术进行道德评价有甚么特殊的问题。但是它们认为我们的道德评价应该是可变的这个观念是不可思议的。因为这些思潮在艺术哲学中的一个分支——称之为乌托邦主义——引导我们假定严格意义的艺术在本质上总是提高道德的,而另一种思潮——称之为柏拉图主义——认为所有艺术的本质特征在道德方面是可疑的。这两种倾向显然都是严格的哲学意义上的,因为它们对艺术道德性的所有评价都伴随着或基于对艺术的本质特征的推测。并且,尽管乌托邦的和柏拉图的传统在这个问题上支持相反的结论,但是至少它们似乎都赞成排除关于艺术品的道德评价可变的可能性。因为对于乌托邦主义者来说所有艺术在道德上都是善的,而对于柏拉图主义者来说所有艺术在道德上都是恶的。

毫无疑问,在这两个传统中,柏拉图的传统是最古老、最众所周知的。这个传统把艺术置于一个不断扩大的罪恶的圈子中。首先,柏拉图自己斥责艺术表现了作为恶的道德角色典型的人物。但是接着——或许是因为认识到艺术中可以有善的道德角色的典型——柏拉图指出问题在于艺术(摹仿性艺术)被介入和消费的方式。因为这涉及认同(identification),并且,对于柏拉图来说,把自己等同于其他人在道德上显然是可疑的。当然,柏拉图在这里并不只是想到了担任指定角色的演员;他相信朗读戏剧的普通人也会把自己等同于其他人,因为他们用剧中人物的方式说话。也就是说,在雅典家庭里,人们会大声地朗读戏剧;因此,柏拉图担心当他们朗读对话时,会在某种程度上“成为”其他人(即他们所朗读的人物)。

这被假定为道德恐慌的基础,不仅是因为那些人物在伦理上可能是邪恶的,不仅因为它可能会威胁柏拉图关于社会劳动分工的理想,而且还因为它将会打破人性的平衡。此外,如果人们因为柏拉图对艺术的谴责过于笼统而想以不是所有的艺术都是柏拉图称之为摹仿的艺术,因此不会受到“认同”问题的困扰为理由向其发出挑战的话,柏拉图将会以另一条论据作答,即声称所有的艺术就其本性而言都以这样或那样的方式指向情感,因此破坏了灵魂中理性的正义统治。

柏拉图的精神直到今天还没有泯灭。它在我们的人文学科中繁荣昌盛,在这里所有的艺术品或者是因为代理的罪名(通常就其体现了恶的角色模型或典型而言),或者是因为疏漏的罪名(通常就其遗漏了人物和观点而言)而成为有计划的质询的主题。此外,如果这些策略都没有成功地揭穿艺术品的话,那末批评它确定了主体的位置——如拉康和阿尔都塞的追随者所说的那样——就有可能成功，也就是说，鼓励观众认为自己是自由的、内在统一的主体，这是一种总被认为是由意识形态策划的误读，并由大众传媒的形式结构加以灌输的自我构想。（具有讽刺意味的是，柏拉图认为艺术的问题是它打破了人性的平衡，而当代阿尔都塞-拉康式体系的柏拉图主义者则控诉艺术实际上稳固了主体，尽管是出于邪恶的意识形态目的。）

或许乌托邦主义是作为对柏拉图主义的一个回答而出现的。一旦柏拉图式的偏见得到了传播，就会出现完全与其对立的对手（这种情况在哲学中频繁地出现）。对于所有艺术在道德上都可疑的控诉，乌托邦主义者回答说在某些非常深层的方面，艺术的本性在根本上是有助于解放的。例如，对于赫伯特·马尔库塞来说，艺术总是站在天使那一边，因为由于虚构和再现的本体论，主要的艺术制作实践，艺术品有能力证明世界可以是另外的样子，因此必然会使人们确信它至少有可能改变这个世界——显然是激进实践的前提。

马尔库塞的观点很可能受益于席勒的思想，即审美想象脱离了自然——事实上，在席勒的说明中它通过自由活动而赋予自然以形式——在此意义上，审美想象被认为是道德和政治自律的前提条件。但是，尽管如此，由于艺术品在本体上与纯粹现实的事物截然不同，所以马尔库塞和恩斯特·布洛赫等马克思主义者仍然倾向于认为艺术在本质上是解放的。不妨说，按照这个对比，在涉及艺术时，它始终站在自由一方。实际上萨特认为虚构性散文写作与自由不可分割地联系在一起，他声称无法想象一部好的小说会支持任何形式的强权。

自律论者的立场也经常被认为是对柏拉图主义的回答，这个推测或许是有历史根据的。因为自律论者指出艺术在本质上独立于道德和政治，所以他们继续主张审美价值独立于柏拉图及其追随者所提出的关于结果的考虑。在自律论者看来，艺术具有本质性价值；它不应该从属于隐蔽的、外部的或外在的目的，如产生道德结果或促进道德教育。对于自律论者来说，任何致力于这些隐蔽目的的事物都无法成为严格意义上的艺术。

自律论者也能够用证实性的论据来支持他们的立场。例如，他们指出道德评价无法成为艺术价值的一个适当尺度，因为并不是所有的艺术品都有道德维度。我们可以称之为公分母命题（common-denominator argument),因为它预先假定如果哪一个价值尺度可以用于艺术的话,那末它必定适用于所有艺术。也就是说,艺术价值的任何尺度都必须普遍适用于所有艺术。

并且,自律论者可能挑战艺术是道德教育工具的观念。因为如果道德教育提供了知识,并且这种知识可以浓缩成建议的形式,那末艺术就不能成为道德教育的工具,这出于两方面的考虑:首先,因为许多艺术都没有宣扬甚么主张,这再次提出了“公分母”问题;其次,艺术所要表达的东西可以具有格言的形式——如伊索寓言中的妙语或在《星舰迷航记》(Star,Trek)的结尾部分柯克上校的航行日记——通常这种观念所提供的知识并不比俗套的自明之理高明多少。也就是说,当艺术品或者明确而直率地表达普遍的道德观,或者得到这些道德观的赞同时,那些原理或规则通常如此明显而空洞,以至于它竭尽全力使我们轻信这些道德观是从艺术品中领会到的。相反,似乎事实常常是一个有思想的少年已经掌握它们了。

是的,在《罪与罚》中确实有关于谋杀的争论,但是认为这需要一部像陀思妥耶夫斯基的《罪与罚》那样精巧的小说来传授它是不合理的,并且即使陀思妥耶夫斯基计划用这部小说来达到教育的目的,人们确实从中获知谋杀是错误的了吗?当能够理解这部小说时,谁还需要被传授这样的自明之理呢?事实上,读者已经把握了推动叙事的道德规则或许正是真正理解《罪与罚》的前提条件。

因此艺术似乎既不能传授,也不能像科学命题那样发现任何道德真理。如果一件艺术品自称充当了这样的角色的话,毫无疑问它所传播的真理——被作为命题来理解——也可以通过其他手段来获得,如训诫、哲学短文、问答教学法、父母的建议、平等的聊天等等。换言之,艺术不太可能成为道德教育的手段。甚至当艺术假装要传授某些有趣的道德格言时,它也很难成为传达这些信息的唯一必不可少的工具。

当然,自律论者、乌托邦主义和柏拉图主义的倾向都有很多问题。例如,柏拉图对“认同”的焦虑几乎没有任何理由——对于演员和读者或观众来说都是如此。因为狄德罗在很久以前就指出对于演员来说,没有人会成为俄狄浦斯却还能继续表演下去。如果我像奥赛罗那样妒忌,我必定会忘记自己的职业和舞台调度,同时也忘了自己排演好了的手势和痛苦表情。

观众们通常也不会在认知或感情上把自己等同于剧中人;不仅在戏剧中的大部分情况下我们比俄狄浦斯所知道的更多,而且当俄狄浦斯被罪恶感压垮时,我们并没有这些感受。相反,我们被完全不同的对俄狄浦斯的同情感所压倒。我们并没有俄狄浦斯自责的内在经验,而是从外部的、观察者的角度出发来关心他。

并且,柏拉图关于艺术增加了理性与情感之间的对抗的担心是一种误置,因为没有理由认为情感和理性被固定于不可消除的对立面。理性(即认知)是情感的构成要素而不是一个对立的竞争者。因此,像亚里士多德那样把艺术和具体的戏剧当作通过净化来教育情感(如同情与恐惧)的方法是不可能的——在净化(catharsis)的观念中加入了科林伍德的风格——通过向观众提供,或者更为准确地说,通过向认知提供值得推崇的或极大限度适合特定情感的对象,使我们认识该情感的适当对象的能力和在恰当的环境中经历这感情状态的倾向得到提高。

当然,拉康式的马克思主义者——我们当代的柏拉图主义者——的问题更容易指出。因为他们把大众传媒的结构特征——如电影图像——作为所有邪恶的根源,他们处于尝试着把道德和政治的进步性与《意志的胜利》联系在一起的尴尬境地。

乌托邦主义面临着同样的问题,但是这些问题来自不同的方向。出于艺术特性的某些观念,乌托邦主义者陷入了把《意志的胜利》纳入同样的真正进步性的艺术的困境中,因为他们确信仅仅作为艺术,《意志的胜利》有道德上的积极成分。或者,用更流行的行话来描述这个问题,所有艺术必定有其有助于解放的特殊价值。因此,乌托邦主义者在探讨艺术品时有一个研究方案——即发现有助于解放的特殊价值。这会导致解释中想象力的过度延伸。我曾经听说过这个派别的某位批评家把《教父》中渴望社群生活看成具有特殊的解放价值——毕竟,每个人都想有个家。

乌托邦主义几乎是不可能的。它似乎过于容易和省事,以至于这种艺术的本体论能够保证所有艺术在道德上都是崇高的。事实上,我发现艺术必然与道德进步一致的结论只是一种推论,因为它生来就承认事物可以是另外的样子,所以它似乎能说得通只是因为它的主要前提非常模糊而难以名状。在我看来,艺术证明事物可以不是它现在所是的样子的观念是一个过于模糊、没有详细说明的圈套,艺术的道德谱系附着其上。即使我们接受了这个即便不是含糊其辞,也是相当含混的艺术道德状况的推导,既然在前理论状态,存在无可救药的邪恶的艺术品是相当明显的事,我们就不会因为其结论与现实相符而感到满足。

最后,我主张乌托邦的立场因为过度感情用事而令我感到震惊。从根本上说,乌托邦主义致力于证明艺术总是具有道德上的价值,但是艺术总是应该成为启蒙的力量的想法只不过是一个虚伪的、假装如愿以偿的幻想。(或许一个不那末具有倾向性的表达这个异议的方法是指责乌托邦使艺术成为一个赞扬的范畴而不是一个分类的范畴。)

如果只有柏拉图主义和乌托邦主义的传统妨碍了常识性的发现,即对艺术的道德评价是可变的,那末我们很容易就能对常识加以证实。然而,正如已经强调的那样,关于艺术的道德讨论还有一个更为全面的异议,即自律论者的看法,他们声称不应该存在任何形式的关于艺术的道德评价——事实上,关于艺术的道德讨论本质上是一个范畴错误。当然,这公开反对了针对平常大多数的文学作品、电影和戏剧的各种批判性实践。但是自律论者仍然对他们的理论违反了常规这一事实漠然置之,他们确信艺术在范畴上与道德和政治是分开的。

然而,这一确信的可接受性并非不证自明;并且,艺术,或者至少很多艺术——例如,包括支持宗教、政治和社会运动的艺术——并不会与道德价值的领域分离的事实,以及自律论者并不擅长提出一个令人满意的、清晰的划分艺术与其他事物的界线的原则的事实使自律论成为一个远远不具备不可抵挡的说服力的学说。因为对于很多情况下的艺术而言,艺术与其他种类的实践,包括道德之间被认定的互不相干,似乎是违反直觉的。当人们意识到仅仅为了理解文学艺术作品,他们就必须运用日常语言和文字联想方面的知识,以及人们关于"现实世界"的人性和日常道德推理知识时,自律论者的立场怎样才能具有可信性呢?

然而自律论也有自己的强烈直觉,任何对艺术与道德之间的一般关系展开说明的哲学尝试都必须对这种直觉做出让步。这些直觉如下:

1. 不是所有艺术品都有一个道德维度,因此试图从道德角度来评价所有艺术是难以理解的。

2. 艺术不是道德的工具,因此不应该根据其道德的(又称为行为的)结果来评价它。产生某些道德结果不是艺术的功能,因此根据艺术实际或可能产生的行为来评价它是个错误。艺术并不附属于隐蔽的目的,如道德或政治的目的。

此外,这个被认定的概念上的论点以外,还可以附加一点,即对于消费艺术时所产生的行为结果我们一无所知。例如,为甚么底特律的暴力发生频率很高,多伦多的却很低,而这两个城市的居民收看的是同样暴力的娱乐节目,对于这个事实我们没有精确的、可靠的说明;为甚么日本的暴力犯罪要少于美国,尽管事实上日本的电视节目要比美国的要暴力得多,对于这个事实我们也无法给出一个非常概括的观念。在这一点上,文化差异的观念可能被严肃地提出来,但这并不成其为解释。如果我们想要确定对流行文化千差万别的行为反应的话,这正是需要解释的东西。因此,鉴于这一点,有人可能会指出既然我们并不知道怎样考虑艺术行为结果的道德性,我们应该克制自己不去按照道德方面的思考来评价艺术。

3. 提供道德教育并不是艺术的功能。这不仅仅是上述两点的附属品,它也可以得到这样一个发现的支持,即如果艺术应该提供建议性的道德知识,那末通常可以从艺术品中推导出来的格言就相当不重要了。它们得到非常普遍的认可,以至于设想是艺术家发现它们的或读者、听众、观者在任何严格意义上从艺术品中认识到它们的都毫无意义。

我想就艺术与道德之间一个最重要、最全面的关系来展开一个哲学说明——我的意思是一般性的说明。并且,这个说明有意要与我们对艺术品进行可变的道德评价的实践相一致。我还想解释为甚么我们倾向于根据道德来讨论某些类型的艺术品是自然的、理性的和恰如其分的。但是,与此同时,我将设法以对抗或容纳自律论者的异议的方式展开这个说明。

自律论对于任何带着本质主义的偏见研究艺术特性问题的人来说,都是一个颇具吸引力的学说,也就是说,这些人期待我们称之为艺术的所有东西都有独一无二的共同特征,这种特征只专属于艺术。这正是克莱夫·贝尔采用的策略,他宣布除非我们可以辨别这样一个共同的、独一无二的艺术的特征,否则当我们使用这个概念时就会喋喋不休。

当然,在宣称艺术与人类实践的任何其他领域彻底分离时,自律论者只要通过否定,通过大胆地宣称艺术与任何其他事物无关就可以一下子满足本质主义的追求。艺术是一种独一无二的活动形式,有自己的目标和判断标准。一般根据形式上的成就来调整这些目标和标准。并且,自律论者主张这些标准不包括道德考虑,这个主张可以通过指出道德判断无法成为艺术价值的恰当尺度,因为并非所有艺术品都有一个道德维度而得到支持。我们已经称此为“公分母命题”，它预先假定任何牵涉到艺术的评判尺度都应该适用于所有艺术。但是既然某些种类的艺术品——包括某些弦乐四重奏和/或抽象绘画——可能不具备道德意义，因此可以进一步论证当评价艺术品时提出道德问题丝毫没有意义。简而言之，道德评价无法适合艺术品，因为它不是普遍适用的。

并且，我们不顾某些艺术品的道德局限性，而乐于称它们为优秀艺术品——尽管事实是它们的道德见解可能是不足取的，甚至是有缺陷的——这非常符合自律论者的假设，即艺术与道德无关，并且，对于某些艺术作品而言，道德问题毫无意义。自律论者通过指出艺术是为着自身的目的而具有价值，而不是因为道德的缘故具有价值，并且艺术有独一无二的评判根据来说明这些事实。艺术有自己的目的，因此有自己的评价标准。

但是无论自律论怎样符合我们关于艺术的某些直觉，它还是会与其他的直觉发生冲突。历史地说，艺术似乎很难脱离其他社会活动。许多艺术是宗教性的，许多艺术服务于明确的政治目标。难道关于圣徒令人尊敬的生活的说明、《圣经》中的事件、孔子的像传或对帝国和共和国的胜利的赞美会被认为是完全与社会价值的其他领域相分离吗？这些作品显然是以这样一种方式设计的，即从“杰出的”审美孤立主义的视角来看待它们将使它们几乎难以理解。这些作品产生于社会生活最激烈的部分，这要求我们按照自律论者习惯于称之为非审美兴趣的东西来思考这些作品，并把这些兴趣当成它们的可理解性的条件。因此，尽管本质主义的趣味可能引起了自律论的偏好，但是艺术史及对艺术史的接受使“艺术在范畴上与人类实践的其他领域分离”这个议题在某种程度上令人怀疑。

例如，要理解一部文学作品，一般来说不仅需要人们使用自己从社会活动和评价的各个领域获得的日常语言和文字联想的知识，而且也常常需要观众使用各种各样的日常推理，包括道德推理，这仅仅是为了理解文本。自律论的否定性主张——即艺术脱离社会实践的所有其他领域——如何才能得到支持，以使文学交流具有理智性呢？或者，换言之，许多艺术，包括具体的文学艺术和一般性的叙事艺术都有建议性的内容，这些内容不仅属于艺术作品领域，而且还属于整个世界。面对这样一个无可辩驳的事实，除非使用过分的规定，否则很难轻而易举地相信自律论者的确信，即艺术总是与人类实践的其他维度及其对应的评价形式相脱离。

如果自律论的否定性主张——所有艺术在有关方面都与其他社会实践相分离——似乎是很有争议的，它的肯定性计划则拼命地布阵设防。因为至今还没有人能够给出一条能经得住推敲的关于甚么是独一无二的艺术性的描述。这里，无利害的观念起到了很大的作用，这个观念太复杂，我这里就不再复述了。指出关于审美维度的探讨是长期以来一直流行的，但是这个讨论进行两个世纪依然没有得到确定答案就足够了。也就是说，关于怎样以足够全面的方式为我们所知道的艺术提供一个模式，没有人可以给出一个具有说服力的说明。因此，既然没有哪位自律论者能够成功地正面说出艺术——它的特性、目的和评价的规程——是甚么，这个假设似乎是在装腔作势。它的说服力似乎基于一个约定性的注解，这个注解是在"本质主义的某种先入之见是无法避免的必要条件"这样一个确信的基础上获得的，尽管正如我想证明的，这种先入之见可能至少误解了某些艺术的特性。

自律论依靠一个无懈可击的发现，即艺术似乎首先旨在吸引人。所谓的审美经验是向心的。因此，如果艺术品本质上旨在获取我们对它的专注，那末它就是为着自身的目的而具有价值。艺术为着自身的目的而具有价值的思想相应地必然使人们相信它不是为了其他原因，特别是认知、道德或政治方面的原因而具有价值。然而，这个结论是个不合逻辑的推论。因为，某些艺术可能不仅因为其他原因，而且正是由于其介入观众道德生活的方式，细致地探求其后果的方式而吸引人。也就是说，我们因为艺术博得我们专注的注意力的方式而重视它，这并不排除某些艺术只是因为在认知上和/或——对我们来说——在道德上有趣并吸引人而博得我们的注意力。

自律论者当然正确地指出了在评价所有艺术时都使用道德考虑是不恰当的。这个公分母命题的前提是正确的，至少，某些艺术与道德相距甚远。并且，在此情况下，关于某部艺术品——如艾伯斯的一幅画——的道德讨论可能不仅仅牵强附会，不合时宜，而且在概念上也是混乱的。然而，对某些纯管弦乐或某些抽象画进行道德讨论可能是个错误，这个事实并没有暗示对于《愤怒的葡萄》、《培尔金特》、《红字》、《安娜·卡列尼娜》、《1984》、《战舰波将金号》、《黄牛惨案》、《安提戈涅》、《夜都迷情》、《贝奥武甫》这些作品来说，进行这种讨论是否是恰当的，因为这些艺术品明确地要引起道德反应,并且,这正是它们所属的生活形式的组成部分,观众对它们所作出的道德反应正是基于它们所要提供的认识,以及与之相关的社会实践。这些作品把道德话题作为其吸引读者的一个部分,人们只有故意闭上眼睛才会看不到它们。

公分母命题假定必定有一个适用于所有艺术品的单一评价尺度。然而,是否存在这样一个尺度——如果这个尺度曾经存在过的话,这也是一个产生争议的假设——的问题可以撇开不谈,因为即使它存在,也并不意味着其根本的属性是唯一可以评价的考虑因素,这个考虑因素可以用于任何艺术品。因为,举例来说,除了形式的考虑之外,鉴于某些艺术品的特性,根据其他价值维度来讨论这些作品可能也是恰当的。

我们可以评价驾驶十八轮车和跑车的动力,但是这并不排除对前者推动沉重货物的能力和后者在高速驾驶时急转弯的能力进行进一步评价。当然,这些另外的评价标准是与十八轮车和跑车分别所属的事物类别联系在一起的。与此相类似,相信存在关于所有艺术品的某些普遍的评价标准,即使是合理的,对于某些艺术品来说也不适用,因为鉴于它们所属的种类,形式以外的价值维度的考虑,如道德的考虑,都是超出范围的。

我认为,存在着许多种类的艺术,你也可将它们说成是许多艺术门类,它们自然地引起道德反应。它们促使我们根据道德考虑谈论它们,它们甚至证明了道德评价的恰当性。公分母命题无法从逻辑上排除这种可能性,因为即使存在某些艺术价值的普遍标准。对于不同艺术门类来说也可能存在不同的局部标准。并且,对于这些艺术门类中的某些门类来说,道德考虑是恰当的,即使可能存在其他的门类,对这些门类进行道德考虑相当于一个范畴错误。

某些种类的艺术品的作用在于从道德上影响我们。并且对这些艺术品来说,我们对它们进行伦理上的讨论,并从道德上来评价它们是有意义的。因此,为了改变自律论者的公分母命题,我们只需要调整关于艺术与道德的关系的理论的范围,使其能适用于那些对其进行伦理讨论和道德评价是具有理智性的艺术品上去。因此,我将限制我即将为叙事规定的理论框架的范围,特别是关于人性的叙事(包括拟人化的叙事,如《柳林风》、《夏洛特的网》、《动物庄园》和《鼠》)。这并不是在暗示当道德评价是适当的时,叙事是唯一的艺术门类或范畴——肖像画可能是另一种——

而只是说叙事是一个鲜明的例子。也就是说,《童年无悔》、《杀死一只知更鸟》、《名利场》、《天路历程》、《心爱的人》、《小酒店》、《萌芽》以及《第 22 条军规》等叙事是显而易见的、几乎无可置疑的道德上有意义的艺术的例子,它为解除自律论的困境提供了一个有益的起点。

我们并不能认为公分母命题说明从道德上评价艺术品从来都是不恰当的,而只是至多说明了这样做并不总是恰当的。这承认了有时用道德来评价艺术可能是理智的,同时我主张叙述人类事件的艺术品通常是那些用伦理术语来谈论它、从道德上来评价它是有意义的那类事物。而且,这是有深刻原因的。

众所周知,叙事会产生各种各样的假设,而读者、观者和听众的任务是填充这些假设。叙事的特性是本质上的不完整。每一条叙事都会产生数量不确定的假设,不妨说,观众们必须把这些假设放到文本中。所有作者都必须依赖观众关于某些没有得到明确表述的事物的知识,作者总是会在写作时期待观众能正确地填充没有说的话。莎士比亚假设观众不会设想朱丽叶身体中填了木屑,大卫·马米特在写《奥利亚那》时假定观众将设想他的剧中人物与他们有着同样的信念、欲望和情感,并设想这些剧中人并不是拥有前所未闻的心理怪癖的低能者。当一位作者写作一部关于 18 世纪的小说时,在写到从一个国家旅行到另一个国家的人时,她料想除非她对之进行描写,否则我们无法想象这些人能走那末远。没有哪位艺术家可以表达或描述所有要表达的事,或者详尽无遗地描述她正在讲述的虚构事件。她依赖观众大量的填充,并且这种填充是接受和理解一条叙事的不可缺少的部分。

并且,作者依赖观众来提供的细节各不相同,它们的范围从关于人物传记的事实跨越到地理、历史、政治、宗教等事实。在许多情况下,作者依赖于我们对人的心理的接受或确信,这样她的叙事才能够容易理解。例如,在《欧也妮·葛朗台》中,巴尔扎克假定读者对于人的心理有足够的理解,从而能够看出欧也妮的表兄对她的辜负将会使她陷入痛苦的深渊,而这种痛苦会使她变成其父的翻版。同样,在《会饮篇》中,柏拉图假设读者对调情的了解足以使他们最大限度地理解阿伽通的三角恋,以欣赏苏格拉底和阿尔基弼亚德的巧妙策略。而在《最蓝的眼睛》中,托尼·莫里森依赖于读者对人类心理的理解,因为只有这样他们才会明白佩柯拉的困境来自她向白人雇主证明了姨妈取代了她生母的关心,因为这样的话,白人家庭就可以为她提供物质条件,让她能够骄傲地管理家庭的动产。

但是观众填充叙事的活动并不仅仅与认识到文本关于其虚构世界的概况,以及存在于这个世界中的人物的特性和心理所暗示、暗含或假设的东西有关。恰当地理解文本还需要刺激文本所需要的情感。恰当地理解特罗洛普的《沃特尔博士的学校》需要对罗伯特·特勒弗罗伊感到厌恶,而并不讨厌《大卫·科波菲尔》中的尤赖亚·希普的人就无法理解狄更斯想要表达的意义。除非人们钦佩罗伯特·乔丹的克制力,否则他们就无法理解海明威的《战地钟声》,正如要"理解"《米德尔马奇》,读者必须最终发现卡克本的卑鄙一样。同样,在我看来,"理解"《美狄亚》必须发现她的行为最终是令人震惊的,而任何对"喜福会"成员的经验无动于衷的人将无法理解那部同名的小说。

叙事天生就是有选择的,因此在特定的列举意义上它是不完整的。正是出于这个原因,成功的作者要求观众除了其他事物以外,还能够阐明文本中不明确的东西。这进一步要求在很大程度上,作者与观众对于世界和人的天性,以及相对普通的情感生活需要有共同的信念背景。也就是说,作者一般来说并不仅仅拥有与观众相同的认知储备,而且还拥有相同的情感储备。作者是带着一种固有的、有用的假设——即关于预期中的读者将会对文本使用的知识以及读者对人物的感受的知识的假设——来设计他的作品的。因为除非读者以某些方式去感受人物,否则他们很难理解这些叙事。

当然,观众恰当地理解一部叙事性虚构作品所必备的知识储备不仅包括地理和人性的知识,而且还包括道德知识。并且观众对叙事产生的情感并不仅仅充满了道德观念,比如愤怒——"受到不公平的待遇"是感受它的概念上的标准——而且这种情感自身常常是道德情感,如对不道德的野蛮行为的轻视和对不公平产生的愤慨几乎渗透了整部《汤姆叔叔的小屋》。

例如,如果人们并没有感到纳粹在道德上的可恶,电影《辛德勒名单》就无法激起他们对辛德勒的钦佩。而《后街》这类情节剧通常会唤起一种混合着对主角的钦佩——常常作为意识到他们自我牺牲的行为中所包含的高尚结果——和对他们所遭遇的灾难的同情的情感反应。当观众误解了有关人物的道德立场时,就不会有"戏剧性"的反应——正如亚里士多德所说的,不会有悲剧反应。并且,如果不依赖于对读者的道德力量的刺激,叙事也不太可能会成功地宣扬其主旨。最后,在一般情况下,作者当然可能依赖于有共同的相关认知和情感储备的观众,因为观众和作者已经有了一个大致相同的文化。

在《致达朗贝尔论戏剧的信》中,让·雅克·卢梭指出戏剧无法从道德上改变或变革一个社会,卢梭相信这一点。他指出一位作者要获得成功,就必须在其时代的道德框架之内写作。正如卢梭所说:"敢于挑战普遍趣味的作者,很快就不会有人读他的作品了。"也就是说,有一种"市场压力",它使作者们倾向于以某种方式来设计他们的作品。即他们依赖于其叙事与读者、观者和听众的大致相同的认知、情感和道德储备之间的契合,这些读者、观者和听众构成了作品的观众。如果不存在这种共同背景,就不会有交流,因为不可能有理解。

叙事是为了得到预期观众的理解而创作的,为了恰当地理解一条叙事,观众必须在填充故事的过程中运用其道德和其他方面的知识和情感。这意味着为了恰当地理解一条叙事,我们必须使用许多同样的信念和情感,这些信念和情感源于我们的共同文化,我们用它们来处理日常与人有关的事件,从而对故事进行填充,并了解故事的要点。在这个意义上,叙事并没有教会我们甚么新的东西,相反,它只是激发了我们已经拥有的道德和其他方面的知识和情感。

也就是说,成功的叙事为使用我们已经拥有的知识、概念和情感提供机会,在某种意义上,这些知识、概念和情感是习得的。对叙事进行填充就是运用或使用认知、情感和道德的所有成分,并且在很大程度上,这些成分是我们可以支配的。换言之,叙事为我们提供了使用道德力量的机会,因为理解叙事的过程本身在很大程度上通常是对我们的道德力量的使用。

因为成功的叙事无法避免地与它们所提供的使用我们道德力量的机会联系在一起,所以当我们讨论故事时,经常从伦理方面对它们进行关注是非常自然的。叙事必然依赖于对我们的道德信念、概念和感受的激发,在此范围内,我们想与其他读者讨论、分享和比较我们对人物、情境和整部文本的反应是毫不奇怪的,这些人物、情境和文本是作者带着引起道德反应的明确意图呈现给我们的。也就是说,对于我们来说,根据伦理来思考并讨论叙事是自然的,因为叙事的性质就是唤起、鼓动并鼓励我们认识和判断的道德力量。

如果这个说明是正确的，另外，如果我们设想学习就是获得迄今为止不为人所知的有趣命题或新创造的道德情感，那末，正如自律论者所指出的，在通常情况下，对于大多数的叙事性艺术品来说都不存在学习，因为作为其理智性的条件，那些艺术品事先依赖于我们拥有不同的道德知觉对象的相关知识以及邪恶和善行的概念等等。叙事并不赋予我们新的情感，因而也不向我们传授新的情感；相反，它们通常使用我们已经拥有的情感。因此自律论者对于“艺术与情感的关系并不能成为一种道德教育”这个假设所持的立场似乎是具有说服力的。

但是在自律论者的讨论中，“学习”这个词的实际意义确乎限制性过强了。因为自律论者忽视了另外一种学习的意义——道德与其他方面的——这种意义适用于叙事性艺术品所支持的那类活动。这个意义是：在使用我们已经知道和我们已经能感觉到的东西时，叙事性艺术品可以为深化对我们所知道的和我们感觉到的东西的理解提供机会。尤其是，对于我们来说，叙事可以为深刻把握我们已经掌握的道德知识和情感提供一个机会。

这种关于艺术，特别是叙事艺术与道德之间关系的观念可以被称为相互影响观(transactional view)(因为它强调叙事性艺术品与道德理解之间的相互影响)，或者可以像我那样称它为澄清观(clarificationist view)，以称颂在叙事性艺术品和道德理解之间最珍贵的相互影响。澄清论并不认为在通常情况下我们从艺术品中获得有趣的、新的建设性的知识，而是认为艺术品可以通过鼓励我们在特殊情况下使用自己的道德知识和情感来深化我们的道德理解。因为在受到推动去运用和使用我们业已存在的道德力量时，我们可以增强这些力量。

在进行某一条叙事的过程中，我们可能需要重新组织我们道德范畴和前提的等级秩序，或者按照新的范例和疑难情况来重新理解这些范畴和前提，或者对几乎无法得到公认的现象——当一位女权主义作者能够向我们证明我们以前习以为常的文化是不公平的时，我们可能被促使去做的事——进行重新分类。因此，在《在沙盒上》中，安妮·理查森·罗伊夫把一个主妇的冒险幻想与日常的家庭琐事放在一起，并突出与其丈夫的生活比较起来，琐屑生活的不平等。

《日光下的葡萄干》这部戏以这样一种方式来指向白人观众，使他们鲜明地认识到非洲裔美国人是与其他人一样的人，因此，应该给予他们平等的待遇，而观众们已经把这种认识作为一种道德原则来认可。这部戏通过证明主要人物的梦想和家庭关系与其他人没有甚么区别，因此促使观众们把平等对待非洲裔美国人纳入他们已经相信的道德规则之下。这相应地鼓励白人观众作出这样的道德判断，即未来的白人邻居在看到黑人家庭在他们附近买房子时所作出的反应是错误的。

在这种情况下，正如在其他情况下一样，把白人观众的情况描述为发现他们已经知道的事似乎是准确的；也就是说，观众们把以前没有联系的信念碎片一起放到了一个新的完形之中，从而改变他们的道德观念。这里主要不是白人观众获得了新的道德知识，而是他们被推动去在他们已经拥有的信念之间制造联系。

戏剧所呈现的人物和情境为改造或重新组织白人观众已经掌握的道德信念提供了机会。它的信念体系经历了澄清。它对已经了解的东西的把握和理解——我主张——以一种学习的方式而得到深化，尽管这可能并不是主要地学习一个有趣的新命题，因为在某种意义上，白人观众已经知道非洲裔美国人是人，以及人应该受到平等的待遇。他们甚至可能详细列举相关的推论，但是这并不能击中要害。这部戏的成功之处在于创造了一种情境。它鼓励观众在迄今为止可能是彼此孤立的信念之间制造显著的联系。我们被赋予一个对已经了解的东西进行深化的把握和理解的机会，这个机会也可视为一种学习。尽管并不必然是学习有趣的、不平凡的、新颖的命题。更恰当地说，它更是对以前拥有的知识之间的联系所具有的意义的一种把握。

我这里想在知识和理解之间进行一次对比，理解意在突出我们操纵自己所知道的东西，并带着一种理解感来运用它的能力——不是简单地接近抽象的命题和概念，而是理智而恰当地使用它们。理解是看到我们的信念之间的联系，并对之作出响应的能力。一个有理解力的人有能力在她自己的认知储备的精神构成中找到出路。理解是将我们已经了解的事物联系起来的能力，我们通过理解而渐渐熟悉起初令人困惑的概念和原理。理解是提炼我们已经了解的东西、认识到我们的知识储备各部分之间的联系、通过一个实践和判断的过程来澄清我们已经了解的东西的活动。

我们可能拥有抽象的原理，如“所有人都应该获得应有的权益”和抽象的概念，如“德行是推动人类繁荣的事物”，却无法把这些抽象的概念与具体的情境联系在一起。因为这不仅需要了解这些抽象原理和概念,而且还需要理解它们。并且,叙事性艺术品所促进的正是这种理解——特别是道德理解。因为我们已经看到,叙事涉及道德判断的使用,并且正是通过运用判断,我们才开始理解道德的抽象原理和概念。

因为理解通常是正确地划分事物的一种功能,所以虚构性叙事作品常常向我们提供一些机会,让我们得以权衡怎样对行为和人物特性进行归类,因此它们可以提高我们划分人类环境的能力——通过把抽象的概念与知觉对象联系起来,使我们更敏感地把它们应用于现实世界。正如我已经提出的,在我看来许多女权主义小说家的作品已经使人们把许多日常活动重新划分到不公平这一范畴之下。

并且,情感包括概念的成分(根据可以成为情感状态对象的事物的形式标准),在这个意义上,讨论我们的情感理解的深化是与此相一致的。这把叙事当成一个澄清我们情感的机会,或者如亚里士多德可能提出的,学习以适当的强度把正确的情感应用到恰如其分的对象上去的机会。

很明显,对于澄清论者来说,介入或理解一部叙事性艺术品可能同时是一个深化人们自身的道德理解的过程。认识到简·奥斯汀的经典著作中,爱玛对哈丽雅特的"劝导"中存在着深刻的错误,对于恰当地理解这部小说来说,这不仅是一个必要的认识;而且它还通过一针见血地向我们描绘人与人之间的操纵来深化我们的道德理解,这种操纵尽管是善意的,但最终是自欺欺人的,同时也是邪恶的。并且,在我们得出爱玛干涉哈丽雅特的生活是错误的这个见解之前,我们必须抵制爱玛富有诱惑力的道德品质的吸引,这个事实使阅读小说《爱玛》更好地服务于我们对自己的道德理解的拓展,尽管它并没有拓展我们的知识(在我们已经知道"仅仅把人当作一种手段是不道德的"这个抽象格言的范围内)。

在澄清论者看来,将通过对某人的道德理解的增加或扩充来学习一部叙事性作品描述为专心于故事的结果是不恰当的。理解作品,增加人们的道德理解并从叙事中学习一些东西是同一个过程的不可缺少的重要组成部分,可以称这个过程为领会或理解叙事的过程。当阅读一部小说或观看一部戏剧时,我们的道德理解就已经开始了。例如,阅读叙事性文学作品通常使我们进入一个连续的道德判断过程,这种连续进行道德判断的活动自身就可以充我们的道德理解,在此意义上,阅读小说自身通常是一种道德活动。当阅读一部小说时,我们的道德判断和理解能力已经被放到戏剧中去，并且我们后面将会看到，我们对一部叙事性艺术品的道德评价可能依赖于道德活动或道德经验的性质，而不是依赖于对阅读、倾听或观看这部虚构作品可能产生的行为结果的思索，在此意义上，我们已经在介入一种道德活动。

并且，在谈论我们的道德力量的扩充或增加时，我的讨论并不是隐喻性的，因为我所想到的理解的过程与在我们已经知道或相信的事物之间制造更多的联系有关，而我想通过训练我们的道德理解这个观念来表示成功的叙事性艺术品——作为理智性的条件——迫使我们作出道德判断。

为了避免晦涩，提供一些证据来说明叙事性艺术品提高理解力的方式对于我来说是有益的。正如菲利普·锡德尼和伊曼努尔·康德先生所指出的，我们常常拥有概括性的命题，它们非常抽象，我们可能无法把它们与具体的情境联系起来。也就是说，它们过于抽象，以至于我们不知道该如何使用它们。但是叙事性艺术品可以为我们提供生动的例子，使我们知道该如何把抽象的概念应用于具体的事物。例如，《李尔王》提供了令人印象深刻的例子，使人们理解了“分裂的家庭无法持久”这个概括性的命题；布莱希特的《三分钱歌剧》例证了道德生活的质量由于贫困而变得粗俗不堪的原则；《一报还一报》证明了权力是如何腐化的；20 世纪早期的电影系列剧《尤地克斯》(Judex)把“不要做判断，以免你被别人判断”这句格言写进戏剧；而《俄狄浦斯王》则为古希腊人提供了一句箴言，它与“人们直到死才会快乐”这句警句是一致的。

当然，对道德理解例子之重要性的这种认识也在中世纪神学家关于使用寓言的建议中得到了承认，这种建议可以追溯到亚里士多德在《修辞学》中关于例证的讨论。许多现代道德理论都非常强调道德思考中的规则，但是，这忽略了这样一个问题：我们的道德规则和概念过于空洞，无法确定属于它们的具体情境。这需要道德判断，而道德判断的能力正是通过我们与叙事性艺术品的接触而在观念上得到训练和提高的。也就是说，叙事性艺术为我们提供了用来抽象的道德命题的内容。这里，我并不是有意地贬低规则在道德思考中的作用，而仅仅想指出规则必须与判断的能力相协调，这种能力可以通过与叙事性艺术品的接触来提高只是因为叙事性艺术品通常要求道德判断具有理智性。

例如，玛丽·雪莱的《弗兰肯斯坦》例证了邪恶来自教育，而不是天性的观点——来自周围环境和社会条件,或者是周围环境和社会条件的缺乏——因此,必须按照这个原则来归咎责任。并且,正如这个例子所表明的,我们不必将叙事性艺术品提高道德理解的方式看作是虚构作品为读者提供了样板,使读者把这些样板与现实一一对应起来。因为显然,《弗兰肯斯坦》中所描述的情况不会在现实中出现。相反,在理解这个故事及其人物,尤其理解怪物及其对正义的要求的过程中,道德理解可以得到提炼和深化。我们并没有把现实生活与《弗兰肯斯坦》的故事一一对应起来,而只是在读完这部小说以后,我们的道德理解力可能会更加完备,这样我们就可以辨别与《弗兰肯斯坦》中所描述的情况完全不同的不公正情况。因此,我们明白了作者为甚么不需要描写,并且常常不描写典型情况,而是偏好不同寻常的情况(想一想《卡拉马佐夫兄弟》),以拓展我们的道德力量。

另外,正如叙事性艺术品使我们能够澄清我们对抽象原理的道德理解一样,它们也能扩大我们识别抽象的善行和恶行的能力。在《傲慢与偏见》中,简·奥斯汀向读者展现了一系列不同类型、不同程度的傲慢,以使读者鉴别哪种类型的傲慢——如吉尔伯特·赖尔所说——最适合正确的思考和正确的行动,而在《理智与情感》中,她通过埃莉诺和玛丽安娜·达什伍德这两个人物对比了这些特性,使读者在道德上支持前者的德行。与此相类似,许多西方小说和电影,如《沙恩》都是关于克制、关于其适当的范围和限制的,正如个案研究所例示的那样。

莫里哀的喜剧《吝啬鬼》和埃里克·冯·施特罗海姆的电影《贪婪》都是对题目中的邪恶天性进行描绘的明显例子。而契诃夫的《樱桃园》则对洛普欣和拉涅夫斯卡娅太太两个人,在世俗的精明与轻率之间进行了鲜明的对比——这个对比展现了樱桃园的失去是由于拉涅夫斯卡娅太太对现实生活的疏忽,因而使她的家庭支离破碎。

在特罗洛普的《巴切斯特塔楼》中,斯洛普先生成为操纵别人的范例,而在狄更斯的《荒凉山庄》中,读者明白了斯金波先生的魅力和轻薄是冷漠的自我主义的一种表现,因而从中领教了——用时髦的话说——一种被动侵略性的个性。《荒凉山庄》和《巴切斯特塔楼》起初是以连载的形式发表的,这当然能鼓励读者们把他们对连载的各部分不断发展变化的人物和情境作出的道德判断进行比较,这很像当代肥皂剧为观者们提供的共同的谈资,这种谈资自身的有益功能是使讨论者澄清他们对抽象的道德原则和概念的理解，并借助与他人的对话和比较，通过感受来使用它们。

叙事使观众进入了道德推理和思考的过程。正如在《相约圣路易》中的那位父亲想移居纽约时，观众也斟酌这种迁移对他家庭造成的情感损失，这种损失与未来和进步的抽象要求背道而驰。当然，有些叙事向读者呈现了似乎无法完满解决的道德问题，如在《弗洛斯河上的磨坊》中玛吉·吐立弗的风流韵事。这似乎是通过把它的思想资源概括为为了想象一种有生活价值的行动过程而奋斗，从而丰富了道德理解力。

正如马莎·努斯鲍姆所指出的，叙事不仅可以作为道德反省和道德思考的模式，它们还可以为道德理解提供机会。当然，努斯鲍姆相信在对文学作品的道德理解中，道德原则和抽象的道德概念几乎没有合法位置，她强调知觉是道德反省的典型模式。然而，尽管我并不想排除努斯鲍姆所规定的那种道德知觉的情况，但是我感到没有必要否认存在着道德理解通过具体的叙事来逐渐意识到抽象概念的情况。为甚么不能让两种情况并存呢——只要我们承认理解叙事性艺术品时所涉及的思考过程同时也是道德理解的过程，至少在大多数恰当的情况下，它会改造和澄清我们的道德信念和道德情感。

人们会想到卢梭声称戏剧无法改变它的观众，因为公共的艺术形式，如戏剧，为了存在下去，就必须使自己植根于观众已经信奉的信念和道德倾向，以免这些作品因为无法理解而被丢弃一旁。在通常情况下，卢梭当然是正确的，因为艺术品要存在下去就必须与它们的观众有共同的信念和感受的背景；但是从中推断出艺术无法改变，至少是不能逐渐改变它的观众时，就言过其实了。因为道德的改变是对人们已经相信和感受到的东西进行重新组合、重新聚焦或“再完形化”。

例如，通过注意并强调男性同性恋者和女性同性恋者是具有完整的人性的人，人们常常可以使异性恋者确信同性恋者完全应得到那些异性恋者相信应该属于所有人的权利。当然，这类的完形常常会促使道德理解的精练，它很容易在叙事的把握之中，正如具有时代性的小说和电影，如《君子协定》、《杀死一只知更鸟》和《费城故事》等证明的那样。

毫无疑问，这些具体的例子有时会因为把受害者表现得过于纯洁、圣洁或者过于不切实际而受到批评，因为从长远看，这样的表现会在某种程度上使人产生误解。但是我认为，从短期看，为了达到预期效果，这些选择当然是手段高明、无可非议的。这里的任务是促使观众对犹太人、黑人和同性恋者进行重新思考。人们可以渐渐地受到叙事的启发,这些叙事对观众以前伦理信念和情感的框架进行重组,在这个范围内,卢梭是错误的。因为道德的变革可以通过深化我们已经相信和感受到的道德理解来获得。

通过集中于叙事的特性,并通过注意到叙事要求观众借助他们的信念和情感对故事进行填充的方式——无可避免地包括道德方面的信念和情感——我认为我已经说明了为甚么对于我们来说根据伦理方面的考虑来讨论叙事性艺术品是自然的。因为,简单地说,我们的许多与叙事有关的阅读活动都使用了我们的道德理解。鉴于故事所属的典型产物类型,借助道德意义来讨论叙事性艺术品既不是智力上的失误也不属于趣味方面的失误。因为鉴于叙事的特性,阅读活动在很大程度上就是使用我们的道德理解力。由于叙事性艺术品的特性和它们想要引起的反应——如道德判断,根据道德性来思考和讨论叙事性艺术品是恰如其分的,而这些反应正是鉴于艺术品所属的那类事物,它们成为具有理智性的艺术品的条件。如果人们不对这些叙事产生道德上的反应,这才是智力和趣味的失败。

并且,如果迄今为止我的论证令人信服的话,那末或许澄清论者关于道德与(叙事性)艺术之间关系的描述也能够为我们对人物和整个叙事的道德评价提供特定的基础。显然,对叙事性艺术品的道德判断和理解至少在一个方面不同于日常生活中尝试进行的判断和理解,因为我们对叙事性艺术品产生的道德经验是受故事的作者引导的。从叙事中可以获得某个层面的道德经验,而这种经验依赖于作者想向我们提供的引导。我主张我们对叙事的道德判断可以建立在作者的引导所计划引起和支持的道德经验性质的基础之上。

某些叙事可以高度地扩展或深化我们的道德理解。并且,所有事物都同样,这将培养我们对作品的道德评价,这种评价可能相应地对我们关于作品的艺术评价产生影响,影响我们的道德理解的叙事性艺术品将因为这一点而更加吸引人。正如我已经提出的,《爱玛》是这种类型的一个例子。另一方面,误导或混淆了道德理解的叙事应该受到批评——如迈克尔·克赖顿的缺乏道德意义的小说《揭发》,它自称通过一个案例探究了性骚扰问题,但是这个案例实际上更多地与令人毛骨悚然的掩饰手段有关，而不是与性政治有关，这里的问题在于小说在本质上是离题的，并且，在此方面，它使我们的道德理解错误地集中于掩饰手段上，或者从性骚扰问题上转移开。同样地，通过把道德原则、概念和情感与可疑的细节联系到一起而歪曲并混淆了道德理解的那些叙事——正如在政治宣传中经常发生的那样——在澄清论的模式中情况也很糟糕，因为它们模糊了而不是澄清了这些道德原则、概念和情感。

例如，电影《天生杀人狂》把自己宣扬为对暴力的沉思，但是它既没有提供关于系列谋杀的可靠情感立场，也没有像它所许诺的那样对系列谋杀与媒体的关系发表看法，因为它没有说明媒体怎样影响了人物的心理发展。事实上，它的标题——“天生杀人狂”——似乎与媒体生产了谋杀者的假设不一致。影片中提到媒体，似乎把我们的注意力从道德问题上转移开，并且使我们对这个问题的道德把握产生了困惑，甚至产生了误会，它们与整部电影都应该受到道德上的谴责。

在本文中，我始终强调在叙事中引起观众对它们所呈现的情境的情感反应的重要性。因为这一点，当叙事与道德有关时，可以根据这些叙事是否有助于情感上的理解，或者它们是否使情感理解出现了混乱来对叙事进行道德方面的评价。例如，在许多关于精神病杀人者的虚构作品，如《沉默的羔羊》中，谋杀者被表现为男性同性恋者。同性恋是他们变态的一部分，并且观众受到鼓励去认为这些杀人者是恐怖的。同性恋因此被表现为不正常的。同性恋与变态相互叠合，这样就把同性恋变成了恐怖情感的适当对象。

这把同性恋与道德上不适当的情感错误地搭配在一起，它把同性恋与引起恐惧和厌恶的情感反应的怪物——如外星人——混为一谈。但是通过使人们对同性恋产生适于对怪物产生的情感反应，而使他们对同性恋者产生厌恶，这在道德上是应该受到谴责的，因为它误导了我们的感受。它通过鼓励我们在同性恋和恐怖之间伪造一种情感联系而在道德上将二者混为一谈。

我们对一部叙事性艺术作品产生的道德经验的性质有多种多样的变化方式，它们或积极或消极。许多不同事物的正误是根据一部叙事性艺术作品怎样影响或阻碍我们的道德理解的方式来判断的。因此，不太可能只存在一种划分或排列我们对叙事的所有道德经验的性质的标准。由于我们没有法则，所以我们就必须针对具体情况进行道德判断，至多会借用一些粗略的单凭经验的方法,如在上述例子中有效的那些方法。

例如,在影片《辛德勒名单》中,辛德勒离开工厂的那一场戏,导演斯蒂芬·斯皮尔伯格通过迫使我们对辛德勒产生道德上的钦佩而人为地推动了我们的情感,而这种钦佩是人物已经使我们产生的。当辛德勒对他的纳粹领针发牢骚时,我们被迫默想:“没关系,奥斯卡,你是个英雄,这枚领针可以帮你蒙混那些德国军官。”我认为,这里,我们的道德情感被过分地影响了。但是,当然,这个缺陷不同于同性恋连环杀手的情况,并且也不像后者那样有争议。在那种情况中,情感由于错误的原因而与道德上不相称的对象联系在一起。至少,辛德勒似乎是情感的正确对象。

对于澄清论者来说,关于叙事性艺术品的道德评价可以基于叙事性对象在道德方面对我们产生的影响的性质和我们对叙事性对象的经验的性质。这种影响可能是积极的,它使我们的道德理解和/或情感得到了深化和澄清;也可能是消极的,它使我们的道德理解受到了误导、混淆、反常等等。并且,推动道德理解和道德感受的方式可以有很多种。例如,一部小说可以推翻自鸣得意的观点,并推动能扩充我们的道德理解的重组,这样一种扩充可以成为此部作品制作精良的特征。当然,许多叙事性艺术品,或许是大部分叙事性的艺术品都不需要挑战、扩展或降低我们的道德理解和道德情感就能影响这些理解和情感。这样的叙事性艺术品可能理应从道德观出发得到积极的评判,因为它们确实训练了我们的道德理解和道德情感,但是或许最好认为它们在道德上是善的,却没有引起变化。

把我们对叙事性艺术品的道德评判建立在我们在道德上受到该艺术品的影响的性质的基础上,这与把我们的道德评判建立在阅读、聆听和观看这些叙事作品的可能行为结果之上的尝试形成对比,这样做的长处在于我们几乎不知道或完全不知道怎样可靠地确定这些活动在现实世界中会产生的结果。而如果我们无法准确地预测结果的话,这里似乎就不存在令人满意的方法了。但是,另一方面,如果把我们自己当成探测器的话,我们就可以合理地推测那些与我们具有同样文化背景的人会怎样理解特定的人物和情境,以及怎样被它们感动。也就是说,很难想象共享西方文化的人会认为伊阿古是高尚的,或把达思·韦德当作慷慨的。

因此,澄清论者可以以这些评判似乎建立在没有得到证明的关于消费艺术品的行为结果的假定之上为理由来反驳那些怀疑关于艺术的道德评判的人。因为澄清论者主张这里的道德评判针对消费叙事性艺术的过程本身，而不是针对这个过程的假定的行为结果。这并不是否认叙事性艺术品与我们的道德理解互动的方式可能会反过来对行为产生影响。如果(但这个如果的可能性很小)可以证明某些叙事性艺术品有计划地引起一般的读者、听众和观者的有害行为，我并不排除这些艺术品受到审查的可能性。更恰当地说，澄清论者仅仅主张当缺乏未得到确证的关于消费性叙事对行为产生的冲击的理论时，对叙事性艺术品的道德评判仍然是可能的，并且它始终是可能的。

此外，我所提出的叙事与道德理解之间的关系必须与弗兰克·帕尔默所提出的相关观点区别开来。帕尔默沿袭罗杰·斯克鲁顿的观点，主张在调动我已讨论过的那类道德理解的过程中，文学作品激发并加强了道德想象的能力，即了解如果成为(例如)麦克白将会是怎样的能力，这种对想象力的训练就是这样与实际的知识联系在一起了。也就是说，对于帕尔默来说，以这种方式得到扩充的道德理解对于决定做甚么起作用。知道如果是麦克白的话将会怎样——将会感觉怎样——应该与我们关于麦克白会做的那类事物的思考有关。事实上，一般说来，知道做 X 将会感觉怎样是人们应该在做 X 之前就考虑的事。例如，作为这样一种对想象力进行训练的结果，如果人们认为做 X 将会带来难以忍受的挫折，那末这就应该是他没有做 X 的一个原因。

但是我对这个理论与消费叙事性虚构作品的行为结果的联系持怀疑态度，因为我认为对于大多数的叙事而言，观众的角色更多的是发现者，并且叙事对道德理解的影响主要与第三方的评判有关，而不是与对行动的考虑有关。在我看来，帕尔默的理论回到了认同的观念。这并不是说从文学作品中获得的道德理解不会对行动产生影响，而只是说当存在这样的联系时，它并不像帕尔默所相信的那样可靠。

并且，我认为想象成为一个人物将会感觉怎样并不是经验虚构作品时的准则。我们更经常处于人物感觉的旁观者或观察者的立场上。因此，帕尔默的理论并没有为道德理解与叙事性艺术品之间的关系提供全面的图景。它至多只是探索了一种特殊情况。

澄清论者不仅可以反驳这样的异议，即我们无法对艺术进行道德评判。因为我们缺乏评价艺术的行为结果的必要手段；他们还说明艺术怎样与教育产生关联，即使它所采用的行为准则和概念常常是众所周知的。因为叙事性艺术通常可以通过使用我们已经相信和感觉到的东西，通过动员它、训练它,有时重新改变它,有时增强它,来教育道德理解和道德情感,而不是主要通过把我们引向有趣的、不平凡的、新的道德主张和概念来教育道德理解和道德情感。

既然我已经设法把关于叙事性艺术品的道德评判建立在所谓广义的学习模式之上,看来我已经进入自律论者的主张的中心,即艺术品无法成为道德教育的工具,不能把推动道德教育作为它们的功能。然而,尽管我认为我已证明道德学习怎样在与叙事性艺术品交流的过程中产生,我并没有提出将叙事性艺术降格为道德教育的工具。因为尽管这里可能会存在学习是因为叙事性艺术品所属的作品种类,但这种学习不必是叙事性艺术品的目标,而是作者可能没有自觉地注意到的一种伴随物。如果叙事性艺术品的目的是吸引观众,使我们沉迷于故事之中、使我们产生兴趣并刺激我们的想象力,那末显然通过影响道德判断和道德情感,通过次要的刺激以及某些时候对观众的道德理解的深化,故事就可能达到主要目标或目的。

提供道德教育并不是叙事性艺术品的功能。通常情况下,叙事性艺术品的目的是吸引读者、观众或听众。然而,叙事常常可能把道德学习强加给观众,同时通过赢得我们的道德理解和道德情感来追求其锁定观众的注意力并使观众关心接下来发生的事物的目标。也就是说,作者所明确寻求的是影响观众,而影响观众的道德理解可能是达到这个目标的一种手段。

自律论者在否认叙事性艺术必然服务于道德教育这样的隐蔽目的时是正确的。然而,这并不排除存在对叙事性艺术品的道德学习。因为在那些我相信是非常普通的情况下,道德学习以一种寻常的方式出现了,它更像是附带结果或一种常常出现的边缘反应,因为作者通过强调、使用,有时深化我们的道德理解和道德情感来努力地使读者沉迷到叙事中去。这并不一定是作者的首要意图。但是在关于人类事件的叙事中,它经常发生,在这些叙事中,正是我们对作品的道德兴趣和我们对作品作出反应的道德活动使我们保持着对对象的兴趣。

总之,我已设法说明为甚么当我们讨论叙事性艺术品时,我们自然地倾向于注意道德,我也已不顾自律论者的反对,尝试着将关于叙事性艺术品的不同的道德评判建立在我们对作品的经验的基础上。我自始至终都关注道德与叙事性艺术品之间的一个非常重要的关系,特别是关注叙事性艺术品无可避免地影响、训练，有时是澄清并深化道德理解和道德情感的方式。实际上，我主张这是我们可以发现的在艺术，或至少是叙事性艺术，与道德之间最全面或最普遍的关系。

毫无疑问，艺术和道德之间还可能存在其他关系。某些叙事如罗马将军雷古卢斯的故事是为了使诸如诚实这样的德行越来越具有吸引力而创作的（以一种可能适合柏拉图关于对年轻人的道德教育的建议的方式），而其他叙事，如《哈梅林穿花衣的风笛手》都意在使诸如不诚实这样的恶行显得非常愚蠢。然而，这样公开的道德启蒙主义并不是大多数叙事性作品的特征，而只是某些数量有限的为儿童而写的篇章的特征。

同样地，某些叙事作品致力于通过使我们中的某些人从异质的或不同的观点出发来看待事物而扩展道德上的同情。例如，在《心爱的人》中，托尼·莫里森使我们理解为甚么一位身为奴隶的母亲宁愿杀了她的孩子，也不愿意这个孩子在奴役中长大。但是，尽管这是叙事吸引其观众的一种无法拒绝的方式，它也不是在所有的，甚至大多数的人类事件的叙事中都有效的现象，因为并非所有叙事通常都在值得重视的程度上拥有不同于其观众的观点。

因此，我已强调指出，一般说来，由于叙事性艺术品的特性，它们不可避免地要将道德理解与自身连在一起，并实际上将之当作自身被理解的一个条件。我已经考察了这一批评的线索，因为在我看来它停留在道德与叙事性艺术的关系的最为普遍的那个层面上——尽管，我当然会举双手赞成其他的层面也应该得到进一步的发掘。

在本文中，我始终都在努力指出当我们思考、讨论或评价叙事性艺术品时，为甚么我们如此自然地倾向于对其进行道德方面的思考。我已指出这个倾向是与叙事性艺术品与人类事物有关这个特性联系在一起的。在这个方面。我想极力主张鉴于叙事性艺术品所属的那类事物，讨论叙事性艺术品的道德性并不是一个范畴上的错误。并且，与自律论者相反，既然叙事性艺术品是为了谋取道德判断和理解而设计的，那末按照它们所提供的道德经验的性质来从道德上评判这些艺术品就是恰当的。这不是到作品之外去，而是完全集中于作品。

李媛媛译

——节选自诺埃尔·卡罗尔：《超越美学》，北京：商务印书馆2006年版。

拉尔夫·史密斯

拉尔夫认为艺术历史遗产对美育是至关重要的,美育的目的就是使学生的审美批评的能力达到业余批评家的技能和水平。审美批评的目的和方法与审美教育的目的是一致的,都是通过提高学生的审美理解力来丰富和提高生活。为此,首先必须教会他们审美批评的技能,这涉及审美概念的介绍。美育应该让学生能识别出构成一件艺术品的基本要素、特性和意思,还要掌握可操作的、能准确判断、能运用相关背景知识的技能。在教授批评的技能和概念时,首先要区分艺术品和批评活动的不同,其次是要区分批评活动中探索式批评和评价式批评的不同。拉尔夫讨论了三种典型的艺术批评。

第一位是伊登,她对解释和批评做了区分,解释就是描述艺术品的含义、特征和性质,批评就是评价和评估。她特别关注于对艺术品有没有一种正确的解释,认为这取决于如何描述一部作品。批评家在证明自己解释的正确性时,往往会涉及三个方面:作品提供的快感和事实、艺术家的意图。快感是主观的。意图难以推测,很难作为依据。而作品揭示的事实是不可改变的,在揭示作品的事实时,既需要描述,又需要解释。伊登认为有必要从众多解释中选择哪种更合理,解释如果是作品总体结构和连贯性的假定,最合理的解释就是最全面和完美的假定,另外还要看作品取得的效果。伊登认为同种文化同种语言的人都会共识,其审美论证使用的是“证人验证法”,即判断获得多大程度的认可,好的批评是找出事物的审美价值来产生审美经验,美育必须劝导学生学会欣赏艺术中最有价值的东西。

第二位是布莱安·克里提顿,他和伊登的许多见解相同,但他强调批评陈述中必须尊重逻辑,他把审美批评称之为审美论证。他认为批评活动的最常见特征是描述和再描述。第一步是仔细观察,看的焦点在于物体的知觉特征以及其在结构中的相互关系。在掌握完整意义后,再对作品的知觉特性进行识别、分类和描述,整个过程就是描述和再描述的重复循环的过程。克里提顿认为最终描述是从开始的中性描述,到解释性描述,从量变到质变,然后突然出现的。最终描述之后,再问作品的好坏已没意义。怎样描述决定了怎样解释,审美论证不乏理性色彩,描述的合理性、恰当性和准确性保证了论证的劝说力量。劝说意味着批评家说服其他人以同样的方式看待作品，前提是作品必须具备相应的客观性质。批评激起人们的兴趣，进而体验到了批评家所言的审美价值，成功与否有待观众的审美经验的验证。

第三位是比斯莱，他认为艺术品的价值大致有三类：一是认识价值，二是道德价值，三是审美价值。审美价值就是我们判定一部作品好坏的依据，审美理由取决于我们信奉的审美价值理论，其方式就是指出作品中哪些特征和性质能够向人们提供审美经验。恰当的审美理由帮助我们解释一种判断为甚么是真实的，恰当的审美理由与作品性质有关：对作品的描述和解释。比斯莱提出了三个最具普遍性的理由：统一性、复杂性和强烈性。虽然这些标准被认为不太准确和有局限，但比斯莱认为这些普遍的标准在实际运用中不仅准确，而且适用不同的艺术。三个普遍标准具有正向性，即永远与正面和肯定的评价联系着，评价艺术品时，应该仔细斟酌其到底适合哪个标准，一件艺术价值很高的艺术品，不一定要同时满足这三个标准，但一件缺乏这三种特性的作品就一定不会是好作品。实践证明，比斯莱的审美理由分类法具有极强的可操作性，学生很容易就学会区分各种理由。比斯莱排斥认识价值的做法遭到了许多批评，认识性理由在某种情况下会强化复杂性，在另一种情况下则有可能削弱。

总之，美育的概念解释如果以比斯莱的理论为起点，可以帮助学生清晰地掌握审美概念，有助于培养学生犀利的批评精神。

（李　兵）

艺术感觉与美育

第3章　艺术与教育

（审美批评的重要性）

在教学中，我们不是把自己的意志强加给学生，而是引导他们走进许许多多前人留给我们的大厦中。这些大厦是我们努力生活于其中的地方，也是我们赖以改进自己的地方。

——伊斯雷尔·谢弗勒(Israel Scheffler)

凡是严肃的文学批评和哲学批评都是“出于一种爱”。我们写书、创作音乐和艺术,是因为我们的某些"原始交流本能"驱使我们与他人分享和交流自己的一些不吐不快的丰富发现。

——乔治·斯坦纳(George Steiner)

在许多美的秩序中,尤其是在美术的秩序中,为了感受到其固有的微妙感情,要求运用大量的理性;而它的那些虚假的口味,又经常是通过反思和论证而得到改正的。

——大卫·休谟(David Hume)

以上列举的一系列谈论再次强调了艺术历史遗产的意义。它们都强调指出,深爱这些遗产对艺术教育是至关重要的。除此之外,它们还提出一种新的见解:与他人分享审美活动之丰富性的本能愿望,以及与他人交流审美价值的本能责任感,还有推理、反思、论证等等活动,都在这种交流活动中起着举足轻重的作用。如果说上一章主要是通过哲学分析的方式指出了学校艺术教育的必要性,本章的主旨就是要证明,这样一种教育如何才能在理论上说得通和在实践上行得通。在稍后的两章中,这种论证还要继续。

按照谢弗勒的观点,在引导青年人走进文化遗产时,没有必要坚持认为,我们所教的理解法则是固定的和一成不变的。它们只是我们所知道的东西中的最好的,所以只要有可能,我们必须随时准备改进它们。他提醒说:"只要我们成功地走过体现这些文化遗产的各种不同的传统,只要我们从中领略到这些遗产体现的历史、精神和倾向,这种改进是可能的。"一种尊重这样一些感受的教学,绝不是对学生的限制,更不是一种权威式强加,反而能帮助老师和学生形成一种理性的生活,使他们更有效地形成一种人生事业。为说明这一点,谢弗勒引用了 R. S. 皮特斯(R. S. Peters)这样一段话:"教师不是把某种结果带给一个与自己毫不相干的外人的漠然的行事者,他的任务就是把他人带到一个他十分看重而且身在其中的公共生活方式中。"审美的生活就是这样一种公共生活方式。

现在我们可以看出整个问题的轮廓:如何以一种合情合理的和学生能接受的教学方式,介绍给学生一种审美的生活方式。我所建议的解决方式是教会他们审美批评的技能。因此,在本章后半部分,我将讨论审美批评的性质,区分出几种批评方式。第四章将从一系列批评家的作品中选出几个审美批评的例子。第五章将详细地讨论教导审美技能时遇到的问题。

1. 概念的性质

我之所以要在这儿插入对“概念”问题的几点看法，有以下两个理由。第一，在稍后就要讨论的审美批评和本章最后部分将要讨论的审美批评的特殊性问题时，要介绍一系列美学概念。第二，一个更直接的理由是，当我们提出要“学习审美批评的技能”时，其中的“技能”已经十分接近我们所说的“概念”。

然而一提到“概念”，就使很多人望而生畏，把这一字眼同“概念分析”联系起来。后者被这些人认为是哲学家的一种更为抽象的活动，与实践活动和职业活动相距甚远。但“概念”事实上并不可怕，而且根本无法避免。有关这一点，布洛克曾经在他的《艺术哲学》中说得很明白：“我们看到的世界总是被‘打包’成许多概念性的小格段。因此，我们看到的世界是由各种实实在在的概念成分组成的。分析这些概念就等于分析这个世界的一种方式，至少是分析我们所见到的世界的方式。”

但我们还是要问：究竟甚么是概念？这个问题回答起来并不简单。对此，莫里斯·魏兹(Morris Weitz)在他的《开放的思想》一书中写道：“人们对概念有许多解释，如把它说成‘普遍性的东西’、‘定义’、‘固有的想法’、‘意象’、‘思想’、‘意义’、‘预言和关系’、‘抽象事物’、‘抽象条目’、‘抽取出的共同特征’、‘中性的实体’，甚至还包括‘习惯’、‘技能’和‘心理能力’等。”他由此得出这样的结论：给“概念”所下的定义实际上是一个概念家族。这样一种概念家族为审美教育理论家提供了一个机会，使我们可以选择和接受这个家族中与审美教学(如何理解艺术和欣赏艺术)有关的成员。或者按照本书中的术语，我们可以仅选择和接受那些与发展学生的艺术感觉，使他们能从艺术中得到艺术所能提供的珍贵经验有关的成员。

我打算选择魏兹向我们提供的上述若干成员中的一种，但这种选择是间接的。从总体上来说，约翰·威尔逊(John Wilson)的思想最能反映我的意图。他在论述中首先提出这样一个问题：一个真正把握了艺术概念的学生，将会发生甚么变化？对此，他的回答是这样的：“他的判断有了依据。他有了艺术的概念。在遇到一种以前从未遇到的情况(如新的艺术品)时,他知道干些甚么。”

对这一点,希斯(P. L. Health)说得更明确:

“有了X的概念之后,就可以做到(但也有一定的例外):

1. 知道X这个字眼的意思;

2. 能识认或挑选出眼前出现的若干事物中哪些是X,哪些是非X;而在X不出现时,能想到X的样子,或出现X的意象;

3. 知道X的性质,也就是说,能把握或理解X特有的,或使X成为X的性能、本质和普遍性的东西。”

“知道X的意思”,“能够挑选出X”,“知道X的本质”和“区别出哪些是非X”,对美学同样很重要。也就是说,如果X代表一个艺术品。那末有了“艺术品”的概念就意味着不仅知道“艺术品”这个字眼的意思,而且能够识别出它的本质和它的一般普遍性质,或者至少也应该识别出构成一件艺术品的各种特殊要素、组合方式、关系、特性、意思等。用当代认识理论中一个常用的句子,就是“认识(认识到x是一件艺术品)的条件得到满足。”做到这一步,学生们的判断当然有了依据。

但我认为这还不够。为了作出更完满的解释,我特地从魏兹的“概念家族”中选择了“技能”这一概念,理由如下:

1. “技能”在教育上有更强的可操作性意义。这就是说,学生们必须通过正确地运用一种概念来证明他们掌握了这个概念。教师把这种“正确运用”视为学生已经把握了这种概念的证据。

2. “技能”还进一步意味着“精细的和准确的判断”,意味着知道在何时和何种恰当的场合运用这种概念。

3. 当“概念把握”被理解成一种技能时,这种技能还进一步包括“用甚么东西来把握”。也就是说,包括运用与这个概念有关的背景性的和框架性的知识,使技能的运用更准确和更恰当,最后达到能自如地运用这个概念。这意味着,一个能够在各种情况下恰当地运用一种审美概念的学生,也能对这个概念所属的更大范畴的概念和这个概念属下的次级概念有所了解。

4. 最后,技能的运用不仅适合于某个特定的外在环境,而且适合人类经验中的某个特殊领域和范围。审美技能最适合于在两个世界(内在世界和外在世界,或者说,在艺术品的世界和观赏者的经验世界)的交叉点上一展雄风,因此还会涉及某种“知道在哪里”的问题。

对概念的这一大体扫描,向我们展示了教育理论家和课程计划者在为审美教育组织各种知识和活动时面临的困难。他们必须在一系列不同学科中搜寻到适合于教授艺术的观念和步骤，还必须对概念呈现的次序、所要达到的深度、教授每种概念和技能的时间长度等，一一作出决定。这些问题还包括了所要涉及的艺术形式的数量以及它们之间的区别。

最后，为审美教育组织知识的全部任务可以归结如下：我们仅仅能提出与视觉艺术有关的几个提示、线索和例证。但我认为，对视觉艺术适合的东西，基本上也适合于文学和表演艺术。

2. 审美批评与审美教育

按照一种激烈的见解，在审美教育教学中应该大量吸收和依靠审美批评活动。这一意见其实并没有在教育上自动地确立审美批评与审美教育之间的一种有效关系。首先，迄今为止，人们还没有就审美批评是甚么，或者说，还没有对审美批评的逻辑、范围、理由、活动特征或普遍用途等，得出一种普遍接受的解释。这是对近年来审美理论中出现的艺术批评概念加以认真分析后得出的结论。在当代美学理论中，艺术批评一度是分析美学的核心概念。但是，因本书的独特目的与审美教育有关，所以艺术批评在此处有着比较特定的含义。也就是说，这里所说的艺术批评，专指一种能说明艺术品为甚么是艺术、艺术品有哪些审美价值和艺术特征的活动。这一定义明显排除了其他种类的批评，如对艺术的文化批评和观念批评。在后一种批评中，批评家们因为不同的项目和目的，而不太重视艺术的审美价值和艺术特征。

如果教育的总体目标是使学生在各个学习领域获得这些领域的专家们的本事，那末就有理由认为，审美教育的目的就是使学生的审美批评能力达到这个领域中专家的水平，使睿智的审美批评成为发掘艺术作品之意味的典型方式。但有一个前提：这里所说的艺术批评的专家水平或技能，不是指职业性批评家的水平和技能，而是指业余艺术批评家的水平和技能。也就是说，这种批评家的姿态最接近于非专门批评家的姿态。对于后者来说，对艺术品的爱好是业余的。至于为甚么要向学生讲授审美批评的概念和技能，理由很简单：批评的目的和方法与审美教育的目的是一致的。通过提高学生的审美理解力，就能使他们更好地把握艺术的意义，更充分地意识其潜在的意味，以达到丰富自己的生活，使自己的生活更有价值。

在教授批评的技能和概念时，必须掌握一些对教学法有用的“区别”。

首先是对“审美对象”和“批评活动”这两个概念的区别。审美对象是指艺术品本身的各种特征、性质和含义,而批评活动则包含我们探索、理解和评价艺术品时的描述、解释和评估技能。

批评活动又可以继续分为“探索式审美批评”(其概念和技能)和“评价式审美批评”(其概念和技能)。“探索式批评”是通过描述、分析、特征识别和解释等方式发现艺术品中究竟哪些东西使之成为艺术,哪些值得欣赏、观照、思考和赞美。“评价式批评”则有着更强烈的评判色彩,必须像任何其他判断一样,提出判断和评价的理由。而要提出像样的理由,就必须再次集中自己的注意力于作品本身,以便像探索式批评那样,作出更深入的探索和发现。也就是说,作品必须受到重新扫描和审视,以便为自己的判断提出更充足的理由。

这样一些区别,和后面将要提及的一些区别一样,并不是硬性的和僵化不变的,因此也不是不可以改变和争论的。虽然它们不应该被想成是把整个批评活动的不同阶段和不同部分完全分割开来的东西,但可以帮助教育者们理解,在对艺术品的反应中究竟发生了甚么事情,从而使教授审美批评技能变得更容易操作。

下面我将要转而讨论三种典型的艺术批评,它们想必对艺术教师更有帮助。

第一种是伊登(Marcia M. Eaton)所持的艺术批评概念。伊登是一位艺术哲学家,他的理论不仅是对当前流行的各种艺术批评见解的很好总结,而且包含许多通俗易懂的定义和说明,非常适合艺术教师理解。

第二位是布莱安·克里提顿(Brian S Critianden)。他是一位教育哲学家,主要是从教育的角度来看待审美批评。他的一个主要发现是,审美论证的逻辑与教育问题直接有关。

第三位是我们大家熟悉的比斯莱。他对批评中的判断提出方便的分类和理由,强调了审美客观理由的作用。

3. 伊登:判断与价值共享

伊登在其《美学基本问题》一书中对解释和批评做了区别。

在她看来,所谓“解释”,“就是描述和解释艺术是甚么的活动,具体说来,就是解释和描述艺术品的含义、特征和性质的活动”。而她所说的“批评”,则是指“对某种东西的评价或评估,尤其是对这种东西是好是坏的评估”。

她特别关心的是对艺术品究竟有没有一种正确的解释，或者说，当我们试图证明我们的解释和评估的正确性时，究竟有没有可以依据的事实。伊登所说的解释和批评，相当于我所说的探索式批评（描述、分析、特征识别和解释）和评价式批评（判断和为判断提出理由）。

为了对某些解释问题作出解释，伊登举出一个有关解释的困难案例，并对其进行了认真的分析和思索。这个案例主要指人们对亨利·詹姆斯(Holry James)的《转动螺丝》作出的大量不同解读方式。表面上看，这是一个鬼怪故事。詹姆斯本人也希望人们把它作为一个鬼怪故事阅读。但许多读者偏偏不重视詹姆斯的原意，而是对它作出一种心理学的解释，从而改变了故事的含义。究竟哪一种阅读方式是正确的？我们能不能说前一种阅读是正确的，后一种阅读是错误的？究竟如何解决这个难题？

在很大程度上，这要取决于对这个故事的某些方面如何理解、描述、解释和阐释。事实上，如何描述一件作品已经决定了我们如何解释它。伊登描述了文学批评家古达德（H. C. Goddard）在向学生介绍这一故事时的一次经历：当古达德发现，不仅他的许多学生，而且许多批评家都不同意他对这个故事的解释时，是如何惊奇。可以肯定，当古达德向学生们讲述了自己对这个故事的理解时，他们全都接受了，但他们的默认并没有解决所有批评性解释存在的一个共同性问题：如何来证明这各种不同的阅读和理解（包括古达德和其他人的）中究竟哪个正确，哪个错误？或至少证明哪种阅读方式更好一些？为甚么古达德的学生会改变自己的看法？暂不管作品的含义如何，当我们说《转动螺丝》这部作品是一部好作品或是坏作品时，我们是否能提出一种客观的理由？

伊登提出的解决方式是：要劝说艺术教师们，当自己对作品作出某种解释时，要尽量提出充足的理由或根据。也就是说，他们必须首先自问：在对作品作出某种价值判断时，是否举出了某种合理的理由？

迄今为止，人们已经对上面的问题提出了各种不同的解答。在对这些解答方式作了一番检查和讨论之后，伊登发现，批评家们在证明自己解释的正确性时，其根据大体会涉及下面三个方面的事情：作品提供的快感、作品涉及的事实、艺术家的意图。

快感是一种主观性的东西，所以在确定对一件作品的描述、解释和估价是否正确时，可以排除在外。

说到艺术家的意图，并不是谁都可以知道的，而且是很难知道的，所以很难作为一个根据。

但作品揭示的事实，例如《转动螺丝》中描述的主要事实，却是铁板钉钉，不可改变。所以有些理论家认为，对这些事实的描述可以有真有假，有对有错。但事实并非如此，举例说，把詹姆斯故事中的女主人描写成一个年轻女子是一回事，把她描写成一个性压抑的年轻女人又是另一回事。这一区别使得许多理论家相信，在发现一件文学作品所描述的事实时，既需要描述，又需要解释。当描述遇到麻烦时，就必须进行解释(如这个年轻女子究竟是不是性压抑呢?)，也就是说，纯粹的真假描述是没有的，因为任何描述中都有解释，而解释却无所谓真假。

在对作品之解释的总体看法上，大部分美学家都认为，解释无所谓合理不合理，真实和不真实，站得住脚和站不住脚。但伊登认为，这种看法太极端，因为即使如此，人们仍然不得不从许多不同的解释中，确定究竟哪一种最合理，哪一种不那末合理。在她看来，只要我们把“解释”看做是对构成一件文学作品(或任何艺术品)之诸多要素的总体组织结构及其连贯性的一种假定，就能确定哪种解释最合理，哪种最不合理。所谓最合理的解释，不过是那种最全面的和完美的假定。这样一来，解释包括的范围就比描述更宽广。但解释并不局限于发现作品的含义，它还可以包括对作品是如何取得某些特殊效果(如新奇性、张力和召唤性等)的解释。

一旦我们同意，对作品的解释和估价可以是合理的，也就是说，如果我们可以提供使人信服的理由来证明对《转动螺丝》这一作品的心理学解释，并说明这一故事是如何取得某些效果的，“理由”在证明一种解释和评价的合理性方面究竟起甚么作用，就可想而知了。举例说，当我们基于某种理由而判定某一作品是好的或不好时，此处的“理由”在这里是起一种甚么作用呢？值得指出的是，当我们说某一作品是好的时，所举出的理由是“它值得观照”，就必然陷于同义反复的困境。因此，当我们说它值得观照时，就必须给出像样的理由。按照伊登，这些理由必须引导我们去注意作品的各种引人注目的性质。正如她指出的：“艺术批评中所给出的理由是指向那些可以感知到、同时又指导我们的感知的东西……如果某种对作品的评点能给我们一种启发和指导，帮助我们注意到作品的一些有意思的东西，这种评点就等于是提出了让我们注意和欣赏这些有意思的性质的理由。也就是说，就等于给了我们一种评价作品的理由。”

另一个是关于批评性理由是否具有普遍有效性的问题。伊登指出，根据雅可布·卢森堡(Jacob Rosenburg)在其《论艺术的质量》一文中的见解，艺术品的优秀与否是通过一系列性质展示出来的，这些性质包括艺术品的简约性、选择性、质感、意味、连续性、创新性、强烈性、明晰性和表现性。对此比斯莱持同样的看法，认为使审美判断成立的一般普遍性的理由是存在的。有关比斯莱解决这个问题的方式，我们稍后即将讨论。但其他人的看法就不同了。他们认为，从批评性理由中得出批评性判断，从逻辑上就行不通。按照这些见解，审美判断可以引导、启发或指引人们注意某些有意思和有价值的东西，但绝不能逼迫人们去相信甚么。这种对审美判断的有效性的怀疑基于这样的信念：审美论证既不合乎归纳的要求，也不合乎推论的要求，而这二者又是我们论证有效性问题的仅有的两个逻辑模式。

伊登驳斥了这些怀疑，也不理会审美论证是否合乎严格的逻辑模式。她认为，那些生活在同一种文化中和使用同一种语言的人，一般都会对某种艺术有着相同的认识。或者说，他们具有足够的共识来决定哪些作品比哪些作品好一些，也完全能够在作品中找出足以证明其好或坏的性质和理由。为证明这一观点，伊登引用了阿兰·汤米的一段话，其大意是，我们在审美论证中使用的是一种“证人验证法”，“批评式判断的理由是否成立，要看它是否或在多大程度上得到许多持不同的和独立判断的人的接受”。

也就是说，为使一种判断得到广泛接受，批评家必须处心积虑地使判断和判断的理由具有说服力。一个优秀的批评家知道如何安排他的评估条款供别人细细审视。为达到这一点，他必须使用描述、分析、特征识别和解释等手法。因此，要想使学生作出他人能接受的判断，必须首先确定他们是否有效地掌握了批评技能。

伊登认为，所谓好的批评就是“那种能通过查找出事物和事件的审美价值来产生出丰富审美经验的批评”。很明显，这里所说的“查找出”决不仅仅是指出作品的某些特征，并用它们作为判断作品好坏的理由。当对一件作品的价值作出正面评估时，必须伴随一种更为丰富和充分的审美经验。也就是说，这种判断必须激起学生的兴趣，使他们继续仔细观看作品，并通过自己的观察，发现其中某些性质是如何相互加强的，其整体效果是如何通过不同要素之间的共存和共生达到的。一句话，凡是优秀的批评,必定会激励他人对一件作品作进一步的和仔细的探索。这种批评总是以斯坦纳(Steiner)所说的交流本能开始,最后达到一种极其丰富的经验。它同时也是对“谢弗勒式邀请”的答允,终于进入了丰富文化遗产的宫殿。用一句更正规的话说,凡是优秀的批评,总是激发他人意识到尽可能多的审美价值。因此,我们不能满足于使学生仅仅停留在对作品的随意评论的水平上,而是极力劝导他们,学会欣赏艺术中最有价值的东西,提高他们的生活质量,使他们的精神追求得到更大的满足。我们之所以要教授审美批评,是因为我们认识到,那些学会欣赏艺术和理解艺术的人,最终会变成艺术的热爱者。

这种认识基于这样一种经验:人们一旦熟悉和进入那些高质量的艺术品之中,而且掌握了欣赏其审美价值的技能,就再也不会对它们无动于衷、觉得它们可有可无了。我们可以这样设想,如果一个社会中的绝大部分人都有机会和有能力欣赏人类迄今创造出来的和思考出来的最优秀的作品,在艺术教育领域就再也不会有那末多人极力反对所谓的精英主义了,对那些极力主张精英艺术教育,以扩大人们对最好的艺术的接触的人,也就会得到宽容。但遗憾的是,那些野蛮好斗的大众主义者,多半是那种很少得到更好的学习机会和进一步提高的人。但是我相信,制定一种更好的艺术教育政策必定会改变这种状况。

现在我们回到开始时的艺术概念:艺术品是一种能激起很高级的审美经验的人造物,这种经验是一种愉悦的、丰富的和见识深刻的经验。在伊登看来,凡是生活在同一个文化中的人都可以得到这种共同的经验,因为他们能够从艺术品中欣赏到同样的特性和意义,也非常乐于欣赏这些性质和意义。通常,对艺术品的这种兴趣是由孩子的父母引起的。他们开始时不过是向自己的孩子指出对象的性质。渐渐地,这种简单提示便发展成关于作品的丰富对话和对作品的审美批评。正如伊登所说,作品给予人们的乐趣也许不是靠说服和证明得到的,但是我们的确有理由相信,艺术品的确是令人愉悦的东西。审美批评中的判断,除了要参照自己是否从中得到愉快的感受外,还要看其他的人是否同样如此。

除了指出个人有能力得到审美满足、对艺术的审美判断具有充分的合理性、人们能从同样的性质中得到愉快的感受外,伊登还进一步认为,审美经验作为人的一种思想习惯,还是人类理性的一部分。因此,我们不妨称这种思想习惯为审美理性。这是一种掌管欣赏艺术、揭示艺术的微妙意味和判断艺术之好坏的思想习惯。伊登警告说，批评并不总是对人有所帮助的，只有当人们乐于接受它、乐于通过对它的进一步沉思而扩展自己的审美知觉的人，才可望得到它的帮助。

虽然伊登没有讨论她的思想在教育中的应用，但一个明显的事实是，她的见解对教育，尤其是教学法，具有重要的意义。同专职艺术批评家一样，一个具有批评能力的艺术教师必须使他的学生保证，通过掌握审美技能，他们必将满怀信心地面对艺术，并自己作出判断，自己对艺术的体验是否值得。随着学生对这些技能的逐渐掌握，随着他们能够理性地论证艺术品的价值，审美理性的水平也会相应地提高。这对学生是很有好处的。

4. 布莱安·克里提顿：艺术教师与艺术批评家

克里提顿在其《劝告：审美判断与语言教学》一文中提出的主张与伊登不谋而合。除了与伊登有许多相同见解之外，他还就其他一些方面进行了更深入的探讨。我们在上一节已经强调了审美理性的重要性。现在可以说，克里提顿对眼前正在发展的案例最大的贡献，是他极力强调，在批评性陈述中必须尊重逻辑。

在总结克里提顿的主要观点之前，我有必要指出其论述中某些术语的改变。在论述中，克里提顿把“审美批评”称之为“审美论证”。不同于伊登的是，他并不在解释和批评之间作出区分。相反，他认为批评活动的最常见的特征是描述和再描述。（虽然他有时也使用其他一些审美概念。）我之所以要交代这一点，主要是想指出，我们必须承认美学术语的多样性；我们必须承认，进行分类是必要的，批评家们有权像我做的那样，对自己使用的定义做出规定。

克里提顿认为，审美批评和审美欣赏的第一步是仔细观察。他极力强调说，像其他一切的“看”一样，审美知觉中的“看”也是一种“看做是……”，“看”这个概念包括了认识的成分。或者说，在“看”中也介入了理论和其他一些认识成分，“看”中实际上装载着“概念”和“理论”。因此我们有理由作这样的假定：一个对某种东西具有专门知识的人在观看某件东西或这件东西的某些方面时，与那些对这种东西一点也不了解的人的观看完全不同。说到底，知识可以改变我们看到的东西。

在审美的观看中，“注意的焦点放在物体的各种知觉特征以及它们在整体结构或布局中的相互关系”。（在其他的段落中，克里提顿还无意中谈到“形式的性质”。)但我们必须对他所说的“知觉特征”理解得更宽泛一些,不仅包括视觉的和听觉的特征,而且包括文学的特征。批评家对这些特征的注意与对它们的命名和描述密切相关,因此在对它们命名和描述时务必仔细、严肃和认真。我们不妨认为,这是批评家对艺术品的道德义务。在克里提顿引用的文学批评家立维斯(F. R. Leavis)的批评信条中,对这一任务的性质已经讲得很清楚了:

“文学批评的任务是对作品作出完整的反应,批评家在将他的反应发展成一种评论时,必定从中观察到一种独特的和密切的关联。他必须警惕,以防止对眼前事物的不适当的抽象,防止任何过早的成熟和对它(或从他)的无关紧要的概括。一开始时,他关注的是要进入(或占有)作品,把握其诗的完满性和具体性。他必须自始至终小心对待,一刻也不能失去对它的完全‘占有’,还要设法增加这种完全的占有。”

说到这里,我还要引用特里林(Linonel Trilling)评论杰弗逊演讲时说过的一番话,其大体精神与立维斯的上述引言基本相似,但在谈论现代社会中人文精神受到的冲击,尤其是艺术品的客观性时,特里林秉承文化学大师马修·阿纳尔德的思想,提出这样的见解:所谓客观性,就是我们极力想看到事物的真实样子时,所看到的这个事物的全部性质和方面。“它是对某个事物的整个存在的尽可能完全和尽可能整体的识认。”这种完整的识认受惠于我们的一种责任感和信念。是因为我们坚信,这样做是值得的。当然,我们必须意识到,最终导致了这种成功认识的,是精神结构本身。

现在我们再回到克里提顿的解释。一旦达到对作品意义的完全把握,批评家就会作出评论,对作品的知觉特性予以识别、分类和描述。开始时,这种评论中使用的语言可能是中性的,但随着评论的深入,会逐渐地变成解释性的。对整个过程可以用“描述”和“再描述”加以概括。假如眼前要评论的是一件复杂作品,就必定会经历这个从“描述”到“再描述”的重复或循环过程,其中每一阶段都带有评价的特点。“对作品的最后判断也就是‘最终的再描述’,其准确性取决于所有中间阶段的解释性描述的总体效果。”

对于上面的介绍,有三点特别值得注意。

第一,也许是出于巧合,克里提顿的“最终的再描述”让我们想到了卡伊林的“深层描述”。这两种描述有着明显的类似:二者都包含着对作品的总体估价。

第二,克里提顿解释批评性评论时采用的方式,使他能够声称:正如所有的“看”都无非是“把某物看成是……”一样,所有的描述也都包含一种解释的成分。不仅如此,这种解释性成分还会随着评论进入“再描述”阶段而增加。

第三,也是最重要的一点,克里提顿提到了审美判断或批评判断的一个最麻烦的问题:它的逻辑水平或地位。

正如伊登早已指出的,引发这个问题的是这样一个事实:对一件作品之审美价值或艺术水平高低的判决,既不是从对作品的描述中演绎出来的,也不是从它推断出来的。不管这种描述多么深刻和生动,都是如此。也就是说,在描述和判断之间始终有一条鸿沟,很难愈合。正如克里提顿所说:“就算我们已经对作品作出了解释性描述,但又是甚么东西授权我们对这件作品的好坏作出判决呢?”

他对自己提出的这个问题是这样回答的:在这里,没有甚么鸿沟要填平,也不需要服从逻辑的权威,更不需要再作额外的联系。为甚么这样说呢?他解释说,这完全是因为,“最终的再描述”是突然出现的,事先没有任何痕迹。因为它经历了一个由量变到质变的过程。这种过程的开始是一种完全中性的描述,渐渐地,它就变成解释性描述和评价性描述。这种评价性描述是经历了一系列中间评价的累积之后的结果,而不是从天上冒出来的。也就是说,在这种审美论证中,并没有一种与描述和解释无关的独立评价阶段。在作出最终的再描述之后,如果还要问:“它是一件好作品还是一件坏作品?”就显得多余了。“假如一个人同意某首诗唤起一种带有陈腐的浪漫主义气息的情绪,他是否会真的拒绝承认或不知道,这首诗在这方面的确有着审美方面的致命弱点?”

凡是那些有幸阅读过一定数量的审美批评文章的人都熟悉,一般情况下,对一件作品作出怎样的描述决定了对该作品作出怎样的判断。关于这一点,我们还要在下一节详述。

虽然批评家的评论经常不自觉地导向最终的判决或结论,但克里提顿并没有说,这种审美论证会导向逻辑归纳和逻辑推演得出的那种真假判断。虽然如此,他还是坚持认为,我们有权说一种审美论证是合理的,或一种审美评价是正确的或适宜的。也就是说,审美论证并不乏理性的色彩,是它的合理性、恰当性和准确性保证了这种论证的劝说力量。

很明显,“劝说能力”已经变成克里提顿的一个更重要的话题。这一点可以从他选择“再描述”作为一个主要概念中看出。因为批评家再次回到作品对它作另一次解释,意味着批评家要说服其他人以同样的方式看待作品。而这就是克里提顿所理解的批评的使命:一个观看者努力使另一个观看者同意他称呼和描述作品中的那些相对中性的要素的方式,继而劝说另一个观看者,这些要素是以他认为的那一种式样排列和组合的,而不是以另一种式样排列和组合的。批评家可以运用一系列的技能让其他观看者相信,要想从作品中看到批评家看到的东西,需要补充哪些知识。在整个劝说过程中,批评家必须搜集和展示有关的信息和知识,解释某些符号和关联的含义,指出作品整个结构和质地的关系网络,指明其整体的式样。正如富兰克·西布莱(Frank Sibley)所说,在做这一切的时候,批评家可以分辨出作品里有哪些非审美特征,以便使审美特征变得更加明晰。在这样做时,可以运用隐喻、对比和比较、重复和重述等手法,还可以用一些非语言手法来补充其语言论证,如挥动胳膊、运用面部表情、点头和手势等。

> “但必须强调指出,审美论证的劝说特征并不影响其客观真实性。相反,批评家针对的是他所讨论的艺术品的真实的知觉性质,也就是说,作品的确具备这些性质,而且就是批评家所说的那种样子。”

这一点相当重要。因为如果作品没有这些客观性质,劝说本身就没有意义了。劝说包含操作、主观申述、宣传、灌输等成分。一句话,劝说就是把自己的意见传输给别人。因此,只有坚定不移地尊重和忠实于作品的知觉性质,其劝说才能可靠、客观和为教育所接受。

但在甚么情况下我们才能说一个批评家的评论是有效的和成功的呢?

按照克里提顿,其成功和有效不在于批评家说服了很多人同意他的评论。“除非他已经引导他们欣赏作品的形式特征,除非作品的知觉特征的确与他的评论一致,就不能说他的评论是成功的和有效的。”当批评家的评论可靠时,它必定会激发人们的兴趣,而不仅仅是赢得人们口头的赞成。克里提顿这样说:“我想说明的是,如果人们正确地理解了审美批评和审美评价的本质,他们就不可能不通过自己对作品亲自观看而验证其正确性的情况下，随意说某种结论是正确的。”也就是说，只有当观众按照批评家的评论体验到和观看到它所指出的审美价值时，才可以说他们真正把握了这种评论，才能说这种评论正确或不正确。批评家的成功只能由观众由此而得到的丰富审美经验验证。“审美评论的本质，就是人们按照评论的指点，体验到它所说的那些审美价值时，才承认这种评论是正确的。”

由于克里提顿是一个教育哲学家，所以他对审美评论的兴趣主要是出于对教育的考虑，而不是对审美的考虑。事实上，以上我引用他的这篇文章，是他为写一部书准备的。这部书的主要目的是指出一整套审美概念与艺术教育中某些概念的联系。但为甚么克里提顿要选择审美评论这个题目呢？

与谢弗勒和皮特斯(Peters)一样，克里提顿也认识到，一个教育家的作用并不局限于教授事实、理论和技能。教师必须努力使学生们理解自己所学的东西的价值，必须使他们了解自己所学的学科是如何充实和如何提高他们生活质量的。要做到这一点，当然不能只靠事实证明，而且还要靠劝说。克里提顿认为，劝说式论证渗透到教育的每一个角落和每一根神经，任何一个以严肃的态度致力于教育的人，都必将卷入到系统的劝说活动中。但是，任何教育者的劝说，都不是随意的，而是必须按照理性的方式进行。克里提顿一直都在努力寻求一种适合教育者的理性劝说方式，结果找到了审美批评方式。因为他发现，审美批评具有足够的客观性和合理性，所以非常适合于教师使用。克里提顿于是得出这样的结论：“对审美论证的逻辑作仔细分析，就会对适合于教和学的劝说方式有一个更清晰的理解。”这种劝说形式可以在任何一种模范的教学中看到，但是，当一个教师的教学是为了教育生活本身时，这种劝说形式就显得更有分量和更为成熟。关于这一点，克里提顿说得好：

“教育者必须启发和引导他人进入一种有独特价值、态度和步骤的特殊生活方式中。因为他坚信这种生活方式是有价值的，因为他最喜欢做的一件事是作出一种理性的而不是随意的选择，所以一个教育者的主要任务，就是以一种理性劝说方式使受教育者看到，一个受到良好教育的人的全部生活方式对人类是有意义的，因此终于决定选择这种方式……我相信，这种人必定会回过头来对一个受到良好教育的人的生活方式的典型特征，作出尽可能全面的描述，并拿它与其他的生活方式作比较和对比。很明显,这种描述和比较本身就是一种审美的或批评的论证方式——一种审美的判断。这种判断不是针对手段的,而是针对一个由组成要素构成的整体式样或形式的。在这样一个最基本的层次上,教育者进行理性劝说时遵循的标准基本上就是审美论证遵循的标准。”

最后还必须指出,审美论证对教育的意义是双向的:“在作出一种审美论证时,批评家自己显然也进入一种特殊的教育形式中。”

5. 比斯莱:审美价值

克里提顿对审美论证的性质作了认真审视,比斯莱则对这种论证中使用的典型理由做了认真检查。在比斯莱看来,如果不给出理由,批评家只能提供教条的和公式化的价值判断。但是批评家通常会提出甚么样的理由和对艺术品作出甚么样的评价呢?在这些理由和评价中哪些与审美批评有关呢?比斯莱从大量关于视觉艺术、文学作品和表演艺术的标准性陈述中,清理出真正属于审美批评的理由。他还在其《美学:批评哲学问题》中,分析了有效的审美批评原则;在其《批评的可能性》一文和稍晚的《审美观点》[由乌伦(Wreen)和卡伦(Callen)编辑]中,进一步讨论了批评性评价的本质。我在本章中的讨论主要参考了他论述批评问题的早期作品。

我所引用的这些比斯莱早期作品,提供了许多批评性陈述的样本。在这些批评中,批评家们赞扬了海顿(Haydn)的一件名为《创造》的作品的独创性、大胆和有机统一性,表扬了布鲁克纳(Bruckner)的《第五交响曲》结尾部分表现的天使光辉,赞扬了巴索里尼(Pasolini)《圣马修修道院》的大胆的简约性和对耶稣生活的忠实描写,赞扬了蒙奇的《呼号》对一个时代绝望感的独到表现。除此之外,他们还对马克思·佛雷施(Max Frisch)的小说中表现出的过度细腻和过度装饰进行了针砭。在其他的批评性陈述中,一幅画有可能被说成是风格主义的典型代表,另一幅画可能被说成是高昂的宗教热情的体现,第三幅画得到赞扬性评论是因为它对时弊的有力攻击或对道德的大肆张扬。有时候还把某些作品卖的好价钱作为衡量其价值的标志。这一切评价是否全都是合适的和准确的呢?

比斯莱指出,这要取决于一个人对艺术品的兴趣是甚么。由于像艺术品这样复杂的事物可以从不止一个视点观看,人们就可以从一件艺术品中寻找不同的价值。对这些不同价值大体可以分成下述三类:

首先是认识价值(参见附录 2 中所说的批评式论证中的图解式再现);当观看艺术品的人主要是想从中得到知识和理解时,他们表现出来的就是一种认识性兴趣。很明显,当一件作品被判断为深刻,被认为说出许多重要的东西,或是被认为传达出一个时代的生动画像或传达出一种重要的世界观时,人们赞扬的其实是它的认识性价值。一件具有高度认识价值的作品,能保证它成为一个文化纪念碑,使它成为一件值得保存的东西。但仅仅是有认识价值还不足以判定一件作品是好作品。

这一点同样适合作品的道德价值和道德理由。举例说,音乐可能加强人们的虔诚心,文学可以坚强人的个性。很多批评家喜欢说某一作品激励人上进,提高人的境界;某一作品作出有效的社会批评;某一作品促进了某种高尚的社会目的和政治目的;某些作品对这种目的具有破坏和颠覆作用等等,但是,正如比斯莱所说:"即使一件作品具有所有这些价值,我们也不能承认它是一件好的作品。"

一旦将这些认识的或伦理的理由搁置或排除,我们就只剩下审美的理由和对审美价值的寻求。按照比斯莱的说法,"它们就是当我们判定一件作品是好是坏时所提供的那种作为证据或理由本身的价值"。但是,这些促使我们说一件作品是好是坏的理由,并不因为批评家对它们表示出兴趣而成立。一般说来,一种理由之所以成立,是因为它支持了对作品的价值判断,还因为它有助于解释,这种判断为甚么合乎事实。但是,一种理由究竟是否是审美的理由,还要取决于我们信奉的审美价值理论。"如果我们坚持认为……物体的审美价值来自它能够向人们提供审美经验的能力,我们就会作出有效的判断。因为达到这种判断的唯一有说服力的方式,就是指出作品中哪些特征或性质能够向人们提供一种审美经验。"

在对审美理由这个范畴有一个清晰的认识之前,我想提出比斯莱理论的几个要点,以提请人们的注意。

第一,他所说的审美判断与审美经验和审美价值之间的明显联系,再次向我们证明了,他的理论所涉及的范围和这种理论的凝聚性;

第二,他为这些理由的范围和涉及面提出一种标准:它们必须既支持一种判断,又能解释这一判断;

第三,像伊登和克里提顿一样,比斯莱也坚定地认为,一种审美理由是否成立,要取决于它是否关乎作品的特性;

第四,他还坚持认为,恰当的审美理由能帮助我们解释,一种判断为甚么是真实的。这一条意见使比斯莱的观点更为激烈(与伊登和克里提顿相比,甚至可以说与绝大部分美学家相比),因为后者仅仅满足于批评性判断的合理性(比斯莱质问说,如果说审美判断和解释最多只能达到一种合理性,那为甚么又应该对那些证明某种东西之合理性的理由的恰当性提出怀疑呢?)。

所谓恰当的审美理由,就是那些与艺术品性质有关的理由。但批评家们总是脱离作品的性质,喜欢说一些与这些性质无关的事情。举例说,他们总喜欢说,一件作品是好的或是坏的。是因为它体现了或没有体现作者的意图,是因为它成功地(或失败地)表达了一种情感,是因为它的新奇和独创(或陈腐和平凡),是因为它忠实或不忠实,如此等等。很明显,这样一些理由并不总是关系作品本身的性质。它们要么涉及作品的起源、开端、背景和创作意图(假如能知道这种意图的话),要么涉及作者创作这件作品时的忠实或不忠实态度。或者,它们干脆只涉及一些外在于作品的因素,如衬托这一作品之新奇性和独创性的大量传统作品。比斯莱将这种影响作品的外在条件或前提条件称之为影响艺术发生的"发生学理由"。这类理由可以解释一件作品为甚么会具有某些特征,但决不能直接解释,为甚么这件作品是好的。因此,这种理由绝不是与审美判断直接相关的理由。

与此相同的还有情感理由。这种理由指的是作品在观赏者心中激发的心理反应或其他反应。当一个批评家声称一件作品令人愉快(或没有造成愉快感)时,当他说一件作品很有趣时或很枯燥时,当他说一件作品令人振奋、激动、不安、震动或具有某种强烈的情感冲击时,我们就称这些东西为"情感理由"。遗憾的是,这些理由非但不能支持一种审美判断,它们自己本身就有待于解释,究竟作品中甚么样的因素造成这些效果?因此,这种情感理由同样与审美批评无关。

这样一来,我们就把人们在艺术批评中经常提出的理由中的绝大部分排除出去。剩下的就是"对作品本身的描述和解释……如果把它们称之为理由的话,我们可以称之为'客观理由',因为它们把我们的注意力吸引到对象本身,包括对象本身的优点和缺点,而这样一些理由才是批评家立足的基地"。

当然,这种客观性批评理由本身也具有惊人的多样性和变化性。比斯莱感到,对这些理由的进一步简化是不可能的。但使他惊奇的是,对这样一些多样性的理由也可以归类和排序,因为他发现,这些理由并不在同一个层次上。也就是说,其中有些理由总是服从于另外一些理由。最后,他提出了三个最基本的标准或最具一般普遍性的理由,其他批评理由必须服从那种把"与批评相关的客体性质全包含在内的"总体理由。我之所以要引用比斯莱下面的一段对话,不仅是因为它指出了这三种基本理由中的一种是如何得出的,还因为它可以作为一个克里提顿想到的那种劝说性批评或论证的例证:

"我们问批评家:'是甚么原因使得佛雷施的小说如此贫乏?"他回答说:'除了其他原因外,最主要的是它的过于细致的描写。'我们继续问:'细致有甚么不好?为甚么说它的细致描写是"过度"的?为甚么过度细致的描写就使作品变得糟糕和贫乏?'如果这个批评家很合作的话,他就会这样回答:'之所以说其细节描写是过度的,是因为它分散了读者的注意力,使他们看不到作品中那些本应该造成其高度统一性的成分。'或者他还可以这样说:'这些细节描写之所以是过度的,是因为它分散了作品的强烈的戏剧性和情感性质。'"

很明显,人们之所以反对这种"过细描写",是因为它妨碍了那些更基本的和更普遍的原则的实施。在上述作品中,它妨碍的是作品的有机统一性或强烈性。

"统一性"是比斯莱提出的三大普遍性标准中的第一个。当我们说一件作品具有统一性或不具有统一性时,主要是指它组织或排列得良好或不好、形式完美或不完美、有没有内在的逻辑(或内在结构、风格等)等。任何涉及"一个作品是如何组合在一起的"的描写,都必然指向这种"统一性"。

第二个普遍性标准是"复杂性"。当人们为自己的判断提出的理由是:"作品中含有大幅度的跳跃和变化,有丰富的对比(或者缺少变化,有太多的重复等),制作精细或微妙(或制作粗糙)时,都是指作品的复杂性而言。

第三个普遍的标准是与人性有关的种种性质的"强烈程度"(比斯莱所列举的这种性质,可参见附录2),通常指作品的戏剧特征,当我们说作品富有活力(或死气沉沉)、生动有力(或苍白无力)、美(或丑)、温柔、幽默、具有悲剧性、雅致、富有戏剧性时,便是指它的强烈性。

但是,人们对统一性、复杂性和强烈性等三大标准(或三大普遍性理由)也有反对意见。最主要的反对意见是这些标准太不准确和太过局限。比斯莱承认,由于批评家使用太多的隐喻和特殊的语言表述,使人很难看出他提出的理由属于哪一类,这些理由针对甚么和是否恰当。但他认为,他并没有把这些理由归并到它们不属于的范畴,致使其他人难以运用这些标准。也就是说,当人们运用这些标准时,就会发现,他制定的这种普遍的标准不仅准确,而且适宜于各种不同的艺术。当然,绘画的统一性不同于诗歌或音乐的统一性,但是,当批评家们说一首诗或一幅画比另一首诗或另一幅画更为统一时,他们所指的基本上是同一种性质。

如果说上述三种标准都是一般普遍性的,那些支持它们的辅助性理由却不是。也就是说,这些辅助性理由的适宜度要受"上下文关系"的限制。举例说,在佛雷施小说中过度的细节描写,在另一件作品中就不显得过度,从而不会分散人们的注意力。或者,在一幅画中显得突出和美好的形式和色彩排列,在另一幅画中就有可能显得过于华丽和刺眼。一般普遍原则与辅助性理由的另一个主要区别是,它永远是正向的,也就是说,它永远与一个正面的或肯定的评价联系着。"统一性、复杂性和强烈性,永远不会是反艺术的……只要它们出现,就永远有利于艺术。它们是使艺术成为艺术的东西。"

这一大胆的断言,即使是对那些缺乏三种标准中的一种,或与其中一种对抗的艺术品,也是成立的。只要仔细检查,我们就会发现,当一个批评家赞扬一件艺术品的简洁性时,也许不认为它是一件好的艺术品,因为在他看来,这种简洁性因此而减弱了其应有的复杂性。但也有相反的情况,例如,当他称赞它的简洁时,也许是指它紧凑简单的结构和组合(即具有统一性),或是指它的清楚易懂的人性特征(即具有强烈性)。再如,当一个人说一幅画色调柔和时,也可能是说这不是一幅好画,因为它缺乏强烈性。但也有相反的情形:说它色彩柔和,是指它的柔和性增加了其精密性(即复杂性),或增加了它结构的严密性和紧凑性(即统一性)。总之,对给出的理由,应该反复琢磨,再三斟酌,以保证这三种基本标准的正向性。

还有一种需要消除的误解:由于这三种标准特性都可以在那些优秀的艺术品中找到,人们就得出结论说,只有当一件艺术品完全合乎这三种标准,或在相当程度上达到这三种标准,才能被判定是一件好的作品。这种误解必须克服。一件艺术性很高的艺术品,不一定同时满足这三个标准,也就是说,不一定同时拥有统一性、复杂性和强烈性三种典型特征。

因为当它缺乏其中一种性质时，其缺陷或许因为其他两种性质很突出而得到平衡和弥补。例如，当一件作品缺乏统一性时，不一定会因此而降低其艺术性，因为这反而会增加它的复杂性和强烈性程度。也就是说，它的比较松散的组织结构反而强化了其他两种正面的特性。当然，这三种特性之间的互补是有一定限度的。但不管怎样，正如一件同时展示出这三种特性的作品永远不会是差劲的一样，一件缺乏这三种特性的作品就一定不会是好作品。

我亲眼看到了比斯莱的这种审美理由分类法给艺术教育带来的极大好处。这一事实在近些年来的教育实践中已经得到再三证明。许多教育学院的研究生发现，这是一个十分有价值的理论模式，它能使人理解各种不同种类的艺术判断以及为这些判断提供的各种不同理由。事实证明，在运用这种理论时，对学生只要稍加指点，他们就不仅能够使自己对艺术品的评论更加理性和更恰切，而且能更快地学会区别出哪些是认识性理由，哪些是伦理/社会性理由，哪些是审美的理由，哪些是发生学理由，哪些是情感理由，哪些是与作品本身的性质有关的理由。[借用彼得·基维(Peter Kivy)的话，能学会区分出哪些是传记式批评，哪些是自传式批评，哪些是情感型批评，哪些是技术性批评。在其中的情感型批评中，还包含比斯莱所说的人性的强烈性。]

作为学习和运用这种批评范畴一个幸运的副产品，学生们将把一种对审美理由的更深入的欣赏，发展成一种对艺术品的批评性评价，以及与这种评价有关的艺术批评能力。

至于比斯莱理论中那些有争议的部分，我已经通过自己的启发式教学，让学生自己思考。这一有争议的部分是他相信批评中的判断有真假之分。在教学中我并不肯定，我们一定能对一件复杂的艺术品作出唯一一种正确的解释或评价，我们也许永远做不到这一点。但作为对学生中流行的“甚么都成”的极端相对主义的一种抑制剂，我把正确的解释和评价作为一种努力追求的理想和一种只要取得批评的一致性就可以实现的可能性。这是一种使学生在自己的批评活动中始终保持这种理想，直到对艺术品做到最好的或最深入理解的策略。

在对比斯莱的模式作了一番肯定性评述之后，现在有必要对它的理论的模糊部分和欠缺部分作进一步澄清和修正。比斯莱认为，所有认识性价值和理由对艺术品的好坏评价无关紧要，这一见解可能会激起人们的怀疑和不满。我们在上一章曾经指出，艺术品的认识价值，或通过艺术品而达到的洞察和理解，是我们在学校进行艺术教育的重要原因之一。人们可能觉得，比斯莱将审美与认识领域分离了，他的审美批评之网漏掉了太多的东西，连各种各样的认识性事物也都漏掉了。许多美学家就这一点向他提出非难，而且我也很理解他们的做法。举例说，莫瑞斯·维慈就以一种劝告的方式，证明了文学作品的认识价值对作品之艺术性的贡献和作用。在贡布里希(E. H. Gombrich)、阿恩海姆(Rudolf Arnheim)和古德曼等人的影响下，比斯莱的晚期著作中越来越强调(甚至承认)认识维度在艺术和审美经验中的重要性。但它究竟重要到甚么程度？如果我们进一步详细检查，如果批评性判断中没有认识性成分的参与将会出现甚么样的结果，事情就会更清楚。

很明显，即使作品中没有认识性成分，也不会影响对它的审美知觉或审美洞察。这一点是不容置疑的。但是，认识性背景(审美经验和审美评价所需要的知识或通感认识)的重要性，同样也是不容忽视的。我在长达25年的审美教育中，一直都在提醒人们，艺术史、美学和艺术批评对艺术教育的贡献和作用，一直都在强调这几个“父母学科”对艺术教育的重要意义。

我甚至相信，人们应该用阿瑟·丹图(Arthur Danto)所称的那种“对艺术世界的丰富感觉”来把握艺术。这种丰富的感觉当然包括艺术理论知识和艺术史知识。

我还会继续重视其他一些富有启发性和十分有效的说法，如哈里·布劳迪(Harry Broudy)的“用心去想”。这一说法明显来自米恰尔·朴兰依(Michael Planyi)的“默契式认识”和约瑟夫·诺瓦克(Joseph Novak)的“吸收式学习理论”(对此，我还要在第五章中做详细讨论)。

但我们究竟怎样修正或补充比斯莱对审美理由的分类方式呢？我愿意赋予认识性理由一个更清晰的功能，或者说，我愿意把比斯莱理论中涉及的认识性成分的功能说得更明白些。但是，这决不等于把认识性理由提升到与客观审美理由同样的地位，更不能提升到与复杂性、统一性、强烈性三大普遍性理由同样的地位。相反，我们应该把它列入次级理由或受一定条件限制的理由中。这就是说，一件艺术品所具有的认识价值不管有多大，都无法使这一作品得到一种肯定性的审美判断。也就是说，无法保证它是一件好艺术品。但是，这种认识价值可以强化或促进三个基本批评理由中的一个——多数情况下是复杂性或强烈性。后者却是肯定性审美判断的直接根据。假如一幅绘画反映了19世纪产业工人的痛苦和失望，而它的画面又具有一定程度的复杂性，这种认识性价值就会增加其复杂性程度，从而有利于人们根据其复杂性对它做出好的判断。或者，对工人痛苦生活的同情式联系，会大大增加作品的“人性强烈度”，这种“强烈度”的增加同样有利于对它的肯定性评价。但是仅有认识性价值，决不能挽救一件不具有任何普遍性价值的作品，因为单独的认识价值不能使一件作品成为艺术品。当然，这种认识价值能否增加一件作品的审美价值，还要受一定的条件的限制。举例说，同样的认识价值，在某种情况下就可以增加一件作品的审美价值，在另一种情况下就会损害对作品的肯定性评价。例如，如果一幅绘画其他方面很弱，只是用一种直白的方式表现工人的痛苦和绝望，就肯定会缺乏审美性，被指责为纯粹的宣传和说教。

即使比斯莱的理论模式有以上的不足，他对批评性理由的分类方式仍然对艺术教学有很高的价值。任何一个艺术教师，只要想清楚地向学生解释批评性评价概念，就必须以比斯莱这种严密、清晰和全面的模式为起点。根据我个人的经验，对于艺术教育者来说，再也找不到比比斯莱美学更有帮助和更实用的理论了。更重要的是，一个教师可以直接把比斯莱的审美概念运用到课堂教学中，而暂时不必去追查这些概念的来龙去脉——虽然弄清这种理论的来源和发展对教师会有更大的好处。要理解比斯莱理论的全部，一是要熟悉这一模式所基于的真实经验——即批评家的真实判断，另一个是贯穿于比斯莱整个理论中的精神实质。正如上面所说，比斯莱自始至终都把人性因素放到第一位。也就是说，个人从艺术中能得到的好处和价值。事实证明，比斯莱的思考与教育家们的想法特别对路。这一点是非常重要的，一种理论不管怎样强调人性价值，最终把学生引导到这个人性价值领域的，还是教师。

虽然我个人对艺术教育的态度越来越趋向于一种宗教的虔诚，但我还必须承认，在许多时候，只要一涉及批评标准，尤其是比斯莱美学，我就变成一个“严格的构成主义者”。我所采取的构成程序意在引导艺术教育者对艺术品本身的兴趣，从狭义上说，要把艺术品本身作为审美价值的据点。这种做法的目的，就是要反抗艺术教育界对创造活动和表演活动的过分强调。

比斯莱的这种批评模式除了利于课堂艺术教学外，还有另一个值得一提的重大的用处。当学生们经过学习和训练知道如何使用比斯莱的批评模式后，这种洞察力还会继续影响他们的成年生活。卡伊林曾经预言，审美教育的最终目标，是培养一种具有犀利批评精神的公民。我们要求学生们不仅乐于欣赏艺术和对自己的文化遗产感到自豪，而且能够面对当前的艺术世界作出明智的选择和决定。比斯莱的批评模式恰好能帮助他们做到这一点。我们生活在一个好争吵的时代和一个喜欢各种视觉形象的时代。许多形象虽然是艺术的，但也不乏争论和争吵的意味和内容。我们的审美价值"仓库"，我们的艺术博物馆和其他文化机构，经常邀请观众来观看一些主要是为政治和道德的目的服务的东西，批评家赞扬它们时提出的理由也多数是非审美的。在当代的艺术世界，许多作品常常是因为其发生学的原因而受到批评家的赞赏，举例说，因作者的种族、血统或文化传承而得到赞赏。但这些东西本身并不能造就一件作品的审美价值。我们希望学生知道如何去对付这种局面。一个在审美方面得到自由的人，纵然对某些作品的认识价值十分看重，但仍然需要或仍然乐于行使与审美有关的批评和评价，随时准备宣称，一件作品因不符合审美的价值标准而不值一提。

滕守尧译

——节选自拉尔夫·史密斯:《艺术感觉与美育》，成都：四川人民出版社 2000 年版。

赫伯特·马尔库塞

赫伯特·马尔库塞(Herbert Marcuse, 1898 - 1979)是法兰克福学派左翼主要代表人物。1898 年出生于柏林一个富裕的犹太家庭，很早就积极参与政治活动，19 岁加入社会民主党，两年后又退党以抗议它对无产阶级的背叛。后来他放弃政治，转而研究哲学，并且成为胡塞尔和海德格尔的学生(短期)。1933 年加入了社会研究所，二战后在美国定居。他对经典马克思主义抱有浓厚兴趣，对政治和社会斗争的立场鲜明，观点毫不暧昧。通过马尔库塞的著作，法兰克福学派的批判传播甚广，特别是在北美，马尔库塞成为 20 世纪 60 年代和 70 年代初期的新左派运动的理论家和杰出的代言人，著有《爱欲与文明》、《单向度的人》、《理性与革命》等。马尔库塞对马克思主义的研究较为深入，特别是早期马克思有关“异化”的理论成为他的理论依托，终其一生他都专注于对马克思的重构和验证马克思的意识形态批判理论。其思维总是呈现一种异质的、多维度、散发式的向度，以保持对社会的批判力度，其理论宗旨在于实现人类的最终解放、协调人与自然的关系，扶植非集中化的政治运动。

《单向度的人》是马尔库塞最著名的作品，旨在批判发达资本主义社会的意识形态，揭示其极权主义特征。这部作品为他在60年代赢得了世界性的声誉，译成多种文字在许多国家出版，被称为西方60年代末大学造反运动的教科书。马尔库塞被誉为“新左派之父”。20世纪60年代是革命的年代，中国在搞“文化大革命”，西方激进的青年也要造反，兴起了“新左派”运动。一时间各种运动风起云涌，汇聚到一起，1968年这场运动到了顶峰，学生游行，工人罢工，对资本主义的不满情绪弥漫着整个社会，不少人认为革命已经到来。在这场运动中青年人崇拜的精神领袖有3个，被称为“3M”，即马克思、毛泽东、马尔库塞。

《单向度的人》一书的基本观点就是对资本主义社会进行意识形态的剖析，来揭露资本主义社会是如何把人异化为单向度的人的。单向度的人就是没有批判精神，一味认同于“现实的人”。罪魁祸首在于发达工业社会排斥了人的否定性、批判性、超越性的向度，使社会成为单向度的社会，人成了丧失了自由和创造力的单向度的人。资本主义的极权政治允许对立意见存在，但前提是不反对资本主义制度，这种自由只是一种有限的自由。随着生产力的提高，资本主义营造了一个花好月圆的文化氛围，人在吃饱喝足后丧失了革命的意识和意志。这才是极权主义存在的最好的证明。

《肯定性思维的胜利：单向度的哲学》选自《单向度的人》一书第七章，主要论述了哲学的疗救功能，跟美育的功能接近。

在本章中，马尔库塞认为当代哲学已经变成了单向度的哲学，其思维方式因为受到制约而屈服于肯定性思维。如实证主义哲学，从否定形而上学、先验论和唯心主义出发，最终沦为与现实一致，成了肯定性的哲学。只有否定性思维才能超越既定的话语和概念，纠正思想中的反常。接下来，马尔库塞以分析哲学和实证主义为例剖析了肯定性思维是哲学的施虐狂-受虐狂的表现。

奥古斯丁的言语行为哲学主张“言即行”，他从日常语言的分析中开创了语言学研究的语用学转向。言语行为理论和分析哲学都大量使用日常交流的语言做哲学分析，马尔库塞认为这种做法不可取。因为现实中的日常语言都是被净化过的贫乏的语言，语言分析使用这些不健全的语言来进行抽象，不管如何精确、明晰，也无益于哲学思想和批判思想。语言哲学和分析哲学使用毫不起眼的语言，思考被限定在普通用法中，描述取代了解释，这是新型的意识形态传播方式，正确理解的可能被排除。马尔库塞坚持认为日常思维与哲学思维、日常语言与哲学语言之间不可通约，因为两者的功能不一样，日常语言的功能是实践，哲学语言并不直接转化为行为反应。言语行为理论和分析哲学从真正的经验世界隐退，这是一个存在政治迫害、杀戮和集中营的经验世界。哲学研究变成了寻找扫帚或品尝菠萝的语言游戏，政治分析、批判分析被拒之门外。实证主义哲学同理也变成了肯定性的哲学。其判断成为不可超越的经验判断。

接下来，马尔库塞分析了否定性思维被神秘化的过程。当代哲学视否定性向度为神话，凡是与现有的话语和行为相矛盾的理论都被视为神话，甚至过去合理的东西也成为神话。造成这种神秘化的工具正是理性。这些物质和精神的机器遮掩了幕后的一切。超越被贬低，真理被抛弃，斗争的历史被遗忘。真正哲学的向度应该是否定性的，消除甚至推翻既定事实，与日常概念相对立。当代哲学忽视了这个向度，空谈由语词和声音组成的贫乏的世界，本质上是虚假的意识形态。批判理论就是要指明这种不合理的因素和神秘化的过程。

最后，马尔库塞分析了意识形态神秘化的手段。神秘化遍布社会的每个角落，用抽象的计算和精确的语言分析来甄别含混的情感与误读的含义以达到精准的描述，但对于整体的社会而言，算计越是精确就越不合理，就越显得神秘。语言哲学和分析哲学要对笛卡尔式的神话进行祛魅，实则把人还原为语言的幽灵。话语打上了服从的标记，交流要按日常语言的规则进行，不应当扰乱话语的秩序，不允许超出人们的理解能力，主体变成了手段和功能。由于受到操纵，语言分析得到的字面意义并不是人们要真正表达的意思。所以，对语言的分析必须从单向度转为多向度，对意义的分析必须考虑意义的全部向度，而这必然考虑政治、美学和道德的判断。意识形态是哲学的宿命，语言分析局限于日常话语领域是不合理的。

（李　兵）

单向度的人

第七章　肯定性思维的胜利:单向度的哲学

思想的再限定有助于精神操作同社会现实中的操作相协调,治疗即是它的目的。当思想不再超越一种既是纯公理的(数学和逻辑),又是与既定话语和行为领域共存的概念框架时,思想便与现实处于同一水平上。由此,语言分析声称要治疗思想和言语所染上的令人混淆的形而上学观念症——以往那些较不成熟和较少科学性的时代所留下的"幽灵",这些幽灵尽管无所指又不解释,却仍然出没于心灵之中。这里的重点是哲学分析的治疗功能——纠正思想和言语中的反常行为,排除或至少暴露暧昧、幻想和怪癖的成分。

在第四章中,我曾经讨论过社会学在揭露和纠正工厂中的反常行为方面所表现出来的治疗性的经验主义,这种经验主义暗含着对于能把反常行为引向整个社会的批判概念的排斥。由于有这种限制,理论的方法直接变成实践的步骤。它立意要设想出更好的管理方法,更安全的计划,更高的效率,更严密的计算。通过纠正和改进,这种分析便以肯定而告终,经验主义证明自身是肯定性的思维。

但是,哲学分析并不是直接如此应用的。与社会学和心理学的成就相比较,思想的治疗方案依然是学术性的。诚然精确的思维,从形而上学的幽灵和无意义的观念中解放出来,本身可能是深思熟虑的结果。进而言之,语言分析中的思想治疗是它自己的事情和它自己的权利。它的意识形态性质不因下述考虑而过早受到判决,即把反对对既定话语和行为领域的概念超越同反对对既定社会的政治超越联系起来的考虑。

像任何名副其实的哲学一样,语言分析自身就表明和规定了自己对现实的态度。它认定其宗旨是揭露超验的概念,它宣称它的参照系是语词的日常用法,流行的使用状况。它把它的立场限制在哲学传统之内,即限制在同那样一些思想方式不能相容的立场上,那些思想方式是在同流行话语和行为领域的对立甚至矛盾中来详述其概念的。

从已确立领域的角度看,那些处于对立面的思维方式即是否定性的思维方式。"否定的力量"是支配概念发展的原则,而矛盾则是理性的重要性质(黑格尔)。思想的这一性质并不限于某种理性主义,它也曾是经验主义传统中的决定性要素。经验主义并不必然是肯定的,它对已确立现实的态度,取决于起着知识来源和基本参照系作用的特殊经验向度。譬如,感觉论和唯物主义对于没有满足生命本能和物质需要的社会,似乎天生就是否定性的。与此相对,语言分析的经验主义却是在不允许这种矛盾存在的框架之内活动的——对普通行为领域自我强加的限制有助于产生一种内在的肯定态度。尽管哲学家们严守中立观点,预先就受到制约的分析仍然会屈服于肯定性思维的力量。

在指出语言分析的内在意识形态性质之前我必须通过对"肯定的"(positive)和"实证主义"(positivism)的起源的简短评述来替我对这两个术语似乎随意的和贬义的使用进行辩护。自从"实证主义"一词第一次被使用(或许是在圣西门学派那里)以来,它就一直包含着如下意义:(1)认识依据对事实的经验而获得有效性;(2)认知活动以物理科学为确定性和精确性的模型;(3)相信知识要进步必须以此为方向。由此出发,实证主义把各种形而上学、先验论和唯心主义当作蒙昧主义的落后的思想方式来加以反对。既定现实在多大程度上得到科学的理解和改造,社会在多大程度上变成工业社会和技术社会,实证主义就在多大程度上在该社会中发现实现(和证明)其概念的媒介——理论与实践、真理与事实的一致。这样,哲学思想变成肯定性的思想,哲学批判则只是在社会结构的范围之内进行,并把非实证的观念攻击为单纯的玄思、幻想或奇谈怪论。

在圣西门的实证主义中开始出现的话语和行为领域是技术现实的领域。在那个领域内,客观世界正在被改造成一种工具。仍处在工具世界之外的部分——未征服的、蛮荒的自然——如今显然处于科学技术进步力所能及的范围之内。形而上学的向度,即一个先前真正合理的向度如今已是不合理和不科学的了。在自身现实化的基础上,理性抵制了超越。在当代实证主义后期阶段,引起憎恶的已不再是科学和技术进步;然而思想范围的收缩仍然是严重的,因为它是自我强加的——哲学自己的方法。在当代,缩小哲学范围、贬低哲学真理的方法来势凶猛,哲学家们自身就宣称哲学的节制和无效。它不触及已确立的现实,它憎恶超越。

奥斯汀轻蔑地对待在语词的普通用法之外另外选择的用法,他诋毁我们"懒洋洋地坐在安乐椅上所想到的"东西,维特根斯坦断言哲学"让一切依然如故"。这些说法在我看来,表现了学术上的施虐-受虐狂,表现了那些没有获得科学、技术或类似成就的知识分子的自卑和自责感。他们对节制和依赖感的肯定,使人重新想起休谟关于正当地安居于理性界限之内的论调;这种理性界限一旦被承认和接受,就会保护人们不受无益的精神冒险的侵害,同时使他能够完满地适应既定的环境。然而,当休谟攻击实体的时候,他是在同一种强大的意识形态作斗争,他的后继者们今天却在为社会早已实现的东西提供理论辩护,亦即诋毁其他那些同已确立话语领域相矛盾的思想方式。

这一类型的哲学行为主义本身是值得分析的。它似乎徘徊于专横武断和随和亲切两极之间。这两种倾向在维特根斯坦反复使用的带有亲切或屈尊的人称"你"的命令式用法中完满地融合在一起;在吉尔伯特·赖尔《心的概念》的开首章节中也是如此,里面初步论证了作为关于身心关系"法定学说"而出现的"笛卡尔神话"的谬误之处,从而引出某约翰和某理查德以及他们关于"普通纳税人"所想到的事。

语言分析著作充满了这种对普通人的亲密感,他们的谈话在语言哲学中起着主导作用。言谈的亲切感有着重大的意义,因为它一开始就把博学之士们的"形而上学"词汇拒之门外;它反对理智的清高,并嘲笑知识分子。某约翰和某理查德的语言实际上是街头语言,是表达其行为的语言,因而是具体性的标志。然而,它也是一种虚假的具体性的标志。这种为分析提供了大量素材的语言是一种净化了的语言;被净化的不仅是"非正统的"语言,而且也包括那些其表达的内容不同于社会所提供的内容的表达方式。语言分析学家发现这种净化了的语言是一个完成了的事实,他原封不动地接受了这种贫乏的语言,并把它同它没有表达的东西隔离开来,尽管它作为意义的成分和要素已进入既定话语领域。

语言哲学关心意义和用法的流行类型,关心普通言语的能力和常识,同时又反对分析普通言语对于讲这种言语的社会所说的话(或将它作为无关紧要的素材)。由此语言哲学再次抑制了在这种话语和行为领域内不断受到抑制的东西。哲学权威纵容造成这种领域的势力。语言分析实际上是从普通语言在谈论中所展示的东西出发来进行抽象的——是从残缺不全的人和自然出发来进行抽象的。

何况,引导这种分析的往往并不是普通语言,而是放大了的语言原子、无聊的言语片段,听起来就像幼儿说的话一样,例如:"这看上去像一个抽鸦片的人","他看见过一只知更鸟","我有过一顶帽子"。维特根斯坦就花过很多心思和篇幅来分析"我的扫帚在角落里"。下面我引自J. L. 奥斯汀《他人的心》一书的分析,可以作为一个有代表性的例子。

两种相当不同的踌躇方式是可以分辨的。

(a) 让我们以我们正在品尝某种滋味为例。我们可以说"我简直不知道它是甚么:我以前从未尝过如此少见的东西……不,没有用处;我对它考虑得越多,我就越是糊涂;在我的经验中它是十分特别、不同一般、独一无二的!"这表明我在过去的经验中找不到可与当前经验相比的东西,我可以确定它明显不像我以前曾品尝过的任何东西,也完全不像我知道应作同一描述的任何东西,这一事例尽管足以辨别,它仍然逐渐演变成更普通类型的事例;而在这种事例中,我并不能十分肯定,或只是比较地肯定和实际上肯定它是例如月桂的滋味。在所有这些情况下,为了辨别眼下的东西我都在尽力搜寻我过去经验中类似于它的东西,即搜寻某种相似性,既然有这种相似性存在,它就或多或少应该用同样的摹状词来描述,采用这种办法,我正在获得不同程度的成功。

(b) 另一个实例与此不同,尽管它很自然地同第一个例子有联系。在这里,我力图要做的是反复玩味当下经验,详细地审视它,清楚地感觉它。我没有肯定它是菠萝的滋味。难道在味道、刺激,或缺乏刺激、腻味感方面不可能有同菠萝差不多但正好又与它不一样的东西吗?难道就不可能有一种排斥紫红色又很难代替淡紫色的特殊的隐约的绿色吗?或许它有些奇怪:我必须更认真地反复观察和审视它,可能这里正好有迹象说明存在着一种不自然的微光以致它看上去与普通的水大不相同。因此我们的实际感觉缺少一种敏锐性,这不是或不仅仅是通过思考能够补救的,而是要通过更加敏锐的辨别,通过感觉上的辨别力才能补救的。尽管考虑我们过去经验中其他更为明白的事例的确能够促进我们的辨别力。

在上述分析中有甚么东西令人不快呢?在精确性和明晰性方面,它可能是无与伦比的——它是正确的。但这就是它的全部东西,我认为它不仅不够,而且对哲学思想和批判思想还有破坏性的作用。从哲学的角度,我们可以提两个问题:(1)概念(或语词)的解释能够永远使自己适应实际的日常话语领域并以此而告终吗?(2)精确性和明晰性本身即是目的还是受其他目的所制约?

就其第一部分而论,我对第一个问题的回答是肯定的。最为陈腐的言语例子正因其陈腐而可以说明现实中的经验世界，并有助于解释我们对它的思考和谈论——就像萨特对等公共汽车的人群的分析，或卡尔·克劳斯对每天的报纸的分析一样。这样一些分析之所以能够说明经验世界，是因为它们超越了环境及其表现形式的直接具体性。它们为了解释制造环境的那些因素，和在这一环境中的讲话（或沉默）者的行为，而超越环境及其表现形式的具体性。（在上述例子中，这些先验因素被追溯到劳动的社会分工。）因此，这种分析并不局限在日常话语的领域之内，而是越过它，并开启一个根本不同的领域，创造甚至同日常言语相矛盾的词汇。

这里不妨再看另一个例子，诸如“我的扫帚在角落里”之类的句子，也可能出现在黑格尔逻辑中，但在那里，它们被说成不恰当的甚或虚假的例子。它们只是一些废品，另一种在概念、风格和句法方面具有不同规则的话语将会超越它们。对于后一种话语来说，“我们语言中的每一个句子都像‘它现成的那样秩序井然’”绝不是那末“显然”的。事实正好与此种说法相反，每一个句子都像这种语言所表达的世界那样很少是秩序井然的。

简直是自我虐待地把言语降低为不起眼的、普通的语言，还把这种做法说成一种纲领：“如果‘语言’、‘经验’、‘世界’之类的语词要有一种用处，它就必须跟‘桌子’、‘灯’、‘门’之类语词的用法一样不起眼。”我们必须“坚持我们日常思考的那些主词，不能够走入歧途并想象我们必须描述一些极难捉摸的东西……”——似乎这是唯一的选择，似乎“极难捉摸的东西”对于维特根斯坦的语言游戏不是合适的术语，而对康德的《纯粹理性批判》才是合适的术语一样。思考（或至少是其表达）不仅被束缚在普通用法之内，而且不能要求和追寻那些超出已存在东西范围的解释，“不是通过提供新信息，而是通过安排我们已经知道的东西，问题才得以解决”。

由于所有概念都受到既定事态的制约，自称贫困的哲学不相信有种种可能的新经验。受已确立事实的支配是全面的——固然，仅仅是语言事实，但是社会是以它自己的语言讲话的，而且要我们服从。禁令是严厉而专断的：“哲学不能干预语言的实际使用。我们不可能发展任何理论。在我们的考察中不可以存在任何假设性的东西。我们必须取消一切解释，唯有描述必须占有它的位置。”

人们或许要问，哲学还能干些甚么？没有假设，没有解释，思维、智力还能干些甚么?然而,成问题的并不是哲学的定义或尊严。毋宁说,成问题的倒是有无希望维护和保存用专门术语而不是普通用法中的术语来思考和讲话的权力和需要——正因为专门术语是另一些术语,它们才是合理、有效而又有意义的术语。这里涉及一种新意识形态的传播,它通过排除能够理解正在发生的事件(及其意义)的概念来对正在发生的事件(及其意义)进行描述。

日常思维和语言领域同哲学思维和语言领域之间,本来就存在着不可归约的差别。在通常情况下,日常语言确实带有行为性——它是一种实践手段。当某人说出"我的扫帚在角落里"时,他的意思可能是:其他某个问起扫帚的人正准备取走它或留下它,因而将会得到满足或产生愤慨。总之,由于引起了某种行为反应,该句子实现了它的功能:"结果吞没了原因;目的吞没了手段。"

与此相对,在一本哲学书或一段哲学话语中,如果"实体"、"观念"、"人"、"异化"之类的语词,成了命题中的主词,意义就不会转化为行为反应,人们也不会指望发生这种转化。此类语词可以说仍未完成它的作用——除了在思想上它可能导致其他思想之外。在历史延续性的范围内有一系列中间环节,命题可能有助于形成和指导一种实践。但甚至在此时,命题仍未完成它的作用——只有狂妄自大的绝对唯心主义才会断言思想和其对象达到了终极的同一。因此,哲学所涉及的语词用法决不能"跟'桌子'、'灯'、'门'之类语词的用法一样不起眼"。

这样看来,哲学中的精确性和明晰性不能在日常话语范围内达到。哲学概念以事实和意义的一种向度为目的,这种向度说明"外部"对于理解日常话语的根本意义,从而"从外部"来解释日常话语的原子化的词组或语词。或者说,如果日常话语领域本身变成哲学分析的对象,哲学语言就成了"元语言"。即使当它在不起眼的日常话语范围内运动时,它也仍然是对抗性的。它把意义的已确立的经验背景分解成其现实的背景;它从直接的具体性中进行抽象,是为了达到真正的具体性。

从这种观点出发,上面所述的语言分析例子要作为语言分析的有效对象,便很成问题。对品尝某种可能有也可能没有菠萝滋味的东西加以最精确、最明晰的描述,难道真能促进哲学认识的发展吗?要是它能起一种批判的作用,那末这一批判就会使有争议的人类状况——不是医学或心理学上的品尝试验状况——受到质疑,而这肯定不是奥斯汀进行分析的目的。分析的目标从讲话者讲话和生活的更广大、更严密的背景中后退，从形成概念的普通媒介中转移出来，从而变成了语词。这种人们在其中讲述和行动，这种赋予言语以意义的普通的、更广大的背景是甚么呢？——它没有出现在实证主义的分析中，上述例子和分析本身已先验地将它排除在外了。

这一更大的经验背景，这一真正的经验世界，今天仍然是有死刑、毒气室和集中营、广岛和长崎、美国的卡迪拉克和德国的梅赛德斯、五角大楼和克里姆林宫、核城市和古巴、洗脑和屠杀的世界。现实的经验世界同时也是这样一个世界：在它之中，上述所有事情不是被视为理所当然，就是被忘却、抑制或不为人们所知，在它之中，人民是自由自在的。在这个世界里，角落里的扫帚和像菠萝一样的滋味十分重要，日常生活的艰辛和舒适或许是构成一切经验的唯一内容。这第二个有限的经验世界是第一个世界的一部分；支配第一个世界的力量也塑造了有限的经验。

可以肯定，建立这种关系不是日常思想在日常言语中的任务。如果它是一个寻找扫帚或品尝菠萝的问题，那末抽象就会得到辩护，意义就能得到确定和描述而无须侵入政治领域。但在哲学中，问题并不是寻找扫帚或品尝菠萝——更何况今天的经验哲学本身就建立在抽象经验基础上。即使把语言分析用到政治术语和词组上，这种抽象性也得不到纠正。分析哲学的整整一个分支都在从事这项工作，但其方法已经把政治分析即批判分析的概念拒之门外。操作性或行为性的转译把“自由”、“政府”、“英格兰”之类术语与“扫帚”和“菠萝”同化起来，把前者的现实与后者的现实同化起来。

使用“不起眼用法”的日常语言对批判的哲学思考确实可以具有根本的重要性。但在这种思想媒介中，语词丧失了它们平易的谦恭，并揭示出维特根斯坦所不感兴趣的“深藏”的意义。考虑一下黑格尔的《现象学》中对“此时”、“此刻”的分析吧，或者(宽恕需借用语言)考虑一下列宁对怎样充分分析桌上“这杯水”的建议吧。他们的分析把日常言语中的“历史”作为隐蔽的意义向度——社会对其语言的支配——揭示出来。这一发现粉碎了既定话语领域首次出现于其中的自然的物化形式。语词不仅在语法和形式逻辑的意义上，而且在物质的意义上，作为真正的界限而出现；作为意义及其发展的界限，亦即社会强加于话语和行为上的界限而出现。“我的扫帚在角落里”或“奶酪在桌上”之类的例子，不再能够解释意义的这种历史向度。可以肯定,它们能够揭示许多歧义、困惑和怪癖之外,但它们又都处于同样的语言游戏和学术胡诌的范围之内。

这种分析由于立足于物化的日常话语领域,由于是在此物化领域之内来揭示和澄清日常话语的,因此它要从否定的、异己的、对立的、不能按照既定用法来理解的事物中进行抽象。它通过对意义进行澄清、归类和分离来清除矛盾、幻想和越轨的思想言语。但越轨并不是"纯粹理性"的越轨,不是超越可能知识界限的形而上学的越轨,毋宁说是在开创一个超越常识和形式逻辑的知识领域。

在阻碍人们通往这一领域的过程中,实证主义哲学为自己建立起一个自足的世界,一个封闭的、对引起动乱的外部因素防守严密的世界。就此而论,不管证实的条件是数学的、逻辑命题的,还是习惯的、惯例的,都没有甚么区别。任何语词的可能意义都是以这样那样的方式被预先判断的。而用于预先判断的判断可以像英语口语、词典或其他某种代码、惯例那样宽泛。一旦被人们所接受,它就会构成一种不可超越的经验推断。

但是,如此偏激地接受经验主义又违反经验主义。因为在此处发话的是残缺不全的抽象的个人,他所经验到的只是给予他的东西(严格意义上的给予),他所掌握的只是事实而不是事因,他的行为是单向度的、受操纵的。由于事实上存在着抑制,人们经验到的世界是有限经验的结果,而实证主义对大脑的清洗则使大脑同有限经验相一致。

经验世界就是以这样一种不完整的形式变成肯定性思考的对象。尽管新实证主义注重探讨、揭示、澄清语言的歧义和含混之处,它对已确立的经验领域巨大而普遍的有歧义的含混的对象却不闻不问。而且,它还必须继续如此,因为它所采用的方法贬损或"转译"了引导人们去理解处于压抑性不合理结构中的已确立现实的概念,也即否定性思维的概念。把批判性思维改造成肯定性思维的做法大多产生于对普遍概念的治疗性处理之中;而把普遍概念转译成操作术语和行为术语的做法则是与前述社会学的类似做法同步进行的。

哲学分析的治疗性质十分受人重视——治疗幻觉、骗局、含混、幽灵、鬼怪以及难解之谜、无法回答的问题等症。可谁是患者呢?显然是某种类型的知识分子,他的心灵和语言同日常话语框架格格不入。此种哲学中确有颇大部分心理分析,但它们并不含有弗洛伊德那种认为患者的病根是分析疗法所无法治愈的普遍病症的基本见解。换言之,按照弗洛伊德的说法,在某种意义上,患者的疾病在于他对他所生活的病态世界进行抗议。但是医生必须漠视“道德”问题。他必须恢复患者的健康,必须使之能够在其世界里正常行动。

哲学家不是医生,他的职责不是去医治单个的个人,而是去了解他们所生活的世界——从它对人类做过甚么和能做甚么的角度去了解世界。因为,从哲学史看(这一历史至今仍是有效的),哲学同维特根斯坦的理解是正好相反的。维特根斯坦宣称哲学就是摒弃一切理论,就是一项“让一切依然如故”的事业。在“给哲学带来平静”之外,哲学并不知道更多无益的“发现”,“所以它不再受到那本身的产生就成问题的问题的搅扰”。而且再也没有比布特莱主教点缀 G. E. 摩尔的《伦理学原理》的题词更无哲学味的东西了:“事物是甚么就是甚么,不是甚么别的”——除非我们把“是”一词理解为对事物真相同其变相间的根本区别的指称。

新实证主义批判的主要任务仍然是反对形而上学观念,它既为形式逻辑的精确性观念所驱使,又为经验描述的精确性观念所驱使。无论精确性是在逻辑和数学分析的纯粹性中达到,还是在对日常语言的顺从中达到——当代哲学的这两极同样都排斥或贬低那些超越流行合法性原则的思想和言语成分。当这种敌对情绪以宽容形式出现时——即是说,当处于意义和意指的分离向度中的超验概念承认某种真理的价值时(如诗的真理,形而上学的真理)——这种敌对情绪便更加强烈。因为,清除容许思想和言语的不精确性、模糊性甚至矛盾性存在的专有地盘,正是保护正常话语领域免受不良思想严重影响的有效方式。文学所包含的任何真理都是“诗的”真理;批判唯心主义所包含的任何真理都是“形而上的”真理——它的合法性,如果有的话,既不付诸日常话语和行为,也不付诸适应日常话语和行为的哲学。通过否认超验语言同日常语言的相关性,通过宣布采取全面的不干预态度,这一新形式的“双重真理”说支持了一种虚假的意识。其实,超验语言真正的价值正在于它同日常语言的相关性和对日常语言的干预。

在压抑性的思考和生活条件下,思维——任一不限于现状内的实用目的的思考方式——可以认识事实,而且仅仅通过“推敲”事实就对它们作出反应。经验是在隐藏某种东西的帘幕前发生的,如果世界就是直接经验幕后的某种东西的显相,那末,用黑格尔的话来说,在幕后的就是我们自己。我们自己并不是通常意义上的主体,并不是语言分析中的主体,也不是科学测量的“净化了的”主体，而是人同自然、人同社会作历史斗争的主体和客体。事实就是在这种斗争中所发生的东西，甚至当事实性仍然是蛮荒的、未被征服的自然的事实性时，它也是历史的。

理智地消除甚至推翻既定事实，是哲学的历史任务和哲学的向度。科学方法也远远超出了事实的范围，甚至同直接经验的事实相反。科学方法是在现象同实在的冲突中得以发展的。但是，思想主体与客体之间的中介截然不同。在科学上，中介是被剥夺了所有其他特性的观察、测量、计算和经验的主体；抽象的主体谋划和限定抽象的客体。

与此相反，哲学思想的客体同一种意识相联系，这一意识使具体特性进入概念及其相互关系之中。哲学概念保存并解释前科学的中介（日常实践、经济组织工作和政治行为），这种中介造成了实际存在的客观世界——在这个世界上，一切事实都是历史连续性中的事件和事变。

科学同哲学的分离本身就是一个历史事件。亚里士多德的物理学是哲学的一部分，也是对“第一科学”——本体论——的准备。亚里士多德的物质概念同伽利略和后伽利略时代的物质概念的区别，不仅在于它们分属科学方法发展的不同阶段（和对不同“层次”的实在的发现），更重要的或许还在于它们分属建立不同自然和社会的不同历史谋划，不同历史事业。亚里士多德的物理学变成谬误，客观上是由于有了对自然的新经验和新了解，是由于历史建立了一个新的主客观世界。而亚里士多德物理学的虚假之处反过来又扩展到过时的、已被超越的经验和了解之上。

但无论它们是否会总合为科学，哲学概念都同日常话语领域相对立，因为它们仍然包括在口头语言、公开行为、感觉得到的状况和意向或流行倾向中所未实现的内容。哲学领域因此仍然含有“幽灵”、“虚构”和“幻想”，而这些东西可能比它们的对立面更加合理，因为它们是识别现行合理性的限度及欺骗性的概念。它们表现了维特根斯坦所拒不接受的经验——即“与我们预先设想的观念相反，思考‘如此这般’的东西是可能的，不管它可能意味着甚么”。

忽视或消除这种特殊的哲学向度，已经导致当代实证主义走进一个空谈具体性的全面贫乏的世界，同时也导致当代实证主义所创造的虚假问题比它毁掉的更多。很少有一种哲学表现出比“形而上学和表意语言”研究对三个瞎老鼠的解释这样的分析更具欺骗性的严肃精神；因为它讨论“人造的三倍大的基本失明的老鼠是按照纯粹表意原则而构想出的不对称结果”。

或许这个例子是不公平的。然而下述说法则是公平的，即最晦涩的形而上学也没有表现出那样一些矫揉造作和莫名其妙的苦恼，诸如在有关还原、转译、描述、指称、专名等问题上所产生的苦恼。各种例子都可以巧妙地在严肃性和趣味性之间保持平衡，如司各特和《威弗利》的作者之间的区别；秃子和现在的法兰西国王；某约翰在街上遇见或未遇见“普通纳税人”某理查德；我此时此刻看见了一个红点并说“这是红的”，或者如事实所表明的，人们往往把感情描述为战栗、内疚、痛苦、颤动、悲痛、渴望、刺痛、心头发冷、心头发热、沉重、不安、热望、凝固、低落、紧张、苦恼和震惊。

这种经验主义以概念的或感觉的碎片世界、被组织成一种哲学的语词和声音的世界，来取代遭人憎恨的形而上学幽灵及神话、传说和幻想的世界。而且所有这些不仅是合法的，甚至是正确的，因为它表明非操作性观念、愿望、记忆和想象已经是作废的、不合理的、混乱的或无意义的。

在清除这种错误的过程中，分析哲学使现实的现存技术组织中的行为概念化，同时它又接受该技术组织的裁决，对旧意识形态揭露成了新意识形态的组成部分，但是，被揭露的不仅是幻想，而且也是那些幻想中的真理。下述说法反映了这种新意识形态：“哲学只是阐明每个人都承认的东西”，我们共有的语词系谱包容了“人们所发现的一切值得描绘的特性”。

那末，这一“共有语词系谱”是甚么呢？它是否以一种充足转译的系统包括了柏拉图的“理念”、亚里士多德的“本质”、黑格尔的“精神”、马克思的物化呢？它是否包括诗歌语言的重要语词呢？它是否包括超现实主义散文的语词呢？如果包括，那末它是否是在它们的否定涵义——使普通用法领域无效的涵义——上包容它们的呢？如果不是，那末人们所发现的值得描绘的全部特性就都受到了排斥，并被转移进虚构或神话的领域，而残缺不全的虚假意识则被当作决定事情本相的意义及其表现的真实意识。其他的则作为虚构或神话而受到抨击——和承认。

然而，究竟是谁在构筑神话并不清楚。可以肯定，神话是原始的、不成熟的思想。文明的进程使神话不再有效（这几乎是进步的意义），但它也可以使合理的思想重归于神话的地位。在后一种情况下，鉴别和说明历史可能性的那些理论可以变成不合理的,或更确切地说,可以显得是不合理的,因为它们同已确立的话语和行为领域相矛盾。

因而,在文明的进程中,有关黄金时代和千年盛世的神话服从于进步的合理性。(历史上)不可能的成分同可能的成分相分离——梦想、虚构同科学、技术、商业相分离。19世纪中,社会主义理论把原来的神话转译成社会学术语——或更确切地说,在既定历史可能性中发现了神话的合理内核。然而,相反的运动也由此而发生。今天,当与实际状况相对照时,昨天合理和现实的观念似乎又成了神话。发达工业社会中工人阶级的现实状况使马克思的"无产阶级"一词成为一个神话概念;当代社会主义的现实状况使马克思主义的理想成为一个梦想。理论和事实之间的矛盾,亦即本质上尚未证明前者为假的矛盾,引起了这种逆转,批判理论非科学的、思辨的特性,导源于其概念的特性;它指明和确定合理性中的不合理因素以及现实中的神秘成分。它们的神话特质反映了既定事实的神秘特质——社会矛盾的虚假和谐。

发达工业社会的技术成就,对精神生产和物质生产的有效操纵,已经在神秘化的地方造成了一种转折。如果指出意识形态在生产过程中逐渐得到具体化是有意义的话,那末,指出在这个社会中最有效的神秘化工具是理性的而不是非理性的,也是有意义的。在当代社会,压制的发展曾经发现于意识形态领域,并首先是表现于非理性的伪哲学(人生哲学,同社会相对的村社观,热血和土地,等等)受到抬举的现象中,这种看法曾遭到法西斯主义和国家社会主义的拒绝。它们对国家机构进行全面技术合理化,从而否认这些情况和其自身非理性的"哲学"。从事这项工作并把其神秘化能力加诸社会的正是物质和精神机器的总动员。它使个人无力去观察机器"背后"那些操纵机器、从中获利的人,以及为之付出代价的人。

今天,神秘化的成分在生产性的广告、宣传和管理中被控制和利用起来。魔法、巫术和崇拜在家庭、商店和办公室的日常惯例中得到了实践,合理的成就掩藏着整体的不合理。譬如,对同归于尽这一令人苦恼的问题的科学探讨——杀伤力和过多杀伤力的数学计算,放射性尘埃扩散或不完全扩散的量度,反常情况下的持久力实验——神秘到这样的程度,它助长(甚至要求)承认这种疯狂行为。因此,它反对真正合理的行为,反对拒不附和疯狂行为并尽力消除其产生条件的行为。

要反对把合理性转化为其反面的新神秘化,就必须确认事物的区别。

合理的不是不合理的，把对事实的精确认识和分析同含混的情感思辨区分开来的重要性一如既往。麻烦在于：经验社会学和政治科学的统计学、测量法及实地考察都不够合理。它们在多大程度上同造成事实并不决定其功能的真正具体的环境相分离，它们就在多大程度上变得神秘起来。这里说的环境并不止于、也不同于调查中的工厂和商店，研究中的村镇和城市，以及进行民意调查或计算其幸存机会的地区和团体。而且，就它创造并决定着受到调查研究、民意测验和精确计算的事实而言，它更加现实。各个特殊主体在其中获得现实意义的这一现实环境，只有在一种社会理论的范围内才是可以定义的，因为事实中的各种因素并不就是观察、测量和询问的直接材料。它们只是在那样一种分析即能够鉴别把社会各个组成部分和过程结合起来并决定其相互关系的结构的分析中才成为材料。

说这一元环境即是社会(第一个字母 s 大写)，就是要使整体优于部分实体化。但这一实体化发生于现实之中，而且就是现实，只有通过认识它，并理解它的范围和原因，才能在分析中克服它。社会的确是向个人实施其独立权力的整体，它不是无法辨认的“幽灵”。在制度的系统内它有它的经验硬核，即人与人之间已确立的凝固关系。从它之中进行的抽象，证明测量、询问和计算都是虚假的——不过它们在如下向度中才是虚假的，此向度并不出现于测量、询问和计算之中，因此不与它们相冲突，更不妨碍它们的进行。它们仍然保存着它们的精确性，同时又正在它们的精确性中神秘化。

在显露超越性术语、模糊观念、形而上学的全称命题以及类似东西的神秘特性的过程中，语言分析把日常语言的术语留给压抑性的已确立话语领域，从而把这些术语神秘化了。从行为上对意义加以阐明恰好是在这一压抑性领域中进行的——这种阐明方式是要驱除笛卡尔哲学那古老的语言“幽灵”和其他旧式神话。语言分析坚持主张，如果某约翰和某理查德谈及他们心中所想到的东西，那末他们不过是在指称某种特殊的知觉、意图或他们碰巧具有的意向而已；心灵是一个由语言来表示的幽灵。同样，意志也不是灵魂的一种真实的官能，而不过是特殊意图、倾向和愿望的一种特殊表现方式。诸如此类的还有“意识”、“自我”和“自由”——通过指明行动和行为的特殊方法或方式，“它们”都是可以得到解释的。

后面我还将回到对普遍概念的这种处理方式上来。

分析哲学经常散发出委员会进行指责和审查的气氛。知识分子被喊去受训。当你说……的时候你的意思是甚么？难道你没隐瞒甚么？你讲的是一种可疑的语言。你不像我们中的其他人那样讲话，不像街头上的人那样讲话，而是像不属于这儿的外来人那样讲话。我们必须还你本来面目，揭穿你的诡计，使你得到净化。我们要教你说你心里所想的，说“清楚”、“把牌摊开”。当然，我们不强加于你，不干涉你的思想言论自由，你可以愿意想甚么就想甚么。但是，一旦你要讲话，你就得同我们交流思想——用我们的语言或你的语言。你当然可以讲你自己的语言，但它必须可以翻译也将得到翻译。你可以朗诵诗歌——那是正当的。我们热爱诗歌。但我们要懂得你的诗，而且只有当我们能够按照日常语言来解释你的符号、隐喻和形象时，我们才能懂得你的诗。

诗人也许回答说他的确希望他的诗是能够理解并且得到理解的(那就是他作诗的原因)，但如果他所说的可以按照日常语言来说的话，他或许首先就这样做了。他也许要说：理解我的诗要有一个前提，那就是你想将我的诗转换进去的那一话语和行为领域已经崩溃和失效。我的语言像任何其他语言一样可以掌握(事实上，它也是你自己的语言)，因此，我的符号、隐喻等看上去就不是符号和隐喻，而正是它们所说的东西。你的宽容是欺骗性的。在为我保留意义和意思的某一特定地位时，你答应我不受理智和理性的约束，但在我看来，精神病院并不在这里。

诗人还可能感到，十分严谨的语言哲学讲的是一种相当偏颇而又冲动的语言——即老人或年轻人在愤怒时的语言。他们的词汇充满“不恰当的”、“奇怪的”、“荒唐的”、“令人困惑的”、“不可思议的”、“无聊的”、“嘈杂的”东西。不恰当和令人困惑的怪诞之处必须剪除，如果健全的理解要占据主导地位的话。交流不应当超出人们的理解能力；超出常识和科学范围的内容不应当打乱话语的学术领域和日常领域。

但是，批判的分析必须从它极力理解的对象中摆脱出来；哲学用语必须不同于日常用语以便解释后者的全部意义。因为话语的已确立领域彻头彻尾地打上了社会成员所服从的统治、组织和操纵的特定方式的标记。人民为了生存而依赖于使他们如现在那样去讲话的工头、政治家、职业和邻人；社会必然性迫使人们把“物”(包括他们的身体、心灵和感情)同其功能等同起来。我们如何知道呢？因为我们看电视，听收音机，阅读报刊杂志并与人交谈。

在这些情况下，说出来的话是说它的个人的思想感情的表达，是使个人像他现在那样去说的那些人的思想感情的表达，以及使他们相互联系的紧张关系或矛盾的表现。在讲他们自己的语言时，人们也讲他们的主人、赞助人和广告商的语言。因此，他们不只表达他们自身，他们自己的知识、感情和愿望，而且也表达不同于他们自身的某种东西。“当由他们自己”来描述他们家乡和国际上的政治局势时，他们(“他们”包括我们，包括知道它并批评它的知识分子)描述的是“他们的”大众交流媒介所告诉他们的事情——而且这与他们真正所想、所见及所感觉到的东西混在一起。

在相互描绘我们的爱和恨、同情和憎恶时，我们必须使用我们的广告、电影、政治家和畅销书的术语。我们必须使用同样的术语以描述我们的汽车、食物、家具、同事和竞争者——这样我们就好相互理解。事情必须如此，因为语言不是私人的、个人的，或更确切地说，私人的和个人的语言要以现成语言材料即社会材料为媒介。但是，这种情况使日常语言没有资格去履行它在分析哲学中所发挥的那种有效功能。“当人们说……时他们的意思是甚么?”跟他们没有说的东西有关。或者说，他们所要说的意思不能从表面上看——这不是因为他们撒谎，而是因为他们生活于其中的思想和实践领域是受操纵的矛盾领域。

诸如此类的情况同对如下陈述的分析没有关系：“我渴望”或“他抽鸦片”，或“现在这在我看来是红的”，但它们在人们真正说些甚么的时候又变得至关重要(“她就是爱他”，“他没有心”，“这是不公平的”，“我能对此做点甚么呢?”)，它们对于伦理学、政治学等等的语言分析是重要的。简而言之，语言分析能够取得的不是其他经验的精确性，而是既定事态向人们要求的精确性，不是别的明晰性，而是在既定事态中人们被许可得到的明晰性——即是说，它仍旧停留在神秘化的、欺骗性的话语界限之内。

在它似乎已超出这种话语的地方，如在其进行逻辑清洗的过程中，只有基本骨架还属同样的领域——一个比这种分析所反对的幽灵可怕得多的幽灵。如果哲学不只是一种消遣性职业，它就会揭示使话语成为残缺不全的、欺骗性话语的原因。把此项任务留给社会学系或心理学系的同行，就是要使已确定的学术分工成为一种方法论原则。也不能对此项任务置之不理，谦恭地主张语言分析唯有澄清“混乱”思想和言谈的卑微目的。如果这样的澄清活动超出可能语境中可能意义的单纯枚举和分类，从而为任何人根据情况进行选择留下广阔余地的话，它就绝不是一项卑微的任务、这种澄清包括在真正有争议的地方分析日常语言，在似乎最不混淆的地方去认识混乱的思考，在十分正常和清楚的用法中去找出它的虚妄之处。这样，语言分析就达到这样一个层次：塑造并限制话语领域的特定社会进程变得显而易见和可以理解。

在这里，“元语言”的问题就提了出来，分析某些用语意义的用语，必须不同于或区别于被分析的用语。它们必须不止于和不同于仍旧属于同一(直接)话语领域称单纯同义词。但是如果这种元语言真要打破使不同语言向度合并和同化起来的既定话语领域的极权主义范围，它就必须能够指称限定和“封闭”既定话语领域的社会进程。由此，它不能是一种主要用句法或逻辑明晰性观点建立起来的技术性元语言。迫切需要的倒是使既定语言本身讲出它所掩盖或排斥的东西，因为有待于被揭示和指责的东西在日常话语和行为领域内是操作性的，流行的语言包括元语言。

这一迫切需要在卡尔·克劳斯的著作中已经得到满足。他证明了言谈、写作、标点符号以至排印错误的“内部”检验如何可能揭示一个完整的道德或政治系统。这一检验仍然是在日常话语领域内进行的，它不需要人工的、“更高层次”的语言来封定和澄清受检验的语言。语词和句法形式是在它们所出现的上下文中被阅读的，譬如，是在某一特定城市或国家通过某些人的笔来支持某些特定意见的报纸上被阅读的。因此，词典所编纂的、句法所规定的语词关系通向了另一种向度——不是外来的，而是由借词的意义和功能构成的——第一次世界大战期间和战后维也纳新闻界的向度，就是它的编辑们对待大屠杀、君主制和共和制等问题的态度。按照这种向度，语词用法和句子结构都接受了一种不出现在“直接”阅读中的意义和功能。报纸在风格上所表现出来的语言同它的政治风格有关。句法、语法和词汇都变成了道德的、政治的行为。或者，上下文关系也可以是一种美学和哲学的上下文关系：文学批评，对学术界的演说，或诸如此类的东西。在这里，对一首诗或一篇文章的语言分析，使既定的(直接的)材料(诗或文章各自的语言)同作者在文学传统中所发现和所要改造的东西对立了起来。

为了进行这样一种分析，语词或形式的意义要求在多向度的领域内得到发展，在那里，任何表达出来的意义都带有几个相互关联、相互交叉和对立的“系统”的特征。譬如，它属于：

(a) 一项个人的谋划，即为了特定目的而在特定场合进行的特定交流（一篇报刊文章，一次演讲）；

(b) 一个已确立的超个人的观念、价值体系和个人的谋划所涉及的客观事物；

(c) 一个特殊的社会，它本身使不同的甚至对立的个人谋划间超个人谋划一体化起来。

举例来说：某一演讲、报刊文章甚或个人交流，是由特定的个人进行的，这样的个人是特定社会中（职业的、住宅区的、政治的、思想的）特定团体的（得到承认或未得到承认的）发言人。这个团体有它自己的思想和行为的价值、目标及代码，它们以受到肯定或反对的形式，带着不同程度的认识或明晰性进入个人的交流。因此它们使超个人的意义系统带上了个人色彩，这就构成了同个人交流的向变既相互区别又相互融合的话语向度。这一超个人系统因而成了包罗万象、无所不在的意义领域的一部分，而这一领域又是由交流发生于其中、源出于其中的社会系统来发展和经常地“封闭”的。

意义的社会系统的范围和限度，在不同历史时期随着达到的文化水平的不同而大不相同，但是它的界限规定得很清楚，只要交流不止是指向日常生活那些无争议的器具和关系的话。今天，意义的社会系统统一了不同民族的国家和不同语言的地区。这些意义的大系统势必既与多少已经发达的资本主义社会的势力范围相吻合，又与发展中的共产主义社会的势力范围相吻合。当意义的社会系统的决定作用在有争议的政治话语领域内肯定自身时，它也以一种更为隐蔽的、无意识的、情感的方式，在日常话语领域内进行操作。对意义进行真正的哲学分析必须考虑意义的全部向度，因为语言表达掺有这些向度。因此，哲学中的语言分析具有一种语言之外的义务。如果它取决于合法与非法用法之间、真正的意义和虚幻的意义之间、有意义和无意义之间的区分，它就会产生一种政治的、美学的或道德的判断。

当目的是要通过分析语词在日常话语中的功能和用法把握语词意义

时,这样一种“外部”分析特别不合适(之所以对“外部”打引号,是因为它其实不是外部的,确切地说它是意义的内部发展),这种观点可能遭到非议。不过,我的意思是,这正是当代哲学中的语言分析所没有做的事情。而它之所以没有这样做,是因为它把日常话语转入了一个专门的学术领域,该领域即使在(而且正是在)充满日常语言时也是被净化了的和综合性的。在对日常语言进行如此分析治疗的过程中,日常语言实际上遭到了清洗和麻醉,多向度语言被转变成单向度语言,在这个过程中,不同的、对立的意义不再相互渗透,而是相互隔离;意义的容易引起争议的历史向度却被迫保持缄默。

维特根斯坦用砖头来做的无休止的语言游戏,或者对话中的某约翰和某狄克,可以再一次作为例证。尽管该例证具有简单明了的特点,讲话者们及其处境仍然是不清不楚的。不管他们多么亲昵地谈话,他们总是x和y。但在实际话语领域内,x和y就是“幽灵”,他们并不存在,他们是分析哲学家的产物。诚然,x和y的谈话是好理解的,语言分析者正当地要求常人进行正常的理解。但在现实中,我们只是通过全部误解和矛盾的领域才得到相互理解的。真实的普通语言领域是为生存而斗争的领域。它的确是一个含混、模糊和晦涩的领域,的确是需要得到澄清的领域。何况,这种域区很可能起到一种治疗功能,而且,如果哲学要成为治疗性的,它就会真正兴盛起来。

哲学在多大程度上使思想摆脱已确立话语和行为领域对它的束缚并阐明制度的否定性(它的肯定方面现被广为宣传)和谋划各种替代性选择,它就在多大程度上接近于这一目标。诚然,哲学只是在思想中进行反抗和谋划。它是意识形态,这种意识形态特性正是哲学的宿命,是无论科学主义还是实证主义都不可能克服的宿命。而且它的意识形态作用可能真是治疗性的——按照现实的实际面目来显示现实,显示这一现实不准存在的东西。

在极权主义时代,哲学的治疗任务会是一项政治任务,因为已确立的日常语言领域势必结成一个受到全面操纵和灌输的领域,这样,政治出现于哲学之中,并不是作为特定分析戒律或分析对象,也不是作为特定政治哲学,而是作为把握未经剪裁的现实的概念而出现的。如果语言分析无助于这样的理解;如果它反而有助于把思想局限在未经剪裁的日常话语领域内,那末它至少是完全不合逻辑的,甚至是向无争议的、不现实的、只在学术上才有争议的领域的逃避。

刘 继译

——节选自赫伯特·马尔库塞:《单向度的人》,上海:上海译文出版社 1989 年版。

审美之维

马尔库塞的新感性理论与德国古典美学关系密切,康德、席勒等人关注感性与理性之间的沟通问题。席勒继承了康德的思想,希望通过美育来弥补感性与理性的沟壑。马尔库塞的"新感性"理论也是针对人性的完整提出来的,他认为新感性可以消除科学与艺术的对立,新感性可以是一种反升华等。除此以外,新感性理论还借鉴了弗洛伊德的心理学和马克思的异化理论,使之成为批判资本主义的有力工具。

马尔库塞认为现代资本主义社会是一个压抑人性、科学与艺术严重对立的社会,在这样的社会中,新感性只有成为政治因素,通过反升华的实践才能消除压抑和不公正。科学与艺术是异质同源的,两者都起源于"技艺"的实践。但随着现代性的分化,科学与艺术逐渐成为势不两立的敌人。科学成了工具理性的代名词,美学真理也退化为与现实脱节的高级文化。只有通过政治经济的变革,去除科学控制和奴役的历史根源,才能调动形式和质料的潜能,使技术转为人的感性,消除科学与艺术的对立。而美学也通过反抗极权文化,成为技术生产的一个因素,向新的审美维度转变。

如同席勒一样,美在新感性理论中仍然扮演着调和感性和理性的角色。在马尔库塞看来,美的形式是完美,意味着非暴力,是自由的想象力的象征。审美之维是自由社会的度量,新感性要求建立一种有利于身心的完满体制和制度。但新感性还受制于感性的粗俗和理性的压抑,只有在特定的历史时刻,理性松懈,感性才能成为一种政治行动,释放其解放的力量。在新的社会环境中,人与自由意识和自然和谐共处,科学与艺术都重新回到原初技艺的内蕴,结束现实的分割状态。

新感性"新"在哪里?首先,新在思维方式的转变。传统的感性按照马尔库塞的说法,已经被机能主义左右,成为肯定性的价值。新感性要求创造一种否定的、超越性的语言来摆脱机能主义、工具主义的控制,在革命诉求中找到新的意义。如黑人语言、不妥协的青年人对现实意义的反抗,这是审美的革命意义。新感性要求我们学会用新的方式去看、去听、去感受,并把反抗和知识的重构结合起来,沟通感性与理性,使想象力成为生产性的。对于落后的现实和压抑人的理性来说,新感性必须成为否定的和反升华的力量。艺术也要敢于宣称自己是反艺术,打破习以为常的自动反应。

新感性的"新"还表现在它揭示了旧感性的虚伪和乌托邦性质,由此,新感性必须成为激进的革命实践而不是审美的乌托邦。康德和席勒的美育理论继承了净化论的传统,认为在美的净化作用中,现实的东西变得可以忍受。这种净化的效果只是短暂的停留于艺术中,梦醒之后,痛苦有增无减。在这种情况下,艺术的反抗将使艺术成为一门社会的政治科学,致力于经验的彻底重建。高级文化是虚伪的令人反感的,反抗这种文化的方法就是反升华,它是高级文化之外的人的激进的艺术实践。

(李 兵)

审美之维

五、论新感性

新感性已成为一个政治因素。这场事件或许在当代社会发展中标识出一个转折点。这场运动需要我们的批判理论,把那些新颖的维度接纳到它的概念中,使我们的批判理论构想出一个自由社会的可建构之内蕴。这个自由的社会的首要条件应当是现存社会的所有成就,尤其是它们在科学和技术方面的成就。这些成就一旦由屈从于压迫的奴婢地位解放出来,它们就会为消除全球的贫困与劳苦而竭尽全力。当然,对知识和物质生产的这种重新定向,是以资本主义世界中的革命为前提的。假如在事实上,理论的构想尚未认识到自由的超越的可能性,必须在为这场革命提供土壤的意识和想象力中,成为一股推动力量,那末,这种理论构想在根本上,也许就具有致命的不成熟性。这种推动力量对革命所起作用的程度,将决定这场革命的基本差异和成效。

新感性,表现着生命本能对攻击性和罪恶的超升,它将在社会的范围内,孕育出充满生命的需求,以消除不公正和苦难;它将构织"生活标准"向更高水平的进化。生命的本能,在规划不同生产部门中的社会必要劳动时间的分配时,将会找到自己的合理表达(升华),因而,就会使选择和目标具有优先的地位:也就是说,不仅在于要生产甚么,而且还在于生产的“形式”。解放的意识，将高扬科学和技术的发展，使它们在保护生命和造福生命中去自由地发现并实现人和事物的可能性；并且，为达到这个目标，充分调动起形式和质料的潜能。这时，技术就会成为艺术，而艺术就会去塑造现实，也就是说，在想象与理性、高级能力与低级能力、诗歌与科学思维之间的对立，将会消除。于是，一种崭新的现实原则就诞生了，在这个原则下，一种崭新的感性将同一种反升华的科学理智，在以“美的尺度”造物中，结合在一起。

“审美”这个词，就其“相关于感官”和“相关于艺术”的双重含义看，可以用来表示在自由氛围中，“生产—创造”过程的性质。技术一旦具有艺术的特质，便会将主观的感性转化为客观的形式，即转化为现实。这种转化成的现实就是那些男人和女人的感性：他们因为已战胜自己的原罪感而不再感到羞愧，也即是说，他们已学会不要使自己与虚伪的父辈们一样，去建造、容忍、忘记奥斯维辛和越南战争的历史，以及忘记所有世俗和宗教拷问的迫害室，还有犹太区和大公司巨大的楼房；而且，不要像他们的父辈那样，去崇拜这个现实中的更高的文化。只有当男人和女人的行为和思想都摆脱了这种认同化后，他们才会打碎把父辈和子孙一代又一代地连在一起的那条锁链。他们将不会赎回那些与人性作对的罪恶，相反，他们将拥有自由，去终止这些罪恶，并阻止它们重演。实现这一点的机会，并非要人们回到过去，只要消除那种把人类历史变成控制和奴役的历史的根源就行了。这些根源是政治经济的，不过，既然这些政治经济的原因重新塑造着人类的需求和本能本身，那末，只有将政治经济的变革，贯通于在生物学和心理学意义上能体验事物和自身的人类身上时，只有让这些变革摆脱残害人和压迫人的心理氛围，才能够使政治和经济的变革中断历史的循环。

正是在这种意味上，新感性已成为实践：新感性诞生于反对暴行和压迫的斗争，这场斗争，在根本上正奋力于一种崭新的生活方式和形式；它要否定整个现存体制，否定现存的道德和现存的文化；它认定了建立这样一个社会的权利：在这个新的社会中，由于贫困和劳苦的废除，一个新的天地诞生了，感性、娱乐、安宁和美，在这个天地中成为生存的诸种形式，因而也成为社会本身的形式。

美学，作为一个自由社会的可能形式，显露于这样的发展阶段；在这个阶段，征服贫乏的知识和物质源泉已经具备，从前那种进步的压抑变成退步的压迫;垄断美学价值(以及美学真理)并使它与现实分离的高级文化已经崩溃并消融于反升华的"低级"和破坏性形式中;青年人的憎恶混杂着路障、舞蹈的地板、爱的嬉戏与极乐主义,在语言中和歌曲中爆发出来。而且,青年人还反对社会主义阵营那种"严肃的一本正经精神",他们用迷你裙反对官僚机构中的懦夫,用摇滚乐冲击"苏联的现实主义"。人们执着地坚信,社会主义社会可能而且应当更光明、更美好、更快乐,人们认为这些性质应当是自由的基本成分。人们坚信想象的合理性,人们需求一种崭新的道德和文化。难道这种浩大的反对极权的反抗,没有预示出根本变革的新维度和新方向,没有预告根本变革的使者的诞生,没有提出与现存社会具有质的差异的社会主义的崭新前景吗?在审美之维上,是否有某种在根本上与自由亲近的东西(不仅以其升华的文化即艺术的形式,还以其反升华的政治的、生存的形式),从而美学可能成为一门"社会的政治科学",即成为生产技术中的一个因素,成为物质和知识的需求借以发展的水准?

多少世纪以来,对审美之维的分析,都集中在"美"的观念上,这个观念是否表现着、提供着审美的和政治的一般指示器的"美的规律"?

美作为一个可欲的对象,它原初的本能相关,即同爱欲和死欲相关的领域。这两个对立的东西,在神话中,通过快慰与恐惧的表现而连接在一起。美具有扼止攻击性的力量,它阻止和牵制着攻击者。美丽的美杜莎能使她遭遇的人销魂,"秀发英俊的海神波塞东与她同睡在满园春色的一个松软的草坪上"。她后来被珀耳修斯杀死,而从她残断的躯体中冲出一匹生有双翼的神马珀伽索斯,由于它的蹄子踏过的地方常有泉水涌出,诗人可从中获得灵感,因而它又是诗人想象力的象征。美、神、诗是一个家族,然而美和反升华的快乐也属一个家族。因此,古典的美学在强调感性、想象力、理性在美中的和谐统一时,同样执着于美的客观(本体的)性质,这些本体的性质作为人和自然在其中安身立命的"形式",而这些形式就是完满。康德曾问道:"难道在美和完善之间没有内在隐秘的联系吗?"尼采指出:"美的东西是逻辑的东西的镜子,也就是说,逻辑的规律是美的规律的对象。对艺术家来说,美是轻松自如地把握对立面,美是"不再需用暴力……",美具有那种"有用于、有益于、有助于生命的东西所含的'生物学价值'"。

借助于这些性质,审美之维可作为一种对自由社会的量度。一个不再以市场为中介，不再建立在竞争的剥削或恐惧的基础上的人际关系的天地，需要一种感性，这种感性摆脱了不自由社会的压抑性满足，这种感性受制于只有审美想象力才能构织出的现实所拥有的方式和形式。审美需求有其自身的社会内容：这就是坚信作为心身统一的人类有机体，应当有一个完满的维度，该维度的建立，只能以反对那种其本身功能是否定和破坏人的身心完满的体制为前提，审美需求的激进的社会内涵，当其最初级的满足需求转化为一种更大规模的集体行动时，就变得明显了。从更好的规划区域、减轻噪音和污染，使人们少受危害这些无甚害处的冲动，到禁止整个城市的汽车通行，禁止在所有公共场合使用半导体收音机、反对使自然商业化；在整个市区的重建，以及人口控制等压力中，这些行为，将不断具备颠覆资本主义制度及其道德的力量。这些在数量上的改良，当它们达到批判性地弱化经济的、政治的和文化的压力，以及削弱那些在保护环境和唯利是图的商品化的生态学中有既得利益的权力集团时，就会转化为根本性质的变革。

审美的道德，和清教主义是对立的。审美道德并不去纠缠那些其切身实际已卷入全面地迫害、杀戮、毒化的人民是盆浴好还是淋浴好的问题；它也不追究那些由于其职业而介入到肮脏交易中的人，是否应穿干净衣服之类的问题。但是，审美道德的确要求在地球上清除由资本主义精神造成的物质垃圾，并进而清除这个资本主义精神本身；而且，它坚信作为生物性必然性的自由，坚信在肉体上除了那种保护和改善生命所必需的压抑外，不应该容忍任何其他形式的压抑。

当康德在其第三个《批判》中完全取消感性和想象的界限时，他在一定程度上认识到，感官具有"生产性"和创造性，也就是说，康德认识到感官也可分享一份生产自由意向的权利。就想象力本身看，它依赖于提供经验材料的感觉，正是由感觉提供的这些经验材料，想象才可能把曾是构成感觉材料和感官的对象和关系加以转化，而创造出想象的自由王国。因而，想象的自由受制于感性的秩序，它不仅受制于感性的纯形式（空间和时间），而且还受制于感性的经验内容，该内容作为被超越着的对象世界，仍然是超越过程的决定性因素。想象力无论设计出甚么样的现实的美的形式，或崇高、快慰、恐惧的形式，它们都"衍生"于感觉经验。并且，想象力的自由除了受制于感性外，从有机体结构的另一极看，它还受制于人的理性。崭新世界或崭新的生活方式的最大胆的想象，仍然是由概念指导的,仍然遵循着代代相传的、精织于思维发展中的逻辑历史。感性和理性都被纳入到想象力的构想之中,因为,感官的世界是一个历史的世界,而理性是对历史世界在概念上的把握和解释。

阶级社会的秩序和组织,曾经塑造了人的感性和理性,也塑造着想象力的自由。想象力的自由在(纯粹的和应用的)科学中身不由己地发挥作用,而在诗歌、虚构文学和艺术中,它有其自律性的作用。想象的力量在工具主义理性发号施令,与为了实现这种理性而对感觉经验大加摧残这两者之间,被压抑着。正是在这种压抑的总体框架中,想象才可以自由地成为实践的东西,即对现实加以变形。一旦超越了现实的限制,想象的实践就犯了社会道德的忌讳,它就成了反常的和倾覆性的东西。在重大的历史性革命中,想象力在短暂时间内被释放出来,并自由自在地进入新的社会道德和新的自由制度的构想,然后,它就成为效果理性要求的牺牲品了。

在现今年青的知识分子的反抗中,假如想象力的真理和权益成为政治行动的要求,假如超现实主义的抗议和拒绝形式贯穿到整个运动中,那末,这种看似无甚意义的发展可能会在社会情境中预示更根本的变革。政治抗议假如一旦具有整体性质,它就会深入到这样的维度,即在根本上是非政治的审美之维。而且,该维度激发的政治抗议,无疑具有了基本的、生理的成分:这就是人类的感性,它反抗压抑人的理性的发号施令。同时,审美之维掀动了想象力的感性力量。当曾给工业社会带来众多成就的压抑合理性变为开倒车的东西时,也就是说,到了这种压抑合理性的合理之处只表现为全力以赴地"束缚"解放时,就将产生一种政治行动,这种政治行动坚信新道德和新感性是社会变革的前提和归宿。如今,在压抑理性的限制(和力量)之外,涌现出一个视野,它给感性和理性之间,揭示出一种崭新的关系,也就是说,让感性和激进的意识达到和谐。这样,就出现了一种合理的潜能,它能够构想和界定自由及其界限和时机的客观(物质)条件。不过,感性为了不被控制的合理性整形和侵蚀就应当以介于合理性潜能和感性需求之间的想象力为指导。想象力,这个曾使康德批判哲学充满活力的伟大概念,也打碎了他用以保护这个概念的哲学框架,沟通着感性和理性的想象力,当它成为实践的东西后,就是"生产性"的东西了,这意味着它在现实的重构中成为一股指导力量。这种对现实的重构,要借助一种快乐的科学(gaya scienza),即一种摆脱了为毁灭和剥削服务的科学和技术,进而,让这些科学技术自由地为想象力的解放紧切性服务。因此，对世界的合理改造，就会导致一个人的审美感性塑造的现实。这样的世界将会（在真正意义上）包容和结合人的潜能、欲望，进而让这些潜能和欲望表现为自然的客观决定论的一个部分，也就是说，让由自然表现出来的因果性与由自由表现出来的因果性，契合一致。安德烈·勃勒东曾把这个观点看成是超现实主义的理论核心。他运用偶然客观性这个概念，揭示出使两条因果链条交会、并使得事件发生的关节点。

审美的天地是一个生活世界，依靠它，自由的需求和潜能，找寻着自身的解放。自由的需求和潜能不能生长于一个受制于或者为了攻击性的冲动而构织的社会环境，它们也不能被看作是一套新的社会制度的简单结果，它们只可能出现在创立一个新的社会环境的集体实践中：在物质的和知识的生产中，一步步、一层层地创造。在这个新的社会环境中，人类所拥有的非攻击性的、爱欲的和感受的潜能，与自由的意识和谐共处，致力于自然与人类的和平共处。在为达到此目的而对社会的重新建构中，整个现实都会被赋予表现着新目标的形式。这种新形式的基本的美学性质，会使现实变成一件艺术作品。不过，由于这个形式出现于社会的生产过程，所以艺术就应相应地改变它在社会里的传统地位和功用。艺术应当不仅在文化上，并且在物质上都成为生产力。作为这种生产力，艺术会是塑造事物的“现象”和性质、塑造现实、塑造生活方式的整合因素。这将意味着艺术的扬弃：既是美学与现实分割状态的结束，也是商业与美、压迫与快乐之间的商业联合的终止。艺术将会重新把握住它自身的某些更原初的“技术”内蕴，即作为调制（烹饪！）、培植、促进事物生长的“艺术”，也就是说，给予事物以既不破坏它们的内容，又不破坏它们的感觉的“形式”。这样，就把形式上升为一种必然性的存在，上升为超越了趣味和通感等所有主观多样性的普遍性东西。照康德看来，存在先验的感性纯形式，它们适用于整个人类。这些形式，难道只是时间和空间吗？也许，还存在一些具有更多物质构成性的形式，诸如美与丑、善与恶之间的原初区别，即那种先于所有理性概括和意识形态的分别，即那些由感官（在受动性中具有主动性的东西）产生的分别。这些形式，难道不可以把使感性快乐的东西与伤害感性的东西区别开来吗？在这样的情况下，趣味、通感、偏爱的广泛多样性，才会是感性和感官经验的“本初的”基本形式的差异性；在此基础上，构造、限制和压抑的力量，才会依照不同个体和社会环境的方式发生作用。

构想和引导这种重建工作的新感性和新意识,需要一种崭新的语言来界定和传导新的“价值”(语言在这里是广义的,它包括语词、意象、姿态、音色)。人们曾说,一场革命在何种程度上出现性质上不同的社会条件和关系,可以用它是否创造出一种不同的语言来标识,就是说,与控制人的锁链决裂,必须同时与控制人的语汇决裂。认为诗人才是完全的不妥协者的超现实主义纲领,在诗的语言中,发现了革命的语义学成分:

> 诗人,不再被看作与他生活的世界完全不妥协的人作对的人了。他反对所有东西,包括革命者。这些革命者仅仅立足于那片政治领地,完全孤立于文化运动的整体之外;——而且,这些革命者让文化屈从于社会革命的完成。

超现实主义纲领并不放弃唯物主义的前提,但它拒绝把物质的东西从文化的发展中孤立出来,因为,这种孤立会使后者屈从于前者,因而导致解放可能性的锐减(如果不是被否弃的话)。这些可能性,在被结合进物质发展之前,它们是“超现实的”:它们属于诗的想象,它们在诗意的语言中形成,并在诗意的语言中表达出来。这种诗意想象领域的语言不是,也不可能是一种工具主义语言,也就是说,不是革命的工具。

那些表达抗议和解放的诗歌与歌曲似乎出现得不是太迟,就是太早:它们不是对过去的追忆,就是对未来的梦幻。它们的时辰不是眼前,它们是在它们的希望中,在对现实状况的拒绝里,保存它们的真理。诗的天地与政治的天地之间的距离如此之大,诗意的真理和想象力的合理性的中介过程如此复杂,以至于沟通这两类现实之间的任何途径,对诗歌都是至关重要的。在文化运动与革命运动(这个运动可能沟通日常语言和诗歌语言之间的鸿沟,并且消除日常语言的统治地位)的关系中,我们还无法去设想一场历史性变革。似乎,诗的语言只是从它的异在性和超越性中,吸取着所有的力量和真理。

而且,当所有的交往都被“单面性的社会”垄断和确定后,对现存体制的革命否弃和新意识的交往,必定更加依赖于它们自身的语言了。的确,否定的语言就其“质料”看,总是与肯定的语言相同的。语言学的连续性在每一次革命后,会重新确立自己的地位。之所以必然会这样,也许是因为通过所有革命,控制的连续性被加强了。在过去,虽然起诉和解放的语言被主人和他们的奴婢共同分有，但是，起诉和解放的语言已在最终将要变革现存社会的实际革命斗争中，找到它本身的意义。因而，自由、正义、和平等这些相同的(用过的和废用的)词汇，不仅获得其崭新的意义，而且成为新的现实。这种现实，就是那些出现在17和18世纪的革命，以及由这些革命导致的具有更少限制的自由、正义和平等的形式。

今天，与现存体制的语言天地决裂，将会更加彻底，这就是说，在抗议的最激进的领域，它将表现为在方法论上对意义的颠倒。那些亚文化的团体创立它们自己的语言，并且将日常交流中无甚恶意的语言从其语境中选出，用它们去指称那些为现存现实所禁忌的对象或活动。这就是嬉皮士式的亚文化：trip、grass、pot、acid等等，而这些术语，在今天已成为人们习以为常的了。言谈中的一个更具倾覆性的天地，是以黑人战斗的语言来宣告自己的存在的。在黑人语言中，出现了一场全面的语言学反抗，它冲破语词被运用和被界定的意识形态的语境，进而把这些语词放入另一个对立的语境中，也就是说，放入对现存语境的否定中。因此，黑人们“夺过”西方文明中某些最崇高和最高雅的概念，让它们褪掉神光，并重新界定它们。例如，拿“灵魂”这个词来说(自柏拉图以来，该词从根本上看，就像百合花一样洁白)，这个词作为娇嫩、深邃、不朽，即作为在人身上是人性之根基的东西，在现存的谈吐天地中已变成难堪、粗野和虚伪的词。现在它已被褪掉其神光，在这种质变中，被转移到黑人的文化中。它们是黑人(Soul)的兄弟，黑人是黑色的、粗暴的、狂放的，于是，这个词不再囿于贝多芬、舒伯特的乐曲中，而表现在布鲁斯音乐、爵士乐、摇滚乐这些“黑人的食粮”中。同样，“黑的就是美的”这个战斗口号，通过颠倒传统文化概念的象征价值，将它结合到黑色性这种禁忌的神秘性与离奇的反色彩中，因而就重新界定了传统文化中另一个核心概念。审美对政治的入侵，还表现在对丰裕的资本主义社会反抗的另一极上，即表现在不妥协的青年人身上。在青年人那里，对日常意义的颠倒，被推到公开对抗的程度，例如向警察献上鲜花的“鲜花力量”就是对“力量”含义的重新界定和根本否定。同样，还表现在抗议歌声中的爱欲挑战，披头士的长发给人的感受，以及通过形体卫生来使肉体洁净的做法。

新感性这些政治表现，揭示出反抗的深度，揭示出与压迫的连续体断裂的深度，它们确证了社会在调整经验整体与有机物及其环境之间的新陈代谢整体的力量。除生物学水平之外，新感性的紧切性，还是一种历史的紧切性,这就是说,感官遭遇和领悟的对象,是特定文明阶段和特定社会的产物,而感官反过来,又被引向它们的对象。这种历史的相互作用,甚至影响到原初的感觉:现存社会向其所有成员都强行灌注着同样的感觉媒介。并且,社会通过所有个体和阶级在视野、水平和背景的差异,提供出同样的普遍的经验天地。所以,要与攻击性和剥削的连续体决裂,也就同时要与被这个世界定向的感性决裂。今天的反抗,就是想用一种新的方式去看,去听,去感受事物,就是要把解放与惯常的和机械的感受的消亡联系在一起。这一遭,包括了消除由现存社会塑造的自我。当然,今天的反抗造成的消除,只是一种人为的、短暂的消除。然而,人为的或"私人的"解放,以一种歪曲的方式,预示着社会解放的紧迫性,就是说,预示出革命必须同时是感性的革命,与革命相伴随的必须是社会物质方面和知识方面的重构,革命创造的将是崭新的审美氛围。

领悟到这种对知觉革命的需要,或对新的感性中枢的需求,也许,就是人们对心理幻觉过程加以研究的真实用意。但是,当这种研究的麻醉性质所带来的暂时解脱,不仅摆脱现存社会的理性和合理性,而且还背弃了那种用来改变现存体系的另一种合理性时,当感性不仅摆脱现存秩序的强制,而且还脱离革命的紧迫性时,那末,这就说明,那种利用幻觉而达到解脱的方式已经腐化了。由于在意向上无所归属,这种幻觉的暂时撤退,在它由之撤离的社会中就建立起人为的虚幻天国,因此,它们仍然受制于这个社会的法则。这个社会的法则惩罚着那些没有成效的施行行为。与之相反,对社会的根本改造,意味着把新的感性与新的理性结合起来。想象力也可以变成生产性的:只要让想象成为沟通以感性为一方与理论理性和实践理性为另一方的中介。在人的潜能的这种和谐中(康德在这里看到了自由的象征),社会的重建找到了自己的向导。这种感性与理性和谐统一,是艺术的显著特质。但这种和谐的现实化,止步于它与基本制度和社会关系的冲突中。物质的文化,社会的现实,仍然落后于理性和想象的进步,而且还把人的这些潜能贬弃为非现实的、虚幻的、虚构的东西。艺术尚未成为重建现实的一门技术,感性依旧被压抑着,经验仍然遭受着肢解。然而,那种反抗着压抑人的理性的抗议,那些欲图在新的感性中释放出被束缚的审美力量的抗议,在艺术中,也变得剧烈彻底起来,艺术的价值和功用正经历着根本的变化。这些变化影响到艺术的肯定性质(艺术借助它,与现实状况和解),而且还影响到升华的程度(它顽固阻碍着艺术中真理和认识力量的现实化)。反对艺术这些肯定性质的抗议,第一次世界大战之前就已席卷整个艺术界,并且,这种反抗声势有增无减:它赋予艺术的否定力量和文化的反升华趋势以声音和形象。

当代艺术(我下面所用的“艺术”一词,不仅指视觉艺术,还包括文学和音乐)的诞生,意味着传统那种以一种风格代替另一种风格已行不通了。反客观性的、抽象的绘画和雕塑,意识流的文学和形式主义的文学,十二音阶的曲式、布鲁斯乐和爵士乐,这些东西并不仅仅是对旧的东西重新改头换面,也不只是旧瓶装新酒式的新的感受方式,而毋宁说,这些艺术形式是取消着感受的结构本身,以便腾出新的空间。这种新的空间提供给甚么东西呢?艺术的新对象尚未“给定”。而那些熟知的对象又已经是不可能的东西,已经是虚假的东西了。现代艺术从幻象、模仿、和谐到现实,可是这个现实尚未给定,作为“现实主义”对象的那个“现实”实际上并不存在。现实必定是由人去发现和设计的,人的诸种感官必须学会不要再以构成事物的那些秩序和法则为中介,去看待事物。必须打碎那种欲图左右我们感性的恶劣的机能主义。

新的艺术从一开始,就坚守着自己的根本性的自律,这个自律与俄国革命及其掀起的革命运动的关系,一直是紧张的、对立的。艺术由于艺术家对形式的执着,而与这种革命的事件保持着异在关系。形式是艺术本身的现实,是艺术自身。俄国“形式主义者”波·埃克汉鲍姆(Eikhenbaum)认为:

> 形式的概念具有崭新的意义。它不再是一个框架,而是一个除了其自身外,排除任何牵连的动态的整体和具体的整体。

形式,是艺术感受的成果。该艺术感受打破了无意识、“虚假的”、“自发的”、无人过问的习以为常性。这种习以为常性作用于每一实践领域,包括政治实践,它表现为一种直接意识的自发性,却是一种反对感性解放的社会操纵的经验。艺术感受,正是要打碎这种直接性。这种直接性事实上是历史的产物,也就是说,它是由现存社会灌注的经验的媒介物,它自身却积淀为一个自足的、封闭的、“自发”的体系:

> 这就是不协调的生活,它甚么都不能改变。自发性吞没着物体、

衣服、家具、女人以及对战争的恐惧。

假如变革这个该死的生活体系,所要带来的并不是另一个该死的生活体系,那末,人们就必须学会去发展生活的新感性,也就是说,对他们的生活和事物,产生新的感受:

> 这种为了赋予生活以感性的东西,为了感受对象,为了体验石头就是石头的东西,我们称之为艺术。艺术的目的,即在以形象而不是认知的方式,去展现我们对象的感受。艺术的过程,就是对象获得其个性特征的过程,而且在这个过程中,形式会模糊,感觉的时间和困难会增大。艺术感受的活动以其本身为目的,并为其本身而发展。**艺术即感受对象变化的手段**。那种已经“变成”的东西,对艺术来说无甚意义。

我谈及形式主义,是因为这个学派的特点是强调艺术中能够变换形式的东西,在于艺术感受是以其本身为目的,坚信**形式**就是**内容**。艺术正是借助**形式**,才超越了现存的现实,才成为在现存现实中,与现存现实作对的作品。这种超越的成分内在于艺术中,它处于艺术本身的维度上。艺术通过重建经验的对象,即通过重构语词、音调、意象而改变经验。为甚么这样说呢?因为,无疑地,艺术的“语言”必须传达真理,传达出并不属于日常语言和日常经验的客观性。这种紧切性,爆发于当代艺术的情境中。

当代艺术中,这种重构的激进性质或“暴乱”,似乎向人们揭示出,当代艺术并不反对这种风格或那种风格,而是反对“风格”本身,反对艺术的艺术**形式**,反对艺术的传统“含义”。

第一次大战期间,浩大的艺术反抗,所表现的正是这种征兆。

> 我们对伟大的世纪已作否定的回答。在这个我们共同的世界中的可笑的伤痛里,我们走上了歧路:由此再也无路可走。我们不禁要问:这就是人性发展的康庄大道了吗?

这里反抗的是“欧洲艺术的幻象”。由于艺术与现实的关系已经改变了,它必定不再是幻觉了。现实已感受到,并依赖着艺术的变革功能。由战争唤起的革命和失败,以及对革命的背弃,都鄙弃把艺术变成虚幻的那个现实;而且,正因为艺术曾是一种虚幻,新艺术于是就宣告自己是反艺术的。另外,幻象的艺术还天真地把现存的占有观念结合到它的表现形式中。它并不追问被人制约着的世界的物质特性。艺术必须打碎这种物化;它必须基于一种取牛顿光学而代之的新光学,而成为对"绘画或造型的知识批判";并且,这种艺术将适应"与我们有别的那类新人"。

自那时,艺术中反艺术的爆发,就以许多人们熟悉的形式表现自己,如句法的破坏,语词和句子的分割、日常语言的爆炸性运用、没有乐谱的曲调、随意写成的奏鸣曲。然而,这些完全反形式的东西仍然是形式,也就是说,反艺术仍然是艺术,它作为艺术被提供,被出卖,被冥想。

艺术的野性反抗,总是一种短命的冲击,它很快就被收罗在画廊的四壁中,或通过市场被卖进音乐厅,或装饰着繁华商业设施的大厅和门廊。艺术意图的不断变形是一种自弃,这是一种产生于艺术结构本身的自弃。无论一部艺术作品是怎样具有肯定性或"现实主义",艺术家都会给它一种形式,这种形式并非是他展示的和他工作其中的现实的组成部分。只要这部作品是艺术,它就不是现实的东西,也就是说,小说不是报纸上的故事,艺术里安宁的生活并非是活生生的生活,甚至流行艺术中的真实罐头盒,也不再是超级市场的东西了。艺术本身所具有的形式,不仅与致力于去取消把艺术当成"第二级现实"的努力对峙着,而且与把创造性想象力的真理改换为"第一级现实"的努力也对峙着。

关于艺术的形式这个问题,我们必须浏览一下哲学传统,即把对艺术的分析集中于"美"这个概念(而不顾这样的事实:即如此众多的艺术很明显并不美!)。美曾被解释为伦理的或认知的"价值",美还被看作理念的感性显现;还有人认为真理之路必经由美的王国。这些比喻的含义是甚么呢?

美学的根基在其感性中。美的东西,首先是感性的,它诉诸感官,它是具有快感的东西,是尚未升华的冲动的对象。不过,美占据的位置,可能处于已升华的客观性和未升华的客观性之间。美不是直接的、具有机能特性的性欲对象(这种性欲对象甚至会阻止尚未升华的冲动!),而且,在另一个极端上,一个数学的公理仅以其高度抽象、构形的意义,也可以说是"美"的。美的不同含义,似乎皆归诸"形式"这个概念。

在审美的形式中，内容(质料)被组合、整形、调整，以致获得了一种条件，在这个条件下，“材料”或质料的那些直接的、未被把握住的力量，可以被把握住，被“秩序化”。形式就是否定，它就是对无序、狂乱、苦难的把握，即使形式表现着无序、狂乱、苦难，它也是对这些东西的一种把握。艺术的这个胜利，是由于它把内容交付于审美秩序。而审美秩序就其本身的要求看是自律的。艺术作品建立了自己本身的界限和目的，它的意谓就在于把各个组成成分按其自身的法则联系在一起，这些法则构成悲剧、小说、奏鸣曲和绘画的“形式”……因而，内容被形式所改造，从而获得了超越其内容组成成分的一种意义。这个超越的秩序，就是作为艺术真理的美的显现。在悲剧中，叙述俄狄浦斯和他的城邦命运的方式，和安排着事件结局的方式，正是这些方式，使那些不可述说和不可言说的东西得以跃然纸上。这场悲剧的“形式”，是以恐惧作为它的结尾。可见，正是艺术的形式使僵固的东西毁灭了，盲人的眼睛复明了，不可忍受的东西成为可以忍受和可以理解的了，它使错误、偶然和罪恶从属于“诗的正义”。“诗的正义”这个词，暗示出艺术内在的两难处境。它要起诉现实存在，但在审美形式中又“取消”了这个起诉，并赎还了苦难、罪恶。这种“赎还的”、和解的力量，似乎内在于艺术之中，艺术借助于它才成为艺术，借助于它才获得给予出形式的力量。

即使在非虚幻艺术和反艺术最激进的表现中，艺术这种“赎还的”、和解的力量也存在着。这些非虚幻艺术和反艺术表现形式仍然是艺术作品，仍然是绘画、雕塑、曲调、诗歌。而且，作为艺术作品，它们具有其本身的形式，及其伴随这些艺术类型的它们自身的秩序，就是说，它们有它们自身的框架(虽然可能看不见)、它们自身的空间、它们自身的缘起、它们自身的结局。这样，艺术的审美必然性，取代了现实中恐惧的必然性，升华了现实中的痛苦和快慰。盲目的受难和自然的残忍(人的“本性”的残忍)获得了意义和结局，这就是“诗的正义”的审判。十字架刑罚的恐惧，通过耶稣在优美曲调中呈现出的繁复而优美的形象，得到了净化；政治斗争的恐惧，在拉辛优美的诗行中被净化；永别的恐惧，在《大地之歌》(Lied von der Erde)中得到净化。在这个审美的天地里，快乐和完满找到了它们与痛苦和死亡并驾齐驱的真正位置，万物的秩序又重新回复。这时，起诉被取消了，甚至敌意、侮辱、嘲弄这些在艺术中表现出的极端的否定，在这个秩序面前，都安分守己了。

的确，在这种向秩序的回复中，形式就完成了“宣泄”，也就是说，现实的恐惧与快慰都被净化了。但是，这种净化所达到的审美效果是虚幻的、虚假的、虚构的，它依旧滞留在艺术维度上，停留在艺术作品中。在现实中，恐惧和失望却有增无减地持续着（这就像心理治疗中，当短暂的宣泄过去后那样）。这也就是艺术中产生的那种矛盾，那种自弃，最为充分的表现：对质料的宁静征服和对象的变形依然是非现实的——就像感知中的革命依旧是非现实的一样。艺术的这种越俎代庖的性质，使艺术存在的合理性再次遇到了问题：帕台农神庙顶得上一个奴隶的苦难的价值吗？在经历奥斯维辛劫难之后，写诗还有可能吗？不过，这些问题都被人们驳回去了：当现实的恐惧愈发成为整体的和顽固的政治行动时，还有甚么能比作为对现实拒斥的革命想象力中的反抗，以及这种反抗的不妥协的目标，更能让人难以忘怀呢？但是，在今天，那些想象的意象及其实现，是否仍然处于“虚幻”的艺术王国呢？

我们提出过一种历史条件下产生的可能性，在这种可能性中，美学将会成为一门社会的政治科学，并进而通过自身的实现，导致艺术的“终结”。今天，这种条件仅仅在发达工业社会的否定性中初见端倪。这些社会是竭尽全能以蔑视想象力的。无论艺术欲求发展的是哪种感性，无论艺术将赋予事物和生活以何种形式，无论艺术想传递甚么样的解放图景，但是有一点是确定的：经验的根本变化已发生在技术的力量范围中，这些力量的可怕想象力，按其自身的意象组织了我们的世界，并且，这些力量正以更大更好的形式，在使支离破碎的经验永恒化。

然而，被囿困于这些社会之基础中的生产力，却阻碍着这种否定性的发展。无疑，技术和科学的解放的可能性，实际上是被包含在现存现实的框架中。对人类行为深谋算计和安排，对浪费和奢侈废品堆的无聊发明，对忍耐和毁灭极限的试验，这些东西，皆为有益于掠夺性地把握必然性的征兆；当然，这也暗示出在把握必然性上的进步。想象力，当从剥削的桎梏中解放出来后，在科学依托下，将会把它的生产力转向对经验和经验世界的彻底重建。在这个重建中，美学的历史地位将得到改变，美将在对生活世界的改造中，也就是说，在成为艺术作品的社会中表现出来。这个“乌托邦”的目标，依赖于在可能达到的自由的水平上产生的革命（如同自由发展的每一个阶段做的那样），换言之，这种改造只能被理解为一种方式，自由人（或其他争取自身自由的人）借助这种方式，在与他人的团结中,调整他们的生活,并建立起一个生活环境,在这个环境中,生存斗争失去其恶和攻击特质。自由的形式并不仅仅是自我决定或自我实现,它还是整个地球上维持、保护和团结生命这个总目标的确定和实现。这种自律不仅表现在生产方式和生产关系中,也表现在人类个体之间的关系中,表现在他们的语言中,表现在他们的沉默中,表现在他们的姿态中,表现在他们的眼神中,表现在他们的感觉中,以及他们的爱憎中。美,就会成为他们自由的一种基本性质。

然而,今天对现存现实文化的反抗,同样还反抗着这种文化中的美,反抗着这个现实文化中所有过于升华、分制、有序、和谐的形式。今天的反抗中对自由的渴望,表现为对传统文化的否定,这就是一种在方法上的反升华。也许,这种反升华最有力的原动力,产生于这样一些社会集团,这些集团一直被排斥在高级文化领域之外,也就是说,外在于高级文化肯定的、升华的和辩护的魔力。在这个文化阴影下生活过的人们,都会成为曾是这个文化的基础的权力结构造成的牺牲品。现在,他们反对把"天体音乐"当成他们自己的音乐,这个"天体音乐"曾是该文化的最充分升华后的产物。这些充满敌意、憎恨和快乐的反抗着的替罪羊们,把他们自身的人性界定为与他们前辈对人的定义完全相反的东西。闯入白人文化里的黑人音乐,是"噢,朋友,不要这种声音"的可怕实现。这种拒绝的声音,已浸入到高唱《欢乐颂》的合唱队中,这首歌在高唱它的文化中,已经毫无力量了。托马斯·曼的《浮士德博士》看破了这一点:"我想废除《第九交响乐》。"试看,在颠倒了的、不和谐的、大哭大叫的黑人音乐节奏中,在这种诞生于"黑暗的大陆",以及奴役和掠夺的"边远的南部"的音乐里,被压迫者对《第九交响乐》是反感的,他们给艺术一种充溢了令人恐惧的直接性的形式、非升华的形式、感性的形式,这种形式使得肉体运动起来,紧张起来,使得灵魂物质化于肉体之中。黑人音乐在根本上,是被压迫者的音乐,它揭示出高级文化及其崇高的升华形式——美,在很大程度上是建立在阶级基础上的。黑人音乐(及其白人先锋派中的进一步发展)同政治反抗的紧密关系,证明了在文化中与日俱增的反升华。

这种反升华仍然是简单、初级的否定,也就是说,它仍然是反题,它仍处于直接否定的水平。这种反升华,使得传统文化,以及虚幻的艺术仍未完全溃散:它们的真实和它们的承诺依照是合法的,它们或者在反抗之后,或者与反抗并驾齐驱,都处于一个给定的现实中。因此,反抗的音乐、文学、艺术，很容易就被市场吞没和变形，变得无甚棱角。为了自身的实现，这些反抗的艺术必须放弃掉它们直接的吁求，放弃掉它们所表现的粗糙直接性，因为这些直接和粗糙的东西总是乞灵于政治和商业那个习以为常的世界，而且，借助这些直接性的东西，那种既沮丧又短命的走投无路的习以为常性，就摆脱了它的沮丧。难道激进艺术在方法上的目标，不正是与这个习以为常性的决裂吗？艺术的异在效应在艺术中的消亡（在相当大的程度上，它还活跃在伟大的幻想者的艺术中）使今日艺术的革命性大为失色。因此，“活动剧”就其作为充满生气的东西，就其使我们同演员的直接性的同一，就其让我们去体验与演员相同的同情、怜悯和反感来看，在一定程度上是不成功的。这种活动剧并未超越我们对戏剧本身的习以为常性，即并未超越“已成的东西”，反而强化了它。就像那些大量地组织起来的“新鲜玩意”一样，就像那些更多的市场性通俗艺术一样，这种戏剧氛围创造出一个欺骗的“共同体”。

对这种直接的习以为常性的征服，即可以在社会水平上使更多的反抗艺术成为自由力量（也就是说，成为倾覆力量）的“调解”，迄今还是尚付阙如的东西。一旦它积淀在工作和快感的方式中，积淀在思想和行为的方式中，积淀在技术以及表达着社会主义审美规律的自然的氛围中，那时，艺术将丧失它对想象力、对美丽、对梦幻的特权的、分隔的控制。这也许是艺术未来的事。但是，未来已闯入现在。反升华的和反艺术的当代艺术在它的否定性中，“预见”到一个阶段，在这个阶段，社会的生产的能力可能将与创造性的艺术能力结为伉俪；而且，艺术世界的建立，将同现实世界的重建携手并行，这也就是自由的艺术和自由的工艺学的统一。由这个预见看来，文化的歪曲的、野蛮的、滑稽的反升华，反而构成了激进实践活动的根本成分。也就是说，构成了过渡中的倾覆力量的根本成分。

李小兵译

——节选自马尔库塞：《审美之维》，北京：三联书店 1989 年版。

苏珊·桑塔格

美国文化评论家、小说家苏珊·桑塔格（Susan Sontag，1933－2004）被认为当代西方最引人注目、最具争议性的女作家及评论家，当代美国声名卓著的“新知识分子”，和西蒙·波伏娃、汉娜·阿伦特并称为西方当代最重要的女知识分子，被誉为“美国公众的良心”。

苏珊·桑塔格最大的意义就是她的思想方法，就是她有别于其他人的“新感受力”，她以此作为一种文化批判的方法，试图抵达被某种“阐释”所遮蔽的现实真相。《反对阐释》中她并不是反对阐释本身，她反对的是唯一的“阐释”，简化主义的“阐释”，也就是以理论或预设的意识系统对现实世界的还原论的阐释。她以她的“新感受力”重新阐释世界，将文学艺术现实社会人生的丰富性、复杂性还给这个多元的世界，正是这一思想方法赋予了她常人难以企及的认知深度与高度。

《一种文化与新感受力》写作于1965年，是《反对阐释》这部文集中最有分量的一篇文章，它表达了60年代一种激进的审美立场：新感受力。桑塔格是新感受力最初的阐释者，先于马尔库塞在《论解放》里提出的“新感受力”的概念，而且比马尔库塞走得还远，集中体现了她反传统、反精英文化的先锋姿态。

所谓“新感受力”是针对先锋艺术而言的，先锋艺术常被精英文化贬低排斥，如何看待两者的关系？这又涉及两种文化之争(参见C.P.斯诺等的相关著作)。桑塔格认为新出现的先锋艺术往往让很多卫道士头疼，无法理解，而这正是先锋艺术的魅力所在。先锋艺术对非艺术领域的新材料和新方法的越界使用，打破了“科学”文化与“文学艺术”文化之间的界限，也使得其具有“去个人化”的科学精神。先锋艺术祛除了传统文学内容重荷与道德伦理的束缚，自然大方地吸收科学与技术的因素。两种文化的争论之所以成为问题，正是因为传统守旧的文学知识分子的无知，从这里，我们可以看出桑塔格对当代美国文学的蔑视。我们如何对当代艺术进行审美？“新感受力”具有重要的方向标的作用，桑塔格的多元审美的趣味以及对新艺术的创新性的肯定，至今仍是美国文化界最为前卫、最有力的美学思想。当然，杜尚之后的“后艺术”也使我们思考新艺术的空洞和沉滞，思考所谓“艺术的终结”，思考“甚么才不是艺术”等问题。

(李 兵)

一种文化与新感受力

过去数年间，就大约两世纪前随工业革命的来临而据说开始显露出来的文学——艺术文化与科学文化这“两种文化”之间的分离这一问题，人们进行了大量的讨论。根据这一诊断，任何有才智、头脑清晰的现代人，都只可能进入其中一种文化而排斥另一种文化。他所关切的，是不同于另一种文化的那些文献、技艺和问题；他说着不同于另一种文化的一种语言。最重要的是，掌握这两种文化所必备的那两类才具，具有巨大的差别。这是因为，文学—艺术文化被认为是一种总体文化。它针对任何一个人，只要他是人；它是奥特加·加塞特所定义的那种文化意义上的文化，说得确切些，它提升着这种意义上的文化，即当一个人忘却了他所读过的一切而依然为他所拥有的那种文化。与此形成对照的是，科学文化是属于专家们的一种文化；它以记忆为基础，而要把握它，就要求全神贯注于理解。文学—艺术文化旨在内在化和吸收——换言之，是教化——而科学文化则旨在积累和外在化，即在用来解决问题的复杂工具和把握问题的特殊手段方面的积累和外在化。

尽管 T. S. 艾略特在一篇著名论文中谈到 17 世纪就已出现某种“感受力的分离”，从而把这两种文化之间的分离上溯到现代史上更久远的年代，不过，把这一问题与工业革命连在一起，似乎在理。就众多文学知识分子和艺术家而言，他们对赋予现代社会以特征的那些变迁——其中主要的是工业化，以及每个人都体验到的工业化的那些后果，诸如规模巨大、毫无人情味的城市的激增，千篇一律的城市生活方式的盛行，等等——有着一种历史的反感。工业化，即现代“科学”的产物，无论是依据 19 世纪和 20 世纪早期的模式，把它看作毁坏自然并使生活标准化的机器轰鸣、烟雾弥漫的人工过程，还是依据那种更新的模式，把它看作出现于 20 世纪下半叶的那种清洁的、自动化的技术，都无关紧要。给出的评判都大体相同。痛感人性自身的状况正在面临新科学和新技术的威胁的文人们，憎恶这种变化，悲叹这种变化。但文人们不可避免地处在守势，无论是 19 世纪的爱默生、梭罗、拉斯金，还是 20 世纪那些把现代社会说成是一个新的难以理解的、“异化的”社会的知识分子。他们深知，科学文化以及机器时代的来临不可遏止。

对“两种文化”这一问题的通常反应——这一议题的出现，比 C. P. 斯诺在数年前的一次著名演讲中就这一问题发表的那种粗糙、平庸的见解要早好几十年——是草率而浅薄地对艺术的功用进行一番辩护(使用的是“人道主义”这一更为含糊的意识形态词句)，或仓促地把艺术的功用拱手让与科学。就第二种反应来说，我指的不是那些把艺术当作不精确、不真实之物,顶多不过是玩具而不予考虑的科学家(以及属于他们一派的那些艺术家和哲学家)的平庸论调。我指的是出现在那些热心投身于艺术的人们中间的那种严重的疑惑。有个性的艺术家在创造独一无二的艺术品以愉悦他人、培养其良知和感受力方面的作用,一再受到质疑。某些文学知识分子和艺术家则走得更远,以至预言人的艺术创造行为终将消亡。艺术,在一个自动化的科学社会,将会丧失功用,变得毫无用处。

不过,我却认为,这种结论完全站不住脚。的确,在我看来,整个议题的表述似乎都失之粗糙。这是因为,“两种文化”这一问题假定科学和技术是变化的,是变动不居的,而艺术则是静止的,满足人类的某种永恒不变的普遍功用(慰藉?教化?消遣?)。只有基于这种错误的假定,人们才会推断出艺术将面临被淘汰的危险的结论。

艺术的进步,并不是科学技术意义上的那种进步。然而艺术的确在发展,在变化。例如,在我们这个时代,艺术越来越变成了专家们的领域。我们时代最令人感兴趣、也最有创造性的艺术,并不面向那些受过一般教育的人;它要求特别的才具;它说着一种特别的语言。米尔顿·巴比特和莫顿·菲尔德曼的音乐、马克·罗斯柯和弗兰克·斯特拉的绘画、梅斯·卡宁翰和詹姆斯·瓦林的舞蹈,要求某种感受力的培养,其难度和学徒期的长度至少与掌握物理学或工程学所面临的难度和所需要的时间长度不相上下(在各类艺术中,只有小说未能提供相似的例子,至少在美国是这样)。当代艺术的玄妙深奥与现代科学的玄妙深奥在程度上的相似过于明显,以至不能忽视。当代艺术与科学文化的另一个相似之处是其对历史的关切。当代艺术最令人感兴趣的那些作品,都大量涉及艺术媒介的历史;只要它们评论过去的艺术,就必须具备历史方面的知识,至少是不远的过去的知识。正如哈罗德·卢森贝格指出的,当代绘画自身就是批评的行为,也是创造的行为。这一看法,同样也适合于当今的电影、音乐、舞蹈、诗歌和文学(欧洲文学)方面众多的作品。此外,在当代艺术与科学风格——这一次是就科学的积累方面而言——之间,还可以发现一个相似之处。

“两种文化”之间的冲突其实是一个幻觉,是发生深刻的、令人困惑的历史变化的时代产生的一个暂时现象。我们所目睹的,与其说是不同文化之间的一种冲突,不如说是某种新的(具有潜在一致性的)感受力的创造。这种新感受力必然根植于我们的体验,在人类历史上新出现的那些体验——对极端的社会流动性和身体流动性的体验，对人类所处环境的拥挤不堪(人口和物品都以令人目眩的速度激增)的体验，对所能获得的诸如速度(身体的速度，如乘飞机旅行的情形；画面的速度，如电影中的情形)一类的新感觉的体验，对那种因艺术品的大规模再生产而成为可能的艺术的泛文化观点的体验。

我们所看到的不是艺术的消亡，而是艺术功能的一种转换。艺术最初出现于人类社会时是作为一种巫术—宗教活动，后来变成了描绘和评论世俗现实的一种技艺，而到了我们这个时代，艺术僭取了一种新的功用——既不是宗教的，也不起世俗化宗教的功用，也不仅是世俗的或渎神的(“世俗的”或“渎神的”这一观念，在其对立观念“宗教的”或“神圣的”变得过时之时，也就失效了)。艺术如今是一种新的工具，一种用来改造意识、形成新的感受力模式的工具。而艺术的实践手段也获得了极大的拓展。的确，为应对艺术的这种新功用(这种新功用更多的是被感觉到的，而不是被清晰地系统表述出来的)，艺术家不得不成为自觉的美学家：不断地对他们自己所使用的手段、材料和方法提出质疑。对取自“非艺术”领域——例如从工业技术，从商业的运作程序和意象，从纯粹私人的、主观的幻想和梦——的新材料和新方法的占用和利用，似乎经常成了众多艺术家的首要的工作。画家们不再感到自己必须受制于画布和颜料，还可以采用头发、图片、胶水、沙子、自行车轮胎以及他们自己的牙刷和袜子。音乐家们不再拘泥于传统乐器的声音，而去使用改装的乐器以及合成声(通常是录制的声音)和工业噪声。

一切为传统所认可的界限因而都受到了挑战：不仅是“科学”文化与“文学-艺术”文化之间的界限，或“艺术”与“非艺术”之间的界限，而且也是文化领域本身之中众多的已经确立的区分——如形式与内容之间的区分，浅薄与严肃之间的区分，以及“高级”文化与“低级”文化之间的区分(这一区分，最为文学知识分子所看重)。

“高级”文化与“低级”(或“大众”、“流行”)文化之间的区分，部分基于对独一无二的艺术品与大量生产的艺术品之间的差异的一种评价上。在一个大规模技术性再生产的时代，严肃艺术家的作品之所以具有某种特殊的价值，不过是因为这件作品独一无二，因为它带有他个人的个性的印记。大众文化(甚至电影在很长一段时间里都被归于这一范畴)的作品之所以被看得一钱不值，是因为它们是被大量生产出来的物品，不带有个性的痕迹——是为那些没有多少个性特征的观众制作的大路货。但按照当代的艺术实践,这种区分看起来极为肤浅。近几十年来众多严肃的艺术作品具有明显无个性的特征。艺术作品重申自己作为"物品"的存在(甚至是作为大量制造或大量生产,并吸收了大众艺术因素的物品),而不是作为"具有个性的个人表达"的存在。

当代艺术中对非个人(以及超个人)的探索,已经成为一种新古典主义;至少,与那种被认为是浪漫主义精神的东西背道而驰的做法,主导着当今大多数有趣的艺术。当今的艺术更接近于科学的精神,而不是传统意义上的艺术精神,它强调冷静,拒绝它所认为的那种多愁善感的东西,提倡精确的精神,具有"探索"和"问题"的意识。通常,这些艺术家的作品只是他们的思想,他们的观念。当然,这在建筑艺术中是一个常见的做法。人们也可能记得,文艺复兴时期的画家们常常在自己的画布上留出一些部分,让自己的学生去完成;记得在协奏曲的兴盛时期协奏曲第一乐章结尾部分的华彩段落被留给独奏者自己来随意发挥。但同样的做法在当今、在艺术的这个后浪漫主义时代具有一种不同的、更有争议性的意义。当诸如约瑟夫·阿尔伯斯、艾尔斯沃斯·柯里和安迪·沃霍尔这样的画家把自己作品的某些部分(如往上面添颜色)交给自己的一位朋友或当地的某个园丁来完成的时候,当诸如斯多克豪森、约翰·凯奇和卢伊吉·诺诺这样的音乐家给乐队成员随意改变总谱顺序以制造随意效果而且即席进行演奏的合作机会的时候,他们就在改变我们大多数人借以辨识艺术作品的那些基本规则。他们在表达艺术不必是甚么,至少不一定非得不是甚么。

新感受力的首要特征,是其典范之作不是文学作品,尤其不是小说。当今存在着一种新的非文学的文化,而大多数文学知识分子完全没有意识到这种文化的存在,更不用说其意义了。这个新的团体包括某些画家、雕刻家、建筑师、社会规划家、电影制作人、电视技术人员、神经病学家、音乐家、电子工程师、舞蹈家、哲学家和社会学家(少数诗人和散文作家也可以包括进来)。这个新的文化联盟的一些基本读本见于尼采、维特根斯坦、安托南·阿尔托、C. S. 谢林顿、巴克明斯特·富勒、马歇尔·麦克卢汉、约翰·凯奇、安德烈·布勒东、罗兰·巴特、克洛德·列维-斯特劳斯、西格弗里德·吉迪恩、诺曼·O. 布朗以及基奥吉·科普斯的著作。那些为"两种文化"之间的隔阂忧心忡忡的人,即英国和美国的几乎全部文学知识分子，把一个显然必须重新加以审视的文化观念当成了不言而喻、理所当然的观念。也许最出色地表达出这种观念的人，要算马修·阿诺德（在他表达的这种观念中，文化的重要作为是文学的创造，而文学自身又被看作是对文化的批评）。这些人忽视了其他艺术中发生的重大的、引人注目的（所谓"先锋派"的）进展，沉迷于那个更为传统的文化观念的永恒幻觉里而变得盲目，一贯坚持认为文学是创造性表达的典范。

使文学获得突出地位的，是其肩负着"内容"的重荷，这既包括满篇的事实描写，又包括道德评判（正是这一点，才使英国和美国的大多数文学批评家能够把文学作品主要当作进行社会和文化诊断的文本，甚至是托词来加以利用——而不是专注于某部给定的小说或者剧作的那些作为艺术作品的属性）。然而，我们这个时代的典范艺术实际上是那些内容要少得多、道德评判方式要冷静得多的艺术——如音乐、电影、舞蹈、建筑、绘画和雕刻。这些艺术的实践——它们全都大量地、自自然然地、不觉尴尬地吸纳科学和技术的因素——是新感受力的核心所在。

简言之，"两种文化"的问题之所以成为问题，在于对我们当今的文化处境的无知、落伍的理解。它源起于文学知识分子（以及对艺术只有一知半解的了解的那些科学家，如科学家—小说家的 C. P. 斯诺本人）对一种新文化及其显露出来的感受力的无知。事实上，在科学技术与艺术之间，不可能出现分离，正如在艺术与社会生活形式之间不可能出现分离一样。艺术作品、心理形式和社会形式互为映衬，彼此相随变化。但是，大多数人自然难以敏捷地适应这种变化——尤其是在当今，当变化以前所未有的速度出现之时，马歇尔·麦克卢汉把人类历史描绘成以技术来拓展人类的能力的那些过程的连续，其中每一次拓展过程都对我们的环境和我们的思考、感觉、评价的方式带来了重大的变化。他说，变化的总趋势是把旧的环境提升至艺术形式（因而在新的工业环境中自然变成了美学价值和精神价值的容器），"然而这种新的状况被人们视为堕落、退化"。显然，在任何一个既定的时代，只有某些艺术家才"具有那种与其时代的环境保持直接接触的才干和闯劲……这正是他们看起来似乎'超于其时代之前'的原因……更胆怯一些的人则乐于接受先前的环境的价值，把它们当作在自己时代延续下来的现实。我们天生有一种倾向，即只有把新出现的革新（例如自动化）当作一件能够为旧的伦理秩序所接纳的事物才能接受下来"。只有依据麦克卢汉所说的那种旧的伦理秩序，"两种文化"的问题才似乎成了一个真正的问题。对我们时代大多数有创造性的艺术家(小说家极少能够被列入其中)来说,这不成其为一个问题,因为他们中大多数人,不论自己是否意识到,已经摆脱了马修·阿诺德的那种文化观念,发现这种观念在历史意义和人道意义上都已过时。

马修·阿诺德的文化观念把艺术定义为对生活的一种批评——这被理解为提出道德、社会和政治诸方面的思想来进行思考。新感受力却把艺术理解为对生活的一种拓展——这被理解为(新的)活力形式的再现。道德评价的作用在这里并未被否定,只是其范围被改变了:它变得不那末严厉,它在精确性和潜意识力量方面的所获弥补了它在话语明确性方面的损失。这是因为,比起我们储存在我们的脑袋里的那些思想储存物所塑造的我们,我们之本是甚至能更强烈、更深刻地去看(去听、去尝、去嗅、去感觉)。当然,“两种文化”的危机说的支持者们仍旧能在晦涩难懂而在道德上保持中立立场的科学技术与道德上保持某种立场的属于人性范围的艺术之间发现一种绝望的对比。但是事情并不那末简单,也从来就不那末简单。一件伟大的艺术作品从来就不只是(或甚至主要不是)某些思想或道德情感的表达。它首要的是一个更新我们的意识和感受力、改变(不论这种改变如何轻微)滋养一切特定的思想和情感的那种腐殖质的构成的物品。义愤填膺的人道主义者们,务请留意。没有必要大惊小怪。当道德良知被理解为不过是人类的种种意识功能中的一种的时候,艺术作品并没有停止其在人类意识中的存在。

感觉,情感,感受力的抽象形式与风格,全都具有价值。当代意识所诉诸的正是这些东西。当代艺术的基本单元不是思想,而是对感觉的分析和对感觉的拓展(或者,即便是“思想”,也是关于感受力形式的思想)。里尔克把艺术家描绘成“为拓展个体感觉的领域”而工作的人;麦克卢汉把艺术家称为“感觉意识的专家”。当代艺术最引人入胜的作品(至少可追溯到法国象征主义诗歌)是对感觉的探索之作,是新的“感觉混合物”。大体上说,这样的艺术是实验性的艺术——但这并非出自精英人物对那些大多数人皆可获取之物的鄙视,而是恰恰意识到科学是实验性的。同样,这种艺术也显然是非政治性的和不说教的,或更确切地说,是次说教的。

当奥特加·加塞特在20世纪20年代写作《艺术的非人化》这部著名的论著时,他把现代艺术的种种特征(如非个人性,对痛苦的回避,对过去的敌意,拿一切不当真,随心所欲地标新立异,不承担伦理和政治方面的责任)归因于那种在他看来主导着我们这个时代的青春精神。回过头去看,这种“非个化”似乎并不是指孩子气的天真无知的回归,而是指一种颇有成人色彩以及洞察力的反应。在紧随最初的麻木以及后来的醒悟并将理智抬举到情感之上而来的痛苦之外,是否可能还存在另外的反应,来应对我们时代的社会混乱和大量暴行,应对——这一点对我们的感受力来说同样重要,但不那末经常地为人们所注意——那种使我们的环境从可被理解的并且可见的状态带入难被理解的、不可见的状态的前所未有的变化?我把艺术的特征描述为更新和培养感受力和意识的一种工具,如今,艺术在一个不能被感觉所把握的环境中运作。

巴克明斯特·富勒写道:

> 在第一次世界大战中,工业突然从可见的基础变成不可见的基础,从有轨变成无轨,从有线变成无线,从合金的可见构成变成合金的不可见构成。第一次世界大战的大事是人们从此不再把感性频谱作为鉴别创新的首要标准……自第一次世界大战以来,所有重要的进展都处在电磁频谱的次感性或超感性的频率上。人的所有重要的技术如今都变得不可见了……那些曾经是感觉主义者的老大师们开启了不能为感性所控制的现象的潘多拉之盒,而他们此前一直避免认可这些现象……突然间,他们失去了对它们的真正控制,因为从那时起他们自己也不理解正在发生的事。如果你不理解,你就无法控制……自第一次世界大战后,那些老大师们已经消失得无影无踪了……

然而,艺术保持着与感觉的联系。正如人们不能够让颜料飘浮在空中(不管怎样,画家都需要某一类的面,例如画布,无论这个面如何模糊,如何缺乏质感),人们不可能创造一件不触及人类感性的艺术作品。然而,意识到以下这一点,颇为重要,即人类的感性意识不仅具有一种生物学本质,还具有一种独特的历史,每一种文化都会看重某些感觉,而抑制其他的感觉(对人类一些重要的情感来说,情形也是如此)。这种历史,正是艺术(还包括其他东西)进入的地方,也是为甚么我们时代最引人入胜的艺术对其产生这样一种痛苦和危机的感受的原因,无论这种艺术以怎样游戏、抽象、明显价值中立的面目出现。据说,至少是从工业革命开始,西方人就患上了一种群体的感觉麻痹症(马克斯·韦伯所说的"官僚体制的理性化"过程的伴随物),而现代艺术则起着某种既弄混我们的感觉,又打开我们的感觉的电击疗法的作用。

新感受力(它抛弃了马修·阿诺德的文化观念)的一个重要后果已经被人们所提及——那就是,"高级"文化与"低级"文化之间的区分似乎变得越来越没有意义。这是因为,这种区分对一个由那些致力于发掘种种感觉、对作为道德文章的那一类艺术不感兴趣的艺术家和科学家组成的创造性团体来说,没有任何意义。不管怎样,艺术总是要比道德文章多些甚么。

对当今文化状况的特征进行描绘,就其最有创造性的方面而言,还有另外一种方式,那就是去谈论对于快感的一种新态度。在某种意义上,新艺术和新感受力对快感采取了一种甚为阴暗的看法(法国当代伟大的作曲家皮埃尔·布雷在12年前为他的一篇重要论文起了《反对音乐中的享乐主义》这样一个题目)。现代艺术的严肃性排除了通常意义上的那种快感——人们离开音乐厅后还能哼得出的某段旋律带来的那种快感,人们能够识别、认同并按现实主义心理动机加以剖析的小说或戏剧中的某个人物带来的那种快感,描绘在画布上的一片美丽风景或一个戏剧性场景带来的那种快感。如果享乐主义指的是保持我们在艺术中发现快感的那些传统方式(传统的感觉形式和心理形式),那末,新艺术是反享乐主义的。它使人们的感觉受到挑战,或给感觉造成痛苦。新的严肃音乐刺痛人们的耳朵,新绘画也不娱人眼目,新电影和少数令人感兴趣的新散体文学作品则难以看下去。对安东尼奥尼的电影或贝克特、巴勒斯的叙事作品的通常的抱怨是它们难以看懂或者难以卒读,它们"乏味"。然而指责其乏味,其实出自虚伪。在某种意义上说,没有乏味这种东西。乏味只是某一类气馁感的别名而已。我们时代的那些引人入胜的艺术所说的那种新语言令大多数受过教育的人的感受力气馁。

然而,艺术的目的终究总是提供快感——尽管我们的感受力要花一些时间才能赶得上艺术在某个既定的时间提供的那种快感的形式。同样,人们也可以说,现代感受力抵消了当代严肃艺术的表面的反享乐主义,比以前任何时候都更深地涉及通常意义上的那种快感。这是因为,新感受力要求艺术具有更少的"内容",更加关注"形式"和风格的快感,它也不那末势利，不那末道学气——就其并不要求艺术中的快感必须与教益联系在一起而言。如果艺术被理解为情感的一种训导或者感觉的一种引导的话，那末劳森贝格的一幅画所带来的感觉（或感受）就与“至尊演唱组”的一支歌曲所产生的感觉没有甚么差别了。巴德·波艾蒂歇尔《勒格斯·戴尔蒙德的兴衰》的活泼和优雅或者迪昂娜·瓦维克的歌唱风格可以被当作一个复杂的、令人愉快的事件来加以欣赏。要体验它们，不必屈尊偏就。

这最后一点，在我看来，似乎值得强调一番。这是因为，众多更年轻的艺术家和知识分子对流行艺术的那种喜爱之情并不是一种新的平庸作风（如人们常常指责的那样），或某一类型的反智主义，或对文化的某种放弃行为，理解这一点非常重要。例如，美国众多最严肃的画家同样也是流行音乐中的“新声音”的着迷者，这一事实并非寻求消遣或者放松所致；例如，它与勋伯格也玩玩网球不一样。它反映了一种新的、更开放的看待我们这个世界以及世界中的万物的方式。它并不意味着否弃所有的标准：有大量的愚蠢的流行音乐，也有低劣的、装模作样的“先锋派”绘画、电影和音乐。关键之处在于，有着一些新标准，关于美、风格和趣味的新标准。新感受力是多元的：它既致力于一种令人苦恼的严肃性，又致力于乐趣、机智和怀旧。它也极有历史意识；其贪婪的兴趣（以及这些兴趣的变换）来得非常快，而且非常活跃。从这种新感受力的观点看，一部机器的美、解决一个数学难题的美、雅斯贝·约翰斯的某幅画作的美、让-吕克·戈达尔的某部影片的美以及披头士的个性和音乐的美，全都可以同等接纳。

[1965]

程　巍译

——节选自桑塔格：《反对阐释》，上海：上海译文出版社 2003 年版。

莱昂内尔·特里林

莱昂内尔·特里林（Lionel Trilling，1905—1975），20 世纪美国著名批评家，生前是美国哥伦比亚大学资深文学教授，被誉为“知识分子的良心”，是“纽约批评学派”（New York Intellectuals）的代表人物之一。因继承阿诺德、利维斯以来的批评传统，所以又被称之为“美国的利维斯”。他从传统的道德视角评论文学和社会文化,风格优雅大度,具有很强的说服力,确立了自己在美国批评界的地位。他利用自己学者和公共知识分子的两重身份,一方面进行社会批判,另一方面又对学生谆谆教导,被誉为20世纪中期美国年青一代的思想导师,影响甚大。其代表作是《诚与真》,是其1970年担任哈佛大学诺顿诗歌教授时的演讲集,主要探讨了人的真诚与真实在历史上和今天的不同,集中体现了他的文学批评和文化研究的思想。除此之外,特里林还著有《自由的想象》、《弗洛伊德与我们的文化危机》、《反对自我》、《超越文化》等。特里林关于文学教学方面的文章在今天仍然值得借鉴,美育也可以从中获取有益的启示。

特里林的文学阅读和批评方法是建立对新批评的不满之上的。新批评主张以形式为本体来进行批评。方法上提出了细读法,把作品之外的社会文化、政治伦理等外在关注降到最低限度,这种内部批评因为纠正了之前批评过于偏重外部研究的倾向,有一定的价值和意义。新批评的出现并不是偶然的,而是与现代主义文学的兴起紧密相连。现代主义文学往往关注个人的精神领域特别是人的无意识活动,这种极端的个人化风格造成了读者接受的困难,封闭的自我意识带来了封闭性的内部细读。20世纪初期的文学教育注重弄清与形式有关的问题,但一般读者并不会满足于技巧分析,他们会提出进一步的索求,如作品打动人的力量在哪里,作品是否真实等问题,这必然要从生存的角度与作品相互印证,从而理解现代主义文学对现代性的感受与表现。所以,以新批评的阅读方法来进行文学教育局限很明显,在实践中,细读法在教学实践中往往难以贯彻下去,它要求有一定数量的学生群体以保证讨论和问答能够进行,对学生的学术素养要求也比较高。最重要的是,新批评与特里林的思想格格不入,他认为新批评的细读只是关注了文本的表层意义,而作品深层的道德含义遭到了漠视。为此,他在教学实践中,选取了大量的哲学、文学、人类学等著作,让学生阅读,以便让学生获得纵深的历史感和文学直觉。鼓励学生对文学作品产生复杂的、多层面的、有意义的反应。所以,作为文学教育者,不能居高临下,对学生指手画脚,要求学生遵守某一陈规陋习,而是要让学生敢于发表自己的见解。

《英雄的,美的,真实的》选自特里林《诚与真》的第四章,主要讨论了真实在英雄性文学模式和教诲性文学模式中的不同表现。维多利亚时期的批评家理查德·辛普森指出简·奥斯汀的小说思考了人的历史及其在社会中的复杂的自我实现过程,奥斯汀认为人与人之间的最真挚的关系就是教育关系。爱情立足于教育,一方接受另一方的指导,这是奥斯汀小说艺术魅力的决定性因素。但辛普森对奥斯汀的表述有偏差,他用战争的词汇来归纳有关道德生活的认识,用不合时宜的英雄文体来描述教诲性文学,不能准确传达奥斯汀所理解的道德活动的本质。

特里林首先考察了英雄性文学模式在文学史中的演变过程,他认为在过去一段时间内,教诲性文学模式公开表示对英雄性文学模式的不满。在古代文学作品中,勇气只是一个要素,一个人要成为英雄,要得到众神的恩宠。在犹太文化中,人为信仰而活,我们看不到英雄模式。希腊人对真实的英雄不抱幻想,亚里士多德认为英雄只存在悲剧中。文艺复兴时期,作家仍然迷恋英雄模式,但又对它进行深刻的批判,他们认为英雄观是实际人生事务的障碍。随后,欧洲文学家们逐渐关心真实的生活,从中发现了崭新体验和生活的顿悟,根据新的英雄定义,乔伊斯笔下的布鲁姆就是英雄,但与亚里士多德所形容的英雄相差甚远。

接下来,特里林对甚么是真与真诚提出自己独到的看法,他认为真诚与真实两个词经常混用,文学作品的人物的存在不能用真诚来评价,但他是真实的。如今,真实已成为一种道德的焦虑,爱德华·扬说我们出生时是原创,死时却成了拷贝,卢梭认为这是社会造成的。真实常常被看作与美学和社会政治相对立,美是艺术追求的最高品质,但在真实看来,这种观点是错误的。爱德华·伯克将崇高与美相对立,席勒把美分为两种——柔性美和刚性美,卢梭则认为艺术败坏生存的意义。伯克和席勒认同艺术的社会化功效,但他们认为艺术不只是取悦。这些美学理论不再考虑观众的习惯和喜好;但对读者提出了更高、更有意义的生活要求。于是,在19世纪的时候,艺术的主要意图就是在观众心里唤起生存的意义,召唤被文化削弱的原始力量,生存的意义逐渐被纳入到对个人真实性的理解认识之中。作家和读者都希望通过作品来确证自身的真实性,包法利夫人确实有些虚假,但其存在并非没有一点真实或价值可言。读者对她真实性的判断源于道德判断。同理,我们都是假的,如果我们不居高临下看待她,就会明白包法利夫人是我们每个人。我们和包法利夫人一样,都生活在种种陈词滥调之中。在萨洛特看来,包法利夫人虚假之处在于用低俗无聊的浪漫主义来编织自己的梦想,但爱玛如果没有这些梦想会真实些吗?

特别的虚假往往建立在最优秀的文化之上，而人们往往用艺术和文化的高级与否来衡量道德水准的高低，艺术引导我们将我们的生存意义依附于他人。所以，所谓真实，就是海德格尔所言的“饶舌”，即文化的陈规，这是相互协同的结果。

（李 兵）

诚与真

几年前，在撰写有关简·奥斯汀的文章时，我参考了理查德·辛普森于1870年发表在《北英评论》上的一篇文章。无论当时还是现在，我都觉得，这篇论文是所有关于奥斯汀的研究成果中最优秀的一种。更值得注意的是，辛普森可能是第一个以严肃批评的态度对这个主题进行思考的人——也就是说，第一个超越仅仅是表达愉悦和尊敬，或仅仅思考简·奥斯汀与司各特和莎士比亚之距离的人，他致力于描述小说的内在品质和丰富内涵。对于后一层面的问题，辛普森的文章理所当然地认为，奥斯汀关注的领域是很全面的，她没有局限于仅仅关心女性的命运，而是延伸到对“人”这个一般主题的思考，对社会中的人及其在社会中的自我实现的复杂过程的思考。辛普森指出：

> 作为一个单元，人(对奥斯汀来说)只能在各种社会影响中形成他自己。奥斯汀思考的是人的历史，而不是单个的灵魂及其隐秘活动，不是个体的功能及组织分析。她发现，人不是自我完成的孤独的存在，他只能在社会中完成。
>
> ……在她眼里，德行既不是明确固定的量的问题，也不是可以规定的质的问题，而是……心灵的进展阶段问题……

这是令人称许的看法。同样值得称道的是，这位批评家指出，简·奥斯汀“充满”“柏拉图式的观念”——她信奉“智性之爱”的观念，后者认为，人与人之间能够存在的最深刻真挚的关系就是教育关系。授受有关正确举止的知识，一方帮助另一方培养性格，一个人在成长过程中接受另一个人的指导，这就是教育关系。爱情立足于教育，这种说法在一些现代读者看来未免古怪，更让另外一些人感到厌恶；但毫无疑问，它是简·奥斯汀的艺术力量与魅力中的决定性因素。而且，如果要阐明小说这一文类在

19世纪所发挥的力量与魅力，我们就必须充分考虑到它的教育目的，考虑到读者能够感受到的那种扑面而来的爱，这是小说为他的道德健康担忧、为他的发展前途操心时所表现出来的爱。

从指导的角度出发去看待生活，这并不是甚么新的文学观，文学始终程度不等地要求教育学允许它这样做。但在基督教传统中，这一点就特别重要了。当不断加快的社会流动使得正确的举止成为问题时，文学这样做就是在用新的活力为自身赢得地位和尊重。

不过，尽管教诲性文学模式已经在19世纪获得了优势地位，但当时这位在鉴赏力上训练有素的读者仍不免心怀忐忑。这位令人尊敬的维多利亚时期的批评家在对简·奥斯汀有关道德生活的认识进行归纳时是有所保留的。他的表述一度陷于战争语汇之中。甚么“斗争”啦，“战胜”啦，还说“（在奥斯汀那里）个体的心灵只是表现为一个战场，争斗着的各方在这里排兵布阵，胜利一会儿倒向这边，一会儿倒向那边”。我们一定清楚，这种说法是不正确的，不能准确传达简·奥斯汀所理解的道德活动的本质。不过我们很容易理解为甚么这位批评家要诉诸宏大的军事比喻——这是一种简便的办法，表明小说的意义重大，值得人们尊敬。因为过去只有英雄模式的作品才会引起人们的尊敬，这些作品表现的是明确无疑的军事品德，而悲剧又最能够赢得这种尊敬，因为悲剧这一文类的特征最初靠的就是英雄模式。我们发现，这位出色的批评家隐隐约约地意识到了简·奥斯汀小说的重要性，不过他在描述这一真实情形时是有局限的，他用的语言不合适，他从不合时宜的英雄文体中借用术语来描述教诲性的文学。

就性质而言，教育学与悲剧这种英雄性文类是格格不入的。虽然心照不宣，但教育学认为，在造成自我的任性放纵方面，在对理性、审慎和道德的傲慢与蔑视方面，悲剧是难辞其咎的。就悲剧来说，它希望我们能够从中发现某些教育意义，但我们不能把这种希望看做是真心诚意的。我们无法说服自身，两部关于俄狄浦斯的悲剧教给了我们甚么，或显示出主人公学到了甚么。是的，悲剧常常是关于知与不知的。它们自身处在知的行列，但对这种派性做法我们应该小心，免得陷入那些批评家们所处的不愉快的境地，他们说李尔王和葛罗斯特伯爵的遭遇是合算的，因为他们的痛苦在他们临死之前“教育”了他们。如果《俄狄浦斯王》这样伟大的悲剧旨在得出这样的结论，即命运是神秘的，认识自己父亲的孩子是聪明的孩子,或《李尔王》这样的悲剧试图告诉人们,世界是令人不安的,其主宰性力量在道德方面是不可理喻的。那末我们就会说,悲剧除了超越实际生活、否定实际生活外,它其实跟实际生活行为并没有甚么关联,它歌颂的是排除了理性、审慎和道德的神秘性。教育学反对悲剧,原因就在这里——它斥责悲剧从根本上缺乏严肃性。

过去某个时期,教诲性文学模式公开表示对英雄性文学模式的怀疑和敌意。在谈到小说这种文类时,雅克·巴尊说:"从它的源头《堂吉诃德》和《汤姆·琼斯》开始,小说始终在跟两样东西不懈地斗争——我们的文化以及英雄模式。"当然,小说并非孤军作战:英雄模式在它自己的堡垒,即戏剧里发现了敌人,福斯塔夫与霍茨波同台共处,《特洛伊罗斯与克瑞西达》对英雄模式进行毫不留情的处理,这些都是证明。但巴尊选取小说这一杰出的教诲性文类作为英雄生活观的对立面是对的。瓦尔特·本雅明认为,讲故事的一个鲜明特征就在于它有一种教导他人的冲动,这是故事讲得生动的前提,讲故事追求的是"实际的利益",它要"有用",有"忠告"要说,它的目的是"智慧"。如果这种说法正确,那末小说就其本性而言是与英雄模式相对立的,因为小说起码在当初是致力于讲述故事的。

英雄模式是或曾经是甚么呢?英雄是甚么呢?

已故的罗伯特·沃肖曾就此作过很好的回答,在一篇有关西方电影的文章中,他说:"英雄就是看上去像英雄的人。"沃肖的观点与玛格丽特·比伯的观点基本上一致,在关于希腊戏剧的一本书中,比伯说,英雄是一个演员。显然,在他们尤其是比伯看来,英雄的观念仅仅是一个次一级的道德观念,这本来就跟说一个舞蹈者的舞姿优雅是一种道德观念一样。近来在我们的日常语言里,英雄的观念多少已经与原初认为该概念应具有的一种道德品性相吻合了:一个人以非凡的勇气作出受到赞许的行为,我们就称他为"英雄"。但在古代文学对英雄的理解中,勇气只是一个要素,尽管这个要素是基本的,却不是决定性的。那时的人们实际上认为,一个人成为英雄,他理所当然要得到众神的恩宠。甚至还要拥有某种遗传的神性,这种恩宠或承继的神性一目了然。它所赋予人的那种高贵尊严不是甚么有待揭示或最终才被认识的潜质,而是就明明白白地表现在言行举止、体格风度方面,它自己昭示自己。英雄就是看上去像英雄的人,英雄是一个演员,他表演他自身的高贵感。

并非所有的文化都有这样的英雄观念。在研究华兹华斯时,我曾有机会注意到。在犹太教教士们的文献中，没有甚么英雄观念的痕迹。在谈论美德时，犹太教士从不说勇敢是一种美德，而对亚里士多德来说，这是英雄的基本品格。犹太教士们知道，他们中的许多人将会为信仰而死去，而他们依旧对勇敢无动于衷。这就更让人惊异了。对我们的观点来说，这里很特别的一点是，作为伦理性的存在，犹太教士们从来看不到他们自身——就好像禁止制造偶像的诫律也延伸到他们看待个人道德存在的方式之中。他们不会想到甚么斗争、困境、艰难的抉择、嘲讽、命运，他们不会想到任何有趣的事；他们不会想到甚么戏剧性的道德问题。他们反倒容易理解英雄就是一个演员这样的定义，会说这样的英雄不值得严肃的人们去关注。亚里士多德所理解的那种有德的人在他最好的时候恰恰能够看到他自身：他有着至高无上的善，是一个“恢弘大度”(megalopsychia)的人，或“灵魂伟大”的、“有着贵族般骄傲”的人，人们可以根据他的举止方式，他从容的步态、深沉的语调、平稳的谈吐、对待下等人的有意的嘲讽来识别他——有德的人是一个演员。在研究诺斯替教时，汉斯·约纳斯曾对斯多噶派伦理体系中的戏剧元素进行分析。“‘扮演自己的角色’——这样的说法在斯多噶的伦理学说中不断出现——无意之间暴露了其意义的虚构特征。一个扮演的角色代替了一个应该真正执行的功能，演员在舞台上”——也就是说，人生的舞台上，道德生活在其中上演——“表现，‘好像’他们在行使自己的选择，‘好像’他们的行为很重要。实际上真正重要的只是，他们要演好而不能演砸，这跟结果没有真正的关联。演员们勇敢地演着，他们是他们自己的观众”。这种巨型的道德戏剧与犹太教士风马牛不相及。而且即使我们在犹太教的传统中从犹太教士们追溯到《圣经》，也看不到英雄模式。我们对大卫其人的兴趣无与伦比，但这不是对英雄的兴趣。弥尔顿尽力按照希腊方式塑造了参孙这一形象，但即使是在弥尔顿的诗篇中，参孙也不是一个真正的英雄，更不用说《士师记》了。面对神秘的人类遭遇的俄狄浦斯是一个英雄，面对类似遭遇的约伯却不是。

希腊人对真实的英雄不抱任何幻想。亚里士多德在比较悲剧和喜剧时就此说得很明白：英雄只存在于悲剧之中，因为悲剧描写的人比实际上的人要好，也就是说，更高贵，更令人敬畏，更有尊严。悲剧的全部重要性取决于英雄的“提高”，戏剧的每个外在要素——语言、动作、服装——都必须服务于这种“提高”。不存在喜剧性的英雄，因为喜剧展示的是比实际的人坏的人,也就是说更卑鄙,更少敬畏尊严。当我们第一次听说这些著名的定义时,我们不免感到困惑,为甚么这位博学深思的哲学家从未想到会有一种文类,其中的人就是他本来的样子,既不更好也不更坏呢。

有时我们会想,喜剧是对悲剧的回应,就其本质而言,它是对英雄的反动。但同样也可以说,英雄观念的萌芽就在喜剧之中,当人们认识到自己滑稽可笑的时候,他们就孕育了尊严的观念。人们一旦对自身的生理功能进行打趣,对荒诞的排泄、交欢和奇怪的形体变化进行揶揄,他们就会着手让自己变得比本来的样子更高贵些。除了想象他们潜在的高贵模样,人们还有甚么办法认识到自己的卑贱呢?卑贱的存在状态迟早会让人们感到压迫和厌烦,从而激起他们的嘲笑。

与在日常生活中一样,在文学里,英雄原则和反英雄原则的争辩也是心理的一种自然摇摆,一种取舍:或者信奉超我,这是我们主导性观念的宝库;或者信奉本我,这是我们本能冲动的核心。但在文艺复兴时期,超我的英雄气派遇到新的对抗,这种对抗来自自我(ego),这是其功能在保存自身的那个自我(self)的方面。英雄模式之所以遭到抨击,不仅因为它是荒诞的(这种荒诞既表现为自身气派的提高不过是装腔作势,道德上又不免矫揉造作),而且因为它妨碍了实际的行为。文艺复兴时期的作家们一方面着迷于英雄观念,另一方面又对它进行深刻的批判。奥赛罗的性格和命运可以称得上是这种矛盾态度的一座纪念碑,他无所戒备,既说明他有高贵感,也说明他盲目信奉英雄气派。这个英雄实际上就是一个演员,他的角色就是他的厄运。

莎士比亚对哈尔王子成长经历的描写生动而典型地反映了文艺复兴时期人们的感受,即英雄观念是实际人生事务的障碍。如果年轻的王子要成为一个国王,他不但要抛弃福斯塔夫,像他一开始就试图要做的那样,还要战胜具有蛊惑性的亨利·霍茨波,后者曾被哈尔王子的父亲称赞为英雄理想的体现。我们应该知道,虽然福斯塔夫是一个耽于酒色的没落骑士,霍茨波是一个一意孤行的英雄,但在幼稚的自恋方面他们是毫无二致的,他们的行事法则就是目无纲常。塞万提斯与英雄观之间的交道复杂而矛盾,很难一语道清,但就我们的论题而言,只要说明一点就够了:《堂吉诃德》源于作者的一个简单的意图,即坚决拥护家居伦常的要求,反对英雄观念。菲尔丁热爱塞万提斯,公开声称他是塞万提斯的信徒,他实际上也困惑于英雄传统与真实世界的不一致。在他看来。最愉快的事莫过于把英雄世界和真实世界拼合在一起，他照描写特洛伊城外战斗的方式来描写一群乡村妓女乱哄哄的打斗，他在塑造一个弃儿英雄时欺骗读者，把俄狄浦斯换成了汤姆，他认为这是所有名字中最滑稽的一个。菲尔丁对古希腊文学非常崇拜，但又身陷地方法庭，整天跟社会学、犯罪学的小册子打交道，因此对他来说，一个始终令人惊讶的事实就是，他所理解的那种文学与他不得不面对的生活是极不协调的。逐渐地，欧洲文学家们与斯威夫特走到了一起，他们欣赏的是具有这样一种美德的人，他一改过去那种只顾一点、不及其余的做法，既心存高远，又脚踏实地，既栽花，又种草。人们积极而热情地响应日常生活的要求，狄德罗的那部伟大的《百科全书》就是证明。

但是，不断增长的对真实生活的关心，对具体平凡、无所提高的实际生活的关心，不仅是为了家居伦常，它还是一种崭新的或被重新发现的精神经验的土壤。寻常生活有难以对付的物质需求问题，对付这个问题就意味着生活是平淡无奇的，而现在强调这一点，就会使那些时不时地出现的超越性时刻变得更加美妙。人们将会认识到，这正是乔伊斯所谓“顿悟”（字面意思就是“显现”）的基础。顿悟基于这样一种设想：人类生活是最单调乏味与琐碎平庸的混合，习惯和需要的重压使存在变得衰弱或瘫痪，因此，那偶尔显现的东西，虽然没有该词所意指的那种传统的基督教的神圣意思（主的显现），但也与神性观念相吻合——它是我们所说的精神。当然，最终所揭示的常常是否定的精神，是被日常生活贬低和僵化的精神，但突然的揭示有时会改变其乏味和平庸的性质，从而使它充满意义。乔伊斯把顿悟本身看做一种体裁，因此他比较接近于该词的一个确定含义，即启示是突然发生的，是一道闪光。不过，我们也许可以把整部《尤利西斯》看做一次顿悟，是布卢姆的精神超越他平庸麻烦的生活而不断显现的过程。当然，这就是人们所常说的布卢姆与堂吉诃德的亲缘性之所在：在两个人的存在中，平凡的、实际的都占了上风；两个人都受日常需要的束缚，他们的身材都明显怪诞，因此他们与亚里士多德的那种有着贵族般的自由、尊严的优异英雄不可同日而语。但是，布卢姆和堂吉诃德都超越了外在现实的束缚，根据新的英雄定义，他们是我们所愿意称道的英雄。赫拉克利特说得好，下降的路与上升的路是一回事。

在个人气质与公众“形象”方面，乔伊斯与华兹华斯的差别很大，但从乔伊斯的书信中我们发现，在创作《都柏林人》的重要阶段，他对华兹华斯怀有特殊的尊敬。乔伊斯说,华兹华斯是“所有英国文人中最配得上被称为‘天才’”的人。如果我们认为,这个言过其实的断语主要是基于华兹华斯对顿悟的喜爱,这样的理解不会太错。

华兹华斯的顿悟有两种各具特点但又彼此关联的形式。一种顿悟是,精神从自然中显现,突然的启示向诗人传递出一种超验的信息,照亮了他对人之存在的理解,或他自己要走的路。这种顿悟的一个例子是华兹华斯在山间黎明时分的体验,他像一个祭司一样展开想象。另一种顿悟不甚壮丽,更接近乔伊斯的顿悟,其中心或中介是某个不得志的人——捉蚂蟥的人、凄凉的弃妇、途中的老者——他或她不经意的一句话、一件事或一个动作,都会突然昭示诗人个人存在的某个方面,进而暗示整个存在的奇妙。低贱的社会地位,甚至低贱的生命,是给华兹华斯以顿悟的那些人的必要条件:一个步履蹒跚的老人,一个绝望麻木的妇人,或一个吐字不清、叫不出月亮名字的傻小子。这些处在发达生活边缘的人是否拥有丰富的人性,我们实在感到怀疑,但这恰恰是华兹华斯选中他们的原因,因为顿悟所昭示的是,这些人顽强地作为人(human beings)而存在着。在这种情况下,重点恰恰不是落在“人”(human)上,而在“是”(在)(beings)上。对华兹华斯来说,“是”(be)所具有的力量是不存在夸大情形的,他在用这个词时似乎有这样一种意识,即这是凭着上帝的名义。在劝他的妻妹正确地去欣赏《坚毅与自立》时,他说:

> 它表现的是甚么呢?“一个孤独的地方,一个池塘,旁边是一个老人,远离一切房子或家——不是站着,不是坐着,而是‘是’——这是最质朴简单的形象。”

20世纪初,人们在评论华兹华斯时经常提到卢梭,现在不怎么提了。毫无疑问,这是一种正确的修正,我们过去对于卢梭对华兹华斯的影响的估价未免太高。但需要记住的是,这两个人有一种联系,他们都强烈地关注个体的生存经验。正如我们已经看到的,卢梭把它称为“生存的意义”,华兹华斯也是如此。对他们来说,生存的意义是来自直觉的颠扑不破的真理。他们的看法与惠特曼一致,后者说,这是“最坚固的基本事实,是一切事实的开端”。那些以此作为开端的事实是社会生活的事实、政治生活的事实。我们只有通过对个人自我的自觉体认与确信,才能获得对他人的认识。

在谈论卢梭或华兹华斯时，我们当然始终不能离开真诚的观念。但是，真诚却没有影响到他们对本体论的关心、对生存意义的关注，或者说至少没有构成首要的影响。前面我提到，说先祖亚伯拉罕是一个真诚的人或不是一个真诚的人，这会显得很荒谬。同样，如果我们对华兹华斯《迈克尔》中的主人公进行真诚方面的评价，也会显得很荒谬。迈克尔是一个老迈的牧羊人，一个父亲。诗歌的高潮就在一句，任何读过此诗的读者都不会忘记的那一句：儿子路克在腐朽的城市堕落不归后，迈克尔继续搭建那个他和孩子曾一起举行仪式开始搭建的羊栏，他的邻居说他有时就成天坐着，“却不曾在那上边垒一块石头”。如果我们竟然还要问这种悲伤是否真诚，哪怕是为了得到一个肯定的回答，这种提问也是极其荒谬的、放肆的。我们不能提出这样的问题，这正是我们对这首诗的根本感受。迈克尔甚么也没有说，他甚么也没有表达。他与哈姆雷特不同，后者内心有“言语无法表达的东西”。而迈克尔却没有甚么内外之分，他和他的悲伤是一回事，因此我们不要再说甚么真诚。但是对迈克尔的存在，对——恕我直言——他悲伤的存在，我们的感受是一种惊奇，好像它的现实是一种例外，很珍贵。我们有责任用一个词来指称这种存在的性质，来说明我们所赋予它的崇高价值，我们所想到的一个词就是“真实”(authenticity)。

这个词的意义并不妙。当我们用它来指人类生活时，它最初是来自博物馆，那些对真假很在行的人对艺术品进行甄别，看看它们是不是它们所像的那样，是不是人们所认为的那样，是不是物有所值——如果已经付了钱，则要看是不是值得。今天这个词已经成为一个道德俚语。这种情形揭示了我们独特的堕落处境，说明我们对存在的可靠性和个人存在的可靠性感到焦虑。一位18世纪的美学家爱德华·扬明白地表达了我们的关切，他说：“我们出生时乃是原创，怎么死的时候却成了拷贝？”

要回答这个问题，谁都不会觉得困难。卢梭告诉我们，破坏我们真实的是社会——我们生存的意义依赖着他人的意见。在卢梭思想的中心有一个理想的真实的人，但我认为，不管对他同时代的人来说，这个理想的人形象多么清晰，但在现代人眼里还是很抽象或很模糊，无法抓住现代人的心。《论科学与艺术》中说，社会形成之前的人是真实的，但在我们看来，这种真实仅仅在于他不假：卢梭说，日内瓦资产阶级共和国的成员是真实的,但这种真实在于,他不是一个巴黎人,或者最生动形象地说,他有一个度周末的小屋,一杆枪,几个一起喝酒打猎的朋友。我们近来对真实的理解包含了某种粗陋、具体或极端的东西,这是始终致力于贵族礼仪理想的卢梭所无法赋予我们的,而华兹华斯为我们作了出色的描绘。迈克尔就像他举起或放下的任何一块石头一样实在、坚硬、厚实、沉重、持久。

柯勒律治对华兹华斯的一首从真实存在获得顿悟的诗持强烈的反对态度。他说,《傻小子》必然会伤害读者的感情。过去我们会对这种说法表示赞同,但现在就不太同意了,不过它还是会激起我们的抵触情绪。但当我们欣赏它(我们应该这样做)时,我们不能不看到,伤害正是这首诗的意图的一部分。这种情形表明,真实无疑是一个喜爱争辩的概念,它的本性就体现为,它以挑衅的姿态去对待已经广为接受的、习以为常的看法,首先是美学的看法,其次是社会的和政治的看法。它所争辩的一个论题既与美学看法有关,也与政治看法有关,这个论题就是,美是艺术所追求的最高品质。在真实看来,这种观点是错误的。

我们知道,有一种艺术品质被——或曾经被——称为崇高,就此作一些思考,我们会对真实与美之间的关系有一些认识。崇高与真实当然不是一码事,但二者有一个共同点,它们都是美的夙敌。在撰写《论崇高与美两种观念的根源》时,爱德蒙·伯克将高级艺术所拥有的两种品质——崇高与美——相对立,并直言不讳地强调了这种对立所具有的社会意义。这个外省来的年轻人才华横溢,志向远大,并且矢志不渝。我们一点也不怀疑,他那以崇高对抗美的审美偏好是他天才活力的产物,是他对社会认识的产物。关于如何建构社会,如何对社会进行统治,如何让社会服务于他的目标,伯克都有自己的理解。他明确地把崇高与男性气概、男人的野心联系在一起。他说,崇高的鲜明特征就是引起"恐怖"感的能力,它在我们心中激发起面对并征服它的力量;恐怖感能刺激进攻和统治的活力。相反,美与女性气质相连,它诱使人们不知羞耻地慵懒怠惰、贪图享受。在美的有害影响下,男人的身体有许多变化,伯克就此进行了描绘,这也许是这部冗长的美学理论著作中唯一一段有趣的文字。这部著作告诉我们,美是物体中能引起爱的那种性质,它通过使观照者"整个系统的固形物得到松弛"而起作用,并达到这样的效果:

头依靠在旁边的某种东西上，眼皮比平时闭得更紧了，嘴巴微微张着，呼吸变得舒缓，不时发出一声轻轻的叹息，整个身子非常安详，双手悠闲地垂在两侧。所有这一切都伴随着内在的消融乏力感。

伯克对美的贬低，对崇高所引起的活力的推崇，对后世大多数美学理论产生了影响。例如，在《论崇高与美两种观念的根源》的影响下，席勒就提出美有两种：一种叫“柔性美”，它松弛我们的肉体和道德；另一种叫“刚性美”，它让我们面对困难、艰苦甚至难受的体验，增加我们的“灵活性及迅捷行动的力量”。席勒说，这两种美都有助于人的发展，其作用分别取决于特定时期的文化环境。在1793—1801年间写作《美育书简》时，席勒倾向于认为，刚性的活力是时代趋势。“对于在文明风雅的熏陶之下的人，刚性美是不可缺少的，因为在文弱的环境中，未免太容易忽略了人从粗野的环境中带来的一种精神力量。”

我们再次想起了卢梭在18世纪后期的美学革命中所发挥的作用。伯克是卢梭的死对头，席勒则是卢梭的信徒，但他们二人都响应卢梭对艺术旨在取悦的谴责。我们知道，在卢梭看来，正是由于这一点，艺术在明显地败坏生存的意义方面成了社会的榜样。当伯克说“我把美叫做一种社会性质”时，他与卢梭的观点非常相似，因为后者说艺术有使人社会化的功效，也就是说，艺术使人们变得被动、顺从。但伯克、席勒二人与卢梭的分歧在于，前者认为艺术在取悦之外还有别的意图和效果，在迁就与纵容观众之外还有别的目的。

这里我们也许应该注意一下语义上的细微纠纷。“取悦”有一层含义，它往往倾向于把自己的用法局限于那些在体积或意义方面相对较小的对象，那些能够适于“鉴赏”的对象；伯克特别把小当做美的一个属性。“取悦”另带一层在社会上巴结讨好的含义。而“快感”一词则剔除了这些不光彩的意思，具有更庄严的含义。毫无疑问，这是因为“快感”习惯上与“痛感”相连，并且快感与痛感实际上是相互融合的（伯克对此给予了足够的关注），因此在美学理论中，快感长期以来都被视为艺术的正当目的。崇高不取悦于人，却能给人以快感，起码在快感就是指满足的时候。伯克说，崇高产生“一种膨胀感和胜利感，使人的心灵极度快适”。直到今天，批评家们才不再继续试图用艺术带来快感来为它辩护，而更愿意像苏珊·桑塔格那样说快感与艺术经验无关。伯克的这种观点让我们有点吃惊,但还不至于手足无措,它用两个世纪的美学理论和艺术实践来安营扎寨,它们越来越不愿意考虑观众的习惯和喜好。艺术家——人们这样称呼他——不再是依靠观众认可的匠人或表演者,他的证明人就是他自己,或者是某种超验的力量,只有他或者这种力量在安排着他的事业,因此唯有他或它才配对这种事业进行评判。

准确地说,这种变化是一次革命。既然说到革命,那末将它与社会革命联系起来也就顺理成章。观众倒下去,艺术家站起来:"打倒观众——把他吊在路灯杆上!"可实际情形远比这种口号复杂。在那部赞美这一美学革命的著作《镜与灯》中,艾伯拉姆斯说,观众命运的变化是"剧烈的"。他说得没错,但这种命运变化并非只是观众古老地位与特权的丧失,观众在失去的同时也有所得——得正是由于失。观众的命运变化是剧烈的,也是自相矛盾的:如果说观众倒了下去,那末这恰恰是他所获得的一次幸运的堕落;满足欲望的那个伊甸园失去了,却带来了救赎的契约和更高、更有意义的生活的要约。现代观众对用迁就纵容、巴结讨好来交换他与艺术的那种苛刻的新关系当然不会感到后悔,相反,现在对艺术的爱或许比过去文化历史上的任何一个时候都更炽热。这种爱表现为一种极端的要求:现在不再要求艺术取悦观众,却要求它能够提供生活的精神食粮。至于艺术家,即使他宣称他是完全自主的,对观众漠不关心,甚至怀着敌意与轻蔑,他也还是受到这样一种自信力的支撑,即他独自一人就能够给观众提供最深层次的需要。

最初的一个难题出现了,因为观众并不能很快就意识到他想向艺术家要甚么,也不清楚他在多大程度上可以依靠艺术家。不过,最后交流总是成功的。观众对艺术家的要求——真正的要求,无意识的欲望——与艺术家认为他应该提供的东西最终是不谋而合的。我们当然知道这是甚么:它是生存的意义。生存的意义的另外一个同义词是"力量"。席勒说,这种力量是"人从粗野的环境中带来的",他发现这种力量在高度发达的文化里很难保存。生存的意义就是变得顽强的意义。顽强不是强大,卢梭、席勒和华兹华斯都不关心进攻、统治这类向外拓展的活力,他们关心的是这样的活力:它想方设法要坚守中心。要保持自我周身的完整,要使自己成为一个统一体,刀枪不入,持久,自主,他必须是这样的人,哪怕行动上做不到。

整个19世纪,艺术的一个主要意图就是在观众心里唤起生存的意义，并召唤被高度发达的文化削弱了的那种原始的力量。为了达到这个目的，艺术提出了多种精神训练的手段，包括遭遇、绝望、极度的反抗，对他人的深切同情。对社会进程的理解，社会的异化。随着时代的发展，生存的意义，也即变得顽强的意义逐渐被纳入到对个人真实性的理解认识之中。艺术作品因为它完全是自定义的，所以本身是真实的：它根据自身的法则存在着，包括表现痛苦、卑鄙或为社会所不容的各种主题的权力。同样，艺术家也在他完全的自主性中寻求个人的真实性——他的目标是像他所创造的艺术作品一样自我定义。至于观众，他希望能通过与艺术作品的交流（虽然艺术作品会抵制这种交流，令他不快，甚至对他怀有敌意）获得自身的真实性，对他来说，艺术作品就是真实性的榜样，而艺术家个人就是生动的例子。在萨特的《恶心》中，当主人公罗康丹在那部恶心而绝望的日记末尾允许自己怀抱仅存的希望时，他的希望也许是要写一个故事，它“美丽，像钢铁一样坚硬，会让人们为他们的存在而感到羞愧”。真实的艺术作品让我们看到自己的虚假，它祈求我们摆脱这种虚假。

萨特那令人钦佩的年轻同行娜塔莉·萨洛特在她的一篇关于福楼拜的论文中指出，“今天我们所谓‘虚假’”的那种性质，那种每个人都熟悉的性质，在过去还只是“一种新的心理内容”。我们应该将它归于福楼拜的发现，他在《包法利夫人》中“挖掘”或“重新创造”了它。这部小说的主人公的全部特征就是这种性质。萨洛特说：

> 我们都记得那个虚假的世界，这是透过包法利夫人的眼睛所看到的世界。她的欲望、想象，她试图把生活建立其上的梦幻。所有这一切都是由最低俗无聊的浪漫主义作品中搜罗到的一连串廉价的意象构成的。她少女时代的白日梦，她的婚姻，她对舒适享受的喜爱，她对上流社会生活的幻想，对巴黎“艺术家、文人圈子”的幻想，她一再为他人、为自己扮演的那些最陈腐老套的角色，我们只要想想这些就够了。

关于包法利夫人，这样的说法当然并没有甚么新意，都是些关于爱玛的定论。在我看来，这样的说法也不完全准确，虽然可怜的、注定要毁灭的爱玛确实有些虚假，但她的存在并非没有一点真实或价值可言。我们承认她不是一个完全成熟的人，但她的天赋也不该受到鄙视。她尽管轻率却并不乏勇气,她有着迷人的外表和一经点拨就光彩照人的风韵,对生活经验的看法点燃了她的想象力,她想象一个人人有趣味、个个受重视的社会。她要摆脱自己那种空虚无聊的生活,创造或抓住那个叫做生活的东西。无疑,她的气质中缺少某些东西,但却不是甚么都缺,不至于缺到让绝大多数读者都认为可以居高临下地去看待她。但我之所以引用萨洛特那段被广为接受的文字,是因为其无情的挑剔的语调表明,我们现在所谈的真实性问题具有很强的道德意味。不幸的爱玛·包法利至少在不幸这一点上是真实的,她近乎精神错乱,并对死亡特别恐惧。但是她身上应当归之于她的那些虚假的东西太多,以至于萨洛特无法再给这个可怜的人哪怕一点挖苦式的同情。类似的犀利的评判也贯穿在萨洛特自己的小说中,首先出现于她的第一部作品《向性》。《向性》让我们感到奇怪,为甚么这位傲慢的天才作家在描写时总是选取渺小的,以及可以说只是次要的人作为她严加审察的对象,这些人的存在既虚假又微不足道,在我们看来,他们根本不值得她去劳神。为甚么她要从她那享有特权的生存高地走下来,明确表示她对这些无足轻重的人的厌恶呢?那些人就像小说标题所示的那样:根本就不是人。

也许,答案可以在萨特的那句名言“他人即地狱”中找到,萨特用这句话为他的现代诅咒《禁闭》中的观点下了结论。这个警句出自剧本中一个可憎的自欺者之口,它绝不是剧本所要强调的那个意思,相反,它是弥尔顿的那个意思:“我自己就是地狱。”但这句名言使那个较为古老的初级真理获得了重要的现代资格——它指出,现代社会存在将走向地狱这条不归路。就像卢梭曾经描绘并加以哀悼过的那样,在那里个体存在的意义是依赖于他人的。所有的他人,那在感受力和文化程度方面参差不一的整个公众,构成了这个认可虚假、精于虚假的地狱,他们使现代世界的芸芸众生化为乌有。他们就我们自己的处境责备我们,我们成了互相从属的成员。有一些人则被免除在外:穷人、被压迫者、强悍的人和原始人。但任何一个在社会秩序中(我们自己就厕身其中)占有一席之地的人都知道要共担这个注定的命运。这一席之地是否很小并不重要,只要能立足就行:当萨特着手检讨一例虚假的存在时,他选择的形象就像《向性》中的任何一个主人公一样渺小而次要——他笔下那个出名的侍者自己都不把自己当做一个人,而是一个侍者,他就满足于扮演所派给他的角色。弗洛伊德说:“我们都病了。”

因此，萨洛特对爱玛·包法利的极度轻蔑就并非出于铁石心肠，而是出于恐惧。正如萨特在评论萨洛特时所说，这是对非人化的地狱的恐惧，而虚假就是这样的地狱。萨特说，她"对我们的内宇宙有一种原生质式的看法：搬开陈词滥调的石块，我们看到了分泌物、涎水、黏液；变形虫一般地蜿蜒蠕动"。萨特用"陈词滥调"——"一个绝妙的词语"——来指"我们最俗滥的思想。这些思想已经成为公众的聚会之所"。他接着说：

> 正是在这里，我们每个人发现了自己，也发现了他人。陈词滥调属于每个人，也属于我。在我这里，它属于每个人，这是每个人在我这里的呈现。从根本上说，它就是一般。为了据有它，需要一种行动，通过这种行动，我流掉了我的特殊性，为的是追随一般，为的是成为一般。准确地说，绝不是像每个人，而就是每个人的化身。

这就是地狱，而最残酷的一点是，它设计的许多幻象让我们的种种挣扎都化为泡影，我们陷身一般性的陈词滥调之中无力自拔，我们无法走向真实的特定的存在。如果说包法利夫人没有得到她的命运本该得到的那种同情，如果说我们对她非常冷漠，像许多人那样居高临下，像萨洛特那样百般轻蔑，那是因为我们必须采取某种态度才能抑制住我们在看到这个可怜的、该死的妇人的惨剧时心生的恐惧，她试图逃出永镇那个陈词滥调的地狱，结果却走进了她那个时代的高级文化的陈词滥调的地狱。如果我们不是居高临下地、轻蔑地看待她，我们就一定会明白，当福楼拜说"包法利夫人——就是我"时，他并不是在自相矛盾地说蠢话。我们就一定会明白，包法利夫人是我们每个人。

"我们的内心都有想法/它们各自独立不依。"华兹华斯写这句诗时是1805年。那时独立不依的想法的强大魅力似乎还没有被削弱。但如何才能到达这种状态呢？萨洛特虽然在说起当今小说的幼稚意图时很是自命不凡，但她没有脱身——也没有想脱身——于小说过去所履行的那种教育功能。与简·奥斯汀一样，她关心的是教导读者如果他们真正想是甚么，就该如何不是甚么。如何不是甚么，这一点至少是容易明白的。我们不应该是与别人一样的人。但一个人实际上如何才能达到这个目标呢？当萨洛特告诉我们说，除了《包法利夫人》以外，福楼拜在他所有的小说中都是不真实的时候，我们感到沮丧。但起码这位作家还有能够逃出那个一般性的地狱的时候。萨洛特说，福楼拜有一种不妥协的主体性，他以此“汰除一切芜秽”的旧习与传统，他拒绝接受文化为了他的轻松惬意而别有用心地提供出来的种种陈词滥调。但作为读者，我们的情况就不那末幸运了。

在萨洛特看来，爱玛·包法利的虚假之处在于，她用“由最低俗无聊的浪漫主义作品中搜罗到的一连串廉价的意象”来编织自己的梦想。我们不禁要问，如果包法利夫人有比较苛刻的鉴赏力，用更为可信的浪漫主义文学中的那些构思精妙的、值钱的意象来编织她的梦想，她的生活会更加真实吗？她生存的意义会更接近于独一无二吗？难道不是所有的艺术——那些被证明是最真实的艺术以及最令人羞愧的艺术——都在为那些有意照之形成自己经验的人提供培植虚假性的养料吗？把生活建立在最优秀的文化事物之上，会导致一种特别的虚假，尼采在创造那个可怕的短语“文化庸人”时，他想到的正是这一点。我们通常把资产阶级对艺术的抵制称为平庸，现在尼采说“文化庸人”，他指的是一种颠倒的情况。他的意思是说，人们用艺术和高级文化、最高级文化的思想来衡量道德水准的高低。这表现在我们的时代就是，人们会轻易地接受艺术所归咎于我们的羞耻，人们总是把自己放在这样一个集体之中，那些人因为视自己为罪人而获得拯救。

卢梭是不该被嘲笑的。艺术不再试图“取悦”了。但取悦从来就不是引诱的唯一手段，艺术仍然能够引导我们将自己的生存意义依附于他人的意见。为了获得真实，某种文化或某种文化之部分的协同努力生成了自己的陈规、自己的一般性、自己的陈词滥调、自己的格言警句，萨特从海德格尔那里借了一个词，就是“饶舌”(gabble)。现在萨特本人已经为“饶舌”做出了自己的贡献，萨洛特也如此，纪德、劳伦斯同样如此。现代社会需要那些提醒我们身处堕落状态的文字，需要那些说明我们何以会对自己的生活感到羞耻的文字，那些想满足这种需要的人，也在为“饶舌”作出贡献。

刘佳林译

——节选自莱昂内尔·特里林:《诚与真》，江苏教育出版社 2006 年版。

佳亚特里·斯皮瓦克

佳亚特里·斯皮瓦克(Gayatri Chakravorty Spivak, 1942—),印度文学理论家、哲学家,现为美国哥伦比亚大学校级教授。尽管自 20 世纪 60 年代起就一直生活在美国,但斯皮瓦克始终拒绝加入美国国籍,以鲜明的第三世界知识分子的立场坚持自己的印度身份。斯皮瓦克师从美国著名哲学家保罗·德曼,深受法国哲学家德里达的影响,是著名的结构主义者,同时她还以“属下研究”享誉世界,是后殖民批评的代表人物。斯皮瓦克在女性主义、马克思主义等研究领域同样成就卓著,自称是“实践的马克思主义—女性主义—解构主义者”(practical Marxist — feminist — deconstructionist)。

斯皮瓦克作为“属下”群体的代言人,对教育极其重视,实际上可以说她全部批评理论都跟她所从事的教育事业密切相关,而美育则始终是她关注的主题。2012 年,斯皮瓦克出版了《全球化时代的美育》,“就是要建设性地解构欧洲启蒙运动的另一个遗产——审美”。该书是她近二十年来的论文选集,但里面多数文章都被重新修改,以突出“美育”主题。斯皮瓦克为该书写了长篇导论,集中诠释了她的美育思想。

在斯皮瓦克看来,全球化只是资本和数据的全球同一化,其前沿阵地在农村,是对底层社会“破坏性的支配”。全球化通过商业投资、种子控制、人口控制乃至确立知识标准等方式,把农村的本土知识连同蓝天白云、山川河流都数据化了,从而把农村的底层民众置于完全不利的地位:一方面,底层民众很难接触到信息的主要载体——网络,很难利用这些信息;另一方面,数千年来,农民们从未想过赋予本土知识以特殊的权力(或曰专利化),无法以合理的方式保护自己的知识产权。但是,全球化又是不可避免的。斯皮瓦克认为唯有美育才能对抗势不可挡的全球化,她希望通过审美教育来唤醒底层“主体”,从而把底层民众从被压迫、受剥削、全方位遭压制的不利状况中彻底解放出来。

斯皮瓦克的美育思想源自对欧洲启蒙遗产——审美的“建设性解构”,深受康德,特别是席勒的影响,用她自己的话说,可理解为对席勒美育思想的破坏性解读。众所周知,康德美学体系是严格意义上哲学的、认识论的,跟人与人之间的现实关系并不相干,但是席勒的解读则完全是经验的、心理的。对于席勒反常规的解读，保罗·德曼曾提出了批评，但是在斯皮瓦克看来，席勒恰恰指引了美育发展的一条正确道路，即由“客体”走向“主体”，由“认识论”走向“社会学”。正是由此出发，结合马克思主义特别是葛兰西的实践论，斯皮瓦克把美育由书本推向生活实践。对于斯皮瓦克来说，美育不应该只是甚么理论问题，更应是实践问题，是要在实践中培养(属下群体)自足的主体，不仅要使非技术工人变成技术工人，更要使每一个“公民”的“文化”都得到提升，从而可以“治理”社会。

作为文学教授，斯皮瓦克的美育实践主要是文学教育。十多年前，斯皮瓦克曾宣布了文学作为学科的死亡。如今，美育却让她改变了看法。从美育的视角来看，全球化尽管充满了矛盾冲突，但并不是你死我活的战场，而是可以“游戏”其中的“双重背缚”，作为想象力的训练的文学则“可以引导主体进入游戏”，使问题朝着积极的方向发展。按照斯皮瓦克的论述，人类习得语言和建构伦理道德体系的机能是相同的，通达文学研究的语言学习是一种心理学动作的设置，可由此建立相应的伦理道德体系。如此，文学的功能就怎么说也不为过了。这样，斯皮瓦克就在“美育”的名义下宣布了文学的回归。

全球化时代的美育

导论(Introduction)

全球化的实现只是就资本和数据而言，其他任何方面都不过是遭到了破坏性的支配而已。信息大潮摧毁了慎辨笃学的能力，因此我们其实并不知道如何应对信息。许多未加分析的方案的出台，仅仅是因为信息的存在。信息轰炸取代了真正的民主政治。大学成了所谓的全球公民社会的附庸，而人文学科和那富于想象力的社会科学则像吃了土一样失语了。当此之时，有人提醒我们，欧洲启蒙运动的遗产是“质疑”。希望(或曰希望的缺失)和感伤的民族主义(或曰后民族全球主义)在很大程度上正是我们这个世界所面临的处境。这本书的目的就是要建设性地解构(undoing)欧洲启蒙运动的另一个遗产——审美，这无疑是件艰难的工作，因为你必须小心地查找“断层”的所在。这么做不是为了谴责，更不是为了寻找借口，而只是着眼于应用。这种想法从未离开过我的头脑，但是我必须承认，这个时代，希望在诵念中神秘化，“审美”成了“质疑”的同义词，在黑暗的时代，解构审美这样的主题，决定了这篇“导论”不及本书其他章节那末无懈可击——希望似乎仍是一个有价值的选择。本书中的这些文章都赞同认识双重背缚(doublebind)——当然不只是了解它。考虑到在学术世界里，人文学科需要支持，而这种一如既往的赞同则会带来信心，即人文学科通过游戏的方式，在某种程度上能够学会化解双重背缚。但事实上，从不同的记载来看，这种信心不仅仅只为人文学科所享有。只是管理的其他方式同电子资本主义的公理体系更容易调和，由此转移了信心的基础。如今，最有害的假设是：全球化已经在我们生活的各个方面愉快地实现了。全球化除了总是在其渐隐的轮廓中被暗示外，对于经验者的感官来说，它可能从未发生过。考虑到一个不平等的当下性(contemporaneity)转瞬即至，且已无法用诸如现代/传统、殖民/后殖民之类工整的二元关系来解释，因此唯有美育能够一如既往地为我们做着迎接的准备。一切由那开始，在那个空间中，我们被允许以单一的、不可确证的方式存在，环绕着的是那致命的、可怜兮兮的理性选择的慰藉。其他种类制度化知识也无不以此为基础。美育的本质是甚么？对此不可能有普遍适用的答案。在这本书中，我给出了一种答案。我的观点主要是在国内高等教育机构任教时形成的，可理解为对席勒美育思想的破坏性解读。知识管理试图在这些漂移的基础之上解除双重背缚，并称之为可持续性练习，即最小化某物以最大化另一物。席勒的美育是对康德批判哲学的活用，而当知识管理这么做时则又转换了席勒的思想。关于此，我们稍后再谈。这种严密、均衡的考量或许也是康德称“纯粹理性”为道德上懒散的原因。这个世界需要实现认识论上的转换，好重新规范欲求，这是全球化当代性的需要。也将是本书所关注的内容之一。早些年，人文学科的坚守表现在：最大化想象力的训练，最小化那让人思想麻木的全球同一化进程。(可在英国浪漫主义运动中找到迹象。)当我们正朝此努力时，美国日益组织化、野心勃勃的全球化主义者的大学却在努力降低人文学科和社会科学的作用——以最大化全球化。就在我精心写就本书的这些文章时，那种趋势还没有达到巅峰。面对学术机构化，一开始我们中的一些人心情复杂，一方面抱有希望，另一方面是谨慎的乐观。海湾战争(1991)和伊拉克战争(2003—2010)已经发生，冷战也已不可思议地“结束”了，但是从苏联的崩溃中得出某种结论显然为时尚早，某种东西仍在继续着。如今危机已经升级——全球化社会运动在国际化过程中同北方(the North)的封建主义结成了牢固的同盟。人文学科和社会科学则被最大限度地边缘化。于我而言,唯一的希望存在于属下端,而这已经超出了一本大学出版社出版的书的范围!这儿唯一相关的或许是要用到某种葛兰西(Gramsci)理论,至于如何运用则是以后的事了。在"导论"中我将提到葛兰西的理论,读者的职责是在本书的字里行间里发现它。在这本书中,偶尔也会不假思索地相信原住民历史反抗的原发性。我由此意识到,它或许源自某种"封建式的"保存,看似出自善意,实则不过是原始主义者的诡计。我在这儿所简要概括的再思考和再认识都反映在了"导论"中,而在本书的主体部分则并不总是能够看到。同往常一样,我需要读者参与互动。"导论"以双重背缚开始:学会在矛盾的指导中生存。循着康德—席勒—马克思—德曼的路径,欧洲式的专有名称不过是对时代变换的转喻。临近结尾,"导论"的结论,同获得游戏双重背缚的有效技巧这一目标相左:形象碎片化、再辖域化和重新编码。"导论"结束于葛兰西式的慰藉:工具化知识分子,以实现认识论的转向,要好过只专注于属下的和知识分子的伦理。在"导论"中,我把这个世界视为一个给定的、未加考察的经验体。在对死亡的思考中,最为盛行的双重背缚解构了个体—集体的二元对立,这种思考同样会解构人类—动物之间的二元对立。"总体意义上的人类未来对于个体生命而言毫无意义,个体生命唯一可以确定的未来是死亡。"如果可以重写此书,我会增加些解读蒂利·奥尔森(Tillie Olsen)的《告诉我个谜语》(*Tell Me a Riddle*)、克里斯汀·布鲁克-罗斯(Christine Brooke-Rose)的《标注》(*Subscript*)和《生命,终结》(*Life, End of*)的文章。这些小说通常勇于面对伦理—政治的二元关系,勇于面对老化和死亡,触及没有关系的文本实践。是因为老妇因素(Baubo-factor)——过了生育期的妇女会冷对生育的规范性——才使这些小说成了老妇的文本吗?一个后规范化的怪胎?难道这就是寇切(J. M. Coetzee)沿着《黑铁时代》(*The Age of Iron*)的作者和伊丽莎白·考斯特洛文本的路数以老妇为主人公的原因吗?如此,文学或许仍有所作为,也或许无所作为。请用心探究"导论"和你所读的书之间的双重背缚。在"前言"中,我已经对知识的路径作了梳理:我们应该相信"前—后—面"(Pre-Post-Face)知识分子那被危机加重了的悲观主义,还是相信这些论文将要体现出来的乐观主义?没有一成不变的答案,但只要给予时间,就能赢回所失去的东西。1992 年,在废除种族隔离政策之后的开普敦(Cape Town)大学,我在戴维纪念会上的第一次演讲中指出,我们应该学会自下而上地运用启蒙思想。我当时用的词是“自下—应用”(ab-use),因为这个词的拉丁前缀“自、从”(ab)的含义比“下”(below)远为丰富,既指“离开”(motionaway),又有“介质、原点”以及“支撑”的意思,同时还有“奴隶的职责”的意思,准确地把握住了启蒙意义上的后殖民和大都市寄居者的双重背缚的内涵。我们希望公共领域得到启蒙,私人领域的启蒙受到限制,然而我们也必须找到某种同“我们自己的历史”相关联的东西,以抵抗这样的事实:无论是对殖民者还是被殖民者来说,通过殖民主义,启蒙运动支持一种破坏性的“自由贸易”,那种无懈可击的政策突破了启蒙原则,与其说是一种规则不如说是一种特例。这一点把我们同现代欧洲试图批判地理解启蒙运动以至于走向颠覆的做法区别开来,对他们我们只有同情。但是,“自下—应用”容易被误解为一个新词,仅仅指“谴责”(abuse)。这就是为甚么到目前为止我宁可牺牲精确性和外延而只是简单地说“自下”(frombelow)的原因。这也会激怒人,因为它假定“我们”(不管我们是谁)在启蒙水平之下。看,又一个双重背缚。

短语“双重背缚”源自格里高利·巴特森1972年出版的《走向心灵生态学》(*Steps to an Ecology of Mind*)。双重背缚首先是他从本性上理解儿童幻想症的一种方式。而后,巴特森意识到:“那些生活因具有超语境天赋而丰富的人和那些生活因超语境混乱而乏味的人,在一点上是相同的:对于他们来说总是或常常发生‘无意间的顿悟’(doubletake)。”换言之,在两个极端之间总能发现双重背缚,一端是医治的需要;另一端是对治疗者的认识。他也知道需要矛盾的隐喻性概念,对这样的概念不可从字面上来理解。在他的论文《一种游戏和幻想的原理》中,他用“集合图表”(aset-theoreticaldiagram)的方式来定义“特定时间内两个个体之间的游戏”,这儿所说的游戏和治疗从未远离我们所说的审美教育。当数学类推失败后,他就会系统地描述治疗者如何在“抽象”和“具体”(EM, PP. 86 - 187)这双重背缚的限度下工作。在当代语境中,我们可称之为个体普遍化的双重背缚,双重背缚是民主政治的核心要义,对此审美教育可视为一种认识论上的准备,而我们作为审美的教师所运用的材料,既历史性地打上了区域的印记,又同源自启蒙运动的因素相合作、抵制、交融。就算这种要求机构变革的强烈愿望一开始就受到了官僚思想的阻碍,但还是被人们所接受。在通向集体性的路上,有“好教师”,就有“好学生”。“质疑”和“希望”……巴特森的论文对想象力的训练进行了明确的解释,用词是mise-en-abyme,意指一种不确定的互相投射系列:谈到“窘困……不局限于幻觉语境”(EM, P. 258),他区别了“人类和机器人在学习方面的差异……从解决方案到解决方案,总是选择最优的方案而不是在先的方案”(EM, P. 240)。他“通过包含信息、元信息、元元信息之类的等级系列,扩大了那被包含在学习概念之中的范畴”(EM, P. 247 - 248)。这种“训练”,即审美教育的堡垒,习惯性地同宗教和民族主义混在一起:“上升到那灰暗的领域,艺术、巫术和宗教相遇、叠合,人类已经发展出了‘意义的隐喻’,将以死救护的旗帜和远不只是作为‘外在、可见的标记给予我们’的圣餐。”(EM, P. 183)有趣的是,弗洛伊德在《拜物教》一文中同样提到了两个主题——“王座与祭坛”,视之为拜物主义非逻辑的支点。

游戏训练,作为一种审美教育,与旗帜和圣餐、王座和祭坛一同习惯性地失败了。巴特森在描述习惯时没有带任何感情色彩。这儿,一个职业医生的几行文字,把他同《民间歌谣集》的作者华兹华斯和葛兰西都联系起来,华兹华斯着意于解构新生资本主义败坏了的认识/情感关系,葛兰西指望着从那宗族政治尚不为人知的“大众”中兴起属下知识分子。巴特森则说:

> “在精神领域,我们对(考验和错误适应性的)经济学很熟悉。事实上,经由熟悉的习性模式的进程,已经实现了重大的和必要的解救。我们首先要解决一个既定的问题,方法是避免随机性的操作,同时在更深层次的、较少变化的机制上寻找解决办法,这种机制我们称之为‘习性’。”(EM, P. 257)

这段文字写于1959年。10年后,在一个关于双重背缚的讨论会上,巴特森对习性进行了总结概括。这儿,执业医生/哲学家的关联,让人想起了弗洛伊德,后者试图超越快感原则,达到更一般意义上的“有机的冲动,它的论据在于遗传现象和胚胎学所揭示的事实”(SE18, P. 37)。我们再引一段巴特森的话:

> “通过叠生和连接大量反馈层,我们(和所有其他生物系统)不仅能解决特殊的问题,还能够形成习性,这种习性可以用于解决多个种类的问题。按照预设或前提,我们似乎可以解决一个种类的全部问

题，尽管这些问题在数量上比问题的种类要少。换句话说，我们（有机体）学而又学……在适应性的层级序列中，[习性]的稳定性是推定它们位置的必要条件。验错经济体系只有通过习性模式才有可能实现，因为习性相对而言是“硬性的程序”……经济体系就存在于习性的诸多前提之中，而每次运用习性，它们都会避过重新审查。应该说，这些前提部分是‘无意识’，或者说——如果你愿意的话——发展出了一种免审的习性。”（EM, P. 274）

或许，打破这种免审习性的工作被审美地中断了。我在前文说过，我们首先可以在英国浪漫主义中找到我们的模式。但是，只要我们把文学当做有益思想的唯一的实体资源，我们所提出的审美教育就会失败：不惜一切代价进入另一种文本。另外，我们将会注意到，威廉·华兹华斯的想法深深地打上了阶级的烙印，以至于他对习性不置一顾。他很清楚，作为诗人他比其他人高出一头，他具有非凡的想象力，且能够组织他人的习性。我将尽可能地证明，他缺乏同属下阶层合作的兴趣，尽管他肯定承认属下阶层“真正的”语言的力量。他真正感兴趣的是改变诗歌读者的趣味。尽管“人们”的“真正的”语言的（自然而然？）力量已经得到承认，但在以下这些段落中，他还是精心地表达了对“诗人的”（作者的痕迹？）天赋的自信：

“我们的情感之流其实汇集了过去所有的情感，在思想的规范和引导下持续地流淌。从总体上沉思各种情感之间的相互关系，我们就会明白，对人类来说甚么才是最重要的。在持续不断的沉思中，我们的情感得以同重要的主体发生联系，直至最后，如果我们从一开始就具有足够的敏感性的话，就会在精神上形成惯性，盲目机械地遵循这种惯性冲动，我们将会描述自然中的客体并表达自然的情感。在这样的相互关联中，“读者”的理解必然会在某种程度上得到启蒙，他的情感也会被强化和净化。（诗人）是面对大众说话的人：他虽被视为大众中的普通一员，却被赋予了更多鲜活的感性、强烈的激情和细腻的情致，他比普通人更熟知人性，灵魂也更宽容。他是一个因自己的激情和意志而欢愉的人，一个内心喜悦远超他人的人，一个乐于关注宇宙中发生的相似的意志和激情的人，一个能够在没有激情和意志的地方习惯性地创造它们的人。在这些特质之外,他还能再现缺场的事物,就像它们在场一样,这是一种能够唤起激情的能力,它同由真实事物唤起的激情完全不同,然而普通人习惯于感知自我,同这种仅仅源自心灵活动的情感相比,想象的情感更近似由真实事情唤起的激情(特别是在唤起那让人愉悦和欣喜的普遍同情方面)。由此,他在实践中强化了他的天赋,能够更迅捷有力地表达他所思所感的东西,而在表达那些出于他自己的选择或源自他自己心灵结构、无需任何外在因素激发就产生了的思想和情感时尤其如此……(LB, P. 138)但是,我们所假定的这种才能,不论哪一部分,就算体现在最伟大的诗人身上,也难免这样的问题,即在自身那些激情、阴影和感觉的真实的压力下,他所使用的语言同生活中真实的语言相比要远为逊色。无论我们怎样钟爱诗人所创造的角色,同真实具体的行动和苦难所产生的力量和自由相比,诗人在描写和模仿激情时的境况总是机械的、缺乏创造性的。所以,尽管受时空制约,诗人总是希望使他的情感近似于他所描述的对象的情感,好让自己进入一种纯粹的幻觉,甚至把自己的感情混同于所描述对象的感情,只是在语言上略有改变而已,之所以会如此是出于这样的考虑:他的描述是为了达到一个特殊目的——带来愉悦……(LB, PP. 38-139)可那些只是在总体上同意这些看法的人或许会说,诗人不可能总是能够用任何随机性的语言精确地表达激情,因此他会把自己摆在翻译者的位置,以别一种完美替代他所不可企及的东西,并认为他所做的是恰当的,同时偶尔会无视自己的初衷,尽力弥补总体上的不足,而这种不足在他看来是不可避免的。"(LB, P. 139)

因此他是一个"向大众说话的人"。对他来说,马克思论费尔巴哈的第三篇论文没有任何吸引力:既然教者和被教者之间的知识裂隙不可能弥合,那末不让它发展成权力上的裂隙就成了一项持续的任务,而这会使社会总是处于有利于解放的动荡状态。(动荡的德文是"颠覆"(Umwälzung),英文通常翻译成"革命"[revolution]而不是"动荡",这就抹杀了马克思的重要警告:教育者必须被教育。)华兹华斯关于浪漫主义创造性想象的理论是极端个人化的,也必然是反体系的。与此相反,通过工具化"新知识分子",葛兰西在生产属下知识分子的工作中投入了全部的精力：

> “工业化的历史就是同人类‘动物性’的一面不断作斗争(如今更加突出、严峻)的过程。这是一个持续不断的过程，通常充满痛苦和血腥，目的是把人的自然的(动物的和原始的)本能驯服成一度是新的、更复杂牢固的秩序习性，谨严而精确，使日益复杂的集体生活形式成为可能，而那正是工业化的必然产物。这种斗争是自外强加的，尽管可能会有重大的现实价值，但到目前为止，其后果在很大程度上仍然是僵化的：新的习性尚未成为‘第二自然’……迄今为止所有生存模式和生活模式的变化都是在残酷的压迫下发生的……为使人们适应新的文明形式以及新的生产和工作的形式，而对人进行的选择或者说‘教育’，都是通过令人难以置信的残忍的手段进行的，在这过程中，弱者和不服从者被放逐，或者干脆被消灭掉。”

(这儿需要指出的是，葛兰西表明了，有必要把所有“教育”项目达成的结果与某种同一化的“动物性”区别开来。德里达曾在《我是动物我才是人》(*The Animal That Therefore I am*)中对此进行了尽其所能的分析。我们无法逃避，唯有折衷。从修辞的意义上来说，我们在德里达《理想的大学》(*University without Conditions*)一文中可以发现这一点。)热衷于教育和治疗的葛兰西和巴特森不可能满足于把习性视为认识转向的唯一基础。的确，巴特森进而认为治疗本身就是双重背缚之一种：“治疗性的困境同原发性的双重背缚的区别部分在于这样的事实，即治疗者并没有卷入一种生与死的挣扎中。他因而可以设置一些相对平和的困境，并帮助病人从中慢慢解脱出来。”(EM, PP. 226 - 227)由于他所做的工作是心理上的而不是认识论上的，在习性不会成为问题这一点上他说得不是很清楚。是葛兰西坚持认为(至少隐含着这样的意向)，当我们说某人被教育成一个公民时，面对大众，论证的前提必须是“可再发现的”、“可再检查的”。我想引用下我自己的观点：

> 如果我们想“改变世界”，改变-全球主义(alter-globalism)就必定会考虑到，剥夺人权的教育无意于双重背缚，而只是对阶级斗争感兴趣。“民主政治……不能只是意味着非技术工人可以变成技术工

人,”葛兰西写道,“它必须意味着每一个‘公民’都可以‘治理’,而社会则要给予他实现这个目标的总体环境,哪怕这只是就抽象的意义上而言。”

在关于马克思的一段重要的评论中,葛兰西在心理的、道德的(我们的用语也许是“伦理的”)和认识论的三者之间作了区分。我们的任务就是“自下一应用”这种区分,既不为它看似系统的自信(在葛兰西写于狱中的书里多为犹豫所掩饰)而辩护,也不因那种确定的事情而对它加以谴责,而是从认识论的角度来看葛兰西,这是一种在“阅读的历史”中解读葛兰西的方法。

《政治经济学批判导言》(*A Contribution to the Critique of Political Economy*)的“前言”中包含的观点是,人类在意识形态层面上获得的关于结构性冲突的意识,应被视为对认识论上,而不仅仅只是对心理学上的和道德上的价值的肯定。由此可得出结论,所谓霸权的理论—实践原则也是认识论意义上的。正是在这儿见出了列宁对实践哲学(也即马克思主义)最伟大的理论贡献。就列宁提升了政治教义和实践而言,可以说他提升了作为哲学的哲学。就其创造了一种新的意识形态版图而言,一种霸权机构的成立决定了认识方法和意识的变革:一种关于认识的事实,一个哲学事实。用克罗齐的话来说:当某人用一种新的概念成功地提出了一种新的道德时,他也成功地提出了那种概念,换句话说,他决定了整个哲学的变革。教育同伦理习性之间的关系,就像责任和天赋之间没有关系的关系一样,我们必须通过想象才能说明责任——如果你愿意可以称之为不受限制的、先验的演绎。伦理习性的训练只有在参与认识论系统任务的过程中才能实现。我们“学习中学习”(巴特森更具概括性的短语)如何应用历史—文化的文本教授特定的学生群体。葛兰西于是写道:

“知识分子同他打算矫正的文化环境之间存在着动态的关系。环境反作用于哲学家,迫使他进行持续的自我批评。这正是他的‘老师’。……只有在这种政治条件下,上文提到的一般意义上师傅和学徒之间的关系才能实现,也只有在这种情况下,才能历史性地诞生新型哲学家,这种哲学家相信他的人格超出了物质个体,而取决于在矫正文化环境过程中形成的动态的社会关系,就此而言,我们可称他为

‘民主哲学家’。”

审美教育如此看待人性，即所有的主体都是被“污染了的”。我曾一再重申，在当下的语境中，我对此不抱多大的希望。但我至少还可以引出葛兰西的希望：

> “新型知识分子不能只是停留在口头上，……而应该积极参与生活实践，……超越抽象的数理精神。要能从服务于工作的技术进化成作为科学的技术和人文主义的历史概念，否则就仍是‘专业化的’，而不是‘指导性的’（专业化的和政治性的）。”

稍后我将讨论葛兰西“科学技术”、“超越抽象的数理精神”的说法。现在，让我们记住，狱中札记是出于未来的工作而做的笔记，其形式必然是开放的，这就要求对文本的手稿作细致深入的了解。我想说的是，想象力的训练可以教会主体进入游戏——一种审美教育——也能教会主体发现（理论地或实践地）那迫使我们超越宗教和民族（一如巴特森和弗洛伊德所指出的）的习性的前提。然而，如果这只是“欲望的重新安排”或是通过教育手段以一种习性取代另外一种习性，那末就不可能重新恢复对连贯的认识论成果的发现。我们必须学会强行区分认识—认识论的（epistemo-epistemological），记住这就是教育“所是”，坚持把信仰置换成想象，以期进入认识论的领域。从最根本的意义上来说，这种置换可以是对一种阅读的描述，也是审美教育中不可复原的因素。在21世纪初的语境中，要学会对宗教和民族国家（的诞生）加以去理想化，使之进入想象的领域，这是种价值不可估量的天赋。这种独特的阅读功能总体上是重要的，并一如既往地进行着。在别的地方我曾经说过，这种谨慎对待社会语境的教育可以作为基础教育的一部分，而现在却是形式大于实际行动。在这本书中，这种论点随处可见，但总体上谈的还是高等教育和研究生的教育，包括公民和教师的培养。这就是我们可以运用启蒙遗产的地方，把超越的东西同信仰区别开来，重新加以定位，着眼于它的双重背缚，提出一种较简单的解决办法：信仰私人化，超越的东西民族化。作为自由的教育而提出来的、这种特殊的解决办法，更适合资本主义。我们简要地了解了，巴特森是怎样把双重背缚从精神“疾病”的有限语境或狭义的精神“疾病”中提取出来。的确,于他而言,双重背缚是对所有活动、所有作为活动的思想、所有自我意识生存的总体上的描述,这些活动都是资本主义的异数,只是程度深浅的问题。我们时刻都面临着矛盾的指导。我们学会倾听它们,仍然在游戏之中。当我们如此做出决定的时候,我们知道我们已经打破了双重背缚,进入到单一的困境之中,我们也知道变化必定会很快发生,或者说事情会改变——任务或者事件。认识到这一点我们就会明白,伴随那些日常琐碎决定的情感,如伦理的、政治的、法律的、智力的、审美的情感,共同组成了一条痛悔的光谱,令人不得安宁。另外,志得意满总是伴随着否定或尴尬。这和那未知的希望不同。今天,在美国一如在主张全球化的精英中间一样,那种未知的希望激发了许多全球主义者和改变—全球主义者们的雄心。

我将思考我们同欧洲启蒙运动的关系,在我展开论证的时候,我会利用葛兰西—巴特森模式“自下—应用”/“自下应用”,同时谨记全球化当代性的不平等的二元对立。对那种毫不犹豫地强调英德浪漫主义和南半球封建的、善意的原始主义的观点进行了修正。同时也毫不犹豫地修正了跟通达伦理反省的自信相关的哲学错误,而不是一味地坚持为实现无关系之关系的可能性作认识论上的准备:欲望自反性的重新安排,英语教师的招募,都深得人心,同资本主义利益最大化原则相对立,无中介的网络读写功能的实现是最了不起的事情。于此,我对席勒的再辖域化或许就是一个例子。如果可能的话,我们还要记住,对启蒙运动性别化的理解(通常是本土性别研究之外的一种方式),在双重背缚之上已经被双重化了。当然,启蒙运动也有极强的控制机能,从认识论的角度来说,这种机能内蕴着百科全书学派的冲动。这种冲动可以同分类冲动相提并论,而后者差不多是古典科学最大的优点。文学研究也可以不加批判地应用这一点。它并不必然是一件坏的事情,只不过,就审美教育作为一种补充功能来说,它并不是全球化所需要的。众所周知,文学研究的学科化和殖民主义是同步进行的。大体而言,文学研究作为学科和研究的对象,一旦学科化就意味着终结。当它们对自主资本的作用越来越小时,它们就开始通过各种科学主义让自身合法化。自 20 世纪 40 年代以降,中坚结构主义和话语分析理论就已经成了此进程的一部分。当下文学研究有走向定量分析的趋势,也属于这种冲动。文学当然可以有多种研究方式。然而,保守的科学主义无益于审美教育的目的。在一种表面上的科学控制下,所有的双重背缚都得到了很好的解决。这些自视为科学家们的文学批评者有时会说，严谨的读者都强调“作者的功能”，事实却相反，那些认真阅读文学作品的读者，就像巴特森一样，锻炼想象力，游戏于双重背缚，他们感兴趣的是形式而不是作者。作者或者说作者的权威（是为文学批评的术语用以确立文本的正确性）之死正是读者（强调阅读实践）之生——一种很好的理论，自 20 世纪 60 年代提出后，至今适用。我们会把这种提法当作一种双重背缚来应用，而不会把它理解为你死我活的战斗。出于方便，让我们假定可以从哲学上把欧洲启蒙运动转喻成威斯特法利亚和平协议和康德的概念——民族国家的完整性和公开应用自我克制的理性。这种研究有其局限性，即对启蒙运动的不同的想象会产生不同的叙事，但我相信我的已经自我修正过了的理论能适用于所有的叙事。威斯特法利亚和平协议宣布了，在遥远的将来，欧洲局部的、单一民族国家式的全球性形成的可能性，后者也就是我们所知道的作为一种社会模式的欧洲帝国主义。除非转喻得到了最广泛的应用，否则不管我们怎样看待“历史”，它都不可能是一个连续的叙述。如此，我们也可以认为威斯特法利亚的觉醒象征性地终结了一个旧时代，而就在转折的点上，它自身转喻成了“帝国”这个词语多变的内涵之一。一百多年后，不论神圣罗马帝国意味着甚么，都必然会在 1795 年走向终结。但是象征符号的转变则被认为随着伏尔泰的“老实人”的诞生地威斯特法利亚的扬名就已经开始了。奥斯曼土耳其和沙俄的帝国模式——“内在于”不同的方式——逐渐脱离这种叙事，这种鼹鼠式的语义编码伴随着帝国主义的自我决定，后者是程式化的，当然也是简单化了的自决。今天，从历时的角度来看，当我们对后苏联时代的危机加以总结时，它们就成了我们的警兆。随着规范适用范围的扩大，在“知”的过程中，外在的认识模式就被例外化和人类学化。在全球化的当代性中，这种观点正在被解构，但是主导性的预设依然是相同的，而且我们自己的预设也是如此。（提出可供选择的非-欧知识不过是旧的人类主义的变体。）“帝国空间里的地方主体仍然是第二位的。”因而，在全球当代性中，“民主化”的一种方式就是为流氓资本主义制造空间，利用资本/数据的进程——哪怕它意味着军事或党派/宗族暴力，在从帝国主义到发展的转换中，实现文明化的使命。在发展了的文明社会里，这种使命感可以推延至少数人权利的问题，它涉及更政治意义上的后殖民激进主义，而“少数”和“多数”原本是欧—美式的话语建构，同以身体为基础的民主政治相关联。正如马克思指出的,资本是渐进的。“帝国”意义上的变化正打开接近“世界另一面”的可能性,临近欧洲共同体的民族国家得以进入视野,而且悖谬的是,一种特殊的阶层开始梦想世界大同主义。当歌德和马克思提到世界文学的时候,他们预设的是特指欧洲人拥有一个世界,而不是指作为文学资源的整个经验世界。歌德或许抓住了世界文学难以捉摸的特性(aporeticnature),坚持要“努力”走向它。科学社会主义则视之为既成的事实。作为公共知识分子而不是哲学家的康德,也是以这样的方式来谈论一个世界。这是一个其宇宙论赖以生发的世界,一部关于世界治理的宪法得以成文的世界。我们必须记住,在这些语境中,国家形式是先于民主化的,而这正是资本能够压制宗族的一个关键性因素。为了理解在通向欧洲启蒙运动的过程中“世界”一词的双重性,我们不妨再审视下那些颇有预见性的文献资料。康德的宇宙论是要“走向一种永久的和平”,被视为对威斯特法利亚和平:巴塞尔条约(1795)的后续反应。我们正在看到的是一种关于“欧洲人”进入一个“世界”的原发性叙述。从殖民主义的角度来看,康德对此的理解早先是具有范本意义的。实际上,对于我们来说,论点的其余部分似乎同样具有范本意义,只不过是以一种比较枯燥的方式罢了。具有讽刺意味的是,康德视资本(他称之为“钱”,但他的论点是明白无误的)为高妙的平衡器,并含蓄地提出了主要国家治理世界——既然没有其他建立平等的方式——的思想,其基础是围堵政策以及对战争的认可。康德会禁止一些事情,如美国干涉伊拉克这样的事情。这种观点开始于20世纪后期,一直延续进了21世纪(“任何国家都没有权利干涉别国内政”),而这于康德来说其实颇为怪异。尽管如此,康德还是说出了下面这段话:

> “商业精神迟早会控制每一个人,它和战争不能并存。在政府所能支配的所有权力(或手段)中,经济权力或许是最可依赖的。于是,政府发现它们不得不推动崇高的和平,尽管并非真正是出于道德的考虑……就此而言,自然通过人类倾向性中的某种真实的机制,保证了永久的和平。”(PP, P. 114)

麦克唐纳主义者全球化的一种早期看法,视自然同商业资本主义的合作为人类本性。两者的结合是机械的——这样的谈论源自一种不合适的主因。著作开篇段落的反讽和结尾时的哲学上的敏锐性，这种易忽略的细节指向了我们自下-应用（而不是谴责）的紧迫性。如果我们留意的话，就会发现文本发出了解构和再定位的信号。在开篇段落中，一个小酒馆标志上的“文学性”的符咒，暗示了唯一的永远的和平——“永恒的和平”(Der Ewige Friede)的说法会更合乎语言习惯——就是死亡。在结尾的符咒中，我留心的宣判是“然而，阴暗[lichtscheu]政治的欺骗[Hinterlist]——康德的语言要比大多数英语译文有力——可以通过哲学格言的宣扬而轻易得到遏制[vereitelt]，问题在于是否敢于让哲学家公开发表他自己的格言”(PP, P. 130)。让我们关注下“格言”这个词：

> “基于主体的命题[Grundsӑtze]不是发现[hergenommen]于客体的本性[Beschaffenbeit]，而是发现于对客体认知的具体的、可能的完美所引起的理性兴趣，我称所有这样的命题为格言(Maxim)。因而就有推测的理性的格言，它无条件[lediglich]地基于理性推测性兴趣，尽管它们看似是客观的原则[Principien]。”

在我作进一步的引用之前，我将对译文中我所做的改动加以点评。正常情况下，这属于“译者注”的部分。我之所以在文本中提出来，是因为康德语言实践中的细微之处很难被翻译，而这会让一个像我这样的普通读者或像这部作品的读者一样的文学批评著作的读者，错过文中一以贯之的语法价值。当然，对持续可译性的一般假定已被我们这个世界所具有的历史性的异质所劫持，而这正是我一直在说的。例如，康德一直在区分命题[Grundsӑtze]和原则[Principien]。前者属于哲学化的范围，一如真理内在于我所谓的一种“有意的错误”。这些命题是哲学化的基础。后者属于纯粹理性的客体世界的一部分，是由哲学家超验地推演出来的，没有生产证据的能力。的确，只要康德用拉丁拼法——如在我们所引的段落中，客体(Object)一词用的是 Objekt 而不是 Gegenstand——他就是在作这种区分。在大多数英文翻译中，命题[Grundsӑtze]和原则[Principien]都翻译成了原则[principle]。哲学家通过程式化“有意的错误”而实现哲学化，又通过超验地推演出纯粹理性观念的特性而导致哲学的危机，若把命题和原则都翻译成原则就抹杀了两者的区别。像席勒这样的读者，当他把难题(aporia)置换成可逆的交错法(chiasmuse)时,就必然会错过关键性的差异。我也曾把"当作"(taken)置换成"发现"(found),因为如果保留"占有"一词,那末某物对于哲学化的主体已经确定或程式化这样的观念——在源自[hergenommen]这个词语深厚的背景中是可以实现的——就会变得更积极。我坚持认为,剑桥版完美的译文没有一个英语单词是"错误"的。只不过令人诧异的是它们似乎并非逐字逐句的翻译,少了由康德个性化语法所生成的同情感。我曾在"翻译成英文"(本书第12章)一文中谈到此事。为了继续对翻译所作的修正加以点评,就让我讨论下,为甚么要把 lediglich 翻译成"无条件"(unsupported)。翻译成"单独地"更符合语言习惯,但是如果我们只读到"单独地",那末我认为 lediglich 所带有的那种不可分的理念(好似在单个人之中)就失去了。由此出发,我们发现像 Grundsǎtze 这样的格言是主观的,而作为 Principien 的原则是客观的。前者不可被客观地应用,尽管它们看似客观的存在,这点很重要。我们能理解康德给予政治家们的是怎样的建议了吗?弄清他们作用的对象,这件事是有趣的而不是理性的,不是吗?在康德哲学文本的草稿中,一些词语关联着哲学化理性程式化了的紧急事件和已做修正了的纯粹理性;另一些则被用来描述纯粹理性的功能。前面一组词语更德语化,更雄辩;后面一组则拉丁化,更正式。因此,就 Grundsatz 和 Princip 来说,若把它们都翻译成"原则"(principle),就会失去某种重要的、持续不断的细微差别。让我们继续阅读康德:

> "如果只是[这让人想起在康德的知识构架中'纯粹'理性的位置]调整性的命题被当作建构性的,进而被视为客观性原则[principien],那末它们就会互相抵触,但是如果把它们只是当作格言,那末就不存在真正的抵触,而只是理性不同的兴趣。当然,后者能引起[verursacht]各种思考方式之间的'离婚'[以婚姻的隐喻实现解构的目的,这在 lediglich 一词中就已经用到了]。理性只有一个单纯、整一[eining]功利目的,其格言之间的冲突不过只是一种变化,以及试图有效实现功利目的[einGenǔgezutun]相应的局限性。"

如果没有这样一种关于理性的理论,那末康德的理性单纯、整一的功利目的的断言就只能(或不能)读作程式化了的"有意的错误"之内的东西。对此不可避免的双重背缚，席勒必然会回避，或转向戏剧中一系列平衡性的结尾。因而，“格言”就是哲学家在哲学起源之时为了称谓超验的裂隙而设计出来的术语。政治家的行为——至少就狭义而言是“合理的”——不可能知道这种自我构建的警戒性和前警戒性裂隙。我认为，“走向永久和平”的构建正是康德文本中的空间，那儿我们能够把文本转变成一种许可——不是为了解释或责怪，而是为了应用（自下—应用），视迷醉的启蒙为自欺，即一个受骗者的诡计，一个用以寻找借口的空间。审美的东西可能会在启蒙中遇到危机。有人可能会寄希望于以审美教育来保护政治上合理的选择，即把它理解为哲学家出于创造格言的方法论需要的产物，而不是对至高理性无条件信任的结果。希望。祝福。没有担保。考虑到伦理上巨大的不确定性，这也是政治上可能性的负责任的支持。这就是康德的努力，即更新柏拉图关于宪法的著作。不管怎么说，柏拉图只知道一个城邦，而康德则了解整个世界。古希腊和启蒙运动时的殖民主义自我呈现的方式各不相同——一种认识上的差异。德里达指出了一个“无边界”世界同康德要求真理实现无条件统治之间的冲突。[36]这种宇宙论（cosmopolitheia）的解释让我们烦恼，因为它似乎是帝国主义的同谋，并觊觎着整个世界。另一方面，我们希望对它加以重写，从最强硬的政治学定义到对文学理论的最神秘的限定，都进行重写，以达到我们的需要。我们并非所有的人都能由翻译思考到一个公正的世界。难道阶级和性别能够在挣扎中生存，以便任由资本和派系慈善的先驱剥削吗？难道前驱者的活动在高等教育和后高等教育时期总能得到一种（准备好了的）成熟的审美教育持续不断的补足，以便告知市民的总体文化吗？正是带着这样的问题，我们总是提醒自己，康德主要还是以一个哲学家的身份在写作。而且，从信仰到理性的哲理化（这种能力不是由康德来命名的，但是《纯粹理性批判》中一个推动性的主题“思考缺少的事物”[可以纳入我关于想象的全面而通俗的“定义”]，很难同思考区别开来——当然，不要同康德严格限定了的想象力（Einbildungskraft 相混淆），就其通过先验的推演驾驭先验领域的能力而言，康德是我们的大师。在《恐怖》（此书第18章）中，我曾评论了康德怎样通过转喻的方式把优美转变成“效果”，从而克服了纯粹理性的道德惰性。在我关于想象的通俗的定义中曾对此最后的（非）能力表示了欢迎。循此世俗化精神，我得指出，康德称源自先验推演的辩证法的实现为“幻觉”。我们可能会认为，黑格尔式的目的论——把历史引进哲学,在这儿具有优先地位,但是在康德思考先验辩证法时却是缺场的,而就我来说,"思考缺失事物的能力"离我们并不太远。作为一个哲学家,康德的写作难免断裂之处(当然他自己并不承认),不过那是另外的故事了。康德按照纯粹理性的实践功能来书写"世界",例如,他如此写道:

> "它的实现难免受限和不足,其限度很难确定,因为总是受到绝对完满概念的影响……实际上,在它[实践的观念]之中,纯粹理性甚至可能引出所有可能性结局必然统一这样的观念,它必然充当每样事物实践行为的全部原初的和有限的条件。"(PR, PP. 402 - 403)

但是当我们如此运用实践理性的时候,我们事先就应该遵循以下的方式:

> "但是在理性自身被视为确定性原因(在自由之中[inder Freibeit])之时,就实践原则来说,我们应该进行的像除了纯粹的理解没有任何感知客体一样,……而(通过一种可理解的原因)一系列陈述得以被视为开始于某种绝对的(东西)。"(PR. P. 613)

如果写的是纯粹理性,"好像"(不仅仅用于"世界",也用于"自我")就被明确地用于所需的事物,经验和哲学化从而成为可能。这正是最好的欧洲启蒙运动——认识到其权力的诸多局限性,同时既没把它们理论化,也没把它们病理化。尤利西斯在塞壬中间,受到绝对知识的引诱。尼采写道:"真理是错误的一种,没有它,一定形式的生活将不可能存在。生活的价值最终由它决定。"当尼采如此说时,"错误"一词的修辞力量以及对某物清楚明了的决定而不是有意识地哲学化思维,都让我们想到他的论述同康德的观念之间的家族相似,即一个"世界"和一个"自我"必须是属人的假定,认为他(如康德)具有经验。"好像"与其说是错误不如说是真理。你的兴趣决定了你将选用怎样的词语。康德用原基(接近程序化的意思)一词表示外在于思维、作为意识的某种机制的观念。如果我们能够"从下运用"(或自下一运用)这一点,我们就拥有一种不仅仅是对立面的启蒙实践。又一个双重背缚。学院的和机械的马克思主义者迷信"伦理"

和“审美”之类的词语，一如学院的和机械的女性主义者通常对被模糊地理解为“生物”的东西的反应。我经常说到梅兰妮·克雷，她把生物学引进了伦理学领域。这儿我得指出，任何马克思主义，若想形成重新传播的动力，却没有政府的掌控和强制，那末失败是显而易见的。第一波马克思主义者的实验——引导资本主义同等地服务于领导和民众——失败了，从大众教育的认识论计划上来看，这次失败跟共产主义伦理学方面的缺失不无关系。如果伦理学和美学定义为跟政治无关甚或是政治（被限定于某种政府模式和组织以及经济管理）的对立面，那末我们能希望的就只是一个短暂或强行确立的共产主义体系。事实是，全球化了的社会主义体系，一种无条件的伦理学同一种开放的美学之间的关系终究还是一个双重背缚，尚无法解决问题。较之境况的严重，量化了的文学批评跟客厅里的游戏一样毫无用处。正是出于考虑才引出了我们称之为“教育”的认识论上计划。否则，我们怕是不得不需要从更广的范围里来看待乔治·卡芬茨在《石油峰值情结》（*Peak Oil Complex*）中的注释了。卡芬茨写道：“第一眼，[它]……可能会改变[反资本主义者]运动的口号，把‘另一个世界是可能的，’改成‘另一个世界是必然的，因为必将会有一个世界，’”但是他最终还是不得不写道：“在大部分时间里，它只不过是有替代性能量却没有替代社会的政治学。”

当下，如果我们把康德的哲学书写同其政治书写相关联，那末宇宙论的双重背缚就看得比较清楚了。如上文所述，关于哲学主体——哲理化的理性，康德从未表明它只是定义为众多有争议的事实（它们确立了经验的必要性）的完美图表。这正是双重背缚最引人入胜的景观。然而，就算我们一直在通过短期单一困境于实践中熟练地操纵它，我们自己日甚一日的大致意向还是否认双重背缚，并因此一直被遮蔽。这种否定会强调双重背缚两翼中的一极，视其为正确的解决办法。理性选择的或政府的欧洲中心主义的视域——从罗尔斯到卡夫卡，不一而足——伴随着人权和可替代性全球化，已在进行中。或许它所预示的平衡就是一种可能的解决办法。（如我在开始时提到的，我们最具说服力的当下平衡行为是“可持续性”。）在《美育书简》中，弗里德里希·席勒试图解构精神和肉体的双重背缚，为此提出了游戏说（Spieltrieb）——“游戏冲动”，即艺术作为平衡的行为，将拯救社会。人们通常认为席勒受到了康德的影响。令我颇为困惑的是，席勒作为一个非—哲学家，把哲学思辨中讨论的欲望，转换成了欲望的实现,而这一般是哲学的普通读者必然会犯的错误。为此以及把康德心理学化的做法,保罗·德·曼曾进行了批评。(人们会注意到,误读康德,把他心理学化是如此的深入人心,以至于适用早期解构模式:文本中必然有某种东西使得这种心理学化得以可能;尽管人们必定会在可能产生这种"误"读的地方做出标识,但其实没有任何理由。标识同样说明了康德是怎样处理它们的。那正是康德的功能主体的机械直觉最终得以实现的地方。我们的工作在一定的程度上同样是在"心理学化"——重复席勒的错误,把平衡转换成开放的系列双重背缚。)

就当前的目标来说,我们只需要关注康德是怎样处理双重背缚的。我曾在《后殖民理性批判》第一章提到了一个案例。在此《导论》中,我也曾指出,另外大的"一"——我必须哲学化,人们不能哲学化(普通的理解力无法达到纯粹理性的观念)——已在先验的推演中得到化解。我复述下这段重要的文字:"因此,我称这种把概念和客体关联起来的先在的解释方式为先验的推演。"(PR, P. 220)正如我曾经指出的,康德迫使我们在这裂隙中填满内容,并称之为"超验的幻觉,这会影响那些从不适用于经验的基本规则"(PR, P. 385)。在处理此双重背缚时,席勒毫不含糊:

> "关于美的概念的所有论争,一度盛行于哲学界且在某种程度上至今仍未停息,其源起不外乎此:要么调查不是开始于严格有效的区分,要么没能运用全面抽象的综合。"(AE, P. 125)

形式驱动和质料驱动"互相抵消,而意志则在两者之间保持了绝对的自由"(AE, P. 135)。"内在于他的两种对立的驱动一旦作用起来,就会都失去强制性,而在两种需要的对峙中就会产生自由"(AE, P. 137)。关于审美,席勒有一个著名的定义:"如果我们认为感性决断的条件是物理的,理性决断的条件是逻辑的或道德的,那末我们肯定会认为这种真实的和行动的决断力的条件是审美的。"(AE, P. 141)说到受康德的影响,没有比这个定义更明显的了。这儿不过是对教育进一步的理想化的说明,同葛兰西—巴特森模式艰苦的努力没有任何相似之处:

> "他必须学会更有尊严地去欲求,这样或许就无需崇高的意愿。这是通过审美教育实现的。所有那些人类行为(既不是自然法则也

不是理性法则）的领域同人类的任性无常纠缠在一起，而审美教育则使所有这些领域都服从于美的法则，其在形式上虽让位于外在的生命，但早已展开了内在的生命。”(AE, P. 169)

当席勒谈到努力使审美以某物——“它……可以……作为一个尚未被发现的道德的感官世界的保证”(AE, P. 77)——的方式出现的时候，德国19世纪难以捉摸的直觉的确随处可见。但是，正如著名的第11封信上所说的，他考虑到自我，并认为自我是不可分的，是某种能够“取消时间”，或者把“世界的杂多纳入到自身的整一”(AE, P. 77)的东西。这儿没有那种对待未被承认的、破裂的康德式主体的哲学上的严谨。这种信心不过是对那未经考察的希望的同情，而这希望正是我们试图解构的对象。席勒对我们的社会问题进行了恰当的总结：“道德的可能性缺失，这个时代的人们又是如此地挥霍着机会，以至于整整一代人都没有做好接受它的准备。”(AE, P. 25)如何在双重背缚中生存？康德和席勒为我们指引了两条不同的道路，它们是可以作为例证提出来的。果真如此，那末自下一运用这种启蒙财产就得通过“有意的错误”拓展范围：赋予它地理学的内容。我可以宣称这本书中的各章就是此等错误的实例。席勒并不想要错误，他是个康德主义者。我们也不是在“投资”目的的价值。然而，诚如我在很长一段时间内一直坚持的，在代理的领域，意向脆弱的工具驱使着我们。因此，只有在有意的错误相对于无意的错误这样的层面上，我们才能把自己同席勒区分开来。的确，康德自己的文本也可以描述为一个有意的错误，其意向就是理性的计划，而“错误”则是哲学家所能打开的唯一正确的程序。在康德的世界里，这种措辞或许不适用。康德通过先验推演的方式来关注“错误”。正如我们所知道的，用以抵制“错误”的可能性的证据并不充分：“对于使用它们的权利，没有一条明确、合法的理由是源自经验或理性的。”(PR, P. 220)这儿，“错误”一词只能在用词不当的层面上来理解，而意向则被程序化为理性的标识。正如我所写道的，我开始越来越多地指出，这种阅读风格同启蒙之间的关系是一种关于“错误”的分类学。康德处理了的意向化；席勒的非意向化；我们的意向化和认可，所有这些都从属于涉及未来优先性的一般分类规则。与此相对的是，启蒙的风格通常被认为是为了达到自我认同和理性模式。这能成为我们在历史上的角色吗？让启蒙面向一种自下一运用，就是给公正以空间,因为这样就去掉了绝对的保证,保护它不受“老实人”那富于感染力的讽刺的影响。印度经济学家普拉巴特·巴耐克(Prabhat Patnaik)会发现上面所说的范畴是不可理解的“后现代”,会为自己被称为“错误”而愤怒不已。一旦进入普通教育的领域,他却引证葛兰西,写了下面这段话,此时他和我们是一致的:

“然而,高等教育‘确立民族国家’的任务(我曾追随安东尼奥·葛兰西,称其为培养民众中‘有机知识分子’的任务),其含义同这些建议所说的相距甚远。它的确要努力获取知识,追求完美,却不受现存观念的文化霸权的制约,后者通常来自发达国家。高等教育当然会同这些文化霸权观念发生冲突,但是发展中社会不应该仅仅只是克隆发达国家已有的东西。为了满足民众的需要,发展中社会不应该只是停留在模仿由发达国家那已经确立的知识中心所设置的研究计划上,而必须超越它。”

就我们自己的方式(当然是不同的)来说,我们追问的是如何置换正确的欧洲/非—欧洲经济学。我称之为“错误”,他可能称之为正确的方式。它甚至或许体现了人文学科和社会科学之间的学科差异。它或许正是当今审美教育的秘密。我将经由德里达的全球化走向德曼,最后走向“一种新的启蒙”,即对第一次走向的解构(尽管他从未放弃我所谓的启蒙的强制,即地中海上多变的尤利西斯召唤解构式的塞壬之歌,却没有完全屈服),通过踪迹约束普遍化(在1968年,学术上还没有人鼓噪“全球化”这个词)。我想在德里达的新启蒙和我所提出的自下—运用之间还是有差异的。然而,我觉得为了便于读者判断,我必须把他们的注意力引向Rogues中的几页文字。这几页文字一如既往地坚持认为,如今经由德里达的书写而进行的启蒙,或许源自某种内在于解构程式之中的“不同”意向。在其学术生涯早期,德里达似乎已经感觉到,踪迹的思想会阻断康德先验推演的非意向性的“先验化”——结构主义者由语言转向无原因的原因,取代了没有原因(字面上就已经解释了转喻的形象)的效果——因而确立了关于“人”的论断的权威性。除了字里行间中满是这样的思想外,我还曾指出,康德在理性限度内(或许没有任何其他的种类)用以阐释哲学的一个重要的例子,或许仍然是踪迹操演的标识,且无须任何心理图式。[47]《纯粹理性批判》(PR, PP. 305－311)第一版中有14节,康德在他自己的抄本中只用一行字就交代了。而在第二版中,他增加了开放的两节,被删掉的14节保持原样。在我的想象中,这14节永远"处于擦除状态",从而使得机械地(18世纪?)强化某个方法的痕迹清晰可见,按此方法,康德的语言通常表现得更加哲学化(尽管不是心理学化的)[48]。正是在这儿,康德似乎认可了这样的观念,即他作为一个哲学家的任务,是让像踪迹这样非决定性的某种东西处于人们的掌控之下:

> "既然仍有某种事物相随,那末我就必须把它同总体上先在的某种别的事物关联起来,它之所以相随是依照了一种规则,也就是说,是出于必然,因此那有条件的事件就产生了一些条件的可靠迹象,但是正是后者[条件]决定了事件。"(PR, P. 307)

(我们需要注意的是,这儿的"事件"是"Begehenheit"(已发事件)的意思,其含义是给出,而不是引自注48的段落中的"wasdageschieht"(何以发生),因为有了发生某事的含义,所以也可以翻译成"事件"。)康德谈论的是理解作为因果关系的序列。哲学家必须有理解客观序列的能力,否则主体对序列的理解就会被"完全破坏"(PR, P. 307)。客体如何生成客体性?在那14段纯逻辑的推演中,康德不管怎么说还是给出了一个非个人化的答案:"就表面来看,包含了理解的必要规则[把它同其他理解区别开来]的条件的是客体。"(同上)踪迹有被破坏的危险,我们正在寻找处理的方法。随后,康德将告诉我们,那能够给予我们客体性的客体"不可能在任何经验中生成",同时我们必须"视感觉世界里所有事物间的关联[Verknŭpfung]好像都有其实体基础,而这实体则是由合理作用着的理性创造出来的"(PR, P. 611)。如果我们想跟随这行字的思想,也就是说,循着这种踪迹,那末我们甚至可以说,德里达把踪迹置于先验推演之中。这儿引一段康德的话:

> "试图进行空间、时间和可理解的概念的经验推演,这完全是徒劳,因为它们本质中独特的东西准确地说同它们的客体相关,而没有为它们的思想[Vorstellung]从经验中取得任何东西。因此,如果推演是必要的,那末就必然是先验的……我们认知能量的第一次努力,

从个体知觉飞跃到一般概念,其踪迹[Nachspŭren]无疑有着巨大的效用……然而,按照这种方式,完全先在的概念的推演是不可能实现的;它根本就不是这个路数,因为,就它们将来的使用(完全独立于经验)而言,其出生证明同产生于经验的事物所能提供的完全不是一回事。"(PR, PP. 220 - 221)

我们不可能注意不到一个再明白不过的问题了,即确保一个更好的出生证明,而不仅仅只是追踪经验上的出生。换言之,它应该是父系的,而非母系的。1968年,德里达写道:"我试图用'踪迹'指明一条出路,突破这种框架的藩篱。"此时,他表面上谈论的是索绪尔意义上作为偶然效用的产物的语言。"内在和从属于自身,外在于它的文本(hors texte),它还不足以进行必要的反抗,"段落就此结束。我的意思是,"先验推演"可以取代"反抗"。这是可以理解的。因为康德通过先验推演把踪迹拒之门外("一种框架的藩篱")。因此我想,正是"好像"一词同对踪迹—结构的压制(为了先验推演更好的出生证明)之间的连接,确立了述行性的哲学传统,如其所是,近四十年后,在一段以"事件的中立化"为副题的文字中,德里达写道,在"世界化"或"全球化"之中,一个"世界"的观念,其本身就是康德思想中知识结构的、阻遏踪迹的、事件—中立化的诸多"好像"之一。我于是指出,踪迹的工作是拒绝图式化。我还将指出,"人类"的冲动将把踪迹转变成符号——由关于图形和文字的论争逆向思考。德里达通过最后走向一种新的启蒙,模仿了他的"人类都太人类",扩大了理性的范围,"挽救了理性的荣誉",至于在其死后出版的《是动物所以我是我》(*The Animal That Therefore I Am*)中,他甚至把人类自身框定在动物性(animot)之中。德曼在《审美意识形态》中解读席勒时,特别提到席勒把先验推演中的哲学转折转变成了交错可逆性。这是因为席勒把康德心理学上的词语误用当成了通向心理学发展的提示。有了这些无意的"错误"(席勒认为他对康德的阅读是正确的,甚至认为在康德的基础上作了世纪的推进),随之而来的就是一种平衡的哲学。德曼把康德当做哲学家来解读,对于哲学家康德来说,哲学化自始至终受到其本身的威胁。德曼把席勒解读为一个温和且敏锐的康德批判者,席勒的目的是为了重新评价他所视为"审美"的观念。(康德自己使用的"审美"一词总的来说要复杂得多,作为某种自相矛盾的避难所,该词被"真理"[一个迷人的名称]这个短语漂亮地纳入自己的内涵之中，康德用“真理”命名了一个岛屿，岛屿中有一个湖，哲学家们划行其上，大体上就像尤利西斯在塞壬们中间一样［PR，P. 354］。我们记得德里达对尤利西斯的位置进行了修订。没有敏捷的水手用蜡堵住他的耳朵。自下一应用启蒙。）我将指出，德曼最终找到了一条出路，通向持久的驯化，以作为操作不确定对象的方法。我当然会循此前进，并指出，对康德来说，哲学化极不稳定，因为它同样可能是驯化的一种，为理性存在的本性所程序化。按照德曼的说法，即康德的体系在其自身批评的重压下崩溃了（AE，P. 134）。尽管德曼承认，为教育计，“游戏”或者“游戏冲动”使平衡的观念变得更复杂了，他指责席勒总是设定在语言和“人”之间存在着连续性，而康德全部体系都无法预示这一点，哪怕是隐含的预示都没有。如果说康德的体系在其自身批评的重压下总是处于行将崩溃的状态，那末席勒则总是平稳地从一个极性转移到另一个极性。当今赞扬人文学科时，不应该再犯这种急功近利的错误。康德运用规则，席勒运用冲动。（康德小心谨慎地支持哲学对抗先验推演的规则在证据上的严密性，我们早先对诸如原则（Grundsatz）或格言之类词语的评论针对的正是他的这种做法。）康德动态的崇高理论显示了想象力的局限。席勒重写了数学的和动态的崇高之间的差异，把它们改写为理论的和实践的崇高，并肯定了对他所认为的康德难题的重写。同样，在康德，想象力是用来命名在机能的知识结构中、具有程序化功能的一个结构时刻，而在席勒则是现象式的人类能力。因此，他们对想象力的预期是不同的。席勒错失了等级观念（而在康德，智力鼓吹想象力），获得了一个非康德式的自由概念。（对康德而言，自由这个符咒被叠合在实践理性的程序机制中。）德曼总结说：“席勒的思想看上去像是康德批判哲学的意识形态。”

安德烈·瓦明斯基（Andrej Warminsky）小心谨慎地提炼出了德曼的意识形态观念，并专门写了本书《美学，修辞，意识形态》，进行了理论总结［“修辞/意识形态”］，尽管如此，我在这儿并不打算过多地思考其意义，除了以下的一点评论、一个问题和一种置换：点评：“意识形态”在这儿跟理想主义相关联。德曼一再指责席勒，因为后者通过诉诸理想主义解构了康德的批判哲学。问题：由谨严、博学的批判知识分子提炼并发展出德曼式的意识形态理论，这无疑是合适的，但我们能够从现存的想法中总结出主要的规则吗？对修辞的关注会警醒我们注意理想主义对批判哲学的颠覆吗？这种关注即意识形态批判，如果我们把它同后阿尔都塞式的结论——意识形态让我们生存——结合起来，那末或许会引导我们走向负责任的"有意的错误"。

在本章结尾我们将引入这样一个有意的错误。按照巴特森处理"游戏"的方式，我们将尝试把席勒式的平衡置换成双重背缚，我们将自下一应用启蒙。现在，我的《导论》将进行最后的论证。我将走向双重背缚对立的双翼——没有这一步，欧洲哲学这堂最好的课程——与人类重视(需要和制造之间的)差异同时发生，这并非巧合——今天就不可能被记住：当你认识到它的诸多局限时，聪明的工作，挽救的工作，就伴随着一种自动—免疫的知识开始了。网络仍然寄居于人类的想象力，并被视为一个浮士德式的允诺。现在，生物学家能够召唤整个世界，以生物多样性的名义同单种栽培作斗争。从我们的左翼来看，这似乎好极了。资本主义霸占了有机世界，或许这是场公平的战斗。当单种栽培对精神的隐喻意义得到充分的体现，并反映在语言多样性上时，我们看到的是崩溃的境况。在精神和感官世界之间没有合适的类比。自然的或感官的世界需要资本—利用——它的一致性——的帮助，以达至精神。为了从属于社会对资本的适当利用，以及因此而进行的对土地符合伦理的使用，精神需要远离资本的全球化(在肌理上追求单一性)，这样结构才能保持有效的工作。

语言多样性只能延缓全球化。《学科之死》是本充满着奢望的书。[55]在走向"全球化"的强力推进中，人文学科和定性的社会科学，以它们最好的状态"相互比较"，已不再是进行中的认识论的力量。它们越来越像歌剧，在社会中实行着外围的功能。至于它们能否像歌剧那样吸引足够多的基金——歌剧的魅力绝非作为课程的人文学科和社会科学所能望其项背的——仍有待观察。倒是相对有魅力的智囊团和单一语言的"学科间性"(阅读萎缩的多样性和美国式的单一文化)正在获取基金。美国"基础课程"——通过收录"多元文化的"经典(又是英语翻译的问题)实现最低限度的"政治正确"——正在开始其世界之旅。(颇具讽刺意味的是，中国这个有着两千年帝国文职基础课程传统的国家成了首选。)

在这样的语境中，有希望能给审美教育辩护的只能是圈内人——歌剧行家以"流行文化主义者"的身份，通过"来临"这样的修辞，于绝望的努力中，期待着一个不可能存在的公正世界。强力马克思主义者让位于有数的信心十足的改变—全球主义者，后者主张以共同体为基础的封建制度。深度的语言学习和无条件的伦理学由是同这个强大、无畏、全新的世界机器相背离，我等民众除了辩护别无选择，我们所面临的共同的困扰是：一些人寄希望于认识论革命，而这需要由资本转向性别化了的社会正义，后者却同所有的希望相悖。这些最近的发展即双重背缚的对立的双翼，本书大部分论文写于此发展之前。这篇《导论》同时也是篇刊后语，因此就让我作一个系统的总结：康德给了我们中心词，只是对"有意的错误"所知有限，但已足够摧毁人们对资本的社会生产力不加疑问、非个人化的，且看似合理的信心。资本的社会生产力同不可再减少的个人利益无关，而个人利益却是人们对生产力保持合理信心的必要条件。因此就不用惊奇(如我们在上文所指出的)，康德自己相信商业会带来和平。然而，商业作为公正社会的伦理生产者在减少暴力上做得不够充分，康德对此则未置一词。有人认为解决的办法在于伦理教育。只有葛兰西这样的天才才能理解，要点在于通过在论文 3(Thesis 3)中插入杠杆以解构马克思，以及使计划认识论化：工具化新的知识分子，以生产出像无产阶级—属下知识分子这样"革命的"主体，而迄今为止，无产阶级—属下知识分子在先锋派诸多革命的直接后果中，始终处于消失状态。一种无功利的知识能够经受得住伦理上的断裂。葛兰西说过，研究人文主义在精神上有点像我们有些人所说的深度语言学习以及通过文学文本训练人的伦理观。

回到主题，席勒没有康德的勇气，他把基础性的错误变成了可逆的问题。所有"两可之间"的解决办法都适用于此。保罗·德曼注意到，作为人类程序化的一部分，无论怎样细微，游戏冲动同康德的"忍不住哲学化"的想定是有关联的。这正是能够插入杠杆的地方，以此结构席勒，使可逆性转变成双重背缚。的确，作为"有意的错误"(这儿意向是种驱动)，康德的哲学化同样可以被解读为对双重背缚的想定——在作为真理和谎言的哲学与作为图形或字母的心理学之间。("除了图形没有别的。"德曼如是说。"除了……没有"为逆转所合法化——一个双重背缚。)所有这些对这篇《导论》的开篇并无增益。让我们从这个开篇中引出另一个问题以深化论证：席勒的游戏冲动在某些方面同巴特森的"游戏"相一致。它保护作为主体离开作为精神分裂症的双重背缚。这篇《导论》的结论已经把我们由乐观的后殖民任务，即自下一应用欧洲启蒙精神，带到当代欧美学院不景气的场景之中,“学者”、“学习”、“快乐”的启蒙主体都成了认识论上受到挑战的市场分析家。启蒙已经病入膏肓。是时候对20世纪70年代的一条信息进行重新编码和再辖域化了,这一年全球化以其当代形式开始发动。欧美主体不得不以精神分裂症患者作为形象。在日渐缩小、孤立的空间中,我们必须了解那被忘记和被强制漠视的社会生产力的两—极、资本的社会破坏力以及资本主义,而这是通过影响世界的从属区域才能达到的。在这些从属区域,她/他的言说不被听到,通过深度语言学习、定性的社会科学,哲学化变成了无条件的伦理学。每次“伦理地”运用互联网的背后都是“好的”教育——家庭的、文化的、教导的——即我们所谓的“审美的”。没有何种预设的好的教育——移民文学和作为结尾的迁移、作为可供选择的中国—阿拉伯—印度文明的黄金时代、数字民主的梦想和没有世界性封建主义的封建制度——全都是自私自利的死路。对这种两—极的恐惧,形成了当下两种明显对立的趋势:一是赞扬帝国主义和选择性—全球化;二是共享某些同情。如果我们中的一些人能够积极参与自下—运用我们殖民过去被授权了的暴力来互相颠覆,而不是仍然呆在封闭的空间里,那末我们或许不仅能够推广全球化,还能利用语言的多样性增加全球化所必需的同一性。但希望很渺茫,对此最好持怀疑态度。

关于教学:一种审美教育;希望反对希望,教室里的习惯用语。像林恩·亨特和玛尔塔·纳斯鲍姆这样的学者确信人文学科将带来启蒙。“你可以论证——当然,我也可以——”查理斯·伊斯伍德写道。人类本性中的核心部分是对权力的追求,人们对此却患了集体健忘症,而2008年次贷危机造成的部分浩劫正源于此。阿伦·格林斯潘有次曾指出,导致危机大爆发的原因不是缺少规章制度,而是华尔街过度的贪婪。他没有看到危机的到来吗?应该尽快纠正这种对上层经济学家低级本性明显的忽视,以免导致更多的问题。为此,我给他们推荐一个速成班,内容是:关于男女本性是甚么以及当文明的限制失效后如何生存并成功。我的药方是让他们在令人毛骨悚然的“衰败”公司呆一夜。

你需要被教会(想要/如何)解读“衰败的”一词,这样你才能和查理斯·伊斯伍德或玛尔塔·纳斯鲍姆或者林恩·亨特一样感同身受。否则你或许只会想到一个短语:变化多样的贪婪。席勒对康德的理解的确是错的。但谁又能绝对的正确呢?席勒的问题不在于他是错误的,而在于他不能像康德、尼采和德里达所做的那样,以不同的方式跟他的各种错误达成一致。所有沟通(包括自我沟通)的行为,都注定要出错。这是极其常识性的错误,几乎不值得去犯。然而,对它进行理论总结又是如此之难。为了保留措辞巧妙的案例,我们似乎不得不忽视注定的错误。我宁愿指出,我们必须知道一个具体的文本会犯甚么错误,同样我们必须知道如何为我们的错误辩护,这错误将让我们得以生存。当然,当一个文本闪过我的大脑,没有被我所把握,我可以假定这种状况为错失—抓住(mistake)。当我们转向属下区域时,我们只能在错误中学习,如果那种少见的意外真的到来了的话。现在,让我们转向葛兰西"科技"知识"优于数学抽象"的观点。知识和抽象概念被解读为马克思传达给工人的信息的秘密,每一位参与工厂组织的领导者(如葛兰西)都需要接受教育,只有参与政党组织或纸上谈兵的马克思主义领导者会忽略掉。这是理解政治经济学、同种疗法或劳动量化(在马克思为"抽象的平均")的医治/毒害特性(Pharmakon)的起点(Sprengpunkt)。问题很简单。如果产生于确定性的人类差异(在产量和需求之间)的剩余为工人所利用,而工人又情愿量化自己工作以用之于社会福利,那末我们就有了科学社会主义。这儿意愿的模式是很简单的,就是同代理型的投票概念共享一种简单性。"有多少选票是出于无意识,"德里达问道。于是,莱锡和南希都被修订成了双重背缚。关键是马克思没有在成熟的主体理论中植入这种代理。20 世纪 70 年代的法国弗洛伊德—马克思主义者告诉我们,像马克思一样,在发展的过程中,弗洛伊德把马克思复杂化了。佩里·安德森抱怨说,正是因为马克思没有理论化革命主体,才有了后结构主义。另一方面,全部异化—具体化阵营都含蓄地指出,马克思事实上至少对自由主体存在的可能性进行了理论化,该阵营对资本主义进行了批判,也对量化劳动提出批评,大致是说死的劳动不该压制活的劳动。事实上,马克思没有理论化的是(后/超)革命主体。为甚么被资本主义意向性的代理自由所利用的"社会"量化机制会专注于建设一个福利社会(本该游离于外)? 按照马克思和马克思主义者的理论,这儿的"社会"可以从一般意义上的人文主义的角度来理解吗?(德勒兹和瓜塔里的"会员"具有精神病理学的意义,实为阅读的隐喻,自视为一个不同种类的矫正物,虽然重要,却和我们这儿讨论的问题无关。)"社会"一词的游戏特征表现在,一方面指的是基于劳动分工(功能像药[pharmakon])的联合体,在这个意义上,它等同于野蛮、原始的形容词"社会的"(gesellschaftlich)或"反理性社会的"

(vergesellschaftet);另一方面是一个模棱两可的名词,被最大限度地理论化,具有深厚的人类学家(如刘易斯·摩根)理论背景。无产阶级需要接受的课程是前者。这也正是葛兰西介入的地方。他认识到,仅仅是抽象的数学科技课程是不够的。新的工具化知识分子必须做更多。由于他的聪明、经验乃至被迫的休闲,葛兰西认识到,马克思已经能够把社会想象为药,因为通过他自己所受到的人文主义教育,他把社会理解为多阶级的协议福利集体。于是,葛兰西坚持认为,无产阶级(加上属下群体)需要成为人文主义者教育的主体。正是出于此,所有对"进步的资产阶级"(列宁著名的术语,用于革命先驱的历史同盟者)隐含的支持——简单地说即霸权和政府的韦恩图表——都必须理解为药(pharmakon)在"马克思主义增补"(本书第 8 章)中,对社会原先问题的理解导致了对伦理的一种描述。我对理解上文中提到过的土著的独特性的信心就与此相关。我的工作扩展到现代印度的属下群体——而不是封建地"保存"了的土著社区——使我认识到,我关于伦理感可以被唤起只是因为它被看作"为现代化随时准备着的文化保守主义"观点,有赖于这样的事实,即我最早就读的一批学校处在更落后的地区,那儿的属下群体被保持在残酷的"文化孤立"状态,一如被慈善的庄主放置于博物馆中,其唯一可理解任务就是用来同党派和封建文化主义者的写手(我翻译过他们的作品)作斗争。换句话说,一种可抢救的伦理积层看似不起眼的呈现,其实是慈善专制下机械部属的产物。我对慈善专制一直不理解,直到那些特殊的学校因一些孩子以某种非系统化的方式(尽管女孩子们在系统内已达到了自动化的程度)质疑权威而被关闭。葛兰西主张从认识论的角度来思考这个计划,他是正确的。人们必须照顾到伦理的断裂。它不可能直接成为计划的一部分。我在上文说过,就老妇的例子来说,文学或许仍然能做点甚么,也或许甚么都做不了。既然再生的异质标准化是世界性的(我们以之保护生产和需求之间的空间),且在那源自差错的资本出现之前很早就有了,那末,就让我以性别作结吧。生产和需求之间的空间既不是理性的也不是非理性的,总之是不可复归的。回想下俄狄浦斯的哀叹:"噢婚姻、婚姻,你让我们显出本性,让我们复归原始,错乱的种子,父亲、兄弟、孩子,亲族一血缘混杂,新娘、妇女、母亲,人类中羞于认识的东西。"如果我们只是动物,无所谓作为二次进化而抽象出来的血缘关系观念,那末就不会有罪恶。性别是我们进行抽象的第一个工具。如果我给你一个简便易懂的文化定义——“文化:情境化的女性主义”(本书第5章)讲得很清楚——你就会明白。让我们把文化想象为一系列很大程度上不被承认的假定,大致上属于一个松散的人群,映射着神圣者与渎神者之间的交流以及两性关系。要想在抽象中理论化,我们还需要一种差异。然而,我们哲学化可感知的和可理解的、抽象的和具体的,等等,我们切实感受到的第一个差异就是性的差异。在许多形式和形态上,它都成为我们进行抽象的工具。就大致而言,在说英语的人中,“文化”一词已经被叫了两百年了,而语义的变化一直没有中断过。但是,当其意义发生变化时,这些未加思索的预设成了信仰系统,组织化了的假定。仪式的结合功能匹配、支持和提升信仰和假定。但是,这些预设也给了我们资源以改变我们的世界,进行变革和创造。大多数人相信——甚至(或者说尤其是)当他们成为文化相对主义者的时候——创造和变革是他们自己的文化秘密,而“他者”则只能由他们的文化来决定。近四十年来,这种习性在性差异的帮助下,不可避免地发展成了说英语的女性主义者开始称之为“性别”(gender)的东西。但是,如果我们决心要成为世界公民,那末,我们必须不仅要同那视创造和革新为我们自己文化秘密的习性作斗争,同时还必须摆脱这样的习性,即认为我们确定性别的方式是世界性的,而且除非我们特别说到了妇女和酷儿,否则完全可以不用理它。考虑到作为一个抽象的工具,性别事实上是一个没有身份的位置(大卫·哈普林通过酷儿研究得出的洞见),在文化实践中被性征化。[69]因此,我们可能从未给予性别的抽象工具性充分的重视。经过这样简短的介绍,我将转向德曼论述“康德和席勒”的结论以及我自己这篇《导论》的总结。这就是我在第25页所宣称的置换。德曼没有涉及性别。然而,他从席勒的著作中挑出一段,并毫无表情地弃之一旁,而这正是一段使审美性别化的文字。请允许我引用一个稍长的段落:

“生动的叙述于康德而言……很难,这个问题再一次威胁着哲学论述。而这儿[“论运用美的形式的必要界限”]席勒则以之为一种解决办法……感性……成了理性的隐喻。扩展到人性,它并非完全是结束的原则,因为人性不是单一的,它有极性,它内含男、女两极。而席勒是这样应对这个问题的,‘其他的性,’他说,女性‘不能也不应该同男人一起享有科学知识,但是出于知识形象再现的方式,她可以同男人一起分享真理。男人倾向于为了内容牺牲形式。但是女人无法忍受忽视形式的行为,哪怕面对的是最丰富的内容。她存在的全部内在结构赋予了她提出如此严厉要求的权力。然而,不可否认,由于这样的功能,她只能获取真理物质的部分,而不是真理本身。因此,虽说本性拒斥妇女,但是如果想在这个重要的方面——也是其存在的重要方面,跟女性同等,男人就必须双倍担负起接受其他性这个任务。他将尽可能地转出他所统治、掌控的抽象王国,进入到想象的、感性的王国。趣味包含了或者说隐藏了两性之间天然的智力差异。阳性思维滋养、润饰了阴性思维,准许美的性感受它所没有想到的对象,享受它自己的劳动所无法生产出来的东西'(Werke, 21:16-17)。那主要是为妇女考虑。席勒的人文主义于此暴露出了局限性。不管怎么说,这段话的理论总结应该是这样的,即就像感性毫无张力地成理性的隐喻一样,在席勒,妇女没有压迫就成了男人的隐喻,因为妇女同男人的关系就像隐喻同其所指之间的关系,或者说感性形象同理性之间的关系。同样,席勒对教育的思考,引出了作为隐喻、作为哲学大众化的艺术的概念。如你所见,哲学是男人的领地,而艺术——主要指的是美的艺术——则是女人的领地。两者之间的关系是隐喻的。"

无论结果将会如何,我都无意将席勒或是德曼引入善的性别政治。"女性化"是种耻辱,这已不是秘密。然而,就其自身而言,"女性化"不可能必然成为耻辱。对于席勒来说,审美是一种强有力的行为,它适合于王子,能够拯救世界。不可否认,女性作这些特殊的展示时,正是越界时刻,召唤着置换,而我的工作就是实行这样一种置换。

假定我们尝试颠覆和置换古老的二元关系,直到"妇女"成为没有身份的位置。我之所以说"尝试"是因为努力的动力也就是阅读和思考的动力,毕竟有性征差异决定的兴趣不可能消失。记住这点,我回忆我们学院女性主义早期的努力:区别男性工作和家务(女性和仆佣)工作、一时的工作和因长久需要而不断重复的工作。我们得说,你应该留心某些反对烹饪和清洁的东西。席勒的妇女乍一看都属于上层阶级。然而,如果你深入阅读德曼所引用的那段话,那末你就会发现获得真理和获得图像之间的差别正是对一时的和重复的之间差别的置换。后者我们曾讨论过,是为历史地归于男性和分类了的男性/女性的东西。正是在这个意义上,人们才能够把女性的概念隐喻加诸老妇，视审美为对一个世界的有益支持，而这个世界则因理性选择和电子世界极度抽象的合理性出了错。在审美世界里，就算作为事件的想象已经不可避免地消逝了，其本身还是会被经验化为合理的计划。正因此，葛兰西的短语“人文主义者的历史”才可以扩展到今日语境，我们作为新的知识分子才必须工具化自身，以便在“来临”的不确定模式中期待一个好的世界。在前一本书中，我宣布了死亡，这儿我宣布一种绝望，因为纯粹理性的阵营太容易宣称生命和希望了。或许，以一个不可能的“女性”任务（席勒和我的意义上）来结束这篇《导论》更合适。

就让我以雅克·德里达《流氓》(*Rogues*)的结论中为这种任务所作的祈祷作结吧。这不是一个负恩的工作，而是一个性别化的任务，是对差异的必要的重复，而不是仅只一时地保护好的理论，这儿性别是没有身份的位置，席勒女性化审美的指令由我那不齿的老师保罗·德曼传递下来，这于我这样一个女人、德曼第一个博士而言，就是最后最好的礼物。

双重背缚：“负责任……就要创造处理事件用的格言，好在理性（也包括启蒙）两个正当（如合理的和普遍的）但互相矛盾的紧急情况中做出判定。”请注意“格言”一词。

接着是任务：“如何翻译？仍有待了解，同样需要明白的是如何挽救理性的荣誉。比如合理的这个词。怎样关注——怎样……致意……超出了它的拉丁用法，同时在不止一种语言中——理性的和合理的之间微小的差异。”

在《阅读的隐喻》的前言中，德曼描述了一种“转移”而不是“结束”——“从历史的定义转向阅读的问题学……在我们这一代人中很典型，……对结果比对原因更感兴趣。”然而，这位老师所讲授的“好斗的本本主义”让学生弄清楚了那些原因：把出生于20世纪20年代的一代欧洲人由历史的定义转移到阅读的问题学，而对于这一代人来说，后者仍然内在于文学史规范的原则之中。

批评家们当然注意到了这些话，并把它们同其他对比鲜明的例子一起置于历史和语言之间。然而，似乎没有人注意到德曼所说的不仅仅是他自己，也是他那一代人。当德曼那一代人同法西斯主义眉来眼去的时候，我们这一代人刚出生，随后由历史向阅读转移的原因是枯燥的。我们来自欧洲以外的地方，那些年他们在打仗，我们则在为主子战斗，并宣布了殖民帝国主义的终结。我现在比德曼死时的年龄还要大一点儿,“我们这一代很典型”说得不过是妄图在全球化时代继续后殖民的梦想。于我而言,最持久的德曼课程是关于主要内容的故事:把德曼课程转移到另一个剧院。

德曼坚持说,在他们那个时代很典型的由历史向阅读的转移,“原则上能够通向阅读的修辞,从而超越文学史的规范原则,而在这本书中,后者仍然是它们自身置换的起点。”“超越”就是转移到另外的位置。超出多远?在这些年代里能和我想象的一样远吗?还是可以达到任何地方?当最好的大学都劝学生们的毕业论文尽量迎合市场的需要的时候,审美教育不可避免地具有了元—使命的功能,我们至少应该这么理解吗?

那末,就该工具化随后的论文。这些论文在使用权威材料时,遭受到了广泛的指责,在通向属下性的途中,它们必须被解构,要记住的是,在属下性中,合理的和理性的同样是以一种差异出场的。任何读者,若要浪费时间学习如何分析属下性集体案例背后的欲望(不是需求),都说明我的希望是错的。

李　冰译

——节选自佳亚特里·斯皮瓦克:《全球化时代的审美教育》,哈佛大学出版社2012年版。

玛辛·格琳

玛辛·格琳(Maxine Greene)(1917—2014)是美国教育哲学家、作家、社会活动家和教师。哥伦比亚大学巴纳德学院的学士,纽约大学硕士和纽约大学教育博士。她曾在纽约大学、蒙特克莱尔州立学院、布鲁克林学院任教,1965年至今在哥伦比亚大学教师学院任教。她曾任全美教育研究学会(AERA)、教育哲学协会、美国教育科研学会(AESA)、亚特兰大州教育哲学协会的主席。她也曾获得利哈伊大学、霍夫斯特拉大学、科罗拉多大学(丹佛)、印第安纳大学、戈达德学院、银行街学院、拿撒勒学院、麦吉尔大学、米歇瑞库第尔学院和宾厄姆顿大学的人类学荣誉学位。

玛辛·格琳曾被哥伦比亚大学的教师学院和巴纳德学院授予荣誉勋章,教育组织费黛奥塔·卡朋授予年度教育者奖,巴纳德学院授予学者成就奖,全美国研究教育学会授予终生成就奖。她曾接受富布莱特项目资助前往新西兰。2004 年,教师学院校董会为玛辛·格琳创立教育杰出贡献主席席位。她是当代深具影响力的教育哲学家,在审美教育领域成就卓越。曾被指出是继杜威之后最重要的美国哲学家(教育领域),审美教育的哲学女王。玛辛·格琳的主要著作:《公立学校和私人视野》(1965)、《关键性的认识能力:政治、惯例和后现代》(1993)、《为教师们的生存相遇》(1967)、《自由的辩证法》(1988)、《学习的景观》(1978)、《黑暗时代的明灯》(1997)、《教师作为陌生人》(1973)、《蓝吉他上的变奏》(2001)、《释放想象:教育、艺术与社会改变随笔》(2004);专著:《积极学习与审美体验》(1994)、《一位教师与教师们的交谈:林肯中心教育所的各种角度》(1980)、《交流、自由与可能性》(1975)。

玛辛·格琳自 1976 年担任林肯中心艺术教育所的驻地哲学家已三十多年,她主持研讨班(特别是在作为艺术的文学方面),在教育所的夏季学期授课。在 2003 年,她设立了致力于社会想象、艺术与教育的玛辛·格琳基金。该基金资助能具体体现新鲜社会视野的作品创造与鉴赏。它的目标是"促成询问产生,以及不同人们的想象和艺术作品创造"。2005 年,她激励"高中艺术、想象和询问"的创造,与林肯中心和"公立学校新视野"联系,学校鼓励学生们扩展艺术和其他学科领域的想象能力。她将艺术的活力带给教师和孩子们,影响了成千名教育者。对她而言,艺术提供了创造意义的渠道、创造世界意义的方式。为了推进社会公正,她通过质询社会学、历史,特别是哲学和文学,探索生活在察觉和充分觉醒之中。她通过研究、学术观点、随笔与著作思考着已带入生活的生存与想象力量。在教学中,她想要教育那些能够运用自己的声音去表达、去写作、去抵抗,而不是模仿她的观点与语言的人们。她认为,全方位的人类经验是不能提供给大多数个体的,但是它可以通过文学和艺术被探索。她通过一系列的文学沙龙来将之付诸实践,几十年来她都在家里举办沙龙。沙龙概念最近已扩展为包括音乐和戏剧表演,她一直以重要的演讲者和嘉宾讨论员出现在美国、欧洲的学术和文化机构里。

玛辛·格琳注重审美体验与教育的关系,认为通过艺术的实践与审美体验,可以提高审美敏感力、鉴赏能力、文化反思能力,在文化参与和交流中形成积极的公共空间,从而改变自身、拓展视野,促进社会正义与公共事业的发展。她论述了如何培养审美关注,以及审美关注与审美敏感力、想象力、反思力的关系。她提出,美学关注艺术作品以何种方式成为体验的对象,以及它具有的影响,即如何改变人们体验自然、体验人类、体验即时即地的视角。因而,“审美教育”的目的是要使学习者学会注意有待被注意的,为艺术作品赋予生命,使其具有各种各样的意义,从而培养一种鉴赏的、反思的、文化的、参与式的艺术体验。当这一切实现时,人们就会体验到新的关联:形成新的构图,开启新的视野。

本文选取的是玛辛·格琳专著《蓝吉他上的变奏:林肯中心艺术教育所的审美教育演讲》的第一章,主要内容包括几部分。首先,审美教育的界定。审美教育是个体发展中的必要组成部分,审美教育可视为人类在世界上探寻一种更加伟大之条理的努力的一部分,能推动个体们为其自身寻找基地的努力,使人们能够冲破常规、被动、乏味的日常状态,警醒地进入一个丰富多彩且充满问题的世界。其次,审美瞬间与审美体验。审美关注需要远离消极被动的凝视,对变得清晰可见的整体进行积极探索。感知过程包含着一种永远看不尽的感觉,一种尚未被揭示的可能性。如果人们作为活生生的、能感知的人去面对艺术,那末艺术永远是不可穷尽的。再次,想象改变“古怪的寓言”。艺术创作与审美参与究竟如何开启新的视角、让人们感知新经验的可能性,并为人们提供新的象征语言来表达自己?为了让艺术在学校中获得其应有的地位,应关注艺术在人类生活中变动不居的意义,以及对不同艺术作品的多重聚焦方式和理解方式,并就自己所做所体验的提出问题。第四,学习与发展。审美教育目的归根到底是帮助学生变得更加警醒、更加敏锐。教师应培养学生对特定艺术作品的关注力,而非某种中介技能。如果在课堂中能创造出情境,让学生们尽情地进行生动有见识的艺术体验,便可促成最丰富的审美体验,使学生们做出选择。审美教育的课程设置永远都是在进行中,作为教师,应尽力使审美体验得到持续的扩展。保持开放的心胸和探索的精神,远离平庸凡俗和陈词滥调。第五,想象行为的不同阶段。想象不仅是心理成像的能力,更是一种将经验塑成某种新事物的力量,是一种创造虚构情境的力量。如果人们能不断丰富实际的审美体验,意识和鉴赏力便得以提升,人们就能以个人的角度去面对艺术作品,能自由地感受、释放想象力,去改变和变形。第六,创造者和感知者。必须开放相关的提问——关于特定的艺术形式、关于艺术本身以及艺术在人类生活中的位置等诸多问题。只有这样,教师才能清楚希望在课堂里传授甚么,无论可称之为提升的意识、深化的理解、启蒙，抑或是一种新的读写模式。人们必须重新关注对意义的追求，认识到教育就是对意义的探寻，对意义的求索必须继续，永无止境。

《蓝吉他上的变奏》

第一部分 审美教育的界定

我们怎么理解“审美教育”？它与我们说的“艺术教育”、“艺术鉴赏”有何不同？“美学”作为术语用于遴选出哲学的一个特殊领域，这一理解很重要。它涉及感知、感觉、想象及其怎样与认识世界、理解世界、感觉世界之间的关联。有些人认为，“美学”主要涉及遭遇艺术时各种反思的、有意识的体验。或者说，美学关注艺术作品以何种方式成为体验的对象，以及它具有的影响，即如何改变人们体验自然、体验人类、体验即时即地的视角。当然，“审美的”是形容词，用来描述、甄选人们与艺术作品相遇时形成的体验方式。

“教育”，我认为，是一个使人改变的过程，它使人们进入到意义的不同领域，从而对作品创造出不同的视角。要进入到这些领域（无论它们涉及艺术、社会科学，还是自然科学），学习者必须打破想当然的态度，即有人称之为“自然的态度”，而有意识地努力透过认知、观看、感觉等各种方式的镜片，来为经验赋予不同的秩序。须知，学习者现有的概念和规范都源于艺术家、教师、哲学家们长期以来精心设计出的丰富含义或各种认知方式。当我们运用他们的视角，我们也就进入各种传统当中，并成为伴随贯穿历史不同水平而变化的文化的成员。或者，换不同的说法，即我们学会创造意义、创造各种各样的意义，但我们也创造了自己的文化象征体系，包括那些与艺术有关的部分。

“审美教育”是一项有意的艰巨的事业，目的是要使学习者学会注意有待被注意的，为艺术作品赋予生命，使其具有各种各样的意义，从而培养一种鉴赏的、反思的、文化的、参与式的艺术体验。当这一切实现时，我们就会体验到新的关联：形成新的构图，开启新的视野。人们以不同的方式去看，去共鸣。正如里尔克[①]在一首诗中所写的，当一件艺术作品告诉

---

① Rainer Maria Rilke (1875—1926)奥地利诗人，代表作品有《杜伊诺哀歌》。文中所有脚注均为译者所注。

人们“你必须改变你的人生”时，人们能够给予关注。(1940/1974，P. 93)。

显然，艺术教育关注的是对不同媒介的探索。年轻人体验着如何用颜料、陶土、乐章、声音等媒介来具体体现他们的情感和感觉。这涉及许多表达方式，涉及学会技艺的许多方式，也包括在世界上留下印记的许多方式。当然，熟谙某种媒介所伴随的欢乐与压力的人能够对运用该媒介的职业艺术家的作品作出回应，因此，他们能够对自己的审美体验提出问题，审美教育即由此产生。我们一直尽力鼓励人们建立更多的联系，以便艺术教育者能够促成艺术作品之产生，同时，审美教育者能够为艺术材料的探索而敞开空间。

当然，我们研究所的核心是不同领域的职业艺术家所指导的研讨班——编舞家、演员、音乐家、画家，以及其他特别善于揭示不同艺术形式的语言和秘密的人。教师们开始吸收新的表现方式。他们深入地探索构图、韵律、动作-形态(effort-shape)[①]、音调，以至于当他们在这里参加演出或观看艺术展览时，他们不仅在认知层面参与其中并符合规范，而且他们的情感、神经系统和身心方面也都焕然一新，并且与世界产生令人惊叹的关联。

《审美教育笔记》(1980)

启动观看、倾听、感觉、运动的新方式

我们感兴趣的是培养，而非学校教育；是开放的空间、尚未被探索的可能，而不是可预料的或者可量化的事物，更不是所谓的社会控制力。我们认为，教育意味着启动观看、倾听、感觉、运动的新方式，意味着培育一种独特的思考力和表达力；教育是对意义的探寻，是一门关于学习的学问。

当然，我们主要关注审美教育，但我们并不认为审美教育是一种边缘学科，或某种“虚饰”。我们认为审美教育是个体发展中的必要组成部分——对于人的认知、感觉、情感和想象力的发展都不可或缺。我们

① Effort-shape或effort-shapesystem：指用于分析人体运动的“动质动形系统”。这一理论由匈牙利舞蹈艺术家鲁道夫·拉班(Rudolf Laban，1879－1958)提出，亦称拉班运动理论。简言之，“effort”指人体在动作中身体部位、时间和空间方向的运用，“shape”则指人体动作的形状。

将审美教育视为人类在世界上探寻一种更加伟大之条理的努力（如今常常被忘却）的一部分。我们将其视为一种推动个体们（一起工作、一起探索）为其自身寻找基地的努力，以便他们能够冲破由常规、被动、乏味构成的"脱脂棉"状态，警醒地进入到一个多彩的、有声的且充满问题的世界中。

有时候我觉得，我们的目标是实现生命中抒情瞬间的鲜活。在这些瞬间，人类（能够自由地感觉、认知、想象）会突然明白自己的生命与周围事物之间的关联。一直以来，年轻人和年长者都无法实现这一刻。他们的生命，甚至人们教给他们的东西，都破裂为碎片，被分类，被间隔。我想起伊丽莎白·毕舍普[①]翻译的奥克塔维欧·帕兹[②]的一首诗，写的是约瑟夫·康奈尔[③]的盒子，特别是下面几行：

> 支离破碎的微末碎片：
> 历史的对立者，废墟的创造者，
> 从你的废墟中你有所创造。
>
> （《物与幽灵：写给约瑟夫·康奈尔》）

对我来说，这些诗行以某种特别的方式描述了我们在此将要做的事情。

但是，甚么是审美教育？它怎么才能带领我们发现新的景象，让彼此分立的部分结合起来并且（暂时地）成为一个整体？最简单、最直接地说，审美教育培养人们更加敏锐地鉴赏和理解各门艺术。我们这些从事审美教育的人，首要关注的就是如何使学生们具有更加积极的敏感性和自觉性。要做到这一点，我们必须引导他们"在音乐中生活，在画作中穿梭，在雕塑间旅行，在诗歌中居住"（瑞德，1969，P. 302）。这是起点：是一种从内部去感受艺术作品是甚么、如何表意的能力。正是在这种体验的基础上，我们才领悟到还有太多有待探索，我们一直致力于促使这种领悟发生。

然而，如果我们自己都不清楚甚么是生活在艺术形式内部、游走于艺

---

① Elizabeth Bishop（1911—1979），美国诗人。

② Octavio Paz（1914—1998），墨西哥诗人、作家、外交家，1990年诺贝尔文学奖获得者。

③ Joseph Cornell（1903—1972），美国现代艺术家，其代表性作品是《装有各种旧物的盒子》。

术形式之间,那末我们就无法培养他人具有高度的敏感性。如果我们身为教师,却不曾反思我们自己对音乐、舞蹈、戏剧及其他艺术的体验,那末我们就无法和他人交流这种体验是甚么。我想起《小神的孩子们》(*Children of a Lesser God*)那部电影,想起影片中那位教师为了向没有听力的妻子表达倾听巴赫对他的意义而付出的热情雄辩的努力。他不仅知道怎样去倾听、去注意有待注意的方面,而且他就生活在艺术之中,让艺术渗透到他的体验之中。他努力想要表达的是某种特殊的倾听与关注方式给他的生命带来的启迪。他并没有(像很多人那样)发出各式各样的赞叹"啊"、"哇"、"酷",也没有说演出多么精彩,他是多么激动、所有可能见过世面和公正的人们都会感觉——或者应该已经感觉——和他完全一样。他要表明的是,他所体验的这种美妙——这种启迪——部分归因于他参与音乐的方式,即他曾带到倾听中的一切。他的挫败感是由于他认识到:没有听力的妻子仅仅能感受到节拍而永远无法体验到完整丰富的巴赫。

我们课堂中的体验没有那末令人沮丧,但是我们大多数人也体会到某种类似的情景。我们常常会遇到一些年轻人,他们对艺术的感受就相当于没有听力的妻子对节拍的感受,或其可能感受到的某种音高。和那位妻子一样,很多学生满足于他们所听到的内容。实际上,他们会声称他们的体验多么"真实"、多么"酷",认为(陷于传统"听觉"文化中的)老师们远远不能理解他们这种体验。然而,我们大多数人知道,至少理论上知道,尽管在欣赏音乐、戏剧、舞蹈作品时,我们不可避免地以某种方式被打动,但审美体验绝不是某种感觉或者感受,或回应某个节拍那末简单——我们欢迎人们表明喜欢某个特定的作品,认为它很有价值(不管出于甚么理由),但我们同时也希望传达这样一个观念,即一种深刻的理解才能加深愉悦,并扩展作品的价值范围。

我们很多人已经从经验中认识到,认知理解力与听、看、关注能力之间存有关联。每当我们有幸不止一次地接触一件复杂的作品,特别是我们已通过介入的努力对它有多些理解时,我们都会意识到这一点。我们中有些人就是带着这种想法反复去看毕加索画展的。我们在生命中的不同日子、不同时刻观看了诸如杂技演员、斯坦因的肖像,或者《格尔尼卡》。如果我们确曾思考过、解读过这些作品,那末,每当我们面对一幅作品时,我们就会在其中发现更多,感受到更多。或许我们突然开始看到,杂技演员不再是一些带状的、孱弱的蓝色人形。或许我们对色彩、线条和形状之间的互动变得更加敏感,或许(专注于并且持续专注于形状和微妙差别)我们发现一个新的主题浮现出来——作为被遗弃者的杂技演员,他们处于普通社会的边缘,却在孤立中保持着异常的尊严,为其技艺之优雅而感动。或许我们会发现别的甚么。谁知道呢?当然,我们更倾向于对《格尔尼卡》中的象征做出反应:那些苦难的形象,以及痛苦所具有的毁灭性。我们更容易注意到电灯泡、太阳、火炬——那些我们此前可能没有看见的事物,因为我们当时不知道如何看才能使一幅绘画作品有别于一篇评论、一篇主题描述或者对"外部的"、"现实世界中"某个事物的再现。

上述内容同样适用于莫扎特的单簧管五重奏、《包法利夫人》、玛莎·克拉克[①]的《俳句》、《公民凯恩》这样的电影。要充分理解这些作品,我们不仅需要一种积极、有见识的感知力,也需要对艺术媒介的特质予以关注,后者有赖于我们将要从教学艺术家那里学来的理解力。这种理解力能够区分感知的不同成分,能区分每一种艺术语言的特质:音调、色彩、响度、质地、轮廓、体积、明暗、韵律、节拍。要获得这种能力,不是单纯通过信息与解释,而需要对几门艺术进行实际的、私人的参与和体验。

我们认为,只有与音乐、舞蹈、戏剧的原材料——声音、运动中的人体、语言、姿势,或者空间运动——进行实地工作,才能丰富这种理解能力。你会发现,有时还会震惊地意识到,这种理解能力在多大程度上使你去接近、去专注于艺术表演和创作作品;在多大程度上,认识能够开启更多的感知可能性,让我们感觉更多,觉察更多,更加有意识地生活在这个世界上。

但是,这还不是全部。审美体验不仅是发现不同艺术形式的特质,即使每次体验一件艺术作品时都能有新的发现。因为艺术总是永远无法被穷尽的。我们必须知道,艺术作品有其自身存在的空间,或者说"艺术世界",它远离世俗的、程式化的日常生活。因此,唯有当关注者愿意跃出平常的世界,以真正而不完整的人来面对眼前的艺术作品时,才能实现艺术世界,使之富有意义。

---

① Martha Clarke (1944—)美国导演、编舞,其作品涉及戏剧、舞蹈、歌剧等多种形式。

当然,我们必须学会不要把题为“俳句”的舞蹈理解为一种哲学表述,尽管它表面涉及的是生命周期。我们必须暂时搁下我们有关生命周期的知识,甚至也要放下我们所学过的日本俳句文化。否则,我们就无法将艺术作品本身视为一件拥有特权、意在享受和愉悦的事物。一味陷入有关俳句(或者有关日本、人类学,甚至皮洛波勒斯舞蹈公司和现代舞蹈)的知识,就无法专注于姿态、运动、表面、空间构图、音乐声响的织构,以及灯光效果。在此基础上,我们才能有所认识,产生联想,发现意义,其丰富性和深度取决于我们专注的强度。

因此,我们需要对审美空间有所了解,也要知道保持距离或分离的重要性,以便能够把握一个完整而独立的作品。但我们也需要知道一些其他的。这就使我又回到了本文开头所说过的,即我们也要知道如何从关注作品整一性的审美方式过渡到另一些在场的瞬间(moments of presence),在这些瞬间,我们切身感到和作品之间的关联,让我们的想象在被察觉对象上发挥作用,将艺术作品人格化,并使其成为我们自己。在这种时刻,艺术作品才会融入我们的意识,让我们在反思体验中发现崭新的、意想不到的模式,使我们站在新的制高点上来观察世界。

在本文开头,我谈到弥合差距、创造构图、引生联系。唯有我们——活生生的、现实语境中的人——才能创造这些构图与关联。而这种创造就是创造意义,或者说,是创造本身。我们每个人的前方不仅是新的秩序,而且还有对意义更加强烈的探寻。

我们理解、感悟的主观维度将变得活跃,那些企图让我们屈从于官方描述的所谓客观的“现实”的人们一直在挫败这一维度。我们本身——生活在一个共享世界中的独特个体——将加入创造意义的过程中,正如我们每次看戏、听四重奏、观看舞蹈时所做的那样。我们也将学会如何向学生们传达这一点。通过感悟,通过审美教育(或以此为目的的真正教育)带来的充分觉醒,学生们将在一定意义上自由地寻找自己的声音,就像他们找到自己的眼睛和耳朵一样。他们甚至可以发现自己一度自由地拥有属于自己的体验世界。

多重视野

——审美瞬间与审美体验

想一想白色,舞者闪亮的红裙下、脚尖上的双腿所形成的张力;想一想一个轻盈的、黑色人形在跳跃，管乐器的声音，笛声，弦声，巴赫的声音。想一想舞蹈《俳句》中那苍白的、时而蹲伏、时而滑行、时而纵出的身形以及那些半明半昧的舞台上变幻多姿的形象。回忆拉威尔四重奏中那悦耳的旋律和透明的质地，以及《游戏》当中的节奏和那激动人心的能量。

以某种特殊的方式来体验这类作品时，我们就很有可能遇到(或可称为)审美瞬间的鲜明例证——这样做时，我们或许也在亲历自身的抒情性时刻。的确，树木、动物、日落、雷雨、婴儿的手、大街上孩子们的跑动，这些景象都可能引起审美体验。但是，有某种特定的景物和事件特别适于审美关注。那是由活生生的人为同样活生生的人而创造的，它们为我们每个人提供属于我们自己的想象视野——如果我们愿意向它们敞开自己、投身其中。

每一部作品——如《布兰登堡协奏曲》，《仲夏夜之梦》中的一幕；一幅毕加索的绘画——都是从表象世界中选取的。我指的是有形的、多彩的、充满声响的世界，只要我们活着，我们每天都在其中穿行，然而我们却极少注意它。我指的不是那些数字的、电子的、分子的世界，也不是 X 或 Y 的世界。华莱士·史蒂文斯(Wallace Stevens)在《隐喻的动机》(“*The Motive for Metaphor*”)一诗中写到逃避“生存之基本事实”的隐喻动机(1982, P. 288)。他认为，我们恰恰正是在这个表象的世界中寻求相似，找到关联，验证可能，探求意义。诗人探索了现象世界(影响意识的世界，呈现自身的世界，表象的世界)的某些方面，对其投入想象关注，然后从中选取那些仿佛召唤着他/她、对他/她具有潜在意义并放射出光芒的那部分，这就促使诗人创造出隐喻。

可以这样理解，许多艺术作品都始于这种对声色形世界的选取或提炼。接下来就是布局:感性因素与形式因素的组合，将所感知、所感觉以及想象的内容用音乐符号、特殊的运动、深思熟虑的行动和语言具体表现出来。这样形成的作品，无论是物体还是事件，要想让别人也体验到它是一部艺术作品，那末就要以某种特定的方式去把握它，观察它，参与其中。

人们经常说，感知是起点，是基础。思考这意味着甚么很重要，因为这对于审美把握和审美理解来说非常必要。我们要认识到，感知包含着一种直观的理解，即当某个对象呈现给我们的视觉或听觉意识时，我们对某种复杂整体的直观理解。举例来说，当我们观看《游戏》时，我们不是将它看做一组清晰的感知意象的变化组合(窗口的面孔，歌唱的声音，黄色、绿色、粉色的裙裳,蓝色牛仔裤,突兀的运动,冲刺,跃动)等待我们来心理解读,并将之连接成一体,成为所谓的"舞蹈",而是将这部舞剧看做灯光、声音、移动的身形、独特的姿态,与此同时,也看作一个结构的不同层面,一种设计。当我们作为感知者向作品敞开,动觉地[1]进入作品当中时,我们就能够摆脱束缚,自由地把握它充满生机的完满与复杂。这种感知并不是像用绳串珠那样把彼此独立的部分逐一连接起来,而是要在表演过程中发现一个整体的图景,在动态形式中发现"不相关的碎片"都变得彼此相关。

再次面对《游戏》时,我思忖着了解的问题,于是想到这部舞剧的编舞唐纳德·麦克凯尔(Donald McKayle)对《游戏》的处理方法。他这样写道:

> 我始终要求自己的作品具有一种生命力,一种通过五脏六腑而非大脑所表达出来的内在生命力。尽管大脑永不休眠,然而它却不能主宰所有领域,更绝不能统辖舞蹈。舞蹈必先触动感官,其次才是大脑,反思继后。在此之后的反思基本上是头脑的过程,而且,如果上述体验有意义的话,这种反思应该再度唤醒感觉的网络机制。(1969, PP. 55 - 57)

如果我们不能以自己的能量,切身地投入到舞台上上演的一切,我们就不能接触到这种"活力"或"生命力"。根据麦克凯尔的观点,《游戏》始于"关于游戏的歌舞"。啤酒罐被想象地改造为玩具,但是,随后舞蹈变成了饥馑之舞,乃至最后成为"恐怖的污秽之舞"。如果我们不能从整体上把握这部舞剧,我们可能就看不到或觉察不到这些转变。我们也就不能体会到那种伴随着对整体、对完整的设计之识别而产生的内在满足。我们也不会体验到自己的记忆和感情奇妙地汇合起来——在我们生活的世界中感知新的意义。

观看一场舞蹈、一幅绘画或一场四重奏意味着将其吸收并进入其中。

---

① kinaesthetically,译作"动觉的","运动知觉的"。动觉是心理学中感觉里面的一部分,心理学称为"筋肉感觉",又叫"第六感觉",指对身体各部位的位置和运动状况的感觉,也就是肌肉、腱和关节的感觉,即本体感觉。舞蹈动觉是指舞蹈运动中的自我感觉。

这种行动与我们的时代特征相隔甚远：被动的凝视——这是由电视机所引起的茫然接收，也是年轻人引以为傲的“放松”姿势。感知是一种积极的探索，探索那些逐步变得清晰可见的整体。感知过程包含着一种永远看不尽的感觉，一种尚未被揭示的可能性。它需要我们心理和想象的参与（即使当大脑不再加以支配），并意识到一部作品永远没有止境。一部作品的充分呈示有赖于我们参与它、把握它的方式。

艺术史家恩斯特·贡布里希（Ernst Gombrich）经常写到观者如何必须与视觉艺术家合作，以便将彩色画布变成可见世界的相似物。这一点对于其他艺术门类（包括文学）同样适用。乔治·布雷（Georges Poulet）在谈到阅读行为时说过：

> 在马拉美未完成的故事《因此》（*Igitur*）的开头，是关于一个空房间的描述，房间中央的桌子上有一本打开的书。对我来说，这好像是任何一本书的处境，直到有人进来开始阅读它。书是物体。无论在桌子上，还是书架上，抑或商店橱窗里，书等待着某人的到来，将其从物质与静态中拯救出来。当我看到陈列中的书时，我看着它们，仿佛看着待售的动物，在狭小的笼子中，那样明显地期待一个买主。因为动物显然知道它们的命运有赖于人的介入。书不也是如此吗？由纸张和墨水制成的书，人们把它们放在哪里，它们就待在哪里，直到有人对它们产生兴趣。它们等待。它们是否知道，人的行为可以突然改变它们的存在？看起来它们好像燃着这种希望。它们好像在说：“读我。”我难以抗拒它们的请求。（1969，PP. 53－58）

很多艺术作品都是如此。艺术作品，无论是物体还是事件，只有在与某种人类意识互动时，才会呈现美学意义上的存在。

然而，这不仅仅是表达兴趣；而是，如前所述，以某种方式去感知去注意。我指的这种观察还涉及对媒介的意识，即一件特定艺术作品的原料：巴托克音乐的织体，精湛技艺下乐器表达出的力量与沉思，舞蹈中的灯光、色彩与移动中的动态构图。要充分领略每一种艺术媒介的性质特点，就需要观者以特殊的参与方式将这些特质挑选出来。

我们可以看一看现在所处的演厅。以平常的眼光来观察，我们周围尽是物质的东西，它们错落有致地分布在物理空间里。同时，还有一些有使用价值和实用价值的东西，如座椅、门、灯。但是，当我们环顾四周，我们也可以改变一下视角，将各种形状、质地、灯光及其他一切阴影中闪烁着的面庞，衣袖上闪动的丝绸，衬衫上跃动的绿色，低声的回响，舞台后部的矩形暗影。这样，我们就与平时不同，对事物的外形、声音、触感变得敏感。正如埃尔德里希(Aldrich, 1963)所说，以这种方式去把握事物的特质，我们就可以发现红色的基调，座椅的斜度，楼梯上的地毯——它们本身变得有趣、值得观照。这时，我们就把剧院定位在一种由色彩、声音、形状之强度与价值所决定的审美空间里了，对于这一切，我们也许已突然领悟。

这并不意味着物理存在的屋子变得不真实或者不存在。一旦我们对周围恢复了平常的视角，它依然存在于自身的布局中并且可以复原。我只想说明，要发现事物的特质，则依赖一种特定的注意方式。我也想强调，审美特征是实际的对象和事件(椅子、茶杯、街头聚会)可被感知的特质。只要这些特征被允许在审美空间中存在，它们就会呈现出内在的趣味和意义。比如说，想想塞尚为圣维多利亚山峰作的一幅画，一旦这幅画存在于审美空间内，画中那些纪念碑式的形式、他笔下的灰色与蓝色就会具有重要的意义。想想《游戏》中那些演员服装的色彩和舞者的运动本身多么有趣，至少对参与其中、予以关注的我们来说如此。想一想《罗密欧与朱丽叶》演出中的街景：旋动着的年轻身体，色彩的对比，耀眼的腰带扣，挥舞中的刀光剑影。

至关重要且很有吸引力的是，艺术作品正是为了我们对剧院所采取的那种感知方式而有意创造的。因此，它们被视为享有特权的事物。艺术作品被创造，不仅是为了使其材料(色彩、声音、形状)制作得可见、可闻、可触，而是要通过那种呈现来表达某种讯息，只有那些参与审美体验中的人才能理解，它揭示着超越表象的图景。

我一直强调的是，艺术作品或表演只有与人类意识互动才会呈现为审美对象或事件。艺术作品不会自行揭示自己。我已说过，人们需要通过努力去实现企及艺术作品。只有那些懂得如何去关注、如何积极感知的人才能企及艺术的真谛。一般来说，我们的意识需要时间来吸收所见所闻。当内在的时间与外部的时间合二为一时，对艺术的领悟就发生在这样一个“生动的当下”：

> 生活在生动的当下，工作着的自我将自己体验为这一持续行为

的创始者，并且也因此成为一个未被分割的、完整的自我。它从内部体验自己身体的运动，它活在回忆和反思所无法理解的经验中。它的世界充满永远不能被满足的期待。(舒茨，1967，P.216)

这些体验可能跟我们的个人历史感有关，我们正是在个人的历史背景下进入艺术作品的本身当中。当我们走向一幅画、一部奏鸣曲、一场戏剧时，这些个人的历史感是暂时关闭的，因为我们抑制着对它们的意识。同样，我们也暂时悬置了有关艺术史的知识以及艺术作品产生的语境。当然，我们并没有抹去对艺术的知识，也没有抹去我们自己。显然，若充分吸收这些知识，会丰富我们的感知，增强我们的愉悦。我们积累的任何相关知识确实可促进我们与任何给定的艺术作品进行交流。这些知识可以打开审美意识的渠道。反过来说，若不了解十二音律、拼贴艺术，或者诗歌对意象的运用就会阻塞这些渠道。我的意思是，当我们面对一件艺术作品时，我们所知道的一切并不必然要处在意识的最前沿。否则的话，我们可能会被这些知识所转移或占据，我们的注意力可能会被分散。

但是，我们的生活始终是我们体验艺术作品的基础。可以说，与艺术作品交流的感觉就好比邂逅另一个人。这种邂逅永远不会在真空中发生，不会脱离生命的传记而孤立存在。当人与人彼此敞开，我们总会觉得有某种新的形象有待体验、新的方面有待理解。与艺术接触时也是如此，如果我们敞开自己，如果我们有耐心。如果我们从自己的中心出发去参与艺术，如果我们作为活生生的、能感知的人去面对艺术，那末艺术永远是不可穷尽的。

想象改变“古怪的寓言”

我们对一场又一场的演出表达共鸣；我们探索着作品的质料，声音的媒介，语言的材料，运动中的身体。我们探索运用紧张与释放来制造出高质的舞台观看效果，也发现它们如何唤起我们的感觉。我们关注过各种可见的隐喻：《游戏》结尾时那受难的姿态；在双人舞《四种气质》中舞者踮起的脚尖；某间艺术教室墙壁上的二维人形剪纸。在一部弦乐四重奏不同乐器间的谈话中，我们已开始倾听出不同的内容。我们中有些人首次听到颤音，有些人第一次发现自己可以提炼出发展中的主题和反复再现的主题，还有一些人前所未闻地听到了单簧管旋律谱线的美丽。

令我们惊叹的是,我们中有些人开始领会《孩子们的古老声音》(*Ancient Voices of Children*)[①]中这部复杂的音乐作品。做到这一点,我们首先要与声音、洛尔卡的诗歌或者背景中波莱罗舞曲节奏的强劲节奏产生共鸣,然后,我们逐渐明白了环形乐谱的意义,及其为曼陀铃、双簧管、钢琴、歌唱家所标的记号,以及唤起马勒和巴赫的音乐风格。我们也逐渐认识到妇人和男孩的对话也是发展主题和音乐结构的内在组成部分。

所有这一切都表明,我们正在体验着将越来越多的艺术作品转变为对我们而言的审美对象并且成为我们审美体验的对象。我们开创出声音与感觉的新时空。我们才始觉得审美体验之永无止境。

想一想威廉·莎士比亚《仲夏夜之梦》的变化,尽管我们都熟悉这部戏剧。我们可以将它视为一部充满生动想象的戏剧,里面有面具、伪装,泰坦尼亚称其为"赝品",奥伯伦认为是"具有塑造力的"(如果不是"可恶的")幻想。我们现在认识到,所有这些都是在直接或间接地谈论艺术。忒修斯在他《古怪的寓言》中提醒我们:

> 正如想象为未知的事物
> 赋予形状,诗人的笔
> 为其赋予形体,为虚无缥缈
> 赋予居所和名字。

我们有时会想起脱缰的幻想所释放出的一些奇怪的、恐怖的意象——"未知的事物"。莎士比亚写过疯子和疯狂恋人的幻想。我们有些人可能会想到吸毒者或者耽于感官和暴力刺激的人。如果确实如此,我们可能会再次认识到诗人、艺术家所拥有的特殊力量,他们为这些意象赋予秩序和实体,他们精心地塑造形象,转化形象,并为其命名。这些行为和成就("为虚无缥缈赋予居所和名字")一直是我们的主要关注。

---

① Ancient Voices of Children,美国作曲家 George Crumb(1929—)在 1970 年为女中音、童声男高音、双簧管、曼多林、竖琴、电钢琴和打击乐创作的组曲。歌词采用西班牙著名诗人洛尔卡(Federico García Lorca, 1898-1936)的诗歌片断。

我们一直关注诗人、编舞家、戏剧家、音乐家能做甚么。这也意味着我们一直关注表演者或者说阐释者，做些甚么才能够将他们的文本、乐谱、剧本变成对于愿意注意的人来说看得见、听得到、摸得着、可理解的东西。在很大程度上，这取决于我们以何种方式进入一部既定的艺术作品，取决于我们的参与方式，也取决于我们是否能开放地面对我们所看到、听到的特征——我们中很多人此前未曾觉察、未曾听到、未曾看到的特征。

但是，如何解释这一切呢？当审美瞬间发生的时候，这种现象对我们有何影响？它如何在我们的体验中发挥作用？又如何向我们展现新的、可能经常令人为之一震的惊叹景象，我们为甚么会感到惊奇？甚至，为甚么要询问？

如果我们反思那些对我们具有标志性意义的表演，那末，这种反思式的经验能帮助我们更好地发现特定的艺术形式及其表现方式。由于我们的理解力提高了，相应地，我们也就能看到更多，听到更多。表面上看，这就够了。然而，我们感到有必要关注美学的复杂性，关注那些涉及艺术语言和艺术-审美本质的棘手问题。这些追问，对我们很多人来说是诱人的：我们对《被缚的普罗米修斯》、《哀悼》(*Mourning Becomes Electra*)①、伦勃朗的自画像、威廉·布莱克的诗歌、玛莎·葛兰姆②的《阿巴拉契亚的春天》感到惊奇，并惊叹于它们全都存在于某种被延伸了的当下中，并且依然保留唤起想象的能力。这是如何实现的呢？这些作品如何为我们呈现出审美的存在？它们如何给我们的生活带来启迪？又如何使我们与自己发生联系？

倘若没有这些追问，倘若我们不曾为了对艺术作品做出回应而付出努力，那末，我们在此所做的一切就如同与艺术欣赏类似的艺术教育。不可否认，这种“艺术教育”也能达到一个很高的水平，因为在我们这里教学的艺术家具有很高的资质。不可否认，林肯中心的氛围使我们很多人感觉自己是当代“艺术世界”中具有资质的正式成员。但是，我们的焦点关注的是超越一切传统意义上的艺术教育。所以，我们感兴趣的是艺术在人类生活中变动不居的意义，以及对不同艺术作品的多重聚焦方式和理

---

① 美国戏剧家尤金·奥尼尔(Eugene O'Neill，1888—1952)的戏剧。

② Martha Graham (1894—1991)，美国舞蹈家和编舞家，也是现代舞蹈史上最早的创始人之一。

解方式。我们感兴趣的是,当我们对这些审美经验进行思考之后,会发生甚么。我们急于知道,当我们"在平静"[①]中对审美经验进行反思之后,是甚么使我们在自己的生活中察觉了新的方面,是甚么让我们在生存于世中找到新鲜的意义。

我们不希望这种审美经验发生在一个往往与"高雅"艺术相连的密封空间里。我们也不认同那种流行的说法,即认为艺术体验是神秘的、直觉的、主观的,因而超越理性,超越言语。只有我们教师能明确自己参与的体验,我们才能弄清我们希望学生们体验到的是甚么。只有当我们弄清楚我们在此所学的内容与普通事物闹哄哄引起的困惑之间的关系,我们才能谈论艺术在教育,特别是当今教育中的位置。

世世代代以来我们都意识到,在教育中,艺术不是被当作说教的形式,就是被当作装饰的手段,其目的不是完善人格就是激发兴趣。艺术被发配到脱离生活的、偏远的后街,那里的中心内容便是认知活动、实用考虑、道德行为,甚至,还有一种想必是理想化的社会关注。所谓的艺术创作或创造力一直被当作一种治疗手段,有时是为了纯粹的自我表达或者感官游戏。当然,两者都很有价值,但是可能与艺术几乎无关。艺术常常被定位在一个感性的王国,暗示着情感与认知的对立,以至于教育者注定要用这种"非此即彼"的方式来思考。

人们常常把艺术与某种自我陶醉,与不严肃的娱乐、游戏联系起来,像对待仲夏夜的梦一样来对待艺术。在一些地方,通常在精英学校,对艺术-审美的处理往往助长一种乏味的消费主义,并滋生出一类傲慢的行家。当人们能自由地、以具鉴赏能力的方式去体验艺术时,这发生的一切就显得不合逻辑。或者,由于人们常常莫名地混淆审美与道德,一些人就会使自己孤立起来,并且把政治当作戏剧,把革命当作景观,把难民的困境当作令人怜悯的媒体事件。在措辞方面也变得混淆。不久以前,人们总是说,"他/她是一个美丽的人",甚至不去深思一个人身体上的美和判断那个人富于同情心与仁慈之间的区别。甚至在今天,我们总是强调公众人物的形象,而不是他/她的能力或价值。

---

① 原文是"intranquility",作者大概想到英国诗人华兹华斯(William Wordsworth, 1770—1850)关于诗歌的著名说法,即"诗歌是强烈情感的自发奔涌,它源于平静中忆起的情感"(poetry is the spontaneous overflow of powerful feelings: it takes its origin from emotion recollected in tranquility),见1800年版《〈抒情歌谣集〉序言》("Preface to Lyrical Ballads, 1800")。

如果我们在林肯中心能学到甚么，那就是当我们谈论艺术与非艺术时，学会使用合适的特定语汇，并且知道为何其他语汇不适用。更为重要的是，我们学会艺术形式创作和阐释所需要的技艺、用心与训练的程度。我们只需回忆一番《爱默生四重奏》中的演员们和我们之间就作品展开的讨论，或者想一想《公民凯恩》和肯尼斯·荣柯（Kenneth Rinker）《四》的创作思路。这时，如果有人说艺术基本上是一种娱乐，一种偶然，是随便的——直觉反应或心灵洞见，抑或灵感瞬间，甚至是画布或纸页上的半自动标记，那末这种说法对我们来说很陌生。正因如此，我们才有必要就自己所做所体验的提出问题，目的是最终让艺术在学校中获得其应有的地位。当然，我们可以学会清楚地表明，艺术创作与审美参与究竟如何开启新的视角，让人们感知新经验的可能性，并为人们提供新的象征语言来表达自己。当然，当我们接受到审美教育时，我们也就能打破这种“非此即彼”的模式。

的确，我们都想鼓励也必须鼓励人们在艺术家和艺术教师的指导下对媒介进行更多的探索。我们都想激发人们创造意象、组织词语、谱写歌曲、编辑影片、在有限的空间里设计姿态。现在我们很多人已经认识到，这种探索如何能够远远超过他们目前，与有意识地邂逅几种艺术相联系，考虑到学生不同的发展水平，但不排除更年幼的孩子。

但是，还不仅如此。我们中很多人在反思这里的经验之后，再次认识到一支双人舞或像莫扎特五重奏（A 大调双簧管五重奏，K. 581）这样的音乐作品并不会自然地或自动地呈示出全部内涵。让音乐流经自己或萦绕自己，让音乐引领我们进入梦幻，或者被动地坐享音乐的甜美（或轻快或敲击）令我们“感觉很棒”，这些都让我们感到愉悦。我们知道，仅仅观看舞者身体的延伸、伸展和弯曲，观看舞台上灯光下那些充满动感美的形象，本身是一种快乐。然而，一旦我们开始思考参与到音乐作品或舞蹈作品中意味着甚么，我们很快就会认识到，还有很多尚待被发现的内涵，给那些能够去注意有待被注意之处的人们去发现，一旦我们把握住作品的内在品质，一旦我们懂得甚么是真正的审美关注——走入眼前的作品中，冒着越陷越深的风险，为了获得超越言表的意义，那时，我们就会知道在“感觉很棒”之外我们能走多远。

我所谈论的是审美教育对于充分理解艺术作品的相关性。我们中的很多人现在已经清楚，审美追问（aesthetic questioning）能够提高我们作为听者与观者的意识。这种追问也增强了我们探秘的意识,因为它揭示出我们无法预见的可能性。我们认识到,只有当教师对自己的审美经验、愉悦瞬间有过思考时,他们才有资格在艺术方面做出有意义的选择。这是因为他们认识得很深刻,因为他们曾身处其中;他们致力于打开门扉。

这样的教师通常致力于在学校中创造出某种类似艺术空间的事物。这个空间向所有的孩子敞开,向他们的老师敞开,也向来访的家长敞开。这一切取决于他们是否愿意去认识这样一个道理,即从事艺术需要彻底的警醒、敏锐的感知、发现力、求知欲,以及由此而来的超越力。那些真正关心的人明白,审美教育不是仅仅偶尔提供几场演出,不是在这里挂起一幅莫奈,在那儿悬起一幅波洛克①,也不是在拉斐尔的《麦当娜与孩子》的复制品上方打上灯光。

他们知道有必要画出宁静的圆圈以便使人们能在其中慢慢地领会事物的外表、形状和声音。他们懂得有必要创造出一种释放自发性和表达欲的环境,以使人们能够将日常世界中所见的东西表达出来。我在前面提到,《小神的儿女》中的一些瞬间让我思考着教学,思考着人与人之间的交流,思考着有听觉者与无听觉者之间的鸿沟,思考着我们可能永远无法逾越的一些鸿沟。我在那部电影当中的发现并没有解决对不开窍者进行审美教育的复杂性,也没有解决如何将自己珍视的东西向漠视的人交流的问题。但是,它让我对这种努力所蕴含的意义更有洞察力。当上述情况发生在课堂中时,它使我更加坚决而专注对情境做出自己的阐释,能够更直接地面对它们。

不言而喻,参与这种审美追问和反思的维度增加了艺术体验的复杂性,因而也增加了我们对艺术的惊叹。比如说,在大多数审美追问中,关键的问题是涉及艺术作品及其实现方面的主客体关系。设想,一旦我们承认主客体是审美体验的两极,那末就会有很多问题值得思考。我们必须问自己:人类意识缘何允许这种相遇,暂不论这些相遇带来的愉悦和想象。我们必须问自己:人类主体之间存在多少差别,又享有多大程度的相似。我们必须面对一种主体性如何征服另一主体性这一秘密,尤其当他者通过有形的内容与具体的形式表现出来时。我们必须努力去理解,为

① Jackson Pollock (1912—1956),美国画家。

何我们每个人独一无二，拥有独特的生活历史，却能进入相当不同的人们所创造的作品中，并在其中发现我们自己。我们已经扪心自问，并且还要持续追问，艺术作品缘何能促成这一切的发生，一幅绘画，一部舞蹈，或者一段音乐，为何似乎能吸引我们的注意，甚至有时可能改变我们的人生。我们还须进一步深思审美视角的问题，正是这种特殊的参与方式使得特定的对象或事件成为艺术作品。

对于那些已在课堂或工作坊中乘风破浪的人们来说，让他们暂时停下来思考这一切可能是不和谐的。总是有人认为分析或反思想法会阻碍艺术体验。然而，我认为，自我反思和批判式思考既给人指导，同时也解放人的思维。它们同样具有打开多重世界的潜能。

艺术中的语言、意象、声音让人们感知到、看到、听到"日常生活中那些不再或尚未被感知、说出、听到"的东西。赫伯特·马库斯写道，艺术让"成为化石的世界得以说话、唱歌，甚至跳舞"(1977/1978, P. 73)。被石化意味着不能学习，对变化无动于衷。假如艺术-审美果真能打开一个已石化的世界，在想当然的基础上提供新的视角，那些有资格从事艺术的人就会提出大量未曾问过的问题。他们只能做是根据自身的生活经验、他们自己正探索的以及他们自己想要知道的。当然，只有那些能够提出自己的问题、并且当面提出问题的人才愿意去学如何学习。

当众多外力正推怂年轻人陷入被动时，有意识的审美体验所培养的开放思维和探索欲能够推动他们远离日常生活的"脱脂棉"状态——用弗吉尼亚·伍尔夫在《存在的瞬间》(*Moments of Being*)中的语言来说，即事物平庸无奇的状态。在任何时代，放弃陈腐老套的反应都意味着做好新的准备。人们不仅会意识到事物本身的多样性与独特性，而且是作为独立的思考者和感知者，以他/她自己生活过的世界为基础，意识到它们真实呈现的样子。这将为寻找意义、创造意义的新模式带来一种新的方向。此外，如果再意识到，随着每个人按照自己的方式发展而变得不同，而且事物本身也会各有不同，那末，新的可能性就会揭示。当然，这是不能预料的。在艺术-审美的领域里，一切都不能被预定或预测。但是一切皆有可能。我们只需要解放自己，去选择。

学习与发展·不言而喻的意识·扩大可能性

我很高兴一直有问题产生。这些问题涉及批评，涉及与审美、与我们当前所栖居的“艺术世界”之间的关系。同时,它们也关系到课程设置的问题,以及一套审美教育课程体系的意义。最后,它们还涉及如何将我们对学习与发展的实际理解与我们应努力去做的事情联系起来,以便让年轻人对艺术感兴趣。

首先,让我们再提出之前提过的问题:那些渴望在学校中开辟艺术空间的人必须考虑哪些因素;为何我们都想过尽可能在所教的学生中培养某种意识。我们不仅要提升艺术带来的快乐,还要培养一种主动从事不同艺术形式、去参与、去冒险的倾向。当艺术家指挥着工作坊成员徜徉在诸如芭蕾舞《即兴曲》、《俳句》与莫扎特五重奏等艺术作品之间时,美妙的事情会发生;当艺术家离开时,美妙的事情同样也能发生。然而,我们想知道:当我们的学生离开教室,当他们超越了被传授的知识之外时,会发生甚么。我们非常清楚,大多数学习都发生在此后——当一个年轻人在走廊尽头摸索着一种姿势(投掷或猛击的动作),当有人试着用钢琴或吉他弹拨出莫扎特的主题,当有人在家中的镜前尝试重新演绎一段对白时。我们怎样才能创造出诸如此类的场景,让人们放松地去演绎?

如果我们身为教师而不清楚有鉴别能力的意识意味着甚么,那末,当我们在艺术领域教学时,我们就无法明确我们的目标,不能识别我们的目的。当一种审美敏感力出现在我们面前时,我们却无法认出它。我们自己恐怕很幼稚。幼稚意味着立即否认那些我们不喜欢的事物,比如说,一部无调性的音乐作品,一支抽象的现代舞,一场没有传统上的开头、中间和结尾的戏剧。幼稚意味着容易陷入多愁善感式的幻想——当音乐听起来甜美,当一个芭蕾舞女演员容貌美丽,当一部戏剧给人希望和期待,当电影结局皆大欢喜。幼稚还意味着无法区分雕塑与冰川腐蚀过的岩石,无法区分莫奈笔下的杨树和塞纳河畔雾晨之中的杨树。换句话说,幼稚意味着无法区分我们称为审美对象的“享有特权的事物”和审美感知的自然事物。

我们重要的关注之一就是对抗这种幼稚——既是为了孩子们的利益,也是为了我们自己的利益。教师们需要不断提升对艺术独特之可能性与局限性的认识,只有这样,他们才能使艺术为孩子们和年轻人所接受,才能使艺术显著地改变每个人的生活。我们看到、听到的艺术作品仿佛有生命的实体一样对我们说出越来越多的内容。我们的体验已帮助我们发现,在以这种方式参与艺术作品时意味着甚么。

我们也开始认识到，在某个时刻，我们每个人都需要做出批判式的决定。正如一位美学方面的作家所说，我们希望，这些决定成为“审美理解的大量经验的沉淀物，而不是审美对象和通常与艺术或艺术批评无关的执着偏见之间瞬间相互作用的结果”(高茨霍克，1962，P.161)。他还指出：“与幼稚的经验相比，受过训练的艺术体验通常更加纯净、持久、积极。这种体验的最高境界是以专一、活力、尊敬的态度对待艺术作品，这种态度乃有创造力的艺术家可能赋予作品的。”(1962，P.161)与实践中的艺术家共事时，我们很多人懂得了这些艺术家赋予其创作作品(或阐释的、或表演的)哪些内容。我们逐渐认识到，这一切很大程度上有赖于我们参与的质量——以及在与艺术作品的相遇过程中，是甚么占据着这种审美参与。

我们该怎样理解批评呢？与其研究我们与职业艺术评论家的关系，不如认识到批评是一种思考模式或询问方式，教师尤其需要学会批评。当然，有各种各样的学术评论家，职业记者评论家，所谓的各种“专家”，以及那些为我们的工作提供某种语境的艺术谈论者。还有各种不同的批评方法(印象主义者，表现主义者，形式主义者，实验主义者)，都控制着我们对不同艺术作品的解读。

我主要关心的是交流，这是我们教师必定要做的。我关心我们尝试说出、有时试图分享的体验。随着我们对艺术的投入与领悟愈多，这种表述应变得更加精确，更富于想象，且更加流畅。批评可被理解为对特定艺术作品(如《孩子们的古老声音》、艾米丽·迪金森的十四行诗、拉威尔的《波莱罗》、伍迪·艾伦导演的《曼哈顿》、威廉·斯泰伦[1]的《苏菲的选择》)的评论或阐释。有时候，这种批评与评论艺术中的风格与运动相联系，也因此而丰富自身，比如浪漫主义、立体主义，或荒诞派戏剧。但有时候显然又不是这样。关键在于，每当我们谈起某些具体作品，并试图让它们以不同方式存在于不同层面时，我们的确是在进行着某种批评。

美学以这种思考与谈论为资源。由于它涉及对批评性谈论和写作的质疑或澄清，涉及对几种艺术的个人体验的思考，它常常被称为“二手”的学习方式。如你所意识到的，当我们探索着审美体验的意义、保持距离、质性感知、想象性意识、审美视角这些问题时，我们在“搞”美学。但是我

---

① William Styron (1925—2006)，美国作家。

们只能在实际经验的基础上、在某种批评性谈论的语境中才能“从事”这一切。随着我们对审美思考日益熟悉,我们也会越来越娴熟地看待我们自己的以及不同评论家判断背后的假设:对艺术本质和艺术地位的假设,对美、意义、主题、形式的假设。和我们在教室里的谈论一样,批评总是基于这种特定的假设。弄清楚这些假设,学会表达我们的立场,将是富于启发性的(甚至是解放性的)。

出于上述原因,我们才乐于激发你们去阐明艺术能做甚么、艺术是甚么。现在,你们认识到认真的投入必须先于任何教师-批评家式的权威努力。如果我们要表明(为了揭示)一幅画或一部音乐中的几个层面,如果我们想与别人分享所看所听的感受,那末,我们必须先注意到艺术作品有待被关注的内容。至少,我们必已开始赋予作品以审美存在,我们已开始直面艺术,并让它为我们而生。我们当然可以偶尔请教学者(艺术史学家、音乐学家、评论家、图像学家)。我们甚至可以花时间学习一些艺术理论。但是无论我们学习甚么,它们都必须培养和关注我们的感知,提高我们致力于特定艺术作品的关注力。我们教育学生,靠的正是那种关注力,而非某种中介技能。我们的目的归根到底是帮助学生变得更加警醒、更加敏锐。

就我个人来说,不管我曾经多少次面对一部特定的艺术作品,当我给学生们讲它时,我尽量依靠某种当下的快感,即杜威所说的那种快感。举例来说,今年夏天,我正在研究霍桑的多部短篇小说。所有这些小说我以前全都读过,而且不止一遍。尽管如此,在上课之前,每部小说我还会重读。我尽量把它们当作全新的作品来做出回应。我有意识地进入一种认识力的想象模式,以便能够进入《伊森·布兰德》或《小伙子布朗》的虚幻世界。我不仅将自己从日常的20世纪世界中分离出来,我也把自己读过的各种批评放到一边(尽管我希望它们已提升了我的关注力,让我“看”到更多)。我试图重新将故事看成一种形状、一种被赋予了特定形式的内容。我在故事中——在我所体验的故事中——寻求内在的联系。我经常带着发现的惊喜进入课堂,同时也带着这样一种信念,即作品具有价值,并且希望学生们也能感受到其价值。

但是,最初的回应(甚至在多年之后)是可以被修正的,正如即时的价值判断应当永远被修正。我认识到在一定程度上,对作品的兴奋与共鸣会使最初的判断不可靠。我会觉得自己在某种意义上曾被迫认为一部作品有价值，因为它是美国研究的必读经典，因为习惯，因为所有教美国文学的教师都重视霍桑的作品，所以我必须重新思考我的回应。我必须再次以自己的体验去关注作品的构设，必须再次找出作品的表达意义。只有那时，我想，我才能引导学生们在作品中开始他们的旅行。只有那时，我才能带着一定程度的真实性来决定，怎样做才能帮助他们注意到特定的品质，辨别特定的细节，并充满想象地投入到作品的文本中来。

我们并不能保证他们会看到作品的价值，也不能保证他们对作品有某种审美体验；但是作为一位教师-批评者，我能做的一切就是找到一种语言来帮助他们参与到艺术当中。我必须知道要获得审美意识所必需的某种理解方式。我必须能说清楚媒介是甚么、媒介的特点。我还要知道甚么时候需要沉默。批评的过程、生成过程本身才是重要的。这个过程远比可能得出的结论重要得多，当然也比某些明显的“成功”重要得多。

不管我们教的是大人还是孩子，我们显然必须清楚在某种特定象征媒介意义上，甚么是成熟的审美能力。这样说是为了建议大家了解一些与艺术有关的人类发展概念。对我们所有人来说都有一个循序渐进的过程。即便在大学课堂中，教师也必须认识到，对不同发展阶段（对我而言，指的是文学理解力）的学生要运用相应的例子、问题与主题。在我们研究所中，教学艺术家们在讲授如何理解乐谱、舞蹈动作或构建戏剧场景时，显然已经考虑到不同的发展阶段。这不是掌握某种技术的问题。当然，从未有人依靠公式或菜谱。但是我们都逐渐认识到一些基本知识的重要性，某些并非总能完全确切说明的知识。在很大程度上，这种可以获取的、并且促成“不言而喻的意识（tacit awareness）”（波蓝伊，1967）的知识明显与学习者所处的发展阶段有关系。

认识到这一点，也就会认识到有必要进行另一种探索。在我们自己的课堂里，我们每个人都必须找到能有效应对不同水平学生需要的某种知识与方法。同时，我们每个人都必须发现这种知识所带来的洞察力。回想今年暑期学期中我们自己为了学会的学习经验，我们可以找到很多线索。当我们第一次听到《孩子们的古老声音》时，实际上我们难道不是很孩子气吗？当我们最初面对《四》时，我们算是成熟的观众吗？

课程设置的问题关系到这一切。我们希望在课堂中创造出情境，让学生们尽情地进行生动有见识的艺术体验。我们希望促成最丰富的审美体验,希望学生们做出选择。我们大概需要重新思考以前的普通计划,预定目标的方向也该被放在一边。正如我们已看到的,每一种艺术形式都有内在的逻辑,所以要实现对诸如像《古老声音》或《四》这样作品的审美,就需要特定的意识和特殊的熟练技能,是的,进展的模式也要熟记于心。所有这一切的发生都是一个自然浮现的过程,是一种被实现了的可能性。我们不能事先安排也不能预期这一切,无论创造的情境多么精心锻造,无论我们考虑得多么充分。

那末,审美教育的课程设置永远都是在进行中的,作为教师,我们尽力使审美体验得到持续的扩展。我们必须保持开放的心胸和探索的精神,必须远离平庸凡俗和陈词滥调。如果我们以这样的态度来设置课程,那末学生当中,甚至我们自身就会做好新的准备,获得新的成熟。人们会越来越关注事物的独特性、美、丰富性和形式。人们将以高度的专注和认真去看,去听。问题会不断产生,我们对自己别无所求。

想象行为的不同阶段:对美的感觉

我一直在建议,当我们进入教室后,我们应该搁下自己对某些作品(比如莎士比亚、乔治·克拉姆[①]、巴兰契[②]、巴赫、玛莎·克拉克)的强烈意识,尤其当它们是长久以来思考的结果时。我也在尽力提倡,不管我们教的学生年纪如何,我们都要努力去揭示、引导他们去关注作品中的某些方面。我们将努力让身边的人提高感知力,增进兴趣,扩大理解,我们也尽力做到对所教的年轻学生的不同发展水平和他们积累的经验始终保持敏感。换句话说,我们将要做的跟批评很相似——发展出一种语言来帮助每个个体认知事物,引导他们的眼睛去看,去发现。一旦我们能够帮助他人摆脱束缚,让他们在面对《仲夏夜之梦》、《四》或者莫扎特五重奏这样的现象时,能够自由地去感受去倾听其中的模式,去辨析其中的关联,这时,我们才成为教师兼评论家。

显然,如果我们已思考过审美关注的意义,那末我们就能更有效地让

---

① George Crumb (1929—　),美国作曲家,即《孩子们的古老声音》的作者。

② George Balanchine (1904—1983),20世纪最著名的编舞家,对美国芭蕾舞的发展做出重要贡献,纽约城市芭蕾舞团的创始人。他与斯特拉文斯基(Igor Stravinsky)合作创作了大量的舞蹈作品。

学生们去关注那些值得关注的地方。我们甚至可以成为更好的教师,如果我们不仅思考那些我们见证过、探索过的特定作品,并且也思考广义上的艺术-审美领域——这研究所带领我们进入的独特的意义空间,并让我们中的一些人以新的视角来看待自己生活的世界。

当我们思考着甚么是将自己释放到艺术空间这另一现实时,我们在"从事"着美学。当我们考虑到将一部指定作品(比如说《游戏》、G大调《法国》组曲)转变为审美对象,我们自己审美体验的对象所涉及的挑战时,会带来一种特殊的愉悦,以特别的方式给予启迪,以独特的方式令人珍视,这时,我们也在"从事"着美学。这种洞察力、这种促成上述转变的关注方式并不能被转译为某种资格证书或量化的技能。或许有些人可以做到。但是,我认为你们应该同意:无论这个列表多长,表中列出的各种能力的运用并不能担保会导向愉悦、鉴赏意识,以及我们大多数人知道的那种揭示,也不能保证眼前的艺术作品能转化为审美对象,不管技术水平有多高或者宣称得多么好。

当然,我们相信,我们知道得越多,我们就能看到和听得越多。你们在研讨班里的体验已经告诉你们这一点了。你们绝大部分以前不知道,但是现在你们知道了空间对于运动的意义、声音意象与调性特征、诗行中意义与节奏的关系、电影中的视觉隐喻间的关系。我们所期望的是,你们正在学习的内容能够继续促成前面说过的那种不言而喻的意识,那种为你们的核心审美体验提供辅助的知识。这不是说重新唤起或总结你们在研讨班学到的知识,如巴托克的无调性音乐或其作品呈现的伦理主题,也不是指在听莎士比亚作品时脑海里会响起抑扬格五音部的节奏。不是要你们去重复对面具的实验,对《俳句》的研究,甚至对诗歌在音乐作品中运用的深化理解。重要的是利用你们所学到的东西,以不同的方式去看、去听。比如说,利用你们对舞蹈细节的理解来帮助你们从整体上理解这部舞蹈;凝视塞尚作品中的轮廓与凸出形状这些细节,以便能通过这种意识进而把握静物生命之绚丽的完满。这些同样适用于你们正在学习的关于审美空间、质的重要性和想象的内容。

我们希望这一切能丰富你们实际的审美体验,促成我反复谈论的那种转变。无须重复,我们的最终目标需要的是强化的意识,提升的鉴赏力。这不是复制和背诵的能力,也不是展示某种技能的精通。我们致力于培养的能力既不能被量化也不可预测。怎么可能量化或预测它呢——

如果我们渴望人们能够以个人的角度去面对艺术作品,如果我们深切地希望每个人都能够自由地感受、释放想象力,去改变,去变形?

我们对想象谈得不多。然而,在某种意义上,想象是我们最大的关注。想象不仅是心理成像的能力,尽管它在一定程度上是如此。想象更是一种将经验塑成某种新事物的力量,是一种创造虚构情境的力量。同时,它也是通过共鸣、设身处地去感受的能力。若非如此,我们怎能去理解没有听力的女人、忒修斯、独身的修女、用头撞墙的人?人们常常说我们如今的文化阻碍想象的运用,尤其当想象涉及在事物中发现新的可能,感知另一重真实,在现实中开启新的窗口以另有发现时。不仅是科技文化倾向于关注抽象的解释,强调客观性和中立,强调不带个人色彩地看世界。学校的教育也往往强调要我们接受官方和专家们所描述的既定世界。媒体也制造这样的印象,即他们提供的是不可置疑的窗口,是真正的现实和确实的存在。无论年轻人如何不懈地探索新的感觉,(一旦他们去到学校或回到家里)都被一次次地拽回来,回到所谓的"事物的平凡意义"。我不禁想起华莱士·斯蒂文斯的同名诗歌。在这首诗中,诗人对人类运用了奇特的隐喻,即一只好奇的老鼠:

> 树叶凋落后,我们回归
> 事物的平凡意义。仿佛
> 回到想象的终点,
> 停滞于衰竭的能力。
> 然而想象之缺席本身
> 值得想象。偌大的池塘,
> 平凡的意义,没有倒影,树叶,
> 淤泥,池水如蒙尘的玻璃,诉说沉寂,
> 如探出水面张望的老鼠的沉寂,
> 偌大的池塘,残败的睡莲,所有这些
> 都值得想象,如不可回避的知识,
> 是如一种必需。
> (1982, PP. 502－503)

斯蒂文斯还写过一首诗《带蓝吉他的人》("*The Man with the Blue*

Guitar")。诗中,蓝吉他成为想象的隐喻:

他们说,"你有一把蓝吉他,
你不弹奏事物的原貌
这人答道:"事物的原貌"
在蓝吉他上发生了变化

斯蒂文斯帮助我们看清楚,想象是一种理解的方式,让所感知的发生改变。想象将四个年迈的、各有个性、各是明星的女演员聚集在一起,变成四位年长的姐妹,彼此相连,创造一种构图、一个结构、一个方阵。想象将一道道简单交错的光和一个讲台变成一座南方庄园的门廊(《家》)。想象使一位无听觉能力的女演员成为一个以手语来反抗的年轻女子、一个不真实世界的愤怒居民。想象让柯普兰音乐中的各种旋律交织在一起将《四》构成事件和布局。没有这种想象力,就不可能有审美体验。

我们假设想象的意识有不同阶段(瑞德,1974, P. 136),并假设我们的教学能激发每一个阶段的想象力。第一个阶段涉及我们一直强调的关注力:集中注意,全神贯注地去观察。这一阶段使得舞蹈或音乐作品展现出独特性和完整性。在这一阶段里,人们抑制或搁置功利的、道德的、历史的考虑,以便能捕捉双人舞的特质,听清楚女高音那变幻的声音。我们可以通过交谈、引导或者揭示来激发、扩展人们这一阶段的意识。我们可以激发人们去关注。

但是事情不止于此。还有一个在内部品味、详尽阐述所看所听、深入渗透的过程。我们的审美体验变成了个人意识内的事件,并将开始照亮我们生活的世界。当然,我们不能决定这一刻的发生,也不能阻止他人接近这一刻。我们不能凭借这一现象是否发生来评判他人。我们能做的一切就是尽力创造出激发这种现象的环境,当然,这需要时间,需要尊重隐私,需要允许沉默。我们要尽力引导人们去思考另一些生活方式,在这个世界上居住的另一些可能。然后我们才可能帮助他们认识到积极的想象涉及内部与外部视野的相互作用。的确,在眼前的艺术作品世界与审美体验者参与的世界之间可以创建各种联系。我开头曾说起,对意义的探寻是在经验中寻找新的构图、新的秩序,并且,每一个突然出现的构图和每一种新秩序的产生都令人惊奇。斯蒂文斯在那首关于蓝吉他的诗的结尾写道：

> 你是你吗？你是你自己。
> 蓝吉他令你震惊。
> (1982，P.183)

如果我能在课堂中创造出更多这样的环境，让这种惊奇来得更明显，让人们能真正看到另一些可能，觉察到联系，创造出新秩序，那末我不仅会觉得我正在学会如何从事审美教育，我还会觉得作为一位教师我终于已经上路了。

审美愉悦包括很多种我一直试图描述的价值。自从康德以来，我们有大量关于审美愉悦的文献。康德自己写过人们对表象的纯粹快乐，以及当人们学会全神贯注地观察特定的对象和事物，并且越来越充分地沉浸在这种关注当中，不用意识去加以反思时，在这个时候会发生甚么。其他一些思想家谈过审美愉悦的不同等级，思考过艺术究竟是唤起"高级的感官"还是仅仅是去挑动娱乐的感官。还有一些人说审美愉悦与普通的愉悦并无两样，只不过它不那末功利，而且更强烈。也有人坚持认为审美愉悦是来自心灵内部的，因此与身体愉悦不同，因为审美过程所使用的感官——眼睛、耳朵、手——都必须透明，才能使关注力直接传送到审美对象、事件或表演。大多数人同意，一件物体若不能带来愉悦，那它肯定不是美的；即使他们也声称，要想充分欣赏摆在面前的作品内容是甚么，对我们意味着甚么；要想从我们看到、听到的对象中获得某种审美愉悦，那末我们总要以某种方式被这个作品所感动(霍夫斯塔特、库恩，1964)。

但是，这种感动意味着甚么？如何对一部作品做出情感上的回应？怎样才能面对一部伟大的作品，心中充满惊奇与敬畏？如何把作品当作一种表达形式，它对我们说话，让我们感受到不同寻常，并且诉诸我们的主观性？很多时候我们从外部接近一个作品，感知它的特征，知道它是一种表达，但是并没有把它当作我们自己的，因此，我们主要的审美情感是一种冰冷的快乐。我想到巴兰契的一些舞蹈(试与玛莎·葛兰姆比较)。我想到巴奈特·纽曼的简约艺术(试与伦勃朗或塞尚的作品比较)。我想到威廉·巴特勒·叶芝关于世界之恐怖和艺术徒劳无用的那首诗，题为

《青金石》(“*Lapis Lazuli*”),讲的是将恐惧升华为愉悦。诗里写到一枚青金石上刻有两个中国人,另有一个仆人,带着一件乐器,爬向一座小小的房屋:

我乐于想象他们坐在那里;
在那里凝望山峦与天空,
凝望一切悲伤的场景。
一人要求哀悼的旋律,
精湛的手指开始演奏。
他们的眼睛被皱纹环绕,
他们年迈而闪烁的眼睛,充满快乐。
(1997, P. 300)

其他一些非常不同的作品也召唤我们从内部去体验它们:不是华兹华斯个人的狂喜呼喊,不是马勒私人的悲伤,也不是加缪在其主人公莫索认出天空的冷漠时所表达的存在主义的痛苦;当我们全神贯注地投入一部作品时,我们是在为自己构建一种人类经验。

举例来说,让我们看看伊丽莎白·毕舍普(Elizabeth Bishop)的一首诗《站着睡觉》:

当我们躺下睡觉,世界也侧翻了
黑暗的九十度。
书桌躺在墙上,
当其他一切倒下,
白天蛰伏的思想起身,
站成茂密的森林。
全副武装的梦之车,密谋
让我们做很多危险的事,
正在梦的边缘突突作响,
全都戴着伪装准备执行行动。
(1997, P. 30)

她说“我们”,邀请我们进入想象,进入诗人与世界,与书桌,与她的思想、梦想之间的关系。我们可以这样接受“我们”,将自己置于诗人的境地。我们能够体会她所表达的意思,以及从一个抵御睡眠的女人的制高点所表达的情感,这与从外部欣赏这首诗(就像我们欣赏《青金石》)截然不同。诗人的奇怪感觉不是我们自己那种想睡觉的感觉,但是当我们以切身经验去认识这首诗,我们会在自身发现这矛盾情绪和错位。当我读着这首诗,以她的声音去思考,代表她去经历她正在经历的一切时,我确实觉得我就住在诗人那疲倦的、不安的身体里。并且,我相信这种设身处地的想象能让我近切地理解表达与情感之间的关联。我还要强调,(我希望你们也会如此,)对于诸如此类的作品,保持一个开放的心灵,去探索,去置身其中,是多么必要!我们还需保持专注,将自己释放到我们所阅读的那个空间,你会发现那是一个充满惊奇的空间。当我们思考它时,我们怎能不感到惊奇呢?

在我们对作品的感觉与我们所说的“美”之间有一种关联。自从柏拉图以来,“美”有很多种含义,通常与完美的形态、和谐、共时、完美的表达有关。美的观念也随着艺术观念的变化而变化。有人将美与纯粹的审美愉悦联系起来,让它远离一切人类的功利,认为美是一种“严肃的、激动人心的极乐”。有人认为美是人类普遍的精神生活在艺术中的呈现。还有一些人已拒绝将美或艺术视作某种孤立王国的存在。

路易斯·阿诺德·瑞德非常关注艺术作品所体现的内容。他谈到作品中每一种元素的情感价值如何影响、配合并协助构成整体的情感价值。他也写过意象如何簇拥着有趣的主题,以及它们的内涵如何融入并丰富整个作品的内涵(1958)。当我们享受着繁复的形式(比如巴赫的赋格曲)所蕴含的多种意义时,这一过程本身是有意义的。当观者或听者深深地沉浸在自己所理解的作品的感性方面时,还有另一重意义,比如,以听舒缓的音乐为例,我们会凝神于单独的音节或者和弦,仿佛在品味它们的情感意义;另如,我们会特别聚焦于画作中的色彩,或特别关注诗歌中的文字声音。

关键的一点是,艺术的意义——不管你怎样发现它——必须被看作是显现出来的。它不是某种深埋在作品中的东西,也不是主题所固有的、有别于形式的。我们知道,我们所感受的一切情感意义都是借助形式表达出来,并为我们所理解的,正如我们知道形式必须表达有效的意义。我们只需再次回想《孩子们的古老声音》，想一想这部作品如何将表达与意义交织在一起，如何让意义在经验过程中成长、膨胀。没有意义-成品，也就没有对待寻意义的摘要或陈述。唯有作品，有待乐于关注的人去发现。或许，那些成形加工的声音、文字、运动、共鸣所显现出来的可能性可以被称为“美的”。

感知、想象、对意义的探寻，这些是我们的主题。我们现在认识到，艺术作品呈现给我们的世界不是普通的现实世界，也不是陈腔滥调。但它们也不完全是纱幔或幻想，因为它们包含的都在我们生活的世界中存在——当我们能够区分它们是甚么与它们可能是甚么时。我们在《古老的声音》、《俳句》、塞尚的《玩纸牌游戏的人》中所发现的是某种本质，而不是日常世界，它为我们提供新的制高点，让我们听到从未听过的内容，看到从未看过的景象。

创造者和感知者

——艺术表达的意义

关于审美教育的经验，我们无法做出合适的总结。我们不能将自己体验到的、学习到的东西打包处理。事实上，“打包”这个概念，和“成品”的概念一样，与审美教育背道而驰。我们已经发现，对艺术的感悟越深，我们的视角也就越丰富——无论涉及作品本身还是我们的生活。随着岁月的变迁，我们不仅看到更多，听到更多，我们(几乎没有意识到)已在平凡的世界中发现新的形状、新的节奏、新的意义。而且，如果我们保持专注，并且足够幸运，这一切还会持续发生。

我们身上发生了太多的事情。由于我们必须关注众多创造的作品，我们也有多种多样的机会来寻求新的、丰富的体验。常常，当我们能将作品看作是他们自己创作的验证时，我们的兴趣会更加强烈。他们的创作——乔治·克拉姆的作曲，肯尼斯·荣柯的编舞，艾米丽·迪金森的诗歌创作，保罗·塞尚的绘画——可被视为人类行为和选择的杰出模式。不管这些艺术家彼此多么不同，他们都曾经或正在过着在思想上和道德上完全清醒的生活。他们通过自己选择的或正选择去追求的事业，将自己塑造成或正在塑造为艺术家，这种事业构成了他们于世上的存在方式和行为方式。

我们只能通过自己的自由选择去努力接近他们的作品。我们只能通过自己的意志,在自己独特的生活语境中面对他们的作品。可以说,通过这个暑期的学习,我们也开始了一项新的人生作品,一种新的选择。这绝不是说它业已完成,不是说我们的探索已接近尾声,如果我们选择成为真正的艺术爱好者。如果我们认为已经体验完《仲夏夜之梦》,这种想法就是错误的。不管我们看过多少遍这部戏剧的演出,读过并分析过多少种文本,研究过多少批评阐释,我们都不能宣称已经"完成"对它的体验,正如我们不能说"看完"巴黎、毕加索展览或者路易斯·尼尔森为惠特尼博物馆设计的小教堂一样。在每一种情况下,尽管已有很多解读,但永远、永远还有更多有待我们去探索。

每当我们去亲证一部戏剧的演出,或观看一次绘画展览,或听一场音乐会(或拜访巴黎),我们都是在自己生命历史中的一个特殊阶段来这样做。因为我们在生命的不同时刻是不同的,所以我们面对的作品也不会永远相同。每次面对它们时,我们都要将其视为开放的可能,它们将成为正在进行中的个人生涯中的事件,而不是对象、沉淀物或者东西。我们身为教师,同新手交流时,必须清楚我们体验的艺术作品所蕴含的不同领悟。与此同时我们认识到,实现这些领悟的质量和完满有赖于我们能做到的专注。所以,我们必须思考如何为学生提供我们自己有过的体验,那些体验可以导向转变、开启新的视野,允许以种种新的方式来建构生活世界。

当前方还有很长的路,我们怎能说到达终点或顶峰?正因如此,在我们暑期学习的最后一天,我想谈谈起点的问题——"必须认为起点是可能的,必须让起点成为可能。"(赛义德,1978, P. 35)你们一定记得 T. S. 艾略特的诗:

我们称为起点的往往是终点,
到达终点亦即开始新的起点。
终点是我们开始的地方。
(1952, P. 144)

我们希望你们在暑期学习结业的时候想一想起点的问题,不仅为了你们的学生,也为了你们自己。我们希望,当你们以后面对所选择的每一部音乐作品、每一支舞蹈、每一场戏剧演出的时候,你们能够将其视为一次新的际遇，它召唤你个人的关注、面对、惊奇与探索。如果你们能够在课堂上做到这一点，你们开放的思路将会有感染力。你们的学生也将更加乐于投入这种关注、留意、努力去看和听的开放过程。他们不久也会感受到新的可能。

显然，作为教师，必须让我们的问题保持开放——关于特定的艺术形式，关于艺术本身以及艺术在人类生活中的位置的诸多问题。只有这样，我们才能清楚我们希望在课堂里传授甚么，无论我们称其为提升的意识、深化的理解、启蒙，还是一种新的读写模式。

你们会发现，在对一种艺术媒介——声音及其潜能，被读出的诗文，运动中的身体——不断深化的探索与充分觉醒的审美关注之间存有某种联系。共谋时刻确实是重要的，比如与音乐家共谋时，我们在倾听中会创造出(据说)新的空间。我们现在完全认知到了《孩子们的古老声音》中那些一度陌生、彼此迥然不同的声音如何为我们而成为某种模式，并且随着这种模式的呈现而变得更加动听、清晰。但是，我们也有必要思考在学会倾听的过程中，发生了甚么。我们需要思考有声世界是如何扩展的，就像我们在面对克拉姆作品时所感受到的那样，以及大多数人在听到踢踏舞演员塞德曼·西姆斯发出的踢踏声时所感受到的那样。

确实，正如塞尚的绘画或立体主义绘画会改变我们对可见世界的看法，正如我们通过观照这些画作学会以新的方式阅读自然，同样，对音乐的体验也会带来感知的新方式，“不仅让我们感知到其他声音，也会让我们在所看的事物中发现节奏与构图”(古德曼，1988，P. 260)。想一想这对我们学习的启发。我们都知道在感到好奇心与学习之间有某种关联。但是，想一想那促使那末多人去探索《孩子们的古老声音》究竟讲甚么的那种好奇心——嗓音怎么会发出那样的声音，诗歌的作用是甚么，波莱罗舞曲的节奏如何与竖琴、钟铃、锯子配合。再想一想我们寻找答案的需求与我们希望获得的启示与启悟之间的关联。难道学习、真正的学习不是一种超越吗？难道它不是由惊叹、好奇、开放的问题所产生的探索吗？难道我们不是总想努力超越所学的东西吗？真正的学习难道不是始于人们自学吗？当我们有时惊异地意识到，我们正在学习的东西影响着我们对世界的理解方式时，这发现中难道没有一种特别的快乐和喜悦吗？

当我想弄清楚这一切意味着甚么时，我只能回到我自己的个人历史中(我希望你们也会这样)。这个历史不仅包括伴随着我在特定时候学习数学时产生的“啊哈”(恍然大悟)经历,不仅包括开始明白甚么是“从事”哲学的时刻。我想起学习观看立体主义视角的经历如何改变了我对物体、空间、形状之间的关系的看法。我想起 T. S. 艾略特(1952)如何让我重新看到伦敦桥(桥上人流涌向“虚幻的城市”)甚至布鲁克林大桥,以及他如何帮助我重新思考康拉德的《黑暗之心》,其中那个短语依然困扰着我,“库尔兹先生——他死了”(1999, P. 87)。我记得,我学会观察人们剥除鱼鳞,是缘于阅读了伊丽莎白·毕舍普的一首诗,诗中一位背心沾满鳞片的老人,拇指用“破旧的黑色刀子”从未标号的鱼身上刮去鳞片(“首要的美”,1997, PP. 64 - 66)。(当然,我没有学会如何刮鱼鳞,也没有从新苏格兰岛的渔民身上学到任何有关社会学或心理学的东西。然而,这首诗帮助我去理解生命与自然的一个方面,而我以前对此毫无察觉。由于这首诗结尾时写到知识的感觉和味道——清晰、流动、黑暗的知识,如同那冰冷的流水,我得以超越我所看到的世界,进入从未见过的空间。)观看玛莎·葛兰姆以及后来的崔拉·莎普[Twyla Tharp (1941—)美国舞蹈家、编舞家,现代舞蹈大师。]舞蹈中那些人体的形态时,我也有类似的感受。观看戏剧《月照不幸人》、《禁止出入》、《推销员之死》、《六个角色寻找作者》、《安提戈涅》时,我对其中的场面、人挣扎时的形态、人类行为也有同样的感受。(我常常想,假如我不曾遇到《安提戈涅》,那末,我对世界的认识,对权威、自由选择、人性骄傲的认识将减少很多;假如不曾遇到《安提戈涅》,我将变得多么自以为是,我甚至会对当今的一切问题给出固定而狭隘的答案,想象我能给你们真理。)

现在很显然,如果我不知道怎样投入这些作品,那末它们就不会对我的生命有何重要影响。如果我不能学会区分用于建构《安提戈涅》宇宙的象征与用于柏拉图的《理想国》或萨特的《存在与虚无》中的象征,暂不论玛莎·葛兰姆使用的语汇——她为《哀悼》和《阿巴拉契亚的春天》塑造的姿势和动作语言,那末,这些作品也不会对我产生巨大的意义。

为不同象征体系培养一种敏锐的鉴赏力,在各有特色的形式内部觉察关联,这是至关重要的。促使人们不仅阅读诗歌也阅读绘画,并将两者都纳入到审美空间,这也是非常重要的。我不得不学习(正如我们都曾如此)从世俗的、常规的世界中超离出来,以便能感知一场戏剧、一幅画、一首诗、一支奏鸣曲的本质特征,以便能够予以恰当的关注。尼尔森·古德曼告诉我们,“审美的‘态度’是不安的、探寻的、试验性的——与其说是一种态度，不如说是一种行为：创造与再创造”(1988, P. 242)。我一直提议，作为教师，我们必须保持这种不安与探索精神，否则我们就不能激发年轻人拥有这种“态度”。我们希望能帮助他们发出声音、塑造声音、学会倾听，我们也希望让他们自由地学习如何运动以及如何关注运动。我们希望能使他们认识到《游戏》或者《俳句》中的形式因素如何表现了非常具体的情感特征。我们希望能促使他们自己去尝试如何将惊奇或哀悼转化为动作，并且如何将这些姿势组织成一种构图。我们希望鼓动他们去寻找适于表达惊讶、愤怒、损失的声音，并且能够将这些声音串连起来组成短语。我们已经亲身发现这不仅仅是文字——“每天下午在格拉纳达/一个孩子死去，每天下午”(洛尔卡，1940/1995, P. 243)。这是通过声音所传达的表现力，并且表达精确，涉及文字的组织布局，以及如何将文字融入整体的复杂音律。

我们一直在谈论审美视角和审美环境的重要性，以及如何引导年轻人认识到自己的特长和需求。我也试图暗示，这一切不仅仅意味着参与艺术，阐释作品，而且还意味着“通过作品来重构世界以及通过世界来重构作品”(古德曼，1988, P. 241)。

我不相信审美观照或参与能在生活之外的世界发生。我不相信一部作品的意义仅存于形式之中或内在于形式，不相信我们应该抛开自己的经验背景或脱离作品的创作背景去理解《孩子们的古老声音》或《仲夏夜之梦》。

当然，我们也要避免用不相关的意义和表达来阅读作品的倾向。不要过于强调心理分析，也不要过分从智性层面去理解艺术。我相信，我们中不止一人倾向挖掘乔治·克拉姆的童年经历，以便能够阐释《古老声音》。在《仲夏夜之梦》当中寻找弗洛伊德式的象征将是浪费精力。仅仅因为毕加索对女人的处理而拒绝他的《米诺陶》同样也是曲解。对于伊丽莎白·毕舍普也是一样：如果我们因为新苏格兰岛的渔舍附近没有海豹而批评毕舍普，或者更糟的是，如果我们根据经验判断，没有海豹“对音乐感兴趣”，那我们就太愚蠢了。(当然，我们或许会接受海豹“相信完全的浸礼”这一说法。)“我过去常对它唱洗礼颂，”毕舍普在《在渔舍》一诗中写道：

> 我也唱“我们的主是强大的堡垒”。

他从水中站起来,目光坚定地
望着我,头轻轻动了一动。

要教给人们如何进行审美关注,如何保持在艺术形式的语境范围内,如何在心理层面摆脱日常生活的视角,并不意味着他们体验的情感、看到的景象一定是纯粹审美的。我们无意传达形式主义有关审美体验与其他感觉、生命历史、世界毫无关系这一信条。就我个人而言,对于我所关注的或者对我有特殊意义的艺术作品,只要感知它们的装饰性价值或者复杂的外形、形式就让我感到快乐,我不会太在意别的甚么。是的,我想尽可能多地从质的方面去观察作品,以便更好地理解作品的价值和形式,这就需要付出大量的艰辛。我认为,探索风格、传统以及对艺术作品产生影响的技术是必要的。我需要知道我自己的心理结构、我的预期;我需要在大量的批评理论中找到一些线索和信号,并在某种程度上加入批评行为。有时候,我觉得,为了赋予一幅画、一段话、一支舞蹈、一组声音以审美存在,为了真正去听并真正听到,我从事的探索可能永远没有穷尽。

我要说的是,假如我听不见,看不见,没有文化,那末我要寻找的意义恐怕根本不存在。让艺术作品在审美体验中具有持久力量的正是其形式的意义,而不仅仅是其装饰性价值或复杂性。我寻找被具体表现的意义。我在作品当中而不是脱离作品去寻找意义。我在每一位艺术家引起的改变中找到意义,这种改变使塞尚的静物画不仅是装饰,使莫扎特的五重奏不仅是令人愉悦的声音。有趣的是,我所说的这种意义,这种在审美体验过程中释放出来的意义,并不能脱离审美体验来用言语甚至音乐来表达。这也是我们一些人和校董会、监管者——跟任何从未真正从事艺术的人——交流时的困难所在。

大多数人没有意识到:审美对象产生于主动与艺术作品交流的过程中,审美对象不能被打包或简洁地概括,意义不能脱离色彩、语言、运动或声音的具体表现而存在。众所周知,论点导致结论,但是,艺术作品不会。你可以用几句话告诉别人我在暑期学习中试图说了甚么,你甚至可以对我曾阐述过甚么做个总结;但是,你不能清楚地告诉别人《古老声音》或《布兰登堡协奏曲》的意义,你也不能为《四》、《游戏》或《家》那部戏做出总结陈述。要把握一部作品,理解其意义,每一个人都必须亲自面对眼前的作品。

然而，艺术应被理解为创造意义的模式。按照我们所学的方式去感知，使用不同艺术形式的象征系统(或语言)，我们就扩展了关于世界的认识。但是，即使为了满足那些掌权者的要求，我们也一定不要试图将艺术同化为其他知识形式。在符合某种现实方面，即我们熟知的常识意义上的现实或其他现实，艺术不是“真实的”。莎士比亚并没有给我们任何人无论白天黑夜都能看到的婚前夜景，他给我们的是一种能震撼人心的图画，前提是人们敢于关注它。它将让人们看到、感觉到以前未曾觉察过的生命(以及婚姻、性、艺术)的某些维度，但这并不意味着这个维度是不真实的。赫曼·梅尔威尔、伊丽莎白·毕谢普、保罗·塞尚不是给我们正确的陈述、可被验证的陈述。他们是在鼓动我们，搅动我们，感动我们，让我们以不同的方式体验世界，这是另外一码事。

投入艺术作品意味着寻求新的联系、未被察觉的意义，以及投身于不断的发现之中。我们的投入愈深入，我们就有可能愈加敏感地面对复杂的、充满暗示的世界，愈加敏感地面对颜色、质地、声音的特质、空间形状之间的关系以及未被探索的可能。正如我说过，永远没有止境——对于那些愿意付出行动、敏锐活跃乐于选择的人来说，他们总将对世界有更多的觉醒。

“艺术的洞察力不能由‘公众’感官经验来验证，”路易斯·阿诺德·瑞德说，“既然艺术鉴赏涉及的是完整的个人，因此，任何相对客观的、稍微类似某种实验和观察的检验都不足以成为标准，某种实验和观察都不足以成为检验标准(过时了)。重申一遍，艺术判断是价值判断……但是，当价值判断真正介入到艺术当中时，并没有客观的检验标准。即使有很多‘观察者’，他们每个人都要以个人的方式并且发挥其全部的能力参与到对作品的体验当中。”(1968, P. 75)这不是仅仅对艺术形式本身做出评价。尽管我们试图在艺术自身的完整性内来检验作品，尽管我们试图探索特定作品对于我们理解生活的意义，我们大多数人都非常清楚地认识到参考特定评论家的重要性。

当年轻人学会如何投入艺术，我们怎样才能证明他们以不同的方式去理解现实呢？我们能找到甚么方法来充实、延伸我们平常所理解的真实呢？我们又如何检验我们的探索和不断的创造？那些乐于进行审美评估的人们必须培养新的敏感性。一定要有新的倾听方式，以便我们听懂孩子们说的话，听他们如何表达自己的感受。一定有新的发现方法，让我们知道年轻人如何去选择。

我们必须重新关注对意义的追求，认识到教育就是对意义的探寻。我们每个人的生命中都必须有一个新的起点。我将以艾略特的诗《小吉丁》(“*Little Gidding*”)结束(1952，P. 145)：

我不会停止探索
我们全部探索的终点
将是到达我们曾开始的地方
并且第一次认识这个地方

艾略特说，我们之所以不知道是因为我们不曾寻找。我们现在已经开始寻找了。这场求索必须继续下去。

刘慧姝译

——节选自玛辛·格林：《蓝吉他上的变奏：林肯中心艺术教育所的审美教育演讲》，Teachers College，Columbia University，New York and London 2001.

苏联卷

德廖莫夫

恩格斯认为对自然界的审美能帮助我们实现人与自然的统一。科学帮助我们发现了更多的美的世界,但只有借助辩证法,才能揭示自然的美。自组织是生命最重要的特征,自组织形成了生物界不同层次的组织体系,在每一个层次上美的规律都在起作用。在进化过程的最初阶段我们能发现美的东西,植物的美与进化程度没有直接的关系。植物的美既在整体面貌上,又表现在它们的局部形态上。达尔文的进化论认为美有客观基础,但主观因素在自然审美时是不可或缺的,我们常用拟人的态度看待动物。

自然美育的任务之一就是要揭示“美”的规律的普遍适用性。

1. 自然界的统一性,自然界寓多样性于统一性中。重复性和规律性是统一性的表现形式,是审美内容组合的最重要的特征。重复性在音乐中通过主旋律来体现,在自然界中,重复性给原子世界、结晶体以及数量巨大的生命形态带来有序性。树木的枝杈与血液循环系统在结构上类似,这种类结构现象反映着自然界的有序性、组织性和统一性。材料结构的对称性、平衡性、稳定性——对自然界与人类的活动都是一致的。这些统一性是审美和艺术创造的源泉。

2. 自然界的合理性。蜂房形态上的合理性让人惊叹,这种合理性是自然选择的结果,而不是上帝的安排。仿生学任务就是利用这种合理性来发明和创造,这种具有审美价值的方案被广泛运用到建筑、航空等技术领域。

3. 自然界中的尺度。地球上形态形成过程中,统一的尺度规律在起着作用。美学中把质与量的和谐定义为尺度,如果和谐被破坏,就会产生尺度的扭曲,美也将消失。马克思说,动物只按它自己种属的尺度来塑造物体,而人按美的规律来塑造世界。在了解了自然界内部的尺度时,我们理解和欣赏它们的美。

4. 自然界中的完整性。遗传学证明,不同种属的杂交是不可能的,古代的艺术家却创造了美人鱼、狮身人面像等综合不同种属的形象,这些形象最初是用来吓唬人的,其审美价值来源于其独特的想象力而非形象本身。生物机体的完整性及机体各个部分之间互相联系的统一性是美的重要象征之一。分化与整体化是进化的两个统一的过程,分化带来多样性,整体化又给多样性带来统一。德廖莫夫认为超现实主义画家达利把人体的各个组成部分按荒诞的原则捏合在一起,破坏了自然的和谐。

5. 自然界中的形态。地球生物是不连续的,离散的。离散性是产生有机形态的基本条件,这也产生了每一种属与众不同的审美特征和自身的个体结构特点。生物的内容与形态的和谐统一,生物的形态才姿态万千,无限美好。外部形态的美,对于认识内在实质是十分重要的。生物的外部形态是符合逻辑、符合规律的,这也是人类劳动创造的遵循的原则:丰富性、合理性、目的性。艺术美是生物形态的美在精神世界中的再加工。

6. 自然界中的信息。生物界的动物与植物之间存在信息分享与互相利用,达成了协调、和谐的联系,如动物的保护色。法国物理学家布利留奈把信息定义为非熵,死亡是熵,生命是同熵斗争。自然界的石头是熵,雕刻家用自己的思想和信息使之变成了审美的形式,熵变成了非熵。自然界中美的进化表现为多样化和潜能的增强,是非熵的增长。对自然的掠夺,自然美的整体生机和信息的多样化遭到了毁灭性的破坏。

7. 自然界中的和谐。列宁把对立面的统一和斗争的学说称之为辩证法的核心。和谐就是矛盾的统一,这也是自然美理论的核心。左和右是一对辩证法,决定了左右对称或双侧对称的结构。自然美的多数形态是根据双侧对称的原理组成的,从球对称——辐射对称——左右对称,是进化过程中的基本阶段,在每一个阶段自然界都创造出大量美好的形态。对称性与非对称性是一对矛盾,对称性是生命的恒量,而非对称性则打破这个恒量,推动生命的进化。螺旋线是被称为最美的线条,就是非对称性的,是在对称性的基础上增加了信息使之复杂化。对称和非对称的统一产生了美,和谐是在同不和谐的斗争中产生的。生物体和环境是辩证的对立，以保持生态的平衡和整体的和谐。

总之，德廖莫夫等人编写的《美育原理》是苏联的一本教材，其中虽然充满了教条主义和意识形态的色彩，如编写者以苏共纲领作为美育的原则，把审美活动的规律区分为一般规律和特殊规律等，这些做法明显违背了美学和美育的基本原则和规律；但这本教材也有许多可取之处，如关于自然美育的观点、劳动与美育关系的探讨在今天仍然有现实意义。这里选取的《自然界和美育》是意识形态色彩最淡的一章，其揭示了自然美的基本规律，并且把辩证法与控制论、信息论结合起来，在某种程度上突破了教条论的束缚，为我们进行自然审美提供了方法论的价值。

（李　兵）

自然界和美育

“确定”人与自然之间的正确关系，强化对自然界中各种形态的形成过程的兴趣，扩大人从自然界获得的感性印象的范围，发展以我们社会的道德和审美理想为基础的对大自然的人道态度，在关于祖国大自然美的观念的基础上进行爱国主义教育，凡此种种都为以大自然作手段进行审美教育奠定了基础。

恩格斯指出，未来的人们“不仅感觉到，而且也认识到自身和自然界的一致”。人类伟大的天赋——对自然界的审美感，无疑能帮助人类实现这个统一。这种对自然界的审美感是在一些看来是寻常的现象的直接影响下形成的。例如，地方的景色，昆虫翅膀上的对称花纹，动物优美的体态，植物严整的对称，即所有那些易于被人类直接、具体、形象地感受到的一切。

然而在我们这个注重分析的世纪，自然界美的境界变得更加宽阔了。借助于多种研究手段，人们在无际的宇宙空间，甚至在基本粒子的世界中都揭示出了美学的规律性。人们自然要问，究竟有多大必要这样来扩大和深化美的影响范围？也许，我们只应该满足于那些存在于我们身边的花、鸟、树木、田园的美？然而问题就在于此，只有在认识世界的基本规律的基础上，我们才有可能理解在晶体结构、昆虫、植物、动物中直接能感知到的美。只有认识物质运动的辩证规律，才可能在实践中揭示和广泛运用美的规律。

古代哲学家在揭示宇宙最简单的规律，主要是我们太阳系的基本天文规律时,已经提出了有序和美是宇宙基础的思想。“宇宙”一词本身就意味着有序与和谐。普希金有这样的诗句:“飘荡着繁星的和谐的合唱。”在这一诗句中的字里行间,表现出人在观赏夜空平稳的旋转和恒星与行星运动规律的美时的审美感受。

天文望远镜的发明极大地扩展了宇宙的美好景象。在人们眼前展现出双星的瑰丽,它们协调的色彩组合;人们看到了球状星团,它们的形状表明这类有趣的体系的匀称平衡状态;在人们的眼前还展现出具有十分美丽的漩涡状轮廓的遥远的银河系。“漩涡状银河系可能是宇宙间最富有形象性的客体。”杰出的苏联天文学家的这些话,再次证明无垠的、不断扩展的美的境界。

苏联学者弗利德曼所创建并为后来的天文观察所证实的“宇宙膨胀学说”唤起我们的美感与崇高感。宇宙的美孕育在宇宙运动的节奏性和银河系背离运动的匀称之中,正是趋向无穷运动的感觉唤起我们的崇高感。

我们不仅有充分根据地谈论无际的宇宙的美丽,而当我们深入到物质的内部,深入到原子的内部结构时,同样也能谈论美。现代最杰出的苏联物理学家 Д. 尤兹证明:“我们具有利用最精密的仪器装备起来的第六感官,它在我们眼前揭示出物质的内部世界。物质的内部世界是那样的不寻常,以至于很难用我们的意识去领会。这种微观世界的美是那些魔力感人的童话故事所不能比拟的,因为这是真实的美。”在物质深部核心中揭示出的“真实美”的基础之一,被称之为电荷对称,即粒子与反粒子、物质与反物质,直至宇宙与反宇宙之间的等价。

物理界的美具有它自身的特点。但它较之生命的美毕竟要简单一些。自我组织是生命的最重要特征。正是在生命的这一特征中蕴藏着揭示生命美的奥秘的钥匙。各种美妙的生命形态的重要因素,是与无组织状态相对立的它们的组织性,是与无结构状态相对立的它们的结构性。

自我组织能力可以认为是各种美好的生命形态出现的条件之一。这种自我组织的能力不仅体现在我们直接感知的生物的外貌方面,而且它还形成了从最微小的细胞结构到整个生物界的相互联系不同层次的组织体系。可以肯定地说,在每一个层次上美的规律都在起作用。

在生物分类学中生命可以分为四个主要类别:单细胞与多细胞,动物与植物。在每一类别中我们都能见到大量美好的形态。甚至有时我们并不怀疑,在像单细胞动物或许多无脊椎动物等这样一类在审美上很不显眼的种属中，也深藏着多少美好的东西。可能，最原始生物的代表放射虫就是大自然的结构创造的顶峰之一。恩格斯、达尔文、Э. 赫克尔和 A. 布拉姆都曾谈到放射虫的美丽和独特性。恩格斯指出，根足纲的放射虫“……最高度地发展了外壳的几何学上的规则性”。俄罗斯生物学家 B. T. 舍维亚科夫对研究放射虫作出了巨大的贡献，他的学生 Φ. Φ. 塔雷津回忆他曾经说过的话：“的确，放射虫的骨骼真是迷人，它由硅土和硫化锶组成。很多种放射虫的骨架以最大的精确度重复了最复杂的几何图形。”动物的美完全不依赖于其进化程度的高低。在进化过程的最初阶段上我们就能发现美好的东西，因为美好形态的规律——和谐、完整性、组织性，对一切生命来说都是一致的。

植物有它独特的美。其规律性既表现在植物的整体面貌上，又表现在它们的局部形态上，即根、茎、叶、花、果实之中。我们从根部开始列数这并不是偶然的。随便挖一种在植物学上称之为拳参的植物，它的根部呈波纹状弯曲，正如著名的美学家 B. 荷迦兹所描述的，呈现着某种“曲线美”。植物茎的结构也都是有规律的。苔总是有三到四条棱，而玄参的茎却组成细长的四面体。伞形科植物的肋骨状茎显得非常华丽。粗壮的树干却十分悦目。同样在植物的叶片的结构中，尤其在花朵中我们能更多地找到它们的美及其多样性。

植物的美同样与其进化程度的高低没有直接的关系。难道地衣类的普尔孟纳尔的深深的纹印，蕨类植物的叶形顶枝，精致的小塔楼状的问荆不都是很美丽的吗？被子植物的进化分类从毛莨科发展到菊科。谁又会说毛莨或乌头没有矢车菊或山柳菊美丽？如果把进化程度的高低当作美的标准，那末我们就不得不将石松秀丽的针叶，海洋珊瑚的营造体系和鱼类的美妙运动都从优美形态的清单中删掉。主观唯心主义的美学家认为，地球上的美只能与人类同时出现，这种观点是完全错误的。达尔文在他的天才著作《物种起源》中对类似的主观唯心主义给以绝妙的驳斥。这位学者谈到了生命进化过程中美的深刻原理，谈到了美的发展过程中形态的演替：“如果美的事物仅仅是为取悦于人类而创造出来的，那末就应当证明，在人类出现之前地球上并没有他登上舞台以后那样美丽。”达尔文用已经绝种的菊石亚纲的贝壳和硅藻门的介壳为例，绝妙地说明他的论题，因为我们可以借助古生物学来评价它们的美学价值。根据伟大进化论学家的意见，各种生命形态的美“完全依赖于生长的对称性”,即有它的客观基础。达尔文对主观唯心主义的批评是十分正确的,因为主观唯心主义对自然界采取轻视态度,从而产生不良的自我中心主义。

对主观唯心主义的批判并不意味着忽视主观因素在感知自然界的美时的作用。譬如,我们对待哺乳动物的态度,经常带有拟人的色彩。因为哺乳动物在进化上与形态学上同人类最相近,所以引起人类对它们的特殊兴致与好感。人们不由自主地将纯粹人类自身的观念和标准转用到动物的行为上。这种拟人观有时会具有积极意义,特别是在艺术创作中,以及我们平时意识到的对待动物界的道德责任感中。但是它也常常会带来不可挽回的危害,歪曲了自然界的真实景象,并导致各种迷信的产生,有时甚至还会出现严重的科学性方面的错误。

自然界美的范围的确是无限的。但是存在着某种共同的东西,将树木的生长和银河系的背离运动,将遗传信息的传递和基本粒子的虚过程互相联接起来。根据列宁的看法,这种共同的东西是“……永恒运动着的和发展着的自然界的普遍规律性”。审美教育的任务之一,在于揭示“美”的规律的普遍适用性,这些规律渗透到宇宙过程、生命进化以及人类的创造性劳动之中。人们对于自己生活在怎样的世界上并非漠不关心。美的确是普遍存在的,美的规律的普遍适用性是反对主观唯心主义的狭隘性的最好论据。

在转到分析自然界中美的形成的基本规律之前,我想提一下 M. 普里什文说过的话:“科学和艺术出自同一个源泉。”对于美的直接的诗意化和对美的本质的科学态度并不矛盾,而是互为补充的。

自然界中的统一性　我们周围世界的主要特征之一是它的多样性。在物质的总库中,目前仅发现了一百〇四种元素。这批数目不大的“建筑积木”却组成数千种矿物,几百万种动物和植物。如果没有彻底的统一性存在于多样性之中,则这个多样性将会是杂乱无章的。

多样性中的统一性——这是使我们的世界有序和美的最重要因素。重复性和规律性是统一性的表现形式,它们是任何一种具有审美内容的组合的最重要的特征,无论它是整个动物界还是建筑物,无论是悦耳的交响乐的结构还是各种细胞的构造。重复性在交响乐中可以通过主旋律来表现,而在动物界则体现为机体结构布局上的统一。

在自然科学的许多成就中,例如,在盖尔曼的基本粒子分类,门捷列夫的周期表，费多罗夫的晶体分类学，以及在瓦维洛夫的同源规律中，我们都看到规律性和重复性的表现。重复性给基本粒子世界、原子世界、多样的结晶体以及数量巨大的生命形态带来有序性。

请看包括鱼纲、两栖纲、爬行纲、鸟纲、哺乳纲在内的脊椎动物。脊椎动物门中尽管包含着丰富多样的美好形态，却存在着最重要的形态上的统一，表现为骨骼系统的相似性。自然探索家 K. 圣-伊列尔和诗人、博物学家歌德都曾写过，机体结构布局的统一是自然界和谐的重要因素。

让我们看看毛茛科的代表驴蹄草美丽的花朵。这种花有五个花瓣，展现在我们面前的是五星对称形。在其他种类的植物中，以及在海星中，我们都能见到这种类型的对称。这就是在机体的结构及机体的对称性这类重要的美的方面表现出重复性的例子。

现代科学用"类结构现象"的概念来确定统一性的最高形式。为了阐明这一概念，让我们来比较一下树木的枝叉与血液循环系统。这是本质上完全不同的两种现象，但同时它们之间在结构上有着相似性，这种相似性就称之为类结构现象。有趣的是某些学者将类结构现象当作和谐的同义词来看待，这是完全可以接受的。因为自然界中的类结构现象反映着自然界的有序性、组织性和统一性的美。

自然界中的形态形成和人类活动中的形态形成之间的平行类似现象是统一性的有趣形式。例如，在卡累利小船奇妙合理的结构形式中可以察觉到它同力学性质上坚固的鱼类骨骼的相似性，而著名的埃菲尔铁塔是胫骨结构的无意摹本。一般来说，材料结构的许多原则——对称性、平衡性、稳定性——对自然界与人类的活动都是一致的。

各种形态形成过程中的统一性不仅是审美享受的重要源泉，而且是艺术创造的重要源泉。这些过程中的重复性激起联想，并通过类比引起富有诗意的比喻。例如，善于观察的人们会从某些植物的名称中（睡莲、风铃草、荠菜）注意到这类自然界的形态同日常生活用品之间的相似性。这种相似性也许是某种偶然的巧合，但同时又有其深刻的必然性，因为各种形态形成过程都是严格地沿着一定的轨道进行的，从而产生它们之间的相似与平行。

自然界中的合理性　可以说，没有一个人不为蜂房而赞叹。由太阳色质地材料组成的六面体结构在建筑学上的完美性使许多学者感到惊讶。这个完美性的谜就在于蜂房在形态上的合理性使它最经济而有效地利用建筑材料。但如此奇妙的合理性，如此完善的美，是怎样产生的呢？

世界上一切事物都在发展、进化着。古老的膜翅目在自然选择规律的控制下发展，成为现代的蜂种。虽然膜翅目的原始蜂巢还没有严格的几何结构，没有高度的合理性，但是如果将它们放在历史的进程中，那就明显地观察到不断完善的趋势和“生物技术”方面进步的线索。自然选择保留最合理的形态，摒弃不成功的方案。这样，历史地通过发展的途径，形成合理性，并达到和谐，而不是像美学-目的论者所认为的那样，是上帝的安排。现代仿生学的任务在于认识具有合理性的自然体系，并将它们应用到技术上去。因为在建筑学、工业品艺术设计和人类其他具体活动领域中存在着利用自然界这种或那种具有审美价值方案的现实可能性，因此，美学对仿生学的这种探索绝不是无动于衷的。有的大厦建筑，其结构重现了自然界在各种贝壳上所体现的建筑方案，它具有最大的合理性和数学上的精确性；某些异常坚固的楼板，其力学设计原理是受到对蜘蛛网研究的启示；矗立起的烟囱仿照了禾本科植物树干的建筑学原理。所有这一切说明，从美学角度对自然界的合理性进行研究，不仅具有理论意义，而且具有实用价值。

自然界中的尺度　有时可能会出现哲学上的错误见解，好像所有美丽的高等植物与动物的大小尺寸是专门为适应人类的眼睛而确定的。不错，我们从来也没有觅到过高达千米的树木，也没有必要在显微镜下去观察脊椎动物。然而，自然界在确定其自身各种形态的大小时，并没有考虑人类的需要。

在地球上所进行的最复杂的形态形成过程中，统一的尺度规范在起着作用。这个度量关系是同地球引力场相联系的。引力好像是在无形地遏止着树木无限制地生长，对它加以一定的限制和禁戒。这个尺度不仅影响自然界许多形态的形成，同时也在一定程度上影响我们知觉结构本身的形成，即影响我们具体活动的结构。建筑楼房时我们总要考虑地球引力的大小尺度。此外，我们要根据人们的审美观去寻找最合理的尺度和比例，而这个合理性也是同我们所生活和工作的空间的结构同这空间的尺度相联系的。这就是为甚么在月球上起作用的将是某些稍微不同的形态形成的规律，这些规律适应于另外的尺度和另外的重力状态。在哲学上把尺度定义为质量与数量的统一。为了揭示这一定义的美学含义，可以用那些因某种原因,其内在度量关系遭到破坏的有机形态为例。就拿人类的手来分析。手是一个美好的客体,为许多艺术家所称颂。它是一个十分活跃、极其合理的器官,确是人类生理的与社会的进步杰作。手和其他器官一样,有其特殊的功能。这一性质的确定性是同它在数量方面极其有趣的特征相适应,即正好有五个手指。“五”经常被称之为“生命数字”。这是脊椎动物的肢端的进化所归结的一个数字。然而为甚么人手恰好有五个手指而不是六个或四个呢?的确包含数学计算与深刻的合理性。进化论者从这里看到自然界最精确的演变结果。这是人手的最佳尺度,是人手的质量特征与数量特征的统一。这种尺度与统一赋予人手以最高度的美。但是人类在实现其遗传的过程中可能会出现可悲的变异——多指或六指手。复杂的因素使发育的尺度遭到破坏,由此产生了美的对立面——丑陋,现代医学正在同这类现象作斗争。

美学研究中可以将质与量之间的和谐定义为尺度。如果这种和谐遭到破坏,则将会出现尺度的歪曲,美也将完全消失。需要指出,正常人肌体的美,他的全部遗传内容似乎完全编码于四十六个染色体上,如果染色体增加到四十七个(数量上的变化)将导致严重的病变。

我们着眼于遗传学中的例子并非偶然。当我们谈论各种生物形态的美时,始终注意到每种生物的种属特点。而每一种属都有自己特具的尺度,特定的和谐。现代遗传学能够说明,在发育过程中这种尺度是怎样实现的,怎样经过很多代而保持不变的,又是怎样在各种因素的作用下而重新改组的。

马克思说过,动物按照它自己的种属的尺度塑造物体。譬如,每一种属的蜘蛛有它自己的织网方案,不同种属的燕子的营巢建筑术有其种属差异。未曾有人怀疑动物建筑本能的产物具有独特的美,甚至经常是十分完善的。但是,动物的活动总是单调的,即它们不能超越种属的界限而使自己的建筑本能多样化。而根据马克思的观点,人的创造活动却是多方面的,包罗万象的。

我们可以感知任何形体和物体的尺度。我们喜爱羚羊谐调的比例,植物生长的规律性使我们产生美的印象,我们感到了爱因斯坦方程式的逻辑美,我们能在罗丹的《思想家》和弗鲁别尔的《恶魔》前一连站上几小时。

当我们揭开各种不同自然形态的内部尺度时,我们就能够理解它们的美。由于人们的审美意识是多种多样的,在我们面前不应该存在各种庸俗的障碍来影响我们评价许多节肢动物、两栖动物和爬行动物所具有的独特美。难道在蛇的身上,在它那绝妙优美的运动中就不存在它本身和谐的尺度吗?接近大自然的人们,不为这类庸俗的偏见束缚的人们看得到这种美。最近出版的《动物的生活》证实了这一点,书中写道:“蛇的运动充满着迷人的特征,……弯曲的带状物无声地滑动的神态,使观众产生不可忘怀的印象,并得到审美享受。”无疑,马克思关于人类的广博性和他们揭示任何自然客体尺度的能力的思想,应该作为宣传自然界丰富的审美内容的基础。

自然界中的完整性　遗传学已明确证实,不同种属之间的杂交是完全不可能的。可是古代的艺术家们无视这一规则,创造出多种综合不同种属的特征的形象:半人半马像,美人鱼,狮身人面像,带翅膀的亚述狮。这是一些独特的“混合种”,它们的审美价值与其说是它们本身的美,倒不如说是体现在这类形象中的独特的想象力。今天我们有可能来评价这些别致形象的美学特征,然而在古代却时常创造这类形象去恐吓没有文化的人们。

为甚么我们不认为这类形象是优美的呢?显然,问题在于,在它们的各个部分之间——譬如,美人鱼有女人的躯干和鱼的尾巴——并没有天然的联系,没有和谐的统一性,而是一些由异体成分人工捏合而成的联合体形态、装配形态。

然而,在自然界的生物机体中不存在这类机械的、牵强的装配体。生物机体的各个部分是互相协调的,并组成一个完整的有机统一体。我们不能想象在善跑的鹿的身上长着几条短腿,同样也很难想象鹊和鸥交换了翅膀,或者草玉铃的花长上十个齿状花瓣来替代它应有的六个花瓣。

生物机体的完整性,及机体各个部分之间互相联系的统一性是美的首要象征之一。形态学帮助我们认识生物机体的美,它们的起源和发展。因此,形态学曾经引起了伟大的诗人和美学家 J. W. 歌德的兴趣绝非偶然。歌德对局部和整体之间协调性的研究作出了巨大的贡献。

伟大的动物学家 Ж. 居维叶首先把完整性概念建立在科学的基础上。他确切地提出下述论点:“任何有机体组成完整的、统一的、各部相互适应的封闭体系。”

生物进化论对完整性形成的生理机制进行了解释。这对美学是十分重要的，因为我们感兴趣的不是处于静止状态的美的规律，而是其运动方面。单纯地测量人体优美的比例是不够的，还应当说明这些比例关系是怎样形成的，是建立在哪些规律性之上的。只有通过用历史进化的观点去分析，才有可能揭示美的辩证法，以便为在我们实际生活的各个领域运用美的规律提出科学的建议。

经过怎样的进化路程才达到愈益完善的完整性呢？让我们注意一下蠕虫的构造。它的身体由千篇一律的节环组成，从美学观点上看是令人讨厌的。这种结构上的千篇一律反映了缺少完整性，而动物身体结构的分化反映出单调性的减少。这样，高等动物的身体分化为不同的部分：头、躯干、四肢，它们之间具有严格的协调联系。

分化与整体化——这是向完整性进化的两个统一的过程。我们不能把那种在分化与整体化之间没有联系的形态称之为美。分化赋予形态以美好的多样性，而整体化又给多样性带来了统一。这些原理的巨大审美意义是很容易举例来说明的。让我们以树林中到处可见的低等植物的代表地钱为例。它的“叶子”没有一定的形状，总的形态极其贫乏而单调。而在地钱旁生长着高等植物猪殃殃。它的茎分成许多节间，从节间之间长出刹剑状的，有着悦目的脉序的美丽绿叶。它广阔伸延的花序和每个花朵的结构都给人以美的快感。这里我们看到了纷繁多样高度分化的形态，但同时又在其中感到完整性和整体的统一。地钱和猪殃殃是进化过程的两个阶段，两个强烈的对比。一方面是单调、千篇一律和不确定性；而另一方面却是多样性、分化和整体化。

人类为自身机体从整体到每一部分的和谐而感到骄傲。因此，那些破坏和丑化这一和谐特征的现代主义艺术作品就自然地引起我们的非议。只要提及超现实主义者 C. 达里的那些画就足以说明问题。在那些画面上，人体的各个组成部分按照某些荒诞的原则被捏合在一起。能给人们带来健康的享受的自然界的天然美，是对这类艺术的有力批判。

自然界中的形态　C. 列马的科学幻想小说《索拉利斯》中的主人公在宇宙深渊的某个孤单的行星上遇到了一种具有异常生理形态的智能生物。这种智能生物巨大的大脑像一层薄膜覆盖住整个行星的地表。这种生物体的主要特征是它的连续性。在地球上我们看到的却是完全相反的现象。地球上的生物个体化为个别的种群，具有各自的特征。地球生物是不连续的，是离散的。

离散性——这是产生有机形态的基本条件,是从各种同性的连续介质中分离出某种单个的、独特的、能区分开来的个体的基本条件。在《索拉利斯》的大脑中不存在任何美,而地球生命却以其不连续形态的具体体现而使我们感到惊喜,地球生命的每一种属都有它与众不同的审美特征和自身的个体结构特点。美被限定在单独的个体之中,美的这一最重要的特征是通过地球生命形态的离散性而表现出来的。

每个初学动物学的学生开始都要画阿米巴虫。这种变形生物没有一定的外形,不局限于严格的形态之中,因此从美学观点上来说,我们对这种生物并不感兴趣。有机体的稳定的外部覆盖层的出现是进化过程中一个最有革命意义的标志。这个外部形态是稳定的、不变的。说实在的,展现在我们面前的无论是软体动物的介壳,甲虫的翅鞘,鸟类的羽毛,还是鱼类的鳞片,从美学上我们所欣赏的正是这些生物体的外表。正是这个精细的外表集中了生命全部可被直接感知的美。

但是,仅仅欣赏其外表,而不深入分析生物形态的内部,我们将永远无法理解美的实质。内部与外表的辩证关系特别形象地表现在美中,并为我们提供认识美的最可靠的钥匙。

拿我们常见的树叶来说,它那和谐而匀称的轮廓十分优美,而且浸透着悦目的翠绿色。无机世界永远也不可能创造出类似的结构,因为树叶的形态是由其生命过程的内容,由伟大的光合作用而产生的。正因为生物的内容与形态的和谐统一,生物的形态才丰富多彩,无限美好。

外部形态并不是一种无关紧要的、仅有表面价值的方面。外部形态在动植物的生命中起着巨大的作用,因为它是生命的内在实质与外界环境联系的媒介,也是在生物界实现信息交换的主要手段。动物正是从外部形态上识别出是自己的同类或是自己的敌人。外部形态——这是交往联系的形式,信息交换的形式。因而,对美学来说,分析外部形态的美,并且不断认识其内在实质是特别重要的。

达尔斯·汤姆生的巨著《生长和形态》被认为是研究有机形态形成规律的经典著作。这本书同样被美学研究者和生物学家广为引用。汤姆生详尽地研究了对形态进行数学分析的方法。这种表面上抽象的处理方法是完全正确的,因为在生物形态中的确体现着自然界的数学规律。这里包括生物的外部几何形状、各个组成部分之间的数量关系,以及生物体形的大小尺寸等。此外,生物形态的数学分析对人类的实践活动也有重要意义。

生物的外部形态总是符合逻辑的，符合规律的。人们欣喜地观赏鸟类体态的轻盈，狍子的自在优雅，硅藻类介壳的美妙，喇叭状蘑菇的高雅，以及野荆那惊人的和谐结构。人们的欣喜绝非偶然，因为他们在所有这些生物形态的美和逻辑合理性中看到同样一些原则，即人类在劳动过程中自觉遵循的那些原则：丰富性、合理性和目的性。

自然界中美好的形态是千姿百态，层出不穷的。伟大的达尔文主义者赫克尔曾出版了内容丰富的专集《自然界的形态美》。赫克尔没有把自然界美的典型——花卉、蝴蝶、哺乳动物等收进专集里。他是有意这样做的，目的是希望在人们面前展现低等生物，各种无脊椎动物，两栖动物和爬行动物的形态美。赫克尔的著作无愧为美学和生物学相结合的伟大文献。

恩格斯在《自然辩证法》中曾提到："……一切蛋白体所固有的成形本能。"这种成形的趋向在具有建巢本能的动物身上表现得特别活跃，它在人类，在人类多方面的创造性活动中达到极盛的水平。特别要指出的是，人类许多创作中的美是生物世界所塑造的那些形态的美在精神世界中的再加工。

自然界中的信息　信息理论能够说明自然界多种美好形态的起源，而这在以前似乎是难以理解的。为甚么田野上花卉的花冠五颜六色？为甚么鸟类的羽毛点缀得如此绚丽多彩？为甚么自然界赋予某种蝴蝶的翅翼以鲜艳醒目的色阶，而另一种蝴蝶却只有单调的、灰白色调的翅翼？在美学上这类问题具有头等重要的意义。信息理论对此作出了回答，它按照新的理解揭示了自然界生物种属之间以及种属内部各种联系的实质。让我们来看看华丽的石竹的透孔的花朵。在它的花瓣上有美丽醒目的沟纹，这些沟纹都明显地朝向花心。这些沟纹同花朵本身的鲜明形态一样，在执行着信息功能，起着引诱昆虫的作用。许多植物和昆虫的美是在它们相互依存的进化过程中形成的。进化过程的这一特点对美学来说很有意义，因为我们不能不感到惊奇的是，昆虫和植物这两种在起源上如此悬殊的形态，而它们的进化过程却如此协调、和谐。

信息联系渗透在整个自然界，它是自然界和谐性的主要源泉之一。如果没有这些联系，自然界将笼罩着一派混乱，甚至连自然界本身的进化及其多样性也未必是可能的。

蝴蝶翅翼上的色彩经常执行着信息功能。所谓“警戒色”,总是由黄、红、黑等鲜艳夺目的色彩组成,因为用色彩作语言来表达警告信号必然应该鲜艳而醒目。而蝴蝶的“保护色”的色调却比较单调,通常和周围环境相协调。例如,苔藓蝶的颜色和瓦灰色的苔藓相协调;白桦尺蠖蛾与白桦树的树皮相协调。这些色调起着与警戒色相反的作用,即为了不引起天敌对自己的注意,最大限度地减少从昆虫外表发向周围环境的信息流。

信息理论的方法不仅被用来阐明生物界各种独特形态的起源,而且被用来分析审美知觉的结构,甚至认识美的实质。后者更为重要。

著名的控制论学者 Y. 埃施比把信息定义为多样性的尺度。的确,一张空白的纸并不包含任何信息,纸的白色是单调而空虚的。而在纸上画的一个最简单的几何图形却已具有多样性,并包含有一定的信息。物体要引起我们的审美印象,必须充满信息。而每种物体的多样性尺度、信息尺度是各不相同的。例如,地钱的信息内容就不像高等植物那样丰富。

自然界的进化可以看作信息的积累和多样性的扩大。空虚、单调、混乱、死亡不包含任何信息,因此经常被看作美好的对立面。死亡是熵,是物质的绝对平衡状态。而生命是同熵的斗争,生命聚积着所谓的“非熵”。例如,作为生命基础的光合作用按其本质来说就是非熵化。多样化是负熵、非熵,是对静止和死亡的挑战。这就是为甚么法国物理学家 Л. 布利留奈把信息定义为非熵。这一概念对于我们是非常重要的,因为曾进行过将美定义为非熵的复杂形态的认真的尝试。可以用艺术为例来阐明非熵这个概念同美学的联系。譬如,建筑师将自己的思想、信息倾注到单调的大理石块上,克服枯燥石块的熵,塑造着审美非熵,它能接连数世纪唤起人们的审美情感。

自然界中美的进化——这是自然界非熵的增长,它的多样化和潜能的增强。结晶体的美和树木的美是不相同的,因为它们的非熵水平有高有低。这个差异说明机械保守的形态与具有生命力的形态之间各具鲜明的独特性,说明结晶体的单一性与树木的复杂性。

人类在利用煤等自然资源时,将自然界储存的非熵转化为能量。可惜人类对自然界的态度时常带有滥费性。例如,受化学制品毒害的森林中是一片混乱,那里森林的全部信息,它的全部生机勃勃的多样化遭到毁灭。这种景象是可怕的。为了后代,我们要保护自然,保护自然界的美,保护能向人们的心灵灌输健康的精神力量的自然界伟大的审美非熵。信息理论得出的结论具有普遍意义，它不仅给予我们认识的武器，而且给予我们实践的武器。人类在创造和保护美的同时，也就战胜了熵。

自然界中的和谐　大家都直观地感到和谐是特殊形式的统一。我们认为，就其本质而言，这不是简单的统一，而是对立面的统一。列宁把对立面的统一和斗争的学说称之为辩证法的核心。同样，把和谐理解为矛盾的统一，这种思想也是关于客观存在的美的理论的核心。只有用这种辩证观点去认识，我们才能了解美的实质，了解它在自然界中的形成及其矛盾的进化。

左和右——这是一对辩证的对立物。它们在组成统一体的同时，决定了所谓左右对称或双侧对称的结构。可以肯定地说，大多数美好的形态都是根据双侧对称的原理组成的。一切高等动物的机体、高等植物的结构布局、人类本身及人类所有的基本生活用品，技术装置和建筑物等都可以作为双侧对称的例子。

对称是和谐的标志之一。对称性对于保持运动的平衡，对于在地球引力场中形态形成的最理想的趋向，对于顺利地使用这种或那种工具都是极为适宜的。请看罗丹的雕塑《行进中的人》。在这里通过艺术的手法表现出双侧对称的全部辩证法。不论在你眼前展示的是积极运动的机体、向上生长的植物，还是人类的劳动过程，这都是运动的对称性。

正是运动的概念帮助我们揭示出左右对称的全部和谐与美。但是，只有在历史分析的基础上，必须追溯自然界中最有意义的过程之一——自然界对称的基本类型的进化，才能揭示这种和谐的美。

团藻是浮游生物藻类，许多生物学家都描述过它的雅致。藻类呈球状流线型绝非偶然。球状对称性反映机体的生活方式，即它的被动性，它在水中的自由悬浮状态。水的动力学性质决定了球形这一美的初级形式。现在让我们再看海星，这个大自然-艺术家的杰作之一。我们眼前呈现的已完全是另一种对称类型：同心的辐射状。出现这种类型的对称是可以理解的，这和海星肌体紧紧依附在海底的生活方式有关，因为它要承受着大量海水的垂直压力。在这里辐射对称被证明是最合理、最有效的对称类型。鱼类则具有完全不同的对称形式，它们的身体像把刀，自由自在地在水中穿梭运动。这是我们所熟悉的，反映机体积极运动特征的左右对称。运动着的机体从周围介质接受定向的信息。这个定向性决定着将动物身体分为前后两端，在前端上集中着主要的信息接收器。

这就是自然界中对称的形成过程。在这个过程中我们可以观察到由数量的变化(对称轴数量的减少)向质量变化(机体的生命形态)的辩证过渡。球对称——辐射对称——左右对称,就是这个有趣的进化过程中的几个基本阶段。在每一个阶段自然界都创造出大量美好的形态。

左和右仅仅是那些揭示对称的辩证和谐性的诸矛盾中的一对矛盾。而从某种意义上来说,另外一对矛盾,即对称与非对称,更为重要,更有意义。在这对矛盾的基础上自然界创造出了无数美好的形态。我们知道,人的外貌表现出几乎是理想的对称,然而其内脏器官的排列并不是对称的。这个非对称性表现得十分广泛,甚至于生命合成过程和脱氧核糖核酸(DNA)的双螺旋结构也呈现非对称性。现代科学在脱氧核糖核酸的非对称性中找到了识破生命实质之谜的钥匙。我们知道,生命是内在矛盾的现象。如果对称性反映着守恒,则非对称性是破坏守恒的冲量,是向前发展。因此,在仅仅单一地保持均衡对称的基础上将不可能有生命现象的存在。

这些原理对于美学十分重要。不应认为,关于生命的非对称性学说和基本粒子弱相互作用非对称性学说的发展,会导致否定对称性是美的原则。相反,只能使这个观点更加深化,变得更为辩证。螺旋线是非对称性的,但数学家不是称它为"曲线美"吗?非对称性并不意味着丧失有序和规律性,而只是这种有序和规律性比起简单基本的对称性更为复杂,更加辩证罢了。

对称和非对称的统一产生着美。我们回想一下,欧洲的美学学派特别重视对称性规律的研究。而在日本却创立了系统的非对称性美学,生动的多样性程序的美学,这反映在令人神往的日本花道艺术之中。欧洲的和日本的这两种关于美的学说绝不是相互矛盾的。如果仔细观察任何一个美好的自然形态或艺术作品,我们就会发现在它们之中对称和非对称是辩证共存的。如果世界上是绝对的对称,则地球上将是一片沉寂。

和谐是自然界进化的结果。任何情况下无序和不完美的状态总是先于和谐的状态。这一点特别形象地表现在宇宙的演化过程中。在这里超新星的爆发和类星体内部物质的压缩等剧烈的过程被漩涡状银河系或行星系等相对稳定的天体所代替,无疑,在这些天体中和谐的因素占有统治地位。

生物界的和谐也不是甚么与生俱有的,或按莱伯尼茨的术语所说是

“预置”的。自然界的和谐现象是在同不和谐的斗争中产生的。我们可以拿庞大的怪物恐龙作为不和谐的例子。它们的进化是沿着所谓的过度生长、过度发育的道路。比例失调,缺乏真正的整体化,合理的尺度被破坏,这一切都是复原后的恐龙外貌使我们感到不和谐和丑陋的原因。深刻的启示是:进化正是经过数百万年生物形态不断的磨炼和完善,沿着一条消除这类不和谐性的道路进行的。

环境和生物体之间的统一是自然界的一种和谐形式,具有重要的审美意义。生物体和环境,这是辩证的对立。但是在形态的形成与和谐地开发环境的过程中起积极作用的,当然要属生命物质,属于有机体。

西伯利亚山鹿的灵活轻盈,海豚身体的流线形体型,极圈内雪鸥鸟的光耀夺目的雪白色,信天翁自由自在的翱翔,鲤鱼闪光的网状鳞片,老虎的条纹状毛皮——在这一切形态中我们看到同生活环境之间的和谐联系。毫无疑问,对这种联系的感觉是审美享受的源泉之一。

和谐是一个包罗万象的美学概念。绝非偶然,我们经常谈论生物界形态与内容之间的和谐、部分与整体之间的和谐,谈论和谐的合理性以及色彩、形体、音响的和谐。

普希金认为,自然界的和谐不愧是诗歌的竞争者:

在和谐中,我的竞争者是
林涛喧嚣,或是狂风怒号,
或是黄鹂啼啭的悠扬音调,
或是夜间大海的低沉轰鸣,
或是涓涓溪流的轻声絮叨。
天体中和谐的因素占有统治地位。

步入森林,我们总会感到蕴藏在自然界中和谐联系的丰富多彩。我们知道,变形牛肝菌在杨树下是不生长的,而具有魅力金色叶黄素斑点的苔藓,一般情况下却只能在杨树下见到,并和杨树树干的颜色组成美丽和谐的色阶。生态学研究自然界各种和谐联系的实质,并提出生态平衡的概念。这一概念对美学并非无关紧要。生态平衡就是自然界整体的和谐,是其包罗万象的美和惊人的完整性。为了满足我们的精神需求,自然界拥有大量的美的资源,我们应该为保护它们而斗争。

吴式颖、臧仲伦、方 苹译

——节选自德廖莫夫等编:《美育原理》,北京:人民教育出版社 1984 年版。

列·斯托洛维奇

斯托洛维奇是苏联社会派美学的代表人物,曾是国际美学学会的负责人之一,波罗的海三国(爱沙尼亚、拉脱维亚、立陶宛)美学学会主席,现任爱沙尼亚塔尔图大学哲学系教授,当代著名美学家和艺术家。积极倡导美学研究中的价值说方法,并且创立了比较完整的价值美学体系。他 1952 年毕业于列宁格勒大学哲学系哲学专业,1965 年获得博士学位。他的著作有《审美价值的本质》、《生活、创作、人》、《现实中和艺术中的审美》、《美、善、真》、《俄罗斯哲学史》等多部,其著作被翻译成多种文字广为流传。斯托洛维奇的著作对我国新时期美学界和艺术理论界产生了较大影响,被引用率很高。

价值哲学产生于 19 世纪,而价值学术语是 20 世纪初期出现的。斯托洛维奇多年从事审美价值的研究,其价值学研究以马克思的价值理论为基础,吸收和借鉴了当代西方价值哲学有价值的成分,在审美价值学领域独树一帜。在斯托洛维奇看来,价值在结构上不是物,而是物的意义,而且必须区分出价值关系的客观方面和主观方面,区分出价值和评价。一切价值包括审美价值的最重要的特征是对象和价值属性的社会制约性。

价值不仅是宗教的基础,而且是感官愉悦的基础。对价值的解释取决于哲学问题的解决,德国哲学家赫尔曼·洛兹认为价值与真和现实相对立。现代资产阶级哲学把价值同现实相对立,把价值关系同科学认识相对立。资产阶级用价值范畴来对审美进行唯心主义的解释,把价值解释为纯主观现实或某种神秘的实质。马克思主义能科学地解释价值而不是否定它,指出了资产阶级社会价值观的短暂性。列宁认为唯物史观有可能确定评价人类行为和行动的客观标准,认为只有决定论的观点才能做出正确的评价,马克思主义与新康德主义不同的实质在于不把价值同发展过程的因果联系相对立。马克思主义的方法论为科学地认识人同世界的价值关系包括审美关系奠定了基础。在 20 年代,庸俗社会学的方法论轻视作品的价值及其评价，企图根除它。把作品看成社会的镜式反映，是把认识论绝对化，忽视了作家的艺术创造。马克思主义的方法论不仅从认识论的观点出发，而且考虑作品的审美评价意义和价值。

对价值关系的揭示要通过认识论、社会学、符号学等各种态度的综合，并把它们当作认识审美价值本质的媒介。美育理论既要研究艺术价值复杂多样的本质，又要着眼于实践，即用最先进的思想体系即马列主义作为思想教育的核心，并把它确定为日常行为的准则，推动价值定向的形成。审美教育的意义不仅在此，而且在于创造最高的价值——全面和谐发展的个性。

在全书的结束语部分《审美教育与审美价值》中，斯托洛维奇从一部小说的主人公克伦克谈起。克伦克是个纳粹分子，在观看电影《战舰“波将金”号》时受影片的影响，竟然对电影中朴实的水兵产生了同情，这说明真正的艺术可以影响先进人物也可以影响非先进人物。伟大的艺术总是引领人们前进的方向，同时也能让克伦克这样的人与自身产生冲突。这是审美教育最重要的功效——形成人与自然、社会定向的审美关系。审美上得到教育，就是审美体验符合审美属性的概念，而且发展人的创造审美价值的能力。由此，审美教育的功能集中体现在两个方面：对人的审美价值定向，发展人的审美创造能力。对于柏拉图而言，审美教育隶属于道德教育。席勒继承了康德的理论，把美育当作恢复人性的唯一手段。马克思主义认为美育不能代替社会关系的革命性变革，但美育能促进这种变革。当审美价值表现反动阶级的利益时，美育与艺术的功能就会产生矛盾。

美育的功能决定了美育的地位，人们利用审美价值定向的作用来获得社会化。审美把个人和社会紧密地联系在一起，审美关系渗透社会关系的各个层面。只有审美关系的客体能体现真正的审美价值时，审美自由才是不虚幻的。审美把个人与社会结合起来，旨在发展人的审美创造能力和可能性。美育促进一切创造活动，因为它揭示创造的审美价值。把美育与科学的发展相对立是错误的，技术可以为艺术提供新的表现手段，美育可以与技术形成互补。当前一些社会因素导致了“艺术的非人道化”，艺术也成为一种异化的形式。艺术教育是审美教育不可分割的一部分，艺术能体现美育的两个基本功能。在对抗性社会里，这两种功用是分裂的，与社会中各种因素的不和谐相关联。

美育把培育真正的人的个性与发展人的创造能力结合起来,最终目的是造就全面和谐发展的个性,这也是审美价值的最高体现。

(李 兵)

审美价值的本质

在列翁·弗希特万格的长篇小说《成功》中有这样的情节。成了纳粹分子的原巴伐利亚州司法部长奥托·克伦克决定看一看电影《战舰“波将金”号》(在小说中它叫做“奥尔洛夫”舰)。他决定不受这部电影所引起的一般情绪和骚动的支配,并对他即将看到的东西颇为怀疑。他面前这就出现了一组再现水兵舱的镜头。这组镜头引起逼真感和对演技的赞赏:“总的来说演得不坏。仿佛呼吸到拥挤的船舱里憋得慌的气息。”然后是臭肉事件。水兵们拒绝吃用臭肉做的汤。克伦克把电影里的军官同巴伐利亚的军官相对比,突然“感到自己对这些朴实的人物和事件发生兴趣”。

军舰上狂怒在增长,而克伦克暴露出社会本能。如果说他不满意电影里的军官的话,那只是因为他们还没有采取决然措施。怎么可以为了一块生蛆的牛肉而破坏纪律呢!但是克伦克陷入电影和音乐的罗网中,他无论如何想摆脱它们:“讨厌的音乐,但是它使您无法摆脱控制。自然,应该禁止这种坏影片。这是精巧的鼓动。岂有此理!”然而尽管抗议,罗网仍然系紧,难以置信的事发生了:“克伦克不知怎地不能站在军官一边,他站在水兵一边了。”甚至当银幕上出现了对军官“丑恶而可笑”的围歼、他们一个接一个被扔出船舷、而大厅里响起掌声时,克伦克仍然屏住呼吸,平静地坐着。他已经明白了,“否定这个世界的存在是愚蠢的。必须正视它”。

军舰挂着红旗驶进敖德萨港时,原部长被激怒了:“这不像真的。”他现在不站在军舰控制者的一边,但是他们的消极性使他感到不真实。然而,他们已经不消极了。接着是敖德萨入口处射击的著名镜头,海洋上很多船只围上挂红旗的军舰,并把炮口对准它。如果有人猜疑原部长是一个温顺平和的人,他得知这一点后会纵声大笑,但那时他以心灵的全部力量渴望着:“不要射击!”

究竟出了甚么事?“难道他不命令射击暴动者?这怎么可能呢,像他这样的人产生‘不要射击’的愿望?”那时克伦克感到他所陌生的沮丧感。在橱窗中他照见自己变得一筹莫展的面容。“他真像落入陷阱的野兽。

这是怎么回事呀!”确实,窘境延续得不长。“他又控制了自己的表情,恢复到先前桀骜不驯、乐观和自负的神态。”

真正的艺术的影响的心理“机制”在这里得到准确表现。大家都知道先进的人类是怎样感知《战舰“波将金”号》的。但是,原来它也惊扰了社会中绝非先进的那一部分。弗希特万格知道这一点,但当然不可能预测,第三帝国的宣传部长在1934年,即小说问世四年之后,指令柏林的电影工作者制作《纳粹“舰”》。《战舰“波将金”号》的作者在致戈培尔的公开信《关于法西斯主义、德国电影艺术和真正的生活》中指出,真正真实的艺术同纳粹不相容,“只有彻底暴露纳粹使德国陷入其中的地狱的影片,才是诚实和艺术的”。

艺术品赋予它所反映的现象以某种审美意义,力图按照一定的“轨道”引导人的价值定向。伟大艺术的力量是这样的,它有时能以这种能力激起人们去直接行动(众所周知,上述电影的放映引起荷兰“七省”号舰水兵的起义)。但他也能起到《战舰“波将金”号》对克伦克所发生的作用,使他同自身相冲突,即使时间不长。

在艺术的这种影响中表现出审美教育最重要的社会功用之一——人对自然现实和社会现实的定向的审美关系的形成。这一点得以实现,是由于个体在审美价值的世界中,并通过审美价值在道德价值和政治价值中,培养出某种程度上自觉的定向。个人接受某种社会环境中形成的审美价值概念,从这个环境的观点看,如果他对美和丑、崇高和卑下、悲和喜的感知和体验,符合该具体环境中培养的关于这些审美属性性质的概念的话,那末他可以被认为是“审美上受到教育的”。

不过,审美教育的任务不仅限于此。审美教育不仅引导人的审美价值定向,而且形成和发展人的审美关系本身、他的审美感知和审美体验能力本身、他的审美趣味和理想、他在艺术中和艺术之外——即在任何形式的劳动活动、日常生活和行为中——创造审美价值的能力。换言之,审美教育在人身上唤起和形成那些具有人的价值的性质和属性。

这样,审美教育所固有的功能是形成统一的两个方面:它决定人的审美价值定向并同时发展人的审美创造能力。

在各种社会历史条件的影响下,有时这个方面可能在美学中占据首要地位,有时则那个方面占据首要地位。在审美教育思想史上我们碰到把某一方面绝对化的两种概念。其中的一个例证是柏拉图关于审美教育的学说,另一个例证是根据康德的审美理论对审美教育任务的确定。根据柏拉图的观点,审美教育只追求一个目的:它完全隶属于以某种精神进行的道德教育,即除了以某种社会整体的利益引导个体的价值走向以外,审美教育别无所求。

柏拉图甚至不可能提出发展个人的创造能力和可能性的任务,因为根据他的意见,艺术创作是超人的能力。弗里德利希·席勒根据康德的审美理论,把审美教育当作恢复在现代社会中业已丧失的人的个性完整性的唯一手段。在康德和席勒那里我们发现审美教育的这样一种概念:它强调通过艺术发展人的高级精神能力。并且企图借此解决社会问题。

马克思主义美学认为,审美教育不能代替对人的异化在其中占统治地位的社会关系进行的革命变革。但是审美教育及其基本手段——艺术——能够而且应该以它们的两方面的社会功用——既形成人的审美价值定向,又发展人的审美创造能力——促进这种变革。应该特别指出,必须以审美教育这两种功用的和谐统一为前提。

当审美价值本身——以它们的精神教育人——表现反动社会阶层的利益因而实质上反人道的时候,审美教育和艺术的基本功用之间就会发生冲突。法西斯主义国家的教育体系可以作为培植这类“价值”的可悲例子,这种教育体系旨在巩固“新秩序”,而奥斯维辛和迈当涅克火葬场就是这种“新秩序”的一部分。为了感知这些伪价值,绝对不要求人的创造能力的发展。相反,必须千方百计地使这些能力变得愚钝。当然,同时甚至可以保持艺术教育。但是,波兰影片《女乘客》中的一个情节表明,这种教育会导致何种结果,这个情节是有确凿根据的:星期天集中营的全体看管人员聆听注定死亡的囚犯演奏的古典音乐会……

而如果做到以真正的审美价值——即表现自由的发展、人和社会的自由发展的价值——的精神来培育个性,那末,审美教育的上述基本功用不仅不相互冲突,而且和谐地互为条件。因为这样理解的审美价值本身在人们的创造活动过程中产生。而对这些价值的认识就不能不带有创造性。

审美教育的基本功用决定它在社会生活中的地位。它有助于人的审美价值定向的那个方面形成个人和社会之间的联系,是个人社会化的手段。所有社会关系不管怎样都在社会的具体历史的和社会阶级的表现中把个人同社会联系起来;但是不同的关系形成不同的联系。法的关系为个人规定严格确定的行为法典，破坏这些法典会受到国家政权的惩罚。道德关系通过行为的规范和准则把个人同某种社会整体联系起来，这些规范准则不强加于人，但是舆论密切地注视着它们的实行。而人们的审美关系初看起来好像由社会完全“委托”给个人本身。一个人无须对任何人解释自己的审美体验，解释他认为美或丑的东西。谁也不能迫使一个人从他认为丑的东西那里获得审美愉快，或者强使他从他感知为美的东西那里不体验到享受。审美关系的这种特征早就给人以借口，认为人类活动的审美范围是同任何外部压力相对立的“自由王国”。

但是能否由此得出结论说，审美关系是没有任何严肃的社会意义的个人隐衷呢？自然不能够。因为审美关系不能不是无私的，而这意味着，正是在这种关系中，像在任何其他关系中一样，人同自己感知的客体融为一体，他完全进入体现在审美价值里的那些社会关系中。这恰恰是因为：审美关系虽然被看作纯个人的、绝对自愿的关系，但它用看不见的，然而是最紧密的纽带把个人和社会联结起来。人通过审美价值也加入道德关系、政治关系和其他所有社会关系中，同时不失却自己个性的独立自主感，并体验到精神享受，这意味着人不是表面地而是深入持久和切实地加入这些关系中。当然，同时我们不会忘记，只有当审美关系的客体本身是表现人和社会自由的发展的真正审美价值时，这种关系中的自由感才不是虚幻的。

审美教育把个人和社会结合起来，也旨在发展个人的审美创造能力和可能性。人对世界的货真价实的审美关系永远是创造关系，甚至不创造审美价值而只感知它们时也是如此。在审美体验中人的所有基本的精神能力——感觉、情感、意志、理智和想象——都在有机的组织中行动起来。只有当读者、观众、听众在自己的意识中创造性地再现艺术形象时，对艺术品的感知才是艺术的。对创造的精巧和精巧的创造的赞叹进入审美体验的过程本身中。让我们回忆一下列宁表达他对贝多芬《热情》奏鸣曲的印象时所说的话：“这是令人惊叹的、非人间的音乐。我总以可能是天真的自豪在想：人能够创造出怎样奇妙的东西啊！”

在学术著作中令人信服地论证了这样的思想：人的审美关系特别是凝聚在艺术中的关系，是一般创造过程的模型。因此，审美教育发展人的所有精神能力，这些能力在各种创造领域里是必不可少的。

审美教育之所以促进一切创造活动，因为它揭示创造的审美价值。

创造作为人的优秀能力的表现,作为制作世界中新的、前所未有的东西的力量,证明人的强大和他的无限可能性,从而产生最高的享受。从审美观点看,创造——这是自行生长的美。而美的意义部分地在于,它是人的创造活动最重要的精神动因之一,没有创造活动,社会就不可能前进发展。

因此,我们不能同意对科学技术迅猛发展的时代的艺术创作命运持悲观主义观点。初看起来好像觉得,情感的培育妨碍了思维的严格,而科学苛刻的逻辑应使感情世界枯竭。但是对世界的科学认识中,理智的发展恰恰卓有成效地影响到艺术文化的发展。在艺术本身中理智的倾向巧妙地丰富艺术时,它本身也得到加强。而另一方面,在科技知识分子的代表人物那里增长着一种需要,即把艺术当作填补"情感不足"的手段。技术本身具有自身发展的审美规律,在此基础上产生了一种艺术——艺术设计。技术也同样为艺术创作提供新的表现手段。

当然,现代世界中的艺术状况远不是风平浪静的,但其原因不是科学知识的进步,而是一系列社会因素,这些社会因素的作用导致了"艺术的非人道化"。在存在着人的异化的资本主义社会里,艺术本身变成这种异化的一种形式,如果它不反对这种异化的话。

人的审美教育可以通过多种途径实现(这是日常生活的氛围、人的劳动活动的环境、道德关系的审美方面、运动等),但是不能不承认,艺术是对个人目的明确地施加审美影响的基本手段,因为正是在艺术中凝聚和物化了人对世界的审美关系。因此,艺术教育——对艺术需要的教育、对艺术感知和理解的发展、艺术创作能力的形成和完善——组成整个审美教育不可分割的一部分。艺术的棱镜调节对生活审美价值的感知。人转向艺术时,就进入创造活动的实验室。艺术作为对现实的创造性反映,体现了审美关系的主客观方面,能够实现审美教育的两种基本功用:价值定向功用和价值创造功用。在对抗性社会里审美教育这两种功用之间的分裂,同艺术本身中客观因素和主观因素之间、认识因素和创造因素之间的和谐受到破坏是相联的。同时艺术在教育同审美教育的其他方面相冲突。

个人利益和社会利益之间的矛盾是审美教育的基本功用之间不相适应的社会基础,因为对于个人,直接重要的是他的创造能力的发展;而对于社会,直接重要的是用以巩固社会整体的个体审美价值定向。

用马克思的话来说,共产主义理想必须是"人和自然界之间、人和人之间的矛盾的真正解决，是存在和本质、对象化和自我确证、自由和必然、个体种类之间的斗争的真正解决”。在实现了“人类从必然王国进入自由王国的飞跃”和“各个人自由发展为一切人自由发展的条件”的社会的社会基础上，不可能有审美教育功用之间的冲突。这种教育把以真正人的审美价值的精神培育人的个性同发展每个人的创造能力结合起来，它本身是建立共产主义所必不可少的。肖斯塔柯维奇的音乐、穆希娜的雕塑、萨里扬的绘画、爱森斯坦的电影、马雅可夫斯基的诗歌和布莱希特的戏剧——这就是参与社会主义社会审美教育现实过程的艺术价值的一些范例。既然共产主义发展人道主义传统，并创造最高形式的人道主义，那末体现人道主义理想的所有艺术价值都参与到共产主义建设者的审美教育中来。

人对世界的审美关系和谐地统一起人的所有精神能力，借此审美教育是造就全面和谐发展的个性——最高的审美价值——的重要手段。

凌继尧译

——节选自列·斯托洛维奇：《审美价值的本质》，北京：中国社会科学出版社 1984 年版。

让·斯塔罗宾斯基

让·斯塔罗宾斯基曾在日内瓦大学执教，被认为是日内瓦学派中“对人文科学最为开放”的成员。一般认为，日内瓦学派的其他成员还有：马塞尔·莱蒙、阿尔贝·贝甘、乔治·布莱、让·鲁塞、让彼埃尔·里夏尔。莱蒙被认为是这个学派的创始人，比利时人布莱是学派的命名者，但其余的人大都否认“日内瓦学派”这一称谓。日内瓦学派是一个奇特的群体，无共同的理论方法，无导师和弟子，无宣扬其主张的机构或刊物，其成员的每一个都有独特的思想和风格，由此看来，学派一词对他们来说，有其名而无其实。他们的文学批评都呈现了鲜明的个性和风格，真的是异彩纷呈。总体上都追求一种批评之美，把追求真理的精神与美的自由的力量有机地统一在一起，体现了科学性与文学性的完美结合。

斯塔罗宾斯基的《波佩的面纱》（郭宏安译）既是一篇优美的散文，又充满了批评的智慧。此篇论文选自《活的眼》一书，这本批评论著开创了一种“注视美学”的理论。《活的眼》标题来自卢梭的哲理小说《新爱洛漪丝》,小说的无神论者德·伏尔玛先生是女主人公朱丽的丈夫,他对朱丽和她的情人说:“如果我有甚么主要的激情,那就是对于观察的激情。我喜欢阅读人们心中的思想。因为我的心没有给我甚么幻想,因此我冷静地和不带兴趣地进行观察,而长时间的经验给了我洞察力,我的判断不会欺骗我;因此在我连续的研究中,自尊心的全部报酬就在于此,因为我不爱充当角色,但只爱看人家演角色——社会对于我的可爱之处在于可以观察而不在于参加进去。假如我能改变我的本性和变为一只活的眼,我很愿意这种交换。”活的眼是自然之眼,是看与被看的眼,这个比喻显示了俄国贵族伏尔玛善于理性地观察生活的性格,他的眼睛见证了朱丽与圣普乐相恋的过程。《活的眼》开辟了一条看的美学之路,斯塔罗宾斯基追溯了“看”的词源学。法语“看”一词其词根一开始并不表示看,而表示关心、等待、坚持等。看是一种欲望,意在重新获得并保存;看使合度的空间产生变形,具有一种可怕的力量。《活的眼》总共有 5 篇论文:《波佩的面纱》、《论高乃依》、《拉辛与注视诗学》、《让-雅克·卢梭与反省的危险》、《使用笔名的斯丹达尔》,《波佩的面纱》是全书的序言,之后的四篇文章讨论了看与被看是如何改变和造就人的。

枫丹白露派的一位画家画了一幅古罗马的美女萨比娜·波佩的肖像,其肖像陈列在日内瓦美术馆里。风姿绰约,美丽的脸庞罩了一层薄薄轻纱,在可见与不可见之间,散发出迷人的魅力。蒙田发出这样的疑问:“为甚么让波佩遮住她那美丽的脸?是为了让她的情人们觉得她更美吗?”斯塔罗宾斯基接过这个问题,一针见血地指出:被遮蔽的东西使人着迷。这不仅让人想起罗兰·巴尔特的名言:脱衣舞女在脱光衣服的一刹那剥光了性感。与存在主义总是要去蔽相反,懂得遮蔽未尝不是一种美。但是去蔽的冲动让人总是要去揭起她的面纱,我们成了它的俘虏。这种欲望招致了道德家的批评,斯塔罗宾斯基要解释的就是这种激情何以产生。人需要遮蔽,正如懂得穿着打扮的人总是需要遮住某种先天的匮乏与不足。难道波佩也有某种需要遮蔽的东西吗?我们不得而知,无论如何,遮蔽产生一种隐秘的完美。为了追求这个神秘,在场的一切都被忽略,我们成了虚无的俘虏,在黑夜中耗尽自身。

注视是存在主义哲学研究的课题,如萨特在《存在与虚无》中将注视引入了我与他者的关系中来探讨。斯塔罗宾斯基延续了注视的主体性研究,注视总是包含着主体与客体、注视与被注视的辩证关系。斯塔罗宾斯基总结了注视的五种特性：

一、感官的要求总是超出其本性，手想看见，眼睛想触摸，注视在看与被看见之间建立了紧密联系。

二、看的威力巨大，好像具有一种特殊的物质般的力量。我们常说眼光能杀人，斯塔罗宾斯基也说如果眼光能杀人，街上将尸积如山。电影《乱世佳人》中主人公瑞德第一次注视斯佳丽时，斯佳丽就感觉瑞德的眼光想要剥去自己的衣服。

三、看打开了欲望的空间，但现实又挫败了这些欲望。看更能表达人的欲望，看证明我们有发现的能力，也说明了我们到达的无能。看是人物和世界、我和他人之间活的联系，作家的凝视总是对现实和交流的状态提出疑问。看总是对准更远的目标，意图成了扭曲的欲望。被迷惑的意识开始要求特权，要求变为话语和行动。

四、看是危险的，想看得更远反而对眼前变得盲目。看既俘虏了我们的眼睛，也俘获了我们的精神。我们总想透过表象到达真实，表象和可见的东西成了我们的敌人，视觉的原始材料遭到全面批判。但当我们发现表象下面是虚无后，又要求直观，重新回到直接的明显之物，批评反转过来反对批评本身。文学批评的历史表明，我们总在表象和隐藏的东西之间徘徊，对隐藏的东西的追求由于野心太大而往往以失败告终。

五、看的意愿要求一种朝向理念、朝向彼岸的第二视觉。奥古斯丁要求有一种超自然地凝视，脱离世俗的目光，以使我们无限地接近理念。

为了说明看的这五个特性，斯塔罗宾斯基举了四个人作为例子，第一个例子是高乃依。“一切都始于眼花缭乱。”这就是对高乃依戏剧创作的概括，也印证了看的力量巨大，看是危险的说法。在高乃依的喜剧《梅里特》、悲剧《熙德》等作品中“看”犹如操作人命运的绳索，一切都始于看，一切都在看中结束，在看中被毁灭。看是最高的幸福，也是自我牺牲的开始，人注定要在看中自我否定才可以到达凤凰涅槃。第二个例子是拉辛，看在拉辛的戏剧创作中地位同样重要，看是其戏剧创作中最突出的动作。看产生了贪欲，让英雄犯罪，最后在我们怜悯的注视下，沉入黑暗的深渊。第三个例子是卢梭，不可否认，卢梭是伟大的，同时也是不幸的、病态的。他的不幸来自别人的看，在他人嘲讽与谴责的目光中，卢梭自惭形秽，退回自己的内心，变成了窥淫癖。自然成了卢梭的反向的补偿，并以自然的眼光来看待现实的黑暗。但这种自然的目光仍然是一种内在的凝视，在乌托邦的幻想中,看的快乐只剩下眼花缭乱的快感。卢梭的看是自反性的,看把人与物、把自我与他者区分开来,看造成了人与世界的分离,看又返回自身的内心,开始理性的反省。但卢梭的自反性沉思反而离现实世界更远,看的行为于是变成了写作,变成了艺术,在语言中获得了最初的统一,超越了自反的不幸。第四个例子是司汤达,他也被嘲讽的眼光所折磨,于是选择戴上迷人的面具——写作,写作让他感觉真实,他的真实只不过是别人眼中的伪装。

斯塔罗宾斯基进而认为批评是一种凝视,批评的凝视是一个循环。批评从词语开始寻求意义,超越视觉王国,进入感觉王国,类似于中国古代解释的分层:言→象→意。但最终批评变成了不在场的自圆其说。读者看穿了批评的这种谎言,要求直接接触,于是阅读又回到了词语本身。斯塔罗宾斯基认为批评的凝视两种可能性:一种是认同式,自身与作品的意识合一,但批评家的身份不能完全抹杀,否则就会使批评变成重复和模仿。悖论是只有背叛认同的理想才能去谈论共同的生活,从中读出作者无法分辨的复杂的含义。另一种是俯瞰的凝视。要求把包括作品在内的全部语境纳入视野中,但这是不可能的。完整的批评是一种双重凝视,俯瞰式与内在式交叉进行。批评的凝视有时需要放弃自己的声音迎接作品的凝视。一切批评和认识都是凝视与被凝视相互转换的过程。

注视的特性与美育的要求是一致的,就是二者都有某种超越性的欲望,注视有对某种原初的视觉材料超越和批判的要求,即认为第一视觉看到的东西是虚假的面具,第二视觉的本质才是真实的,但第二视觉又是以第一视觉为原点的,于是又有一个向原点回归的过程。

美育的过程类似于此,美育是注视美、感受美的过程,在这个过程中,人们并不止步于注视美,还提出了一系列问题。就以波佩的肖像画为例,波佩是古罗马有名的荡妇,美艳绝伦,观者肯定会想她是否有一种掩藏甚么的欲望,是掩藏其淫荡的面庞吗?或者是她想诱惑谁?或者她在这种半遮半掩中想戏弄谁?面纱让人浮想联翩,美的魅力也是如此。有时,笔者甚至认为美也是一种对现实丑陋的修饰和遮掩,如同面纱一般,美育就是穿过这层面纱,到达精神的彼岸。在这个过程中,需要我们忘记自己,让作品抓住我们,如斯塔罗宾斯基所说的:注视,为了你被注视。美育需要我们有一种容纳陌生力量的能力,接受作品的询问,与之交换注视,交换某种默契。

（李　兵）

波佩的面纱

被隐藏的东西使人着迷。“为甚么让波佩遮住她那美丽的脸？是为了让她的情人们觉得她更美吗？”（蒙田语）在遮掩和不在场之中，有一种奇特的力量，这种力量使精神转向不可接近的东西，并且为了占有它而牺牲自己拥有的一切。就欲望的机制来说，童话是一种现实主义作品，其中的珍宝总是被藏在某个阴暗的深处：倘使它应该属于某个人的话，它将属于那个放弃一切，甚至放弃拥有它的希望的那个人。神秘之特性乃是使我们必须将一切不利于接近它的东西视为无用或讨厌的东西。是的，阴影具有一种使我们放弃一切猎获物的能力，这仅仅因为它是阴影，它在我们身上激起一种无名的等待。魅力使我们相信，要听命于它，我们甚至可以置生命于不顾。它将我们剥夺净尽，唯一的许诺就是让我们得到完全的满足，假使开始时我们能够梦想获得被隐藏的东西，那末角色将立即发生转换：我们于是变得被动和瘫痪，因为我们放弃了我们自己的意志而听从了不在场所发出的急切的召唤。

当然，道德家们认为这种牺牲令人气愤。甚么！为了一种幻想就丢掉一切！为了生活在一种毁灭性的迷狂中就让人抢走现时的世界！鄙视可见的美而爱不可见的美！对于被隐藏的东西的激情招致不少的批评，这些批评时而指责它是魔鬼的诱惑，时而又指责它是上帝的诱惑。不过，应该做的是解释这种激情，而不是急于将其视为一种欺骗。

被隐藏的东西是一种在场的另一面。假使我们试图描写的话，不在场所具有的能力把我们引向另一种能力，这种能力为某些实在的东西以一种相当不等的方式所拥有：这些东西表明它们后面有一个神奇的空间；它们是某种东西的标志，但它们并不是这种东西。作为横亘其间的障碍和标记，波佩的面纱产生出一种隐秘的完美，这种完美因其逃避本身而要求我们的欲望重新将其抓住。根据障碍所形成的禁止，一种深刻便出现了，这种深刻被看作本质性的。魅力产生于一种真实的在场，这种在场迫使我们偏爱它所掩盖的东西，即它阻止我们达到的远方，而在它呈现出来的那一刻，我们是达到不了这远方的。我们的目光被一种令人眩晕的虚空牵住，这种虚空就形成于迷人的东西之中，于是一种无限形成了，吞噬了它原以为变得可感的那种实存的东西。实际上,如果说迷人的东西要求我们放弃我们的意志,那是因为它自己就被它引起其介入的那种不在场取消了。这种奇特的能力在某种程度上很像实物方面的一种匮乏和不足:它不是拉住我们,而是在一种现象的远景中和隐晦的方面上让我们超越它。但是,只有面对我们的目光的苛求的时候,实物才能显出不足,而我们的目光被一种幻想的在场激起了欲望,不能在可见之物中使用其全部精力就一往直前,朝着一种无返的彼岸,消失在一片不存在的空间之中。波佩的风险在于她那裸露的面容可能会使她的情人们失望,或者,她的睁大的坦白的眼睛仍使他们觉得蒙着一重阴暗的面纱:欲望于是不能不到别处去追寻。

被迷住,乃是心不在焉的极致,是对现存世界的一种奇妙的疏忽。但是可以说,这种疏忽的根据正在它忽略的那些实物本身。因为我们过于急切地回答了那位戴面纱的诱惑者,我们的目光越过了那可以拥有的肉体,成了虚无的俘虏,在黑夜中耗尽自身。萨比娜·波佩(在枫丹白露派的一位不知名的大师为她画的"肖像"中)让人在朦胧中看见了她的肉体,并且微笑着:她是无辜的。她的情人们并非为她而死;他们是为了她那不兑现的诺言而死的。

考其词源,人们发现,为表示定向的视觉,法语使用 Le regard 这个词,其词根最初并不表示看的动作,而表示等待、关心、注意、监护、拯救等,再加上表示重复或反转的前缀所表达的一种坚持。凝视(regarder)是一种意在重新获得并保存之的动作……注视的动作并非当场终结;它包含有一种不屈不挠的冲动和非再拿回来不可的劲头儿,似乎它受到一种希望的激励,这种希望就是扩大它的发现或者重新获得正从它手中溜掉的东西。凝视具有一种跃跃欲试的力量,它不满足于已经给予它的东西,它等待着运动中的形式的静止,朝着休息中的面容的最轻微的颤动冲上去,它要求贴近面具后面的面孔,或者试图重新经受深度所具有的令人眩晕的蛊惑,以便重新捕捉水面上光影的变幻。我感兴趣的就是它的这种命运。

有些人可能以希腊为证,说可见之物与光的王国就是度和序的王国:面容被限制在其外形之中;空间因一种和谐的系数而有节律,规律赋予每一种观点以一个既是至上的又是不稳定的王国。然而,在看起来是合度的胜利的东西中,有着一种隐秘的失度:确定、几何化、固定一些稳定的关系，这种意愿不能不对凝视的自然经验产生一种额外的冲撞。几何度的空间是一种警觉的努力的产物，这种努力手执圆规修正情感的偏见，然而活的空间的“变形”正得之于这种偏见。人们很难不在其中看到一种二极夸张，即通过否定欲望和不安所具有的自发的夸张来寻求平衡。

凝视很难局限于对表象的纯粹确认。提出更多的要求乃是它的本性。实际上，所有感官都具有这种急切性，除了习惯上的通感，每一种感官都渴望着交换其权力。歌德在一首著名的《颂歌》中说：手想看见，眼睛希望抚摸。对此人们可以补充说：凝视想变成言语，为了获得更持久地固定逃离它的东西的本领，它愿意失去直接察觉的能力。相反，言语则常常退避，以便为一种纯粹的视觉，为一种完全忘记语词的声音的直觉铺平道路。在每个领域内，最高的权力似乎是那种决定一种意外的、震撼人心的替代物的权力。我们也不要忘记，盲人的夜充满了固定的凝视，或更可以说，充满了向手偏斜的、变成摸索的凝视。凝视作为一种与其他凝视和看得见的境域之间的有意图的联系，在不具视觉功能的情况下，可以借用补充的通道，从听觉的专注点或手指尖端上通过。因为这里我更多地是将凝视称为建立联系的能力，而非拾取形象的能力。

在所有的感官中，视觉是以最明显的方式听命于急切性的。一种神奇的、从来不是完全有效的、但也从不气馁的微弱意愿伴随着我们的每一眼：抓住、剥去衣服、使人呆住不动、深入进去。蛊惑，就是说，让隐藏在一个不动的瞳仁中的东西的火发出光亮。有同样多的已然开始的行动，而它们并非总是停留在有意图的状态之中的。在表达欲望的强烈时，有时凝视也会变得有效。“如果凝视能让人受孕的话，那该有多少孩子！如果它能杀人的话，那该有多少死人！街上将满是尸体和孕妇。”甚么！瓦莱里不是已在我们的街上看出了这些尸体和这些孕妇吗？

凝视假使不为过量或不足的光所出卖，就永远也不会餍足。它使某种不会缓和的冲动得以通过。理解、残酷、温柔，这些词都不足以畅其意。它们总是得不到平复、满足。如果这些激情在凝视中醒来，并由于看的动作而得以加强，那它们是找不到甚么东西来使自己满足的。看为欲望打开整整一个空间，但是看并不能满足欲望的要求。可见空间证明了我的发现的能力，同时又证明了我对于到达的无能。人们知道充满渴望的凝视可以是多么的悲哀。

看是一种危险的行为。这是兰塞的激情，而蓝胡子的妻子们却因此而丧命。在这一点上,神话和传说出奇的相互一致。俄耳甫斯、那喀索斯、俄狄浦斯、普赛克、墨杜萨都告诉我们,极力想使其凝视所及更远,心灵就要盲目,陷入黑夜:“果然,匕首从她手中落下,但灯仍在;她要做的事太多,要看的还没有看完呢。”(拉封丹语)于是,油(或凝视)的烧灼惊醒了睡着的神,使普塞克忽忽悠悠地跌进沙漠。

凝视保证了我们的意识在我们的身体所占据的地方之外有一条出路,在最严格的意义上说,这是一种奢侈。教会的神父们的严厉即源于此:诸感官中,视觉最易犯错误,天然有罪:“勿将你们的眼睛盯在一件使其愉悦的东西上,想想吧,大卫只因看了一眼就丧生了。”(博须埃语)“眼睛的贪欲”包含并概括了所有其他的贪欲,此乃恶中之尤。“在某种意义上说,眼睛下面包容着其他一切感官,在人类语言习惯中,感到和看到常常是一回事。”博须埃这里只是重复奥古斯丁。我们看的渴望总是对轻佻的好奇、无用的消遣和残酷的景象有求必应。最微不足道的借口都能俘获我们的眼睛,使我们的精神迷失方向,远离拯救之路。奥古斯丁觉得拒绝看马戏的快乐简直是最大的痛苦。然而,野兽在竞技场之外的地方相互残杀,对于有违决心的苦行者来说,一切都又成了一场戏:“我坐在家里,一只壁虎捉住一只苍蝇,一只蜘蛛网住落进的昆虫,这时我的注意力不是被吸引住了吗?”

然而,因其冒失和分散而责备世俗的凝视的那些人自己却又要求这种能力,要把它引向“超自然的光明”和可以理解的形式。依其所愿,凝视的自然的夸张若朝向彼岸世界则不再是有罪的了。奥古斯丁在摆脱这“色彩之土后”的诱惑的同时,希望阴影有利于一种新的光进入精神的、肉眼不可见的光。接近理念这“仿佛是一种超越了视觉限制的视觉”(莫里斯,布朗休语)而理念一词本身就与看这行为有关。无论在肉体好奇的意义上,还是在精神直觉的意义上,看的意愿都要求有权使用一种第二视觉。

是我的想看得更多、拒绝并穿越我的暂时界限这种欲望促使我向我已然看到的东西提出疑问,并将其视为一种虚假的背景。这样,某些人就开始了一种奇特的反抗,他们为了在表象之后把握住存在,就把直接可见的东西当作敌人:他们揭穿表象的虚幻,但他们没有想到,正当他们大规模地取消第一视觉的魅力的时候,他们也几乎没有给第二视觉留下甚么机会,因此他们就将视觉的精彩戏剧毁灭在他们的急切之中了。当然,这也是必经之路。在苛求的凝视中，有着对视觉的原始材料的全面的批判。这种批判不可避免地要运用不同形式的话语：几何用推理在纯粹的抽象中修正肉眼看得过于笼统的东西，诗的语言试图将可见的表象转换成一种新的本质，因为说话、为事物命名倾向于延续（否则就结束）保护工作，而这种工作在凝视中总是未完成和不稳定的。凝视的尖端已经比凝视多点甚么，在视觉借以自我否定和自我牺牲的行为中继续它的意图。而批评在判决了虚假的表象之后也并非不能反转来反对自身：如果说些许的思考使我们远离感性世界，那末，更为苛刻的思想则将我们引向感性世界。仿佛凝视在穿越虚无之后，强力扩展了视野，就只有一条出路了，即返回直接的明显之物：一切都从这里重新开始。这样，人们将看到，在蒙田那里，为了一个有待揭示的真理，一种有待消除的诱惑，最咄咄逼人的批评是针对假面具和伪装的，这是为了最终达到一种智慧，这种智慧"与表象相协调"并且认可波佩原已在我们身上引起骚乱和愉快的急切的那重面纱。怀疑主义首先让我们警惕普遍的欺骗，但又循循地引导我们以一种智慧为起点重新开始。这种智慧在反的凝视的保护下，相信感觉，相信感觉呈现给我们的世界。

以下的研究都通过不同的渠道与一些表达了对一种被隐藏的现实的追索的文学作品有关：这种现实被暂时掩盖起来，但对善于挖掘和能使之在场的人来说，又是可以把握的；这需要在每一种情况下都重新勾画出一种凝视的历史，这种凝视在欲望的牵引下不断有所发现。在好几种场合下，还必须指明，对于被隐藏的东西的追索如何由于野心过大而面临失败和失望。

人们将发现，本书远非并且超出一种主题研究。远非，因为我不认为有必要罗列有关视觉运用的一切表现的材料（容貌、诱惑、符号语言）或感知的材料（世界观、表面与深层的变幻）。超出，由于密切关注最初的表象不能使之满足的凝视所怀有的苛求的命运，我必须跟随一种在中介中几乎不断进行的冒险，这种中介横亘在作为目标的猎获物和希望占有它的眼睛之间。凝视是人物和世界、我和他人之间的活的联系：作家的每一眼都对现实（或文学的现实主义）的状态提出疑问，也对交流（或人类交流）的状态提出疑问。因此，这里说的不是一种片面的动机（否则，它将被人为地孤立起来），这里的研究希望在被研究作品的必要性这种水平上进行。

对于作家来说——还有画家,不管看起来如何——冒险在超越了第一视觉之后仍在进行,尽管不曾得到满足的欲望在失去与可感之物的接触之后还得把我们拉回来。这四篇论文的主旨是描述一种言语,这种言语从最初的凝视出发,通过其他的、经常是反常的道路追寻着最初的景象中似乎缺乏的东西,而这种最初的凝视时而是被迷惑的,时而是觊觎的,时而是怀疑的。不走同一条路(或同一条不存在的路),不承担其风险,对我们的分析来说,将是违反凝视的深层规律,即不肯在首先呈现出来的东西面前止步:应该知道它的过度所通过的全部路程,知道它带着甚么样的狂怒超越自己的权力并招致盲目。凝视将其意图对准更远的目标(这种目标常常是模糊的),而意识开始改变的正是这种意图本身,它自己的张力,它自己的进入变形阶段的欲望。同时,这四篇论文虽也试图描述视觉的特殊境界,但更多的是描述知觉力比多在其与世界及其他人类意识的关系中的变动不居的命运。

在高乃依那里,一切都始于眼花缭乱。但是这种眼花缭乱是不稳定的,只存在于转瞬即逝之际。高乃依式的英雄对于闪光之物的引诱是敏感的,但是不肯屈服,他的崇拜是被迫的:被迷惑的意识从被动的处境中挣脱出来,盼望着变换角色。意识希望自己也变得眩目,成为闪光和权力的源泉。它首先是通过慷慨的言语来要求这种特权。然而辉煌的话语还不够,还应该求助于这种言语可能不谨慎地许诺的行动。由于豪言壮语的要求,意识使成就英雄之伟大的决定成为不可避免的东西。于是,人一生下来就具有他为自己造出来的了不起的命运:在普天下的人的眼中,他一出世就是胜利者。他最高的幸福不是孤立地存在于看的行为中,甚至也不是孤立地存在于做的力量中,它存在于使人看的复杂行为中。那末,甚么样的丰功伟绩、甚么样的意志才有能力产生并传播一种不可磨灭的眼花缭乱呢?唯一有效的努力,其“效果”可以保证的唯一的努力将是自我牺牲。这是一种行动,人通过这种行动将其全部力量反转来对着自己,完全地否定自己,以便在作为证人的人类世代的凝视之中获得重生。一个不朽的声名就是这样造就的。但是,还须有人民的赞同和警觉的共谋:人们将怀疑人类的记忆和声名的永存,于是一切将在黑暗和虚荣中倒坍,剩下的将只是灰尘满布的舞台布景,慷慨的英雄又变成他自己的演员,一场“可笑的幻影”的可笑的演员。

在拉辛那里,激情和欲望号令一切。一种奇怪的软弱,一种命定的盲目使英雄不能完全控制其行为。一种隐约的、恶毒的力量指使他们犯下罪行，使他们遭遇不幸，使他们暴露在我们怜悯的目光之下。他们的理性永远也不能克服吞没这种理性的令人眩晕的慌乱。但是，他们并非不能看出他们的沉沦，然而这种严厉的意识并不能阻止他们走向毁灭。他们完全的清醒来得太晚，悲剧认识的明晰性与不可改变的灾祸面前全然无能为力的感觉相辅而行。

对拉辛戏剧的细心阅读，对其表现手法的系统分析表明，凝视取代了舞台手势，凝视变成了最突出的动作。凝视表达了对于一种贪欲的痛苦的警惕，这种贪欲事先就知道占有等于毁灭，然而它既不能放弃占有，也不能放弃毁灭。在拉辛那里，悲剧性不单单与情节结构联系，也不单单与结局的不可避免性相联系，是全部人类命运从根本上被判决了，因为一切欲望都命定地陷入凝视的失败之中。这种失败，谁都不甘心；拉辛的人物徒劳地固执，但只是变得更有罪。偷看的癖好，通过眼睛来占有，通过凝视这种行为来伤人的欲望相互激化，因为它们感到注定不会被满足。在最酷烈的场面中，折磨的权力完全由凝视来行使，失望的屠夫感到一种痛苦，其强烈并不亚于受害者的痛苦。于是，人们在欲望的中心、在视觉贪欲的残忍的闪光中猜到一股绝望的火，这股火追逐着它自身的死亡：由于不能得到希望的东西，它就只能通过选择灾难和沉入黑夜来克服它的痛苦。当英雄们沉入深渊时，无情的神则在充满光明的天上宣布，他们是一场颂扬其全能的灾祸的绝对见证。

对于卢梭来说，童年的幸福在于生活在无忧无虑中，生活在一个与善意的神祇比肩的证人的凝视之中。然而很快这种善意就被一种随处都可以预感到的敌意所取代。从此，绝不可能公开地希望得到最无邪的糖果而不使人们的眼中流露出谴责和嘲讽。所以，自惭形秽的欲望只能败退，放弃占有，暗中偷看一眼。卢梭如此明显的观淫癖和裸露癖倾向即源于此。由于害怕一种有罪的接触和主动性，他就满足于远远地看或被看。这些倾向有时看起来像堕落，但这是为了乔装打扮，为了以后通过升华来实现转化：在《新爱洛漪丝》中，正直的无神论者德・瓦尔玛先生宣称他想完全变成凝视，成为“活的眼”；在《爱弥儿》中，家庭教师找到道德上的借口来观看他的学生们的最温存的爱抚。在彻底忏悔的有道德的犬儒主义中，“可笑之物”的展示又以另一种方式重新开始。然而，看与被看，这还是说得过分了。外部的敌意太强烈，卢梭即使并非不能正面对抗，仍常常是喜欢让它胜一局,以便退向一个更秘密的领域。欲望不论多么明显,仍变为一种潜在的力量。他不再针对外在的人和事:他享有自身,既无犯错误的危险,亦无受惩罚之虞。于是,这种欲望隐藏其中的反身向内的运动得到一种发现的补偿,这种发现使一种自文明之初就一直是潜在的现实变得明显起来:被埋没的自然,自然的人。这现实有巨大的后果,因为它成为一种标准,现存社会据此可以被公正地评价,一种更为公道的共同体也可以据此被想象出来。

根据一种有感情的成人和儿童都必备的非理性的信念,不再将其凝视指向外部的诱惑,不再寻求外在的征服,就是不再向回看,就是逃避敌意的见证和消除迫害。在其被蛊惑的虚构世界的中心,卢梭消除了时间之初的天真无邪和爱情的最强烈的欢乐之间的对立。他创造了一种温柔而震撼人心的景象,没有任何障碍可以阻止他亲身参与进去。没有甚么东西能破坏重获之幸福的透明性;仿佛在儿童的天堂中,一种信任的对话将我和善童的对话者连结起来;摆脱了言语的误会,人们求助于符号的言语,于是人在相互凝视中相互理解了。

然而,在这种想象的景象之外,并且由于这种景象所洋溢着的兴奋激动,卢梭达到了一个极点,在那里,所有的形象都消失在狂喜和存在之纯粹感情中了。由于梦幻者内在的凝视已经耗尽了幻想的节日的快乐,欲望就想体验一种更高程度的满足,并且它体验到了:这时,全部视觉都消失了,让位于一种富有快感的眼花缭乱,也可以说这是全部的光明或绝对的黑暗。

卢梭比其他任何人都更使人们认识到,凝视在其觉醒伊始,就包含着一种奇特的分离的力量:它是以一种远距离的赞同为代价才发现客观的空间的;它迫使我们看到事物是有区别的——区别于我们,彼此间相互区别。它也粉碎了原初的统一性,其原始的存在盲目的返向自身中自娱。当凝视变为反省时,统一性的丧失更为严重,因为反省乃是脱离直接接触更深地陷入相互分离的存在的不幸之中。当推论的理性来自反省的思想时,它距离原始的统一性最远。但是,分解的考验激起并强化重获失去的统一性的欲望:经受分裂导致发现交流的苛求,这种苛求将修补成为碎片的存在。在卢梭那里,理性的言语有一特别使命,即重获在它身上并也用于它而被丢失的东西。逻辑的反省不应被摒除;为了摆脱它,就要将其无误地贯彻到底。于是,当言语完成任务而沉默的时候,因理性而清醒的意识就返回感情规律和初始的共有统一性，一个圈闭合了，被分离的视觉和反思的痛苦将把意识引上返回原初幸福的道路。卢梭绝不能被置于非理性主义者的队伍中，但是他的理性主义与一种信念（浪漫主义者也声称具有这种信念）并行不悖，根据这种信念，“存在的”真理隶属于时间的王国——或现时的王国——而非受理性的数量约束的客观空间王国。我们不要忘记，意识的这种旨在超越传统言语的束缚的冒险也是经由言语才完全地呈现在我们面前的：如果反省的凝视严格地说可以引导我们越过反省的不幸，那末完成了的言语（即诗）就寻找并且找到了一种类似的超越的能力。似乎卢梭已经对阐明这种能力作出了决定性的贡献。

在斯丹达尔那里，如同在卢梭那里一样，在开始时也有一种在他人的嘲讽的目光下因羞愧而感到的震惊。但是在斯丹达尔那里，犯罪感不那末沉重。其反击之非同寻常的激烈即来源于此。在敌意的凝视下怎么办？只能成为另一个人：变化或伪装。对于外界的冒犯，斯丹达尔回以正规的反击。他的变化只在表面上看起来是一种逃跑。有一个问题不断地纠缠着他：我如何表现，如何影响局面，使那些被征服的见证不再攻击我，而在不知不觉中成为我的计划的盟友以及我对幸福的追求的助手？至少应该迷住别人，利用魅惑的手段。斯丹达尔朝思暮想，颇得意。他长时间地相信，利用逻辑、朗诵的训练和阅读特拉西的著作，他将使自己成为一个有魅力的、战无不胜的人物。他所生活的社会是那样的卑劣，若想成功就必须戴上一副假面具。真诚的精力、性格的力量都被认为是可疑的。斯丹达尔好歹地玩着这游戏，一边又怀念人们可以用真正的行动获取权力和荣誉的那些地方和时代。他为甚么不安于现状？甚么样的不满足促使他要求更多？最终他要的还是文学，被认为是一种风险的文学。创造人物，他可以在他们身上过一种真正的、然而是改变了的生活。要求未来世代的人们读他的书。而最重要的是，通过关于生活的作品的反作用来改变自己。

那末阅读呢？批评的凝视呢？激励着它们的那种苛求与我们在创造者身上发现的苛求不无相似之处。因为对于视觉来说，问题在于引导精神超越视觉王国，进入感觉王国。批评的凝视辨识语词，以便直观其全部含义：这种认识与视觉行为毫无关涉，除非出之以隐喻，这样，批评的凝视就消失在因它而觉醒的感觉之中：它只是打通道路，不过这是为了使“没有道路的纯粹快乐”成为可能。它将在纸上把写下的符号化为生动的言语,再进一步,建立一种形象、思想和感情的复杂境界:这个不在场的世界等待着它,要求它的帮助,以便处于它的保护之下。然而,这个想象的世界一旦觉醒,就要求读者作出绝对的牺牲:它不再允许他袖手旁观。它要求接触和重合,它将自己的节奏强加于人,并迫使其跟着它的命运走。

批评家是这样一个人,他在同意接受文本强加于他的迷惑的同时,还要求保留凝视的权利。他希望深入得更远:在展示在他面前的明显的意义之外,他预感到一种潜在的含义。为了从最初的"眼前的阅读"开始并继续向前,直到遇见一种第二意义,一种补充性的警觉对他来说就是必要的了。但是请不要误解"第二意义"这个用语,它不是指辨识某个等值的寓意或象征,像在中世纪《圣经》注解中那样,而是辨识更广阔的生活或改观的死亡,而文本正是其预言者。经常有这样的情况,追寻的是最远,导致的却是最近,即第一眼就看到的显然之物,形式和节奏,这些东西乍一看好像只是许诺了一种隐秘的信息。绕了一大圈我们又回到语词本身,意义居住其中,神秘的珍宝亦在其中闪光而人们原以为应该在"深层"寻找这珍宝。

实际上,批评的凝视提出的苛求朝向两种相互对立的可能性,而两者的完全实现都是不可能的。第一种可能性要它泯灭自身,与作品让它隐约看见的那种虚构的意识亲密无间,这时,理解将是逐步地接近一种完全的共谋关系,与创造上的共谋关系,与对通过作品展示出的感性及精神经验的积极参与的共谋关系。但是,无论批评的凝视在这个方向上走得多远,批评家都不能在自己身上抹杀对自己的不同身份的信念,他都不能不执着而平凡地确信他并非那个他希望与之混为一体的意识。然而假定他果真成功地使自己消失,那末,自相矛盾的是,他自己的言语将被遮盖住:他只能沉默,而最完美的批评话语将由于过分的同情和模仿而给人一种最完全的沉默的印象。除非以某种方式撕毁连接着他和作品的盟约,批评家将只能重复或模仿:人们必须背叛认同的理想,才能获得谈论这种经验的能力,才能用不同于作品的言语的言语来描述人们与作品并在作品之中经历的那种共同生活。这样,尽管我们想沉入作品的活生生的深处,我们为了能谈论作品不得不与之拉开距离。那末为甚么不断然建立一种能在全景的展望中向我们揭示作品与之有机相连的周围呢?我们将试图分辨出某些未被作家觉察的富有含义的应和关系,解释其无意识的动机,读出一种命运和一部作品在其历史的和社会的环境中的复杂关系;批评阅读的第二种可能性可以被界定为俯瞰的凝视:眼睛不想放过距离允许它看见的任何形状。在凝视所及的扩大了的空间中,作品当然是一种特殊的对象,但并非强加于视觉的唯一的对象。作品以其邻近者为界,它只是相对于它的语境的总体才有意义,暗礁正在这里:语境如此广阔,关系如此众多,凝视不能不暗自绝望;它永远也不能把呈现在面前的这一整体的全部成分集中起来。加之,从人们不得不把作品置于历史的联络之中那一刻起,就只有一种武断的决定能允许我们限定调查的范围。原则调查可以进行到这种程度,文学作品不再是开始时的那种特殊的对象,而只是一个时代、一种文化、一种"世界观"的无数表现之一。随着凝视声称在社会的世界或作者的生活中囊括更多的有关事实,作品将一步步消亡,俯瞰的凝视的胜利也不过是一种失败的形式而已;它在声称给予我们作品沉浸其中的世界的同时,使我们失去了作品及其含义。

完整的批评也许既不是那种以整体性为目标的批评(例如俯瞰的凝视所为),也不是那种以内在性为目标的批评(例如认同的直觉所为),而是一种时而要求俯瞰时而要求内在的凝视。此种凝视事先就知道,真理既不在前一种企图之中,也不在后一种企图之中,而在两者之间不疲倦的运动之中。既不应该拒绝距离的眩晕,亦不应该拒绝接近的眩晕:应该期望这种双重的过渡,其中凝视每一次都几乎失去全部权力。

然而,批评可能也不该如此希望调整它自己的凝视的运用。在许多场合中,更应忘记自身,让作品突然抓住自己。作为回报,我将感到作品中有一种朝我而来的凝视产生:这种凝视并非我的询问的一种反映。这是一种陌生的意识,从根本上说是另一种意识,它寻找我,固定我,让我作出回答。我感到我暴露在这个朝我而来的问题面前。作品询问我,在我为自己说话之前,我应该将我自己的声音借与这种询问我的力量。于是,无论我多么驯顺,我总是有偏爱我创造的令人放心的和谐的危险。睁大眼睛迎接寻找我们的凝视,这是不容易的。也许不仅仅对批评,而是对一切认识的行动,都应该肯定地说:"凝视,为了你被凝视。"

郭宏安译

——节选自博尔赫斯等著:《波佩的面纱》,北京:社会科学文献出版社 1999 年版。

英国卷

凯瑟琳·贝尔塞

以美育代宗教发端于现代，英国的马修·阿诺德说："文学是对生活的批判"，表明文学与生活的紧密联系，暗含以文学代宗教之意。资本主义商业社会高度发达，世风日下，宗教对世俗的感召力不复存在，文学乘虚而入，取宗教而代之。二战后，英国文学教育取得了很大发展，但在60年代末期的学生运动冲击之下，英语文学教育暴露了两个问题：理论与方法的单薄和批判的力度不够。在这样的思想背景下，人们开始怀疑经典，开始重构伟大的文学传统。

贝尔塞首先对利维斯所谓伟大的传统的分析表示了怀疑。利维斯在《伟大的传统》一书中构建了所谓的英国小说的伟大传统，开篇之言："伟大的英国小说家是简·奥斯汀、乔治·艾略特、亨利·詹姆斯和约瑟夫·康拉德。"凸显其狂妄自大和自以为是。贝尔塞认为这种解读方式是先入为主的，并损失了作品多元性。对乔治·艾略特《但尼尔·狄隆达》的分析在《伟大的传统》中占据了相当的篇幅，利维斯认为其中最好的部分为《格温多琳·哈里斯》，认为艾略特感性现实与人性的综合评价结合起来，而小说的其余部分则显得冗长抽象，远离生活。利维斯的评价是先入为主的、主观臆断的，利维斯用"就是，或者应该是"这样的说法来表明感受的真实性实际是作者本人的感受，表明了利维斯的独断论性质。利维斯的评论大量引用小说的原文，引文在实际的接受中可以做多元解释，但利维斯不这样，而是盛气凌人地让读者确认那就是作者的感受，并获得心灵上的完美共识。利维斯所尊崇的自然秩序其实是一种主观意识，并要承担对人的相对价值作判断的职责，这种等级观念值得警惕。利维斯的评价是直觉的，陷入了循环论证：伟大小说家之所以伟大就在于人们知道他是。总之，利维斯对《但尼尔·狄隆达》的道德评价是陈腐的、片面的。

贝尔塞要求重新读解伟大的传统，以释放它的多元性。其策略是提出了一种女权主义的解读模式，因为小说中的支配与服从关系相当明显。贝尔塞的解读同样集中于利维斯认为好的一半《格温多琳·哈里斯》，格温多琳是谁？这是一个谜，而谜底的揭示在小说的第一段得以展示——女人是被观赏的对象，这是一种支配的、强制的力量，她的身份是在其他人的品评中确定的，同时也成为读者观赏的对象，格温多琳也对自己镜中的影像的凝视中获得虚幻的优越感。这种优越感在结婚之夜被打破，她对即将过一种女人的生活充满了恐惧，而婚姻的实质是金钱交易。叙述者不能解释清楚格温多琳在结婚之夜为何会发狂，女权主义则找到了她反抗父权制的一系列佐证，这让格温多琳有了几分英雄气质。女权主义的解读方式表明《但尼尔·狄隆达》突破了古典现实主义的限制，对父权制的自然法则提出了抗议。这种解读方式是清楚展示出来的，并不是由批评家要求读者去辨认和确认的。

贝尔塞的上述批评也有误读的成分，因为利维斯本人并没有主张批评阐释的一元性。虽然贝尔塞一再宣称利维斯的评价是主观的、直觉的，贝尔塞的女权主义也难以确保其真实性和客观性，原因在于女权主义使用的方法是精神分析，精神分析也难免要对作品中的人物心理做出各种揣测，从中引出有用的符合女权主义旨趣的论点，这种批评模式一旦成型，必然成为一种和利维斯的道德评价一样陈腐的框架。贝尔塞的批评在后现代很有代表性，后现代主张阐释的多元性、不可确定性。贝尔塞的观点引发了不同的意见，迈克尔·泰纳在《时间的检验》一文中针对“经典之所以是经典就在于它的解读不可穷尽”这种流行观点提出了不同的看法，认为经典伟大并不重要，重要的是大家提出它所以伟大的理由相同。经典能包容不同的解读，这与作品本身的性质无关，我们称之为伟大仅表现了我们的态度而已。由此看来，关于经典的重构和争论很难达成一致。

《重构伟大的传统》虽然是一篇文学批评，但也不乏后现代的美育思想，这就是后现代的美育理论与文学批评一样主张多元化，认为这样可以释放人们的想象力和创造性。古典美育理论也形成了类似于文学的伟大传统，但这种美育传统不必像文学作品那样被重构或解构，因为美育理论与文学性作品的多义性不一样，美育理论必须旗帜鲜明地提出自己的主张，肯定甚么，否定甚么，都是一清二楚的。而且，美育理论如果离开了道德，离开了美，就丧失了存在的根基，这些东西作为美育理论的核心，是无法被解构和颠覆的。

（李 兵）

重解伟大的传统

一

有一种看法认为，英国小说（这种小说无可争辩地属于文学，毫无疑问应置于大纲之中）的伟大的传统是利维斯在他的著作《伟大的传统》中展现出来的。这当然不是孤立的，利维斯已不是第一次向那些已具某种定见的读者列举他的“伟大的英国小说家们”，而这里他评论中的“区别意识”却构建了一幅文学的面貌大观，权威性地将小说领域中的主与次、成熟与幼稚区分开来，这类评价，伴随着一些细小的调整，已渗透进整个文学界及国家的教育体系，并且在有关伟大文学的标准和那些被认为值得一读的小说应具备的特征等方面引起人们的共识。在鉴别这类小说的过程中，利维斯构建了这伟大的传统，使其中的伟大与延续性一目了然，并“简单明了地”表述出来，对此他本可以这样说“在那儿”。

利维斯个人对文学的评价远非无可非议，这是当然的事，而《伟大的传统》所提供的不只是一种经典、一个大纲，而且是一种批评论述，这论述中的许多设想很容易在讨论具体的主张时受到忽略。比如在《伟大的传统》开篇的极易引发争议的那句话里，其大胆妄言又高度权威之处（这种大胆妄言中的权威使这本书如此地吸引读者，这种权威沉浸于英雄主义独领风骚的小说传统之中）不仅表现在所列出的那些有争议的小说家，而且表现在文本的无须争辩的确定性上——即文学批评的目的是将伟大分离出来，并且把它视为以下作家们的特点：“伟大的英国小说家是简·奥斯汀，乔治·艾略特，亨利·詹姆斯和约瑟夫·康拉德。”（利维斯，1962，第9页）

近来关于利维斯著作的几次讨论，对利维斯论述中的某些方面提出了尖锐批评，这些讨论特别关注其论述中有关文化与社会的那些概念（安德森，1968；伊格尔顿，1976，第13～16页；劳福特，1976；默尔罕，1979；赖特，1979）。在本文中我想探讨的是《伟大的传统》本身作为一种论述文本所采用的方式：它隶属于批评性的分析，同时与乔治·艾略特的《但尼尔·狄隆达》为例——此书是那些值得被归入伟大传统的小说中的一部。我这样做是想提出这样一种看法,即利维斯式的解读是偏颇的,它体现在这个词的两层含义上:首先,在对某篇被评价文本的价值与手法进行再现时他的解读方式表现出一种先入之见;其次是在解读的过程中损失了原作的多元性。借助于对入选作品的评论,《伟大的传统》对可能存在的其他的解读加以限制,将作品的含义限定在传统的、可接受的及绝对"明白无误的"范围之内。然后我想进一步概述一下对《但尼尔·狄隆达》的另一种分析方式,并不想对其总体再作评价,而是重新解读利维斯极为关注的那些方面。

二

作为乔治·艾略特作品中最好也是最糟的例证,《但尼尔·狄隆达》在《伟大的传统》中占据了相当可观的篇幅。以往的批评家未能做出价值上的评价——这被理解为批评的分内之事——使利维斯得以从这部作品糟糕的那一半内容里辨别出"激切而冗长的虚假描写",并提出那好的一半是在名为《格温多琳·哈里斯》这部分内容中表现出来的。它展示出乔治·艾略特最为成熟的艺术,表现了她"对人类道德本质的深刻洞悉",并将其作为"一名独具特色的使人意志坚强、有益身心健康的作者"而显示于"当今时代的我们"面前(1948年;第二次世界大战灾祸犹存)。这些有益健康的特性源于她对"生活"的忠诚,——这表现在对人物的塑造上,而这也是利维斯最常采用的、尽管有点难以捉摸的肯定性的价值观。这些人物不仅要"以具体的形态"丰富而生动地呈献出来,以便我们能够"透彻地"体验他们的感受,而且还需经受道德的"全面认定","以永恒的正确"为准则对其加以评判。在《格温多琳·哈里斯》中,乔治·艾略特为我们展示出"我们从自身最真切的感受意识到的东西,与人类可能具有的任何行为一样,完全是一种决定它的道德动因的表现,所以也完全应该接受道德的评判"(利维斯,1962,第124页)。伟大的小说总是将具体可感的真实与对这种真实所做的综合的人性的评价结合起来。与此相反,《但尼尔·狄隆达》中糟糕的一半内容却冗长抽象,远离生活,没有充分"摆脱个人情感的影响"。我们感到乔治·艾略特将自身的弱点暴露无遗——一种与成熟的理解力不相称的高涨情绪及理想化倾向,其结果便是,她的分析缺乏辨别力。

对《但尼尔·狄隆达》的讨论是《伟大的传统》中的最主要的方面。这特别表现在对感受的强调。从这方面讲,利维斯式的批评引人注目地再造出一种价值准则,说明这些小说被选中归入那伟大传统的缘由。经验主义——它确信感受是知识的源泉——是经典作品中古典现实主义小说叙述结构的主要决定因素之一。多萝西娅·布鲁克、格温多琳、伊莎贝尔·阿切尔及康拉德的马洛(以一种颇为不同的方式),都从感受中汲取教益,在叙述的过程中他们对自身与周围世界的意识逐渐增强。这种推动人物关系不断发生变化的认识过程,构成了经典现实主义小说的核心。无知、误解和错觉引发出一系列的危机(情节系列),最终导致一种新的更加稳定的关系(故事结束)。

经验主义还决定着经典现实主义小说的表达方式——只要这种小说的职责是以一系列的戏剧化因素来"展示"人物的重要感受。对话、生动的描写及对真实细节的密切关注都影响着感受在小说中的现实化过程,这反过来也使得读者能参与到这种感受中去,成为这虚构世界的一部分,并且在(或从)人物的感受中获得教益。这的确是对承担着严肃的道德使命的经典现实主义的传统式的辩护。小说不仅记录了由感受而获得教益的过程,而且还要使这一过程在其独有的表达方式中得到具体体现,由此,小说就不可避免地向读者提供了一种强化了的意识,即它的主题。根据利维斯的观点,这种意识源于作者(已完全摆脱了个人感情色彩)的感受。要传达一种感受就要对它先有体验。乔治·艾略特的"丰富性"来自"一种洞悉:它把每件事情都与她最深刻的道德感受联系起来"(利维斯,1962,第102页)。利维斯的文章是依据其自身的标准来理解古典现实主义的,只在表层意义上赞同它的表现方式。在《亚当·比德》中,叙述者闯进来打断了叙述,坚持认为这虚构世界的"真实"是以感受为本的:"我追求的只是忠实地记录那些映射在我头脑里的人与事……我好像站在证人席上,在誓言的约束之下叙述我的感受。"(第17章)

对小说"真实性"的验证依据的是读者已有的认识,这便是利维斯所说的"我们从自己的切身感受中认识到的东西"。这里我们可能会发现一个问题:如果我们已经认识到了,那末在何种意义上说我们还要去了解它呢?当然,答案是这样,我们是要清楚地了解它,要在小说的帮助下认识它。这是因为要成为认识的源泉,感受需要一种预先存在的主观意识对其加以解释。“人与事”是在能够将其解释出来的头脑里准确地反映自身的。这样,经验主义便滑进了唯心主义。

再有,利维斯的批评再现了那些小说的哲学观点。多萝西娅能够从经验中获得教益,而罗沙曼德·文西不能。格温多琳初步的道德意识使她可以在错误中得到益处,但她需要但尼尔·狄隆达的帮助,他的感受力更为敏锐。主观意识决定着应汲取甚么教益并将感受神秘地转变为认识。读者需要批评家的帮助以理解文学作品中的感受,而批评家和读者都离不开作者——小说真实性的根本来源与保证。这样,乔治·艾略特(于19世纪70年代)和利维斯(于20世纪40年代)的感受便与我的(于20世纪80年代)汇合为一种“认同”,一种“知识”以及一种永久的判断。“我们”对格温多琳·哈里斯的看法,“就是,或者(在乔治·艾略特的帮助下)应该是乔治·艾略特自己的看法,它属于一位伟大的小说家,是她以其艺术的独特方式表现出的关于人类及道德的评价”(利维斯,1972,第124页)。

那段引言中“或者应该是”的提法表明在小说中人们都共有的超越时间的感受这一严密概念中存在着分歧,并且这也多少暗示出利维斯观点中的独裁主义性质。在这种情况下我们的看法应该是乔治·艾略特自己的看法,但在其他情形中作者与批评家之间的和谐遭到破坏,以致我们对《但尼尔·狄隆达》的看法与作者出现如此根本性的分歧。我们拒绝她作品的一半内容。此时,批评家屈从于作者的永恒的正确的情形被颠倒过来,这里批评家提供的关于人类与道德的评价具有权威性。为表明这种情况是如何发生的,有必要进一步仔细考察一下经典现实主义作品的叙述方法。

任何表达——任何书面或口头的作品,都可以分辨出两个方面,包括说话者的表达行为以及对方表达的那个特定世界的再现。小说里,这些方面可被区别为既是叙述过程同时也是这个虚构世界的展示。“这两个方面产生出两种皆为语言意义上的现实:人物的世界及叙述者与读者的配合所构成的世界。”(托多罗夫,1977,第26页)这两种现实的存在使得经典现实主义作品保持着与经验主义和唯心主义的特有联系。人物的世界是作为经验的现实被展示出来的,对此读者不仅要去感受并且要学会正确地解释,在叙述者指导下,照例还应与作者的主观思想相一致。如果要读者从作品中获得的东西具有一致性——那就是说,如果作品想要使形式与思想紧密结合——这两种现实就不得存有任何意义上的不协调。同时,这篇作品要非常明白易解——这正是经典现实主义所要求的——以致它看来要去表现“自然秩序中的明显法则”(巴尔特,1972,第140页)。这些“法则”,实际上就是带有特定历史内容的资产阶级的神话,它既考虑合理性也关心价值意义。经典现实主义要求叙述者在使所描述事件明白可解的同时对其作出评价。

这就是利维斯在这位伟大小说家的作品中发现的“永恒的正确”的真实内容。要达到这种程度即作品中的那两种现实彼此紧密配合来展示自然秩序中的明显法则,这时作品才算是“成熟的”。如果不是这样,那些“不成熟”的成分必须加以删除。对这种不成熟的本质已在分析《弗洛斯河上的磨坊》时作过广泛的讨论——尽管针对《一位女士的画像》的不足之处所作的类似的分析启发了对《但尼尔·狄隆达》的讨论,这里利维斯用独特的方式引出“较差的”一半以突出那“好的”一半的优点。以下的两种情况中,叙述者看来未能“完全认清”人物的真实本质:亨利·詹姆斯理想化了伊莎贝尔,没有看出她那“极端愚蠢的固执”;乔治·艾略特同麦琪·塔利弗一样缺乏自我认识,同她一样感到无法抗拒斯蒂芬·格斯特,因而未能意识到麦琪的动机是与性相关的,而非诗意的(利维斯,1962,第127、54—58页)。

在这些情形中,作者的出现破坏了小说所描绘世界的真实(这个世界如此真实以致利维斯“了解”它而作者们却不行)。换句话说,叙述者没有在一定的距离之外阐明自然(道德的)秩序中的明显法则;作者的主观意识未能确保对所描述的感受作出正确解释。经验主义与唯心主义的联系毁坏了。而利维斯的评论所肩负的任务就是要恢复这种联系。现在批评家的声音取代了作者的,并动用了相应的权威。评论文章宣布了叙述者未能提供的评定,从而创立了一种虚幻的替代文本,它绝对符合自然秩序中的明显法则。它对感受的全面认定很准确因而恢复了小说所背离的秩序。资产阶级的神话获救了。

然而,《但尼尔·狄隆达》中的处理方式则更为激进。作品中令人不快的部分干脆被砍掉,为的是使留存下来的作品真正地表达作者的主观思想,作者在《格温多琳·哈里斯》中“展示了一种传统的道德感——它是……以绝对的确定性,并通过与某些明确无疑的标准相关联的评价表现出来的,而这些评价对我们简直就是启人心智的理性报告”(利维斯,

1962,第 139 页)。

在利维斯的评论文章中,与古典现实主义的两种现实相对应的两个方面是被明显地区分开来的。为使读者对被讨论的小说有所“感受”,这里对小说做了广泛的征引,环绕四周的评论给了这些引文应有的“评价”。但古典现实主义的议论照例应融入叙述之中,因而乔治·艾略特的具有概括意义的道德与哲学议论便常常被理解为是一种“闯入行为”,这在利维斯文中有一条明显的分界线,它以印刷上的惯用方式标记出来(引文用较小的字型标出),但这些议论在此评论中得到了强调。从经验主义者的观点来看,引文说明的只应是其本身,但实际上任何篇幅的一段引文都可作多种解释。评论的目的就在于控制这种理解上的多元性,但所依靠的不是对这段引文的分析(——这样做会与认为正确的解读就是一种识别的观念相抵触),而是促使读者赞同这一观点,即引文本身不言自明(“明明白白”)就是作者“感触的确定性”的一个例证。笼统地说,《伟大的传统》那些肯定是留待读者去识别的内容与所提供的解读之间差距越大,这篇论述就越盛气凌人:这里存在着某些“基本性的”差异(第 16 页);“对于那些具有成熟的欣赏兴趣的人们”,一些具体作品“明显地”带有某种类别特征;思想成熟的人并不一定认为狄更斯的作品是对一种独特而持久不变的严肃性提出的挑战”(第 29 页)。这时批评家的主观意识便在文中出现,以第一人称代词为标记,成为解读的感受基础及对这种解读的认可。而在许多情形中,利维斯对另一种方式与乔治·艾略特持有同样看法,这里读者的主观意识也被唤起以确保对一篇读物的理解达到一种心灵上的完美共识:“我们无法回避感受”格温多琳的处境;“在阅读[乔治·艾略特]时,我们体验到了她置身其中并以如此清晰的客观的影像表现出来的对人性的感受”(第 114、139 页)。

为理解这种心灵共识的含义,有必要对为利维斯的评论所尊崇、所描绘的“自然秩序”(或“人性”的“清晰的客观的影像”)加以考察。它至高无上,是一种世界的秩序——这个世界的唯一居民便是“不朽的人类”(巴尔特,1972,第 140 页),该种秩序是一种主观意识,它先于所有的论述,默默无言地决定并超越了历史。“人类的本性”——由个人所合法承袭的品质,通过与英国文学伟大的传统中描述的“本质生活”重建联系,便可避开大众社会的破坏性力量而流传下来。这样,主观意识就重新获得了能够辨别是非的和客观的理解力中的人道的特性,这是主观意识应有的状态,是在现代世界重振有机的社会组织的手段。

这种人道的主观意识的超越作用就是要承担起“对人的相对价值作出判定”的职责(利维斯,1962,第40页)。对人的相对价值作出判定曾导致集中营的出现,在此背景之下,这类措词在20世纪40年代该是令人脊背发凉的。就利维斯战后时期事业上的成功来看,事情不是那样的。这里也不单纯是所宣称的那类特定的判定,但采用等级观念的做法本身值得警惕。

在经典现实主义里,论述中的等级意识(评论小说人物时以具有特权的叙述口吻作出的“全面认定”或多或少是敏锐的,或多或少是未掺私念的,如此等等)展现出这样一个世界,在那里主观意识是决定因素,而主观意识理所当然具有不同的等级(见贝尔塞,1980,第70—75页)。这些观念在《伟大的传统》中不仅表现在对小说人物的讨论上,而且同样表现在写于开篇首句的理论框架中。这部著作的目标是要对人的相对价值做出永恒的评价,这种评价可以鉴别出那些小说家:他们的特殊的感受力从另一方面确保了对人的价值的准确评价。读者在《伟大的传统》的开始几段就被置于一座高山之上,对展示在眼前的处于从属地位的小说王国一目了然:“伟大的英国小说家”,“值得一读的用英语写作的小说家”,“重要的小说家”,“次要的小说家”,最后还有区别于仅仅是“小说”的“属于文学的小说”(利维斯,1962,第9—10页)。这部著作的任务可能是要通过这样一种论述(其中,相对价值的评价与理解一词含义相同),来解释并捍卫“杰出的极少数”的主宰地位(第11页)。这里必须强调一点,被判断的并非是写出来的东西而是主观本身;小说只是达到与小说家认同的手段。

这种评价必然是基于直觉的。我们已经从自己最深切的体验中认识到了那呈献于我们公正的理解力之前的人性的价值。正如伟大的小说家“认识到了”,批评家“认识到了”小说家的伟大,即便这种情形导致了令人不安的论争上的循环:“人们会考虑到,乔治·艾略特小说的道德的严肃性肯定意味着更为重要的东西,否则她就很难是伟大的小说家了——而人们知道她是。”(第41页)这样的话,论争对读者便失去了说服力,就像利维斯自己在其他场合所承认的:“那些未被《细察》的读者‘已经认识到’的东西,是无法被告知的。”(默尔罕,1979,第175页)当雷内·韦勒克提出了这样一个挑战,即依据文学与哲学的根本区别为他的主张中的哲学选择辩护时，利维斯拒绝了这挑战，并补充道："我觉得将这种差异完满地解释清楚并非易事，但韦勒克博士知道那是怎么回事。"（利维斯，1976，第212页，着重号为引者所加）

但这种对相对价值的评价不单纯是文学欣赏问题。《伟大的传统》通篇暗含着——在其他场合则明显表露着——这样一种观点，即"在个人对艺术的反应特点与其对实在的人性的相符程度之间存在着一种必然联系"（引自默尔罕，1979，第48页）。在《细察》及《教育与大学》中，利维斯一再表明：在英语系中，让未受束缚的理解力发挥其客观作用直接关系到符合人性的价值观在整个社会的传播。由于处在文科教育的核心地位，文学确保那些对它作出充分反应的人们获得成熟的感受力与确实的理解力——其意义将超越虚构故事的世界："这项工作开展得越深入，有关的判断与最深刻的相对价值观（它决定着或者应该决定着实际生活中的重要选择）就越密不可分。"（引自默尔罕，1979年，第193页）经过展示于《伟大的传统》的那种区别意识的培养，社会的领导者便会获得应有的准备以辨认主观意识的不同等级——这种主观意识的等级被神秘地赋予了个人，并只能在非理性推理的认识基础上对其加以评价。靠着这种方法，处于统治地位的社会精华使自己获得了一种感受力——这是其控制与指导个人体验的权力的来源与保证。

社会组织与利维斯的立场如此一致：它致力于细察个体的主观意识，监督个人的感受，并凭着纯属直觉的标准确认优劣。这一过程以教育机构的权力为后盾，它有着整套的评价与检查制度以排除偏离，从而达到另一层次的更为精细的理解力。利维斯的模式所提供的就是通过对人的相对价值的判断，不仅在文学里，而且在生活中，建立起各种等级，《伟大的传统》中的论述以其对不同主观意识之间的无穷尽的区分使得这种不等关系有了保证。这种等级不能理解为趋于变化的社会外部秩序的产物。相反，它的产生是以肯定一种特性、损害另一种特性为条件，而它的巩固是通过拒绝任何对此过程的理性批评而建立的。

三

拒绝利维斯式的批评论述意味着甚么呢？能否认为我们是对英语的伟大传统整体地加以排斥？我要说明的是，这不是必然的。当然，可以采取一种办法，把这一切统统丢弃，但我觉得终究不是个好办法。放弃现在通行的事情，就等于将其拱手让给利维斯的追随者们，他们的影响已经够广大的了。更为积极的策略是将英语作为一个斗争的阵地，创造一种新批评，重新读解这伟大的传统，不是为了维持其地位，而是以此来释放它的多元性。我曾在其他场合论证过，文本是多元的，其不同含义的产生在于将适于20世纪的论述与作品自身的原始材料发生关系(贝尔塞，1980，第125—146页，此观点在该文中随处可见)。利维斯读《但尼尔·狄隆达》为了发现其中“显而易见的”东西，那以诗的正义组织起来的世界的平庸，“带着恰当的复仇精神的傲慢”(利维斯，1962，第123页)。格温多琳嫁给格兰库特是个错误，她知道他与莉迪亚·格拉什之间的关系。跟着的就是一种直接的悲剧性后果：“由于错误的判断与对自身的无知、骄傲、勇气、敏感及理解力都陷入了毁灭性的僵局。”(出处同上，第124页)我想说明的是，这样的解读只能是片面的，指望从《但尼尔·狄隆达》中获得对某种陈腐道德的确证，这种做法不可取；倒是另一种方式更富于成果，比如说，将这部作品解读为是对当时社会的两性权力关系的挑战，其方式对我们自己也有着相同的影响。

把《但尼尔·狄隆达》解读为女权主义作品不一定与叙述者所持主张相一致。但小说中对社会关系——如支配与服从关系——的兴趣相当明显且一再出现。但尼尔屈从于默德凯，戴维罗夫人屈从于格温多琳，可是凌驾于所有两性关系之上的还是权力关系，而婚姻表现为一种斗争，其后果是一种已预先决定了的结局：

> 周围人个个对她的顺从使她产生了一种信念，作为一种自欺的迷信，伴随了她整个的婚前生活，这种对自身支配力量的信念，现已完全消散。短短的七个礼拜，在她就像是半生，她的丈夫已经掌握了统治权，对此她无法抗拒，就像她无法抗拒触电时的令人麻木的感觉。(第35章)

我想把《但尼尔·狄隆达》解读为是对一种无法抗拒现象的历史记录，这种解读是一个在利维斯生活时代持温和的性别歧视观点的读者所无法获得的。但尼尔本身——如此缺乏具体的实在性，他的篇幅应大量地从小说中删去——“明显地……是由一个女人创造出的人物”，但我们也不应忘记,有事实表明乔治·艾略特的人物是“一个极有魄力的非凡人物,决不会因为是女人创造的而受损伤”(利维斯,1962,第 96 页)。如果说,在提供一种对《但尼尔·狄隆达》的女权主义解读时,我着重于利维斯所指的这部作品的“好的一半”,这并不意味着要加强他的价值评价,而是要坚持认为他的偏颇不仅仅是单纯地偏爱作品的某一部分。实际上,利维斯对作品“坏的一半”的排斥也提供了有用的东西,它暗示出许多读者已感觉到的问题,即被小说的标题视为核心而提出的那个谜(“但尼尔·狄隆达是谁?”)不断地被一个更为引人注意的问题所取代:“格温多琳·哈里斯是甚么样的人?”在资产阶级的神话里,与出身相比,主观意识是一个更加“深奥的”问题。小说就是以这一问题开端的。尽管这个问题在作品中后来是因但尼尔心里想着才得以存在,却作为第一段的整体内容向读者公布了这个谜:

> 她漂亮还是不漂亮?她的外表或表情有甚么神秘之处,使得她的眼光如此富有生气?主宰着那目光的是天使还是恶魔?很可能是恶魔;不然为甚么她的魅力不是让人宁静而是使人不安?为甚么想再看她一眼的愿望带有被强制的感觉,而不是身心一致的渴望?(第 1 章)

这个谜视女人为一种观赏物——她的美,美的效果与力量——被感受为一种“强制”性力量。这个问题永远不会得到彻底解答,但它仍然处于小说的中心。在开始的一章,它展示于一系列次要人物对格温多琳的评论,后来又表现在狄隆达(第 28 章)以及其他一个个遭拒绝的情人所感受到的“她的女性魅力”中。在字谜游戏、舞会和射箭比赛等情节里,作品将格温多琳表现成一个自我陶醉的人物——意识到了自己是观赏物。我们看见她一再凝视镜子里自己的形象。但这不应简单地理解为一种心理特点,其独特主观意识的外露,以及虚荣或自我中心。作为观赏物的格温多琳,她的这种身份是在其他人物的品评中确定的:他们观赏着。他们公开地评价她的美;她是“目光的众矢之的”(第 36 章)。她也是读者的观赏对象,读者不断地获得她外表的细节:她身体的各个部分(她的脖子,她的浅褐色的头发,她的细长的双眼)以及她衣着的颜色与质地。

面前的这部作品呈现为(无论它是否有意识这样,都没关系)一部对妇女作为社会的产物的记录。格温多琳视自己为观赏物,把自身的形象看作一种力量的源泉。(的确,这是唯一能够属于她的力量的源泉;她的表亲安娜不是"观赏物",被看成既是男人同时也是女人的附属。)关于镜子的那些情景是她一生的顶点。这里最为重要的是,格温多琳在自己的影像里获得了一种虚幻的优越感:

> 即便烦恼已开始降临,无事可做之时,她坐下来凝视着光线渐明中自己的身影,伴着清晨的欢快气氛,渐渐地,她的脸上充满了得意之情。漂亮的双唇弯曲了,浮现出越来越自信的微笑,直到最后,她摘下帽子,俯身向前去亲吻那冰冷的玻璃——它本来显得那末温暖。她怎能相信忧愁?即便忧愁袭来,她也感到有力量将它压倒,让它落空。(第 2 章)

但是,通过那些使她当众羞辱或产生无以名状的恐惧的情节,小说的叙述过程意在持续不断地削弱破坏这种虚幻的优越感。这些情节的最高潮是格温多琳婚礼之夜的歇斯底里发作,"她面色苍白,似乎由于惊惧而发出尖叫",此时她已意识不到那些镜中的重重影像,它们再也无法统一起来:"好似许多个因惊恐而目光呆滞,面无血色的女人"(第 31 章)。这种歇斯底里的发作超出了其直接诱因:莉迪亚·格拉什的来信。这当然令人不快,但终究没有告诉任何她不知道的东西,然而使她想起她与格拉什夫人相见时的反应,奇怪的是,这是用与道德无关的方式表现的;"格温多琳……感到了一种恐惧,它好像梦中曾向她逼近的某种鬼气森森的幻想,说道:'我就是女人的生活。'"(第 14 章)

就像各种镜子的多重反射,作品展示给读者的正是这种"女人的生活"的影像。格温多琳权力的真实情况暴露无遗。她的生长环境使她想要超越社会为她设置的种种限制,承担养家糊口的"男性"角色,格温多琳首先想到在舞台上施展自己。当这看来不可能时(而且作一个"无形的"夫人角色也是不可想象的),她把自己塑造成一个为丈夫工作的形象。然而其婚姻中购买的特性表现得太赤裸裸了——订婚戒指附着一张五千英镑的支票,作为一种订金,表示后面还有更多的——而格温多琳认为她可以通过出卖劳动力而保持自由的概念也只能是一种讽刺。作为丈夫,格兰库特成为她这个观赏物的所有者与指导者:

> 为甚么她不能反抗他，蔑视他？她渴望这样做。但最好还是先努力克服一下她神经的紧张状态与内心的慌乱。她丈夫的背后有一个幽灵般的大军，无论她转向何处，它们都紧紧围绕着。她盛装而坐，恰似一个孤助无望的苍白影像，而他看来正心满意足地观赏着她。（第 36 章）

佩戴着格兰库特的钻石饰品，格温多琳成了他的权力的闪闪发光的具体表现。

但这个故事讲的不全是挫败。把女性当作观赏物的原动力在于性别，而结婚使女人的内心狂乱达到顶点，她们被限定在自身的（神经过敏的）性特征上（福柯，1979，第 104 页）。这部作品认为格温多琳具有某种英雄气质：她一直经受着内心的狂乱，拒绝把自己等同于所归属的性别。她不能忍受别人碰她，对做爱感到一种“生理上的厌恶”，拒绝（隐隐地有此念头）“跳华尔兹或波尔卡”（第 11 章）。她迟迟不肯接受格兰库特的求婚，这让他迷惑不解。当然，这只是一种无声（并且含糊不清）的英雄主义。在 19 世纪 70 年代，除歇斯底里发作外，没有甚么能表达出对那个父权制社会核心的反抗。而这里叙述者对格温多琳爆发出的无可名状的恐惧也未能给出令人信服的“解释”。她的反抗仍旧增长着，最后达到暗害（想象中的？）逼她就范的男人。难以理解的是，作品对于她应对他的死负有多大责任这一问题闪烁其词（“她要杀人的想法几乎可以肯定没有甚么外在后果”）（第 56 章）。但是，不管怎样，格温多琳想要杀死格兰库特的念头引起了我们的矛盾心理。无论如何，这是一种对父权制度的抗争，《但尼尔·狄隆达》对这种制度给人造成的压抑作了极为生动的说明。

不论小说怎样在实际上关心的是格温多琳主观意识的社会意义，注意的方向转离了狄隆达的身世之谜，但这部作品的女权主义解读自然也不会漏掉狄隆达和他母亲的最后相遇。古典现实主义的标准形式并没有那末苛刻，不容使用这种稍作亮相便走向结局的人物介绍方式，而叙述的需要也允许以不同方式来表现但尼尔如何发现他出生的“真相”。而狄隆达的身世以及被取代的事情却是他母亲反抗父权制度的结果。她的经历——尽管不符合叙述惯例，而描写得却强烈有力——构成了另一个“女人的生活”的影像。

格温多琳的故事没有经典现实主义的惯有结局：她写给狄隆达的信

没有表明她在塑造了她的社会中已建立了一个稳定的地位。也许这方面一点都没表现出来。在这个程度上，并以其对女子气表达方式的无言的排斥，《但尼尔·狄隆达》成为这样一部作品：既突破了经典现实主义的许多限制，同时也对自然（父权制度）秩序的法则提出挑战。

当然，这种女权主义的解读并不比利维斯的方式更彻底或更具决定性，但它要求的少得多。就其作为一种解读而言——这种解读是有意识地、明明白白地被展现出来的，而不是“被辨认”出来的——它的提出证明了确有一种分析形式仍适用于排斥《伟大的传统》的论述那种文学批评。

黄 伟译

——节选自凯瑟琳·贝尔塞：《重解伟大的传统》，北京：社会科学文献出版社 1999 年版。

霍尔·福斯特

反审美，这个标题的意思不是说后现代美学都是反对审美的，而是对审美现代性进行批判性的反思，首先涉及的是审美主义思想，主要包括审美无利害与艺术自律等概念。审美主义内部存在难以克服的矛盾，审美现代性提出要以审美对抗工具理性，但审美无功利的思想使审美与现实存在难以逾越的距离。后现代主义就是要突破现代审美主义的狭隘美学观，从思想和社会环境的总体内在结构出发来理解和解决美学问题，走跨学科研究的路子，从不同学科和不同文化中获得思想资源，美学学科才能获得生存与发展。所以，对审美现代性的反思，就是要寻求一条与现代性完全不同的路子，这条路子，福斯特称为反审美。

“后现代主义”这个术语有许多歧义，一些人把它界定为现代主义的审美断裂；爱德华·赛义德等人关注后殖民批评和政治阐释；杰姆逊等人则把它界定为晚期资本主义的表现。不管这些人如何界定这个术语，都表示了对现代性的怀疑。现代主义已经失败，其对资产阶级虚假规范性的反抗已经被吸收为官方文化。如何超越现代？现代主义是一种特殊的文化建构，我们要超越它，必须追踪其历史性的限度。

第一步，福斯特对现代性加以界定。哈贝马斯的界定比较有代表性，他认为现代性伴随着启蒙运动，其重点在于艺术与文化的自律追求。后来出现了对审美现代性的颠覆，如超现实主义。这种越界的游戏在后现代艺术中颇受欢迎，艺术与批评的疆界频频被打破，出现了副文学等难以定位的作品，其越界的策略是用他者、矛盾、差异等话语来重写现代性。杰姆逊、鲍德里亚等人对后现代的勾勒表明了后现代最好被定位为新的文化模式和新的发展时期，而不是简单地认为是对现代性的承续。

第二步，福斯特分析了后现代主义谱系内部的两种对立：反抗的后现代主义与反动的后现代主义。前者指消解后现代主义并反抗现实的后现代主义，后者是否定现代主义歌颂现状的后现代主义。反动的后现代主义的观点大多来自新保守主义者，他们把一种现代性的失败归咎于另一个现代性的实践，混淆因果。文化仍然拥有控制社会的巨大权力，反动的后现代主义是一种新的肯定性的文化。反抗的后现代主义对传统的批判性解构仍然是探索式的，其注重对起源的批判，质疑多于建构。两者都指责现代主义，但后现代的人道主义仍然来自传统。与后现代主义的两种对立相反，面对后现代主义方法论的冲突，哈贝马斯呼吁对现代性进行批判性的重构。这种重构也是有问题的，现代性的乌托邦已经造成灾难，后现代不能对此进行肤浅的反思。

第三步，分析了后现代主义的中性反抗与政治反抗。后现代主义被体验为一种外在的颠覆，而实际上它是文化内在的断裂，现代艺术自身的逻辑导致了自身的解构。克莱姆普认为这标志着认识论的断裂，现代性的同质性遭到了后现代异质性的威胁。欧文斯认为女权主义认识论的意义在于对家长社会的表象结构提出质疑。后结构主义对表象的批判导致新的文化形式，如零度写作、偶然音乐等。杰姆逊认为类像复制无所不在，消费社会的精神分裂症是对历史思考方式的拒绝。鲍德里亚认为在一个虚假的社会里，只存在“淫秽”的信息，自我完全成为符号或符号的映射。赛义德认为上述反抗似乎都是中性的，他认为后现代的专家崇拜和领域权威依然存在，不干涉人道主义实际上掩藏了非人道的操作，掩饰了与政治的关系，他进而提出了恢复他者历史等战略。

最后，福斯特提出了自己反审美的策略与新干预战略。反审美就是反对现代性对超越表象的乌托邦的追求，后现代主义则是要求我们重回表象之中，在表象秩序崩塌时进行必要的批判性重建。反审美也意味着现代性的审美概念是成问题的，要求艺术自律的同时又要求艺术的普遍性。具体说，反审美就要反对审美王国的特权，走向一种跨学科的实践。

艺术坚持自律以保持对世界的批判，在后现代社会这种审美主义已成为乌托邦。由此，一种新的干预战略必须被构想出来，反抗的实践已成为必需。

（李 兵）

反审美：后现代主义的走向

后现代主义确实存在吗？如果存在，那末它意味着甚么？它是一个概念抑或一种实践？一种区域风格抑或一整个新时期或经济发展阶段？它的形式、效果、地位是甚么？我们如何去标明它的降临？我们真的超越了现代而处在所谓后工业时代？

一些批评家，如罗萨林德、克劳斯、道格拉斯、克雷姆普，把后现代主义界定为现代主义审美领域的断裂。其他批评家，如格利高里・乌尔姆尔和爱德华・赛德，关注今日的“后现代批评对象”和阐释政治学。而弗里德利希・杰姆逊和让・波德莱尔具体地把后现代时刻视为一种新的“精神分裂症的”时空模式。至于克吕格・欧文斯和肯尼思，弗兰普顿则把后现代时刻的到来归结为关于进步与掌握的现代神话的衰落。但是，尤尔根・哈贝马斯除外，所有批评家都秉有一个共同信念：现代计划现在很成问题了。

作为一种实践，现代主义在前现代主义者、反现代主义者和后现代主义者的轰击下已归于失败。但是相反，作为一种传统现代主义至少已经获得胜利——不过这一胜利属得不偿失，无异于失败，因为现代主义现今已大部被吸收了。现代主义起初相反地反叛资产阶级文化秩序和其历史的“虚假规范性”（哈贝马斯）；而在今天，它却已是官方文化。杰姆逊的见解值得注意：现代主义的过去的丑陋之作而今置放于大学、博物馆和街头。简言之，现代主义，甚至如哈贝马斯所言，看起来“位居主导却已然死灭”。

这种情形表明，如果确实要拯救现代计划，就必须超越它。这为当今许多重要艺术所断定，也是本书的诱因之一。但是，我们如何超越现代？如何与导致一种危机价值的规划（现代主义）、或超越“进步”时代的设计（现代性），或逾越犯规性意识形态的计划（先锋派）实行决裂？人们如保罗・德・曼可以说，每个时期都遭遇一种“现代”时刻，即一种危机时刻或清算性时刻，在这个时刻中时期获得了自身作为时期的自我意识。但这还只是非历史性地看待现代，几乎只视其为一个范畴。确实，现代这一术语可能已经“失落其固定的历史参照”(哈贝马斯),但意识形态没有失落:现代主义是一种基于特殊条件的文化建构;它具有历史性限度。而我们的目的之一正是追踪这一限度,揭示我们的变化。

那末,头一个步骤就是对甚么是现代性加以特殊规定。哈贝马斯写道,现代计划是与启蒙运动计划相伴随着的,即“根据其内在逻辑”发展科学、道德和艺术领域。可以说,这一规划在战后或现代主义晚期都仍在实施之中,其着重点在于每种艺术的纯洁性和作为整体的文化的自主权。这一学科规划由于过去遭遇流俗与典雅两方面的侵扰而得以丰富——现代计划至少包括使文化纯洁,并使其形式物化。它的所为是如此之多以至于至少在艺术中导致了一种以建筑先锋派(尤其是达达主义和超现实主义)面目出现的反计划。这就是哈贝马斯所谓与“现代性计划”相反、被当作对单一领域的否定而加以驱散的那种“现代主义”:“空无遗留于非升华的意义或非结构的形式之中;解放效果并不接踵而至。”

这种“超现实主义颠覆”尽管在晚期现代主义中遭压抑,但在后现代主义艺术中获得回归(或者不如说,它的表象批判被再度肯定),因为后现代主义信条同样也是:“改变对象本身。”这样,如克劳斯所说,后现代主义实践“并不从与一个现成媒介的关联上加以规定……而毋宁说是在与基于文化条件的逻辑操作的关联上被规定的”。如此看来,艺术的真正本质已经改变;批评对象也是如此:正如乌尔姆尔所说,一种新的“副文学”(paraliterary)实践已经登场,它消融了创作形式与批评形式的界限。照这同样方式办理,过去的理论与实践命题就被拒斥,尤其如欧文斯所说,被女权主义艺术家拒斥,对她们而言,批评干预出自战术与政治需要。知识话语所受影响的程序并不亚于此:杰姆逊指出,在诸种研究学科中,引人注目的新项目已经出现。“例如,米歇尔·福柯的作品到底视为哲学、历史、社会理论还是政治科学?”(对于杰姆逊或赛德人们也可以提出“文学批评”上的同类问题。)

正由于福柯、雅克·德里达或罗兰·巴尔特显得如此重要,因而倘是离开欧洲大陆理论(结构主义和后结构主义尤为流行)而谈后现代主义,必将是不可思议的。结构主义和后结构主义两者都把文化视为代码集或神话集(巴尔特),或关于现实矛盾的想象性解决(列维-斯特劳斯)。从这点出发,一首诗或一幅画并不必然地富于特权,而人工制品同样将更少被当作现代主义意义上的作品(work)——唯一的、象征的、幻觉的作品,而更多地被看作后现代主义意义上的本文(text)——“已然写成的”,寓言的,可能的。从这种本文模式看,一种后现代主义战术就清晰可见了:对现代主义进行解构并不为着封闭其自身意象,而是为着使其开放,将其重写;把被遮蔽系统(如博物馆)向“本文的异质性”开放(克莱姆普),在“综合矛盾”的名下重写其普遍性技巧(弗兰普顿)——一句话,这就是运用“他者话语”向现代主义的大师叙事发出挑战(欧文斯)。

但这种多元论可能是成问题的:因为如果现代主义由如此多种独一无二模式(劳伦斯、普鲁斯特……)构成,那末,“后现代主义的种种不同形式将与高度现代主义模式一样多,因为前者至少是这些模式的富于原创性、特殊性和区域性的反响”(杰姆逊)。所以,这种种不同形式可能会被减缩到无足轻重程度,或者后现代主义会被发散为相对主义(正如后结构主义被离散为没有任何东西存在于“本文之外”的荒唐命题一样)。我觉得这种膨胀应当受到捍卫,因为后现代主义不是多元主义——那种有关一切文化与政治地位的想象性命题,而今已成为开放的和同一的。这种关于一切都在消逝、“意识形态终结”出现的启示录式信念,直接地就是对没有甚么东西在运作、我们生活在丧失矫正希望的“总体制度”之中的宿命论信念的颠倒。恩斯特·曼德尔把对这种启示录式信念的默认称为“晚期资本主义意识形态”。

显然,后现代主义的每种位置都是以政治“联营”(赛德)和历史议程为标志的。那末,我们如何认识后现代主义,这对于我们如何再现现在和过去两者——其诸方面被强调、被压制,是具有批判性意义的。运用后现代主义这一名义去定义,这件事究竟为着甚么:是争辩我们处在‘一个主体死亡的时代(波德莱尔)抑或大师叙事失落的时代(欧文斯)?’是断言我们生活在一个反抗已成困难的消费社会(杰姆逊)抑或栖息于一个人道确实已位居边际的庸人政治中(赛德)?这类观念并不是启示录式的:它们标志着不平坦的发展,不清晰的断裂,和新的发展时期。那末,后现代主义大致最好被视为种种新旧模式——文化模式与经济模式,一个有不完全自主性而另一个呈不完全决定性——之间的冲突,和种种被归属于其中的利益之间的冲突。这至少表明本书的议程已经清楚:使已出现的种种文化形式和社会关系得以解脱(杰姆逊),并且讨论这样做的意义。

当然,即便在现在,后现代主义也仍然被赋予种种规范性地位:人们可能支持作为平民主义者的后现代主义和攻击作为精英分子的现代主义，或者反过来说也一样，支持作为精英分子的现代主义（像文化所适应的那样）和攻击仅仅作为流俗的后现代主义。这种观点反映了一件事：后现代主义普遍地被视为（无疑可与后现代建筑比较）对于“传统”的一种必然性转折。那末，简单地讲，我正是想借本书就这种反对性后现代主义勾勒一个轮廓。

在今日文化政治中，一个基本的对立存在于寻求消解现代主义并反抗现状的后现代主义，与否认现代主义而歌颂现状的后现代主义之间，即反抗的后现代主义和反动的后现代主义。本书论文大多针对前者——其愿望是改变对象及其社会性。而反动的后现代主义则熟为人知：它虽然不是孤石独立，但就对现代主义的否定来说也是单一的。这种否定大致多出于新保守主义者的尖锐喊叫，但也处处引起回声。这种否定是战略性的：如哈贝马斯令人信服地指出的那样，新保守主义者把文化性与社会性相割裂，然后将一个（现代化）的病态归咎于另一个（现代主义）的实践。由于这种因果关系的混淆，“敌手的”文化甚至被披露为经济与政治现状而得以肯定——确乎可以说，一种新的“肯定性”文化被提出来了。

由此而论，文化仍然是一种力量，但是一种巨大的社会控制力量，一种摹自工具性面孔的无理由意象（弗兰普顿）。这样，正是在治疗学意义上而非化妆术意义上，后现代主义被视为向着（艺术、家庭、宗教——中的）传统的确定性的回归。现代主义被简约为一种风格（如“形式主义”或国际风格），并被指责为或完全运作为一种文化谬误；继而前现代主义和后现代主义因素就被省略，而人道主义传统则受到维护。但是，假如没有一种基于现代主义的已失落传统以及蕴含在异质的现在之上的大师传统的复活，这种回归会是甚么？

那末可以说，一种反抗的后现代主义产生于一种反实践，这不仅指官方的现代主义文化，而且也指反动的后现代主义的“虚假规范性”。相反（但不仅相反），反抗性后现代主义关注传统的批判性解构，而对流行音乐的历史形式或伪历史形式的工具性仿制则不闻不问；它注重起源的批判，而对向起源的回归则不理不睬。一句话，它寻求质疑远胜于开发文化符码，着意于探索而不是遮蔽社会的与政治的联营。

在诸多讨论后现代艺术的论文中，若干主题（建筑、雕刻、绘画、摄影、音乐、电影……）被作为转化的实践而不是非历史性范畴加以讨论。从而这里涉及的许多方法（结构主义、后结构主义、拉康精神分析学、女权主义批评、马克思主义等),不是作为不同“途径”而是作为冲突模式被探讨的。

尤尔根·哈贝马斯提出了文化继承启蒙运动的若干基本课题——现代主义与先锋派,进步的现代性与反动的现代性。他认可现代对“惯例”的拒绝但提醒警惕“虚假的否定”;同时,他指责(新保守主义的)反现代主义是反动的。与采取颠覆和反动两种路线相反,他呼吁对现代计划进行批判性再度拨款。

然而,从某种意义上说,这种批判掩盖着危机——即弗兰普顿所谓面对现代建筑的危机。启蒙运动中蕴含的和现代主义所体现的乌托邦主义已经导致灾难——非西方文化的构造物被租用,西方城市简约为大城市。后现代建筑倾向于以平民主义的“面具化”、风格化的“先锋派”或向密封符码撤退,对上述灾难作出肤浅的回应。弗兰普顿转而呼唤一种介乎现代文明形式与区域文化形式之间的中介,一种普遍技巧与地区方言的相互解构。

现代性的危机是在50年代末和60年代初被觉察到的,这个时刻常常被视为后现代主义的断裂,并且在今日仍是意识形态冲突(多属否定性的)的场所。如果这种危机被体验为外在的文化颠覆,那末它无疑以内在的文化破裂为标志——例如,即便在偏僻的雕刻领域。克劳斯详细论述了现代雕刻的逻辑在六十年代如何导致其自身的解构——并且导致建立在启蒙运动关于不同学科并存与自主的原则基础上的现代艺术秩序的解构。她争辩说,今天的“雕刻”仅仅在一种形式的“扩张领域”意义上存在,而所有这些形式都从结构上获得。对克劳斯来说,这正构成后现代主义断裂:艺术不是媒介性的而是结构性的,这正导向“文化性概念”。

道格拉斯·克莱姆普也证实了对现代主义,尤其对其表象平面的定义的断裂。在罗伯特·劳申伯格和其他人的作品中,现代主义绘画那种“天然的”、整齐划一的表面通过摄影程序而被后现代主义画面的完全文化的、本文的场所取代。克莱姆普认为,这种美学断裂可能标志着对于现代知识的“桌子”或“档案”的认识论断裂。他继而比较性地探讨了现代博物馆机构,建立于表象的自负之上的权威——一种并不放弃细察的关于起源的科学。可以肯定地说,这就是那种在博物馆里、在后现代主义中遭本文异质性威胁的作品同质系列。

克吕格·欧文斯也把后现代主义看作西方表象、它的权威和普遍性主张的危机——一种由从前的边际的或压抑的话语，其中最有意味的女权主义所宣称的危机。欧文斯认为，作为对现代人大师叙事的一种激进批判，女权主义是一次政治事件和认识论事件——其政治性在于它向家长社会秩序发出挑战，其认识论意义在于它向这个家长社会的表象结构提出质疑。在他看来，这种激进批判显然集中在许多女性艺术家(他讨论了其中八位)的当代实践上。

对表象的批判当然与后结构主义理论有关，这里是由格利高里·乌尔姆尔提出的。乌尔姆尔争辩说，批评的表象惯例今天已被转化为现代主义降临之时的艺术中。他详细而集中地讨论了拼贴和蒙太奇(与各种现代主义有关)、解构(特别是摹仿和记号，这涉及雅克·德里达)和寓言(一种指向历史性思维物质的形式，这涉及瓦尔特·本杰明)。乌尔姆尔认为，这些实践已导致新的文化形式，其范例是罗兰·巴尔特的写作和约翰·凯奇的演奏。

弗里德利希·杰姆逊对记号与表象失落间的融合并不那末乐观。例如，他指出，仿制已成为无所不在的模型(尤其在电影中)，这表明不仅我们遭遇私人语言海洋的冲刷，而且我们乐意被召回到并不比我们自身更成问题的时间性之中。这进而表明一种对把持现在或历史地思考的方式的拒绝——这种拒绝被杰姆逊称之为消费社会的“精神分裂症”特征。

让·波德莱尔也反思我们当代空间与时间的融合问题。他写道，在一个假面世界，偶然性消逝了：对象不再是主体的镜子，不再存在“场景”、私人信息或公共信息——只存在“淫秽”信息。事实上，自我成为“精神分裂症患者”，变成“为所有影响网络而存在的……纯粹银幕”。

在一个按如上描绘而呈现的世界上，反抗的真正希望看来是荒谬的：这种放弃正是爱德华·赛德反对的。信息层——或者就这点上说，批评——几乎不是中性的：谁是获益者？他带着这个问题把这些本文置放在现在的上下文——“里根时代”之中。对赛德来说，后现代十字路口再明显不过了：“专家崇拜”、“领域”权威依然如故。确实，“不干预主义”是一种心照不宣的假定：“人道”与“政治”彼此离群索居。但是这只是假装使一个纯净而使另一个放纵，而掩饰了两者的联营关系，作为一个结果，人道起着两方面作用：掩藏非人道主义的信息操作，“再现人道边际”。那末，我们这里就面临充分意义上的循环：启蒙运动其学科现代性计划现已被神秘化；它是为“宗教选民”而订，不是为“世俗群体”而立，这就引申出国家权力。对赛德而言(正像对意大利马克思主义者安东尼·葛兰西一样),这种权力如同被掌握在政治机构、军事机构一样被掌握在民事机构之中。这样,与杰姆逊相同,赛德敦促研究文化本文的"盟主权"方面,提出一种反干预实践。他在这里(与弗兰普顿、欧文斯、乌尔姆尔等一样)引述如下战略:官方表象批判,可供选择的信息模型(如摄影)利用,他者(历史)的复原。

收入本书的论文尽管彼此观点殊异,但分担了许多关心:对西方表象和现代"至高无上的虚构"的批判;认识(没有对立面的他者的、缺乏层次的异质性的)差异的愿望;对于自主性文化"圈"或疏离性专家"领域"的怀疑主义;一种超越(本文到本文的)形式局限而追踪社会联营(本文的在世机构性"浓度")的祈愿;简言之,一种掌握文化与政治的现在连结,并且对那种既反抗学院式现代主义,也反抗政治上的反动的实践加以肯定的愿望。

这些关心在这里被冠之以"反审美"这一特殊标题,并不意味着认可对艺术的否定或对表象的拒绝。而正是现代主义才被冠之以这样的"否定",它在一种"解放效果"的无秩序的希望中,或者在有关纯粹显现的时间的乌托邦梦境中去拥立超越表象的空间。而我们这里却不一样:所有这些批评家都当然无疑地认可这一事实,即我们从来不在表象之外——或者毋宁说,从来不在表象的政治之外,由此这里的"反审美"就不是一种现代虚无主义符号——而不如说是使表象秩序崩塌以便使之重建的批判性表征。

"反审美"也标志着审美概念其观念网络在此是成问题的:这种观念就是——审美体验独立存在,无目的,超越历史,或者,艺术现在能够同时作为泛主体性的、具体的和普遍的世界——符号总体而起作用。那末,像"后现代主义"一样,"反审美"标明一种位于现在之中的文化地位:基于审美概念而敷设的诸范畴仍然可靠吗?(例如,主观趣味模式不致受到大众传播媒介的威胁吗?或者普遍感觉模式不受到其他文化产品的制约吗?)更具体地说,"反审美"也意味着一种出于天然的交叉学科实践,它敏感于诸种文化形式,而文化形式又涉及政治形式(如女权主义艺术),或者植根于地方语言中。这就表明,"反审美"实践构成了对审美特权王国的否定。

审美历险由一个伟大的现代叙事构成:从它的自主性时间通过为艺术而艺术直到其作为必然否定性范畴的地位,这是对世界的一种批判。

正是这一最后的瞬间(这在西奥多·阿尔多诺的写作中有精彩论述)令人流连;审美作为颠覆性概念,它是那不尽人意的工具世界的批判性裂缝。然而在现在,我们不得不认识到这种审美空间也已黯然失色——或者不如说,它的批判性现在已纯属幻觉性(工具性亦然)。在这种情形下,一种阿尔多诺战略,即"否定性承诺",可能不得不被修正或拒绝,而同时一种新的干预战略(与葛兰西有关)必须构想出来,这至少是本书各篇论文的突击点所在。当然,这样一个战略倘不了解自身限度,就仍旧会是浪漫性的,而这一点在今日世界已属确凿无疑。但是,有一点同样清楚:面对着全面的反动文化,反抗的实践已成必须。

王一川译

——节选自王岳川等编:《后现代主义文化与美学》,北京:北京大学出版社 1992 年版。

赫伯恩

一、自然审美的特点

赫伯恩认为当代美学不关注自然美,对现代人而言,自然不重要、无意义。自然景色没有框架,这有利有弊,弊端在于自然审美对象没有完整的明确性和稳定性,难以纳入有关的审美经验之中;反过来也为我们提供了不可预料的感觉材料,使原有经验得以修正或扩充。面对自然,自然界的形式还为想象提供了驰骋的天地。艺术美育提供的方法不适用于自然审美。

二、自然审美的方法

赫伯恩认为在形而上学的方法与感性观照的方法之间可能存在自然审美方法的地带。大致有以下几种方法:其一,"统一"具有心理调节的作用,自然审美经验的复杂性要求扩充原先的形式,但这种扩充不能超越心理上的极限。其二,自然的人化或精神化。在这里,"统一"再次成为调节概念,让观者与自然之间建立起亲密的关系。其三,人的"自然化",无机界与有机界的相似形式,让人以小见大,"一花一世界",人是自然界的产物,自然的审美性质也移入了人体之中,人被自然化了。其四,"统一"还意味着人与自然终止了对立关系,人与自然和谐相处,因为自然是人赖以生存的环境。总之,“统一”是个有用的词,但不能解释一切。在一般的、俗套的审美经验与个别特殊的自然物的审美之间有着张力,两者并不重合,而是相互制约。

在实践中,自然审美也常常参照艺术审美。两者经常相互比较,美学问题的解决依赖于对自然美的全面探讨。对人工制品与自然物品审美,如石雕与雨花石,我们的审美反应和解释方式不同,这种不同不仅仅是因为形式不同,还因为自然审美经验与艺术经验的控制因素不同。艺术审美的词汇对自然审美也有参照意义。自然审美过程是对知觉和想象塑形的过程,它包含有一种本质上的事件因素:“认识到……”,其中需有真实作为参照,但又不拘泥于此。人的审美经验具有相对的稳定性,但在特定的境遇里,对自然的欣赏会从一种经验过渡到另一种经验,如从形式的审美逐渐深入到审美动力学的思考,这也跟艺术一样。

自然科学的进步使得原有的自然审美经验得以大大拓展,但有时我们要获得某种审美经验又不得不中断某些认识活动,但在其他场合,认识活动又可激起人们的某种审美兴奋。由此,在不同的审美要求之间寻求平衡就不可避免了。最后,赫伯恩总结了自然审美的过程:以知觉为依据,又扩展开来,通过审美观照与自然统一。自然审美经验不是超验的,但自然的力量让人不可思议,我们大可不必为此费神。

三、赫伯恩自然审美观的不足

赫伯恩把艺术经验与自然审美经验做了区分与联系,这些认识都比较深刻,其与自然“统一”理论类似于中国道家的“天人合一”思想,总的来看是趋于传统和保守,前瞻性和创新性不足。后现代生态美育理论对现代性大加挞伐,认为现代性坚持人与自然的对立,对以技术为导向的社会将人的价值观和欲望夷平,变得“均一化”和“齐一化”了,排除了其他的可能的选择和观点,在艺术终结之后,美育也将终结了。后现代生态美育观最有价值的观点就是它的“统一”观,或者说它的“开放心态”;现代性的美育思想就是对自然和他者的漠视。赫伯恩的“统一”观,对现代性的自然审美观批判不够,而后现代的生态美育理论是建立在对现代性的反思和批判的基础之上的,只有打破现代性的自我封闭的玻璃瓶,才能谈得上是与自然的“统一”。由是观之,“自然”在后现代的美育理论中占据着重要的位置,缺少了自然的美育,人类的精神就是残缺不全的,对于健全的美育而言,真正的危险就在于选择的狭窄,隔断与自然、宇宙、神圣的整体联系。

（李 兵）

对自然的审美欣赏

一

当代美学著述绝大部分关注的是艺术，极少有关心自然美的，一些20世纪中叶的理论家甚至将美学界定为“艺术哲学”、“批评哲学”。两本经常为人引用的美学文集（英国的埃尔顿的《美学与语言》以及美国的维瓦斯和克里格尔的《美学问题》）中就没有任何研究自然美的文章。这是为甚么呢？

这一问题的部分答案不应该在哲学家的理论中去找，而应该在审美趣味的一些普遍的转移中去找。尽管存在着一些相反的表面现象（对户外生活的追求，旅行车队、露营、乘坐家庭汽车郊游等），对自然的严重的审美危机今天成了一种相当特殊的现象。如果我们将华兹华斯的眼光视为这一课题的近代史的高峰，那就不得不承认这高峰后面是一个低谷。今天我们是站在很低的立足点来考察这一课题的。华兹华斯笔下的自然是人类的审美和道德的教科书。然而我们所知的20世纪的人的典型形象就是被自然包围着的“陌生人”，自然对他不仅毫不重要，毫无意义，而且是“荒诞的”。

科学的成果也使人们对自然的审美欣赏产生了迷惑和彷徨。显微镜和望远镜为我们增加了大量的认识材料，一般解释中的自然景色的各种形象在科学的揭示下成了根据无数不同尺度的选择。“自然是甚么？”这一问题再也不能用宏观的、一目了然的、打上标签的事物来回答了。

美学中，尤其在那些日渐严格的美学理论中对自然美的忽视，在理论上还有其他特殊的原因。审美经验的某些特征是很难从自然中获得的，这就是说，自然景色不能像成功的艺术品那样精细地控制观者的反应，因为它是没有边缘的普通对象，与“奥妙”、“虚幻”的艺术对象不同。这样，人们势必趋于将人工制品当作唯一的审美对象和美学研究的核心问题。

语言或概念分析家首先将他们的技巧运用于艺术批评家的文章中的论证和断言，这一点很容易理解。然而对于自然美，这类批评文章就几乎没有。哲学家必须首先对自然的审美欣赏作出系统的描述。但迄今为止他们在这方面进展甚微,也可能他们不愿意干这种事吧。

我既已把人们忽视了的课题又提了出来,便想证明这种忽视是一件非常糟糕的事情。这是因为它使美学放弃了对一组重要而丰富多彩的有关材料的考察。因为当一整套经验被有关它们的理论冷落在一边时,就更不容易作为经验对理论发挥作用。如果我们找不到合乎情理的语言来描绘这些经验,就只能很不自在地感到这些经验,就好像它们是地图上不见名的地方。既然不见名,也就自然人迹罕至了。这真是非常不幸,因为由于其他原因,这种经验本来就已经够难以获得了。

那末,当代美学又能够在自然美上做些甚么文章呢?

二

如果最需要的的确是系统描述,我就应该对各种对自然的审美经验进行一点说明。但是这类审美经验太多了,仅仅将它们罗列出来是乏味的。为此我将选出一些本身就十分有趣而又有助于以后的论述的例子。

前面已经说过,艺术审美对象有一些普遍特征是自然对象所没有的。但自然对象缺乏这些特征的效果不一定是消极的,没有这些特征可能反而是对自然的审美经验的可贵条件,如果我们能说明(我认为是能够的)这一点,那将是十分有益的。

一个很说明问题的例子是:当一个人观赏自然景物时,自己也常常陷于自然的审美环境之中。有时候,他面对自然景物时也可能仅仅是一个冷漠而超然的旁观者,但是在更多的情况下,他被自然景物团团包围。在森林里树木包围着他;在山地里,四面都是青山;在平原上,四面坦荡无垠。如果这景色中出现了运动,观者也可能运动起来,而他的运动在他的审美经验中也可能是一种重要的因素。例如当气流使一架滑翔机保持平衡滑行时,滑翔者也会产生一种漂浮感,并从中获得极大的快感。赫普沃思对这种"卷入"作了很精彩的描述:"当一个人躺在似乎比海面还低的沙滩上时,他的形状和'存在'跟他迎风站在陡峭的悬崖顶上,眼见海鸟在脚下盘旋时的形状和'存在'是多不相同啊。"这句话不仅说明了观者和对象的相互作用,而且说明了观者以一种特殊而生动的方式体验自我时所凭借的内省效果。这种差异不仅引起了他的注意,而且引起了他的深思。

如果我们的研究范围更大一些，就还必须详细地分析与此有关的“审美超然”和“卷入”的各种意义。这一研究可能比对艺术欣赏的探讨更难把握，然而是非常有益的。当然，观者没有使用操纵或计划如何操纵自然，在这种意义上，他具有审美超然性。他既是演员，又是观众，他一方面是自然景色的组成部分，另一方面又玩味着身为这种组成部分的感觉，可以这样说，他主动地与自然游戏，也让自然与他和他的自我意识一起游戏。

其次，尽管并非所有的艺术审美对象都有框架或垫座，但确有许多艺术品都明显地与它们的环境分离开来，这是它们的一种特点。我们也许可以将“框架”一词的意义加以引申，使它不仅指称绘画的物质边缘，而且指称一切用以防止艺术品与自然物或没有审美价值的人工制品混淆起来的手段。把这些手段视为对艺术对象本身的形式完整的认识的辅助，对它们引起审美兴趣的能力的辅助，是最恰当不过的了。

与艺术品相比，自然物是没有框架的。从审美角度来看，这种情况既有弊也有利。无论甚么东西，只要在艺术品的框架之外，就不能成为与它有关的审美经验的一部分。一声偶然传来的火车汽笛声，不仅不能与弦乐四重奏融为一体，反而只会打扰我们对它的欣赏。但是在没有框架的时候，当自然是我们的审美对象时，来自我们原有的注意范围之外的一种声音或可见的事物，就会迫使我们把它们纳入我们的整个经验之中，迫使我们修正自己的经验以容纳这位“不速之客”。当然，这种事情也并不一定发生，例如，当这事物跟我们的经验格格不入时，我们就可能有意地将它拒于经验之外。不管怎么说，我们的创造性都面临着一项任务，当事物与我们的经验并行不悖时，我们的想象会突然扩展，这种扩展的想象本身就是我们难以忘怀的东西。

短暂的寂静会使他
感到手足无措，
然而有时当他驻步倾听
一阵温柔的惊惧会把山洪的轰鸣
带进他的心底……

如果由于没有框架，自然审美对象也就没有完整的明确性和稳定性，那末这一对象反过来也至少为我们提供了不可预料的感觉材料。这使得对自然的审美观照获得了一种具有冒险性的开放感。绘画的框架使得作品的每一要素的感觉性质(包括表情性质)都是由一个有限的环境决定的。显然自然审美对象是不可能具有这种确定性的。例如,一棵树给我们的审美影响的一部分就取决于我们在观看它时纳入视野的环境。一棵生长在陡峭的山坡上、被风刮弯了腰的树可能显得坚韧不拔、紧张吃力。但是,如果我们距离远一些,如果我们的视野中包括了山坡上其他许许多多相似的树,那引起我们注意的东西可能就是具有点状花纹的可爱的山坡,这景色具有大不相同的感情特质——虚幻或者快乐。自然中的任何审美特质都是暂时性的,当我们参照另一种环境——或者是一种较大的环境,或者是我们认识得更仔细的较小的环境时,这种特质就会产生变化。从积极的方面来看,自然中的审美特质的这种暂时性造成了一种不定性、活跃性,一种对不断更新的观点和更全面的统一的追求。

最后,我们还可以对以下两种东西进行鉴别,一种是一个自然的对象或人工制造的对象的特殊审美作用;另一种是许多审美环境所共有的某些普遍的“背景’经验,这些经验本身也具有审美价值。对艺术对象,我们努力去把握它那作为一个感性整体的可理解的内容,这种认识活动使我们感到欢欣鼓舞。我们在这种活动中找到了理解它的内在指南,也找到了对我们的反应的结构控制因素。我们意识到这些特征是它们的创造者有目的地安排在那儿的。而当我们的对象不是一件人工制品而是自然物时,我认为我们就可以确定另一种背景经验,它与审美环境的背景经验既十分相似,又有十分有趣的差异。这种经验也同样是一种欢欣,一种由于自然界的形式为想象提供了活动天地而感到的喜悦,是树叶的叶脉形状与人的血管系统的形状的相似,云与山峦的相似,山与人体的相似所引起的喜悦。实际上,当我们说自然“美丽”时,我们表达的一部分重要意思就是大自然界中的形式为想象提供了驰骋的天地。当然,这里用的不仅仅是“beautifull”(美丽的)一词的狭义,即与“picturesque”(生动的)或“comic”(滑稽的)相对的那种意义。这里用的是它的广义。它意味着“审美上有趣的”和“审美上杰出的”。

迄今为止,我试图说明的就是,自然对象和艺术对象之间的重要差异为自然的独特而可贵的审美经验类型提供了依据。艺术或者无法在造就这些类型的经验方面与自然匹敌,或者根本就不能提供这样的经验。假定一个人的审美教育未能考虑到这些差异，假定这种教育在他身上培养起了只适于对艺术品欣赏的态度、方法和期待，那末这个人就不会去注意自然对象，或即使他注意这类审美对象，在方式方法上也是错误的。他寻找的只是在艺术中才能找到、欣赏到的东西，这注定了他的追求要落空。此外，是否会想到可能还有其他更适合于自然的审美欣赏的方法呢？这一点我们也难肯定。

三

一些人在描述对自然的审美欣赏时，有时候也集中讨论对个别独特的自然对象的观照活动。讨论的核心是这种对象或它们的颜色和结构的形式组织。另有一批更勇于进行形而上学探讨的人认为，对自然的审美欣赏势必最终揭示自然中的“统一”，或最终走向“和自然的同一”的理想。这些人的理论之间存在着重大的实质性的差异。但是“统一”、“同一”之类词汇作为关键的美学原则，一再成为人们的论题。在当代英国哲学中存在着一些强大的势力，鼓励着我们赞同一种对自然美的特殊主义方法，即对个别对象的具有审美意义的感性特质进行观照；与此同时，那些势力鼓励我们疏远“与自然同一”或“在自然之中”这样较为夸夸其谈的理论。但是，在我看来，我们还不能简单地说以上两种审美方法一好一坏，一种明智，一种荒谬。我们不如说，这是两个相隔很远的界标，它们之间存在着一个可能的审美方法的地带，当我们为这一地带绘制“地图”时，这两个界标有着重要作用。

首先我们必须坦率地否定对统一、形式统一、质、结构或其他任何东西的普遍审美需要。我们会喜欢纯粹的复数，喜欢天空中的繁星，喜欢没头没尾的鸟鸣。然而如果有人使“统一”在某种意义上成为自己的关键概念也并不一定就是固执己见或搞蒙昧主义。我想证明，在对孤立的个别事物的经验中有某些不完整性，这些不完整性产生出向另一方即统一的强有力的运动。但是世上没有唯一的一类联合或统一。在这一理想的范围内有好几个概念有待区别。

我们已经认识到了，对决定着自然景物的被人感觉到的特质的环境进行更全面充分的观察的运动方向。我们的部分动机是想要获得这种完整或真理。我们还知道，在审美经验中，环境复杂性比起其他任何因素为详细鉴别表情特质创造了更多的条件,这种鉴别被赋予极高的审美价值。在很大程度上,正是为了追求这一价值,我们才接受所谓“结合的任务”,即注意原先处于我们注意之外的形式和声音,并将它们作为与审美有关的东西加以接受。

扩大环境不一定就要扩大空间。那末又怎么来扩大它呢?假定我正在一大片沙泥地面上行走,四下的景色也许就只是荒凉和愉快的旷野,但是如果我知道这地方是片潮水已经退去的潮汐洼地,就会看见自己走的地方每天有一半的时间是海底。这里的粗犷快乐的空旷也许就还掺杂了一点使人不安的神秘。这样,除了扩大空间之外(有时候我们根本无须这样做),我们还可以设法丰富我们经验中的解释要素,与此同时,并不把这种要素当成对眼前景物的理论知识,而只是用它来帮助我们确定经验对我们的审美作用。“统一”在这里有一种纯粹的调节作用,自然不是“给定的整体”,甚至对它的认识也不是这种东西。无论在甚么情况下,扩大过程都有心理上的极限。复杂一旦达到了某一程度,人们对感觉或情感特质的鉴别就会停滞不前。

此外,还有第二种脱离对未曾得到解释的特殊事物的观照的运动。它有时被人们称为自然的“人化”或“精神化”。在这里我只准备指出这一运动的存在及其与我们的问题的关系,因为在美学史上有许多这方面的论述。柯勒律治说过:“艺术是……将自然人化的力量,是将人的思想和感情融入每一个作为他的对象的东西中去的力量。”而黑格尔则认为艺术的目的在于“剥去外部世界的顽固的外部性”。这些对艺术的看法,对于对自然的审美经验同样是适用的。想象活动的目的便是在观者与审美对象之间建立一种亲密关系,这里统一又成了一种调节概念,它意味着我们不可能让没有理性的外在自然界在精神的镜子上完全反映出来。

通过发展和修正“人化”理想,我们还会看到指向统一的第三种运动。一个对自然物进行审美观照的人,有时会发现这些对象的情感特质可以用描绘人类情感的词汇来描绘。例如忧郁、高兴、平静等。但也不是一概如此。一种特殊的情感性质可能大致上与一种说得出名称的人类情感——如孤寂——相似。但是一片荒原或沙漠所表现出的孤寂在色彩和强度上却可能跟人的孤寂有很大差异。对自然的审美经验也可能是对某一范围内的情感的经验,未经训练、没有补充的人类情感是无法唤起这样的经验的。在赫普沃思的话中,与自然同一便意味着生动地认识一个人在自然景物中的位置，将自己视为自然中的诸形式之一。这时人不是让昂然的“外部性”或“他性”得以克服，而是使“他性”自由活动，修正人对自己的存在的普遍认识。在这一领域内，我们也无须局限于对未得解释的特殊事物的观照。从叶脉上我们可以“看见”血脉系统、树木的枝丫或叉状的闪电，或所有这些东西，从一团螺旋状的星云上我可能看到水的漩涡或飞旋的尘土。我可能意识到遍布于无机界和有机界内的关系和相似形式的网络。我的经验具有一种以小见大的性质，如果我们将艾略特的“动脉的舞蹈/淋巴的循环”看作“就像那群星在漂流”，那末后者的(我们所知觉到的)某些审美性质就可能被移入前者之中。这种转移不一定是对自然的人化，它更像是观察者的“自然化”，第四种实现“统一”理想的方法与我们所谓的情感和态度的“背景性质”有关。这种性质为许多个别经验所共有。所谓背景，意味着调合、矛盾的中止以及与审美对象的同一。这一特殊的同一极难在艺术经验中产生，因为它要求审美对象同时还是自然环境的一部分。就是在这个环境中我们夺取食物，为了生存而保卫自己；也就是这个环境，一旦超出了某个限度便不再支持我们的个体生命。为了对这样的环境进行审美观察而同它保持一定距离本就是不小的成功，这一成功以那种和谐感满足了审美经验的需要。自然对象有时候要迫使我们称赞它们的美。正如李尔克所说的那样：“万事万物都在召唤我们去认识它们。”否则，我们便应该为它们祝福，当老水手与水蛇和解后，他便为这水蛇祈祷祝福。

这第四种统一的理想可在我们对本身在其他意义上极不统一的事物的观照中得以实现。这类事物可能是夜空或一片从中看不出任何统一形式的山丘。严格说来，这种理想只是我们正在享受的审美经验的伴随物或副产物。它也是一种经验，但在这种经验中可能没有对图样的把握，没有对形式的联系，也没有其他任何具有统一作用的内容。

如果以往曾经有人试图建立起以“统一”为其核心概念的全面的美学理论，那末我想他只有一种成功的可能，这就是模棱两可，在使用这一核心概念时闪烁其词，在这一字眼的多种意义中荡来荡去；当某一种意义不适用时，马上换用另外一种意义。统一的第四种意义特别适于对任何自然对象的生动的审美经验。

这样的统一理论可以说更糟糕。但是这么说并不意味着我们的研究只产生否定的结论。在一些美学领域中，我们必须抵制使用一种至高无上的概念的诱惑,并以一批互相联系的概念来取代它,“统一”便是这样的领域之一。在寻找有关的重要概念时,被取代的“假概念”——例如这里的统一——仍可作为一个有用的向导,但是它并不能解释一切。

我们是从对未曾得到解释的个别特殊的自然物来开始我们的研究的。但是这不仅仅是一个起点,虽然我们已在寻求各种各样的统一,但仍不能脱离最初的研究。相反,即使审美经验与特殊的对象相距甚远,它们之间还是有割不断的一根线。这线是的确在那儿的,虽然审美经验的发展和活力把它绷紧到了极限。当我们的概念的扩张和复杂化达到了限度,如果超出这限度我们对感觉性质的识别反而更粗糙,这时我们就会感到这根线受到的拉力。此外,如果我们为了将自己对自然的经验局限于对一般的、已落入俗套的情感性质的欣赏,竟然不惜抹煞和否定自己实际知觉到的自然形式,那末我们也会发现这根线受到了拉力。它甚至跟我们的第四种统一理想不无联系,因为调和感并不是独立和自发的审美经验,它完全依赖于对特殊的、具有美学趣味的自然对象的特殊经验。

四

尽管最近的美学几乎毫不关心自然美本身,然而,在涉及对艺术经验的分析的关键问题时,它反复地将我们对艺术品的审美态度与对自然物的审美态度作比较。根据以上论述,我想对这种比较是否恰如其分提出疑问。由于篇幅有限,我们只考察一个例子。

近来美学争论的一个重要问题是对表现理论的估价。表现理论将人工制品视为艺术家与观众交流的一个中间环节。表现主义的批评家首先把人工制品视为具有某些属性的物品,这属性有或应该有审美趣味性,人工制品就通过所有这些属性控制着观众的反应。这种审美态度缩小了艺术品与自然物品之间的距离。这两类东西都被从根本上当做个别的、自足的实体,靠着它们那些为人知觉到的性质,激起人们的观照。但是我们可以在多大程度上接受这种比较呢?批评家的批评家们指出了某些不足。他们坚持认为语言和文化环境对诗的解释具有不可低估的重要性。如果我们在两种不同的历史环境下读同一首诗,那末虽然词句未变,诗却可能成了两首。

我们可以这样来发展这一批评。假定我们面前有两个在知觉中相同的对象，一个是人工制品，另一个是自然物品。它们一个可能是阿尔普雕刻的石头，一个是自然地磨光了的石头，也可能一个是木雕，另一个是倒下的木料；或者，虽然它们的材料不同，样子却是相同的，例如一张有特殊纹路斑记的石头表面和一张画有同样纹路斑记的抽象的表现主义绘画。如果我们尽量利用这种关系，那末就应该说在以上每一个例子中我们本质上只有一个审美对象。然而这一结论是错误的。如果我们知道这些东西的底细，即一个是人工制品，一个是自然物品，对它们的关注和反应就肯定不同。当我们观看那块石头的表面时，我们可以借助想象认识到造就了它的纹路的沧海桑田。这种认识并不需要一种超审美思维，它可以确定我们是如何看见对象并对之作出反应的。如果我们以同样方式来解释那幅抽象画，以同样方式对它作出反应，那末我们的解释和反应便是怪诞的。当然，如果我们武断地把对自然和艺术的审美经验都限于对未曾得到解释的形状和形式的观照，也可能造成这种关系，但是我们现在已经有了充足的理由拒绝这种做法，而把以上观照限于对自然的审美经验范围内，不管对艺术品的审美经验如何。

另举一个例子：透过望远镜的目镜，我看到了仙女座内的星云。然后我又观看一个圆形的框架内画着与以上星云具有同样视觉形状的抽象画。我对两者的反应是各不相同的，即使它们都有不容否认的审美价值。我知道第一种形状是遥远的、运动着的物质巨团，这种认识使我的反应中既包含了陌生感，又包含了庄严感，而这两种感觉都不仅仅是形式造成的。那幅抽象画也的确给我留下深刻印象，使我想起自然界中各种旋转的形式；但是在把它当作这种启示和把星云的形式当作它的生动表现之间是有区别的。

另一种说明这些问题的方法既比较轻松愉快，又是卓有成效的，这就是假定我们面对着一件小的对象。我们知道，它既可能是自然物，又可能是人工制品。现在我们的任务是以审美态度来对待它。我想，当我们观看这件东西时，可能会感到有点尴尬不安，我们该怎样对待它呢？例如，我们在这光滑的表面上看见的是千百年来潮水的缓慢无心的磨砺呢，还是雕刻家的工具的较快而刻意的打磨？当然，无论怎么想，我们都可以欣赏它的某些纯粹的形式特质；但即使是这种欣赏仍然要受到那些非形式因素的影响，而非形式因素是因我们对它的来历的判断而异的。总而言之，在最近时期的一些美学理论中出现的从“意图”到“对象”的摆动，总的说来是健康的,它使美学和批评从大量的缘木求鱼的劳动中解脱出来。但它是以自己的悖论去反对表现主义的悖论。对象之间的差异是值得重新肯定的,一些诗歌或雕刻之间的差异原来是无法辨别的,但是当我们考虑到它们在美学意义上的不同的文化环境,它们的差异便显现出来,而决定我们如何观照自然景物的环境控制因素,就与决定着我们对艺术的经验的控制因素不同。换言之,美学上目前存在着的核心问题,若无对自然美的全面探讨,便不可能得到正确的解决。

五

然而,这样的问题还不止一个。审美评价用的词语,如“真”、“假”、“深刻”、“肤浅”、“表面的”等亦属此类问题。这些词语在艺术品上的运用已得到研究,但极少有人把它们与自然联系起来。实际上,对它们在运用于自然时究竟有没有任何意义,可能还有一番争议;我认为我们能证明它们是有意义的。解决这一问题的最好方法是对一个词语进行分析。这一词语前面我已经用到,但不曾作出解释。这个词就是“认识”。下面有几个认识的用法的例子,“我早就知道地球不是平的,但直到我看见那艘船在地平线上消失,才认识到它是一个球”。这里的“认识”一词包含着对知觉或想象来说鲜明生动的”造成”或“形成”过程。辅助的想象活动可能会参与我对地球的球面的认识,例如想象我的双手伸出,手指抚摸着这一球体。如果要认识自己的孤独,我们就可以想象自己在高声呼喊,却没人听见,需要帮助,却四处无援。

在某些情况下,认识某种东西需要的就是知道或理解,这里的知道和理解都是可以在意向范围内来分析的。但是本文中的“认识”含有一种本质上的事件因素:它意味着“认识到”。在美学范围内,它是一种伴随我们反复研究的知觉,并产生于知觉的经验。例如,当我凝视一块积云时,我认识到了它的高度。那末尽管我现在是坐在飞机上判断这块云的高度,我也不会放弃或超越以上的经验(同理,当我在计划谋杀时,也不会忘记荒野的沉寂)。这种认识显然是我们对自然的审美经验中的主要活动。在前面的例子,即对那块石头的表面,漩涡状星云以及海边的光滑卵石的观照当中就有这种活动。

但人们也可能对“认识到”的事件性提出正当的质疑。假定正当我认识到荒野里除了我就空无一人时，突然发现在各种各样的伪装下有许多正在进行演习的士兵，那末，如果我说自己先前的认识事实上不正确，是否符合逻辑呢？可以说不符合。“认识”本身包含着对真实的参照，它包含着事件性，但我们又不可一概以这种方法来分析它。假如我看到了一棵高大坚硬的树干，但是当我走近它用手轻轻一碰时，它就碎成粉末，那末我就不能说自己认识到了它的坚硬。但是，我最初肯定是在做甚么事的，我的确产生了某种经验，这经验之后发生的任何事情都不能改变它。

当然，这种经验就是对事物的表面属性的审美观照。当观者发现这些表面属性不是实际的属性时，他可能感到不安，也可能处之泰然。对于一些人来说，审美经验所关注的根本不是现实，而只是外表、外观。对现实的漠不关心本身，就可能是这种经验对美的确定的部分因素。即使士兵们突然出现，大树突然粉碎，最初的经验的审美价值（对以上那些人）也无损分毫。另一些人的看法则不同，可以说相当大的范围的审美经验都不重视真实，而特别重视外表。这种观点及其对立观点之间的分歧是否能通过争论来消除呢？我看很难说。但我们可以从以下几个方面来考虑这个问题。

如果我们想使自己的审美经验能够重复并具有稳定性，那就应当搞清楚，新的信息和新的实验会不会将外表揭示为假象。如果我知道那棵树原是朽木，就不可能再欣赏它表面的坚硬。当然，我还可以欣赏它那“虚假的坚硬外表”，但这一开始就会是另一种经验。

现假定前面提到的那朵积云外表像个洗涤篮。当我们玩味这种相似时，一定感到它十分有趣。又假定在另外一种场合，我们不是去思量这种古怪的相似，而是想法去认识云块内部的骚动，云块里外的旋风这些决定着云块的结构和外在形式的东西。那末，难道我们不该说后一种经验比前一种深入从而更符合自然的真实，因此也更有价值吗？如果在艺术中，容易的美可以过渡到困难和更严肃的美，那末在对自然的观照中也可能有这样的过渡。

如果没有以上过渡，我们怎么能够解释人们在如何将自己对自然的审美观与科学上的最新发现协调起来这一问题上所表现出的困惑呢？由于科学上的最新发现（正如肯尼斯·克拉克爵士所说的那样），“我们所能看见前那舒适的、可感觉到的自然再不能满足我们的想象了”。如果对自然的审美欣赏仅仅是对特殊的形状、颜色和运动的观照,那末这些发现就不可能扰乱它。但它们又的确扰乱了它,为想象提出了一个“认识”的任务。

反对这种观点的人也许会坚持说,美学并不需要参照真实。对于这样的人,唯一有关的因素,就是对感觉特质和形式组织的欣赏。但我们至少可以这样来提醒一位形式主义者:他的欣赏的要素之一就是概括地把握对象的复杂内容。我们可以将一块特殊的色斑看成是一个对象的一部分,看成对相邻的其他色斑的调配,还可以看到它对整个知觉到的形式的作用——这一切都是同时产生的。可以说,“认识”的努力应被当做对我们的概括力量的补充,没有任何充足的理由可以拒斥它。

还有些人会表示另一种忧虑:虽然以上谈到的那种认识有时候的确能提高审美经验,但是难道有时它们就不会破坏审美经验吗?当我看见冬夜的树影背后上升的月亮时,如果我只把月亮当做离树丛不远的地平线上的一个银盘,就会感到这景色倍加美丽。这时我是否还需要同时认识月亮实际上的形状、大小和距离呢?为甚么要破坏我此时的享受呢?在有些情况下我们也不得不作出选择:一方面是不抑制认识活动,就无从获得一种审美经验;另一方面是如果进行某种认识活动就能获得的审美经验。在我们的例子中,前一种经验是对(狭义的)美的经验,在同样的意义上,第二种经验就不可能是对美的经验。当然,第二种经验同样可激起人们的审美兴奋,即是说,它可能是对最广义的美的经验。但是我们的反对者可能再进逼一步;即使这样,也不敢担保它处处适用,而这恰恰就是我们在现代科学与我们对自然界的看法的关系中发现的难题。有时候,我们进行认识的努力在美学上是贫乏和无益的,有时候它们会和某些宇宙论和宇宙进化论一起一败涂地。妥协、在不同审美要求之间搞平衡,也就不可避免了。在某种特殊例子上,我们也许会说:“我只能让我对那一对象的生动而形象的了解达到这种地步了。我所认识到的东西还不足以形成系统的知识,但是我朝着这个方向再走一步,就会跟从人的观点来说可见的世界上的一切景象、声音、运动脱离接触,这样不仅不能丰富,反而会削弱我的整个审美经验。”这时我们又会感到审美经验与对个别对象及其独特性的知觉之间的联系更加密切起来。

如果要对这个问题作出更肯定的解答,那就需要对自然和科学抱有一种形而上学的和宗教的观点。这种观点将否认凭借想象吸收科学知识，可能最终造成美学的贫困。在本文中我们只能注意到这种可能，无法作进一步的探索。

与此同时，我们也不会忘记，历史上对自然美的一些重要描述一向是跟各种自然神秘论有不解之缘的。前面我曾提出，有关统一的理想实际上不只是一种，而是好几种。任何一种审美经验看来都绝不可能同时实现所有这些理想。我相信，对某些审美经验来说，全面实现这样的概念的意义是含糊的，但是这些审美经验中的逐渐深入和全面实现这样的观念却不无价值，它们与对自然的神秘经验之间的联系也无须割断。

我有这么一种不成熟的想法：我们已经获得的材料已足使我们能够利用某些有限种类的神秘经验并确定它们的逻辑关系，不再需要其他材料了。我们手中的材料并非对一种超验的存在或领域的肯定，而是一个能在对自然的审美观照中发挥调节和实际作用的想象中心。对于这一想象中心，审美观照总的说来是这样一种活动：它以知觉为依据，但又扩展开来，把知觉中的对象的形式跟自然的普遍和基本的形式联系起来；这一想象中心还把观照与观照者的态度和环境联系起来。而观照者本身就是自然的一部分，通过成功的观照活动，他感到自己与这自然的力量融为一个和谐的整体。

但是，即使神秘经验通过以上途径造成了强烈的情感效果，仍然不外是一种没有上帝的神秘主义。由于这种神秘主义不信仰超验存在，所以就跟以超验存在为信仰核心的神秘主义很不相同。它们的区别在于各自造成的经验的性质，以及唤起的对现在和未来的期望，但这种差异也不至于大得使“神秘主义”成为一个使用不当的概念。对于信仰超验存在的人来说，这种存在意味着信仰中心不是想象之物，而是上帝。毫无疑问，从心理的角度来看，朝着一个自己相信可以完全实现的目标前进，与朝一个自己感到是想象的目标努力，要更为容易一些。在伦理学中也有与此非常相似的情况，当一位研究者发现“责任”不能以“事实”为依据时，就会感到自己的道德信念失去效力。但是他难得为此长期陷于道德上的烦闷。我们也许同样不必为自然的神秘而郁郁寡欢。但是我在开始说教了；这说明本文到此也该结束了。

邓　鹏译

——节选自 M. 李普曼：《当代美学》，北京：光明日报出版社 1986 年版。

安妮・谢泼德

《艺术和道德》主要内容是讨论艺术和道德之关系，此关系包含两个层面的内容，其一是与作品内容有关的道德问题，其二是作品产生的道德效果问题。一部作品的内容如果涉及道德问题，会对接受者产生甚么效果？正面的，还是负面的？这一直让古今中外众多美学家伤透脑筋。安妮回顾了柏拉图以来各种有代表性的观点，给出了一个令人信服的答案。

道德是甚么？是人们应该遵守的规则，还是人们心仪的美德？或者都不是？柏拉图和托尔斯泰都认为甚么样的艺术作品就会产生甚么样的艺术效果，但实际上，艺术的接受过程要复杂得多，很难对艺术的道德效果做出准确的评估。对于一位马克思主义者来说，道德只是人类全部生活的一个方面，并且附属于上层建筑与经济基础的讨论，而且他们无法对现代主义艺术提出令人满意的解释。布莱希特的“叙事剧”(epic theatre，又译为史诗剧)理论，皮埃尔・马歇莱“艺术家是生产者”的观点，都更多地强调艺术的相对自主性，但一些马克思主义的分析仍然把作品硬塞进某种不合适的框架中，有削足适履的危险。与马克思主义的研究截然相反，在马修・阿诺德看来，审美价值与道德价值可以并行不悖，认为高度严肃的诗歌可以使人获得安慰和勇气。同样，利维斯把审美标准与道德标准结合起来评价诗歌，认为成熟、自觉的文学作品可以使我们变成成熟、自觉的人。上述两种观点，都对艺术提出了过高的要求，其中不乏真理的成分，但也存在认识的误区。

安妮认为，艺术与道德的关系并不总是如此直接，艺术可能会对成长中的青少年产生更强烈的影响，但对于性格稳定的成年人来说，一部作品对我们的影响是间接而又微妙的，因为社会是复杂的，接受者都带着先见，这就使接受者的状态呈现出千姿百态的样式，接受者可以拒绝接受，也可以选择一种超脱的状态进入作品，也可以采取对抗性的接受姿态，不一而足。如果对此加以细心的自我反思，就可以意识到这一点。通过理智的反思和灵活的想象相结合，就可以发展我们对艺术的潜能。

（李　兵）

美学——艺术哲学引论

第九章 艺术和道德

我们在第六章中看到，批评性的解释和评价是紧密联系在一起的。我们在第八章中得出的结论是，当我们从审美角度考虑文学作品时，我们所关注的是它们在表达方面取得的成功，产生的艺术效果，而不是关注真理。“成功”和“艺术效果”都是评价性术语，我们现在应当从论述解释回到论述评价上来。我们时常由于艺术作品的各种形式属性，由于它们所展示的各种关系构成的连贯性格调而赞美它们。我们也可以以同样的方式赞美自然对象。然而，当我们由于一个艺术作品在表达方面所取得的成功、所产生的艺术效果而赞美它时，我们不仅会涉及它所具有的各种形式特征，而且也会涉及它所表达的世界观或者心理状态。我们既涉及它在表明某种观点时所使用的方式，也涉及它所表明的这种观点；而且，正像我们在第八章中曾经看到的那样，我们无法把这两者泾渭分明地截然分开。那末，我们应当怎样判断它对一种从道德角度看是堕落的世界观，或者是一种邪恶的心理状态的有效表达呢？我们能够从审美角度把这样一个艺术作品当作优秀艺术作品来赞美，同时又从道德角度把它当作有害的艺术作品来谴责吗？

所谓一个艺术作品从道德角度看是有害的判断通常都包含着下列主张，即这样一个艺术作品将会使它的观众堕落。人们就艺术作品的道德效果所提出的各种主张，并不局限于涉及再现性艺术；即使纯粹的器乐曲和抽象画，有时也被人们认为可以提高那些倾听或者观看它们的人的道德素质，或者使这些人堕落。然而，人们在大多数情况下是针对再现性艺术而提出这些主张的，而且，艺术与道德的关系问题正是在这里最突出地表现了出来。在再现性艺术的范围内，人们的争论一直集中在那些表现人们相互作用的艺术上，也就是说，集中在包括戏剧在内的文学以及电影上。在现代社会中，电影对其观众所可能产生的影响，要比文学或者戏剧可能产生的影响重大得多。许多人通过去电影院、看电视以及看录像来看电影，而不是阅读书籍或者去剧院观看现场演出。此外，由于电影既吸引观众的视觉，又吸引观众的听觉，它们可以使观赏者非常充分地介入其中；而且对于许多人来说，把注意力从阅读一部书籍的过程中转移出来，要比把它从观看一部电影的过程中转移出来容易得多（各种戏剧也同样非常充分地使观赏者介入其中。就这个方面而言,戏剧与电影相近,而不是与人们阅读的文学作品相近)。尽管书籍、戏剧以及电影之间存在各种差异,但是对于它们来说,有关道德的同一些争论都出现了。虽然我在这里将会提到某些电影,但是,我的讨论——一如我在第六章、第七章和第八章中所进行的讨论那样——仍将集中涉及文学。

人们提出的有关道德和再现性艺术的论断,时常把与艺术作品的内容有关的道德问题和与艺术效果有关的道德问题混为一谈。任何一种描绘人们相互作用的艺术,都必然会表现那些可以对其性格特征进行道德评价的人。艺术作品也许不会直截了当地把这些人表现成善人或者恶人,但是,他们在艺术作品中可以展示诸如仁慈、慷慨、忠诚或者自私、卑鄙、欺诈这样一些品质。艺术作品也可以传达与我们在其中生活的这个世界有关的某种一般的观点:例如,艺术作品有可能把这个世界描绘成一个阴暗恐怖的地方——在这里,恶人飞黄腾达,而善人却不得好报;它也可能把这个世界描绘成一个善人在其中取得了最后胜利,而恶人最终受到公正的惩罚的地方。我们不应当过于草率地假定道德内容和道德效果之间存在某种直接的联系。作家在一部小说中也许是以使阅读这部小说的人们憎恶邪恶的方式,来表现各种邪恶人物的。同样,人们时常对电影所渲染的暴力行为提出反对意见,并不仅仅是说观看暴力行为会使我们容易诉诸暴力。因为观看暴力行为及其种种残酷结局毕竟有可能使我们厌恶使用暴力。人们所反对的是那些使暴力行为富有吸引力的电影,是那些把诉诸暴力行为的人表现成富有魅力的成功者的电影。

有些人否认艺术从根本上说有道德方面的重要意义。他们虽然承认艺术可以具有道德内容,但是,他们宣布这种道德内容不会对观众产生任何道德效果。奥斯卡·王尔德在为(《道林·格雷的画像》)这部长篇小说写的前言中,以其特有的简练精辟的语言表达了这种观点:

> 诸如合乎道德的书或者败坏道德的书这样的东西根本不存在。书只有写得好和写得不好之分。这就是一切。……虽然人的道德生活构成了艺术家创作主题的一个部分,但是,艺术的道德存在于艺术家对不完美的艺术创作材料的完美运用之中。任何一位艺术家都不想证明甚么东西,……任何一位艺术家都没有伦理方面的同情。

相反的观点坚持认为，所有的艺术作品——无论它是不是再现性的——都对观众产生道德效果。那些坚持这种观点的人时常认为，艺术的道德效果是一个从政治方面看具有重要意义的问题，所以，他们坚持认为艺术应该受国家控制。我们到后面将会看到，柏拉图曾经提出的这一观点，“社会主义现实主义”理论家们也共同坚持这一观点。任何一个认为艺术具有某种道德效果的人，都可能因为再现性艺术具有道德内容而认为它具有特别重要的道德效果。尽管柏拉图确实讨论过音乐的各种效果，但是，他主要关注的是文学在道德方面产生的强烈影响。同样，苏联的“社会主义现实主义”理论家们虽然也在某种程度上关注到音乐，但是，他们所主要强调的是文学和电影。

在我们更加详细地讨论与艺术和道德的关系有关的某些观点之前，我们必须先提出另一个一般的问题：人们认为甚么是道德？当人们提到道德时，他们首先想到的时常是一种道德律(moral code)，是一些与不要杀人、不要偷盗有关，或者与应当信守诺言，应当向慈善事业捐款有关的道德规则。他们所想到的是一种支配我们与其他人的关系的准则。人们也可能不是从规则方面，而是从美德方面来考虑道德。我们也许会说，道德与仁慈、慷慨或者忠诚有关。遵守道德以成为某一种人为目的，而不仅仅是为了进行某些行动。从这两种意义上说，道德都与艺术有关。一部电影、一出戏或者一部小说，可能会把人们描绘成某一种人。正像我们已经看到的那样，无论在文学中还是在电影中，对人物的表现都发挥着重要作用；而与这些艺术作品的道德内容可能有关联的，与其说是规则方面的道德，还不如说是美德方面的道德。人们有时更加广泛地使用“道德”这个术语来指涉某种一般的人生观和某种囊括一切的价值观系统，而不是具体地使用这个术语来指涉道德规则或者道德方面的美德。所以，我们也许在涉及某个人对朋友、家庭、职业、重病或者对死亡的态度时，谈论他或者她的道德观。人们在讨论艺术和道德的关系时，时常所涉及的并不是道德规则，而是各种美德、品性，甚至某种一般的道德观。在我们考察人们在这个方面所一直坚持的某些观点时，我们必须牢记他们对“道德”这个术语采取的这些不同的用法。

在现代世界中，人们作出下列假定的情况是很常见的，即艺术至少在某种程度上具有自主性，它存在于一个属于它自己的领域之中，我们首先应当根据它所特有的价值观和标准来判断它。我们在把审美与道德区别开来的过程中已经暗示了这种假定,即使我们继续探索艺术与道德的各种关系,情况也仍然是这样。在古代世界,却没有一个人做出这样的假定。相反,人们在那时认为诗人作为教师,艺术对其观众产生道德效果是理所当然的。我们还把道德与政治区别开来,把我们互相把对方当作个体来对待的做法,与我们作为国家公民的角色区别开来。古人并不进行如此泾渭分明的区分。所以他们假定,无论从政治方面来看还是从道德方面来看,艺术的种种效果都是重要的。柏拉图的著作最清楚地系统论述了这个假定。在《理想国》(*Republic*)的第二卷和第三卷中,柏拉图详细说明了艺术、特别是文学在教育他的理想国的未来统治者方面所发挥的作用。他认为,在一个艺术作品的道德内容和它的道德效果之间,存在着简单而直接的联系。例如,荷马史诗中那些把英雄们表现得胆怯或者自我放纵的段落之所以应当取缔,是因为阅读他们的人会从感情上与这些虚构人物的感情产生共鸣,从而也使自己变得胆怯和自我放纵;反过来说,柏拉图之所以认可荷马史诗中那些表现英雄们展示勇气和自我克制的段落,是因为它们能够促使其阅读者发展这些品质。柏拉图还在其他地方强调了艺术激发观众感情的力量。这就说明了他认为艺术在道德方面产生的强烈影响具有重要意义。在他看来,我们根本无法控制我们对艺术的反应。艺术效果是直接的,强有力的,我们无法通过理性和知性来引导它。柏拉图之所以认为艺术毫无疑问是危险的,并且主张他的理想国将把艺术置于严厉的监督审查之下,原因就在于此。

柏拉图关于艺术效果的观点,在某些方面非常接近我们在本书前面的部分讨论过的一位非常晚近的作家的观点,即托尔斯泰的观点。正像在柏拉图看来那样,在托尔斯泰看来,艺术对其观众的感情产生直接的影响,而且这种感情方面的影响在道德上具有重要意义。只有交流兄弟之爱和单纯的共同生活情感的艺术,才是真正优秀的艺术。应当谴责那种交流从道德角度来看应受斥责的情感的艺术,诸如傲慢、性欲以及对生活的不满。和柏拉图一样,托尔斯泰也认为在他那个时代,受到人们高度评价的大多数艺术作品都是有害的。他甚至谴责他自己以前创作的大部分文学作品,包括他那两部最伟大的小说《战争与和平》和《安娜·卡列尼娜》。他争论说,只要人们想实现艺术的道德潜能,那末,艺术和艺术家就都必须发生变化。然而,托尔斯泰与柏拉图的不同之处在于,他并不像后者那样将自己的观点置于一种清晰的政治脉络之中。虽然他所关注的是一个人类共同体应当是甚么样子，但是，他的《甚么是艺术》并不像柏拉图的《理想国》那样描述一个理想国。更重要的是，托尔斯泰对美学艺术的道德内容的说明与柏拉图的说明不同。坚持认为艺术就是模仿的柏拉图认为，这种道德内容存在于艺术所表现的东西之中，特别是存在于艺术所描绘的人物类型之中。而坚持一种简单的表现理论的托尔斯泰，则持续不断地根据情感来描述艺术的道德内容。与柏拉图可能说阅读一段表现某个自我放纵人物的史诗，或者观看戏剧通过舞台演出而描绘的某个自我放纵人物，便会使我成为一个自我放纵的人不同，托尔斯泰可能会说，描述某个自我放纵人物的作家本人便沉溺于自我放纵之中，而且，他通过他的文学作品用他自己的情感感染读者。

柏拉图和托尔斯泰都认为，我们面对哪一种艺术，这种艺术就会通过影响我们使我们变成哪一种人。他们所涉及的都是品性，而不是道德规则。他们并不假定，我阅读了一部渲染暴力行为的书籍，或者观看了一出渲染暴力行为的戏，就会出去进行某种暴力活动。但是他们确实认为，持续不断地阅读渲染暴力行为的书籍，或者长期观看渲染暴力行为的戏剧，就会使我变成那种很容易进行暴力活动的人（为了避免年代误植，我在这里一直谈戏剧而不是谈电影；但是，我们当然可以以完全相同的方式将他们的观点运用于电影）。

柏拉图和托尔斯泰都假定，甚么样的艺术作品就会产生甚么样的效果是毫无疑义的。柏拉图确信，表现懦夫的艺术作品会使我们变成懦夫；唯一能够防止这种影响的办法是压制这些艺术表现。托尔斯泰则确信，诚心表达傲慢情感的艺术家，也可以把这些情感传染给我们；我们可以像逃避一种传染病那样逃避这些情感的传染，而且，我们只有通过首先当心不使自己面对这种传染病，才能防止受到这种感染。然而，艺术的各种效果实际上既不是如此确定，也不是如此直接。无论就人们对艺术所作出的反应的强度而言，还是就人们在对艺术作出反应时所采取的形式而言，人与人之间的差别都是相当大的。实际情况很可能是这样，即只要某些人观看渲染暴力行为的电影，那末，他们就比其他人更容易进行暴力活动——但是，他们也有可能作出其他反应：某些人可能通过观看一部电影沉溺于对暴力行为的各种幻想过程之中，并不在现实生活中把这些幻想付诸实现；再有一些人也许即使暴力行为被表现得富有魅力，也对其感到厌恶；还有一些人可能处于无动于衷的状态——对电影表现暴力行为既不着迷,也不厌恶。

虽然柏拉图和托尔斯泰的论述所使用的措辞只是暗示艺术的各种道德效果都是自发的、不可避免的,但是,只要可以表明某些艺术作品不是对所有的人,而是对大多数人产生使之道德败坏或者改善其道德品质的效果,那末,他们的观点就仍然是有说服力的。只要我们可以表明有少数人对某些电影渲染暴力行为,使人道德败坏的效果无动于衷,我们就有充分的理由取缔这些电影。但是,即使这一点也是难以表明的。也许唯一能够令人满意的表明这一点的方法,是进行长期的、包括对大多数人进行研究的社会学和心理学实验。这样一种研究将不得不考虑——有助于性格形成的——与遗传气质、社会背景以及教育有关的所有其他因素,并且努力根据渲染暴力行为的电影产生的效果衡量这些因素。同一个问题也出现在人们对于艺术中存在的色情的争论之中。在英国法律中,“色情的”东西被界定为“容易使人道德败坏和堕落的”东西。在这里,“容易使”的意思是说,我们只需要证明这种东西有可能对大多数人产生某种影响,而不必证明它对所有的人都必然产生某种影响。即使如此,证明特定的艺术作品的确容易使人道德败坏和堕落,其难度也是众所周知的。《威廉斯色情与电影审查报告》(*The Williams Report on Obscenity and Film Censorship*)曾经指出,人们已经作出的对渲染色情或者暴力行为的视觉资料之效果的大量心理学研究,只得出了结论并不确定的结果。

面对这种评估渲染色情或者暴力行为的艺术作品对人们性格产生影响的困难,也许我们归根结底会考虑退而求助于计算人们进行的道德败坏的行动数量。例如,我们也许会假定,通过计算暴力犯罪的数量,看一看这种犯罪数在《装有发条的橘子》这部电影开始发行之后是否上升,我们就可以得到某种与这部电影的效果有关的资料。实际上,正像《威廉斯色情与电影审查报告》所表明的那样,许多问题都会对这种统计方面的证据产生影响。我们必须确定人们认为甚么是暴力犯罪,我们必须牢记新闻媒介报道的犯罪数上升并不一定反映人们实际犯罪的数量增加了,而且我们必须认识到,即使暴力犯罪数量在某一部特定电影开始发行之后确实增加了,我们也不能由此得出结论说,这部电影就是使暴力犯罪数量增加的原因。无论如何,我们可以利用的这种统计方面的证据和来源于心理学研究的证据一样,都不具有结论性。正是由于评估艺术作品——甚至包括那些赤裸裸的色情作品——是否使观众很难堕落,所以,威廉斯研究委员会建议，从英国法律中删去“容易使人道德败坏和堕落”这种概念，并以检验甚么东西会“冒犯正常人”取而代之，不过，这种建议迄今为止尚未被人们付诸实施。

评估优秀的艺术作品是否产生使人们改善其道德品质的效果，也是同样难以做到的。另一方面，艺术作品在审美方面出类拔萃，并不能保证它会产生好的道德效果；人们时常指出，某些纳粹分子的文化教养水平是很高的，而且，德国美术、音乐以及文学的出类拔萃，在使德国社会在20世纪30年代和40年代免于道德堕落方面没有发挥任何作用，另一方面，具有好的道德内容的艺术作品是否真正能够改善其观众的道德品质，也使人感到怀疑。我们无法对艺术作品的道德效果作出简单的一般概括。

人们对艺术审查制度的讨论时常以是否应当取缔某个艺术作品这一问题为中心。然而，柏拉图不仅倡导取缔那些有可能使观众道德堕落的艺术作品，而且倡导鼓励那些有可能改善观众的道德品质的艺术作品。托尔斯泰则期待未来的艺术作品可以把各种有益的情感传播给所有的人。柏拉图和托尔斯泰都认可那促进人们形成正确的价值观的艺术作品。但是，创作这样的艺术作品并不像柏拉图和托尔斯泰所暗示的那样容易。首先，正像我们刚刚看到的那样，我们既无法确信艺术作品具有改善观众的道德品质的效果，也无法确信艺术作品具有使观众道德堕落的效果。此外，一个艺术作品所具有的并不仅仅是其道德内容，或者某种产生道德效果的尝试。人们之所以通常都把艺术与宣传材料区别开来，是因为成功的艺术作品都具有某种丰富性和复杂性，而后者则时常表明任何简单的道德性，或者政治性批判观点都不是真正的艺术。因此，维吉尔的《埃涅阿斯纪》在某种程度上说便是对奥古斯都皇帝统治时期的宣传。它颂扬这个政权所努力提倡的、与责任感和爱国主义精神有关的价值观，并且把奥古斯都政权在内战之后的确立，当作被传奇故事中描绘的埃涅阿斯建立罗马的过程所预示的、罗马历史的顶点来表现。然而，这部诗歌同时也向我们表明了这种奥古斯都时代价值观的对立面，因为埃涅阿斯只有付出相当大的代价才能建立罗马：他不得不抛弃狄多，而且当他到达意大利时，他又不得不进行一场针对当地各族居民的、颇具破坏性的战争，而当地各族居民的首领图努斯则被表现成一位英雄人物。这部诗歌是以图努斯的死，而不是以埃涅阿斯建成他的城市为结束的。我在前面曾经提到，托尔斯泰在《甚么是艺术》中曾经谴责他自己以前创作的大部分著作,包括《战争与和平》和《安娜·卡列尼娜》。他在这部著作中打算认为可以接受的他自己的文学作品,只是两篇微不足道、情节简单的短篇小说《上帝知道真情,但不立即道出》以及《高加索囚徒》。也许这些小说可以提倡正确的道德方面的价值观,但是,我们当中的大多数人会因为《战争与和平》和《安娜·卡列尼娜》具有更高的审美价值,因而对它们作出更高的评价。

柏拉图和托尔斯泰所提出的这些对艺术与道德的关系的简单说明,既无法给人们解决证明一个既定艺术作品具有好的还是坏的道德效果的难题提供方便,也无法与艺术作品并不是简单的宣传材料这个事实相一致。他们这样说并不意味着我们匆匆忙忙地走向另一个极端,否认艺术作品可以具有任何道德效果。现在,我打算考察两种更加深奥微妙的立场,它们在不否认艺术和道德之间存在某种关系的同时,承认艺术在相当大的程度上具有自主性。其中,第一种立场是马克思主义的立场,第二种立场则是由马修·阿诺德粗略地预示,并且在F. R. 利维斯的文学批评中得到更加充分的表达的立场。正像我们将要看到的那样,无论从这两种立场对艺术与道德关系的说明来看,还是从它们用"道德"这个术语表示的意思来看,这两种立场都有重大的不同。我将从考虑马克思主义的立场开始。

就这个论题而言,谈论马克思主义的立场在某些方面容易引起误解,因为我们可以看到许多各不相同的马克思主义艺术观点。由于篇幅所限,我只能讨论其中的少数几种观点。就道德与艺术的关系而言谈论马克思主义的立场,也多少有些容易引起误解,因为对于一个马克思主义者来说,如果把人们在其中生活的社会结构、政治结构以及经济结构撇开不谈,那末,人们就无法确切地考虑道德。马克思主义使古希腊人所认为的道德和政治是不可分割地联系在一起的观点重新焕发了青春,所以,对于一个马克思主义者来说,道德既不是某种准则,不是一组美德,也不是某种一般的人生观,而只是人类社会生活的一个方面。所以,与其说马克思主义的各种艺术理论提出了某种关于艺术与道德的关系的观点,还不如说它们提出了某种关于艺术与——包括道德在内的——社会结构和政治结构的关系的观点。

对于马克思主义的所有各种艺术观点来说,至关重要的是把一个社会的经济基础和上层建筑区别开来。经济基础包括对各种商品的生产,以及构成一个特定时代的生产方式的、人与人之间的种种关系——诸如资本家与无产者之间的关系;上层建筑则不仅包括维护这种生产方式的政治制度和法律制度,而且还包括一个社会所具有的、关于它自身的信念——它的意识形态。对于一个马克思主义者来说,艺术是意识形态的组成部分。马克思主义者承认,意识形态具有多种形式,它与社会经济基础的关系也许是非常复杂的。作为意识形态和上层建筑的组成部分,艺术具有“相对自主性”。因此,一个马克思主义者可以承认各种艺术形式和艺术惯例具有重要意义,但是,他认为在这些艺术形式、艺术惯例与社会经济基础之间,归根结底存在着某种关系。马克思主义者们对经济基础与上层建筑的关系所持的观点不同,他们对艺术与社会现实和经济现实的关系所作出的说明也就不同。根据马克思主义最简单的观点,它认为上层建筑反映经济基础,而艺术则反映社会现实和经济现实。根据这样一种观点,艺术作品的道德内容和政治内容,反映创作这个艺术作品的艺术家置身于其中的社会。我们也许可以把这种观点与下列关于艺术效果的——与柏拉图和托尔斯泰的观点没有甚么不同的——观点结合起来,即具有正确的道德内容和政治内容的艺术作品,可以有助于鼓励人们建立公正的社会。苏联的“社会主义现实主义”评论家们所一直从政治角度付诸实践的,正是这种直截了当的马克思主义观点。

艺术家们要想根据“社会主义现实主义”的准则创作具有审美价值的艺术作品,就像罗马诗人们要想根据奥古斯都皇帝的政治理想和道德理想创作诗歌一样,并不是很容易做到的。而且,虽然所谓艺术反映社会现实和经济现实这种简单的观点,可以对诸如 19 世纪的小说这样的现实主义艺术形式提出合理的、令人满意的说明,但是,它无法对现代主义艺术提出令人满意的说明。在乔治·卢卡奇的著作中,这种弱点是显而易见的。卢卡奇虽然没有始终坚持“社会主义现实主义”,但是,他确实认为艺术作品反映创作它的艺术家置身于其中的社会,并且倾向于把 19 世纪上半叶的现实主义小说当作一种文学理想来对待。他批评诸如詹姆斯·乔伊斯、弗朗兹·卡夫卡以及塞缪尔·贝克特这样一些 20 世纪具有创新精神的作家,是因为他认为他们使用了种种试验性方法,并且运用这些方法表达令人感到绝望的虚无主义观点。

作为一位信仰马克思主义,并且努力通过艺术创作把这种信仰付诸实践的艺术家,布莱希特敏锐地意识到了卢卡奇的研究方法所具有的种种局限。作为一位剧作家,布莱希特关注他的戏剧对观众产生的艺术效果,并且系统论述了他自己的“叙事剧”(epic theatre)理论。在布莱希特看来,就传统的“戏剧性戏剧”(dramatic theatre)而言,剧作家促使观众分享演员所表现出来的种种感情。由于观众在短时间内受到了这种戏剧性幻觉的欺骗,所以,他们便接受了他们所看到的、正在舞台上得到表现的东西。相形之下,叙事剧促使观众成为神志清醒的观察者,使他们总能够意识到他们正在看一出戏。这样,他们就会被迫思考他们所看到的东西,就会被鼓舞得离开剧院,采取行动,改变这个世界。

布莱希特是从他作为一位在戏剧创作和戏剧演出方面都很活跃的剧作家的观点出发考虑艺术的。所谓艺术仅仅反映社会现实和经济现实这种观点,也受到了一些马克思主义文艺评论家的反对,因为这些评论家的艺术欣赏实践使他们更强调艺术的相对自主性。例如,皮埃尔·马歇莱(Pierre Macherey)就系统论述了下列思想,即与其说艺术家是创作者,还不如说他或者她是生产者。他或者她不是在创作某种统一和连贯的艺术整体,而是在生产某种命中注定是不完善的东西,这种东西和目前流行的意识形态都受到同一些矛盾的损害。我们是通过研究艺术家所没有表达的东西,通过观察现实那些被文学作品的本文忽略的方面,来发现这种社会现实的。特里·伊格尔顿(Terry Eagleton)进一步发展了马歇莱的思想。虽然这样一种研究方法使马克思主义者有可能对范围更加广泛的文学作品本文作出解释,但是,读者仍然不得不像马克思主义者们所理解的那样,在每一个文学作品本文中都看到艺术与现实的某种关系。

马歇莱主要关注的是一个文学作品本文的意识形态内容,而不是它对读者产生的艺术效果。然而,伊格尔顿还认为,文学作品可以产生促进意识形态发展的效果。在一部论述理查逊的长篇小说《克拉丽莎》的著作中,他把这部小说当作既是有关资产阶级意识形态的例证,同时又不知不觉地暴露这种意识形态的种种矛盾的文学作品来分析。在这部著作的引论部分,他使人们注意到理查逊的小说由于流行而不断促进资产阶级意识形态的方式。他认为在理查逊的文学作品和布莱希特的叙事剧之间存在某种相似之处,并且作出了下列富有讽刺意味的评论:

现在,我们只能认为一听说他的某一部作品的读者劝说改正了荒淫放荡的行为就感到高兴的理查逊很天真:“艺术”当然应当影响

> “生活”。但是，不应当以如此使人难堪且直接方式影响“生活”。……人们可以确信，大多数发现理查逊的高兴很天真的人，也都可以发现一种煽动它那由受到残酷剥削、俗性难改的劳动者组成的观众举行罢工的戏剧。

然而，伊格尔顿并没有把这种观点与他把《克拉丽莎》当作揭露资产阶级意识形态的文学作品所进行的分析明确联系起来；而且，他所提到的“俗性”也与这种观点无关。人们也许会认为一出煽动其观众举行罢工的戏是一出优秀的戏，也许不会这样认为。这取决于诸如这出戏的情节构思，它对人物的刻画，以及它对语言的运用这样一些方面。也许这出戏所具有的激动人心的力量确实有助于导致一场罢工。但是，假如政治状况和社会状况都是公正宜人的，那末，一出可以产生这种效果的戏就不是优秀的戏了。

即使我想煽动受到残酷剥削的劳动者举行罢工，我也无论如何都无法确信，上演布莱希特的一出戏就是最有效的办法。我可以向这些劳动者发放小册子，或者对他们作一次讲演，指出他们所受的压迫，并且激励他们摆脱这种压迫。我可以把适合于领导一场罢工的人找来，鼓动他们单独接触他们的伙伴，从而把罢工指示秘密传达下去。这些方法都是政治活动家们使用过的方法；与这些方法相比，艺术顶多能够发挥某种次要的补充作用。假定任何其他情况都是错误的。

虽然马克思主义者们已经系统论述过有关文学内容与社会现实之关系的各种深奥微妙的理论，但是，他们尚未系统论述一种同样深奥微妙的、对文学的社会效果和政治效果的说明。马克思主义对文学内容的分析确实能够帮助我们欣赏某些文学作品：无论卢卡奇作为一位理论家具有甚么弱点，他对巴尔扎克的小说所作出的解释都揭示了漫不经心地阅读这些小说的读者可能觉察不到的、这些小说的一些方面。他的解释不仅都得到了这些小说的本文方面的支持，而且当我们根据我在第七章中主张的那些方面来理解这些解释时，它们也与有关作家意向和观众期望的标准不矛盾。然而，马克思主义的分析把其他文学作品硬塞进某种不适合于它们的模式之中。特里·伊格尔顿在《批评与意识形态》这部著作中，提出了一种对《米德尔马奇》的简短说明，后者认为这部小说的所有人物都是典型，并且把乔治·艾略特对个人所面对的各种道德困境的关注，转化成了与表达意识形态有关的理论问题。这种说明不仅没有揭示《米德尔马奇》所具有的、读者如果不参照这种说明就有可能忽略的某些方面,反而使我们对这部小说的理解完全变得模糊不清了。如果人们不是忠诚的马克思主义者,那末,他们就没有理由把每一种文学作品都当作与马克思主义者对现实的理解有关的东西来解释。进行这样的解释不仅有使被解释的文学作品本文削足适履的危险,而且也有既忽略作家的意向、又无视第一批观众的期望的危险。

遵循马修·阿诺德的研究风格进行研究的英国评论家们,对艺术与道德的关系进行了与马克思主义者的研究截然不同的研究。阿诺德在一篇题为《诗歌研究》的论文中宣称,艺术将会取代宗教和哲学:"越来越多的人将会发现,我们要想使自己获得安慰,获得勇气,对生活作出解释,我们就必须求助于诗歌。"从审美的观点来看最优秀的诗歌,也就是能够最充分地发挥这种作用的诗歌。我们读到这篇论文的后面的部分就可以更清楚地看到,在阿诺德看来,审美价值和道德价值是并行不悖的:

> 最优秀的诗歌由于具有极其突出的真实性和严肃性,其实质内容和特征便独具特色……就最优秀的诗歌的素材和实质内容而言,我们无法把它的真实性和严肃性的出类拔萃特征与展示其独特风格的措辞和韵律的出类拔萃分割开来。

阿诺德接下来对从乔叟到18世纪的英国诗歌进行了简要的全面考察。从这种考察显然可以得出下列结论,即"高度的严肃性"和"绝对的真诚"是最优秀的诗歌的标志。他之所以只把乔叟的诗歌和罗伯特·彭斯最优秀的诗歌置于二流诗歌之列,是因为虽然它们所表达的人生观"豪放、自由……以及仁慈",但是,它们都缺乏高度的严肃性。由于阿诺德主要涉及抒情诗,所以,他认为诗歌的道德内容不是存在于它们所表现的人物或者行动方面,而是存在于它们所表达的人生观之中。诗歌的道德效果和宗教效果是密切协调、并行不悖的。与其说诗歌使人们改善其道德品质,还不如说它向人们所提供的是宗教以前向人们提供的那种安慰和对生活的理解。

现在,对于我们来说,阿诺德使诗歌发挥宗教的作用的愿望看来已经过时了,而他的宗教观所具有的弱点却清晰地突出表现了出来。他只把宗教设想成人们在面对生活的种种压力和困难时用来寻找安慰的一种手段,却忽略了与上帝存在或者上帝和人的关系有关的各种问题。对于我们目前的讨论来说,更重要的是阿诺德的道德观。他既不关注一般意义上的道德律,也不关注一般意义上的德行(moral virtues)。他所关注的是诗人的总的人生观。一个人的总的人生观反映他或者她所具有的性格。阿诺德所赞扬的那些——他评价最高的诗人们所具有的——品质,就是他认为通过这些诗人的作品表现出来的人物所具有的品质。这些有关高等的严肃性、真诚、人生观的豪放和仁慈的品质,实际上暗示了一系列美德。然而,这是一系列令人感到奇怪的美德,因为除了仁慈之外,这些品质相对而言都几乎没有涉及影响其他人的行动的方式。虽然外面的人们正在饱受饥饿或者没有安身之地之苦,但是,一个人仍然可以坐在家里的扶手椅上,一心想着要达到高等的严肃性和真诚,要采取一种豪放的人生观。如果我们只考虑阿诺德作为一位诗人、作为一位评论家所进行的活动,那末,我们就有可能假定他只是坐在家里阅读和写作,而对维多利亚时代的英国所出现的各种社会问题不闻不问。实际情况不是这样。作为一位勤奋工作的督学,阿诺德曾经促使人们改善工人阶级子女的教育状况。假定他只重视高等的严肃性、真诚,以及其他一些品质是完全错误的。他实际上所认为的是,这些品质就诗歌而言都是重要的方面。诗歌不能解除人们的饥饿,不能使他们获得安身立命的家,也不能使他们进入学校受教育。在阿诺德看来,它所能够做的是表达某些高尚的心态。

阿诺德非常正确地坚持认为,人们通过把他的一般见解运用于特殊的例子,就可以看到这些见解所具有的说服力。不过,他并没有对他认为在实质内容和艺术风格方面看都是最优秀的例子而加以引用的诗篇,进行多少详细的分析。因此,他在文学批评方面作出的判断似乎都是主观的,而且,他所提出的高等的严肃性、真诚、人生观的豪放以及仁慈这样一些美德,也仍然是未作解释和含糊不清的。F. R. 利维斯则把一种与阿诺德的相似的道德观和审美观,与对个别文学作品的更富有洞察力的批评结合起来。在为其研究乔治·艾略特、亨利·詹姆斯以及约瑟夫·康拉德的小说《伟大的传统》(*The Great Tradition*)撰写的引论中,利维斯以一种使人非常容易联想到阿诺德的方式,把审美方面的考虑与道德方面的考虑结合起来。在这篇引论中,他把简·奥斯汀表现成这三位小说家的重要先驱,并且坚持认为人们不能把简·奥斯汀的文学作品所具有的审美价值和道德意味分割开来：

> 如果我们考察《爱玛》在形式方面达到的完美程度，我们就可以发现，只有根据那些刻画这位小说家所特有的生活情趣特征的道德见解，才能欣赏这部小说。那些认为它是一种与“逼真”不可思议地联系在一起的“审美素材”，是一种“作品”之美的人，既无法为《爱玛》是一部伟大小说的论点提供适当的根据，也无法对它那完美的形式作出明智的说明。

利维斯的道德标准在一部论述小说——一种含有大量道德内容的文学形式——的著作中清楚地显示出来，这一点并不会使人感到惊奇。在他论述乔治·艾略特——一位将其道德旨趣在其小说中表达得明明白白的小说家——的章节中，这些道德标准表现得最明显。不过，就利维斯对诗歌的批评而言，他也同样把审美标准与道德标准结合起来了。利维斯经常把那些受到他高度评价的文学作品描述成“成熟的”作品——它们具有“极强的道德严肃性”，并且展示了自知之明。他把他认为缺乏价值的那些文学作品描述成感伤的——它们所展示的不是自知之明，而是自哀自怜。例如，在《重新评价》(Revaluation)这部著作中，他既使用这些术语赞美华兹华斯和济慈(John Keats)，也使用它们谴责雪莱(Persy Bysshe Shelley)。除了成熟和自知之明以外，利维斯还高度重视他称之为“生活”的东西。因此，在《伟大的传统》中，亨利·詹姆斯的后期作品便由于缺乏“完满的生活”而受到他的批评。利维斯把这一点与他在《金碗》(*The Golden Bowl*)中发现的“道德不如意性”(moral unsatisfactorness)明确联系起来；在他看来，詹姆斯在这部小说中对玛吉(Maggie)、亚当·弗弗尔(Adam Verver)——他们与收款人对其他人持相同的态度——作了过于同情的表现。因此，在《重新评价》一书中，利维斯也把济慈的唯美主义(aestheticism)与丹特·加布里埃尔·罗塞蒂和莱昂内尔·约翰逊的唯美主义区别开来：“济慈的唯美主义……并不像由‘艺术’和‘生活’构成的审美对立面所隐含的意思那样，意味着把这种特别宝贵的经验与直接而平庸的生活过程(‘生活！——我们的仆人会为我们做好一切的’)如此彻底地分割开来。”存在于D. H. 劳伦斯的文学作品之中，特别受到利维斯重视的，就是“生活”的这种属性。

这些有关成熟、自知之明以及道德严肃性的美德全都是“空想出来的”美德——若与阿诺德在最优秀的诗歌中发现的那些美德相比，情况更是这样。虽然利维斯对“完满的生活”的重视强调了人们走出家门采取行动的重要性，但是，他对人们应当做甚么没有提供多少指点。他所重视的是个人的深层体验，而不是任何涉及其他人的行动。利维斯的研究方法所具有的自我中心倾向，在他对精神健康与精神病的论述中表现了出来。为了促进我们的精神健康，我们必须努力使自己变得越来越成熟和自觉，使自己变得越来越不容易自哀自怜和多愁善感。利维斯有时暗示，如果我们能够更好地理解自己，我们就能够更好地理解所有的人；而且，他对《金碗》的批评确实使人们想到了缺乏“完满的生活”与把其他人当作对象的倾向的联系。然而，他从来也没有对精神健康究竟怎样影响我们与其他人的关系作出详细的说明。他认为，只要我们是成熟的、自觉的、不感情用事的，而且防止极端唯美主义的人，我们理所当然地成为更好的人。也许我们可以说，存在于他的论辩性著作之中的——正像存在于阿诺德的论辩性著作之中的那样，与其说是文学使我们在改变这个世界的过程中变得更加诚实、更加仁慈或者更加主动的可能性，还不如说是文学使我们变得更加成熟和更加自觉的可能性。不过，这种理论仍然面临两个严重的困难。首先，利维斯仅仅假定具有成熟和自觉的内容的文学作品，可以产生使我们成熟和自觉的效果。但是，他偶尔作出的对文学效果的评论表明——诸如他在《伟大的传统》中作出的所谓乔治·艾略特是“一位特别使人精神振奋、特别有益于读者身心健康的作家”的评论并没有就与评估文学的道德效果有关的问题进行任何深刻的反思。其次，即使优秀的文学作品确实可以使我们成熟、自觉以及精神健康，如果我们无法表明它们在其他任何一种意义上也都可以使我们成为更好的人，那末，它们的效果从道德方面看也归根结底不会有很重要的意义。如果成熟和自觉并不会使我们变得更诚实、更仁慈，或者更倾向于为饥饿者提供食物抑或为无家可归者提供住处，那末，我们为甚么不直接承认，无论从“道德”这个术语的哪一种重要意义上说，我们在文学和其他艺术中发现的价值都与道德价值风马牛不相及呢？的确，如果人们认为道德的最终目的是使个人达到心灵纯洁和身心健康，那末，那些使我们更加成熟、更加自觉的文学作品就会有助于我们改善自己的道德品质。然而，在我看来，与其他人的关系对于道德来说具有关键性的意义；除非我们改善这个存在于我们周围的世界,否则,我们就无法拯救自己的灵魂。

在我们到此讨论的所有这些观点中,没有一种观点详细考察过文学的道德效果。一方面,我们看到了阿诺德关于高度严肃的诗歌可以使我们获得安慰、使我们获得勇气的主张。到了利维斯那里,这种主张变成了下列假定,即成熟、自觉的文学作品可以使我们变成成熟、自觉的人。另一方面,无论一些认为文学具有相对自主性的马克思主义者们,还是对审美艺术和道德方面不作任何区别的柏拉图和托尔斯泰,都使文学获得了一种反复向人们灌输价值观和各种态度的、强有力的角色——无论这种灌输的目的是促进一种意识形态,还是改变我们的道德品质,情况都是如此。这两组观点都对艺术的力量提出了很高的要求,而这些要求很可能提得太高了。然而,在每一组观点那经过修改、比较温和的说法之中,也都存在着某些真理的成分。

我在上一章中曾经主张,文学向我们表明事物可能是甚么样子。这种说明指出了我们在修改阿诺德和利维斯的观点时所应当采取的方式。文学作品向我们表达某种世界观,优秀的文学作品则成功地,或者说有效地向我们表达它的观点。纯粹的文学标准不会告诉我们《金碗》的世界不如《米德尔马奇》的世界真实,也不会告诉我们应当像乔治·艾略特那样,而不应当像正在不断衰老下去的亨利·詹姆斯那样看待这个世界。成功的文学描述使我们能够从这种描述的观点出发去看待这个世界。就小说和戏剧而言,它们从各种各样的人物的不同的观点出发,向我们表达这个世界,而这就有助于我们理解这些各不相同的人是甚么样子。阅读《米德尔马奇》有助于我们理解像多罗西娅和利德盖特那样的人。它也许还有助于我们理解我们自己,因为多罗西娅和利德盖特和我们一样都是人;不过,我们是通过理解这些虚构的其他人来达到对我们自己的这种理解的。同样,阅读《金碗》有助于我们理解像弗弗尔一家那样的人。詹姆斯并不一定要求我们赞成这些人。他只是要求我们暂时从他们的观点出发来看待事物。抒情诗中只存在一种观点,亦即由这首诗感知吟诵者的诗人表达的观点。因此,我们很可能认为,我们欣赏《秋颂》的过程也就是我们逐渐达到理解济慈的过程。我们在这里绝不可贸然给美学下结论。我们正在逐渐理解的只不过是在这部诗歌中得到表达的观点。它也许是、也许不是约翰·济慈这个真实存在的人所一贯坚持的观点。无论如何,这种观点都未必是我们认为正确的一种观点;而且,与其说我们逐渐理解这部诗歌所表达的、关于事物可能是甚么样子的观点,与我们逐渐理解我们自己相似,还不如说与我们逐渐理解其他人相似。

时常有人提出这样的主张,即艺术的道德价值存在于它向我们提供有关其他人的想象性洞见的能力之中。我把文学当作向我们表明事物可能是甚么样子的艺术形式来说明的做法,也许支持这种主张。有人也许会问,想象性洞见与道德有甚么关系呢? 我们的回答是,更好地理解他人,有助于发展道德方面的各种美德。如果我们能够更好地理解其他人,我们就会更仁慈、更公平地对待他们。理解我们自己和理解其他人是联系在一起的,因为我们作为人都具有共同之处。此外,如果我们理解我们自己,那末,也许我们就更能够进行有效的道德行动。不过,就道德而言,理解他人比理解我们自己更重要。阿诺德所谓诗歌可以使我们获得安慰、使我们获得勇气的观点,以及利维斯对成熟和自觉的强调,都既暗示了一种容易使人误解的对文学作品功能的说明,也暗示了一幅已经被歪曲了的道德画面。如果我们通过说文学作品既可以提供有关他人的洞见,也可以提供有关我们自己的洞见来修正他们的说明,我们就可以认识到从审美角度来看优秀的文学作品也具有道德价值。

如果我们认为文学作品为我们提供有关其他人的洞见,我们就必须承认,它也许能够使我们从那些邪恶、堕落的人的观点出发来看待这个世界,因而有可能使我们对这些表示同情。正像俗话所说的那样:"Tout comprendre c'est tout."(理解就是谅解。)柏拉图对文学的力量所感到忧虑的正是文学有可能使我们过于同情那些恶人,而且,这种同情有可能最终使我们变得和这些恶人一样。在这一章的前面部分,我曾经强调过评估艺术是否真正能够改变我们的性格是很困难的。虽然柏拉图和托尔斯泰夸大了艺术有可能做到这一点的程度,但是,我并不否认艺术在向人们反复灌输价值观和各种态度的过程中一直发挥着某种作用,因为它能够影响我们在看待生活时所依据的那些方面。例如,渲染暴力行为的电影可以反复向人们灌输一种态度,这种态度认为,暴力行为是人们针对威胁或者伤害而作出的一种适当的反应,同时灌输一种价值体系,人们根据后者认为,那些进行暴力活动的人都是勇敢的和富有魅力的。这些效果并不是不可避免的,因为我们是带着我们以前形成的态度进电影院的,而且,我们最初对暴力行为的反感很可能持续存在下来,并且缓和甚至消除渲染暴力行为的电影对我们的影响。

艺术作品对价值观和各种态度的影响时常是间接和微妙的,我们只有通过事后认识才能意识到这种影响。不可否认的是,某些著名的、有关非常成功的艺术作品产生直接影响的例子也是存在的。歌德的小说《少年维特之烦恼》——它那敏感的主人公最后自杀了——就曾经使许多少年幻想自己就是现实生活中的维特,有时还会出现悲惨的后果。然而,艺术与现实生活的价值观和各种态度的关系并不总是如此直接的。第一次世界大战时期的英国诗歌为我们提供了一个更加典型的例子。鲁伯特·布鲁克和其他人在这次大战开始时创作的爱国主义诗歌,被威尔弗雷德·欧文和西格弗里德·萨松创作的截然不同的诗歌取代了。这种变化反映了战士们的态度从侵略主义的爱国主义向认识到战争毫无意义的变化。欧文和萨松的诗歌也同样使读者对这种战争的无意义留下了深刻的印象,有助于使他们对由战斗人员和非战斗人员参加的战争的态度发生根本变化。刘易斯(Dav Lewis)——他出生于 1904 年,因而由于太年轻而没有参加这次大战——正是出于这种原因而特别重视欧文的诗歌。他在为欧文的《诗集》撰写的引论中写道:“正是欧文……的诗歌最强烈地打动了我这一代人,所以,我们永远也不会再认为战争是甚么重要的事情,即使有必要,我们也只会认为它是一场卑鄙邪恶的灾祸。”

如果我们承认艺术可以影响我们的价值观和态度,我们应当倡导建立艺术审查制度吗?成年人的性格在很大程度上已经形成,这个事实可以降低艺术对成年人的影响。艺术对那些道德品质仍然在不断发展的儿童和青少年会产生更强烈的影响。绝大多数父母和教师都希望在某种程度上控制这些对他们看管的儿童和青少年的影响。也许由父母和教师来建议儿童和青少年应当看甚么、听甚么以及读甚么,比国家或者其他权威机构提出这些建议更合适。不过,在我看来,数量有限的审查——诸如英国现行的、限制某一种电影只向某一特定年龄组的观众放映的情况——的确是有存在理由的。

若想确定这种争论点涉及成年人的程度就更困难了。我们也许可以认为一个艺术作品的审美价值,超过了它在道德方面产生的使人堕落的影响——如果我们没有忘记评估这样一种影响的诸多难处,情况就更是如此。另外,其他的价值也会发挥作用。审查制度会限制艺术家的表现自由,因而我们完全可以认为,一个艺术家可以在其中随心所欲地进行艺术创作的社会,要比一个保护其公民免受可能是恶劣的艺术作品之影响的社会好。成年人确实可以把他们对艺术作品的反应实行某种控制。我可以选择不去看《装有发条的橘子》这部电影。如果我确实去看这部电影,我就可以有意识地努力使自己处于不介入这部电影的超脱状态,或者,我可以在观看这部电影之后,通过提醒自己,因以前一贯反对暴力行为,而抵制它对我产生的强烈影响。支持实行艺术审查制度的理由之所以根本不像柏拉图所认为的那末充分,不仅是因为艺术家的表现自由非常可贵,而且也是因为艺术的各种效果都不像他所认为的那样毋庸置疑,那样直截了当,那样不可抗拒。

各种艺术作品都不是不依赖创作它们的艺术家,不依赖这个为它们提供素材的世界,或者不依赖艺术家在呈现它们时所面对的观众而孤立存在的。同时,它们与艺术家,与世界以及与观众的关系也不是某种简单的和直截了当的关系,因为艺术家的经验和这个世界所提供的素材,都被艺术家重新塑造成了某种艺术形式;而且,观众既对艺术作品的形式作出反应,也对艺术作品的内容作出反应。如果我们现在再回过头来看我们在本书开始时所面对的问题——“缘何为艺术伤脑筋?”我们就可以提出某种答案了。

首先,艺术和自然美本身都具有价值。如果我们缺乏进行审美欣赏的机会,那末,无论我们的生活水平多么令人满意,我们的社会安排多么完美,我们的生活方式多么符合道德准则,我们的生活都将是非常贫乏,非常不完满的。此外,艺术确实具有某种道德价值。声称艺术可以直接改变这个世界,或者可以自然而然地改变我们的性格是毫无意义的。艺术时常可以通过以一些微妙和间接的方式向我们提供有关其他人的想象性洞见,或者反复向我们灌输某种价值观和种种态度,而产生道德方面的影响。正因为艺术对我们的价值观和态度的影响是间接的和微妙的,所以,我们不容易意识到这种影响。如果我们更加细心地研究艺术作品,如果我们反思我们的审美经验,我们就可以更充分地意识到这种影响。从形式方面对文学、美术以及音乐进行研究之所以有价值,不仅是因为这种研究丰富了我们的审美经验,而且是因为它和其他所有形式研究一样,在智力锻炼和理性反思方面为我们提供了锻炼机会。它既能够丰富我们的审美经验,同时也能够使我们的想象力和理解力得到发展。艺术既吸引我们的感情,也吸引我们的理智。因此,研究艺术就需要把想象的灵活性与智力锻炼结合起来。如果我们发展了对艺术作出反应的能力,我们就可以使我们作为人所具有的潜能发挥出来。

艾　彦译

——节选自安妮·谢泼德:《美学——艺术哲学引论》,沈阳:辽宁教育出版社 1998 年版。

特里·伊格尔顿

特里·伊格尔顿(1943—　),牛津大学英国文学教授,著名的“新马克思主义理论家”,《美学意识形态》一书是当代英国马克思主义美学的代表性著作,该书第四章《席勒和领导权》认为在现代社会中,资本主义的理性统治造成了普遍的异化和人性的分裂,感性与理性处于严重的对立之中,席勒试图让审美充当二者桥梁的做法,实际上是把审美虚无化,理性狡黠地混进感觉里,席勒的审美类似于葛兰西的“领导权”。

一、审美:葛兰西式的“领导权”

康德的主体性美学在资本主义社会中左右为难,其无功利、普遍性、和谐性迎合了社会意识形态的需要,同时又要求超越这种需要,这就是造成席勒美育理论充满矛盾和张力的根本原因。席勒把审美定位为从感性向理性过渡的中间阶段,把感觉冲动与形式冲动调和起来,既要保持二者的张力,又不可使二者的冲突过于剧烈,这种双重调节的难度可想而知。伊格尔顿据此认为审美扮演了一个解构的角色,审美既促进又排斥感性生活。在审美中,理性溜进了感觉中,以防止欲望爆发时吞没客体,同时在客体威胁时又能推开它。在充满欲望的市民社会和理想政治之间充当调节的媒介,借审美教育来解决政治问题,伊格尔顿认为这是使审美获得葛兰西式的“领导权”。

二、虚无:审美意识形态的困境

在虚构的审美世界中,我们暂时从生理和道德的束缚中解放出来,确证了人的本质力量,体验到纯粹的、绝对的存在状态。感性与理性两股极端力量的对立,导致了两者的虚无化,虚无正是审美力量的全部来源,并以其无限的可能性和游戏性保有了对有限存在的乌托邦式批评。席勒对待审美的态度是矛盾的,一方面,作为无限自由的状态,审美应该是人类的终极目的;另一方面,这种无限可能性只是一个短暂的过渡,其实现的可能性程度只有留待理性决定。由此，伊格尔顿认为席勒陷入了审美意识形态的困境。于是，审美的绝对的普遍性只是绝对的冷漠，如此的无所不能实际上是无能。审美是我们思考问题的基础，但一俟面对具体问题我们又偏离了审美，这正是审美的至高无上的荣耀——虚无。

三、理性：审美自由的敌人抑或朋友?

在席勒那里，只有美才能使社会和谐与愉快，美优于道德，但美在形式上又从属于道德法则。理性的专横过于男性化，审美似乎过于女性化。审美对外观的偏爱导致对自然抱有矛盾的态度，外观与形式受自然激发，反过来，审美的自由又要求超越自然的盈余，于是矛盾出现了：审美的自由从哪里寻？是自然先于自由还是自由先于自然？这种审美自由之源的不可思议性导致了席勒美育理论的模糊性，而这也是现实政治困境的表征。为了解决这个困境，理性混进了感觉里并把它纯化为顺从，重建意识形态。席勒的论文《论秀美和尊严》强调了审美的政治基础，同样有把审美化为虚无的危险。席勒的《论运用美的形式所必有的限制》一文关注恢复理性的优越性，认为健康的审美趣味必须结合男性和女性，但伊格尔顿认为这不应成为我们成为“太监”的借口。所以，席勒在感性与理性之间出现了犹豫和徘徊，时而认为畏惧理性法则，时而又对审美的疗救作用表示怀疑，这种矛盾归根结蒂来源于文化与社会的矛盾关系。

伊格尔顿的结论：以席勒为代表的美育理论一方面为资产阶级提供了丰富的意识形态模式，另一方面又坚持审美虚幻的拯救能力。美学面临着既要批判社会又不沦落为政治意识形态基础的考验。

（李　兵）

席勒和领导权

康德的认识和审美判断的二元性包含着自我解构的因子，他的后继者们不久就会认识到这点。因为如果美学代表着主体和客体的关系，美学则必然表现为知识的瞬间，康德自己也承认这点，自然是为我们的认识能力而结构的，或者说自然“考虑”了我们的认识能力。这是我们探索自然的必要假设。康德在思想领域内的“哥白尼式革命”把世界集中于人类主体上，并通过这种方法内在地引入美学，使所有的经验显得更少空白、更无根据或者说更不具补充性；而不是相反，各种能力的和谐即审美愉悦实际上是各种经验认识所必不可少的和谐。因此，如果美学在某种意义上是对我们其他的审美心灵活动的补充的话，那末照德里达的逻辑来说，这种补充更像是这些活动的基础和前提。德里达认为："假如各种能力不能达成这种(美学的)自由的、主体性的和谐，那末任何一种能力都不可能担当立法的和决定性的角色。"

诚如约翰·迈克马雷曾指出的那样，在康德看来，知识的基础就是丰富的想象；这意味着康德的知识在某种意义上来说是虚构的。这种早期的认识的美学化必须加以严格限制，以免理性陷于无节制的浪漫；康德宣称美学不包含确定的概念。这既是为了防止理性受其自身那令人不安的讽喻的危害，也是为了解释理性特殊的运作模式。如同道德领域的危险在于简单地把善等同于创造性实践一样。这样做的危险就在于把真等同于使心灵满足的事物。这种享乐主义极大地亵渎了康德的清教严肃性：真和善不是这般轻易能获得的，它们需要训练和努力。不过，由于其绝对自我决定的、以自我为基础的特征，实践理性很像一种"美学"现象，因此他人往往能把二者合并起来。对资产阶级社会来说，美学是极其矛盾的客体。一方面，由于美学的主体中心性、普遍性，自发的一致性、亲和性、和谐性和目的性，美学极好地迎合了社会意识形态的需要；另一方面，它又可能不可控制地膨胀，超越这种功能，其结果是摧毁理性和道德责任的基础。趣味一方面与真和道德相割裂，另一方面又似乎是它们的基础；因此，解构这些术语的时机已经成熟，这种解构允许浪漫主义把整个现实美学化。资产阶级思想面对的是令人讨厌的二难选择：要么以使丰富的意识形态模式空白化为代价以保留理性，要么培育和发展这种模式，但结果是模式替代真和美德。

也许人们会认为，席勒的《美育书简》在某种程度上加速了这种解构，它在保留康德的问题框架的同时又提出了质疑。如果说康德过于严重地搅混了自然和理性，席勒则把美学准确地定义为粗俗的感觉和崇高的理性之间的枢纽或者说过渡阶段。在所谓的"游戏冲动"形态中，审美状态把感觉冲动——感觉和欲望之变化不居的、无形的、贪婪的本质——与形式冲动，即康德的理性之活跃的、有形的、永恒的力量调和起来。席勒写道：

(感性冲动)要求绝对的实在性，(人)想要把一切凡只是形式的东西转化成世界，使人的所有潜能充分地表现出来。(形式冲动)则要求绝对的形式性：人要把凡只是世界的存在消除在人的自身之内，使人的一切变化处于和谐中。换句话说，人要外化一切内在的东西，赋予外在的事物以形式。

美学，即席勒完全把它人类学化了的认识论范畴，解决了感觉和精神、内容和形式、变化和永恒、有限和无限之间的矛盾。

审美只不过是通向实践理性的非感觉规则的中转站或通道，作为一个相当康德式的人，席勒充分地认可实践的理性。毫无疑问，其审美化的真和道德并不存在：它们保留了人类的最崇高目标；但是，由于这些目标需要人类的感觉天性，所以这些目标似乎是专制的、无情的。也就是说，人们可以把席勒的文本解读为对康德的傲慢的理性超我的必要软化，解读为一种完成其自身的意识形态需要的缓解。因为如果理性与肉体根本对立的话，理性怎么可能植根于具有生动经验的肉体呢？“理论”又将如何充实完善为“意识形态”呢？席勒写作时，耳边还回响着法国大革命的恐怖之声，这可以解释他为甚么相信抽象的理性需要少许温和的怜悯的原因；然而，他所面临的意识形态困境比这更为普遍。如果按照葛兰西的说法，理性是自愿的而非强制的，理性便只能维护其统治；理性在与它所极力压制的感觉相联系时，理性必须与之达成和谐，而不应践踏感觉。康德的自然与理性的双重性打断了我们所称的意识形态重建问题，致使我们几乎找不到从一领域转到另一领域的线索。席勒本人也认识到，绝对的伦理禁制与资产阶级与生俱来的粗俗的世俗状态之间的张力必须既持久又松弛；审美就是完成这种艰难的双重运作的范畴。不过，我们应该明白，审美既成功地模糊了从自然转向理性这一问题，同时又成功地阐明了这个问题。

作为感觉的欲望的进步性改良，审美完成了一种解构：审美不是通过外在的强制禁令而是从内部瓦解了感觉冲动的统治。“通过审美的心理调节，理性的自律得以在感性的领域内显示出来，感觉的力量在自身的界限内已经丧失，自然的人已经高尚化，并根据自由的规律发展成为精神的人。”在审美的领域内，人类必须“把对素材的战斗在素材的领域内进行，以免在自由的神圣疆域里同这个可怕的敌人作战”。换句话说，如果理性已经充分地从内部削弱和升华了感性的自然，理性就易于控制感性的自然；这恰恰是精神和感觉之间的审美的相互作用所要达到的目的。在此意义上，审美扮演了必要的基本角色，为了理性对感性生活的最终的抑制,审美既促进又排斥感性生活的粗俗素材。在审美中,理性与感觉暂时合作,并把感觉界定为敌营中的第五纵队,藉此向我们详述了我们正在向之迈进的更高的真和善的状态。作为堕落性地沉迷于欲望的动物,我们有可能体验到令人厌恶的、绝对的、独裁的理性规则,但我们无法服从这些规则。席勒理智地认识到,对于征服难以治理的物质世界这项工作而言,康德的非本体论的规则绝不是最为有效的意识形态机制;康德的责任就如患妄想狂的专制君主一样,根本不相信大众的与之相一致的丰富的本能。如果想要维护其统治的话,这个疑心重重的专制君主还需要少许大众的同情:"必然性的严肃声音——责任——必须改变其只为反抗申辩的公式,用更高贵的信任来尊重驯顺的天性。"责任必须更紧密地与倾向结合起来:以牺牲天性来维护自身的道德品质是不完善的,"就如同如果国家的宪法只有通过抑制多样性才能达到统一,那末这种宪法就是不完善的一样"。政治暗示是合适的,因为毫无疑问的是,在席勒看来,"感性冲动"直接引发贪婪的个人主义。他所说的没有教养的"野蛮人""自私自利却没有自我意识;无拘无束而又没有自由",这个野蛮人不是异国部落的样本而是德国中产阶级庸人,他在自然的丰富多彩中看到的只是自己的猎物,他要么在欲望的爆发中吞没客体,要么在客体威胁他时厌恶地推开客体。由于无产阶级也具有"粗野的无法无天的本能,摆脱了社会秩序的束缚,正以无法控制的狂怒忙于兽性的满足",所以感性冲动也属于无产阶级。

席勒所称的"审美的心理调节"实际上指出了基本的意识形态重建方案。审美是沉迷于纯粹的欲望的野蛮粗俗的市民社会和秩序良好的政治国家的理想之间难以发觉的媒介:"如果人类想要在实践中解决政治问题,就必须通过审美教育的途径,因为只有通过美人类才能走向自由。"如果进步性的政治不能通过生理找到迂回的道路并致力于改进人类主体的问题,就必然会像雅各宾主义一样遭受失败。在此意义上,席勒的"审美"也就是葛兰西的"领导权",只是说法不同,革命希望的完全破灭导致了这两个概念的政治性的问世。唯一要坚持的政治是以改造过的"文化"和革命化的主体性为基础的政治。

审美将会抛弃不自由的、不道德的、不真实的人,但随时准备接收这些理性的规则并对之作出反映:"虽然这种(审美)状态本身并不完全决定我们的见解或信念,不会由此而否定我们的智力和道德价值,然而,这种状态仍然是我们获得见解和信念的必要的先决条件,总之,要使感性的人成为理性的人，除了首先使他成为审美的人，别无他途。”由于席勒不安地意识到这可能使理性盲目地依赖于感觉表象，从而削弱理性的有效力量，所以席勒很快转回到康德的正统观念上来：“真理和责任为其本身难道就不能自己找到抵达感性的人的途径吗？对此我必须回答说：真理和责任依靠它们本身不仅能够而且必须拥有这种决定的力量。”美赋予人思考和决定的力量，因此美是真理和道德的基础；但在这些力量的实际运用中，美毫无发言权，因为这些力量一贯是自我决定的。审美是思想和行动的基础，但它不能控制它赋之以生命的事物；审美并未傲慢地篡夺理性的角色，它只是为理性粗糙的外表铺平了一条道路。审美不是一架我们攀登后就踢掉的梯子；因为虽然审美是真理和美德的唯一的先决条件，但它仍然预示着它将产生事物。真理绝不是美，席勒始终坚决反对唯美主义者；但原则上美包含着真理。人们可以在康德的令人无奈的能力的双重性和能力的审美的结合之间开辟一条狭路。

主张审美是道德的必要的先决条件意味着甚么呢？这或多或少地意味着，在此特殊的状态里，感性冲动的严肃的决定和形式冲动的专制的力量相得益彰并因此成功地消解了彼此的压力，从而使我们进入否定性的自由或“自由的确定性”状态。“在（游戏冲动）剥夺了感觉和情感的动态力量后，游戏冲动就会使感觉和情感与理性的观念相和谐；而在游戏冲动排除了理性法则的道德强制后，游戏冲动就会把理性法则与感性兴趣调和起来。”审美是一个虚构的或探索性的领域，在此领域内我们可以悬置我们的一般能力所具有的力量，并以心灵的自由体验的方式想象性地把特性从一种冲动转化为另一种冲动。迅速地把这些冲动与其真实生活的背景分离开来之后，我们就可能以另一者为手段来重建幻觉，以其潜在的解构来重建心灵的矛盾。这种状态不是自由；自由存在于康德的气质中，存在于我们与道德法则的自由的一致中：对这种能动的自由而言。这种状态是一种绝对的潜在，是我们积极的自我决定的模糊而不确定的源泉。在审美中，我们暂时地从生理的或道德的决定中解放出来，体验到绝对的确定性状态。这是个纯粹假设的世界，一种永恒的“仿佛”，在其中我们体验到自己的力量和能力，视之为排除了特殊性的纯粹形式的可能性；因此，这是一种等同于康德的纯粹的审美认识能力的存在状态，没有受到特殊的概念的决定所限制的存在状态。

这一切使得审美这种以我们的道德人性为基础的强大力量听起来仿

佛有点令人困惑(aporia)。两种极端对立的力量互相抵消,最终导致了僵化或虚无,这种绝对暗示性的虚无是我们获得价值的先天能力。虚无——绝对虚空的否定,这种完全潜在的空虚暂时地停止了特殊的压抑,为自由的行动奠定了坚实的基础。在审美状态中:

> 人必须以某种方式返回到单纯无规定性的那种否定状态,当没有任何东西在人的感官中留下印象时,他就处于这一状态。但是,那前一种状态是完全没有内容的;现在的问题是使绝对的无规定性和无限的规定可能性与最大可能有的内容结合起来。因为由这种状态应该直接得出一些肯定的东西。人通过感觉所接受的规定必须得到保护,因为人不能失去实在;但是,只要规定是有限的东西,那末同时它必须被扬弃,因为它会产生一种无限的规定可能性。因此,现在的问题是,如何同时消除和维持状态的规定,这只有通过使该规定与其他规定对立起来的唯一方式才能解决。当天平两边都空着的时刻,天平的两个秤盘是平的;然而,当天平两边有同样重量的时候,天平的两个秤盘也是平的。

审美是一种创造性的僵化,是充满着完全不确定的内容的确定性及欲望的涅槃式寂静。由于审美消除了感觉的局限及其强制性,所以审美成了可能性的崇高的无限性。在审美状态中,“只要我们仅仅思考特殊的结果而不思考全部能力,并只考虑在人身上所缺乏的各种特殊的规定,人就是零”;但这种否定性就是一切,是一种避开了粗俗的特殊性的绝对无限的存在。从总体上来看,审美状态绝对是积极的;但它又是绝对虚无的,是一种高深而令人迷惑的黑暗,在黑暗中所有的规定都是不确定的,还是虚无的无限性。席勒所悲叹的悲惨的社会状态——劳动分工带来的人的能力的分裂,人的能力的专门化和具体化,人的力量的机械化和分离——必须通过一点也不特殊的状态来加以弥补。完全不确定的审美以其宁静的游戏性批判了可怕的社会单一性;但是,从一切规定中解放出来同样是属于资产阶级秩序的对于绝对自由的梦想。无限的可规定性是做好了一切准备的活跃状态,从永恒的虚拟观点来看又是对现实的确定的存在的乌托邦式的批评。

在审美状态中,人的力量被恢复为人性,成为“最高的奖赏”,席勒论述了这种力量，在一句名言中他指出，人只有在游戏的时候他才是完整的人。但是，果真如此的话，审美就必须是人类存在的终极目的，而不是这种目的的过渡阶段。审美当然应比道德更自由，因为审美消解了道德的压抑和生理的压抑。一方面，审美“只为我们提供了成为人类的可能性，把其余同题，即我们希望多大程度地实现这种可能性的问题，留给我们的自由意志去决定”；另一方面，作为一种绝对未受限制的可能性的状态，作为感性和理性的融合，审美似乎又优于它所实现的事物，是高于那些依赖于它的事物的基础。这种模棱两可性反映了真正的意识形态困境。康德的自由的问题在于，珍视自由的道德法则似乎也会损害自由。这种自由尤其是强制性的，它漠然于主体的需要和天性，只会发布专横的命令。因此，真正的自由可以被转化成为审美；但是，由于这是无损于道德的指令和具体的规定的，所以人们难以理解这种真正的自由将如何成为社会实践的恰当形象。审美是特殊的社会利益的另一面；审美毫无偏见地对待任何确定的活动。因此审美成为一种普遍起作用的能力。文化是对一切具体的主张以及以总体性的名义出现的承诺的否定，这种总体性因而是一种绝对的空虚，因为它只不过是被否定的瞬间的总体化。简单地说，审美只是绝对超然的冷漠态度(indifferentism)：“由于审美没有把人的个别能力保护起来而排斥其他的能力，所以它对每一种能力都毫无区别地给予优待；它之所以不给予个别的能力以特殊优待，原因很简单，它是一切能力可能性的基础。”未说明一切事情就不可能说明一件事情。如此看来审美甚么也没说明，它是如此无比地雄辩竟至于变得无言。在把每种可能性发展到极限的过程中，审美冒着使我们四肢僵硬和无法动弹的危险。如果在审美享受之后“我们发现自己倾向于偏爱不适合于他人的，或他人不喜欢的、某种特殊的感觉方式或行为方式，那末这就可以当作确定无疑的证据，说明我们根本不曾有过纯粹的审美体验……”作为道德情操的直接基础，审美显然是无效的，除非它预先使我们就漠然于牺牲或谋杀。审美是我们开始进行创造性的思索和行动的方法，是我们的实践活动的先验基础，不过，一切特殊的思想和行动都是对审美的偏离。我们一碰到具体的规定便失去了这种意味深长的虚无，从一种不存在(absence)转入另一种不存在。人类的存在似乎是两种类型的否定之间的一种永恒的摆动，就同纯粹的审美能力为了达到返回自身的目的通过行动来达到存在的局限一样。简言之，审美在社会上是毫无价值的，平庸的批评家们坚持这一点:“因为美不论在知性方面还是意志方面都不产生特殊的结果。它既不实现特定的智力目的,也不实现特定的道德目的;它没有发现任何真理,丝毫无助于我们完成任何的责任,总之,它既不适于为性格提供坚实的基础,也不适合于启迪知性。”但是,这一切恰恰是审美的至高无上的荣耀:它绝对地漠然于单一化的真理、目的或实践,它象征着全部人性的无限性,一旦被认识也就被毁灭了。文化似乎也具有一种无限的开放性。

在席勒的文本的末尾,审美表明自己正在超越理性的侍女这种谦卑的地位。审美在形式上从属于道德法则,但在一个很重要的方面审美似乎优于道德法则;道德法则不可能在个体之间创立积极的情感纽带。法则使个体的意志屈从于普遍的意志,因此维护了社会生活的可能性的普遍状态;法则使主体相互对抗,控制主体的倾向,但法则不可能充任使社会达到和谐与愉快的交流的动力源。理性使人性中充满了社会行为规范,但唯有美才能赋予这种行为以社会特征。“只有(审美的)趣味才能给社会带来和谐,因为它在个体身上培育发展和谐……只有审美的交流模式才能统一社会,因为它与大家共同的东西相联系。”另外,审美趣味还可以提供这一切和幸福,而严厉的道德约束却不能做到这点。“唯有美才能使全世界幸福”,而道德情操的代价却是自我克制。审美是人类共同的语言,坚决反对造成社会分裂的精英主义和特权主义:“在审美趣味统治的领域内,任何特权和专制都是不可容忍的”,专家所独有的知识一旦被审美趣味引入“普通常识的广阔天地里”,便成为整个人类社会的共同财富。总之,审美的国度就是资产阶级所追求的自由、平等、民主的乌托邦式的共和国,在此国度内,人人都是自由的公民,“与最高贵者具有同等的权利”。在美的王国里,由阶级斗争和劳动分工所造成的压抑的社会秩序原则上已被废除,虽然当时美的王国还像是一个朦胧的乐园。具有自律性、普遍性、平等性和同情心的审美趣味是一种完全替代性的政治,它结束了社会的等级制度,依据无私的博爱的形象来重建个体之间的关系。文化是唯一真正的社会和谐,是目前极少对立的社会,是神秘地超然于事物和原因的现象领域的、人和目的的本体王国。但是,虽然审美暗示着完全不同的社会秩序的形式,诚如我们所知,其内容却是一种不确定的否定,充满着不可言表的潜能。易言之,阶级社会的积极的统一似乎甚么也不是,虽具潜能却又具神秘的逃避性;能够跨越实际而多样的社会分裂的话语必定具有相当粗俗的定义。作为分裂的现实的理想性的统一,审美必定是模糊的；只把审美看成是一个潜能的问题也就等于承认，在这个社会里个体一旦行动就相互对抗。文化的统一必须重新超越实际的自我实现，在此秩序中自我实现有可能变得既是主要的又是次要的；文化存在的目的是为了使人类的自我决定得以实现，但文化又受到自我决定的损害。只有在文化的内容不断地被压缩为虚无时，文化的力量才能得以保存。文化绝不可能决定我们该做甚么；事实是，我们在持续正在做的事情时，我们平静地行动，这暗示着我们可以很容易地做好其他的事情。因此，这是个席勒称之为“优美”的或风格的问题：通过从无所事事的状态中提取线索的方法，我们将会最有效地学会如何举措。

道德法则和审美状态都不可能完全充当理想社会的形象，也许这就是为甚么席勒的著作在法则和审美谁优谁劣的问题上难以抉择的原因。法则当然可以通过职权来行使最高统治；但法则不可能提供它所预示的自由的感觉表象，人们必须面对的令人震惊的事实是，道德本身不可能提供社会的统一所必需的意识形态纽带。在康德的道德形态中，道德过于抽象、个人主义和傲慢专横，过于虐待狂似的渴望征服主体，所以不可能有效地承担起这些一致的任务。因此，达成一致的任务便转给了审美；如果说道德规范过于刻板，过于执着于把这些目的联系起来，对于个体的差异过于不敏感的话，审美却会以自己的方式掏空实践的内容。如果说法则过于男性化，过于无情地强取豪夺，审美则过于温顺，过于女性化了。文化以其对感觉的开放性标志着形式主义的道德意识形态的进步；但那种感觉的拥抱采取的是消解确定的内容的形式，因此又陷回到它极力想要超越的形式主义中去。

对席勒来说，审美包含着外观的创造；因为外观包含着对自然的创造性的漠视，所以，正是通过来源于这种美丽的外观的愉悦，“野蛮的”人才首先去摸索从对环境的动物性依赖到审美的自由这条艰难的上升之路。一旦“人性开始偏爱形式而轻素材，并为了外观而舍弃实在”，人性便踏上了真正的自由之路，并衍生出生物学类的分支来。这场运动既抛弃又忠实于自然，——因为自然慷慨地施惠于它的创造物而非存在的赤裸的必然性，自然还在这种物质的盈余中模糊地预示了审美自由的无限性。在此意义上，审美是自然的：由于可以把我们推向审美的意志是自由状态的产物而非其先决条件，所以我们必须受到自然的激发才能上升到审美。但是，审美同时又是非自然的：因为为了合理地取得自身的地位，想象力必须神秘地、不可解释地摆脱这种纯粹的物质的盈余,从而进入自身丰富的自律。简单地说,自然和自由之间的关系是令人疑惑的;后者严重地与前者分裂,但这种分裂某种程度上是由前者的推动而产生的。自由不可能产生于自身,因为这将暗示着原本就存在这样做的意志,从而推导出自由先于自然的结论。但是,假设自由与自然有着某种天然的联系,自由怎么可能是无所约束的呢?审美的否定性的不确定性,即自然和自由、必然性和理性之间的过渡阶段是必不可少的,它解答了自由起源于何处以及自由何以能起源于不自由的谜。审美的谜就是对此疑惑的解答——这就是说,一个谜只有用另一个谜来解答。在一个理性的主体性就意味着否定感性和物质性的社会里,席勒的审美学说的模糊性也就是自由之源的不可思议性。在如此异化的社会秩序里,自由和必然、主体和客体、精神和感觉怎么可能结合起这个问题,是无法从理论上加以说明的。但是,日益迫切的政治原因要求解释为甚么它们会结合起来。负责出版席勒的著作的出版商把席勒的著作的模糊性整理成"悖论"。这些模糊性正是真实的政治困境的标志。确实,整个文本都是一种政治的讽喻,在其中,感性冲动和理性冲动或自然和理性之间的混乱关系,几乎就是公众与统治阶级或市民社会与专制国家之间的理想的关系的反映。席勒简明扼要地指出了两者的相似性,把(喜欢统一性的)理性和(需要多样性的)自然之间的关系比作政治国家和社会之间的动人的关系。虽然国家统一的要求是绝对的,但国家必须尊重其构成物(民众)的"主观的和独特的性格";国家必须培育和尊重本能的冲动,在不压制大多数人的基础上达到统一。在审美领域内,理性狡猾地混进感觉里,以强制律令从内部把感觉纯化为顺从,同样地,政治国家也"只有使各部分协调到总体的观念上来才能成为现实"。作为意识形态的重建和领导权的策略,审美要达到的就是这个目的;因此,"一旦人内在地与他本身是同一的,不管他的态度多么普遍化,他也能够保持自己的个性,而国家只是他的最健康的本能的解释者,成为他内在立法的更为明确的表现形式"。如果不能实现这点,席勒警告说,"如果主体的人坚决反对客体的人",后者(国家)就将会不得不压制前者(市民社会),就会"为了避免成敌对的个性的牺牲品而毫不留情地践踏这种个性"。在此悲惨的政治状态里,"个体的具体生活被消灭了,目的是为了以总体的抽象观念来苟延国家的卑劣存在,国家则始终异己于它的公民,因为国家根本不触及公民的感情"。

简言之，如果政治力量想要维护其统治的话，就必须深入到主体性中去；这个进程需要造就出其伦理——政治的责任被内化为自发的倾向的公民来。席勒在《论秀美与尊严》中论述说，道德的崇高是一个关于顺从道德法则的问题；道德之美则是这种顺从的优雅倾向，是内省性的和习惯性的法则，是人的全部主体性的重建。正是这种总体的文化生活方式，而不是康德的抽象活动，才是道德判断的真正客体："人并不想进行孤立的道德活动，他想成为道德的存在；并非所有的美德而是单一的美德才是人的命令，单一的美德只是一种责任倾向。"个人主义的伦理道德真诚地相信每一明确的行动意图的结果，因而是反美学的：从道德到文化的转变也就是从头脑的统治到心灵的统治的转变，从抽象的决定到肉体倾向的转变。诚如我们所知，"完整的"人类主体必须把必然性转化成自由，把道德责任转化成本能的习惯，这样主体就会如审美艺术品一样起作用。

如同《美育书简》一样，《论秀美和尊严》也毫不隐瞒审美的政治基础。席勒写道："让我们设想一个按以下方式进行管理的专制国家——虽然众人都按照一个人的意志行事，但每个公民都能使自己相信这点——他控制着并且只服从自己的倾向，我们应该称这种统治为自由的统治。"同样地，"如果心灵以此方式通过屈从于心灵帝国的感觉天性证明，心灵最严格地执行感觉天性的命令，或者心灵以最妥帖的表达方式表现感觉天性的情感，而丝毫不反对审美意识要求于它的作为现象的东西，那末我们就会发现我们所称的'秀美'"。简言之，秀美适合于个人生活，大众的自发性的服从则适合于政治国家。如同在审美状态中一样，在政治秩序中，每一个体单元的表现似乎都是通过为总体法则所控制的方式来控制自我的。理性的专制王子不应该压制服务于他的感觉的自由运动，也不应该让感觉摆脱控制。席勒指责康德不公正地排斥感觉天性的权利，他指出，道德必须与倾向结合起来从而成为"第二天性"。易言之，康德的道德理论绝不可能成为有效的意识形态。道德法则是人性的伟大的最庄严的证言，如果道德法则只侮辱和谴责我们，它怎么能真正担当得起康德赋予它的地位——自我赋予的自由的理性法则？人类将会受到诱惑而去反抗那似乎异化于己且漠不关心自己的审美权，难道这不令人奇怪吗？

在席勒的心目中，把法则审美化为虚无的危险依然存在。如果真的像他在《论秀美和尊严》中指出的那样："除非从倾向与道德行为的联系出发，否则人类的道德完善不可能照亮前进的道路。"那末他在《论审美方式的道德功利》一文中所提醒我们的话同样是真实的,在文中他提醒我们说,审美趣味本身就是道德存在的双重基础。即使"审美趣味给使之倾向于美德的灵魂指出了方向",秩序、和谐、完美等本身并不就是美德。他的另一篇论文《论运用美的形式所必有的限制》所关注的也是恢复理性的优越性的问题:在文中,他拿"肉体"或话语的物质方面与其概念化的内容作了对比,在前一领域里,想象可以获得修辞的资格,他还预示了修辞的能指将要取代概念的所指的危险。这种转变赋予女性太高的地位,因为女性关心的是"物质"或真理的外在的媒介,关心的是真理的美丽的外表而不是真理本身。健康的审美趣味包含着男性和女性、所指和能指、陈述和述行的和谐的结合;然而,这种结合是不平衡的,因为权力和优先权必然总是与前者联系在一起。修辞或者话语的感觉的肉体必须永志不忘这点:"这种结合贯彻的是源自他处的秩序",它所探讨的不是自己的事情;如果忘记了这点,男性就会漠不关心理性的内容,就会允许自己受到空虚的外观的诱惑。简言之,女性只是个合作者,她必须知道自己的地位:"审美趣味必须限制在调和外在形式的范围内,而理性和经验则决定概念的内容和本质。"总之,审美趣味有着自身的缺陷:它越纯化我们并使我们变得老于世故,它就越削弱我们完成厌恶我们的感性责任要求于我们的行动的倾向。我们不应该成为粗俗的人这个因素绝不是成为"太监"的借口。

豪沃德·凯吉尔令人信服地指出,康德的美学处于两种对立的传统的交会点上:一者是有关"同情"、道德感和自然法则的英国谱系,该谱系相信,在资产阶级市民社会里,有可能建立起司法的强制和政治的指令之间的和谐统一;另一者是源于莱布尼茨和克里斯丁·沃尔夫一直到亚历山大·鲍姆加登的德国理性主义传统,该传统关注审美的普遍有效性和必然性,它必然与有关开明的专制主义的合法性的意识形态紧密相联。这种德国美学专注于同感觉和情感相对立的法则和概念,因而暗示着国家的合法性对"道德"或情意缠绵的市民社会的统治。席勒的著作就是对这种倾向的意味深长的限制:在某种意义上,社会的统一必须源于"下层",源于在审美方面得以转化了的或在意识形态方面得以重建了的市民社会,而不应随意地自上而下地被合法化。然而,保留"在某种意义上"(in a sense)这个短语意味深长,因为这一切将不是通过对自然的自发性的感伤的平民主义信仰,而是通过理性来实现,我们知道,假扮成审美的理性为了尽力认识和控制对手,悄然地钻进了感觉的空帐。虽然席勒一方面相当畏惧法则，在论感伤的论文中他认为法则有压抑和侮辱我们的倾向，另一方面，他又时时表现出对感觉的疗救作用的怀疑，因为感觉具有妨碍理性精神自由翱翔的危险。把感觉提升到极点的唯心主义冲动与对自然的顽固的自律性的认识是相互对立的。但是，如果说前一种方案太易于陷入唯理的专制主义的话，后一种观点则承认感性经验的真实性，不过必须冒着放弃理性的专制主义和想象力的变革力量的巨大危险。

我们已经知道，审美理想是感觉和精神的相互交融，这告诉我们，“人的道德自由绝不会因为人对生理活动的必然的依赖而被抛弃”。但是，这种偶然的合作关系绝不像表面上看起来那样相互融洽：在真理和道德的领域内，感觉毫无发言权；而在存在和幸福的领域内，形式有存在的权利，游戏冲动有发号施令的权利。易言之，解构是一种方法：男性化的理性之产生形式的潜能渗进并引诱尚未发育成熟的感性的女性，然而，作为“感觉的”女性在真理和道德的领域内根本没有对等的声音。在人性的最高级状态——审美状态里，外观将行使最高统治，“纯粹的物质也将不复存在”。这种美丽的外观掩饰了感性实在的丑恶本质，“用自由的可爱的幻象把我们同素材的有失体面的关系隐藏起来”。女性的理想化的变化形式——美被用以反对女性的被贬损的形象——感性。尼采在《悲剧的诞生》一书中高度称赞美，视之为提高生活质量的幻象，席勒的著作在这点上已相当接近尼采的观点，他们对于物质生活的相似的悲观主义构成了他们两人的结论的基础。一方面，席勒的审美纲要是积极的和建构性的——是一种领导权的策略，对此策略而言，文化不是孤独的沉思性的梦幻，而是一种积极的社会力量，在文明的相互交流的乌托邦的共和国内，文化还提供了市民社会的堕落状态（自然）和专制国家的政治要求（理性）之间所缺少的媒介。但是，这种灵活的社会方案部分地与作者的唯美的唯心主义相矛盾：市民社会相信感官的肉体，极端厌恶得到专制国家授权的专制理性。由于市民社会的不可调和的贪婪生活，把物质纯化为精神同时在某种程度上保留为物质的大胆努力失败了，这种努力还可能在危急关头把这整个的堕落的领域审美化。在此情境中，审美不是歪曲物质生活，而是给物质生活的历时的不可重复性披上一层体面的面纱。文化既是积极的社会再创造又是微妙的存在的王国，既是真实的自由又是对幸福的纯粹幻觉，是一种只能存在于“极少数精英的圈子里的”普遍一致性。如果文化内在地充满矛盾，这是因为文化与总体社会的关系只能是矛盾的关系。

席勒的审美思想提出了资产阶级领导权的全新理论的重要成分;但他的审美思想同时强烈地反对这个新兴的社会秩序正在造成的精神荒芜,这也许是人们最需切记的方面。席勒在《美育书简》一书中写道:“自私自利已在我们高度文明的社会生活中建立起它的体系,我们经受着社会的一切传染病和灾祸,却没有产生出一颗倾向社会的心。我们使自己的自由判断屈从于社会专制的舆论,使自己的情感屈从于社会奇异的风俗,使自己的意志屈从于社会的诱惑,我们只是为了反对社会的神圣权利才坚持我们自己的任性。”技术知识和经验知识的激增、社会劳动和脑力劳动的分裂都服务于“人类天性的内在统一”。“在灾难性的矛盾中”使各种和谐的社会力量相互抵消。“永远束缚于总体的孤零的断片上,人也就把自己变成了断片。耳朵里听到的永远是由他推动的机械轮盘的那种单调乏味的嘈杂声,人就无法发展他生存的和谐,他不是把人性印刻到他的天性中去,而是把自己变成他的职业和专业知识的一种标志。”席勒相信,这种片面的发展是理性通向未来的综合的过程中的必然阶段;这也是卡尔·马克思与他所共持的观点,卡尔·马克思对工业资本主义的批判深深地根植于席勒对被阻碍的能力、被分裂的力量、被损毁的人类总体性的看法中。从柯尔律治到赫伯特·马尔库塞的激进的审美传统都悲叹工业资本主义的无机的、机械的本质,并从这种预言性的谴责中汲取了营养。必须强调的是审美的矛盾的特征,审美一方面为资产阶级社会提供了人类主体的丰富的意识形态模式,另一方面又坚持对人类能力的幻想,以为通过这些能力社会就能得到调整和发现严重的缺失。人类的主体力量得到全面而丰富的发展的理想源于传统的、前资产阶级的人文主义思潮,这种理想不可调和地对立于占有性的个人主义;但是,审美的其他方面可以满足个人主义的意识形态需要。由于资产阶级社会的残缺,资产阶级社会正是审美思想的敌人;但那种思想重塑了法则和欲望、理性和肉体之间的关系,这种重塑为新兴的社会秩序作出了巨大的贡献。真正激进的美学所面临的考验是美学的能力既起社会批判的作用,同时却不提供政治认可的基础的问题。

傅德根译

——节选自特里·伊格尔顿:《美学意识形态》,桂林:广西师范大学出版社 1997 年版。

后　　记

经过4年多的努力，《西方美育经典论著选》算是可以编辑结稿了。照例在后记中需要交待一下该书的缘起。

记得大约2010年，江苏教育出版社章俊弟编审盛邀我们编撰“西方美学史”方面的图书。因蒋孔阳先生和我共同主编的《西方美学通史》（七卷本）出版已逾十载，学术界又有许多新材料、新观点出现，加之《通史》之后，我又先后主编了《西方美学范畴史》（三卷本）、《西方美学思想史》（三卷本）。在这个过程中，我们积累了大量西方美学史方面的资料，曾经想与七卷本的《通史》相配合，编一套多卷本的西方美学史资料选。俊弟也有此意，他甚至向我借了一套《通史》回去研究。但是，后来他告诉我，由于他所在的江苏教育出版社因分工不同，不适合出一般的学术书，最好出与教育有关的书。他提出是否能编辑一套《西方审美教育经典论著选》的想法。我一听，也觉得非常好，因此一拍即合。因为据我所知，国内学界对西方美育的研究确实尚有多待开掘、深化之处，系统的西方美育史著作尚未见到，同样，西方美育史资料也未被系统整理，这方面学界与社会上都有需要。对俊弟先生的选题眼光，我深为叹服，于是便有了这套书的编撰。

编撰初时，我邀请了我的几位在读的博士和博士后，先后开了几次体例的论证，最终确定为四卷五册的篇幅。而后明确分工，由我主编，栗永清副教授任副主编，各卷编辑人员也确定了，编辑工作就此陆续展开。不过，事情的进展的确没有想象中的那样简单。美育所涉及的文献之多，多少有些出乎我的意料。除了我们比较熟悉的美学经典著作之外，在西方历史、文学、艺术论之中可以说明西方美育的材料比比皆是，而全部纳入，则篇幅上恐怕要翻倍，而且在体例上也带来不小的困难。此后随编随讨论，最终终于确定了这样一个结构。但由于参与编辑工作的多为青年学者（有的当时还是在读博士生），各自又有自己的科研、教学工作，加上文档转换带来的一系列技术性问题，特别是错误识别、校对、改正等，工作量大大超过预期，造成稿件完成时间一拖再拖，比预定交稿时间晚了一年，心中甚感不安，承蒙俊弟先生宽爱，屡屡宽容，深为感激。

最后，对全书的分卷分工情况做一简单介绍：

第一卷，古希腊、罗马中世纪卷，古希腊、罗马部分由栗永清博士负责，中世纪部分由潘道正博士承担。栗永清现为山西师范大学文学院副教授、副院长；潘道正现为天津外国语大学国际传媒学院教授。

第二卷，文艺复兴到17、18世纪，意大利、英国部分由黎明博士承担，德国、法国、其他国家由刘琴博士承担。黎明现为四川师范大学新闻传播学院讲师；刘琴现为杭州师范大学国际教育学院讲师。

第三卷，德国古典美学到19世纪，德国、俄国、马克思主义部分由路程博士承担，法国、英国、其他各国由李琳琳博士承担。路程现为上海外国语大学文学研究院助理研究员；李琳琳现为复旦大学总务处干部。

第四卷上卷由胡新宇博士承担，下卷由李兵博士承担，本卷中佳亚特里·斯皮瓦克的《全球化时代的美育》由潘道正博士翻译和作题解，玛辛·格琳的《蓝吉他上的变奏》由刘慧姝博士翻译和作题解。胡新宇现为南京大学人文学院教师；李兵现为曲靖师范学院文学院副教授；刘慧姝现为华南师范大学文学院教授。

此外，书中部分文稿为新译，译者均随文注明，说明性文字不做专门标注则为各卷各部分负责人完成。

以上这些青年学人为本书付出了巨大的努力和辛勤的劳动，作为主编，在此，再表谢意。

全书统稿工作由本人和栗永清副教授完成。

江苏教育出版社的俊弟先生和几位责任编辑对本书的修订、校对付出了辛勤的劳动，在此，我代表全体编撰人员表示衷心的感谢！

朱立元

2015年6月